UTB 8259

Eine Arbeitsgemeinschaft der Verlage

Beltz Verlag Weinheim und Basel
Böhlau Verlag Köln · Weimar · Wien
Wilhelm Fink Verlag München
A. Francke Verlag Tübingen und Basel
Paul Haupt Verlag Bern · Stuttgart · Wien
Verlag Leske + Budrich Opladen
Lucius & Lucius Verlagsgesellschaft Stuttgart
Mohr Siebeck Tübingen
C. F. Müller Verlag Heidelberg
Ernst Reinhardt Verlag München und Basel
Ferdinand Schöningh Verlag Paderborn · München · Wien · Zürich
Eugen Ulmer Verlag Stuttgart
UVK Verlagsgesellschaft Konstanz
Vandenhoeck & Ruprecht Göttingen
WUV   Facultas · Wien

Manuel Castells · Das Informationszeitalter 1

Das Informationszeitalter
Wirtschaft · Gesellschaft · Kultur

Teil 1: Der Aufstieg der Netzwerkgesellschaft
Teil 2: Die Macht der Identität
Teil 3: Jahrtausendwende

Manuel Castells

Der Aufstieg der Netzwerkgesellschaft

Teil 1 der Trilogie
Das Informationszeitalter

Übersetzt von Reinhart Kößler

Leske + Budrich Opladen 2004

Unveränderte Studienausgabe der ersten Auflage von 2001.

Redaktion: Barbara Budrich
Typografische Gestaltung: Beate Glaubitz
Umschlag: disegno, Wuppertal

Gedruckt auf säurefreiem und alterungsbeständigem Papier.

Die Deutsche Bibliothek – CIP-Einheitsaufnahme
Ein Titeldatensatz für die Publikation ist bei
Der Deutschen Bibliothek erhältlich

ISBN 3-8100-3898-9

UTB-ISBN 3-8252-8259-7

© 2004 Leske + Budrich, Opladen

Das Werk einschließlich aller seiner Teile ist urheberrechtlich geschützt. Jede Verwertung außerhalb der engen Grenzen des Urheberrechtsgesetzes ist ohne Zustimmung des Verlages unzulässig und strafbar. Das gilt insbesondere für Vervielfältigungen, Übersetzungen, Mikroverfilmungen und die Einspeicherung und Verarbeitung in elektronischen Systemen.

Druck: DruckPartner Rübelmann, Hemsbach
Printed in Germany

For Emma Kiselyova-Castells,
without whose love, work, and support
this book would not exist

Inhalt

Abbildungsverzeichnis XIII
Tabellenverzeichnis XV
Vorbemerkungen 2000 XIX
Vorbemerkungen 1996 XXVIII

Prolog: Das Netz und das Ich... 1

Technologie, Gesellschaft und historischer Wandel................................ 5
Informationalismus, Industrialismus, Kapitalismus, Etatismus:
    Entwicklungsweisen und Produktionsweisen.................................... 13
    Informationalismus und kapitalistische *perestrojka*......................... 19
Das Ich in der informationellen Gesellschaft 23
Zur Methode 26

1   Die informationstechnologische Revolution 31

Was für eine Revolution? 31
Lehren aus der industriellen Revolution 37
Der historische Ablauf der informationstechnologischen Revolution........ 42
    Mikro-Technik und Makro-Wandel: Elektronik und Information . 43
    Die Entstehung des Internet.. 49
    Netzwerktechnologien und allgegenwärtige
    Computer-Anwendung 56
    Die technologische Wende in den 1970er Jahren 58
    Technologien des Lebens.. 59
    Der gesellschaftliche Zusammenhang und die Dynamik
    des technologischen Wandels 64
Modelle, Akteure und Orte der informationstechnologischen Revolution 66
Das Paradigma der Informationstechnologie 75

2 Die Neue Wirtschaftsform: Informationalismus, Globalisierung, Vernetzung 83

Produktivität, Konkurrenzfähigkeit und die informationelle Ökonomie .. 84
    Das Rätsel der Produktivität 84
    Ist auf Wissen beruhende Produktivität eine Besonderheit
    der informationellen Wirtschaftsform? 86
    Informationalismus und Kapitalismus, Produktivität
    und Rentabilität 100
    Die historische Besonderheit des Informationalismus 106
Die globale Wirtschaft: Struktur, Dynamik und Genese 108
    Globale Finanzmärkte 109
    Globalisierung der Märkte für Güter und Dienstleistungen:
    Wachstum und Transformation des internationalen Handels 114
    Globalisierung versus Regionalisierung? 117
    Internationalisierung der Produktion: Multinationale
    Konzerne und internationale Produktionsnetzwerke 124
    Informationelle Produktion und selektive Globalisierung von
    Wissenschaft und Technologie 132
    Globale Arbeitskraft? 138
    Die Geometrie der globalen Wirtschaft: Segmente
    und Netzwerke 140
    Die politische Ökonomie der Globalisierung: Kapitalistische
    Neustrukturierung, Informationstechnologie und staatliche Politik 144
Die Neue Wirtschaftsform 157

3 Das Netzwerk-Unternehmen: Die Kultur, die Institutionen und die Organisationen der informationellen Ökonomie 173

Organisatorische Entwicklungslinien in der Neustrukturierung
des Kapitalismus und im Übergang vom Industrialismus zum
Informationalismus 174
    Von der Massenproduktion zur flexiblen Fertigung 176
    Kleinunternehmen und die Krise des Großkonzerns:
    Mythos und Wirklichkeit 177
    „Toyotismus": Kooperation zwischen Management und
    Belegschaft, multifunktionale Arbeitskraft, totale
    Qualitätskontrolle und Reduktion von Ungewissheit 179
    Vernetzung zwischen Firmen 183
    Strategische Konzern-Allianzen 185
    Der horizontale Konzern und die globalen Geschäftsnetzwerke 186

Die Krise des vertikalen Konzernmodells und die Entstehung der Unternehmensnetzwerke	189
Vernetzung der Netzwerke: das Cisco-Modell	191
Die Informationstechnologie und das Netzwerk-Unternehmen	195
Kultur, Institutionen und ökonomische Organisation: Ostasiatische Unternehmensnetzwerke	199
Eine Typologie ostasiatischer Unternehmensnetzwerke	201
Japan	201
Korea	203
China	205
Kultur, Organisationen und Institutionen: Asiatische Wirtschaftsnetzwerke und der Entwicklungsstaat	207
Multinationale Unternehmen, transnationale Konzerne und internationale Netzwerke	218
Der Geist des Informationalismus	223

4 Die Transformation von Arbeit und Beschäftigung 229

Die Entwicklung von Beschäftigung und Berufsstruktur in den fortgeschrittenen kapitalistischen Ländern: die G 7-Länder von 1920 und 2005	230
Post-Industrialismus, die Dienstleistungswirtschaft und die informationelle Gesellschaft	231
Die Transformation der Beschäftigungsstruktur 1920-1970 und 1970-1990	237
Die neue Berufsstruktur	245
Die Reifung der informationellen Gesellschaft: Beschäftigungs-Projektionen in das 21. Jahrhundert	251
Fazit: Die Entwicklung der Beschäftigungsstruktur und ihre Implikationen für eine komparative Analyse der informationellen Gesellschaft	257
Gibt es eine globale Erwerbsbevölkerung?	262
Der Arbeitsprozess im informationellen Paradigma	270
Die Folgen der Informationstechnologie für die Beschäftigung: Auf dem Weg zur Gesellschaft ohne Arbeit?	282
Arbeit und die informationelle Wegscheide: flexible Arbeit	297
Informationstechnologie und Neustrukturierung der Beziehungen zwischen Kapital und Arbeit: Sozialer Dualismus oder fragmentierte Gesellschaften?	313
Anhang A: Tabellen und Statistiken zu Kapitel 4	321
Anhang B: Methodologische Notiz und statistische Materialien zur Analyse der Beschäftigungs- und Berufsstruktur der G 7-Länder 1920-2005	356

5 Die Kultur der realen Virtualität
Die Integration der elektronischen Kommunikation, das Ende des Massenpublikums und die Entstehung der interaktiven Netzwerke 375

Von der Gutenberg-Galaxis zur McLuhan-Galaxis: der Aufstieg der Kultur der Massenmedien 378
Die neuen Medien und die Differenzierung des Massenpublikums 386
Computervermittelte Kommunikation, institutionelle Kontrolle, soziale Netzwerke und virtuelle Gemeinschaften 392
    Die Minitel-Story: l'état et l'amour 392
    Die Internet-Konstellation 395
    Die interaktive Gesellschaft 406
Die große Fusion: Multimedia als symbolische Umwelt 415
Die Kultur der realen Virtualität 425

6 Der Raum der Ströme 431

Hochmoderne Dienstleistungen, Informationsströme und die *Global City* 433
Der neue industrielle Raum 441
Alltag in der elektronischen Hütte: das Ende der Städte? 449
Die Transformation der urbanen Form: die informationelle Stadt 454
    Amerikas letzte Pioniergrenze in den Vorstädten 454
    Der schwindende Zauber der europäischen Städte 456
    Urbanisierung im dritten Jahrtausend: Mega-Städte 459
Die Sozialtheorie des Raumes und die Theorie des Raumes der Ströme ... 466
Die Architektur des Endes der Geschichte 474
Raum der Ströme und Raum der Orte 479

7 Zeitlose Zeit 485

Zeit, Geschichte und Gesellschaft 486
Zeit als Quelle von Wert: das globale Spielkasino 491
Flexible Zeit und das Netzwerk-Unternehmen 493
Verkürzung und Deregulierung der Lebensarbeitszeit 494
Das Verschwimmen des Lebenszyklus: Auf dem Weg zur sozialen Arrhythmie? 501
Der verleugnete Tod 506
Instant-Kriege 510
Virtuelle Zeit 517
Zeit, Raum und Gesellschaft: der Rand des Für Immer 520

Inhalt XI

Schluss: Die Netzwerkgesellschaft 527

Literaturverzeichnis 537

Register 579

Abbildungsverzeichnis

Abb.
2.1 Produktivitätszuwachs in den Vereinigten Staaten, 1995-1999 (Index des Ausstoßes pro Stunde für alle im Nicht-Farmbereich Tätigen, 1992 = 100, saisonal angepasst) 98
2.2 Schätzung der Entwicklung der Produktivität in den Vereinigten Staaten, 1972-1999 (Ausstoß pro Stunde) 100
2.3 Wachstum von Handel und Kapitalströmen, 1970-1995 (Index 1980 = 1) 115
2.4 Güter im internationalen Handel nach Technologie-Intensität, 1976/1996 (mittel- und hochtechnologische Güter sind diejenigen, die intensive F&E, gemessen durch die F&E-Ausgaben erfordern) 124
2.5 Auslandsdirektinvestitionen (als Prozentsatz der Gesamt-ADI) 125
2.6 Grenzüberschreitende Zusammenschlüsse und Erwerbungen, 1992-1997 126
2.7 Export-Anteile (Prozent der Gesamtexporte an Gütern und Dienstleistungen) 142
2.8 Anteil des Wachstums des High-tech-Sektors in den Vereinigten Staaten, 1986-1998 159
2.9 Abnehmende Dividendenzahlungen 167
4.1 Prozentsatz der im Ausland geborenen Bevölkerung der Vereinigten Staaten, 1900-1994 264
4.2 Gesamtfertilitätsquoten für Staatsangehörige und Ausländerinnen in ausgewählten OECD-Ländern 265
4.3 Index der Beschäftigungszunahme nach Regionen, 1973-1999 284
4.4 Anteil der Teilzeitarbeitskräfte an den aktiv Erwerbstätigen in OECD-Ländern, 1983-1998 300
4.5 Anteil der Selbstständigen an den aktiv Erwerbstätigen in OECD-Ländern, 1983-1993 300
4.6 Anteil der zeitweilig Beschäftigten an den aktiv Erwerbstätigen in OECD-Ländern, 1983-1997 301
4.7 Anteil der nichtstandardisierten Beschäftigungsformen an den aktiv Erwerbstätigen in OECD-Ländern, 1983-1994 301
4.8 Beschäftigung in der Zeitarbeitsbranche in den Vereinigten Staaten, 1982-1997 303
4.9 Prozentsatz von Kaliforniern im arbeitsfähigen Alter, die 1999 „traditionell" beschäftigt waren 304
4.10 Verteilung von Kaliforniern im arbeitsfähigen Alter nach „traditionellem" Arbeitsplatzstatus und der Dauer der Arbeit in der gegenwärtigen Anstellung, 1999 304
4.11 Der japanische Arbeitsmarkt in der Nachkriegszeit 310

4.12	Jährliches Wachstum von Produktivität, Beschäftigungswachstum und Einkommen in OECD-Ländern, 1984-1998	318
5.1	Medienverkaufe 1998 für wichtige Mediengruppen (in Mrd. US$)	390
5.2	Strategische Allianzen zwischen Mediengruppen in Europa, 1999	391
5.3	Internet-Hosts, 1989-2006 (in Tausend)	396
5.4	Namen von CONE- und Ländercode-*domains* im Internet weltweit nach Städten, Juli 1999	399
5.5	Namen von CONE- und Ländercode-*domains* im Internet nach Städten in Nordamerika, Juli 1999	400
5.6	Namen von CONE- und Ländercode-*domains* im Internet nach Städten in Europa, Juli 1999	401
5.7	Namen von CONE- und Ländercode-*domains* im Internet nach Städten in Asien, Juli 1999	402
6.1	Größte absolute Zunahme von Informationsströmen, 1982 und 1990	436
6.2	Exporte von Information aus den Vereinigten Staaten in wichtige Weltregionen und -zentren	437
6.3	System der Beziehungen zwischen den Charakteristika der Fertigung von Informationstechnologie und dem Raummuster der Branche	444
6.4	Die größten städtischen Ballungsräume der Welt (> 10 Mio. Einw. 1992)	461
6.5	Schematische Darstellung der wichtigsten Knoten und Verbindungen in der Stadtregion des Perlflussdeltas	462
6.6	Stadtzentrum von Kaoshiung (Foto: Professor Hsia Chu-joe)	475
6.7	Die Eingangshalle des Flughafens von Barcelona	476
6.8	Der Warteraum bei D.E. Shaw and Company: keine Ficus-Bäume, keine abgeteilten Sofas, keine „corporate art" an den Wänden	478
6.9	Belleville, 1999: ein multikultureller, urbaner Ort (Foto: Irene Castells und Jose Bailo)	480
6.10	Las Ramblas, Barcelona, 1999: städtisches Leben an einem lebenswerten Ort (Foto: Jordi Borja und Zaída Muxi)	481
6.11	Barcelona: Paseo de Gracia	482
6.12	Irvine, California: Geschäftskomplex	483
7.1	Erwerbsquote (%) für Männer im Alter von 55-64 Jahren in acht Ländern, 1970-1998	499
7.2	Verhältnis von Todesfällen im Krankenhaus zu allen Todesfällen (%), nach Jahr, 1947-1987, Japan	508
7.3	Kriegstote im Verhältnis zur Weltbevölkerung nach Jahrzehnten, 1720-2000	513

Tabellenverzeichnis

Tab.
2.1 Produktivitätsrate: Wachstumsrate des Ausstoßes pro Arbeitskraft (Jahresdurchschnitte in Prozent nach Perioden) 87
2.2 Produktivität nach Wirtschaftssektoren (prozentuale Veränderungen in Jahresraten) 88
2.3 Produktivitätsentwicklung von Wirtschaftssektoren (durchschnittliche jährliche Wachstumsrate in %) 92
2.4 Produktivitätsentwicklung in Sektoren, die nicht für den Freihandel geöffnet sind (durchschnittliche jährliche Wachstumsrate in %) 93
2.5 Entwicklung der US-Produktivität nach Branchen und Perioden 100
2.6 Grenzüberschreitende Transaktionen in Anleihen und Anteilen, 1970-1996 109
2.7 Ausländische Aktiva und Passiva als Prozent aller Aktiva und Passiva von Geschäftsbanken für ausgewählte Länder, 1960-1997 111
2.8 Richtung der Welt-Exporte, 1965-1995 (Prozent des Welt-Gesamt) 116
2.9 Mutterkonzerne und ausländische Töchter nach Region und Land, letztes verfügbares Jahr (Anzahl) 127
2.10 Aktienwerte, 1995-1999: die Top-500-Wachstumswerte nach dem Index Standard & Poor 168
4.1 Vereinigte Staaten: Prozentuale Verteilung der Beschäftigung nach Wirtschaftssektoren und Branchengruppen, 1920-1991 322
4.2 Japan: Prozentuale Verteilung der Beschäftigung nach Wirtschaftssektoren und Branchengruppen, 1920-1990 324
4.3 Deutschland: Prozentuale Verteilung der Beschäftigung nach Wirtschaftssektoren und Branchengruppen, 1925-1987 326
4.4 Frankreich: Prozentuale Verteilung der Beschäftigung nach Wirtschaftssektoren und Branchengruppen, 1921-1989 328
4.5 Italien: Prozentuale Verteilung der Beschäftigung nach Wirtschaftssektoren und Branchengruppen, 1921-1990 330
4.6 Vereinigtes Königreich: Prozentuale Verteilung der Beschäftigung nach Wirtschaftssektoren und Branchengruppen, 1921-1992 332
4.7 Kanada: Prozentuale Verteilung der Beschäftigung nach Wirtschaftssektoren und Branchengruppen, 1921-1992 334
4.8 Vereinigte Staaten: Beschäftigungsstatistik nach Branchen, 1920-1991 336
4.9 Japan: Beschäftigungsstatistik nach Branchen, 1920-1990 337
4.10 Deutschland: Beschäftigungsstatistik nach Branchen, 1925-1987...... 338
4.11 Frankreich: Beschäftigungsstatistik nach Branchen, 1921-1989 339

4.12	Italien: Beschäftigungsstatistik nach Branchen, 1921-1990	340
4.13	Vereinigtes Königreich: Beschäftigungsstatistik nach Branchen, 1921-1990	341
4.14	Kanada: Beschäftigungsstatistik nach Branchen, 1921-1992	342
4.15	Berufsstruktur ausgewählter Länder	343
4.16	Vereinigte Staaten: Prozentuale Verteilung der Beschäftigung nach Berufsgruppen, 1960-1991	344
4.17	Japan: Prozentuale Verteilung der Beschäftigung nach Berufsgruppen, 1955-1990	345
4.18	Deutschland: Prozentuale Verteilung der Beschäftigung nach Berufsgruppen 1976-1989	346
4.19	Frankreich: Prozentuale Verteilung der Beschäftigung nach Berufsgruppen, 1982-1989	346
4.20	Großbritannien: Prozentuale Verteilung der Beschäftigung nach Berufsgruppen, 1961-1990	347
4.21	Kanada: Prozentuale Verteilung der Beschäftigung nach Berufsgruppen, 1950-1992	347
4.22	Ausländische Wohnbevölkerung in Westeuropa, 1950-1990	348
4.23	Beschäftigung in der Fertigung in wichtigen Ländern und Regionen, 1970-1997	349
4.24	Beschäftigungsanteile nach Branche/Beruf und ethnischer/ Geschlechtszugehörigkeit von allen Beschäftigten in den Vereinigten Staaten, 1960-1998	350
4.25	Ausgaben für Informationstechnologie pro Arbeitskraft (1987-1994), Beschäftigungswachstum (1987-1994) und Arbeitslosenquote (1995) nach Ländern	351
4.26	Telefon-Amtsleitungen pro Beschäftigtem (1986 und 1993) und Internet-Hosts pro 1.000 der Bevölkerung (Januar 1996) nach Ländern	352
4.27	Beschäftigungsquoten für Männer und Frauen zwischen 15 und 64 Jahren, Prozent der Bevölkerung, 1973-1998	353
4.28	Prozentsatz der Standard-Arbeitskräfte im *chuki koyo*-System japanischer Unternehmen	354
4.29	Konzentration des Aktieneigentums nach Einkommensniveau in den Vereinigten Staaten, 1995	355
A 4.1	Klassifizierung der Wirtschaftssektoren und Branchengruppen	357
A 4.2	Klassifizierung der Branchen in den verschiedenen Ländern	358
7.1	Jahresarbeitsstunden pro Person, 1870-1979	495
7.2	Potenzielle Lebensarbeitszeit in Stunden, 1950-1985	495
7.3	Dauer und Verminderung der Arbeitszeit, 1970-1987	496
7.4	Demografische Hauptcharakteristika nach Großregionen der Welt, 1970-1995	504
7.5	Gesamtfertilitätsquoten einiger Industrieländer, 1901-1985	504

7.6	Erste Lebendgeburt pro 1.000 Frauen nach Altersgruppe der Mutter (30-49 Jahre) und nach ethnischer Zugehörigkeit in den Vereinigten Staaten, 1960 und 1990	505
7.7	Vergleiche der Kindersterblichkeitsquote, ausgewählte Länder, 1990-1995 (Schätzungen)	522

Vorbemerkung 2000

Der Band, den Sie in Händen halten, ist eine erheblich veränderte Fassung dieses Buches, das ursprünglich im November 1996 erschienen ist. Die gegenwärtige Version wurde im zweiten Halbjahr 1999 ausgearbeitet und geschrieben. Sie setzt sich zum Ziel, die technologischen, wirtschaftlichen und gesellschaftlichen Entwicklungen einzubauen, die während der späten 1990er Jahre eingetreten sind und insgesamt die Diagnose und Prognosen bestätigt haben, die ich in der ersten Ausgabe vorgelegt habe. Ich habe die zentralen, substanziellen Elemente der Gesamtanalyse nicht verändert: hauptsächlich, weil ich glaube, dass der Kern meiner Argumentation nach wie vor zutreffend ist, aber auch, weil alle Bücher Kinder ihrer Zeit sind und am Ende von der Entwicklung und von der Berichtigung der in ihnen enthaltenen Ideen überholt werden müssen, wenn die gesellschaftliche Erfahrung und die Forschung neue Informationen und neues Wissen hervorbringen. Außer der Aktualisierung eines Teils der Informationen habe ich ein paar Fehler korrigiert und versucht, die Argumentation wo immer möglich klarer und überzeugender zu machen.

Dabei waren mir viele Bemerkungen, Kritiken und Beiträge aus der ganzen Welt nützlich, die allgemein in konstruktiver und kooperativer Weise vorgebracht wurden. Ich kann dem Reichtum der Debatte, die dieses Buch zu meiner großen Überraschung ausgelöst hat, nicht gerecht werden. Ich möchte nur den Leserinnen und Lesern, Rezensenten und Rezensentinnen sowie den Kritikerinnen und Kritikern meine von Herzen kommende Dankbarkeit ausdrücken, dass sie sich die Zeit genommen und die Mühe gemacht haben, über die Fragen nachzudenken, die auf diesen Seiten analysiert werden. Ich kann nicht beanspruchen, all die Kommentare und Diskussionen in verschiedenen Ländern und in Sprachen zu kennen, die ich nicht verstehe. Indem ich aber denjenigen Organisationen und Einzelpersonen, die mir durch ihre Kommentare und die von ihnen organisierten Debatten geholfen haben, jetzt die Fragen besser zu verstehen, die ich in diesem Buch behandelt habe, möchte ich diese Anerkennung auf alle Leserinnen und Leser, Kommentatorinnen und Kommentatoren ausdehnen, wo und wer auch immer sie sind.

Zunächst einmal möchte ich meinen Dank einer Anzahl Rezensenten aussprechen, deren Überlegungen Einfluss auf die Verbesserung meines eigenen Verständnisses gehabt haben und mich auch zur Korrektur einiger Elemente meiner Forschung veranlasst haben. Zu ihnen gehören: Anthony Giddens, Alain Touraine, Anthony Smith, Peter Hall, Benjamin Barber, Roger-Pol Droit, Chris Freeman, Krishan Kumar, Stephen Jones, Frank Webster, Sophie Watson, Stephen Cisler, Felix Stalder, David Lyon, Craig Calhoun, Jeffrey Henderson, Zygmunt Bauman, Jay Ogilvy, Cliff Barney, Mark Williams, Alberto Melucci, Anthony Orum, Tim Jordan, Rowan Ireland, Janet Abu-Lughod, Charles Tilly, Mary Kaldor, Anne Marie Guillemard, Bernard Benhamou, Jose E. Rodriguez Ibanez, Ramon Ramos, Jose Felix Tezanos, Sven-Eric Liedman, Markku Willennius, Andres Ortega, Alberto Catena und Emilio de Ipola. Ich möchte besonders den drei Kollegen danken, die die ersten Veranstaltungen zur Vorstellung dieses Buches organisiert und damit die Debatte eröffnet haben: Michael Burawoy in Berkeley, Bob Catterall in Oxford und Ida Susser in New York.

Ich schulde auch zahlreichen wissenschaftlichen Institutionen Dank, die mich 1996-2000 eingeladen haben, um die in diesem Buch dargestellte Forschung kollegialer Kritik auszusetzen, und besonders allen Leuten, die in meine Vorträge und Seminare gekommen sind und mir intellektuelle Rückmeldung gegeben haben. Dieses Buch wurde in chronologischer Reihenfolge an folgenden Institutionen vorgestellt und diskutiert: University of California at Berkeley; Oxford University; Graduate Center der City University of New York; Consejo Superior de Investigaciones Cientificas, Barcelona; Universidad de Sevilla; Universidad de Oviedo; Universitat Autonoma de Barcelona; Wirtschaftswissenschaftliches Institut der Russischen Akademie der Wissenschaften, Novosibirsk; The Netherlands Design Institute, Amsterdam; Cambridge University; University College, London; SITRA-Helsinki; Stanford University; Harvard University; Cité des Sciences et de l'Industrie, Paris; Tate Gallery, London; Universidad de Buenos Aires; Universidad de San Simon, Cochabamba; Universidad de San Andres, La Paz; Centre Européen des Recoversions et Mutations, Luxemburg; University of California at Davis; Universidade Federal de Rio de Janeiro; Universidade de São Paulo; Programa de Naciones Unidas para el Desarrollo, Santiago de Chile; University of California at San Diego; Wirtschaftshochschule, Moskau; Duke University. Ich möchte auch den vielen anderen Institutionen und Organisationen danken, die mich während dieser vier Jahre eingeladen haben, über meine Arbeit zu diskutieren, und deren freundlichem Interesse ich nicht folgen konnte.

Besonders erwähnen möchte ich meinen Freund und Kollegen Martin Carnoy von der Stanford University: Unsere fortgesetzte intellektuelle Interaktion ist äußerst wichtig für die Entwicklung und Berichtigung meines Denkens. Sein Beitrag zur Verbesserung des Kapitels 4 (über Arbeit und Beschäftigung) von Band I war überaus wichtig. Auch meine Freunde und Kollegen in Barcelona, Marina Subirats und Jordi Borja, waren wie während des größten Teils meines Lebens Quellen der Inspiration und gesunder Kritik.

Vorbemerkungen XXI

Ich möchte auch meiner Familie danken, der wichtigsten Quelle meiner Kraft. Erstens meiner Frau Emma Kiselyova für ihre Unterstützung, Liebe, Intelligenz und Geduld inmitten einer für uns beide sehr anstrengenden Zeit und auch für die Entschiedenheit, mit der sie mich angehalten hat, mich auf das Wesentliche und nicht auf die Herstellung von Bildern zu konzentrieren. Meiner Tochter Nuria, die es während dieser Jahre vermocht hat, ihren Vater aus der Ferne zu unterstützen, während sie selbst eine Doktorarbeit und ein zweites Kind hervorgebracht hat. Meiner Schwester Irene, die nie aufgehört hat, mein kritisches Gewissen zu sein. Meiner Stieftochter Lena, die mein Leben mit ihrer Wärme und Sensibilität bereichert hat. Meinem Schwiegersohn Jose de Rocio Millan und meinem Schwager Jose Bailo, mit denen ich viele Stunden lang über unsere Arbeit und unser Leben gesprochen habe. Und nicht zuletzt der Quelle der Freude in meinem Leben, meinen Enkelkindern Clara, Gabriel und Sasha.

Ich möchte auch meiner Lektorin Sue Ashton danken, deren Beitrag entscheidend war, um bei der ersten wie bei der zweiten Ausgabe Ordnung und Klarheit in dieses Buch zu bringen. Ich möchte auch den editorischen, Produktions- und Vertriebsmitarbeitern meines Verlages, Blackwell, danken und vor allem Louise Spencely, Lorna Berret, Sarah Falkus, Jill Landeryou, Karen Gibson, Nicola Boulton, Joanna Pyke und ihren Mitarbeitern. Ihre persönliche Bemühung um dieses Buch ging weit über die üblichen beruflichen Standards im Verlagswesen hinaus.

Meine Ärzte haben als routinemäßige Figuren in den Danksagungen meiner Trilogie, ihre großartige Arbeit fortgesetzt und mich während dieser kritischen Jahre über Wasser gehalten. Ich möchte meine Dankbarkeit gegenüber Dr. Peter Carroll und Dr. James Davis, beide vom Medical Center der University of California at San Francisco erneut bekunden.

Schließlich möchte ich meine tiefe und wahrhaftige Überraschung zum Ausdruck bringen über das Interesse, das dieses sehr wissenschaftliche Buch auf der ganzen Welt nicht nur in Hochschulkreisen, sondern auch in den Medien und bei den Menschen generell ausgelöst hat. Ich weiß, dass dies weniger mit der Qualität des Buches zu tun hat als mit der entscheidenden Bedeutung der Fragen, die ich versucht habe zu analysieren: Wir befinden uns in einer neuen Welt, für die wir ein neues Verständnis brauchen. Es ist mein einziger Ehrgeiz, in aller Bescheidenheit zu dem Prozess beitragen zu können, in dem ein solches Verständnis aufgebaut wird. Dies ist auch die wahre Motivation, die Arbeit, die ich mir vorgenommen habe, so lange fortzusetzen, wie es meine Kraft erlaubt.

Berkeley, California
Januar 2000

Autor und Verlag danken für die Nachdruckgenehmigungen der folgenden Institutionen:

The Association of American Geographers: Abb. 6.1 *„Largest absolute growth in information flows, 1982 und 1990"*, Daten von Federal Express, bearbeitet von R.L. Michelson und J.O. Wheeler, „The flow of information in a global economy: the role of the American urban system in 1990", *Annals of the Association of American Geographers*, 84: 1. Copyright © 1994 The Association of American Geographers, Washington DC.

The Association of American Geographers: Abb. 6.2 *„Exports of information from the United States to major world regions and centers"*, Daten von Federal Express, 1990, bearbeitet von R.L. Michelson und J.O. Wheeler, „The flow of information in a global economy: the role of the American urban system in 1990", *Annals of the Association of American Geographers*, 84: 1. Copyright © 1994 The Association of American Geographers, Washington DC.

Business Week: Tabelle 2.10 *„Stocks valuation, 1995-1999: the Standard & Poor 500's top growth stocks"*, Bloomberg Financial Markets, zusammengestellt von *Business Week*. Copyright © 1999 McGraw Hill, New York.

University of California: Abb. 4.9 *„Percentage of working-age Californians employed in ‚traditional' jobs, 1999"*. Copyright © 1999 University of California und The Field Institute, San Francisco.

University of California: Abb. 4.10 *„Distribution of working-age Californians by ‚traditional jobs' status and length of tenure in the job, 1999"*. Copyright © 1999 University of California and The Field Institute, San Francisco.

University of California Library: Abb. 4.11 *„The Japanese labor market in the postwar period"*, Yuko Aoyama, „Locational strategies of Japanese multinational corporations in electronics", University of California PhD Dissertation, erarbeitet auf der Grundlage von Informationen der japanischen Wirtschaftsplanungsagentur, *Gaikokujin rodosha to shakai no shinro*, 1989, S. 99, Abb. 4.1.

CEPII-OFCE: Tabelle 2.3 *„Evolution of the productivity of business sectors (% average annual growth rate)"*, Datenbank des MIMOSA-Modells. Copyright © CEPII-OFCE.

CEPII-OFCE: Tabelle 2.4 *„Evolution of productivity in sectors not open to free trade (% average annual growth rate)"*, Datenbank des MIMOSA-Modells. Copyright © CEPII-OFCE.

The Chinese University Press: Abb. 6.5 *„Diagrammatic representation of major nodes and links in the urban region of the Pearl River Delta"*, bearbeitet von E. Woo, „Urban Development", in Y.M. Yeung und D.K.Y. Chu, Guandong:

Survey of a Province Undergoing Rapid Change. Copyright © 1994 Chinese University Press, Hong Kong.

Economic Policy Institute: Tabelle 4.29 entnommen aus Lawrence Mishel, Jared Bernstein und John Schmitt, *The State of Working America 1998-1999*. Copyright © 1999 Cornell University. Abgedruckt mit Erlaubnis des Verlags, Cornell University Press.

Defence Research Establishment Ottawa: Abb. 7.3 „*War deaths relative to world population, by decade, 1720-2000*", G.D. Kaye, D.A. Grant und E.J. Emond, Major Armed Conflicts: a Compendium of Interstate and Intrastate Conflict, 1720 to 1985, Report to National Defense, Canada. Copyright © 1985 Operational Research and Analysis Establishment, Ottawa.

Economic Policy Institute: Abb. 4.8 „*Employment in the temporary help industry in the United States, 1982-1997*", Analyse von Daten des Bureau of Labor Statistics durch Lawrence Mishel, Jared Bernstein und John Schmitt, *The State of Working America 1998-99*. Copyright © Cornell University Press/Economic Policy Institute, Ithaca and London.

The Economist: Abb. 2.2 "*Estimate of evolution of productivity in the United States, 1972-1999 (output per hour)*", Bureau of Labor Statistics, bearbeitet von Robert Gordon in „The new economy: work in progress", in *The Economist*, S. 21-24. Copyright © 1999 The Economist, London (24. Juli). Abgedruckt mit Erlaubnis des Verlages.

The Economist: Abb. 2.9 „*Declining dividends payments*", in „Shares without the other bit" in *The Economist*, S. 135. Copyright © 1999 The Economist, London (20. November). Abgedruckt mit Erlaubnis des Verlages.

The Economist: Abb. 5.1 „*Media sales in 1998 of major media groups*", Unternehmensberichte; Veronis, Suhler and Associates; Zenith Media; Warburg Dillon Read; bearbeitet von *The Economist*, 1, S. 62. Copyright © 1999 The Economist, London (11. Dezember). Abgedruckt mit Erlaubnis des Verlages.

The Economist: Abb. 5.2 „*Strategic alliances between media groups in Europe, 1999*", Warburg Dillon Read, bearbeitet von *The Economist*, 1, S. 62. Copyright © 1999 The Economist, London (11. Dezember). Abgedruckt mit Erlaubnis des Verlages.

Harvard University Press: Abb. 4.3 „*Index of employment growth by region, 1973-1999*", eine ältere Version dieses Schaubildes findet sich in *Sustainable Flexibility*, OCDE/GD(97)48; bearbeitet von Martin Carnoy, *Sustaining the New*

Economy: Work, Family and Community in the Information Age, Cambridge, Mass.: Harvard University Press. Copyright © 2000 Russell Sage Foundation.

Harvard University Press: Abb. 4.4 „*Part-time workers in employed labor force in OECD countries, 1983-1998*", eine ältere Version dieses Schaubildes findet sich in *Sustainable Flexibility*, OCDE/GD(97)48; bearbeitet von Martin Carnoy in *Sustaining the New Economy: Work, Family and Community in the Information Age*, Cambridge, Mass.: Harvard University Press. Copyright © 2000 Russell Sage Foundation.

Harvard University Press: Abb. 4.5 „*Self-employed workers in employed labor force in OECD countries, 1983-1993*", eine ältere Version dieses Schaubildes findet sich in *Sustainable Flexibility*, OCDE/GD(97)48; bearbeitet von Martin Carnoy in *Sustaining the New Economy: Work, Family and Community in the Information Age*, Cambridge, Mass.: Harvard University Press. Copyright © 2000 Russell Sage Foundation.

Harvard University Press: Abb. 4.6 „*Temporary workers in employed labor force in OECD countries, 1983-1997*"; eine ältere Version dieses Schaubildes findet sich in *Sustainable Flexibility*, OCDE/GD(97)48; bearbeitet von Martin Carnoy in *Sustaining the New Economy: Work, Family and Community in the Information Age*, Cambridge, Mass.: Harvard University Press. Copyright © 2000 Russell Sage Foundation.

Harvard University Press: Abb. 4.7 „*Non-standard forms of employment in employed labor force in OECD countries, 1983-1994*"; eine ältere Version dieses Schaubildes findet sich in *Sustainable Flexibility*, OCDE/GD(97)48; bearbeitet von Martin Carnoy in *Sustaining the New Economy: Work, Family and Community in the Information Age*, Cambridge, Mass.: Harvard University Press. Copyright © 2000 Russell Sage Foundation.

Harvard University Press: Abb. 4.12 „*Annual growth of productivity, employment, and earnings in OECD countries, 19841998*"; Daten der OECD, zusammengestellt und bearbeitet Martin Carnoy in *Sustaining the New Economy: Work, Family and Community in the Information Age*, Cambridge, Mass.: Harvard University Press. Copyright © 2000 Russell Sage Foundation.

Harvard University Press: Abb. 7.1 „*Labor force participation rate (%) for men 55-64 years old in eight countries, 1970-1998*", A. M. Guillemard, „Travailleurs vieillissants et marché du travail en Europe", *Travail et emploi*, September 1993, und Martin Carnoy in *Sustaining the New Economy: Work, Family and Community in the Information Age*, Cambridge, Mass.: Harvard University Press. Copyright © 2000 Russell Sage Foundation.

Harvard University Press: Tabelle 4.23 „*Employment in manufacturing, major countries and regions, 1970-1997 (thousands)*", International Labor Office, *Statistical Yearbook*, 1986, 1988, 1994, 1995, 1996, 1997; OECD, *Labour Force Statistics, 1977-1997* (Paris: OECD, 1998); OECD, *Main Economic Indicators: Historical Statistics, 1962-1991* (Paris: OECD, 1993), zusammengestellt und berarbeitet von Martin Carnoy in *Sustaining the New Economy: Work, Family and Community in the Information Age*, Cambridge, Mass.: Harvard University Press. Copyright © 2000 Russell Sage Foundation.

Harvard University Press: Tabelle 4.24 „*Employment shares by industry/occupation and ethnic/gender group of all workers in the United States, 1960-1998 (percent)*", US Department of Commerce, Bureau of the Census, *1 Percent Sample, US Population Census, 1960, 1970*, zusammengestellt von Martin Carnoy in *Sustaining the New Economy: Work, Family and Community in the Information Age*, Cambridge, Mass.: Harvard University Press. Copyright © 2000 Russell Sage Foundation.

Harvard University Press: Tabelle 4.25 „*Information technology spending per worker (1987-1994), employment growth (1987-1994), and unemployment rate (1995) by country*", abgeleitet von OECD, *Information Technology Outlook, 1995* (Paris: OECD, 1996, Abb. 2.1); Beschäftigungszuwachs von OECD, *Labour Force Statistics, 1974-1994*; Arbeitslosenquoten von OECD, *Employment Outlook* (Juli 1996), zusammengestellt und bearbeitet von Martin Carnoy in *Sustaining the New Economy: Work, Family and Community in the Information Age*, Cambridge, Mass.: Harvard University Press. Copyright © 2000 Russell Sage Foundation.

Harvard University Press: Tabelle 4.26 „*Main telephone lines per employee (1986 and 1993) and Internet hosts per 1,000 population (January 1996) by country*", *ITU Statistical Yearbook, 1995*, S. 270-275; Sam Paltridge, „How competition helps the Internet", *OECD Observer*, no. 201 (Aug.-Sep.) 1996, S. 201; OECD, *Information Technology Outlook*, 1995, Abb. 3.5, zusammengestellt und bearbeitet von Martin Carnoy in *Sustaining the New Economy: Work, Family and Community in the Information Age*, Cambridge, Mass.: Harvard University Press. Copyright © 2000 Russell Sage Foundation.

Harvard University Press: Tabelle 4.27 „*Men's and women's employment/population ratios, 15-64 years old, 1973-1998 (percent)*", OECD, *Employment Outlook* (Juli 1996, Tabelle A); OECD, *Employment Outlook* (Juni 1999, Tabelle B), zusammengestellt von Martin Carnoy in *Sustaining the New Economy: Work, Family and Community in the Information Age*, Cambridge, Mass.: Harvard University Press (i.E.). Copyright © 2000 Russell Sage Foundation.

Humboldt-Universität zu Berlin: Tabelle 7.2 „*Potential lifelong working hours, 1950-1985*", K. Schuldt, „Soziale und ökonomische Gestaltung der Elemente der Lebensarbeitzeit der Werktätigen", unveröffentlichte Dissertation, S. 43. Copyright © 1990 Humboldt-Universität zu Berlin, Berlin.

Iwanami Shoten Publishers: Tabelle 4.28 „*Percentage of standard workers included in the* chuki koyo *system of Japanese firms*", Masami Nomura, *Syushin Koyo*. Copyright © 1994 Iwanami Shoten, Tokyo.

International Labour Organization: Abb. 4.2 „*Total fertility rates for nationals and foreigners, selected OECD countries*", SOPEMI/OECD, bearbeitet von P. Stalker, *The Work of Strangers: a Survey of International Labour Migration*. Copyright © 1994 International Labour Organization, Geneva.

Kobe College: Abb. 7.2 „*Ratio of hospitalized deaths to total deaths (%) by year, 1947-1987*", Koichiri Kuroda, „Medicalization of death: changes in site of death in Japan after World War Two", unveröffentlichtes Forschungspapier, 1990, Department of Inter-cultural Studies, Kobe College, Hyogo.

MIT Press: Abb. 6.11 „*Barcelona: Paseo de Gracia*", Allan Jacobs, *Great Streets*. Copyright © 1993 MIT Press, Cambridge, MA.

MIT Press: Abb. 6.12 „*Irvine, California: business complex*", Allan Jacobs, *Great Streets*. Copyright © 1993 MIT Press, Cambridge, MA.

Notisum AB: Tabelle 7.3 „*Duration and reduction of working time, 1970-1987*", L.O. Pettersson, „Arbetstider i tolv Lander", *Statens offentliga utrednigar*, 53. Copyright © 1989 Notisum AB, Frölunda.

OECD: Tabelle 2.2 „*Productivity in the business sector (percentage changes at annual rates)*", in *Economic Outlook*, Juni. Copyright © 1995 OECD, Paris.

Polity Press: Tabelle 2.6 „*Cross-border transactions in bonds and equities, 1970-1996*", IWF 1997, *World Economic Outlook. Globalization: Challenges and Opportunities*, Washington, DC, S. 60, zusammengestellt von David Held, Anthony McGrew, David Goldblatt und Jonathan Perraton, *Global Transformations*, S. 224. Copyright © 1999 Polity/Stanford University Press, Cambridge. Abgedruckt mit Erlaubnis des Verlages.

Polity Press: Tabelle 2.7 „*Foreign assets and liabilities as a percentage of total assets and liabilities of commercial banks for selected countries, 1960-1997*", berechnet nach IWF, *International Financial Statistics Yearbook* (versch. Jahrgänge), bearbeitet von David Held, Anthony McGrew, David Goldblatt und Jonathan Perraton, *Global Transformations*, S. 227. Copyright © 1999 Polity/Stanford University Press, Cambridge. Abgedruckt mit Erlaubnis des Verlages.

Polity Press: Tabelle 2.8 *„Direction of world exports, 1965-1995 (percentage of world total)"*, berechnet nach IWF, *Direction of Trade Statistics Yearbook* (versch. Jahrgänge), bearbeitet von David Held, Anthony McGrew, David Goldblatt und Jonathan Perraton, *Global Transformations*, S. 172. Copyright © 1999 Polity/Stanford University Press, Cambridge. Abgedruckt mit Erlaubnis des Verlages.

Polity Press: Tabelle 2.9 *„Parent corporations and foreign affiliates by area and country, latest available year (number)"*, UNCTAD, 1997 (*World Investment Report: Transnational Corporations, Market Structure and Competition Policy*), 1998, zusammengestellt von David Held, Anthony McGrew, David Goldblatt und Jonathan Perraton, *Global Transformations*, S. 245. Copyright © 1999 Polity/Stanford University Press, Cambridge. Abgedruckt mit Erlaubnis des Verlages.

Population Council: Tabelle 4.22 *„Foreign resident population in Western Europe, 1950-1990"*, H. Fassmann and R. Münz, „Patterns and trends of international migration in Western Europe", *Population and Development Review*, 18: 3. Copyright © 1992 Population Council, New York.

Routledge: Abb. 2.8 *„Share of growth from high-tech sector in the United States, 1986-1998"*, US Commerce Department, bearbeitet von Michael J. Mandel in seinem Aufsatz „Meeting the challenge of the new economy", in *Blueprint*, Winter, online-Ausgabe. Copyright © 1999 Routledge, London.

Statistics Bureau and Statistics Center: Tabelle 4.17 *„Japan: percentage distribution of employment by occupation, 1955-1990"*, *Statistical Yearbook of Japan*. Copyright © 1991 Statistics Bureau and Statistics Center, Tokyo. Abgedruckt mit Erlaubnis des Verlages.

Es wurde alles unternommen, die Eigentümer der Copyrights aufzufinden. Auf entsprechende Hinweise wird der Verlag gern jegliche Irrtümer oder Auslassungen in der obigen Liste bei erster Gelegenheit korrigieren.

Vorbemerkung 1996

Dieses Buch war zwölf Jahre lang im Entstehungsprozess, während meine Forschung und mein Schreiben versuchten, mit einem Studienobjekt gleichzuziehen, das sich schneller ausdehnte als meine Arbeitsfähigkeit. Dass ich dennoch eine – wenn auch vorläufige – Form des Abschlusses erreichen konnte, liegt an der Mitarbeit, Hilfe und Unterstützung durch eine Reihe von Menschen und Institutionen.

Mein erster und tiefster Ausdruck der Dankbarkeit gilt Emma Kiselyova, deren Mitarbeit unerlässlich war, um Informationen für mehrere Kapitel zu erhalten, durch Hilfe bei der Ausarbeitung des Buches, durch den Zugang zu Sprachen, die ich nicht verstehe, und durch Kommentare, Bewertungen und Ratschläge zum gesamten Manuskript.

Ich möchte den Organisatoren von vier außergewöhnlichen Foren danken, auf denen die wichtigsten Ideen des Buches 1994-1995 während der Endphase der Bearbeitung gründlich diskutiert und entsprechend korrigiert wurden: die von Ida Susser organisierte Sondersitzung zu diesem Buch beim Treffen der American Anthropological Association 1994; das von Loïc Wacquant organisierte Kolloquium des Department of Sociology in Berkeley; das internationale Seminar über neue Welttrends, das in Brasilia um Fernando Henrique Cardoso organisiert wurde, als er die Präsidentschaft Brasiliens antrat; die Seminarreihe an der Hitotsubashi-Universität in Tokyo, die von Shukiro Yazawa initiiert wurde.

Verschiedene Kolleginnen und Kollegen haben den gesamten Entwurf des Buches oder bestimmte Kapitel sorgfältig gelesen und viel Zeit aufgewandt, um ihn zu kommentieren. Das hat zu bedeutsamen und umfangreichen Korrekturen am Text geführt. Die verbleibenden Fehler im Buch sind ausschließlich meine eigenen. Viele positive Beiträge sind den Kritikern zuzurechnen. Ich möchte für die kolllegialen Anstrengungen von Stephen S. Cohen, Martin Carnoy, Alain Touraine, Anthony Giddens, Daniel Bell, Jesus Leal, Shujiro Yazawa, Peter Hall, Chu-joe Hsia, You-tien Hsing, François Bar, Michael Borrus, Harley Shaiken, Claude Fischer, Nicole Woolsey Biggart, Bennett Harrison, Anne Marie Guillemard, Richard Nelson, Loïc Wacquant, Ida Susser, Fernando Calderon, Roberto Laserna, Alejandro Foxley, John Urry, Guy Benveniste, Katherine Burlen, Vicente Navarro, Dieter Ernst, Padmanabha Gopinath, Franz Lehner, Julia Trilling, Robert Benson, David Lyon und Melvin Kranzberg danken.

Während der gesamten letzten zwölf Jahre haben eine Reihe von Institutionen die Grundlage meiner Arbeit ausgemacht. Da ist zu allererst meine akademische Heimat, die University of California at Berkeley und genauer die akademischen Einheiten, in denen ich gearbeitet habe: das Department of City and Regional Planning, das Department of Sociology, das Center for Western European Studies, das Institute of Urban and Regional Development und der Berkeley Roundtable on the International Economy. Sie alle haben mir und meiner Forschung mit ihrer materiellen und institutionellen Unterstützung und dadurch geholfen, dass sie die angemessene Umgebung boten, um zu denken, Vorstellungen zu entwickeln, zu wagen, nachzuforschen, zu diskutieren und zu schreiben. Ein Schlüsselaspekt dieser Umgebung und daher meines Verständnisses von der Welt ist die Intelligenz und Offenheit der Postgraduierten, mit denen ich das Glück hatte, zu tun zu haben. Einige von ihnen waren auch überaus hilfreich als Forschungsassistenten, und ihr Beitrag zu diesem Buch muss anerkannt werden: You-tien Hsing, Roberto Laserna, Yuko Aoyama, Chris Benner und Sandra Moog. Ich möchte auch die wertvolle Hilfe bei meiner Forschung erwähnen, die ich von Kekuei Hasegawa an der Hitotsubashi-Universität erfahren habe.

Andere Institutionen in verschiedenen Ländern haben ebenfalls Unterstützung geboten, um die Forschung durchzuführen, die in diesem Buch vorgelegt wird. Indem ich sie nenne, spreche ich meinen Dank an ihre Direktoren und die vielen Kolleginnen und Kollegen in diesen Institutionen aus, die mich darüber belehrt haben, wovon ich in diesem Buch geschrieben habe. Dies sind: Instituto de Sociología de Nuevas Tecnologías, Universidad Autónoma de Madrid; International Institute of Labour Studies, International Labour Office, Genf; die sowjetische (später russische) Vereinigung für Soziologie; das Institut für Ökonomie und Industrielle Ingenieurwissenschaft am Sibirischen Zweig der Akademie der Wissenschaften der UdSSR (später Russlands); Universidad Mayor de San Simon, Cochabamba, Bolivien; Instituto de Investigaciónes Sociales, Universidad Nacional Autónoma de Mexico; Center for Urban Studies, University of Hong Kong; Center for Advanced Studies, National University of Singapore; Institute of Technology and International Economy, The State Council, Beijing; National Taiwan University, Taipei; Korean Research Institute for Human Settlement, Seoul; und Faculty of Social Studies, Hitotsubashi University, Tokyo.

Ich möchte besonders John Davey erwähnen, den Verlagsdirektor von Blackwell, dessen intellektuelle Interaktion und hilfreiche Kritik über mehr als 20 Jahre hinweg wertvoll für die Entwicklung meiner Schriften gewesen sind, und der mir aus den häufig auftauchenden Sackgassen herausgeholfen hat, indem er mir in Erinnerung rief, dass Bücher dazu da sind, Ideen zu vermitteln und nicht, Wörter zu drucken.

Nicht zuletzt möchte ich meinem Chirurgen, Dr. Lawrence Werboff und meinem Internisten, Dr. James Davis danken, beide am Mount Zion Hospital, University of California at San Francisco. Ihre Sorgfalt und Professionalität schenkten mir Zeit und Energie, dieses Buch abzuschließen und vielleicht noch andere.

Berkeley, California
März 1996

Prolog: Das Netz und das Ich

> *„Hältst Du mich für einen gelehrten, belesenen Mann?"*
> *„Gewiß"* antwortete Zi-gong. *„So ist es doch?"*
> *„Keineswegs,"* sagte Konfuzius. *„Ich habe einfach einen Faden aufgegriffen, der mit dem Rest zusammenhängt."*
> Sima Qian, „Konfuzius"[1]

Gegen Ende des zweiten Jahrtausends christlicher Zeitrechnung haben mehrere Ereignisse von historischer Tragweite die gesellschaftliche Landschaft des menschlichen Lebens verändert. Eine technologische Revolution, in deren Mittelpunkt die Informationstechnologien stehen, hat begonnen, die materielle Basis der Gesellschaft in zunehmendem Tempo umzuformen. Volkswirtschaften auf der ganzen Welt sind heute global interdependent. Das hat zu einer neuen Form der Beziehung zwischen Wirtschaft, Staat und Gesellschaft geführt, die nun in das System einer variablen Geometrie eingefügt sind. Der Zusammenbruch des sowjetischen Etatismus und das darauffolgende Ende der internationalen kommunistischen Bewegung haben dem historischen Gegengewicht zum Kapitalismus vorläufig die Grundlage entzogen, die politische Linke (und die Marxsche Theorie) vor der tödlichen Anziehungskraft des Marxismus-Leninismus gerettet, den Kalten Krieg beendet, das Risiko des atomaren Holocaust vermindert und die geopolitische Weltlage grundlegend verändert. Der Kapitalismus selbst hat einen Prozess grundlegender Neustrukturierung durchgemacht. Diese Neustrukturierung ist gekennzeichnet durch größere Flexibilität des Managements; durch Dezentralisierung und Vernetzung innerhalb und zwischen einzelnen Unternehmen und zwischen; durch beträchtlichen Machtzuwachs für das Kapital gegenüber den Anbietern von Arbeitskraft und, damit einhergehend, einem Verlust an Einfluss für die Arbeiterbewegung; durch zunehmende Individualisierung und Diversifizierung der Arbeitsbeziehungen; durch die massenhafte Einbeziehung von Frauen bezahlte Arbeit, in der Regel unter diskriminierenden Bedingungen; durch staatliche Intervention, um die Märkte selektiv zu deregulieren und den Wohlfahrtsstaat abzubauen, was je nach der Natur der politischen Mächte und Institutionen in den einzelnen Gesellschaften mit unterschiedlicher Intensität und Ausrichtungen geschah; durch verstärkten globalen ökonomi-

---

1 Berichtet von Sima Qian (145-ca. 89 v. Chr.), „Confucius" in Hu Shi, *The Development of Logical Methods in Ancient China* (Shanghai: Oriental Book Company 1922), zitiert nach Qian (1985: 125).

schen Wettbewerb vor dem Hintergrund zunehmender geografischer und kultureller Ausdifferenzierung der Rahmenbedingungen von Kapitalakkumulation und Management. Als Folge dieser nicht abgeschlossenen Generalüberholung des kapitalistischen Systems haben wir die globale Integration der Finanzmärkte beobachtet, den Aufstieg der asiatischen Pazifikregion zum neuen führenden globalen Industriezentrum, die mühselige wirtschaftliche Einigung Europas, das Entstehen einer nordamerikanischen Regionalwirtschaft, die Ausdifferenzierung und anschließende Desintegration der früheren Dritten Welt, die allmähliche Transformation Russlands und des früheren sowjetischen Einflussbereiches zu Marktwirtschaften, die Integration der wertvollen Teilbereiche von Volkswirtschaften auf der ganzen Welt in ein interdependentes, in Echtzeit funktionierendes System. Eine Folge dieser Prozesse war auch die Verschärfung der ungleichen Entwicklung, und zwar diesmal nicht nur zwischen dem Norden und dem Süden, sondern zwischen den dynamischen Segmenten und Territorien in Gesellschaften an jedem beliebigen Ort und jenen anderen, die Gefahr laufen, für die Logik des Systems irrelevant zu werden. Wir beobachten zeitgleich nebeneinander das Entfesseln der gewaltigen Produktivkräfte der informationellen Revolution und die Konsolidierung schwarzer Löcher menschlichen Elends innerhalb der globalen Wirtschaft, sei es in Burkina Faso, in den South Bronx, in Kamagasaki, in Chiapas oder in La Courneuve.

Gleichzeitig sind kriminelle Aktivitäten und mafiaartige Organisationen auf der ganzen Welt ebenfalls global und informationell geworden; sie liefern die Mittel, um geistige Hyperaktivität und verbotene Begierden zu stimulieren, und treiben zugleich illegalen Handel mit Waren aller Art, von raffinierten Waffen bis zu menschlichem Fleisch. Weiter integriert ein neues Kommunikationssystem, das immer mehr eine universale, digitale Sprache spricht, auf globaler Ebene die Produktion und Distribution von Wörtern, Tönen und Bildern unserer Kultur und passt sie zugleich den individuellen Geschmacksrichtungen und Gemütslagen an. Interaktive Computernetzwerke nehmen exponenziell zu, schaffen neue Formen und neue Kanäle der Kommunikation, formen das Leben und werden zugleich durch das Leben geformt.

Der soziale Wandel ist ebenso dramatisch wie die technologischen und wirtschaftlichen Transformationsprozesse. Ungeachtet aller Schwierigkeiten, die dem Transformationsprozess der Lage von Frauen anhaften, ist der Patriarchalismus doch ernsthaft attackiert und in einer Reihe von Gesellschaften auch erschüttert worden. So sind die Geschlechterverhältnisse in einem großen Teil der Welt von einer Sphäre kultureller Reproduktion zu einem umkämpften Bereich geworden. Daraus hat sich eine grundlegende Neudefinition der Beziehungen zwischen Frauen, Männern und Kindern ergeben, also der Familie, der Sexualität und der Persönlichkeit. Das Umweltbewusstsein ist bis in die Institutionen der Gesellschaft vorgedrungen. Seine Werte haben politische Anziehungskraft gewonnen, was allerdings auch bedeutet, dass sie in der alltäglichen Praxis von Großunternehmen und Bürokratien verraten und manipuliert werden. Die politischen Systeme stecken in einer strukturellen Legitimitätskrise, sie werden periodisch von Skandalen erschüttert, sind in ihrem Kern abhängig von Medienberichterstattung und personalisierter Führung und zunehmend von den Bürgern isoliert. Soziale Bewegungen sind meist zersplittert, lokal fixiert, auf Einzelfragen orientiert und kurzlebig; sie haben sich entweder in ihre innere Welt vergraben oder brechen nur für einen Augenblick auf ein medienwirksames Symbol konzentriert hervor. Der religiöse Fundamentalismus – christlich, islamisch, jüdisch, hinduistisch oder selbst buddhistisch (was als Widerspruch in sich erscheint) – ist wahrscheinlich die mächtigste Kraft, die in diesen wirren Zeiten persönliche Sicherheit vermittelt und kollektive Mobilisierung bewirkt. In einer Welt der globalen Ströme von Reichtum, Macht und Bildern wird die Suche nach Identität – kollektiv oder individuell, askriptiv oder konstruiert – zur grundlegenden Quelle gesellschaftlicher Sinnstiftung. Das ist keine neue Entwicklung, denn Identität – zumal religiöse und ethnische Identität – war seit dem Anbrechen der menschlichen Gesellschaft eine der Wurzeln von Sinn. Heute aber wird Identität in einer historischen Periode der weitverbreiteten Entstrukturierung von Organisationen, der Delegitimierung von Institutionen, des Absterbens bedeutender sozialer Bewegungen und kurzatmiger kultureller Ausdrucksformen zur wichtigsten und manchmal zur einzigen Quelle von Sinn. Die Menschen organisieren Sinn immer weniger um das herum, was sie tun, sondern vielmehr auf der Grundlage dessen, was sie sind, oder doch zu sein glauben. Unterdessen schalten globale Netzwerke des instrumentellen Austauschs Individuen, Gruppen, Regionen und sogar ganze Länder selektiv an und ab, je nach ihrer Bedeutung für die Erfüllung der Ziele, die in dem jeweiligen Netzwerk in einem nicht abreißenden Strom strategischer Entscheidungen verfolgt werden. Daher tut sich ein tiefer Riss auf zwischen einem abstrakten, universalen Instrumentalismus und historisch verwurzelten partikularen Identitäten. *Unsere Gesellschaften sind immer mehr durch den bipolaren Gegensatz zwischen dem Netz und dem Ich strukturiert.*

In dieser Situation struktureller Schizophrenie zwischen Funktion und Sinn geraten die Muster gesellschaftlicher Kommunikation immer stärker unter Druck. Und wenn Kommunikation zusammenbricht, wenn sie nicht mehr existiert, nicht einmal mehr in der Form konfliktiver Kommunikation (wie im Fall sozialer Kämpfe oder politischer Opposition), dann werden die sozialen Gruppen und Individuen einander entfremdet, sie sehen sich gegenseitig als Fremde und schließlich als Bedrohung. In diesem Prozess greift soziale Fragmentierung um sich, weil Identitäten enger definiert werden, und es immer schwieriger wird, sie zu Quellen der Gemeinsamkeit werden zu lassen. Die informationelle Gesellschaft in ihren globalen Ausdrucksformen ist auch die Welt von *Aum Shinrikyo*, der amerikanischen Miliz, der islamisch/christlichen Bestrebungen zur Errichtung von Theokratien und des reziproken Völkermords zwischen Hutu und Tutsi.

Verunsichert von Größenordnung und Ausmaß der historischen Veränderung wenden sich Kultur und Denken unserer Zeit häufig einem neuen Chiliasmus zu. Propheten der neuen Technologien predigen das *New Age* und extrapolieren dabei die kaum verstandene Logik von Computern und DNA auf gesellschaftliche Entwicklungen und Organisationsformen. Die postmoderne Kultur und Theorie gefallen sich darin, das Ende der Geschichte – und bis zu einem gewissen Grade auch – das Ende der Vernunft zu feiern, verabschieden unsere Fähigkeit zu verstehen und den Dingen, selbst dem Unsinn, einen Sinn zu verleihen. Dahinter versteckt sich die Hinnahme einer vollständigen Individualisierung des Verhaltens und der Machtlosigkeit der Gesellschaft gegenüber ihrem eigenen Schicksal.

Das Projekt, um das es in diesem Buch geht, schwimmt gegen den Strom der Zerstörung und nimmt Anstoß an den verschiedenen Formen des intellektuellen Nihilismus, gesellschaftlichen Skeptizismus und politischen Zynismus. Ich glaube an Rationalität und an die Möglichkeit, sich auf Vernunft zu berufen, ohne sie zu vergötzen. Ich glaube an die Möglichkeiten sinnvollen sozialen Handelns und einer auf Veränderung hinarbeitenden Politik, ohne notwendigerweise den tödlichen Stromschnellen absoluter Utopien entgegenzutreiben. Ich glaube an die befreiende Kraft der Identität und akzeptiere weder die Notwendigkeit ihrer Individualisierung noch ihrer Vereinnahmung durch den Fundamentalismus. Und ich stelle die Hypothese auf, dass alle wesentlichen Tendenzen des Wandels, die unsere neue, verwirrende Welt ausmachen, miteinander in Beziehung stehen und dass wir in ihren Wechselbeziehungen einen Sinn erkennen können. Und in der Tat glaube ich trotz einer langen Tradition zuweilen tragischer intellektueller Irrtümer, dass Beobachten, Analysieren und Theoretisieren einen Weg bieten, eine andere, bessere Welt zu schaffen. Nicht, indem wir Antworten vorgeben – das ist für jede Gesellschaft spezifisch und muss von den gesellschaftlichen Akteuren selbst besorgt werden – sondern indem wir einige grundlegende Fragen stellen. Dieses Buch möchte ein bescheidener Beitrag zu einer zwangsläufig kollektiven analytischen Anstrengung sein, die vielerorts bereits unternommen wird, und deren Ziel es ist, unsere neue Welt auf der Grundlage des verfügbaren Beweismaterials und einer explorativen Theorie zu verstehen.

Erste Schritte in diese Richtung sind: Wir müssen die Technologie ernst nehmen, sie zum Ausgangspunkt dieser Untersuchung machen; wir müssen den Prozess revolutionärer technologischer Veränderung in dem gesellschaftlichen Zusammenhang verorten, in dem er stattfindet und durch den er geprägt wird; und wir sollten im Auge behalten, dass die Suche nach Identität bei der neuen historischen Richtungsbestimmung ebenso machtvoll ist wie der technologischökonomische Wandel. Unter diesen Grundvoraussetzungen begeben wir uns auf unsere intellektuelle Reise; ihre Route wird uns in eine Vielzahl von Bereichen, quer durch verschiedene Kulturen und institutionelle Zusammenhänge führen, denn das Verständnis einer globalen Transformation erfordert eine Perspektive, die so global als möglich ist – im Rahmen der offenkundigen Grenzen von Erfahrung und Wissen des Autors.

Technologie, Gesellschaft und historischer Wandel

Weil die informationstechnologische Revolution den gesamten Bereich menschlicher Aktivität durchdringt, nehme ich sie zum Ausgangspunkt, um die Komplexität der entstehenden neuen Wirtschaft, Gesellschaft und Kultur zu analysieren. Diese methodologische Entscheidung besagt nicht, dass die neuen gesellschaftlichen Formen und Prozesse als Folge technologischen Wandels entstehen. Selbstverständlich determiniert die Technologie nicht die Gesellschaft.[2] Noch schreibt die Gesellschaft den Gang des technologischen Wandels vor, denn in den Prozess der wissenschaftlichen Entdeckung, technologischen Innovation und gesellschaftlichen Anwendung greifen viele Faktoren ein, zu denen auch individueller Einfallsreichtum und Unternehmergeist gehören. Das Endresultat ist daher abhängig von einem komplexen Muster von Interaktionen.[3] Das Dilemma des technologischen Determinismus ist vermutlich ein Scheinproblem,[4] weil die Technologie Gesellschaft *ist*, und weil die Gesellschaft ohne ihre technologischen Werkzeuge nicht verstanden oder dargestellt werden kann.[5] Als sich in den 1970er Jahren vor allem in den Vereinigten Staaten ein neues technologisches Paradigma mit der Informationstechnologie im Mittelpunkt herausbildete (Kap. 1), war es ein spezifisches Segment der amerikanischen Gesellschaft, das in Interaktion mit der globalen Wirtschaft und mit der Welt-Geopolitik eine neue Form der Produktion, der Kommunikation, des Managements und des Lebens entwickelte. Dass die Konstituierung dieses neuen Paradigmas in den Vereinigten Staaten erfolgte und speziell in Kalifornien und in den 1970er Jahren, hatte vermutlich erhebliche Konsequenzen für Form und Evolution der neuen Informationstechnologien. So haben zwar in den 1940er bis 1960er Jahren die Finanzierung durch das Militär und die Rüstungsmärkte eine entscheidende Rolle gespielt, um die frühen Stadien der Elektronikindustrie voranzubringen, jedoch lässt sich die technologische Blüte der frühen 1970er Jahre in gewisser Weise auf die Kultur der Freiheit, der individuellen Erneuerung und des Unternehmergeistes beziehen, die aus der Kultur der amerikanischen Universitäten der 1960er Jahre herauswuchs. Das gilt weniger in politischer Hinsicht, denn Silicon Valley war und ist vom Wahlverhalten her eine konservative Hochburg, und die meisten Innovatoren waren meta-politisch. Es geht mehr um die soziale Wertschätzung für den Bruch mit festgefahrenen Verhaltensmus-

---

2   S. hierzu die interessante Debatte in M.R. Smith und L. Marx (1994).
3   Die Technologie determiniert die Gesellschaft nicht, sie verkörpert sie. Doch auch die Gesellschaft determiniert nicht die technologische Innovation, sie benutzt sie. Das dialektische Verhältnis zwischen Gesellschaft und Technologie ist in den Arbeiten der besten Historiker wie Fernand Braudel präsent.
4   Der klassische Technologie-Historiker Melvin Kranzberg hat sich überzeugend gegen das falsche Dilemma des technologischen Determinismus gewandt; s. etwa Kranzbergs (1992) Rede bei der Annahme der Ehrenmitgliedschaft bei der National Association for Science, Technology and Society (NASTS).
5   Bijker u.a. (1987).

tern, sowohl in der Gesellschaft im Allgemeinen wie in der Geschäftswelt. Die Bevorzugung persönlicher Lösungen, von interaktiver Arbeit, von Vernetzung und die unablässige Jagd nach technologischen Durchbrüchen auch dann, wenn wenig wirtschaftliche Chancen damit verbunden schienen, stand in klarem Gegensatz zu der eher von Vorsicht geprägten Tradition der Welt der Großkonzerne. Die informationstechnologische Revolution hat den libertären Geist, der in den Bewegungen der 1960er Jahre zur Blüte gekommen war, halbbewusst[6] in der materiellen Kultur unserer Gesellschaften verbreitet. Aber sobald sich die neuen Informationstechnologien ausgebreitet hatten und von anderen Ländern, von verschiedenen Kulturen, von unterschiedlichen Organisationen und für alle möglichen Ziele angeeignet worden waren, kam es zu einer explosionsartigen Entwicklung aller Arten von Anwendungen und Nutzungen, die wieder in die technologische Innovation rückgekoppelt wurden und damit das Tempo des technologischen Wandels beschleunigten, seine Reichweite erweiterten und seine Quellen diversifizierten.[7] Ein Beispiel wird dabei helfen, die Wichtigkeit unbeabsichtigter gesellschaftlicher Folgen von Technologien zu verstehen.[8]

Bekanntlich geht das Internet auf einen waghalsigen Plan zurück, der in den 1960er Jahren von den technologischen Kriegern der US Defense Department Advanced Research Projects Agency (der mythischen DARPA) ausgeheckt wurde, um im Falle eines Atomkrieges die Übernahme oder Zerstörung der amerikanischen Kommunikationssysteme durch die Sowjets zu verhindern. In gewissem Maße war dies das elektronische Gegenstück zu der maoistischen Taktik, Guerillakräfte über ein riesiges Territorium zu verstreuen, um der Macht des Feindes mit Flexibilität und Geländekenntnis zu begegnen. Das Ergebnis war eine Netzwerk-Architektur, die sich, wie von ihren Erfindern beabsichtigt, von

---

6 Die faszinierende Sozialgeschichte einiger der wichtigsten Innovatoren der Revolution in den Computer-Technologien im Silicon Valley der 1970er Jahre, ihrer Werte und persönlichen Ansichten, muss erst noch geschrieben werden. Aber es gibt ein paar Hinweise darauf, dass sie es bewusst darauf anlegten, die zentralisierenden Technologien der Welt der Konzerne zu überwinden – sowohl aus Überzeugung wie auf der Suche nach Marktnischen. So erinnere ich z.B. an den berühmten Fernsehspot, mit dem Apple Computer 1984 den Macintosh vorstellte, ausdrücklich im Gegensatz zu IBM als dem Big Brother der Orwellschen Mythologie. Was den gegenkulturellen Charakter vieler dieser Innovatoren angeht, möchte ich auch auf die Lebensgeschichte des genialen Entwicklers des PCs verweisen: Steve Wozniak; nachdem er Apple aus Langeweile nach dessen Verwandlung in einen weiteren multinationalen Konzern verlassen hatte, gab er ein paar Jahre lang ein Vermögen aus, um Rock-Gruppen zu unterstützen, die er mochte. Dann gründete er eine neue Firma, um Technologien nach seinem eigenen Geschmack zu entwickeln. Nachdem er schließlich den PC entwickelt hatte, wurde Wozniak irgendwann klar, dass er keine formale Ausbildung in Informatik hatte, also schrieb er sich an der Universität in Berkeley ein. Um Peinlichkeiten zu vermeiden, benutzte er einen falschen Namen.

7 Ausgewählte Belege zu Variationen in den Mustern der Diffusion der Informationstechnologien in unterschiedlichen sozialen und institutionellen Kontexten s. u.a. Bertazzoni u.a. (1984); Guile (1985); Agence de l'Informatique (1986); Castells u.a. (1986); Landau und Rosenberg (1986); Bianchi u.a. (1988); Watanuki (1990); Freeman u.a. (1991); Wang (1994).

8 Eine informierte und vorsichtige Darstellung der Beziehungen zwischen Gesellschaft und Technologie gibt Fischer (1985).

keinerlei Zentrum kontrollieren lässt und aus Tausenden von autonomen Computer-Netzwerken besteht, die unzählige Möglichkeiten besitzen, sich zu verkoppeln und elektronische Barrieren zu umschiffen. Am Ende wurde das ARPANET, das vom US-Verteidigungsministerium begründete Netzwerk also, zur Grundlage für ein globales, horizontales Kommunikationsnetzwerk von Tausenden von Computer-Netzwerken (mit über 300 Mio. Usern im Jahr 2000 gegenüber 20 Mio. 1996 und bei anhaltend schnellem Wachstum). Individuen und Gruppen in aller Welt verwenden es für alle möglichen Zwecke, die weit entfernt sind von den Anliegen des erloschenen Kalten Krieges. So hat Subcommandante Marcos, der Führer der Zapatisten von Chiapas, denn auch das Internet genutzt, um aus den Tiefen des Lacandonischen Regenwaldes mit der Welt und mit den Medien zu kommunizieren. Und das Internet spielte eine entscheidende Rolle bei der Entwicklung der Falun Gong, des chinesischen Kultes, der 1999 die KP Chinas herausforderte, oder auch bei der Organisierung und Ausbreitung des Protestes gegen die Welthandelsorganisation (WTO) in Seattle im Dezember 1999.

Wenn aber die Gesellschaft die Technologie auch nicht determinieren kann, so kann sie doch – vor allem durch den Staat – ihre Entwicklung ersticken. Oder sie kann sich – ebenfalls in erster Linie durch den Staat – auf einen Prozess beschleunigter technologischer Modernisierung einlassen, der geeignet ist, innerhalb weniger Jahre das Schicksal von Wirtschaft, Militärmacht und sozialer Wohlfahrt zu verändern. In der Tat bestimmt die Fähigkeit oder Unfähigkeit von Gesellschaften, Technologie im Allgemeinen und vor allem die in der jeweiligen Epoche entscheidenden Technologien zu beherrschen, in hohem Maße ihr Schicksal, so dass man sogar sagen kann, die Technologie als solche determiniere zwar nicht die historische Evolution und den sozialen Wandel, die Technologie (oder ihr Fehlen) verkörpere aber die Fähigkeit von Gesellschaften, sich grundlegend zu verändern, und auch die Ziele, für die Gesellschaften in einem immer konfliktreichen Prozess ihr technologisches Potenzial einsetzen.[9]

So war um 1400, als die europäische Renaissance die intellektuellen Samen des technologischen Wandels aussäte, der drei Jahrhunderte später die Welt beherrschen sollte, Mokyr zufolge China die technologisch fortgeschrittenste Zivilisation der Welt.[10] Schlüsselinnovationen waren in China Jahrhunderte früher, ja anderthalb Jahrtausende früher entwickelt worden, wie im Fall des Hochofens, der in China schon um 200 v. Chr. den Eisenguss erlaubte. Auch führte Su Sung 1086 n. Chr. die Wasseruhr ein, die die Messgenauigkeit europäischer mechanischer Uhren derselben Zeit übertraf. Der Eisenpflug wurde im sechsten Jahrhundert eingeführt und zwei Jahrhunderte später dem Nassreisanbau angepasst. Im Textilbereich tauchte das Spinnrad zur selben Zeit auf wie im Westen

---

9 S. die Analysen in Castells (1988b); auch Webster (1991).
10 Meine Untersuchung der unterbrochenen technologischen Entwicklung Chinas beruht hauptsächlich auf einem außergewöhnlichen Kapitel in Joel Mokyr (1990: 209-238) und auf dem äußerst aufschlussreichen, freilich kontroversen Buch von Qian (1985).

– im 13. Jahrhundert –, machte aber in China viel schnellere Fortschritte, weil es eine lange Tradition hochentwickelter Webereiausrüstung gab: Streckstühle wurden in der Seidenweberei schon zur Han-Zeit verwendet. Die Anwendung der Wasserkraft verlief zeitgleich mit der in Europa: Seit dem achten Jahrhundert benutzten die Chinesen hydraulische Hammerwerke, und 1280 war das vertikale Wasserrad weit verbreitet. Ozeanreisen waren für die Chinesen zu einem früheren Zeitpunkt leichter als für Europäer: Sie erfanden den Kompass um 960 n. Chr., ihre Dschunken waren Ende des 14. Jahrhunderts die höchst entwickelten Schiffe der Welt und ermöglichten weite Seereisen. Im militärischen Bereich entwickelten die Chinesen neben der Erfindung des Schießpulvers eine chemische Industrie, die wirkungsvolle Sprengstoffe liefern konnte; Armbrust und Steinschleudermaschine wurden von chinesischen Armeen Jahrhunderte vor Europa benutzt. In der Medizin erbrachten Techniken wie die Akupunktur außerordentliche Erfolge, die erst vor kurzem allgemein anerkannt wurden. Und selbstverständlich war die erste Revolution in der Informationsverarbeitung chinesisch: Papier und Druck waren chinesische Erfindungen. Papier wurde in China 1.000 Jahre früher eingeführt als im Westen, und mit dem Drucken wurde bereits im späten siebten Jahrhundert begonnen. Wie Jones schreibt: „China befand sich im 14. Jahrhundert um Haaresbreite vor der Industrialisierung."[11] Die Tatsache, dass China sie nicht vollzog, veränderte die Weltgeschichte. Als ihm Großbritannien 1842 im Opiumkrieg seine kolonialen Ziele aufzwingen konnte, erkannte China zu spät, dass Isolation das Reich der Mitte nicht vor den schlimmen Folgen technologischer Unterlegenheit bewahren konnte. Es erforderte dann mehr als ein Jahrhundert, bis China damit beginnen konnte, sich von dieser katastrophalen Abweichung von seiner historischen Bahn zu erholen.

Die Erklärungen für diesen so überraschenden historischen Verlauf sind ebenso zahlreich wie kontrovers. Hier im Prolog fehlt der Platz, sich auf diese komplexe Debatte einzulassen. Aber die Forschungen und Analysen von Historikern wie Needham, Qian, Jones und Mokyr[12] bieten die Grundlage für eine Interpretation, die helfen könnte, die Interaktion zwischen Gesellschaft, Geschichte und Technik zu verstehen. Den meisten Hypothesen über kulturelle Unterschiede (selbst wenn sie keine implizit rassistischen Untertöne aufweisen) gelingt es, wie Mokyr zeigt, nicht, die Unterschiede, und zwar nicht die zwischen China und Europa, sondern die zwischen China um 1300 und China um 1800 zu erklären. Warum begannen eine Kultur und ein Reich, die Tausende von Jahren die technologische Führung in der Welt inne hatten, gerade in dem Moment technologisch zu stagnieren, als in Europa das Zeitalter der Entdeckungen und dann das der industriellen Revolution anbrach?

---

11 Jones (1981: 160), zit. nach Mokyr (1990: 219).
12 Needham (1954-1988, 1969, 1981); Qian (1985); Jones (1988); Mokyr (1990).

Needham meint, die chinesische Kultur neige mehr als westliche Wertvorstellungen zu einer harmonischen Beziehung zwischen Mensch und Natur, was durch schnelle technologische Innovation in Gefahr geraten wäre. Außerdem wendet er sich gegen die westlichen Kriterien zur Messung technologischer Entwicklung. Aber dieses kulturelle Beharren auf einem holistischen Entwicklungsansatz hatte die technologische Innovation jahrtausendelang nicht behindert, noch hatte sie die ökologischen Schäden als Folge der Bewässerungssysteme in Südchina gestoppt, wo die Bewahrung der Natur der landwirtschaftlichen Produktion untergeordnet wurde, um eine wachsende Bevölkerung zu ernähren. So wendet sich Wen-yuan Qian in seinem eindrucksvollen Buch gegen Needhams etwas übertriebenen Enthusiasmus für die Leistungen der traditionellen chinesischen Technologie, obwohl auch er ein Bewunderer des monumentalen Lebenswerkes von Needham ist. Qian fordert, den Zusammenhang zwischen den Entwicklungen der chinesischen Wissenschaft und den Charakteristika der chinesischen Zivilisation, die von der Dynamik des Staates beherrscht war, analytisch stärker herauszuarbeiten. Mokyr sieht gleichfalls den Staat als den entscheidenden Faktor zur Erklärung der Verlangsamung der technologischen Entwicklung Chinas in der Neuzeit. Die Erklärung kann in drei Schritten erfolgen: Die technologische Innovation hatte jahrhundertelang in erster Linie in der Hand des Staates gelegen; nach 1400 verlor der chinesische Staat unter der Ming- und der Qing-Dynastie das Interesse daran; und teilweise wegen ihrer Bindung an den Staatsdienst konzentrierten sich die kulturellen und gesellschaftlichen Eliten auf die Künste, die Geisteswissenschaften und ihr eigenes Fortkommen im Rahmen der kaiserlichen Bürokratie. Entscheidend waren also die Rolle des Staates und die sich ändernde Orientierung der staatlichen Politik. Warum sollte nun ein Staat, der der größte Hydraulik-Ingenieur der Geschichte gewesen war und seit der Han-Zeit ein System zur Verbesserung der landwirtschaftlichen Produktivität geschaffen hatte, plötzlich eine Hemmung gegenüber technologischer Innovation zeigen und sogar geografische Erkundungen verbieten, was sogar dazu führte, dass der Bau von Großschiffen um 1430 aufgegeben wurde? Die naheliegende Antwort lautet, dass es nicht mehr derselbe Staat war. Nicht nur, weil die Dynastien sich abgelöst hatten, sondern weil die bürokratische Klasse sich in einer ungewöhnlich langen Periode unangefochtener Herrschaft allzu sehr in der Verwaltung festgesetzt hatte.

Mokyr zufolge könnte der entscheidende Faktor für den technologischen Konservatismus die Furcht der Herrscher vor den möglicherweise zerstörerischen Auswirkungen technologischen Wandels für die soziale Stabilität gewesen sein. In China wie in anderen Ländern gab es zahlreiche Kräfte, die sich gegen die Ausbreitung von Technologie wandten, vor allem die städtischen Gilden. Die Bürokraten, die mit dem Stand der Dinge zufrieden waren, betrachteten mit Sorge die Möglichkeit, es könne zu sozialen Konflikten kommen und diese sich mit anderen Quellen latenter Opposition in einer Gesellschaft verbinden, die jahrhundertelang unter Kontrolle gehalten worden war. Selbst Kangxi und

Qianlong, die beiden aufgeklärten Manchu-Despoten des 18. Jahrhunderts, konzentrierten ihre Anstrengungen auf Befriedung und Ordnung und nicht etwa darauf, neuen Entwicklungen Raum zu geben. Vielmehr hielt man Erkundungen und Kontakte mit Ausländern jenseits des kontrollierten Handels und der Beschaffung von Waffen bestenfalls für unnötig, schlimmstenfalls für bedrohlich, weil sie Ungewissheit nach sich ziehen konnten. Ein bürokratischer Staat ohne Anreize von außen und mit internen Abschreckungsmitteln für diejenigen, die sich um technologische Modernisierung bemühten, entschied sich für die allervorsichtigste Neutralität. Damit wurde die technologische Entwicklungslinie unterbrochen, der China für Jahrhunderte, wenn nicht für Jahrtausende gefolgt war, und zwar gerade unter Führung des Staates. Eine genauere Untersuchung der Faktoren, die der Dynamik des chinesischen Staates unter der Ming- und Qing-Dynastie zugrundelagen, liegt eindeutig jenseits des Rahmens dieses Buches. Für uns sind die Schlussfolgerungen aus dieser wesentlichen Erfahrung einer unterbrochenen technologischen Entwicklung wichtig: Der Staat kann einerseits eine führende Kraft bei der technologischen Innovation sein, wie er es in der Geschichte auch gezeigt hat – in China und anderswo. Wenn der Staat andererseits das Interesse an technologischer Entwicklung verliert oder unter neuen Umständen nicht weiter verfolgen kann, kann aus genau demselben Grund ein solches etatistisches Innovationsmodell in die Stagnation führen, weil die autonome innovative Energie der Gesellschaft zur Schaffung und Anwendung von Technologie paralysiert wird. Dass der chinesische Staat Jahrhunderte später wieder in der Lage war, neuerlich eine fortgeschrittene technologische Basis in der Nukleartechnologie, bei Raketen, Satellitenstarts und Elektronik aufzubauen,[13] zeigt einmal mehr die Leere einer vorwiegend kulturellen Interpretation technologischer Entwicklung oder Rückständigkeit: Dieselbe Kultur kann der Rahmen für sehr unterschiedliche technologische Entwicklungsbahnen sein, je nach den Beziehungsgefügen zwischen Staat und Gesellschaft. Die ausschließliche Abhängigkeit vom Staat hat jedoch ihren Preis, und für China bestand er wenigstens bis in die Mitte des 20. Jahrhunderts in Entwicklungsverzögerung, Hungersnot, Epidemien, kolonialer Unterwerfung und Bürgerkrieg.

Eine ziemlich ähnliche zeitgenössische Geschichte lässt sich über die Unfähigkeit des sowjetischen Etatismus erzählen, die informationstechnologische Revolution zu meistern. Ich komme in Band III darauf zurück, wie dies die Produktionskapazität der Sowjetunion zum Erliegen brachte und ihre militärische Macht untergrub. Aber wir sollten nicht vorschnell die ideologische Schlussfolgerung ziehen, jegliche staatliche Intervention sei für die technologische Entwicklung kontraproduktiv und uns so der ahistorischen Ehrfurcht vor dem ungehemmten individuellen Unternehmertum hingeben. Japan ist natürlich das Gegenbeispiel sowohl zur historischen Erfahrung Chinas wie zur Unfähigkeit

---

13 Wang (1993).

des sowjetischen Staates, sich an die Revolution der Informationstechnologie anzupassen, die von Amerika ausgegangen war.

Historisch durchlebte Japan eine Periode noch tieferer Isolation als China. Sie begann unter dem 1603 begründeten Tokugawa-Shogunat und dauerte von 1636 bis 1853, was genau der kritischen Periode der Herausbildung des Industriesystems auf der westlichen Hemisphäre entspricht. Während noch zu Beginn des 17. Jahrhunderts japanische Kaufleute mit ganz Ost- und Südost-Asien Handel trieben und dabei moderne Schiffe mit bis zu 700 t einsetzten, wurde 1635 der Bau von Schiffen mit mehr als 50 t verboten, alle japanischen Häfen außer Nagasaki wurden für Ausländer geschlossen und der Handel auf China, Korea und Holland beschränkt.[14] Während dieser beiden Jahrhunderte war die technologische Isolation nicht total, und die endogene Innovation ermöglichte Japan ein schnelleres Tempo allmählichen Wandels als China.[15] Weil aber das technologische Niveau Japans niedriger gewesen war als das Chinas, konnten die *kurobune* (schwarze Schiffe) des Kommodore Perry Mitte des 19. Jahrhunderts einem Land diplomatische und Handelsbeziehungen aufzwingen, das erheblich hinter der westlichen Technologie zurücklag. Sobald aber 1868 *Ishin Meiji* (die Meiji-Restauration) die politischen Bedingungen für eine entschiedene, staatlich gelenkte Modernisierung geschaffen hatte,[16] machte Japan im Bereich moderner Technologie in einer sehr kurzen Zeitspanne geradezu sprunghafte Fortschritte.[17] Wegen seiner aktuellen strategischen Bedeutung wollen wir uns nur kurz an ein wichtiges Beispiel erinnern: die außergewöhnliche Entwicklung der Elektro- und Kommunikationstechnologie in Japan im letzten Viertel des 19. Jahrhunderts.[18] So wurde das erste unabhängige Institut für Elektrotechnik weltweit 1873 an der neugegründeten Kaiserlichen Ingenieurschule in Tokyo eingerichtet. Es stand unter der Führung von Henry Dyer, einem schottischen Maschinenbauer. Von 1887 bis 1892 wurde der britische Professor und führende Vertreter der Elektrotechnik William Ayrton eingeladen, dort zu lehren. Er hatte entscheidenden Anteil daran, der neuen Generation japanischer Ingenieure ein Wissen zu vermitteln, das es möglich machte, bis

---

14 Chida und Davies (1990).
15 Ito (1993).
16 Mehrere bekannte japanische Gelehrte, mit denen ich übereinstimme, halten Norman (1940) für die beste westliche Darstellung der Meiji-Restauration und der gesellschaftlichen Wurzeln der japanischen Modernisierung. Das Buch wurde ins Japanische übersetzt und wird an japanischen Universitäten viel gelesen. Norman war ein brillanter Historiker, der vor seinem Eintritt ins kanadische diplomatische Corps in Cambridge und Harvard studiert hatte und in den 1950er Jahren von Karl August Wittfogel vor dem McCarthy-Komitee des US-Senats als Kommunist denunziert wurde. Danach stand er unter ständigem Druck westlicher Geheimdienste. Nachdem er zum kanadischen Botschafter in Ägypten ernannt worden war, beging er 1957 in Kairo Selbstmord. Zum Beitrag dieses wahrhaft außergewöhnlichen Gelehrten zum Verständnis des japanischen Staates s. Dower (1975); eine andere Perspektive bietet Beasley (1990).
17 Kamatani (1988); Matsumoto und Sinclair (1994).
18 Uchida (1991).

zum Ende des Jahrhunderts die Ausländer in allen technischen Abteilungen des Telegrafenbüros durch Einheimische zu ersetzen. Der Technologietransfer aus dem Westen wurde durch eine Reihe von Mechanismen betrieben. 1873 schickte die Maschinenwerkstatt des Telegrafenbüros einen japanischen Uhrmacher, Tanaka Seisuke, auf die internationale Maschinenausstellung in Wien, um Informationen über Maschinen zu sammeln. Etwa zehn Jahre später wurden alle Maschinen des Büros in Japan hergestellt. Auf der Grundlage dieser Technologie gründete Tanaka Daikichi 1892 eine Elektrofabrik, Shibaura Works, die nach ihrem Aufkauf durch Mitsui schließlich zu Toshiba wurde. Ingenieure wurden nach Europa und Amerika entsandt. Western Electric erhielt 1899 die Erlaubnis, in einem *joint venture* mit japanischen Industriellen in Japan zu produzieren und zu vermarkten. Der Name des Unternehmens war NEC. Auf dieser technologischen Grundlage erreichte Japan schon vor 1914 in voller Fahrt das Zeitalter von Elektrotechnik und Kommunikation: 1914 erreichte die gesamte Energieproduktion 1.555.000 kw/h, und 3.000 Telefonämter vermittelten eine Milliarde Gespräche jährlich. Es ist von symbolischer Bedeutung, dass das Geschenk von Kommodore Perry an den Shogun im Jahr 1857 aus einem Satz amerikanischer Telegrafiegeräte bestand, die in Japan bis dahin völlig unbekannt gewesen waren: Die erste Telegrafenlinie wurde 1869 gebaut, und zehn Jahre später war Japan über ein transkontinentales Informationsnetzwerk mit der ganzen Welt verbunden. Es verlief über Sibirien, wurde von der Great Northern Telegraph Co. betrieben, gemeinsam von westlichen und japanischen Ingenieuren bedient und sendete sowohl in Englisch als auch in Japanisch.

Wie Japan im letzten Viertel des 20. Jahrhunderts unter strategischer Führung des Staates zu einem der weltweit führenden Anbieter im Bereich der Kommunikationstechnologien wurde, ist heute allgemein bekannt, so dass wir hier nicht eigens darüber berichten müssen.[19] Für unsere Überlegungen kommt es auf den Sachverhalt an, dass dies zur gleichen Zeit geschah, als eine andere industrielle und wissenschaftliche Supermacht, die Sowjetunion, an diesem grundlegenden technologischen Übergang scheiterte. Wie die vorstehenden Hinweise zeigen, ist es klar, dass die technologische Entwicklung in Japan seit den 1960er Jahren nicht in einem historischen Vakuum stattgefunden hat, sondern dass sie in einer seit Jahrzehnten bestehenden Tradition hervorragender Ingenieursarbeit verwurzelt war. Aber worauf es für die Zwecke dieser Analyse ankommt, ist, zu betonen, welch ungemein unterschiedlichen Ergebnisse staatliche Intervention (oder ihr Ausbleiben) in den Fällen Chinas und der Sowjetunion im Vergleich zu Japan während der Meiji-Zeit und nach dem Zweiten Weltkrieg gehabt hat. Die Charakteristika des japanischen Staates, die den beiden Prozessen der Modernisierung und der Entwicklung zugrundeliegen, sind

---

19 Ito (1994); *Japan Informatization Processing Center* (1994); eine westliche Perspektive bietet Forester (1993).

gut bekannt, sowohl was *Ishin Meiji*[20] angeht, als auch im Hinblick auf den heutigen Entwicklungsstaat.[21] Ihre Darstellung würde uns allzu weit vom Kern dieser einleitenden Überlegungen fort führen. Es bleibt für ein Verständnis der Beziehung zwischen Technologie und Gesellschaft festzuhalten, dass die Rolle des Staates ein entscheidender Faktor im gesamten Prozess ist, sei es, dass er ihn aufhält, ihn entfesselt oder die technologische Innovation anführt. Denn der Staat organisiert die sozialen und kulturellen Kräfte, die in einem bestimmten Raum und zu einer bestimmten Zeit vorherrschen und gibt ihnen Form. An der Technologie zeigt sich weitgehend die Fähigkeit einer Gesellschaft, sich selbst durch die Institutionen der Gesellschaft einschließlich des Staates zu technologischer Meisterschaft voranzutreiben. Der historische Prozess dieser Produktivkraftentwicklung markiert die Charakteristika der Technologie und ihre Verflechtung mit sozialen Beziehungen.

Das ist im Fall der derzeitigen technologischen Revolution nicht anders. Nicht zufällig entstand und verbreitete sie sich in einer historischen Periode der globalen Neustrukturierung des Kapitalismus, für die sie zugleich ein wesentliches Werkzeug war. Deshalb ist die neue Gesellschaft, die aus diesem Wandlungsprozess entsteht, sowohl kapitalistisch als auch informationell, wobei sie eine erhebliche historische Variationsbreite in unterschiedlichen Ländern zeigt, je nach ihrer Geschichte, ihrer Kultur, ihren Institutionen und ihrer spezifischen Beziehung zum globalen Kapitalismus und zur Informationstechnologie.

Informationalismus, Industrialismus, Kapitalismus, Etatismus: Entwicklungsweisen und Produktionsweisen

Die informationstechnologische Revolution war entscheidend für die fundamentale Neustrukturierung des kapitalistischen Systems seit den 1980er Jahren. Dabei wurde diese technologische Revolution in ihrer Entwicklung und ihren Ausformungen selbst von der Logik und den Interessen des fortgeschrittenen Kapitalismus geprägt. Das alternative System gesellschaftlicher Organisation, das es in unserer historischen Periode gleichfalls gegeben hat, der Etatismus, versuchte ebenfalls, die Mittel zum Erreichen seiner strukturellen Ziele neu zu bestimmen und zugleich den Kern dieser Ziele zu bewahren: Das ist die Bedeutung der Neustrukturierung (auf Russisch *perestrojka*). Doch der sowjetische Etatismus ist bei diesem Versuch derart gescheitert, dass das gesamte System zusammengebrochen ist. Wie ich in diesem Buch (Band III) empirisch nachweise, lag dies in hohem Maße an der Unfähigkeit des Etatismus, sich die in den neuen Informationstechnologien verkörperten Prinzipien des Informationalismus anzueignen und sie zu nutzen. Der chinesische Etatismus schien erfolgreich vom

---

20 S. Norman (1991); Dower (1975); Allen (1981a).
21 Johnson (1995).

Etatismus zu einem staatlich angeleiteten Kapitalismus und zur Integration in die globalen wirtschaftlichen Netzwerke überzugehen. Dabei hat er sich in Wirklichkeit dem Modell des Entwicklungsstaates im ostasiatischen Kapitalismus stärker angenähert als dem „Sozialismus mit chinesischen Merkmalen" der offiziellen Ideologie,[22] wie ich ebenfalls in Band III zu zeigen versuche. Es ist aber höchst wahrscheinlich, dass der Prozess der strukturellen Transformation in China in den kommenden Jahren größere politische Konflikte und institutionellen Wandel mit sich bringen wird. Der Zusammenbruch des Etatismus (mit wenigen Ausnahmen wie Vietnam, Nordkorea, Cuba, die aber trotzdem dabei sind, sich an den globalen Kapitalismus anzuschließen) hat eine enge Beziehung geschaffen zwischen dem neuen, globalen kapitalistischen System, das durch eine relativ erfolgreiche *perestrojka* geprägt ist und dem Auftreten des Informationalismus als der neuen materiellen Grundlage wirtschaftlicher Tätigkeit und sozialer Organisation. Aber beide Prozesse (kapitalistische Neustrukturierung und Entstehung des Informationalismus) sind unterschiedlich, und ihr Zusammenspiel lässt sich nur verstehen, wenn wir sie analytisch voneinander trennen. An dieser Stelle meiner einleitenden Darstellung der *idées fortes*, der „starken Thesen" meines Buches, erscheint es notwendig, einige theoretische Unterscheidungen und Definitionen vorzuschlagen, bei denen es um Kapitalismus, Etatismus, Industrialismus und Informationalismus geht.

Seit den klassischen Arbeiten von Alain Touraine[23] und Daniel Bell[24] ist es in den Theorien über Post-Industrialismus und Informationalismus eine feste Tradition, die Unterscheidung zwischen Vor-Industrialismus, Industrialismus und Informationalismus (oder Post-Industrialismus) auf einer anderen Achse zu platzieren als derjenigen, die den Kapitalismus und den Etatismus (oder in Bells Terminologie den Kollektivismus) einander gegenüberstellt. Zwar lassen sich Gesellschaften entlang beider Achsen charakterisieren, so dass wir den industriellen Etatismus haben, den industriellen Kapitalismus usw. Aber es ist für das Verständnis der sozialen Dynamik entscheidend, an der analytischen Distanz und der empirischen Wechselwirkung zwischen Produktionsweisen (Kapitalismus, Etatismus) und Entwicklungsweisen (Industrialismus, Informationalismus) festzuhalten. Um diese Unterscheidungen in einer theoretischen Basis zu verankern, an der sich die spezifischen Analysen dieses Buches orientieren, ist es unvermeidlich, dass wir uns ein paar Absätze lang in die geheimnisvollen Bereiche der soziologischen Theorie begeben.

In diesem Buch wird das Aufkommen einer neuen Gesellschaftsstruktur untersucht, die sich entsprechend den unterschiedlichen kulturellen und institutionellen Gegebenheiten auf diesem Planeten in verschiedenen Formen ma-

---

22 Nolan und Furen (1990); Hsing (1996).
23 Touraine (1969).
24 Bell (1976). Zuerst veröffentlicht 1973, jedoch wird durchgängig aus der Ausgabe von 1976 zitiert, die ein neues, gehaltvolles „Vorwort 1976" enthält. [Wo möglich, wird die 1975 erschienene gekürzte deutsche Ausgabe verwendet und wo nötig entsprechend adaptiert, d. Übers.]

nifestiert. Diese neue Sozialstruktur ist verbunden mit dem Auftreten einer neuen Entwicklungsweise, des Informationalismus, der historisch durch die Neustrukturierung der kapitalistischen Produktionsweise am Ausgang des 20. Jahrhunderts geprägt wurde.

Die theoretische Perspektive, die diesem Ansatz zugrunde liegt, geht davon aus, dass Gesellschaften um menschliche Prozesse organisiert sind, die ihrerseits durch historisch determinierte Verhältnisse von *Produktion, Erfahrung* und *Macht* strukturiert werden. *Produktion* ist das Handeln der Menschheit gegenüber der Materie (Natur), um sie anzueignen und zum eigenen Wohl umzuwandeln, indem ein Produkt erzielt wird, wovon ein Teil (ungleich verteilt) konsumiert und der Überschuss für Investitionen akkumuliert wird, und zwar gemäß verschiedener gesellschaftlich bestimmter Ziele. *Erfahrung* meint das Handeln von Menschen sich selbst gegenüber. Sie ist bestimmt durch das Wechselspiel zwischen biologischen und kulturellen Identitäten und steht in Beziehung zur gesellschaftlichen und natürlichen Umwelt. Sie baut sich um die endlose Suche nach der Befriedigung menschlicher Bedürfnisse und Wünsche auf. *Macht* ist jene Beziehung zwischen menschlichen Subjekten, durch die auf der Basis von Produktion und Erfahrung der Wille einiger Subjekte anderen durch den potenziellen oder tatsächlichen Einsatz von physischer oder symbolischer Gewalt aufgezwungen wird. Die Institutionen der Gesellschaft sind so angelegt, dass sie den in den jeweiligen historischen Perioden bestehenden Machtverhältnissen Geltung verschaffen. Das schließt Kontrollmechanismen, Einschränkungen und Gesellschaftsverträge ein, die in den Machtkämpfen durchgesetzt werden.

Die Produktion ist in Klassenverhältnissen organisiert, die den Prozess bestimmen, durch den manche menschliche Subjekte auf der Grundlage ihrer Position im Produktionsprozess über die Aufteilung und Verwendung des Produktes für Konsumtion und Investition entscheiden. Erfahrung strukturiert sich um Verhältnisse, die auf Geschlecht[25] und Sexualität beruhen. Sie ist historisch um die Familie organisiert und bisher durch die Herrschaft von Männern über Frauen geprägt. Familienbeziehungen und Sexualität strukturieren die Persönlichkeit und stecken den Rahmen für die symbolische Interaktion ab.

Macht beruht auf dem Staat und seinem institutionalisierten Gewaltmonopol, wenn auch das, was Foucault als Mikrophysik der Macht bezeichnet, in Institutionen und Organisationen verkörpert ist und die gesamte Gesellschaft durchdringt, von den Arbeitsplätzen bis zu Krankenhäusern, und die Subjekte in ein enges Gehäuse formeller Pflichten und informeller Aggressionen einschließt.

---

25 Hier und im Folgenden wird, soweit nicht anders angegeben, der im Englischen für das soziale Geschlecht eingeführte Terminus „gender" mit „Geschlecht" wiedergegeben; d.Ü.

Die symbolische Kommunikation zwischen Menschen und die Beziehung zwischen Mensch und Natur auf der Basis der Produktion (und ihres Gegenstücks, der Konsumtion), Erfahrung und Macht kristallisieren sich im Lauf der Geschichte innerhalb spezifischer Territorien und bringen so *Kulturen und kollektive Identitäten* hervor.

Die Produktion ist ein gesellschaftlich komplexer Prozess, weil jedes ihrer Elemente in sich differenziert ist. So schließt die Menschheit als kollektiver Produzent sowohl Arbeitende ein als auch diejenigen, die die Produktion organisieren. Die Arbeiterschaft ist in sich hochgradig differenziert und geschichtet entsprechend der Rolle einer jeden Arbeitskraft im Produktionsprozess. Materie umfasst Natur, vom Menschen modifizierte Natur, vom Menschen produzierte Natur und die menschliche Natur selbst. Dabei zwingt uns die im Lauf der Geschichte geleistete Arbeit, von der klassischen Unterscheidung zwischen Mensch und Natur abzurücken, denn Jahrtausende menschlicher Tätigkeit haben die natürliche Umwelt in die Gesellschaft einbezogen und uns damit materiell und symbolisch zu einem untrennbaren Bestandteil dieser Umwelt gemacht. Die Beziehung zwischen Arbeit und Materie im Arbeitsprozess beinhaltet den Einsatz von Produktionsmitteln, um auf die Materie mittels Energie, Wissen und Information einzuwirken. Technologie ist die spezifische Form dieser Beziehung.

Das Produkt des Produktionsprozesses wird gesellschaftlich in zwei Formen genutzt: Konsumtion und Überschuss. Gesellschaftsstrukturen interagieren mit Produktionsprozessen und bestimmen so die Regeln für Aneignung, Verteilung und Verwendung des Überschusses. Diese Regeln konstituieren Produktionsweisen, und diese definieren wiederum die gesellschaftlichen Produktionsverhältnisse, welche ihrerseits die Existenz sozialer Klassen bestimmen, die sich als solche durch ihre historische Praxis konstituieren. Das Strukturprinzip, durch das Überschuss angeeignet und kontrolliert wird, charakterisiert die Produktionsweise. Das 20. Jahrhundert kannte im Wesentlichen zwei vorherrschende Produktionsweisen: Kapitalismus und Etatismus. Unter dem Kapitalismus bestimmten die Trennung zwischen den Produzenten und ihren Produktionsmitteln, die Warenförmigkeit der Arbeit und das Privateigentum an den Produktionsmitteln auf der Grundlage der Kontrolle von Kapital (Überschuss in Warenform) das grundlegende Prinzip von Aneignung und Verteilung des Überschusses durch die Kapitalisten. Freilich ist es eine Frage der Sozialforschung in jedem einzelnen historischen Zusammenhang, was die kapitalistische(n) Klasse(n) ist (sind). Denn dies ist keine abstrakte Kategorie. Unter dem Etatismus liegt die Kontrolle des Überschusses außerhalb der ökonomischen Sphäre: Sie liegt in den Händen der Machthaber im Staat – nennen wir sie Apparatschiks oder – chinesisch – *lingdao*. Kapitalismus ist auf Profitmaximierung orientiert, also auf die Steigerung des Überschussbetrages, der vom Kapital auf der Basis der privaten Kontrolle über die Produktions- und Zirkulationsmittel angeeignet wird. Etatismus ist (war?) auf Machtmaximierung orientiert, also auf die Steigerung der militärischen und ideologischen Fähigkeit des politischen Apparates, seine Ziele einer größeren Anzahl von Untertanen auf tieferen Ebenen ihres Bewusstseins aufzuzwingen.

Die gesellschaftlichen Produktionsverhältnisse und damit die Produktionsweise bestimmen die Aneignung und die Verwendung des Überschusses. Eine davon zu unterscheidende, aber grundlegende Frage ist die Größenordnung dieses Überschusses, die durch die Produktivität eines bestimmten Produktionsprozesses vorgegeben wird, also durch das Verhältnis des Wertes jeder Produkteinheit zum Wert einer jeden Einheit des eingesetzten Materials. Die Produktivitätsniveaus sind ihrerseits abhängig vom Verhältnis zwischen Arbeit und Materie, als Funktion der Nutzung der Produktionsmittel durch die Anwendung von Energie und Wissen. Dieser Prozess ist durch technische Produktionsverhältnisse charakterisiert, die die Entwicklungsweisen definieren. Damit sind Entwicklungsweisen die technologischen Arrangements, durch die Arbeit auf Materie einwirkt, um das Produkt hervorzubringen und letzten Endes Niveau und Qualität des Überschusses zu bestimmen. Jede Entwicklungsweise ist durch das Element definiert, das grundlegend für die Förderung der Produktivität im Produktionsprozess ist. So geht in der agrarischen Entwicklungsweise ein erhöhter Überschuss auf quantitative Steigerungen der Arbeits- und Naturressourcen (vor allem Land) im Produktionsprozess zurück und weiter auf die natürliche Ausstattung mit diesen Ressourcen. In der industriellen Entwicklungsweise besteht die wichtigste Quelle der Produktivität in der Einführung neuer Energiequellen und in der Fähigkeit, die Verwendung von Energie über den gesamten Produktions- und Zirkulationsprozess hinweg zu dezentralisieren. In der neuen informationellen Entwicklungsweise besteht die Quelle der Produktivität in der Technologie der Wissensproduktion, der Informationsverarbeitung und der symbolischen Kommunikation. Gewiss sind Wissen und Information in allen Entwicklungsweisen entscheidend wichtige Elemente, weil der Produktionsprozess immer auf einem gewissen Wissensniveau und auf der Verarbeitung von Information beruht.[26] Das Besondere an der informationellen Entwicklungsweise aber ist die Einwirkung des Wissens auf das Wissen selbst als

---

26 Im Interesse der Klarheit in diesem Buch ist es notwendig, eine Definition von Wissen und Information zu geben, auch wenn eine solche intellektuell befriedigende Geste eine Dosis Willkür in den Diskurs einführt, wie Sozialwissenschaftler sehr gut wissen, die sich mit dem Thema herumgeschlagen haben. Ich sehe keinen zwingenden Grund, die Definition zu verändern, die Daniel Bell (1976: 175/1975: 180) selbst für *Wissen* gegeben hat, und zwar als „Sammlung in sich geordneter Aussagen über Fakten und Ideen, die ein vernünftiges Urteil oder ein experimentelles Ergebnis zum Ausdruck bringen und anderen durch irgendein Kommunikationsmedium in systematischer Form übermittelt werden. Damit grenze ich den Begriff von dem der Neuigkeiten oder Nachrichten und dem der Unterhaltung ab." *Information* wird von anerkannten Autoren in diesem Bereich wie etwa Machlup einfach als Kommunikation von Wissen definiert (s. Machlup 1962: 15). Das liegt aber daran, dass Machlups Definition von Wissen, wie Bell meint, zu weit gefasst ist. Deshalb möchte ich mich der operationalen Definition von Information anschließen, die Porat in seinem klassischen Werk (1972: 2) vorgeschlagen hat: „Informationen sind Daten, die organisiert und kommuniziert worden sind."

der Hauptquelle der Produktivität (s. Kap. 2). Die Informationsverarbeitung konzentriert sich auf die Verbesserung der Technologie der Informationsverarbeitung als Quelle der Produktivität: In einem *circulus virtuosus* interagieren die Wissensgrundlagen der Technologie und die Anwendung der Technologie miteinander zur Verbesserung von Wissensproduktion und Informationsverarbeitung: Das ist der Grund, warum ich mich der gängigen Mode anschließe und diese neue Entwicklungsweise informationell nenne, denn sie ist durch das Auftreten eines neuen technologischen Paradigmas konstituiert, das auf Informationstechnologie beruht (s. Kap. 1).

In jeder Entwicklungsweise gibt es ferner ein strukturell determiniertes Leistungsprinzip, das die technologischen Prozesse prägt. Industrialismus ist auf Wirtschaftswachstum hin orientiert, d.h. auf die Maximierung des Ausstoßes; Informationalismus ist auf technologische Entwicklung hin ausgerichtet und damit auf die Akkumulation von Wissen und auf höhere Komplexitätsniveaus in der Informationsverarbeitung. Während ein höheres Wissensniveau normalerweise zu einem höheren Ausstoß pro eingesetzter Einheit führen wird, ist es unter dem Informationalismus das Streben nach Wissen und Information, das charakteristisch ist für die technologische Produktionsfunktion.

Zwar sind Technologie und technische Produktionsverhältnisse nach Paradigmen organisiert, die aus den herrschenden Sphären der Gesellschaft stammen – etwa dem Produktionsprozess, dem militärisch-industriellen Komplex –, aber sie breiten sich über das gesamte System gesellschaftlicher Verhältnisse und sozialer Strukturen aus und durchdringen und verändern so Macht und Erfahrung.[27] So formen Entwicklungsweisen den gesamten Bereich gesellschaftlichen Verhaltens, was selbstverständlich die symbolische Kommunikation mit einschließt. Weil der Informationalismus auf der Technologie des Wissens und der Information beruht, besteht in der informationellen Entwicklungsweise eine besonders enge Verbindung zwischen der Kultur und den Produktivkräften, zwischen Geist und Materie. Daraus folgt, dass wir mit dem Auftreten historisch neuer Formen sozialer Interaktion, sozialer Kontrolle und sozialen Wandels zu rechnen haben.

---

27 Wenn sich technologische Innovationen aufgrund institutioneller Hindernisse in einer Gesellschaft nicht ausbreiten, ist eine Verlangsamung der technologischen Entwicklung die Folge, denn es fehlt die notwendige gesellschaftliche/kulturelle Rückkoppelung zu den Institutionen der Innovation und zu den Innovatoren selbst. Das ist die grundlegende Lehre, die sich aus so wichtigen Erfahrungen wie der von Qing-China oder der Sowjetunion ziehen lässt. Zur Sowjetunion s. Band III. Zu China s. Qian (1985) und Mokyr (1990).

Informationalismus und kapitalistische *perestrojka*

Wenden wir uns nun von den theoretischen Kategorien dem historischen Wandel zu. Das, was für soziale Prozesse und Formen wirklich wichtig ist, und was das lebendige Wesen der Gesellschaften ausmacht, ist die eigentliche Interaktion zwischen Produktionsweisen und Entwicklungsweisen, wie sie auf unvorhersagbare Art und Weise von den sozialen Akteuren unter den Beschränkungen vergangener Geschichte und gegenwärtiger Bedingungen technologischer und wirtschaftlicher Entwicklung bewirkt und ausgefochten wird. So sähen die Welt und die Gesellschaften heute um Einiges anders aus, hätte Gorbatschow mit seiner eigenen *perestrojka* Erfolg gehabt – ein Ziel, das politisch schwierig, aber nicht völlig unerreichbar gewesen wäre. Oder wenn die asiatische Pazifikregion nicht in der Lage gewesen wäre, ihre traditionelle wirtschaftliche Organisationsform geschäftlicher Netzwerke mit den Werkzeugen zu verbinden, die die Informationstechnologie bereitstellt. Der zentrale historische Faktor, der das informationstechnologische Paradigma beschleunigt, gelenkt und geprägt, und der zu den damit einhergehenden gesellschaftlichen Formen geführt hat, war und ist aber der Prozess der kapitalistischen Neustrukturierung, der sich seit den 1980er Jahren vollzieht. Aus diesem Grund lässt sich das neue techno-ökonomische System adäquat als *informationeller Kapitalismus* bezeichnen.

Das Keynesianische Modell kapitalistischen Wachstums hat den meisten Marktwirtschaften nach dem Zweiten Weltkrieg fast drei Jahrzehnte lang nie gekannte wirtschaftliche Prosperität und soziale Stabilität beschert. Es traf Anfang der 1970er Jahre auf das Hemmnis der eigenen immanenten Beschränkungen, und seine Krise kam in Form einer überhandnehmenden Inflation zum Ausdruck.[28] Als angesichts der Steigerungen des Rohölpreises 1974 und 1979 die Inflationsspirale außer Kontrolle zu geraten drohte, begannen Regierungen und Unternehmen mit einem Prozess der Neustrukturierung, einem pragmatischen Prozess von Versuch und Irrtum. Er wurde bis in die 1990er Jahre mit einer entschiedeneren Anstrengung zu Deregulierung, Privatisierung und zum Abbau des Gesellschaftsvertrages zwischen Kapital und Arbeit fortgesetzt, der der Stabilität des vorherigen Wachstumsmodells zugrunde gelegen hatte. Kurz gesagt verfolgte die Serie von Reformen auf der Ebene von Institutionen ebenso wie im Unternehmensmanagement vier Hauptziele: Vertiefung der kapitalistischen Logik der Profitproduktion in den Beziehungen zwischen Arbeit und Ka-

---

28 Ich habe vor einigen Jahren meine Interpretation der Gründe für die weltweite Wirtschaftskrise der 1970er Jahre sowie eine vorläufige Prognose des Verlaufs der kapitalistischen Neustrukturierung vorgelegt. Ungeachtet des allzu starren theoretischen Bezugsrahmens, den ich damals der empirischen Analyse gegenübergestellt habe, glaube ich dennoch, dass die Hauptthesen, die ich in diesem 1977/78 geschriebenen Buch vertrete, noch immer nützlich sind, um die qualitativen Veränderungen zu verstehen, die im Kapitalismus der letzten beiden Jahrzehnte des 20. Jahrhunderts vorgegangen sind. Zu diesen Thesen gehört auch die Vorhersage der Reagonomics mit genau dieser Bezeichnung (s. Castells 1980).

pital; Steigerung der Produktivität von Arbeit und Kapital; Globalisierung von Produktion, Zirkulation und Märkten, um überall die Chancen der vorteilhaftesten Bedingungen zur Profitmaximierung zu nutzen; und Erzwingung staatlicher Unterstützung für die Produktivitätsgewinne und die Wettbewerbsfähigkeit der Volkswirtschaften, häufig auf Kosten von Regulierungen zur sozialen Sicherung und zur Wahrung öffentlicher Interessen. Technologische Innovation und organisatorische Veränderungen, vor allem im Sinne höherer Flexibilität und Anpassungsfähigkeit, waren absolut unverzichtbar, um Geschwindigkeit und Wirksamkeit der Neustrukturierung zu garantieren. Man kann sagen, dass ohne die neue Informationstechnologie der globale Kapitalismus eine höchst begrenzte Realität gewesen wäre, dass dann das flexible Management lediglich die Reduzierung der Belegschaften bedeutet hätte und dass die neue Runde von Ausgaben für Kapital- wie Konsumgüter nicht ausgereicht hätte, um den Rückgang der öffentlichen Ausgaben auszugleichen. Auf diese Weise ist der Informationalismus mit der Expansion und Verjüngung des Kapitalismus genau so verknüpft, wie der Industrialismus mit seiner Konstituierung als Produktionsweise verbunden war. Nun muss betont werden, dass der Prozess der Neustrukturierung in unterschiedlichen Gebieten und Gesellschaften auf der ganzen Welt in sehr unterschiedlicher Weise zum Ausdruck gekommen ist, wie ich in einem kurzen Überblick in Kapitel 2 zeige: Er wurde durch den Militär-Keynesianismus der Reagan-Administration von seiner ursprünglichen Logik abgelenkt, der für die amerikanische Wirtschaft am Ende der Euphorie künstlicher Wachstumsstimulierung in Wirklichkeit noch größere Probleme geschaffen hatte; er war in Westeuropa eher eingeschränkt wegen des gesellschaftlichen Widerstandes gegen den Abbau des Wohlfahrtsstaates und gegen eine einseitige Flexibilisierung des Arbeitsmarktes mit der Folge steigender Arbeitslosigkeit in der Europäischen Union; er wurde in Japan ohne dramatische Veränderungen abgefedert, weil das Schwergewicht auf Produktivität und Wettbewerbsfähigkeit auf der Grundlage von Technologie und Kooperation und nicht auf zunehmende Ausbeutung gelegt wurde, bis der internationale Druck Japan zur Produktionsauslagerung und zur Ausweitung des ungeschützten zweiten Arbeitsmarktes zwang; und er riss in den 1980er Jahren die Volkswirtschaften Afrikas (außer Südafrika und Botswana) und Lateinamerikas (außer Chile und Kolumbien) in eine schwere Rezession, als die Politik des Internationalen Währungsfonds die Geldzufuhr abschnitt und Löhne und Importe senkte, um die Bedingungen der globalen Kapitalakkumulation auf der ganzen Welt zu homogenisieren. Die Neustrukturierung erfolgte auf der Grundlage der politischen Niederlage der organisierten Arbeiterbewegung in den wichtigsten kapitalistischen Ländern und der Hinnahme einer gemeinsamen wirtschaftlichen Disziplin durch die Länder des OECD-Raumes. Diese Disziplin wird zwar wenn nötig von der Bundesbank, dem *Federal Reserve Board* und dem Internationalen Währungsfonds durchgesetzt. Sie war aber in Wirklichkeit bereits der Integration der globalen Finanzmärkte eingeschrieben, die in den frühen 1980er Jahren mit Hilfe der neuen Informationstechnologien stattgefunden hat. Unter den Bedingungen globaler finanzieller Integration wurde eine autonome nationale Finanzpolitik buchstäblich undurchführbar. Damit waren die grundlegenden ökonomischen Parameter für den Prozess der Neustrukturierung auf der ganzen Welt vereinheitlicht.

Zwar waren die Neustrukturierung des Kapitalismus und die Diffusion des Informationalismus auf globaler Ebene Prozesse, die nicht voneinander zu trennen sind, aber die Gesellschaften agierten/reagierten gegenüber diesen Prozessen sehr unterschiedlich, entsprechend ihrer je eigenen Geschichte, Kultur und Institutionen. In gewissem Maß wäre es daher unzutreffend, von einer „informationellen Gesellschaft" zu sprechen, denn das würde die durchgängige Homogenität der gesellschaftlichen Formen unter dem neuen System implizieren. Das ist offenkundig eine empirisch und theoretisch unhaltbare Annahme. Aber wir könnten in dem Sinne von einer informationellen Gesellschaft sprechen, wie in der Soziologie von der Existenz einer „industriellen Gesellschaft" ausgegangen wurde, die sich etwa in der Formulierung von Raymond Aron[29] durch gemeinsame Grundzüge ihres soziotechnischen Systems charakterisieren lässt. Doch sind zwei wichtige Einschränkungen zu machen: Einmal sind informationelle Gesellschaften, so wie sie heute bestehen, kapitalistisch, und das unterscheidet sie von industriellen Gesellschaften, von denen einige etatistisch waren. Zum anderen müssen wir die kulturelle und institutionelle Vielfalt informationeller Gesellschaften unterstreichen. So werden die japanische Einzigartigkeit[30] und die Andersartigkeit Spaniens[31] nicht in einem Prozess der kulturellen Entdifferenzierung verschwinden, der erneut in die Richtung einer universalen Modernisierung verliefe, die diesmal in Verteilungsquoten von Computern gemessen würde. Es ist auch nicht damit zu rechnen, dass China oder Brasilien durch die Fortsetzung ihres beschleunigten Entwicklungsweges im globalen Schmelztiegel des informationellen Kapitalismus eingeschmolzen werden. Aber Japan, Spanien, China und Brasilien sind ebenso wie die Vereinigten Staaten informationelle Gesellschaften und werden es in Zukunft noch stärker werden in dem Sinne, dass die zentralen Prozesse der Wissensproduktion, der Wirtschaftsproduktivität, der politisch-militärischen Macht und der Medienkommunikation bereits tiefgreifend durch das informationelle Paradigma transformiert und an globale Netzwerke von Reichtum, Macht und Symbolen angeschlossen sind, die nach dieser Logik funktionieren. Demnach sind alle Gesellschaften vom Kapitalismus und vom Informationalismus betroffen und viele Gesellschaften – sicherlich alle wichtigen Gesellschaften – sind bereits informationell,[32] wenn auch auf unter-

---

29 Aron (1963).
30 Zur japanischen Einzigartigkeit aus soziologischer Perspektive s. Shoji (1990).
31 Zu den Wurzeln der spanischen Andersartigkeit und den Ähnlichkeiten mit anderen Ländern s. Zaldivar und Castells (1992).
32 Ich möchte analytisch zwischen den Begriffen der „Informationsgesellschaft" und der „informationellen Gesellschaft" unterscheiden, mit ähnlichen Implikationen für Informationswirtschaft

schiedliche Weise, in unterschiedlichen Situationen und in spezifischen kulturell-institutionellen Ausdrucksformen. Eine Theorie der informationellen Gesellschaft, die von einer global-informationellen Ökonomie zu unterscheiden ist, wird ihr Augenmerk immer ebenso auf die historisch-kulturelle Besonderheit richten müssen wie auf strukturelle Ähnlichkeiten, die sich auf ein weitgehend gemeinsames techno-ökonomisches Paradigma beziehen. Was den tatsächlichen Inhalt dieser gemeinsamen Gesellschaftsstruktur angeht, die man als das Wesen der neuen informationellen Gesellschaft betrachten könnte, so bin ich leider unfähig, sie in einem Absatz zusammenzufassen: Die Struktur und die Prozesse, die informationelle Gesellschaften charakterisieren, sind vielmehr der Gegenstand dieses Buches.

---

bzw. informationelle Ökonomie. Der Terminus „Informationsgesellschaft" betont die Rolle der Information in der Gesellschaft. Aber ich meine, dass Information im weitesten Sinn, also als Kommunikation von Wissen, von zentraler Bedeutung für alle Gesellschaften war, auch für das mittelalterliche Europa, das um die Scholastik, also im Wesentlichen in einem intellektuellen Bezugsrahmen kulturell strukturiert und in gewissem Maß vereinigt war (Southern 1995). Dagegen bezeichnet der Terminus „informationell" das Attribut einer spezifischen Form sozialer Organisation, in der die Schaffung, die Verarbeitung und die Weitergabe von Information unter den neuen technologischen Bedingungen dieser historischen Periode zu grundlegenden Quellen von Produktivität und Macht werden. Meine Terminologie soll eine Parallele zu der Unterscheidung zwischen Industrie und industriell herstellen. Eine industrielle Gesellschaft (in der Soziologie ein gebräuchlicher Begriff) ist nicht einfach eine Gesellschaft, in der es Industrie gibt, sondern eine Gesellschaft, in der die sozialen und technologischen Formen der industriellen Organisation sich durch alle Tätigkeitsbereiche hindurchziehen, angefangen von den herrschenden Tätigkeiten, die im Wirtschaftssystem und in der Militärtechnologie anzutreffen sind, bis zu den Gegenständen und Gewohnheiten des Alltagslebens. Mein Gebrauch der Termini „informationelle Gesellschaft" und „informationelle Ökonomie" strebt eine genauere Charakterisierung der gegenwärtigen Transformationen an, die über die Alltags-Beobachtung hinausgeht, dass Information und Wissen für unsere Gesellschaften bedeutsam sind. Aber der eigentliche Inhalt von „informationelle Gesellschaft" muss durch Beobachtung und Analyse bestimmt werden. Genau darum geht es in diesem Buch. So ist eines der Schlüsselmerkmale der informationellen Gesellschaft die Vernetzungslogik ihrer Grundstruktur, was den Begriff der „Netzwerkgesellschaft" erklärt, der im Schlussabschnitt dieses Bandes definiert und spezifiziert wird. Andere Komponenten der „informationellen Gesellschaft" wie soziale Bewegungen oder der Staat weisen aber Merkmale auf, die über die Vernetzungslogik hinausgehen, wenngleich sie von dieser Logik als Charakteristikum der neuen Gesellschaftsstruktur wesentlich beeinflusst sind. Demnach erschöpft die „Netzwerkgesellschaft" nicht die gesamte Bedeutung der „informationellen Gesellschaft". Warum habe ich aber schließlich nach all diesen Präzisierungen doch den Titel *Das Informationszeitalter* als Gesamttitel des Buches beibehalten, ohne das mittelalterliche Europa in meine Untersuchung einzubeziehen? Titel sind Kommunikationsmittel. Sie sollten benutzerfreundlich sein, deutlich genug, damit Leserinnen und Leser sich denken können, was das wirkliche Thema des Buches ist, und so formuliert, dass sie nicht allzu sehr vom semantischen Bezugsrahmen abweichen. Deshalb verweist ein Titel wie *Das Informationszeitalter* in einer Welt, wo Informationstechnologien, Informationsgesellschaft, Informatisierung, und Ähnliches einen zentralen Stellenwert haben (alles Begriffe, die in Japan Mitte der 1960er Jahre entstanden sind – *johoka shakai* auf Japanisch – und die 1978 von Simon Nora und Alain Minc mit ihrer Freude am Exotismus in den Westen übertragen wurden) geradezu auf die Fragen, die gestellt werden sollen, ohne die Antworten vorwegzunehmen.

Das Ich in der informationellen Gesellschaft

Die neuen Informationstechnologien integrieren die Welt in globale Netzwerke der Instrumentalität. Die durch Computer vermittelte Kommunikation bringt eine unüberschaubare Anzahl virtueller Gemeinschaften hervor. Aber die soziale und politische Tendenz, durch die sich die 1990er Jahre ausgezeichnet haben, war die Konstruktion von sozialem Handeln und von Politik auf der Grundlage primärer Identitäten, die entweder zugeschrieben, also in Geschichte und Geographie verwurzelt waren, oder in einer hektischen Suche nach Sinn und Spiritualität neu aufgebaut wurden. Nach den ersten historischen Schritten der informationellen Gesellschaften zu urteilen, zeichnen sie sich durch die überragende Bedeutung von Identität als ihrem Leitprinzip aus. Unter Identität verstehe ich den Prozess, durch den ein sozialer Akteur sich erkennt und Sinn in erster Linie auf der Grundlage eines gegebenen kulturellen Attributs oder einer Reihe von Attributen konstruiert, was einen umfassenderen Bezug auf andere gesellschaftliche Strukturen ausschließt. Die Betonung von Identität bedeutet nicht notwendigerweise die Unfähigkeit, sich auf andere Identitäten zu beziehen (z.B. haben Frauen noch immer Beziehungen zu Männern), noch ist es ausgeschlossen, dass für eine derartige Identität ein gesamtgesellschaftlicher Anspruch erhoben wird (z.B. strebt der religiöse Fundamentalismus danach, jeden und jede zu bekehren). Aber die sozialen Beziehungen werden den Anderen gegenüber auf der Grundlage jener Attribute definiert, die Identität spezifizieren. Beispielsweise definiert Yoshino in seiner Studie über *nihonjiron* (Vorstellungen über japanische Einzigartigkeit) kulturellen Nationalismus ausdrücklich als „das Ziel, die nationale Gemeinschaft wiederherzustellen, indem man die kulturelle Identität eines Volkes schafft, bewahrt oder stärkt, wenn man der Ansicht ist, sie fehle oder sei bedroht. Der Kulturnationalist betrachtet die Nation als das Produkt ihrer einzigartigen Geschichte und Kultur und als solidarisches Kollektiv mit einzigartigen Eigenschaften."[33] Calhoun bestreitet zwar, dass es sich um ein historisch neues Phänomen handelt, betont aber gleichfalls die entscheidende Rolle der Identität bei der Bestimmung von Politik in der gegenwärtigen amerikanischen Gesellschaft, zumal in der Frauenbewegung, in der Schwulenbewegung, in der Bürgerrechtsbewegung; Bewegungen, „die nicht nur nach diversen instrumentellen Zielen strebten, sondern nach der Anerkennung des öffentlichen Wertes und der politischen Bedeutung ausgeschlossener Identitäten."[34] Alain Touraine geht weiter und behauptet, dass „es in einer postindustriellen Gesellschaft, in der die kulturellen Dienstleistungen die materiellen Güter im Kernbereich der Produktion ersetzt haben, *die Verteidigung des Subjekts in seiner Persönlichkeit und seiner Kultur gegen die Logik der Apparate und Märkte ist, die*

---

33 Yoshino (1992: 1).
34 Calhoun (1994: 4).

die Idee des Klassenkampfes ersetzt".³⁵ Wie Calderon und Laserna feststellen, lautet in einer Welt, die durch simultane Globalisierung und Fragmentierung geprägt ist, dann die entscheidende Frage, „wie kann man die neuen Technologien und das kollektive Gedächtnis, universelle Wissenschaft und kommunitäre Kulturen, Leidenschaft und Vernunft zusammenführen?"³⁶ In der Tat – wie eigentlich? Und warum beobachten wir auf der ganzen Welt die gegenläufige Tendenz, nämlich die zunehmende Distanz zwischen Globalisierung und Identität, zwischen dem Netz und dem Ich?

In seinem aufschlussreichen Essay zu dieser Frage verweist Raymond Barglow aus sozio-psychoanalytischer Perspektive auf das Paradox, dass Informationssysteme und Netzwerke zwar die menschlichen Fähigkeiten zu Organisation und Integration erhöhen, jedoch zugleich die traditionelle westliche Vorstellung vom abgegrenzten, unabhängigen Subjekt untergraben. „Der historische Wechsel von mechanischen zu Informationstechnologien trägt dazu bei, die Annahmen über Souveränität und Selbstgenügsamkeit zu unterhöhlen, die seit der Ausarbeitung des Begriffes durch die griechischen Philosophen vor mehr als zweitausend Jahren den ideologischen Anker für individuelle Identität gebildet haben. Kurz, die Technologie trägt dazu bei, die gesamte Weltsicht auseinanderzunehmen, die sie einst selbst hervorgebracht hat."³⁷ Danach stellt er einen faszinierenden Vergleich an zwischen klassischen Träumen, von denen in den Schriften Freuds berichtet wird, und den Träumen seiner eigenen Patienten in der hochtechnologisierten Umwelt von San Francisco in den 1990er Jahren: „Bild eines Kopfes ... und dahinter hängt eine Computer-Tastatur ... Ich bin dieser programmierte Kopf!"³⁸ Dieses Gefühl absoluten Alleinseins ist neu im Vergleich zur klassisch freudianischen Vorstellungswelt: „die Träumenden ... bringen ein Gefühl des Alleinseins zum Ausdruck, das als existenziell und unentrinnbar erfahren wird und das in die Struktur der Welt selbst eingebaut ist ... Völlig isoliert, erscheint das Ich unwiederbringlich für sich selbst verloren."³⁹ Deshalb die Suche nach neuen Formen der Verbundenheit aus einer gemeinsamen, neu konstruierten Identität.

Diese Hypothese eröffnet zwar tiefe Einsichten, enthält aber dennoch vielleicht nur einen Teil der Erklärung. Einerseits würde dies bedeuten, die Krise des Ich sei auf die westliche, individualistische Konzeption beschränkt, welche nun durch die Einbeziehung in unkontrollierbare Verstrickungen erschüttert sei. Aber die Suche nach neuer Identität und neuer Spiritualität hat auch den Osten erfasst, ungeachtet des stärkeren kollektiven Identitätsgefühls und der Unterordnung des Individuums unter die Familie in der traditionellen Kultur. Der Widerhall, den *Aum Shinrikyo* 1995 in Japan vor allem unter den jungen,

---

35 Touraine (1994: 168, H.i.O.; nach der Übersetzung von M.C.; d.Ü.).
36 Calderon und Laserna (1994: 90, nach der Übersetzung von M.C.; d.Ü.).
37 Barglow (1994: 6).
38 Barglow (1994: 53).
39 Barglow (1994: 185).

gut ausgebildeten Generationen ausgelöst hat, könnte als Symptom einer Krise verstanden werden, die die bestehenden Identitätsmuster erfasst hat und mit einem verzweifelten Bedürfnis verbunden ist, ein neues, kollektives Ich aufzubauen, das in charakteristischer Weise Spiritualität, hochmoderne Technologie (Chemie, Biologie, Lasertechnologie), globale Geschäftsbeziehungen und die Kultur einer chiliastischen Katastrophenstimmung miteinander verbindet.[40]

Andererseits müssen wir Elemente eines Interpretationsmusters, das die zunehmende Macht von Identität zu erklären vermag, in noch einem weiteren Bereich suchen, nämlich in den Makro-Prozessen institutionellen Wandels, die in hohem Maße mit der Entstehung eines neuen globalen Systems verbunden sind. So meinen Alain Touraine[41] und Michel Wieviorka[42], die weit verbreiteten Strömungen von Rassismus und Xenophobie in Westeuropa stünden in Beziehung zu einer Identitätskrise, die aus der Erfahrung herrühre, gerade zu der Zeit zu einer Abstraktion (Europäer) zu werden, wo die europäischen Gesellschaften einerseits ihre nationalen Identitäten verschwimmen sehen und andererseits in sich selbst die dauerhafte Existenz ethnischer Minderheiten entdeckt haben, die zumindest seit den 1960er Jahren bereits ein demografisches Faktum ist. In Russland und der ehemaligen Sowjetunion wiederum kann die starke Entwicklung des Nationalismus in der postkommunistischen Periode mit der kulturellen Leere in Verbindung gebracht werden, die durch 70 Jahre einer aufgezwungenen, ausschließlichen, ideologischen Identität hervorgerufen wurde, und die sich nun mit der Rückkehr zur primären, historischen Identität (russisch, georgisch) verbunden hat, die nach dem Auseinanderfallen des historisch brüchigen *soveckij narod*, des Sowjetvolkes, die einzige verbliebene Sinnquelle ist. Dies begründe ich in Band III ausführlicher.

Das Auftreten des religiösen Fundamentalismus scheint ebenfalls mit einem globalen Trend und einer institutionellen Krise verknüpft zu sein. Aus der Geschichte wissen wir, dass Ideen und Glaubenssätze aller Art immer vorrätig sind und nur darauf warten, unter den richtigen Umständen Feuer zu fangen.[43] Es ist bezeichnend, dass der islamische ebenso wie der christliche Fundamentalismus sich gerade in dem historischen Augenblick auf der ganzen Welt ausgebreitet haben und weiter ausbreiten, wo globale Netzwerke von Reichtum und Macht Knotenpunkte und wertvolle Einzelpersonen auf der ganzen Welt miteinander verbinden und dabei zugleich große Segmente von Gesellschaften, Regionen, ja ganze Länder abkoppeln und ausschließen. Warum hat sich Algerien, eine der am stärksten modernisierten muslimischen Gesellschaften, plötzlich fundamentalistischen Heilsbringern zugewandt, die – wie ihre antikolonialistischen Vorläufer – zu Terroristen wurden, als ihnen ihr Sieg in demokratischen Wahlen

---

40 Zu den neuen Formen der Revolte, die Identität ausdrücklich der Globalisierung entgegenstellen, s. die explorative Analyse in Castells u.a. (1996).
41 Touraine (1991).
42 Wieviorka (1993).
43 S. z.B. Colas (1992); Kepel (1993).

verweigert wurde? Warum haben die traditionalistischen Lehren von Papst Johannes Paul II ein unbestreitbares Echo unter den verarmten Massen der Dritten Welt gefunden, so dass der Vatikan es sich leisten konnte, die Proteste einer Minderheit von Feministinnen in ein paar entwickelten Ländern zu übergehen, wo die Erringung reproduktiver Rechte genau dazu beiträgt, dass es weniger Seelen gibt, die gerettet werden können? Es scheint eine Logik zu geben, nach der die Ausschließenden ausgeschlossen und die Kriterien für Wert und Sinn in einer Welt neu bestimmt werden, in der es immer weniger Platz gibt für Leute, die nicht mit einem Computer umgehen können, für Gruppen ohne Konsum und für Territorien ohne ausreichende Kommunikation. Schaltet das Netz das Ich erst einmal ab, so konstruiert das individuelle oder kollektive Ich sich seinen Sinn ohne globale und instrumentelle Bezugnahme: Wenn die Ausgeschlossenen sich der einseitigen Logik struktureller Herrschaft und sozialer Exklusion verweigern, wird der Prozess der Abkoppelung reziprok.

So sieht das Gelände also aus, das es zu erkunden und nicht etwa nur abzustecken gilt. Die wenigen Überlegungen, die ich hier zur paradoxen Manifestation des Ich in der informationellen Gesellschaft formuliert habe, sollen den Leserinnen und Lesern lediglich eine Vorstellung vom Gang meiner Untersuchung vermitteln und keine voreiligen Schlussfolgerungen nahelegen.

Etwas zur Methode

Dies ist kein Buch über Bücher. Zwar beruht es auf Belegen unterschiedlicher Art und auf Analysen und Darstellungen aus vielfältigen Quellen, aber es soll nicht die vorhandenen Theorien des Post-Industrialismus oder der Informationsgesellschaft behandeln. Es gibt mehrere sorgfältige und ausgewogene Darstellungen dieser Theorien[44] und auch verschiedene Kritiken,[45] einschließlich meiner eigenen.[46] Auch werde ich nur dort, wo es für die Argumentation notwendig ist, zu der Heimarbeit beitragen, die in den 1980er Jahren im Umfeld der postmodernen Theorie entstanden ist.[47] Für mein Teil bin ich in dieser Hinsicht völlig einverstanden mit der ausgezeichneten Kritik, die David Harvey zu den sozialen und ideologischen Grundlagen der „Postmoderne" erarbeitet hat[48]

---

44 Einen nützlichen Überblick über soziologische Theorien zum Post-Industrialismus und Informationalismus gibt Lyon (1988). Zu den intellektuellen und terminologischen Ursprüngen der Vorstellungen von der „Informationsgesellschaft" s. Nora und Minc (1978) und Ito (1991a). S. auch Beniger (1986); Katz (1988); Williams (1988); Salvaggio (1989).

45 Zu kritischen Perspektiven auf den Post-Industrialismus s. u.a. Woodward (1980); Roszak (1986); Lyon (1988); Shoji (1990); Touraine (1992). Eine kulturelle Kritik an der Betonung der Informationstechnologie in unserer Gesellschaft leistet Postman (1992).

46 Zu meiner eigenen Kritik am Post-Industrialismus s. Castells (1994, 1996).

47 S. Lyon (1994); auch Seidman und Wagner (1992).

48 Harvey (1990).

und auch mit der soziologischen Zergliederung postmoderner Theorien von Scott Lash.[49] Ganz sicher verdanke ich viele Überlegungen vielen Autorinnen und Autoren und vor allem den Stammvätern des Informationalismus, Alain Touraine und Daniel Bell, sowie dem einen marxistischen Theoretiker, der unmittelbar vor seinem Tod 1979 die neuen, wesentlichen Fragen erspürt hat, Nicos Poulantzas.[50] Und natürlich mache ich es kenntlich, wenn ich mir Begriffe als Werkzeuge für meine Einzelanalysen ausleihe. Doch habe ich mich bemüht, einen Diskurs zu konstruieren, der so autonom und so wenig redundant wie möglich ist. Dabei habe ich Materialien und Beobachtungen aus diversen Quellen einbezogen, ohne Leserinnen und Leser dem qualvollen neuerlichen Durchgang durch den bibliografischen Dschungel auszusetzen, in dem ich (zum Glück neben anderen Tätigkeiten) die letzten zwölf Jahre gelebt habe.

In ähnlicher Weise habe ich zwar eine Vielzahl statistischer Quellen und empirischer Studien benutzt, mich aber bemüht, die Verarbeitung von Daten soweit zu minimieren, dass ein bereits allzu mühseliges Buch ein wenig vereinfacht wird. Ich benutze deshalb hauptsächlich solche Datenquellen, die in den Sozialwissenschaften weithin akzeptiert werden (beispielsweise OECD, UN, Weltbank, regierungsamtliche Statistiken, Standard-Forschungsliteratur, allgemein zuverlässige Quellen aus Wissenschaft und Wirtschaft), außer dann, wenn solche Quellen fehlerhaft erscheinen (wie sowjetische BSP-Statistiken oder der Bericht der Weltbank über Anpassungsprogramme in Afrika). Ich bin mir über die Schwierigkeiten im Klaren, die damit verbunden sind, Informationen Glauben zu schenken, die vielleicht nicht immer ganz genau sind. Aber die Leserinnen und Leser werden sehen, dass in diesem Text viele Vorkehrungen getroffen wurden, um Schlussfolgerungen in der Regel auf der Grundlage konvergierender Tendenzen aus unterschiedlichen Quellen zu ziehen, entsprechend der Methode der Triangulation, die in der Geschichtswissenschaft, bei der Polizei und im investigativen Journalismus auf eine fest etablierte und erfolgreiche Tradition verweisen kann. Ferner zielen die Daten, Beobachtungen und Belege, die in diesem Buch vorgelegt werden, nicht eigentlich auf Nachweise, sondern auf die Begründung von Hypothesen und grenzen so die Ideen innerhalb eines Beobachtungsfeldes ein, das zugegebenermaßen unter dem Gesichtspunkt meiner Forschungsfragen ausgewählt, aber sicher nicht auf der Grundlage vorgefasster Meinungen konzipiert worden ist. Die Methodologie, der ich in diesem Buch folge, und deren spezifische Implikationen in den einzelnen Kapiteln besprochen werden, steht im Dienst der übergreifenden Absicht dieses intellektuellen Unternehmens: einige Elemente einer explorativen, inter-kulturellen Theorie der Wirtschaft und Gesellschaft des Informationszeitalters *speziell im Hinblick auf die Entstehung einer neuen Gesellschaftsstruktur* vorzuschlagen. Das weite Blickfeld meiner Analyse ist aufgrund der Allgegenwart des Gegenstandes dieser Analyse, des In-

---

49 Lash (1990).
50 Poulantzas (1978: bes. 160-169).

formationalismus, in Gesellschaft und Kultur erforderlich. Aber ich habe gewiss nicht die Absicht, das gesamte Spektrum von Themen und Problemen anzusprechen, die es in den gegenwärtigen Gesellschaften gibt. Schließlich ist mein Beruf nicht das Schreiben von Enzyklopädien.

Das Buch gliedert sich in drei Teile, aus denen der Verlag klugerweise drei Bände gemacht hat. Sie sind analytisch aufeinander bezogen, aber sie sind so geschrieben, dass sie unabhängig voneinander gelesen werden können. Die einzige Ausnahme von dieser Regel ist der Schluss von Band III, der den Schluss des ganzen Buches bildet und eine zusammenfassende Interpretation seiner Ergebnisse und Ideen enthält.

Die Einteilung in drei Bände macht das Buch verlegbar und lesbar, schafft aber einige Probleme bei der Darstellung meiner übergreifenden Theorie. So beziehen sich einige wichtige Themenstellungen auf alle Fragen, die in diesem Buch behandelt werden. Sie sind im zweiten Band enthalten. Das gilt vor allem für die Analyse von Frauen und Patriarchalismus sowie von Machtbeziehungen und Staat. Ich möchte die Leserinnen und Leser schon jetzt darauf hinweisen, dass ich die traditionelle Sichtweise nicht teile, nach der die Gesellschaft aus übereinanderliegenden Stockwerken besteht mit Technologie und Wirtschaft im Keller, Macht im Zwischengeschoss und Kultur im Penthouse. Aber im Interesse der Übersichtlichkeit bin ich zu einer systematischen, etwas linearen Darstellung der Einzelthemen gezwungen. Dabei bestehen zwar Bezüge, aber die Einzelelemente lassen sich nicht vollständig integrieren, bis sie im gesamten Verlauf der intellektuellen Reise, auf die ich die Leserinnen und Leser mit diesem Buch einladen möchte, mit einiger Gründlichkeit behandelt worden sind.

Der erste Band setzt sich vor allem mit der Logik dessen auseinander, was ich als das Netz bezeichne, während der Zweite mit dem Titel *Die Macht der Identität* die Formierung des Ich und die Interaktion zwischen dem Netz und dem Ich in der Krise zweier zentraler gesellschaftlicher Institutionen behandelt: der patriarchalischen Familie und des Nationalstaates. Der dritte Band mit dem Titel *Jahrtausendswende* versucht eine Interpretation der historischen Veränderungen in der letzten Phase des 20. Jahrhunderts, die hier als Resultat der Dynamik jener Prozesse gesehen werden, die in den ersten beiden Bänden untersucht wurden. Erst am Ende des dritten Bandes wird der Versuch gemacht, Theorie und Beobachtung auf allgemeiner Ebene zu integrieren und auf diese Weise die Analysen zu den unterschiedlichen Bereichen miteinander zu verbinden. Dennoch schließt jeder Band mit dem Versuch ab, die wichtigsten der darin enthaltenen Feststellungen und Ideen zueinander in Beziehung zu setzen. Zwar geht es vor allem in Band III unmittelbarer um spezifische Prozesse des historischen Wandels in unterschiedlichen Zusammenhängen, doch habe ich im gesamten Buch mein Bestes versucht, zwei Ziele zu erreichen: die Analyse auf Beobachtung aufzubauen, ohne das Theoretisieren auf ein bloßes Kommentieren abgleiten zu lassen; und so weit wie möglich die Quellen meiner Beobachtung *und Ideen* kulturell zu diversifizieren. Dieser Ansatz beruht auf meiner

Überzeugung, dass wir in eine wahrhaft multikulturelle, interdependente Welt eingetreten sind, die nur dann verstanden – und verändert – werden kann, wenn wir eine plurale Perspektive einnehmen, die kulturelle Identität, globale Netzwerke und multidimensionale Politik zusammenführt.

1 Die informationstechnologische Revolution

Was für eine Revolution?

„Der Gradualismus", so schrieb der Paläontologe Stephen J. Gould, „also die Vorstellung, aller Wandel müsse sanft, langsam und stetig verlaufen, hatte niemals eine empirische Grundlage. Es handelt sich hier um eine verbreitete, kulturell begründet verzerrte Sichtweise, die teilweise eine Reaktion des Liberalismus des 19. Jahrhunderts auf eine Welt voller Revolution war. Aber diese Sichtweise färbt noch immer unsere angeblich objektive Interpretation der Geschichte des Lebens. ... Aus meiner Sicht ist die Geschichte des Lebens eine Abfolge von stabilen Zuständen, die in seltenen Intervallen durch wesentliche Ereignisse unterbrochen wird. Diese verlaufen mit großer Geschwindigkeit und tragen dazu bei, die nächste Ära der Stabilität zu begründen."[1] Mein Ausgangspunkt ist die Annahme, mit der ich nicht allein stehe,[2] dass wir am Ende des 20. Jahrhunderts eines dieser seltenen historischen Intervalle durchlebt haben. Dieses Intervall war bestimmt von der Transformation unserer „materiellen Kultur"[3] durch die Auswirkungen eines neuen technologischen Paradigmas, das durch Informationstechnologien organisiert ist.

Unter Technologie verstehe ich in unmittelbarem Anschluss an Harvey Brooks und Daniel Bell den „Einsatz wissenschaftlicher Kenntnisse zur Bestim-

---

1 Gould (1980: 226).
2 Melvin Kranzberg, einer der führenden Technologie-Historiker, schrieb: „Das Informationszeitalter hat die technischen Elemente der Industriegesellschaft wahrlich revolutioniert" (1985: 42). Und zu den gesellschaftlichen Folgen: „Zwar mag dies evolutionär in dem Sinne sein, dass nicht alle Veränderungen und Gewinne über Nacht erkennbar sind, aber es wird in seinen Konsequenzen für unsere Gesellschaft revolutionär sein" (1985: 52). Ähnlich argumentieren etwa auch Nora und Minc (1978); Dizard (1982); Perez (1983); Forester (1985); Darbon und Robin (1987); Stourdze (1987); Dosi u.a. (1988a); Bishop und Waldholz (1990); Salomon (1992); Petrella (1993); Ministerium für Post und Telekommunikation (Japan) (1995); Negroponte (1995).
3 S. zur Definition der Technologie als „materielle Kultur", die ich für die angemessene soziologische Sichtweise halte, die Überlegungen in Fischer (1992: 1-32), bes.: „Technologie bedeutet hier etwas Ähnliches wie die Idee der materiellen Kultur."

mung der Mittel und Wege, etwas auf *wiederholbare* Weise zu tun."[4] Unter Informationstechnologien fasse ich wie alle anderen die *konvergierende Gruppe* von Technologien in den Bereichen Mikroelektronik, Computer (Hardware und Software), Funk und Telekommunikation und elektronische Optik zusammen.[5] Zusätzlich schließe ich abweichend von manchen Analysten in den Bereich der Informationstechnologien auch die Gentechnik mit ihren expandierenden Entwicklungen und Anwendungen mit ein.[6] Der Grund liegt nicht nur darin, dass Gentechnik sich mit der Entschlüsselung, Manipulation und schließlich auch mit der Reprogrammierung der in lebendiger Materie enthaltenen Informationscodes befasst. Darüber hinaus scheinen die Biologie, die Elektronik und die Informatik in ihren Anwendungen, in ihren Materialien und grundsätzlicher noch in ihrer konzeptionellen Herangehensweise sich einander anzunähern und zu interagieren.[7] Darauf wird in diesem Kapitel noch zurückzukommen sein.

Um diesen Kern von Informationstechnologien in dem hier definierten weiten Sinne ist es während der letzten beiden Jahrzehnte zu einer ganzen Konstellation von weitreichenden technologischen Durchbrüchen gekommen – u.a. bei den hochentwickelten Werkstoffen, bei der Energieerzeugung, bei medizinischen Anwendungen, Fertigungstechniken (aktuell oder, wie im Fall der Nanotechnologie, potenziell) und in der Transporttechnologie.[8] Außerdem expandiert der gegenwärtige Prozess der technologischen Transformation exponenziell aufgrund seiner Fähigkeit, durch digitale Sprache eine Schnittstelle zwischen technologischen Bereichen zu schaffen, in der Informationen erstellt, gespeichert, aufgerufen, verarbeitet und weitergeleitet werden können. Wir leben in einer Welt, die – wie Nicholas Negroponte es formuliert hat – digital geworden ist.[9]

Die prophetische Pose und die ideologische Manipulation, die für die meisten Diskurse über die Revolution in der Informationstechnologie charakteristisch sind, sollten uns nicht dazu verleiten, ihre wirklich grundlegende Bedeutung zu unterschätzen. Wie dieses Buch zu zeigen versucht, handelt es sich um ein historisches Ereignis, dessen Bedeutung mindestens so groß ist wie die der industriellen Revolution im 18. Jahrhundert. Sie bringt nämlich in die materiellen Grundlagen von Wirtschaft, Gesellschaft und Kultur ein Muster der Un-

---

4   Brooks (1971: 13), zit. nach einem unveröffentlichten Text unter Hinzufügung der Hervorhebung bei Bell (1976: 29).
5   Saxby (1990); Mulgan (1991).
6   Hall (1987); Marx (1989).
7   Eine stimulierende, informierte, wenn auch kontroverse Darstellung der Konvergenz zwischen der biologischen Revolution und der Revolution im weiteren Bereich der Informationstechnologie gibt Kelly (1995).
8   Forester (1988); Edquist und Jacobsson (1989); Herman (1990); Drexler und Peterson (1991); Lincoln und Essin (1993); Dromdero (1995); Lovins und Lovins (1995); Lyon und Gormer (1995).
9   Negroponte (1995).

stetigkeit ein. Die Geschichte der technologischen Revolutionen[10] zeigt, dass diese stets durch ihre *Durchgängigkeit* charakterisiert waren, d.h., dass sie sämtliche Bereiche menschlicher Tätigkeit durchdrangen, und zwar nicht als äußerlicher Wirkungsmechanismus, sondern als das Gefüge selbst, in das diese Tätigkeit eingebunden ist. Mit anderen Worten, *sie sind* – über das Erzeugen neuer Produkte hinaus – *prozessorientiert*. Andererseits bezieht sich – anders als bei jeder anderen Revolution – *der Kern* der Transformation, die wir in der aktuellen Revolution erleben, auf *Technologien der Informationsverarbeitung und der Kommunikation*.[11] Informationstechnologie ist für diese Revolution, was neue Energiequellen für die verschiedenen industriellen Revolutionen waren – von der Dampfmaschine zur Elektrizität, zu fossilen Brennstoffen und bis zur Kernenergie –, denn die Erzeugung und Verteilung von Energie war das Schlüsselelement, das der Industriegesellschaft zugrunde lag.

Aber diese Feststellung der überragenden Rolle der Informationstechnologie wird häufig dadurch verwässert, dass die gegenwärtige Revolution als grundlegend abhängig von neuem Wissen und Information verstanden wird. Das trifft zwar auf den augenblicklichen Prozess technologischen Wandels zu, gilt aber ebenso für frühere technologische Revolutionen, wie führende Technologiehis-

---

10 Kranzberg und Pursell (1967).
11 Ein vollständiges Verständnis der augenblicklichen technologischen Revolution würde die Untersuchung der Besonderheit der neuen Informationstechnologien im Vergleich zu ihren historischen Vorfahren mit ebenso revolutionärem Charakter erfordern, also der Entdeckung des Buchdrucks in China vermutlich im siebenten und in Europa im 15. Jahrhundert – ein klassisches Thema der kommunikationswissenschaftlichen Literatur. Ich kann mich im Rahmen dieses Buches, in dem es vor allem um die soziologische Dimension des technologischen Wandels geht, mit dieser Frage nicht auseinandersetzen, möchte aber einige Hinweise auf interessante Themenstellungen geben. Die Informationstechnologien auf elektronischer Grundlage (einschließlich des elektronischen Druckens) zeichnen sich durch unvergleichliche Speicherkapazität sowie durch die Geschwindigkeit aus, mit der Bits kombiniert und weitergeleitet werden können. Elektronischer Text erlaubt eine wesentlich höhere Flexibilität bei der Rückkopplung, Interaktion und Neukonfiguration von Texten, wie jeder bestätigen wird, der mit Textverarbeitung arbeitet. Das verändert den Prozess der Kommunikation selbst. Die Online-Kommunikation ermöglicht zusammen mit der Flexibilität des Textes die allgegenwärtige, asynchrone Programmierung in Raum und Zeit. Was die sozialen Auswirkungen der Informationstechnologien angeht, schlage ich die Hypothese vor, dass die Tiefe ihrer Wirkung eine Funktion der Durchdringung der gesamten Sozialstruktur mit Information ist. So hat der Buchdruck zwar die europäischen Gesellschaften in der Neuzeit wesentlich und in geringerem Maße auch das mittelalterliche China beeinflusst, doch waren seine Auswirkungen wegen des weit verbreiteten Analphabetentums in der Bevölkerung und wegen der geringen Intensität von Information in der produktiven Struktur relativ begrenzt. Deshalb hat die Industriegesellschaft, indem sie ihre Bürger ausgebildet und die Wirtschaft allmählich um Wissen und Information organisiert hat, den Boden für den Machtzuwachs des menschlichen Verstandes bereitet, der eintrat, als die neuen Informationstechnologien verfügbar wurden. Einen historischen Kommentar zu dieser älteren informationstechnologischen Revolution geben Boureau u.a. (1989). Zu einigen Elementen der Debatte über die technologische Besonderheit der elektronischen Kommunikation einschließlich der Perspektive von McLuhan s. Kap. 5.

toriker, etwa Melvin Kranzberg und Joel Mokyr gezeigt haben.[12] Die erste industrielle Revolution beruhte, obwohl sie nicht wissenschaftsbasiert war, auf der extensiven Nutzung von Information sowie der Anwendung und Weiterentwicklung zuvor bestehenden Wissens. Und die zweite industrielle Revolution nach 1850 war charakterisiert durch die entscheidende Rolle der Wissenschaft bei der Anregung von Innovation. In der Tat entstanden die ersten Forschungs- und Entwicklungslabors während der letzten Jahrzehnte des 19. Jahrhunderts in der deutschen Chemieindustrie.[13]

Das Charakteristische der gegenwärtigen technologischen Revolution ist nicht die zentrale Bedeutung von Wissen und Information, sondern die Anwendung dieses Wissens und dieser Information zur Erzeugung neuen Wissens und zur Entwicklung von Geräten zur Informationsverarbeitung und zur Kommunikation, wobei es zu einer kumulativen Rückkopplungsspirale zwischen der Innovation und ihrem Einsatz kommt.[14] Hier eine Illustration dazu: Die Nutzung der neuen Telekommunikationstechnologien hat in den letzten beiden Jahrzehnten drei deutlich markierte Stadien durchlaufen: die Automatisierung von Arbeiten, das Experimentieren mit Nutzungsformen und eine Neukonfigurierung von Anwendungen.[15] Während der ersten beiden Stadien ist die technologische Innovation mittels Lernen *durch Anwenden* vorangekommen, um Rosenbergs Terminologie zu verwenden.[16] In der dritten Phase haben die Anwender die Technologie *durch Verwenden* gelernt, haben am Ende die Systeme neu konfiguriert und neue Anwendungen herausgefunden. Unter dem neuen technologischen Paradigma dreht sich die Rückkopplungsspirale zwischen der Einführung einer neuen Technologie, ihrer Anwendung und ihrer Entwicklung für neue Bereiche viel schneller. Deshalb führt die Ausbreitung einer Technologie zu einer endlosen Verstärkung ihrer Macht, indem sie durch die Anwendung angeeignet und neu definiert wird. Die neuen Informationstechnologien sind nicht einfach Werkzeuge, die benutzt werden, sondern Prozesse, die entwickelt werden (müssen). Anwender könnten Entwickler werden. Also können Anwender die Kontrolle über die Technologie übernehmen, wie im Falle des Internet (s. weiter unten in diesem Kapitel und Kapitel 5). Es besteht daher eine enge Beziehung zwischen den sozialen Prozessen, in denen Symbole geschaffen und manipuliert werden – der Kultur einer Gesellschaft –, und der Fähigkeit, Güter und Dienstleistungen zu produzieren und zu verteilen – den Produktivkräften. Zum ersten Mal in der Geschichte ist der menschliche Verstand eine unmittelbare Produktivkraft und nicht nur ein entscheidendes Element im Produktionssystem.

---

12 M. Kranzberg, „Prerequisites for industrialization", in Kranzberg und Pursell (1967: I, Kap. 13); Mokyr (1990).
13 Ashton (1948); Clow und Clow (1952); Landes (1969); Mokyr (1990: 112).
14 Dizard (1982); Forester (1985); Hall und Preston (1988); Saxby (1990).
15 Bar (1990).
16 Rosenberg (1982); Bar (1992).

Demnach sind Computer, Kommunikationssysteme, die Entschlüsselung des genetischen Codes und seine Programmierung Verstärkungen und Erweiterungen des menschlichen Geistes. Was wir denken, wie wir denken, wird ausgedrückt in Gütern, Dienstleistungen, materiellem und intellektuellem Output, ob es sich nun um Nahrungsmittel, Wohnungen, Transport- und Kommunikationssysteme, Computer, Raketen, Gesundheit, Bildung oder Bilder handeln mag. Die zunehmende Integration von Gehirnen und Maschinen einschließlich der DNA-Maschine hebt das auf, was Bruce Mazlish als die „vierte Diskontinuität"[17] bezeichnet, nämlich die zwischen Mensch und Maschine. Damit verändert sich die Art und Weise fundamental, wie wir zur Welt kommen, wie wir leben, wie wir lernen, wie wir arbeiten, wie wir produzieren, wie wir konsumieren, wie wir träumen, wie wir kämpfen und wie wir sterben. Natürlich werden kulturell/institutionelle Kontexte und zielbewusstes soziales Handeln mit dem neuen technologischen System interagieren müssen, aber dieses System hat seine eigene inhärente Logik und ist durch die Fähigkeit, jeglichen Input in ein gemeinsames Informationssystem zu übersetzen und diese Informationen mit zunehmender Geschwindigkeit, mit zunehmender Macht und zu abnehmenden Kosten in einem potenziell allgegenwärtigen Verfügungs- und Verteilungsnetzwerk zu verarbeiten.

Es gibt noch ein weiteres Charakteristikum, das die Revolution in der Informationstechnologie im Vergleich zu ihren Vorläuferinnen auszeichnet. Mokyr[18] hat gezeigt, dass frühere technologische Revolutionen nur in wenigen Gesellschaften stattfanden, sich auf eine relativ begrenztes geografisches Gebiet ausweiteten und oft in gegenüber anderen Regionen der Erde isolierten Räumen und Zeiten wirkten. So hat Europa zwar einige der Entdeckungen übernommen, die in China gemacht wurden, aber China und Japan haben viele Jahrhunderte lang europäische Technologie in nur sehr begrenztem Maße angenommen, hauptsächlich beschränkt auf militärische Anwendungen. Der Kontakt zwischen Zivilisationen auf unterschiedlichen technologischen Niveaus nahm oft die Form der Zerstörung der am geringsten Entwickelten oder derjenigen an, die ihr Wissen vorrangig auf nicht-militärische Technologie angewendet hatten wie im Fall der amerikanischen Zivilisationen, die von den spanischen Konquistadoren vernichtet wurden, manchmal durch zufällige biologische Kriegführung.[19] Die industrielle Revolution hat sich von ihrem Ursprung an den Küsten Westeuropas während der folgenden beiden Jahrhunderte in der Tat auf den größten Teil des Globus ausgeweitet. Aber ihre Ausbreitung erfolgte höchst selektiv und gemessen an den gegenwärtigen Standards technologischer Diffusion ziemlich langsam. Sogar in Großbritannien waren noch Mitte des 19. Jahrhunderts Wirtschaftsbereiche, die für die Mehrheit der Beschäftigung und

---

17 Mazlish (1993).
18 Mokyr (1990: 209ff., 293).
19 S. z.B. Thomas (1993).

mindestens für die Hälfte des Bruttosozialproduktes sorgten, von den neuen Technologien noch überhaupt nicht berührt.[20] Darüber hinaus nahm das weltweite Ausgreifen der industriellen Revolution in den folgenden Jahrzehnten in den meisten Fällen die Form kolonialer Herrschaft an, so in Indien unter dem Britischen Imperium, in Lateinamerika unter der kommerziell-industriellen Abhängigkeit von Großbritannien und den Vereinigten Staaten, in der Zerstückelung Afrikas nach dem Berliner Vertrag oder in der Öffnung Japans und Chinas für den ausländischen Handel durch die Kanonen westlicher Schiffe. Im Gegensatz dazu haben sich die neuen Informationstechnologien mit Blitzgeschwindigkeit innerhalb von weniger als zwei Jahrzehnten zwischen Mitte der 1970er und Mitte der 1990er Jahre über den gesamten Globus ausgebreitet. Das macht die Logik deutlich, die ich als charakteristisch für diese technologische Revolution betrachte: die unmittelbare Anwendung der Technologien, die sie hervorbringt, auf ihre eigene weitere Entwicklung in der Vernetzung der Welt mittels Informationstechnologie.[21] Sicherlich gibt es große Gebiete auf der Welt und beträchtliche Bevölkerungsteile, die von dem neuen technologischen System ausgeschlossen sind: Das genau ist eine der zentralen Thesen dieses Buches. Die Geschwindigkeit der technologischen Diffusion verhält sich selektiv, und zwar sowohl gesellschaftlich wie funktional. Der Zeitverzug beim Zugang zur Macht über die Technologie für Menschen, Länder und Regionen ist eine entscheidende Quelle der Ungleichheit in unserer Gesellschaft. Die ausgeschlossenen Gebiete sind kulturell und räumlich ohne Zusammenhang: Sie liegen in den US-amerikanischen Innenstädten oder in den französischen *banlieues* ebenso wie in den *shanty towns* von Afrika oder in den unterentwickelten ländlichen Gebieten Chinas und Indiens. Doch die technologisch dominanten, gesellschaftlichen Gruppen und Territorien sind zu Beginn des 21. Jahrhunderts über den ganzen Globus miteinander verbunden, innerhalb eines neuen technologischen Systems, das erst in den 1970er Jahren begonnen hat, Form anzunehmen.

Wie kam es zu dieser grundlegenden Transformation innerhalb eines Zeitraums, der nicht mehr ist als ein historischer Augenblick? Warum breitet sie sich in solch rasantem, wenn auch ungleichmäßigem Tempo über den ganzen Globus aus? Warum ist es eine „Revolution"? Da unsere Erfahrung des Neuen durch unsere jüngere Vergangenheit bestimmt ist, halte ich es für die Beantwortung dieser grundlegenden Fragen für hilfreich, wenn wir uns kurz an die Geschichte der industriellen Revolution erinnern, die noch immer in unseren Institutionen und damit auch in unserer Vorstellungswelt präsent ist.

---

20 Mokyr (1990: 83).
21 Pool (1990); Mulgan (1991).

Lehren aus der industriellen Revolution

Die Geschichtswissenschaft hat gezeigt, dass es mindestens zwei industrielle Revolutionen gegeben hat: Die erste begann im letzten Drittel des 18. Jahrhunderts und war gekennzeichnet durch neue Technologien wie die Dampfmaschine, die *spinning jenny*, das Puddelverfahren in der Metallurgie und im weiteren Sinn durch die Ersetzung von Hand-Werkzeugen durch Maschinen. In der zweiten spielten etwa 100 Jahre später die Entwicklung der Elektrizität, der Verbrennungsmotor, effizienter Stahlguss und mit der Verbreitung des Telegrafen und der Erfindung des Telefons die Anfänge der Kommunikationstechnologien die herausragende Rolle. Zwischen beiden gibt es grundlegende Kontinuitäten und ebenso einige wesentliche Unterschiede. Der wichtigste ist die entscheidende Bedeutung naturwissenschaftlicher Kenntnisse für die Aufrechterhaltung und Richtunggebung der technologischen Entwicklung nach 1850.[22] Gerade wegen ihrer Unterschiede können Eigenschaften, die beiden gemeinsam sind, wertvolle Hinweise für ein Verständnis der Logik technologischer Revolutionen liefern.

Vor allem anderen beobachten wir in beiden Fällen das, was Mokyr als nach historischen Maßstäben eine Periode „beschleunigten und nie dagewesenen technologischen Wandels"[23] bezeichnet. Eine Serie von Groß-Erfindungen bereitete den Boden für das Aufblühen von Mikro-Erfindungen in den Bereichen Landwirtschaft, Industrie und Kommunikation. In die materielle Basis der menschlichen Spezies wurde auf irreversible Weise eine grundlegende historische Diskontinuität hineingebracht. Dies erfolgte in einem pfadabhängigen Prozess, dessen innere, sequenzielle Logik von Paul David erforscht und von Brian Arthur theoretisch begründet worden ist.[24] Dies waren wirklich „Revolutionen" in dem Sinne, dass eine plötzlich auftretende Welle technologischer Anwendungen die Prozesse der Produktion und Distribution transformierte, eine Flut neuer Produkte schuf und in entscheidender Weise die Orte von Reichtum und Macht auf dem Planeten verschob. Dieses geriet in den Zugriff von Ländern und Eliten, die in der Lage waren, das neue technologische System zu meistern.

---

22 Singer u.a. (1958); Mokyr (1985). Jedoch gab es, wie Mokyr selbst bemerkt, auch in der ersten industriellen Revolution in Großbritannien eine Schnittstelle zwischen Naturwissenschaft und Technik. So hat Watt seine entscheidende Verbesserung der von Newcomen entworfenen Dampfmaschine in engem Austausch mit seinem Freund und Förderer Joseph Black erarbeitet, der Professor für Chemie an der Universität Glasgow war, wo Watt 1757 zum „Mathematical Instrument Maker to the University" ernannt wurde, und wo er an einem Modell der Newcomen-Maschine eigene Experimente durchführte, s. Dickinson (1958). Ubbelohde (1958: 673) berichtet sogar, dass „Watts Entwicklung eines Dampfkondensators, der von dem Zylinder getrennt war, in dem sich der Kolben bewegte, eng mit den naturwissenschaftlichen Forschungen von Joseph Black (1728-1799), des Professors für Chemie an der Universität Glasgow, verbunden und durch sie inspiriert war."
23 Mokyr (1990: 82).
24 David (1975); David und Bunn (1988); Arthur (1989).

Die dunkle Seite dieses technologischen Abenteuers zeigt sich in seiner unlösbaren Verflechtung mit imperialistischen Bestrebungen und inter-imperialistischen Konflikten.

Aber das ist gerade eine Bestätigung für den revolutionären Charakter der neuen industriellen Technologien. Der historische Aufstieg des so genannten Westens, der in Wirklichkeit auf England und eine Handvoll Länder in Westeuropa sowie auf ihre nordamerikanischen und australischen Ableger beschränkt war, ist auf grundlegende Weise verbunden mit der technologischen Überlegenheit, die das Ergebnis der beiden industriellen Revolutionen war.[25] Nichts anderes in der kulturellen, wissenschaftlichen, politischen oder militärischen Geschichte der Welt vor der industriellen Revolution kann diese unleugbare „westliche" (angelsächsisch/deutsche und eine Spur französische) Überlegenheit zwischen den 1750er und den 1940er Jahren erklären. China war für den größten Teil der Geschichte vor der Renaissance eine bei weitem überlegene Kultur; die muslimische Zivilisation – wenn ich mir die Freiheit nehmen darf, sie so zu nennen – beherrschte einen großen Teil des Mittelmeerraumes und übte während der gesamten Neuzeit bedeutsamen Einfluss auf Afrika und Asien aus. Asien und Afrika waren im Großen und Ganzen die gesamte Zeit hindurch um autonome kulturelle und politische Zentren herum organisiert; Russland herrschte in seiner *splendid isolation* über eine riesige Weite, die quer durch Osteuropa und Asien reichte. Und das spanische Imperium, die Nachzügler-Kultur im Europa der industriellen Revolution, war nach 1492 für mehr als zwei Jahrhunderte die größte Weltmacht. Erst die Technologie als Ausdruck spezifischer sozialer Bedingungen führte in der zweiten Hälfte des 18. Jahrhunderts auf einen neuen historischen Pfad.

Dieser Pfad ging von Großbritannien aus, obwohl sich seine intellektuellen Wurzeln über ganz Europa hinweg auf den Entdeckungsgeist der Renaissance zurückverfolgen lassen.[26] Tatsächlich betonen manche Historiker, das notwendige Wissen für die industrielle Revolution sei schon 100 Jahre zuvor vorhanden gewesen, bereit, unter dafür reifen gesellschaftlichen Bedingungen genutzt zu werden; oder es hat, wie andere meinen, auf die technische Genialität solcher autodidaktischer Erfinder wie Newcomen, Watt, Crompton oder Arkwright gewartet, die es vermochten, die vorhandenen Kenntnisse mit handwerklicher Fertigkeit zu kombinieren und in die entscheidenden neuen industriellen Technologien zu übersetzen.[27] Doch die zweite industrielle Revolution, die stärker von neuem naturwissenschaftlichem Wissen abhängig war, verlagerte ihr Gravitationszentrum nach Deutschland und in die Vereinigten Staaten, wo die wichtigsten Entwicklungen in Chemie, Elektrizität und Fernsprechwesen statt

---

25 Rosenberg und Birdzell (1986).
26 Singer u.a. (1957).
27 Rostow (1975); s. Jewkes u.a. (1969) für dieselbe Überlegung und Singer u.a. (1958) für historische Belege.

fanden.²⁸ Die Historiker haben mit großer Sorgfalt die gesellschaftlichen Bedingungen der wechselhaften Geografie technischer Innovation herauspräpariert, wobei oft die Charakteristika des Bildungs- und Wissenschaftssystems oder die Institutionalisierung von Patentrechten ins Blickfeld rückten. Kontexterklärungen für den ungleichmäßigen Entwicklungspfad technologischer Innovation scheinen jedoch extrem offen für alternative Interpretationen zu sein. Hall und Preston zeigen in ihrer Analyse der wechselnden Geografie technologischer Innovation zwischen 1846 und 2003 die Bedeutung *lokaler* Keimzellen der Innovation, unter denen Berlin, New York und Boston zwischen 1840 und 1914 zu „hochtechnologischen Industriezentren der Welt" gekrönt werden, während „London in dieser Periode nur ein matter Schatten Berlins war".²⁹ Der Grund liegt in der territorialen Basis für das Ineinanderwirken von Systemen technologischer Entdeckungen und ihre Anwendungen, also in den synergetischen Eigenschaften dessen, was in der Literatur als „Innovationsmilieus" bezeichnet wird.³⁰

Die technologischen Durchbrüche sind in Clustern von Innovationen aufgetreten, die in einem Prozess zunehmender Gewinnhäufigkeit ineinandergriffen. Welche Bedingungen auch immer zu solchen Clustern geführt haben, so besteht doch die hier festzuhaltende Schlüssellektion darin, dass *technologische Innovation kein isoliertes Ereignis ist.*³¹ Sie ist Ausdruck eines gegebenen Wissensstandes, einer bestimmten institutionellen und industriellen Umwelt, einer gewissen Verfügbarkeit von Fertigkeiten, ein technologisches Problem zu definieren und zu lösen, einer ökonomischen Mentalität, solche Anwendungen gewinnbringend einzusetzen, und eines Netzwerkes von Produzenten und Nutzern, die ihre Erfahrungen kumulativ miteinander austauschen können und dabei durch Benutzung und Veränderung lernen: Eliten lernen durch Veränderung, indem sie die Anwendung einer Technologie modifizieren, während die meisten Leute durch das Anwenden lernen und so innerhalb der Beschränkungen einer gegebenen Anwendung verbleiben. Das Zusammenwirken von Systemen technologischer Innovation und ihre Abhängigkeit von bestimmten „Milieus", in denen ein Austausch über Ideen, Probleme und Lösungen stattfindet,

---

28 Mokyr (1990).
29 Hall und Preston (1988: 123).
30 Der Ursprung des Begriffs des „Innovationsmilieus" lässt sich auf Aydalot (1985) zurück verfolgen. Das Konzept war auch in Andersons Werk (1985) sowie in den Ausführungen von Arthur (1985) implizit vorhanden. Um diese Zeit haben Peter Hall und ich in Berkeley, Roberto Camagni in Mailand und Denis Maillat in Lausanne, für eine kurze Zeit gemeinsam mit Philippe Aydalot – kurz vor dessen Tod – begonnen, empirische Analysen von Innovationsmilieus zu erarbeiten. Dieses Thema fand in den 1990er Jahren zurecht breiteste Aufmerksamkeit.
31 Die historischen Bedingungen für das Zusammentreffen technologischer Innovationen können im Rahmen dieses Kapitels nicht eigens untersucht werden. Nützliche Überlegungen dazu sind zu finden in Gille (1978) und Mokyr (1990); s. auch Mokyr (1990: 298).

sind kritische Merkmale, die aus der Erfahrung früherer Revolutionen für die gegenwärtige verallgemeinert werden können.³²

Die positiven Auswirkungen der neuen industriellen Technologien auf das Wirtschaftswachstum, auf den Lebensstandard und auf den Triumph des Menschen über eine feindliche Natur sind an der dramatischen Verlängerung der Lebenserwartung abzulesen, die sich vor dem 18. Jahrhundert nicht stetig erhöht hatte. Aber sie kamen trotz Verbreitung von Dampfmaschine und neuen Maschinen nicht rasch. Mokyr erinnert daran, dass „der Pro-Kopf-Verbrauch und der Lebensstandard anfangs [Ende des 18. Jahrhunderts] wenig anstiegen, [dass] aber in vielen Industrien und Sektoren sich die Produktionstechnologien dramatisch veränderten und so den Weg bereiteten für ein nachhaltiges Wachstum im Schumpeterschen Sinn, das in der zweiten Hälfte des 19. Jahrhunderts eintrat, als sich der technologische Fortschritt auf zuvor nicht davon erfasste Industrien ausdehnte."³³ Diese kritische Einschätzung zwingt uns, die tatsächlichen Auswirkungen der großen technologischen Veränderungen im Licht des zeitlichen Abstandes zwischen Ursache und Wirkung zu bewerten, der abhängig ist von den je spezifischen Bedingungen in der Gesellschaft. Die geschichtliche Erfahrung scheint jedoch darauf hinzuweisen, dass, allgemein gesprochen, die Transformation von Gesellschaften umso schneller vonstatten geht, je enger die Beziehung zwischen den Orten der Innovation, Produktion und Anwendung neuer Technologien ist. Desto stärker ist auch die positive Rückkopplung der sozialen Verhältnisse auf die allgemeinen Bedingungen weiterer Innovation. So breitete sich in Spanien die industrielle Revolution bereits im späten 18. Jahrhundert schnell in Katalonien aus, folgte aber im Rest des Landes und vor allem in Madrid und dem Süden einem viel langsameren Tempo; Ende des 19. Jahrhunderts hatten sich lediglich das Baskenland und Asturien dem Industrialisierungsprozess angeschlossen.³⁴ Die Grenzen der industriellen Innovation stimmten deutlich überein mit denen von Gebieten, die etwa zwei Jahrhunderte lang nicht mit den spanischen Kolonien in Amerika hatten Handel treiben dürfen: Während die andalusischen und kastilischen Eliten ebenso wie die Krone von ihren amerikanischen Renten leben konnten, mussten die Katalanen durch ihren eigenen Handel und Einfallsreichtum für sich selbst sorgen, während sie zugleich dem Druck des zentralistischen Staates ausgesetzt waren. Auch als Folge dieses historischen Entwicklungsweges waren Katalonien und das Baskenland bis in die 1950er Jahre die einzigen vollständig industrialisierten Regionen und die bedeutendsten Keimzellen für Unternehmergeist und Innovation. Dies stand in krassem Gegensatz zu den Tendenzen im übrigen Spanien. Demnach fördern spezifische gesellschaftliche Bedingungen technologische Innovation, die ihrerseits auf den Pfad wirtschaftlicher Entwicklung und weiterer Innovation führt.

---

32 Rosenberg (1976, 1982); Dosi (1988).
33 Mokyr (1990: 83).
34 Fontana (1988); Nadal und Carreras (1990).

Doch die Reproduktion solcher Bedingungen ist ebenso sehr kulturell und institutionell wie ökonomisch und technologisch. Die Transformation der gesellschaftlichen und institutionellen Umwelt kann Tempo und Geografie der technologischen Entwicklung verändern, wie etwa in Japan nach der Meiji-Restauration oder in Russland während der kurzen Regierungszeit von Stolypin. Dennoch enthält die Geschichte ein beträchtliches Trägheitsmoment.

Eine letzte und wesentliche Lehre aus den industriellen Revolutionen, die ich für die vorliegende Analyse für bedeutsam halte, ist kontrovers: Zwar haben beide eine ganze Flut von neuen Technologien hervorgebracht, die das industrielle System tatsächlich in sukzessiven Stadien geformt und umgeformt haben; aber in ihrem Kern ging es um grundlegende Innovation bei der Erzeugung und Verteilung von Energie. R.J. Forbes, ein klassischer Technologiehistoriker, betont, dass „die Erfindung der Dampfmaschine das zentrale Moment der industriellen Revolution ist", gefolgt von der Einführung neuer Primärantriebe und vom mobilen Primärantrieb, wodurch „die Energie der Dampfmaschine in der jeweils gewünschten Menge dort geschaffen werden konnte, wo sie gebraucht wurde".[35] Und wenn Mokyr auch auf dem vielgestaltigen Charakter der industriellen Revolution besteht, so meint er doch auch, dass „ungeachtet der Einwände mancher Wirtschaftshistoriker die Dampfmaschine noch immer als die zentrale und wesentliche Erfindung der industriellen Revolution gilt".[36] Elektrizität war die zentrale Kraft der zweiten Revolution, trotz anderer außerordentlicher Entwicklungen in den Bereichen Chemie und Stahl, des Verbrennungsmotors, der Telegrafie und des Fernsprechwesens. Denn allein durch die Erzeugung und Verteilung von Elektrizität waren alle anderen Bereiche in der Lage, ihre Anwendungen zu entwickeln und miteinander zu verbinden. Ein gutes Beispiel ist der elektrische Telegraf, der in den 1790er Jahren erstmals experimentell benutzt wurde und seit 1837 weit verbreitet war. Er konnte sich erst dann zu einem Kommunikationsnetzwerk auswachsen, das die Welt in großem Maßstab miteinander verband, als er auf die Verbreitung der Elektrizität zurückgreifen konnte. Die weit verbreitete Nutzung der Elektrizität veränderte seit den 1870er Jahren Transport, Telegrafie, Beleuchtung und nicht zuletzt die Fabrikarbeit durch die Diffusion von Energie in Gestalt des Elektromotors. Denn Fabriken waren zwar mit der ersten industriellen Revolution verbunden, doch waren sie für nahezu ein Jahrhundert nicht gleichbedeutend mit dem Einsatz der Dampfmaschine. Sie wurde in Handwerksbetrieben vielfach genutzt, während viele große Fabriken weiterhin verbesserte Quellen der Wasserkraft einsetzten (und aus diesem Grunde auch lange als Zeit als „Mühlen" bezeichnet wurden). Es war der Elektromotor, der die Arbeitsorganisation in der industriellen Fabrik

---

35 Forbes (1958: 150).
36 Mokyr (1990: 84).

in großem Stil sowohl ermöglichte als auch einleitete.³⁷ Wie R.J. Forbes 1958 schrieb:

> Während der letzten 250 Jahre haben fünf wichtige Primärantriebe das hervorgebracht, was oft als Maschinenzeitalter bezeichnet wird. Das 18. Jahrhundert brachte die Dampfmaschine; das 19. Jahrhundert die Wasserturbine, den Verbrennungsmotor und die Dampfturbine; und das 20. die Gasturbine. Die Historiker haben oft Schlagworte geprägt, um geschichtliche Bewegungen oder Strömungen zu benennen. Dazu gehört die „Industrielle Revolution" als Titel für eine Entwicklung, deren Anfang oft ins frühe 18. Jahrhundert verlegt wird und die sich durch einen Großteil des 19. Jahrhunderts hindurch zieht. Es war eine langsame Bewegung, aber sie bewirkte Veränderungen, die in ihrer Kombination von materiellem Fortschritt und sozialer Verwerfung so tiefgreifend waren, dass sie zusammen genommen sehr wohl als revolutionär bezeichnet werden können, wenn wir diese extremen Daten in Betracht ziehen.³⁸

Durch ihre Einwirkungen auf den Prozess, der den Kern aller Prozesse bildet – also die notwendige Energie zum Produzieren, Verteilen und Kommunizieren – haben sich die beiden industriellen Revolutionen durch das gesamte Wirtschaftssystem ausgebreitet und das gesamte Sozialgefüge durchdrungen. Billige, zugängliche, bewegliche Energiequellen erweiterten und erhöhten die Kraft des menschlichen Körpers und schufen dabei die materielle Grundlage für die historische Fortsetzung einer ähnlichen Bewegung zur Erweiterung des menschlichen Verstandes.

Der historische Ablauf der informationstechnologischen Revolution

Die kurze, aber intensive Geschichte der informationstechnologischen Revolution ist in den letzten Jahren schon so oft erzählt worden, dass es unnötig ist, hier eine vollständige Darstellung zu geben.³⁹ Zudem wäre angesichts der Beschleu-

---

37 Jarvis (1958); Canby (1962); Hall und Preston (1988). Eine der ersten detaillierten Beschreibungen eines elektrischen Telegrafen ist in einem mit C.M. unterzeichneten Brief enthalten, der 1753 im *Scots Magazine* erschien. Eines der ersten praktischen Experimente mit einem elektrischen System wurde 1795 von dem Katalanen Francisco de Salva vorgeschlagen. Es gibt unbestätigte Berichte, dass tatsächlich 1798 ein eindrahtiger Telegraf unter Benutzung des Planes von Salva zwischen Madrid und Aranjuez (44 km) gebaut wurde. Aber erst in den 1830er Jahren wurde der elektrische Telegraf eingeführt (William Cooke in England, Samuel Morse in Amerika), und 1851 wurde das erste Unterseekabel zwischen Dover und Calais gelegt (Garrat 1958); s. auch Sharlin (1967); Mokyr (1990).
38 Forbes (1958: 148).
39 Eine gute Geschichte der Anfänge der informationstechnologischen Revolution, die natürlich durch die Entwicklungen seit den 1980er Jahren inzwischen überholt ist, enthält Braun und Macdonald (1982). Der systematischste Versuch, die Entwicklungen der frühen Revolution in der Informationstechnologie zusammenzufassen, wurde von Tom Forester in einer Reihe von Büchern unternommen (1980, 1985, 1987, 1989, 1993). Gute Darstellungen der Ursprünge der Gentechnologie finden sich in Elkington (1985) und Russell (1988). Eine zuverlässige Geschichte

nigung des Tempos dieser Revolution jede solche Darstellung sogleich wieder überholt – zwischen dem Zeitpunkt, zu dem ich dies schreibe und Sie dies lesen, wird sich die Leistung von Mikrochips zu einem gegebenen Preis nach dem allgemein anerkannten „Mooreschen Gesetz" verdoppelt haben.[40] Dennoch halte ich es für analytisch nützlich, die Hauptachsen der technologischen Transformation in der Erzeugung/Verarbeitung/Verbreitung von Information in Erinnerung zu rufen und sie in der Abfolge zu platzieren, die auf die Herausbildung eines neuen sozio-technischen Paradigmas zugetrieben ist.[41] Diese kurze Zusammenfassung erlaubt es mir später, auf Hinweise zu technologischen Einzelheiten zu verzichten, wenn ich ihr spezifisches Zusammenwirken mit Wirtschaft, Kultur und Gesellschaft im Verlauf der gesamten intellektuellen Wegstrecke dieses Buches behandele – außer da, wo neue Informationselemente notwendig sind.

Mikro-Technik und Makro-Wandel: Elektronik und Information

Die wissenschaftlichen und industriellen Vorläufer der auf Elektronik aufbauenden Informationstechnologien lassen sich zwar Jahrzehnte vor den 1940er Jahren ausfindig machen,[42] wobei nicht die unwichtigsten die Erfindung des Telefons 1876 durch Bell, des Radios 1898 durch Marconi und der Vakuumröhre 1906 durch De Forest sind; aber zu den großen technologischen Durchbrüchen im Bereich der Elektronik kam es während des Zweiten Weltkrieges und der unmittelbaren Nachkriegszeit: der erste programmierbare Computer und der Transistor, Quelle der Mikroelektronik, das wahre Herz der informationstechnologischen Revolution im 20. Jahrhundert.[43] Aber ich behaupte, dass sich die neuen Informationstechnologien erst in den 1970er Jahren ernsthaft

---

der Computertechnologie bietet Ceruzzi (1998). Zur Geschichte des Internet s. Abbate (1999) und Naughton (1999).

40 Ein anerkanntes „Gesetz" in der Elektronik-Industrie, das von Gordon Moore stammt, dem Vorsitzenden von Intel, der legendären Neugründung aus dem Silicon Valley und heute die weltweit größte und eine der profitabelsten Mikroelektronik-Firmen.

41 Die in diesem Kapitel enthaltene Information ist weithin zugänglich in Zeitungen und Zeitschriften. Ich habe sie aus meiner Lektüre von *Business Week, The Economist, Wired, Scientific American*, der *New York Times, El País* und des *San Francisco Chronicle* gewonnen, die meine alltägliche und -wöchentliche Grundversorgung ausmachen. Hinzu kommen gelegentliche Unterhaltungen mit Kollegen und Freunden in Berkeley und Stanford, die sich in Elektronik und Biologie auskennen und mit industriellen Quellen vertraut sind. Ich halte es nicht für erforderlich, detaillierte Belege für Daten einer so allgemeinen Art zu geben, außer da, wo eine bestimmte Zahl oder ein Zitat schwer zu finden ist.

42 S. Hall und Preston (1988); Mazlish (1993).

43 Ich nehme an, dass es wie im Fall der industriellen Revolutionen auch mehrere informationstechnologischen Revolutionen geben wird, von denen diejenige, die in den 1970er Jahren eingeleitet wurde, nur die erste ist. Wahrscheinlich wird die zweite im frühen 21. Jahrhundert der biologischen Revolution in engem Zusammenspiel mit neuen Computertechnologien einen größeren Stellenwert geben.

ausgebreitet haben, indem sich ihre synergetische Entwicklung ständig beschleunigte, bis sie zum neuen Paradigma konvergierten. Rekapitulieren wir die Stadien der Innovation in den drei wesentlichen technologischen Bereichen, die eng aufeinander bezogen, die Geschichte der Elektronik-basierten Technologien ausmachen: Mikroelektronik, Computer und Telekommunikation.

Der Transistor wurde 1947 in den Bell Laboratories in Murray Hill, New Jersey, von den drei Physikern Bardeen, Brattain und Shockley erfunden, die für diese Entdeckung den Nobelpreis erhielten. Der Transistor ermöglichte die Verarbeitung elektrischer Impulse in schnellem Tempo in einem binären Code von Unterbrechung und Verstärkung. Dadurch wurde die logische Codierung und die Kommunikation mit und zwischen Maschinen möglich: Wir nennen diese Bauelemente Halbleiter oder einfach Chips (die heute aus Millionen von Transistoren bestehen). Der erste Schritt zur Verbreitung des Transistors wurde 1951 mit der Erfindung des Flächentransistors durch Shockley gemacht. Doch seine Herstellung und seine Anwendung in großem Maßstab erforderten neue Fertigungstechniken und den Einsatz eines geeigneten Werkstoffs. Den Übergang zu Silizium, mit dem die neue Revolution buchstäblich auf Sand gebaut wurde, vollzog erstmals 1954 Texas Instruments in Dallas (erleichtert durch die Anstellung von Gordon Teal 1953, eines weiteren führenden Wissenschaftlers von Bell Laboratories). Die Erfindung der Planartechnik durch Fairchild Semiconductors im Silicon Valley 1959 eröffnete die Möglichkeit zur Integration miniaturisierter Komponenten mit Präzisionsfertigung.

Der entscheidende Schritt in der Mikroelektronik war jedoch 1957 erfolgt: Der integrierte Schaltkreis (*integrated circuit*; IC) wurde gemeinsam von Jack Kilby, einem Ingenieur von Texas Instruments, der auch das Patent beantragte, und Bob Noyce erfunden, einem der Gründer von Fairchild. Noyce war der erste, der ICs unter Einsatz der Planartechnik herstellte. Das löste eine technologische Explosion aus: In nur drei Jahren, zwischen 1959 und 1962, fielen die Preise für Halbleiter um 85% und in den folgenden zehn Jahren stieg die Produktion auf das Zwanzigfache. 50% davon ging in militärische Anwendungen.[44] (Zieht man einen historischen Vergleich, so dauerte es 70 Jahre (1780-1850), bis der Preis für Baumwollstoffe in Großbritannien während der industriellen Revolution um 85% fiel.[45]) In den 1960er Jahren beschleunigte sich die Entwicklung weiter: Verbesserte Fertigungstechnik und eine bessere Konstruktion von Chips wurden durch Computer unterstützt, die schnellere und stärkere mikroelektronische Komponenten enthielten. Der Durchschnittspreis eines integrierten Schaltkreises fiel von 50 US$ 1962 auf 1 US$ 1971.

Der gigantische Sprung vorwärts zum Eindringen der Mikroelektronik in alle Maschinen kam 1971, als der Intel-Ingenieur Ted Hoff (ebenfalls in Silicon Valley) den Mikroprozessor erfand, also den Computer auf einem Chip. Damit

---

44 Braun und Macdonald (1982).
45 Mokyr (1990: 111).

konnte Datenverarbeitung überall installiert werden. Das Rennen um die stetig zunehmende Integrationskapazität von Schaltkreisen auf einem einzigen Chip war eröffnet. Dabei überschritt die Technologie von Konstruktion und Herstellung beständig die Grenzen der Integration, die zuvor für physisch absolut gehalten wurden, ohne dass die Verwendung von Silizium als Material aufgegeben wurde. Mitte der 1990er Jahre nahmen technische Einschätzungen für Schaltkreise auf Siliziumbasis noch immer eine Lebenserwartung von gut zehn bis 20 Jahren an, obwohl die Forschung mit alternativen Materialien intensiviert wurde. Das Niveau der Integration ist während der letzten beiden Jahrzehnte unglaublich angestiegen. Wenn auch technische Details in diesem Buch fehl am Platze wären, so ist es doch von analytischer Bedeutung, auf Rasanz und Ausmaß dieses technologischen Wandels hinzuweisen.

Bekanntlich wird die Leistungsfähigkeit eines Chips durch die Kombination von drei Charakteristika bewertet: seine Integrationskapazität, nach der gemessen kleinsten Breite der Linien auf dem Chip in Mikrons (1 Mikron = 1 Millionstel Meter); seine Speicherkapazität, gemessen in Bits, nach Tausenden (k) und Millionen (Megabits); und die Geschwindigkeit des Mikroprozessors, gemessen in Megahertz. So war der erste Prozessor von 1971 in Linien von etwa 6,5 Mikrons ausgelegt; 1980 wurden 4 Mikrons erreicht; 1987 1 Mikron; 1995 wies der Pentium von Intel eine Größe im Bereich von 0,35 Mikron auf, und man ging von etwa 0,25 Mikron bis 1999 aus. Während also 1971 2.300 Transistoren auf einen Chip von der Größe eines Reißnagels gepackt wurden, waren es 1993 35 Millionen Transistoren. Die Speicherkapazität, die als DRAM (*dynamic random access memory*) angegeben wird, betrug 1971 1.024 Bits, 1980 64.000, 1987 1.024.000, 1993 16.384.000, und für 1999 erwartete man 256.000.000. Was Geschwindigkeit anlangt, so waren Mitte der 1990er Jahre Mikroprozessoren mit 64 Bit 550 mal so schnell wie der erste Intel-Chip von 1972; und die MPU verdoppeln sich alle 18 Monate. Die Prognosen für 2002 sagen eine Beschleunigung der mikroelektronischen Technologie im Bereich der Integration (Chips mit 0,18 Mikron), in DRAM-Kapazität (1.024 Megabits) und in der Geschwindigkeit der Mikroprozessoren (über 500 Megahertz verglichen mit 150 1993) voraus. Zusammen mit den atemberaubenden Entwicklungen bei der parallelen elektronischen Datenverarbeitung unter Verwendung mehrerer Mikroprozessoren, einschließlich der künftigen Verbindung von vielfachen Mikroprozessoren auf einem einzigen Chip, scheint es, dass die Macht der Mikroelektronik erst noch dabei ist, entfesselt zu werden und dass so die Computer-Kapazität unaufhörlich erhöht wird. Außerdem machen es die stetige Miniaturisierung, die weitergehende Spezialisierung und die fallenden Preise immer leistungsfähigerer Chips möglich, sie in jede Maschine, jeden Apparat unseres Alltagslebens einzubauen, vom Geschirrspüler bis zum Mikrowellenherd und zu Autos, deren Elektronik in den Standardmodellen der 1990er Jahre bereits wertvoller war als der verwendete Stahl.

Empfangen wurden die Computer auch von der Mutter aller Technologien, dem Zweiten Weltkrieg, aber geboren wurden sie erst 1946 in Philadelphia, wenn wir die kriegsbezogenen Instrumente des britischen Colossus von 1943 ausnehmen, der feindliche Geheimcodes zu entschlüsseln hatte, sowie den deutschen Z-3, der 1941 hergestellt worden sein soll, um Flugzeugberechnungen zu unterstützen.[46] Die meisten Aktivitäten der Alliierten im Bereich der Elektronik waren im Forschungsprogramm am MIT in den USA konzentriert, und die eigentlichen Experimente zur Erkundung der Rechner-Leistungsfähigkeit fanden im Auftrag der US-Armee an der University of Pennsylvania statt. Hier stellten Mauchly und Eckert 1946 den ersten Computer für allgemeine Anwendungen her, den ENIAC (*electronic numerical integrator and calculator*). Die Historiker wissen, dass dieses Gerät 30 Tonnen wog, aus drei Meter hohen Metallmodulen bestand, 70.000 Widerstände und 18.000 Vakuumröhren enthielt und die Fläche einer Turnhalle einnahm. Wenn es eingeschaltet wurde, war sein Stromverbrauch so hoch, dass in Philadelphia das Licht flackerte.[47]

Die erste kommerzielle Version dieser primitiven Maschine, der 1951 von demselben Team, jetzt unter dem Markennamen Remington hergestellte UNIVAC-1, war äußerst erfolgreich bei der Arbeit an der US-Volkszählung von 1950. IBM, ebenfalls durch Militäraufträge unterstützt und auf MIT-Forschung basierend, überwand seine anfänglichen Zweifel am Computer-Zeitalter und trat 1953 mit einer Maschine in das Rennen ein, die 701 Vakuumröhren besaß. 1958, als Sperry Rand mit einem Computer der zweiten Generation einen Großrechner einführte, folgte IBM sogleich mit seinem Modell 7090. Aber erst 1964 gelangte IBM mit seinem 360/370-Großrechner zur Herrschaft über die Computerindustrie, die von neuen (Control Data, Digital) und alten (Sperry, Honeywell, Burroughs, NCR) Büromaschinenherstellern bevölkert wurde. In den 1990er Jahren waren die meisten dieser Firmen bereits Not leidend oder verschwunden: So schnell verlief die „schöpferische Zerstörung" Schumpeters in der Elektronikindustrie. In jenen grauen Vorzeiten, also 30 Jahre vor der Niederschrift dieses Buches, organisierte sich die Industrie in eine klar definierte Hierarchie von Großrechnern, Mikrocomputern (in Wirklichkeit ziemlich klobige Maschinen) und Terminals. Einige Informatik-Spezialitäten wurden der esoterischen Welt der Supercomputer überlassen (eine wechselseitige Befruchtung von Wettervorhersage und Kriegsspielen), in denen eine Zeitlang der Einfallsreichtum von Seymour Cray trotz seines Mangels an technologischer Voraussicht das Zepter schwang.

Die Mikroelektronik hat all das verändert und eine „Revolution innerhalb der Revolution" herbeigeführt. Das Aufkommen des Mikroprozessors 1971 machte es möglich, einen Computer auf einem Chip unterzubringen, und stellte damit die Welt der Elektronik und sogar die Welt selber auf den Kopf. 1975 baute Ed Roberts, ein Ingenieur, der in Albuquerque, New Mexico, eine kleine Rechner-Firma namens MITS gegründet hatte, einen Kisten-Computer mit

---

46 Hall und Preston (1988).
47 S. die Beschreibung von Forester (1987).

dem exotischen Namen Altair (nach einer Figur in der amerikanischen Fernseh-Serie Star Trek (Raumschiff Enterprise), die Gegenstand der Bewunderung der kleinen Tochter des Erfinders war). Die Maschine war ein primitives Ding, aber es war ein kleinformatiger, um einen Mikroprozessor herum gebauter Computer. Es war die Grundlage für die Konstruktion von Apple I, dann Apple II, den ersten im Handel erfolgreichen Mikrocomputer. Er wurde von zwei jungen Schulabbrechern, Steve Wozniak und Steve Jobs in der elterlichen Garage in Menlo Park, Silicon Valley realisiert. Diese wahrlich außerordentliche Geschichte ist inzwischen zur Gründungslegende des Informationszeitalters geworden. Apple Computers startete 1976 mit drei Partnern und 91.000 US$ Kapital. 1982 wurde ein Umsatz von 583 Mio. US$ erreicht und damit das Zeitalter der Massenverbreitung des Computers eingeläutet. IBM reagierte schnell und führte 1981 seine eigene Version des Mikrocomputers ein, die den brillanten Namen „Personal Computer" (PC) trug. Der wurde bald zur allgemeinen Bezeichnung für Mikrocomputer. Weil der PC jedoch nicht auf IBM-eigener Technologie, sondern auf Technologie basierte, die von anderen für IBM entwickelt worden war, war er anfällig für Klone, die bald in Massen vor allem in Asien hergestellt wurden. Zwar hat diese Tatsache schließlich die Monopolisierung des Geschäftes durch IBM verhindert, doch wurde so zugleich der Einsatz von IBM-Klonen auf der ganzen Welt und damit – trotz der Überlegenheit der Apple-Maschinen – auch ein allgemeiner Standard verbreitet. Der Apple Macintosh, der 1984 auf den Markt kam, war der erste Schritt hin zu benutzerfreundlichen Computern. Mit ihm wurde die Benutzeroberfläche mit Icons eingeführt, die ursprünglich im Palo Alto Research Center von Xerox entwickelt worden war.

Eine grundlegende Bedingung für die Verbreitung der Mikrocomputer lag in der Entwicklung einer neuen Software, die an deren Arbeitsweise angepasst war.[48] PC-Software entstand auch Mitte der 1970er Jahre aus dem Enthusiasmus, den der Altair hervorgebracht hatte. Zwei junge Harvard-Abbrecher, Bill Gates und Paul Allen, passten 1976 BASIC so an, dass die Altair-Maschine damit betrieben werden konnte. Nachdem ihnen deren Potenzial klar geworden war, schritten sie zur Gründung von Microsoft (erst in Albuquerque, zwei Jahre später zogen sie nach Seattle um, wo Bill Gates' Eltern wohnten). Der heutige Software-Gigant setzte seine Vorherrschaft bei den Betriebssystemen um in die Vorherrschaft bei der Software für den gesamten, exponenziell wachsenden Mikrocomputer-Markt.

Während der letzten 20 Jahre des 20. Jahrhunderts führte die zunehmende Leistungsfähigkeit der Chips zu einer dramatischen Steigerung der Möglichkeiten des Mikrocomputers. Anfang der 1990er Jahre hatten Mikrocomputer mit einem einzigen Chip die Leistungsstärke von IBM-Rechnern fünf Jahre zuvor. Außerdem kann man seit Mitte der 1980er Jahre nicht mehr von Mikrocom-

---

48 Egan (1995).

putern als isolierten Apparaten sprechen: Sie funktionieren in Netzwerken und mit zunehmender Mobilität als tragbare Computer. Diese außerordentliche Vielseitigkeit und die Möglichkeit, Speicher- und Arbeitskapazität zusätzlich durch Anschluss an ein elektronisches Netzwerk zu erhöhen, führte in den 1990er Jahren zu der entscheidenden Verlagerung von zentraler Datenspeicherung und -verarbeitung hin zu vernetzter, interaktiver, gemeinsamer Computernutzung. Damit veränderte sich nicht nur das gesamte technologische System, sondern zugleich auch seine sozialen und organisatorischen Interaktionsformen. So fielen die Durchschnittskosten für Informationsverarbeitung von etwa 75 US$, die eine Million Operationen 1960 gekostet hatte, auf weniger als ein Hundertstel US-Cent 1990.

Die Fähigkeit zum Aufbau von Netzwerken setzte natürlich die Entwicklungen voraus, die in den 1970er Jahren sowohl in der Telekommunikations- wie in der Computertechnologie stattgefunden hatten. Aber zugleich waren derartige Veränderungen nur möglich durch neue mikro-elektronische Geräte und leistungsfähigere Computer – eine überzeugende Illustration der synergetischen Beziehungen innerhalb der Revolution in der Informationstechnologie.

Die Telekommunikation wurde durch die Verbindung von „Knoten"-Technologien (elektronische Schaltungen und Vermittlungsknoten) und neuen Verbindungsformen (Transmissionstechnologien) revolutioniert. Der erste industriell produzierte elektronische Schalter, der ESS-1, wurde 1969 von den Bell Laboratories eingeführt. Mitte der 1970er Jahre hatte der technologische Fortschritt bei integrierten Schaltkreisen den digitalen Schalter möglich gemacht. Das bedeutete eine Steigerung von Geschwindigkeit, Leistungsstärke und Flexibilität bei gleichzeitiger Einsparung von Platz, Energie und menschlicher Arbeit gegenüber analogen Vorrichtungen. Zwar war ATT, die Muttergesellschaft von Bell Labs, anfangs zögerlich mit der Markteinführung, weil sich erst bereits gelaufene Investitionen in analoge Ausrüstungen zu amortisieren hatten; doch als 1977 Canada Northern Telecom durch ihren Vorsprung bei digitalen Schaltungen einen Teil des US-Marktes eroberte, stiegen die Bell-Gesellschaften in das Rennen ein und lösten damit eine ähnliche Bewegung weltweit aus.

Wesentliche Fortschritte im Bereich der Opto-Elektronik wie Glasfaser-Optik und Laserverbindungen sowie die Technologie der gebündelten Digitalübertragung (*digital packet transmission*) haben die Übertragungskapazitäten der Leitungen dramatisch gesteigert. Die integrierten Breitband-Netzwerke (IBN), die in den 1990er Jahren konzipiert wurden, könnten erheblich die revolutionären Vorschläge der 1970er Jahre für ein digitales integriertes Service-Netzwerk (*integrated services digital network*, ISDN) übertreffen: Während die Übertragungskapazität für ISDN auf Kupferkabel auf 144.000 Bits geschätzt wurde, würden die mit Glasfaser arbeitenden IBN der 1990er Jahre, falls sie realisiert werden sollten, eine Billiarde Bits (10^{15}) übertragen, freilich zu hohen Kosten. Um das Tempo der Veränderung zu ermessen, sollten wir uns daran erinnern, dass 1956 das erste transatlantische Telefonkabel 50 komprimierte

Sprechverbindungen transportierte; 1995 konnten Glasfaserkabel 85.000 solcher Verbindungen aufnehmen. Diese auf der Opto-Elektronik beruhende Übertragungskapazität bildet zusammen mit den fortgeschrittenen Schaltungs- und Routing-Architekturen wie etwa dem Asynchronen Transmissions-Modus (ATM) und dem Transmissions-Kontroll-Protokoll/Interkonnektions-Protokoll (TCP/IP) die Grundlage des Internet.

Unterschiedliche Nutzungsformen des Möglichkeitsspektrums des Radios (traditioneller Rundfunk, direkter Satellitenfunk, Mikrowellen, digitale Zellular-Telefontechnik) sowie Koaxialkabel und Glasfaseroptik bieten eine Flexibilität und Vielseitigkeit an Transmissionstechnologien, die auf ein weites Spektrum von Nutzungsmöglichkeiten zugeschnitten werden und eine allgegenwärtige Kommunikation zwischen mobilen Nutzern ermöglichen. So hat sich die Zellular-Telefonie während der 1990er Jahre machtvoll über die ganze Welt ausgebreitet. Asien wurde buchstäblich mit simplen Pagern und Lateinamerika mit Status-symbolträchtigen Handys gepflastert. 2000 gab es bereits Technologien für ein universelles Gerät zur persönlichen Kommunikation, es fehlte nur noch die Klärung einiger technischer, rechtlicher und geschäftlicher Fragen vor der Markteinführung. Jeder Satz in der rasanten Entwicklung eines technologischen Feldes vervielfacht die Möglichkeiten benachbarter Informationstechnologien. Das Zusammenkommen all dieser elektronischen Technologien auf dem Feld der interaktiven Kommunikation hat zur Schaffung des Internet geführt, das vielleicht das revolutionärste technologische Medium des Informationszeitalters ist.

Die Entstehung des Internet

Die Entstehung und Entwicklung des Internet während der letzten drei Jahrzehnte des 20. Jahrhunderts war das Ergebnis einer einzigartigen Legierung militärischer Strategie, umfassender wissenschaftlicher Kooperation, technologischen Unternehmertums und gegenkultureller Innovation.[49] Die Ursprünge des Internet gehen auf die Arbeit einer der innovativsten Forschungseinrichtungen der Welt zurück: der Advanced Research Projects Agency (ARPA) des US-Verteidigungsministeriums. Als Ende der 1950er Jahre der Start des „Sputnik" das amerikanische high tech-Militär-Establishment alarmierte, startete ARPA eine Reihe kühner Entwicklungen, von denen Einige die Geschichte der Technologie verändert und das Informationszeitalter eingeleitet haben. Eine dieser Entwicklungen, konzipiert von Paul Baran von der Rand Corporation 1960-64, bestand in der Konstruktion eines Kommunikationssystems, das nuklearen Angriffen standhalten können sollte.

---

49 Ausgezeichnete Darstellungen der Geschichte des Internet bieten Abbate (1999) und Naughton (1999). S. auch Hart u.a. (1992). Zum Beitrag der „Hacker"-Kultur zur Entwicklung des Internet s. Hafner und Markoff (1991); Naughton (1999); Himannen (2001).

Kommunikationstechnologie der Paketvermittlung machte das System des Netzwerkes unabhängig von Kommando- und Kontroll-Zentralen. Auf diese Weise würden Nachrichteneinheiten selbst ihre Routen durch das Netzwerk finden. An jedem Punkt innerhalb des Netzwerkes könnten sie neu zu sinnvollen Botschaften zusammengesetzt werden.

Als später die Digitaltechnik die Zusammenfassung aller Arten von Botschaften erlaubte, also von Tönen, Bildern und Daten, war ein Netzwerk entstanden, das in der Lage war, seine Knoten ohne Einsatz von Kontrollzentren kommunizieren zu lassen. Der universale Charakter der digitalen Sprache und die reine Netzwerklogik des Kommunikationssystems schufen die technologischen Bedingungen für horizontale, globale Kommunikation.

Das erste Computer-Netzwerk wurde nach seinem mächtigen Sponsor ARPANET getauft und ging am 1. September 1969 online. Die ersten vier Knoten des Netzwerkes wurden an der University of California, Los Angeles, am Stanford Research Institute, an der University of California, Santa Barbara und an der University of Utah eingerichtet. Es wurde für Forschungszentren geöffnet, die mit dem US-Verteidigungsministerium zusammenarbeiteten, aber die Wissenschaftler begannen, es für ihre eigenen Kommunikationszwecke zu benutzen. Dazu gehörte auch das Nachrichtennetzwerk von Science Fiction-Fans. Irgendwann wurde es schwierig, die militärisch orientierte Forschung von der wissenschaftlichen Kommunikation und dem persönlichen Schwatz zu trennen. Also erhielten Wissenschaftler aller Disziplinen Zugang zum Netzwerk, und 1983 kam es zu einer Aufteilung zwischen dem ARPANET, das wissenschaftlichen Zwecken diente, und dem MILNET, das direkt auf militärische Anwendungen orientiert war. Während der 1980er Jahre war die National Science Foundation (NSF) an der Schaffung eines weiteren wissenschaftlichen Netzwerks, CSNET, beteiligt und in Zusammenarbeit mit IBM an einem weiteren Netzwerk für Nicht-Naturwissenschaftler, BITNET. Aber alle diese Netzwerke benutzten ARPANET als das Rückgrat ihres Kommunikationssystems. Das Netzwerk der Netzwerke, das sich während der 1980er Jahre herausbildete, hieß ARPA-INTERNET und dann INTERNET. Es wurde noch immer vom US-Verteidigungsministerium gefördert und von der National Science Foundation betrieben. Weil es nach über 20 Dienstjahren technologisch überholt war, wurde ARPANET am 28. Februar 1990 geschlossen. Danach wurde das von der National Science Foundation betriebene NSFNET zum Rückgrat des Internet. Kommerzieller Druck, das Wachstum der Netzwerke privater Konzerne und auch von gemeinnützigen kooperativen Netzwerken führten im April 1995 zur Schließung dieser letzten von der Regierung betriebenen Basis des Internet. Damit war die vollständige Privatisierung des Internet eingeleitet. Eine Anzahl kommerzieller Ableger der regionalen Netzwerke der NSF taten sich zusammen, um kooperative Regelungen zwischen den privaten Netzwerken abzusprechen. Einmal privatisiert, hatte das Internet keine wirkliche Aufsichtsbehörde mehr. Eine Anzahl von Ad-hoc-Institutionen und -Mechanismen, die im Verlauf der

Entwicklung des Internet entstanden waren, übernahmen eine Art informeller Verantwortung für die Koordination der technischen Konfigurationen und für die Aushandlung von Abkommen über die Zuteilung von Internetadressen. Im Januar 1992 erhielt auf Initiative der National Science Foundation die Internet Society, eine gemeinnützige Organisation, die Verantwortung für die zuvor bestehenden Koordinationsinstanzen, den Internet Activities Board und die Internet Engineering Task Force. Auf internationaler Ebene besteht nach wie vor die hauptsächliche Koordinierungsinstanz in den multilateralen Abkommen über die Zuteilung der Domain-Adressen auf der ganzen Welt – eine sehr umstrittene Angelegenheit.[50] Obwohl 1998 eine neue Regelungsinstanz mit Sitz in Amerika gebildet wurde (IANA/ICANN), bestand 1999 weder in den USA noch sonst in der Welt eine unbestrittene, klare Verfügungsmöglichkeit über das Internet – ein Zeichen für den ungebundenen Charakter des neuen Mediums sowohl in technologischer wie in kultureller Hinsicht.

Damit das Netzwerk sein exponenzielles Wachstum des Kommunikationsumfangs beibehalten konnte, musste die Übertragungstechnologie weiter verbessert werden. In den 1970er Jahren hatte das ARPANET Verbindungen benutzt, die 56.000 Bits pro Sekunde übertrugen. 1987 übertrugen die Leitungen des Netzwerkes 1,5 Mio. Bits pro Sekunde. 1992 arbeitete das NSFNET, das Rückgrat des Internet, mit Übertragungsgeschwindigkeiten von 45 Mio. Bits pro Sekunde. Das ist eine Kapazität, mit der 5.000 Seiten pro Sekunde verschickt werden können. 1995 befand sich eine Gigabit-Übertragungstechnologie im Prototyp-Stadium mit einer Kapazität, die ausreichen würde, um die gesamte Library of Congress in einer Minute zu übermitteln.

Aber die Übertragungskapazität allein genügte nicht, um ein weltweites Kommunikationsnetz zu schaffen. Die Computer mussten in der Lage sein, miteinander zu reden. Der erste Schritt in dieser Richtung bestand in der Schaffung eines Kommunikationsprotokolls, das von allen Arten von Netzwerken benutzt werden konnte, Anfang der 1970er Jahre eine anscheinend unlösbare Aufgabe. Im Sommer 1973 entwickelten Vinton Cerf und Robert Kahn, Computerwissenschaftler, die am ARPA forschen, die grundlegende Architektur des Internet. Sie schlossen dabei an Forschungsarbeiten an, die Kahn bei seiner Firma, BBN, durchgeführt hatte. Sie beriefen eine Tagung in Stanford ein, an der Leute von ARPA sowie von verschiedenen Universitäten und Forschungszentren teilnahmen, u.a. von PARC/Xerox, wo Robert Metcalfe an einer Technologie zur Paket-Kommunikation arbeitete, die schließlich zur Schaffung von lokalen Netzwerken (*local area network*, LAN) führte. Die technologische Zusammenarbeit erstreckte sich auch auf verschiedene Gruppen in Europa, vor allem französische Forscher, die am Cyclades-Programm beteiligt waren. Cerf, Metcalfe und Gerard Lelann von Cyclades entwickelten auf der Grundlage dieses Seminars in Stanford ein Übertragungs-Kontrollprotokoll, das den Wün-

---

50 Conseil d'Etat (1998).

schen verschiedener Forschergruppen und verschiedener bestehender Netzwerke Rechnung tragen sollte. 1978 teilten es Cerf, Postel (von der University of California, Los Angeles) und Cohen (von der Universtity of Southern California) in zwei Teile auf: *host-to-host* (TCP) und *internetworks protocol* (IP). Daraus ergab sich das TCP/IP-Protokoll, das bis 1980 zum Standard der Computer-Kommunikation in den USA wurde. Seine Flexibilität machte eine vielschichtige Verbindungsstruktur zwischen Computernetzwerken möglich und erwies seine Anpassungsfähigkeit an unterschiedliche Kommunikationssysteme und an eine Vielzahl von Codes. Als 1980 Telekommunikationsanbieter vor allem in Europa ein anderes Kommunikationsprotokoll (das x.25) zum internationalen Standard bestimmten, stand die Welt kurz davor, in nicht-kommunizierfähige Computer-Netzwerke gespalten zu werden. Doch am Ende setzte sich die Fähigkeit von TCP/IP, Vielfalt bewältigen zu können, durch. Mit einigen Anpassungen (x.25 und TCP/IP wurden unterschiedliche Ebenen des Kommunikationsnetzwerkes zugeordnet, dann wurden Verknüpfungen zwischen den Ebenen entwickelt, so dass sich die beiden Protokolle schließlich gegenseitig ergänzten). Damit wurde TCP/IP zum allgemeinen Standard für Computer-Kommunikationsprotokolle. Von da an konnten Computer füreinander Datenpakete kodieren und dekodieren, die mit hoher Geschwindigkeit durch das Internet-Netzwerk geschickt wurden. Zu leisten war dann noch die Anpassung von TCP/IP an UNIX, das Betriebssystem, das den Zugang von Computer zu Computer ermöglicht. Das UNIX-System wurde von den Bell Laboratorien 1969 erfunden, aber es fand erst nach 1983 Verbreitung, als in Berkeley – wieder unterstützt durch Mittel der ARPA – das TCP/IP-Protokoll an UNIX angepasst wurde. Weil die neue UNIX-Version öffentlich gefördert worden war, wurde die Software zu Selbstkosten verbreitet. Netzwerke in großem Maßstab entstanden, als lokale Netzwerke und regionale Netzwerke sich miteinander verknüpften und anfingen, sich überallhin auszubreiten, wo es Telefonleitungen und mit Modems ausgerüstete Computer gab.

Hinter der Entwicklung des Internet standen die wissenschaftlichen, institutionellen und persönlichen Netzwerke, die quer durch das US-Verteidigungsministerium, die National Science Foundation, die großen Forschungsuniversitäten (insbesondere MIT, UCLA, Stanford, University of Southern California, Harvard, University of California in Santa Barbara und University of California in Berkeley) und spezialisierte technologische Denkfabriken wie das Lincoln Laboratory von MIT, SRI (früher: Stanford Research Institute), Palo Alto Research Corporation (finanziert von Xerox), Bell Laboratories von ATT, die Rand Corporation und BBN (Bolt, Beraneck & Newman) verliefen. Technologische Schlüsselpersonen waren während der 1960er und 1970er Jahre unter anderen J.C.R. Licklider, Paul Baran, Douglas Engelbart (der Erfinder der Maus), Robert Taylor, Ivan Sutherland, Lawrence Roberts, Alex McKenzie, Robert Kahn, Alan Kay, Robert Thomas, Robert Metcalfe und der brillante Informatik-Theoretiker Leonhard Kleinrock sowie seine Gruppe von herausragen-

Der historische Ablauf der informationstechnologischen Revolution

den, postgraduierten Schülern an der UCLA. Aus dieser Gruppe sollten einige der wichtigsten Köpfe für Entwurf und Entwicklung des Internet hervorgehen: u.a. Vinton Cerf, Stephen Crocker, Jon Postel. Viele dieser Computer-Wissenschaftler bewegten sich zwischen den unterschiedlichen Institutionen hin und her und schufen so ein innovatives Netzwerk-Milieu, dessen Dynamik und Zielsetzungen weitgehend unabhängig wurden von den speziellen Zwecken von Militärstrategie oder der Verknüpfung von Supercomputern. Sie waren technologische Kreuzfahrer, überzeugt davon, dass sie die Welt veränderten – was sie auch taten.

Viele der Anwendungen des Internet ergaben sich aus unverhofften Erfindungen seiner frühen User. Sie leiteten so eine Praxis und eine technologische Entwicklungsrichtung ein, die zu den wesentlichen Merkmalen des Internet werden sollten. So war der Grund für die Verknüpfung von Computern in den frühen Stadien des ARPANET die Möglichkeit, durch die Nutzung entfernter Computer Rechenzeit zu gewinnen und so verstreute Computer-Ressourcen Online vollständig zu nutzen. Aber die meisten User brauchten keine derart hohe Computerleistung, oder sie waren nicht bereit, ihre Systeme entsprechend den Erfordernissen dieser Kommunikation neu einzurichten. Was aber die Sache wirklich ins Rollen brachte, war die E-Mail-Kommunikation unter den Netzwerk-Teilnehmern. Diese Anwendung wurde von Ray Tomlinson bei BBN geschaffen, und sie ist auch heute noch die weltweit populärste Nutzungsform der Computerkommunikation.

Aber dies ist nur eine Seite der Geschichte. Parallel zu den Anstrengungen des Pentagon und der großen Wissenschaftsunternehmungen, ein universales Computernetzwerk mit Normen akzeptabler Nutzung einzurichten, trat in den Vereinigten Staaten eine breit wuchernde Computer-Gegenkultur in Erscheinung. Sie hatte intellektuell oft mit den Nachbeben der Bewegungen der 1960er Jahre in ihren stärksten libertär-utopistischen Ausprägungen zu tun. Ein wichtiges Element dieses Systems, das Modem, war einer der technologischen Durchbrüche, die von den Pionieren dieser Gegenkultur ausgingen, die ursprünglich als „Hacker" bezeichnet wurden, bevor dies einen schlechten Beigeschmack bekam. Das Modem für PCs wurde 1978 von zwei Studenten, Ward Christensen und Randy Suess, in Chicago erfunden als sie versuchten, ein System zu finden, sich gegenseitig Computer-Programme übers Telefon zu schicken, anstatt weite Wege durch das Chicagoer Winterwetter zurück legen zu müssen. 1979 verbreiteten sie das XModem-Protokoll, das es Computern ermöglichte, Daten direkt zu übertragen, ohne erst ein host-System passieren zu müssen. Und sie verbreiteten die Technologie kostenlos, um diese Kommunikationsfähigkeit so weit wie möglich zu verteilen. So fanden Computer-Netzwerke, die aus dem ARPANET – das in seinen frühen Stadien ja für naturwissenschaftliche Elite-Universitäten reserviert war – ausgeschlossen waren, eine Möglichkeit, unabhängig miteinander zu kommunizieren. 1979 entwickelten drei Studenten der Duke University und der University of North Carolina, die keinen Zugang zum AR-

PANET hatten, eine abgewandelte Version des UNIX-Protokolls, die es ermöglichte, Computer über eine normale Telefonleitung miteinander zu verbinden. Sie benutzten es, um ein Forum für Online-Computerdiskussionen zu haben: Usenet, das schnell zu einem der verbreitetsten elektronischen Konversationssysteme wurde. Die Erfinder der Usenet News verbreiteten auch ihre Software frei über ein digitales Flugblatt, das auf der Usenet-Benutzerkonferenz verteilt wurde. 1983 konstruierte Tom Jennings ein System, um Schwarze Bretter auf PCs zu installieren, indem er ein Modem und spezielle Software konfigurierte, die es anderen Computern ermöglichte, sich an einen mit dieser Schnittstellentechnologie ausgerüsteten PC anzudocken. Das war der Anfang eines der originellsten Basis-Netzwerke, des Fidonet, das 1990 in den USA 2.500 Computer miteinander verband. Weil es billig, offen und kooperativ war, war Fidonet in armen Ländern auf der ganzen Welt besonders erfolgreich. Das galt etwa für Russland, besonders unter alternativen Gruppen,[51] bis technologische Beschränkungen dieses Systems zusammen mit der Entwicklung des Internet die meisten seiner User in das gemeinsame *world wide web* brachten. Konferenzsysteme wie „Well" in der Bucht von San Francisco führten Computernutzer in Netzwerken Gleichgesinnter zusammen.

Ironischerweise hatte dieser gegenkulturelle technologische Ansatz ähnliche Folgen wie die militärisch motivierte Strategie des horizontalen Netzwerkes: Er machte die neuen Techniken allen zugänglich, die nur über das nötige technische Wissen und einen Rechner, den PC, verfügten. Für diesen begann damit rasch ein spektakulärer Prozess zunehmender Leistungssteigerung und gleichzeitiger Verbilligung. Die Verbreitung von PCs und die Kommunikationsmöglichkeiten der Netzwerke beschleunigten die Entwicklung von *bulletin board systems* (BBS), zunächst in den Vereinigten Staaten und dann weltweit. Die *bulletin board systems* benötigten keine komplizierten Computer-Netzwerke, einfach nur PCs, Modems und Telefonleitungen. So entwickelten sich daraus elektronische Anschlagtafeln für alle möglichen Anliegen und Interessengemeinschaften und ließen das entstehen, was Howard Rheingold „virtuelle Gemeinschaften" genannt hat.[52] Ende der 1980er Jahre benutzten mehrere Millionen Computer-Anwender die computervermittelte Kommunikation im Rahmen von kooperativen oder kommerziellen Netzwerken, die nicht Teil des Internet waren. Häufig benutzten diese Netzwerke Protokolle, die nicht kompatibel waren, und wechselten deshalb auf Internet-Protokolle. Dieser Schritt garantierte in den 1990er Jahren ihre Integration in das Internet und damit die Expansion des Internet selbst.

Aber bis 1990 war das Internet für Nicht-Eingeweihte noch immer schwierig zu benutzen. Es gab nur begrenzte grafische Übertragungskapazität, und es war äußerst schwierig, Informationen zu finden und zu nutzen. Ein neuerlicher technologischer Sprung erlaubte die Ausweitung des Internet in die breite Masse

---

51 Rohozinski (1998).
52 Rheingold (1993).

der Gesellschaft: die Konstruktion einer neuen Anwendung, des *world wide web*. Es organisierte den Inhalt der Internet-Seiten nicht mehr nach Orten sondern nach Inhalten, und stellte den Usern einfache Suchmöglichkeiten zur Verfügung, um die gewünschten Informationen ausfindig zu machen. Das *world wide web (www)* wurde 1990 in Europa entwickelt, am Centre Européen pour Recherche Nucleaire (CERN) in Genf, einem der führenden Physik-Forschungszentren der Welt. Das Web wurde von einer Forschergruppe am CERN unter Führung von Tim Berners-Lee und Robert Cailliau erfunden. Sie bauten ihre Forschung nicht auf der ARPANET-Tradition auf, sondern auf dem Beitrag der Hacker-Kultur der 1970er Jahre. Besonders stützten sie sich auf die Arbeit von Ted Nelson, der 1974 in seiner Broschüre *Computer Lib* die Leute aufgefordert hatte, sich die Macht der Computer anzueignen und sie für das eigene Wohl zu nutzen. Nelson stellte sich ein neues System der Informationsorganisation vor, das er „hypertext" nannte und das auf horizontalen Informationsverknüpfungen aufbauen sollte. Dieser bahnbrechenden Einsicht fügten Berners-Lee und seine Mitarbeiter neue Technologien hinzu, die aus der Multimedia-Welt adaptiert wurden, um für ihre Anwendung eine audiovisuelle Sprache zu schaffen. Das CERN-Team schuf ein Format für Hypertext-Dokumente, das sie *hypertext markup language* (HTML) nannten. Es war an der Internet-Tradition von Flexibilität orientiert, so dass einzelne Computer ihre jeweiligen Sprachen innerhalb dieses gemeinsamen Formates anpassen und diese Formatierung dem TCP/IP hinzufügen konnten. Sie schrieben auch ein *hypertext transfer protocol* (HTTP), um die Kommunikation zwischen den Web-Browsern und den Web-Servern zu leiten, und sie schufen eine Standardadresse, den *uniform resource locator* (URL), der Informationen über das Anwendungsprotokoll und die Computer-Adresse zusammenfasst, an der sich die angeforderte Information befindet. Auch URL konnte sich wieder auf eine Vielzahl von Übermittlungsprotokollen, nicht nur auf HTTP, beziehen und erleichterte so die allgemeine Schnittstellen-Kommunikation. CERN verbreitete die www-Software kostenlos über das Internet, und die ersten *web sites* wurden von großen Forschungszentren auf der ganzen Welt eingerichtet. Eines dieser Zentren war das National Center for Supercomputer Applications (NCSA) an der University of Illinois, eines der ältesten Supercomputer-Zentren der NSF. Wegen des Rückgangs der Nutzungsmöglichkeiten für diese Maschinen waren die NCSA-Forscher wie in den meisten anderen Supercomputer-Zentren auf der Suche nach neuen Aufgaben. Das ging auch ein paar Angestellten so, zu denen Marc Andreessen gehörte, ein College-Student, der am Zentrum für 6,85 US$ pro Stunde teilzeitbeschäftigt war. „Ende 1992 beschloss Marc, der technisch kompetent war und sich ‚tierisch langweilte', es würde Spaß machen, mal einen loszumachen und dem Web das grafische, medien-reiche Gesicht zu verpassen, das ihm so fehlte."[53] Das Ergebnis war ein Web-Browser namens Mosaic, konstruiert zur Implementierung

---

53   Reid (1997: 6).

auf Personalcomputern. Marc Andreessen und sein Mitautor Eric Bina stellten Mosaic im November 1993 kostenlos ins NCSA-Web, und bis zum Frühjahr 1994 wurden mehrere Millionen Exemplare benutzt. Marc Andreessen und sein Team wurden dann von Jim Clark angesprochen, einem der legendären Unternehmer aus dem Silicon Valley, der anfing, sich mit der Firma Silicon Graphics zu langweilen, die er mit großem Erfolg gegründet hatte. Zusammen gründeten sie eine neue Firma, Netscape, die den ersten zuverlässigen Internet-Browser herstellte und kommerziell verwertete, den Netscape Navigator, der im Oktober 1994 auf den Markt kam.[54] Neue Browser oder Suchmaschinen wurden jetzt schnell entwickelt, und die ganze Welt machte sich das Internet zu eigen. So entstand buchstäblich ein *world wide web*, ein weltweites „Web".

Netzwerktechnologien und allgegenwärtige Computer-Anwendung

Ende der 1990er Jahre führten die Kommunikationsmöglichkeiten des Internet zusammen mit neuen Entwicklungen in der Telekommunikation und im Computerbereich zu einer weiteren großen technologischen Veränderung, vom Einsatz dezentralisierter, einzelner Computer und Großrechner zum Zugriff auf über das Netz angebundene Datenverarbeitungsanlagen, die in vielfältigen Kombinationen zur Verfügung stehen. Bei dieser neuen Technik wird Computerleistung mittels üblicher Internet-Protokolle von Web-Servern geladen, gewöhnlich unterschieden nach Datenbank- und Anwendungsservern.

Zwar befand sich das neue System zur Zeit der Niederschrift dieses Buches noch in der Entstehung, doch konnten die Anwender bereits von einer ganzen Bandbreite von auf Einzelaufgaben spezialisierten Geräten aus auf das Netzwerk zugreifen – in allen Lebens- und Tätigkeitsbereichen, zu Hause, am Arbeitsplatz, beim Einkaufen, an Vergnügungsstätten, in Verkehrsmitteln und schließlich überall. Diese Geräte, auch tragbare, können untereinander ohne eigenes Betriebssystem kommunizieren. Computerleistung, Anwendungen und Daten sind auf den Netzwerk-Servern gespeichert, und die Computer-Intelligenz befindet sich im Netzwerk selbst: *web sites* kommunizieren miteinander und bieten die notwendige Software, um jedes Gerät an das universale Computer-Netzwerk anzuschließen. Neue Software-Programme wie Java (1995) und Jini (1999), von Bill Joy bei Sun Microsystems entwickelt, haben es dem Netzwerk ermöglicht, zum eigentlichen Informationsverarbeitungssystem zu werden. Die Netzwerklogik, verkörpert durch das Internet, ist nun auf jeden Tätigkeitsbereich anwendbar, auf jeden Zusammenhang, an jedem Ort, der elektronisch angeschlossen werden kann. Der Aufstieg des mobilen Telefonierens, angeführt von Nokia (Finnland), Ericsson (Schweden) und Motorola (Amerika), hat die Möglichkeit geschaffen, mit mobilen Geräten Zugang zum Internet zu erhalten. Die dritte

---

54 Lewis (2000).

Handy-Generation, die Nokia und Ericsson 1997 vorstellten, konnten Daten mit einer Geschwindigkeit von 384 Kilobits pro Sekunde im Freien und von 2 Megabits in Gebäuden übertragen, während ein Kupferdraht nur 64 Kilobit Daten pro Sekunde schafft.

Ferner hat die außerordentliche Steigerung der Übertragungskapazität mittels Breitbandkommunikation die Chance geboten, das Internet oder verwandte Kommunikationstechnologien zu benutzen, um durch Paketvermittlung Stimmen ebenso wie Daten zu übertragen und so die Telekommunikation zu revolutionieren – und die Telekommunikationsindustrie. In den Worten von Vinton Cerf: „Heute benutzt man eine Kreisschaltung, um eine Paketvermittlung zu bekommen. Morgen wird man eine Paketvermittlung benutzen, um eine Kreisschaltung zu erhalten."[55]

Mit einer weiteren technologischen Vision behauptete Cerf, dass es „in der zweiten Hälfte des nächsten Jahrzehnts – das heißt zwischen 2005 und 2010 – eine neue (technologische) Triebkraft geben wird: Milliarden von Geräten, die an das Internet angeschlossen sind."[56] Also wird schließlich das Kommunikationsnetzwerk paketvermittelt sein, und die Datenübertragung wird für den überwältigend größten Anteil sorgen, während die Stimmübertragung nur eine der spezialisierten Dienstleistungen sein wird. Dieser Umfang an Kommunikationsverkehr wird transatlantisch ebenso wie auf lokaler Ebene eine gigantische Kapazitätsausweitung erfordern. Zur Jahrhundertwende war die Entwicklung einer neuen globalen Infrastruktur für Telekommunikation auf der Grundlage von Glasfaser und digitaler Übertragung bereits in vollem Gang. Die transatlantische Übertragungskapazität durch Glasfaserkabel erreichte 2000 nahezu 110 Gigabits pro Sekunde, verglichen mit etwa 5 Gigabits 1993.

Als Grenzbereich der informationstechnologischen Entwicklung zeichnete sich zur Jahrtausendwende die Anwendung eines nanotechnologischen Ansatzes bei der Chip-Herstellung auf chemischer und/oder biologischer Grundlage ab. Im Juli 1999 veröffentlichte die Zeitschrift *Science* die Ergebnisse von Experimenten des Computerwissenschaftlers Phil Kuekes vom Hewlett-Packard-Labor in Palo Alto und des Chemikers James Health von UCLA. Sie fanden eine Methode zur Herstellung elektronischer Schalterelemente, die chemische Prozesse anstelle von Licht benutzen. Die Schalter lassen sich so auf die Größe eines Moleküls schrumpfen. Diese ultra-kleinen elektronischen Komponenten sind noch ein gutes Stück – mindestens ein Jahrzehnt – von ihrer praktischen Anwendung entfernt. Aber dieses und andere Forschungsprogramme scheinen darauf hinzuweisen, dass die molekulare Elektronik ein möglicher Weg ist, um die physikalischen Beschränkungen der zunehmenden Dichte auf Silizium-Chips zu überwinden. Das würde eine Ära von Computern einleiten, die 100 Milliarden Mal so schnell wären wie ein Pentium-Mikroprozessor: Damit wäre es möglich,

---

55 Cerf (1999).
56 Zit. in *The Economist* (1997: 33).

die Computerleistung von hundert Workstations des Standards von 1999 in einen Raum von der Größe eines Salzkornes zu packen. Auf der Grundlage dieser Technologien sehen Computerwissenschaftler die Möglichkeit von Computer-Umwelten voraus, in denen Milliarden mikroskopischer Informationsverarbeitungsgeräte überall verteilt sein werden „wie Farbpigmente an der Wand". Wenn es so kommt, dann werden Computernetzwerke im wahrsten Sinn des Wortes der Stoff unseres Lebens sein.[57]

Die technologische Wende in den 1970er Jahren

Dieses technologische System, das uns zu Beginn des 21. Jahrhunderts vollständig umfängt, hat sich während der 1970er Jahre aus seinen Einzelkomponenten zusammengefügt. Wegen der Bedeutung spezifischer historischer Zusammenhänge für technologische Entwicklungsbahnen und für die genaue Form der Interaktion zwischen Technologie und Gesellschaft ist es wichtig, sich ein paar Daten in Erinnerung zu rufen, die sich mit wesentlichen Entdeckungen in den Informationstechnologien verbinden. Sie alle haben etwas Wesentliches gemeinsam: Zwar bauten sie in der Hauptsache auf bereits vorhandenem Wissen auf und entwickelten sich als Fortführung der Schlüsseltechnologien, aber sie bedeuteten doch einen qualitativen Sprung für die weitere Verbreitung der Technologie, ermöglicht durch ihre Verfügbarkeit bei abnehmenden Kosten und steigender Qualität in kommerziellen und zivilen Anwendungen. So wurde 1971 der Mikroprozessor – das Schlüsselelement für die Ausbreitung der Mikroelektronik – erfunden und fand ab Mitte der 1970er Jahre weite Verbreitung. Der Mikrocomputer wurde 1975 erfunden, und das erste kommerziell erfolgreiche Produkt, der Apple II, wurde im April 1977 eingeführt, etwa zur gleichen Zeit, als Microsoft damit anfing, Betriebssysteme für Mikrocomputer zu produzieren. Der Xerox Alto, die Mutter vieler Software-Technologien für die Personalcomputer der 1990er Jahre, wurde 1973 in den PARC-Labors in Palo Alto entwickelt. Der erste industrielle elektronische Schalter wurde 1969 gefertigt, digitale Schaltungen wurden Mitte der 1970er Jahre entwickelt und ab 1977 verbreitet. Glasfaser wurde erstmals von Corning Glass Anfang der 1970er Jahre hergestellt. Ebenfalls Mitte der 1970er Jahre begann Sony mit der kommerziellen Produktion von Videorecordern, und zwar auf der Grundlage von Entdeckungen, die in den 1960er Jahren in Amerika und England gemacht worden waren, aber nie das Stadium der Massenproduktion erreicht hatten. Und nicht zuletzt richtete 1969 die Advanced Research Projects Agency (ARPA) des US-Verteidigungsministeriums ein neues, revolutionäres Kommunikationsnetzwerk ein, das während der 1970er Jahre wachsen und schließlich zum heutigen Internet werden sollte. Es wurde in hohem Maße durch die Erfindung des

---

57 Hall (1999a); Markoff (1999a, b).

TCP/IP durch Cerf und Kahn 1973 vorangebracht, also des Protokolls zur Verknüpfung von Netzwerken, das die Entwicklung der „Gateway"-Technologie einleitete. Damit war es möglich, unterschiedliche Typen von Netzwerken miteinander zu verbinden. Ich denke, man kann ohne Übertreibung sagen, dass die Revolution in der Informationstechnologie als wirkliche Revolution in den 1970er Jahren stattfand. Das gilt vor allem dann, wenn wir dabei die parallele Entwicklung und Verbreitung der Gentechnologie ungefähr zur gleichen Zeit und an den gleichen Orten mit einschließen. Diese Entwicklung verdient zumindest einige Zeilen der Aufmerksamkeit.

Technologien des Lebens

Die Biotechnologie kann bis auf eine um das Jahr 6000 v. Chr. datierte babylonische Tontafel über das Bierbrauen zurückverfolgt werden. Die Revolution in der Mikrobiologie begann 1953 mit der wissenschaftlichen Entdeckung der Grundstruktur des Lebens der Doppelhelix der DNA durch Francis Crick und James Watson an der Universität Cambridge. Aber erst Anfang der 1970er Jahre war es mit der Isolierung von Nukleinsäureabschnitten und der Rekombination von DNA, der technischen Grundlage der Gentechnologie, möglich, die angesammelten Kenntnisse auch anzuwenden. Stanley Cohen von Stanford und Herbert Boyer von der University of California in San Francisco wird gewöhnlich das Verdienst zugeschrieben, 1973 das Klonen von Genen entdeckt zu haben. Freilich bauten ihre Arbeiten auf den Forschungen des Nobelpreisträgers Paul Berg (Stanford) auf. 1975 isolierten Forscher in Harvard das erste Säugetier-Gen aus Kaninchen-Hämoglobin, und 1977 wurde das erste menschliche Gen geklont.

Was folgte, war die hektische Gründung kommerzieller Unternehmen, meist als Ableger der großen Universitäten und klinischen Forschungszentren. Solche Firmen entstanden in den USA konzentriert im nördlichen Kalifornien, in Neuengland, Maryland, Virginia, North Carolina und San Diego. Journalisten, Investoren und Politiker waren gleichermaßen beeindruckt von den gewaltigen Chancen, die sich aus der potenziellen Fähigkeit ergaben, Leben einschließlich menschlichen Lebens technisch herzustellen. Genentech im Süden San Franciscos, Cetus in Berkeley und Biogen in Cambridge, Massachusetts, gehörten zu den ersten um Nobelpreisträger herum organisierten Firmen, die Gentechnologie für medizinische Anwendungen einsetzten. Bald folgte die Landwirtschaft; Mikroorganismen, die teilweise genmodifiziert waren, erhielten eine wachsende Zahl von Aufgaben, zu denen nicht zuletzt die Behebung von Umweltverschmutzungen gehörte (von denselben Firmen und Einrichtungen verursacht, die jetzt diese Superbakterien verkauften). Wissenschaftliche Probleme, technische Schwierigkeiten und handfeste rechtliche Hindernisse, die sich aus berechtigten ethischen Bedenken und Ängsten ergaben, verlangsamten während der 1980er Jahre die viel gerühmte biotechnologische Revolution. Beträchtliche Beträge an Risikokapital gingen verloren, und einige der innovativsten Firmen, zu denen auch Genentech gehörte, wurden von Riesen der Pharmaindustrie (Hoffmann-La Roche, Merck) geschluckt. Diese verstanden besser als andere, dass sie die kostspielige Arroganz nicht nachahmen durften, die die etablierten Computerfirmen gegenüber den innovativen Neugründungen an den Tag gelegt hatten: Der Aufkauf kleiner, innovativer Firmen mitsamt ihrem wissenschaftlichen Personal wurde zu einer wichtigen Absicherungspolitik für multinationale Konzerne im Pharma- und Chemie-Bereich. Auf diese Weise vereinnahmten sie den kommerziellen Nutzen der biologischen Revolution und waren zugleich in der Lage, deren Tempo zu kontrollieren. Zumindest in der Ausweitung von Anwendungen kam es zu einer Verlangsamung.

Aber Ende der 1980er und in den 1990er Jahren wurde die Biotechnologie durch einen neuen größeren wissenschaftlichen Schub und durch eine neue Generation von wagemutigen Unternehmern aus dem Wissenschaftsbereich neu belebt. Der Schwerpunkt lag eindeutig auf der Gentechnik, der wahrhaft revolutionären Technologie in diesem Bereich. Das genetische Klonen trat in ein neues Stadium ein, als Harvard 1988 offiziell eine genetisch veränderte Maus patentierte. Damit waren Gott und Natur das Copyright für das Leben genommen. Während der nächsten sieben Jahre wurden sieben weitere Mäuse ebenfalls als neu geschaffene Lebensformen patentiert und als Eigentum der Ingenieure identifiziert, die sie geschaffen hatten. Im August 1989 entdeckten Forscher von der University of Michigan und aus Toronto das Gen, das für Mukoviszidose verantwortlich ist, und eröffneten so der Gentherapie den Weg. Im Februar 1997 gaben Wilmut und seine Mitarbeiter am Roslin Institute in Edinburg das erfolgreiche Klonen eines Schafes bekannt, das sie Dolly nannten und das aus der DNA eines erwachsenen Schafes erschaffen worden war. Im Juli 1998 veröffentlichte die Zeitschrift *Nature* die Ergebnisse eines potenziell noch bedeutsameren Experimentes: Die Forschung zweier Biologen an der University of Hawaii, Yanagimachi und Wakayama, die insgesamt 22 Mäuse geklont hatten, davon sieben Klone von Klonen. Damit war die Möglichkeit der sequenziellen Produktion von Klonen unter schwierigeren Bedingungen als beim Klonen von Schafen nachgewiesen, weil Mäuse-Embryonen sich sehr viel schneller entwickeln als Schaf-Embryonen. Ebenfalls 1998 gelang Wissenschaftlern an der Portland State University das Klonen erwachsener Affen, wenngleich sie nicht in der Lage waren, die Bedingungen ihres Experimentes zu reproduzieren.

Trotz allen Medienrummels und der Gruselgeschichten denkt niemand ernsthaft an das Klonen von Menschen. Streng genommen ist es physisch eigentlich unmöglich, weil lebende Wesen ihre Persönlichkeit und ihren Organismus in Auseinandersetzung mit der Umwelt ausformen. Das Klonen von Tieren ist wirtschaftlich ineffizient, weil es, im großen Maßstab praktiziert, im Fall einer Infektion die Möglichkeit der völligen Vernichtung der Bestände bedeuten würde – denn alle Tiere einer bestimmten Art wären durch denselben tödlichen Gegner verwundbar. Aber andere Möglichkeiten lassen sich absehen, vor allem in der medizinischen Forschung: das Klonen menschlicher Organe und das Klonen von genmodifizierten Tieren in großem Maßstab für experimentelle Zwecke und zum Ersatz menschlicher Organe. Außerdem zielt die neue biologische Forschung mit ihren weitreichenden medizinischen und kommerziellen Konsequenzen darauf ab, statt des Ersetzens von Organen durch Transplantation Menschen Fähigkeiten zur Selbst-Regeneration einzupflanzen. Eine Übersichtsstudie zu möglichen Anwendungen, zu denen Ende der 1990er Jahre geforscht wurde, ergab die folgenden Projekte, die alle zwischen 2000 und 2010 einsatzbereit sein sollten und die alle mit der Anregung selbst-regenerativen Wachstums von Organen, Gewebe oder Knochen im menschlichen Körper durch biologische Manipulation zu tun haben: Blase, Projekt der Firma Reprogenesis; Harnleiter, Integra Life Services; Oberkieferknochen, Osiris Therapeutics; Insulin produzierende Zellen zum Ersatz der Pankreas-Funktion, BioHybrid Technologies; Knorpel, ReGen Biologics; Zähne, eine Reihe von Gesellschaften; Rückenmarksnerven, Acorda; Brustgewebe, Reprogenesis; ein vollständiges menschliches Herz auf der Grundlage manipulierter Proteine, deren Fähigkeit zur Hervorbringung von Blutgefäßen bereits getestet ist, Genentech; und Leber-Regeneration auf der Grundlage von Gewebe, dem Leberzellen eingepflanzt werden, Human Organ Sciences.

Das wichtigste Neuland der biologischen Forschung und Anwendung sind heute Gentherapie und breite genetische Vorsorge. Mit getragen wird diese potenzielle Entwicklung von der 1990 gestarteten Regierungsinitiative eines mit 3 Mrd. US$ ausgestatteten und auf 15 Jahre angelegten Programmes: Koordiniert von James Gatson arbeiten einige der avanciertesten Forschungsteams aus der Mikrobiologie daran, das menschliche Genom zu dechiffrieren – also die 60-80.000 Gene zu identifizieren und zu lokalisieren, die das Alphabet der menschlichen Spezies ausmachen.[58] Man erwartete, dass diese Dekodierung 2001, also vor der geplanten Zeit abgeschlossen sein würde. Im April 2000 stellten die Teams der University of California in einem Forschungszentrum in Walnut Creek die Sequenz von drei der 23 menschlichen Chromosomen zusammen. Durch diese und andere Unternehmungen werden immer mehr menschliche Gene identifiziert, die mit unterschiedlichen Krankheiten zu tun haben. Das hat verbreitet Bedenken und Kritik aus ethischen, religiösen und rechtlichen Gründen hervorgerufen. Aber während Wissenschaftler, Regulierungsbeamte und Ethiker über die humanitären Implikationen der Gentechnik debattierten, nahmen Forscher, die zu Geschäftsleuten geworden waren, eine Abkürzung und entwickelten Verfahren zur rechtlichen und finanziellen Kontrolle über das Wissen vom menschlichen Genom. Der waghalsigste Versuch in dieser Richtung war das Projekt, das 1990 in Rockville, Maryland von zwei Wissenschaftlern

---

58 Zur frühen Entwicklung von Bio- und Gentechnologie s. z.B. Hall (1987); Teitelman (1989); Bishop und Waldholz (1990); *US Congress, Office of Technology Assessment* (1991).

begonnen wurde, J. Craig Venter, der damals am Nationalen Gesundheits-Institut arbeitete und William Haseltine, damals in Harvard. Unter Einsatz von Supercomputern erarbeiteten sie in nur fünf Jahren etwa 85% der Sequenzen aller menschlicher Gene und schufen so eine gigantische genetische Datenbank.[59] Später trennten sie sich und gründeten zwei Firmen. Eine dieser Firmen, Venters Celera Genomics, beschleunigte das Human Genome Project, um die Sequenzierung noch im Jahr 2000 abzuschließen. Das Problem ist, dass sie nicht wissen, welches Stück von welchen Genen stammt und wo dies lokalisiert ist, und dass sie das auch noch für einige Zeit nicht wissen werden: Ihre Datenbank umfasst Hunderttausende von Gen-Fragmenten mit unbekannten Funktionen. Was ist dann Sinn und Zweck des Ganzen? Einmal kann gezielte Forschung über bestimmte Gene sich die Daten zunutze machen, die in solchen Sequenzen enthalten sind, und sie tut das auch. Wichtiger ist aber die Hauptbegründung des gesamten Projektes: Craig und Haseltine haben dafür gesorgt, dass alle ihre Daten patentiert worden sind. Das bedeutet, dass sie eines Tages vielleicht Eigentümer der formellen Rechte über einen Großteil der Kenntnisse sind, die zur Manipulation des menschlichen Genoms benötigt werden. Die Drohung, die von einer solchen Entwicklung ausging, war ernst genug, dass sie einerseits Dutzende von Millionen Dollar von Investoren erhielten, dass aber andererseits der große Pharmakonzern Merck 1994 der Washington University erhebliche Finanzmittel gab, um gleichfalls mit der blinden Sequenzierung fortzufahren, aber die Daten öffentlich zu machen. Damit würde es keine private Kontrolle über einzelne Kenntnisse geben, die die Entwicklung von Produkten auf der Grundlage künftigen systematischen Wissens über das menschliche Genom blockieren könnte. Und das öffentlich finanzierte Human Genome Project veröffentlichte seine Ergebnisse, um Privateigentum an genetischem Wissen zu verhindern. Die soziologische Lehre aus solchen wirtschaftlichen Kämpfen besteht nicht einfach in der Einsicht in einen weiteren Fall menschlicher Habgier. Vielmehr zeigt sie die Beschleunigung der Ausweitung und Vertiefung der genetischen Revolution.

Die Entwicklung der Gentechnologie schafft die Möglichkeit, auf Gene einzuwirken. Die Menschheit wird so in die Lage versetzt, nicht nur einige Krankheiten zu kontrollieren, sondern biologische Anlagen zu erkennen, in solche Anlagen einzugreifen und so potenziell das genetische Schicksal zu verändern. 1990 waren Wissenschaftler in der Lage, genau die Defekte einzelner menschlicher Gene als Ursache spezifischer Erkrankungen zu benennen. Das hat zur Expansion des anscheinend vielversprechendsten Bereiches medizinischer Forschung geführt, der Gentherapie.[60] Aber die experimentelle Forschung lief gegen eine Wand: Wie soll man ein modifiziertes Gen mit der Anweisung, ein fehlerhaftes Gen zu reparieren, an den richtigen Platz im Körper bringen, selbst wenn

---

59 S. *Business Week* (1995e).
60 *Business Week* (1999a: 94-104).

man weiß, wo das Zielgebiet liegt. In der Forschung wurden im Allgemeinen Viren oder künstliche Chromosomen benutzt, aber die Erfolgsrate war äußerst gering. Also begannen die Forscher mit anderen Werkzeugen zu experimentieren, etwa winzigen Fettmolekülen, die so angelegt waren, dass sie Antitumor-Gene direkt in Krebsgeschwüre einbrachten. Diese Technologie wurde von Firmen wie Valentis und Transgene eingesetzt. Manche Biologen meinen, dass diese technizistische Einstellung – ein Ziel, ein Botschafter, eine Wirkung – an der Komplexität biologischen Ineinanderwirkens vorbei gehe, weil lebendige Organismen sich an unterschiedliche Umwelten anpassen und ihr erwartetes Verhalten ändern können.[61]

Denn sobald die Gentherapie Ergebnisse liefert, wird das eigentliche Ziel der auf Genetik aufbauenden medizinischen Therapie die Prävention sein. Es wird also darum gehen, genetische Defekte in menschlichem Sperma und menschlichen Eizellen zu erkennen und auf die menschlichen Träger einzuwirken, bevor die programmierte Krankheit ausbricht. Damit würde der genetische Fehler bei ihnen und bei ihren Nachkommen ausgeschaltet, solange noch Zeit ist. Diese Perspektive birgt natürlich ebenso viele Chancen wie Gefahren. Lyon und Gorner beschließen ihren ausgewogenen Überblick über die Entwicklungen im Bereich der auf Menschen bezogenen Gentechnik mit einer Voraussage und einer Mahnung:

> Wir könnten innerhalb von ein paar Generationen vielleicht bestimmte Geisteskrankheiten überwinden, oder Diabetes oder Bluthochdruck oder fast alle Leiden, die wir uns auswählen. Das Wesentliche, was es im Auge zu behalten gilt, ist, die Qualität der Entscheidungsfindung, die diktiert, ob die Auswahl, die dann getroffen wird, weise und gerecht sein wird ... Die ziemlich unrühmliche Art und Weise, in der die Wissenschafts- und Verwaltungselite die frühen Früchte der Gentherapie behandelt, lässt Schlimmes ahnen ... Wir Menschen sind intellektuell bis zu einem Punkt vorangeschritten, wo wir relativ bald in der Lage sein werden, Zusammensetzung, Funktionsweise und Dynamik des Genoms in einem Großteil seiner beeindruckenden Komplexität zu verstehen. Aber emotional sind wir immer noch Affen mit all dem Verhaltensballast, den das mit sich bringt. Vielleicht würde die höchste Form der Gentherapie darin bestehen, dass unsere Spezies sich über die niedrigeren Teile ihres Erbes erhebt und lernt, ihr neues Wissen weise und gütig anzuwenden.[62]

Alles weist darauf hin, dass die Gentechnologie und ihre Anwendungen in den Anfangsjahren des neuen Jahrtausends zu voller Blüte gelangen werden. Das wird eine grundsätzliche Debatte über die bereits verschwimmende Grenze zwischen Natur und Gesellschaft auslösen.

---

61 Capra (1999a); Sapolsky (2000).
62 Lyon und Gorner (1995: 567).

Der gesellschaftliche Zusammenhang und die Dynamik des technologischen Wandels

Warum fanden die Entdeckungen in den neuen Informationstechnologien konzentriert in den 1970er Jahren und in erster Linie in den Vereinigten Staaten statt? Und was sind die Konsequenzen dieser Zusammenballung in Zeit und Raum für ihre künftige Entwicklung und für ihre Interaktion mit anderen Gesellschaften? Es wäre verführerisch, die Herausbildung dieses technologischen Paradigmas unmittelbar mit den Charakteristika seines sozialen Entstehungszusammenhangs in Verbindung zu bringen. Das gilt erst recht, wenn wir uns daran erinnern, dass die Vereinigten Staaten und die kapitalistische Welt Mitte der 1970er Jahre von einer schweren Wirtschaftskrise erschüttert wurden. Diese Krise wurde symbolisiert, aber nicht verursacht durch den Ölschock von 1973/74. Sie bewirkte eine dramatische Umstrukturierung des kapitalistischen Systems von globalem Ausmaß. Damit entstand wirklich ein neues Akkumulationsmodell, das mit dem Kapitalismus der Zeit nach dem Zweiten Weltkrieg brach, wie ich es im Prolog zu diesem Buch formuliert habe. War das neue technologische Paradigma nun eine Reaktion des kapitalistischen Systems, das seine inneren Widersprüche überwinden wollte? Oder war dies vielmehr eine Möglichkeit, die eigene militärische Überlegenheit über den sowjetischen Todfeind zu garantieren, als Antwort auf dessen technologische Herausforderung beim Wettrennen in der Raumfahrt und bei den Kernwaffen? Keine dieser Erklärungen scheint überzeugend. Es gibt allerdings ein historisches Zusammentreffen zwischen dem gehäuften Auftreten der neuen Technologien und der Wirtschaftskrise der 1970er Jahre, aber die zeitliche Aufeinanderfolge war zu eng, die technologische Lösung wäre allzu schnell gekommen und allzu mechanisch gewesen. Und wir wissen ja aus der industriellen Revolution und aus anderen historischen Prozessen technologischen Wandels, dass wirtschaftliche, industrielle und technologische Entwicklungspfade zwar miteinander zu tun haben, aber ihr Zusammenwirken stockend und nicht reibungslos vonstatten geht. Was das militärische Argument angeht, so wurde der Sputnik-Schock von 1957-60 mit gleicher Münze mit der massiven technologischen Expansion der 1960er Jahre heimgezahlt, nicht der der 1970er Jahre. Und der wesentliche neue Schub in der amerikanischen Militärtechnologie kam 1983 im Zusammenhang mit dem „Krieg der Sterne"-Programm, das wiederum die Technologien benutzte und weiter vorantrieb, die in dem vorhergehenden so erstaunlichen Jahrzehnt entwickelt worden waren. Und während das Internet aus Forschungen hervorging, die vom US-Verteidigungsministerium gefördert wurden, wurde es in Wirklichkeit erst viel später auch für militärische Zwecke eingesetzt, etwa zur selben Zeit, als es begann, sich in die gegenkulturellen Netzwerke auszubreiten.

Es scheint also, dass wir das Auftreten eines neuen technologischen Systems in den 1970er Jahren auf die autonome Dynamik der technologischen Entdeckung

Der historische Ablauf der informationstechnologischen Revolution 65

und Verbreitung zurückführen müssen, einschließlich der Synergie-Effekte zwischen unterschiedlichen Schlüsseltechnologien. So machte der Mikroprozessor den Mikrocomputer möglich; Fortschritte in der Telekommunikation setzten, wie oben dargestellt, Mikrocomputer instand, in Netzwerken zu arbeiten und so ihre Leistungsstärke und Flexibilität zu erhöhen. Anwendungen dieser Technologien in der Elektronikindustrie verbesserten die Spielräume für neue Konstruktionen und Fertigungstechnologien in der Halbleiterproduktion. Neue Software wurde durch das schnelle Wachstum des Mikrocomputer-Marktes angeregt, der auf der Grundlage neuer Anwendungen und benutzerfreundlicher Technologien erst recht aufblühte. Die Computer-Netzwerke konnten sich ausbreiten, weil sie Software einsetzten, die das benutzerorientierte *world wide web* möglich machten. Und so weiter.

Der starke, militärisch verursachte technologische Anstoß der 1960er Jahre hatte die amerikanische Technologie auf den Sprung nach vorne vorbereitet.

Aber Ted Hoffs Erfindung des Mikroprozessors – während der Arbeit am Auftrag einer japanischen Taschenrechner-Firma – kam aus dem Wissen und der Seriosität, die sich bei Intel in enger Beziehung zu den seit den 50er Jahren in Silicon Valley entstandenen Innovationsmilieu entwickelt hatte und war – mit anderen Worten – die erste informationstechnologische Revolution, konzentriert auf Amerika und auf Kalifornien. Sie baute auf Entwicklungen der vorangegangenen beiden Jahrzehnte auf und erfolgte unter dem Einfluss diverser institutioneller, wirtschaftlicher und kultureller Faktoren. Aber sie entstand nicht aus irgendeiner vorher festgelegten Notwendigkeit: Sie war technologisch veranlasst und nicht gesellschaftlich determiniert. Aber nach dem sie einmal auf der Grundlage der beschriebenen Zusammenballung zustande gekommen war, wurden ihre Entwicklung und ihre Anwendungen und letztlich auch ihr Inhalt entscheidend durch den historischen Kontext geprägt, in dem sie sich ausbreitete. In der Tat führte der Kapitalismus – genauer die Großkonzerne und die Regierungen des Clubs der G7-Länder – in den 1980er Jahren einen umfangreichen Prozess wirtschaftlicher und organisatorischer Restrukturierung durch. Dabei spielte die Informationstechnologie eine grundlegende Rolle und wurde ihrerseits durch die Rolle, die sie spielte, entscheidend geprägt. Zum Beispiel war die von der Wirtschaft angeführte Bewegung zur Deregulierung und Liberalisierung in den 1980er Jahren entscheidend wichtig für die Reorganisation und das Wachstum der Telekommunikation, am deutlichsten nach der Aufteilung von ATT 1984. Umgekehrt bereitete die Verfügbarkeit der neuen Telekommunikationsnetzwerke und Informationssysteme den Boden für die globale Integration der Finanzmärkte und die Verknüpfung von Produktion und Handel auf der ganzen Welt, die ich in Kapitel 2 untersuche.

Was sich in den 1970er Jahren an neuen Technologien zu einem System verdichtet hatte, war die entscheidende Grundlage für den Prozess sozioökonomischer Restrukturierung in den 1980er Jahren. Wie diese Technologien in den 1980er Jahren genutzt wurden, beeinflusste ihre Nutzungsweisen und Entwicklungsbahnen in den 1990er Jahren wesentlich. Der Aufstieg der Netzwerkgesellschaft, die ich in den folgenden Kapiteln dieses Bandes zu analysieren versuche, lässt sich nicht ohne die Interaktion dieser relativ autonomen Tendenzen verstehen: der Entwicklung neuer Informationstechnologien und des Versuchs der alten Gesellschaft, sich mit neuen Werkzeugen auszurüsten, indem sie die Macht der Technologie einsetzte, um der Technologie der Macht zu dienen. Jedoch ist das historische Ergebnis einer solchen halbbewussten Strategie weitgehend unbestimmt. Denn die Interaktion zwischen Technologie und Gesellschaft ist abhängig von stochastischen Beziehungen einer übergroßen Anzahl von quasi-unabhängigen Variablen. Ohne dass man zwangsläufig vor dem historischen Relativismus kapitulieren muss, lässt sich doch sagen, dass die informationstechnologische Revolution kulturell, historisch und räumlich von sehr spezifischen Umständen abhängig war, deren Charakteristika ihre künftige Evolution vorzeichneten.

Modelle, Akteure und Orte der informationstechnologischen Revolution

War die erste industrielle Revolution britisch, so war die erste informationstechnologische Revolution amerikanisch mit kalifornischer Schlagseite. In beiden Fällen spielten Wissenschaftler und Industrielle aus anderen Ländern eine wichtige Rolle, sowohl für die Entdeckung wie für die Verbreitung der neuen Technologien. Frankreich und Deutschland waren während der industriellen Revolution unverzichtbare Quellen von Talenten und Anwendungen. Wissenschaftliche Entdeckungen, die am Anfang neuer Technologien in der Elektronik und in der Biologie standen, gingen von England, Frankreich, Deutschland und Italien aus. Der Einfallsreichtum japanischer Firmen war entscheidend für die Verbesserung der Fertigungsprozesse in der Elektronik und für das Eindringen der Informationstechnologien in das Alltagsleben auf der ganzen Welt durch eine Welle innovativer Produkte, angefangen von Video- und Fax-Geräten bis hin zu Videospielen und Pagern.[63] Schließlich gelang es japanischen Firmen in den 1980er Jahren, in der Halbleiterproduktion die Vorherrschaft auf dem Weltmarkt zu erringen, wenn auch amerikanische Firmen Mitte der 1990er Jahre im Großen und Ganzen die Nase im Wettbewerb wieder vorne hatten. Der gesamte Industriezweig entwickelte sich hin zu wechselseitiger Durchdringung, strategischen Allianzen und Netzwerkbeziehungen zwischen Firmen aus unterschiedlichen Ländern, was in Kapitel 3 analysiert wird. Damit wurde die Unterscheidung nach nationaler Herkunft etwas weniger bedeutsam. Aber die Innovatoren aus den USA, die Unternehmen und Institutionen gingen nicht

---

63 Forester (1993).

nur zu der Revolution in den 1970er Jahren voran, sondern sie spielten auch danach eine führende Rolle bei ihrer Ausbreitung. Es ist anzunehmen, dass sie diese Rolle im 21. Jahrhundert beibehalten werden, auch wenn wir zweifellos eine zunehmende Präsenz von japanischen, chinesischen, koreanischen und indischen Firmen erleben werden, ebenso wie wichtige europäische Beiträge in den Bereichen Biotechnologie, Chemie, Software und Telekommunikation.

Um die gesellschaftlichen Wurzeln der amerikanischen informationstechnologischen Revolution jenseits der Mythen, die sie umgeben, besser zu verstehen, rufe ich kurz in Erinnerung, wie Silicon Valley, als bekannteste Keimzelle von Innovation entstanden ist. Es war hier, wo neben anderen Schlüsseltechnologien der integrierte Schaltkreis, der Mikroprozessor, der Mikrocomputer entwickelt wurden und wo vier Jahrzehnte lang das Herz der Innovation im Bereich der Elektronik schlug, unterstützt von einer Viertelmillion Beschäftigten der Informationstechnologie.[64] Zudem stand die Region der San Francisco Bay – zu der weitere Innovationszentren wie Berkeley, Emeryville, Marin County und San Francisco selbst gehören – auch am Ursprung der Gentechnologie, und sie ist zu Beginn des neuen Jahrhunderts eines der weltweit führenden Zentren für hochentwickelte Software, für Gentechnologie, für Internet-Design und -entwicklung sowie für multimediales Computerdesign.

Silicon Valley – Santa Clara County, etwa 50 km südlich von San Francisco zwischen Stanford und San Jose – konnte zum Innovationsmilieu werden, weil verschiedene Faktoren einerseits neues technologisches Wissen, ein großes Reservoir qualifizierter Ingenieure und Wissenschaftler von den großen Universitäten der Region, großzügige Finanzierung auf einem vom US-Verteidigungsministerium garantierten Markt, die Entwicklung eines effizienten Netzwerkes von Risikokapital-Firmen und andererseits in einer sehr frühen Phase auch die institutionelle Führungsrolle der Stanford University zusammen kamen. Denn die etwas *erstaunliche* Platzierung der Elektronik-Industrie in einer idyllischen, beinahe ländlichen Gegend im nördlichen Kalifornien lässt sich darauf zurück führen, dass 1951 der weitsichtige Dekan und Vorstand der ingenieurwissenschaftlichen Fakultät Frederick Terman den Stanford Industrial Park gründete. Er hatte 1938 selbst zwei seiner Absolventen, William Hewlett und David Packard, dabei unterstützt, eine Elektronikfirma aufzubauen. Der Zweite Weltkrieg erwies sich für Hewlett Packard und andere neu gegründete Elektronikfirmen als Goldgrube. Also waren sie natürlich die ersten Siedler an einem neuen, privilegierten Standort, wo nur solche Firmen, die von Stanford als innovativ eingestuft wurden, von einer eher symbolischen Miete profitieren konnten. Weil der Stanford Industrial Park sich schnell füllte, begannen neue Elektronikfirmen sich am Freeway 101 in Richtung San Jose anzusiedeln.

---

64 Zur Entstehungsgeschichte des Silicon Valley verweise ich auf zwei nützliche und lesbare Bücher: Rogers und Larsen (1984) und Malone (1985).

Das entscheidende Ereignis war der Umzug William Shockleys, des Erfinders des Transistors, nach Palo Alto 1955. Hier handelte es sich um eine zufällige Entwicklung, wenn auch zugleich um einen Hinweis auf die historische Unfähigkeit etablierter Elektronikfirmen, sich die revolutionäre Technologie der Mikroelektronik zu sichern. Shockley hatte sich um die Unterstützung von Großfirmen an der Ostküste wie RCA und Raytheon bemüht, um seine Entdeckung zur industriellen Produktionsreife zu bringen. Als er abgewiesen wurde, nahm er einen Job in Silicon Valley bei einem Tochterunternehmen von Beckman Instruments an – hauptsächlich deshalb, weil seine Mutter in Palo Alto lebte. Mit Unterstützung von Beckman Instruments beschloss er dort 1956, seine eigene Firma aufzubauen, Shockley Transistors. Er rekrutierte acht brillante junge Techniker vor allem von den Bell Laboratorien, die von der Aussicht angezogen waren, mit Shockley arbeiten zu können; einer davon war Bob Noyce, der allerdings gerade nicht von den Bell Laboratorien kam. Sie wurden bald enttäuscht. Sie lernten zwar von Shockley die Grundlagen der avanciertesten Mikroelektronik, aber sie fühlten sich abgestoßen von seiner autoritären Art und seiner Sturheit, die die Firma in eine Sackgasse führten. Vor allem wollten sie gegen seinen Willen Silizium als den vielversprechendsten Weg erforschen, um eine größere Integration von Transistoren zu erreichen. Deshalb verließen sie Shockley – dessen Firma zusammenbrach – bereits nach einem Jahr. Die Acht gründeten mit Hilfe von Fairchild Cameras die Firma Fairchild Semiconductors, wo während der folgenden beiden Jahre die Planartechnologie und der integrierte Schaltkreis erfunden wurden. Während sich Shockley nach wiederholten geschäftlichen Fehlschlägen schließlich 1963 auf eine Stanford-Professur flüchtete, verließen die „Fairchild Eight", sobald sie die technologischen und wirtschaftlichen Möglichkeiten ihres Wissens erkannt hatten, einer nach dem anderen Fairchild und gründeten eigene Firmen. Und die Leute, die sie selbst wiederum angeheuert hatten, taten nach einiger Zeit dasselbe. So lässt sich die Hälfte der 85 größten amerikanischen Halbleiterfirmen einschließlich der heute führenden wie Intel, Advanced Micro Devices, National Semiconductors, Signetics usw. auf diese Ableger von Fairchild zurück verfolgen.

Eben dieser Technologietransfer von Shockley zu Fairchild und dann zu einem Netzwerk von Ableger-Firmen bildete die anfängliche Quelle der Innovation in Silicon Valley und die Grundlage der Revolution in der Mikroelektronik. Schließlich waren Stanford und Berkeley Mitte der 1950er Jahre noch nicht die führenden Zentren in der Mikroelektronik; das war das MIT, und das äußerte sich im ursprünglichen Standort der Mikroelektronik-Industrie in Neuengland, im Nordosten der USA. Aber mit dem Wissenstransfer nach Silicon Valley wurde es durch die Dynamik seiner Industriestruktur und die laufende Gründung neuer Firmen Anfang der 1970er Jahre zum weltweit führenden Zentrum für Mikroelektronik. Anna Saxenian hat die Entwicklung der Elektronik-Zentren in den beiden Regionen – Route 128 in Boston und Silicon Valley – miteinander verglichen und ist zu dem Schluss gekommen, dass die entscheidende Rolle der sozialen und industriellen Organisation der Firmen zukam, die Innovation entweder förderte oder abwürgte.⁶⁵ Während also die großen, fest etablierten Firmen im Osten zu unbeweglich (und zu arrogant) waren, um sich ständig neu für das Überschreiten technologischer Grenzen auszurüsten, produzierte Silicon Valley neue Firmen am laufenden Band, die sich gegenseitig befruchteten und durch Jobwechsel und neue Ableger Wissen diffundierten. Gespräche spät am Abend in „Walker's Wagon Wheel Bar and Grill" in Mountain View haben mehr zur Verbreitung technologischer Innovation beigetragen als die meisten akademischen Veranstaltungen in Stanford.

Wie ich an anderer Stelle ausführlich dargestellt habe,⁶⁶ war ein weiterer Faktor bei der Entstehung von Silicon Valley die frühzeitige Existenz eines Netzwerkes von Risikokapital-Firmen.⁶⁷ Der wesentliche Faktor dabei war, dass die meisten der frühen Investoren aus der Elektronikindustrie kamen und sich daher mit den technologischen und geschäftlichen Vorhaben auskannten, auf die sie setzten. So war Gene Kleinert von Kleinert, Perkins and Partners, eine der wichtigsten Risikokapital-Firmen der 1960er Jahre, einer der „Fairchild Eight" gewesen. 1988 konnte man schätzen, dass „Risikokapital etwa die Hälfte der Investitionen in neue Produkte und Dienstleistungen ausmachte, die mit der Informations- und Kommunikationsindustrie zusammenhängen."⁶⁸

Die besondere Atmosphäre von Silicon Valley wirkte auch bei der Entwicklung des Mikrocomputers mit, der eine historische Wende bei der Nutzung der neuen Informationstechnologie einleitete.⁶⁹ Mitte der 1970er Jahre hatte Silicon Valley Zehntausende heller junger Köpfe aus der ganzen Welt angezogen, die auf der Suche nach den Glücksbringern Erfindung und Geld in das aufregende neue technologische Mekka strömten. Sie sammelten sich zum Austausch von Ideen und Informationen über die neuesten Entwicklungen in lockeren Gruppen. Ein solcher Treffpunkt war der „Home Brew Computer Club", zu dessen jungen Visionären Bill Gates, Steve Jobs und Steve Wozniak gehörten. Sie sollten in den folgenden Jahren an die 22 Firmen gründen, u.a. Microsoft, Apple, Comenco und North Star. Als der Club in *Popular Electronics* einen Artikel über die Altair-Maschine von Ed Roberts las, inspirierte dies Steve Wozniak im Sommer 1976 zur Konstruktion eines Mikrocomputers, des Apple I, in seiner Garage in Menlo Park. Steve Jobs erkannte die darin enthaltenen Möglichkeiten, und sie gründeten gemeinsam Apple. Der Intel-Direktor Mike Markkula gab ihnen ein Darlehen von 91.000 US$ und trat als Partner mit ein. Etwa zur selben Zeit gründete Bill Gates Microsoft, um das Betriebssystem für

---

65 Saxenian (1994).
66 Castells (1989b: Kap. 2).
67 Zook (2000c).
68 Kay (1990: 173).
69 Levy (1984); Egan (1995). Vgl. die interessante Fallstudie über das komplexe Zusammenspiel zwischen technologischer Kreativität und Geschäftsstrategien von Hitzlik (1999) zur Entwicklung eines der wichtigsten Innovationszentren in Silicon Valley, Xerox-PARC.

Mikrocomputer bereitzustellen, wenngleich er die Firma 1978 nach Seattle verlegte, um die gesellschaftlichen Verbindungen seiner Familie zu nutzen.

Eine parallel verlaufende Geschichte ließe sich über das Wachstum der Gentechnologie berichten. Hier schlugen führende Wissenschaftler von der Stanford University of California in San Francisco und Berkeley Brücken zu Firmen, die zunächst in der Region San Francisco angesiedelt waren. Sie sollten gleichfalls den Prozess häufiger Ausgliederungen durchlaufen, wobei enge Verbindungen mit den Mutterinstitutionen erhalten blieben.[70] Vergleichbare Prozesse gab es in der Region Boston/Cambridge um Harvard-MIT herum, im Forschungsdreieck um die Duke University in Nord Carolina und vor allem in Maryland im Umkreis der großen Krankenhäuser, der nationalen Gesundheitsforschungsinstitute und der Johns Hopkins University.

Aus diesen schillernden Geschichten sind zwei Folgerungen zu ziehen. Erstens: Die Entwicklung der Informationstechnologie hat zur Herausbildung der Innovationsmilieus beigetragen, in denen Entdeckungen und Anwendungen in einem wiederkehrenden Prozess von Versuch und Irrtum, von *Lernen durch Anwenden,* sich wechselseitig beeinflussten und getestet werden konnten; diese Prozesse benötigten – und benötigen selbst im frühen 21. Jahrhundert den Online-Netzwerken zum Trotz – die räumliche Konzentration von Forschungszentren, von höheren Bildungseinrichtungen, von Firmen der Spitzentechnologie, eines Netzwerkes von unterstützenden Zulieferern von Gütern und Dienstleistungen und von geschäftlichen Netzwerken von Risikokapitalfirmen, die bereit sind, Neugründungen zu finanzieren.

Zweitens: Ist ein solches Milieu erst einmal konsolidiert, wie Silicon Valley Anfang der 1970er Jahre, so tendiert es dazu, seine eigene Dynamik zu entfalten und Wissen, Investitionen und Talent aus der ganzen Welt an sich zu ziehen. So hat Silicon Valley in den 1990er Jahren von der heftigen Ausbreitung japanischer, taiwanesischer, koreanischer, indischer und europäischer Unternehmen profitiert, und dem Zustrom Tausender Ingenieure und Computer-Experten, vor allem aus Indien und China, für die eine aktive Präsenz im Valley die produktivste Verbindung mit den Quellen der neuen Technologie und wertvolles Unternehmerwissen bedeutet.[71] Weiter war die Region San Francisco wegen ihrer Positionierung im Netz der technologischen Innovationen und wegen ihres natürlichen Verständnisses für die Geschäftsregeln der neuen Informationswirtschaft in der Lage, in jede neue Entwicklung einzusteigen. Als in den 1990er Jahren das Internet privatisiert wurde und sich in eine kommerzielle Technik verwandelte, war Silicon Valley in der Lage, sich des neuen Industriezweiges zu bemächtigen. Führende Firmen für Internet-Ausrüstungen wie Cisco Systems, Firmen für Computernetzwerke wie Sun Microsystems, Software-Firmen wie

---

70 Blakeley u.a. (1988); Hall u.a. (1988).
71 Saxenian (1999).

Oracle und Internet-Portale wie Yahoo! wurden in Silicon Valley gestartet.[72] Außerdem ballten sich auch die meisten der Neugründungen, die den e-Commerce einführten und das Geschäftsleben revolutionierten – etwa Ebay – im Silicon Valley zusammen. Das Aufkommen von Multimedia Mitte der 1990er Jahre rief ein Netzwerk von technologischen und geschäftlichen Verknüpfungen ins Leben zwischen Kapazitäten im Computer-Design, von Firmen in Silicon Valley und Bilder produzierenden Studios in Hollywood, was sofort als „Siliwood"-Industrie bezeichnet wurde. Und in einem heruntergekommenen Viertel von San Francisco, South of the Market, kamen Künstler, Grafik-Designer und Software-Ingenieure im so genannten „Multimedia Gulch" zusammen, der droht, unsere Wohnzimmer mit Bildern zu überschwemmen, die den Fieberträumen dieser Leute entspringen. Und dabei entstand das dynamischste Zentrum für Multimedia-Design der Welt.[73]

Kann dieses gesellschaftliche, kulturelle und räumliche Innovationsmuster in die ganze Welt extrapoliert werden? Um diese Frage zu beantworten, begannen mein Kollege Peter Hall und ich 1988 eine mehrjährige, weltweite Reise. Sie ermöglichte es uns, einige der wichtigsten wissenschaftlich-technologischen Zentren dieses Planeten zu besuchen und zu analysieren, von Kalifornien bis Japan, von Neuengland bis zum alten England, von Paris-Sud bis Xinzhu auf Taiwan, von Sophia-Antipolis bis Akademgorodok, von Zelenograd bis Daeduck, von München bis Seoul. Unsere Schlussfolgerungen[74] bestätigen die entscheidende Rolle von Innovationsmilieus bei der Entwicklung der informationstechnologischen Revolution: Zusammenballungen von naturwissenschaftlichem/technischem Wissen, von entsprechenden Institutionen, Firmen und qualifizierter Arbeitskraft sind die Schmelztiegel der Innovation im Informationszeitalter. Aber sie brauchen nicht die kulturelle, räumliche, institutionelle und industrielle Struktur von Silicon Valley zu kopieren und auch nicht die anderer amerikanischer Zentren technologischer Innovation wie Süd-Kalifornien, Boston, Seattle oder Austin.

Unsere erstaunlichste Entdeckung besteht darin, dass die größten der alten metropolitanen Zentren der industrialisierten Welt auch die wichtigsten Innovations- und Produktionszentren der Informationstechnologie außerhalb der Vereinigten Staaten sind. In Europa hat Paris-Sud die höchste Konzentration hochtechnologischer Produktion und Forschung; und der M4-Korridor Londons ist der führende Elektronik-Standort Großbritanniens, in historischer Kontinuität mit Firmen, die schon im 19. Jahrhundert für die Krone gearbeitet hatten. Die Verdrängung von Berlin durch München hatte offenkundig mit der Niederlage Deutschlands im Zweiten Weltkrieg zu tun, als Siemens zielstrebig von Berlin nach München umzog, weil man hoffte, dass diese Region unter

---

72 Reid (1997); Bronson (1999); Kaplan (1999); Lewis (2000); Zook (2000c).
73 Rosen u.a. (1999).
74 Castells und Hall (1994).

amerikanische Besatzung kommen würde. Tokyo-Yokohama ist weiterhin das technologische Herz der japanischen informationstechnologischen Industrie, ungeachtet der Dezentralisierung von Zweigbetrieben im Rahmen des Technopolis-Programms. Moskau-Zelenograd und St. Petersburg waren und sind immer noch die Zentren des sowjetischen und russischen technologischen Wissens und der entsprechenden Produktion, nachdem der sibirische Traum Chruschtschows zerplatzt war. Xinzhu ist im Grunde eine Satellitenstadt von Taipei. Daeduck spielte gegenüber Seoul-Inchon nie eine bedeutende Rolle, obwohl es die Heimatprovinz des Diktators Park war; und Beijing und Shanghai sind und bleiben die Herzstücke der technologischen Entwicklung in China. Und das gilt auch für Mexico City in Mexiko, für São Paulo-Campinas in Brasilien und für Buenos Aires in Argentinien. In diesem Sinne ist das technologische Verblassen der alten amerikanischen Metropolen – New York/New Jersey trotz seiner herausragenden Rolle bis in die 1960er Jahre, Chicago, Detroit, Philadelphia – eine Ausnahme auf internationaler Ebene. Sie hat zu tun mit der amerikanischen Besonderheit des Pioniergeistes und mit der endlosen Tendenz zur Flucht oder zum Eskapismus aus den Widersprüchen fertig gebauter Städte und festgefügter Gesellschaften. Andererseits wäre es spannend, die Beziehung zwischen dieser amerikanischen Besonderheit und der unbestreitbaren amerikanischen Vorherrschaft in einer technologischen Revolution herauszufinden, die gekennzeichnet ist durch die Notwendigkeit, gefestigte geistige Formen zu durchbrechen, um Kreativität anzuspornen.

Dennoch scheint der metropolitane Charakter der meisten Standorte der informationstechnologischen Revolution rund um die Welt darauf hinzudeuten, dass bei ihrer Entwicklung die kritische Komponente nicht die Neuheit der institutionellen und kulturellen Umgebung ist. Es geht vielmehr um die Fähigkeit dieser Umgebung, Synergieeffekte auf der Grundlage von Wissen und Information hervorzubringen, die in direkter Beziehung zur industriellen Produktion und ihrer kommerziellen Verwertung stehen. Die Metropole mag alt oder neu sein – letztendlich ist die Region San Francisco mit etwa 6,5 Mio. Menschen eine Metropole. Ihre kulturelle und wirtschaftliche Stärke macht sie zur privilegierten Umwelt dieser neuen technologischen Revolution. Damit wird in der Tat die Vorstellung von der Ortslosigkeit der Innovation im Informationszeitalter entmystifiziert.

In ähnlicher Weise scheint das unternehmerische Modell der informationstechnologischen Revolution von Ideologie überschattet zu sein. Nicht nur sind das japanische, europäische und chinesische Modell technologischer Innovation von der amerikanischen Erfahrung ziemlich verschieden, auch diese Erfahrung selbst wird oft missverstanden. Man nimmt allgemein an, dass in Japan die Rolle des Staates entscheidend war, wo die großen Konzerne lange Zeit bis weit in die 1980er Jahre hinein vom Ministerium für Internationalen Handel und Industrie (MITI) angeleitet und unterstützt wurden. Es handelte sich um eine Serie engagierter technologischer Programme, von denen einige, wie etwa der

Computer der fünften Generation, fehlgeschlagen sind, die meisten aber dazu beigetragen haben, Japan in gerade einmal 20 Jahren in eine technologische Supermacht zu verwandeln, wie dies Michael Borrus nachgewiesen hat.[75] In der japanischen Erfahrung lassen sich keine innovativen Neugründungen und nur eine kleine Rolle der Universitäten ausmachen. Die strategische Planung des MITI und der ständige Austausch zwischen den *keiretsu* und der Regierung sind die Schlüsselelemente zur Erklärung der japanischen Stärke, die Europa überwältigt und die USA in einigen Segmenten der informationstechnologischen Industrie überholt hat. Ähnliches kann man von Südkorea und Taiwan sagen, wenn auch im letzteren Fall multinationale Konzerne eine größere Rolle gespielt haben. Die starken technologischen Basen von Indien und China stehen in unmittelbarem Zusammenhang mit ihrem jeweiligen militärisch-industriellen Komplex und werden vom Staat finanziert und angeleitet.

Das galt bis zu den 1980er Jahren auch für die britische und die französische Elektronikindustrie.[76] Im letzten Viertel des 20. Jahrhunderts legte die Europäische Union eine Reihe von Technologieprogrammen auf, um im internationalen Wettbewerb Schritt zu halten und unterstützte systematisch die „nationalen Champions", selbst mit Verlusten und ohne große Ergebnisse. Vielmehr bestand die einzige Möglichkeit des technologischen Überlebens für die europäischen Firmen der Informationstechnologie darin, ihre beträchtlichen Ressourcen – von denen ein bedeutender Anteil aus Regierungsmitteln stammt – zum Abschluss von Allianzen mit japanischen und amerikanischen Firmen zu nutzen, die zunehmend zu ihrer wichtigsten Quelle von Know-how in den Spitzenpositionen der Informationstechnologie wurden.[77]

Selbst in den USA spielten bekanntlich Militäraufträge und technologische Initiativen des Verteidigungsministeriums eine entscheidende Rolle in der Anfangsphase der informationstechnologischen Revolution, also zwischen den 1940er und 1970er Jahren. Auch die wichtigste Quelle elektronischer Entdeckungen, Bell Laboratories, waren ein nationales Labor: Ihre Muttergesellschaft, ATT, spielte die Rolle eines staatlich erzwungenen Monopolisten im Telekommunikationsbereich; ein bedeutender Teil ihrer Forschungsgelder kam von der US-Regierung; und ATT wurde zudem 1956 von der Regierung gezwungen, als Gegenleistung für sein Monopol auf öffentliche Telekommunikation seine technologischen Entdeckungen an die Öffentlichkeit weiterzugeben.[78] MIT, Harvard, Stanford, Berkeley, UCLA, die University of Chicago, Johns Hopkins und nationale Militärlaboratorien wie Livermore, Los Alamos, Sandia und Lincoln arbeiteten gemeinsam mit oder für Abteilungen des Verteidigungsministeriums an Vorhaben, die zu grundlegenden Durchbrüchen führten, von den Computern der 1940er bis zu den Technologien im Bereich der Opto-Elektro-

---

75 Borrus (1988).
76 Hall u.a. (1987).
77 Castells u.a. (1991); Freeman u.a. (1991).
78 Bar (1990).

nik und der künstlichen Intelligenz im Rahmen der „Krieg der Sterne"-Programme der 1980er Jahre. DARPA, die außerordentlich innovative Forschungsagentur des Verteidigungsministeriums, spielte in den USA eine Rolle, die sich nicht allzu sehr von der unterschied, die MITI bei der technologischen Entwicklung in Japan innehatte. Dazu gehörten die Konstruktion und die anfängliche Finanzierung des Internet.[79] Und sogar in den 1980er Jahren, als die Reagan-Administration einen Kurs des ultra-*laisser faire* verfolgte, reagierte sie doch auf den Druck der japanischen Konkurrenz mit der Finanzierung von SEMATECH durch das Verteidigungsministerium. Es handelte sich um ein Konsortium amerikanischer Elektronikfirmen zur Unterstützung kostspieliger F&E-Programme in der elektronischen Fertigung für Zwecke der nationalen Sicherheit. Und die Bundesregierung half auch bei den Anstrengungen großer Firmen zur Kooperation im Bereich der Mikroelektronik, indem sie das MCC ins Leben rief. SEMATECH ebenso wie MCC haben ihren Standort in Austin, Texas.[80] Auch während der entscheidenden 1950er und 1960er Jahre waren Militäraufträge und das Raumfahrtprogramm unverzichtbare Märkte für die Elektronikindustrie. Das galt sowohl für die gigantischen Militärauftragnehmer im südlichen Kalifornien wie für die innovativen Neugründungen im Silicon Valley und in Neuengland.[81] Sie hätten nicht überleben können ohne die großzügige Finanzierung und die abgeschirmten Märkte einer US-Regierung, die angestrengt bemüht war, die technologische Überlegenheit gegenüber der Sowjetunion wiederzuerlangen. Und diese Strategie machte sich am Ende bezahlt. Die Gentechnologie entwickelte sich aus den großen Forschungsuniversitäten, Krankenhäusern und Instituten der Gesundheitsforschung und wurde weitgehend mit Regierungsgeldern finanziert und gefördert.[82] Demnach war in Amerika wie überall auf der Welt der Staat der Initiator der informationstechnologischen Revolution und nicht der innovative Unternehmer in seiner Garage.[83]

Und dennoch hätte ohne diese innovativen Unternehmer, wie die, die am Anfang von Silicon Valley oder der PC-Klonierung in Taiwan standen, die Revolution in der Informationstechnologie einen anderen Charakter gehabt. Es ist vor allem unwahrscheinlich, dass sie sich in die Richtung jener dezentralisierten, flexiblen technologischen Anwendungen entwickelt hätte, die sich in alle Bereiche menschlicher Tätigkeit ausbreiten. De facto ist die technologische Innovation seit den frühen 1970er Jahren im Wesentlichen vom Markt angetrieben worden.[84] Innovative Leute stehen zwar vor allem in Japan und Europa noch immer im Dienst von Großkonzernen, aber sie sind in Amerika und zunehmend auch weltweit weiter dabei, ihre eigenen Unternehmen zu gründen. Das

---

79 Tirman (1984); Broad (1985); Stowsky (1992).
80 Borrus (1988); Gibson und Rogers (1994).
81 Roberts (1991).
82 Kenney (1986).
83 S. die Analysen, die in Castells (1988b) zusammengestellt sind.
84 Banegas (1993).

fördert das Tempo der technologischen Innovation und ihre schnellere Verbreitung, weil ingeniöse Persönlichkeiten mit Leidenschaft und Eifer ständig nach Marktnischen für Produkte und Prozesse suchen. *Die Blüte der neuen Informationstechnologien ist zustande gekommen gerade durch diesen Austausch zwischen Großforschungsprogrammen und großen, staatlich entwickelten Märkten einerseits und dezentralisierter Innovation andererseits, die durch eine Kultur technologischer Kreativität und das Wunschbild schnellen persönlichen Erfolges stimuliert wurde.* So bilden sich die Konglomerate um Netzwerke von Firmen, Organisationen und Institutionen herum und brachten ein neues soziotechnisches Paradigma hervor.

Das Paradigma der Informationstechnologie

Wie Christopher Freeman schreibt, ist ein technisch-ökonomisches Paradigma definiert als ein Komplex von miteinander verbundenen technischen, organisatorischen und Management-Innovationen, dessen Vorteile nicht allein in neuen Systemen und Produktlinien liegen, sondern darin, wie seine Kostenstruktur in einer bestimmten Dynamik auf verschiedene Produktionsfaktoren reagiert. In jedem neuen Paradigma gibt es einen bestimmten Faktor oder ein Faktorenbündel als „Schlüsselfaktor", charakterisiert durch fallende Kosten und allgemeine Verfügbarkeit. So kann der augenblickliche Paradigmenwechsel verstanden werden als der Übergang von einer Technologie auf der Grundlage des Einsatzes billiger Energie zu einer, die vorwiegend auf dem Einsatz kostengünstiger Informationen beruht und aus Fortschritten in der Mikroelektronik und Telekommunikation hergeleitet ist.[85]

Das Konzept des technologischen Paradigmas wurde von Carlota Perez, Christopher Freeman und Giovanni Dosi ausgehend von der klassischen Analyse wissenschaftlicher Revolutionen durch Kuhn erarbeitet. Es ist hilfreich, wenn man zum Kern der gegenwärtigen technologischen Transformation und zu ihren Beziehungen zu Wirtschaft und Gesellschaft vordringen will.[86] Anstatt nun die Definition in dem Sinne weiter zu entwickeln, dass sie auch gesellschaftliche Prozesse jenseits der Ökonomie einbezieht, halte ich es eher für nützlich, einen Leitfaden für unsere bevorstehende Reise entlang den Pfaden sozialer Transformation dadurch zu gewinnen, dass wir diejenigen Merkmale exakt festlegen, die das Herzstück des informationstechnologischen Paradigmas ausmachen. Zusammengenommen sind dies dann die materiellen Grundlagen der Netzwerkgesellschaft.

---

85 C. Freeman, „Vorwort zu Teil II", in Dosi u.a. (1988a: 10).
86 Kuhn (1962); Perez (1983); Dosi u.a. (1988a).

Das erste Merkmal des neuen Paradigmas besteht in der Tatsache, dass Information sein Rohstoff ist. Es geht um *Technologien, die Informationen bearbeiten*, und nicht um Informationen, mit denen Technologie bearbeitet wird wie bei den früheren technologischen Revolutionen.

Das zweite Merkmal besteht in der *universellen Wirkung der neuen Technologien*. Weil Information integraler Bestandteil jedweder menschlicher Tätigkeit ist, werden alle Prozesse unserer individuellen und kollektiven Existenz direkt durch das neue technische Medium geprägt, wenn auch sicherlich nicht determiniert.

Das dritte Merkmal leitet sich ab aus der *Netzwerklogik* eines jeden Systems und jedes Bezichungskomplexes, die diese neuen Informationstechnologien nutzen. Die Gestalt des Netzwerks scheint gut geeignet zu sein für die erhöhte Komplexität von Interaktion und für die nicht vorhersagbaren Entwicklungsmuster, die sich aus der kreativen Kraft dieser Interaktion ergeben.[87] Diese topologische Konfiguration – das Netzwerk – kann jetzt für alle möglichen Prozesse und Organisationsformen durch die neu verfügbaren Informationstechnologien materiell verwirklicht werden. Ohne sie wäre die Vernetzungslogik zu mühsam zu handhaben. Diese Netzwerklogik ist notwendig, um das Unstrukturierte zu strukturieren und zugleich Flexibilität zu bewahren, weil das Unstrukturierte die treibende Kraft der Innovation menschlichen Tuns ist. Wenn Netzwerke sich ausdehnen, wird ihr Wachstum wegen der größeren Anzahl von Verbindungen exponenziell wie auch der Nutzen aus der Teilhabe am Netzwerk, während die Kosten nur linear ansteigen. Umgekehrt vergrößert sich mit dem Wachstum des Netzwerkes der Nachteil, nicht darin zu sein, weil die Chancen sich vermindern, andere Elemente außerhalb des Netzwerkes zu erreichen. Der Begründer der Technologie lokaler Netzwerke, Robert Metcalfe, gab 1973 mit einer einfachen mathematischen Formel an, wie der Wert eines Netzwerkes im Quadrat der Anzahl seiner Knoten zunimmt. Die Formel lautet $V=n^{(n-1)}$, wobei *n* die Anzahl der Knoten im Netzwerk ist.

---

[87] Kelly (1995: 25-27) entwickelt die Eigenschaften der Netzwerklogik in ein paar aufschlussreichen Absätzen: „Das Atom ist passé. Das Symbol der Wissenschaft für das nächste Jahrhundert ist das dynamische Netz. ... Während das Atom die reine Einfachheit repräsentiert, kanalisiert das Netz die ungeordnete Macht der Komplexität ... Die einzige Organisationsform, die zu Wachstum ohne vorgefassten Plan bzw. zum Lernen ohne Anleitung in der Lage ist, ist ein Netzwerk. Alle anderen Gestalten schränken ein, was passieren kann. Ein *Netzwerk-Muster* besteht aus lauter Übergängen und ist deshalb an jeder Stelle zugänglich, an der man ankommt. Das Netzwerk ist die am wenigsten strukturierte Organisation, von der sich sagen lässt, sie habe überhaupt eine Struktur ... In der Tat kann eine Mehrzahl wirklich divergierender Komponenten nur innerhalb eines Netzwerkes einen Zusammenhang bewahren. Kein anderes Arrangement – Kette, Pyramide, Baum, Zirkel, Knoten – kann wirkliche Vielfalt enthalten und zugleich als Ganzes funktionieren." Physiker und Mathematiker werden sich vielleicht an einigen dieser Thesen stoßen, aber Kellys zentrale Botschaft ist von Interesse: Es geht um die Konvergenz zwischen der evolutionären Gestalt von lebendiger Materie, der offenen Natur einer zunehmend komplexer werdenden Gesellschaft und der interaktiven Logik der neuen Informationstechnologien.

Das Paradigma der Informationstechnologie

Viertens basiert das Paradigma der Informationstechnologie auf *Flexibilität*. Das hat mit der Vernetzung zu tun, ist aber ein deutlich davon zu unterscheidendes Merkmal. Nicht nur sind Prozesse umkehrbar, sondern Organisationen und Institutionen können durch ein Rearrangement ihrer Komponenten modifiziert oder sogar grundlegend verändert werden. Was die Konfiguration des neuen technologischen Paradigmas auszeichnet, ist seine Fähigkeit zur Rekonfiguration, und das ist eine entscheidende Eigenschaft in einer Gesellschaft, die durch beständigen Wandel und organisatorische Mobilität gekennzeichnet ist. Es ist real möglich geworden, die Regeln auf den Kopf zu stellen, ohne die Organisation zu zerstören; denn die materielle Basis der Organisation kann umprogrammiert und anders ausgestattet werden.[88] Allerdings müssen wir uns mit einer Bewertung dieser technischen Eigenheit zurückhalten. Denn Flexibilität kann eine befreiende Kraft sein, aber auch eine repressive Tendenz, wenn nämlich diejenigen, die die Regeln neu schreiben immer die alten Mächte sind. Wie Mulgan schrieb: „Netzwerke werden nicht eingerichtet, um einfach nur zu kommunizieren, sondern um eine Position zu erringen, von der aus andere von der Kommunikation ausgeschlossen werden können."[89] Wesentlich ist also, die Bewertung neuer durch die Technologieentwicklung ermöglichter sozialer Formen und Prozesse zu trennen von der Extrapolation der möglichen Konsequenzen einer solchen Entwicklung für die Gesellschaft und die Menschen. Nur spezifizierte Analysen und empirische Beobachtungen können bestimmen, welche Ergebnisse das Zusammenwirken zwischen den neuen Technologien und den neu entstehenden sozialen Formen bringt. Aber es ist ebenso wesentlich, die Logik herauszuarbeiten, die in dem neuen technologischen Paradigma wirkt.

Sodann besteht ein fünftes Merkmal dieser technologischen Revolution in der zunehmenden *Konvergenz spezifischer Technologien zu einem hochgradig integrierten System*. In ihm werden die alten, gegeneinander abgegrenzten technologischen Entwicklungsbahnen buchstäblich ununterscheidbar voneinander. So sind inzwischen Mikroelektronik, Telekommunikation, Opto-Elektronik und Computer sämtlich in Informationssysteme integriert. Es gibt immer noch einen gewissen kaufmännischen Unterschied etwa zwischen Chip-Herstellern und Software-Ingenieuren, und das wird auch noch für einige Zeit so bleiben. Aber auch diese Unterscheidung verschwimmt durch die zunehmende Integration von Firmen in strategische Allianzen und kooperative Projekte und natürlich auch wegen des Einbaus von Software-Programmen in die Chip-Hardware. Zudem ist innerhalb eines technischen Systems ein Element ohne das andere unvorstellbar: Computer werden weitgehend durch die Leistungsstärke der Chips determiniert, und die Konstruktion ebenso wie die parallele Funktion von Mikrocomputern ist abhängig von der Computer-Architektur. Die Telekommunikation ist heute nur eine Form der Informationsverarbeitung; Übertragungs-

---

88 Tuomi (1999).
89 Mulgan (1991: 21).

und Verknüpfungstechnologien werden zu gleicher Zeit zunehmend diversifiziert und in dasselbe, von Computern betriebene Netzwerk integriert.[90] Wie ich oben gezeigt habe *kehrt das Internet die Beziehung zwischen Kreislaufschaltung und Paketschaltung in den Kommunikationstechnologien um, so dass Datenübertragung zur vorherrschenden, universalen Form der Kommunikation wird. Und Datenübertragung beruht auf Software-Befehlen zum Kodieren und Dekodieren.*

Die technologische Konvergenz führt auch zu einer wachsenden, materiellen ebenso wie methodologischen Verflechtung zwischen der biologischen und der mikroelektronischen Revolution. So sind entscheidende Fortschritte in der biologischen Forschung wie die Identifikation menschlicher Gene oder von Segmenten der menschlichen DNA nur möglich aufgrund der gigantischen Rechenkapazität von Computern.[91] Nanotechnologie könnte es ermöglichen, winzige Mikroprozessoren in die Systeme lebender Organismen einschließlich der von Menschen einzuschleusen.[92] Umgekehrt experimentierte man bereits Ende der 1990er Jahre mit dem Einsatz von biologischem Material in der Mikroelektronik, wenn auch noch weit entfernt von einer allgemeinen Anwendung. 1995 veranlasste Leonard Adleman, Computerwissenschaftler an der University of Southern California, synthetische DNA-Moleküle mit Hilfe einer chemischen Reaktion dazu, auf der Grundlage der Kombinationslogik der DNA, als materielle Basis für Datenverarbeitung zu funktionieren.[93] Wenn die Erforschung der materiellen Integration von Biologie und Elektronik auch noch einen weiten Weg vor sich hat, so wird doch die Logik der Biologie – nämlich die Fähigkeit, aus sich selbst zuvor nicht programmierte, zusammenhängende Sequenzen hervorzubringen – zunehmend in elektronische Maschinen eingeführt.[94] 1999 versuchten es Harold Abelson und seine Kollegen am computerwissenschaftlichen Labor vom MIT, die *E. coli*-Bakterie zum elektronischen Schaltkreis umzufunktionieren, und zwar aufgrund seiner Fähigkeit, sich selbst zu reproduzieren. Sie experimentierten mit „amorpher EDV", d.h., sie schleusten den Schaltkreis in das biologische Material ein. Weil biologische Zellen nur solange Daten verarbeiten können, wie sie am Leben sind, würde diese Technologie molekularer Elektronik, bei der Millionen und Milliarden dieser auf biologischer Grundlage beruhenden Schalter in winzig kleine Räume gezwängt werden, kombiniert mit der potenziellen Anwendung der Produktion „intelligenter Materialien" (*smart materials*) aller Art.[95]

---

90 Williams (1991).
91 Bishop und Waldholz (1990); *Business Week* (1995c, 1999b).
92 Hall (1999b).
93 Allen (1995).
94 S. für eine Analyse von Tendenzen Kelly (1995); eine historische Perspektive zur Konvergenz von Verstand und Maschinen entwickelt Mazlish (1993); eine theoretische Reflexion bietet Levy (1994).
95 Markoff (1999b).

Bei Experimenten zur Interaktion Mensch-Computer wurden adaptive Gehirnschnittstellen verwendet, die gemäß einer Theorie künstlicher neuronaler Netzwerke Gehirnzustände aufgrund von Signalen erkennen, wie sie spontan beim Elektroenzephalogramm (EEG) entstehen. So konnten der Computerwissenschaftler Jose Millan und seine Kollegen am Gemeinsamen Forschungszentrum der EU im italienischen Ispra folgendes Experiment vorführen: Menschen, die einen kompakten EEG-Helm trugen, konnten durch die bewusste Kontrolle ihrer Gedanken kommunizieren.[96] Dies beruhte auf einem wechselseitigen Lernprozess, bei dem Benutzer und Gehirnschnittstelle miteinander verbunden sind und sich aneinander anpassen. Dabei lernt ein neuronales Netzwerk benutzerspezifische EEG-Muster, während die Subjekte auf eine Weise zu denken lernen, die von der persönlichen Schnittstelle besser verstanden werden kann.

Diese fortschreitende Konvergenz zwischen verschiedenen technologischen Bereichen innerhalb des Informationsparadigmas leitet sich her aus ihrer gemeinsamen Logik der Informationserzeugung. Diese Logik zeigt sich am offenkundigsten in der Funktionsweise der DNA und in der natürlichen Evolution. Sie wird in zunehmendem Maße in den fortgeschrittensten Informationssystemen nachgeahmt, während Chips, Rechner und Software neue Grenzen von Geschwindigkeit, Speicherkapazität und flexibler Verarbeitung von Informationen aus multiplen Quellen erreichen. Wenn auch die Nachbildung des menschlichen Gehirns mit seinen Milliarden von Schaltkreisen und seiner unübertrefflichen Kombinationskapazität strikt der Science Fiction zuzurechnen ist, werden doch Leistungsgrenzen der heutigen Computer Monat für Monat von neuem überschritten.[97]

Die Beobachtung solcher außergewöhnlicher Veränderungen unserer Technik und unseres Wissens vom Leben führt mit Hilfe dieser Technik und dieses Wissens zu einer noch tiefergehenden technologischen Transformation: zu den Kategorien, mit denen wir alle diese Prozesse *denken*. Der Technologie-Historiker Bruce Mazlish meint, dass es nötig sei

> anzuerkennen, dass die menschliche biologische Evolution, die jetzt am besten kulturell zu verstehen ist, der Menschheit – uns – das Bewusstsein aufzwingt, dass Werkzeuge und Maschinen untrennbar sind von der in Evolution begriffenen menschlichen Natur. Damit müssen wir auch einsehen, dass die Entwicklung von Maschinen, die im Computer gipfelt, die Erkenntnis unausweichlich macht, dass dieselben Theorien, die nützlich sind, um die Funktionsweise mechanischer Vorrichtungen zu erklären auch nützlich sind, um das menschliche Tier zu verstehen – und umgekehrt, denn das Verständnis des menschlichen Gehirns vermittelt Einsichten über die Natur der künstlichen Intelligenz.[98]

Aus einer anderen Perspektive kam auf der Grundlage der in den 1980er Jahren modernen Diskurse über „Chaos-Theorie" in den 1990er Jahren ein Netzwerk von Wissenschaftlern und Forschern auf einen gemeinsamen epistemologischen

---

96 Millan u.a. (2000).
97 S. die ausgezeichnete projektive Analyse von Gelernter (1991).
98 Mazlish (1993: 233).

Ansatz, mit dem Schlüsselbegriff „Komplexität". Dieser intellektuelle Zirkel trifft sich bei Tagungen am Santa Fe Institute in New Mexico. (Ursprünglich ein Klub von hochqualifizierten Physikern vom Los Alamos-Labor, an den sich bald ein exklusiver Kreis von Nobelpreisträgern und deren Freunden anschloss.) Die Gruppe will wissenschaftliches Denken unter Einschluss der Sozialwissenschaften unter einem neuen Paradigma kommunizieren. Ihr zentrales Interesse richtet sich auf das Auftreten selbstorganisierender Strukturen, die über mehrere Stufen der Interaktion zwischen den zu Beginn des Prozesses vorhandenen Grundelementen Komplexität aus Einfachheit und höhere Ordnung aus Chaos schaffen.[99]

Zwar lehnt die mainstream-Wissenschaft dieses Projekt größtenteils ab, weil seine Thesen nicht verifizierbar seien, aber es ist ein Beispiel für die Anstrengungen, die in verschiedenen Zusammenhängen unternommen werden, eine gemeinsame Basis für die gegenseitige Befruchtung von Wissenschaft und Technologie im Informationszeitalter zu finden. Allerdings scheint dieser Ansatz sich jeglichem integrierenden, systemischen Bezugsrahmen zu versagen. Komplexitätsdenken sollte als Methode zum Verständnis von Verschiedenartigkeit betrachtet werden und nicht als eine einheitliche Meta-Theorie. *Der Erkenntniswert könnte in der Anerkennung der Selbstorganisation von Natur und Gesellschaft liegen.* Nicht dass es keine Regeln gäbe, aber die Regeln werden in einem unablässigen Prozess zielbewusster Handlungen und einzigartiger Interaktionen erschaffen und verändert. So schlug 1999 Duncan Watts, ein junger Forscher am Santa Fe Institute, eine formale Analyse der Vernetzungslogik vor, die der Bildung „kleiner Welten" zugrunde liegt – also einem weit gestreuten System von Verknüpfungen, die in Natur und Gesellschaft zwischen Elementen bestehen, die selbst wenn sie nicht direkt miteinander kommunizieren, doch durch eine kurze Kette von Vermittlungsgliedern miteinander verbunden sind. Beispielsweise weist er mathematisch nach, dass, wenn wir ein System von Beziehungen auf einer Kurve darstellen, der Schlüssel zur Hervorbringung eines Kleine-Welt-Phänomens – das die Netzwerklogik versinnbildlicht – das Vorhandensein eines kleinen Anteils von sehr weitreichenden, globalen Enden ist, die ansonsten voneinander entfernte Teile der Kurve zusammenziehen, während die meisten Enden lokal und in Klumpen organisiert bleiben.[100] Das gibt ganz genau die Logik der lokal/globalen Vernetzung von Innovation wieder, wie sie in diesem Kapitel dargelegt wurde.

---

99 Die Verbreitung der Chaos-Theorie bei einem breiten Publikum geht weitgehend auf den Bestseller von Gleick (1987) zurück; s. auch Hall (1991). Eine übersichtliche, faszinierende Geschichte der „Komplexitäts"-Schule bietet Waldrop (1992). Ich stütze mich auch auf persönliche Unterhaltungen mit Forschern am Santa Fe Institute anlässlich meines Besuchs dort im November 1998. Ich bin vor allem Brian Arthur dankbar dafür, dass er mir seine Überlegungen mitgeteilt hat.
100 Watts (1999).

Der wichtige Beitrag der Komplexitäts-Schule ist ihre Betonung der nichtlinearen Dynamik als des fruchtbarsten Ansatzes zum Verständnis des Verhaltens von lebenden Systemen in der Gesellschaft wie in der Natur. Die meisten Arbeiten der Forscher am Santa Fe Institute sind mathematischer Natur und keine empirisch begründeten Analysen natürlicher oder sozialer Phänomene. Aber es gibt Forscher in verschiedenen wissenschaftlichen Disziplinen, die nicht-lineare Dynamik als leitendes Prinzip benutzen und zunehmend wichtige wissenschaftliche Ergebnisse erzielen. Fritjof Capra, ein theoretischer Physiker und Ökologe an der Universität Berkeley hat viele dieser Ergebnisse in die Skizze einer zusammenhängenden Theorie lebender Systeme integriert, die er in einer Reihe von Büchern vorgelegt hat, vor allem in dem bemerkenswerten *Lebensnetz.*[101] Er baut auf dem Werk des Nobelpreisträgers Ilya Prigogine auf. Prigogines Theorie der dissipativen Strukturen demonstrierte die nicht-lineare Dynamik der Selbstorganisation chemischer Zyklen und ermöglichte ein neues Verständnis der spontanen Emergenz von Ordnung als Schlüsselcharakteristikum des Lebens. Capra zeigt, wie die avancierteste Forschung auf so unterschiedlichen Gebieten wie Zellentwicklung, globale ökologische Systeme (wie in der Gaia-Theorie und in Lovelocks Simulationsmodell „Daisyworld"), der Neuronenwissenschaft (wie in den Arbeiten von Gerald Edelman und Oliver Sacks) und Forschungen über die Ursprünge des Lebens auf der Grundlage einer sich abzeichnenden chemischen Netzwerktheorie alles Ausdrucksformen einer Perspektive nicht-linearer Dynamik sind.[102] Neue Schlüsselbegriffe wie Attraktoren, Phasenporträts, emergente Eigenschaften, Fraktale eröffnen neue Perspektiven, um das Verhalten lebender Systeme einschließlich sozialer Systeme zu verstehen – und so den Weg zu ebnen für eine neue theoretische Verbindung zwischen unterschiedlichen wissenschaftlichen Disziplinen. Dabei werden sie nicht auf einen gemeinsamen Satz von Regeln zurechtgestutzt, sondern man erklärt Prozesse und Ergebnisse aus den Eigenschaften, die spezifische lebende Systeme von selbst hervorbringen. Brian Arthur, ein Stanford-Ökonom am Santa Fe Institute, hat die Komplexitätstheorie auf die formale ökonomische Theorie angewendet und Begriffe wie selbstverstärkende Mechanismen, Pfadabhängigkeit und emergente Eigenschaften vorgeschlagen. Das zeigt ihre Bedeutung für das Verständnis der Eigenschaften der neuen Wirtschaftsform.[103]

Insgesamt entwickelt sich das informationstechnologische Paradigma nicht in Richtung seiner Schließung als System, sondern hin zu einer Offenheit als Netzwerk mit vielen Anbindungen. Es ist in seiner Ausprägung mächtig und eindrucksvoll, aber in seiner historischen Entwicklung anpassungsfähig und offen. Umfang, Komplexität und Vernetzungsfähigkeit sind seine entscheidenden Eigenschaften. Damit scheint die soziale Dimension der Revolution in der

---

101 Capra (1999a).
102 Capra (1999c).
103 Arthur (1998).

Informationstechnologie dem Gesetz von der Beziehung zwischen Technologie und Gesellschaft zu folgen, das vor einiger Zeit von Melvin Kranzberg formuliert wurde: *„Das erste Kranzbergsche Gesetz lautet wie folgt: Die Technologie ist weder gut noch schlecht, und sie ist auch nicht neutral."*[104] Sie ist wahrlich eine Macht, und unter dem gegenwärtigen technologischen Paradigma vermutlich mehr denn je eine Macht, die den Kern von Leben und Verstand durchdringt.[105] Aber ihre tatsächliche Entwicklung im Bereich bewussten sozialen Handelns und die komplexe Matrix der Interaktion zwischen den technologischen Mächten, die unsere Spezies entfesselt hat, und der Spezies selber sind Gegenstände der Forschung und nicht des Schicksals. Ich werde nun mit einer derartigen Untersuchung fortfahren.

---

104 Kranzberg (1985: 50).
105 Vgl. die informative und lockere Darstellung neuerer Entwicklungen am Scheideweg zwischen Wissenschaft und menschlichem Verstand von Baumgartner und Payr (1995). Eine kraftvollere, wenn auch kontroverse Interpretation bietet einer der Begründer der genetischen Revolution: Crick (1994).

2 Die Neue Wirtschaftsform:

Informationalismus, Globalisierung, Vernetzung[1]

Im letzten Viertel des 20. Jahrhunderts ist weltweit eine neue Wirtschaftsform entstanden. Ich nenne sie informationell, global und vernetzt um ihre grundlegenden Charakteristika zu bezeichnen und deren wechselseitige Verflechtung zu betonen. Diese Wirtschaftsform ist *informationell,* weil die Produktivität und Konkurrenzfähigkeit von Einheiten oder Akteuren in dieser Wirtschaft – ob es sich nun um Unternehmen, Regionen oder Nationen handelt – grundlegend von ihrer Fähigkeit abhängig ist, auf effiziente Weise wissensbasierte Information hervorzubringen, zu verarbeiten und anzuwenden. Sie ist *global* weil die Kernfunktionen der Produktion, Konsumtion und Zirkulation ebenso wie ihre Komponenten – also Kapital, Arbeit, Rohstoffe, Management, Information, Technologie, Märkte – auf globaler Ebene organisiert sind, entweder unmittelbar oder durch ein Netzwerk von Verknüpfungen zwischen den wirtschaftlichen Akteuren. Sie ist *vernetzt*, weil unter den neuen Bedingungen Produktivität durch ein globales Interaktionsnetzwerk zwischen Unternehmensnetzwerken erzeugt wird, in dessen Rahmen sich auch die Konkurrenz abspielt. Diese neue Wirtschaftsform entstand im letzten Viertel des 20. Jahrhunderts, weil die Revolution in der Informationstechnologie die unverzichtbare materielle Grundlage für ihr Zustandekommen geschaffen hatte. Es ist die historische Verknüpfung zwischen der Wissens- und Informationsbasis der Wirtschaft, ihrer globalen Reichweite, ihrer auf Netzwerken beruhenden Organisationsform und der informationstechnologischen Revolution, die zur Geburt eines neuen, von anderen klar unterschiedenen Wirtschaftssystems geführt hat. In diesem Kapitel will ich seine Struktur und Dynamik erforschen.

---

1 [Im Folgenden wird, um dem von Castells herausgearbeiteten systemischen Charakter des Phänomens gerecht zu werden, „new economy" überwiegend mit „neue Wirtschaftsform" wiedergegeben; lediglich in Fällen, die sich stärker auf die durch IT geprägten Kernsektoren beziehen, steht das im Deutschen für diese Bereiche eingeführte *New Economy*. Auf das begriffliche und semantische Kontinuum im Englischen sei eigens verwiesen; d.Ü.]

Schon immer waren Information und Wissen wesentliche Komponenten wirtschaftlichen Wachstums, und die Evolution der Technologie hat in der Tat die produktiven Möglichkeiten der Gesellschaft und die Lebensstandards sowie die gesellschaftlichen Formen wirtschaftlicher Organisation weitgehend bestimmt.[2] Wie ich in Kapitel 1 gezeigt habe, stehen wir jedoch heute an einem Punkt historischer Diskontinuität. Das Entstehen eines neuen technologischen Paradigmas, das um neue, machtvollere und flexiblere Informationstechnologien herum organisiert ist, ermöglicht es, dass Information selbst zum Produkt des Produktionsprozesses wird. Um es genauer zu sagen: Die Produkte der neuen informationstechnologischen Industriezweige sind Vorrichtungen zur Verarbeitung von Information oder selbst Informationsverarbeitung.[3] Die neuen Informationstechnologien wirken sich durch die Transformation der Prozesse der Informationsverarbeitung auf alle Bereiche menschlicher Tätigkeit aus und machen es möglich, endlos Verbindungen zwischen unterschiedlichen Bereichen und auch zwischen Elementen und Akteuren solcher Tätigkeiten herzustellen. Eine vernetzte, zutiefst miteinander verzahnte Wirtschaft entsteht und wird zunehmend in die Lage versetzt, ihre Fortschritte im Bereich von Technologie, Wissen und Management auf Technologie, Wissen und Management selbst anzuwenden. Ein derartiger *circulus virtuosus* musste unter den richtigen Bedingungen gleichermaßen heftiger organisatorischer und institutioneller Veränderungen zu größerer Produktivität und Effizienz führen.[4] In diesem Kapitel will ich eine Einschätzung der Besonderheit der neuen Wirtschaftsform versuchen, ihre hauptsächlichen Merkmale skizzieren und die Struktur und Dynamik des weltweiten Wirtschaftssystems untersuchen, das sich als Übergangsform hin zur informationellen Entwicklungsweise abzeichnet und wahrscheinlich die kommenden Jahrzehnte prägen wird.

Produktivität, Konkurrenzfähigkeit und die informationelle Ökonomie

Das Rätsel der Produktivität

Produktivität treibt den wirtschaftlichen Fortschritt voran. Durch die Steigerung der Erträge pro in einem bestimmten Zeitraum eingesetzter Einheit hat die Menschheit schließlich die Naturkräfte gemeistert und sich selbst in diesem Prozess als Kultur geformt. Kein Wunder, dass die Debatte über die Quellen der Produktivität der Eckstein der klassischen politischen Ökonomie von den Physiokraten über Ricardo bis Marx ist und noch immer bei dem abnehmenden

---

2 Rosenberg und Birdzell (1986); Mokyr (1990).
3 Freeman (1982); Monk (1989).
4 Machlup (1980, 1982, 1984); Dosi u.a. (1988b).

Strom ökonomischer Theorie im Vordergrund steht, der sich noch mit der realen Ökonomie befasst.[5] Und wirklich bestimmen die spezifischen Methoden zur Produktivitätssteigerung die Struktur und Dynamik eines gegebenen ökonomischen Systems. Wenn es eine neue, informationelle Wirtschaftsform gibt, dann müssten wir in der Lage sein, historisch neuartige Quellen der Produktivität auszumachen, die eine solche Wirtschaftsform vor anderen auszeichnen. Aber sobald wir diese grundlegende Frage aufwerfen, spüren wir schon die Komplexität und Ungewissheit der Antwort. Wenige ökonomische Themen sind öfter hinterfragt worden und fragwürdiger als die Quellen von Produktivität und ihrer Steigerung.[6]

Akademische Diskussionen über Produktivität beginnen in der avancierten Wirtschaftswissenschaft rituell mit einem Verweis auf die Pionierarbeiten von Robert Solow 1956/57 und auf die aggregierte Produktionsfunktion, die er innerhalb eines streng neoklassischen Bezugsrahmens zur Erklärung der Quellen und der Evolution der Produktivitätssteigerung in der amerikanischen Wirtschaft vorgeschlagen hat. Auf der Grundlage seiner Berechnungen behauptete er, die Bruttoproduktion pro Mann habe sich im amerikanischen privaten nichtlandwirtschaftlichen Sektor zwischen 1909 und 1949 verdoppelt, „und dabei sind 87½% der Steigerung auf technische Veränderungen zurückzuführen und die übrigen 12½% auf vermehrten Kapitaleinsatz"[7]. Parallel dazu durchgeführte Arbeiten von Kendrick kamen zu ähnlichen Ergebnissen.[8] Solow interpretierte seine Ergebnisse zwar als Ausdruck des Einflusses des technischen Wandels auf die Produktivität, was er aber statistisch gesprochen nachwies, war, dass die Produktionszunahme pro Arbeitsstunde nicht das Resultat zusätzlicher Arbeitskraft und nur in geringem Maß von zusätzlichem Kapital war, sondern aus einer anderen Quelle stammte, die in seiner Produktionsfunktionsgleichung als statistische Restgröße ausgedrückt wurde. Der größte Teil der ökonometrischen Forschung hat sich in den beiden Jahrzehnten nach den bahnbrechenden Arbeiten von Solow darauf konzentriert, diese „Restgröße" zu erklären. Man suchte nach ad hoc-Faktoren, die für die Schwankungen in der Evolution der Produktivität verantwortlich sein könnten, etwa Energieversorgung, staatliche Regulierung, Bildungsstand der Arbeitskräfte usw. Die Versuche zur Aufklärung der rätselhaften „Restgröße" waren jedoch nicht sonderlich erfolgreich.[9] Solows intuitive Erklärung fand Unterstützung in Wirtschaftswissenschaft, Soziologie

---

5 Nelson und Winter (1982); Boyer (1986); Dosi u.a. (1988b); Arthur (1989, 1998); Krugman (1990); Nelson (1994).
6 Nelson (1981); zu einer weltweiten Perspektive auf die Quellen des Wachstums multifaktorieller Produktivität s. World Bank (1998).
7 Solow (1957: 32); s. auch Solow (1956).
8 Kendrick (1961).
9 Vgl. für die USA Jorgerson und Griliches (1967); Kendrick (1973); Dennison (1974, 1979); Mansfield (1982); Baumol u.a. (1989). Für Frankreich s. Sautter (1978); Carre u.a. (1984); Dubois (1985). Zu internationalen Vergleichen s. Denison (1967) und Maddison (1984).

und Wirtschaftsgeschichte. Man zögerte nicht, die „Restgröße" mit technologischer Veränderung gleichzusetzen. In den am sorgfältigsten ausgearbeiteten Versionen wurden „Wissenschaft und Technik" im weiten Sinn verstanden, nämlich als Wissen und Information. Dann wurde die Technologie des Managements für ebenso wichtig erachtet wie das Management der Technologie.[10] Eines der aufschlussreichsten und systematischsten Forschungsunternehmen zur Produktivität stammt von Richard Nelson.[11] Er geht von der weitverbreiteten Annahme über die zentrale Rolle der technologischen Veränderung bei der Produktivitätssteigerung aus und formt damit die Frage nach den Quellen der Produktivität so um, dass die Betonung auf den Ursprung solcher Veränderungen gelegt wird. Mit anderen Worten würde die Ökonomie der Technologie den Erklärungsrahmen für die Analyse der Quellen des Wachstums abgeben. Aber diese analytische Perspektive könnte die Angelegenheit in Wirklichkeit noch weiter komplizieren. Der Grund liegt in den Ergebnissen einer ganzen Flut von Untersuchungen, die vor allem von Ökonomen der Science and Policy Research Unit an der University of Sussex durchgeführt wurden.[12] Sie haben die fundamentale Rolle von institutioneller Umwelt und historischen Entwicklungsbahnen für die Förderung und Ausrichtung des technologischen Wandels nachgewiesen, der schließlich auch zum Wachstum der Produktivität führt. Wenn man daher sagt, Produktivität schaffe wirtschaftliches Wachstum und Produktivität sei eine Funktion technologischen Wandels, so läuft dies auf die Behauptung hinaus, dass die Charakteristika der Gesellschaft wegen ihrer Auswirkungen auf die technologische Innovation die entscheidenden Faktoren sind, die dem Wirtschaftswachstum zugrunde liegen.

Dieser Schumpetersche Zugriff auf das Problem des wirtschaftlichen Wachstums[13] wirft eine noch viel grundlegendere Frage nach der Struktur und Dynamik der informationellen Ökonomie auf. Was nämlich ist historisch neu an unserer Wirtschaftsform? Was ist ihre Besonderheit gegenüber anderen ökonomischen Systemen und vor allem gegenüber der industriellen Wirtschaftsform?

Ist auf Wissen beruhende Produktivität eine Besonderheit der informationellen Wirtschaftsform?

Wirtschaftshistoriker haben die grundlegende Rolle nachgewiesen, die die Technologie durch Produktivitätszuwächse beim wirtschaftlichen Wachstum vor allem in der industriellen Ära gespielt hat.[14] Die Hypothese von der entscheidenden Rolle der Technologie als Quelle von Produktivität in fortgeschrittenen Ge-

---

10 Bell (1976); Nelson (1981); Freeman (1982); Rosenberg (1982); Stonier (1983).
11 Nelson (1980, 1981, 1988, 1994); Nelson und Winter (1982).
12 Dosi u.a. (1988b).
13 Schumpeter (1939).
14 David (1975); Rosenberg (1976); Arthur (1986); Basalla (1988); Mokyr (1990).

sellschaften ist auch in der Lage, ein Großteil der früheren Erfahrungen mit Wirtschaftswachstum verständlich zu machen, die quer durch unterschiedliche Traditionen ökonomischer Theoriebildung vorliegen.

Außerdem beruht die Analyse von Solow, die von Bell und anderen wiederholt als Ausgangspunkt für Argumente zugunsten des Entstehens einer postindustriellen Gesellschaft benutzt worden ist, *auf Daten über die amerikanische Wirtschaft für die Zeit von 1909 bis 1949, also während der Hochblüte der amerikanischen industriellen Wirtschaft.* Tatsächlich befand sich 1950 die Beschäftigung im verarbeitenden Gewerbe in den USA nahezu auf ihrem Höhepunkt – der höchste Anteil wurde 1960 erreicht. Demnach bezogen sich Solows Berechnungen nach dem gebräuchlichsten Indikator für „Industrialismus" auf den Expansionsprozess der industriellen Wirtschaft. Was ist die analytische Bedeutung dieser Beobachtung? Wenn sich die Erklärung für Produktivitätsgewinne mittels des Theorems der aggregierten Produktionsfunktion wenigstens für die industrielle Wirtschaftsform nicht wesentlich von den Ergebnissen der historischen Analyse der Beziehungen zwischen Technologie und Wirtschaftswachstum über längere Zeitperioden hinweg unterscheidet, bedeutet dies, dass an der „informationellen" Wirtschaftsform nichts neu ist? Beobachten wir vielleicht nur das Reifestadium des industriellen Wirtschaftssystems, dessen stetige Akkumulation von Produktionskapazitäten Arbeitskraft von unmittelbarer materieller Produktion freisetzt zugunsten von Tätigkeiten bei der Informationsverarbeitung, wie dies in der Pionierarbeit von Marc Porat behauptet wird?[15]

Um diese Fragen zu beantworten, wollen wir uns die langfristige Entwicklung des Produktivitätswachstums in fortgeschrittenen Marktwirtschaften anschauen (s. Tab. 2.1. für die so genannten G 7-Länder und Tab. 2.2 für die OECD-Länder). Für meine Analyse ist der Trendwechsel zwischen *fünf* Perioden bedeutsam: 1870-1950, 1950-1973, 1973-1979, 1979-1993, 1994-1999.

Tabelle 2.1 Produktivitätsrate: Wachstumsrate des Ausstoßes pro Arbeitskraft (Jahresdurchschnitte in Prozent nach Perioden)

Land	1870-1913	1913-29	1929-50	1950-60	1960-9
Vereinigte Staaten[a]	1,9	1,5	1,7	2,1	2,6
Japan[b]	–	–	–	6,7	9,5
Deutschland[a]	1,6	-0,2	1,2	6,0	4,6
Frankreich[c]	1,4	2,0	0,3	5,4	5,0
Italien[c]	0,8	1,5	1,0	4,5	6,4
Vereinigtes Königreich	1,0	0,4	1,1	1,9	2,5
Kanada	1,7	0,7	2,0	2,1	2,2

a Anfangsjahr für für Periode 1870-1913: 1871.
b Anfangsjahr für für Periode 1950-60: 1953.
c Anfangsjahr für für Periode 1950-60: 1954.
Quelle: Historical Statistics of the United States: Colonial Times to 1970, Part 1, Series F10-16

---

15 Porat (1977).

Tabelle 2.2 Produktivität nach Wirtschaftssektoren (prozentuale Veränderungen in Jahresraten)

	Gesamte Faktorproduktivität[a]			Arbeitsproduktivität[b]			Kapitalproduktivität		
	1960c-73	1973-79	1979-93[d]	1960c-73	1973-79	1979-93[d]	1960c-73	1973-79	1979c-3[d]
Vereinigte Staaten	1,6	-0,4	0,4	2,2	0	0,8	0,2	-1,3	-0,5
Japan	5,6	1,3	1,4	8,3	2,9	2,5	-2,6	-3,4	-1,9
Deutschland[e]	2,6	1,8	1,0	4,5	3,1	1,7	-1,4	-1,0	-0,6
Frankreich	3,7	1,6	1,2	5,3	2,9	2,2	0,6	-1,0	-0,7
Italien	4,4	2,0	1,0	6,3	2,9	1,8	0,4	0,3	-0,7
Vereinigtes Königreich	2,6	0,6	1,4	3,9	1,5	2,0	-0,3	-1,5	0,2
Kanada	1,9	0,6	-0,3	2,9	1,5	1,0	0,1	-1,1	-2,8
Gesamt der genannten Länder[f]	2,9	0,6	0,8	4,3	1,4	1,5	-0,5	-1,5	-0,8
Australien	2,3	1,0	0,5	3,4	2,3	1,2	0,2	-1,5	-0,7
Belgien	3,8	1,4	1,4	5,2	2,7	2,3	0,6	-1,9	-0,7
Dänemark	2,3	0,9	1,3	3,9	2,4	2,3	-1,4	-2,6	-0,8
Finnland	4,0	1,9	2,1	5,0	3,2	3,2	1,4	-1,6	-0,8
Griechenland	3,1	0,9	-0,2	9,1	3,4	0,7	-3,8	-4,2	-2,1
Irland	3,6	3,0	3,3	4,8	4,1	4,1	-3,9	-1,2	0,2
Niederlande	3,5	1,8	0,8	4,8	2,8	1,3	0,8	0	-0,2
Neuseland	0,7	-2,1	0,4	1,6	-1,4	1,6	-0,7	-3,2	-1,4
Norwegen[g]	2,3	1,4	0	3,8	2,5	1,3	0	-0,3	-1,9
Österreich	3,3	1,2	0,7	5,8	3,2	1,7	-2,0	-3,1	-1,5
Portugal	5,4	-0,2	1,6	7,4	0,5	2,4	-0,7	-2,5	-0,8
Spanien	3,2	0,9	1,6	6,0	3,2	2,9	-3,6	-5,0	-1,5
Schweden	2,0	0	0,8	3,7	1,4	1,7	-2,2	-3,2	-1,4
Schweiz	2,0	-0,4	0,4	3,2	0,8	1,0	-1,4	-3,5	-1,3
Gesamt der genannten kleineren Länder[f]	3,0	0,9	1,1	5,0	2,5	2,0	-1,5	-2,8	-1,1
Gesamt der genannten nordamerikanischen Länder[f]	1,6	-0,4	0,4	2,3	0,1	0,9	0,2	-1,3	-0,7
Gesamt der genannten europäischen Länder	3,3	1,4	1,2	5,1	2,6	2,0	-0,7	-1,4	-0,7
Gesamt der genannten OECD-Länder[f]	2,9	0,6	0,9	4,4	1,6	1,6	-0,7	-1,7	-0,5

a   Das Wachstum der GFP ist gleich dem gewichteten Durchschnitt des Wachstums von Arbeits- und Kapitalproduktivität. Die Durchschnittswerte für die Anteile von Kapital und Arbeit während des betrachteten Zeitraums werden als Gewichte benutzt.
b   Ausstoß pro beschäftigte Person.
c   Oder das früheste verfügbare Jahr, d.h. 1961 für Australien, Griechenland und Irland; 1962 für Japan, das Vereinigte Königreich und Neuseeland; 1964 für Spanien; 1965 für Frankreich und Schweden; 1966 für Kanada and Norwegen; 1970 für Belgien und die Niederlande.
d   Oder letztes verfügbares Jahr, d.h., 1991 für Norwegen und die Schweiz; 1992 für Italien, Australien, Belgien, Irland, Neuseeland, Österreich, Portugal und Schweden; 1994 für die Vereinigten Staaten, Westdeutschland und Dänemark.
e   Westdeutschland.
f   Die Gesamtsummen wurden berechnet auf der Grundlage des BIP von 1992 GDP für den Wirtschaftssektor, ausgedrückt in der Kaufkraft von 1992.
g   Festländischer Wirtschaftssektor (d.h. ohne Schifffahrt sowie Rohöl- und Erdgasförderung).

Quelle: OECD, *Economic Outlook*, Juni 1995

Da meine Analyse aber von den verfügbaren Sekundärquellen abhängig ist, sind die Daten der verschiedenen Perioden untereinander eigentlich nicht vergleichbar. Zunächst will ich die Daten für ausgewählte Länder für unterschiedliche Perioden bis 1993 miteinander vergleichen. Dann werde ich mich auf die USA in der Periode von 1994 bis 1999 konzentrieren, weil sich die neue Wirtschaftsform zu dieser Zeit und in diesem Land manifestierte. Weil ich unterschiedliche statistische Quellen benutze, kann ich die Niveaus der Produktivitätszuwächse in den Perioden vor und nach 1969 nicht miteinander vergleichen, aber ich kann Überlegungen zur Entwicklung der Wachstumsraten innerhalb dieser Perioden und zum Vergleich zwischen ihnen für jede einzelne meiner Quellen anstellen.

Insgesamt war die Zuwachsrate der Produktivität in der Periode 1870-1950 mäßig und überstieg mit Ausnahme von Kanada in keinem Land und in keinem Zeitabschnitt 2%. Während der Periode 1950-1973 lag die Wachstumsrate hoch und betrug außer im Vereinigten Königreich immer mehr als 2%, wobei Japan die Bewegung anführte. 1973-1993 war die Wachstumsrate mit konstant unter 2% bei der gesamten Faktorproduktivität niedrig und in den USA und Kanada sehr niedrig. Eine Ausnahme machte Italien während der 1970er Jahre. Selbst wenn wir die Besonderheiten einiger Länder in Rechnung stellen, so zeigt sich doch deutlich, dass *wir einen Abwärtstrend in der Produktivitätszunahme beobachten, der ungefähr zur selben Zeit Anfang der 1970er Jahre einsetzte, als die informationstechnologische Revolution Form anzunehmen begann*. Die höchsten Wachstumsraten der Produktivität fielen in die Zeit von 1950-1973, als die industrietechnologischen Innovationen, die während des Zweiten Weltkrieges als System zusammen gekommen waren, zu einem dynamischen Modell wirtschaftlichen Wachstums verwoben wurden. Aber mit Beginn der 1970er Jahre schien das Produktivitätspotenzial dieser Technologien erschöpft zu sein, und die neuen Informationstechnologien konnten während der folgenden beiden Jahrzehnte diese Verlangsamung der Produktivitätszunahme nicht umkehren.[16] So hat in den USA die berühmte „Restgröße", nachdem sie in den 1960er Jahren für etwa 1,5 Prozentpunkte bei der jährlichen Produktivitätssteigerung aufgekommen war, zwischen 1972 und 1992 gar nichts beigetragen.[17] Bei vergleichender Betrachtung weisen Berechnungen des zuverlässigen Centre d'Etudes Prospectives et d'Informations Internationales[18] während der 1970er und 1980er

---

16 Maddison (1984); Krugman (1994a).
17 S. Council of Economic Advisers (1995).
18 Centre d'Etudes Prospectives et d'Informations Internationales (CEPII) (1992). Ich stütze mich auf die wesentlichen Informationen des vom CEPII erarbeiteten Berichtes über die Weltwirtschaft von 1992. Er basiert auf dem MIMOSA-Modell der Weltwirtschaft, das von Mitarbeitern dieses führenden Wirtschaftsforschungszentrums erarbeitet wurde, das dem Amt des französischen Premierministers zugeordnet ist. Zwar wurde die Datenbank von diesem Forschungszentrum zusammengestellt und ist deshalb in ihrer Periodisierung und in ihren Schätzwerten nicht ganz kongruent mit verschiedenen internationalen Quellen wie OECD, US-Regierungsstatistiken usw., aber es handelt sich um ein zuverlässiges Modell, das es mir ermöglicht, sehr unterschiedliche wirtschaftliche Trends in der ganzen Welt für dieselben Perioden miteinander zu vergleichen, ohne die Datenbank zu wech-

Jahre ein allgemeines Abflauen der gesamten Zunahme der Faktorproduktivität in den wichtigsten Marktwirtschaften aus. Selbst in Japan war während der Periode 1973-1990 die Rolle des Kapitals beim Produktivitätszuwachs größer als die der Multifaktorproduktivität. Dieser Rückgang war in allen Ländern im Dienstleistungsbereich besonders ausgeprägt, wo man annehmen könnte, dass die neuen Möglichkeiten der Datenverarbeitung die Produktivität erhöht hätten, wenn denn die Beziehung zwischen Technologie und Produktivität einfach und direkt wäre. Offenbar ist sie das nicht.

Auf lange Sicht[19] – unter vorläufiger Aussparung der Trends der späten 1990er Jahre – gab es also während der Periode der Herausbildung der industriellen Wirtschaft zwischen dem späten 19. Jahrhundert und dem Zweiten Weltkrieg einen stetigen, maßvollen Produktivitätszuwachs mit einigen Abschwüngen; eine Beschleunigung der Produktivitätssteigerung während der Reifeperiode des Industrialismus 1950-1973; und eine Verringerung der Wachstumsraten der Produktivität in der Periode 1973-1993, trotz einer bedeutenden Zunahme beim Technologie-Einsatz und einer Beschleunigung des technologischen Wandels. Demnach sollten wir einerseits die Überlegungen zur zentralen Rolle der Technologie beim Wirtschaftswachstum auf frühere historische Perioden ausdehnen, mindestens im Hinblick auf die westlichen Wirtschaften während des Industriezeitalters. Andererseits scheint das Tempo der Produktivitätszunahme in der Zeit von 1973-1993 nicht mit dem Zeitmaß des technologischen Wandels zu variieren. Das könnte auf das Fehlen wesentlicher Unterschiede zwischen dem „industriellen" und dem „informationellen" Regime des Wirtschaftswachstums hindeuten, zumindest, was eventuell unterschiedliche Auswirkungen auf die Zunahme der Produktivität angeht. Damit wären wir gezwungen, den theoretischen Sinn dieser Unterscheidung im Ganzen zu überdenken. Bevor wir aber vor dem Rätsel einer verschwindenden Produktivitätssteigerung mitten in einer der schnellsten und umfassendsten technologischen Revolutionen der Geschichte die Waffen strecken, möchte ich doch eine Reihe von Hypothesen vorbringen, die vielleicht dazu beitragen, das Geheimnis zu lüften. Und ich werde diese Hypothesen auf eine zusammenfassende Beobachtung der Produktivitätstrends in den Vereinigten Staaten während der späten 1990er Jahre beziehen.

Erstens, sagen Wirtschaftshistoriker, ist eine erhebliche zeitliche Verzögerung zwischen technologischer Innovation und ökonomischer Produktivität für die vergangenen technologischen Revolutionen charakteristisch gewesen. So zeigte die Analyse von Paul David über die Verbreitung des Elektromotors, dass dieser zwar bereits in den 1880er Jahren eingeführt wurde, dass seine eigentlichen Auswir-

---

seln, was Konsistenz und Vergleichbarkeit verbessert. Ich habe aber auch die Notwendigkeit gesehen, mich auf zusätzliche Quellen aus statistischen Standardpublikationen zu beziehen, die ich an den entsprechenden Stellen zitiert habe. Die Charakteristika dieses Modells sind zu entnehmen CEPII-OFCE (1990).

19 Kindleberger (1964); Maddison (1984); Freeman (1986); Dosi u.a. (1988b).

kungen auf die Produktivität aber bis in die 1920er Jahre auf sich warten ließen.[20] Damit sich neue technologische Entdeckungen in der ganzen Wirtschaft verbreiten und so den Produktivitätszuwachs mit einer erkennbaren Rate steigern können, müssen die Kultur und die Institutionen der Gesellschaft, die Unternehmen und die Faktoren, die am Produktionsprozess beteiligt sind, einen erheblichen Wandel durchmachen. Diese allgemeine Feststellung trifft besonders im Fall einer technologischen Revolution zu, in deren Zentrum Wissen und Information stehen. Sie wird verkörpert durch Operationen der *Symbolverarbeitung*, die zwingend mit der Kultur der Gesellschaft und der Bildung/Qualifikation ihrer Menschen verbunden sind. Wenn wir das Entstehen des neuen technologischen Paradigmas auf die Mitte der 1970er Jahre und seine Konsolidierung auf die 1990er Jahre datieren, so scheint es, dass die Gesellschaft als Ganzes, die Unternehmen, Institutionen und Menschen kaum Zeit gehabt haben, den technologischen Wandel zu verarbeiten und über seine Nutzung zu entscheiden. Deshalb hat das neue technoökonomische System während der 1970er und 1980er Jahre noch nicht ganze Volkswirtschaften geprägt und konnte bis zu den 1990er Jahren auch noch keinen Ausdruck in einer so synthetischen und aggregierten Maßzahl finden, wie es der Produktionszuwachs für die gesamte Volkswirtschaft ist.

Tabelle 2.3 Produktivitätsentwicklung von Wirtschaftssektoren (durchschnittliche jährliche Wachstumsrate in %)

Land	1973/60[a]	1979/73	1989/79[b]	1985/79	1989/85[b]
Gesamte Faktorproduktivität					
Vereinigte Staaten	2,2	0,4	0,9	0,6	1,4
Japan	3,2	1,5	1,6	1,5	1,6
Westdeutschland	3,2	2,2	1,2	0,9	1,7
Frankreich	3,3	2,0	2,1	2,1	2,0
Vereinigtes Königreich[c]	2,2	0,5	1,8	1,6	2,2
Kapitalproduktivität					
Vereinigte Staaten	0,6	-1,1	-0,5	-1,0	0,7
Japan	-6,0	-4,1	-2,6	-2,3	-3,0
Westdeutschland	-1,5	-1,3	-1,1	-1,8	0,0
Frankreich	-1,9	-2,5	-0,9	-1,8	0,4
Vereinigtes Königreich[c]	-0,8	-1,7	0,3	-0,7	1,9
Arbeitsproduktivität (Ausstoß pro Person/Stunde)					
Vereinigte Staaten	2,9	1,1	1,5	1,3	1,8
Japan	6,9	3,7	3,2	3,0	3,4
Westdeutschland	5,6	4,1	2,4	2,3	2,5
Frankreich	5,6	3,9	3,3	3,7	2,7
Vereinigtes Königreich[c]	3,5	1,5	2,5	2,6	2,4

a Die Periode beginnt in Japan 1970, in Frankreich 1971, und im Vereinigten Königreich 1966.
b Die Periode endet in den Vereinigten Staaten 1988.
c Für das Vereinigte Königreich wird der Arbeitsfaktor in Anzahl der Arbeitskräfte und nicht in geleisteten Arbeitsstunden gemessen.
Quelle: CEPII-OFCE, database of the MIMOSA model

---

20 David (1989).

Doch bedarf diese einsichtige historische Perspektive soziologischer Spezifizierung. Warum und auf welche Weise nämlich mussten *diese* Technologien erst warten, bevor sie ihre Möglichkeiten gesteigerter Produktivität einlösen konnten? Welches sind die Bedingungen einer solchen Steigerung? Wie unterscheiden sie sich je nach den Merkmalen der Technologien? Wie unterscheidet sich die Diffusionsrate der Technologie und damit auch ihr Einfluss auf die Produktivität in verschiedenen Industriezweigen? Bedeuten solche Unterschiede, dass die Gesamtproduktivität in jedem Land abhängig ist von der Zusammensetzung der Industriebranchen? Kann demnach der Reifungsprozess neuer Technologien in unterschiedlichen Ländern oder durch unterschiedliche politische Strategien beschleunigt oder gehemmt werden? Mit anderen Worten: Die Zeitverzögerung zwischen Technologie und Produktivität lässt sich nicht auf eine *black box* reduzieren. Sie muss spezifiziert werden. Wir wollen uns also die Unterschiede in der Evolution der Produktivität nach Ländern und Industriezweigen während der letzten beiden Jahrzehnte näher ansehen. Dabei beschränken wir unsere Beobachtungen auf führende Marktwirtschaften, um in den überbordenden empirischen Einzelheiten nicht den Faden zu verlieren (s. Tab. 2.3 und 2.4).

Tabelle 2.4 Produktivitätsentwicklung in Sektoren, die nicht für den Freihandel geöffnet sind
(durchschnittliche jährliche Wachstumsrate in %)

Länder	1973/60[a]	1979/73	1989/79[b]	1985/79	1989/85[b]
Gesamte Faktorproduktivität					
Vereinigte Staaten	1,9	0,6	-0,1	-0,1	0,0
Japan	0,1	0,3	-0,2	-0,1	-0,4
Westdeutschland	1,4	0,9	0,7	0,0	1,6
Frankreich	2,4	0,6	1,6	1,6	1,7
Vereinigtes Königreich[c]	1,3	-0,3	1,2	0,5	2,3
Kapitalproduktivität					
Vereinigte Staaten	0,4	-0,6	-1,2	-1,4	-0,7
Japan	-7,9	-4,5	-5,3	-4,3	-6,7
Westdeutschland	-2,4	-2,2	-1,6	-2,7	0,1
Frankreich	-1,7	-3,2	-0,6	-1,6	0,9
Vereinigtes Königreich[c]	-1,1	-2,6	-0,1	-0,9	1,1
Produktivität pro Person/Stunde					
Vereinigte Staaten	2,5	1,1	0,4	0,4	0,3
Japan	4,0	2,6	2,1	1,8	2,6
Westdeutschland	4,3	3,2	2,4	2,1	2,8
Frankreich	4,7	2,7	2,8	3,3	2,1
Vereinigtes Königreich[c]	2,2	0,5	1,5	1,0	2,3

a   Die Periode beginnt in Japan 1970, in Frankreich 1971, und im Vereinigten Königreich 1966.
b   Die Periode endet in den Vereinigten Staaten 1988.
c   Für das Vereinigte Königreich wird der Arbeitsfaktor in Anzahl der Arbeitskräfte und nicht in geleisteten Arbeitsstunden gemessen.
Quelle: CEPII-OFCE, database of the MIMOSA model

Eine grundlegende Beobachtung bezieht sich auf die Tatsache, dass die Verlangsamung der Produktivität vor allem im Dienstleistungsbereich eingetreten ist. Und weil diese Branchen die Mehrheit der Beschäftigung und des BSP ausmachen, kommt ihr Gewicht statistisch entsprechend bei der Wachstumsrate der Gesamtproduktivität zum Tragen. Diese einfache Feststellung wirft zwei fundamentale Probleme auf. Das erste bezieht sich auf die Schwierigkeit, die in vielen Dienstleistungsbranchen der Messung der Produktivität entgegensteht.[21] Das gilt vor allem dort, wo der größte Teil der Beschäftigung im Dienstleistungsbereich anfällt: Bildung und Erziehung, Gesundheitsdienste, Regierung und Verwaltung. Es gibt endlose Paradoxien und Fälle ökonomischen Unsinns in vielen der Indizes, die zur Messung der Produktivität in diesen Bereichen eingesetzt werden. Aber selbst wenn man nur den Geschäftssektor betrachtet, sind die Probleme mit der Messung noch immer erheblich. So steigerte nach Angaben des Bureau of Labor Statistics der Bankensektor in den USA während der 1990er Jahre seine Produktivität jährlich um etwa 2%. Aber diese Berechnung scheint den wahren Zuwachs zu unterschätzen, denn das Wachstum des realen Ergebnisses im Bankenbereich und bei anderen Finanzdienstleistungen wird dem Zuwachs an dort angefallenen Arbeitsstunden gleichgesetzt, und damit wird die Arbeitsproduktivität schon aus dem Ansatz eliminiert.[22] Bis zu dem Zeitpunkt, wo wir eine genauere ökonomische Analyse der Dienstleistungen mit dem entsprechenden statistischen Apparat entwickelt haben werden, bleibt die Messung der Produktivität in vielen Dienstleistungsbereichen erheblichen Fehlermargen unterworfen.

Zweitens werden unter der Bezeichnung „Dienstleistungen" unterschiedliche Tätigkeiten zusammengefasst, die wenig miteinander gemeinsam haben außer, dass sie etwas anderes sind als Landwirtschaft, Rohstoffgewinnung, Versorgungsbetriebe, Baugewerbe und verarbeitende Industrie. Die Kategorie „Dienstleistungen" ist eine negative, eine Restgröße, und sie führt, wie ich in Kapitel 4 detaillierter begründen werde, zu analytischer Verwirrung. Wenn wir daher spezifische Dienstleistungsbranchen untersuchen, beobachten wir große Unterschiede in ihrer jeweiligen Produktivitätsentwicklung während der letzten beiden Jahrzehnte. Quinn, einer der führenden Experten auf diesem Gebiet, bemerkt, dass „anfängliche Analysen [Mitte der 1980er Jahre] zeigen, dass der gemessene Mehrwert im Dienstleistungssektor mindestens so hoch war wie in der verarbeitenden Industrie".[23] Manche Dienstleistungsbranchen in den USA, etwa Telekommunikation, Lufttransport und Eisenbahnen, wiesen in der Periode 1970-1983 beachtliche Produktivitätsgewinne von jährlich zwischen 4,5 und 6,8% auf. Im Vergleich zeigt die Entwicklung der Arbeitsproduktivität im

---

21 Vgl. den interessanten Versuch des McKinsey Global Institute (1992) zur Messung von Dienstleistungsproduktivität. Dieser konzentrierte sich auf nur fünf Dienstleistungsbranchen, bei denen die Messung relativ einfach war.
22 Council of Economic Advisers (1995: 110).
23 Quinn (1987: 122-127).

Dienstleistungsbereich als Ganzes genommen große Unterschiede zwischen den einzelnen Ländern. Sie steigt in Frankreich und Deutschland weit schneller als in den USA und dem Vereinigten Königreich, wobei Japan eine Zwischenstellung einnimmt.[24] Das weist darauf hin, dass die Produktivitätsentwicklung im Dienstleistungsbereich in hohem Maße von der tatsächlichen Struktur der Dienstleistungen in jedem einzelnen Land abhängt. Beispielsweise spielte während der 1970er und 1980er Jahre die Beschäftigung im Einzelhandel in Frankreich und Deutschland eine viel geringere Rolle als in den USA und Japan.

Insgesamt widerspricht die Beobachtung einer stagnierenden Produktivität im Dienstleistungsbereich dem intuitiven Eindruck von Beobachtern ebenso wie von Managern, die über ein Jahrzehnt lang Zeugen schwindelerregender Veränderungen in Technologie und Verfahren der Büroarbeit gewesen sind.[25] Eine detaillierte Analyse der Berechnungsmethoden für wirtschaftliche Produktivität enthüllt denn auch wirklich beachtliche Quellen für Messfehler. Eine der wichtigsten Verzerrungen bei den in den USA verwendeten Berechnungsmethoden betrifft die Schwierigkeit, Investitionen in Software und F&E zu messen, die in der neuen Wirtschaftsform ein wesentlicher Posten unter den Investitionsgütern sind. Diese werden jedoch als „Zwischenprodukte und -dienstleistungen" eingeordnet und kommen in der Schlussauswertung nicht mehr vor. Damit wird die tatsächliche Wachstumsrate der Produktion ebenso wie die der Produktivität abgesenkt. Eine noch wichtigere Quelle von Verzerrungen besteht in der Schwierigkeit, die Preise für viele Dienstleistungen in einer Wirtschaft zu messen, die sich so stark diversifiziert und im Hinblick auf die produzierten Güter und Dienstleistungen einen schnellen Wandel durchgemacht hat.[26] Neben anderen hat Paul Krugman argumentiert, die Schwierigkeiten bei der Messung von Produktivität seien nicht neu, so dass insgesamt gesehen alle Perioden gleich fehleranfällig seien und deshalb von einer Verlangsamung des Wachstums der Produktivität gesprochen werden könne. Aber etwas ist doch neu an dem Berechnungsfehler für Produktivität, wenn es um eine Wirtschaft geht, in der „Dienstleistungen" deutlich mehr als zwei Drittel zum BIP beitragen, wo mehr als 50% der Beschäftigten im Bereich von Dienstleistungen arbeiten, die auf Information aufbauen, und wo es genau dieser verschwommene „Dienstleistungsbereich" ist, der uns solche Probleme beim Messen mit traditionellen statistischen Methoden bereitet. Insgesamt kann es sehr wohl sein, dass ein bedeutender Teil der mysteriösen Verlangsamung im Wachstum der Produktivität sich durch eine steigende Unzulänglichkeit der Wirtschaftsstatistik erklären lässt, wenn es darum geht, die Bewegungen der neuen informationellen Wirtschaft zu erfassen, und zwar *genau wegen des weiten Ausgreifens der Transformation unter dem Einfluss der Informationstechnologie und des damit zusammenhängenden organisatorischen Wandels.*

---

24 CEPII (1992: 61).
25 *Business Week* (1995a: 86-96); Osterman (1999).
26 Council of Economic Advisers (1995: 110).

Wenn das zutrifft, sollte die Produktivität im Bereich der verarbeitenden Industrie, die mit allen ihren Problemen vergleichsweise doch leichter zu messen ist, ein anderes Bild darbieten. Und das sehen wir nun in der Tat. Nach den Daten des CEPII stieg in den USA und in Japan 1979-1989 die Gesamtproduktivität jährlich im Durchschnitt um 3 bzw. 4,1%. Das war eine dramatische Verbesserung gegenüber dem Verlauf von 1973-1979 *und eine schnellere Produktivitätssteigerung als während der 1960er Jahre.* Das Vereinigte Königreich zeigte eine ähnliche Tendenz, wenn auch mit langsamerem Tempo als bei den Zuwächsen der 1960er Jahre. Andererseits setzte sich in Deutschland und Frankreich die Verlangsamung im Produktivitätszuwachs des verarbeitenden Gewerbes fort und erreichte 1979-1989 jährliche Steigerungen von nur 1,5 bzw. 2,4%, was weit unter ihrem vorherigen Niveau lag. Der Verlauf der Produktivitätsentwicklung in den USA war also während der 1980er Jahre positiver, als gemeinhin angenommen wird. Das ergibt sich auch aus Zahlen des US-Arbeitsministeriums, wenn auch die ausgewählten Perioden und die eingesetzten Methoden zu einer niedrigeren Schätzung führen als die, die sich aus den CEPII-Daten ergibt. Nach diesen Berechnungen sank die jährliche Steigerung der Produktion pro Stunde im verarbeitenden Sektor von 3,3% 1963-1972 auf 2,6% 1972-1978 und wiederum 2,6% 1978-1987. Das ist kaum ein spektakulärer Abfall. Die Produktivitätszuwächse im verarbeitenden Bereich sind in den USA und Japan weit bedeutender in den Sektoren, in denen es elektronische Fertigung gibt. Den CEPII-Daten zufolge stieg die Produktivität in diesen Sektoren 1973-1979 jährlich um 1% an, aber sie explodierte mit einer Rate von 11% jährlich 1979-1987. Das war der größte Anteil am Gesamtzuwachs der industriellen Produktivität.[27] Während Japan ähnliche Trends aufweist, erlebten Frankreich und Deutschland einen Produktivitätsrückgang in der Elektronikindustrie, wahrscheinlich als Ausdruck des aufgelaufenen technologischen Rückstands gegenüber Amerika und Japan in den Informationstechnologien.

Demnach war die Produktivität in Wirklichkeit während der 1980er und 1990er Jahre vielleicht doch nicht am Verschwinden, sondern könnte sich auf teilweise verborgenen Bahnen, in immer weiter ausgreifenden Kreisbewegungen gesteigert haben. Technologie und Technologiemanagement, das organisatorische Veränderungen einschließt, scheinen sich von der informationstechnologischen Fertigung, der Telekommunikation und den Finanzdienstleistungen – also den Ausgangspunkten der technologischen Revolution – auf das verarbeitende Gewerbe insgesamt ausgebreitet zu haben, dann in die unternehmensbezogenen Dienstleistungen eingedrungen zu sein, um allmählich die diversen Dienst-

---

27 CEPII (1992); s. Tabellen 2.3 und 2.4 in diesem Kapitel und CEPII (1992: 58f.). Die Daten über industrielle Produktivität sind nicht mit denen des US Bureau of Labor Statistics (BLS) identisch wegen abweichender Periodisierung und Berechnungsweisen. Aber die Tendenzen in beiden Quellen zeigen übereinstimmend für die 1980er Jahre keine Verlangsamung der Produktivitätssteigerung im industriellen Bereich: Dem BLS zufolge kam es zu einer Stabilisierung der Wachstumsraten; nach den CEPII-Daten war eine Steigerung zu verzeichnen.

leistungsaktivitäten zu erreichen, wo der Anreiz zur Verbreitung von Technologie geringer und der Widerstand gegen organisatorische Veränderungen größer ist. Einen Hinweis auf die Beziehung zwischen Technologie, organisatorischem Wandel und Produktivität kann die 1997 erschienene Studie von Brynjolfsson über 600 US-Großfirmen geben. Sie konzentriert sich auf den Einfluss der Organisationsstruktur auf den Zusammenhang zwischen Computern und Produktivität. Insgesamt fand Brynjolfsson heraus, dass Investitionen in Informationstechnologie mit höherer Produktivität korrelierten. Aber die Firmen unterschieden sich in ihren Produktivitätssteigerungen deutlich je nach ihren Managementpraktiken: „Es ist auffallend, dass die produktivsten Anwender der IT meist eine synergetische Kombination zwischen einer kundenorientierten Geschäftsstrategie und einer dezentralisierten Organisationsstruktur anwenden. Dagegen sind Firmen die einfach die neuen Technologien auf die alten Strukturen aufpfropfen (oder umgekehrt), signifikant weniger produktiv."[28] Demnach sollten organisatorische Veränderungen, die Ausbildung neuer Arbeitskräfte und der Prozess des *learning by doing*, die alle für produktive Anwendungen von Technologie förderlich sind, schließlich auch in der Produktivitätsstatistik ihren Niederschlag finden – unter der Bedingung, dass die statistischen Kategorien in der Lage sind, diese Veränderungen zu erfassen.

Im Oktober 1999 hat sich das Büro für Wirtschaftsanalyse des US-Handelsministeriums dieser Frage endlich zugewandt und einige der Berechnungskategorien verändert. Neben der Veränderung der Basis für die Inflationsberechnung bestand die weitestgehende Änderung mit Auswirkungen auf die Messung von Produktivität in der erstmaligen Berücksichtigung von Betriebsausgaben für Software als Investition und damit als relevant für das BIP. Nach diesen Veränderungen veröffentlichte das US-Arbeitsministerium am 12. November 1999 neue Berechnungen der Arbeitsproduktivität für die Periode 1959-1999. Nach dieser neuen Statistik wuchs die Produktivität in den USA während der goldenen Jahre von 1959-1973 mit einer Jahresrate von 2,3%, die Rate ging dann 1973-1995 auf zwischen 1,4 und 1,6% zurück. Danach kletterte der Produktivitätszuwachs vom dritten Quartal 1995 bis zum dritten Quartal 1999 auf eine Jahresrate von 2,6%. Das dritte Quartal 1999 erbrachte dabei eine aufs Jahr umgerechnete Rate von 4,2%, den größten Sprung innerhalb von zwei Jahren (s. Abb. 2.1).[29] Diese Entwicklungen bewertete Alan Greenspan, Vorsitzender des Federal Reserve Board so: „obwohl man immer noch behaupten kann, der evidente Zuwachs an Produktivitätssteigerung sei nur vorübergehend, (kann) ich jedenfalls solchen Überlegungen nur schwer folgen ...".[30] Zuvor hatte Greenspan die Entstehung des neuen Wirtschaftssystems überzeugend darge-

---

28 Brynjolfsson (1997: 19).
29 Uchitelle (1999).
30 Zit. nach Stevenson (1999: C6).

Abbildung 2.1 Produktivitätszuwachs in den Vereinigten Staaten, 1995-1999 (Index des Ausstoßes pro Stunde für alle im Nicht-Farmbereich Tätigen) 1992 = 100, saisonal angepasst

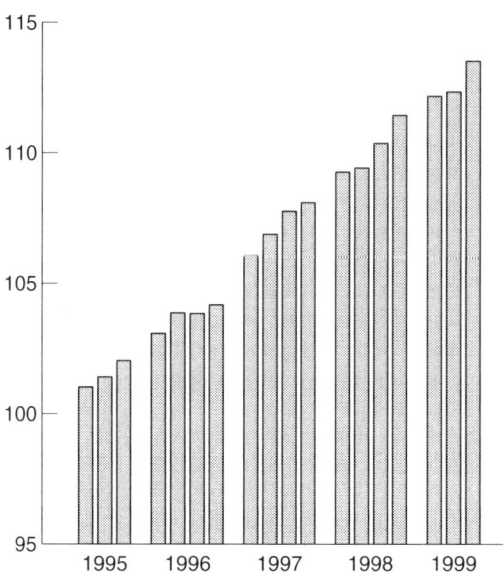

Quelle: US Bureau of Labor Statistics nach Uchitelle (1999)

stellt, als er in seinem Bericht an das US-Repräsentantenhaus vom 24. Februar 1998 betonte:

> Unsere Nation hat eine höhere Wachstumsrate der Produktivität – Produktion pro geleisteter Arbeitsstunde – erlebt als in den vorausgegangenen Jahren. Die einschneidenden Verbesserungen in der Leistungsstärke von Computern und in der Kommunikations- und Informationstechnologie scheinen eine wesentliche Rolle bei dieser erfreulichen Tendenz zu spielen ... Die starke Beschleunigung der Kapitalinvestitionen im Bereich der Spitzentechnologien, die 1993 eingetreten ist, war Ausdruck der Synergien neuer Ideen, wie sie von zunehmend preiswerteren neuen Ausrüstungen verkörpert werden und die die Gewinnerwartungen gesteigert und die Investitionsmöglichkeiten erweitert haben. Neuere Ergebnisse bestätigen weiterhin die Auffassung, dass Kapitalinvestitionen zu einer spürbaren Beschleunigung der Produktivitätssteigerung beigetragen haben – wahrscheinlich stärker, als dies aus den normalen Kräften des Konjunkturzyklus erklärt werden kann.[31]

In der Tat lässt sich der Boom von 1994-1999 in den USA nur durch einen massiven Produktivitätszuwachs erklären: 3,3% jährliche Zunahme des BIP, Inflation unter 2%, Arbeitslosigkeit unter 5% und ein – wenn auch mäßiger – Anstieg der Reallöhne.

In Amerika und in der Welt scheinen zwar Wirtschaftskreise die Vorstellung von einer neuen Wirtschaftsform in der von mir oben dargelegten Art über-

---

31 Greenspan (1998).

nommen zu haben, doch sind einige angesehene akademische Ökonomen wie Solow, Krugman und Gordon skeptisch geblieben. Und dennoch scheint sogar das statistische Beweismaterial, mit dem die Annahme eines signifikanten Produktivitätsanstieges im Zusammenhang mit der Informationstechnologie widerlegt werden sollte, gerade den neuen Trend einer ansteigenden Produktivitätszunahme zu bestätigen – unter der Bedingung, dass die Daten dynamischer interpretiert werden. So ist die gegen die Annahme eines Anstiegs des Produktivitätswachstums in den späten 1990er Jahren am häufigsten zitierte Studie ein Papier, das 1999 von dem führenden Produktivitätsökonomen Robert Gordon ins Internet gestellt wurde.[32] Wie Abb. 2.2 und Tabelle 2.5 zeigen, beobachtete Gordon für die Periode 1995-1999 einen Aufschwung bei der Produktivitätssteigerung von jährlich ungefähr 2,15%, was die Zahlen für 1972-1995 fast verdoppelte. Als er aber die Produktivitätszuwächse nach Sektoren aufgliederte, stellte er fest, dass die Produktivitätssteigerung in der Computer-Herstellung konzentriert war, die ihre Produktivität 1995-1999 mit der schwindelerregenden Rate von jährlich 41,7% erhöht hat. Die Computer-Herstellung macht zwar gerade 1,2% der amerikanischen Produktion aus, aber dieser Produktivitätszuwachs war so groß, dass er die gesamte Produktivitätsrate erhöhte, obwohl der Rest der verarbeitenden Industrie und die gesamte Wirtschaft sich eher träge entwickelten. Bei einer statischen Vorstellung von Wirtschaftswachstum müsste die Schlussfolgerung lauten, dass es lediglich einen dynamischen Wirtschaftssektor gebe, in dessen Zentrum sich die Informationstechnologie befände, während der Rest der Wirtschaft bei einem langsamen Wachstum verharre. Aber wir wissen aus der Geschichte[33] und aus Fallstudien über Industriezweige und Unternehmen in den 1990er Jahren,[34] dass die Anwendung technologischer Innovation zunächst in den Industrien greift, die sich an ihrem Ursprung befindet und sich dann auf andere Branchen ausdehnt. Deshalb kann und sollte der außerordentliche Produktivitätszuwachs in der Computerindustrie als die Form dessen verstanden werden, was uns allgemein bevorsteht und nicht als ein abnormer Buckel in einer flachen Landschaft wirtschaftlicher Routine. Es gibt keinen Grund, warum dieses Produktivitätspotenzial, einmal durch seine Produzenten entfesselt, sich nicht in der gesamten Wirtschaft ausbreiten sollte. Das wird sicher mit uneinheitlichem Tempo und unterschiedlicher räumlicher Verteilung geschehen. Die Voraussetzung ist natürlich, dass es organisatorischen und institutionellen Wandel gibt und dass die Arbeitsbeziehungen sich den neuen Produktionsprozessen anpassen. Aber in Wirklichkeit wird den Firmen und den Arbeitenden wenig übrigbleiben, weil die lokale und globale Konkurrenz neue Regeln und neue Technologien vorschreibt und diejenigen wirtschaftlichen Akteure aussortiert, die nicht in der Lage sind, sich nach den Re-

---

32 Gordon (1999).
33 Rosenberg (1982); Rosenberg und Birdzell (1986); Hall und Preston (1988).
34 Hammer und Camphy (1993); Nonaka (1994); Saussois (1998); Tuomi (1999).

Abbildung 2.2 Schätzung der Entwicklung der Produktivität in den
Vereinigten Staaten, 1972-1999 (Ausstoß pro Stunde)

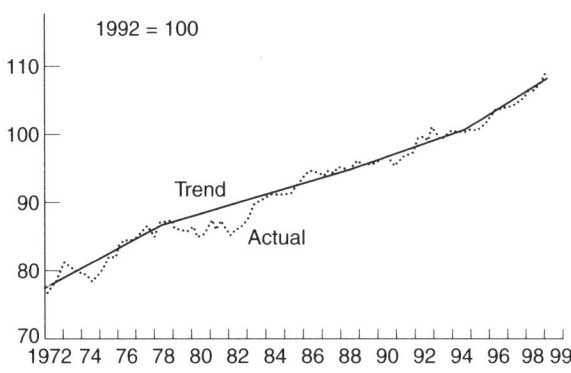

Quelle: US Bureau of Labor Statistics nach der Bearbeitung von Gordon (1999)

geln der neuen Wirtschaftsform zu richten.[35] Deshalb ist auch die Entwicklung der Produktivität von den neuen Bedingungen für Konkurrenzfähigkeit nicht zu trennen.

Tabelle 2.5 Entwicklung der US-Produktivität nach Branchen und Perioden

Sektor	% Zunahme in Jahresraten		
	1952-72	1972-95	1995-9
Nichtlandwirtschaftliche Wirtschaft	2,63	1,13	2,15
Fertigung	2,56	2,58	4,58
Gebrauchsgüter	2,32	3,05	6,78
Computer	–	17,83	41,70
Nicht-Computer	2,23	1,88	1,82
Nicht-Gebrauchsgüter	2,96	2,03	2,05

Quelle: US Bureau of Labor Statistics, bearbeitet von Gordon (1999)

Informationalismus und Kapitalismus, Produktivität und Rentabilität

Auf lange Sicht ist Produktivität sehr wohl die Quelle des Reichtums der Nationen. Und Technologie einschließlich organisatorischer und Management-Technologie ist der wichtigste Faktor für Produktivität. Aber aus der Perspektive der wirtschaftlichen Akteure ist Produktivität an sich nicht das Ziel. Noch ist dies die Investition in Technologie um der technologischen Innovation willen. Deshalb sagt Richard Nelson in einem aufschlussreichen Papier zu dieser Thematik, die Aufgabenstellung der formalen Wachstumstheorie solle sich an den Beziehungen zwischen technischem Wandel, Unternehmenskapazitäten und natio-

---

35 Shapiro und Varian (1999).

nalen Institutionen orientieren.³⁶ Unternehmen und Nationen (oder politische Einheiten auf unterschiedlichen Ebenen wie Regionen oder die Europäische Union) sind die eigentlichen Akteure beim wirtschaftlichen Wachstum. Sie streben nicht nach Technologie um der Technologie willen oder nach höherer Produktivität zum Nutzen der Menschheit. Sie verhalten sich in einem gegebenen historischen Kontext, im Rahmen der Regeln des ökonomischen Systems (des informationellen Kapitalismus, wie ich oben vorgeschlagen habe). Dies wird letztendlich ihr Verhalten belohnen oder bestrafen. Deshalb *werden Firmen nicht durch Produktivität motiviert sondern durch Rentabilität* und das Steigen ihres Aktienwertes. Dazu mögen Produktivität und Technologie wichtige Mittel sein, aber es sind sicherlich nicht die einzigen. Und *politische Institutionen*, die durch ein weiter ausgreifendes System von Werten und Interessen geprägt sind, *werden im ökonomischen Bereich auf die Maximierung der Wettbewerbsfähigkeit der Wirtschaftskomplexe bedacht sein, auf die sie sich stützen. Rentabilität und Konkurrenzfähigkeit sind die eigentlichen Determinanten technologischer Innovation und Produktivitätssteigerung.* In ihrer konkreten, historischen Dynamik können wir die Schlüssel für das Verständnis der Launen der Produktivitätsentwicklung finden.

Die 1970er Jahre waren der Zeitraum, in dem sowohl wahrscheinlich die informationstechnologische Revolution das Licht der Welt erblickte als auch ein Wendepunkt in der Evolution des Kapitalismus erreicht wurde, wie ich dies oben entwickelt habe. In allen Ländern reagierten die Unternehmen auf einen wirklichen oder befürchteten Rentabilitätsrückgang mit neuen Strategien.³⁷ Einige davon, etwa technologische Innovation und organisatorische Dezentralisierung, waren zwar wegen ihrer potenziellen Folgen von entscheidender Bedeutung, hatten aber einen relativ langfristigen Wirkungshorizont. Den Unternehmen kam es aber auf kurzfristigere Resultate an, die sich in ihrer Buchführung und – im Fall amerikanischer Unternehmen – in ihren Quartalsberichten niederschlagen. Will man die Profite steigern, gibt es unter der Voraussetzung vorgegebener finanzieller Rahmenbedingungen und bei marktbestimmten Preisen vor allem vier Methoden: Reduzierung der Produktionskosten, angefangen bei den Arbeitskosten; Steigerung der Produktivität; Ausweitung der Märkte; und Beschleunigung des Kapitalumschlags.

Mit firmen- und länderspezifisch unterschiedlichen Schwerpunkten wurden all diese Methoden während der letzten beiden Jahrzehnte des 20. Jahrhunderts angewandt. In allen Fällen waren die neuen Informationstechnologien Instrumente von entscheidender Bedeutung. Aber ich stelle die Hypothese auf, dass eine Strategie früher als die anderen und mit unmittelbar greifbaren Ergebnissen durchgeführt wurde: die Ausweitung der Märkte und der Kampf um Marktanteile. Der Grund liegt darin, dass eine Produktivitätssteigerung ohne vorherige

---

36 Nelson (1994: 41).
37 Aglietta (1976); Boyer (1986; 1988a); Boyer und Ralle (1986a).

Expansion der Nachfrage oder zumindest das entsprechende Potenzial dazu aus der Sicht von Investoren zu riskant ist. Deshalb war die amerikanische Elektronikindustrie in ihren Anfangsjahren so verzweifelt auf militärische Märkte angewiesen – bis die Investitionen in technologische Innovation anfingen, sich auf einem weiten Spektrum von Märkten bezahlt zu machen. Und dies ist auch der Grund, warum japanische Firmen und nach ihnen koreanische Firmen einen abgeschirmten Markt und eine geschickte Auswahl von Industriezweigen und Teilbranchen auf globaler Ebene als Methoden nutzten, um Vorteile der Massenproduktion (*economies of scale*) zu erreichen, um dann auch zu Vorteilen der Herstellung zahlreicher Produktvarianten (*economies of scope*) vorzustoßen. Die wirkliche Krise der 1970er Jahre war nicht der Ölpreisschock. Sie bestand in der Unfähigkeit des öffentlichen Sektors, seine Märkte und damit einkommensschaffende Beschäftigung weiter auszudehnen, ohne entweder die Kapitalbesteuerung zu erhöhen, oder die Inflation durch zusätzliche Geldschöpfung und öffentliche Verschuldung anzuheizen.[38] Einige kurzfristige Antworten auf die Rentabilitätskrise konzentrierten sich zwar auf eine Absenkung der Beschäftigtenzahlen und auf Lohnabbau, die eigentliche Herausforderung für Einzelfirmen ebenso wie für den Kapitalismus als Ganzes bestand aber darin, neue Märkte zu finden, die in der Lage wären, eine wachsende Produktionskapazität bei Gütern und Dienstleistungen aufzunehmen.[39] Das liegt der erheblichen Ausweitung des Handels im Vergleich zur Produktion zugrunde und später auch der Zunahme von Auslandsdirektinvestitionen während der letzten beiden Jahrzehnte des 20. Jahrhunderts. Sie wurden zu Wachstumsmotoren auf der ganzen Welt.[40] Es trifft zu, dass der Welthandel in diesen Jahren langsamer anwuchs als in den 1960er Jahren. Der Grund war die allgemein geringere Rate des Wirtschaftswachstums. Aber die entscheidende Kennziffer betrifft das Verhältnis zwischen der Ausweitung des Handels und dem Wachstum des BIP: 1970-1980 nahm der Warenexport weltweit um 4% jährlich zu, während das Welt-BIP um jährlich 3,4% wuchs. 1980-1992 betrugen die entsprechenden Ziffern 4,9% und 3%. Während der zweiten Hälfte der 1980er Jahre kam es wertmäßig zu einer erheblichen Steigerung des Welthandels zu einer durchschnittlichen jährlichen Zunahme von 12,3%. Und obwohl der Welthandel 1993 einen Abschwung erlebte, setzte er 1993-1995 sein Wachstum mit Raten von mehr als 4% fort.[41] Für die neun wichtigen Industriebranchen, die in dem

---

38 Die Kritik der monetaristischen Schule an den Ursachen der Inflation in der amerikanischen Volkswirtschaft erscheint plausibel; s. Friedman (1968). Sie überging jedoch die Tatsache, dass expansive Geldpolitik auch für das nie da gewesene stabile Wirtschaftswachstum der 1950er und 1960er Jahre verantwortlich gewesen war. S. hierzu meine eigene Analyse in Castells (1980).

39 Die alte Unterkonsumtionstheorie, die für die marxistische Wirtschaftstheorie ebenso wie für keynesianische Strategien eine zentrale Rolle spielt, hat immer noch Bedeutung, wenn man sie im Zusammenhang mit dem globalen Kapitalismus sieht. S. dazu Castells und Tyson (1988).

40 Ich verweise auf den ausgezeichneten Überblick über die Transformationen der globalen Wirtschaft von Chesnais (1994).

41 GATT (1994); World Bank (1995).

Modell der Weltwirtschaft des CEPII berücksichtigt werden,[42] betrug der Anteil der international gehandelten Industriegüter an der gesamten Weltproduktion 1973 15,3%, 1980 19,7%, 1988 22,2% und wurde für das Jahr 2000 auf 24,8% geschätzt. Was die Auslands-Direktinvestitionen, das Absuchen des Globus nach besseren Produktionsbedingungen und besserer Marktdurchdringung angeht, verweise ich auf den entsprechenden Abschnitt weiter unten.

Um sich neue Märkte zu erschließen und dabei wertvolle Marktsegmente der Länder in einem globalen Netzwerk miteinander zu verbinden, benötigte das Kapital extreme Mobilität, und Firmen mussten ihre Kommunikationskapazitäten drastisch verbessern. In engem Verbund schufen Deregulierung und neue Informationstechnologien diese Voraussetzungen. Diejenigen, die als erste und unmittelbar von dieser Neustrukturierung profitierten, waren just die Akteure der techno-ökonomischen Transformation: die Hochtechnologie-Firmen und die Finanzkonzerne.[43] Die globale Integration der Finanzmärkte seit Beginn der 1980er Jahre wurde durch die neuen Informationstechnologien ermöglicht. Sie übte einen gewaltigen Einfluss auf die zunehmende Abkoppelung der Kapitalströme von den jeweiligen Volkswirtschaften aus. Chesnais hat die Bewegung der Internationalisierung des Kapitals gemessen, indem er den prozentualen Anteil aller grenzüberschreitenden Beteiligungen und Obligationen am BIP berechnete:[44] 1980 betrug dieser Prozentsatz in keinem wichtigen Land mehr als 10%; 1992 schwankte er zwischen 72,2% des BIP in Japan und 122,2% in Frankreich, während die USA auf 109,3% kamen. Wie ich unten zeigen werde, hat sich diese Tendenz während der 1990er Jahre beschleunigt.

Durch die Ausdehnung ihrer globalen Reichweite, durch die Integration von Märkten und die Maximierung der komparativen Standortvorteile steigerten Kapital, Kapitalisten und kapitalistische Unternehmen ihre Rentabilität vor allem in den 1990er Jahren erheblich. Damit wurden vorerst die Vorbedingungen für Investitionen wieder hergestellt, von denen eine kapitalistische Wirtschaft abhängig ist.[45] Diese Rekapitalisierung des Kapitalismus kann die uneinheitlichen Fortschritte bei der Produktivität in gewissem Maße erklären. Die ganzen 1980er Jahre hindurch wurden massive technologische Investitionen in die Kommunikations- und Informationsinfrastruktur getätigt, die die doppelte Bewegung der Deregulierung der Märkte und der Globalisierung des Kapitals

---

42 CEPII (1992: MIMOSA-Modell).
43 Schiller (1999).
44 Chesnais (1994: 209).
45 Für die USA ist außerhalb des Finanzsektors ein guter Maßstab der Konzernrentabilität der Profit pro Produktionseinheit nach Steuern (je höher die Rate, desto höher ist natürlich der Profit). Die Rate betrug 1959 0,024, sank 1970 auf 0,020 und 1974 auf 0,017; sie erholte sich auf 0,040 1978, um 1980 wieder auf 0,027 zu fallen. Dann behielt sie ab 1983 (0,048) eine Aufwärtstendenz bei, die sich während der 1990er Jahre erheblich beschleunigte: 1991 0,061; 1992 0,067, 1993 0,073; drittes Quartal 1994 0,080. Vgl. Council of Economic Advisers (1995: 291, Tabelle B-14).

möglich machten. Die Unternehmen und Industriezweige, die von dieser gewaltigen Transformation unmittelbar betroffen waren, also Mikroelektronik, Mikrocomputer, Telekommunikation, Finanzinstitutionen, erlebten einen plötzlichen Anstieg sowohl ihrer Produktivität als auch ihrer Rentabilität.[46] Um diesen harten Kern neuer, dynamischer und global agierender kapitalistischer Unternehmen und ihre Unterstützungsnetzwerke herum wurden sukzessive Schichten von Unternehmen und Industriebranchen in das neue technologische System einbezogen oder aber zum Untergang verurteilt. Demnach kann die langsame Bewegung der Produktivität in den Volkswirtschaften insgesamt widersprüchliche Tendenzen im Einzelnen verbergen – explosive Produktivitätszuwächse in den führenden Branchen, Niedergang veralteter Firmen und die Beständigkeit von Dienstleistungstätigkeiten mit niedriger Produktivität. Je mehr außerdem dieser dynamische Sektor, der sich um hoch profitable Firmen bildet, über Staatsgrenzen hinweg globalisiert wird, desto weniger sinnvoll ist es, die Produktivität von „Volkswirtschaften" oder von Branchen zu berechnen, die innerhalb nationalstaatlicher Grenzen definiert werden. Zwar sind der größte Teil des BIP und der Beschäftigung in den meisten Ländern nach wie vor abhängig von Aktivitäten, die sich auf die heimische Wirtschaft und nicht auf den globalen Markt ausrichten, aber gerade das Konkurrenzgeschehen auf diesen globalen Märkten, im verarbeitenden Gewerbe wie im Finanzbereich, in der Telekommunikation oder im Unterhaltungssektor bestimmt den Anteil an Reichtum, den die Unternehmen und letztlich die Menschen in jedem Land sich aneignen können.[47] Aus diesem Grund und weil Antrieb und Motivation der Firma ihre Rentabilität sind, wird auch die informationelle Ökonomie durch die manifesten Interessen politischer Institutionen geprägt, die Wettbewerbsfähigkeit der Volkswirtschaften zu fördern, die sie repräsentieren sollen.

Nun ist *Wettbewerbsfähigkeit* ein unklares und auch kontroverses Konzept, das zum Schlachtruf für Regierungen und zum Kampfplatz für Wirtschafts-

---

46 CEPII (1992): Die Rentabilität war seit den 1980er Jahren in der Elektronik, der Telekommunikation und im Finanzsektor generell hoch. Aber zugleich verursachten die brutale Konkurrenz und riskante Finanzgeschäfte eine Reihe von Rückschlägen und Pleiten. Tatsächlich wäre ein größerer Finanz-Crash durchaus im Rahmen des Möglichen gewesen, hätte nicht die US-Regierung zugunsten einer Reihe von Spar- und Anleihevereinigungen interveniert.

47 Die entscheidende Rolle der globalen Konkurrenz für die wirtschaftliche Prosperität einer Nation wird in der ganzen Welt weithin als Tatsache betrachtet – außer in den Vereinigten Staaten, wo in einigen wirtschaftswissenschaftlichen Kreisen und Teilen der öffentlichen Meinung immer noch die Überzeugung vertreten wird, die wirtschaftliche Gesundheit des Landes sei im Wesentlichen vom Binnenmarkt abhängig, weil die Exporte Anfang der 1990er Jahre nur etwa 10 Prozent des BSP ausmachten, (s. Krugman 1994a). Wenn die Größe und Produktivität der amerikanischen Wirtschaft sie auch weit unabhängiger sein lässt als die Wirtschaft irgend eines anderen Landes der Welt, so ist die Vorstellung einer Quasi-Autarkie doch eine gefährliche Illusion, die auch weder von den Wirtschafts-, noch von den Regierungseliten geteilt wird. Zu Argumenten und Daten im Zusammenhang mit der entscheidenden Rolle der globalen Konkurrenz für die amerikanische Wirtschaft ebenso wie für alle anderen Volkswirtschaften der Welt s. Cohen und Zysman (1987); Castells und Tyson (1989); Reich (1991); Thurow (1992); Carnoy u.a. (1993b).

Produktivität, Konkurrenzfähigkeit und die informationelle Ökonomie 105

praktiker geworden ist, die sich gegen die Modellkonstruktionen der akademischen Ökonomie wenden.[48] Eine sinnvolle Definition von Stephen Cohen und Kollegen lautet:

> Wettbewerbsfähigkeit hat für das einzelne Unternehmen und die Volkswirtschaft unterschiedliche Bedeutungen. Die Wettbewerbsfähigkeit eines Staates ist das Maß, in dem er unter den Bedingungen freier und fairer Märkte Güter und Dienstleistungen produzieren kann, die den Test internationaler Märkte bestehen und zugleich das Einkommen seiner Bürger zu steigern vermögen. Wettbewerbsfähigkeit auf nationaler Ebene beruht auf überlegener Produktivitätsleistung der Wirtschaft und ihrer Fähigkeit, ihre Produktion auf hoch produktive Tätigkeiten zu verlagern, was wiederum ein hohes Lohnniveau hervorbringen kann.[49]

Weil „Bedingungen freier und fairer Märkte" zur Welt des Irrealen gehören, versuchen natürlich politische Instanzen, die im Bereich der internationalen Wirtschaft arbeiten, dieses Prinzip so zu interpretieren, dass ein maximaler Wettbewerbsvorteil für die Unternehmen aus ihrem Machtbereich dabei herauskommt. Dabei geht es gerade um die *relative Position von Volkswirtschaften gegenüber denen anderer Länder* als einer wichtigen Legitimationsmacht für die Regierungen.[50] Für Unternehmen und Betriebe bedeutet Wettbewerbsfähigkeit einfach die Fähigkeit, Marktanteile zu gewinnen. Es muss betont werden, dass dies nicht notwendigerweise bedeutet, Konkurrenten zu eliminieren, denn ein expandierender Markt kann Raum für mehr Unternehmen schaffen – das geschieht auch wirklich recht häufig. Aber die Verbesserung der Wettbewerbsfähigkeit hat gewöhnlich doch einen Darwinschen Beigeschmack, so dass die besten Geschäftspraktiken gewöhnlich auf dem Markt belohnt werden, während träge Firmen in einer zunehmend wettbewerbsorientierten Welt, wo es eben Gewinner und Verlierer gibt, allmählich zum Verschwinden gebracht werden.

Demnach erfordert es die Konkurrenzfähigkeit von Firmen wie von Ländern, dass sie ihre Marktposition auf einem expandierenden Markt stärken. Damit wirkt der Prozess der weltweiten Marktexpansion auf die Produktivitätssteigerung zurück, denn die Firmen müssen ihre Leistung verbessern, wenn sie es rund um die Welt mit stärkerer Konkurrenz zu tun haben oder wenn sie sich international um Marktanteile bemühen. Eine 1993 durchgeführte Studie des McKinsey Global Institute über die industrielle Produktivität in den USA, Japan und Deutschland konstatierte eine hohe Korrelation zwischen dem Index

---

48 Die Debatte über Produktivität oder Konkurrenzfähigkeit als Schlüssel zu neuerlichem Wirtschaftswachstum tobte in amerikanischen akademischen und politischen Kreisen während der 1990er Jahre. Paul Krugman, einem der brillantesten Wirtschaftswissenschaftler in Amerika, kommt das Verdienst zu, diese notwendige Debatte mit seiner scharfen Kritik an der Vorstellung von der Konkurrenzfähigkeit ausgelöst zu haben, leider belastet und verschleiert durch ein für einen Gelehrten unpassendes Auftreten. Beispielhaft für diese Debatte sind Krugman (1994b) und die Antwort von Cohen (1994).
49 Cohen u.a. (1985: 1).
50 Tyson und Zysman (1983).

der Globalisierung, mit dem gemessen wird, wie stark eine Wirtschaft der internationalen Konkurrenz ausgesetzt ist, sowie der relativen Produktivitätsleistung von neun Industriezweigen, die in den drei Ländern analysiert wurden.[51] Demnach verläuft der Verbindungspfad zwischen Informationstechnologie, organisatorischem Wandel und Produktivitätszunahme zu einem großen Teil über den globalen Wettbewerb. Auf diese Weise riefen das Streben der Firmen nach Rentabilität und die Mobilisierung der Nationalstaaten für Wettbewerbsfähigkeit variable Arrangements innerhalb der neuen historischen Beziehung zwischen Technologie und Produktivität hervor. Im Verlauf dieses Prozesses schufen und prägten sie eine neue, globale Wirtschaftsform.

Die historische Besonderheit des Informationalismus

So entsteht ein komplexes Bild von dem Prozess der historischen Entwicklung der neuen informationellen Ökonomie. Diese Komplexität erklärt, warum hoch aggregierte statistische Daten Ausmaß und Tempo der ökonomischen Transformation unter dem Eindruck des technologischen Wandels nicht direkt zum Ausdruck bringen können. Die informationelle Ökonomie ist im Vergleich zur industriellen Ökonomie ein spezifisches sozioökonomisches System, aber nicht etwa, weil sich beide in den Ursachen ihrer Produktivitätszuwächse unterschieden. In beiden Fällen sind Wissen und Informationsverarbeitung Schlüsselelemente für das Wirtschaftswachstum, wie sich durch die Geschichte der auf Wissenschaft basierenden chemischen Industrie[52] oder durch die Geschichte der Management-Revolution nachweisen lässt, die zur Entstehung des Fordismus geführt hat.[53] *Das Spezifische ist, dass durch den Wechsel zu einem technologischen Paradigma, das auf Informationstechnologien beruht, endlich das Produktivitätspotenzial realisiert wurde, das in der reifen industriellen Wirtschaft enthalten war.* Das neue technologische Paradigma hat erstens den Wirkungsradius und die Dynamik der industriellen Ökonomie verändert, indem es eine globale Ökonomie geschaffen und eine neue Welle der Konkurrenz zwischen den vorhandenen Wirtschaftssubjekten sowie zwischen ihnen und Legionen von Neuankömmlingen ausgelöst hat. Dieser neue Konkurrenzkampf der von Firmen ausgetragen wird, dessen Rahmenbedingungen aber vom Staat gesetzt werden, hat zu erheblichen technologischen Veränderungen in Prozessen und Produkten geführt, die einige Firmen, einige Akteure und einige Regionen produktiver gemacht haben. Doch zur selben Zeit ist es in großen Wirtschaftssegmenten zu kreativer Zerstörung gekommen, die gleichfalls Firmen, Sektoren, Regionen und Länder in unterschiedlicher Weise betroffen hat. Das Nettoergebnis des ers-

---

51 McKinsey Global Institute (1993).
52 Hohenberg (1967).
53 Coriat (1990).

ten Stadiums der informationellen Revolution war daher für den wirtschaftlichen Fortschritt ein zweischneidiges Vergnügen. Außerdem erfordert die Verallgemeinerung wissensbasierter Produktion und wissensbasierten Managements auf den gesamten Bereich wirtschaftlicher Prozesse auf globaler Ebene fundamentale soziale, kulturelle und institutionelle Transformationen. Wie wir aus anderen technologischen Revolutionen wissen, wird dies einige Zeit dauern. Aus diesem Grund ist die Wirtschaft informationell und nicht einfach nur informationsbasiert. Denn die kulturell-institutionellen Attribute des gesamten Systems müssen bei Verbreitung und Durchsetzung des neuen Paradigmas mit eingeschlossen werden, wie auch die industrielle Wirtschaft nicht einfach nur auf der Nutzung neuer Energiequellen in der Güterherstellung beruhte, sondern auf der Entstehung einer industriellen Kultur, die charakterisiert war durch eine neue soziale und technische Arbeitsteilung.

Während daher die informationelle, globale Wirtschaftsform sich von der industriellen Wirtschaftsform unterscheidet, steht sie deren Logik nicht entgegen. Sie subsumiert sie vielmehr durch eine technologische Vertiefung, indem sie Wissen und Information in allen Prozessen der materiellen Produktion und Distribution auf der Grundlage eines gewaltigen Sprunges nach vorn in Reichweite und Ausmaß der Zirkulationssphäre verkörpert. Mit anderen Worten: Die industrielle Wirtschaft musste informationell und global werden oder aber zusammenbrechen. Dafür ist der dramatische Zusammenbruch der hyperindustriellen Gesellschaft der Sowjetunion ein gutes Beispiel. Er ging auf deren strukturelle Unfähigkeit zurück, den Wechsel zum informationellen Paradigma zu vollziehen und ihr Wachstum in relativer Isolation von der internationalen Wirtschaft fortzusetzen (s. Bd. III, Kap. 1). Ein zusätzliches Argument, um diese Interpretation zu untermauern, liegt in dem Prozess verstärkt auseinander strebender Entwicklungspfade in der Dritten Welt, die selbst effektiv mit der Vorstellung der „Einen Dritten Welt" Schluss gemacht haben.[54] Dieser Prozess beruht auf der unterschiedlichen Fähigkeit von Ländern und Wirtschaftssubjekten, an die informationellen Prozesse Anschluss zu gewinnen und sich am Konkurrenzkampf innerhalb der globalen Wirtschaft zu beteiligen.[55] Daher ist der Wechsel vom Industrialismus zum Informationalismus nicht das historische Äquivalent zum Übergang von der landwirtschaftlichen zur industriellen Wirtschaft und kann nicht mit dem Aufkommen einer Dienstleistungswirtschaft gleichgesetzt werden. Es gibt informationelle Landwirtschaft, informationelle Industrie und informationelle Dienstleistungen, die auf der Grundlage von Information und Wissen produzieren und distribuieren, wobei Information und Wissen durch die wachsende Macht der Informationstechnologien in den Arbeitsprozess integriert werden. Was sich geändert hat, ist nicht die Art der Tätigkeiten, mit denen sich die Menschheit befasst, sondern ihre technologische

---

54 Harris (1987).
55 Katz (1987); Castells und Tyson (1988); Fajnzylber (1990); Kincaid und Portes (1994).

Fähigkeit, das als direkte Produktivkraft zu nutzen, was unsere Spezies als biologische Eigenheit auszeichnet: ihre überlegene Fähigkeit zur Symbolverarbeitung.

Die globale Wirtschaft: Struktur, Dynamik und Genese

Die informationelle Wirtschaft ist global. Eine globale Wirtschaft ist eine historisch neue Realität, die sich von einer Weltwirtschaft unterscheidet.[56] Eine Weltwirtschaft – also eine Wirtschaft, in der die Kapitalakkumulation unter Einbeziehung der ganzen Welt erfolgt – existierte im Westen wenigstens seit dem 16. Jahrhundert, wie uns Fernand Braudel und Immanuel Wallerstein gelehrt haben.[57] Eine globale Wirtschaft ist etwas anderes: Es ist eine Wirtschaft mit der Fähigkeit, als Einheit in Echtzeit oder gewählter Zeit auf globaler Ebene zu funktionieren. Während der Kapitalismus durch seine unablässige Expansion gekennzeichnet ist, in der er ständig versucht, die Grenzen von Zeit und Raum zu überwinden, erlangte die Weltwirtschaft erst Ende des 20. Jahrhunderts die Fähigkeit, wahrhaft global zu werden. Die notwendige Grundlage dafür war die neue Infrastruktur, die durch die Informations- und Kommunikationstechnologien bereitgestellt wurde. Hinzu kam die entscheidende Hilfestellung der Deregulierungs- und Liberalisierungspolitik, die von Regierungen und internationalen Institutionen betrieben wurde. Jedoch ist in der Wirtschaft nicht alles global: Vielmehr ist der größte Teil der Produktion, der Beschäftigung und der Firmen lokal und regional, und das wird auch so bleiben. Während der letzten beiden Jahrzehnte des 20. Jahrhunderts wuchs der internationale Handel schneller als die Produktion, aber der binnenorientierte Wirtschaftssektor liefert den meisten Volkswirtschaften noch immer den bei weitem größten Teil des BIP. Die Auslandsdirektinvestitionen wuchsen in den 1990er Jahren noch schneller als der Handel, stellen jedoch nach wie vor lediglich einen Bruchteil der gesamten Direktinvestitionen. Dennoch können wir behaupten, dass es eine globale Wirtschaft gibt, weil die Volkswirtschaften rund um die Welt vom

---

56 Die beste und umfassendste Analyse der Globalisierung ist Held u.a. (1999). Eine der wichtigsten Quellen für Daten und Ideen ist der United Nations *Human Development Report* für 1999, der vom UNDP (1999) erarbeitet worden ist. Einen gut dokumentierten journalistischen Bericht liefert die Serie der *New York Times* „Global Contagion", vom Februar 1999: Kristoff (1999); Kristoff und Sanger (1999); Kristoff und WuDunn (1999); Kristoff und Wyatt (1999). Die meisten Daten, die in meiner Analyse der ökonomischen Globalisierung verwendet werden, stammen von internationalen Institutionen wie den Vereinten Nationen, dem IWF, der Weltbank, der Welthandelsorganisation und der OECD. Viele sind auch in den oben zitierten Publikationen berücksichtigt. Der Einfachheit halber werde ich nicht für jede Zahl eine spezifische Quelle angeben. Diese Fußnote soll daher als allgemeiner Verweis auf die Datenquellen gelten. Ich habe für die allgemeine Analyse, die diesem Abschnitt zugrunde liegt, auch benutzt: Chesnais (1994); Eichengreen (1996); Estefania (1996); Hoogvelt (1997); Sachs (1998a, b); Schoettle und Grant (1998); Soros (1998); Friedmann (1999); Schiller (1999); Giddens und Hutton (2000).
57 Braudel (1967); Wallerstein (1974).

Wirtschaftsverlauf im globalisierten Kernbereich abhängig sind. Dieser globalisierte Kernbereich besteht aus den Finanzmärkten, dem internationalen Handel, der transnationalen Produktion und in gewissem Maße der Wissenschaft und Technik sowie hochspezialisierter Arbeitskraft. Durch diese globalisierten, strategischen Komponenten der Ökonomie ist das Wirtschaftssystem global verflochten. Ich werde daher *die globale Wirtschaft* genauer definieren als *eine Wirtschaft, deren Kernkomponenten die institutionelle, organisatorische und technologische Fähigkeit besitzen, als Einheit in Echtzeit oder in gewählter Zeit auf globaler Ebene zu funktionieren*. Ich will kurz die Schlüsselmerkmale dieser Globalität betrachten.

Globale Finanzmärkte

Die Kapitalmärkte sind global interdependent, und das ist für eine kapitalistische Wirtschaft keine Kleinigkeit.[58] Das Kapital wird rund um die Uhr durch global integrierte Finanzmärkte dirigiert, die erstmals in der Geschichte in Echtzeit arbeiten: Transaktionen in Höhe von Milliarden US$ werden in den elektronischen Schaltkreisen auf dem ganzen Globus innerhalb von Sekunden abgewickelt. Die neuen Informationssysteme und Kommunikationstechnologien machen es möglich, Kapital zwischen Volkswirtschaften in sehr kurzer Zeit hin und her zu schieben, so dass Kapital und mithin auch Ersparnisse und Investitionen weltweit miteinander verflochten sind, von Banken oder Rentenfonds, über Wertpapierbörsen bis hin zu Devisenmärkten. Auf diese Weise ist das Volumen der globalen Finanzströme dramatisch angestiegen, ebenso ihre Geschwindigkeit, ihre Komplexität und ihre wechselseitige Verknüpfung.

Tabelle 2.6 Grenzüberschreitende Transaktionen in Anleihen und Anteilen, 1970-1996

	1970	1975	1980	1985	1990	1996[a]
			(in Prozent vom BIP)			
USA	2,8	4,2	9,0	35,1	89,0	151,5
Japan	–	1,5	7,7	63,0	120,0	82,8
Deutschland	3,3	5,1	7,5	33,4	57,3	196,8
Frankreich	–	–	8,4[b]	21,4	53,6	229,2
Italien	–	0,9	1,1	4,0	26,6	435,4
Vereinigtes Königreich	–	–	–	367,5	690,1	–
Kanada	5,7	3,3	9,6	26,7	64,4	234,8

a Januar-September
b 1982

Quelle: IMF (1997: 60), zusammengestellt von Held u.a. (1999: Tabelle 4.16)

---

58 S. Khoury und Ghosh (1987); Chesnais (1994); Heavey (1994); Shirref (1994); *The Economist* (1995b); Canals (1997); Sachs (1998b, c); Soros (1998); Kristoff (1999); Kristoff und Wyatt (1999); Picciotto und Mayne (1999); Giddens und Hutton (2000); Zaloom (i.E.).

Tabelle 2.6 liefert ein Maß für das phänomenale Wachstum und die Dimensionen der grenzüberschreitenden Transaktionen in Obligationen und Wertpapieren für die wichtigsten Marktwirtschaften in der Zeit zwischen 1970 und 1996. Gemessen als Anteil am BIP stiegen die grenzüberschreitenden Transaktionen um einen Faktor von etwa 54 im Fall der USA, von 55 für Japan und von nahezu 60 für Deutschland. Dieser Tendenz in fortgeschrittenen Volkswirtschaften sollten wir die Integration der so genannten *emergent markets* in die Kreisläufe der globalen Kapitalströme hinzufügen, also der Entwicklungsländer und Transitionsökonomien. Die Summe der Kapitalströme in Entwicklungsländer stieg in den Jahren von 1960 bis 1996 um den Faktor sieben. Das Bankgewerbe hat seine Internationalisierung in den 1990er Jahren verstärkt, wie in Tabelle 2.7 gezeigt wird. 1996 kauften Investoren auf *emergent markets* Aktien und Anleihen im Wert von 50 Mrd. US$, und die Banken vergaben auf diesen Märkten Kredite in Höhe von insgesamt 76 Mrd. US$. Der Erwerb von überseeischen Aktien durch Investoren in industrialisierten Volkswirtschaften nahm zwischen 1970 und 1997 um einen Faktor von 197 zu. In den USA stiegen die überseeischen Investitionen der Rentenfonds von unter 1% ihres Vermögens 1980 auf 17% 1997. In der globalen Wirtschaft kontrollierten 1995 Versicherungsfonds, Rentenfonds und institutionelle Investoren im Allgemeinen 20 Billionen US$. Das ist etwa zehn Mal so viel wie 1980 und ein Betrag, der etwa zwei Dritteln des globalen BIP dieser Zeit entspricht. Berechnet in durchschnittlichen Jahresraten stieg zwischen 1983 und 1995 bei einem realen Wachstum des Welt-BIP um 3,4% und einem Anstieg im Volumen des Welthandels um 6,0% die gesamte Emission von Schuldverschreibungen und Anleihen um 8,2% und die Gesamtsumme von Aktien, offenstehenden Schuldverschreibungen und Anleihen um 9,8%. Im Ergebnis beliefen sich 1998 Aktien sowie begebene Anleihen und Schuldverschreibungen auf ungefähr 7,6 Billionen US$, eine Zahl, die mehr als ein Viertel des globalen BIP ausmacht.[59]

Eine problematische Entwicklung im Rahmen der finanziellen Globalisierung ist der erstaunliche Umfang des Devisenhandels, der die Wechselkurse zwischen nationalen Währungen bestimmt und entscheidend die Autonomie der Regierungen in der Währungs- und Finanzpolitik untergräbt. Der Tagesumsatz der Devisenmärkte rund um die Welt erreichte 1998 1,5 Billionen US$, was mehr als 110% des BIP von Großbritannien für 1998 entspricht. Dieser Umfang des Devisenhandels bedeutete global zwischen 1986 und 1998 eine Wertzunahme um den Faktor acht. Diese außerordentliche Steigerung hatte im Großen und Ganzen nichts mit dem internationalen Handel zu tun. Das Verhältnis zwischen dem Jahresumsatz in Devisen und dem Volumen der Weltexporte stieg von 12:1 1979 auf 60:1 1996, worin sich der vorwiegend spekulative Charakter des Devisenhandels zeigt.

---

59   Held u.a. (1999: 203).

Tabelle 2.7 Ausländische Aktiva und Passiva als Prozent aller Aktiva und Passiva von Geschäftsbanken für ausgewählte Länder, 1960-1997

	1960	1970	1980	1990	1997
Frankreich					
Aktiva	–	16,0	30,0	24,9	34,6
Passiva	–	17,0	22,0	28,6	32,7
Deutschland					
Aktiva	2,4	8,7	9,7	16,3	18,2
Passiva	4,7	9,0	12,2	13,1	20,6
Japan					
Aktiva	2,6	3,7	4,2	13,9	16,4
Passiva	3,6	3,1	7,3	19,4	11,8
Schweden					
Aktiva	5,8	4,9	9,6	17,7	36,4
Passiva	2,8	3,8	15,0	45,0	41,9
Vereinigtes Königreich					
Aktiva	6,2	46,1	64,7	45,0	51,0
Passiva	13,9	49,7	67,5	49,3	51,6
Vereinigte Staaten					
Aktiva	1,4	2,2	11,0	5,6	3,8
Passiva	3,7	5,4	9,0	6,9	8,5

Quelle: Berechnet nach IMF, *International Financial Statistics Yearbook* (versch. Jgg.) von Held u.a. (1999: Tabelle 4.17)

Die globale Interdependenz der Finanzmärkte ist das Resultat von fünf wesentlichen Entwicklungen. Der erste Faktor ist die Deregulierung der Finanzmärkte in den meisten Ländern und die Liberalisierung der grenzüberschreitenden Transaktionen. Ein Wendepunkt in diesem Prozess der Deregulierung war der so genannte „Big Bang" der Londoner City am 27. Oktober 1987. Die damit gewonnene neue finanzielle Freiheit ermöglichte es, Kapital aus allen möglichen Quellen von beliebigen Orten zu mobilisieren und an beliebigen Orten zu investieren. In den USA nahmen zwischen 1980 und den späten 1990er Jahren die Investitionen von Rentenfonds, Versicherungsfonds und institutionellen Investoren um den Faktor zehn zu, so dass 1998 die Kapitalisierung des Aktienmarktes in den USA 140% des BIP betrug.

Das zweite Element ist die Entwicklung einer technologischen Infrastruktur, zu der avancierte Telekommunikation, interaktive Informationssysteme und leistungsstarke Computer gehören, die in der Lage sind, mit hoher Geschwindigkeit die Modelle zu berechnen, die erforderlich sind, um die Komplexität der Transaktionen zu handhaben. Der dritte Faktor in dieser Verflechtung ergibt sich aus der Natur neuer finanzieller Produkte wie Derivate (*Futures*, Optionen, *Swaps* und andere komplexe Produkte). Derivate sind hybride Wertpapiere, die häufig die Werte von Aktien, Schuldverschreibungen, Optionen, Waren und Währungen aus unterschiedlichen Ländern miteinander kombinieren. Sie operieren auf der Basis mathematischer Modelle. Sie rekombinieren Wert rund um die Welt und quer durch die Zeit und schaffen so Marktkapitalisierung aus Marktkapitalisierung. Manche Schätzungen geben den Marktwert der 1997 gehandelten Derivate mit ungefähr 360 Billionen US$ an, was dem zwölffachen Wert des globalen BIP entspräche.[60] Durch die Verbindung von Produkten, die auf unterschiedlichen Märkten gehandelt werden, verknüpfen die Derivate den Erfolg auf diesen Märkten mit der Produktbewertung auf jedem beliebigen Markt. Fällt der Wert einer der Komponenten eines Derivats (z.B. eine Währung), so kann die Entwertung durch die Entwertung des Derivates auf die anderen Märkte weitergeleitet werden, unabhängig vom Markterfolg dort, wo das Derivat gehandelt wird. Aber diese Entwertung kann durch die Neubewertung einer anderen Komponente des Derivates ausgeglichen werden. Die relativen Proportionen und der Zeitpunkt von Bewegungen der Auf- und Abwertung der verschiedenen Komponenten sind weitgehend unvorhersagbar. Wegen dieser Komplexität erhöhen die Derivate die Unbeständigkeit in den globalen Finanznetzwerken.

Eine vierte Quelle der Integration der Finanzmärkte umfasst spekulative Bewegungen von Finanzströmen, die sich mit hoher Geschwindigkeit in bestimmte Märkte, in einen Wert oder eine Währung hinein und wieder hinaus bewegen, um sich entweder Bewertungsunterschiede zunutze zu machen oder einen Verlust zu vermeiden. Damit werden Markttrends in beide Richtungen verstärkt und diese Bewegungen auf Märkte rund um die Welt weitergeleitet.[61] In dieser neuen Umgebung sind Finanzorganisationen, die ursprünglich geschaffen wurden, um Risiken entgegenzusteuern, wie etwa Hedge-Funds, zu wesentlichen Instrumenten der globalen Integration, Spekulation und letztendlich der finanziellen Instabilität geworden. Hedge-Funds unterliegen für gewöhnlich nur lockerer Regulierung und sind oft an *Offshore*-Standorten außerhalb der wichtigen Finanzzentren angesiedelt. Sie verwalten das Geld von Großinvestoren, zu denen Banken und institutionelle Investoren gehören, in der Hoffnung auf höhere Erträge – zum Preis des größeren Risikos – als sie auf den Märkten innerhalb der Beschränkungen einer regulierten Umgebung zu erzielen sind. Das Kapital und der finanzielle Einfluss der Hedge-Funds sind während der 1990er Jahre raketenartig in die Höhe geschossen. Zwischen 1990 und 1997 ist ihr Vermögen um das Zwölffache gewachsen, und Ende der 1990er Jahre verwalteten etwa 3.500 Hedge-Funds 200 Mrd. US$. Und sie benutzten dieses Kapital, um weit höhere Summen zu leihen und damit zu spekulieren.[62]

Fünftens sind auch Unternehmen zur Evaluation von Märkten wie Standard & Poor oder Moody's mächtige Verbindungsglieder zwischen den Finanzmärkten. Durch die Bewertung von Sicherheiten und manchmal von ganzen Volkswirtschaften nach globalen Standards der Zuverlässigkeit sind sie dabei, auf den Märkten rund um die Welt gemeinsamen Regeln Geltung zu verschaf-

---

60 Kristoff und Wyatt (1999).
61 Soros (1998).
62 Kristoff und Wyatt (1999).

fen. Ihre Einschätzungen lösen oftmals Bewegungen auf bestimmten Märkten aus, die sich dann auf andere Märkte ausdehnen (z.B. in Südkorea 1997).[63]

Weil Kapitalmärkte und Währungen voneinander abhängig sind, gilt dies auch für Geldpolitik und Zinssätze. Und dasselbe trifft auf Volkswirtschaften überall zu. Wenn auch die großen Konzernzentralen die menschlichen Ressourcen und die Einrichtungen bereitstellen, die notwendig sind, um das immer komplexer werdende finanzielle Netzwerk in Gang zu halten,[64] so finden doch die eigentlichen Kapitaloperationen in den Informationsnetzwerken statt, die diese Zentren miteinander verbinden. Die Kapitalströme werden zur selben Zeit global und gegenüber dem tatsächlichen Wirtschaftsverlauf zunehmend autonom.[65] Am Ende sind es die Kapitalbewegungen auf den global voneinander abhängigen Finanzmärkten, die das Schicksal der gesamten Wirtschaft bestimmen. Diese Bewegungen sind nicht vollständig von ökonomischen Regeln abhängig. Finanzmärkte sind zwar Märkte, aber diese Märkte sind so unvollkommen, dass sie nur teilweise auf die Gesetze von Angebot und Nachfrage reagieren. Bewegungen auf den Finanzmärkten sind das Resultat komplexer Kombinationen von Marktregeln, von Geschäftsstrategien, von politisch motivierten Strategien, von Winkelzügen der Zentralbanken, von technokratischer Ideologie, von Massenpsychologie, von spekulativen Manövern und von Informationsturbulenzen unterschiedlichen Ursprungs.[66] Die Kapitalströme, die sich daraus in bestimmte Sicherheiten und spezifische Märkte hinein und wieder hinaus ergeben, werden durch die ganze Welt hindurch mit Lichtgeschwindigkeit weitergeleitet, wenn auch die Auswirkungen dieser Bewegungen von jedem Markt einzeln – und auf unvorhersehbare Weise – verarbeitet werden. Wagemutige Finanzinvestoren versuchen, den Tiger zu reiten, antizipieren in ihren Computer-Modellen Trends und wetten auf eine Reihe unterschiedlicher Szenarios. Damit schaffen sie Kapital aus Kapital und steigern den Nominalwert exponentiell – während sie periodisch einen Teil dieses Wertes im Lauf von „Marktkorrekturen" wieder vernichten. Das Ergebnis dieses Prozesses ist die Zunahme der Konzentration von Wert und Wertschöpfung in der Finanzsphäre, im globalen Netzwerk von Kapitalströmen, die von Netzwerken von Informationssystemen und deren Helfern in Gang gehalten werden. Die Globalisierung der Finanzmärkte ist das Rückgrat der neuen globalen Wirtschaftsform.

---

63 Kim (1998).
64 Sassen (1991).
65 Chesnais (1994); Lee u.a. (1994).
66 Soros (1998); Zaloom (i.E.).

Globalisierung der Märkte für Güter und Dienstleistungen: Wachstum und Transformation des internationalen Handels

Der internationale Handel war historisch das Hauptverbindungsglied zwischen den Volkswirtschaften. Im aktuellen Globalisierungsprozess ist seine relative Bedeutung jedoch geringer als diejenige der finanziellen Integration und ebenso als diejenige der Internationalisierung der Auslands-Direktinvestitionen und der Produktion. Aber noch immer ist der Handel ein grundlegender Bestandteil der neuen globalen Wirtschaft.[67] Der internationale Handel ist im letzten Drittel des 20. Jahrhunderts erheblich angewachsen, sowohl was sein Gesamtvolumen angeht als auch im Hinblick auf seinen Anteil am BIP. Das gilt für entwickelte Länder ebenso wie für Entwicklungsländer (s. Abb. 2.3). Für die entwickelten Länder stieg der Prozentsatz der Exporte am BIP von 11,2% 1913 auf 23,1% 1985, während die entsprechende Zahl für Importe 1880-1900 bei 12,4% lag und 1985 bei 21,7%. Bei den nicht-erdölexportierenden Ländern betrug der Wertanteil der Exporte am BIP in den späten 1990er Jahren etwa 20%. Betrachten wir einzelne Länder und vergleichen den Anteil des Exportwertes am BIP 1913 mit dem von 1997, so zeigen die USA einen Zuwachs von 4,1 auf 11,4%, das Vereinigte Königreich von 14,7 auf 21%, Japan von 2,1 auf 11%, Frankreich von 6,0 auf 21,1% und Deutschland von 12,2 auf 23,7%. Insgesamt schwankten die Schätzungen des Anteils der Weltexporte an der Weltproduktion für 1997 zwischen 18,6 und 21,8%. In den Vereinigten Staaten stieg von Mitte der 1980er Jahre bis Ende der 1990er Jahre der Anteil von Export plus Import am Bruttoinlandsprodukt von 18 auf 24%.

Die Evolution des internationalen Handels im letzten Viertel des 20. Jahrhunderts war durch vier wesentliche Trends gekennzeichnet: seine sektorale Transformation; seine relative Diversifizierung, wobei sich ein zunehmender Anteil des Handels auf Entwicklungsländer verlagerte, freilich wiederum mit großen Unterschieden zwischen einzelnen dieser Länder; das Zusammenspiel zwischen der Liberalisierung des globalen Handels und der Regionalisierung der Weltwirtschaft; und die Herausbildung eines Netzwerkes von Handelsbeziehungen zwischen Unternehmen, das Regionen- und Ländergrenzen durchschneidet. Zusammengenommen bestimmen diese Trends die Form der Handelsdimension innerhalb der neuen globalen Wirtschaftsform. Wir wollen uns jeden einzelnen von ihnen näher ansehen.

---

67 Tyson (1992); Hockman und Kostecki (1995); Krugman (1995); Held u.a. (1999: 476-492).

Abbildung 2.3 Wachstum von Handel und Kapitalströmen, 1970-1995 (Index 1980 = 1)

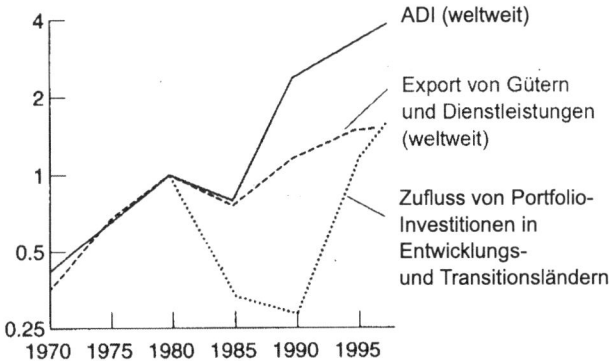

Quelle: Data from World Bank and UNCTAD, bearbeitet von UNDP (1999)

Handel mit Fertigwaren macht den Großteil des internationalen Handels außerhalb des Energiesektors aus. Das steht in deutlichem Gegensatz zum Überwiegen von Rohstoffen in der Zusammensetzung des internationalen Handels früherer Perioden. Seit den 1960er Jahren machte der Handel mit Fertigwaren den größten Teil des Welthandels aus. Ende der 1990er Jahre machte er drei Viertel des gesamten Handels aus. Diese sektorale Transformation findet mit der zunehmenden Bedeutung von Dienstleistungen im internationalen Handel ihre Fortsetzung, was durch internationale Vereinbarungen begünstigt wird, die diesen Handel liberalisieren. Der Aufbau einer Infrastruktur im Transport- und Telekommunikationsbereich unterstützt die Globalisierung von unternehmensbezogenen Dienstleistungen. Mitte der 1990er Jahre wurde der Wert des Handels mit Dienstleistungen auf über 20% des gesamten Welthandels geschätzt.

Es gibt noch eine tiefergehende Transformation in der Struktur des Handels: Die Wissenskomponente in Gütern und Dienstleistungen wird entscheidend in Bezug auf den enthaltenen Mehrwert. Damit kommt zu der traditionellen Schieflage im Handel zwischen entwickelten Ländern und Entwicklungsländern, die sich aus dem ungleichen Tausch zwischen hoch bewerteten Fertigwaren und geringer bewerteten Rohstoffen ergibt, noch eine weitere Form des Ungleichgewichtes hinzu. Das ist der Handel zwischen hochtechnologischen Gütern und solchen, die auf niedrigeren Technologien beruhen, sowie zwischen Dienstleistungen mit hohen und solchen mit niedrigen Wissensanteilen. Dies ist bestimmt durch die ungleichmäßige Verteilung von Wissen und Technologie zwischen Ländern und Regionen auf der ganzen Welt. Von 1976 bis 1996 steigerte sich der Anteil der Güter auf hohem und mittlerem technologischen Niveau am globalen Handel von etwa einem Drittel auf gut über die Hälfte (s. Abb. 2.4). Daraus folgt, dass die Außenorientierung einer Volkswirtschaft noch nicht ihre Entwicklung garantiert. Alles hängt von dem Wert dessen ab, was die Volkswirtschaft in der Lage ist zu exportieren. Deshalb weist das subsaharanische Afrika einen höheren prozentualen Anteil des Exports am BIP auf als die entwickelten Volkswirtschaften, 20% in den 1990er Jahren – eine der größten Paradoxien unter den neuen Wachstumsmustern. Weil diese Exporte sich aber auf niedrigwertige Rohstoffe konzentrieren, hält der Prozess des ungleichen Tausches die afrikanischen Volkswirtschaften in ihrer Armut fest, während kleine Eliten von einem aus nationaler Sicht unrentablen Handel persönlich profitieren. Technologische Fähigkeiten, technologische Infrastruktur, Zugang zu Wissen und hochqualifizierte Humanressourcen werden im Rahmen der neuen internationalen Arbeitsteilung zu entscheidenden Quellen der Wettbewerbsfähigkeit.[68]

Tabelle 2.8 Richtung der Welt-Exporte, 1965-1995
(Prozent des Welt-Gesamt)

	Zwischen entwickelten Volkswirtschaften	Zwischen entwickelten und Entwicklungsländern	Zwischen Entwicklungsländern
1965	59,0	32,5	3,8
1970	62,1	30,6	3,3
1975	46,6	38,4	7,2
1980	44,8	39,0	9,0
1985	50,8	35,3	9,0
1990	55,3	33,4	9,6
1995	47,0	37,7	14,1

Die Gesamtsummen addieren sich nicht auf 100 wegen des Handels mit den Comecon-Ländern, nicht klassifizierten Ländern und fehlerhaften Ausgangsdaten.

Quelle: Berechnet nach IMF, Direction of Trade Statistics Yearbook (versch. Jgg.) von Held u.a. (1999: Tabelle 3.6)

Neben der weltweiten Ausweitung des internationalen Handels hat es einen Trend zur relativen Diversifizierung der handeltreibenden Gebiete gegeben (wie aus Tab. 2.8 hervorgeht). 1965 machten Exportgeschäfte zwischen den entwickelten Ländern 59% des Gesamtexports aus, 1995 war dieser Anteil auf 47% gefallen, während die entsprechende Zahl für Exportgeschäfte zwischen Entwicklungsländern von 3,8 auf 14,1% anstieg. Diese Ausweitung der geografischen Basis des internationalen Handels muss aber durch eine Reihe von Überlegungen relativiert werden. Erstens sind die entwickelten Volkswirtschaften noch immer mit weitem Vorsprung die wichtigsten Partner im internationalen Handel; anstatt durch Konkurrenz aus dem Rennen geworfen zu werden, haben sie ihre Handelsstrategien auf die neu sich industrialisierenden Volkswirtschaften ausgedehnt. Zweitens ist der Anteil der Entwicklungsländer an den Exporten von verarbeiteten Produkten zwar erheblich angestiegen, von 6% 1965 auf 20% 1995; doch damit bleiben noch immer 80% für die entwickelten Länder. Drittens wird der Handel mit hochwertigen Produkten mit hohem Technolo-

---

68 World Bank (1998).

giegehalt in überwältigendem Ausmaß von den entwickelten Ländern dominiert und ist zudem im branchenintern Handel der entwickelten Länder konzentriert. Viertens herrscht auch in dem immer wichtiger werdenden Handel mit Dienstleistungen ein Übergewicht der entwickelten Volkswirtschaften: 1997 tätigten die OECD-Länder 70,1% der gesamten Dienstleistungsexporte und 66,8% der Dienstleistungsimporte. Fünftens sind die Exporte von Fertigwaren aus Entwicklungsländern bei einer Handvoll neu industrialisierter und sich industrialisierender Länder konzentriert, meist in Ostasien. Dagegen stagnierten während der 1990er Jahre die Anteile Afrikas und des Nahen Ostens am Welthandel, und der Anteil Lateinamerikas blieb auf gleichem Niveau. Jedoch wird China in den Berechnungen in Tabelle 2.8 nicht berücksichtigt, und seine Exporte sind erheblich angestiegen, zwischen 1970 und 1997 mit einem Jahresdurchschnitt von etwa 10%. Das hat zu einem Gesamtanteil der Entwicklungsländer am Weltexport beigetragen, der deutlich über der 20-Prozent-Marke liegt. Damit blieben den OECD-Volkswirtschaften Ende des 20. Jahrhunderts noch immer 71% der Gesamtexporte von Gütern und Dienstleistungen auf der Welt, während sie lediglich 19% der Weltbevölkerung stellten.[69]

Demnach erhält die neue internationale Arbeitsteilung einerseits die Handelsdominanz der OECD-Länder aufrecht, was besonders für den Handel mit hochwertigen Gütern gilt. Dies geschieht durch technologische Verfeinerung und durch den Handel mit Dienstleistungen. Andererseits eröffnen sich so neue Wege zur Integration von Volkswirtschaften, die sich im Prozess der Industrialisierung befinden, in das System des internationalen Handels; diese Integration ist jedoch extrem ungleichmäßig und hochgradig selektiv. Sie schafft eine grundlegende Kluft zwischen Ländern und Regionen, die traditionell unter der vagen Bezeichnung des „Südens" zusammengefasst wurden.

Globalisierung versus Regionalisierung?

Während der 1980er und 1990er Jahre war die Evolution des internationalen Handels durch die Spannung zwischen zwei anscheinend widersprüchlichen Tendenzen gekennzeichnet: einerseits der zunehmenden Liberalisierung des Handels, andererseits einer ganzen Bandbreite von Regierungsvorhaben zur Errichtung von Handelsblöcken. Die wichtigste dieser Handelsregionen ist die Europäische Union, aber der erkennbare Trend zur Regionalisierung der Weltwirtschaft war auch in anderen Weltregionen zu spüren, wie dies das Nordamerikanische Freihandelsabkommen (NAFTA), der MERCOSUR und der Asian Pacific Economic Council (APEC) zeigen. Diese Tendenzen haben zusammen mit den hartnäckigen protektionistischen Praktiken auf der ganzen Welt und vor

---

69 UNDP (1999).

allem in Ost- und Südasien eine Reihe von Beobachtern und auch mich selbst veranlasst, das Konzept einer regionalisierten globalen Ökonomie vorzuschlagen,[70] also ein globales System des Handels zwischen Handelszonen, wobei die Zölle innerhalb einer Zone zunehmend homogenisiert werden, während die Handelsbarrieren gegenüber dem Rest der Welt aufrecht erhalten bleiben. Jedoch gibt eine genauere Betrachtung des empirischen Materials im Lichte der Entwicklungen in den späten 1990er Jahren Anlass, die Regionalisierungsthese in Frage zu stellen. Held und seine Mitarbeiter kommen bei der Kritik einer Reihe von Studien zu dem Schluss, dass „das empirische Material zeigt, dass die Regionalisierung des Handels zum interregionalen Handel komplementär ist und parallel dazu zugenommen hat"[71]. So zeigt eine Studie von Anderson und Norheim über Welthandelsstrukturen seit den 1930er Jahren eine gleich große Zunahme des Handels sowohl zwischen als auch innerhalb der Regionen. Die Intensität des intra-regionalen Handels ist in Westeuropa sogar niedriger als in Amerika oder in Asien, was Annahmen über die Bedeutung der Institutionalisierung für die Verstärkung des Handels innerhalb der Region erschüttert.[72] Andere Studien belegen eine zunehmende Neigung zu extraregionalem Handel in Amerika und Asien und eine schwankende Orientierung in Europa.[73]

Die Entwicklungen in den 1990er Jahren zwingen uns dazu, die Regionalisierungsthese gründlicher zu überprüfen. 1999 wurde die Europäische Union in allen praktischen Belangen eine Volkswirtschaft mit vereinheitlichten Zöllen, einer einzigen Währung und einer Europäischen Zentralbank. Die Übernahme des Euro durch Großbritannien und Schweden schien eine Frage der Zeit, wenn nur erst die innenpolitischen Voraussetzungen geschaffen wären. Es erscheint daher unzutreffend, die Europäische Union noch weiter als Handelsblock zu begreifen, weil der interne Handel der EU nicht international, sondern interregional ist, ähnlich wie der interregionale Handel innerhalb der Vereinigten Staaten. Das bedeutet nicht, dass die europäischen Staaten verschwinden, wie ich in Band III ausführlich darlegen werde. Aber sie haben gemeinsam eine neue Art von Staat ausgeformt, den Netzwerkstaat, zu dessen Schlüsselmerkmalen gehört, dass er eine gemeinsame Wirtschaft hat und nicht nur ein Handelsblock ist.

Betrachten wir nun die asiatische Pazifikregion. Frankel hat berechnet, dass der größte Teil des Wachstums des innerasiatischen Handels während der 1980er Jahre eine Funktion der hohen wirtschaftlichen Wachstumsraten in der Region war, wodurch ihr Anteil an der Weltwirtschaft gestiegen ist. Verstärkt wurde dies durch die geografische Nähe.[74] Cohen und Guerrieri unterschieden in ihrer Revision der Frankelschen Analyse zwei Perioden des innerasiatischen

---

70 Castells (1993); Cohen (1993).
71 Held u.a. (1999: 168).
72 Anderson und Norheim (1993).
73 Held u.a. (1999: 168).
74 Frankel (1991).

Handels: 1970-85 und 1985-92.[75] Während der ersten Periode exportierten die asiatischen Länder vor allem in die übrige Welt, besonders nach Nordamerika und Europa. Die intra-regionalen Importe in Asien stiegen während dieser Periode kontinuierlich an. Jedoch erzielte innerhalb Asiens Japan im Handel mit seinen Nachbarn deutliche Überschüsse. Japan hatte also einen Handelsüberschuss durch den Handel mit Nordamerika, Europa und Asien, während die asiatischen Länder ihr Defizit mit Japan dadurch ausglichen, dass sie gleichfalls einen zusätzlichen Überschuss im Handel mit Amerika und Europa aufbauten. Während der zweiten Periode stieg der innerasiatische Handel erheblich an, von 32,5% aller asiatischen Exporte 1985 auf 39,8% 1992. Die intra-regionalen Importe erreichten 45,1% aller asiatischen Importe. Diese aggregierte Zahl verdeckt allerdings eine wichtige Asymmetrie: Die Importe Japans aus Asien gingen zurück, während seine Exporte nach Asien zunahmen, und zwar vor allem im technologieintensiven Bereich. Das Handelsdefizit Asiens gegenüber Japan nahm während dieser Periode erheblich zu. Wie schon während der ersten Periode erwirtschafteten die asiatischen Länder zum Ausgleich für ihr Handelsdefizit mit Japan Überschüsse gegenüber den Vereinigten Staaten und in geringerem Maße gegenüber Europa. Die Schlussfolgerungen dieser Analyse sprechen gegen die Annahme einer integrierten asiatisch-pazifischen Region. Der Grund liegt darin, dass die interne Handelsdynamik in der Region und das Ungleichgewicht zwischen Japan und dem übrigen Asien dadurch aufgefangen wurden, dass beständig Handelsüberschüsse gegenüber dem Rest der Welt und besonders gegenüber den Vereinigten Staaten erzielt wurden. Die Zunahme des innerasiatischen Handels hat an der grundlegenden Abhängigkeit der Region von ihrer Exportleistung auf dem Weltmarkt, vor allem in den nicht-asiatischen OECD-Ländern nichts geändert. Die Rezession der japanischen Wirtschaft in den 1990er Jahren und die Asienkrise von 1997/98 haben diese Abhängigkeit von außerregionalen Märkten noch verstärkt. Angesichts der zurückgehenden regionalen Nachfrage setzten die asiatischen Volkswirtschaften für ihre Erholung auf eine gesteigerte Exportleistung auf Märkten außerhalb der Region. Das bedeutete, noch konkurrenzfähiger zu werden, und zwar mit erheblichen Erfolgen vor allem für Unternehmen in Taiwan, Singapur und Südkorea (s. Bd. III, Kap. 4). Das Hinzutreten Chinas als eines der großen Exportländer der Welt (vor allem auf den US-Markt) und die zunehmende Außenorientierung der indischen Ökonomie lassen das Pendel endgültig zugunsten eines Handelsmusters der asiatischen Volkswirtschaften ausschlagen, das in viele Richtungen gleichzeitig orientiert ist. Was APEC angeht, so ist dies lediglich ein konsultativer Zusammenschluss, der in enger Zusammenarbeit mit den Vereinigten Staaten und der Welthandelsorganisation steht. Die am stärksten beachtete Initiative von APEC war die Osaka-Deklaration, die das Ziel des Freihandels rund um den Pazifik bis 2010 proklamierte. Aber das kann man nicht als Schritt hin zu regionaler

---

75 Cohen und Guerrieri (1995).

Integration betrachten, sondern vielmehr als ein Projekt zur vollständigen Integration der pazifischen Länder in den Welthandel. Außerdem trifft die institutionelle Integration der asiatischen Pazifikregion auf unüberwindbare geopolitische Schwierigkeiten. Der Aufstieg Chinas zur Supermacht und die dauerhaften Erinnerungen an den japanischen Imperialismus im Zweiten Weltkrieg machen ein Modell institutioneller Kooperation ähnlich der Europäischen Union zwischen den beiden Wirtschaftsgiganten der Region ebenso undenkbar wie zwischen ihnen und ihren Nachbarn. Damit ist die Möglichkeit eines Yen-Blocks oder einer Zollunion in der asiatischen Pazifikregion ausgeschlossen. Insgesamt ist das, was wir beobachten, die Integration der asiatischen Pazifikregion in die globale Ökonomie und nicht eine intraregionale pazifische Implosion.

Wenn wir auf den amerikanischen Doppelkontinent überwechseln, so institutionalisiert NAFTA einfach die bereits bestehende gegenseitige Durchdringung der drei nordamerikanischen Volkswirtschaften. Die kanadische Wirtschaft ist schon lange eine Region der US-Wirtschaft. Die wesentliche Veränderung betrifft Mexiko, weil es den USA hier gelungen ist, die Zollschranken zu beseitigen, was hauptsächlich US-Firmen zu beiden Seiten der Grenze zugute kommt. Doch die Liberalisierung des Außenhandels und von Investitionen war in Mexiko schon in den 1980er Jahren im Gange, wie auch am Maquiladoras-Programm deutlich wird. Wenn wir den freien Kapital- und Währungsverkehr hinzunehmen, die massenhaften Ströme mexikanischer Arbeitskräfte über die Grenze und die Bildung von grenzüberschreitenden Produktionsnetzwerken in der verarbeitenden Industrie und in der Landwirtschaft, so ist das, was wir beobachten, nicht die Entstehung eines Handelsblocks, sondern die Herausbildung einer einzigen, nämlich der nordamerikanischen Wirtschaft, zu der die USA, Kanada und Mexiko gehören.[76] Die zentralamerikanischen und karibischen Volkswirtschaften sind vorerst mit Ausnahme Cubas Satelliten des NAFTA-Blocks, was in historischer Kontinuität zu ihrer Abhängigkeit von den Vereinigten Staaten steht.

Der MERCOSUR umfasst Brasilien, Argentinien, Uruguay und Paraguay, während Bolivien und Chile zur Jahrhundertwende eng assoziiert sind. Dies ist der vielversprechendste Entwurf einer wirtschaftlichen Integration Südamerikas. Mit einem BIP von 1998 zusammen 1,2 Billionen US$ und einem potenziellen Markt von über 230 Mio. Menschen ist dies tatsächlich das eine Fallbeispiel, das der Vorstellung von einem Handelsblock nahe kommt. Es gibt einen allmählichen Prozess der Vereinheitlichung der Zölle innerhalb des MERCOSUR, was zu einer Intensivierung des Handels innerhalb dieser Zone führt. Mögliche weitere Abkommen mit Ländern des Andenpaktes könnten das Handelsbündnis auf ganz Südamerika ausweiten. Es bestehen jedoch sehr schwierige Hindernisse bei der Konsolidierung von MERCOSUR: Das Wichtigste besteht in der Notwendigkeit, die Währungs- und Finanzpolitik zu koordinieren, was letztlich

---

76 Tardanico und Rosenberg (2000).

hieße, die Währungen der einzelnen Mitgliedstaaten aneinander zu koppeln. Ernsthafte Spannungen zwischen Brasilien und Argentinien zeigten 1999 die Zerbrechlichkeit des Abkommens ohne einen koordinierten Ansatz in Fragen der Finanzintegration im Rahmen der globalen Wirtschaft. Der wichtigste Aspekt der Entwicklung des MERCOSUR besteht eigentlich darin, dass er die zunehmende Unabhängigkeit der südamerikanischen Volkswirtschaften gegenüber den Vereinigten Staaten zum Ausdruck bringt. So übertrafen in den 1990er Jahren die Exporte des MERCOSUR in die Europäische Union die Exporte in die Vereinigten Staaten. Zusammen mit zunehmenden europäischen Investitionen in Südamerika – vor allem aus Spanien – könnte die Konsolidierung des MERCOSUR eine Tendenz zu einer multidirektionalen Integration Südamerikas in die globale Wirtschaft anzeigen.

Während die Versuche zur Schaffung von Handelsblöcken in den 1990er Jahren entweder versandeten oder sich hin zu vollständiger wirtschaftlicher Integration entwickelten, wurde die Öffnung des internationalen Handels durch eine Anzahl institutioneller Schritte hin zu seiner Liberalisierung vorangebracht. Nachdem die Uruguay-Runde des GATT mit dem Marrakesh-Abkommen 1994 zu einem erfolgreichen Abschluss gekommen war und zur deutlichen Senkung der Zölle auf der ganzen Welt führte, wurde eine neue Organisation, die Welthandelsorganisation (WTO) ins Leben gerufen, um als Wachhund für eine liberale Handelsordnung und als Vermittler bei Streitigkeiten zwischen den Handelspartnern zu fungieren. Von der WTO geförderte multilaterale Abkommen haben einen neuen Rahmen für den internationalen Handel geschaffen und die globale Integration vorangebracht. Ende der 1990er Jahre konzentrierte die WTO auf Initiative der US-Regierung ihre Tätigkeit auf die Liberalisierung des Handels mit Dienstleistungen und auf die Erzielung eines Abkommens über handelsbezogene Aspekte der geistigen Eigentumsrechte (TRIPS). In beiderlei Hinsicht wurde hier die strategische Verbindung zwischen dem neuen Stadium der Globalisierung und der informationellen Ökonomie unterstrichen.

Bei näherem Hinsehen unterscheidet sich die Konfiguration der globalen Wirtschaft an der Jahrhundertwende daher entschieden von den regionalisierten Strukturen, die in den Hypothesen der frühen 1990er Jahre vorausgesehen worden waren. Die Europäische Union ist eine Volkswirtschaft und keine Handelsregion. Osteuropa ist dabei, Teil der Europäischen Union zu werden und wird für einige Zeit im Wesentlichen ein Anhängsel der EU sein. Russland wird lange Zeit brauchen, bis es sich von seiner verheerenden Transition zu einem ungebändigten Kapitalismus erholt hat, und wenn es schließlich in der Lage sein wird, mit der globalen Wirtschaft über seine momentane Rolle als Rohstofflieferant hinaus Handel zu treiben, so wird es dies zu seinen eigenen Bedingungen tun. Die NAFTA und Zentralamerika sind im Grunde Verlängerungen der US-Ökonomie. Der MERCOSUR ist für den Augenblick ein laufendes Projekt und beständig in Gefahr, durch die aktuellen Stimmungen der jeweiligen Präsidenten in Brasilien und Argentinien gefährdet zu werden. Die chilenischen Exporte diversifizieren sich über die ganze Welt. Das gilt vermutlich auch für die kolumbianischen, bolivianischen und peruanischen Exporte, besonders wenn wir den Wert ihres Hauptexportproduktes berücksichtigen – das nicht Kaffee heißt. Vor diesem Hintergrund scheint die traditionelle Abhängigkeit des südamerikanischen Handels von den Vereinigten Staaten zunehmend in Frage gestellt. Demnach scheint auch eine „Region des Doppelkontinents Amerika" nicht zu existieren, obwohl es die Einheit USA/NAFTA gibt und daneben das Projekt MERCOSUR mit seiner eigenständigen Entwicklung. Es gibt keine asiatisch-pazifische Handelsregion, obwohl es einen bedeutsamen transpazifischen Handel gibt (mit den USA an einem Ende). China und Indien machen ihre Position als eigenständige kontinentale Volkswirtschaften geltend, die ihre eigenen, unabhängigen Verbindungen mit den Netzwerken des internationalen Handels herstellen. Der Nahe Osten bleibt auf seine Rolle als Rohöllieferant festgelegt, und seine inländischen Volkswirtschaften sind nur wenig diversifiziert. Nordafrika ist dabei, zu einem Satelliten der Europäischen Union zu werden, als Bollwerk gegen unkontrollierbare und unerwünschte Immigration aus verarmten Ländern. Und das subsaharanische Afrika wird mit der wichtigen Ausnahme Südafrikas in der Weltwirtschaft zunehmend marginalisiert, wie ich in Band III zeigen werde. Schließlich scheint es so, dass es in der globalen Wirtschaft wenig Regionalisierung gibt, abgesehen von dem üblichen Muster von Handelsabkommen und -streitigkeiten zwischen der Europäischen Union, Japan und den Vereinigten Staaten. Zudem überlappen sich die Einflusssphären dieser drei wirtschaftlichen Supermächte immer mehr. Japan und Europa machen große Fortschritte in Lateinamerika. Die USA intensivieren ihren Handel mit Asien wie mit Europa. Japan weitet seinen Handel mit Europa aus. Und China und Indien sind dabei, mit einer Vielzahl von Partnern machtvoll in die globale Ökonomie einzutreten. Insgesamt hat sich der Prozess der Regionalisierung der globalen Ökonomie weitgehend aufgelöst und ist einer vielschichtigen Struktur von vielfältig vernetzten Handelsbeziehungen gewichen, die sich nicht mehr in Kategorien von Ländern als Einheiten von Handel und Wettbewerb begreifen lassen.

Die Märkte für Güter und Dienstleistungen werden in der Tat immer stärker globalisiert. Aber diejenigen, die eigentlich Handel treiben, sind nicht Länder, sondern Unternehmen und Netzwerke von Unternehmen. Das bedeutet nicht, dass alle Unternehmen weltweit verkaufen. Aber es bedeutet sehr wohl, dass das strategische Ziel aller Unternehmen, kleiner wie großer, darin besteht, wo immer sie auf der Welt verkaufen können, dies auch zu tun, entweder unmittelbar oder durch ihre Verbindung mit Netzwerken, die auf dem Weltmarkt operieren. Und tatsächlich gibt es großenteils dank der neuen Kommunikations- und Transporttechnologien Kanäle und Möglichkeiten, überall zu verkaufen. Das muss allerdings durch die Tatsache eingeschränkt werden, dass in den meisten Ländern der Binnenmarkt den größten Anteil zum BIP beiträgt und dass in den Entwicklungsländern die informelle Wirtschaft, die hauptsächlich auf lokale Märkte zielt, den überwiegenden Teil der städtischen Beschäftigung ausmacht. Auch schirmen einige wichtige Volkswirtschaften wie etwa Japan noch immer wichtige Segmente wie öffentliche Betriebe oder Einzelhandel durch staatliche Schutzmaßnahmen und kulturelle bzw. institutionelle Isolation von der weltweiten Konkurrenz ab.[77] Und öffentliche Dienstleistungen und Regierungsinstitutionen, die in jedem Land ein Drittel bis über die Hälfte der Arbeitsplätze stellen, sind und bleiben auf der ganzen Welt im Großen und Ganzen der internationalen Konkurrenz entrückt. Jedoch sind die herrschenden Segmente und Unternehmen, die strategischen Herzstücke aller Volkswirtschaften, tiefgreifend mit dem Weltmarkt verknüpft, und ihr Schicksal ist eine Funktion ihres Erfolges auf diesem Markt. Sektoren und Unternehmen, die nicht-marktgängige Produkte und Dienstleistungen herstellen, sind nicht zu verstehen, wenn man sie von den marktorientierten Sektoren isoliert. Die Dynamik der Binnenmärkte ist letztlich von der Fähigkeit der inländischen Firmen und Netzwerke abhängig, den globalen Wettbewerb zu bestehen.[78] Außerdem ist es nicht mehr möglich, den internationalen Handel von den transnationalen Produktionsprozessen von Gütern und Dienstleistungen zu trennen. So dürfte sich der unternehmensinterne Handel auf mehr als ein Drittel des gesamten internationalen Handels belaufen.[79] Und die Internationalisierung von Produktion und Finanz gehört zu den wichtigsten Wachstumsquellen für den internationalen Handel mit Dienstleistungen.[80]

Die Debatte über die Regionalisierung der globalen Wirtschaft verweist aber auf einen sehr wichtigen Punkt: die Rolle der Regierungen und internationalen Institutionen im Globalisierungsprozess. Firmennetzwerke, die auf dem globalen Markt Handel treiben, sind nur ein Teil der Geschichte. Genauso wichtig sind die Maßnahmen öffentlicher Institutionen, die den freien Handel fördern, einengen und formen, und die die Regierungen veranlassen, diejenigen ökonomischen Mitspieler zu unterstützen, deren Interessen sie vertreten. Aber die Komplexität des Zusammenspiels von Regierungsstrategien und Konkurrenz im Welthandel lässt sich nicht mit den simplifizierenden Begriffen von Regionalisierung und Handelsblöcken verstehen. Ich möchte einige Hinweise auf diesen an der politischen Ökonomie orientierten Ansatz zum Verständnis der Globalisierung geben, nachdem ich zuvor eine weitere Schicht ihrer Komplexität betrachtet habe: die vernetzte Internationalisierung des Kerns des Produktionsprozesses.

---

77 Tyson (1992).
78 Cohen (1990); BRIE (1992); Sandholtz u.a. (1992); World Trade Organization (1997, 1998).
79 UNCTAD (1995).
80 Daniels (1993).

Abbildung 2.4 Güter im internationalen Handel nach Technologie-Intensität, 1976/1996 (mittel- und hochtechnologische Güter sind diejenigen, die intensive F&E, gemessen durch die F&E-Ausgaben erfordern)

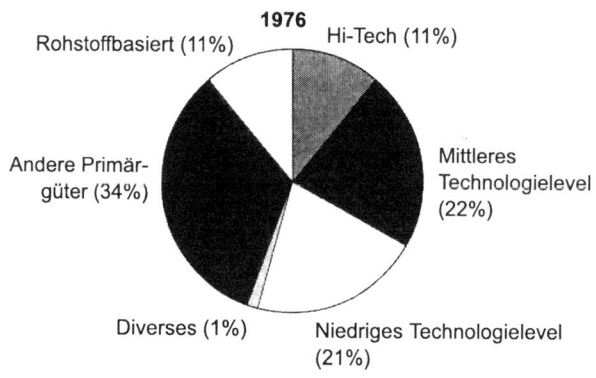

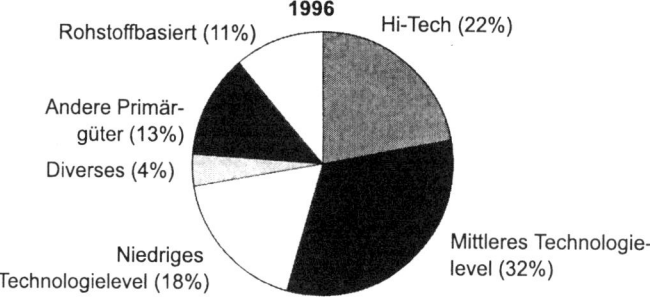

Quelle: World Bank, World Development Report (1998)

Internationalisierung der Produktion: Multinationale Konzerne und internationale Produktionsnetzwerke

Während der 1990er Jahre kam es zu einem beschleunigten Internationalisierungsprozess in Produktion, Distribution und Management von Gütern und Dienstleistungen. Dieser Prozess umfasste drei zusammenhängende Aspekte: Wachstum von Auslands-Direktinvestitionen, die entscheidende Rolle der multinationalen Konzerne als Produzenten in der globalen Wirtschaft und die Ausformung internationaler Produktionsnetzwerke.

Die Auslandsdirektinvestitionen (ADI) stiegen in der Zeit von 1980-95 um den Faktor 4 an, also sehr viel schneller als die Weltproduktion und der Welthandel (s. Abb. 2.4): Der Anteil von ADI an der weltweiten Kapitalbildung verdoppelte sich von 2% 1980 auf 4% Mitte der 1990er Jahre. Ende der 1990er

Abbildung 2.5 Auslandsdirektinvestitionen (als Prozentsatz der Gesamt-ADI)

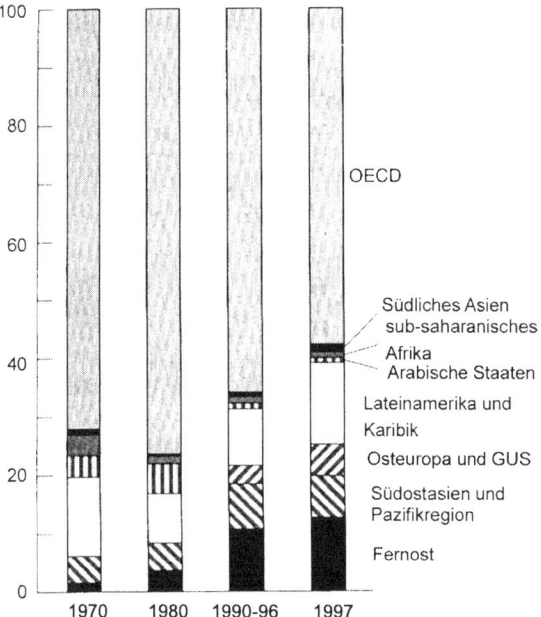

Quelle: Daten aus UNCTAD (1999) bearbeitet von UNDP (1999)

Jahre stieg ADI weiter mit etwa derselben Geschwindigkeit wie zu Beginn des Jahrzehnts. Der größte Teil der ADI stammt aus den OECD-Ländern, obwohl die Vorherrschaft der USA bei den ADI-Abflüssen trotz ihres höheren Volumens im Rückgang begriffen ist: Der Anteil der USA an ADI fiel von etwa 50% in den 1960er Jahren auf etwa 25% in den 1990er Jahren. Weitere wichtige Investoren hatten ihre Hauptquartiere in Japan, Deutschland, Großbritannien, Frankreich, den Niederlanden, Schweden und der Schweiz. Das meiste ADI-Aktienkapital ist anders als in früheren historischen Perioden in den entwickelten Volkswirtschaften konzentriert, und diese Konzentration ist im Lauf der Zeit angestiegen: 1960 betrug der Anteil der entwickelten Volkswirtschaften am ADI-Aktienkapital zwei Drittel; Ende der 1990er Jahre war er auf drei Viertel angewachsen. Jedoch hat sich das Muster der ADI-Ströme – im Unterschied zum Aktienkapital – zunehmend diversifiziert. Die Entwicklungsländer erhalten einen steigenden Anteil dieser Investitionen, wenn auch noch immer deutlich weniger als die entwickelten Volkswirtschaften (s. Abb. 2.5). Einige Studien zeigen, dass Ende der 1980er Jahre die ADI-Ströme weniger konzentriert waren als der internationale Handel. Während der 1990er Jahre erhöhten die Entwicklungsländer ihren Anteil an den ADI-Zuflüssen, auch wenn sie noch immer auf weniger als 10% des ADI-Aktienkapitals kamen. Dennoch bedeutet ein geringerer Anteil an den weltweiten ADI für die Entwicklungsländer einen bedeuten-

Abbildung 2.6 Grenzüberschreitende Zusammenschlüsse und Erwerbungen, 1992-1997

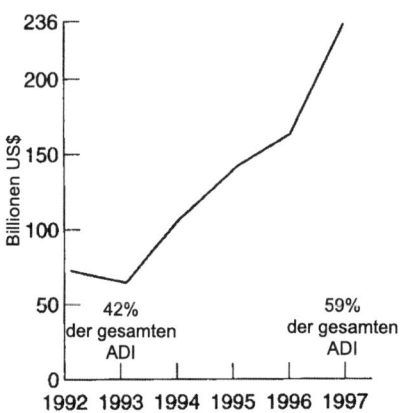

Quelle: Daten aus UNCTAD (1998) bearbeitet von UNDP (1999)

den Anteil an den gesamten Direktinvestitionen. So zeigten insgesamt die Muster der ADI in den 1990er Jahren einerseits die anhaltende Konzentration des Reichtums in den entwickelten Volkswirtschaften, aber andererseits eine steigende Diversifizierung der produktiven Investitionen im Gefolge der Internationalisierung der Produktion.[81]

Die ADI hängen mit der Expansion multinationaler Konzerne als wichtigste Produzenten in der globalen Wirtschaft zusammen. Sie nehmen in den entwickelten Volkswirtschaften und zunehmend auch in der Entwicklungswelt häufig die Form von Fusionen und Übernahmen an. Der Anteil grenzüberschreitender Fusionen und Übernahmen stieg sprunghaft von 42% der Gesamt-ADI 1992 auf 59% der ADI 1997, wobei ein Gesamtwert von 236 Mrd. US$ erreicht wurde (s. Abb. 2.6). Multinationale Konzerne (MNK) sind die wichtigste Quelle für ADI. Aber ADI machen nur 25% der Investitionen in die internationale Produktion aus. Die ausländischen Tochterfirmen der MNK finanzieren ihre Investitionen aus einer Reihe von Quellen, wozu auch Anleihen auf den lokalen und internationalen Geldmärkten gehören sowie Regierungssubventionen und Co-Finanzierungen mit lokalen Firmen. Die MNK und die mit ihnen verknüpften Produktionsnetzwerke sind der Vektor bei der Internationalisierung der Produktion, und die Ausweitung der ADI ist lediglich eine ihrer Erscheinungsformen. Tatsächlich ist die Ausweitung des Welthandels im Großen und Ganzen das Ergebnis der Produktion der MNK. Sie sind nämlich für zwei Drittel des gesamten Welthandels verantwortlich, einschließlich etwa eines Drittels des Welthandels, der zwischen den Teilunternehmen ein und desselben Konzerns stattfindet. Würden die Firmennetzwerke, die mit einem bestimmten MNK verbunden sind, in die Rechnung mit einbezogen, so stiege der Anteil des

---

81 IMF (1997); UNDP (1999).

Tabelle 2.9 Mutterkonzerne und ausländische Töchter nach Region und Land, letztes verfügbares Jahr (Anzahl)

Region/Volkswirtschaft	Mutterkonzerne mit Sitz im Land	Ausländische Töchter mit Sitz in der Volkswirtschaft[a]
Entwickelte Länder	36.380	93.628
Westeuropa	26.161	61.902
Europäische Union	22.111	54.862
Japan	3.967[b]	3.405[c]
Vereinigte Staaten	3.470[d]	18.608[e]
Entwicklungsländer	7.932	129.771
Afrika	30	134
Lateinamerika und Karibik	1.099	24.267
Süd-, Ost- und Südostasien	6.242	99.522
Westasien	449	1.948
Mittel- und Osteuropa	196	53.260
Welt 1997	44.508	276.659
Welt 1998	53.000	450.000

Diese Daten können erheblich von den vorangegangenen Jahren abweichen, weil Daten für zuvor nicht berücksichtigte Länder zugänglich werden, Definitionen geändert werden oder ältere Daten aktualisiert werden.

a Anzahl der ausländischen Tochterfirmen im angegebenen Land, wie dort selbst definiert.
b Anzahl der Muttergesellschaften ohne die Finanz-, die Versicherungs- und die Immobilienbranchen im März 1995 (3.695) plus Anzahl der Muttergesellschaften der Finanz-, Versicherungs- und Immobilienbranchen im Dezember 1992 (272).
c Anzahl der ausländischen Tochterunternehmen ohne die Finanz-, die Versicherungs- und die Immobilienbranchen im März 1995 (3.121) plus Anzahl der ausländischen Tochterunternehmen der Finanz-, Versicherungs- und Immobilienbranchen im November 1995 (284).
d Entspricht einer Gesamtzahl von 2.658 Muttergesellschaften aus dem Nicht-Bankenbereich 1994 und 89 Bank-Muttergesellschaften 1989 mit mindestens einer ausländischen Tochter, deren Aktiva, Verkäufe oder Nettoeinkommen über 3 Mio. US$ lag, und 723 Nicht-Banken- und Banken-Muttergesellschaften 1989, deren Auslandsunternehmen Aktiva, Verkäufe oder Nettoeinkommen unter 3 Mio. US$ lagen.
e Entspricht einer Gesamtzahl von 12.523 Banken- und Nicht-Bankentöchtern 1994, deren Aktiva, Verkäufe und Nettoeinkommen über 1 Mio. US$ lag, und 5.551 Banken- und Nicht-Bankentöchter 1992, deren Aktiva, Verkäufe und Nettoeinkommen unter 1 Mio. US$ lag, und 534 US-Töchter, die Depositeninstitutionen sind. Jede Tochter ist ein vollständig konsolidiertes US-Geschäftsunternehmen, das aus einer Anzahl von Einzelunternehmen bestehen kann.

Quelle: UNCTAD (1997, 1998), zusammengestellt von Held u.a. (1999: Tabelle 5.3)

Handels innerhalb der vernetzten Firmen noch einmal erheblich. Demnach ist ein großer Anteil dessen, was wir als internationalen Handel messen, in Wirklichkeit ein Maß für grenzüberschreitende Produktion innerhalb ein und derselben Produktionseinheit. 1998 gab es ungefähr 53.000 MNK mit 450.000 ausländischen Tochterfirmen und einem globalen Handelsumsatz von 9,5 Billionen US$ (mehr als das Volumen des Welthandels). Sie waren nach unterschiedlichen Schätzungen verantwortlich für 20-30% der Weltproduktion und für zwischen 66 und 70% des Welthandels (s. Tab. 2.9). Die sektorale Zusammensetzung der MNK erlebte während der zweiten Hälfte des 20. Jahrhunderts eine wesentliche Transformation. Bis in die 1950er Jahre waren die meisten ADI im Primärsektor konzentriert. Aber 1970 betrugen die ADI im Primärsektor nur noch 22,7% der gesamten ADI gegenüber 45,2% im Sekundär- und 31,4% im Tertiärsektor. 1994 ließ sich eine neue Investitionsstruktur erkennen, als nämlich die ADI in Dienstleistungen den größten Teil, 53,6%, der ADI ausmachten, während der primäre Sektor auf 8,7% und der Anteil der Industrie auf 37,4% geschrumpft waren. Dennoch stellen die MNK für den größten Teil der weltweiten Exporte von Industriewaren verantwortlich. Mit der Liberalisierung des Handels mit Dienstleistungen und dem Abschluss des TRIPS-Abkommens zum Schutz von Rechten am geistigen Eigentum erscheint die Dominanz der MNK im nationalen Handel mit Dienstleistungen und vor allem mit fortgeschrittenen Unternehmensdienstleistungen garantiert.[82] Wie im Fall der industriellen Fertigung ist auch die Steigerung im Handel mit Dienstleistungen in Wirklichkeit Ausdruck der Ausweitung der internationalen Produktion von Gütern und Dienstleistungen, weil die Multis und ihre Tochterunternehmen die Dienstleistungs-Infrastruktur für ihre globalen Operationen benötigen.

Während es keinen Zweifel daran gibt, dass die Multis den Kern der internationalisierten Produktion und damit eine grundlegende Dimension des Globalisierungsprozesses ausmachen, ist weniger klar, was genau sie eigentlich sind.[83] Manche Wissenschaftler bezweifeln ihren multinationalen Charakter und meinen, es handele sich um in einem Land stationierte Konzerne mit globaler Reichweite. Die mulinationalen Konzerne stammen überwiegend aus OECD-Ländern. Aber 1997 gab es andererseits 7.932 multinationale Konzerne, deren jeweilige Basis sich in einem Entwicklungsland befand. Diesen 18% von insgesamt 44.508 steht die Zahl von nur 3.800 aus den späten 1980er Jahren gegenüber. Wenn wir ferner auf der Grundlage von Tabelle 2.9 mit Werten von 1997 die das einfache Verhältnis zwischen den in einer bestimmten Region der Welt beheimateten Mutterkonzernen und den ausländischen Konzerntöchtern berechnen, die ebenfalls in dieser Region angesiedelt sind, so kommen wir zu einigen interessanten Ergebnissen. Zum einen beträgt diese Relation 38,9 für die entwickelten Volkswirtschaften und 6,1 für die Entwicklungsländer und illustriert so die asymmetrische Verteilung der globalen Produktivkraft – ein grobes Maß für wirtschaftliche Abhängigkeit. Aber am aufschlussreichsten ist der Vergleich dieser Relation zwischen einzelnen entwickelten Regionen. Japan zeigt mit dem gigantischen Wert 116,5 eine asymmetrische Integration in die globalen Produktionsnetzwerke. Anderseits erscheinen die USA mit einem Wert von 18,7% als tief durchdrungen von ausländischen Unternehmen. Westeuropa liegt zwischen diesen beiden Extremwerten mit einer Verhältniszahl von 40,3.

---

82 UNDP (1999).
83 Reich (1991); Carnow (1993); Dunning (1993); UNCTAD (1993, 1994, 1995, 1997); Graham (1996); Dicken (1998); Held u.a. (1999: 236-282).

Es weist die größte Anzahl von Mutterkonzernen aus, die hier ihre Konzernbasis haben, ist aber zugleich Standort für 61.900 ausländische Tochterfirmen gegenüber 18.600 in den USA. Diese reziproke Penetration fortgeschrittener Volkswirtschaften wird dadurch bestätigt, dass der Kapitalzufluss aus Auslands-Direktinvestitionen während der 1990er Jahre in den meisten fortgeschrittenen Volkswirtschaften erheblich angestiegen ist. Mit anderen Worten haben westeuropäische und US-Konzerne wachsende Zahlen von Tochterfirmen auf dem jeweils anderen Territorium; japanische Unternehmen haben ihr Muster der Standort-Vielfalt auf die ganze Welt ausgeweitet, während Japan selbst für ausländische Tochterfirmen noch immer viel weniger zugänglich ist als andere Regionen der Welt; Multis mit einer Heimatbasis in Entwicklungsländern gelingt zwar das Eindringen in das globale Produktionssystem, jedoch bisher nur in begrenztem Ausmaß. Konzerne aus der OECD sind in der gesamten Entwicklungswelt präsent: Ende der 1990er Jahre erbrachten MNK etwa 30% der industriellen Binnenproduktion in Lateinamerika, zwischen 20 und 30% der privatwirtschaftlichen Produktion in China, 40% des Mehrwerts im verarbeitenden Bereich in Malaysia und 70% in Singapur – jedoch nur 10% der Produktion der verarbeitenden Industrie in Südkorea, 15% in Hongkong und 20% in Taiwan.

Wie national sind diese multinationalen Konzerne? Es gibt überdauernde Spuren ihrer nationalen Grundsubstanz in der obersten Führungsriege, in der Unternehmenskultur und in der privilegierten Beziehung zur Regierung ihres ursprünglichen Geburtsortes.[84] Aber es gibt eine Reihe von Faktoren, die einen zunehmend multinationalen Charakter dieser Konzerne bedingen. Die Umsätze und Gewinne der ausländischen Tochterfirmen machen einen erheblichen Anteil am Gesamtertrag eines jeden Konzerns aus, vor allem bei US-Gesellschaften. Hochqualifiziertes Personal wird häufig unter Berücksichtigung seiner Vertrautheit mit der je spezifischen Umgebung rekrutiert. Und im Rahmen der Konzernhierarchie werden die Begabtesten unabhängig von ihrer nationalen Herkunft befördert, was zu einer zunehmend multikulturellen Mischung auf den höheren Rängen beiträgt. Kontakte innerhalb der Geschäftswelt und zur Politik sind nach wie vor sehr wichtig, aber sie sind spezifisch je nach dem nationalen Zusammenhang, in dem der Konzern arbeitet. Je größer also das Ausmaß der Globalisierung eines Unternehmens ist, desto größer auch die Bandbreite seiner Geschäftskontakte und politischen Verbindungen, entsprechend den Bedingungen in jedem einzelnen Land. In diesem Sinne sind es multinationale Konzerne und keine transnationalen. Das bedeutet, dass sie eine Reihe nationaler Zugehörigkeiten aufweisen, nicht aber, dass sie Nationalität und nationale Kontexte als unerheblich behandelten.[85]

Die entscheidende und wesentliche Tendenz in der Evolution der globalen Produktion während der 1990er Jahre ist aber die organisatorische Transforma-

---

84 Cohen (1990); Porter (1990).
85 Imai (1990a, b); Dunning (1993); Howell und Woods (1993); Strange (1996); Dicken (1998).

tion des Produktionsprozesses, was die Transformation der multinationalen Konzerne selbst mit einschließt. Die globale Produktion von Gütern und Dienstleistungen wird in steigendem Maße nicht von den multinationalen Konzernen geleistet, sondern von transnationalen Produktionsnetzwerken, wovon die multinationalen Konzerne ein wesentlicher Bestandteil sind, aber doch ein Bestandteil, der nicht in der Lage wäre, ohne das Netzwerk zu funktionieren.[86] Ich werde diese organisatorische Transformation detailliert in Kapitel 3 dieses Bandes analysieren. Aber ich muss mich hier darauf beziehen, um eine genaue Darstellung von Struktur und Prozess der neuen, globalen Wirtschaftsform zu geben.

Neben multinationalen Konzernen haben kleine und mittlere Unternehmen in vielen Ländern – die USA (z.B. Silicon Valley), Hongkong, Taiwan und Norditalien beherbergen die bekanntesten Beispiele – kooperative Netzwerke gebildet, die es ihnen ermöglichen, im globalisierten Produktionssystem wettbewerbsfähig zu sein. Diese Netzwerke haben sich mit multinationalen Konzernen als Subunternehmer auf Gegenseitigkeit verbunden. In den meisten Fällen werden Netzwerke von kleinen und mittleren Unternehmen Subunternehmer eines oder mehrerer Großkonzerne. Aber es gibt auch viele Fälle, in denen diese Netzwerke mit multinationalen Konzernen Abkommen schließen, um Marktzugang, Technologie, Managementqualifikationen oder Markennamen zu erlangen. Viele dieser Netzwerke aus kleinen und mittleren Unternehmen sind selbst transnational. Sie besitzen Abkommen, die grenzüberschreitend angelegt sind, wie etwa im Fall der taiwanesischen und der israelischen Computer-Industrie, die ihre Netzwerke ins Silicon Valley ausgedehnt haben.[87]

Außerdem sind multinationale Konzerne, wie ich in Kapitel 3 zeigen werde, zunehmend dezentralisierte interne Netzwerke, die in halbautonomen Einheiten nach Ländern, Märkten, Prozessen und Produkten organisiert sind. Jede dieser Einheiten verbindet sich mit anderen halbautonomen Einheiten anderer Multis in Form von ad hoc gebildeten strategischen Allianzen. Und jede dieser Allianzen – also Netzwerke – ist ein Knotenpunkt untergeordneter Netzwerke kleiner und mittlerer Firmen. Diese Netzwerke von Produktionsnetzwerken haben eine transnationale Geografie, die nicht undifferenziert ist: Jede produktive Funktion findet den richtigen Standort was Ressourcen, Kosten, Qualität und Marktzugang angeht. Und/oder sie verbindet sich mit einer neuen Firma im Netzwerk, die sich am richtigen Standort befindet.

Die herrschenden Segmente der meisten Produktionszweige – für Güter wie für Dienstleistungen – sind auf diese Weise in ihren tatsächlichen Arbeitsvorgängen weltweit organisiert und bilden das, was Robert Reich als „das globale

---

86 Henderson (1989); Coriat (1990); Gereffi und Wyman (1990); Sengenberger und Campbell (1992); Gereffi (1993); Borrus und Zysman (1997); Dunning (1997); Ernst (1997); Held u.a. (1999: 259-270).
87 Adler (1999); Saxenian (1999).

Netz" (*global web*) bezeichnet hat.[88] Der Produktionsprozess inkorporiert Komponenten, die an vielen unterschiedlichen Standorten von unterschiedlichen Firmen hergestellt und für spezifische Zwecke und spezifische Märkte in einer neuen Form der Produktion und Vermarktung zusammengesetzt werden: Produktion mit hohen Stückzahlen, großer Flexibilität und Anpassung an Kundenwünsche. Ein solches Netz entspricht nicht der vereinfachenden Vorstellung von einem globalen Konzern, der seinen Bedarf aus unterschiedlichen, weltweit verstreuten Einheiten deckt. Das neue Produktionssystem beruht auf einer Kombination strategischer Allianzen und ad hoc eingerichteter Kooperationsprojekte zwischen Konzernen, dezentralisierten Einheiten eines jeden Großkonzerns und Netzwerken kleiner und mittlerer Unternehmen, die sich untereinander und/ oder mit Großkonzernen oder Netzwerken von Konzernen verbinden. Diese grenzüberschreitenden Produktionsnetzwerke operieren hauptsächlich in zwei Konfigurationen: in der Terminologie von Gereffi als produzentengetriebene Warenketten (in Branchen wie der Auto-, Computer-, Flugzeug- und Elektromaschinenindustrie) und als käufergetriebene Warenketten (etwa in der Bekleidungs-, Schuh-, Spielzeug- und Haushaltswaren-Industrie).[89] Grundlegend an dieser netzartigen Industriestruktur ist ihre territoriale Verbreitung über die ganze Welt und die ständige Veränderung ihrer Geometrie, sowohl im Ganzen als auch jeder einzelnen Einheit. In einer solchen Struktur besteht das wichtigste Element einer erfolgreichen Management-Strategie darin, eine Firma – oder ein bestimmtes industrielles Projekt – auf solche Weise innerhalb des Netzes zu positionieren, dass diese relative Position einen Wettbewerbsvorteil bedeutet. Auf diese Weise reproduziert sich die Struktur beständig selbst und weitet sich bei anhaltender Konkurrenz aus, wodurch der globale Charakter der Wirtschaft vertieft wird. Das Unternehmen benötigt, will es innerhalb einer solchen variablen Produktions- und Distributionsgeometrie funktionieren, eine sehr flexible Form des Managements, eine Form, abhängig von der Flexibilität des Unternehmens selbst und vom Zugang zu Kommunikations- und Produktionstechnologien, die dieser Flexibilität entgegen kommen (s. Kap. 3). Will man beispielsweise in der Lage sein, Teile zusammenzusetzen, die an sehr entfernt voneinander liegenden Orten produziert wurden, so benötigt man einerseits im Fertigungsprozess Präzisionsqualität auf mikroelektronischer Grundlage, damit die Teile bis in jede kleinste technische Einzelheit zusammenpassen; und andererseits braucht man computergestützte Flexibilität, die es der Fabrik ermöglicht, die Produktionsgänge dem Volumen und den kundenspezifischen Charakteristika entsprechend zu programmieren, wie sie durch den jeweiligen Auftrag vorgegeben sind. Zudem wird die Lagerdisposition davon abhängen, ob es ein zureichendes Netzwerk ausgebildeter Zulieferer gibt, deren Leistungen während des letzten Jahrzehnts durch die neuen technologischen Möglichkeiten verbes-

---

88 Reich (1991).
89 Gereffi (1999).

sert wurden, um Angebot und Nachfrage online jeweils anzupassen. Die neue internationale Arbeitsteilung spielt sich also zunehmend innerhalb des Unternehmens ab – oder um genauer zu sein, innerhalb eines Netzwerkes von Unternehmen. Diese transnationalen Produktionsnetzwerke, deren Fixpunkte ungleichmäßig über den Planeten verteilte multinationale Konzerne sind, prägen das Muster der globalen Produktion und letztlich auch das Muster des internationalen Handels.

Informationelle Produktion und selektive Globalisierung von Wissenschaft und Technologie

Produktivität und Wettbewerbsfähigkeit in der informationellen Produktion beruhen auf der Erzeugung von Wissen und auf Informationsverarbeitung. Wissenserzeugung und technologische Kompetenz sind die Schlüsselinstrumente im Wettbewerb zwischen Firmen, Organisationen aller Art und letztlich auch Ländern.[90] Demnach ist zu erwarten, dass die Geografie von Wissenschaft und Technologie großen Einfluss auf die Standorte und Netzwerke der globalen Wirtschaft ausüben. Tatsächlich beobachten wir eine außerordentliche Konzentration von Wissenschaft und Technologie in einer kleinen Anzahl von OECD-Ländern. 1993 fanden 84% der globalen F&E in zehn Ländern statt, die rund 95% der US-Patente aus den vorangegangenen beiden Jahrzehnten hielten. Ende der 1990er Jahre hatte das Fünftel der Menschen auf der Welt, das in den Ländern mit hohem Einkommen lebte, 74% der Telefonleitungen zur Verfügung und stellte 93% der Internet-Nutzer.[91] Diese technologische Dominanz müsste der Vorstellung von einer wissensbasierten globalen Wirtschaft entgegen stehen, es sei denn, diese nähme die Form einer hierarchischen Arbeitsteilung an zwischen einerseits wissensbasierten Produzenten, deren Standorte sich in ein paar „globalen Städten und Regionen" befinden, und dem Rest der Welt andererseits, der aus Volkswirtschaften bestünde, die technologisch abhängig sind. Aber die Muster technologischer Interdependenz sind komplexer, als es die Statistiken über geografische Ungleichheit erwarten lassen.

Vor allen Dingen ist die Grundlagenforschung, die erste Quelle des Wissens, weltweit hauptsächlich in Forschungsuniversitäten und im öffentlichen Forschungssystem konzentriert – etwa in Deutschland in der Max-Planck-Gesellschaft, in Frankreich im CNRS, in Russland in der Russischen Akademie der Wissenschaften, in China in der Academia Sinica und in den USA in Institutionen wie dem National Institute of Health, in bestimmten Großkliniken und in Forschungsprogrammen, die von der National Science Foundation und dem DARPA des Verteidigungsministeriums gefördert werden. Das bedeutet,

---

90 Freeman (1982); Dosi u.a. (1988b); Foray und Freeman (1992); World Bank (1998).
91 Sachs (1999); UNDP (1999).

dass die Grundlagenforschung – mit der bedeutenden Ausnahme militärisch orientierter Forschung – offen und zugänglich ist. So wurden in den USA in den 1990er Jahren über 50% der PhD-Abschlüsse in Natur- und Ingenieurwissenschaften an Ausländer und Ausländerinnen vergeben. Von ihnen sind am Ende etwa 47% in den USA geblieben, aber das liegt an der Unfähigkeit ihrer Herkunftsländer, ihnen eine attraktive Perspektive zu bieten, und ist kein Hinweis auf die Abgeschlossenheit des amerikanischen Wissenschaftssystems. So blieben 88% der PhD-Absolventen aus China und 79% derer aus Indien in den USA, aber nur 13% aus Japan und 11% aus Südkorea.[92] Außerdem ist das wissenschaftliche Forschungssystem global. Es beruht auf der unablässigen Kommunikation zwischen Wissenschaftlern auf der ganzen Welt. Die *scientific community* ist schon immer in hohem Maße eine internationale, wenn nicht globale Gemeinschaft von Gelehrten gewesen – im Westen seit der Zeit der europäischen Scholastik. Die Wissenschaft ist in spezifische Forschungsfelder aufgeteilt, um Netzwerke von Forschern herum strukturiert, die durch Veröffentlichungen, Konferenzen, Tagungen und akademische Vereinigungen miteinander kommunizieren. Die zeitgenössische Wissenschaft profitiert zusätzlich noch davon, dass die Online-Kommunikation ständiger Bestandteil ihrer Arbeit ist. Nun wurde das Internet aus der perversen Paarung des Militärs mit „big science" geboren, und seine Entwicklung war bis Anfang der 1980er Jahre im Großen und Ganzen bis auf wissenschaftliche Kommunikationsnetzwerke beschränkt. Aber im Zuge der Ausdehnung des Internet in den 1990er Jahren und der Zunahme von Geschwindigkeit und Reichweite wissenschaftlicher Entdeckungen haben Internet und E-Mail zur Ausbildung eines globalen Wissenschaftssystems beigetragen. In dieser wissenschaftlichen Gemeinschaft gibt es gewiss eine Schieflage zugunsten der herrschenden Länder und Institutionen, zumal Englisch die internationale Sprache ist und Wissenschaftsinstitutionen aus den USA und Westeuropa in überwältigendem Ausmaß den Zugang zu Publikationsmöglichkeiten, Forschungsgeldern und prestigeträchtigen Posten beherrschen. Doch innerhalb dieser Grenzen existiert ein globales wissenschaftliches Netzwerk, das – wenn auch asymmetrisch – die Verbreitung von Erkenntnissen und Wissen sowie Kommunikation darüber garantiert. Und jene Wissenschaftssysteme, die – wie die Sowjetunion – Kommunikation über manche Forschungsfelder wie z.B. Informationstechnologie nicht zuließen, zahlten dafür den hohen Preis unüberwindlicher Rückständigkeit. Wissenschaftliche Forschung ist heutzutage entweder global oder sie hört auf, Wissenschaft zu sein. Dennoch weist die wissenschaftliche Praxis ungeachtet des globalen Charakters der Wissenschaft, wie Jeffrey Sachs gezeigt hat,[93] eine Schieflage in Richtung auf jene Fragestellungen auf, die von den fortgeschrittenen Ländern definiert werden. Die meisten Forschungsergebnisse werden am Ende über die weltweiten

---

92 Saxenian (1999).
93 Sachs (1999).

Netzwerke wissenschaftlicher Interaktion verbreitet, aber es besteht eine grundlegende Asymmetrie, was die Art von Fragen angeht, die von der Forschung aufgegriffen werden. Probleme, die für Entwicklungsländer entscheidend wichtig sind, aber von geringem allgemeinen Interesse, oder für die es keinen aussichtsreichen, zahlungskräftigen Markt gibt, werden in den Forschungsprogrammen der dominanten Länder vernachlässigt. So könnte etwa ein wirkungsvoller Malaria-Impfstoff das Leben von zig Millionen Menschen, vor allem Kindern retten, aber für eine nachdrückliche Anstrengung, einen solchen Impfstoff zu finden oder die Ergebnisse aussichtsreicher Therapien weltweit zu verbreiten, sind nur wenig Ressourcen aufgewendet worden, meist durch die Weltgesundheitsorganisation (WHO). Die AIDS-Medikamente, die im Westen entwickelt worden sind, sind zu kostspielig, um in Afrika verwendet zu werden, während etwa 95% der HIV-Infektionen in der Entwicklungswelt vorkommen. Die Geschäftsstrategien der multinationalen Pharmakonzerne haben wiederholt Versuche abgeblockt, diese Arzneien billig herzustellen oder Alternativen zu finden; und sie halten die Patente, auf denen der Großteil der relevanten Forschung aufbaut. So ist die Wissenschaft zwar global, reproduziert aber auch in ihrer internen Dynamik den Prozess der Exklusion eines bedeutenden Prozentsatzes von Menschen, indem sie deren spezifische Probleme entweder gar nicht behandelt oder nicht so, dass die Ergebnisse die Lebensbedingungen dieser Menschen verbessern.

Wirtschaftliche Entwicklung und Wettbewerbsfähigkeit sind nicht von Grundlagenforschung abhängig, jedoch sehr wohl von der Verknüpfung von Grundlagen- und angewandter Forschung (dem F&E-System) sowie von ihrer Weitergabe an Organisationen und Individuen. Akademische Spitzenforschung und ein gutes Bildungssystem sind notwendige, aber nicht hinreichende Bedingungen, damit Länder, Unternehmen und Einzelpersonen sich in das informationelle Paradigma integrieren können. Deshalb liefert die selektive Globalisierung der Wissenschaft keine Anstöße für die Globalisierung von Technologie. Die globale technologische Entwicklung benötigt die Verbindung zwischen Wissenschaft, Technologie und Geschäftswelt ebenso wie mit nationaler und internationaler Politik.[94] Es gibt wohl Weitergabemechanismen, aber sie haben ihre eigenen Vorlieben und Beschränkungen. Die multinationalen Konzerne und ihre Produktionsnetzwerke sind Instrumente technologischer Herrschaft und Kanäle einer selektiven technologischen Diffusion in einem.[95] Sie tragen die überwältigende Mehrzahl nicht-öffentlicher F&E-Projekte, und sie nutzen dieses Wissen als entscheidenden Hebel im Wettbewerb, zur Marktpenetration und zur Erlangung staatlicher Unterstützung. Andererseits arbeiten die Konzerne wegen der steigenden Kosten und der strategischen Bedeutung von F&E in Forschungskooperationen mit anderen Konzernen, Universitäten und öffentli-

---

94 Foray (1999).
95 Archibugi und Michie (1997).

chen Forschungseinrichtungen – etwa Krankenhäusern in der bio-medizinischen Forschung – weltweit zusammen. Auf diese Weise wirken sie an der Entstehung und Ausformung eines horizontalen F&E-Netzwerkes mit, das Branchen und Länder übergreift. Außerdem müssen die multinationalen Konzerne, sollen grenzüberschreitende Netzwerke effektiv funktionieren, einen Teil des Know-how an ihre Partner weitergeben und so kleine und mittlere Unternehmen in die Lage versetzen, ihre eigene Technologie und letztlich auch ihre Fähigkeit zu verbessern, einen Lernprozess zu entwickeln.[96] Es gibt Hinweise auf die positiven Auswirkungen der Existenz ausländischer Tochterunternehmen multinationaler Konzerne im Produktionssystem von OECD-Ländern auf deren technologischen Fortschritt und Produktivität.[97] Aus einem Überblick über Studien zu dieser Frage folgerten Held u.a., dass, „obwohl es keinen systematischen Beweis gibt, die Forschung den Schluss nahe legt, dass die Globalisierung der Produktion im Zeitverlauf zur fortschreitenden Abkopplung des nationalen Wirtschaftsverlaufs von dem der ausländischen MNK führt. Ferner scheint dieser Prozess für Hochtechnologie-Branchen deutlich ausgeprägt zu sein, wo zu erwarten ist, dass die Profite aus Innovationen am höchsten sind."[98] Das würde bedeuten, dass nationale Politiken zur Unterstützung der Entwicklung von Hochtechnologie in den fortgeschrittensten Ländern diesen nicht unbedingt einen komparativen Vorteil verschafften. Andererseits sind nationale politische Maßnahmen für Entwicklungsländer und sich neu industrialisierende Länder notwendig, um lokale Arbeitskräfte und Firmen in die Lage zu versetzen, mit den transnationalen Produktionsnetzwerken Kooperationsbeziehungen aufzunehmen und auf dem Weltmarkt zu konkurrieren. So in Asien, wo die Technologie-Politik der Regierungen ein entscheidendes Instrument zur Förderung der Entwicklung war (Bd. III, Kap. 4). Der *Weltentwicklungsbericht* der Weltbank für 1998 kam zu dem Schluss, dass unter den Bedingungen anhaltender Verbesserungen in der technologischen Infrastruktur und im Bildungssystem während der 1990er Jahre ein Prozess der globalen Technologie-Ausbreitung zu beobachten war, allerdings in den Grenzen eines hochgradig selektiven Musters der Inklusion und Exklusion, das ich weiter unten analysieren werde.

Ist die technologische Verknüpfung mit den transnationalen Produktionsnetzwerken einmal gesichert, so wird der Prozess der technologischen Neuerung und Diffusion um diese Netzwerke herum weitgehend unabhängig von der Regierungspolitik organisiert. Aber die Rolle der Regierungen bleibt entscheidend, wo es darum geht, die menschlichen Ressourcen bereitzustellen, also Erziehung und Bildung auf allen Qualifikationsebenen sowie technologische Infrastruktur, insbesondere zugängliche, kostengünstige und hochwertige Kommunikations- und Informationssysteme.

---

96 Geruski (1995); Tuomi (1999).
97 OECD (1994d).
98 Held u.a. (1999: 281).

Um zu verstehen, warum und wie Technologie sich in der globalen Wirtschaft ausbreitet, ist es wichtig, sich den Charakter der neuen informationsbasierten Technologien klar zu machen. Sie beruhen vor allem auf Wissen, das im menschlichen Gehirn gespeichert ist und weiterentwickelt wird. Das macht ihr außerordentliches Potenzial aus, jenseits ihrer Quelle verbreitet zu werden, vorausgesetzt sie finden die notwendige technologische Infrastruktur, die organisatorische Umwelt und die menschlichen Ressourcen vor, die durch den Prozess des *learning by doing* den neuen Technologien angepasst und weiterentwickelt werden sollen.[99] Das sind recht anspruchsvolle Bedingungen. Sie schließen aber Aufholprozesse für Nachzügler nicht aus, wenn diese „Nachzügler" zügig die entsprechende Umgebung entwickeln. Genau dies geschah in den 1960er und 1970er Jahren in Japan, in den 1980er Jahren in der asiatischen Pazifik-Region und in geringerem Maße in den 1990er Jahren in Brasilien und Chile. Aber die globale Erfahrung der 1990er Jahre verweist auf einen anderen Pfad technologischer Entwicklung. Sobald Unternehmen und Einzelpersonen überall auf der Welt Zugang zu dem neuen technologischen System erhielten – sei es durch Technologietransfer oder durch eigenständige Aneignung des technologischen *Know-how* – knüpften sie Beziehungen zu Produzenten und Märkten, so dass sie ihr Wissen nutzen und ihre Produkte vermarkten konnten. Ihre Planung reichte über ihre nationale Basis hinaus und verstärkte so die an die multinationalen Konzerne angelagerten Produktionsnetzwerke, während sie zugleich durch ihre Verbindungen mit diesen Netzwerken lernten und ihre eigenen Wettbewerbsstrategien entwickelten. Auf diese Weise ist es gleichzeitig zu einem Prozess der Konzentration von technologischem *Know-how* in transnationalen Produktionsnetzwerken und zu einer viel weiter ausgreifenden Diffusion dieses *Know-how* weltweit gekommen, während die Geografie der grenzüberschreitenden Produktionsnetzwerke immer komplexer wird.

Betrachten wir zur Illustration dieser Analyse die Entwicklungen in Silicon Valley in den späten 1990er Jahren. Silicon Valley hatte die Möglichkeiten der durch die Internet-Revolution angespornten Innovation genutzt und seine technologische Führungsposition in der Informationstechnologie gegenüber dem Rest der Welt ausgebaut. Aber Silicon Valley 2000 ist sozial und ethnisch ein völlig anderes Silicon Valley als das der 1970er Jahre. Anna Lee Saxenian, die führende Analytikerin des Silicon Valley, hat in ihrer Studie von 1999 die entscheidende Rolle eingewanderter Unternehmer bei der Neugestaltung dieses hochtechnologischen Knotens aufgezeigt. Saxenian schreibt:

> Die neuere Forschung weist darauf hin, dass der „brain drain" einem Prozess der „brain circulation" weichen könnte, da begabte Immigranten, die in den USA studieren und arbeiten, in ihre Heimatländer zurückkehren, um die Chancen dort zu nutzen. Fortschritte in der Transport- und Kommunikationstechnologie bedeuten auch, dass selbst dann, wenn diese qualifizierten Immigranten sich entscheiden, nicht nach Hause zurückzukeh-

---

99 Mowery und Rosenberg (1998).

ren, sie immer noch eine wichtige Rolle als Mittler spielen, die Unternehmen in den Vereinigten Staaten mit solchen in geografisch weit entfernten Regionen verbinden.[100]

Die Studie von Saxenian zeigt, dass bereits 1990 30% der in der Hochtechnologie tätigen Arbeitskräfte in Silicon Valley im Ausland geboren waren. Sie waren vor allem in qualifizierten Tätigkeiten konzentriert. Im Zuge einer neuen Innovationswelle während der zweiten Hälfte der 1990er Jahre entstanden Tausende von neuen Informationstechnologie-Unternehmen, viele davon wurden von ausländischen Unternehmern gegründet. Chinesische und indische Manager leiten mindestens 25% der Unternehmen, die zwischen 1980 und 1998 in Silicon Valley gegründet wurden und 29% der Unternehmen, die zwischen 1995 und 1998 gegründet wurden. Diese Hochtechnologie-Netzwerke ethnischer[101] Unternehmer funktionieren in beide Richtungen:

> Indem die qualifizierten chinesischen und indischen Immigranten des Silicon Valley soziale und wirtschaftliche Verbindungen mit ihren Heimatländern herstellen, öffnen sie zugleich die Märkte sowie die Fertigkeiten in Herstellung und Technik in größer werdenden Regionen Asiens für eine weitere Gruppe aus der Geschäftswelt in Kalifornien. Firmen wenden sich auf der Suche nach begabten Software-Programmierern nun zunehmend Indien zu. Währenddessen nutzt der kalifornische Komplex von technologiebezogenen Branchen in zunehmendem Maße die schnelle und flexible Infrastruktur Taiwans, um Halbleiter und PCs herzustellen ebenso wie ihre schnell wachsenden Märkte für hochentwickelte Computerkomponenten.[102]

Die *California Connection* ist nicht auf Asien beschränkt. Zwei Schüler von Saxenian haben eine wirkungsvolle Verbindung zwischen Silicon Valley und der boomenden israelischen Software-Industrie nachgewiesen sowie eine bedeutsame, wenn auch zahlenmäßig noch geringe Präsenz mexikanischer Ingenieure in Silicon Valley.[103] So hat Silicon Valley auf der Grundlage der technologischen und geschäftlichen Netzwerke expandiert, mit denen es die Welt überzogen hat. Umgekehrt haben die Firmen, die um diese Netzwerke herum entstanden sind, Talente von überall her angezogen, aber in erster Linie aus Indien und China – in einem entsprechenden Verhältnis zur Weltbevölkerung. Sie haben am Ende Silicon Valley selbst transformiert und die technologische Verbindung mit ihren Ursprungsländern vorangebracht. Gewiss ist Silicon Valley wegen seiner herausragenden Stellung in der informationstechnologischen Innovation ein ganz besonderer Fall. Dennoch ist es wahrscheinlich, dass Studien über andere Hochtechnologie-Regionen in der ganzen Welt einen ähnlichen Mechanismus aufzeigen, weil die Netzwerke sich selbst ausbauen, nationale Grenzen überschreiten und personifiziertes *Know-how* anziehen.

---

100 Saxenian (1999: 3).
101 Bezeichnet hier die Einkategorisierung von Menschen nach ihrer (Selbst-)Zuordnung auf der Grundlage ethnischer Kriterien in den gegenwärtigen USA; d.Ü.
102 Saxenian (1999: 71).
103 Alarcon (1998); Adler (1999).

Das ist der bei weitem wichtigste Technologietransfer- und Innovationsprozess im Informationszeitalter.

Insgesamt besteht also eine Konzentration des Grundstocks an Wissenschaft und Technologie in einigen wenigen Ländern und Regionen weiter fort, die Ströme von technologischem *Know-how* jedoch breiten sich vermehrt weltweit aus, wenngleich in hochgradig selektiver Weise. Sie werden in dezentralisierte, multidirektionale Produktionsnetzwerke konzentriert, die sich mit universitären und Forschungs-Ressourcen auf der ganzen Welt verbinden. Dieses Muster der Schaffung und des Transfers von Technologie trägt entscheidend zur Globalisierung bei, weil es Struktur und Dynamik der transnationalen Produktionsnetzwerke recht genau widerspiegelt und diesen Netzwerken neue Knoten hinzufügt. Die ungleichmäßige Entwicklung von Wissenschaft und Technologie delokalisiert die Logik der Informationsproduktion von ihrer auf Länder bezogenen Basis und verlagert sie auf multilokale, globale Netzwerke.[104]

Globale Arbeitskraft?

Wenn Arbeitskraft der entscheidende Faktor in der informationellen Wirtschaft ist, und wenn Produktion und Distribution zunehmend auf globaler Grundlage organisiert sind, könnte man eigentlich erwarten, dass wir parallel einen Prozess der Globalisierung von Arbeitskraft erleben. Jedoch sind die Dinge weitaus komplizierter. Im Interesse der Kohärenz dieses Bandes werde ich diese Frage ausführlich in Kapitel 4 behandeln, wo ich die Transformation von Arbeit und Beschäftigung in der Netzwerkgesellschaft untersuche. Dennoch werde ich hier zur Vervollständigung des Überblicks über die wichtigsten Komponenten der Globalisierung die wesentlichen Schlussfolgerungen vorwegnehmen und mir zugleich erlauben, auf den entsprechenden Abschnitt in Kapitel 4 zu verweisen.

Es gibt zunehmend einen Globalisierungsprozess in Bezug auf Spezialisten. Dabei handelt es sich nicht nur um hoch qualifizierte Arbeitskraft, sondern um Arbeitskraft, die weltweit besonders stark nachgefragt wird, und die deshalb nicht den üblichen Regeln bezogen auf Einwanderungsgesetze, Löhne oder Arbeitsbedingungen folgt. Das gilt für akademische Spitzenarbeitskräfte: Top-Manager, Finanzanalysten, hochqualifizierte Consultants im Dienstleistungsbereich, Naturwissenschaftler und Ingenieure, Programmierer, Biotechnologen usw. Aber dies gilt auch für Künstler, Designer, Schauspieler, Sportstars, Gurus, Politikberater und Berufskriminelle. Jeder, der die Fähigkeit besitzt, auf einem bestimmten Markt einen außergewöhnlichen Wert zu schaffen, hat die Chance, überall auf der Welt zum günstigsten Preis kaufen – und natürlich auch güns-

---

104 Ein Pionier der Analyse der globalen Netzwerke und Innovationsmilieus wie sie durch Silicon Valley versinnbildlicht werden, war der inzwischen verstorbene Richard Gordon; s. Gordon (1994). Zu einer breiten Diskussion der wichtigen intellektuellen Einsichten von Gordon s. die Sondernummer „Competition and Change" des *Journal of Global Political Economy* (May 1998).

tigst verkauft zu werden. Dieser Bruchteil spezialisierter Arbeitskraft beläuft sich insgesamt nicht auf zig Millionen von Leuten, aber er ist entscheidend für die Leistungsfähigkeit von geschäftlichen Netzwerken, Mediennetzwerken und Politiknetzwerken, so dass der Markt für die allerwertvollste Arbeitskraft tatsächlich dabei ist, globalisiert zu werden.

Andererseits stellt sich die Lage für die zusammengepferchten Massen der Welt, für diejenigen ohne außergewöhnliches Können, aber mit Durchhaltevermögen oder auch Verzweiflung, ihre Lebensumstände zu verbessern und für die Zukunft ihrer Kinder zu kämpfen, uneinheitlich dar. Ende des 20. Jahrhunderts lebten schätzungsweise 130-145 Mio. Menschen außerhalb ihrer Heimatländer. 1975 hatte diese Zahl noch 80 Mio. betragen. Weil diese Zahlen sich auf die legale, registrierte Migration beziehen, dürften unter Berücksichtigung der nicht dokumentierten Migration noch viele Millionen hinzukommen. Dennoch entspricht die Zahl der Migranten insgesamt nur einem Bruchteil der Erwerbstätigen weltweit. Ein bedeutender Anteil der Migration fand in Afrika und im Nahen und Mittleren Osten statt, nach manchen Berechnungen für 1993 etwa 40 Mio. In den 1990er Jahren kam es zu einem erheblichen Anstieg der Immigration in die Vereinigten Staaten, nach Kanada und nach Australien sowie in geringerem Umfang auch nach Westeuropa. Es gab auch Hunderttausende neuer Immigranten in Ländern, die bis vor kurzem kaum Immigration gekannt hatten, wie im Falle Japans.[105] Ein großer Teil dieser Immigration ist nicht dokumentiert. Dennoch übersteigt das Niveau der Einwanderung in den meisten westlichen Ländern im Verhältnis zur eingeborenen Bevölkerung die historischen Vergleichszahlen nicht. Daher scheint das, was neben steigenden Migrationsströmen wirklich geschieht und was fremdenfeindliche Reaktionen auslöst, die Transformation der ethnischen Zusammensetzung der westlichen Gesellschaften zu sein. Das gilt vor allem für Westeuropa, wo viele der so genannten Einwanderer in Wirklichkeit in ihrem „Einwanderungsland" geboren sind und in den 1990er Jahren aufgrund der einschränkenden Einbürgerungsbestimmungen als Bürger zweiter Klasse behandelt wurden: die Lage von Türken in Deutschland und Koreanern in Japan sind Beispiele für die Benutzung des Etiketts „Einwanderer" als Code-Wort für diskriminierte Minderheiten. Diese Tendenz zur Multi-Ethnizität wird sich in Nordamerika ebenso wie Westeuropa im 21. Jahrhundert beschleunigen als Ergebnis der niedrigeren Geburtenrate der eingeborenen Bevölkerung und neuer Einwanderungswellen, die von dem zunehmenden Ungleichgewicht zwischen reichen und armen Ländern ausgelöst werden.

Ein erheblicher Teil der internationalen Migration ist die Folge von Kriegen und Katastrophen, die während der 1990er Jahre vor allem in Afrika für etwa 24 Mio. Flüchtlinge zum Verlust ihrer Heimat geführt haben. Zwar steht diese Tendenz nicht unbedingt mit der Globalisierung der Arbeitskraft in Zu-

---

105 Campbell (1994); Stalker (1994, 1997); Massey u.a. (1999); UNDP (1999).

sammenhang, aber sie bedeutet doch, dass Millionen von Menschen sich als Folge der Globalisierung menschlichen Elends weltweit in Bewegung befinden. So heißt es im *Human Development Report* von 1999, dass „der globale Arbeitsmarkt für Hochqualifizierte – Konzernmanager, Wissenschaftler, Entertainer und viele andere, die zur globalen Berufselite gehören – zunehmend integriert ist, bei hoher Mobilität und hohen Bezügen. Aber der Markt für unqualifizierte Arbeitskräfte ist durch nationale Barrieren hochgradig eingeschränkt."[106] Während das Kapital global ist und auch die zentralen Produktionsnetzwerke zunehmend globalisiert sind, ist der Großteil der Arbeitskraft lokal. Nur eine Elite hochspezialisierter Arbeitskräfte von großer strategischer Bedeutung ist wirklich globalisiert.

Aber jenseits der tatsächlichen Bewegungen von Menschen über Grenzen hinweg gibt es zunehmende Verflechtungen zwischen Erwerbstätigen in dem Land, in dem sie arbeiten, und dem Rest der Welt durch globale Ströme von Produktion, Geld (Heimüberweisungen), Information und Kultur. Die Entstehung globaler Produktionsnetzwerke betrifft Erwerbstätige überall. Migranten schicken ihr Geld nach Hause. Unternehmer, die in ihrem Einwanderungsland Glück gehabt haben, werden oft zu Mittelsmännern zwischen ihren Ursprungsländern und ihrem Aufenthaltsland. Mit der Zeit bilden sich Netzwerke von Familien, Freunden und Bekannten, und moderne Kommunikations- und Transportsysteme ermöglichen es Millionen, zwischen mehreren Ländern zu leben. Untersuchungen zu einem „Transnationalismus von unten", wie es die führenden Forscher auf diesem Gebiet, Michael P. Smith und Luis E. Guarzino,[107] nennen, macht daher eine globale Vernetzung von Arbeitskraft sichtbar, die über die allzu einfache Vorstellung von einer globalisierten Erwerbsbevölkerung hinausgeht, die es in einem strikt analytischen Sinne nicht gibt. Insgesamt ist also der größte Teil der Arbeitskraft zwar nicht globalisiert, aber auf der ganzen Welt gibt es zunehmende Migration, zunehmende Multi-Ethnizität in den meisten entwickelten Gesellschaften, international zunehmende Entwurzelung von Menschen und das Entstehen eines vielschichtigen Systems von Beziehungen zwischen Millionen von Menschen über Ländergrenzen und Kulturen hinweg.

Die Geometrie der globalen Wirtschaft: Segmente und Netzwerke

Noch eine weitere wesentliche Einschränkung muss gemacht werden, wenn wir die Umrisse der globalen Wirtschaft bestimmen wollen: Es handelt sich nicht um eine planetare Wirtschaft, jedoch hat sie planetare Reichweite. Mit anderen Worten umschließt die globale Wirtschaft nicht alle wirtschaftlichen Prozesse auf dem Planeten Erde, sie erfasst nicht alle Territorien und sie schließt nicht

---

106 UNDP (1999: 2).
107 Smith und Guarziono (1998).

alle Menschen in ihre Funktionsprozesse ein, obwohl sie durchaus direkt oder indirekt die Lebensbedingungen der ganzen Menschheit betrifft. Während ihre Folgen den gesamten Planeten betreffen, wirken ihre wirkliche Funktionsweise und Struktur lediglich auf Segmente von Wirtschaftsbranchen, Ländern und Regionen. Deren Anteile variieren je nach der genauen Position, die die Branche, das Land oder die Region in der internationalen Arbeitsteilung einnimmt.

Während einer starken Wachstumsphase des internationalen Handels fiel der Anteil der weniger entwickelten Länder am Wert der weltweiten Exporte von 31,1% 1950 auf 21,2% 1990. Obwohl der Anteil der OECD-Länder an den weltweiten Exporten von Gütern und Dienstleistungen zwischen 1970 und 1996 zurückging, belief er sich Ende der 1990er Jahre immer noch auf über zwei Drittel (s. Abb. 2.7). Der größte Teil des internationalen Handels wird innerhalb der OECD abgewickelt. Auslandsdirektinvestititionen folgen einem ähnlichen Muster. Zwar ist der Anteil der OECD-Länder an den gesamten ADI deutlich niedriger als in den 1970er Jahren, doch beträgt er noch immer fast 60%. 1997 erreichten die ADI 400 Mrd. US$, was das Siebenfache von 1970 ausmacht, doch gingen 58% in die fortgeschrittenen Industrieländer, 37% in die Entwicklungsländer und 5% in die Transformationsländer Osteuropas. Außerdem sind die ADI in Entwicklungsländern zwar in den 1990er Jahren erheblich angestiegen, sie sind aber auf einige wenige Märkte konzentriert: 80% gingen in 20 Länder, wobei der Löwenanteil auf China und, weit abgeschlagen, auf Brasilien und Mexiko entfiel. Ein ähnliches Bild selektiver Globalisierung zeichnet sich auf den Finanzmärkten ab. 1996 gingen 94% der Portfolio-Investitionen und anderer kurzfristiger Anlagen, die in die Entwicklungsländer und Transformationswirtschaften flossen, an gerade einmal 20 Länder. Nur 25 Entwicklungsländer haben Zugang zu privaten Märkten für Anleihen, kommerzielle Bankdarlehen und Stammaktien. Ungeachtet allen Redens über die entstehenden Märkte im globalen Finanzwesen, machten sie 1998 nur 7% des gesamten Kapitalwerts am Markt aus, während sie 85% der Weltbevölkerung repräsentierten.[108] Im Produktionsbereich kamen die OECD-Länder zusammen mit den vier asiatischen Tiger-Staaten 1988 auf 72,8% der weltweiten industriellen Fertigung, und dieser Anteil ist in den 1990er Jahren nur leicht zurückgegangen. Die Konzentration ist noch größer im Bereich der hochwertigen Produktion: 1990 wurden in den G 7-Staaten 90% der hochtechnologischen Fertiggüter hergestellt, und dort waren 80,4% der weltweit vorhandenen Computerleistung installiert.[109] Daten, die 1990 von der UNESCO zusammengestellt wurden, zeigten, dass der Anteil des wissenschaftlichen und technischen Personals an der Gesamtbevölkerung in Nordamerika 15 Mal höher war als im Durchschnitt der Entwicklungsländer. Die Ausgaben für F&E beliefen sich in

---

[108] Daten aus UNDP (1999); s. auch Sengenberger und Campbell (1994); Hoogvelt (1997); Duarte (1998); PNUD (1981a, b); UNISDR (1998); World Bank (1998); Dupas (1999).
[109] CEPII (1992).

Abbildung 2.7 Export-Anteile (Prozent der Gesamtexporte an Gütern und Dienstleistungen)

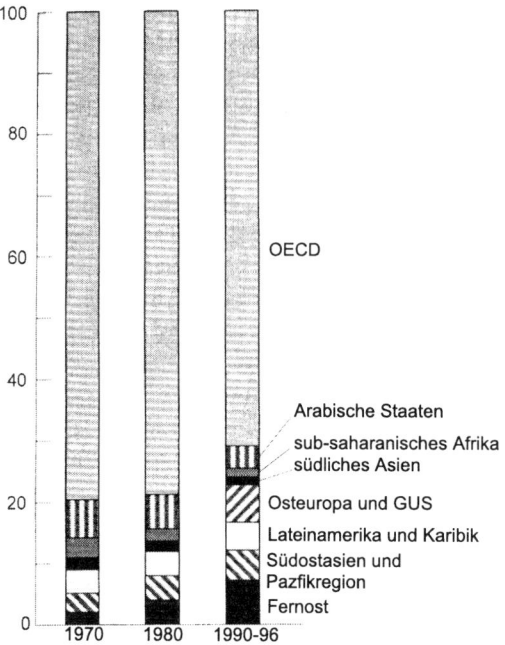

Quelle: Daten aus World Bank (1999) bearbeitet von UNDP (1999)

Nordamerika auf 42% aller Ausgaben in diesem Bereich auf der ganzen Welt, während die entsprechenden Ausgaben in Lateinamerika und Afrika zusammengenommen weniger als 1% der Gesamtsumme ausmachten.[110]

Insgesamt ist die globale Wirtschaft durch eine grundlegende Asymmetrie zwischen unterschiedlichen Ländern gekennzeichnet, und zwar in Bezug auf ihr Integrationsniveau, ihr Wettbewerbspotenzial und ihren Anteil am Nutzen aus dem wirtschaftlichen Wachstum. Diese Differenzierung setzt sich auf regionaler Ebene innerhalb eines jeden Landes fort, wie dies Allen Scott in seiner Untersuchung über neue Muster ungleicher regionaler Entwicklung aufgezeigt hat.[111] Die Folge dieser Konzentration von Ressourcen, Dynamik und Reichtum in bestimmten Territorien ist die zunehmende Segmentierung der Weltbevölkerung, die der Segmentierung der globalen Ökonomie folgt und letztlich zu den globalen Tendenzen steigender Ungleichheit und sozialer Exklusion führt.

Dieses Segmentierungsmuster ist bestimmt durch eine Doppelbewegung: Einerseits werden wertvolle Segmente von Territorien oder Menschengruppen in globale Netzwerke der Werterzeugung und Reichtumsaneignung eingebunden. Andererseits werden alle und alles, was nach den Wertmaßstäben, die in

---

110 US National Science Board (1991).
111 Scott (1998).

den Netzwerken gelten, keinen Wert hat, aus diesen Netzwerken ausgeschlossen und schließlich gar ausrangiert. Positionen innerhalb der Netzwerke können mit der Zeit durch Auf- oder Abwertung transformiert werden. Das hält Länder, Regionen und Bevölkerungen ständig in Bewegung, was gleichbedeutend ist mit strukturell verursachter Instabilität. So waren etwa die dynamischen Zentren der sich entwickelnden asiatischen Volkswirtschaften wie Thailand, die Philippinen und Indonesien in den späten 1980er Jahren und während der gesamten 1990er Jahre an multinationale Produktions- und Handelsnetzwerke und an die globalen Finanzmärkte angeschlossen. Die Finanzkrise von 1997/98 hat große Teile des neuen Reichtums dieser Länder zerstört. Ende 1999 schienen die asiatischen Volkswirtschaften auf dem Weg der Erholung zu sein. Aber große Teile der Industrie, des Grundstücksmarktes und des Bankwesens dieser Länder sowie ein großer Teil der formellen Beschäftigung sind von der Krise ausradiert worden. Armut und Arbeitslosigkeit schossen raketenartig in die Höhe. In Indonesien kam es zu einem Prozess der De-Industrialisierung und De-Urbanisierung, weil Millionen von Menschen aufs Land zurückkehrten und dort nach Überlebensmöglichkeiten suchten (s. Bd. III, Kap. 4). Die Folgen der Asienkrise, der mexikanischen Krise, der brasilianischen Krise und der russischen Krise zeigen die Zerstörungskraft, die der Flüchtigkeit der globalen Ökonomie innewohnt. Das neue Wirtschaftssystem ist zugleich hochgradig dynamisch, hochgradig selektiv, hochgradig ausschließend und in seinen Grenzen hochgradig instabil. Die Kapital-, Produktions- und Handels-Netzwerke sind – angetrieben von den neuen Kommunikations- und Informationstechnologien – in der Lage, Quellen von Werterzeugung überall auf der Welt aufzuspüren und einzubinden. Aber während die dominierenden Segmente aller Volkswirtschaften in das globale Netz einbezogen sind, werden Segmente von Ländern, von Regionen, von Wirtschaftsbranchen und von lokalen Gesellschaften von den Prozessen der Akkumulation und Konsumtion abgekoppelt, die die informationelle globale Ökonomie kennzeichnen. Ich will nicht behaupten, dass diese „marginalen" Sektoren nicht gesellschaftlich mit dem Rest des Systems verbunden sind, weil es so etwas wie ein soziales Vakuum nicht gibt. Aber ihre soziale und wirtschaftliche Logik baut auf Mechanismen auf, die sich klar von denen der informationellen Ökonomie unterscheiden. Während die informationelle Ökonomie den gesamten Planeten umgestaltet und in diesem Sinne tatsächlich global ist, arbeiten die meisten Leute auf diesem Planeten nicht für die informationelle, globale Ökonomie und kaufen auch nicht von ihr. Sämtliche wirtschaftlichen und gesellschaftlichen Prozesse beziehen sich jedoch wirklich auf die strukturell dominierende Logik dieser Ökonomie. Wie und warum eine solche Verbindung funktioniert, und wer und was im Zeitverlauf angeschlossen und abgeschaltet wird, sind grundlegende Merkmale unserer Gesellschaften, die eine spezifische und eingehende Analyse erforderlich machen (s. Bd. III, Kap. 2).

Die politische Ökonomie der Globalisierung: Kapitalistische Neustrukturierung, Informationstechnologie und staatliche Politik

Eine globale Wirtschaft im engeren, in diesem Kapitel definierten Sinn, ist in den letzten Jahren des 20. Jahrhunderts entstanden.[112] Sie war das Ergebnis der Neustrukturierung von Unternehmen und Finanzmärkten im Gefolge der Krise der 1970er Jahre. Sie breitete sich mit Hilfe der neuen Informations- und Kommunikationstechnologien aus. Sie wurde durch bewusste staatliche Politik ermöglicht und im Großen und Ganzen auch damit durchgesetzt. Die globale Wirtschaft wurde nicht durch Märkte geschaffen, sondern durch das Zusammenwirken von Märkten und Regierungen und internationalen Finanzinstitutionen, die für die Märkte agierten – oder jedenfalls für ihre Vorstellung davon, was Märkte denn zu sein hätten.

Zu den Geschäftsstrategien zur Produktivitätssteigerung und zur Verbesserung der Rentabilität gehörten auch die Suche nach neuen Märkten und die Internationalisierung der Produktion. Für die neuen hochtechnologischen Industrien war von Anfang an ihre internationale Arbeitsteilung charakteristisch (s. Kap. 6). Die verstärkte Präsenz amerikanischer multinationaler Konzerne in Europa und Asien schuf einen neuen Trend zur Produktion an vielen Standorten gleichzeitig, der zur Ausweitung des internationalen Handels beitrug. In den 1980er Jahren schlossen sich auch europäische und japanische Multis dieser Strategie an und begründeten so ein Geflecht transnationaler Produktionsnetzwerke. Unternehmen aus Japan und aus den neu sich industrialisierenden Ländern der asiatischen Pazifikregion begründeten ihr übersteigertes Wachstum durch Exporte in die USA und in geringerem Maße nach Europa (s. Bd. III, Kap. 4). Auf diese Weise trugen sie dazu bei, die Konkurrenz im internationalen Handel anzuregen, bis sowohl die USA als auch die Europäische Gemeinschaft Maßnahmen ergriffen, um der pazifischen Herausforderung ihrer zuvor unbestrittenen Wirtschaftshegemonie zu begegnen. Die Europäische Gemeinschaft dehnte sich nach Süd- und Nordeuropa aus und beschleunigte den wirtschaftlichen Integrationsprozess, um ihren Binnenmarkt auszuweiten und zugleich der japanischen und amerikanischen Konkurrenz mit einem einheitlichen Zoll die Stirn zu bieten. Die USA bauten auf ihre überlegene Technologie und geschäftliche Flexibilität und verstärkten den Druck zur Liberalisierung des Handels und für offene Märkte, behielten aber zugleich als Joker ihre eigenen protektionistischen Schutzmauern bei.

Die Kapitalmärkte erhöhten ihre weltweite Zirkulation auf der Grundlage des Eurodollar-Marktes, der hauptsächlich geschaffen wurde, um es den US-

---

112 Zu einer empirischen Darstellung des Prozesses der Globalisierung in verschiedenen Regionen der Welt während der 1980er und frühen 1990er Jahre verweise ich auf die erste Ausgabe der englischen Originalfassung dieses Bandes, *The Rise of the Network Society* (1996), Kap. 2, Abschnitt „The Newest International Division of Labor", S. 106-150. Dieser Abschnitt wurde in der vorliegenden Fassung gestrichen, um die Argumentation in diesem Kapitel zuzuspitzen.

Multis zu ermöglichen, unter Umgehung der US-Bestimmungen außerhalb der USA Anleihen aufzunehmen und Geld zu verleihen. Die Finanzströme expandierten während der 1970er Jahre erheblich, um die Petrodollars aus den OPEC-Ländern und von den Erdölfirmen zu recyceln. Weil sich in den 1970er Jahren die meisten OECD-Volkswirtschaften in einem Abschwung befanden, ging ein beträchtlicher Teil der Anleihen an Entwicklungsländer, oft ohne die notwendigen Kreditkontrollen. Dadurch wurden gleichzeitig die globale Expansion der Kreditmärkte und die Schuldenkrise ausgelöst, die die Volkswirtschaften in Lateinamerika und Afrika während der 1980er Jahre in ihrem Würgegriff hielt. Die darauf folgende weltweite Neustrukturierung der Finanzmärkte auf der ganzen Welt führte, wie oben dargestellt, zu einer Expansion grenzüberschreitender Finanzströme, globaler Investitionen von Finanzinstitutionen und zu einer voll entwickelten Internationalisierung der Bankentätigkeit. 1985 prägte die Weltbank angesichts der gescheiterten Versuche, private Investitionen für „Dritte Welt-Märkte" zu mobilisieren, einen neuen Begriff: *emerging markets*. Dieser Begriff zeigte eine neue Ära der weltweiten finanziellen Integration an. Investoren aus aller Welt machten nun Jagd auf hohe Gewinnversprechen und ignorierten die hohen Risiken in der Hoffnung auf staatliche Unterstützung im Falle von Banken- oder Währungskrisen. Die Saat der Finanzkrisen der 1990er Jahre in Mexiko, Asien, Russland, Brasilien und darüber hinaus war gelegt.

Die voll entwickelte wirtschaftliche Globalisierung konnte nur auf der Grundlage neuer Informations- und Kommunikationstechnologien weiter gehen. Avancierte Computersysteme ermöglichen den Einsatz neuer, leistungsstarker mathematischer Modelle um mit komplexen Finanzprodukten umzugehen und Transaktionen mit hoher Geschwindigkeit durchzuführen. Ausgefeilte Telekommunikationssysteme verbanden die Finanzzentren rund um den Globus in Echtzeit miteinander. Online-Management ermöglichte es Unternehmen, im ganzen Land und auf der ganzen Welt zu arbeiten. Die Produktion auf der Grundlage der Mikroelektronik, machte es zugleich möglich, Baukomponenten zu standardisieren, das Produkt Kundenwünschen anzupassen und eine Produktion mit hohen Stückzahlen und hoher Flexibilität zu betreiben, organisiert entlang einem internationalen Fließband. Die transnationalen Güter- und Dienstleistungsnetzwerke bedienten sich eines interaktiven Kommunikations- und Informationssystems, um Rückkoppelungsschleifen zu garantieren und für die Koordination dezentralisierter Produktion und Distribution zu sorgen. Die Informationstechnologie war von entscheidender Bedeutung für das Betreiben eines *world wide web* mit schneller und großer Transportkapazität für Güter und Menschen mit Hilfe von Luftverkehr, transozeanischen Schifffahrtslinien, Eisenbahnen und Autobahnen. Die multi-modale Container-Fracht wurde durch Informationssysteme, die Güter ebenso wie Routen verfolgen konnten, sowie durch automatisierte Systeme zum Laden und Löschen effizienter. Ein weitverzweigtes System aus Fluglinien, Hochgeschwindigkeitszügen, VIP-Lounges auf Flughäfen und unternehmensbezogenen Dienstleistungen stand den Firmen an den Knotenpunkten der Welt zur Verfügung. Internationale Hotels mit Internet-Anschluss und kosmopolitischer Unterhaltung boten die Infrastruktur für die Mobilität der Manager. Und in den späten 1990er Jahren wurde das Internet zum technologischen Rückgrat eines neuen Typs der globalen Firma, des Netzwerkunternehmens (s. Kap. 3).

Jedoch wären weder Technologie noch Wirtschaft allein in der Lage gewesen, die globale Wirtschaft zu entwickeln. Die entscheidenden Akteure bei der Schaffung der neuen, globalen Wirtschaftsform waren die Regierungen und insbesondere die Regierungen der reichsten Länder, der G-7, sowie ihre Hilfsinstitutionen, der Internationale Währungsfonds, die Weltbank und die Welthandelsorganisation. Drei miteinander verknüpfte politische Strategien schufen die Grundlagen der Globalisierung: Deregulierung der Binnenmarktaktivitäten, angefangen bei den Finanzmärkten; Liberalisierung des internationalen Handels und der internationalen Investitionen; und Privatisierung öffentlicher Unternehmen, die oft an ausländische Investoren verkauft wurden. Diese Politik setzte Mitte der 1970er Jahre in den USA ein, in Großbritannien in den frühen 1980er Jahren, dehnte sich während der 1980er Jahre auf die gesamte Europäische Union aus und wurde in den 1990er Jahren zur herrschenden Politik in den meisten Ländern der Welt und zugleich ein gemeinsamer Standard des internationalen Wirtschaftssystems.[113]

Wie und warum es dazu kam, ist eine Angelegenheit der Geschichtsforschung. Jedoch können ein paar Bemerkungen zur Genese der globalen Wirtschaft helfen, ihre Umrisse im 21. Jahrhundert zu verstehen. Zwar wurden einige wichtige Maßnahmen schon in den 1970er Jahren eingeführt – wie die faktische Abschaffung der Kontrollen für grenzüberschreitenden Kapitalverkehr in den USA 1974 –, es gab jedoch zwei unterscheidbare Perioden regierungsgeführter Globalisierung. Zur Vereinfachung unterscheide ich die 1980er Jahren und die 1990er Jahre. In den 1980er Jahren signalisierte der gleichzeitige Machtantritt stramm konservativer, ideologischer Anhänger des freien Marktes in den USA (der 1980 gewählte Ronald Reagan) und Großbritannien (die 1979 gewählte Margaret Thatcher) einen Wendepunkt. In den USA kam dies nicht unerwartet. In meiner Analyse der Auswirkungen der Wirtschaftskrise der 1970er Jahre auf die amerikanische Politik, veröffentlicht 1976,[114] habe ich als eine wahrscheinliche Alternative die angebotsorientierte Wirtschaftspolitik vorgestellt, der ich zur Veranschaulichung einen Namen gegeben habe: die Reagan-Politik. Beide Regierungen unternahmen große Anstrengungen, um Deregulierung und Liberalisierung von Finanz- und Investitionen voranzutreiben. In Großbritannien kam die Privatisierung öffentlicher Unternehmen hinzu, was weltweit zum Vorbild wurde. Die unmittelbarste

---

113 S. Hutton (1995); Zaldivar (1995); Estefania (1996); Hill (1996); Hoogvelt (1997); Yergin und Stanislaw (1998); UNDP (1999).
114 Castells (1976).

Auswirkung machte sich im internationalen Finanzhandel bemerkbar. In den USA erlebte der Optionsmarkt, der 1972 in Chicago eingerichtet worden war, eine schnelle Expansion und entwickelte sich am Ende zu einem Markt, auf dem vielfältige Derivate gehandelt werden. Großbritannien schaffte 1980 die Devisenkontrollen ab, und 1982 wurde in London der nach Chicago zweite Markt für Termingeschäfte gegründet. Frankreich folgte 1986 mit seiner eigenen Börse für Futures, MATIF. Deutschland blieb in Fragen der finanziellen Deregulierung vorsichtiger, obwohl auch hier 1981 die Kontrollen über den grenzüberschreitenden Kapitalverkehr abgeschafft wurden. Die asiatischen Finanzmärkte, vor allem Hongkong und Singapur, machten sich ein nur wenig reguliertes Umfeld zunutze, um Finanztransaktionen anzulocken. Sie zogen so Marktanteile von der stärker regulierten Tokyoter Börse ab. Die vollständige Deregulierung der Finanzmärkte in der Londoner City im Oktober 1987 eröffnete eine neue Ära finanzieller Globalisierung, trotz (oder wegen?) des gleichzeitigen Crashs der New Yorker Börse, gleichfalls im Oktober 1987. Jedoch entsprachen die Resultate der ersten Runde der angebotsorientierten Wirtschaftspolitik nicht so ganz den Erwartungen ihrer Ideologen in den USA und Großbritannien, da es einen elementaren inneren Widerspruch in ihrer Position gab: Sie waren gleichzeitig Nationalisten und Globalisierer. Im Prinzip stehen diese Positionen im Kontext imperialistischer Politik nicht im Widerspruch zueinander – und dies war im viktorianischen England tatsächlich der Fall, das oft als Beispiel einer früheren Globalisierung dient. Aber dieses Mal waren die Bedingungen anders: In einer internationalen Wirtschaft mit vielen Zentren, die von transnationalen Produktionsnetzwerken in Gang gehalten wird, wobei die Leute in den Kerngesellschaften wenig Lust zeigen, für den Ruhm ihrer Regierung zu sterben, wird der Widerspruch unüberwindbar. Das mussten Reagan und Thatcher als die führenden politischen Persönlichkeiten schließlich einsehen. Während Reagan schwor, das Haushaltsdefizit zu reduzieren, verursachte er in Wirklichkeit das größte Defizit im Bundeshaushalt, das die USA jemals in Friedenszeiten gesehen hatten. Es war die Folge seines Einsatzes für ein gigantisches Rüstungsprogramm bei gleichzeitigen Steuersenkungen für die Reichen. Thatcher war offen gegenüber den internationalen Märkten, nicht aber gegenüber Europa. So stand sie vor der Wahl, entweder die europäische Spielart der Globalisierung zu übernehmen, d.h. eine vereinigte europäische Wirtschaft mit einheitlicher Währung, oder aber sich in die britische Festung zurückzuziehen, ohne freilich die Macht zu haben, der Welt ihren Willen aufzuzwingen. Die Möglichkeit, diese Wahl zu treffen, wurde ihr niemals zuteil, wenn sie auch deutlich zum Isolationismus hin tendierte. Ihre eigene Partei war von der historischen Notwendigkeit der Europäischen Union überzeugt und hatte die Eiserne Lady satt; sie schickte sie 1990 zwangsweise in den Vorruhestand. Außerdem traf sowohl in den USA als auch in Großbritannien die konservative fixe Idee eines gegen den Wohlfahrtsstaat gerichteten *roll back* auf scharfen gesellschaftlichen und politischen

Widerstand ebenso wie auf die Wirklichkeit der historischen Trägheit und der gesellschaftlichen Grundbedürfnisse. So gelang es Reagan zwar, Tausenden von Kindern das Frühstück wegzunehmen, und Thatcher setzte die traditionellen Qualitätsstandards der britischen Universitäten aufs Spiel, aber insgesamt blieben die meisten Einrichtungen des Wohlfahrtsstaates erhalten, wenngleich mit begrenzter Reichweite. Jedoch erfuhren sowohl die britische wie die US-Wirtschaft eine Wende, in Bezug auf Rentabilität und Produktivität. Internationaler Handel, Investitionen und Finanzen expandierten dramatisch, als sich die Unternehmen die neuen Chancen zunutze machten, die sich aus der Verwirrung in den Arbeiterorganisationen und der Deregulierung der Wirtschaftstätigkeit ergaben.

Auf dem europäischen Festland war die schlechte Erfahrung der ersten sozialistischen Regierung unter dem 1981 gewählten Mitterrand ein Wendepunkt. Bar aller ökonomischer Grundkenntnis glaubte der Politiker Mitterrand, er könne innerhalb einer quasi-integrierten europäischen Wirtschaft die Arbeitszeit reduzieren, die Löhne und Sozialleistungen erhöhen und die Unternehmen besteuern, ohne von den Devisenmärkten bestraft zu werden. Seine Regierung wurde gezwungen, den Franc abzuwerten und vollzog zwei Jahre später eine vollständige wirtschaftspolitische Kehrtwende, indem sie sich am Modell der deutschen Stabilitätspolitik orientierte. Diese französische Affäre beeinflusste die vorsichtige Wirtschaftspolitik der neuen sozialistischen Regierung in Spanien stark, die im Oktober 1982 gewählt wurde und sich zu Deregulierung und kontrollierter Liberalisierung entschloss. Sie bewegte sich damit auf die Mitte einer neuen Wirtschaftspolitik zu. Tatsächlich wurden Felipe Gonzales und Helmut Kohl enge Verbündete beim Aufbau eines vereinten Europa auf der Grundlage liberaler Wirtschaftsprinzipien – gemildert durch soziales Bewusstsein und soziale Marktwirtschaft. Langsam aber sicher überzeugte diese Mitte – der Giddens später die theoretische Form des „dritten Weges" gab – den Großteil der öffentlichen Meinung und die Regierungen Europas. Zur Jahrhundertwende hatten 13 von 15 Mitgliedstaaten der Europäischen Union sozialdemokratische Regierungen, die unter verschiedenen ideologischen Etiketten diese pragmatische Strategie unterstützten.[115]

Die Institutionen und Regeln der Globalisierung wurden jedoch in den 1990er Jahren festgelegt und auf die ganze Welt ausgedehnt. Wie Ankie Hoogvelt richtig schreibt, „bezieht sich die Skepsis gegenüber der Globalisierung recht stark auf die andauernde und tatsächlich in manchen Fällen anscheinend sogar verstärkte Ausübung von Souveränität und regulierendes Eingreifen durch nationale Regierungen. Und dennoch läuft ein Großteil dieser Regulierung am Ende auf nichts anderes hinaus als auf eine Regulierung für die Globalisierung".[116]

---

115 Giddens (1998).
116 Hoogvelt (1997: 131).

Der Mechanismus, mit dem der Globalisierungsprozess in den meisten Ländern der Welt eingeleitet wurde, war einfach: politischer Druck, entweder durch direktes Regierungshandeln oder durch aufgezwungene Maßnahmen von IWF/Weltbank/Welthandelsorganisation. Erst nach der Liberalisierung der Volkswirtschaften würde das globale Kapital einströmen. Die Clinton-Regierung war in Wirklichkeit der eigentliche politische Globalisierer, vor allem unter der Leitung von Robert Rubin, ehemaliger Vorsitzender von Goldman & Sachs und Wall Street-Insider. Sicherlich baute Clinton auf den von Reagan geschaffenen Fundamenten auf, aber er trieb das gesamte Projekt viel weiter. Er machte die Öffnung der Märkte für Güter, Dienstleistungen und Kapital zur zentralen und wichtigsten Aufgabe seiner Regierung. In einem bemerkenswerten Bericht dokumentierte die *New York Times* 1999 die mit ganzer Kraft unternommene Anstrengung des Clinton-Teams in dieser Richtung; Regierungen auf der ganzen Welt wurden unmittelbar unter Druck gesetzt, und der IWF erhielt Anweisung, diese Strategie in der härtesten Weise, die möglich war, zu verfolgen.[117] Das Ziel bestand darin, alle Volkswirtschaften nach homogenen Spielregeln zu vereinigen, so dass Kapital, Güter und Dienstleistungen je nach Einschätzung der Märkte ein- und ausströmen könnten. Wie in der besten der Smithschen Welten würden am Ende alle davon profitieren, so dass der globale Kapitalismus mit dem Motor Informationstechnologie zur magischen Formel würde, nach der schließlich Wohlstand, Demokratie und mit etwas geringerer Priorität auch ein vertretbares Maß an Ungleichheit und weniger Armut nebeneinander existieren könnten.

Über den Erfolg dieser Strategie lässt sich anhand ihres Ausgangspunkts urteilen: Viele Regionen der Erde waren von Wirtschaftskrisen erfasst worden. In den meisten Ländern Lateinamerikas und Afrikas hatte die erste Runde der Globalisierung des Finanzwesens in den 1980er Jahren die Volkswirtschaften verwüstet, weil ihnen zur Regelung des Schuldendienstes eine Austeritätspolitik verordnet worden war. Russland und Osteuropa hatten gerade eine mühsame Transition zur Marktwirtschaft begonnen, die im Großen und Ganzen zu Anfang den wirtschaftlichen Zusammenbruch bedeutete.[118] Später kehrte die Asienkrise 1997/98 in den pazifischen Volkswirtschaften das Unterste zu oberst und unterminierte in vielen Fällen den Entwicklungsstaat. In den meisten Fällen kamen nach solchen Krisen IWF und Weltbank zu Hilfe, freilich unter der Bedingung, dass die Regierungen die Verordnungen des IWF zur ökonomischen Gesundung auch akzeptierten. Diese politischen Empfehlungen – in Wirklichkeit Auflagen – beruhten auf fertig geschnürten Bündeln einer wirtschaftlichen Anpassungspolitik, die völlig unabhängig von den spezifischen Problemen der einzelnen Länder immer erstaunlich ähnlich aussahen; es waren in Wirklichkeit Massenprodukte orthodoxer neoklassischer Wirtschaftswissenschaftler, vor allem von der University of Chicago, Harvard und MIT. Ende der

---

117 Kristoff und Sanger (1999).
118 Castells und Kiselyova (1998).

1990er Jahre führte der IWF in über 80 Ländern der Erde Anpassungspolitiken durch oder beriet Regierungen in diesem Sinne. Selbst die großen Volkswirtschaften sehr wichtiger Länder wie Russland, Mexiko, Indonesien oder Brasilien hingen von der Zustimmung des IWF zu ihrer Politik ab. Der größte Teil der Entwicklungsländer wurden ebenso wie die Transitionsökonomien zu wirtschaftlichen Protektoraten des IWF, letztlich gleichbedeutend mit dem Finanzministerium der USA. Die Macht des IWF ist jedoch weniger finanziell denn symbolisch. Die Hilfe des IWF hatte häufig die Form von virtuellem Geld, also einer Kreditlinie, die die Regierungen im Notfall ausschöpfen konnten. Ein vom IWF gewährter Kredit war gleichbedeutend mit Kreditwürdigkeit gegenüber den globalen Finanzinvestoren. Und Entzug des Vertrauens durch den IWF bedeutete für dieses Land, finanziell zum Paria zu werden. Dies war die Logik: Wenn ein Land beschloss, außerhalb des Systems zu bleiben (etwa Peru unter Alan Garcia in den 1980er Jahren), so wurde es mit finanzieller Ächtung bestraft – und brach zusammen, womit die *self-fulfilling prophecy* des IWF bestätigt war. Also wagten es nur wenige Länder, dem mit Bedingungen verknüpften „Willkommen im Club" zu widerstehen – angesichts der Alternative, von den globalen Kapital-, Technologie- und Handelsströmen isoliert zu werden.

Eine ähnliche Logik wurde von der Welthandelsorganisation – gegründet 1994 – verfolgt. Für Länder, die für eine nach außen gerichtete Entwicklungsstrategie optiert hatten, wie die riesigen Volkswirtschaften Indiens und Chinas, war der Zugang zu den Wohlstandsmärkten unverzichtbar. Aber um diesen Zugang zu bekommen, mussten sie die Regeln des internationalen Handels einhalten. Das Einhalten der Regeln bedeutete letztlich den allmählichen Abbau der Schutzmaßnahmen für Industrien, die wegen ihrer späten Entstehung gegenüber der internationalen Konkurrenz nicht wettbewerbsfähig waren. Aber die Ablehnung der Regeln wurde mit strikten Zöllen auf den Wohlstandsmärkten bestraft, womit die Möglichkeit einer Entwicklung durch die Eroberung von Marktanteilen dort verbaut gewesen war, wo sich der Reichtum konzentriert. So stellt der Bericht des UNDP für 1999 fest:

> Eine ständig steigende Zahl von Entwicklungsländern hat sich dem Prinzip des Freihandels angeschlossen und die Politik der Importsubstitution aufgegeben. Bis 1997 hatte Indien seine Zölle von einem Durchschnitt von 82% 1990 auf 30% gesenkt, Brasilien von 25% 1991 auf 12% und China von 43% 1992 auf 18%. Diese Veränderungen wurden von den Technokraten betrieben und entschieden durch die Finanzierung von Internationalem Währungsfonds und Weltbank als Teil umfassender Wirtschaftsreform- und Liberalisierungspakete unterstützt. Die Bedingungen der Mitgliedschaft in WTO und OECD waren hier wichtige Anreize. Land um Land nahm tiefgreifende einseitige Liberalisierungen vor, nicht nur in Bezug auf den Handel sondern auch hinsichtlich der Auslands-Direktinvestitionen. 1991 nahmen beispielsweise 35 Länder Änderungen an 85 Regulierungsregimes vor, wobei 80 davon Auslands-Direktinvestitionen liberalisieren oder fördern sollten. 1995 erhöhte sich das Tempo, und noch mehr Länder – 65 – veränderten solche Regime, meist hin zu einer weiteren Liberalisierung.[119]

---

119 UNDP (1999: 28).

Im November 1999 schloss China ein Handelsabkommen mit den Vereinigten Staaten, das eine Liberalisierung seiner Handels- und Investitionsbestimmungen vorsah, um sich so den Weg zur Mitgliedschaft in der WTO zu öffnen und China näher an die Regeln des globalen kapitalistischen Regimes heranzuführen.

Je mehr Länder sich dem Club anschließen, desto schwieriger ist es für diejenigen, die außerhalb des liberalen Regimes stehen, ihren eigenen Weg zu verfolgen. Damit erweitern also die festgelegten Entwicklungsbahnen der Integration in die globale Wirtschaft mit ihren einheitlichen Regeln das Netzwerk und die Vernetzungsmöglichkeiten für die Mitglieder, während die Kosten, außerhalb des Netzwerkes zu bleiben, steigen. Diese sich selbst erweiternde Logik wurde von Regierungen und internationalen Finanz- und Handelsinstitutionen in Gang gesetzt und durchgeführt und endete damit, dass die dynamischen Segmente der meisten Länder der Welt innerhalb einer offenen, globalen Wirtschaft miteinander verbunden wurden.

Warum haben die Regierungen sich zu diesem drastischen Globalisierungsschub entschlossen, wenn sie doch dadurch ihre eigene Souveränität untergruben? Wenn wir dogmatische Interpretationen ausschließen, nach denen die Rolle von Regierungen auf die von „ausführenden Ausschüssen der Bourgeoisie" reduziert wird, ist die Angelegenheit ziemlich komplex. Sie erfordert eine Differenzierung zwischen vier Erklärungsebenen: den wahrgenommenen strategischen Interessen eines einzelnen Nationalstaates, dem ideologischen Kontext, den politischen Interessen der politischen Führungsgruppe und den persönlichen Interessen der Amtsträger.

Mit Blick auf die staatlichen Interessen lautet die Antwort für jeden Staat anders. Die Antwort ist eindeutig im Falle der wichtigsten Globalisiererin, der US-Regierung: Eine offene, integrierte Wirtschaft funktioniert zum Wohle amerikanischer Unternehmen und von Unternehmen mit Sitz in Amerika, mithin der amerikanischen Wirtschaft. Der Grund liegt in dem technologischen Vorsprung und der überlegenen Management-Flexibilität, welche die USA gegenüber dem Rest der Welt aufweisen. Zusammen mit der langfristigen Präsenz amerikanischer Multis in der ganzen Welt und der hegemonialen Präsenz Amerikas in den internationalen Handels- und Finanzinstitutionen läuft die Globalisierung für die USA auf gesteigerte Prosperität hinaus, wenn auch sicher weder für alle amerikanischen Unternehmen, noch für alle Menschen auf amerikanischem Boden. Dieses wirtschaftliche Interesse Amerikas ist ein Punkt, den Clinton und sein Wirtschaftsteam, vor allem Rubin, Summers und Tyson begriffen hatten. Sie arbeiteten hart daran, der Welt das liberale Handelsevangelium zu bringen und ließen wenn nötig die ökonomischen und politischen Muskeln der USA spielen.

Im Fall der europäischen Regierungen war der Vertrag von Maastricht, der sie auf wirtschaftliche Konvergenz und eine echte Vereinigung bis 1999 festlegte, die spezifische Form, Globalisierung einzuführen. Sie wurde als die einzige Möglichkeit für jede einzelne Regierung verstanden, in einer Welt mitzuhalten, die zunehmend von amerikanischer Technologie, asiatischen Industrieprodukten und globalen Finanzströmen dominiert wird, die 1992 die europäische Geldstabilität ausgelöscht hatten. Die Teilnahme am globalen Wettbewerb von der Position der durch die Europäische Union vermittelten Stärke aus schien die einzige Chance zu sein, die Autonomie Europas zu bewahren und zugleich in der neuen Welt erfolgreich zu sein. Japan passte sich nur zögerlich an, aber unter dem Druck einer schweren, langwierigen Rezession und einer tiefen Finanzkrise führte es in den späten 1990er Jahren eine Reihe von Reformen durch, die die japanische Volkswirtschaft allmählich öffnen und die Finanzspielregeln an globale Standards anpassen sollten (Bd. III, Kap. 4). China und Indien erblickten in der Öffnung des Welthandels eine Chance, einen Entwicklungsprozess einzuleiten und die technologische und wirtschaftliche Basis für eine erneuerte nationale Macht aufzubauen. Der Preis dafür bestand in einer vorsichtigen Öffnung für den Außenhandel und für ausländische Investitionen, was bedeutete, dass sie ihr Schicksal an den globalen Kapitalismus banden. Für sich industrialisierende Länder auf der ganzen Welt, die meist erst kurz zuvor Wirtschaftskrisen und Hyperinflation erlebt hatten, bedeutete das neue Modell öffentlicher Politik die Aussicht auf einen Neuanfang und den bedeutsamen Anreiz der Unterstützung durch die großen Mächte der Welt. Für die Reformkräfte, die in den Transitionswirtschaften in Osteuropa an die Macht kamen, war Liberalisierung gleichbedeutend mit dem endgültigen Bruch mit der kommunistischen Vergangenheit. Und für viele Entwicklungsländer auf der ganzen Welt galt, dass sie ihre strategischen Interessen gar nicht erst auszutüfteln brauchten: Der IWF und die Weltbank entschieden für sie; dies war der Preis für die Reparatur ihrer heruntergekommenen Volkswirtschaften.

Staatliche Interessen werden immer in einem ideologischen Bezugsrahmen gesehen. Die 1990er Jahre standen im Zeichen des Zusammenbruchs des Etatismus und der Legitimationskrise, die Wohlfahrtsstaat und Regierungskontrolle während der 1980er Jahre durchgemacht hatten. Sogar in den Ländern der asiatische Pazifikregion machte der Entwicklungsstaat eine Legitimationskrise durch, als er zu einem Hindernis für die Demokratie wurde. Auf der ganzen Welt kamen neoliberale Ideologen – in den USA „Neokonservative" genannt – aus ihren Löchern und wurden auf ihrem Kreuzzug von frisch Konvertierten unterstützt, die bemüht ihre marxistische Vergangenheit leugneten – von den französischen *nouveaux philosophes* bis hin zu brillanten lateinamerikanischen Romanschriftstellern. Als der Neoliberalismus, wie die neue Ideologie genannt wurde, über die engstirnige Schablone der Reagan/Thatcher-Version hinauswuchs, fand er eine Bandbreite von jeweils kulturell angepassten Ausdrucksformen und begründete rasch eine neue ideologische Hegemonie. Anfang der 1990er Jahre wurde dies von Ignacio Ramonet als *la pensée unique* bezeichnet, die „einzige Denkweise". Zwar war die intellektuelle Debatte weitaus vielfältiger, aber an der Oberfläche schien es wirklich so, als hätte das politische Establishment der ganzen Welt eine gemeinsame intellektuelle Grundlage gefunden: eine intellektuelle Strömung, die nicht unbedingt von Fukuyama und von Hayek inspiriert war, aber ganz gewiss Vieles Adam Smith und John Stuart Mill verdankte. In diesem Denkmuster erwartete man von freien Märkten wirtschaftliche und institutionelle Wunder vor allem dann, wenn sie mit neuen technologischen Wundern gekoppelt wurden, die von den Futurologen versprochen wurden.

Das politische Interesse der neuen Führer, die Ende der 1980er und Anfang der 1990er Jahre an die Regierung kamen, begünstigten die Option der Globalisierung. Unter politischem Interesse verstehe ich, in die Regierung gewählt zu werden und dort bleiben zu wollen. In den meisten Fällen wurden neue Führer als Ergebnis des Niedergangs oder manchmal auch des Zusammenbruchs der Wirtschaft gewählt, und sie festigten ihre Macht durch eine erhebliche Verbesserung der Wirtschaftskraft des Landes. Das galt für Clinton 1992 (jedenfalls erschien es anhand fehlerhafter Wirtschaftsstatistiken so – sehr zum Ärger von George Bush). Im Zentrum seines erfolgreichen Präsidentschaftswahlkampfes stand das Motto „It's the economy, stupid!" – „Es geht um die Wirtschaft, Dummchen". Und die Schlüsselstrategie in Clintons Wirtschaftspolitik bestand darin, Deregulierung und Liberalisierung zuhause und international weiter voran zu treiben, wie dies beispielhaft 1993 mit der Zustimmung zu NAFTA geschah. Zwar kann man der Politik Clintons nicht eigentlich den außerordentlich günstigen Verlauf der US-Wirtschaft in den 1990er Jahren zuschreiben, aber Clinton und sein Team unterstützten die Dynamik der *New Economy*, indem sie der Privatwirtschaft nicht länger im Weg standen und den Einfluss der USA nutzten, Märkte auf der ganzen Welt zu öffnen.

1994 wurde in Brasilien Cardoso auf der Grundlage seines erfolgreichen Konzeptes Plan Real zur Geldstabilisierung überraschend zum Präsidenten gewählt. Er führte diesen Plan als Finanzminister durch und brach der Inflation das erste Mal überhaupt das Rückgrat. Um die Inflation unter Kontrolle zu halten, musste er Brasilien in die globale Wirtschaft integrieren und die Wettbewerbsfähigkeit der brasilianischen Unternehmen fördern. Dieses Ziel erforderte wiederum die Stabilisierung der Finanzen. Ähnliche Entwicklungen fanden in Mexiko mit Salinas und Zedillo statt, Wirtschaftsreformern innerhalb der PRI; mit Menem in Argentinien, der den traditionellen Nationalismus seiner peronistischen Partei umkehrte; mit Fujimori in Peru, der aus dem Nichts auftauchte; mit der neuen demokratischen Regierung in Chile; und viel früher mit Rajiv Gandhi in Indien, mit Deng Xiaoping und dann mit Jiang Zemin und Zhu Rongji in China und mit Felipe Gonzalez in Spanien.

In Russland spielten Jelzin und seine endlos wechselnden Wirtschaftskapitäne einzig und allein die Karte der Integration Russlands in den globalen Kapitalismus und traten dabei ihre ökonomische Souveränität an den IWF und die westlichen Regierungen ab. In Westeuropa erschöpften während der 1990er Jahre die durch den Vertrag von Maastricht verordneten Anpassungszwänge das politische Kapital der jeweiligen Regierungen und eröffneten den Weg für eine neue Welle wirtschaftlicher Reformen. Blair in Großbritannien, Romano Prodi und der Partito Democratico da Sinistra in Italien, Schröder in Deutschland setzten alle darauf, durch die Fortsetzung einer liberalen, mit Elementen einer innovativen Sozialpolitik abgemilderten Wirtschaftspolitik die Wirtschaft zu verbessern und Arbeitslosigkeit zu bekämpfen. Jospin verfolgte in Frankreich eine pragmatische Politik, die zwar auf die ideologischen Themen des Liberalismus verzichtet, aber de facto mit der marktorientierten Linie der Europäischen Union übereinstimmte. Der ironische Dreh in der politischen Geschichte besteht darin, dass die Reformer, die die Globalisierung überall auf der Welt durchsetzten, meistens der politischen Linken entstammten und nun mit ihrer Vergangenheit als Befürworter staatlicher Wirtschaftskontrolle brachen. Es wäre falsch, darin einen Beleg für politischen Opportunismus zu sehen. Es war vielmehr eine realistische Sicht der neuen wirtschaftlichen und technologischen Entwicklungen, verbunden mit einem Gespür dafür, wie die Volkswirtschaften am schnellsten aus ihrer relativen Stagnation herausgeführt werden könnten.

War die Option für die Liberalisierung und Globalisierung der Wirtschaft einmal vollzogen, so sahen sich die politischen Führer gezwungen, das geeignete Personal zu finden, um die post-keynesianische Politik durch zu setzen – häufig weit entfernt von den traditionellen staatsorientierten Vorstellungen linker Politik. So ernannte Felipe Gonzalez, als er im Oktober 1982 mitten in einer schweren wirtschaftlichen und sozialen Krise an die Macht kam, einen der wenigen Sozialisten zum Super-Minister für Wirtschaft, der persönlichen Zugang zu den konservativen Kreisen der spanischen Hochfinanz hatte. Die folgenden Personalentscheidungen des Ernannten konfigurierten eine völlig neue Klasse von neoliberalen Technokraten, unter denen einige aus Kreisen des IWF rekrutiert waren und die nun die gesamte sozialistische Regierung Spaniens durchdrangen. Ein anderes Beispiel für diese Verlaufsform ist der brasilianische Präsident Cardoso. Als er sich im Januar 1999 einer Finanzkrise gegenübersah, die außer Kontrolle zu geraten drohte, feuerte er innerhalb von zwei Wochen zwei unterschiedliche Präsidenten der brasilianischen Zentralbank und ernannte am Ende den brasilianischen Finanzier, der zuvor den Hedge-Fund von Soros für Brasilien gemanagt hatte. Jetzt zählte Cardoso auf seine Fähigkeit, mit den Spekulanten auf den globalen Finanzmärkten zurecht zu kommen. Es gelang ihm auch wirklich, den finanziellen Aufruhr wenigstens für eine gewisse Zeit zu beruhigen. Ich behaupte nun nicht etwa, dass die Finanzwelt die Regierungen kontrolliert. Im Gegenteil. Damit die Regierungen ihre Volkswirtschaften auf dem globalen Markt steuern können, brauchen sie Personal, das die Kenntnisse über das alltägliche Überleben in dieser schönen neuen Wirtschaftswelt verkörpert. Um ihren Job machen zu können, brauchen diese Wirtschaftsexperten zusätzliches Personal, das ähnliche Fähigkeiten, Sprachgewohnheiten und Werte mit ihnen teilt. Weil sie über die Zugangscodes zur Steuerung der globalen Ökonomie verfügen, wächst ihre Macht auf ein Ausmaß, das in keinem Verhältnis zu ihrer wirklichen politischen Ausstrahlung steht. Sie schaffen daher eine symbiotische Beziehung zu politischen Führungspersonen, die wegen ihrer Wirkung auf die Wählerschaft an die Macht kommen. Dann arbeiten sie gemeinsam daran, ihr Schicksal durch ihre Leistung im Rahmen der globalen Konkurrenz zu verbessern – in der Hoffnung, dass dies auch den Anteilseignern zugute kommen wird, wie man die Bürgerinnen und Bürger inzwischen bezeichnet.

Es gibt eine vierte Erklärungsschicht für die tödliche Anziehungskraft, welche die wirtschaftliche Globalisierung auf die Regierungen ausübt: die persönlichen Interessen jener, die über Entscheidungsmacht verfügen. Im Allgemeinen ist dies sicherlich nicht der wichtigste Faktor, um Regierungspolitik hinsichtlich Globalisierung zu erklären. Und es ist in einigen Fällen des Handelns auf hoher Regierungsebene, die ich persönlich beobachten konnte, zu vernachlässigen – etwa im Fall der brasilianischen Präsidentschaft 1995-99. Dennoch haben die persönlichen Interessen politischer Führungspersonen und/oder hochrangigen Personals am Globalisierungsprozess einen beträchtlichen Einfluss auf Form und Geschwindigkeit der Globalisierung ausgeübt. Diese persönlichen Interessen nehmen meist die Form der persönlichen Bereicherung an, die im Wesentlichen über zwei Kanäle läuft. Der erste besteht aus finanziellen Belohnungen und lukrativen Anstellungen nach dem Ablauf der Amtszeit, die sich aus dem inzwischen aufgebauten Beziehungsnetzwerk ergeben oder auch aus der Wertschätzung wegen Entscheidungen, die sich geschäftlich als hilfreich erwiesen haben. Der zweite Kanal besteht aus offener Korruption in ihren unterschiedlichen Spielarten: Bestechung, Nutzung von Insider-Wissen über Finanztransaktionen und Grundstückserwerb, Beteiligungen an Geschäftsvorhaben im Austausch gegen politische Gefälligkeiten und Ähnliches. Gewiss sind persönliche Geschäftsinteressen politischer Amtsträger (legal oder illegal) ein alter Hut, wahrscheinlich eine Politikkonstante in der überlieferten Geschichte. Meine Überlegung hier zielt aber auf etwas Spezifischeres: Diese Interessen begünstigen die politische Förderung der Globalisierung, weil diese eine ganze neue Welt wirtschaftlicher Chancen eröffnet. In vielen Entwicklungsländern handelt es sich sogar um die einzige Möglichkeit mitzuspielen, denn der Zugang zu dem jeweiligen Land ist die wichtigste Ressource überhaupt, welche die politischen Eliten kontrollieren können und die sie in die Lage versetzt, sich an den globalen Netzwerken des Reichtums zu beteiligen. So lässt sich beispielsweise die katastrophale Handhabung der wirtschaftlichen Transition in Russland nicht verstehen, wenn man nicht ihre übergreifende Logik berücksichtigt: die Formierung einer Finanzoligarchie unter dem Schutz der Regierung, die viele führende liberale Reformer in Russland persönlich belohnt und entscheidend bei der Wiederwahl Jelzins 1996 mitgeholfen hat. Dafür erhielt sie das Privileg, die Mittelsleute zwischen den russischen Reichtümern einerseits sowie dem globalen Handel und den globalen Investitionen andererseits zu stellen. Währenddessen drückte der IWF beide Augen zu und benutzte das Geld der westlichen Steuerzahler, um diese liberale Oligarchie mit Milliarden US-Dollar zu füttern. Ähnliche Geschichten lassen sich für ganz Asien, Afrika und Lateinamerika belegen. Aber sie fehlen auch in Nordamerika und Westeuropa keinesfalls. So wurde 1999, ein paar Wochen, nachdem die gesamte Europäische Kommission unter dem schweren Verdacht kleinerer Verfehlungen vom Europaparlament zum Rücktritt gezwungen worden war, der noch immer seiner Amtsgeschäfte waltende Kommissar für Telekommunikation, Martin Bangemann, zum Sonderberater der spanischen Telefonica ernannt. Zwar gab es keine ausdrücklichen Korruptionsvorwürfe, aber die europäische Öffentlichkeit war schockiert von der Nachricht über die Ernennung Bangemanns durch ein Unternehmen, das stark von der Deregulierung des europäischen Telekommunikationsmarktes während Bangemanns Amtszeit profitiert hatte. Diese Beispiele illustrieren einfach eine wichtige analytische These: Politische Entscheidungen lassen sich in einem persönlichen und gesellschaftlichen Vakuum nicht verstehen. Sie werden von Menschen getroffen, die nicht nur Regierungen vertreten und politische Interessen besitzen, sondern auch persönliches Interesse am Globalisierungsprozess haben, der für die Eliten der Welt zu einer außerordentlichen Quelle von Reichtum geworden ist.

Die globale Wirtschaft ist demnach politisch konstituiert worden. Die Neustrukturierung von Unternehmen und neue Informationstechnologien lagen zwar den globalisierenden Tendenzen zugrunde, sie hätten sich jedoch aus sich selbst heraus niemals zu einer vernetzten globalen Wirtschaft entwickeln können. Dazu bedurfte es der Deregulierungs-, Privatisierungs- und Liberalisierungspolitik bei Handel und Investitionen. Diese Politik wurde von Regierungen auf der ganzen Welt und von den internationalen Wirtschaftsinstitutionen beschlossen und durchgesetzt. Es bedarf einer politisch-ökonomischen Perspektive, will man den Triumph des Marktes über die Regierungen auf der ganzen Welt verstehen: Die Regierungen selbst haben diesen Sieg mit einem historischen Todeswunsch herbeigesehnt. Sie taten es, um die Interessen ihrer Staaten mit dem Aufkommen einer neuen Wirtschaftsform zu wahren und zu fördern. Hinzu kamen der ideologische Kontext, der aus dem Kollaps des Etatismus entstanden war, die Krise des Wohlfahrtsstaates und die Widersprüche des Entwicklungsstaates. Indem sie entschlossen im Sinne der Globalisierung handelten – manchmal in der Hoffnung, sie werde ein menschliches Antlitz tragen –, haben die politischen Führer auch ihre politischen und häufig ihre persönlichen Interessen verfolgt – mit unterschiedlichen Graden von Moral und Anstand. Jedoch bedeutet der Umstand, dass die globale Wirtschaft anfangs durch politische Entscheidungen herbeigeführt wurde, nicht, dass sie in ihren Grundzügen auch politisch wieder rückgängig zu machen wäre. Zumindest nicht so leicht. Der Grund liegt darin, dass die globale Wirtschaft jetzt ein Netzwerk von miteinander verknüpften Segmenten von Volkswirtschaften ist, die gemeinsam eine entscheidende Rolle in der Wirtschaft eines jeden Landes – und vieler Menschen – spielen. Ist ein solches Netzwerk erst einmal hergestellt, so wird jeder Knoten, der sich ausklinkt, einfach übergangen, und die Ressourcen – Kapital,

Information, Technologie, Güter, Dienstleistungen, qualifizierte Arbeit – fließen einfach weiter durch das übrige Netzwerk. Jegliche individuelle Auskoppelung aus der globalen Wirtschaft bringt schwindelerregende Kosten mit sich: die kurzfristige Verwüstung der Wirtschaft und das Abschneiden der Zugangswege zum Wachstum. Deshalb gibt es innerhalb des Wertesystems von Produktivismus und Konsumismus keine individuellen Alternativen, weder für Länder, noch für Unternehmen oder Einzelpersonen. Sieht man von den Möglichkeiten eines katastrophenartigen Abschmelzens der Aktienkurse oder vom Ausstieg von Menschen mit gänzlich anderen Werten einmal ab, so ist der Prozess der Globalisierung festgelegt, und er beschleunigt sich mit zunehmender Dauer. Als die globale Wirtschaft einmal konstituiert war, war sie bereits zum grundlegenden Merkmal der neuen Wirtschaftsform geworden.

Die Neue Wirtschaftsform

Die neue Wirtschaftsform entstand zu einer bestimmten Zeit – während der 1990er Jahre –, an einem bestimmten Ort – den Vereinigten Staaten – und im Umfeld spezifischer Branchen, vor allem Informationstechnologie und Finanzen, mit der Biotechnologie am Horizont.[120] In den späten 1990er Jahren war es soweit, dass die Keime der informationstechnologischen Revolution, die in den 1970er Jahren gesät worden waren, in einer Welle neuer Prozesse und neuer Produkte Früchte zu tragen schienen. Dadurch wurden die Produktivitätssteigerung angespornt und der wirtschaftliche Wettbewerb angeregt. Jede technologische Revolution hat ihr eigenes Tempo, mit dem sie sich in den gesellschaftlichen und ökonomischen Strukturen ausbreitet. Aus Gründen, die einmal die Geschichtswissenschaft feststellen wird, hat diese spezielle technologische Revolution anscheinend etwa ein Vierteljahrhundert gebraucht, um die Welt mit neuen Werkzeugen auszurüsten – eine viel kürzere Zeitspanne als ihre Vorläufer.

Warum nun die Vereinigten Staaten? Es scheint das Ergebnis eines Zusammenkommens technologischer, wirtschaftlicher, kultureller und institutioneller Faktoren gewesen zu sein, die sich alle gegenseitig verstärkt haben. Die USA und in erster Linie Kalifornien waren der Geburtsort der revolutionärsten Durchbrüche auf dem Gebiet der Informationstechnologie und ferner der Ort, von dem aus sich ganze Branchen aus diesen Innovationen neu entwickelten, wie in Kapitel 1 beschrieben. Wirtschaftlich boten der Umfang des US-Marktes und seine dominante Stellung in den globalen, weltweit geknüpften Netzwerken

---

120 Die in diesem Abschnitt verwendeten Daten stammen aus statistischen Standardquellen und sind in der Wirtschaftspresse veröffentlicht. Sie sind daher öffentlich zugänglich, und ich halte es nicht für erforderlich, für jede Ziffer ausführliche Quellenangaben zu machen, außer in Fällen, wo die Bedeutung einer Zahl nur verständlich wird, wenn sie auf eine bestimmte Quelle bezogen wird.

des Kapital- und Güterverkehrs den technologisch innovativen Branchen Raum zum Atmen. Hier konnten sie schnell Marktchancen finden, Investitionskapital auf sich ziehen und Talente aus der ganzen Welt rekrutieren. Kulturell waren Unternehmergeist, Individualismus, Flexibilität und Multi-Ethnizität Schlüsselelemente sowohl der neuen Industrien wie der Vereinigten Staaten. Institutionell kam es in den USA früher und schneller als im Rest der Welt zur kapitalistischen Neustrukturierung durch Deregulierung und Liberalisierung der Wirtschaftstätigkeit. Dadurch wurde die Kapitalmobilität begünstigt, und die Innovationen konnten sich vom öffentlichen Forschungssektor aus ausbreiten – etwa das Internet vom Verteidigungsministerium, die Biotechnologie von den öffentlichen Gesundheitsinstituten und gemeinnützigen Krankenhäusern. Hinzu kam das Aufbrechen von Schlüsselmonopolen wie etwa 1984 die Aufteilung von ATT im Telekommunikationsbereich.

Die neue Wirtschaftsform entstand zuerst in zwei Schlüsselbranchen, die nicht nur Innovationen von Produkten und Prozessen vollzogen, sondern diese Innovationen auch noch auf sich selbst anwendeten. Dadurch wurden Wachstum und Produktivität angespornt, und durch die Konkurrenz fand das neue Unternehmensmodell in einem Großteil der Wirtschaft Verbreitung. Diese Branchen waren – und werden es vorerst bleiben – Informationstechnologie und Finanzen. In den Vereinigten Staaten führten während der 1990er Jahre die Branchen der Informationstechnologie die Bewegung an (s. Abb. 2.8).[121] Zwischen 1995 und 1998 trug dieser Sektor, der nur 8% des amerikanischen BIP ausmachte, im Durchschnitt 35% zum BIP-Wachstum bei. Der pro Arbeitskraft erwirtschaftete Mehrwert stieg in den Produktionsbranchen der Informationstechnologie während der 1990er Jahre um einen Jahresdurchschnitt von 10,4%, was ungefähr dem Fünffachen der Gesamtwirtschaft entsprach.[122] Prognosen des Handelsministeriums[123] ergaben, dass 2006 fast 50% der amerikanischen Beschäftigten in Branchen arbeiten werden, die entweder Produzenten oder Großnutzer der Informationstechnologie sind.

Den Kern der neuen informationstechnologischen Branchen machen die mit dem Internet zusammenhängenden Firmen aus, und das wird im 21. Jahrhundert verstärkt der Fall sein.[124] Erstens wegen ihres potenziell einschneidenden Einflusses auf die Art und Weise, wie Wirtschaftsprozesse ablaufen. Eine viel zitierte, 1998 erarbeitete Prognose von Forrester Research schätzte den zu erwartenden Wert der elektronischen Wirtschaftstransaktionen für 2003 auf etwa 1,3 Billionen US$, ein steiler Anstieg gegenüber den 43 Mrd. US$ von 1998. Zweitens ist die Internet-Branche aber auch zu einer wichtigen Kraft auf ihrem eigenen Gebiet geworden mit exponentiellem Wachstum, was

---

121 Mandel (1999a, b).
122 *The Economist* (1999a).
123 U.S. Commerce Department (1999a).
124 Tapscott (1998).

Abbildung 2.8 Anteil des Wachstums des High-tech-Sektors in den Vereinigten Staaten, 1986-1998 (die Zahlen beziehen sich auf die Zeit von viertem Quartal zu viertem Quartal, außer für 1998. Ausgaben für High-tech sind hauptsächlich Ausgaben von Wirtschaft und Verbrauchern für informationstechnologische Hardware und Verbraucherausgaben für Telefondienste, korrigiert nach Exporten und Importen von informationstechnologischen Ausrüstungen)

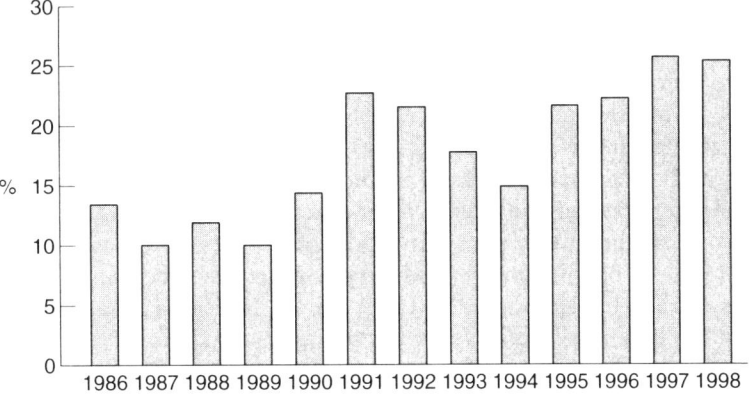

Quelle: Daten des US Commerce Department bearbeitet von Mandel (1999b)

Erträge, Beschäftigung und Marktwert betrifft. 1998/99 stiegen die Erlöse der Internet-Branchen durchschnittlich um 68% und erreichten Ende 1999 insgesamt 500 Mrd. US$. Das lag deutlich über den Einnahmen großer Branchen wie Telekommunikation (300 Mrd. US$) und Luftlinien (355 Mrd. US$). Extrapoliert man die gleiche Wachstumsrate, was plausibel ist, wenn es nicht zu einer großen Finanzkrise kommt, so würden die Internet-Branchen in den USA 2002 Erlöse von mehr als 1,2 Billionen US$ erwirtschaften. Damit würden sie eine Größenordnung erreichen, die die mammutartige Gesundheitsindustrie hervorbringt, wenn sie auch noch immer hinter der globalen kriminellen Ökonomie zurückbliebe (s. Bd. III, Kap. 3) – eine Mahnung, die geeignet ist, unser Fortschrittsmodell ins richtige Licht zu rücken.

Eine Nahaufnahme der Internet-Branche wird helfen, die Konturen der *New Economy* genauer zu bestimmen. 1999 konnten die mit dem Internet verknüpften Branchen nach der nützlichen Typologie, die das Center for Research in Electronic Commerce (CREC) an der University of Texas, Austin, in seinem Online-Bericht vorgelegt hat,[125] in vier Schichten eingeteilt werden. Alle Daten beziehen sich auf das erste Quartal 1999, und die jährlichen Wachstumsraten sind auf der Grundlage des ersten Quartals 1998 berechnet. Die erste Schicht

---

125 CREC (1999a).

umfasst Unternehmen, die Internet-Infrastruktur anbieten; also Telekommunikationsfirmen, Internet-Provider, Betreiber von Internet-Hauptleitungen, Unternehmen, die Letztzugriff anbieten und Hersteller von Netzwerkausrüstung für Endabnehmer. Beispiele für Unternehmen in dieser Schicht sind Compaq, Qwest, Corning, Mindspring (davon können zu dem Zeitpunkt, zu dem Sie dies lesen, einige aufgekauft worden oder untergegangen sein). Diese Schicht erzielte in dem einen Quartal Erlöse von 40 Mrd. US$ und steigerte ihren Erlös jährlich um 50% und ihre Beschäftigtenzahlen um 39%. Sie verbuchte den höchsten Erlös pro Beschäftigtem in der Branche, nämlich 61.136 US$. Die zehn größten Unternehmen kamen auf 44% der Erlöse.

Die zweite Schicht setzt sich aus Unternehmen zusammen, die Anwendungen für die Internet-Infrastruktur entwickeln; also Software-Produkte und Dienstleistungen für den Internet-Handel. Diese Schicht umfasst auch Consulting- und Dienstleistungsfirmen, die *web sites* einschließlich Portalen, *sites* für e-Commerce sowie zum Downloaden von Audio- und Video-Daten entwerfen, aufbauen und pflegen. Zu den Unternehmen dieser Schicht gehören Oracle, Microsoft, Netscape und Adobe (wohlgemerkt bezieht sich dies nur auf den Internet-Geschäftsbereich dieser Unternehmen, nicht auf Software im Allgemeinen). Die Quartalserlöse dieser Schicht betrugen etwa 20 Mrd. US$ bei einer jährlichen Wachstumsrate von 61% beim Erlös und 38% bei der Beschäftigung. Die gesamte Beschäftigung lag 1999 bei mehr als 560.000, obwohl in diesem Fall nicht alle im Internet-Bereich arbeiteten. Der Erlös pro Beschäftigten betrug fast 40.000 US$. Die größten Zehn dieser Schicht gehörten alle zu den größten Produktions- und Consulting-Firmen im Software-Bereich und erzielten 43% des Erlöses dieser Schicht.

In der dritten Schicht finden wir eine neue Art von Unternehmen: Unternehmen, die ihr Geld nicht direkt mit Geschäftstransaktionen verdienen, sondern mit Anzeigen, Mitgliedsbeiträgen und Kommissionsgeschäften, wofür sie dann freie Internet-Dienste anbieten. Manche dieser Unternehmen sind *content provider*, andere sind Vermittlungsinstanzen für den Markt. Zu ihnen gehören Medien, Maklerfirmen, Wiederverkäufer, Portale und andere Vermittler. Unter diesen Unternehmen findet man einige – trotz ihrer kurzen Geschichte – berühmte Namen: Yahoo!, E-Bay und E*Trade. Zwar handelt es sich mit etwa 17 Mrd. US$ Erlös um das kleinste Segment der Branche, aber 1999 wuchsen sie schnell, um 52% bei den Einnahmen und um 25% bei der Beschäftigung. Außerdem waren sie mit mehr als einer halben Million Beschäftigten wichtige Arbeitgeber. Der Erlös pro Beschäftigtem lag mit 37.500 US$ innerhalb der Branche am niedrigsten, und diese Schicht war auch weniger stark konzentriert: Auf die zehn Größten entfielen nur 23% der Erlöse.

Die vierte Schicht könnte aus der Sicht von 1999 die Zukunft der Internet-Branche darstellen. Dies sind Unternehmen, die auf das *web* gestützte Geschäfte abwickeln, wie Amazon, E-toys, Dell-Direct World oder The Street.com: Diese Art von Handel wird gewöhnlich als e-Commerce bezeichnet. Dieses Segment

Die Neue Wirtschaftsform

ist 1998/99 dem Erlös nach um 127% gewachsen und bei der Beschäftigung um 78% mit einem Quartalserlös in Höhe von 37,5 Mrd. US$. Auf der Grundlage der zusammengefassten Wachstumsrate lässt das auf jährliche Einnahmen von 170 Mrd. US$ für 1999 schließen. Der größte Anteil am Erlös der vierten Schicht konzentrierte sich noch immer auf Computerfirmen. Aber die zehn größten Unternehmen erzielten im Gegensatz zu den kapitalintensiveren Schichten eins und zwei nur 32% der Erlöse. Elektronische Läden, Banken und Finanzfirmen begannen zahlreich in diesen Markt zu drängen.

Gesamtwirtschaftlich gesehen stieg die Zahl der mit dem Internet verbundenen Arbeitsplätze in den USA von 1,6 Mio. im ersten Quartal 1998 auf 2,3 Mio. im ersten Quartal 1999. Der e-Commerce war der Sektor mit dem schnellsten Wachstum. Die Geschwindigkeit, mit der sich die neue Branche entwickelte, hatte etwas nie Dagewesenes: ein Drittel der 3.400 Unternehmen, die 1999 untersucht wurden, hatte 1996 noch nicht bestanden. Diese neuen Unternehmen brachten allein schon 300.000 zusätzliche Arbeitsplätze. Der Anteil der Einnahmen aus dem Internet-Geschäft an allen Unternehmenseinnahmen stieg von 10% 1998 auf 14% 1999. Das Wachstum der Einnahmen der Internet-Branchen wurde für 1999 auf 200 Mrd. US$ geschätzt – das steht einem gesamten Einnahmenzuwachs in der US-Wirtschaft von 340 Mrd. US$ gegenüber.[126] Zur Jahrhundertwende waren die Internet-Wirtschaft und die Branchen der Informationstechnologie zum Kern der US-Wirtschaft geworden, und zwar nicht nur qualitativ, sondern auch quantitativ.

Der Aktienmarkt schien diese Tendenz zu erkennen. Der Marktwert von Internet-Unternehmen schoss raketenartig in die Höhe. So hatten 1999 die 294 Unternehmen, die die meisten Geschäfte im Internet tätigen, einen durchschnittlichen Marktwert von 18 Mrd. US$. Das war das 30-fache des durchschnittlichen Marktwertes der 5.068 Unternehmen des Aktienmarktes für Neue Technologien, Nasdaq. Im Januar 1999 verglich ein bezeichnender journalistischer Bericht den Marktwert einiger dieser auf dem Internet basierenden Firmen mit dem Wert einiger legendärer Namen der industriellen Ära.[127] Zur Illustration der hier angestellten Überlegungen lohnt es sich, einige dieser Vergleiche hier darzustellen. So wurde America Online (AOL) mit 10.000 Beschäftigten und Gewinnen von 68 Mio. US$ im vierten Quartal 1998 mit 66,4 Mrd. US$ bewertet, was fast das Doppelte des Gesamtwertes des Aktienkapitals von General Motors von 34,4 Mrd. US$ war, und das, obwohl General Motors 600.000 Menschen beschäftigte und Quartalseinnahmen von 800 Mio. US$ verbuchen konnte. Yahoo! wurde mit einer Belegschaft von 673 Leuten mit 33,9 Mrd. US$ bewertet, trotz der mageren Quartalsgewinne von 16,7 Mio. US$ und im Gegensatz zu Boeing mit 230.000 Beschäftigten, Quartalserlöse von 347 Mrd. US$, aber mit einer im Vergleich zu Yahoo! nur geringfügig höheren Bewertung

---

126 CREC (1999b).
127 Barboza (1999a).

des Aktienkapitals von 35,8 Mrd. US$. Nur die Illusion einer finanziellen Seifenblase? Es handelt sich in Wirklichkeit um eine komplexere Entwicklung. Zwar waren und sind viele Internet-Aktien abenteuerlich überbewertet und werden periodischen Marktkorrekturen unterworfen, es scheint sich aber doch die Gesamttendenz ihrer Bewertung aus einer rationalen Erwartung über die neuen Quellen des Wirtschaftswachstums abzuleiten. Außerdem ziehen die Investoren durch dieses Verhalten die Aufmerksamkeit auf das Potenzial der Internetfirmen und veranlassen so neue Kapitalinvestitionen sowohl in Risikokapital wie in Aktien. Im Ergebnis wird die Branche mit Geld überschwemmt und erfreut sich daher reicher Möglichkeiten zur Innovation und unternehmerischen Initiative. Selbst wenn es also eine Seifenblase an der Börse gegeben haben sollte – oder auch immer noch gibt –, so war und ist dies eine produktive Seifenblase, die vor dem Platzen das Wirtschaftswachstum in der „realen" Internet-Wirtschaft beschleunigt und so teilweise die Nebenwirkungen ihrer Spekulationsspirale wieder aufhebt. Was mich auf die zweite wichtige Quelle der wirtschaftlichen Transformation bringt: die Finanzbranche selbst.

Die Finanzwelt wurde während der 1990er Jahre durch institutionelle Veränderungen und technologische Innovation transformiert. Um der Klarheit willen unterscheide ich verschiedene Schlüsselentwicklungen, die im wirklichen Leben miteinander verzahnt sind. Die Grundlagen der Transformation des Finanzsektors sind in der Deregulierung der Branche und in der Liberalisierung der inländischen und internationalen Finanztransaktionen über die gesamten 1980er und 1990er Jahre hinweg zu finden, zu denen es zuerst in den USA und Großbritannien, dann aber allmählich in den meisten Teilen der Welt kam.[128] Der Prozess erreichte im November 1999 seinen Höhepunkt, als Präsident Clinton die institutionellen Schranken gegen die Konsolidierung zwischen unterschiedlichen Segmenten der Finanzbranche abschaffte, die in den 1930er und 1940er Jahren gesetzlich verankert worden waren, um Finanzkrisen von der Art zu verhindern, die 1929 zur Großen Depression geführt hatte. Seit 2000 können Banken, Aktienberatungsfirmen und Versicherungsgesellschaften in den Vereinigten Staaten gemeinsam operieren oder ihre Operationen sogar in einer einzigen Firma zusammenlegen. Schon seit einigen Jahren hatte die Ausbreitung von *Offshore*-Banken und -Investitionsfirmen wie etwa der Hedge-Funds viele der finanziellen Beschränkungen umgangen. Und Mega-Fusionen wie die zwischen CitiCorp und Travelers hatten die Bestimmungen zur Farce gemacht. Indem sie jedoch die „Hände weg"-Politik der Bundesinstanz offiziell machten, unterstrichen die USA, dass die Privatunternehmen die Freiheit haben, Geld und Wertpapiere in jeder Weise zu handhaben, die der Markt erlaubt. Es gibt dafür keine Grenzen mehr außer jenen, die Gesetz und Rechtsprechung im Hinblick auf den Handel im Allgemeinen vorgeben.

---

128 Estefania (1996); Soros (1998); Friedmann (1999).

Die Neue Wirtschaftsform

Die Finanzbranche machte sich die neu gewonnen Freiheit zunutze und erfand sich selbst in organisatorischer und technologischer Hinsicht neu. Einerseits führten Großfusionen zwischen Finanzunternehmen auf der ganzen Welt zur Konsolidierung der Branche in einigen Mega-Gruppen mit globaler Reichweite und der Fähigkeit, ein breites Spektrum finanzieller Aktivitäten auf zunehmend integrierte Weise abzudecken, etwa eine einzige Dienstleistungsstelle für Kleinkunden und Investoren. Andererseits hat die Informationstechnologie eine qualitative Veränderung in die Durchführung von Finanztransaktionen gebracht. Leistungsfähige Computer und avancierte mathematische Modelle erlauben die raffinierte Planung, Überwachung und Prognose immer komplexer werdender Finanzprodukte, die in Echtzeit und unter Vorwegnahme der Zukunft funktionierten. Die elektronischen Kommunikationsnetzwerke und der weitverbreitete Rückgriff auf das Internet revolutionierten den Finanzhandel zwischen Firmen, zwischen Investoren und Firmen, zwischen Verkäufern und Käufern und letztlich auch die Aktienmärkte.[129]

Eine wichtige Folge der Transformation des Finanzwesens war die globale Integration der Finanzmärkte, die weiter oben in diesem Kapitel analysiert wurde. Eine weitere wichtige Entwicklung betraf den Prozess der Ausschaltung von Vermittlungsinstanzen durch finanziellen Einlagenabzug; das bedeutet direkte Beziehungen zwischen Investoren und Wertpapiermärkten auf der Grundlage von elektronischen Kommunikationsnetzwerken (*electronic communication network*; ECN), unter Umgehung der traditionellen Maklerfirmen. Die Internet-Technologie war unverzichtbar, damit es zu diesem Trend kommen konnte. Aber eine wichtige institutionelle Veränderung ermöglichte erst den elektronischen Handel: Das war die Schaffung des Nasdaq 1971 als eines elektronischen, auf Computer-Netzwerken aufgebauten Marktplatzes, ohne zentrales Börsenparkett. Neue Regelungen, die den elektronischen Handel in den 1990er Jahren anregen sollten, ermöglichten es ECN, Kundenorders an das Nasdaq-System weiterzuleiten und eine Kommission zu erhalten, wenn die Order ausgeführt wurde. Viele Einzelinvestoren setzten die Macht der Technologie ein und begaben sich auf eigene Faust auf den Aktienmarkt. Es waren die so genannten *day traders*, deren Lieblingsobjekte die Aktien von Internet-Firmen waren, die den elektronischen Handel wirklich populär machten. Sie heißen *day-traders*, weil sie gewöhnlich am Ende des Tages Kasse machen, denn sie arbeiten mit minimalen Margenschwankungen der Bewertung der Papiere und haben keine finanziellen Reserven. Deshalb bleiben sie, bis sie durch Kauf und Verkauf bei sehr kurzfristigen Transaktionen einen ausreichenden Profit gemacht haben – oder bis sie für dieses Mal ausreichend verloren haben.[130] Nach Angaben der Security Exchange Commission stieg der Online-Handel von weniger als 100.000 Einzeltransaktionen pro Tag Mitte 1996 auf mehr als eine halbe Million täglich

---

129 Canals (1997); Zaloom (i.E.).
130 Klam (1999).

Ende 1999. 1999 wurde der elektronische Handel in den USA bei etwa 25% der von Einzelinvestoren getätigten Transaktionen eingesetzt. Viele Firmen, zu denen auch einige große Wall Street-Makler gehören, haben sich in der neuen technologischen Welt neu positioniert und private elektronische Handelsnetzwerke wie etwa Instinet eingerichtet. Diese Netzwerke sind nicht denselben Regeln unterworfen wie Nasdaq oder die New Yorker Börse. So gestatten sie es etwa den Investoren, anonym zu handeln. Maklerfirmen unter Führung von Charles Schwab & Co. sind aktiv in den elektronischen Handel eingestiegen: 1998 wurden 14% des gesamten Aktienhandels in den USA online abgewickelt, was einen Zuwachs um 50% gegenüber 1997 ausmachte. Die Online-Maklerbranche führte in den USA 1999 etwa 9,7 Mio. Konten, drei Mal so viel wie 1997; die Kunden-Aktiva beliefen sich auf nahezu eine halbe Billion US-Dollar – eine Summe, von der anzunehmen ist, dass sie während des frühen 21. Jahrhundert noch bei weitem in den Schatten gestellt werden wird.

Der elektronische Handel dehnte sich schnell von Aktien auf Anleihen aus. Im November 1999 nutzte die Stadtverwaltung von Pittsburgh die Möglichkeit des elektronischen Einlagenabzugs, um institutionellen Investoren Kommunalobligationen im Wert von 55 Mio. US$ direkt über das Internet anzubieten und damit Wall Street zu umgehen. Das war das erste Mal, dass Kommunalobligationen direkt elektronisch verkauft wurden. Das Eindringen des elektronischen Handels in den Anleihenmarkt mit einem Umfang von 13,7 Billionen US$ wird die Finanzmärkte wahrscheinlich noch weiter verändern. Immerhin wurden 1995 erst 0,6% der US-Anleihen elektronisch gehandelt, während für 2001 ein Anteil von 37% prognostiziert wird, wobei der Anteil des elektronischen Handels bei den US-Regierungsanleihen sogar höher geschätzt wird; nämlich 55%.[131]

Die Aktienmärkte der ganzen Welt sind während der zweiten Hälfte der 1990er Jahre in den elektronischen Handel eingestiegen. Der deutsche Markt für Terminanleihen wird von Eurex kontrolliert, einem elektronischen Netzwerk, das 1990 durch die Fusion des deutschen und des Schweizer Tauschmarktes für Derivate entstand. Die französische Terminbörse (MATIF) ging 1998 vollständig zum elektronischen Handel über. Später tat LIFFE in London dasselbe. Ende 1999 war die New Yorker Börse dabei, ihr eigenes elektronisches Handelssystem einzurichten. Und das ehrwürdige Chicago Board of Trade befand sich in Aufruhr, weil seine Führungsgruppe darüber stritt, ob man sich an das neue technologische Medium anpassen solle, nachdem man die Position als der Welt größter Markt für Termingeschäfte und Optionen an Eurex hatte abtreten müssen.[132]

Warum ist die Technologie, in der die Transaktionen vorgenommen werden, so wichtig? Welche Auswirkungen hat sie auf die Finanzbranche? Sie redu-

---

131 Gutner (1999).
132 Barboza (1999b).

ziert die Transaktionskosten, und zwar Ende der 1990er Jahre in den USA um bis zu 50%. Damit wird ein viel größeres Potenzial an Einzelinvestoren angezogen, und die Kosten des aktiven Handels werden gesenkt. Sie eröffnet auch Investitionsmöglichkeiten für Millionen von Einzelinvestoren, die aufgrund von Online-Informationen Werte abschätzen und Chancen ergreifen. Daraus ergibt sich Dreierlei. Erstens kommt es zu einem erheblichen Anstieg des gehandelten Wertes insgesamt, weil sowohl Ersparnisse auf der Suche nach höheren Erträgen mobilisiert werden, als auch, weil der Kapitalumschlag beträchtlich beschleunigt wird. Zweitens werden Informationen und damit auch Informationsturbulenzen zu kritischen Momenten, die Kapitalbewegungen und damit auch den Wert von Wertpapieren beeinflussen. Drittens steigt die Unbeständigkeit des Finanzbereichs exponenziell an, weil die Investititionsmuster hochgradig dezentralisiert werden, Investoren in Werte hinein und wieder hinausgehen und Markttrends quasi-unmittelbare Reaktionen auslösen. Die steigende Geheimhaltung von Investitionen zieht große Kapitalreserven an. Einzelinvestoren können sich zwar online Zugang zu Informationen beschaffen, aber sie haben nicht denselben Zugriff auf nicht-öffentliche Informationen wie große Konzerne und institutionelle Investoren. Weil sie keine vollständige Information haben, müssen Einzelinvestoren schnell auf indirekte Signale reagieren, die eine Veränderung im Wert der Papiere anzeigen könnten. Auch das erhöht die Instabilität des Marktes. Im elektronischen Finanzmarkt gibt es demnach viel mehr Investoren mit einem breiten Spektrum von Strategien, die Geschwindigkeit und Flexibilität einsetzen, um ihr geringeres Informationsniveau wettzumachen und so der Unsicherheit zu entgehen. Das Gesamtergebnis ist größere Komplexität und größere Unbeständigkeit des Marktes.

Offenheit und Dynamik der Finanzmärkte und ihre globale Integration ziehen immer größere Mengen an Kapital aus allen denkbaren Quellen und der ganzen Welt an. Ihre neue technologische Infrastruktur ermöglicht die Schaffung neuer Finanzprodukte, die Wert aus dem Handel mit Wertpapieren schöpfen. Die Absicherung aller potenziellen Wertquellen ist der Grundpfeiler der neuen Finanzbranche. Fast alles kann zur Sicherheit werden und damit zum Handelsobjekt auf dem Finanzmarkt. Deshalb bilden die Finanzmärkte das strategische, beherrschende Netzwerk der neuen Wirtschaftsform. Es ist der Finanzmarkt, auf dem in letzter Instanz der Markt jeglicher wirtschaftlicher Tätigkeit Wert zuweist, wenn sie durch ihre Aktien, Anleihen oder irgendeine sonstige Art von Effekten einschließlich Derivaten dort vertreten ist. Der Wert von Unternehmen und damit ihre Fähigkeit, Investoren anzuziehen oder feindliche Übernahmen abzuwehren, ist abhängig vom Urteil des Finanzmarktes. Wie wird dieses Urteil gebildet? Was sind die Kriterien, die der Marktbewertung zugrunde liegen? Das ist einer der komplexesten Gegenstände in der Ökonomie der neuen Wirtschaftsform und sicherlich ein Gegenstand, über den es unter Finanzexperten keinen Konsens gibt. Und doch ist dies der Grundstein der politischen Ökonomie des Informationszeitalters. Denn nur, wenn wir wissen, wie einer wirtschaftlichen Tätigkeit Wert zugeschrieben wird, können wir die Ursachen von Investition, Wachstum und Stagnation verstehen. Darüber hinaus wird das Werturteil über die Leistung eines beliebigen Wirtschaftssystems – in unserem Fall des informationellen Kapitalismus – großenteils von den Kriterien abhängig sein, von denen sich zeigt, dass sie die Standards sind, nach denen beurteilt wird, was Wert ist. Ich werde meine Leserinnen und Leser sicherlich enttäuschen, wenn ich noch nicht einmal versuche, eine Antwort auf diese kritische Frage zu geben: Wir haben einfach nicht genug zuverlässige Informationen, um diese Angelegenheit ernsthaft zu beurteilen. Ich will aber ein paar Gedanken riskieren, die vielleicht dazu beitragen können, den Weg der weiteren Forschung anzugeben.

Wir wissen, dass der Kapitalismus auf der gnadenlosen Jagd nach Profit beruht. Die Antwort auf die oben formulierte Frage sollte deshalb einfach sein: Der Markt wird Aktien und andere Wertpapiere danach bewerten, wie profitabel ein Unternehmen oder eine Wirtschaftsaktivität ist. Jedoch trifft dies in diesem Jahrtausendwende-Kapitalismus schlichtweg nicht zu. Das am häufigsten zitierte Beispiel sind Internet-Unternehmen, die wenig oder gar keine Profite machen, aber phänomenale Anstiege ihres Aktienwertes verzeichnen (s.o.). Natürlich scheitern viele Neugründungen und reißen ihre Investoren mit. Aber sowohl die Unternehmer als auch ihre Investoren haben häufig noch andere Optionen, und das Scheitern bedeutet nur für eine Minderheit der Investoren eine Katastrophe: Immerhin betrug die Umschichtung in der Eigentümerschaft für die meisten Unternehmensbeteiligungen in Amerika während der späten 1990er Jahre etwa 100%. Das bedeutet, dass die Anteilseigner einen Anteil durchschnittlich weniger als ein Jahr lang halten – und so werden Verluste eher eine Frage des falschen Zeitpunktes als der falschen Beurteilung eines Unternehmens. Sicherlich erfordert langfristig und für die Wirtschaft insgesamt Wachstum auch Profit, um Investitionen zu speisen. Und der Markt benutzt die Profitausbeute als einen der Standards, nach denen er die Aktienbewertung erhöht. Aber im Ganzen hat die Bewertung eines Wertpapiers keine direkte Beziehung zur kurzfristigen Rentabilität des ausgebenden Unternehmens. Ein deutlicher Indikator hierfür ist das Fehlen einer Beziehung zwischen der Ausschüttung von Dividenden und dem Anstieg der Aktienwerte. Während der 1990er Jahre ist der Anteil der amerikanischen Unternehmen, die Dividende zahlen, bis zu dem Punkt dahingeschwunden, wo dies nur noch auf etwa 20% aller Unternehmen zutraf (s. Abb. 2.9). Sogar von den hoch profitablen Unternehmen zahlen nur 32% Dividenden, gegenüber fast zwei Dritteln 1970. Nach der wissenschaftlichen Studie von Eugene Fama und Kenneth French scheint diese Veränderung im Verhalten der Konzerne teilweise mit dem Eintritt neuer, hauptsächlich im Hochtechnologie-Bereich tätiger Unternehmen in die Finanzmärkte zu tun zu haben, die die Möglichkeiten der Notierung im Nasdaq genutzt haben. Die Zahl der neu an der Börse eingeführten Unternehmen stieg von durchschnittlich 115 Unternehmen im Jahr während der 1970er Jahre auf

Die Neue Wirtschaftsform 167

Abbildung 2.9 Abnehmende Dividendenzahlungen

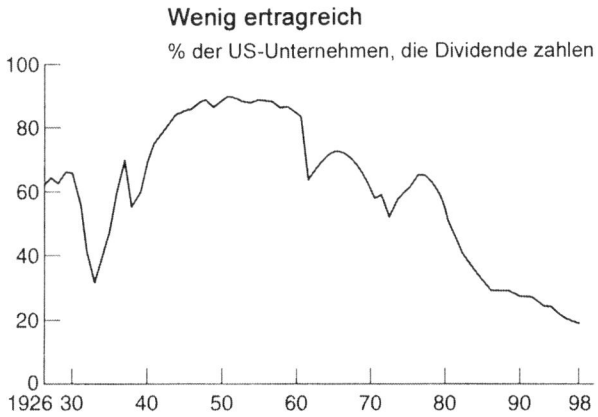

Quelle: The Economist (1999b)

über 460 in den 1990er Jahren, davon 85% im Nasdaq. Mitte der 1990er erreichten Konzerne, deren Aktien öffentlich gehandelt wurden, Erträge von etwa 17% auf das eingesetzte Kapital, während die Neueinführungen nur auf etwa 3% kamen. Und 1997 machten sogar nur ungefähr 50% der neu notierten Unternehmen überhaupt einen Profit.[133]

Profite und Dividenden gehören demnach durchaus noch zu den Kriterien, nach denen ein Unternehmen an der Börse bewertet wird, aber sie scheinen nicht mehr der alles bestimmende Faktor zu sein. Was ist dies aber dann? Zwei Illustrationen können hilfreich sein, um eine vorläufige Hypothese zu erarbeiten.

Indiz eins: In der wirtschaftlichen Hochstimmung des Amerika der späten 1990er Jahre hingen alle zehn Aktien, die 1995-99 am schnellsten gestiegen waren, mit dem Informationstechnologie-Sektor zusammen, ob es sich nun um Computer, Chips, Software, Internet-Ausrüstungen, Datenspeicherung oder elektronische Maklerfirmen handelte (s.Tab. 2.10). Diese Unternehmen und vor allem Microsoft waren sicherlich profitabel, aber sie gehörten nach den Maßstäben, nach denen Rentabilität traditionell berechnet wird, im Vergleich zu anderen Branchen nicht zu den leistungsfähigsten Unternehmen. Ihre Profitleistung konnte keine Erklärung für die Aufwertung ihrer Aktien um 1000% oder um 2000% oder gar um 9000% innerhalb von fünf Jahren liefern. Ihr gemeinsames Merkmal besteht darin, dass sie die Eigenschaften der New Economy aufweisen: ihre Schlüsselrolle als Produzenten und/oder Anwender der neuen Informationstechnologie, Netzwerkorganisation, durch Innovation an-

---

133 *The Economist* (1999b).

getriebenes Wirtschaften, sehr hohe Investitionsraten in F&E und/oder computerrelevante Ausrüstungen. Und nicht zu vergessen, sie waren alle faszinierende Unternehmen durch ihr Image als Trendsetter in der neuen Wirtschaftswelt.

Tabelle 2.10 Aktienwerte, 1995-1999: die Top-500 Wachstumswerte nach dem Index Standard & Poor

Unternehmen	% Zunahme[a]
Dell Computers	9,402
Cisco Systems	2,356
Sun Microsystems	2,304
Qualcomm	1,646
Charles Schwab	1,634
EMC Corporation	1,233
Microsoft	1,168
Tellabs	1,036
Solectron	926
Intel	900

a   Prozentuale Zunahme des Gesamterlöses für die fünf Jahre vor dem 31. August 1999.
Quelle: Bloomberg Financial Markets, zusammengestellt von *Business Week*

Indiz zwei: Im Januar 1999 wurde das Aktienkapital von Amazon.com mit über 25 Mrd. US$ bewertet. Nicht schlecht für ein drei Jahre altes Unternehmen, dessen Quartalserlöse gerade einmal um $ 45 Mio. betrugen und das noch keinen Gewinn ausgewiesen hatte. Etwa zur selben Zeit belief sich der Gesamtwert des russischen Aktienmarktes auf weniger als die Hälfte dieser Summe, insgesamt 12 Mrd. US$. Sicherlich war dies ein Tiefpunkt für russische Aktien (wenngleich noch immer höher als in den Nachwehen der Abwertungskrise im August 1998). Aber dennoch bleibt die Tatsache, dass amazon.com als mittelgroßes Internet-Unternehmen mehr als doppelt so hoch bewertet wurde wie die gesamte russische Volkswirtschaft, eine bedeutsame Feststellung. Denn schließlich waren einige der russischen Unternehmen, die in dieser Bewertung berücksichtigt wurden, recht profitabel. Darauf scheinen die zig Milliarden Dollar an Kapital hinzudeuten, die einige dieser Unternehmen aus Russland exportierten. Sicherlich ist der Marktwert nicht gleichbedeutend mit Geld, das man in der Tasche hat, weil man durch den Versuch, Kasse zu machen, den Wert genau der Aktien zerstört, die man gerade verkauft. Das ist genau der springende Punkt unserer Betrachtung: In der neuen Finanzwelt behält, was auch immer den Marktwert ausmacht, seinen Wert nur so lange, wie es im Markt bleibt.

Aus diesen Beispielen lässt sich eine plausible Hypothese ableiten: Zwei Schlüsselfaktoren scheinen beim Bewertungsprozess eine Rolle zu spielen: Vertrauen und Erwartungen. Wenn kein Vertrauen in die institutionelle Umwelt besteht, in der die Werterzeugung erfolgt, kann keine Profitleistung, keine Technologie und kein Gebrauchswert (wie etwa Energieressourcen) sich in Finanzwerte übersetzen. Anderseits, wenn Vertrauen in die dem Markt zugrunde liegenden Institutionen besteht, werden Erwartungen in den potenziellen zukünftigen Wert

Die Neue Wirtschaftsform

eines *Future* ihren Wert erhöhen. Im Falle Russlands gab es 1999 weder Vertrauen noch Erwartungen, um Werte ansteigen zu lassen. Im Fall von Amazon hatte trotz des augenblicklichen Geldverlustes die institutionelle Umwelt der neuen Wirtschaftsform (im Wesentlichen durch Deregulierung und Ausschaltung von Vermittlungsinstanzen gekennzeichnet), die Zustimmung und das Vertrauen der Investoren gewonnen. Und die Erwartungen an die Fähigkeit des online-Handelspioniers waren hoch, man werde über Bücher hinaus in den e-Commerce einsteigen können. Dies ist der Grund, warum Unternehmen, denen es gelingt, New Economy-Flair mit den traditionellen Tugenden von Gewinnschöpfen und unternehmerischer Seriosität zu verbinden, am besten fahren, wie Indiz eins zeigt.

Wie aber werden Erwartungen geschaffen? Dies scheint teils ein subjektiver Prozess zu sein aus vagen Zukunftsvisionen, mit einer Prise Insider-Wissen, von Finanz-Gurus online vermittelt und ökonomischen Gerüchten – „whispers" – spezialisierter Firmen (wie Whisper.com) sowie bewusster Imagepflege und Herdenverhalten. All dies wird durch Informationsturbulenzen aufgestört, hervorgerufen durch geopolitische oder ökonomische Ereignisse (oder deren Interpretation), durch Bewertungen seitens geachteter Firmen, durch Ankündigungen des US Federal Reserve Board oder einfach durch persönliche Stimmungen von Schlüsselpersonen wie den Vorsitzenden der Zentralbanken oder Finanzministern. Das soll nicht heißen, dass jegliche Bewertung subjektiv wäre. Aber die Leistung von Unternehmen, Angebot und Nachfrage, makro-ökonomische Indikatoren interagieren mit diversen Informationsquellen zu einem immer weniger vorhersagbaren Muster. Damit kann Bewertung letztlich zu einer zufälligen Kombination einer Vielzahl von Faktoren werden, die sich auf immer höheren Komplexitätsebenen beständig neu formieren, während Geschwindigkeit und Volumen der Transaktionen weiter zunehmen.

Dies ist letztlich der Grund, warum in der wirklichen Welt die Kalkulation – also die Entscheidung darüber, wie man sein Geld investiert – nicht anhand der Rentabilität eines Unternehmens vorgenommen wird, sondern anhand der erwarteten Zunahme des Aktienwertes. Der erwartete Wertzuwachs ist die Faustregel für Investitionen in der neuen Wirtschaftsform. Das gilt in gleicher Weise für Einzelinvestoren im elektronischen Handel, für institutionelle Investoren auf den globalen Finanzmärkten oder für innovative *start-ups*, die erwarten, ihre Mühen durch ein zeitiges IPO (*initial public offering*) zu versilbern oder auch dadurch, dass sie attraktiv genug werden um – zu einem guten Preis – von einem größeren Fisch im Teich verschlungen zu werden.

Wir sollten uns doch daran erinnern, dass der Begriff des Profits – der offenbar nicht ausreichenden, doch immer noch notwendigen Erklärung für Investition und Wert auch in der neuen Wirtschaftsform – immer die edle Version eines tieferen, fundamentaleren menschlichen Instinkts gewesen ist: Gier. Es sieht aus, als käme Gier jetzt durch die Erwartung höheren Wertes in der Wertschöpfung unmittelbarer zum Ausdruck, womit die Spielregeln sich ändern, ohne aber das Spiel selbst zu ändern. Das ist keine Spekulation. Oder andernfalls wäre jeglicher Kapitalismus spekulativ. Denn in der Logik des Kapitalismus muss die Schaffung von Wert nicht in materieller Produktion verkörpert sein. Alles ist im Rahmen der gesetzlichen Bestimmungen möglich, solange dabei ein *monetarisierter* Überschuss herauskommt und vom Investor angeeignet wird. Wie und warum es zu diesem monetarisierten Überschuss kommt, ist eine Frage der Umstände und des Glücks. Diese allgemeine Feststellung über den Kapitalismus ist besonders wichtig, wenn wir ein Entwicklungsstadium erreichen, an dem Nahrungsmittel und Konsumgüter zunehmend von Maschinen erzeugt werden – und zwar zu einem Bruchteil der Kosten etwa von Kinofilmen oder weiterführender Bildung. Es gibt eine zunehmende Entkoppelung zwischen der materiellen Produktion im alten Sinne der industriellen Ära und der Wertschöpfung. Wertschöpfung im informationellen Kapitalismus ist im Wesentlichen ein Produkt des Finanzmarktes. Aber um an den Finanzmarkt heranzukommen und dort um einen höheren Wert wetteifern zu können, müssen Unternehmen, Institutionen und Einzelpersonen die harte Arbeit von Innovation, Produktion, Management und Imagepflege von Gütern und Dienstleistungen leisten. Während also der Wirbelwind von Faktoren, die in den Verwertungsprozess eingehen, letztlich Ausdruck in – immer unsicheren – Finanzwerten findet, sind im Verlauf des gesamten Prozesses, der zu diesem entscheidenden Urteil führt, Manager und Arbeitende (also Menschen) damit beschäftigt, unsere materielle Welt zu produzieren und zu konsumieren, einschließlich der Bilder, die diese Welt formen und ausmachen. Die neue Wirtschaftsform kombiniert die Informationstechnologie und die Technologie der Information, um aus unserem Glauben an den Wert, den wir schaffen, Wert zu schaffen.

Es gibt noch einen zusätzlichen wesentlichen Bestandteil der neuen Wirtschaftsform: Vernetzung. Die organisatorische Transformation der Wirtschaft ebenso wie der Gesellschaft insgesamt ist wie in früheren Perioden auch eine notwendige Voraussetzung für die institutionelle Neuordnung und technologische Innovation, die eine neue Welt vorbereiten. Ich werde dies im folgenden Kapitel detaillierter untersuchen. Aber bevor wir eine neue Etappe unserer analytischen Reise antreten, will ich die Argumentation dieses Kapitels noch etwas umformulieren. Was also ist nun die neue Wirtschaftsform?

Die neue Wirtschaftsform ist sicher wenigstens für den Augenblick eine kapitalistische Wirtschaft. Erstmals in der Geschichte ist wirklich die ganze Welt kapitalistisch oder doch von Verbindungen zum globalen kapitalistischen Netzwerk abhängig. Aber dies ist eine neue Art von Kapitalismus, der sich technologisch, organisatorisch und institutionell vom klassischen Kapitalismus (laissez-faire) und vom keynesianischen Kapitalismus unterscheidet.

Wie die historischen Daten (ungeachtet aller Messprobleme) an der Jahrtausendwende zu zeigen scheinen, ist die neue Wirtschaftsform durch einen Aufschwung im Produktivitätszuwachs charakterisiert (oder es wird dazu kommen), der sich aus der Fähigkeit ergibt, die neue Informationstechnologie als Kraftquelle für ein wissensbasiertes Produktionssystem einzusetzen. Damit neue

Die Neue Wirtschaftsform

Quellen von Produktivität der Wirtschaft Dynamik verleihen können, ist es aber notwendig, für die Ausbreitung von vernetzten Organisations- und Managementformen in der gesamten Wirtschaft zu sorgen – und die Netzwerke verbreiten sich auch wirklich in der gesamten Wirtschaft und gewinnen den Wettbewerb gegen ältere, unflexible Formen von Unternehmensorganisation. Zudem erfordert die dramatische Expansion der produktiven Basis auch eine entsprechende Markterweiterung sowie neue Quellen von Kapital und Arbeitskraft. Die Globalisierung erweitert die Märkte ungemein, erschließt neue Quellen von Kapital und qualifizierter Arbeitskraft und ist so ein unverzichtbarer Bestandteil der neuen Wirtschaftsform.

An der Spitze beider Prozesse – der netzwerk-basierten Produktivitätssteigerung und der netzwerk-basierten Globalisierung – steht jeweils eine bestimmte Branche: die Informationstechnologie-Branche, die sich zunehmend auf das Internet bezieht, als Quelle neuer Technologien und von Management-*Know how* für die gesamte Wirtschaft; und die Finanzbranche als treibende Kraft beim Entstehen eines elektronisch verknüpften globalen Finanzmarktes, der ultimativen Quelle von Investition und Wertschöpfung für die gesamte Wirtschaft. Mit dem Fortgang des 21. Jahrhunderts wird die biologische Revolution wahrscheinlich neben die Informationstechnologie treten, Unternehmensgründungen initiieren und Produktivität stimulieren (vor allem in der Gesundheitsversorgung und in der Landwirtschaft) und die Arbeit revolutionieren. Sie wird so zu dem *circulus virtuosus* von Innovation und Wertschöpfung in der neuen Wirtschaftsform beitragen.

Unter den Bedingungen hoher Produktivität, technologischer Innovation, von Vernetzung und Globalisierung scheint die neue Wirtschaftsform in der Lage, eine anhaltende Periode hohen Wirtschaftswachstums, geringer Inflation und niedriger Arbeitslosigkeit in den Volkswirtschaften einzuleiten, die in der Lage sind, sich vollständig in diese neue Entwicklungsweise zu transformieren. Aber die neue Wirtschaftsform ist nicht frei von Tücken und Gefahren. Einerseits verläuft ihre Expansion äußerst ungleichmäßig, sowohl weltweit wie in einzelnen Ländern, wie weiter oben in diesem Kapitel betont wurde und was in diesem Buch noch weiter gezeigt wird (Bd. I, Kap. 4; Bd. III, Kap. 2). Die neue Wirtschaftsform wirkt sich überall und auf alle aus, sie ist gleichzeitig inklusiv und exklusiv, und die Grenzen der Inklusion sind je nach Gesellschaft unterschiedlich; abhängig von Institutionen, Politik und politischer Strategie. Auf der anderen Seite bedeutet die finanzielle Unbeständigkeit auch die Möglichkeit wiederkehrender Finanzkrisen mit verheerenden Folgen für Wirtschaften und Gesellschaften.

Kam die neue Wirtschaftsform ursprünglich vor allem aus den Vereinigten Staaten, so breitet sie sich zügig nach Europa, Japan, die asiatische Pazifikregion und in einige spezielle Entwicklungsregionen auf der ganzen Welt aus und führt dort durch einen als Globalisierung wahrgenommenen – oft gefürchteten und bekämpften – Prozess zu Neustrukturierung, Prosperität und Krisen. In Wirklichkeit bedeutet dieser Prozess in seinen vielfältigen Erscheinungsformen einen einschneidenden Strukturwandel: Wirtschaften und Gesellschaften finden ihre eigenen Wege, den Übergang zu einer neuen Entwicklungsweise, dem Informationalismus, zu schaffen, zu dessen entscheidenden Eigenschaften Vernetzung gehört. Daher wende ich mich jetzt dem Entstehen von Netzwerken zu – dem Inbegriff der neuen Wirtschaftsform.

3 Das Netzwerk-Unternehmen

Die Kultur, die Institutionen und die Organisationen der informationellen Ökonomie

Die informationelle Ökonomie ist wie jede historisch abgrenzbare Form der Produktion durch ihre spezifische Kultur und ihre Institutionen geprägt. Jedoch sollte Kultur in diesem analytischen Bezugsrahmen nicht als System von Werten und Überzeugungen verstanden werden, das mit einer bestimmten Gesellschaftsform verknüpft ist. Typisch für die Verbreitung der informationellen, globalen Wirtschaftsform ist gerade ihr Auftauchen in sehr unterschiedlichen kulturell/nationalen Zusammenhängen: in Nordamerika, Westeuropa, Japan und Russland ebenso wie im „chinesischen Kulturkreis" oder in Lateinamerika; hinzu kommt ihre planetare Reichweite, die alle Länder erfasst und ein multikulturelles Bezugssystem hervorbringt. Nun haben die Versuche, eine Theorie der „kulturellen Ökonomie" ins Leben zu rufen, um die neuen Entwicklungsprozesse vor allem in der asiatischen Pazifikregion auf der Grundlage von Philosophien und Mentalitäten (etwa des Konfuzianismus) zu erklären,[1] der Überprüfung durch die empirische Forschung nicht standgehalten.[2] Aber die Unterschiedlichkeit der kulturellen Kontexte, in denen die informationelle Ökonomie in Erscheinung tritt und sich entwickelt, schließt die Existenz eines gemeinsamen Grundmusters organisatorischer Formen in den Prozessen der Produktion, Konsumtion und Distribution nicht aus. Ohne solche organisatorischen Vorkehrungen könnten technologischer Wandel, staatliche Politik und Firmenstrategien nicht in ein neues Wirtschaftssystem integriert werden. In Übereinstimmung mit einer wachsenden Zahl von Wissenschaftlern behaupte ich, dass sich Kulturen grundlegend durch ihre Einbettung in Institutionen und Organisationen manifestieren.[3] Unter Organisationen verstehe ich genau definierte Systeme von Mitteln, die eindeutig definierte Ziele erreichen sollen. Unter Institutionen verstehe ich Organisationen, die mit der notwendigen Autorität ausgestattet sind, um bestimmte Aufgaben im Namen der gesamten Gesellschaft wahrzu-

---

1   Berger (1987); Berger und Hsiao (1988).
2   Hamilton und Biggart (1988); Clegg (1990); Biggart (1991); Janelli (1993); Whitley (1993).
3   Granovetter (1985); Clegg (1992); Evans (1995).

nehmen. Die Kultur, um die es bei der Konstituierung und Entfaltung eines bestimmten Wirtschaftssystems geht, ist diejenige, die sich in einer Organisationslogik materialisiert, die Nicole Biggart wie folgt definiert: „Unter Organisationslogik verstehe ich ein legitimierendes Prinzip, das im Rahmen einer Reihe daraus abgeleiteter sozialer Praxen weiter konkretisiert wird. Mit anderen Worten ist organisatorische Logik die Ideen-Grundlage für institutionalisierte Autoritätsbeziehungen."[4]

Meine These ist: Die Entstehung der informationellen globalen Ökonomie ist durch die Entwicklung einer neuen Organisationslogik charakterisiert, die zu dem gegenwärtigen Prozess des technologischen Wandels in Beziehung steht, aber nicht von ihm abhängig ist. Es ist die Konvergenz und Interaktion zwischen einem neuen technologischen Paradigma und einer neuen Organisationslogik, die das historische Fundament der informationellen Ökonomie konstituieren. Jedoch manifestiert sich diese Organisationslogik in unterschiedlichen Formen und in diversen kulturellen und institutionellen Kontexten. Ich werde deshalb in diesem Kapitel versuchen, sowohl die Gemeinsamkeit der organisatorischen Arrangements in der informationellen Ökonomie als auch ihre kontextuelle Variationsbreite zu erklären. Außerdem will ich die Genese dieser neuen organisatorischen Form und ihre Beziehungen zu dem neuen technologischen Paradigma untersuchen.

Organisatorische Entwicklungslinien in der Neustrukturierung des Kapitalismus und im Übergang vom Industrialismus zum Informationalismus

Die wirtschaftliche Neustrukturierung der 1980er Jahre führte in den Wirtschaftsunternehmen zu einer Reihe von Reorganisationsstrategien.[5] Einige Analytiker, vor allem Piore und Sabel, behaupten, der Grund für die Wirtschaftskrise der 1970er Jahre sei die Erschöpfung des Systems der Massenproduktion gewesen. Sie bilde daher die „zweite industrielle Wegscheide" in der Geschichte des Kapitalismus.[6] Storper und Harrison[7] hingegen werteten die Verbreitung neuer organisatorischer Formen, obwohl einige von ihnen in manchen Ländern oder Unternehmen schon seit vielen Jahren praktiziert worden waren, als Reaktion auf die Krise der Rentabilität im Prozess der Kapitalakkumulation. Andere, wie Coriat[8] verweisen auf eine vom „Fordismus" bis zum „Post-Fordismus" andauernde Evolution als Ausdruck der „großen Transition", d.h. der historischen

---

4 Biggart (1992: 49).
5 Williamson (1985); Sengenberger und Campbell (1992); Harrison (1994).
6 Piore und Sabel (1984); [nach Piore und Sabel (1985: 24 u.ö.); d.Ü.].
7 Harrison (1994).
8 Coriat (1990).

Transformation der Beziehungen zwischen Produktion und Produktivität einerseits und Konsumtion und Konkurrenz andererseits. Wieder andere, wie Tuomi,[9] berufen sich auf die Intelligenz und die Lernfähigkeit von Organisationen sowie auf das Management von Wissen als die Schlüsselelemente der neuen Unternehmensorganisationen im Informationszeitalter. Aber ungeachtet dieser Unterschiedlichkeit der Ansätze stimmen alle in fünf grundlegenden Punkten der Analyse überein:

1. Seit Mitte der 1970er Jahre ist es zu einschneidenden (industriellen oder sonstigen) Veränderungen in der Organisation der Produktion und der Märkte in der globalen Ökonomie gekommen – aus welchen Gründen auch immer und unabhängig von der Genese der organisatorischen Transformation.
2. Die organisatorischen Veränderungen und die Verbreitung der Informationstechnologie beeinflussten sich gegenseitig, aber sie waren im Großen und Ganzen unabhängig voneinander und gingen im Allgemeinen der Verbreitung der Informationstechnologien in Wirtschaftsunternehmen voraus.
3. Grundsätzlich hatten die organisatorischen Veränderungen in ihren unterschiedlichen Formen zum Ziel, die Flexibilität von Produktion, Management und Vermarktung zu steigern und so die Ungewissheit zu meistern, die durch den rasanten Wandel im wirtschaftlichen, institutionellen und technologischen Umfeld des Unternehmens hervorgerufen wurde.
4. Viele der organisatorischen Veränderungen sollten Arbeitsprozesse und Anstellungsverhältnisse durch die Einführung des Modells der schlanken Produktion (*lean production*) neu bestimmen. Ziel war es, durch die Automatisierung von Arbeitsvorgängen, die Eliminierung bestimmter Aufgaben und die Ausschaltung von Management-Ebenen Arbeitskraft einzusparen.
5. Wissens-Management und Informationsverarbeitung sind für die Leistungsstärke von Organisationen, die in der informationellen globalen Ökonomie operieren von grundlegender Bedeutung.

Die stark verallgemeinernden Interpretationen der großen organisatorischen Veränderungen während der letzten beiden Jahrzehnte zeigen jedoch eine übertriebene Neigung, diverse Veränderungsprozesse zu einem einzigen evolutionären Trend zusammenzufassen, obwohl es sich in Wirklichkeit um verschiedene Vorgänge handelt, auch wenn sie in Wechselbeziehung zueinander stehen. In Parallele zu dem analytischen Begriff der technologischen Entwicklungsbahnen[10] möchte ich die Entwicklung unterschiedlicher organisatorischer Entwicklungsbahnen betrachten. Es geht dabei um spezifische Anordnungen von Systemen von Mitteln, die in dem neuen technologischen Paradigma und in der neuen globalen Ökonomie auf die Steigerung der Produktivität und der Wettbewerbs-

---

9   Tuomi (1999).
10 Dosi (1988).

fähigkeit ausgerichtet sind. In den meisten Fällen lassen sich diese Entwicklungsbahnen aus industriellen Organisationsformen wie dem vertikal integrierten Konzern und dem unabhängigen Kleinunternehmen herleiten. Sie waren unter den neuen, durch Produktion und Märkte vorgegebenen, strukturellen Bedingungen nicht mehr in der Lage, ihre Aufgaben zu erfüllen. Diese Tendenz kam in vollem Umfang in der Krise der 1970er Jahre zum Ausdruck. In anderen kulturellen Zusammenhängen entwickelten sich neue Organisationsformen aus älteren, die durch das klassische Industrialisierungsmodell an den Rand gedrängt worden waren. Die Anforderungen der neuen Wirtschaftsform und die Möglichkeiten, welche die neuen Technologien boten, verliehen ihnen neue Lebenskräfte. Aus dem Prozess der kapitalistischen Neustrukturierung und der industriellen Transition ergaben sich so mehrere organisatorische Trends. Wir müssen sie getrennt betrachten, bevor wir über ihre mögliche Konvergenz in einem neuen organisatorischen Paradigma nachdenken können.

Von der Massenproduktion zur flexiblen Fertigung

Der erste und breitere Trend organisatorischer Evolution wurde vor allem in der Pionierarbeit von Piore und Sabel festgestellt. Es ist der Übergang von der Massenproduktion zur flexiblen Fertigung oder in der Formulierung von Coriat vom „Fordismus" zum „Post-Fordismus". Das Modell der Massenproduktion beruhte auf Produktivitätsgewinnen, die durch Vorteile der Massenproduktion in einem mechanisierten Produktionsprozess erzielt wurden. Dieser Prozess beruhte auf der Fließbandproduktion, die ein standardisiertes Produkt erzeugte. Dies geschah unter den Bedingungen der Kontrolle eines großen Marktes durch eine *spezifische Organisationsform: den Großkonzern, der nach den Grundsätzen der vertikalen Integration aufgebaut war und durch eine institutionalisierte soziale und technische Arbeitsteilung.* Diese Prinzipien waren eingebettet in Managementmethoden, die als „Taylorismus" und „wissenschaftliche Arbeitsorganisation" bezeichnet werden und die sich sowohl Henry Ford als auch Lenin zu eigen gemacht haben.

Als die Nachfrage nach Quantität und nach Qualität unvorhersagbar wurde, als sich die Märkte weltweit diversifizierten und daher schwieriger zu kontrollieren waren und als das Tempo des technologischen Wandels Einzweck-Maschinen in der Produktion obsolet machte, erwies sich das System der Massenproduktion als zu starr und zu kostspielig für die Anforderungen der neuen Wirtschaftsform. Eine vorläufige Antwort auf diese Starrheit war das flexible Fertigungssystem, das in zwei unterschiedlichen Formen praktiziert und theoretisch begründet wurde: erstens als das, was Piore und Sabel auf der Grundlage der Erfahrungen in den norditalienischen Industriegebieten die flexible Spezialisierung genannt haben. Ähnlich wie im industriellen Handwerk oder bei Produktion auf Bestellung „passt sich die Produktion an sich ständig verändernde

Bedingungen an, ohne zu versuchen, sie unter Kontrolle zu halten".[11] Ähnliche Praktiken wurden in Untersuchungen über Firmen beobachtet, die anspruchsvolle Dienstleistungen wie etwa im Bankgewerbe anbieten.[12] Die Praxis des industriellen Managements führte jedoch in den 1980er und 1990er Jahren eine andere Form der Flexibilität ein: dynamische Flexibilität, wie es Coriat genannt hat oder hochvolumige flexible Produktion nach dem von Cohen und Zysman geprägten Begriff, mit dem Baran auch die Transformation in der Versicherungsbranche charakterisiert hat.[13] Hochvolumige flexible Produktionssysteme hängen gewöhnlich mit der steigenden Nachfrage für ein bestimmtes Produkt zusammen. Sie verbinden hochvolumige Produktion, und an Kundenwünsche angepasste, umprogrammierbare Produktion miteinander; das erlaubt es, gleichzeitig Vorteile der Massenproduktion und der Produktdiversifikation *(economics of scale and of scope)* zu nutzen. Die neuen Technologien ermöglichen es, die für die Großkonzerne charakteristischen Fließbänder in leicht programmierbare Produktionseinheiten zu transformieren, die gut auf Marktschwankungen und auf Veränderungen in den technologischen Ausgangsbedingungen reagieren können. So gelingt es, Produktflexibilität und Prozessflexibilität miteinander zu verbinden.

Kleinunternehmen und die Krise des Großkonzerns: Mythos und Wirklichkeit

Ein zweiter, anders gearteter Trend, den Analytiker in den letzten Jahren hervorgehoben haben, ist *die Krise des Großkonzerns und die Rückkehr kleiner und mittlerer Unternehmen als Träger von Innovation und Quellen zusätzlicher Beschäftigung.*[14] Einige Beobachter halten die Krise des Konzerns für eine unausweichliche Folge der Krise der standardisierten Massenproduktion, weil das Wiederaufleben einer an Kundenwünschen orientierten, eher handwerklichen Produktion und flexibler Spezialisierung besser den Möglichkeiten kleiner Unternehmen entspreche.[15] Bennett Harrison hat eine vernichtende empirische Kritik an dieser These geliefert.[16] Nach seiner Analyse, die sich auf Daten aus den Vereinigten Staaten, Westeuropa und Japan stützt, haben die Großkonzerne weiterhin versucht, einen wachsenden Anteil an Kapital und Märkten in allen wichtigen Volkswirtschaften auf sich zu konzentrieren; die Anzahl der bei

---

11 Piore und Sabel (1984: 17); veränderte Wiedergabe der deutschen Fassung, Piore und Sabel (1985: 28); d.Ü.
12 Hirschhorn (1985); Bettinger (1991); Daniels (1993).
13 Baran (1985); Cohen und Zysman (1997); Coriat (1990: 165).
14 Weiss (1988); Clegg (1990); Sengenberger u.a. (1990).
15 Piore und Sabel (1984); Birch (1987); Lorenz (1988).
16 Harrison (1994).

ihnen Beschäftigten hat sich im vergangenen Jahrzehnt[17] außer in Großbritannien nicht verändert: die kleinen und mittleren Unternehmen werden im Großen und Ganzen weiterhin finanziell, kommerziell und technologisch von Großkonzernen kontrolliert; Harrison behauptet auch, kleine Betriebe seien technologisch weniger fortschrittlich und weniger fähig zur technologischen Produkt- und Prozessinnovation als größere Firmen. Darüber hinaus belegt er anhand der Arbeit einiger italienischer Forscher (vor allem Bianchi und Belussi), dass der Archetyp der flexiblen Spezialisierung, die italienischen Firmen in den Industriegebieten der Emilia-Romagna, in den frühen 1990er Jahren eine Reihe von Fusionen erlebt haben und entweder unter die Kontrolle von Großkonzernen gerieten, oder selbst Großkonzerne wurden (wie etwa Benneton) oder schließlich nicht in der Lage waren, mit dem Tempo der Konkurrenz Schritt zu halten, solange sie klein und fragmentarisch blieben wie im Distrikt Prato.

Einige dieser Behauptungen sind umstritten. Die Arbeit anderer Forscher legt etwas andere Schlussfolgerungen nahe.[18] So zeigt die Studie von Schiatarella über italienische Kleinunternehmen, dass kleine Firmen bei der Schaffung von Jobs, bei Profitmargen, bei Pro-Kopf-Investitionen, bei technologischem Wandel und beim Mehrwert besser abschneiden als große Unternehmen. Die Studie von Friedman zur japanischen Industriestruktur erweckt sogar den Eindruck, als sei es genau dieses dichte Netzwerk kleiner und mittlerer Subunternehmen, das der japanischen Konkurrenzfähigkeit zugrunde liegt. Auch Michael Teitz und seine Mitarbeiter haben vor Jahren in ihren Berechnungen zu kalifornischen Kleinunternehmen die dauerhafte Vitalität und entscheidende wirtschaftliche Rolle kleiner Firmen nachgewiesen.[19]

Wir müssen die Fragen tatsächlich unabhängig voneinander stellen. Einerseits die Frage nach der Verlagerung der wirtschaftlichen Kraft und der technologischen Fähigkeiten von den Großkonzernen hin zu den kleinen Firmen (was nach Harrison nicht den empirischen Belegen entspricht) und andererseits die Frage des Niedergangs der großen, vertikal integrierten Konzerne als Organisationsmodell. So sagten auch Piore und Sabel die Möglichkeit voraus, dass das konzernorientierte Modell des von ihnen so bezeichneten „multinationalen Keynesianismus" überleben werde; d.h. die Ausweitung der Weltmärkte und ihre Eroberung durch Konzernzusammenschlüsse, die mit einer ansteigenden Nachfrage aus der sich schnell industrialisierenden Welt rechneten. Aber dazu mussten die Konzerne ihre Organisationsstrukturen ändern. Einige dieser Änderungen erforderten die zunehmende Einbindung von kleinen und mittleren Unternehmen als Subkontraktoren, deren Vitalität und Flexibilität den Groß-

---

17 D.h. in der Zeit von 1985-1995; d.Ü.
18 Weiss (1988, 1992).
19 Teitz u.a. (1981); Schiataraella (1984); Friedman (1988).

konzernen ebenso wie der Gesamtwirtschaft Produktivitäts- und Effizienzgewinne verschafften.[20]

Es stimmt also, dass Organisationsformen kleiner und mittlerer Unternehmen anscheinend dem flexiblen Fertigungssystem der informationellen Ökonomie besonders gut angepasst sind, und es ist gleichzeitig ebenso wahr, dass deren wiederbelebte Dynamik unter die Kontrolle der Großkonzerne gerät, die sich auch in der neuen globalen Ökonomie im strukturellen Zentrum wirtschaftlicher Macht befinden. Wir werden nicht Zeugen des Untergangs der mächtigen Großkonzerne, sondern wir beobachten die Krise des traditionellen Organisationsmodells der Konzerne auf der Grundlage vertikaler Integration und eines hierarchischen, funktionalen Managements: Das System von „Stab und Linie" mit seiner strikten technischen und sozialen innerbetrieblichen Arbeitsteilung.

„Toyotismus": Kooperation zwischen Management und Belegschaft, multifunktionale Arbeitskraft, totale Qualitätskontrolle und Reduktion von Ungewissheit

Eine dritte Entwicklung betrifft *neue Management-Methoden*, von denen die meisten von japanischen Firmen ausgingen,[21] obwohl mit einigen dieser Methoden auch andernorts experimentiert wurde, etwa im Volvo-Werk im schwedischen Kalmar.[22] Der beträchtliche Erfolg, den die japanischen Autofirmen bezüglich Produktivität und Konkurrenzfähigkeit erzielt haben, wurde weitgehend auf diese Management-Revolution zurückgeführt. Deshalb wird in der Wirtschaftsliteratur auch der „Toyotismus" dem „Fordismus" als die neue, der globalen Ökonomie und den flexiblen Fertigungssystemen angepasste Gewinnformel gegenübergestellt.[23] Das ursprüngliche japanische Modell wurde weithin von anderen Unternehmen kopiert und auch von japanischen Firmen an ihre ausländischen Standorte verpflanzt, was gegenüber dem traditionellen Industriesystem bei vielen dieser Firmen zu beträchtlichen Leistungssteigerungen geführt hat.[24] Einige Elemente dieses Modells sind gut bekannt:[25] das *kan-ban-* (oder *just in time-*)System bei der Lagerhaltung, bei dem die Lagerbestände entweder ganz eliminiert oder wesentlich reduziert werden, indem die Lieferung an den Produktionsort genau zum Zeitpunkt des tatsächlichen Bedarfs und mit den für die Produktionslinie spezifizierten Charakteristika erfolgt; die „totale Produktivitätskontrolle" der Produkte im Produktionsprozess mit dem Ziel von nahezu null Fehlern und optimaler Ressourcennutzung; die Einbeziehung der Beleg-

---

20 Gereffi (1993).
21 Coriat (1990); Nonaka (1990); Durlabhji und Marks (1993).
22 Sandkull (1992).
23 McMillan (1984); Cusumano (1985).
24 Wiknson u.a. (1992).
25 Dohse u.a. (1985); Aoki (1988); Coriat (1990).

schaft in den Produktionsprozess durch Teamwork, dezentralisierte Initiative, größere Entscheidungsautonomie an der Produktionsstätte, Belohnungen für Team-Leistungen und eine flache Management-Hierarchie mit wenig Statussymbolen im Firmenalltag.

Kultur mag bei der Entstehung des „Toyotismus" und vor allem des konsensschaffenden, kooperativen Modells von Teamwork eine wichtige Rolle gespielt haben, aber sie ist sicher kein bestimmendes Element bei dessen Anwendung. Das Modell funktioniert genauso gut außerhalb Japans: in japanischen Firmen in Europa und in den Vereinigten Staaten. Verschiedene seiner Elemente sind auch erfolgreich von amerikanischen (GM-Saturn) und deutschen (Volkswagen) Unternehmen übernommen worden. Tatsächlich wurde das Modell nach seiner ersten begrenzten Einführung 1948 von den Toyota-Ingenieuren über 20 Jahre hinweg perfektioniert. Um das Modell auf das gesamte Fabriksystem übertragen zu können, studierten japanische Ingenieure die Kontrollverfahren für den Warenbestand auf den Regalen in amerikanischen Supermärkten. Man könnte also sagen, dass *just in time* in gewissem Maße eine amerikanische Methode der Massenproduktion ist, die unter Nutzbarmachung der Besonderheiten japanischer Unternehmen und vor allem der kooperativen Beziehung zwischen Management und Belegschaft dem flexiblen Management angepasst worden ist.

Die Stabilität und Komplementarität der Beziehungen zwischen dem Kernunternehmen und dem Netzwerk von Zulieferern sind für die Funktionsfähigkeit dieses Modells von größter Bedeutung: Toyota unterhält in Japan ein dreischichtiges Netzwerk von Zulieferern, das Tausende von Firmen unterschiedlicher Größe umfasst.[26] Die meisten Märkte für die meisten dieser Firmen sind für Toyota reservierte Märkte, und dasselbe gilt auch für andere große Firmen. Wie unterscheidet sich dieses System von der Struktur von Abteilungen und Unternehmensbereichen in einem vertikal integrierten Konzern? Tatsächlich werden die meisten der wichtigsten Zulieferer von finanziellen, kommerziellen oder technologischen Unternehmen beeinflusst oder kontrolliert, die entweder der Mutterfirma oder dem übergreifenden *keiretsu* gehören. Haben wir es unter solchen Umständen nicht mit einem System geplanter Produktion zu tun, das auf der Voraussetzung relativer Marktkontrolle durch einen Großkonzern beruht? Das Entscheidende an diesem Modell ist also die vertikale Desintegration entlang eines Netzwerkes von Firmen. Dieser Prozess ersetzt die vertikale Integration der Abteilungen innerhalb ein und derselben Konzernstruktur. Die Netzwerkstruktur erlaubt eine größere Differenzierung der Arbeits- und Kapitalkomponenten der jeweiligen Produktionseinheit, sie bietet wahrscheinlich größere Anreize, und sie führt zu verstärkter Verantwortlichkeit, ohne dass deshalb unbedingt das Muster der Konzentration industrieller Macht und technologischer Innovation verändert werden müsste.

---

26 Friedman (1988); Weiss (1992).

Die Leistung des Modells ist zudem vom Ausbleiben größerer Störungen im Gesamtprozess von Produktion und Distribution abhängig. Oder anders gesagt beruht sie auf der Voraussetzung der „fünf Nullen"; null Fehler bei den Einzelteilen, null Probleme mit den Maschinen, null Warenbestand, null Verspätung, null Papierkram. Möglich sind solche Leistungen nur unter der Bedingung, dass Arbeitsunterbrechungen ausgeschlossen sind und die Arbeitskraft totaler Kontrolle unterliegt; das System erfordert weiter absolut zuverlässige Zulieferer und eine zutreffende Marktprognose.

Der „Toyotismus" ist ein Management-System, das eher darauf hin ausgelegt ist, Ungewissheit zu reduzieren, als Anpassungsfähigkeit zu fördern. Die Flexibilität liegt im Prozess, nicht im Produkt. Deshalb haben einige Analytiker gemeint, man sollte dieses Modell als eine Erweiterung des „Fordismus" betrachten,[27] weil es dessen Prinzip der Massenproduktion übernehme und lediglich den Produktionsprozess auf der Grundlage menschlicher Initiative und Rückkopplungsfähigkeit organisiere, um die Verschwendung von Zeit, Arbeit und Ressourcen zu eliminieren, zugleich aber die Charakteristika des am Geschäftsplan orientierten Ausstoßes beibehalte. Ist das wirklich ein Management-System, das gut zu einer globalen Ökonomie passt, die sich in einem andauernden Wirbelwind befindet? Oder, wie Stephen Cohen es mir gegenüber ausgedrückt hat: „Ist es für ‚just in time' zu spät?"

In Wahrheit geht es bei den wirklich spezifischen Eigenschaften des Toyotismus, die ihn vom Fordismus unterscheiden, nicht um Beziehungen zwischen Unternehmen, sondern zwischen dem Management und der Belegschaft. Wie Coriat auf dem internationalen Seminar in Tokyo zu der Frage „Ist das japanische Management der Post-Fordismus?" erläuterte, ist das japanische Management im Grunde „weder vor- noch post-fordistisch, sondern eine originelle und neue Methode zur Leitung des Arbeitsprozesses: Der zentrale und besondere Charakterzug des japanischen Weges bestand darin, die qualifizierten Arbeiter zu ent-spezialisieren und sie in multifunktionalen Spezialisten zu verwandeln, anstatt sie zu zersprengen."[28] Der führende japanische Wirtschaftswissenschaftler Aoki betont ebenfalls die Rolle der Arbeitsorganisation als Schlüssel zum Erfolg japanischer Unternehmen:

> Der Hauptunterschied zwischen dem amerikanischen und dem japanischen Unternehmen lässt sich folgendermaßen zusammenfassen: Das amerikanische Unternehmen stellt Effizienz in den Mittelpunkt, die durch ins Einzelne gehende Spezialisierung und die scharfe Abgrenzung der einzelnen Arbeitsschritte erreicht wird, während das japanische Unternehmen vor allem auf die Fähigkeit der Arbeitsgruppe setzt, mit lokalen Schwierigkeiten autonom zurechtzukommen; dies wird durch *learning by doing* und die Kommunikation von Wissen am Arbeitsplatz erreicht.[29]

---

27 Tetsuro und Steven (1994).
28 Coriat (1994: 182).
29 Aoki (1988: 16).

Tatsächlich haben westliche Managementexperten offenbar einige der wichtigsten organisatorischen Mechanismen übersehen, die dem Produktivitätszuwachs in japanischen Betrieben zugrunde liegen. So hat Ikujiro Nonaka[30] auf der Grundlage seiner Untersuchungen über japanische Großunternehmen ein einfaches und elegantes Modell vorgelegt, um die Wissensproduktion in der Firma zu erklären. Das, was er als „das wissenschaffende Unternehmen" bezeichnet, beruht auf der organisatorischen Interaktion zwischen „explizitem Wissen" und „stillem Wissen" an der Quelle der Innovation. Er meint, dass ein Großteil der in der Firma auflaufenden Information Erfahrungswissen ist und von der Belegschaft bei übermäßig formalisierten Managementabläufen nicht kommuniziert werden kann. Aber die Quellen der Innovation vervielfachen sich, wenn die Organisation in der Lage ist, Brücken zu bauen, um stilles Wissen in explizites Wissen umzuwandeln, explizites in stilles Wissen, Stilles in Stilles und Explizites in Explizites. Auf diese Weise wird nicht nur die Erfahrung der Belegschaft kommuniziert und verstärkt und so die Menge an formalem Wissen innerhalb des Unternehmens erhöht, sondern es kann auch Wissen, das in der Außenwelt entstanden ist, in die stillen Angewohnheiten der Mitarbeiter einbezogen werden und sie so befähigen, ihre eigenen Anwendungen zu erarbeiten und Standardverfahren zu verbessern. In einem Wirtschaftssystem, in dem Innovation eine entscheidende Rolle spielt, wird die organisatorische Fähigkeit, deren Quellen aus allen Formen des Wissens heraus zu vermehren, zur Grundlage des innovativen Unternehmens. Dieser organisatorische Prozess erfordert aber die vollständige Beteiligung der Belegschaft am Innovationsprozess, so dass sie ihr stilles Wissen nicht zu ihrem eigenen Vorteil für sich allein behalten. Er erfordert auch die Stabilität der Belegschaft innerhalb des Unternehmens, denn nur dann ist es für die Einzelnen rational, ihr eigenes Wissen an das Unternehmen zu übertragen und andererseits für das Unternehmen, explizites Wissen unter den Mitarbeitern zu verbreiten. Daher erfordert dieser scheinbar einfache Mechanismus, dessen durchschlagende Konsequenzen bei der Förderung von Produktivität und Qualität in einer Reihe von Fallstudien nachgewiesen worden sind, in Wirklichkeit eine tiefgreifende Transformation der industriellen Beziehungen. Wenn die Informationstechnologie auch in Nonakas „expliziter Analyse" keine große Rolle spielt, so waren wir uns in unseren persönlichen Gesprächen doch einig, dass Online-Kommunikation und computerisierte Speicherkapazitäten zu mächtigen Werkzeugen geworden sind, um die Komplexität der organisatorischen Verknüpfungen zwischen stillem und explizitem Wissen weiter zu entwickeln. Jedoch ist diese Form der Innovation der Entwicklung der Informationstechnologien vorausgegangen und stellte sogar während der letzten beiden Jahrzehnte ein „stilles Wissen" des japanischen Managements dar, das der Beobachtung ausländischer Experten aus dem Managementbereich entzogen

---

30 Nonaka (1991); Nonaka und Takeuchi (1994).

war. Aber es war bei der Steigerung der Leistungsfähigkeit der japanischen Unternehmen in der Tat entscheidend.

Vernetzung zwischen Firmen

Wir wollen nun zwei andere Modelle organisatorischer Flexibilität auf dem Gebiet der internationalen Erfahrung betrachten, für die Verbindungen von Firmen untereinander charakteristisch sind. Es handelt sich um das *multidirektionale Netzwerkmodell, das von kleinen und mittleren Unternehmen praktiziert wird,* und das *Modell der Lizenz- und Subunternehmensproduktion unter dem Dach eines Großkonzerns*. Diese beiden Organisationsmodelle haben während der letzten beiden Jahrzehnte eine wichtige Rolle beim Wirtschaftswachstum verschiedener Länder gespielt. Ich werde sie kurz beschreiben und auf ihre Unterschiede eingehen.

Wie ich in Übereinstimmung mit Bennett Harrison gesagt habe, werden kleine und mittlere Unternehmen häufig durch oft Subunternehmens-Verträge kontrolliert oder stehen unter der finanziell/technologischen Herrschaft von Großkonzernen. Aber sie ergreifen trotzdem häufig die Initiative zur Einrichtung von Netzwerkverbindungen zu verschiedenen großen Unternehmen und/oder mit anderen kleineren und mittleren Unternehmen, um Marktnischen zu finden und gemeinsam Risiken einzugehen. Neben dem klassischen Fallbeispiel der italienischen Industriedistrikte bieten die Industrieunternehmen Hongkongs ein gutes Beispiel. In meinem Buch über Hongkong (dem die Arbeiten von Victor Sit und andere Forschungen zur Lage in Hongkong zugrunde liegen) habe ich dargelegt, dass dessen Exporterfolg während der langen Zeit von Ende der 1950er bis Anfang der 1980er Jahre auf kleinen, heimischen Geschäftsnetzwerken beruhte, die auf dem Weltmarkt konkurrierten. Bis Anfang der 1980er Jahre stammten mehr als 85% der aus Hongkong exportierten Industrieprodukte aus chinesischen Familienbetrieben, von denen 41% Kleinbetriebe mit weniger als 50 Angestellten waren. In den meisten Fällen arbeiteten sie nicht als Subunternehmer größerer Unternehmen, sondern exportierten über das Netzwerk von Hongkongs Im- und Exportfirmen – ebenfalls klein, ebenfalls chinesisch, ebenfalls familienbasiert – von denen es Ende der 1970er Jahre 14.000 gab. Netzwerke für Produktion und Distribution entstanden, verschwanden und bildeten sich neu, je nach den Veränderungen des Weltmarktes, die von flexiblen Mittelsleuten weitergegeben wurden, häufig unter Einsatz eines Netzwerkes „kommerzieller Spione" auf den wichtigsten Weltmärkten. Oftmals war ein und dieselbe Person zu einem bestimmten Zeitpunkt Unternehmer und dann wieder Angestellter, je nach dem Verlauf des Geschäftszyklus und den Bedürfnissen seiner eigenen Familie.

---

31 Sit u.a. (1979); Sit und Wong (1988); Castells u.a. (1990).

Auch die Exporte Taiwans während der 1960er Jahre stammten aus einem ähnlichen System kleiner und mittlerer Unternehmen, obwohl in diesem Fall die traditionellen japanischen Handelsgesellschaften die wichtigsten Exportvermittler waren.[32] Wie man weiß, haben sich, als Hongkong prosperierte, viele kleine Unternehmen zusammengeschlossen, eine neue finanzielle Grundlage geschaffen und sind gewachsen, wobei sie teilweise mit großen Kaufhäusern oder Herstellern in Europa und Amerika kooperierten, für die sie produzierten.[33] Aber schon zu diesem Zeitpunkt vergaben mittelgroße Unternehmen einen Großteil ihrer Produktion an ihre eigenen – kleinen, mittleren und großen – Subunternehmen im Perlfluss-Delta jenseits der chinesischen Grenze. Mitte der 1990er Jahre waren Beschäftigte in der Größenordnung von – je nach Schätzung – sechs bis zehn Millionen in der Provinz Guangdong in diese Subunternehmensnetzwerke einbezogen.

Taiwanesische Firmen beschritten einen noch komplizierteren Weg. Um in China zu produzieren und sich die niedrigen Arbeitskosten zunutze zu machen, gründeten sie Vermittlerfirmen in Hongkong. Diese Firmen nahmen mit lokalen Regierungsstellen in den Provinzen Guangdong und Fujian Kontakt auf, um Tochterfirmen für die Produktion in China zu gründen.[34] Diese Tochterfirmen vergaben Arbeit an kleine Werkstätten oder als Heimarbeit in den umliegenden Dörfern. Die Flexibilität eines solchen Systems ermöglichte es, Kostenvorteile an den unterschiedlichen Standorten zu nutzen, die Technologie im gesamten System zu verbreiten, von verschiedenen Hilfen verschiedener Regierungen zu profitieren und mehrere Länder als Export-Plattformen zu nutzen.

Unter ganz anderen Gegebenheiten fand Ybarra ein ähnlich vernetztes Produktionsmuster vor: bei den kleinen und mittleren Schuh-, Textil- und Spielwarenherstellern in der Region Valencia in Spanien.[35] Wie die einschlägige Literatur zeigt, gibt es in weiteren Ländern und Branchen noch zahlreiche Beispiele für solche horizontalen Unternehmensnetzwerke.[36]

Eine weitere Art von Produktionsnetzwerk ist das so genannte „Benetton-Modell". Es ist Gegenstand vieler Kommentare innerhalb der Geschäftswelt, und auch einer begrenzten, aber aufschlussreichen Forschung. Erwähnenswert sind vor allem die Untersuchungen von Fiorenza Belussi und Bennett Harrison.[37] Die italienische Strickwarenfirma ist ein multinationales Unternehmen, das aus einem kleinen Familienbetrieb in der Region Veneto entstand. Benetton arbeitet auf der Grundlage von Franchisingverträgen und verfügt über etwa 5.000 Geschäfte auf der ganzen Welt, die zum alleinigen Verkauf seiner Produkte verpflichtet sind. Die Einhaltung der Verträge wird von der Kernfirma genauestens

---

32 Gold (1986).
33 Gereffi (1999).
34 Hsing (1996).
35 Ybarra (1989).
36 Powell (1990).
37 Belussi (1992); Harrison (1994).

kontrolliert. Die Zentrale sammelt und analysiert das Online-Feedback von allen Vertriebspunkten, was nicht nur das Auffüllen der Warenbestände vereinfacht, sondern auch Markttrends bei Mustern und Farben bestimmt. Das Netzwerkmodell ist auch auf der Produktionsebene effektiv, auf der Arbeit an Kleinbetriebe und als Heimarbeit ausgegeben wird: beispielsweise in Italien und anderen Mittelmeerländern wie der Türkei. Dieser Typus von Netzwerkorganisation ist eine Zwischenform mit vertikaler Desintegration durch Subunternehmer einer Großfirma und horizontalen Netzwerken kleiner Unternehmen. Es ist ein horizontales Netzwerk, aber es beruht auf einer Reihe von Beziehungen zwischen Kern und Peripherie sowohl auf der Angebots- wie auf der Nachfrageseite des Prozesses. Ähnliche Formen horizontaler Geschäftsnetzwerke, die vertikal durch finanzielle Kontrolle integriert sind, haben sich als charakteristisch für Direktverkaufsunternehmen in Amerika erwiesen, die von Nicole Biggart erforscht worden sind. Diese Netzwerke prägen auch die dezentralisierte Struktur vieler Consultingunternehmen in Frankreich, die unter dem Dach einer Qualitätskontrolle organisiert sind.[38]

Strategische Konzern-Allianzen

Ein sechstes Organisationsmuster, das in den letzten Jahren aufgetreten ist, bezieht sich auf die *Verflechtung großer Konzerne* im Rahmen dessen, was man inzwischen als strategische Allianzen bezeichnet.[39] Solche Allianzen unterscheiden sich grundlegend von traditionellen Kartellformen und anderen oligopolistischen Absprachen. Sie beziehen sich nämlich auf spezifische Zeitperioden, Märkte, Produkte und Prozesse und schließen Konkurrenz in allen anderen, d.h. den meisten Bereichen, die von den Abkommen nicht berührt sind, nicht aus.[40] Diese Allianzen sind vor allem in den Hochtechnologiebranchen bedeutsam, wo die Kosten für F&E in die Höhe geschossen sind und der Zugang zu privilegierter Information zunehmend erschwert ist, und dies in einem Wirtschaftsbereich, in dem Innovation die wichtigste Waffe im Konkurrenzkampf ist.[41] Zugänge zu Märkten und Kapitalressourcen werden häufig gegen Technologie und Fertigkeiten in der Verarbeitung ausgetauscht; in anderen Fällen arbeiten zwei oder mehrere Unternehmen gemeinsam daran, ein neues Produkt zu entwickeln oder eine Technologie zu verbessern. Oft geschieht dies mit Unterstützung von Regierungen oder öffentlichen Einrichtungen. In Europa hat die Europäische Union Unternehmen aus verschiedenen Ländern sogar zur Auflage gemacht zu kooperieren, wenn sie Subventionen bekommen wollten; wie im Fall Philips, Thomson-SGS und Siemens beim JESSI-Programm im Be-

---

38 Leo und Philippe (1989); Biggart (1990b).
39 Imai (1980); Gerlach (1992); Cohen und Borrus (1995b); Ernst (1995).
40 Dunning (1993).
41 Van Tulder und Junne (1988); Ernst und O'Connor (1992); Ernst (1995).

reich der Mikroelektronik. Kleine und mittlere Firmen erhalten von der EU und im Rahmen des EUREKA-Programms Unterstützung bei F&E, auf der Grundlage, dass zwischen Unternehmen aus mehr als einem Land *joint ventures* gegründet werden.[42] Die Struktur der Hochtechnologie-Branchen ist ein immer komplexeres Netz von Allianzen, Absprachen und *joint ventures*, durch das die meisten Großkonzerne untereinander verknüpft sind. Derartige Verbindungen schließen verstärkten Wettbewerb nicht aus. Vielmehr sind die strategischen Allianzen entscheidende Instrumente in diesem Konkurrenzkampf, in dem die Partner von heute die Feinde von morgen werden, und in dem die Zusammenarbeit auf einem bestimmten Markt in scharfem Gegensatz zum wütenden Kampf um Marktanteile in einer anderen Weltregion steht.[43] Weil außerdem die Großkonzerne die Spitze der Pyramide eines riesigen Netzwerkes von Subunternehmen bilden, beziehen die Muster ihrer Allianzen und ihrer Konkurrenz auch ihre Subunternehmen mit ein. Oft werden Praktiken wie exklusive Lieferverpflichtungen von Subunternehmen oder die Verweigerung des Zugangs zu einem Netzwerk als Instrumente im Konkurrenzkampf eingesetzt. Umgekehrt nutzen die Subunternehmen jeden ihnen zur Verfügung stehenden Spielraum aus, um ihren Kundenkreis zu diversifizieren und ihre Risiken einzuschränken und zugleich Technologie und Information für eigene Zwecke zu absorbieren. Aus diesem Grund sind Eigentumsrechte an Information und technologisches Copyright in der neuen globalen Wirtschaft so entscheidend wichtig.

Alles in allem ist der Großkonzern in einer solchen Wirtschaftsform nicht eigenständig und selbstgenügsam, und wird es auch nicht wieder werden. Die Arroganz der IBMs, Philips und Mitsuis dieser Welt ist zu einem Thema der Kulturgeschichte geworden.[44] Ihre tatsächlichen Geschäftsoperationen werden mit anderen Firmen gemeinsam durchgeführt; nicht nur mit Hunderten oder Tausenden von Sub- und Hilfsunternehmen, sondern auch mit Dutzenden von relativ gleich starken Partnern, mit denen sie in dieser schönen neuen Wirtschaftswelt, in der Freunde und Feinde dieselben sind, gleichzeitig kooperieren und konkurrieren.

Der horizontale Konzern und die globalen Geschäftsnetzwerke

Der Konzern selbst hat sein Organisationsmodell verändert, um sich an die Bedingungen der Unvorhersagbarkeit anzupassen, die mit dem rasanten ökomomischen und technologischen Wandel Einzug gehalten haben.[45] *Die wesentliche Verlagerung kann bestimmt werden als die Verlagerung von vertikalen Bürokratien*

---

42 Baranano (1994).
43 Mowery (1988).
44 Bennett (1990).
45 Drucker (1988).

hin zum horizontalen Konzern. Der horizontale Konzern scheint durch sieben Haupttendenzen charakterisiert zu sein: Organisation um Prozesse herum, nicht um Aufgaben; eine flache Hierarchie; Team-Management; Leistungsmessung durch Kundenzufriedenheit; Belohnungen auf der Grundlage von Gruppenleistungen; Maximierung der Kontakte mit Zulieferern und Kunden; Information, Schulung und Umschulung der Angestellten auf allen Ebenen.[46] Diese Transformation des Konzernmodells wurde in den 1990er Jahren in einigen führenden amerikanischen Unternehmen (wie ATT) besonders deutlich. Sie folgte auf die Einsicht in die Grenzen des Modells der „schlanken Produktion" (*lean production*), das in den 1980er Jahren ausprobiert wurde. Dieses „schlanke Modell" – von Kritikern nicht ohne Berechtigung als „schlank und gemein" (*lean and mean*) bezeichnet – beruhte vor allem auf Einsparungen an Arbeitskosten. Das Modell war eine Kombination von Automatisierung, computerisierter Kontrolle der Belegschaft, verlagsmäßigem „Auslagern" von Arbeit und Einschränkung der Produktion. In seiner extremen Ausformung entstand der „hohle Konzern", ein Unternehmen, das sich einer eingeführten Handelsmarke oder eines Unternehmensprofils bediente und auf die Vermittlung zwischen Finanzierung, Produktion und Vertrieb spezialisiert war. Das Modell der *lean production* war unmittelbarer Ausdruck der kapitalistischen Neustrukturierung zur Bewältigung der Rentabilitätskrise der 1970er Jahre. Es führte zur Kostenreduzierung, behielt aber die überholten, in der Logik des Modells der Massenproduktion verankerten Organisationsstrukturen unter den Bedingungen oligopolistischer Marktkontrolle bei. Um sich in der neuen globalen Wirtschaft mit ihren endlosen Schüben von neuen Wettbewerbern mit neuen Technologien und neuen Fähigkeiten zur Kostenreduzierung einen Spielraum zu verschaffen, mussten die Großkonzerne zu allererst nicht sparsam, sondern effektiv werden. Die Vernetzungsstrategien machten das System zwar flexibler, aber sie lösten nicht das Problem der Anpassungsfähigkeit des Konzerns. Um die Vorteile der Netzwerkflexibilität internalisieren zu können, musste der Konzern selbst zum Netzwerk werden und jedes einzelne Element seiner inneren Struktur dynamisieren: Das ist die wesentliche Bedeutung und der Zweck des Modells des „horizontalen Konzerns". Es wird häufig durch die Dezentralisierung der einzelnen Einheiten erweitert und durch die zunehmende Autonomie, die jeder einzelnen dieser Einheiten gegeben wird, bis zu dem Punkt, an dem sie miteinander konkurrieren dürfen, freilich im Rahmen einer gemeinsamen Gesamtstrategie.[47]

Ken'ichi Imai ist wahrscheinlich der Organisationsanalytiker, der die These der Verwandlung von Konzernen in Netzwerke am weitesten vorangetrieben und am ausführlichsten dokumentiert hat.[48] Auf der Grundlage seiner Untersuchungen über japanische und amerikanische multinationale Konzerne zeigt er,

---

46 *Business Week* (1993a, 1995a).
47 Goodman u.a. (1990).
48 Imai (1990a).

dass der Prozess der Internationalisierung der Geschäftstätigkeit entlang dreier unterschiedlicher Firmenstrategien verlaufen ist. Die erste und traditionellste bezieht sich auf eine auf mehrere Binnenmärkte ausgerichtete Strategie von Unternehmen, die ausgehend von ihrer nationalen Basis im Ausland investieren. Die zweite zielt auf den globalen Markt und organisiert unterschiedliche Konzernfunktionen an unterschiedlichen Standorten, die in eine gegliederte, globale Strategie integriert sind. Die dritte Strategie beruht auf grenzüberschreitenden Netzwerken und charakterisiert das fortgeschrittenste wirtschaftliche und technologische Stadium. Nach dieser Strategie beziehen sich die Unternehmen einerseits auf eine Anzahl von Binnenmärkten; andererseits besteht ein Informationsaustausch zwischen diesen unterschiedlichen Märkten. Die Unternehmen versuchen nicht, die Märkte von außen zu kontrollieren, sondern streben vielmehr danach, ihre Marktanteile und Marktinformationen grenzüberschreitend zu integrieren. So bestand die Zielsetzung der Auslandsdirektinvestition nach der alten Strategie darin, Kontrolle zu übernehmen. Nach der neuesten Strategie ist die Auslandsdirektinvestition darauf ausgerichtet, eine Reihe von Beziehungen zwischen Unternehmen in unterschiedlichen institutionellen Umgebungen zu schaffen. Die globale Konkurrenz wird durch die Information „vor Ort" von jedem einzelnen Markt ganz wesentlich unterstützt. Dabei würde der Entwurf einer Strategie in einem von oben nach unten gerichteten Verfahren in einer beständig wechselnden Umgebung und bei überaus unterschiedlichen Markttendenzen leicht zu Fehlschlägen führen. Information von einem bestimmten Ort zu einem bestimmten Zeitpunkt ist der entscheidende Faktor. Zugleich ermöglicht die Informationstechnologie die dezentralisierte Verfügbarkeit solcher Information und ihre Integration in ein flexibles System der Strategiefindung. Diese grenzüberschreitende Struktur ermöglicht es kleinen und mittleren Unternehmen, sich mit Großkonzernen zu Netzwerken zusammenzuschließen, die in der Lage sind, unablässig innovativ zu sein und sich neu anzupassen. Damit *wird das von einem Netzwerk durchgeführte Geschäftsvorhaben zur eigentlichen operativen Einheit* und nicht mehr etwa die einzelnen Unternehmen oder formelle Unternehmensgruppen. Geschäftsvorhaben werden in Tätigkeitsfeldern durchgeführt. Dabei kann es sich um Produktionslinien handeln, um organisatorische Aufgaben oder um territoriale Gebiete. Von geeigneter Information hängen Leistung und Erfolg der Unternehmen entscheidend ab. Und die allerwichtigste Information ist unter den neuen wirtschaftlichen Bedingungen diejenige, die zwischen den Unternehmen auf der Grundlage der Erfahrung verarbeitet wird, die von jedem Feld aus eingeht. Information zirkuliert durch Netzwerke: Netzwerke zwischen Unternehmen, Netzwerke innerhalb von Unternehmen, Netzwerke von Personen und Computer-Netzwerke. Die neuen Informationstechnologien sind für die Funktionsfähigkeit eines solchen flexiblen, anpassungsfähigen Modells von entscheidender Bedeutung. Für Imai ist dieses grenzüberschreitende Netzwerkmodell die Grundlage der Konkurrenzfähigkeit japanischer Firmen.

Vorausgesetzt, dass der Großkonzern sich selbst reformieren und seine Organisation in ein gegliedertes Netzwerk multifunktionaler Entscheidungszentren transformieren kann, könnte dieses Modell innerhalb der neuen Wirtschaftsform tatsächlich eine überlegene Form des Managements sein. Denn das wichtigste Management-Problem in einer hochgradig dezentralisierten, extrem flexiblen Struktur besteht in der Korrektur dessen, was der Organisationstheoretiker Guy Benveniste als „Gliederungsfehler" bezeichnet. Ich stimme seiner Definition zu: „Gliederungsfehler bestehen im teilweisen oder vollständigen Fehlen einer Übereinstimmung zwischen dem, was gewünscht ist, und dem, was vorhanden ist."[49] Mit der rapiden Zunahme gegenseitiger Verknüpfungen und bei der extremen Dezentralisierung von Prozessen in der globalen Ökonomie wird es immer schwieriger, Gliederungsfehler zu vermeiden, und ihre mikro- sowie makroökonomischen Folgen gewinnen an Intensität. Das flexible Produktionsmodell maximiert in seinen unterschiedlichen Formen die Reaktion wirtschaftlicher Akteure und Einheiten auf eine sich rasant ändernde Umgebung. Aber es steigert auch die Schwierigkeit, Gliederungsfehler zu kontrollieren und zu korrigieren. Großkonzerne mit ausreichendem Informationsniveau und entsprechenden Ressourcen können mit solchen Fehlern besser zurecht kommen als fragmentarische, dezentralisierte Netzwerke, allerdings unter der Voraussetzung, dass sie ihre Anpassungsfähigkeit auf der Grundlage der Flexibilität nutzen. Das bedeutet auch die Fähigkeit des Konzerns, sich selbst neu zu strukturieren. Das ist nicht mit der Eliminierung von Überflüssigem getan. Allein seinen Sensoren müssen Fähigkeiten zur Neuprogrammierung zugewiesen werden, während die übergreifende Logik des Konzernsystems neu in ein Entscheidungszentrum integriert wird, das mit den vernetzten Einheiten online und in Echtzeit zusammenarbeitet. Viele der Debatten und Experimente über die Transformation der Großorganisationen, seien sie nun privat oder öffentlich, geschäfts- oder aufgabenorientiert, sind nichts anderes als Versuche zur Verbindung von Flexibilität und Koordinierungsfähigkeit, um in einer schnellem Wandel unterworfenen Umgebung sowohl Innovation als auch Kontinuität zu garantieren. Der „horizontale Konzern" ist ein dynamisches und strategisch geplantes Netzwerk von selbstprogrammierten, eigener Leitung unterliegenden Einheiten auf der Grundlage von Dezentralisierung, Partizipation und Koordination.

Die Krise des vertikalen Konzernmodells und die Entstehung der Unternehmensnetzwerke

Diese unterschiedlichen Tendenzen in der organisatorischen Transformation der informationellen Ökonomie sind relativ unabhängig voneinander. Die Bildung von um ein Großunternehmen herum zentrierte Subunternehmens-Netz-

---

49 Benveniste (1994: 74).

werken ist ein anderes Phänomen als die Bildung horizontaler Netzwerke von kleinen und mittleren Unternehmen. Und die netzartige Struktur der strategischen Allianzen zwischen Großkonzernen unterscheidet sich von der Verlagerung hin zum horizontalen Konzern. Die Einbeziehung der Belegschaft in den Produktionsprozess muss sich nicht unbedingt auf das japanische Modell, das auf *kan-ban* und totaler Qualitätskontrolle beruht, beschränken. Diese unterschiedlichen Tendenzen interagieren miteinander, wirken aufeinander ein, aber sie sind alle unterschiedliche Dimensionen eines grundlegenden Prozesses: des Prozesses der Desintegration des Organisationsmodells vertikaler rationaler Bürokratien, die für die Großkonzerne unter den Bedingungen der standardisierten Massenproduktion und oligopolistischer Märkte charakteristisch gewesen sind.[50] Auch der historische Zeitrahmen dieser verschiedenen Tendenzen ist unterschiedlich, und die zeitliche Folge ihrer Ausbreitung ist zum Verständnis ihrer sozialen und wirtschaftlichen Bedeutung äußerst wichtig. *Kan-ban* entstand beispielsweise 1948 in Japan. Es wurde von Ono Taiichi, einem früheren Gewerkschaftsangestellten, der Toyota-Manager wurde, entwickelt.[51] Der „Toyotismus" wurde in den japanischen Autofirmen schrittweise eingeführt, zu einem historischen Zeitpunkt (in den 1960er Jahren), zu dem sie für den Rest der Welt noch keine bedrohliche Konkurrenz waren.[52] Der „Toyotismus" konnte sich entwickeln, weil er zwei spezifische Vorteile nutzte, über die Toyota zum damaligen, historischen Zeitpunkt verfügte: seine Kontrolle über die Belegschaft und seine totale Kontrolle über ein riesiges Netzwerk von Zulieferern, die zwar nicht der Firma einverleibt, aber Teil des *keiretsu* waren. Als Toyota in den 1990er Jahren einen Teil seiner Produktion ins Ausland verlagern musste, war es nicht überall möglich, das *kan-ban* Modell zu reproduzieren. So scheiterte dieser Versuch in der symbolträchtigen NUMMI-Fabrik von Toyota und General Motors in Fremont in Kalifornien. Demnach ist der „Toyotismus" ein Übergangsmodell von der standardisierten Massenproduktion zu einer effizienteren Arbeitsorganisation, die durch die Einführung handwerklicher Methoden charakterisiert ist und durch die aktive Einbeziehung von Belegschaft und Zulieferern in ein Industriemodell, das auf dem Fließbandprinzip beruht.

Was sich demnach aus der Beobachtung wesentlicher organisatorischer Veränderungen während der letzten beiden Jahrzehnte des 20. Jahrhunderts ergibt, ist keine neue, „einzig wahre Methode" der Produktion, sondern die Krise eines alten, machtvollen aber übermäßig starren Modells, das im Zusammenhang des vertikalen Großkonzerns und der oligopolistischen Kontrolle von Märkten steht. Aus dieser Krise sind eine Vielzahl von Modellen und organisatorischen Arrangements hervorgegangen, die je nach ihrer Anpassungsfähigkeit an unterschiedliche institutionelle Zusammenhänge und Wettbewerbsstrukturen mehr

---

50 Vaill (1990).
51 Cusumano (1985).
52 McMillan (1984).

oder weniger erfolgreich waren. Wie Piore und Sabel in ihrem Buch folgern: „Ob unsere Wirtschaft auf Massenproduktion oder auf flexibler Spezialisierung beruhen wird ... bleib(t eine) offene Frage. Die Antwort (wird) – zum Teil – von der Fähigkeit der Nationen und gesellschaftlichen Klassen abhängen, die Zukunft zu imaginieren und zu entwerfen, die sie wünschen."[53] Die neueste historische Erfahrung hat aber bereits einige der Antworten bezüglich der neuen Organisationsformen der informationellen Ökonomie geliefert.[54] Unter unterschiedlichen organisatorischen Arrangements und in unterschiedlichen kulturellen Ausdrucksformen beruhen sie alle auf Netzwerken. Und sie sind in der Lage, sich überall auf den Hauptstraßen und Hintergassen der globalen Ökonomie herauszubilden und auszubreiten, weil sie sich auf die Informationskraft stützen, die das neue technologische Paradigma bereitstellt.

Vernetzung der Netzwerke: das Cisco-Modell

Jede Periode organisatorischer Transformation hat ihre archetypische Ausdrucksform. Die Ford Motor Company wurde zum Symbol der industriellen Ära der standardisierten Produktion und des Massenkonsums – so sehr, dass sie zur Bildung des Begriffs „Fordismus" anregte, einer Lieblingsvokabel der politischen Ökonomie der 1980er Jahre. Es kann sehr gut sein, dass das Firmenmodell der auf dem Internet aufbauenden Wirtschaft einmal durch Cisco Systems versinnbildlicht werden wird.[55] Oder vielmehr durch das „global vernetzte Firmenmodell", das Cisco Systems als Ausdruck seiner Unternehmensorganisation und Strategie propagiert. In der Selbstdarstellung der Firma beruht dieses Unternehmensmodell auf drei zentralen Annahmen:

> Die Beziehungen, die ein Unternehmen mit seinen wichtigsten Partnergruppen unterhält, können im Wettbewerb einen ebenso entscheidenden Unterschied ausmachen, wie seine wichtigsten Produkte oder Dienstleistungen; die Art und Weise, in der ein Unternehmen Informationen und Systeme weitergibt, ist ein entscheidendes Moment für die Stärke ihrer Beziehungen; Beziehungen zu haben, ist nicht mehr ausreichend: Die Geschäftsbeziehungen und die Kommunikationen, die sie absichern, müssen sich in einem „vernetzten" Geflecht befinden. Das globale vernetzte Geschäftsmodell öffnet die informationelle Infrastruktur des Konzerns für alle wichtigen Partnergruppen und verleiht so dem Netzwerk einen entscheidenden Vorteil im Wettbewerb.[56]

Untersuchen wir also, was das in der Praxis eigentlich bedeutet.

---

53   Piore und Sabel (1985: 334); vgl. (1984: 308).
54   Tuomi (1999).
55   Dieser Abschnitt beruht auf gedruckt und online zugänglichen Geschäftsberichten, vor allem aus *Business Week* und *The Wall Street Journal*, sowie auf Dokumenten, die Konzerne auf ihren *web sites* veröffentlicht haben. Ich halte es nicht für erforderlich, Einzelbelege anzugeben, außer da, wo ich Auszüge aus Dokumenten zitiere. Zu Cisco Systems stütze ich mich auch auf ein Seminarpapier meines graduierten Studenten Abbie Hoffman (1999). S. auch Hartman und Sifonis (2000).
56   Cisco Systems (1999: 1f.).

Cisco Systems (ein allgemein bekanntes Unternehmen in der Internetbranche) mit Sitz in San Jose, Kalifornien liefert *switcher* und *router* um Daten durch Kommunikationsnetzwerke zu schicken. Es handelt sich um den führenden Lieferanten für Internet-Backbone-Ausrüstungen, der Marktanteil lag 1999 bei etwa 80% weltweit. 1999 lagen 55% des Umsatzes im Bereich von Konzernnetzwerken, aber das Unternehmen erhöhte seinen Marktanteil auf dem Gebiet Netzwerkausrüstungen und -support für kleine und mittlere Unternehmen, Internet Service Provider und Konsumenten-Netzwerke. Zur Jahrhundertwende bemühte es sich, über den Bereich der Internet-Kommunikationsausrüstungen hinaus zu expandieren und energisch in die Telekommunikationsbranche einzudringen. Dabei verließ es sich auf seine Fähigkeit, Netzwerkausrüstungen für neue Übertragungstechnologien zu produzieren, die Daten, Stimme und Bilder über dasselbe Kabel transportieren können. Das Unternehmen wurde 1985 mit einer Investitionssumme von 2 Mio. US$, die von einem Risikokapitalgeber kamen, von ein paar Stanford-Professoren gegründet, die später wieder ausgestiegen waren. 1986 lieferte dieses Unternehmen die ersten Produkte aus und ging 1990 an die Börse. Sein Jahreserlös betrug in diesem Jahr 69 Mio. US$. Im Finanzjahr 1999 waren die Einnahmen auf 12,2 Mrd. US$ geklettert, bei einem Jahresgewinn von 2,55 Mrd. US$. Der Wert seiner Aktien stieg von 1995 bis 1999 um 2.356%. Das bedeutete einen Marktwert von 220 Mrd. US$, was der fünfthöchste weltweit und viermal so hoch wie der Marktwert von General Motors zu diesem Zeitpunkt war. Der außergewöhnliche Erfolg von Cisco Systems in wenig mehr als einem Jahrzehnt beruht teilweise auf der Gunst der Stunde: Das Unternehmen lieferte das Installationsmaterial für das Internet gerade zu dem Zeitpunkt, als das Internet sich explosionsartig ausweitete. Aber andere Unternehmen waren ebenfalls im Geschäft, und hinter manchen standen große Konzerne; andere, kleinere, waren Cisco im Hinblick auf technologische Innovation klar voraus. In der Tat begann Cisco, sobald es das nötige Geld (oder den Börsenwert) hatte, hektisch innovative Neugründungen aufzukaufen, um sich zusätzlich zu den eigenen Ressourcen deren Talente und Technologie einzuverleiben (13% der Einnahmen werden für F&E ausgegeben). So zahlte Cisco im August 1999 6,9 Mrd. US$ für Cerent, eine vielversprechende kalifornische Neugründung, deren Jahresumsatz nur 10 Mio. US$ betrug. Nach einhelliger Meinung der Geschäftswelt und auch nach Ciscos Selbsteinschätzung war das bahnbrechende, von Cisco entwickelte Unternehmensmodell, der Schlüssel zu Produktivität, Rentabilität und Wettbewerbsfähigkeit des Unternehmens. Es organisierte alle Beziehungen im Internet und um das Internet herum: zu seinen Kunden, seinen Zulieferern, seinen Partnern und seinen Angestellten. Aufgrund ausgezeichneter Technik, Design und Software automatisierte es zudem einen großen Teil der Interaktion. Durch den Aufbau eines Online-Netzwerkes von Zulieferern war Cisco in der Lage, die eigene Fertigung auf das Allernötigste zu beschränken. So waren 1999 nur zwei der 30 Produktionsstätten, in denen Cisco-Geräte hergestellt wurden, in Unternehmensbesitz. Der

Konzern hatte weltweit lediglich 23.000 Beschäftigte – etwa die Hälfte davon in San Jose – von denen die meisten Ingenieure, Forscher, Manager und Verkaufspersonal waren. Das Herz des Geschäfts von Cisco Systems ist die *web site*. Potenzielle Kunden finden hier eine Reihe von Optionen zu unterschiedlichen Produktlinien, die sie nach ihren Vorstellungen spezifizieren können. Die Cisco-Ingenieure aktualisieren diese Seite täglich. Bei Bedarf erhält man gegen einen Aufpreis online Rat und Unterstützung. Nur Großaufträge werden persönlich erledigt. Sobald ein Kundenauftrag spezifiziert ist, wird er automatisch an das Zulieferer-Netzwerk übertragen, das ebenfalls online ist. Die Hersteller versenden ihre Produkte unmittelbar an die Kunden. 1999 wickelte Cisco 83% seiner Aufträge sowie 80% des Kundendienstes über das Netz ab. Damit sparte Cisco 1997-1999 schätzungsweise 500 Mio. US$ pro Jahr. Zudem gehen über 50% der von Kunden erteilten Aufträge über das Netz an die Subunternehmen von Cisco, welche die Aufträge direkt erledigen. Cisco kassiert nur. Wofür? Für F&E, Technologie, Design, Konstruktion, Information, technische Unterstützung und Geschäftssinn beim Aufbau eines zuverlässigen Netzwerkes von Zulieferern und bei der Vermarktung an die Kunden. Es handelt sich hier um ein Industrieunternehmen – und zwar nach dem Marktwert 2000 das größte der Welt – das kaum industrielle Fertigung betreibt, und bis zu dem Zeitpunkt, zu dem Sie dies lesen, vielleicht gar keine mehr. Ciscos Vernetzungsaktivität erstreckt sich auch auf die Belegschaft. Die Cisco Employee Connection ist ein Intranet, das Sofortkommunikation mit mehr als 10.000 Beschäftigten rund um den Globus ermöglicht. Angefangen bei gemeinsamer Entwicklung bis hin zur Vermarktung und Schulung fließt die Information reichlich und unverzüglich durch das Netzwerk, ganz nach den Bedürfnissen jeder einzelnen Abteilung und jeder und jedes Beschäftigten. Im Ergebnis betrugen die Einnahmen bei Cisco 1999 pro Beschäftigtem 650.000 US$ gegenüber 396.000 US$ bei den US-Aktiengesellschaften, die im bekannten Standard & Poor's 500-Index präsent sind, und 253.000 US$ pro Beschäftigten bei Lucent Technologies, einem bedeutenden Ausrüstungskonzern für Telefonnetzwerke. Cisco ging auch strategische Allianzen mit größeren Unternehmen in verschiedenen Geschäftsbereichen ein: Dienstleistern wie US West und Alcatel; Zulieferern wie Intel, Hewlett Packard und Microsoft; Internet-Ausrüstungsfirmen wie Microsoft und Intel und Systemintegratoren wie KPMG und EDS. Dabei läuft die organisatorische Vernetzung bei gemeinsamen Geschäftsvorhaben immer nach dem Schema der geteilten Informationsquellen und der Online-Interaktion ab, das die geschäftliche Zusammenarbeit mit jedem der Partner einleitet. Indem Cisco sein Unternehmen unter Verwendung der Ausrüstungen, die es selbst entwirft und verkauft, intern und extern vernetzt, ist Cisco Systems das Sinnbild für den circulus virtuosus der informationstechnologischen Revolution: die Nutzung der Informationstechnologien zur Verbesserung der Technologie der Information – auf der Grundlage organisatorischer Vernetzung, die von Informationsnetzwerken gespeist wird.

Ich habe Cisco Systems nur als zentrales Beispiel gewählt, weil es vermutlich das selbstbewussteste Modell der vernetzten Organisationsform ist. Aber dies ist keineswegs ein Einzelfall. Es ist vielmehr ein Trendsetter. Tatsächlich würden manche Beobachter sagen, der Pionier bei der Online-Vernetzung von Wirtschaftsunternehmen sei Dell Computers gewesen, das in den 1990er Jahren zu einem der führenden PC-Hersteller und zum profitabelsten Unternehmen in der Computerbranche wurde, weniger aufgrund einer hervorragenden Technologie als durch sein innovatives Unternehmensmodell. Wie Cisco nimmt auch Dell Aufträge online entgegen, ebenfalls über eine *web site*, die mit ausgeklügelter Software so aufgebaut wurde, dass die Kunden das Produkt nach ihren Wünschen gestalten können. 1999 verkaufte das Unternehmen für 30 Mio. US$ täglich und erwartete, dass die Einnahmen aus seinem Online-Geschäft bis zum Jahr 2000 etwa 50% der Gesamteinnahmen ausmachen würden. Auch Dell stützt sich hauptsächlich auf ein Netzwerk von Zulieferern, die online Aufträge erhalten und Dells Käufer direkt beliefern. Insgesamt wird etwa die Hälfte der Aufträge, die Dell erhält, ohne direkten Kontakt mit Dells Managern über das Netz abgewickelt. Die Produktivität und Konkurrenzfähigkeit, die sich aus der frühzeitigen Anwendung eines integrierten Vernetzungsmodells ergaben, haben dazu geführt, dass die Aktien von Dell zwischen 1995 und 1999 um atemberaubende 9.400% gestiegen sind.

Hewlett Packard, ein legendärer Name in der Computerbranche, war in den späten 1990er Jahren im Begriff, ein Online-Dienstleistungsunternehmen zu werden. Anstatt Computer zu verkaufen wollte man über das Netzwerk Kunden gegen eine Monatsgebühr mit der Computerleistung der starken Computer des Unternehmens versorgen. Oder, im Fall von E-Commerce Sites, gegen einen prozentualen Betrag vom Umsatz des Kunden. Demnach würde das Geschäftsnetzwerk von Hewlett Packard folgendermaßen funktionieren: Hewlett Packard entwickelt Höchstleistungscomputer, die von Fertigungsbetrieben rund um die Welt geliefert werden, und Hewlett Packard behält diese Computer, um dann ihre Funktion online an Unternehmen zu verkaufen, die Computerleistung benötigen. Das Netzwerk zwischen Herstellung, Computern und den Anwendungen der Computer wird zur eigentlichen Funktionseinheit, wobei unterschiedliche Firmen auf der Grundlage ihrer Kooperation ein Geschäft mit den verschiedenen Ablaufphasen dieses Prozesses betreiben.

Das Cisco-Modell ist nicht auf die Internet-Wirtschaft begrenzt, und auch nicht auf die Informationstechnologie-Branche. Es hat sich während der 1990er Jahre schnell auf so ganz unterschiedliche Gebieten übertragen wie die Landmaschinen-Industrie (John Deere); den Lebensmittelhandel (hier kombinierte die Webvan Group Inc. Online-Lieferung mit von der Bechtel-Gruppe bereit gestellter Lagerlogistik); Autoherstellung (Renault); Energie (Altra Energy Technologies in Houston, die 40% des Umsatzes bei Flüssiggas macht); Autohandel (z.B. Microsoft, das als Schwergewicht beim Online-Autohandel sogar das Geschäft der traditionellen Autohändler bedroht); Wirtschafts-Consultingdienste (wie Global Business Networks, ein kalifornisches Unternehmen, das sich auf Szenarien-Planung und Konzernstrategie spezialisiert hat); oder sogar Hochschulbildung (z.B. die Wirtschaftsfakultät der Duke University, die 1999 einen globalen MBA-Kurs begonnen hat, der sowohl online stattfindet, wie auch durch physische Interaktion an vier Standorten weltweit, wobei Lehrende und Studierende jeweils den Ort wechseln und zugleich ihre Verbindung während der Dauer des Kurses über das Netzwerk aufrechterhalten). Die Funktionsweise der verarbeitenden Industrie wird wahrscheinlich vollständig verändert werden. So hörte ich im September 1999 auf einer Konferenz in Seattle den Vortrag eines Vizepräsidenten von Microsoft, der die Technologie vorstellte, die es ermöglichen soll, dass Autos online nach Kundenwünschen gebaut und verkauft werden. Dann könnten Kaufinteressenten ihre individuellen Wünsche mitteilen, bevor der Wagen tatsächlich in die Produktion geht, ähnlich wie bei den PC-Kunden von Dell. Die Fabrik – in Wirklichkeit ein Netzwerk von Fabriken – würde die Bestellung erhalten, dann mit der Produktion beginnen und das Auto direkt an den Kunden liefern, und zwar innerhalb einer Woche nach Erhalt des auf die Kundenwünsche abgestimmten Auftrages – so jedenfalls die Präsentation auf der Konferenz. „Pünktlich zum gewünschten Zeitpunkt" könnte die neue Beziehung zwischen Management und Kundschaft beschrieben werden, die sich in der Autoindustrie schon abzeichnet. Das globale vernetzte Unternehmensmodell, dessen Pionier Cisco ist, scheint zur Jahrhundertwende zum vorherrschenden Modell für die erfolgreichsten Wettbewerber in den meisten Branchen weltweit geworden zu sein.

Die Informationstechnologie und das Netzwerk-Unternehmen

Die neuen organisatorischen Entwicklungslinien, die ich beschrieben habe, waren keine automatische Folge des technologischen Wandels. Einige von ihnen gingen der Entstehung der neuen Informationstechnologien voraus. So wurde das *kan-ban* System, wie erwähnt, bereits 1948 bei Toyota eingeführt, und seine Verwirklichung erforderte keine elektronischen Online-Verknüpfungen. Anweisungen und Informationen wurden auf standardisierte Karten geschrieben, die an unterschiedlichen Arbeitsplätzen aufgehängt und zwischen Zulieferern und Fabrikarbeitern ausgetauscht wurden.[57] Die meisten der Modelle, die auf die Einbeziehung der Arbeitenden abzielten und mit denen in japanischen, schwedischen und amerikanischen Unternehmen experimentiert wurde, erforderten einen Veränderung der Mentalität und keine Veränderung des Maschinenparks.[58] Das wichtigste Hindernis bei der Anpassung des vertikalen Konzerns an

---

57 McMillan (1984); Cusumano (1985).
58 Dodgson (1989).

die Flexibilitätserfordernisse der globalen Ökonomie bestand in der Starrheit der traditionellen Unternehmenskulturen. Außerdem wurde die Informationstechnologie zum Zeitpunkt ihrer massenhaften Verbreitung in den 1980er Jahren zwar als magisches Werkzeug zur Reform und Veränderung der Industriekonzerne gesehen.[59] Aber da, wo sie ohne grundlegende organisatorische Veränderungen eingeführt wurde, verschärfte sie sogar die Probleme der Bürokratisierung und Unbeweglichkeit. Computerisierte Kontrollen wirken sich noch lähmender aus als traditionelle, von Person zu Person laufende Befehlsketten, in denen es noch immer Raum für irgendwelche impliziten Aushandlungsprozesse gibt.[60] Im Amerika der 1980er Jahre wurde die neue Technologie in allererster Linie als Mittel zur Einsparung von Arbeitskosten und als Gelegenheit gesehen, die Arbeitskräfte zu kontrollieren, nicht aber als Instrument zu organisatorischem Wandel.[61]

Der organisatorische Wandel erfolgte also unabhängig von der technologischen Veränderung als Reaktion auf die Notwendigkeit, mit einer sich ständig verändernden operationalen Umgebung zurecht zu kommen.[62] Aber als er dann eingesetzt hatte, wurden die Möglichkeiten organisatorischen Wandels durch die neuen Informationstechnologien außerordentlich verbessert. Wie Boyett und Conn es formulieren: „Die Fähigkeit der großen amerikanischen Unternehmen sich neu zu konfigurieren, so dass sie wieder wie kleine Geschäftsunternehmen aussehen und sich auch so verhalten, ist zumindest teilweise auf die Entwicklung der neuen Technologien, die ganze Managementebenen und deren Stäbe überflüssig macht, zurückzuführen."[63] Und als der Horizont der Netzwerke – wenn schon nicht ihre alltäglichen Aktivitäten – erst einmal global geworden war, konnten sich kleine und mittlere Unternehmen nur Dank der Verfügbarkeit neuer Technologien untereinander und mit Großkonzernen in Netzwerken verbinden.[64] Sicherlich waren chinesische Geschäftsunternehmen jahrhundertelang auf Netzwerken des Vertrauens und der Kooperation aufgebaut gewesen. Aber als sie sich in den 1980er Jahren über den Pazifik ausdehnten, von Tachung nach Fujian, von Hongkong nach Guandong, von Jakarta nach Bangkok, von Xinzhu nach Mountain View, von Singapur nach Shanghai, von Hongkong nach Vancouver und vor allem von Taipei und Hongkong nach Guangzhou und Shanghai, ermöglichte ihnen nur der Rückgriff auf die neuen Kommunikations- und Informationstechnologien, auf kontinuierlicher Basis zu arbeiten – nachdem einmal die familiären, regionalen und persönlichen Codes die Grundlagen der Spielregeln festgelegt hatten, die sie nun mit ihren Computern einhalten mussten.

---

59 Harrington (1991); Kotter und Heskett (1992).
60 Hirschhorn (1985); Mowshowitz (1986).
61 Shaiken (1985).
62 Cohendet und Llerena (1989).
63 Boyett und Conn (1991: 23).
64 Shapira (1990); Hsing (1996).

Das komplexe Maschenwerk von strategischen Allianzen, von Absprachen mit Subunternehmern und dezentralisierter Entscheidungsfindung in großen Unternehmen wäre ohne die Entwicklung von Computer-Netzwerken nicht handhabbar gewesen;[65] genauer: nicht ohne die leistungsfähigen Mikroprozessoren in Desktop-Computern, die über digital geschaltete Telekommunikationsnetzwerke miteinander verknüpft sind. Dies ist ein Fall, in dem der organisatorische Wandel in gewissem Maße die technologische Entwicklungslinie beeinflusst hat. Wenn die großen, vertikal organisierten Konzerne in der Lage gewesen wären, in der neuen Wirtschaftsform weiterhin erfolgreich zu funktionieren, wäre die Krise von IBM, Digital, Fujitsu und der gesamten Großcomputer-Branche vielleicht nicht eingetreten. Es lag an den Vernetzungsbedürfnissen der neuen kleinen und großen Organisationen, dass die Personalcomputer und die Computer-Vernetzung eine explosionsartige Verbreitung erfuhren. Und wegen des massiven Bedürfnisses nach der flexiblen, interaktiven Handhabung von Computern wurde die Software zum dynamischsten Element der Branche und zu derjenigen informationsproduzierenden Tätigkeit, die wahrscheinlich die Produktions- und Management-Prozesse der Zukunft prägen wird. Andererseits war die Verfügbarkeit dieser Technologien – die der Hartnäckigkeit des Widerstandes der Innovatoren in Silicon Valley gegen das Informatikmodell à la „1984" zu verdanken war – der Grund dafür, dass Vernetzung zum Schlüssel für organisatorische Flexibilität und Unternehmenserfolg wurde.[66]

Bar und Borrus haben in einer ganzen Serie wichtiger Forschungsberichte gezeigt, dass die Technologie der Informationsvernetzung Anfang der 1990er Jahre wegen der Konvergenz dreier Tendenzen einen Quantensprung erlebte: Digitalisierung des Telekommunikationsnetzwerkes, Entwicklung der Breitbandübertragung und eine drastische Leistungssteigerung bei den Computern, die durch das Netzwerk miteinander verbunden sind. Diese Steigerung war wiederum durch den technologischen Durchbruch im Bereich der Mikroelektronik und der Software bedingt. Damit konnten interaktive Computersysteme, die bis dahin auf lokale Netzwerke beschränkt gewesen waren, in globalen Netzwerken betrieben werden, und das Computer-Paradigma verlagerte sich von einer bloßen Verknüpfung zwischen Computern hin zum „kooperativen *computing*", unabhängig vom Standort der interagierenden Partner. Qualitative Fortschritte in der Informationstechnologie, die es vor den 1990er Jahren nicht gegeben hatte, machten vollständig interaktive, computergestützte, flexible Management-, Produktions- und Distributionsprozesse möglich, bei denen verschiedene Unternehmen und Unternehmensbereiche simultan miteinander kooperierten.[67]

Ende der 1990er Jahre waren die schnelle Entwicklung der Netzwerktechnologien und der avancierten Software unerlässlich für den Einsatz und die Ver-

---

65 Whightman (1987).
66 Fulk und Steinfield (1990); *Business Week* (1996).
67 Bar und Borrus (1993).

breitung dessen, was ich als Cisco-Modell bezeichnet habe. So benutzten etwa
Mitte der 1990er Jahre große Unternehmen eine Technologie namens EDI
(elektronischer Datenaustausch), um elektronisch mit ihren Kunden und Zulieferern
zu kommunizieren und so Papierkram und Zwischenschritte auszuschalten.
Aber die Technologie war kostspielig, in Aufbau und Anwendung
komplex und starr, weil sie die strikte Formatierung elektronischer Dokumente
wie Rechnungen oder Bestellungen erforderte. Mit der allgemeinen Verbreitung
des Internet, von Intranets und Extranets auf Breitbandbasis und von schnellen
Kommunikationsnetzwerken konnten große wie kleine Unternehmen leicht
miteinander und mit ihrer Kundschaft auf flexible, interaktive Art und Weise in
Kontakt treten. Damit war jede und jeder technologisch in der Lage, die Organisationsform
des Netzwerkes zu übernehmen, vorausgesetzt, die Firma war zur
Innovation des Managements in der Lage.[68]

Andererseits hat Dieter Ernst gezeigt, dass die Konvergenz zwischen organisatorischen
Anforderungen und technologischem Wandel die Vernetzung als
grundlegende Form der Konkurrenz in der neuen globalen Ökonomie etabliert.
Die Zugangsbarrieren zu den fortgeschrittensten Branchen (wie der Elektronik-
und Autobranche) sind in den Himmel gewachsen. Das macht einen Markteintritt
auf eigenes Risiko für neue Wettbewerber fast unmöglich und beeinträchtigt
sogar die Durchsetzungskraft von Großkonzernen bei der Einführung neuer Produktlinien
oder ihre Fähigkeit, bei der Innovation ihrer eigenen Prozesse dem
Tempo des technologischen Wandels zu folgen.[69] Unter diesen Umständen bieten
Kooperation und Vernetzung die einzige Möglichkeit, Kosten und Risiken zu
teilen und zugleich mit der ständigen Aktualisierung von Informationen Schritt
zu halten. Aber die Netzwerke fungieren auch als *gatekeeper*. Innerhalb der Netzwerke
werden unablässig neue Möglichkeiten geschaffen. Außerhalb der Netzwerke
wird das Überleben immer schwieriger. Unter den Bedingungen schnellen
technologischen Wandels sind Netzwerke, nicht Firmen zu den eigentlichen operativen
Einheiten geworden. Mit anderen Worten hat sich durch die Interaktion
zwischen der Krise und dem Wandel der Organisationsweise und den neuen Informationstechnologien
eine neue für die informationelle globale Ökonomie charakteristische
Organisationsform herausgebildet: *das Netzwerk-Unternehmen*.

Um das Netzwerk-Unternehmen genauer definieren zu können, muss ich
auf meine Definition der Organisation zurückgreifen: ein System von Mitteln,
das um den Zweck des Erreichens spezifischer Ziele herum strukturiert ist. Ich
möchte dem eine zweite analytische Unterscheidung hinzufügen, die ich in
meiner eigenen Version der der Theorie Alain Touraines entlehne.[70] In dynamischer,
evolutionärer Perspektive besteht ein fundamentaler Unterschied zwischen
zwei Typen der Organisation: Organisationen, für die die Reproduktion

---

68 *Business Week* (1998).
69 Ernst (1994b).
70 Touraine (1959).

ihres Systems von Mitteln zum wichtigsten Organisationsziel wird; und Organisationen, in denen die Ziele und die Veränderung der Ziele die Struktur der Mittel bestimmen und endlos von Neuem formen. Ich nenne den ersten Typus von Organisationen Bürokratien, den zweiten Typus Unternehmen.

Auf der Grundlage dieser begrifflichen Unterscheidungen schlage ich eine meiner Meinung nach nützliche (nicht-nominalistische) Definition des Netzwerk-Unternehmens vor: *jene spezifische Form des Unternehmens, deren System von Mitteln durch die Überschneidung von Segmenten autonomer Systeme von Zielen konstituiert wird*. Danach sind die Komponenten des Netzwerkes dem Netzwerk gegenüber sowohl autonom wie auch abhängig, und sie können auch Teile von anderen Netzwerken und daher von anderen Systemen von Mitteln sein, die andere Ziele verfolgen. Die Leistung eines bestimmten Netzwerkes wird von zwei fundamentalen Eigenschaften des Netzwerkes abhängig sein: seinem *Verknüpfungsstatus*, d.h. seiner Fähigkeit, störungsfreie Kommunikation zwischen seinen Komponenten zu ermöglichen; und seiner *Konsistenz*, d.h. dem Ausmaß, in dem es eine Gemeinsamkeit von Interessen zwischen den Zielen des Netzwerkes und den Zielen seiner Komponenten gibt.

Warum ist nun das Netzwerk-Unternehmen die organisatorische Form der informationellen globalen Ökonomie? Eine einfache Antwort würde sich auf eine empiristische Argumentation stützen: Es ist das, was in der formativen Periode der neuen Wirtschaftsform entstanden ist, und es ist das, was zu funktionieren scheint. Aber es ist intellektuell befriedigender, zu verstehen, dass sich dieses Funktionieren anscheinend mit den Charakteristika der informationellen Ökonomie in Einklang befindet: Die erfolgreichen Organisationen sind diejenigen, die auf effiziente Weise Wissen und Prozessinformation hervorbringen können; die sich an die variable Geometrie der globalen Wirtschaft anpassen können; die flexibel genug sein können, um ihre Mittel ebenso schnell zu wechseln, wie sich die Ziele unter dem Druck des schnellen kulturellen, technologischen und institutionellen Wandels ändern; und die zur Innovation fähig sind, weil Innovation zur entscheidenden Waffe im Wettbewerb wird.[71] Diese Charakteristika sind nun in der Tat Merkmale des neuen Wirtschaftssystems, das wir im vorhergehenden Kapitel analysiert haben. In diesem Sinne *macht das Netzwerk-Unternehmen die materielle Kultur der informationellen globalen Ökonomie aus: Es transformiert Signale in Waren durch die Verarbeitung von Wissen.*

Kultur, Institutionen und ökonomische Organisation: Ostasiatische Unternehmensnetzwerke

Formen ökonomischer Organisation entwickeln sich nicht in einem sozialen Vakuum: Sie sind in Kulturen und Institutionen verwurzelt. Jede Gesellschaft

---

71 Tuomi (1999).

tendiert dazu, ihre eigenen organisatorischen Arrangements hervorzubringen. Je stärker eine Gesellschaft historisch geprägt ist, desto mehr entwickelt sie sich in Isolation von anderen Gesellschaften und desto spezifischer sind ihre organisatorischen Formen. Wenn aber die Technologie den Bereich der Wirtschaftsaktivität erweitert und wenn Geschäftssysteme auf globaler Ebene miteinander interagieren, dann breiten sich die organisatorischen Formen aus, machen Anleihen beieinander und schaffen eine Mischung, die weitgehend gemeinsamen Mustern der Produktion und des Wettbewerbs entspricht. Zugleich passen sie sich der spezifischen gesellschaftlichen Umwelt an, in der sie operieren.[72] Das ist gleichbedeutend damit, zu sagen, dass die „Marktlogik" so tiefgreifend durch Organisationen, Kultur und Institutionen vermittelt ist, dass Akteure, die es wagten, einer abstrakten Marktlogik zu folgen, wie sie durch die neoklassische ökonomische Orthodoxie diktiert wird, hilflos wären.[73] Die meisten Firmen folgen nicht einer solchen Logik. Manche Regierungen tun es aus ideologischen Gründen, und die Folge ist, dass sie am Ende die Kontrolle über ihre Volkswirtschaft verlieren, wie beispielsweise die Reagan-Regierung in den USA während der 1980er Jahre oder die sozialistische Regierung in Spanien Anfang der 1990er Jahre. Mit anderen Worten: Marktmechanismen ändern sich im Lauf der Geschichte und operieren mit unterschiedlichen Organisationsformen. Die entscheidende Frage lautet daher: Was sind die Ursachen für den spezifischen Charakter von Märkten? Und eine solche Frage lässt sich nur durch vergleichende Studien über wirtschaftliche Organisation beantworten.

Eine ganze Flut von Studien über vergleichende Organisationstheorie hat die grundlegenden Unterschiede in der Organisation und im Verhalten von Unternehmen in Zusammenhängen aufgezeigt, die sich deutlich vom angelsächsischen Muster mit seiner Einbettung in Eigentumsrechte, Individualismus und die Trennung zwischen Staat und Unternehmen abheben.[74] Ein großer Teil dieser Forschung hat sich auf die ostasiatischen Volkswirtschaften konzentriert, was wegen des erstaunlichen Erfolgs dieser Volkswirtschaften in den 1970er und 1980er Jahren nahe lag. Die Ergebnisse der Forschung über Organisationen in ostasiatischen Volkswirtschaften sind aus zwei Gründen für eine allgemeine Theorie der Wirtschaftsorganisation von Bedeutung.

Erstens lässt sich zeigen, dass die Muster der Unternehmensorganisation in ostasiatischen Gesellschaften von dem Zusammenspiel von Kultur, Geschichte und Institutionen hervorgebracht werden, wobei Letztere der grundlegende Faktor bei der Herausbildung spezifischer Wirtschaftssysteme sind. Außerdem weisen derartige Muster, wie nach der institutionalistischen Wirtschaftstheorie zu erwarten ist, gemeinsame Tendenzen auf, die mit kulturellen Ähnlichkeiten in Zusammenhang stehen, aber auch Unterscheidungsmerkmale, die sich als Er-

---

72 Hamilton (1991).
73 Abolaffia und Biggart (1991).
74 Clegg und Redding (1990).

gebnisse spezifischer historischer Prozesse auf wesentliche Abweichungen in den Institutionen zurückführen lassen.

Zweitens besteht die grundlegende gemeinsame Tendenz ostasiatischer Wirtschaftssysteme darin, dass sie auf Netzwerken beruhen, wenn auch auf unterschiedlichen Formen von Netzwerken. Die Bausteine eines solchen Systems sind nicht Firmen oder individuelle Unternehmer, sondern Netzwerke oder unterschiedlich geartete Wirtschaftsgruppierungen. Sie folgen bei all ihren Variationen einem Muster, das in die Organisationsform passt, die ich als Netzwerk-Unternehmen charakterisiert habe. Die asiatischen Unternehmensnetzwerke waren jedoch im Verlauf der Entfaltung der neuen Wirtschaftsform und der Beschleunigung der Globalisierung unterschiedlich erfolgreich. Um daher ihre Beziehung zu dem Modell des Netzwerk-Unternehmens, wie es im Westen auftrat, einzuschätzen, müssen wir zugleich die historische Besonderheit der Kulturen, die historischen Entwicklungslinien der Institutionen, die strukturellen Voraussetzungen des informationellen Paradigmas und die Formen der Konkurrenz in der globalen Ökonomie berücksichtigen. Im Zusammenspiel dieser unterschiedlichen gesellschaftlichen Bereiche können wir einige vorläufige Antworten zum „Geist des Informationalismus" finden.

Eine Typologie ostasiatischer Unternehmensnetzwerke

Vergegenwärtigen wir uns zuerst die Herausbildung, Struktur und Dynamik der ostasiatischen Unternehmensnetzwerke. Glücklicherweise ist dies ein Gegenstand, der in der Sozialforschung ausreichend Aufmerksamkeit gefunden hat[75] und bei dem ich mich auf die systematischen Bemühungen um komparative Analyse und Theorie von Nicole Woolsey Biggart und Gary Hamilton[76], die in den Sozialwissenschaften auf diesem Gebiet führend sind, stützen kann. Außerdem kann ich auf meine eigenen Forschungsarbeiten über die asiatische Pazifikregion zwischen 1983 und 1993 zurückgreifen.

Das organisierte Netzwerk voneinander unabhängiger Firmen ist in den Marktwirtschaften Ostasiens die vorherrschende Form der Wirtschaftsaktivität. Es gibt drei unterschiedliche Grundtypen von Netzwerken, die für japanische, koreanische und chinesische Unternehmen kennzeichnend sind.[77]

Japan

In Japan sind Wirtschaftsgruppen um Netzwerke von Firmen organisiert, die untereinander Aktien halten (*kabushiki mochiai*), und deren Hauptgesellschaften von Managern geleitet werden. Es gibt zwei Untertypen dieser Netzwerke:[78]

---

75 Whitley (1993).
76 Hamilton und Biggart (1988); Biggart (1991); Hamilton (1991); Biggart und Hamilton (1992).
77 Hamilton u.a. (1990).
78 Imai und Yonekura (1991); Gerlach (1992); Whitley (1993).

1. Horizontale Netzwerke auf der Grundlage von marktübergreifenden Verknüpfungen zwischen Großunternehmen (*kigyo shudan*). Diese Netzwerke erstrecken sich über vielfältige Wirtschaftssektoren. Einige von ihnen sind die Erben der *zaibatsu*, der riesigen Konglomerate, welche die japanische Industrialisierung und den Handel vor dem Zweiten Weltkrieg beherrscht haben, bevor sie formell – und wenig effektiv – während der amerikanischen Besatzungszeit aufgelöst wurden. Die drei größten alten Netzwerke sind Mitsui, Mitsubishi und Sumimoto. Nach dem Krieg wurden um Großbanken herum drei neue Netzwerke gebildet: Fuyo, Dao-ichi Kangin und Sanwa. Jedes einzelne Netzwerk hat seine eigenen Finanzierungsquellen und konkurriert in allen wesentlichen Wirtschaftsbereichen.
2. Vertikale Netzwerke (*keiretsu*), die um eine *kaisha* herum aufgebaut sind, einen großen spezialisierten Industriekonzern, zu dem Hunderte, sogar Tausende von Zulieferern und wiederum deren Tochterfirmen gehören. Die wichtigsten *keiretsu* sind um Toyota, Nissan, Hitachi, Matsushita, Toshiba, die Tokai Bank und die Industrial Bank of Japan zentriert.

Diese stabilen Wirtschaftsgruppen kontrollieren praktisch den Kernbereich der japanischen Wirtschaft, indem sie ein dichtes Netzwerk gegenseitiger Verpflichtungen, verzahnter finanzieller Abhängigkeiten, Marktabsprachen, Personaltransfers und gegenseitiger Information organisieren. Ein entscheidend wichtiger Bestandteil des Systems ist die allgemeine Handelsgesellschaft (*sogo shosha*) für jedes Netzwerk, die als allgemeine Vermittlerin zwischen Lieferanten und Konsumenten arbeitet und für die Koordination von Ressourcen und Produktion sorgt.[79] Sie integriert das System. Diese Unternehmensorganisation funktioniert im Marktwettbewerb als flexible Einheit, die jedem Mitglied des Netzwerkes Ressourcen so zuteilt, wie sie es für richtig hält. Das macht es auch für jedes fremde Unternehmen äußerst schwierig, von außen in die Märkte einzudringen. Diese spezifische Wirtschaftsorganisation erklärt auch weitgehend die Schwierigkeiten, denen sich ausländische Unternehmen bei dem Versuch gegenübersehen, auf dem japanischen Markt Fuß zu fassen, denn alle Vorgänge müssen hier neu eingerichtet werden, und die Zulieferer weigern sich, neue Kunden zu beliefern, bevor das zentrale *kaisha* dem Handel zugestimmt hat.[80]

Die industriellen Beziehungen und die Arbeitsorganisation sind durch diese hierarchische Netzwerkstruktur geprägt.[81] Im Kernbereich bieten die Großunternehmen ihren Arbeitern lebenslange Beschäftigung, Prämiensysteme auf der Grundlage von Seniorität und die Zusammenarbeit mit Firmengewerkschaften. Teamarbeit und Autonomie bei der Erfüllung von Aufgaben sind die Regel, man achtet auf das Engagement der Arbeiter für das Wohl ihres Unternehmens. Das Management ist in die Werkstattebene einbezogen und teilt Einrichtungen

---

79 Yoshino und Lifson (1986).
80 Abegglen und Stalk (1986).
81 Clark (1979); Koike (1988); Durlabhji und Marks (1993).

und Arbeitsbedingungen mit denen, die körperlich arbeiten. Durch verschiedene Praktiken bemüht man sich Konsens aufzubauen. Das beginnt bei der Arbeitsorganisation und reicht bis zu symbolischen Handlungen wie dem Singen der Firmenhymne zu Tagesbeginn.[82]

Je weiter sich andererseits Unternehmen an der Peripherie des Netzwerkes befinden, desto mehr werden die Arbeitskräfte als verzichtbar und leicht zu ersetzen betrachtet, von denen die meisten Zeitarbeitskräfte und Teilzeitbeschäftigte sind (s. Kapitel 4). Die meisten dieser peripheren Arbeitskräfte sind Frauen und schlecht ausgebildete junge Leute.[83] Demnach führen vernetzte Wirtschaftsgruppen nicht nur zu flexibler Kooperation sondern auch zu hochgradig segmentierten Arbeitsmärkten mit einer zweigeteilten Sozialstruktur, die hauptsächlich nach Geschlechterunterschieden organisiert ist. Lediglich die relative Stabilität der patriarchalischen japanischen Familie integriert die beiden Pole der Sozialstruktur und dämpft die Tendenzen zu einer polarisierten Gesellschaft – das wird aber nur so lange funktionieren, wie sich die japanischen Frauen sowohl zu Hause als auch im Betrieb unterdrücken lassen.[84]

Korea

Die koreanischen Netzwerke (*chaebol*), sind zwar historisch durch die japanischen *zaibatsu* angeregt worden, sie sind aber sehr viel hierarchischer als ihre japanischen Gegenstücke.[85] Die Tendenz, die sie von anderen unterscheidet, besteht vor allem darin, dass alle Firmen innerhalb des Netzwerkes von einer zentralen Holdinggesellschaft, die Eigentum eines Einzelnen und seiner Familie ist, kontrolliert werden.[86] Außerdem wird die zentrale Holdinggesellschaft von den staatlichen Banken und staatlich kontrollierten Handelsgesellschaften unterstützt. Die Gründungsfamilie übt eine strikte Kontrolle aus, indem Familienmitglieder, regionale Bekannte und enge Freunde für die obersten Management-Posten der *chaebol* ernannt werden.[87] Anders als in den japanischen *keiretsu* spielen kleine und mittlere Unternehmen eine geringe Rolle. Die meisten Firmen des *chaebol* sind ziemlich groß, und sie arbeiten nach der koordinierten Initiative des obersten, zentralisierten Managements des *chaebol*. Diese Gruppen reproduzieren dabei häufig den militärischen Stil, den ihnen ihre staatlichen Unterstützer vor allem nach 1961 vermittelt haben. *Chaebol* sind multi-sektoral, und ihre Manager werden von einem Tätigkeitssektor zum anderen versetzt, womit die Einheit der Strategie und die gegenseitige Befruchtung durch Erfahrung garantiert werden. Die vier größten koreanischen *chaebol* (Hyundai, Sam-

---

82 Kuwahara (1989).
83 Jacoby (1979); Shinotsuka (1988).
84 Chizuko (1987, 1988); Seki (1988).
85 Steers u.a. (1989).
86 Biggart (1990a).
87 Yoo und Lee (1987).

sung, Lucky Gold Star und Daewoo) gehören heute zu den größten Wirtschaftskonglomeraten der Welt und erwirtschafteten 1985 45% des koreanischen Bruttoinlandsproduktes. *Chaebol* sind weitgehend autarke Einheiten, die nur von der Regierung abhängig sind. Die meisten vertraglichen Beziehungen sind *chaebol*-intern, Subunternehmer spielen eine geringe Rolle. Die Märkte werden durch den Staat abgesteckt und durch Konkurrenz unter den *chaebol* entwickelt.[88] Netzwerke gegenseitiger Verpflichtung außerhalb der *chaebol* sind selten. Die internen Beziehungen im *chaebol* werden durch die Disziplin entsprechend der Rangordnung innerhalb des Netzwerks bestimmt und nicht durch Kooperation und Gegenseitigkeit.

Die Arbeitspolitik und die industriellen Beziehungen passen zu diesem autoritären Muster. Wie in Japan besteht eine scharfe Segmentierung der Arbeitsmärkte zwischen Kernarbeitern und temporären Arbeitskräften, je nach der Stellung der Firma zum Zentrum des *chaebol*.[89] Frauen spielen eine untergeordnete Rolle, weil der Patriarchalismus in Korea noch intensiver ist als in Japan[90] und die Männer ihre Frauen nur widerwillig außerhalb des Haushaltes arbeiten lassen. Anders als in Japan erhalten die Kernarbeiter keine langfristigen Anstellungsverträge von ihren Firmen und auch die Arbeitsbedingungen sind nicht entsprechend.[91] Man erwartet von ihnen auch kein Engagement in dem Sinne, dass sie Initiative übernehmen. Sie sollen vor allem die Anweisungen ausführen, die sie erhalten. Die Gewerkschaften wurden lange Zeit staatlich kontrolliert und in Abhängigkeit gehalten. Als während der 1980er Jahre die Demokratie in Korea größere Fortschritte machte, traten die Führer der *chaebol* der wachsenden Unabhängigkeit der Gewerkschaften mit einer Konfrontationstaktik entgegen. Das führte zu einer äußerst konflikträchtigen Form industrieller Beziehungen.[92] Diese Entwicklung widerlegt die rassistische Ideologie von der angeblich untertänigen Haltung der asiatischen Arbeitskräfte, die manchmal zu Unrecht dem Konfuzianismus zugeschrieben wird.

Während gegenüber der Belegschaft Misstrauen die Regel ist, ist Vertrauen zwischen den unterschiedlichen Ebenen des Managements ein grundlegendes Merkmal der koreanischen Netzwerke. Das geht so weit, dass das Vertrauen hauptsächlich in Verwandtschaftsbeziehungen eingebettet ist: 1978 gehörten 13,5% der Direktoren der 100 größten *chaebol* zur Familie des Eigentümers und kontrollierten 21% der Positionen des Topmanagement.[93] Weitere Management-Positionen sind für gewöhnlich mit Personen besetzt, denen die Familie des Eigentümers aufgrund persönlicher Kenntnis Vertrauen entgegenbringt, dem durch Zwangsmechanismen sozialer Kontrolle (lokale soziale Netzwerke,

---

88 Kim (1989).
89 Wilkinson (1988).
90 Gelb und Lief Pallay (1994).
91 Park (1992).
92 Koo und Kim (1992).
93 Shin und Chin (1989).

Familiennetzwerke oder Schulnetzwerke) Nachdruck verliehen wird. Aber das Interesse des *chaebol* geht über alles andere, selbst über die Beziehung zur Familie. Wenn es zu einem Widerspruch zwischen beiden kommt, so sorgt die Regierung dafür, dass sich die Interessen des *chaebol* und nicht die von Individuen oder Familien durchsetzen.[94]

China

Die chinesische Unternehmensorganisation beruht auf Familienfirmen (*jiazuquiye*) und sektorenübergreifenden Wirtschaftsnetzwerken (*jituanquiye*), die häufig von einer Familie kontrolliert werden. Zwar behandelt der größte Teil der verfügbaren Einzelforschung die Herausbildung und Entwicklung von Wirtschaftsnetzwerken in Taiwan,[95] aber die empirischen Belege sowie meine persönliche Kenntnis ermöglichen die Extrapolation dieses Musters auf Hongkong und die überseeischen chinesischen Gemeinschaften in Südostasien.[96] Es ist interessant, dass ähnliche Netzwerke anscheinend an dem schnellen, marktgetriebenen Industrialisierungsprozess in Südchina beteiligt sind, wenn wir die Reichweite der Netzwerke ausdehnen und lokale Regierungsbeamte einbeziehen.[97]

Die Schlüsselkomponente der chinesischen Unternehmensorganisation ist die Familie.[98] Die Firmen sind Familieneigentum, und die vorherrschende Wertorientierung bezieht sich auf die Familie, nicht auf die Firma. Wenn es der Firma gut geht, gilt das auch für die Familie. Wenn also genug Reichtum akkumuliert worden ist, wird er unter den Familienmitgliedern aufgeteilt, die in andere Unternehmen investieren, die zumeist keinen Bezug zur ursprünglichen Firmentätigkeit haben. Manchmal vollzieht sich das Muster der Gründung neuer Unternehmen mit der Zunahme des Familienvermögens innerhalb einer Generation. Wenn dies aber nicht zu Lebzeiten des Firmengründers geschieht, so findet dies nach seinem Tod statt. Der Grund dafür ist, dass das Familiensystem anders als in Japan und Korea patrilinear ist und auf dem gleichen Erbrecht der Söhne beruht. Daher erhält jeder Sohn seinen Anteil am Familienvermögen und kann dann ein eigenes Unternehmen gründen. Wong meint beispielsweise, dass erfolgreiche chinesische Unternehmen während dreier Generationen vier Phasen durchlaufen: Gründung, Zentralisierung, Segmentierung, Aufteilung – woraufhin der Zyklus von Neuem beginnt.[99] Ungeachtet häufiger Rivalitäten innerhalb der Familie ist persönliches Vertrauen doch jenseits gesetzlich-vertraglicher Regeln und neben ihnen die Grundlage für Geschäfte. Die Familien prosperieren also, indem sie neue Firmen in jedem Tätigkeitsbereich gründen, der ihnen profitabel

---

94 Amsden (1989); Evans (1995)
95 Hamilton und Kao (1990).
96 Sit und Wong (1988); Yoshihara (1988).
97 Hamilton (1991); Hsing (1994).
98 Greenhalgh (1988).
99 Wong (1985).

erscheint. Die familienbasierten Firmen sind durch Absprachen über Subunternehmer, gegenseitige Investitionen und gemeinsamen Aktienbesitz miteinander verknüpft. Die Firmen spezialisieren sich in ihrer Sparte, die Familien diversifizieren sich durch ihre Investitionen. Die Verbindungen zwischen den Firmen sind sehr persönlich, flüssig und wandelbar, anders als die langfristigen verbindlichen Vereinbarungen in den japanischen Netzwerken. Die Finanzquellen sind eher informell – Familienersparnisse, Darlehen von Vertrauenspersonen, Vereinigungen für umlaufende Kredite oder andere Formen informeller Anleihen wie Taiwans „Bordsteinmarkt".[100]

In einer solchen Struktur ist das Management hochgradig zentralisiert und autoritär. Das mittlere Management, das nicht zur Familie gehört, wird nur als Transmissionsriemen betrachtet; und von den Arbeitenden wird keine Loyalität erwartet, weil es deren ideales Ziel ist, ein eigenes Unternehmen zu gründen und sie daher als potenzielle Konkurrenten verdächtigt werden. Verpflichtungen sind kurzfristig, was Planungsstrategien über längere Zeiträume hinweg unterminiert. Andererseits erlaubt die extreme Dezentralisierung und Flexibilität eines solchen Systems die schnelle Anpassung an neue Produkte, neue Prozesse und neue Märkte. Durch Allianzen zwischen Familien und den entsprechenden Netzwerken wird der Kapitalumsatz beschleunigt und die Ressourcenallokation optimiert.

Der Schwachpunkt dieser kleinformatigen chinesischen Wirtschaftsnetzwerke ist ihre Unfähigkeit zu großen strategischen Transformationen, die beispielsweise Investitionen in F&E, Kenntnisse über die Weltmärkte, technologische Modernisierung großen Stils oder Produktion im Ausland erfordern. Ich werde unten – im Gegensatz zu einigen anderen Beobachtern chinesischer Unternehmen – die Ansicht vertreten, dass der Staat diese entscheidend wichtige strategische Rückendeckung für das Gedeihen der chinesischen Netzwerke in der informationellen globalen Ökonomie jenseits ihres profitablen, aber begrenzten lokalen Horizonts gegeben hat. Das trifft vor allem in Taiwan zu, aber auch in anderen Zusammenhängen wie in Hongkong und sicherlich in China. Die Ideologie des unternehmerischen Familismus, die in Südchina in einem von den Ahnen vererbten Misstrauen gegenüber dem Staat verwurzelt ist, darf nicht für bare Münze genommen werden, selbst wenn sie weitgehend das Verhalten chinesischer Geschäftsleute prägt.

Der unternehmerische Familismus ist nur ein Teil der Erfolgsstory der chinesischen Wirtschaftsnetzwerke, wenn auch ein wesentlicher. Ein weiteres Element ist die chinesische Version des Entwicklungsstaates in Taiwan, Hongkong oder China. In verschiedenen Formen besaß der Staat nach so vielen historischen Fehlschlägen die Intelligenz, endlich die Formel zu finden, um das auf familistischen, vertrauenswürdigen Informationsbeziehungen beruhende chinesische Unternehmertum zu unterstützen, ohne seine Autonomie zu ersticken, als

---

100 Hamilton und Biggart (1988).

einmal klar geworden war, dass der dauerhafte Ruhm der chinesischen Zivilisation in Wahrheit von der unablässigen Vitalität selbstsüchtig geschäftiger Familien abhängig war. Es ist vermutlich kein Zufall, dass es zu der Konvergenz zwischen Familien und Staat in der chinesischen Kultur während der Morgenröte des informationellen globalen Zeitalters kam, in dem Macht und Reichtum mehr von Netzwerkflexibilität als von bürokratischer Macht abhängig sind.

Kultur, Organisationen und Institutionen: Asiatische Wirtschaftsnetzwerke und der Entwicklungsstaat

Somit beruht die ostasiatische Wirtschaftsorganisation auf formellen und informellen Wirtschaftsnetzwerken. Aber es gibt erhebliche Unterschiede zwischen den drei Kulturgebieten, in denen diese Netzwerke entstanden sind. Wie Nicole Biggart und Gary Hamilton formulieren, folgen japanische Firmen innerhalb des Netzwerkes einer kommunitären Logik, koreanische einer patrimonialen Logik und taiwanesische einer patrilinearen Logik.[101]

Die Ähnlichkeiten ebenso wie die Unterschiede zwischen den ostasiatischen Wirtschaftsnetzwerken lassen sich auf die kulturellen und institutionellen Charakteristika dieser Gesellschaften zurückführen. Die drei Kulturen haben sich über Jahrhunderte hinweg miteinander vermischt und wurden in ihren jeweiligen nationalen Ausformungen tief von den philosophisch-religiösen Werten des Konfuzianismus und Buddhismus durchdrungen.[102] Ihre bis ins 19. Jahrhundert andauernde relative Isolation von anderen Weltgegenden verstärkte ihre Besonderheit. Die soziale Grundeinheit ist die Familie, nicht das Individuum. Loyalität gebührt der Familie, und vertragliche Verpflichtungen gegenüber anderen Individuen sind dem familistischen „Naturrecht" untergeordnet. Bildung ist von zentralem Wert, sowohl für den sozialen Aufstieg als auch für das persönliche Fortkommen. Vertrauen und Reputation sind innerhalb des gegebenen Netzwerkes an Verpflichtungen die am höchsten geschätzten Eigenschaften, und Verstöße gegen diese Prinzipien werden besonders hart sanktioniert.[103]

Die Prägung organisatorischer Formen durch kulturelle Eigenschaften ist manchmal aufgrund fehlender Spezifizierung ein allzu unbestimmtes Argument. Dennoch scheint es, als ließe sich die Gemeinsamkeit der Netzwerkformen in Ostasien auf deren gemeinsamen kulturellen Tendenzen beziehen. Wenn die Einheit der wirtschaftlichen Transaktion nicht das Individuum ist, rücken Eigentumsrechte gegenüber Familienrechten an die zweite Stelle. Und wenn die Hierarchie der Verpflichtungen entlang gegenseitigen Vertrauens strukturiert ist, müssen dauerhafte Netzwerke auf der Grundlage solchen Vertrauens aufge-

---

101 Hamilton und Biggart (1988).
102 Whitley (1993).
103 Willmott (1972); Baker (1979).

baut werden. Akteure, die außerhalb dieser Netzwerke stehen, dürfen unterdessen am Markt keine Gleichbehandlung erwarten.

Wenn aber die Kultur die Gemeinsamkeit vernetzter Wirtschaftsmuster hervorbringt, scheinen die Institutionen für deren bedeutsame Unterschiede verantwortlich zu sein und zugleich ihre Vernetzungslogik zu verstärken. Der grundlegende Unterschied zwischen den drei Kulturen betrifft die Rolle des Staates, sowohl historisch als auch im Prozess der Industrialisierung. In allen Fällen kontrollierte der Staat die zivile Gesellschaft: kaufmännische und industrielle Eliten standen unter der entweder wohlwollenden oder repressiven Leitung des Staates. Aber in jedem dieser Fälle war der Staat historisch andersartig und spielte eine spezifische Rolle. An dieser Stelle muss ich die Unterscheidung zwischen der Rolle des Staates in der Geschichte und der Leistung des gegenwärtigen Entwicklungsstaates einführen.[104]

In der jüngsten Geschichte bestand ein wesentlicher Unterschied zwischen dem japanischen Staat[105] und dem chinesischen Staat.[106] Der japanische Staat prägte nicht nur Japan, sondern auch Korea und Taiwan unter seiner kolonialen Herrschaft.[107] Seit der Meiji Periode betrieb er eine autoritäre Modernisierung. Aber dabei bediente er sich Unternehmergruppen, die aus Clans hervorgegangen waren, den *zaibatsu* – beziehungsweise er kooperierte mit ihnen. Einige von ihnen wie etwa Mitsui lassen sich bis auf Handelshäuser zurückführen, die mit den mächtigen Feudalherren verbunden waren.[108] Der japanische kaiserliche Staat schuf eine moderne, isolierte Technokratie, die ihre Fertigkeiten bei der Vorbereitung der japanischen Kriegsmaschine perfektionierte (der direkte Ahnherr des MITI war das Munitionsministerium, das Herzstück der japanischen Rüstungsindustrie).[109] Erst wenn wir diese spezifische institutionelle Situation berücksichtigen, verstehen wir die genaue Einwirkung der Kultur auf Organisationen. So zeigen etwa Hamilton und Biggart den institutionellen Hintergrund der kulturellen Erklärung auf, die gewöhnlich für die japanische Konsensbildung im Arbeitsprozess durch die Vorstellung von *Wa* oder Harmonie gegeben wird. *Wa* strebt nach der Integration der Weltordnung, indem es das Individuum der Praxis der Gruppe unterordnet. Aber Biggart und Hamilton bestreiten die direkte Determination der japanischen Managementpraktiken durch die kulturellen Ausdrucksformen von *Wa*. Sie behaupten, diese organisatorischen Arrangements seien das Ergebnis eines Industriesystems, das vom Staat gefördert und erzwungen wurde, und dieses System habe für seine Installierung eine Stütze in den Elementen der traditionellen Kultur gefunden, in dem Rohstoff, mit dem Institutionen arbeiten, um Organisationen hervorzubringen. Sie

---

104 Wade (1990); Biggart (1991); Whitley (1993).
105 Beasley (1990); Johnson (1995)
106 Feuerwerker (1984).
107 Amsden (1979, 1985, 1989, 1992).
108 Norman (1940).
109 Johnson (1982).

schreiben, und zitieren dabei Sayle, dass „die japanische Regierung nicht abseits der Gemeinschaft oder über ihr steht; sie ist vielmehr der Ort, wo Transaktionen nach *Wa* ausgehandelt werden".[110] Deshalb sind die Wirtschaftsgruppen in Japan, so wie dies historisch in Gebieten unter japanischem Einfluss der Fall war, meist vertikal um ihren Kernkonzern herum organisiert und haben unmittelbaren Zugang zum Staat.

Der chinesische Staat hatte ein ganz anderes Verhältnis zur Geschäftswelt und vor allem zu Geschäftsleuten im Süden Chinas, der wichtigsten Quelle des chinesischen Unternehmertums. Sowohl während der letzten Jahrzehnte des Kaiserreichs wie auch während der kurzen Periode des Kuomintang-Staates wurden Geschäftsleute in China zugleich schlecht behandelt und umworben, als Einkommensquelle gesehen und nicht als Reichtumsgenerator. Das führte einerseits zur schädlichen Praxis der Überbesteuerung und zu mangelnder Unterstützung für die Industrialisierung; andererseits zur Begünstigung bestimmter Wirtschaftsgruppen und zum Verstoß gegen Wettbewerbsregeln. Als Reaktion auf diese Zustände hielt sich die chinesische Wirtschaft vom Staat so weit wie möglich fern und ließ so die uralte Furcht fortleben, die den unternehmensfreudigen Südchinesen von ihren nördlichen Eroberern eingejagt worden war. Diese Distanz vom Staat betonte die Rolle der Familie ebenso wie auch der lokalen und regionalen Verbindungen, wenn es um das Einfädeln von Wirtschaftstransaktionen ging. Hamilton zeigt, dass sich diese Tendenz bis auf die Qin-Dynastie zurückverfolgen lässt.[111]

Ohne einen zuverlässigen Staat zur Durchsetzung von Eigentumsrechten braucht man nicht Konfuzianer zu sein, um sein Vertrauen eher in Verwandte als in einen Vertrag auf Papier zu setzen. Wie North gezeigt hat,[112] war es im Westen gerade die aktive Beteiligung des Staates am Geltendmachen von Eigentumsrechten und nicht das Fehlen staatlicher Intervention, was zum kritischen Faktor bei der Organisierung wirtschaftlicher Tätigkeit entlang von Transaktionen auf dem Markt zwischen freien, individuellen Akteuren wurde. Wo der Staat wie in China nicht handelte, um den Markt zu schaffen, taten dies Familien auf eigene Faust. Sie handelten am Staat vorbei und betteten die Marktmechanismen in gesellschaftlich aufgebaute Netzwerke ein.

Aber die dynamische Konfiguration der ostasiatischen Wirtschaftsnetzwerke, die in der Lage war, es mit der globalen Ökonomie aufzunehmen, entstand in der zweiten Hälfte des 20. Jahrhunderts unter der entscheidenden Einwirkung dessen, was Chalmers Johnson als Entwicklungsstaat bezeichnet hat.[113] Dieser grundlegende Begriff stammt aus Johnsons Studie über die Rolle des MITI in der japanischen Wirtschaft. Um ihn auf die breitere Erfahrung der ostasiati-

---

110 Hamilton und Biggart (1988: 72).
111 Hamilton (1984, 1985).
112 North (1981).
113 Johnson (1982, 1995).

schen Industrialisierung auszudehnen, habe ich die Definition des Entwicklungsstaates etwas abgeändert.[114] Ein Staat ist ein Entwicklungsstaat, wenn er seine Fähigkeit zur Förderung und Aufrechterhaltung von Entwicklung zu seinem Legitimitätsprinzip macht. Dabei wird unter Entwicklung die Kombination zwischen stetig hohen Wachstumsraten und strukturellem Wandel im Wirtschaftssystem sowohl im eigenen Land wie in Beziehung zur internationalen Ökonomie verstanden. Diese Definition ist aber irreführend, wenn wir nicht die Bedeutung von Legitimität in einem gegebenen historischen Zusammenhang spezifizieren. Die meisten politischen Theorien bleiben in einem ethnozentrischen, auf den demokratischen Staat bezogenen Verständnis von Legitimität gefangen. Aber nicht alle Staaten haben versucht, ihre Legitimität auf den Konsens der zivilen Gesellschaft zu gründen. Das Legitimitätsprinzip kann im Namen der Gesellschaft, wie sie ist, ausgeübt werden (im Fall des demokratischen Staates) oder im Namen eines gesellschaftlichen Projektes, das vom Staat als selbsterklärter Interpret der „historischen Bedürfnisse" der Gesellschaft durchgeführt wird (der Staat der gesellschaftlichen „Avantgarde" in der leninistischen Tradition). Wenn ein solches gesellschaftliches Projekt eine grundlegende Transformation der gesellschaftlichen Ordnung mit einschließt, bezeichne ich es als revolutionären Staat, der auf revolutionärer Legitimität beruht. Dabei bleibt das Ausmaß der Internalisierung derartiger Legitimität durch seine Untertanen etwa im Fall des kommunistischen Parteistaates außer Betracht. Wenn das vom Staat verfolgte gesellschaftliche Projekt die groben Parameter der gesellschaftlichen Ordnung (wenn auch nicht notwendigerweise diejenigen einer spezifischen Sozialstruktur wie etwa einer Agrargesellschaft) respektiert, so betrachte ich diesen Staat als Entwicklungsstaat. Die historische Ausdrucksform dieses gesellschaftlichen Projektes nahm in Ostasien die Form der Betonung der nationalen Identität und der nationalen Kultur an, des Aufbaus und Wiederaufbaus der Nation als einer Macht in der Welt, und zwar in diesem Fall mittels wirtschaftlicher Konkurrenzfähigkeit und sozioökonomischer Verbesserungen. Letzten Endes ist für den Entwicklungsstaat wirtschaftliche Entwicklung kein Ziel an sich, sondern ein Mittel: das Mittel, um ein nationalistisches Projekt durchzuführen, um so eine Situation materieller Zerstörung und politischer Niederlage nach einem großen Krieg oder, im Fall Hongkongs und Singapurs, nach der Kappung ihrer Bindungen an ihre wirtschaftliche und kulturelle Umwelt (das kommunistische China und das unabhängige Malaysia) zu überwinden. Gemeinsam mit einer Reihe von Forschern und Forscherinnen[115] habe ich in verschiedenen Veröffentlichungen die Meinung vertreten, dass die Wurzeln für den Aufstieg der Volkswirtschaften der asiatischen Pazifikregion in dem nationalistischen Projekt des

---

114 Castells (1992). Chalmers Johnson ist in seinem neuesten Buch (1995) auf meine Neudefinition des Entwicklungsstaates eingegangen und hat sie als weitere Präzisierung seiner Theorie akzeptiert. Das ist sie auch.
115 Johnson (1982, 1985, 1987, 1995); Gold (1986); Deyo (1987); Amsden (1989, 1992); Wade (1990); Appelbaum und Henderson (1992); Evans (1995).

Entwicklungsstaates liegen. Das wird inzwischen im Hinblick auf Japan, Korea und Singapur allgemein anerkannt. Es gibt einige Kontroversen über die Beurteilung von Taiwan, obwohl es durchaus in das Modell zu passen scheint.[116] Und ich verursachte etwas Stirnrunzeln, als ich die Analyse, wenn auch mit den notwendigen Spezifikationen, auf Hongkong ausdehnte.[117]

Ich kann im Rahmen dieses Textes nicht auf die empirischen Details dieser Debatte eingehen. Das würde bei der Analyse des asiatischen Unternehmens zu weit vom eigentlichen Anliegen dieses Kapitels wegführen, bei dem es ja um die Entstehung des Netzwerk-Unternehmens als organisatorische Form der informationellen Ökonomie geht. Aber es ist für die Argumentation möglich und sinnvoll, die Korrespondenz zwischen den Charakteristika der Staatsintervention in jedem einzelnen ostasiatischen Zusammenhang und der spezifischen Spielart der Netzwerkformen bei der Unternehmensorganisation aufzuzeigen.

In Japan lenkte die Regierung die wirtschaftliche Entwicklung, indem sie die Unternehmen im Hinblick auf Produktlinien, Exportmärkte, Technologie und Arbeitsorganisation beriet.[118] Sie sicherte ihre führende Position durch mächtige finanzielle und fiskalische Maßnahmen und auch durch die selektive Unterstützung für strategisch wichtige F&E Vorhaben ab. Im Zentrum der Industriepolitik der Regierung stand die Tätigkeit des Ministeriums für internationalen Handel und Industrie (Ministry of International Trade and Industry, MITI), das periodisch „Visionen" für Japans Entwicklungsweg ausarbeitete und die Maßnahmen im Bereich der Industriepolitik vorbereitete, die notwendig waren, um den erwünschten Kurs auf dieser Entwicklungsbahn einzuhalten. Der entscheidende Mechanismus, der sicherstellte, dass die Privatwirtschaft im Großen und Ganzen der Regierungspolitik folgte, stützte sich auf die Finanzierung. Die japanischen Konzerne sind in hohem Maße von Bankdarlehen abhängig. Kredite werden auf Anweisung des Finanzministeriums und in Absprache mit dem MITI über die japanische Zentralbank an die Banken eines jeden wichtigen Unternehmensnetzwerkes geleitet. Während das MITI für die strategische Planung zuständig war, lag die eigentliche Macht innerhalb der japanischen Regierung nämlich beim Finanzministerium. Außerdem stammte ein großer Teil der verliehenen Gelder von Postsparkonten – ein gewaltiger Vorrat an verfügbaren Finanzmitteln, den das Ministerium für Post und Telekommunikation kontrollierte. Das MITI wählte bestimmte Industrien nach ihrem Wettbewerbspotenzial aus und bot eine Reihe von Anreizen wie Steuernachlässe, Subventionen, Markt- und Technologie-Informationen sowie Unterstützung für F&E und Personalschulung. Bis in die 1980er Jahre hinein setzte das MITI auch protektionistische Maßnahmen in Kraft, um bestimmte Industrien während ihrer Anfangsphase von der Konkurrenz auf dem Weltmarkt abzuschotten.

---

116 Amsden (1985); Gold (1986).
117 Castells u.a. (1990).
118 Johnson (1982, 1995); Johnson u.a. (1989); Gerlach (1992).

Diese lange Zeit gültige Praxis hat eine protektionistische Trägheit geschaffen, die in gewissem Maße auch noch nach der formellen Abschaffung der Beschränkungen des Freihandels fortbesteht.

Regierungsintervention in die Wirtschaft ist in Japan um die Autonomie des Staates gegenüber der Geschäftswelt und in hohem Maße auch gegenüber dem System der politischen Parteien organisiert, obwohl die konservative Liberaldemokratische Partei bis 1993 unangefochten regierte. Die Rekrutierung der höchsten Stufe der Bürokratie auf der Grundlage von Fähigkeiten, am häufigsten aus dem Kreis der Absolventen der Tokyo Universität und vor allem der Rechtsfakultät und immer von Eliteuniversitäten (Kyoto, Hitotsubashi, Keio usw.) garantiert ein dichtes soziales Netzwerk von hochgradig professionellen, gut ausgebildeten und weitgehend apolitischen Technokraten. Sie bilden die eigentliche regierende Elite im heutigen Japan. Außerdem erreicht nur etwa 1% dieser hochrangigen Bürokraten die Spitze der Hierarchie. Die anderen nehmen im weiteren Verlauf ihrer Karriere gutbezahlte Jobs in Institutionen des halböffentlichen Sektors, in Konzernen oder in den politischen Parteien der Mitte an. Damit wird die Verbreitung der Werte der bürokratischen Elite unter den politischen und wirtschaftlichen Akteuren sichergestellt, die für die Durchführung der strategischen Pläne der Regierung im nationalen Interesse Japans verantwortlich sind.

Diese Form der Staatsintervention auf der Grundlage von Konsens, strategischer Planung und Beratung bestimmt weitgehend die Organisation der japanischen Geschäftswelt in Netzwerken und die genaue Struktur dieser Netzwerke. Ohne einen zentralisierten Planungsmechanismus für die Zuweisung von Ressourcen kann die japanische Industriepolitik nur effektiv sein, wenn die Wirtschaft selbst fest in hierarchischen Netzwerken organisiert ist, welche die vom MITI ausgegebenen Leitlinien verwirklichen können. Solche Koordinationsmechanismen haben sehr konkrete Ausdrucksformen. Eine davon sind die *shacho-kai* oder monatliche Treffen, bei denen die Präsidenten der Kerngesellschaften eines großen, marktübergreifenden Netzwerkes zusammenkommen. Diese Treffen sind Gelegenheiten zum Aufbau sozialer Kohäsion in den Netzwerken, neben der Ausführung der Direktiven, die durch die formelle und informelle Kommunikation der Regierung vermittelt werden. Die tatsächliche Struktur des Netzwerkes ist ebenfalls Ausdruck des Typs von Regierungsintervention: Die finanzielle Abhängigkeit von staatlich genehmigten Darlehen gibt der wichtigsten Bank (oder den Banken) des Netzwerkes eine strategische Rolle; internationale Restriktionen und Anreize werden durch die allgemeine Handelsgesellschaft eines jeden Netzwerkes geleitet, die als Systemintegrator sowohl zwischen den eigenen Mitgliedern des Netzwerkes als auch zwischen dem Netzwerk und dem MITI funktioniert. Für eine Firma bedeutet also ein Bruch der Disziplin der staatlichen Industriepolitik den Selbstausschluss aus dem Netzwerk, womit sie vom Zugang zu Finanzierung, zu Technologie und zu Import-Export-Lizenzen abgeschnitten ist. Die strategische Planung Japans und die zentralisierte Netzwerkstruktur der japanischen

Unternehmen sind nur zwei Gesichter ein und desselben Modells der Wirtschaftsorganisation.

Der Zusammenhang zwischen staatlicher Politik und Unternehmensorganisation war noch offenkundiger im Fall der Republik Korea.[119] Es ist jedoch wichtig zu beachten, dass der Entwicklungsstaat in Korea nicht für das Korea der 1950er Jahre charakteristisch war. Nach dem Krieg war die Diktatur von Syngman Rhee ein korruptes Regime, das die Rolle einer Vasallenregierung der Vereinigten Staaten spielte. Es war das nationalistische Projekt des Regimes von Park Chung Hee nach dem Militärputsch von 1961, das die Grundlagen für einen staatlich gelenkten Prozess der Industrialisierung und der Konkurrenz innerhalb der Weltgesellschaft legte. Ins Werk gesetzt wurde er von den koreanischen Unternehmen im Interesse der Nation und unter der strikten Führerschaft des Staates. Die Regierung Park setzte sich zum Ziel, auf der Grundlage bestehender koreanischer Großunternehmen ein Äquivalent zu den japanischen *zaibatsu* zu schaffen. Weil jedoch die Existenz der daraus resultierenden Netzwerke vom Staat erzwungen war, waren sie noch stärker zentralisiert und noch autoritärer als ihre japanischen Vorgänger. Um ihren Plan einzulösen, schottete die koreanische Regierung den heimischen Markt von internationaler Konkurrenz ab und praktizierte eine Politik der Importsubstitution. Sobald koreanische Firmen begannen zu funktionieren, setzte es sich die Stärkung ihrer Wettbewerbsfähigkeit zum Ziel. Dabei bevorzugte sie eine exportorientierte Strategie entlang einer Entwicklungslinie zunehmend kapital- und technologieintensiver Industrien. Die spezifischen Ziele wurden in Fünfjahres-Wirtschaftsplänen umrissen, die vom Economic Planning Board aufgestellt wurden, dem Hirn und dem Motor von Koreas Wirtschaftswunder. Nach den Vorstellungen der koreanischen Militärs mussten die koreanischen Firmen, um konkurrenzfähig zu sein, in großen Konglomeraten konzentriert sein. Dazu wurden sie durch die staatliche Kontrolle des Bankensystems und der Export-Import-Lizenzen gezwungen. Sowohl Kredit als auch Lizenzen wurden selektiv an Firmen unter der Bedingung vergeben, dass sie sich einem *chaebol* anschlossen, weil die staatlichen Privilegien an die zentrale, in Familienbesitz befindliche Firma eines *chaebol* vergeben wurden. Die Unternehmen wurden auch ausdrücklich aufgefordert, die politischen Aktivitäten der Regierung zu finanzieren und außerdem in bar für jede besondere Gunst zu bezahlen, die ihnen von den höchsten Bürokraten, die im allgemeinen Offiziere waren, erwiesen wurde. Um eine strikte Unternehmensdisziplin durchzusetzen, gab die Regierung Park die Kontrolle über das Bankensystem nicht aus der Hand. Daher waren, anders als in Japan, die koreanischen *chaebol* bis in die 1980er Jahre hinein finanziell nicht unabhängig. Auch die Arbeitspolitik war durch den militärisch bedingten Autoritarismus bestimmt. Die Gewerkschaften unterstanden unmittelbar der Kontrolle der Regierung, um sicherzustellen, dass sie von jeglichem kommunistischen Einfluss rein gehalten

---

119 Jones und Sakong (1980); Lim (1982); Jacobs (1985); Amsden (1989); Evans (1995).

würden. Diese Arbeitspolitik führte zu der brutalen Repression jeglicher unabhängiger Arbeiterorganisation und erstickte so jede Möglichkeit der Konsensbildung im Arbeitsprozess der koreanischen Industrie.[120] Der militärstaatliche Ursprung der *chaebol* war sicherlich entscheidender bei der Prägung des autoritären und patrilinearen Charakters der koreanischen Unternehmensnetzwerke als die konfuzianische Tradition des ländlichen Korea.[121]

Die Interaktion zwischen Staat und Unternehmen ist im Fall der chinesischen Familienfirmen weit komplexer. Sie ist im jahrhundertealten Misstrauen gegenüber staatlicher Einmischung verwurzelt. Dennoch waren staatliche Planung und Politik in der wirtschaftlichen Entwicklung Taiwans ein entscheidender Faktor.[122] Taiwan hat nicht nur den größten öffentlichen Unternehmenssektor der kapitalistischen asiatischen Pazifikregion (er erwirtschaftete bis in die späten 1970er Jahre etwa 25% des BIP), sondern die staatliche Lenkung war auch in sukzessiven Vierjahresplänen formalisiert. Wie in Korea waren die Kontrolle über die Banken und die Export-Import Lizenzen die wichtigsten Instrumente zur Durchsetzung der Wirtschaftspolitik der Regierung. Sie beruhte ebenfalls auf der Kombination einer Importsubstitutions-Politik mit exportorientierter Industrialisierung. Aber anders als in Korea waren die chinesischen Firmen nicht in erster Linie von Bankkrediten abhängig, sondern griffen, wie oben erwähnt, auf Familienersparnisse, Kreditkooperativen und informelle Kapitalmärkte zurück. Sie waren also weitgehend autonom gegenüber der Regierung. So gediehen kleine und mittelgroße Unternehmen auf eigene Faust und bildeten die horizontalen, auf Familienbeziehungen aufbauenden Netzwerke, die ich beschriebenen habe. Die Intelligenz des Staates der Nationalen Volkspartei (Kuomintang; KMT), der aus seinen historischen Fehlern im Shanghai der 1930er Jahre gelernt hatte, bestand darin, auf dem Fundament dieser dynamischen Netzwerke von Kleinunternehmen aufzubauen. Viele dieser Kleinunternehmen lagen an den ländlichen Rändern der städtischen Gebiete und verbanden Landwirtschaft mit handwerklicher Industrieproduktion. Es ist aber zweifelhaft, ob diese kleinen Betriebe in der Lage gewesen wären, ohne die entscheidende, strategische Unterstützung durch den Staat auf dem Weltmarkt zu konkurrieren. Diese Unterstützung nahm hauptsächlich drei Formen an: (a) subventionierte Gesundheit und Bildung, öffentliche Infrastruktur und Einkommensumverteilung auf der Grundlage einer radikalen Agrarreform; (b) Anziehung ausländischen Kapitals durch Steuervorteile und die Schaffung der ersten Export-Produktionszone der Welt, wodurch für die taiwanesischen Firmen und Arbeitskräfte, die mit den ausländischen Unternehmen in Kontakt kamen, Verbindungen, Subunternehmen und Steigerung der Qualitätsstandards gesichert wurden; (c) entschiedene staatliche Förderung von F&E, Transfer und

---

120 Kim (1987).
121 Janelli (1993).
122 Amsden (1979, 1985); Chen (1979); Kuo (1983); Gold (1986).

Diffusion von Technologie. Dieser letzte Punkt war von besonderer Bedeutung, um es den taiwanesischen Firmen zu ermöglichen, auf der Leiter der technologischen Arbeitsteilung nach oben zu klettern. So wurde beispielsweise der Prozess der Verbreitung fortgeschrittener elektronischer Technologie in den 1960er Jahren direkt durch die Regierung organisiert. Dies wurde in den 1980er Jahren zum Ausgangspunkt für die Expansion des dynamischsten Sektors der Industrie Taiwans, des Computer-Klonens.[123] Die Regierung erwarb von RCA die Lizenz für die Technologie für das Design von Chips und dazu die Ausbildung chinesischer Ingenieure durch das amerikanische Unternehmen. Dann schuf die Regierung unter Einsatz dieser Ingenieure ein öffentliches Forschungszentrum, ETRI. Es hielt Schritt mit den weltweiten Entwicklungen im Bereich der Elektronik-Technologie, wobei der Schwerpunkt auf den kommerziellen Anwendungen lag. Auf Anweisung der Regierung organisierte das ETRI Unternehmensseminare, um die von ihm entwickelte Technologie kostenlos unter kleinen taiwanesischen Firmen zu verbreiten. Außerdem wurden die ETRI Ingenieure ermuntert, das Institut nach ein paar Jahren wieder zu verlassen. Sie erhielten Regierungsmittel und technologische Unterstützung, um ihre eigenen Unternehmen zu gründen. War also die staatliche Unterstützung für die traditionelleren Industriebranchen in Taiwan – im Gegensatz zu Südkorea oder Japan – eher indirekt, so bestand doch charakteristischerweise eine produktive Interaktion zwischen Regierung und Unternehmensnetzwerken: Die Netzwerke waren weiterhin auf Familien aufgebaut, und die Größe ihrer Firmen blieb relativ klein (obwohl es auch größere Industriegruppen in Taiwan gibt, wie etwa Tatung). Wenn es für diese Netzwerke erforderlich war, ihren Tätigkeitsbereich im Hinblick auf Produkte, Prozesse und Märkte zu erweitern, übernahmen staatliche Maßnahmen die Funktionen der Koordination und der strategischen Planung.

Die Geschichte ist im Fall von Hongkong komplizierter, aber das Ergebnis unterscheidet sich nicht allzu sehr.[124] Die Grundlage der auf Export basierenden Industriestruktur Hongkongs wurde von kleinen und mittleren Familienunternehmen geschaffen. Diese Firmen wurden hauptsächlich mit Familienersparnissen gegründet, angefangen mit den 21 Industriellen-Familien, die nach der kommunistischen Revolution aus Shanghai emigrierten. Aber die Kolonialregierung setzte sich zum Ziel, Hongkong zum Schaufenster für die erfolgreiche Verwirklichung des wohltätigen britischen Kolonialismus zu machen. Dabei strebte sie auch nach finanzieller Selbstständigkeit des Territoriums, um den Druck auf eine Dekolonisierung, der von der Labour Party zu Hause ausging, zu vermindern. Um ihr Vorhaben unter dem ideologischen Schutz von „positiver Nicht-Intervention" – begierig aufgegriffen von den Milton Friedmans dieser Welt – durchführen zu können, leiteten die Hongkonger „Kadetten", Karrierebeamte aus dem britischen Colonial Service, halb planvoll, halb zufällig ei-

---

123 Chen (1979); Lin u.a. (1980); Wong (1988); Castells u.a. (1990).
124 Castells (1989c); Castells und Hall (1994).

ne aktive Entwicklungspolitik ein.[125] Sie kontrollierten strikt die Verteilung der Exportquoten für Textilien und Bekleidung unter den Firmen und teilten diese Quoten aufgrund ihrer Kenntnis von deren jeweiliger Konkurrenzfähigkeit zu. Sie bauten ein Netzwerk von staatlichen Institutionen auf – ein Produktivitätszentrum, einen Handelsrat usw. –, um Informationen über Märkte, Technologie, Management und andere wichtige Fragen über die gesamten Netzwerke von Kleinunternehmen zu verbreiten. Damit übernahmen sie strategische und koordinierende Funktionen, ohne die es solche Netzwerke niemals geschafft hätten, sich Zugang zu den Märkten der USA und der Commonwealth-Länder zu verschaffen. Sie bauten, im Verhältnis zur Bevölkerungszahl auf ihrem Gebiet, die größten staatlichen Wohnsiedlungen der Welt (später wurde Hongkong von Singapur überholt, nachdem Singapur dessen Konzept übernommen hatte). Es gab Tausende von Fabriken in Hochhäusern – als „Etagenfabriken" bezeichnet –, die wesentlicher Bestandteil des öffentlichen Wohnungsbauprogramms waren und niedrige Mieten zahlten. Außerdem senkten die Subventionen für das Programm die Arbeitskosten erheblich, und das so geschaffene Sicherheitsnetz ermöglichte es Arbeitern, sich ohne übermäßiges Risiko an die Gründung eines eigenen Unternehmens zu wagen (dabei wurden durchschnittlich sieben Anläufe benötigt, bevor sich der Erfolg einstellte). In Taiwan bildeten, als Folge der Beharrungskraft der Landwirtschaft in den industriellen Gebieten, das ländliche Wohnhaus und das Familiengrundstück den Sicherheitsmechanismus, der es ermöglichte, sich zwischen Selbstständigkeit und Lohnarbeit hin und her zu bewegen.[126] In Hongkong war das Wohnungsbauprogramm das funktionale Äquivalent dazu. In beiden Fällen konnten Netzwerke von Kleinunternehmen auftauchen, verschwinden und in anderer Form neuerlich entstehen, weil es ein Sicherheitsnetz gab, für das Familiensolidarität und eine besondere, koloniale Form des Wohlfahrtsstaates sorgten.[127]

Eine ähnliche Form der Verbindung zwischen staatlicher Unterstützung und familienbasierten Unternehmensnetzwerken schien während der 1990er Jahre im Prozess der exportorientierten Industrialisierung im südlichen China zu entstehen.[128] Einerseits griffen Industrielle aus Hongkong und Taiwan auf die regionalen Netzwerke ihrer Heimatdörfer in den Provinzen Guangdong und Fujian zu. Sie gründeten dort Tochterfirmen und engagierten Subunternehmer, um die Endphase ihres Fertigungsprozesses auszulagern (etwa bei Schuhen, Kunststoff oder Elektrogeräten). Andererseits besteht die notwendige Existenzbedingung solcher Produktionsnetzwerke in der Unterstützung durch Regierungsstellen auf lokaler und Provinzebene. Sie stellen die notwendige Infrastruktur, setzen die Arbeitsdisziplin durch und fungieren als Vermittler zwischen

---

125 Lethbridge (1978); Mushkat (1982); Miners (1986).
126 Chin (1988).
127 Schiffer (1983).
128 Hamilton (1991); Hsing (1994, 1996).

Management, Arbeitskräften und Exportfirmen. Wie Hsing am Ende ihrer Pionierarbeit zur Erforschung taiwanesischer Industrieinvestitionen im südlichen China schreibt:

> Das neue Muster der Direktinvestitionen in den sich schnell industrialisierenden Regionen Chinas ist charakterisiert durch die herrschende Rolle der kleinen und mittelgroßen Investoren und ihre Kooperation mit unteren Lokalbehörden an den Produktionsstätten. Die institutionelle Grundlage, die die Flexibilität ihrer Betriebe aufrechterhält und erhöht, sind netzwerkförmige Produktions- und Vermarktungsorganisationen sowie die zunehmende Autonomie der Lokalverwaltungen. Ebenso wichtig ist die kulturelle Nähe der überseeischen Investoren zu ihren lokalen Partnern, zu denen lokale Beamte und lokale Arbeitskräfte gehören. Diese Nähe ermöglicht einen viel reibungsloseren und schnelleren Prozess der Einrichtung transnationaler Produktionsnetzwerke.[129]

So ist die Form der chinesischen Unternehmensnetzwerke auch eine Funktion der indirekten, subtilen, aber sehr realen und effektiven Form, in welcher der Staat in unterschiedlichen Zusammenhängen in den Prozess der ökonomischen Entwicklung interveniert. Es könnte aber sein, dass ein historischer Transformationsprozess stattfindet. Die chinesischen Unternehmensnetzwerke sind nämlich außerordentlich gewachsen, was Reichtum, Einfluss und globale Reichweite angeht. Es ist schon interessant, dass sie weiterhin familienbasiert sind und dass ihre gegenseitige Verzahnung weiterhin die frühen Formen der Vernetzung zwischen kleinen Unternehmern reproduziert. Aber sie sind mit Sicherheit mächtig genug, Direktiven der Regierung in Taiwan, Hongkong und natürlich auch in anderen südostasiatischen Ländern zu umgehen, mit der einzigen Ausnahme des starken Staates von Singapur. Die chinesischen Unternehmensnetzwerke haben zwar ihre Organisationsstruktur und ihre kulturelle Dynamik im Wesentlichen beibehalten, scheinen aber ein qualitativ größeres Format erreicht zu haben, das es ihnen endlich ermöglicht, vom Staat befreit zu werden.[130] Aber diese Wahrnehmung könnte eine Illusion sein, die mit der historischen Transitionsperiode zu tun hat. Was sich nämlich am Horizont abzeichnet, ist die allmähliche Verknüpfung der mächtigen chinesischen Unternehmensnetzwerke mit der vielschichtigen Struktur des chinesischen Staates auf dem Festland. Bereits jetzt finden die profitabelsten Investitionen chinesischer Unternehmen ja in China statt. Sollte es tatsächlich zu einer solchen Verknüpfung kommen, wird die Autonomie der chinesischen Unternehmensnetzwerke ebenso auf dem Prüfstand stehen wie die Fähigkeit des von der Kommunistischen Partei errichteten Entwicklungsstaates, sich zu einer Regierungsform weiterzuentwickeln, die in der Lage ist, zu lenken, ohne die flexiblen, familienbasierten Netzwerk-Unternehmen zu erdrücken. Sollte es zu einer derartigen Konvergenz kommen, dann wird dies die ökonomische Landschaft der Welt grundlegend verändern.

Demnach zeigt die Beobachtung ostasiatischer Unternehmensnetzwerke die kulturellen und institutionellen Ursprünge solcher Organisationsformen auf, ih-

---

129 Hsing (1996: 307).
130 Mackie (1992a, b).

re gemeinsamen Merkmale ebenso wie ihre bedeutsamen Unterschiede. Kehren wir nun zu den allgemeinen analytischen Implikationen dieser Schlussfolgerung zurück. Können sich solche vernetzten Formen der Wirtschaftsorganisation in anderen kulturell/institutionellen Kontexten entwickeln? Wie beeinflussen unterschiedliche Kontexte ihre Morphologie und ihre Leistungsfähigkeit? Was an den neuen Spielregeln besitzt in der informationellen globalen Ökonomie Allgemeingültigkeit, und was ist spezifisch für bestimmte soziale Systeme (etwa für ostasiatische Unternehmenssysteme, das „angelsächsische Modell", das „französische Modell", das „norditalienische Modell" usw.)? Und die wichtigste Frage von allen: Wie werden die organisatorischen Formen der spätindustriellen Ökonomie, wie der große, viele Einheiten umfassende Konzern, mit dem entstehenden Netzwerk-Unternehmen in seinen verschiedenen Manifestationen interagieren?

Multinationale Unternehmen, transnationale Konzerne und internationale Netzwerke

Die Analyse der ostasiatischen Unternehmensnetzwerke zeigt die institutionell/kulturelle Produktion von Organisationsformen auf. Aber sie offenbart auch die Grenzen der markt-getriebenen Theorie der Wirtschaftsorganisation, die ethnozentrisch in der angelsächsischen Erfahrung verwurzelt ist. Etwa Williamsons[131] einflussreiche Interpretation der Entstehung des Großkonzerns als beste Methode, um Ungewissheit zu reduzieren und Transaktionskosten durch Internalisierung der Transaktionen innerhalb des Konzerns zu minimieren, trägt ganz einfach nicht mehr, wenn sie mit den empirischen Belegen über den spektakulären Prozess kapitalistischer Entwicklung konfrontiert wird, der zwischen Mitte der 1960er und Anfang der 1990er Jahre in der asiatischen Pazifikregion auf der Grundlage von Netzwerken stattgefunden hat, die sich außerhalb der Konzerne befanden.[133]

In ähnlicher Weise scheint der Prozess der wirtschaftlichen Globalisierung auf der Grundlage von Netzwerkbildung der klassischen Analyse von Chandler[134] zu widersprechen, die den Aufstieg des großen, viele Einheiten umfassenden Konzerns auf die wachsende Größe des Marktes und auf die Verfügbarkeit von Kommunikationstechniken zurückführt. Dadurch werde das Großunternehmen in die Lage versetzt, sich einen entsprechend großen Markt zu sichern und so die Vorteile von Größe und Massenproduktion zu nutzen und sie dem Unternehmen einzuverleiben. Chandler hat seine historische Analyse der Ex-

---

131 Williamson (1985).
132 Williamson (1985).
133 Hamilton und Biggart (1988).
134 Chandler (1977).

pansion des Großunternehmens auf dem US-Markt ausgedehnt, auf den Aufstieg des multinationalen Unternehmens als Antwort auf die Globalisierung der Wirtschaft, wobei diesmal verbesserte Informationstechnologien genutzt wurden.[135] In der Fachliteratur der letzten 20 Jahre wird vorwiegend der Eindruck erweckt als sei das multinationale Unternehmen mit seiner zentralisierten Abteilungsstruktur die organisatorische Ausdrucksform der neuen globalen Ökonomie.[136] Die einzige Kontroverse in dieser Angelegenheit wurde zwischen denen geführt, die den Fortbestand der nationalen Wurzeln des multinationalen Unternehmens behaupteten,[137] sowie jenen, die meinten, die neuen Unternehmensformen seien wahrhaft transnationale Konzerne, die in ihren Perspektiven, ihren Interessen und ihren Engagements alle Ländergrenzen überwunden hätten, unabhängig von ihren historischen Ursprüngen.[138] Empirische Analysen über die Struktur und Praxis von Großkonzernen mit globalem Anspruch scheinen jedoch zu zeigen, dass beide Vorstellungen überholt sind. Sie sollten ersetzt werden durch das Konzept der Entstehung von internationalen Netzwerken von Firmen und von Unterabteilungen von Firmen als der organisatorischen Grundform der informationellen globalen Ökonomie. Dieter Ernst hat einen erheblichen Teil der verfügbaren Belege zur Herausbildung der Netzwerke zwischen Firmen in der globalen Wirtschaft zusammengefasst und meint, dass die meisten wirtschaftlichen Aktivitäten in den führenden Branchen um fünf unterschiedliche Typen von Netzwerken organisiert sind (dabei sind die Elektronik- und die Autoindustrie die am weitesten fortgeschrittenen Branchen bei der Verbreitung dieses Organisationsmusters). Diese fünf Typen von Netzwerken sind:

1. *Lieferanten-Netzwerke*, die definitionsgemäß Subunternehmer umfassen, Vereinbarungen über OEM (*original equipment manufacturing*) und ODM (*original design manufacturing*) zwischen einem Abnehmer (dem „Fokus-Unternehmen") und seinen Lieferanten von Zwischenprodukten für die Produktion.
2. *Hersteller-Netzwerke*, die definitionsgemäß auch alle Abkommen über Koproduktion umfassen, die es konkurrierenden Herstellern ermöglichen, ihre Produktionskapazitäten, finanziellen und menschlichen Ressourcen zusammenzulegen, um ihre Produktpalette und ihre geografische Reichweite zu erweitern.
3. *Kundennetzwerke*, definitionsgemäß die „weiterleitenden Verknüpfungen" (*forward linkages*) von Herstellern zu Vertriebsfirmen, Vermarktungswegen, Zwischenhändlern und Endverbrauchern, sowohl auf großen Exportmärkten wie auf Binnenmärkten.

---

135 Chandler (1986).
136 Enderwick (1989); De Anne (1990); Dunning (1993).
137 Ghoshal und Westney (1993).
138 Ohmae (1990).

4. *Standardkoalitionen*, die von potenziellen globalen Standard-Setzern mit der ausdrücklichen Zielsetzung initiiert werden, so viele Firmen wie möglich an die Produkt- und Schnittstellen-Standards zu binden, deren Eigentümer sie sind.
5. *Netzwerke zur technologischen Kooperation*, die es erleichtern, Produkt-Design und Produktionstechnologie zu beschaffen, gemeinsame Produktions- und Prozessentwicklung und die gemeinsame Nutzung von generischem wissenschaftlichem Wissen und F&E zu ermöglichen.[139]

Aber die Bildung dieser Netzwerke bedeutet nicht den Abschied vom multinationalen Unternehmen. Ernst meint in Übereinstimmung mit etlichen anderen Spezialisten auf diesem Gebiet,[140] dass die Netzwerke entweder um ein großes multinationales Unternehmen herum zentriert sind oder auf der Grundlage von Allianzen und Kooperationen zwischen solchen Unternehmen gebildet werden. Es gibt durchaus kooperative Netzwerke von kleinen und mittleren Unternehmen, etwa in Italien und in Ostasien. Sie spielen aber in der globalen Ökonomie, wenigstens in den wichtigen Industriezweigen eine untergeordnete Rolle. Die oligopolistische Konzentration hat sich anscheinend in den meisten Sektoren der wichtigen Branchen gehalten oder sogar zugenommen und zwar nicht nur ungeachtet, sondern wegen der vernetzten Organisationsform. Der Grund liegt darin, dass der Zugang zu den strategischen Netzwerken entweder beträchtliche eigene Ressourcen (an Finanzen, Technologie und Marktanteilen) oder ein Bündnis mit einem der Hauptdarsteller im Netzwerk erfordert.

Die multinationalen Konzerne scheinen noch immer hochgradig abhängig von ihrer nationalen Basis zu sein. Die Vorstellung, die transnationalen Konzerne seien „Bürger der Weltwirtschaft", ist offenbar nicht aufrechtzuerhalten. Aber die von multinationalen Konzernen geschaffenen Netzwerke überschreiten durchaus nationale Grenzen, Identitäten und Interessen.[141] Meine Hypothese ist: In dem Maße, wie der Prozess der Globalisierung voranschreitet, entwickeln sich die Organisationsformen von *multinationalen Unternehmen* hin zu *internationalen Netzwerken*. Dabei bleiben die „Transnationalen" tatsächlich außen vor – sie gehören eher zur Welt mythischer Vorstellungen (oder zur eigennützigen Image-Pflege von Management-Beratern) als in die institutionell begrenzten Realitäten der Weltwirtschaft.

Außerdem sind multinationale Unternehmen, wie schon erwähnt, nicht nur mit Vernetzung beschäftigt, sondern sind in zunehmendem Maße selbst in dezentralisierten Netzwerken organisiert. Aufgrund einer Zusammenfassung des Materials über die Transformation der multinationalen Konzerne definieren Ghoshal und Bartlett den heutigen Multi als „inter-organisatorisches Netzwerk"

---

139 Ernst (1994b: 5f).
140 Harrison (1994).
141 Imai (1990a).

oder genauer als „Netzwerk, das in ein externes Netzwerk eingebettet ist".[142] Dieser Ansatz ist für unser Verständnis entscheidend, denn nach dieser Argumentation bestimmen die Charakteristika der institutionellen Umgebung, in der sich die einzelnen Komponenten des Konzerns befinden, eigentlich die Struktur und die Dynamik des internen Netzwerkes des Konzerns. Demnach sind in der globalen Ökonomie in der Tat die multinationalen Konzerne die Machthaber des Reichtums und der Technologie, weil die meisten Netzwerke um solche Konzerne herum aufgebaut sind. Aber zugleich sind sie intern in dezentralisierte Netzwerke differenziert und extern abhängig von ihrer Zugehörigkeit zu einer komplexen, sich wandelnden Struktur miteinander verzahnter Netzwerke – in der Formulierung von Imai: in grenzüberschreitenden Netzwerken.[143] Daneben ist jedes einzelne dieser internen wie externen Netzwerke in spezifische kulturell/institutionelle Umwelten eingebettet (Nationen, Regionen, Orte), die das Netzwerk in unterschiedlichem Maß beeinflussen. Insgesamt sind die Netzwerke asymmetrisch, aber ein einzelnes Element des Netzwerkes kann kaum für sich alleine überleben oder anderen seinen diktatorischen Willen aufzwingen. Die Logik des Netzwerkes ist machtvoller als die Mächte im Netzwerk. Das Management von Ungewissheit gewinnt in einer Situation asymmetrischer gegenseitiger Abhängigkeit entscheidende Bedeutung.

Warum spielen Netzwerke eine zentrale Rolle in der neuen wirtschaftlichen Konkurrenz? Ernst meint, dass sich zwei Faktoren als herausragende Ursachen dieses Prozesses organisatorischer Transformation ausmachen lassen: Globalisierung von Märkten und Ressourcen; und drastischer technologischer Wandel, der Ausrüstungen beständig obsolet macht und die Firmen dazu zwingt, bei Prozessen und Produkten unablässig auf dem neuesten Stand zu sein. Unter solchen Bedingungen ist Kooperation nicht nur eine Methode, um Kosten und Ressourcen zu teilen, sondern auch eine Versicherung gegen einen technologischen Missgriff: Die Folgen einer Fehlentscheidung hätten auch die Konkurrenten zu tragen, weil die Netzwerke allgegenwärtig und miteinander verflochten sind.

Es ist schon interessant, dass Ernsts Erklärung für das Auftreten des internationalen Netzwerk-Unternehmens die Argumentation von Markttheoretikern widerspiegelt, die ich namentlich vorzustellen versucht habe – mit Chandler in der Rolle des Klassikers und Williamson als Vertreter der neuen Welle neoklassischer Ökonomie. Auch hier werden die Charakteristika des Marktes und die Technologie zu Schlüsselvariablen erklärt. Jedoch sind in der Analyse von Ernst die organisatorischen Folgen genau das Gegenteil von denen, welche die traditionelle ökonomische Theorie erwartet hatte: Während die Marktgröße zur Bildung von vertikalen, vielgliedrigen Konzernen führen sollte, löst die Globalisierung der Konkurrenz den Großkonzern in ein Gewebe von multidirektionalen Netzwerken auf, die zur eigentlichen operativen Einheit werden. Der Anstieg

---

142 Ghoshal und Bartlett (1993: 81).
143 Imai (1990a).

der Transaktionskosten wegen zusätzlicher technologischer Komplexität führt nicht zur Internalisierung von Transaktionen innerhalb des Konzerns, sondern zur Externalisierung von Transaktionen und zur Aufteilung der Kosten im gesamten Netzwerk. Dadurch steigt offensichtlich die Ungewissheit, aber es wird auch möglich, die Ungewissheit zu streuen und zu teilen. Demnach ist entweder die von der herrschenden Meinung vertretene, auf der neoklassischen Markttheorie beruhende Erklärung der Wirtschaftsorganisation falsch, oder aber das verfügbare Material über die Entstehung von Wirtschaftsnetzwerken ist fehlerhaft. Ich neige der ersten Annahme zu.

Das Netzwerk-Unternehmen, eine vorherrschende Form der Wirtschaftsorganisation in Ostasien, scheint also in verschiedenen institutionell/kulturellen Kontexten zur Blüte zu kommen – in Europa[144] ebenso wie in den Vereinigten Staaten.[145] Dagegen scheint der große, viele Einheiten umspannende Konzern mit seiner hierarchischen Organisation um eine vertikale Befehlskette herum der informationellen globalen Ökonomie schlecht angepasst zu sein. Globalisierung und Informationalisierung sind anscheinend strukturell verwandt mit Vernetzung und Flexibilität. Bedeutet diese Tendenz, dass wir dabei sind, zu einem asiatischen Entwicklungsmodell überzugehen, dass das angelsächsische Modell des klassischen Konzerns ersetzt? Ich glaube nicht, trotz der Verbreitung von Arbeits- und Managementpraktiken quer durch die Länder. Kulturen und Institutionen bestimmen weiterhin die organisatorischen Anforderungen der neuen Wirtschaftsform. Sie tun dies in Interaktion zwischen der Logik der Produktion, der sich wandelnden technologischen Basis und den institutionellen Merkmalen der gesellschaftlichen Umgebung. Eine Untersuchung über Unternehmenskulturen in Europa zeigt die ganze Vielfalt der europäischen Organisationsmuster, vor allem im Hinblick auf die Beziehungen zwischen Staaten und Firmen.[146] Die Architektur und die Zusammensetzung der Wirtschaftsnetzwerke, die weltweit gebildet werden, werden durch die nationalen Charakteristika der Gesellschaften beeinflusst, in die derartige Netzwerke eingebettet sind. So sind beispielsweise Inhalt und Strategie der Elektronikfirmen in Europa sehr stark auf die Politik der Europäischen Union bezogen, die darauf abzielt, die technologische Abhängigkeit von Japan und den USA zu reduzieren. Andererseits wird die Allianz von Siemens mit IBM und Toshiba im Bereich der Mikroelektronik von technologischen Zwängen diktiert. Die Bildung von Hochtechnologie-Netzwerken um US-Verteidigungsprogramme ist ein institutionelles Charakteristikum der amerikanischen Industrie, und zwar eines, das zum Ausschluss ausländischer Partner führt. Die allmähliche Einbindung der norditalienischen Industrieregionen durch italienische Großfirmen wurde durch Abkommen zwischen der Regierung, großen Firmen und Gewerkschaften begüns-

---

144 Danton de Rouffignac (1991).
145 Bower (1987); Harrison (1994).
146 Randlesome u.a. (1990).

tigt. Dabei ging es um den Nutzen einer Stabilisierung und Konsolidierung der in den 1970er Jahren geschaffenen Produktionsbasis; dies wurde von den durch linke Parteien beherrschten Regionalregierungen unterstützt. Mit anderen Worten ist das Netzwerk-Unternehmen in steigendem Maße international (nicht transnational), und sein Verhalten wird sich aus der kontrollierten Interaktion zwischen der globalen Strategie des Netzwerkes und den national oder regional verwurzelten Interessen seiner Komponenten ergeben. Weil die meisten multinationalen Firmen je nach Produkten, Prozessen und Ländern an verschiedenartigen Netzwerken beteiligt sind, kann man die neue Wirtschaftsform nicht mehr so charakterisieren, als sei sie um multinationale Konzerne herum zentriert, selbst wenn diese auch weiterhin gemeinsam eine oligopolistische Kontrolle über die meisten Märkte ausüben. Das liegt daran, dass die Konzerne sich selbst in ein Gewebe vielfältiger Netzwerke transformiert haben, die in eine Vielzahl von institutionellen Umwelten eingebettet sind. Macht gibt es noch immer, aber sie wird eher zufällig ausgeübt. Auf den Märkten wird weiterhin gehandelt, aber rein wirtschaftliche Berechnungen werden dadurch behindert, dass sie von unlösbaren Gleichungen abhängig sind, die durch zu viele Variablen überdeterminiert sind. Die Hand des Marktes, die von der institutionellen Ökonomie sichtbar gemacht werden sollte, hat sich wieder in die Unsichtbarkeit zurückgezogen. Aber dieses Mal ist ihre strukturelle Logik nicht allein durch Angebot und Nachfrage bestimmt, sondern auch von verborgenen Strategien und zahllosen Entdeckungen beeinflusst, die in den globalen Informationsnetzwerken ausgespielt werden.

Der Geist des Informationalismus

Max Webers klassischer, ursprünglich 1904-05 veröffentlichter Aufsatz *Die protestantische Ethik und der Geist des Kapitalismus*[147] ist noch immer die methodische Grundlage für jeden theoretischen Versuch, das Wesen der kulturell/institutionellen Transformationen zu erfassen, die in der Geschichte ein neues Paradigma der Wirtschaftsorganisation einleiten. Gewiss wurde die Substanz seiner Analyse über die Wurzeln der kapitalistischen Entwicklung von historischer Seite mit dem Argument kritisiert, dass es alternative historische Konfigurationen gab, die den Kapitalismus ebenso wirkungsvoll unterstützten wie die angelsächsische Kultur, wenn auch in anderen institutionellen Formen. Außerdem liegt der Schwerpunkt dieses Kapitels nicht so sehr auf dem Kapitalismus, der ungeachtet seiner gesellschaftlichen Widersprüche gesund und munter ist. Es geht vielmehr um den Informationalismus, eine neue Entwicklungsweise, welche die herrschende Produktionsweise verändert, aber sie nicht ersetzt. Dennoch liefern die methodischen Prinzipien, die Max Weber vor nahezu einem Jahrhundert nie-

---

147 Weber (1963).

dergelegt hat, noch immer einen nützlichen Leitfaden, um Schlüsse aus der Serie von Analysen und Beobachtungen zu ziehen, die ich in diesem Kapitel dargestellt habe. Ich habe sie zusammengestellt, um die neue kulturell/institutionelle Konfiguration zu unterstreichen, die den organisatorischen Formen des Wirtschaftslebens zugrunde liegt. Zur Ehre eines der Gründerväter der Soziologie möchte ich diese Konfiguration den „Geist des Informationalismus" nennen.

Wo anfangen? Wie vorgehen? Lesen wir noch einmal Weber:

> „Der *Geist* des Kapitalismus" ... Was soll darunter verstanden werden? ... Wenn überhaupt ein Objekt auffindbar ist, für welches der Verwendung dieser Bezeichnung irgendein Sinn zukommen kann, so kann es nur ein „*historisches Individuum*" sein, d.h. ein Komplex von Zusammenhängen in der geschichtlichen Wirklichkeit, die wir unter dem Gesichtspunkte ihrer *Kulturbedeutung* begrifflich zu einem Ganzen zusammenschließen. Ein solcher historischer Begriff aber (muß), da er inhaltlich sich auf eine in ihrer individuellen *Eigenart* bedeutungsvolle Erscheinung bezieht ... aus seinen einzelnen der geschichtlichen Wirklichkeit zu entnehmenden Bestandteilen allmählich *komponiert* werden. Die endgültige begriffliche Erfassung kann daher nicht am Anfang, sondern muß am *Schluß* der Untersuchung stehen.[148]

Wir stehen am Ende, wenigstens dieses Kapitels. Welches sind die Elemente der geschichtlichen Wirklichkeit, die, wie wir entdeckt haben, mit dem neuen organisatorischen Paradigma zusammenhängen? Und wie können wir sie in einem begrifflichen Ganzen von historischer Bedeutung vereinigen?

Sie sind zunächst und vor allem *Unternehmensnetzwerke* in unterschiedlichen Formen, in unterschiedlichen Kontexten und mit unterschiedlichen kulturellen Ausdrucksformen. Familienbasierte Netzwerke in chinesischen Gesellschaften und in Norditalien; Unternehmer-Netzwerke, die aus den technologischen Pflanzstätten in den Innovationsmilieus wie in Silicon Valley hervorgehen; hierarchische Gemeinschafts-Netzwerke vom Typ der japanischen *keiretsu*; organisatorische Netzwerke dezentralisierter Konzerneinheiten aus zuvor vertikal integrierten Konzernen, die gezwungen waren, sich der Wirklichkeit unserer Zeit anzupassen; Wirtschaftsnetzwerke, die aus Kunden und Zulieferern eines bestimmten Unternehmens bestehen und die in ein weiter ausgreifendes Gewebe von Netzwerken einbezogen sind, das sich um vernetzte Unternehmen herum gebildet hat; und grenzüberschreitende Netzwerke, die aus strategischen Allianzen zwischen Firmen sowie ihren Hilfs- und Unterstützungsnetzwerken resultieren.

Es gibt auch *technologische Werkzeuge*: neue Telekommunikations-Netzwerke; neue, leistungsstarke Desktop-Computer; allgegenwärtige Organizer, die an leistungsfähige Server angeschlossen sind; neue, anpassungsfähige, sich selbstentwickelnde Software; neue, mobile Kommunikationsgeräte, die Online-Verbindungen in jeden Raum und zu jeder Zeit ermöglichen; neue Arbeiterinnen und Arbeiter, Manager und Managerinnen, die miteinander aufgrund von Aufgaben und Leistung verbunden und in der Lage sind, die gleiche Sprache zu sprechen, die digitale Sprache.

---

148 Weber (1963: 30). [Die im Original gesetzten Anführungszeichen sind in dem von Castells angeführten Zitat nicht enthalten, ebenso wenig die für Weber typischen Sperrungen; d.Ü.].

Es gibt eine *globale Konkurrenz*, die beständige Neubestimmungen von Produkten, Prozessen, Märkten und ökonomischen Ressourcen einschließlich Kapital und Information erfordert.

Und da ist wie immer *der Staat*: Entwicklungsstaat in der Phase des *take-off* der neuen Wirtschaftsform in Ostasien; Antreiber der Inkorporation, wenn die ökonomischen Institutionen neu aufgebaut werden müssen, wie im Prozess der europäischen Einigung; Koordinator, wo Netzwerke mit territorialer Basis die nährende Unterstützung lokaler oder regionaler Behörden benötigen, um die synergetischen Effekte freizusetzen, die Innovationsmilieus schaffen; und zielstrebiger Botschafter, wenn er die nationale Wirtschaft oder die Weltordnung auf einen neuen historischen Kurs steuert, welcher der Technologie eingeschrieben ist, der aber von der Wirtschaftspraxis nicht realisiert wird – wie im Fall der Vorhaben der US-Regierung, die Super-Datenautobahn für das 21. Jahrhundert zu bauen oder eine liberale Welthandelsordnung zu verfügen. Alle diese Elemente kommen zusammen, um die Entstehung und den Aufstieg des Netzwerk-Unternehmens zu bewirken.

Das Auftreten und die Konsolidierung des Netzwerk-Unternehmens in all seinen unterschiedlichen Erscheinungsformen könnten durchaus die Antwort auf das „Rätsel Produktivität" sein, das einen so langen Schatten auf meine Analyse der informationellen Wirtschaft im vorhergehenden Kapitel geworfen hat. Denn, wie Bar und Borrus in ihrer Studie über die Zukunft der Vernetzung argumentieren:

> Ein Grund dafür, dass Investitionen in Informationstechnologie sich nicht in höhere Produktivität übersetzt haben, liegt darin, dass sie in erster Linie der Automatisierung bereits vorhandener Aufgaben gedient haben. Sie automatisieren häufig ineffiziente Methoden, etwas zu tun. Die Einlösung des Potenzials der Informationstechnologie erfordert grundlegende Reorganisation. Die Fähigkeit zur Reorganisation von Aufgaben, die automatisiert werden, beruht weitgehend auf der Verfügbarkeit einer kohärenten Infrastruktur, d.h. eines flexiblen Netzwerkes, das in der Lage ist, die unterschiedlichen computergestützten Wirtschaftsaktivitäten miteinander zu verbinden.

Sie ziehen dann eine historische Parallele zu den Folgen der Dezentralisierung kleiner Elektromotoren in den Werkstätten industrieller Fabriken und schließen: „Diese dezentralisierten Computer sind erst jetzt [1993] dabei, untereinander verbunden zu werden, um eine Reorganisation zu ermöglichen und zu unterstützen. Wo dies effektiv getan worden ist, hat es auch entsprechende Produktivitätsgewinne gegeben."[149]

Während jedoch all diese Elemente Bausteine des neuen Entwicklungsparadigmas sind, fehlt ihnen doch noch der kulturelle Kitt, um sie zusammenzubringen. Denn wie Max Weber schrieb:

> Der heutige, zur Herrschaft im Wirtschaftsleben gelangte Kapitalismus [...] erzieht und schafft sich im Wege der ökonomischen *Auslese* die Wirtschaftssubjekte [...] deren er bedarf. Allein

---

149 Bar und Borrus (1993: 6).

hier kann man die Schranken des „Auslese"-Begriffes als Mittel der Erklärung historischer Erscheinungen mit Händen greifen. Damit jene der Eigenart des Kapitalismus angepasste Art der Lebensführung [...] „ausgelesen" werden konnte, d.h.: über alle andere den Sieg davontragen konnte, mußte sie offenbar zunächst entstanden sein, und zwar nicht in einzelnen isolierten Individuen, sondern als eine Anschauungsweise, die von Menschen*gruppen* getragen wurde. Diese Entstehung also ist das eigentlich zu Erklärende. ... im Geburtslande Benjamin Franklins ... (war) der „kapitalistische Geist" [...] vor der „kapitalistischen Entwicklung" da [...].

Und er fügt hinzu:

> Wie ist es historisch erklärlich, daß im Zentrum der kapitalistischen Entwicklung der damaligen Welt, in Florenz im 14. und 15. Jahrhundert, dem Geld- und Kapitalmarkt aller politischen Großmächte, als sittlich bedenklich und allenfalls tolerabel galt, was in den hinterwäldlerisch-kleinbürgerlichen Verhältnissen von Pennsylvanien im 18. Jahrhundert, wo die Wirtschaft aus purem Geldmangel stets in Naturaltausch zu kollabieren drohte, von größeren gewerblichen Unternehmungen kaum eine Spur, von Banken nur die ersten Anfänge zu bemerken waren, als Inhalt einer sittlich löblichen, ja gebotenen Lebensführung gelten konnte? – *Hier* von einer „Widerspiegelung" der „materiellen" Verhältnisse in dem „ideellen Ueberbau" reden zu wollen, wäre ja barer Unsinn. – Welchem Gedankenkreise entstammte also die Einordnung einer äußerlich rein auf Gewinn gerichteten Tätigkeit unter die Kategorie des „Berufs", demgegenüber sich der einzelne *verpflichtet* fühlte? Denn dieser Gedanke war es, welcher der Lebensführung des Unternehmers „neuen Stils" den ethischen Unterbau und Halt gewährte.[150]

Was ist der ethische Unterbau des Informationalismus? Und braucht er überhaupt einen ethischen Unterbau? Ich sollte den geduldigen Leser und die geduldige Leserin daran erinnern, dass der Kapitalismus in der historischen Periode des Aufstiegs des Informationalismus noch immer als die herrschende Wirtschaftsform funktioniert, wenn auch – im Vergleich zu Webers Zeiten – in neuen tiefgreifend veränderten Formen. So sind das Konzern-Ethos der Akkumulation, die erneuerte Anziehungskraft des Konsumismus treibende kulturelle Formen in den Organisationen des Informationalismus. Zudem haben der Staat und die Betonung nationaler/kultureller kollektiver Identität gezeigt, dass sie in der Arena des globalen Wettbewerbs eine entscheidende Macht darstellen. Familien blühen und reproduzieren sich in all ihrer Komplexität noch immer mittels wirtschaftlicher Konkurrenz, Akkumulation und Vererbung. Aber während all diese Elemente zusammengenommen die kulturelle Haltbarkeit der erneuerten kapitalistischen Konkurrenz zu erklären scheinen, sind sie offenbar nicht spezifisch genug, um den neuen Akteur dieser so gearteten kapitalistischen Konkurrenz zu unterscheiden: das Netzwerk-Unternehmen.

Erstmals in der Geschichte ist die Grundeinheit der Wirtschaftsorganisation kein Subjekt, weder individuell (als Unternehmer oder Unternehmerfamilie), noch kollektiv (als kapitalistische Klasse, Konzern oder Staat). Wie ich zu zeigen versucht habe, *ist diese Einheit das Netzwerk*, das aus unterschiedlichen Subjek-

---

150 Weber (1963: 37, 60). [Auch hier fehlen in dem von Castells angeführten Zitat die Anführungszeichen des Originals und die Sperrungen; die mit „[...]" markierten Auslassungen sind im Original nicht ausgewiesen; d.Ü.].

ten und Organisationen besteht und unablässig abgeändert wird in dem Prozess, durch den sich die Netzwerke an stützende Umgebungen und Marktstrukturen anpassen. Was schweißt diese Netzwerke zusammen? Handelt es sich um rein instrumentelle, zufällige Allianzen? Das mag für bestimmte Netzwerke zutreffen, aber die vernetzte Organisationsform muss eine eigene kulturelle Dimension haben. Andernfalls fände die Wirtschaftstätigkeit in einem sozialen und kulturellen Vakuum statt. Eine solche Annahme kann von manchen Teilen der ultrarationalistischen Ökonomie aufrechterhalten werden, aber sie wird durch die historische Erfahrung vollständig widerlegt. Was also ist dieser *„ethische Unterbau des Netzwerk-Unternehmens"*, dieser *„Geist des Informationalismus"*?

Es ist sicher keine neue Kultur im traditionellen Sinn eines Wertesystems, weil die Vielzahl der Subjekte im Netzwerk und die Unterschiedlichkeit der Netzwerke eine solche vereinheitlichende „Netzwerk-Kultur" nicht zulassen. Es ist auch kein System von Institutionen, denn wir haben die unterschiedliche Entwicklung des Netzwerk-Unternehmens beobachtet und zwar in einer Reihe unterschiedlicher institutioneller Umgebungen bis zu dem Punkt, an dem sie durch diese Umgebungen zu einem breiten Spektrum von Formen geprägt wurden. Aber es gibt wirklich einen gemeinsamen kulturellen Code in den unterschiedlichen Mechanismen des Netzwerk-Unternehmens. Er besteht aus vielen Kulturen, vielen Werten und vielen Projekten, die den unterschiedlichen Beteiligten an den Netzwerken durch den Kopf gehen und ihre Strategien bestimmen. Dabei wechseln die Strategien im gleichen Tempo wie die Mitglieder des Netzwerkes und folgen der organisatorischen und kulturellen Transformation der Einheiten des Netzwerkes. Es ist tatsächlich eine Kultur, aber eine Kultur des Ephemeren, eine Kultur einer jeden strategischen Entscheidung, ein Flickenteppich von Erfahrungen und Interessen, und keine Charta der Rechte und Pflichten. Es ist eine *multi-facettierte, virtuelle Kultur*, wie in der visuellen Erfahrung von Computern im Cyberspace, wo die Realität neu zusammengesetzt wird. Diese Kultur ist kein Phantasiegebilde, sie ist eine materielle Macht, weil sie in jedem Augenblick des Netzwerklebens machtvolle Entscheidungen bestimmt und durchsetzt. Aber sie ist nicht von langer Dauer: Sie wird vom Computer als Rohmaterial vergangener Erfolge und Misserfolge gespeichert. Das Netzwerk-Unternehmen lernt, innerhalb dieser virtuellen Kultur zu leben. Jeder Versuch, die Position im Netzwerk als kulturellen Code zu einer bestimmten Zeit und an einem bestimmten Ort auszukristallisieren, verdammt das Netzwerk zur Obsoleszenz, weil es für die vom Informationalismus benötigte variable Geometrie zu starr wird. Der „Geist des Informationalismus" ist die Kultur der „kreativen Zerstörung", die auf die Geschwindigkeit der lichtelektronischen Schaltkreise beschleunigt wird, die ihre Signale verarbeiten. Schumpeter trifft Weber im Cyberspace des Netzwerk-Unternehmens.

Was die möglichen gesellschaftlichen Konsequenzen dieser neuen Wirtschaftsgeschichte angeht, so findet die Stimme des Meisters 100 Jahre später machtvollen Widerhall:

(Die) moderne, an die technischen und ökonomischen Voraussetzungen mechanisch-maschineller Produktion gebundene ... Wirtschaftsordnung (bestimmt) ... heute den Lebensstil aller einzelnen, die in dies Triebwerk hineingeboren werden – *nicht* nur der direkt ökonomisch Erwerbstätigen – mit überwältigendem Zwange ... Nur wie „ein dünner Mantel, den man jederzeit abwerfen könnte", sollte ... die Sorge um die äußeren Güter um die Schultern (der) Heiligen liegen. Aber aus dem Mantel ließ das Verhängnis ein stahlhartes Gehäuse werden. ... Heute ist (der) Geist (der Askese) ... aus diesem Gehäuse entwichen. Der siegreiche Kapitalismus jedenfalls bedarf, seit er auf mechanischer Grundlage ruht, dieser Stütze nicht mehr. ... Niemand weiß noch, wer künftig in jenem Gehäuse wohnen wird und ob am Ende dieser ungeheuren Entwicklung ganz neue Propheten oder eine mächtige Wiedergeburt alter Gedanken und Ideale stehen werden, *oder* aber – wenn keins von beiden – mechanisierte Versteinerung, mit einer Art von krampfhaftem Sich-wichtig-nehmen verbrämt. Dann allerdings könnte für die „letzten Menschen" dieser Kulturentwicklung das Wort zur Wahrheit werden: „Fachmenschen ohne Geist, Genussmenschen ohne Herz: dies Nichts bildet sich ein, eine nie vorher erreichte Stufe des Menschentums erstiegen zu haben."[151]

---

151 Weber (1963: 203f.). [Bis auf das letzte Zitat fehlen auch hier die Anführungszeichen in der von Castells zitierten Übersetzung, die außerdem am Anfang deutlich vom Original abweicht und hier entsprechend angepasst wurde; d.Ü.]

4 Die Transformation von Arbeit und Beschäftigung[1]

Der Arbeitsprozess steht im Zentrum der Sozialstruktur. Die technologische und Management-Transformation der Arbeit und der Produktionsverhältnisse im entstehenden Netzwerk-Unternehmen und seinem Umfeld ist der wichtigste Hebel, durch den das informationelle Paradigma und der Prozess der Globalisierung auf die Gesamtgesellschaft einwirken. In diesem Kapitel analysiere ich diese Transformation auf der Grundlage des verfügbaren Materials und versuche dabei, die widersprüchlichen Tendenzen verständlich zu machen, die in den Veränderungen der Arbeits- und Beschäftigungsmuster während der letzten beiden Jahrzehnte zu beobachten sind. Ich werde mich zunächst der klassischen Frage einer säkularen Transformation der Beschäftigungsstruktur zuwenden, die den Theorien über Post-Industrialismus zugrunde liegt, und ihre Entwicklung in den wichtigsten kapitalistischen Ländern zwischen 1920 und 2005 analysieren. Danach greife ich über die Grenzen der OECD-Länder hinaus und untersuche die Argumente für die These, es entstehe eine globale Erwerbsbevölkerung. Ich werde mich dann der Analyse der spezifischen Auswirkungen der Informationstechnologien auf den Arbeitsprozess selbst und auf die Beschäftigung zuwenden und versuchen, die verbreitete Furcht vor einer Gesellschaft ohne Arbeit zu beurteilen. Schließlich behandle ich die möglichen Folgen der Transformation von Arbeit und Beschäftigung für die Sozialstruktur und konzentriere mich dabei auf die Prozesse sozialer Polarisierung, die mit dem Auftreten des informationellen Paradigmas assoziiert wurden. Aber ich trage eine alternative Hypothese vor, ich erkenne nämlich diese Tendenzen zwar an, stelle sie aber in den Bezugsrahmen einer noch grundlegenderen Transformation: der Individualisierung der Arbeit und der Fragmentierung der Gesellschaften.[2] Auf dieser intel-

---

[1] Ich möchte mich für den wertvollen Beitrag von Martin Carnoy und Harley Shaiken zu diesem Kapitel bedanken. Ich stütze mich auch ausgiebig auf Daten und Materialien, die ich vom International Institute of Labour Studies, International Labour Office erhalten habe. Dafür bin ich besonders Padmanabha Gopinath und Gerry Rodgers dankbar.

[2] Um die Transformation der Arbeit im Rahmen des informationellen Paradigmas zu verstehen, muss die Analyse in einer komparativen und historischen Perspektive verankert werden. Dafür

lektuellen Wegstrecke werde ich Daten und Forschungsergebnisse aus einer Vielzahl von Monografien, Simulationsmodellen und Standardstatistiken benutzen, in denen diese Fragen bis ins Detail aufmerksam über viele Jahre hinweg in vielen Ländern behandelt worden sind. Aber das Ziel meiner Untersuchung ist wie in diesem gesamten Buch analytisch: Sie soll neue Fragen aufwerfen und nicht auf alte Probleme eingehen.

Die Entwicklung von Beschäftigung und Berufsstruktur in den fortgeschrittenen kapitalistischen Ländern: die G 7-Länder von 1920 und 2005

Bei jedem historischen Übergangsprozess gehört die Transformation der Beschäftigung und der Berufsstruktur zu den unmittelbarsten Ausdrucksformen des Systemwandels. So sehen die Theorien des Post-Industrialismus und des Informationalismus den deutlichsten empirischen Beleg für den Kurswechsel der Geschichte in der Entstehung einer neuen Sozialstruktur, die durch die Verlagerung von der Güterproduktion auf Dienstleistungen charakterisiert ist, durch die Zunahme von Manager- und Expertenberufen, durch das Verschwinden von Arbeitsplätzen in Landwirtschaft und Fertigung und in den fortgeschrittensten Gesellschaften durch den zunehmenden Informationsgehalt der Arbeit. Viele dieser Formulierungen implizieren eine Art von Naturgesetz für Volkswirtschaften und Gesellschaften, die einem einzigen Pfad entlang der Entwicklungsbahn der Moderne zu folgen hätten, auf dem die amerikanische Gesellschaft den Weg gewiesen habe.

Ich wähle einen anderen Ansatz. Ich behaupte, dass es zwar eine gemeinsame Tendenz in der Entfaltung der für die informationellen Gesellschaften charakteristischen Beschäftigungsstruktur gibt, dass aber entsprechend spezifischen Institutionen, Kulturen und politischen Umwelten auch historische Variationen der Beschäftigungsmuster festzustellen sind. Um sowohl die Gemeinsamkeiten wie die Unterschiede der Beschäftigungsstrukturen unter dem informationellen Paradigma abschätzen zu können, habe ich die Entwicklung der Beschäftigungsstruktur der wichtigsten kapitalistischen Länder zwischen 1920 und 1990 untersucht. Diese Länder, die so genannten G 7, bilden den Kern der globalen Wirtschaft. Sie alle befinden sich in einem fortgeschrittenen Stadium des Übergangs zur informationellen Gesellschaft und eignen sich deshalb dazu, das Auftreten

---

habe ich mich auf Pahl (1988) gestützt, nach meiner Ansicht die beste verfügbare Quelle für Ideen und Forschungsergebnisse zu diesem Thema. Die zentrale These dieses Kapitels über den Übergang zur Individualisierung der Arbeit, die potenziell zu fragmentierten Gesellschaften führt, hat auch in freilich sehr viel anderer analytischer Perspektive Bezüge zu einem wichtigen Buch, das auf der Theorie von Polanyi aufbaut und sich auf die empirische Analyse der italienischen Sozialstruktur stützt, Mingione (1991).

neuer Beschäftigungsmuster zu beobachten. Sie repräsentieren außerdem sehr spezifische Kulturen und institutionelle Systeme, was es uns ermöglicht, historische Vielfalt zu untersuchen. Mit dieser Analyse möchte ich nicht implizieren, dass alle Gesellschaften auf unterschiedlichen Entwicklungsniveaus dem einen oder dem anderen Entwicklungsweg entsprechen, für den diese Länder stehen. Wie ich in der allgemeinen Einführung zu diesem Buch gesagt habe, interagiert das informationelle Paradigma über verschiedene Netzwerke mit Geschichte, Institutionen, Entwicklungsniveaus und Positionen im globalen Interaktionssystem. Die folgende Analyse hat eine genauere Zielsetzung: Sie soll aufzeigen, wie Technologie, Ökonomie und Institutionen bei der Strukturierung von Beschäftigung und Tätigkeiten im Prozess des Übergangs von der landwirtschaftlichen zur industriellen und von dieser zur informationellen Entwicklungsweise zusammengewirkt haben.

Durch die analytische Differenzierung der Binnenstruktur der Beschäftigung im Dienstleistungsbereich und durch die Analyse der unterschiedlichen Entwicklung von Beschäftigung und Berufsstruktur in jedem der sieben Länder – den Vereinigten Staaten, Japan, Deutschland, Frankreich, Italien, dem Vereinigten Königreich und Kanada – etwa zwischen 1920 und 1990 leite ich eine empirisch begründete Diskussion über die kulturell-institutionelle Vielgestaltigkeit der informationellen Gesellschaft ein. Auf diesem Wege umreiße ich zunächst die analytischen Probleme, die in diesem Abschnitt untersucht werden, definiere die Begriffe und beschreibe kurz die Methodologie, die ich in den folgenden Untersuchungsschritten angewandt habe.[3]

Post-Industrialismus, die Dienstleistungswirtschaft und die informationelle Gesellschaft

Die klassische Theorie des Post-Industrialismus kombinierte drei Aussagen und Prognosen, die analytisch auseinandergehalten werden sollten:[4]

1. Die Quelle von Produktivität und Wachstum liegt in der Erzeugung von Wissen, das sich durch die Informationsverarbeitung auf alle Bereiche der Wirtschaftstätigkeit ausbreitet.
2. Das Wirtschaften verlagert sich von der Produktion von Gütern auf die Bereitstellung von Dienstleistungen. Auf das Verschwinden der landwirtschaftlichen Beschäftigung folgt der unumkehrbare Rückgang von Arbeitsplätzen im verarbeitenden Bereich zugunsten von Dienstleistungstätigkeiten,

---

3 Die Analyse der Entwicklung der Beschäftigungsstruktur in den G 7-Ländern wurde mit beträchtlicher Hilfe von Dr. Yuko Aoyama, meiner früheren Forschungsassistentin in Berkeley, vor allem beim Aufbau der internationalen komparativen Datenbank, auf die sich diese Analyse stützt, durchgeführt.
4 Bell (1976); Dordick und Wang (1993).

die schließlich den überwältigenden Anteil an der Beschäftigung ausmachen. Je fortgeschrittener eine Volkswirtschaft ist, desto mehr werden sich Beschäftigung und Produktion auf die Dienstleistungen konzentrieren.
3. Die neue Wirtschaftsform wird die Bedeutung von Berufen mit jenen Tätigkeiten erhöhen, die einen hohen Informations- und Wissensgehalt aufweisen. Manager-, Experten- und Techniker-Berufe werden schneller zunehmen als alle anderen und den Kern der Sozialstruktur ausmachen.

Zwar möchten diverse Interpretationen die Theorie des Post-Industrialismus in unterschiedlichen Versionen auf den Bereich der sozialen Klassen, der Politik und Kultur ausdehnen, doch verankern die drei angeführten Aussagen die Theorie doch auf der Ebene der Sozialstruktur, wo sie im Denken Bells auch hingehört. Jede dieser weitreichenden Thesen bedarf der Einschränkung. Zudem steht für den historischen Zusammenhang zwischen den drei Prozessen ein empirischer Nachweis noch aus.

Erstens sind, wie in Kapitel 2 gezeigt, Wissen und Information in den fortgeschrittenen Gesellschaften tatsächlich wesentliche Quellen von Produktivität und Wachstum. Wie wir oben gleichfalls gesehen haben, ist es aber wichtig, im Auge zu behalten, dass die Theorien des Post-Industrialismus ihre Ursprungsthese auf Forschungen von Solow und von Kendrick gestützt haben, die sich beide auf die erste Hälfte des 20. Jahrhunderts in Amerika beziehen, also auf den Höhepunkt der industriellen Ära. Das bedeutet, dass Wissen als Grundlage des Produktivitätswachstums zu einem Zeitpunkt ein Merkmal der industriellen Wirtschaft war, als die industrielle Beschäftigung in den meisten fortgeschrittenen Ländern ihren höchsten Punkt erreicht hatte. Obwohl daher die Volkswirtschaften des späten 20. Jahrhunderts sich eindeutig von den Volkswirtschaften der Zeit vor dem Zweiten Weltkrieg unterschieden, scheint das zentrale Unterscheidungsmerkmal zwischen diesen beiden Wirtschaftstypen nicht in erster Linie in der Quelle des Produktivitätszuwachses zu liegen. *Die angemessene Unterscheidung ist nicht die zwischen industrieller und post-industrieller Wirtschaft, sondern zwischen zwei Formen der wissensbasierten industriellen, landwirtschaftlichen und Dienstleistungs-Produktion.* Wie in den einleitenden Kapiteln dieses Buches gezeigt, liegt der historisch einschneidendste Unterschied zwischen den wirtschaftlichen Strukturen der ersten und der zweiten Hälfte des 20. Jahrhunderts in der Revolution in der Informationstechnologie und in deren Ausbreitung auf alle Sphären sozialer und wirtschaftlicher Tätigkeit, einschließlich ihres Beitrags zur Schaffung der Infrastruktur für die Herausbildung einer globalen Wirtschaft. Deshalb schlage ich vor, den analytischen Schwerpunkt von *Post-Industrialismus* – eine relevante Fragestellung gesellschaftlicher Prognostik, die zum Zeitpunkt ihrer Formulierung noch unbeantwortet war – auf *Informationalismus* zu verlagern. In dieser Perspektive sind Gesellschaften nicht deshalb informationell, weil sie in ein bestimmtes Modell der Sozialstruktur passen, sondern weil sie ihr Produktionssystem auf der Grundlage von Prinzipien der Maximierung wissensbasierter Produktivität durch die Entwicklung und Verbreitung von Informationstechnologien organisieren und dabei die Voraussetzungen für die Nutzung dieser Technologien bieten, in erster Linie menschliche Ressourcen und Kommunikationsinfrastruktur.

Als zweites Kriterium für eine post-industrielle Gesellschaft gelten dieser Theorie zufolge die Verlagerung auf Dienstleistungsaktivitäten und der Niedergang des verarbeitenden Bereichs. Es ist offenkundig, dass in den fortgeschrittenen Ländern der größte Teil der Beschäftigung im Dienstleistungsbereich liegt und dass der Dienstleistungssektor den größten Beitrag zum Bruttosozialprodukt (BSP) leistet. Aber daraus folgt nicht, dass die Fertigungsbranchen etwa verschwänden oder dass Struktur und Dynamik der industriellen Tätigkeit für die Gesundheit einer Dienstleistungswirtschaft keine Rolle spielten. Neben anderen haben Cohen und Zysman[5] nachdrücklich darauf hingewiesen, dass viele Dienstleistungen von ihrer unmittelbaren Verknüpfung mit der Industrie abhängig sind und dass die industrielle Aktivität – im Unterschied zur industriellen Beschäftigung – für die Produktivität und Wettbewerbsfähigkeit der Wirtschaft von entscheidender Bedeutung ist. Für die Vereinigten Staaten schätzen Cohen und Zysman, dass 24% des BSP aus dem Mehrwert der Industriefirmen stammen und dass weitere 25% des BSP aus dem Beitrag der Dienstleistungen kommen, die unmittelbar mit der Industrie verbunden sind. Sie erklären daher die post-industrielle Wirtschaft zu einem „Mythos", während wir uns in Wirklichkeit in einer anderen Art von industrieller Wirtschaft befänden. Ein Großteil der Verwirrung geht auf die künstliche Separierung zwischen den fortgeschrittenen Volkswirtschaften und den Volkswirtschaften der Entwicklungsländer zurück, die unter den Bedingungen der Globalisierung aber de facto Teile ein und derselben produktiven Struktur sind. Als daher die Analysten in den 1980er Jahren die De-Industrialisierung Amerikas oder Europas verkündeten, übersahen sie einfach, was im Rest der Welt passierte. Und dort befand sich nach Studien der ILO[6] die globale Beschäftigung in der Industrie 1989 auf ihrem Höhepunkt. Sie war zwischen 1963 und 1989 um 72% gestiegen. Diese Tendenz setzte sich in den 1990er Jahren fort. Zwischen 1970 und 1997 gingen zwar die industriellen Arbeitsplätze in den USA leicht – von 19,367 Mio. auf 18,657 Mio. – und in der Europäischen Union erheblich zurück – von 38,400 Mio. auf 29,919 Mio. Aber in Japan nahmen sie sogar zu und vervielfachten sich in den wichtigsten sich industrialisierenden Ländern um den Faktor 1,5 bis 4. Insgesamt überwogen also die neuen industriellen Arbeitsplätze anderswo die Verluste in der entwickelten Welt ganz erheblich.

---

5   Cohen und Zysman (1987).
6   Wieczorek (1995).

Weiter wird der Begriff „Dienstleistungen" häufig als bestenfalls zweideutig betrachtet und schlimmstenfalls als irreführend.[7] In den Beschäftigungsstatistiken dient er als Restkategorie, die all das umfasst, was nicht unter Landwirtschaft, Bergbau, Bau, öffentliche Versorgungsunternehmen oder Industrie fällt. Daher enthält die Kategorie Dienstleistungen Tätigkeiten aller Art, die historisch aus unterschiedlichen sozialen Strukturen und Produktionssystemen stammen. Das einzige gemeinsame Merkmal dieser Dienstleistungstätigkeiten ist das, was sie nicht sind. Versuche, Dienstleistungen durch irgendwelche ihnen innewohnende Charakteristika zu definieren, wie ihre „Immaterialität" gegenüber der „Materialität" von Gütern, sind durch die Entwicklung der informationellen Ökonomie definitiv ihres Sinnes entleert worden. Computersoftware, Videoproduktion, mikroelektronisches Design, Landwirtschaft auf der Grundlage von Biotechnologie und viele andere wesentliche Prozesse, die für die fortgeschrittenen Gesellschaften charakteristisch sind, verschmelzen ihren Informationsgehalt untrennbar mit der materiellen Grundlage des Produktes, und damit wird es unmöglich, Grenzen zwischen „Gütern" und „Dienstleistungen" zu ziehen. Um den neuen Typus von Wirtschaft und Sozialstruktur zu verstehen, müssen wir mit der Unterscheidung verschiedener Typen von „Dienstleistungen" beginnen, um sie klar gegeneinander abzugrenzen. Für das Verständnis der informationellen Ökonomie wird jede einzelne Kategorie von Dienstleistungen zu einer ebenso wichtigen Unterscheidung wie es im vorhergegangenen Typus der industriellen Ökonomie die Grenzlinie zwischen Industrie und Dienstleistungen gewesen ist. Je komplexer die Wirtschaft wird, desto stärker müssen wir die Begriffe auffächern, mit denen wir die wirtschaftlichen Tätigkeiten kategorisieren. Letztlich müssen wir das alte Paradigma von Colin Clark mit der Unterscheidung zwischen Primär-, Sekundär- und Tertiärsektor aufgeben. Es ist zu einem epistemologischen Hindernis für das Verständnis unserer Gesellschaften geworden.

Drittens sagte die Theorie des Post-Industrialismus ursprünglich die Zunahme der informationsreichen Berufe wie Manager-, Experten- und technische Positionen als Kern der neuen Berufsstruktur voraus. Auch diese Vorhersage muss eingeschränkt werden. Verschiedentlich wurde eingewandt, dass diese Tendenz nicht das einzige Charakteristikum der neuen Berufsstruktur ausmache. Neben dieser Tendenz gibt es gleichzeitig die Zunahme unqualifizierter Dienstleistungsbeschäftigungen am unteren Ende der Job-Skala. Diese niedrig qualifizierten Jobs könnten trotz ihrer geringeren Wachstumsrate dennoch in absoluten Zahlen einen erheblichen Anteil an der post-industriellen Sozialstruktur ausmachen. Fortgeschrittene, informationelle Gesellschaften müssten also durch eine zunehmend polarisierte Sozialstruktur charakterisiert werden, in der die Anteile von Oben und Unten auf Kosten der Mitte wach-

---

7 Castells (1976a); Stanback (1979); Gershuny und Miles (1983); De Bandt (1985); Cohen und Zysman (1987); Daniels (1993).

sen.⁸ Zudem wird in der Literatur verbreitet die Annahme in Frage gestellt, dass Wissen, Wissenschaft und Expertise die entscheidenden Komponenten der meisten Manager- und Experten-Berufe seien. Der tatsächliche Inhalt solcher statistischer Klassifizierungen muss sorgfältiger und eingehender untersucht werden, bevor wir uns unsere Zukunft vorschnell als Republik der gelehrten Elite ausmalen.

Der wichtigste Kritikpunkt gegen eine allzu einfache Version des Post-Industrialismus richtet sich jedoch gegen die Annahme, die drei von uns betrachteten Merkmale fügten sich in einer historischen Evolution zusammen, die dann zu einem einzigen Modell der informationellen Gesellschaft führe. Dieses analytische Konstrukt ähnelt stark der Formulierung des Konzeptes vom Kapitalismus durch die klassischen politischen Ökonomen von Adam Smith bis Marx, die ausschließlich auf der Erfahrung der englischen Industrialisierung beruhte und deshalb angesichts der ganzen Vielfalt wirtschaftlicher und gesellschaftlicher Erfahrung auf der Welt ständig auf „Ausnahmen" von diesem Muster stieß. Nur dann, wenn wir die analytische Unterscheidung zwischen der strukturellen Logik des Produktionssystems der informationellen Gesellschaft und ihrer Sozialstruktur zum Ausgangspunkt nehmen, können wir empirisch beobachten, ob und in welchem Ausmaß ein spezifisches techno-ökonomisches Paradigma eine spezifische Sozialstruktur hervorruft. Und nur, wenn wir unseren kulturellen und institutionellen Beobachtungshorizont öffnen, können wir das, was zur Struktur der informationellen Gesellschaft (als Ausdruck einer neuen Entwicklungsweise) gehört, von dem trennen, was spezifisch für die Entwicklungsbahn eines bestimmten Landes ist. Um einige erste Schritte in diese Richtung zu tun, habe ich für die sieben größten Marktwirtschaften der Welt, die so genannten G 7-Länder, grundlegende Statistiken zusammengestellt und einigermaßen vergleichbar gemacht. So kann ich die Entwicklung ihrer Beschäftigungs- und Berufsstruktur über die letzten 70 Jahre mit akzeptablen Annäherungswerten verfolgen. Ich habe auch einige Beschäftigungsprognosen für Japan und die Vereinigten Staaten für das frühe 21. Jahrhundert berücksichtigt. Der empirische Kern dieser Analyse besteht in dem Versuch, zwischen unterschiedlichen Dienstleistungstätigkeiten zu differenzieren. Um das zu tun, bin ich der bekannten Typologie der Beschäftigung im Dienstleistungsbereich gefolgt, die Singelmann vor mehr als 20 Jahren entworfen hat.⁹ Singelmanns Konzept ist nicht ohne Probleme, hat aber einen grundlegenden Vorteil: Es ist gut an die üblichen statistischen Kategorien angepasst, wie sich bei Singelmanns eigener Dissertation zeigt, in der er die Veränderungen in der Beschäftigungsstruktur verschiedener Länder zwischen 1920 und 1970 analysiert. Weil das Hauptanliegen dieses Buches analytisch ist, habe ich mich dafür entschieden, auf Singelmanns Arbeit

---

8 Kuttner (1983); Rumberger und Levin (1984); Bluestone und Harrison (1988); Sayer und Walker (1992); Leal (1993).
9 Singelmann (1978).

aufzubauen und die Periode von 1970-1990 mit seinen Ergebnissen für die Periode 1920-1970 zu vergleichen. Ich habe also eine ähnliche Typologie der sektoralen Beschäftigung entworfen und die Statistiken der G 7-Staaten nach etwa vergleichbaren Kategorien bearbeitet. Daher dehne ich Singelmanns Analyse auf die entscheidende Periode der Entwicklung informationeller Gesellschaften seit den 1970er Jahren aus. Weil ich mir der exakten Entsprechung meiner Klassifizierung mit der älteren von Singelmann nicht sicher sein kann, stelle ich unsere Daten für die beiden Perioden getrennt dar: Sie sollten nicht als statistische Reihe gelesen werden, sondern als zwei voneinander unterschiedene statistische Trends, die hinsichtlich der analytischen Kategorien, unter denen die Daten zusammengestellt wurden, grob äquivalent gemacht worden sind. Ich bin bei der Festlegung gleichwertiger Kategorien für unterschiedliche Länder auch auf erhebliche methodologische Schwierigkeiten gestoßen. Der Anhang zu diesem Kapitel enthält Einzelheiten über das Verfahren beim Aufbau dieser Datenbank. Um immer möglichst die tatsächlichen Tendenzen in der Sozialstruktur aufzuzeigen, habe ich bei der Analyse dieser Daten die einfachsten statistischen Verfahren anstatt analytischer Methoden eingesetzt, die für den augenblicklichen Bearbeitungsstand der Datenbank unnötig kompliziert wären. Ich habe mich für den Einsatz deskriptiver statistischer Instrumente entschieden, die einfach die Linien eines neuen theoretischen Verständnisses aufzeigen.

Mit der Übernahme der von Singelmann entwickelten Kategorien von Dienstleistungstätigkeiten habe ich mich einer strukturalistischen Sicht der Beschäftigung angeschlossen. Hier wird die gesamte Beschäftigung nach dem jeweiligen Platz einer bestimmten Tätigkeit in der Zusammenhangskette aufgeteilt, die mit dem Produktionsprozess beginnt. So erfassen distributive Dienstleistungen sowohl Kommunikations- wie Transporttätigkeiten und ebenso kommerzielle Verteilungsnetzwerke im Groß- und Einzelhandel. Produktionsbezogene Dienstleistungen sind solche, mit denen entscheidende Beiträge zur Wirtschaft geleistet werden, obwohl dazu auch unternehmensbezogene Hilfsdienste gehören, die nicht zwangsläufig hoch qualifiziert sind. Soziale Dienstleistungen umfassen einen großen Bereich der Staatstätigkeit sowie Arbeiten, die mit dem kollektiven Konsum zu tun haben. Personenbezogene Dienstleistungen sind diejenigen, die sich auf den individuellen Konsum beziehen, von der Unterhaltung bis zum Gaststättengewerbe. Obwohl diese Einteilung zugegebenermaßen locker ist, so erlaubt sie uns doch, differenziert und jedenfalls mit größerer analytischer Tiefe als die üblichen statistischen Darstellungen über die Entwicklung der Beschäftigungsstruktur in verschiedenen Ländern nachzudenken. Ich habe auch versucht, zwischen der Dichotomie von Dienstleistungen und Gütern einerseits und der Klassifizierung von Beschäftigung in Tätigkeiten der Informationsverarbeitung und bei der Handhabung von Gütern andererseits zu unterscheiden, denn diese Unterscheidungen gehören jeweils zu unterschiedlichen Ansätzen in der Sozialstrukturanalyse. Hierfür habe ich zwei einfache Indizes entwickelt: einen für die Beschäftigung in Dienstleistungen/Güterproduktion und einen für die Beschäftigung in Informationsverarbeitung/Güterhandhabung. Beide habe ich für die untersuchten Länder und Perioden berechnet. Schließlich habe ich für alle Länder auch eine vereinfachte Berufstypologie berechnet, wobei ich bei der Anordnung der unterschiedlichen, in den einzelnen Ländern verwendeten Kategorien die amerikanischen und japanischen Statistiken zugrunde gelegt habe. Zwar habe ich ernsthafte Bedenken, weil die Definitionen der Berufskategorien in Wirklichkeit Berufspositionen und Tätigkeitstypen miteinander vermengen, aber die Verwendung von weithin verfügbaren Standardstatistiken gibt uns die Möglichkeit, die Entwicklung der Berufsstruktur anhand von grob vergleichbaren Kategorien zu beobachten. Das Ziel der ganzen Übung besteht in der Neubegründung der soziologischen Analyse informationeller Gesellschaften, wobei in einem komparativen Bezugsrahmen die Unterschiede in der Evolution ihrer Beschäftigungsstruktur als fundamentaler Indikator sowohl für ihre Gemeinsamkeit wie für ihre Verschiedenartigkeit bewertet werden.

Die Transformation der Beschäftigungsstruktur 1920-1970 und 1970-1990

Die Analyse der Entwicklung der Beschäftigungsstruktur in den G 7-Ländern muss von der Unterscheidung zweier Perioden ausgehen, die durch reines Glück unseren beiden Datenbanken entsprechen: etwa 1920-1970 und etwa 1970-1990. *Die wesentliche analytische Unterscheidung zwischen den beiden Perioden ergibt sich aus der Tatsache, dass die untersuchten Gesellschaften während der ersten Periode postagrarisch wurden, während sie in der zweiten Periode post-industriell wurden.* Ich meine damit natürlich den massiven Rückgang in der landwirtschaftlichen Beschäftigung im ersten Fall und den schnellen Niedergang der industriellen Beschäftigung während der zweiten Periode. *Tatsächlich haben alle G 7-Länder zwischen 1920 und 1970 den Prozentsatz ihrer Beschäftigten in verarbeitenden und industriellen Tätigkeiten entweder gehalten oder – manchmal erheblich – gesteigert.* Wenn wir Baugewerbe und öffentliche Versorgung ausklammern, um die Beschäftigten im verarbeitenden Bereich schärfer in den Blick zu bekommen, so haben England und Wales das Niveau ihrer industriellen Beschäftigung nur leicht von 36,8% 1921 auf 34,9% 1971 abgesenkt; die Vereinigten Staaten steigerten die industrielle Beschäftigung von 24,5% 1930 auf 25,9% 1971; Kanada von 17,0% 1921 auf 22,0% 1971; Japan erlebte einen deutlichen Anstieg im verarbeitenden Bereich von 16,6% 1920 auf 26,0% 1970; Deutschland steigerte – freilich auf einem anderen Staatsgebiet – seine industrielle Beschäftigung von 33 auf 40,2%; Frankreich von 26,4 auf 28,1% und Italien von 19,9 auf 27,4%. Demnach gab es nach Singelmann, in diesem halben Jahrhundert (1920-1970) eine Verlagerung in der Beschäftigungsstruktur von der Landwirtschaft zu den Dienstleistungen und zum Baugewerbe, nicht aber weg von der Industrie.

Ganz anders in der Periode 1970-1990. Der Prozess der ökonomischen Neustrukturierung und technologischen Transformation, der während dieser beiden Jahrzehnte stattfand, führte in allen Ländern zur Verringerung der industriellen Beschäftigung (s. Tab. 4.1-4.14 in Anhang A). Während dies eine allgemeine Tendenz war, verlief die Schrumpfung der industriellen Beschäftigung jedoch ungleichmäßig. Dies ist ein deutlicher Indikator für die fundamentalen Unterschiede zwischen den Sozialstrukturen, die mit unterschiedlichen Wirtschaftspolitiken und Unternehmensstrategien zusammenhängen. So erlebten das Vereinigte Königreich, die Vereinigten Staaten und Italien eine rapide De-Industrialisierung, (Rückgang des Anteils der industriellen Beschäftigung 1970-1990 von 38,7 auf 22,5% bzw. von 25,9 auf 17,5% und von 27,3 auf 21,8%), Japan und Deutschland einen moderateren Rückgang der industriellen Beschäftigung: Japan von 26,0 auf 23,6% und Deutschland von 38,6% auf einen 1987 noch immer hohen Stand von 32,2%. Kanada und Frankreich nehmen eine Mittelstellung ein: hier fiel die industrielle Beschäftigung von 19,7% (1971) auf 14,9% bzw. von 27,7 auf 21,3%.

Allerdings waren England und Wales schon 1921 eine post-agrarische Gesellschaft geworden, nur noch 7,1% der Erwerbstätigen arbeiteten in der Landwirtschaft. Die Vereinigten Staaten, Deutschland und Kanada hatten noch immer eine recht umfangreiche Agrarbevölkerung, mit zwischen einem Viertel und einem Drittel der Gesamtbeschäftigung, und Japan, Italien und Frankreich waren im großen Ganzen Gesellschaften, die durch landwirtschaftliche und kommerzielle Tätigkeiten beherrscht wurden. Von diesen unterschiedlichen Ausgangspunkten zu Beginn der untersuchten historischen Periode konvergierten die Tendenzen auf eine Beschäftigungsstruktur, die durch die gleichzeitige Zunahme der Industrie und der Dienstleistungen auf Kosten der Landwirtschaft geprägt war. Das erklärt sich aus dem rasanten Industrialisierungsprozess in Deutschland, Japan, Italien und Frankreich, der die überschüssige Agrarbevölkerung zwischen Industrie und Dienstleistungen aufteilte.

Wenn wir also das Verhältnis zwischen der Beschäftigung im Dienstleistungsbereich und in der Industrie berechnen (unseren Indikator für die „Dienstleistungsökonomie"), so zeigt er für die meisten Länder zwischen 1920 und 1970 nur einen geringfügigen Anstieg. Während der Periode, die ich als post-agrarisch bezeichne, zeigen lediglich die Vereinigten Staaten mit einer Veränderung von 1,1 auf 2,0 und Kanada (1,3 auf 2,0) einen signifikanten Anstieg des relativen Anteils der Beschäftigung im Dienstleistungsbereich. Hier setzten die USA in der Tat den Standard für die Beschäftigungsstruktur, die für die Dienstleistungsökonomie kennzeichnend ist. Auch als sich in der post-industriellen Periode die Tendenz hin zur Dienstleistungsbeschäftigung beschleunigte und verallgemeinerte, steigerten die Vereinigten Staaten und Kanada, mit Index-Zunahmen von 3,0 bzw. 3,3 noch die Vorherrschaft ihrer Dienstleistungssektoren. Alle anderen Länder folgten der gleichen Tendenz, jedoch mit unterschiedlichem Tempo und erreichten so unterschiedliche Niveaus der De-Industrialisierung. Während sich das Vereinigte Königreich, Frankreich und Italien auf demselben Pfad zu befinden scheinen, stechen Nordamerika, Japan und Deutschland als starke industrielle Wirtschaften deutlich hervor und weisen niedrigere Zuwachsraten für die Dienstleistungsbeschäftigung sowie ein niedrigeres Verhältnis der Beschäftigung zwischen Dienstleistungen und Industrie auf: 1,8 bzw. 1,4 für 1987-1990. Dies ist eine grundlegende Beobachtung, die weiter unten eine sorgfältige Behandlung verdient. Der Tendenz nach war jedoch in den 1990er Jahren die Mehrheit der Bevölkerung aller G 7-Länder im Dienstleistungsbereich beschäftigt. Konzentriert sich die Beschäftigung nun auch in der Verarbeitung von Information? Das festgestellte Verhältnis der Beschäftigung in der Informationsverarbeitung einerseits und in der Handhabung von Gütern andererseits gibt einige Hinweise für die Analyse. Zunächst müssen wir Japan noch aus unseren Überlegungen ausklammern.

In allen anderen Ländern hat es eine Tendenz hin zu einem höheren Prozentsatz von Beschäftigung in der Informationsverarbeitung gegeben. Obwohl Italien und Deutschland in der Zeit von 1920-1970 keinen oder nur einen langsamen Anstieg zu verzeichnen hatten, nahm dort der Anteil der Beschäftigung in der Informationsverarbeitung während der 1980er und 1990er Jahre beträchtlich zu. Die Vereinigten Staaten zeigen unter den sieben Ländern die höchste Quote der Beschäftigung im Informationsbereich, aber das Vereinigte Königreich, Kanada und Frankreich erreichen fast dasselbe Niveau. Demnach ist die Tendenz hin zur Informationsverarbeitung eindeutig keine Besonderheit der Vereinigten Staaten: Die Beschäftigungsstruktur der Vereinigten Staaten unterscheidet sich von den anderen deutlicher als „Dienstleistungsökonomie" denn als „Informationsökonomie". Deutschland und Italien haben eine signifikant geringere Quote der Informationsbeschäftigung, aber sie haben sie in den vergangenen beiden Jahrzehnten verdoppelt und weisen damit dieselbe Tendenz auf.

Die Daten zu Japan sind interessanter. Sie zeigen über 50 Jahre hinweg nur einen mäßigen Anstieg der Informationsbeschäftigung, von 0,3 auf 0,4, und einen noch langsameren Anstieg während der letzten 20 Jahre, von 0,4 auf 0,5. Demnach scheint die Gesellschaft, die vermutlich den entschiedensten Akzent auf Informationstechnologien legt und in der die Hochtechnologie für Produktivität und Konkurrenzfähigkeit eine äußerst wichtige Rolle spielt, zugleich das niedrigste Niveau bei der Beschäftigung in der Informationsverarbeitung und die niedrigste Rate bei der Zunahme dieses Beschäftigungsbereichs zu haben. Die Expansion der Informationsbeschäftigung und die Entwicklung einer „Informationsgesellschaft" (mit dem japanischen Begriff *johoka shakai*) scheinen unterschiedliche, wenn auch aufeinander bezogene Prozesse zu sein. Es ist wirklich interessant und für manche Interpretationen des Post-Industrialismus auch problematisch, dass Japan und Deutschland als die beiden konkurrenzfähigsten Volkswirtschaften unter den Großen während der 1970er und 1980er Jahre die höchste industrielle Beschäftigung aufweisen, ferner das niedrigste Verhältnis zwischen der Beschäftigung in Dienstleistungen und in der Industrie, das niedrigste Verhältnis zwischen Beschäftigung im Informations- und im Gütersektor und im Falle Japans – das die schnellste Produktivitätssteigerung erlebt hat – auch im gesamten Verlauf des Jahrhunderts die niedrigste Zuwachsrate in der Informationsbeschäftigung. Ich nehme also an, dass die Informationsverarbeitung am effektivsten ist, wenn sie in die materielle Produktion oder in die Handhabung von Gütern eingebettet und nicht im Rahmen einer verschärften Arbeitsteilung abgetrennt ist. Schließlich geht es bei der Automatisierung in den meisten Fällen genau um die Integration zwischen der Verarbeitung von Information und der Handhabung von Gütern.

Diese Hypothese kann auch für die Interpretation einer anderen wichtigen Beobachtung hilfreich sein: 1990 hatte keines der sieben Länder eine Kennzahl für Informationsbeschäftigung größer als 1, und nur die Vereinigten Staaten näherten sich dieser Schwelle. Wenn also Information eine entscheidende Komponente für das Funktionieren der Wirtschaft und für die Organisation der Gesellschaft ist, so bedeutet das nicht, dass sich die meisten Arbeitsplätze im Bereich der Informationsverarbeitung befinden oder befinden werden. Der Marsch zur Informationsbeschäftigung erfolgt in einem signifikant langsameren Tempo und erreicht viel niedrigere Niveaus als die Tendenz zur Dienstleistungsbeschäftigung. Um also das wirkliche Profil der Transformation der Beschäftigung in den fortgeschrittenen Gesellschaften zu verstehen, müssen wir uns jetzt der unterschiedlichen Entwicklung eines jeden Dienstleistungstyps in den G 7-Ländern zuwenden.

Dazu befasse ich mich zunächst mit der Entwicklung jeder Dienstleistungskategorie in jedem einzelnen Land; dann vergleiche ich die relative Bedeutung eines jeden Typs von Dienstleistung gegenüber jedem anderen in jedem Land miteinander; schließlich betrachte ich die Entwicklungstendenzen der Beschäftigung in denjenigen Dienstleistungen, die in der Literatur als für „post-industrielle" Gesellschaften charakteristisch gelten. Hier muss ich die Leser darauf hinweisen, dass je weiter wir uns in die Feinanalyse spezifischer Beschäftigungskategorien begeben, die Datengrundlage immer instabiler wird. Das Problem, für einige Kategorien, Länder und Perioden, zuverlässige Daten zu bekommen, macht es schwierig, unsere Analyse durchweg systematisch zu gestalten. Aber die Betrachtung der vorgelegten Tabellen ergibt einige Merkmale, die eine eingehendere Analyse und weitere Auswertung der länderspezifischen Daten verdienen.

Fangen wir mit den *produktionsbezogenen Dienstleistungen* an. Sie gelten in der Literatur als die strategischen Dienstleistungen der neuen Wirtschaftsform, die Information und Beratung für die Steigerung der Produktivität und Effizienz der Unternehmen bereitstellen. Daher sollte ihre Expansion Hand in Hand mit der steigenden Raffinesse und Produktivität der Wirtschaft gehen. Wir beobachten während beider Perioden (1920-1970, 1970-1990) auch wirklich in allen Ländern durchgehend eine bedeutende Ausweitung der Beschäftigung in diesen Tätigkeitsbereichen. Im Vereinigten Königreich etwa schoss die Beschäftigung in den produktionsbezogenen Dienstleistungen von 5% 1970 auf 12% 1990 in die Höhe; in den Vereinigten Staaten für den gleichen Zeitraum von 8,2 auf 14%; in Frankreich verdoppelte sie sich von 5 auf 10%. Es ist signifikant, dass Japan seine Beschäftigung bei den produktionsbezogenen Dienstleistungen zwischen 1921 (0,8%) und 1970 (5,1%) drastisch erhöht hat, wobei der stärkste Zuwachs in den 1960er Jahren erfolgte, zu dem Zeitpunkt, als sich die japanische Wirtschaft internationalisierte. Wenn man andererseits auf der Grundlage der anderen Datenbank die Jahre 1970-1990 in den Blick nimmt, so ist die Zunahme der japanischen Beschäftigung bei den produktionsbezogenen Dienstleistungen zwischen 1971 und 1990 – von 4,8 auf 9,6% – zwar durchaus bedeutsam, aber Japan bleibt damit immer am unteren Ende der fortgeschrittenen Volkswirtschaften. Ein Grund könnte sein, dass ein erheblicher Anteil der produktionsbezogenen Dienstleistungen in Japan in den Industrieunternehmen internalisiert ist, was angesichts der Konkurrenzfähigkeit und Produktivität der japanischen Wirtschaft als das wirkungsvollere Verfahren erscheinen könnte.

Diese Hypothese wird zusätzlich durch die Betrachtung der Daten zu Deutschland gestützt. Trotz eines erheblichen Anstiegs des Anteils der Beschäftigung in produktionsbezogenen Dienstleistungen von 4,5% 1970 auf 7,3% 1987 weist Deutschland in diesem Bereich noch immer das niedrigste Niveau der Beschäftigung unter allen G 7-Ländern auf. Das könnte auf ein hohes Maß an Internalisierung von Dienstleistungstätigkeiten in deutschen Unternehmen hindeuten. Wenn das so ist, dann ist hervorzuheben, dass zwei der dynamischsten Volkswirtschaften – Japan und Deutschland – zugleich die niedrigste Beschäftigungsquote bei den produktionsbezogenen Dienstleistungen aufweisen. Dabei ist klar, dass ihre Firmen solche Dienstleistungen durchaus in großer Zahl nutzen, aber vermutlich im Rahmen einer anderen Organisationsstruktur, bei der die produktionsbezogenen Dienstleistungen enger mit dem Produktionsprozess verbunden sind.

Nun besitzen produktionsbezogene Dienstleistungen in einer fortgeschrittenen Wirtschaft offenkundig strategische Bedeutung, aber in den meisten fortgeschrittenen Ländern haben sie trotz ihres schnellen Wachstums in einigen dieser Länder doch keinen besonders großen Anteil an der Beschäftigung. Sieht man von Italien ab, wo wir hierzu keine Daten haben, so schwankt der Anteil an der Beschäftigung in den übrigen Ländern zwischen 7,3 und 14%, also weit vor der Landwirtschaft, aber weit hinter der Industrie. Die Bataillone der Experten und Manager haben zwar die Ränge der Beschäftigung in den fortgeschrittenen Volkswirtschaften anschwellen lassen, jedoch nicht immer und nicht vorwiegend an den sichtbaren Plätzen des Managements von Kapital und der Kontrolle von Information. Es scheint, als sei die Ausweitung der produktionsbezogenen Dienstleistungen verbunden mit den Prozessen der vertikalen Desintegration und des *outsourcing*, die den informationellen Konzern kennzeichnen.

Soziale Dienstleistungen bilden die zweite Kategorie von Beschäftigung, die nach der Literatur zum Post-Industrialismus ein wesentliches Merkmal der neuen Gesellschaft sein sollte. Und das trifft auch wirklich zu. Erneut mit Ausnahme Japans macht die Beschäftigung in den sozialen Dienstleistungen ein Fünftel bis ein Viertel der Gesamtbeschäftigung in den G 7-Ländern aus. Aber die interessante Beobachtung ist dabei, dass die großen Zuwächse in diesem Bereich während der wilden 60er Jahre stattfanden. Das verknüpft ihre Expansion nun mit den Auswirkungen der sozialen Bewegungen und nicht mit dem Einsetzen des Post-Industrialismus. Die Vereinigten Staaten, Kanada und Frankreich hatten in der Periode 1970-1990 bei der Beschäftigung in sozialen Dienstleistungen sogar nur sehr mäßige Zuwachsraten, während sie in Deutschland, Japan und Großbritannien mit einer kräftigen Rate anstiegen.

Insgesamt hat es den Anschein, als sei die Ausweitung des Wohlfahrtsstaates seit Beginn des 20. Jahrhunderts eine säkulare Tendenz gewesen, wobei es Augenblicke der Beschleunigung gab, die je nach Gesellschaft variieren. Hinzu kommt die Tendenz zur Abflachung während der 1980er Jahre. Japan ist die Ausnahme, weil es anscheinend dabei ist, aufzuholen. Es verharrte bis 1970 auf einem sehr niedrigen Niveau der Beschäftigung in sozialen Dienstleistungen, was vermutlich mit einer stärkeren Dezentralisierung der sozialen Sicherung durch Unternehmen und Familien zusammenhängt. Als Japan dann zur großen Industriemacht wurde und als die traditionelleren Formen der Sicherung nicht mehr aufrecht erhalten werden konnten, wandte sich Japan Formen der gesellschaftlichen Umverteilung zu, die denen anderer fortgeschrittener Volkswirtschaften ähneln. Man sorgte für soziale Dienstleistungen, und es entstanden Arbeitsplätze in diesem Bereich. Insgesamt können wir sagen, dass die Ausweitung der Beschäftigung in den sozialen Dienstleistungen auf hohem Niveau zwar ein Merkmal aller fortgeschrittenen Gesellschaften ist, dass aber das Tempo dieser Expansion unmittelbar abhängig zu sein scheint vom Verhältnis zwischen Staat und Gesellschaft und nicht vom Entwicklungsstadium der Volkswirtschaft. Und wirklich ist die Ausweitung der sozialen Dienstleistungen außer in Japan für die Periode 1950-1970 charakteristischer als für die von 1970-1990, die Morgenröte der informationellen Gesellschaft.

Unter *distributiven Dienstleistungen* werden Transport und Kommunikation, die beziehungsschaffenden, „relationalen" Tätigkeiten in allen fortgeschrittenen Volkswirtschaften, sowie der Groß- und Einzelhandel, die angeblich typischen Dienstleistungstätigkeiten der weniger industrialisierten Gesellschaften, zusammengefasst. Nimmt die Beschäftigung in diesen arbeitsintensiven Tätigkeiten mit niedriger Produktivität ab, wenn die Wirtschaft zur Automatisierung der Arbeit und zur Modernisierung der Einzelhandelsgeschäfte übergeht? Die Beschäftigung in den distributiven Dienstleistungen in den fortgeschrittenen Gesellschaften verharrt auf sehr hohem Niveau. Sie schwankt ebenfalls zwischen einem Fünftel und einem Viertel der Gesamtbeschäftigung, mit Ausnahme Deutschlands, wo sie 1987 bei 17,7% lag. Dieses Beschäftigungsniveau ist deutlich höher als das von 1920 und ist in den letzten 20 Jahren in den Vereinigten Staaten nur leicht von 22,4 auf 20,6% zurückgegangen. Damit ist die

Beschäftigung in den distributiven Dienstleistungen rund doppelt so hoch wie die in den produktionsbezogenen Dienstleistungen, die für die fortgeschrittenen Volkswirtschaften als typisch angesehen werden. In Japan, Kanada und Frankreich erhöhte sich der Anteil der Beschäftigung in diesem Bereich in der Zeit von 1970-1990. Etwa die Hälfte der Beschäftigung in distributiven Dienstleistungen in den G 7-Ländern geht auf den Einzelhandel zurück, wenn es auch häufig nicht möglich ist, die Daten für den Groß- und den Einzelhandel auseinander zu halten. Insgesamt ist die Beschäftigung im Einzelhandel über eine Zeit von 70 Jahren hinweg nicht ernsthaft zurückgegangen. So stieg sie etwa in den Vereinigten Staaten von 11,8% 1940 auf 12,8% 1970, um später leicht auf 11,9% für 1980 auf 11,7% 1991 abzufallen. In Japan hatte sich die Beschäftigung im Einzelhandel von 8,9% 1960 auf 11,2% 1990 gesteigert, und Deutschland hatte zwar ein niedrigeres Beschäftigungsniveau in diesem Bereich – 8,7% 1987 –, hatte es aber gegenüber 1970 durchaus gesteigert. Es gibt also einen großen Beschäftigungssektor, der noch immer mit der Distribution befasst ist, wie die Veränderungen der Beschäftigungsstruktur in den so genannten Dienstleistungstätigkeiten überhaupt sehr langsam vor sich gehen.

Personenbezogene Dienstleistungen werden zugleich als Überreste einer protoindustriellen Struktur und – zumindest einige von ihnen – als Ausdruck des sozialen Dualismus angesehen, der nach verbreiteter Ansicht die informationelle Gesellschaft kennzeichnet. Auch hier mahnt die Beobachtung der langzeitlichen Entwicklung in den sieben Ländern zur Vorsicht. Diese Dienstleistungen stellten 1990 noch immer einen beträchtlichen Anteil an der Beschäftigung dar: Mit Ausnahme Deutschlands mit 6,3% 1987 schwankte sie zwischen 9,7 und 14,1%, was ungefähr den Zahlen für den post-industriellen Kernbereich der produktionsbezogenen Dienstleistungen entspricht. Insgesamt ist dieser Anteil seit 1970 gewachsen. Wenn wir auf die berühmt-berüchtigten Jobs im Gaststättengewerbe schauen, die ein Lieblingsthema der kritischen Literatur zum Post-Industrialismus sind, finden wir tatsächlich vor allem im Vereinigten Königreich und in Kanada während der letzten beiden Jahrzehnte eine bedeutende Zunahme dieser Jobs. Freilich werden in den Daten Restaurants und Bars häufig mit der Beschäftigung in Hotels vermengt, was gleichfalls als Charakteristikum der „Freizeitgesellschaft" gesehen werden könnte. In den Vereinigten Staaten betrug die Beschäftigung im Gaststättengewerbe 1991 4,9% gegenüber 3,2% 1979, was etwa doppelt so viel war wie die landwirtschaftliche Beschäftigung, aber immer noch weniger, als uns die Essays nahe legen möchten, die sich mit der Vorstellung von der „HamburgerGesellschaft" befassen. Die wichtigste Feststellung zur Beschäftigung in den personenbezogenen Dienstleistungen ist, dass sie in den fortgeschrittenen Volkswirtschaften nicht absterben. Damit wird die These gestützt, dass die Veränderungen in der sozioökonomischen Struktur mehr den Typus der Dienstleistungen und den Typus der Arbeitsplätze betreffen als die Tätigkeiten selbst.

Versuchen wir jetzt, einige der traditionellen Thesen über Post-Industrialismus im Licht der Entwicklung der Beschäftigungsstruktur seit 1970 zu beurteilen, was ungefähr der Augenblick war, als Touraine, Bell, Richta und andere frühe Theoretiker der neuen Informationsgesellschaft ihre Analysen veröffentlichten. Was das Tätigkeitsprofil angeht, so betrachtete man die produktionsbezogenen und die sozialen Dienstleistungen als typisch für die post-industriellen Volkswirtschaften, sowohl als Quellen der Produktivität als auch als Antworten auf gesellschaftliche Anforderungen und sich verändernde Wertvorstellungen. Wenn wir die Beschäftigung in den produktionsbezogenen und den sozialen Dienstleistungen zusammenzählen, so beobachten wir in allen Ländern zwischen 1970 und 1990 eine signifikante Zunahme dessen, was man als „post-industrielle Dienstleistungskategorie" bezeichnen könnte: von 22,8 auf 39,2% im Vereinigten Königreich; von 30,2 auf 39,5% in den Vereinigten Staaten; von 15,1 auf 24,0% in Japan; von 20,2 auf 31,7% in Deutschland; von 21,1 auf 29,5% in Frankreich (die italienischen Daten in unserer Datenbank erlauben keine seriöse Analyse dieses Trends). Die Tendenz ist also da, aber sie ist sehr uneinheitlich, weil sie von sehr unterschiedlichen Ausgangsniveaus 1970 aus einsetzt: Die angelsächsischen Länder hatten bereits einen starken Beschäftigungssockel bei den hochmodernen Dienstleistungen, während sich in Japan, Deutschland und Frankreich die Beschäftigung in der Industrie und auch in der Landwirtschaft auf viel höherem Niveau hielt. Demnach beobachten wir zwei unterschiedliche Pfade bei der Ausweitung der Beschäftigung in den „post-industriellen" Dienstleistungen: einmal das angelsächsische Modell mit einer Verlagerung von der Industrie zu den hochmodernen Dienstleistungen, wobei die Beschäftigung in den traditionellen Dienstleistungen erhalten bleibt; dann das japanisch-deutsche Modell, das sowohl die hochmodernen Dienstleistungen ausweitet als auch die industrielle Grundlage bewahrt, wobei einige der Dienstleistungstätigkeiten in den industriellen Sektor internalisiert werden. Frankreich steht in der Mitte, wobei es dem angelsächsischen Modell zuneigt.

Insgesamt verläuft die Entwicklung der Beschäftigung während der Zeit, die wir als die „post-industrielle" Periode (1970-1990) bezeichnet haben, nach einem durchgehenden Muster weg von den industriellen Jobs, aber auf zwei unterschiedlichen Pfaden, was die industrielle Aktivität angeht: Der erste führt zu einem schnellen Abbau der industriellen Fertigung, verbunden mit einer starken Ausweitung der Beschäftigung in den produktionsbezogenen Dienstleistungen (relativ) und in den sozialen Dienstleistungen (absolut), während die anderen Dienstleistungstätigkeiten als Quellen der Beschäftigung beibehalten werden. Der zweite, davon unterschiedene Pfad verbindet die Industrie stärker mit den produktionsbezogenen Dienstleistungen, steigert die Beschäftigung in den sozialen Dienstleitungen vorsichtiger und behält die distributiven Dienstleistungen bei. Die Variation innerhalb dieses zweiten Pfades besteht zwischen dem größeren Bevölkerungsanteil in Landwirtschaft und Einzelhandel in Japan und der signifikant höheren industriellen Beschäftigung in Deutschland.

Im Prozess der Transformation der Beschäftigungsstruktur verschwindet im Vergleich zu 1920 mit Ausnahme der Hausangestellten keine der großen Dienstleistungskategorien. Die Tätigkeiten werden aber immer vielfältiger, und es entstehen eine Reihe von Verknüpfungen zwischen unterschiedlichen Tätigkeiten, so dass Beschäftigungskategorien obsolet werden. So entstand während des letzten Viertels des 20. Jahrhunderts in der Tat eine postindustrielle Beschäftigungsstruktur, freilich mit einem hohen Maß an Variation zwischen den Strukturen, die sich in den verschiedenen Ländern abzeichneten. Es sieht auch nicht so aus, als seien hohe Produktivität, soziale Stabilität und internationale Konkurrenzfähigkeit unmittelbar an die höchste Beschäftigungsquote im Bereich der Dienstleistungen oder der Informationsverarbeitung gebunden. Vielmehr scheinen diejenigen Länder in der Gruppe der G 7, die sich in den letzten Jahren an der Spitze des wirtschaftlichen Fortschritts und der sozialen Stabilität befunden haben – Japan und Deutschland – ein effektiveres System der Verknüpfung zwischen Industrie, produktionsbezogenen Dienstleistungen und distributiven Dienstleistungen entwickelt zu haben als die angelsächsischen Gesellschaften, wobei Frankreich und Italien am Kreuzweg dieser beiden Pfade stehen. In allen diesen Gesellschaften scheint die Informationalisierung wichtiger zu sein als die Informationsverarbeitung.

Wenn also Gesellschaften industrielle Jobs im großen Maßstab und in kurzer Zeit vernichten, anstatt die industrielle Transformation allmählich durchzuführen, so liegt das nicht unbedingt daran, dass sie weiter fortgeschritten sind. Vielmehr verfolgen sie spezifische Politiken und Strategien, die auf ihrem kulturellen, sozialen und politischen Hintergrund beruhen. Und die Optionen, die ausgewählt werden, um die Transformation der nationalen Volkswirtschaft und der Erwerbsbevölkerung zu bewerkstelligen, haben tiefgreifende Konsequenzen für die Entwicklung der Berufsstruktur, die ihrerseits die Grundlage für das neue Klassensystem in der informationellen Gesellschaft bildet.

Die neue Berufsstruktur

Eine wesentliche These der Theorien über den Post-Industrialismus besagt, dass die Menschen nicht nur anderen Tätigkeiten nachgehen, sondern auch andere Positionen in der Berufsstruktur einnehmen. Im Großen und Ganzen wird vorausgesagt, dass in dem Maße, in dem wir uns in Richtung auf das hin bewegen, was wir als die informationelle Gesellschaft bezeichnen, die Manager-, Experten- und technischen Positionen zunehmend an Bedeutung gewinnen, der Anteil von Beschäftigten in Handwerk und Maschinenarbeit abnehmen und ferner die Zahl der Beschäftigten in untergeordneten Verwaltungsfunktionen und im Verkauf anschwellen werde. Außerdem verweist die „linke" Version des Post-Industrialismus auf die steigende Bedeutung minder- und häufig unqualifizierter Dienstleistungsbeschäftigungen als Gegenstück zur Zunahme der Experten-Tätigkeiten.

Es ist nicht einfach, die Genauigkeit solcher Vorhersagen anhand der Entwicklung der G 7-Länder während der letzten 40 Jahre zu überprüfen. Denn die statistischen Kategorien stimmen im Ländervergleich nicht immer überein, und die Daten der verschiedenen verfügbaren Statistiken fallen auch zeitlich nicht immer zusammen. Deshalb bleibt unsere Analyse trotz unserer methodologischen Anstrengungen, die Daten zu bereinigen, in diesem Punkt ziemlich vorläufig und sollte nur als ein erster empirischer Ansatz verstanden werden, der die Linien skizziert, denen eine Analyse der Entwicklung der Sozialstruktur folgen kann.

Beginnen wir mit der Vielfalt der *Berufsprofile in den verschiedenen Ländern.* Tabelle 4.15 in Anhang A fasst die Verteilung der Erwerbstätigen in den hauptsächlichen Berufskategorien für jedes Land zum Zeitpunkt der jüngsten verfügbaren statistischen Informationen bei Durchführung der Studie (1992/93) zusammen. Die erste und wichtigste Schlussfolgerung lautet, dass zwischen den Berufsstrukturen der einzelnen Gesellschaften, die gleichermaßen als informationell bezeichnet werden können, sehr große Unterschiede bestehen. Wenn wir etwa die Kategorie nehmen, die Manager, Experten und technische Kader zusammenfasst, den Inbegriff der informationellen Berufe, so ist sie in den Vereinigten Staaten und in Kanada wirklich sehr stark besetzt, Anfang der 1990er Jahre mit fast einem Drittel der Erwerbstätigen. Aber in Japan waren es Anfang der 1990er Jahre nur 14,9%. Und in Frankreich und Deutschland 1989 nur ein Viertel aller Erwerbstätigen. Andererseits sind Handwerk und Maschinenarbeit in Nordamerika zwar substanziell zurückgegangen, aber sie stellten in Japan immer noch 31,8% der Erwerbstätigen, und sie machten sowohl in Deutschland als auch in Frankreich mehr als 27% aus. In ähnlicher Weise waren Beschäftigte im Handel in Frankreich mit 3,8% keine bedeutende Kategorie, aber sie waren in den Vereinigten Staaten mit 11,9% noch immer wichtig und in Japan mit 15,1% signifikant. Japan hatte 1990 mit 3,8% nur einen sehr geringen Anteil von Managern, im Vergleich zu 12,8% in den Vereinigten Staaten, was auf eine sehr viel stärker hierarchische Struktur hindeuten dürfte. Das spezifische Merkmal Frankreichs war der hohe Anteil an technischen Kadern in den höheren Berufsgruppen, 12,4% aller Erwerbstätigen im Gegensatz zu Deutschlands 8,7%. Andererseits hatte Deutschland viel mehr Arbeitsplätze in der Kategorie „Experten": 13,9 gegenüber 6,0%.

Ein weiterer Faktor der Vielfalt sind die Unterschiede im Anteil der minderqualifizierten Beschäftigten im Dienstleistungsbereich: Er war signifikant in den Vereinigten Staaten, Kanada und Deutschland, dagegen viel niedriger in Japan und in Frankreich, genau in den Ländern, die zusammen mit Italien etwas größere Tätigkeitsbereiche in Landwirtschaft und Handel bewahrt haben.

Insgesamt *repräsentieren Japan und die Vereinigten Staaten die entgegengesetzten Pole des Vergleichs, und ihr Gegensatz unterstreicht die Notwendigkeit, die Theorie des Post-Industrialismus und Informationalismus neu zu formulieren.* Die Daten zu den Vereinigten Staaten passen gut in das in der Literatur vorherrschende Modell, ganz einfach, weil dieses „Modell" nichts als ein theoretisches Abbild der Entwicklung in der Beschäftigungsstruktur der USA war. Demgegenüber scheint in Japan eine Zunahme der Expertenberufe neben dem Fortbestand einer stark handwerklich geprägten Erwerbsgruppe, die mit der industriellen Ära verbunden ist, und neben der Dauerhaftigkeit der landwirtschaftlichen Erwerbsbevölkerung und der Beschäftigten im Handel zu stehen, die in veränderter Form die Kontinuität der Berufe bezeugen, die für die vorindustrielle Ära charakteristisch waren. Das US-Modell vollzieht den Schritt in den Informationalismus, indem alte Berufe durch neue ersetzt werden. Das japanische Modell bewegt sich ebenfalls auf den Informationalismus zu, folgt aber einer anderen Route: Zunahme bei einigen der benötigten Berufe und zugleich Neudefinition des Inhaltes von Berufen einer früheren Ära, jedoch Abbau jener Positionen vor allem in der Landwirtschaft, die zum Hindernis für die Steigerung der Produktivität geworden sind. Zwischen diesen beiden „Modellen" kombinieren Deutschland und Frankreich Elemente von beiden: Sie stehen den Vereinigten Staaten näher, was Experten- und Manager-Berufe angeht, und sie sind Japan ähnlicher im langsameren Rückgang der Arbeitsplätze in der Handwerks- und Maschinenarbeit.

Die zweite wesentliche Beobachtung bezieht sich trotz der Vielfalt, die wir aufgezeigt haben, auf das Vorhandensein einer gemeinsamen Tendenz, die in der Zunahme des relativen Gewichtes der am eindeutigsten informationellen Berufe (Manager, Experten und technische Kader) sowie allgemein der *white collar*-Berufe (einschließlich Verkauf und untergeordnete Verwaltungsfunktionen) besteht. Nachdem ich erst einmal die Bedeutung der Vielfalt unterstrichen habe, möchte ich auch die Annahme empirisch untermauern, dass es durchaus eine Tendenz zu einem größeren informationellen Gehalt in der Berufsstruktur der fortgeschrittenen Gesellschaften gibt – ungeachtet ihrer unterschiedlichen kulturell-politischen Systeme und auch ungeachtet des unterschiedlichen historischen Zeitpunktes ihrer Industrialisierungsprozesse.

Um eine solche gemeinsame Tendenz zu beobachten, müssen wir uns auf das Wachstum eines jeden Berufs in jedem Land im Zeitverlauf konzentrieren. Vergleichen wir beispielsweise (s. Tabelle 4.16-4.21 in Anhang A) die Entwicklung von vier entscheidend wichtigen Berufsgruppen: Handwerker/Maschinenarbeiter; technische Kader, Experten und Manager; Beschäftigte in Handel und untergeordneten Verwaltungsfunktionen; Arbeiter in der Landwirtschaft und -verwalter. Berechnen wir die Raten der Veränderung des Anteils jedes dieser Berufe und Berufsgruppen, so beobachten wir einige allgemeine Tendenzen und einige wesentliche Unterschiede. Der Anteil der Manager-/Techniker-/Experten-Berufe zeigt in allen Ländern außer in Frankreich ein starkes Wachstum. Handwerk und Maschinenarbeit erfuhren in den Vereinigten Staaten, dem Vereinigten Königreich und Kanada einen erheblichen Rückgang, und einen moderaten in Deutschland, Frankreich und Japan. Verkauf und untergeordnete Verwaltungsfunktionen erhöhten ihren Anteil mäßig in den Vereinigten Staaten und Frankreich und stark in den vier anderen Ländern. Die landwirtschaftlichen Berufe gingen in allen Ländern massiv zurück. Und wenig qualifizierte Tätigkeiten im Dienstleistungs- und Transportbereich wiesen deutlich auseinanderstrebende Tendenzen auf: Sie erhöhten ihren Anteil stark in den Vereinigten Staaten und im Vereinigten Königreich; sie nahmen mäßig zu in Frankreich; sie gingen zurück oder stagnierten in Japan und Deutschland.

Von allen untersuchten Ländern war Japan dasjenige mit der am stärksten verbesserten Berufsstruktur. Sein Anteil an Managern stieg in dem Zeitraum von 20 Jahren um 46,2% und der Anteil der Experten und technischen Arbeitskräfte um 91,4%. Das Vereinigte Königreich erhöhte ebenfalls den Anteil seiner Manager um 96,3%, während freilich die Zunahme seiner Experten und technischen Kader mit 5,2% wesentlich moderater ausfiel. Also beobachten wir eine große Unterschiedlichkeit in den Veränderungsraten des Anteils dieser Berufsgruppe an der gesamten Beschäftigungsstruktur. Diese Unterschiede in den Raten gehen auf ein gewisses Maß an Konvergenz hin zu einer relativ ähnlichen Berufsstruktur zurück. Zugleich führen die Unterschiede in den Managementstilen und die Bedeutung der Industrie in jedem einzelnen Land ebenfalls ein gewisses Maß an Variation in die konkreten Veränderungsprozesse ein.

Insgesamt scheint der allgemeine Trend in die Richtung einer Erwerbsbevölkerung zu gehen, die vorwiegend im *white collar*-Bereich mit einem Übergewicht auf seinen oberen Ebenen angesiedelt ist – in den USA waren 1971 57,3% der Erwerbstätigen *white collar*. Ausnahmen sind Japan und Deutschland, deren *white collar*-Anteil an den Erwerbstätigen noch immer nicht über 50% hinausgeht. Aber gerade in Japan und Deutschland waren die Wachstumsraten der informationellen Berufe die höchsten unter den verschiedenen Berufspositionen; so setzt Japan der Tendenz nach zunehmend auf eine große Gruppe von Experten unter den Erwerbstätigen, obwohl es immer noch an einer breiteren Grundlage in Handwerk und Handel festhält als die anderen Gesellschaften.

Drittens *scheint das verbreitete Argument über die zunehmende Polarisierung der Berufsstruktur der informationellen Gesellschaft mit diesen Daten nicht übereinzustimmen*, wenn wir unter Polarisierung die simultane Zunahme unter gleichen Bedingungen an der Spitze und an der Basis der Berufsskala verstehen. Wäre dies der Fall, so würde die Zahl der Erwerbstätigen im Bereich von Managern/ Experten/Technikern einerseits und derjenigen im Bereich der halbqualifizierten Dienstleistungs- und Transportarbeit andererseits mit ähnlichen Raten und in ähnlicher zahlenmäßiger Größenordnung expandieren. Das trifft eindeutig nicht zu. In den Vereinigten Staaten hat sich der Anteil der halbqualifizierten Dienstleistungsarbeitskräfte an der Beschäftigungsstruktur zwar erhöht, aber mit einer niedrigeren Rate als die der Manager und Experten, und sie repräsentierten 1991 nur 13,7% der Erwerbstätigen. Dagegen erhöhte sich der Anteil der Manager an der Spitze der Skala zwischen 1950 und 1991 mit einer viel höheren Rate als jener der halbqualifizierten Dienstleistungsarbeitskräfte, so dass ihre Zahl 1991 auf 12,8% der Erwerbstätigen anstieg, fast auf dasselbe Niveau wie das der halbqualifizierten Dienstleistungsarbeitskräfte. Selbst wenn wir die halbqualifizierten Arbeitskräfte aus dem Transportbereich dazurechnen, kommen wir für 1991 immer noch auf bloße 17,9% der Erwerbstätigen, was in deutlichem Gegensatz steht zu den 29,7% der Kategorie Manager/Experten/Techniker. Natürlich sind auch viele Jobs in untergeordneten Verwaltungsfunktionen und im Verkauf und bei den Maschinenarbeitern halbqualifiziert, so dass wir die Entwicklung der Berufsstruktur im Hinblick auf die Qualifikation nicht recht abschätzen können. Zudem wissen wir aus anderen Quellen, dass *es während der letzten beiden Jahrzehnte in den Vereinigten Staaten und in anderen Ländern zu einer Polarisierung der Einkommen gekommen ist.*[10] Hier wende ich mich jedoch gegen das populäre Bild von der informationellen Gesellschaft, die angeblich eine steigende Anzahl schlecht bezahlter Dienstleistungsjobs anbietet, deren Wachstumsrate unverhältnismäßig viel höher sein soll als die Zuwachsrate der Experten- und Techniker-Komponente unter den Erwerbstätigen. Nach unserer Datenlage stimmt das einfach nicht. Im Vereinigten Königreich gab es freilich zwischen 1961 und 1981 einen beträchtlichen Zuwachs wenig qualifizierter Jobs, aber selbst dort nahm der Anteil des höheren beruflichen Niveaus schneller zu. In Kanada erhöhten die wenig qualifizierten Arbeiter ihren Anteil ebenfalls erheblich und erreichten 1992 13,7%, aber die Arbeitsplätze im Bereich der Manager, Experten und technischen Kader machten noch größere Fortschritte und verdoppelten 1992 ihren Anteil nahezu auf 30,6% der Erwerbstätigen. Ein ähnliches Muster findet sich in Deutschland: Die schlecht bezahlten Dienstleistungsarbeitsplätze blieben relativ stabil und deutlich unter dem Anteils- und Mengenzuwachs der höheren Berufsebene. Frankreich erhöhte zwar die Zahl dieser Dienstleistungsstellen während der 1980er Jahre erheblich, brachte es damit aber 1989 auf nur 7,2% der Beschäftigten. In Japan schließlich nahmen die wenig qualifizierten Dienstleistungsstellen nur langsam von 5,4% 1955 auf bescheidene 8,6% 1990 zu.

Es gibt demnach in den fortgeschrittenen Gesellschaften sicherlich Anzeichen für soziale und ökonomische Polarisierung, aber sie führen zu keiner auseinanderstrebenden Berufsstruktur sondern entsprechen unterschiedlichen Positionen ähnlicher Berufe quer durch Sektoren und zwischen verschiedenen Unternehmen. Sektorale, territoriale, firmenspezifische Charakteristika und solche von Geschlecht, Ethnie, Alter sind eindeutigere Quellen sozialer Polarisierung als die berufliche Differenzierung als solche. Informationelle Gesellschaften sind gewiss ungleiche Gesellschaften, aber die Ungleichheiten rühren weniger von einer verbesserten Berufsstruktur her als aus den Exklusionen und Diskriminierungen im Kontext der Erwerbstätigkeit und in ihrem weiteren Zusammenhang.

Schließlich muss ein Überblick über die Transformation der Erwerbsbevölkerung in den fortgeschrittenen Gesellschaften auch die *Entwicklung ihres Beschäftigungsstatus* berücksichtigen. Auch hier widersprechen die Daten den vorherrschenden Ansichten des Post-Industrialismus, die ausschließlich auf der

---

10 Esping-Andersen (1993); Mishel und Bernstein (1994).

amerikanischen Erfahrung beruhen. So findet die Hypothese vom Verschwinden der Selbstständigkeit in reifen informationellen Volkswirtschaften eine gewisse Stütze in der Erfahrung der USA, wo der Prozentsatz der Selbstständigen an allen Erwerbstätigen von 17,6% 1950 auf 8,8% 1991 zurückging, *obwohl er in den letzten 20 Jahren nahezu stabil blieb*. Aber andere Länder zeigen andere Entwicklungsmuster. In Deutschland ging der Anteil in langsamem, stetigen Tempo zurück, von 13,8% 1955 auf 9,5% 1975 und dann auf 8,9% 1989. Frankreich hielt seinen Anteil an Selbstständigen unter den Erwerbstätigen zwischen 1977 und 1987 konstant, jeweils bei 12,8 und 12,7%. In Italien – immerhin die fünftgrößte Marktwirtschaft der Welt – waren 1980 noch immer 24,8% der Erwerbstätigen selbstständig. Japan erlebte zwar einen Rückgang der Selbstständigkeit von 19,2% 1970 auf 14,1% 1990, hat aber noch immer ein bedeutendes Niveau an solcher autonomer Beschäftigung, wozu wir noch 8,3% mithelfende Familienangehörige rechnen müssen, was bedeutet, dass nahezu ein Viertel der japanischen Erwerbstätigen außerhalb der Lohnarbeit stehen. Kanada und das Vereinigte Königreich haben das angebliche säkulare Entwicklungsmuster der Korporatisierung der Beschäftigung während der letzten 20 Jahre umgekehrt. Dabei hat Kanada den Anteil der Selbstständigen an seiner Bevölkerung von 8,4% 1970 auf 9,7% 1992 erhöht, und das Vereinigte Königreich erhöhte den Anteil der Selbstständigen und mithelfenden Familienangehörigen an den Erwerbstätigen von 7,6% 1969 auf 13,0% 1989; diese Tendenz hat sich in den 1990er Jahren fortgesetzt, wie ich später in diesem Kapitel zeige.

Zugegeben, die Mehrzahl der Erwerbstätigen in den fortgeschrittenen Gesellschaften lebt unter Bedingungen der Lohn- bzw. Gehaltsabhängigkeit. Aber die Verschiedenheit der Niveaus, die Ungleichmäßigkeit der Prozesse und die Umkehr der Tendenz in einigen Fällen erfordert eine differenzierte Sicht auf die Entwicklungsmuster der Berufsstruktur. Wir könnten sogar die Hypothese formulieren, dass in dem Maße, wie Vernetzung und Flexibilität Charakteristika der neuen industriellen Organisation werden und wie die neuen Technologien es kleinen Unternehmen ermöglichen, Marktnischen zu finden, Selbstständigkeit und gemischter Beschäftigungsstatus wieder geboren werden. Demnach wird das Berufsprofil der informationellen Gesellschaften, so wie sie historisch entstehen, sehr viel unterschiedlicher sein, als dies in der quasi-naturalistischen Sichtweise der post-industriellen Theorien erscheint, die durch einen amerikanischen Ethnozentrismus verzerrt sind, der selbst die amerikanische Erfahrung nicht vollständig berücksichtigt.

Die Reifung der informationellen Gesellschaft: Beschäftigungs-Projektionen in das 21. Jahrhundert

Die informationelle Gesellschaft begann in ihren historisch unterschiedlichen Ausformungen in der Dämmerung des 20. Jahrhunderts Gestalt anzunehmen. Daher könnte erwartet werden, dass Prognosen über Beschäftigung und Berufsstruktur, welche Vorhersagen über die Sozialstruktur der fortgeschrittenen Gesellschaften in den ersten Jahren des 21. Jahrhunderts machen, analytische Hinweise auf die künftige Entwicklungsrichtung der informationellen Gesellschaft und auf ihr reifes Profil ergeben. Solche Prognosen sind immer abhängig von einer Anzahl ökonomischer, technologischer und institutioneller Annahmen, die schwerlich auf festem Boden stehen können. Deshalb ist der Status der Daten, die ich in diesem Abschnitt benutzen werde, noch provisorischer als die Analyse der Beschäftigungstrends bis 1990. Wenn wir aber zuverlässige Quellen benutzen wie das US Bureau of Labor Statistics, das japanische Arbeitsministerium und von der OECD zusammengestellte Regierungsdaten und zugleich den approximativen Charakter unseres Unternehmens im Auge behalten, könnten wir in der Lage sein, einige Hypothesen über den künftigen Entwicklungspfad der informationellen Beschäftigung aufzustellen.

Meine Analyse der Beschäftigungsprognosen wird sich hauptsächlich auf die Vereinigten Staaten und Japan konzentrieren, weil ich die empirische Komplexität der Studie in Grenzen halten und meine Hauptargumentationslinie nicht aus dem Blick verlieren möchte.[11] Wenn ich also die Vereinigten Staaten und Japan herausgreife, die offenbar zwei unterschiedliche Modelle der informationellen Gesellschaft repräsentieren, kann ich die Hypothesen über die Konvergenz und/oder Divergenz der Beschäftigungs- und Berufsstruktur der informationellen Gesellschaft besser beurteilen.

Für die Vereinigten Staaten veröffentlichte das US Bureau of Labor Statistics (BLS) 1991-1993 eine Serie von Studien, die 1994 aktualisiert wurden.[12] Sie bieten zusammen einen aufschlussreichen Überblick über die Entwicklung von Beschäftigung und Berufsstruktur zwischen 1990/92 und 2005. Um die Analyse zu vereinfachen, werde ich mich unter den drei vom BLS untersuchten Szenarien auf die „gemäßigt alternative Prognose" beziehen.

Die amerikanische Wirtschaft soll demnach zwischen 1992 und 2005 26 Mio. zusätzliche Jobs schaffen. Das ist ein Gesamtzuwachs von 22%, geringfügig höher als der Anstieg für die davorliegende Periode von 13 Jahren, 1979-1992. Die auffälligsten Punkte in den Vorhersagen sind die Fortsetzung der Tendenz zum Rückgang von Arbeitsplätzen in Landwirtschaft und Industrie, die 1990-2005 jeweils mit einer durchschnittlichen Jahresrate von -0,4 und -0,2 abneh-

---

11 Zu Beschäftigungsprognosen für andere OECD-Länder s. OECD (1994: 71-100).
12 S. Carey und Franklin (1991); Kutscher (1991); Silvestri und Lukasiewicz (1991); Braddock (1992); Bureau of Labor Statistics (1994).

men sollen. Jedoch soll die Industrieproduktion mit einer geringfügig höheren Rate als die gesamte Wirtschaft weiter wachsen, mit 2,3% im Jahr. Damit zeigt die unterschiedliche Wachstumsrate von Beschäftigung und Ausstoß in Industrie und Dienstleistungen einen Unterschied in der Arbeitsproduktivität zugunsten der Industrie an, ungeachtet der Einführung neuer Technologien in den informationsverarbeitenden Tätigkeiten. Die über dem Durchschnitt liegende industrielle Produktivität bleibt der Schlüssel zu einem anhaltenden Wachstum, das in der Lage ist, Arbeitsplätze für alle anderen Wirtschaftssektoren zu schaffen.

Eine interessante Beobachtung bezieht sich auf die Tatsache, dass zwar die Beschäftigung in der Landwirtschaft auf nur 2,5% der Gesamtbeschäftigung zurückgehen soll, dass aber für die mit Landwirtschaft verbundenen *Berufe* ein Wachstum erwartet wird; der Grund liegt darin, dass die Zahl der in der Landwirtschaft Tätigen zwar um 231.000 sinken soll, aber eine Zunahme von 311.000 Stellen für Gärtner und Landschaftspfleger erwartet wird: Dass Arbeitsplätze in der traditionellen Landwirtschaft von städtisch orientierten landwirtschaftlichen Dienstleistungsstellen überholt werden, unterstreicht, wie weit die informationellen Gesellschaften in ihrem post-agrarischen Status gekommen sind.

Obwohl erwartet wird, dass nur 1 Mio. der prognostizierten 26,4 Mio. zusätzlichen Arbeitsplätze in der güterproduzierenden Industrie geschaffen werden, wird angenommen, dass der Rückgang in der industriellen Beschäftigung sich verlangsamt; für einige Berufskategorien in der Industrie, wie Präzisionsfertigung, Handwerk, Reparaturen werden sogar Zuwächse erwartet. Die große Masse des Zuwachses an Arbeitsplätzen in den Vereinigten Staaten wird jedoch in „Dienstleistungstätigkeiten" erwartet. Etwa die Hälfte dieses Zuwachses soll von der so genannten *services division* kommen, deren Hauptkomponenten *Gesundheitsdienste* und *unternehmensbezogene Dienstleistungen* sind. Unternehmensbezogene Dienstleistungen, die 1975-1990 der am schnellsten wachsende Dienstleistungssektor waren, werden sich auch bis 2005 weiter an der Spitze der Expansion befinden, wenn auch mit einem langsameren Wachstum von jährlich ungefähr 2,5%. Man sollte sich aber klar machen, dass nicht alle unternehmensbezogenen Dienstleistungen wissensintensiv sind: Eine wichtige Komponente sind Arbeitsplätze im Bereich der digitalisierten Datenverarbeitung, aber *in der Periode von 1975-1990 waren Dienstleistungen in der Personalbeschaffung die am schnellsten wachsende Tätigkeit, was mit der Zunahme von Zeitarbeit und externen Verträgen der Firmen über Arbeitsleistungen zu tun hatte.* Schnell zunehmen sollen in den kommenden Jahren auch die Dienstleistungen im Rechtswesen und hier besonders die juristischen Hilfsdienste, im Ingenieur- und Architekturbereich sowie in Erziehung und Bildung (Privatschulen). Nach den BLS-Kategorien gehören Finanzen, Versicherung und Immobilien (*finance, insurance, and real estate – FIRE*) nicht zu den unternehmensbezogenen Dienstleistungen. Deshalb müssen wir zu der starken Zunahme an unternehmensbezogenen Dienstleistungen das prognostizierte mäßige, aber stetige Wachstum dieser *FIRE*-Kategorie hinzurechnen, das etwa 1,3% jährlich betragen soll, was bis 2005 einen Anteil an der Gesamtbeschäftigung von 6,1% bedeuten soll. Beim Vergleich dieser Daten mit meiner Analyse der unternehmensbezogenen Dienstleistungen im vorhergehenden Abschnitt sollten diese und der *FIRE*-Bereich zusammen berücksichtigt werden.

Die Gesundheitsdienstleistungen werden zu den am schnellsten wachsenden Tätigkeiten gehören, mit einer doppelt so großen Rate wie von 1975-1990. Bis 2005 sollen sie 11,5 Mio. Arbeitsplätze bieten; das sind 8,7% aller Lohn- und Gehaltsempfänger außerhalb der Landwirtschaft. Die Bedeutung dieser Zahl lässt sich ermessen, wenn die Vergleichszahl für die gesamte industrielle Beschäftigung 2005 14% der Erwerbstätigen betragen soll. Mobile Gesundheitsdienste vor allem für Alte sollen der am schnellsten wachsende Tätigkeitsbereich werden.

Der Einzelhandel, der mit einer soliden Durchschnittsrate von jährlich 1,6% wachsen soll und mit einer sehr hohen absoluten Zahl von Arbeitsplätzen beginnt, stellt mit 5,1 Mio. zusätzlicher Arbeitsplätze die dritte große Quelle potenziellen zusätzlichen Wachstums dar. Innerhalb dieses Sektors wird das Gaststättengewerbe 2005 für 42% aller Arbeitsplätze im Einzelhandel aufkommen. Arbeitsplätze in der Gliedstaaten- und Lokalverwaltung werden der Beschäftigung ebenfalls ansehnliche Zahlen hinzufügen und von 15,2 Mio. 1990 auf 18,3 Mio. 2005 anwachsen. Mehr als die Hälfte dieser Zunahme wird im Bildungs- und Erziehungsbereich erwartet. Damit entspricht insgesamt die prognostizierte Beschäftigungsstruktur der Vereinigten Staaten ziemlich weitgehend der ursprünglichen Blaupause für die informationelle Gesellschaft:

– Landwirtschaftliche Arbeitsplätze werden abgebaut;
– die industrielle Beschäftigung wird, wenn auch mit niedrigerem Tempo, weiter zurückgehen und auf einen harten Kern im handwerklichen und Maschinenbaubereich reduziert werden. Der größte Teil der Beschäftigungseffekte in der Industrieproduktion wird auf die industriebezogenen Dienstleistungen übergehen;
– Produktionsbezogene Dienstleistungen, Gesundheits- sowie Bildungs- und Erziehungswesen weisen den höchsten Beschäftigungszuwachs auf, und sie werden auch in absoluten Zahlen immer wichtiger;
– Im Einzelhandel und bei sonstigen Dienstleistungen nimmt die unqualifizierte Beschäftigung in der neuen Wirtschaftsform weiter zu.

Wenden wir uns nun den Prognosen für die Berufsstruktur zu, so scheint sich auf den ersten Blick die Hypothese für den Informationalismus zu bestätigen: Von allen Berufsgruppen haben die Experten (32,3% für den Untersuchungszeitraum) und die technischen Kader (36,9%) die höchsten Wachstumsraten. Aber die zumeist wenig qualifizierten „Dienstleistungsberufe" wachsen ebenfalls schnell (29,2%), und sie werden 2005 noch immer 16,9% der Berufsstruktur ausmachen. Zusammengenommen werden Manager, Experten und technische Kader ihren Anteil an der Gesamtbeschäftigung von 24,5% 1990 auf 28,9% 2005 steigern. Beschäftigte im Verkaufsbereich und in untergeordneten Verwaltungsfunktionen werden zusammengenommen mit etwa 28,8% der Gesamtbeschäftigung stabil bleiben. Facharbeiter werden ihren Anteil sogar erhöhen, was die Tendenz bestätigt, dass sich hier ein harter Kern handwerklicher Qualifikationen stabilisiert.

Überprüfen wir das genauer: Ist die Zukunft der informationellen Gesellschaft durch eine zunehmende Polarisierung der Berufsstruktur gekennzeichnet? Für die Vereinigten Staaten hat das Bureau of Labor Statistics seine Vorhersagen mit einer Analyse der Bildungsanforderungen für die 30 Berufe verbunden, denen zwischen 1990 und 2005 das schnellste Wachstum, sowie für die 30 Berufe, denen der schnellste Rückgang vorhergesagt wurde. Die Analyse berücksichtigte sowohl die Rate des Wachstums oder Rückgangs wie die Veränderung in absoluten Zahlen. Die Autoren der Studie kommen zu dem Schluss, dass „die Mehrheit der [zunehmenden] Berufe Bildung oder Schulung über das Niveau der *high school* hinaus erfordern. Und bereits 1990 lag bei zwei Dritteln der 30 am schnellsten wachsenden Berufe und bei nahezu der Hälfte der 30 Berufe mit der größten Anzahl an zusätzlichen Arbeitsplätzen Ausbildung oder Schulung überwiegend über *high school*-Niveau."[13] Die stärksten Arbeitsplatzverluste werden andererseits in den verarbeitenden Industriebranchen und einigen Verwaltungstätigkeiten auf der unteren Qualifikationsebene erwartet, die von der Automatisierung der Büros hinweg gefegt werden. Bezogen auf die Gesamtheit aller während der Periode 1992-2005 neu geschaffenen Arbeitsplätze sieht Silvestri jedoch nur bescheidene Veränderungen in der Verteilung des Bildungsniveaus der Erwerbsbevölkerung voraus.[14] Der Anteil von Erwerbstätigen, die das College absolviert haben, soll um 1,4 Prozentpunkte steigen, und der Anteil derjenigen mit einer abgebrochenen College-Ausbildung wird leicht zunehmen. Umgekehrt nimmt der Anteil der Absolventen der *high school* um einen Prozentpunkt ab, und der Anteil der am wenigsten Gebildeten geht leicht zurück. Demnach weisen einige Tendenzen auf eine Verbesserung der Berufsstruktur hin und entsprechen damit den Vorhersagen der post-industriellen Theorie. Andererseits bedeutet jedoch die Tatsache, dass hochqualifizierte Berufe eine Tendenz zu schnellerer Zunahme haben, wegen des relativen Gewichtes der unqualifizierten Jobs in absoluten Zahlen nicht, dass die Gesamtgesellschaft wirklich der Gefahr von Polarisierung und Dualismus entgehen wird. Die BLS-Prognosen für 1992-2005 zeigen, dass für die Beschäftigungsanteile von Experten und Angestellten im Dienstleistungsbereich ungefähr der gleiche Zuwachs erwartet wird, nämlich 1,8 bzw. 1,5 Prozentpunkte. Weil diese beiden Gruppen zusammen etwa die Hälfte des Arbeitsplatzzuwachses ausmachen, tendieren sie dazu, die Jobs in absoluten Zahlen an den beiden Enden der Berufsskala zu konzentrieren: 6,2 Mio. zusätzliche Arbeitskräfte im Expertenbereich und 6,5 Mio. zusätzliche Arbeitskräfte im Dienstleistungsbereich, deren Einkommen

---

13 Silvestri und Lukasiewicz (1991: 82).
14 Silvestri (1993).

1992 etwa 40% unter dem Durchschnitt aller Berufsgruppen lag. Wie Silvestri schreibt, „erklärt sich [der niedrigere Verdienst der im Dienstleistungsbereich Tätigen] teilweise daraus, dass ein Drittel dieser Beschäftigten weniger als einen *high school*-Abschluss hat und dass zweimal so viele wie im Durchschnitt aller Beschäftigten Teilzeitbeschäftigte sind".[15] Um eine zusammengefasste Vorstellung von den prognostizierten Veränderungen der Berufsstruktur zu versuchen, habe ich auf der Grundlage der detaillierten Daten aus einer anderen Studie von Silvestri über die Verteilung der Beschäftigten nach Beruf, Bildung und Verdienst für 1992 (tatsächliche Daten) und 2005 (Vorhersage) ein vereinfachtes Schichtungsmodell berechnet.[16] Unter Zugrundelegung des mittleren Wocheneinkommens als des unmittelbarsten Indikators für soziale Schichtung habe ich vier gesellschaftliche Gruppen gebildet: Oberklasse (Manager und Experten); Mittelklasse (technische Kader und Arbeitskräfte im Handwerk); untere Mittelklasse (Angestellte in Verkauf und untergeordneten Verwaltungsfunktionen, Maschinenarbeiter) und Unterklasse (Dienstleistungen und Landwirtschaft). Meine Neuberechnung der Daten von Silvestri nach diesen Kategorien ergab für die Oberklasse eine Zunahme ihres Anteils an der Beschäftigung von 23,7% 1992 auf 25,3% 2005 (+1,6); für die Mittelklasse einen leichten Rückgang von 14,7 auf 14,3% (-0,3); für die untere Mittelklasse einen Rückgang von 42,7% auf 40,0% (-2,7), und für die Unterklasse eine Zunahme von 18,9 auf 20% (+1,1). Zwei Tatsachen verdienen unsere Aufmerksamkeit: Es kommt zu ein und derselben Zeit zu einer relativen Anhebung des Schichtungssystems und zu einer mäßigen Tendenz beruflicher Polarisierung. Der Grund liegt in den gleichzeitigen Zunahmen am Ende und an der Spitze der Sozialskala, wobei der Anstieg an der Spitze freilich größer ist.

Wir wollen nun die Prognosen über die japanische Beschäftigungs- und Berufsstruktur untersuchen. Wir haben zwei Prognosen, die beide aus dem Arbeitsministerium stammen. Eine davon wurde 1991 veröffentlicht und enthält auf der Grundlage der Daten für 1980-1985 Vorhersagen für 1989, 1995 und 2000. Die andere wurde 1987 veröffentlicht und macht Vorhersagen zu 1990, 1995, 2000 und 2005. Beide prognostizieren die Beschäftigungsstruktur nach Branchen und die Berufsstruktur. Ich habe mich dafür entschieden, genauer auf die Prognose von 1987 einzugehen, weil sie genauso zuverlässig, aber detaillierter nach Branchen aufgeschlüsselt ist und bis 2005 reicht.[17]

Am Auffälligsten an diesen Vorhersagen ist der langsame Rückgang der industriellen Beschäftigung in Japan, obwohl sich die Transformation zur informationellen Gesellschaft beschleunigt. In der statistischen Prognose von 1987 betrug die industrielle Beschäftigung 1985 25,9%, und es wurde erwartet, dass sie sich 2005 auf dem Stand von 23,9% der Gesamtbeschäftigung halten würde. Zur Er-

---

15 Silvestri (1993: 85).
16 Silvestri (1993: Tab. 9).
17 Ministry of Labor (1991).

innerung: In der US-Prognose wurde erwartet, dass die industrielle Beschäftigung von 17,5% 1990 auf 14% 2005 zurückgehen werde, was von einer sehr viel niedrigeren Ausgangsbasis aus einen viel schärferen Rückgang bedeutet. Japan erreicht diese relative Stabilität der industriellen Arbeitsplätze dadurch, dass Rückgänge in traditionellen Sektoren durch die neuesten Sektoren ausgeglichen werden, wo es sogar zu Zuwächsen kommt. Während also die Beschäftigung in der Textilindustrie von 1,6% 1985 auf 1,1% 2005 zurückgehen wird, wird die Beschäftigung in der Elektromaschinen-Industrie in derselben Periode von 4,1 auf 4,9% ansteigen. Die Anzahl der Metallarbeiter wird erheblich sinken, aber die Arbeitsplätze in der Nahrungsmittelindustrie werden sprunghaft von 2,4 auf 3,5% zunehmen.

Insgesamt wird die spektakulärste Zunahme im Beschäftigungsbereich in Japan in den unternehmensbezogenen Dienstleistungen erwartet, von 3,3% 1985 auf 8,1% 2005; dies zeigt die zunehmende Rolle informationsintensiver Tätigkeiten in der japanischen Wirtschaft. Aber vom Beschäftigungsanteil im Finanz-, Versicherungs- und Immobilienbereich wird für den Prognosezeitraum von 20 Jahren erwartet, dass er stabil bleibt. Zusammen mit der vorhergehenden Beobachtung scheint dies zu bedeuten, dass diese schnell wachsenden unternehmensbezogenen Dienstleistungen hauptsächlich Dienstleistungen für die Industrie und andere Dienstleistungsbranchen sind, also Dienstleistungen, die Wissen und Information in die Produktion schleusen. Die Gesundheitsdienstleistungen sollen leicht ansteigen, und für die Beschäftigung in Bildung und Erziehung wird erwartet, dass sie denselben Anteil behält wie 1985. Andererseits wird erwartet, dass die landwirtschaftliche Beschäftigung scharf abfällt, von 9,1% 1985 auf 3,9% 2005 – als habe Japan endlich den Übergang in das postagrarische (nicht das post-industrielle) Zeitalter vollzogen. Allgemein gesprochen zeichnen sich die Erwartungen für die japanische Beschäftigungsstruktur mit Ausnahme der unternehmensbezogenen Dienstleistungen und der Landwirtschaft durch bemerkenswerte Stabilität aus und bestätigen so erneut diesen allmählichen Übergang zum informationellen Paradigma mit der Neubestimmung des Inhalts vorhandener Jobs, die in das neue Paradigma eingepasst werden, ohne dass sie zwangsläufig abgebaut werden.

Bei der Berufsstruktur besteht die weitestgehende prognostizierte Veränderung in der Zunahme des Anteils der Experten- und technischen Berufe, die von 10,5% 1985 auf erstaunliche 17% 2005 ansteigen werden. Andererseits werden leitende Positionen zwar ihren Anteil signifikant erhöhen, aber in langsamerem Tempo zunehmen und 2005 immer noch weniger als 6% der Gesamtbeschäftigung ausmachen. Dies wird die Tendenz zur Reproduktion der schlanken hierarchischen Struktur der japanischen Organisationen bestätigen, wo sich die Macht in den Händen einiger weniger Manager konzentriert. Die Daten scheinen auch auf eine zunehmende Akademisierung der Arbeitskräfte der mittleren Ebene hinzudeuten sowie auf die Spezialisierung der Aufgaben in der Informationsverarbeitung und Wissensschöpfung. Tätigkeiten in Handwerk und Maschinenarbeit werden der Prognose zufolge zurückgehen, aber 2005 immer noch ein Viertel der Erwerbstätigen ausmachen, etwa drei Prozentpunkte mehr als die entsprechenden Berufskategorien in den USA zum selben Zeitpunkt. Für Arbeitsstellen in untergeordneten Verwaltungsfunktionen wurde ebenfalls ein mäßiger Anstieg erwarten, während Farmtätigkeiten gegenüber dem Niveau von 1985 um etwa zwei Drittel reduziert werden.

Demnach scheinen die Vorhersagen über die Beschäftigungsstruktur für die Vereinigten Staaten und für Japan die Tendenzen fortzusetzen, die wir für die Periode von 1970-1990 beobachtet haben. Dies sind eindeutig zwei unterschiedliche Beschäftigungs- und Berufsstrukturen, die zwei Gesellschaften entsprechen, die im Hinblick auf ihr sozio-technisches Produktions-Paradigma gleichermaßen als informationell bezeichnet werden können, die aber deutlich unterschiedliche Verlaufsformen bei Produktivitätszuwachs, wirtschaftlicher Konkurrenzfähigkeit und sozialer Kohäsion aufweisen. Während die Vereinigten Staaten ihre Tendenz zur Abkehr von den industriellen Arbeitsplätzen zu verstärken scheinen, behält Japan eine eher ausgeglichene Struktur bei, mit einem starken Industriesektor und breiter Abfederung im Einzelhandelsbereich. Der japanische Schwerpunkt auf den unternehmensbezogenen Dienstleistungen konzentriert sich deutlich weniger auf Finanzen und Immobilien, und die Ausweitung der Beschäftigung in den sozialen Dienstleistungen ist eher begrenzt. Die Vorhersagen über die Berufsstruktur bestätigen die unterschiedlichen Managementstile, wobei die japanischen Organisationen kooperative Strukturen auf Werkstatt- und Büroebene schaffen, aber zugleich die Entscheidungskompetenz weiterhin in einer schlankeren Management-Rangordnung konzentrieren. Insgesamt scheint die begrenzte Überprüfung anhand der hier vorgestellten Prognosen die allgemeine Hypothese zu bestätigen, dass es unterschiedliche Pfade des informationellen Paradigmas gibt, die innerhalb eines gemeinsamen Grundmusters der Beschäftigungsstruktur verlaufen.

Fazit: Die Entwicklung der Beschäftigungsstruktur und ihre Implikationen für eine komparative Analyse der informationellen Gesellschaft

Die historische Evolution der Beschäftigungsstruktur, in der die Sozialstruktur verwurzelt ist, war von der säkularen Tendenz beherrscht, die Produktivität der menschlichen Arbeit zu steigern. In dem Maße, wie technologische und organisatorische Innovationen es den Menschen ermöglichten, mehr und bessere Produkte mit weniger Anstrengung und Ressourcen zu erzeugen, wurden Arbeit und Arbeitskräfte aus der direkten in die indirekte Produktion verlagert, aus Anbau, Extraktion und Fabrikation in Konsumentendienstleistungen und Management und aus einem engen Spektrum wirtschaftlicher Aktivitäten in ein berufliches Universum von zunehmender Vielfalt.

Aber die Geschichte von menschlicher Schöpferkraft und wirtschaftlichem Fortschritt im Verlauf der gesamten Geschichte ist häufig allzu sehr vereinfacht worden und hat so unser Verständnis nicht nur der Vergangenheit, sondern auch der Zukunft vernebelt. Die übliche Version dieses Prozesses historischer Übergänge als Verlagerung von der Landwirtschaft zur Industrie, dann zu den Dienstleistungen enthält, wenn sie die augenblickliche Transformation unserer Gesellschaften erklären soll, drei grundlegende Mängel:

1. Sie unterstellt Homogenität zwischen dem Übergang von der Landwirtschaft zur Industrie einerseits und jener von der Industrie zu den Dienstleistungen andererseits und übersieht dabei die Unbestimmtheit und innere Vielfalt der Tätigkeiten, die unter der Bezeichnung „Dienstleistungen" zusammengefasst werden.
2. Sie schenkt dem wahrhaft revolutionären Charakter der neuen Informationstechnologien nicht genügend Aufmerksamkeit. Diese ermöglichen eine direkte Online-Verbindung zwischen unterschiedlichen Tätigkeitstypen im selben Prozess der Produktion, des Management und der Distribution und schaffen so eine enge strukturelle Verbindung zwischen Sphären von Arbeit und Beschäftigung, die nur durch überholte statistische Kategorien künstlich voneinander getrennt werden.
3. Sie vergisst die kulturelle, historische und institutionelle Unterschiedlichkeit der fortgeschrittenen Länder ebenso wie die Tatsache, dass diese in der globalen Wirtschaft voneinander abhängig sind. Demnach verläuft der Wechsel zum sozio-technischen Paradigma der informationellen Produktion entlang unterschiedlicher Linien, die durch die Entwicklungsbahnen der einzelnen Gesellschaften und die Interaktion zwischen diesen verschiedenen Entwicklungsbahnen bestimmt werden. Daraus folgt eine Vielfalt von Beschäftigungs- und Berufsstrukturen innerhalb des gemeinsamen Paradigmas der informationellen Gesellschaft.

Unsere empirische Beobachtung der Beschäftigungsentwicklung in den G 7-Ländern zeigt einige grundlegende gemeinsame Merkmale, die für informationelle Gesellschaften charakteristisch zu sein scheinen:

– Abbau der landwirtschaftlichen Beschäftigung;
– stetiger Rückgang der traditionellen industriellen Beschäftigung;
– Zunahme sowohl von produktionsbezogenen als auch von sozialen Dienstleistungen, wobei der Schwerpunkt in der ersten Kategorie auf den unternehmensbezogenen Dienstleistungen liegt und in der zweiten Gruppe auf der Gesundheitsversorgung;
– zunehmende Diversifizierung der Dienstleistungstätigkeiten als Beschäftigungsquelle;
– schnelle Zunahme von Manager-, Experten- und technischen Arbeitsplätzen;
– Herausbildung eines *white collar*-Proletariats aus Angestellten in untergeordneten Verwaltungsfunktionen und Verkauf;

- relative Stabilität eines erheblichen Beschäftigungsanteils im Einzelhandel;
- gleichzeitige Zunahme der Berufsgruppen am oberen und unteren Ende der Skala;
- relative Anhebung der Berufsstruktur im Zeitverlauf, wobei die Steigerung des Anteils jener Berufe, die höhere Qualifikationen und höhere Bildung verlangen, proportional höher ist als der Anstieg der niedrigeren Kategorien.

Daraus folgt nicht, dass die Gesellschaften insgesamt oder innerhalb ihres Schichtungssystems Qualifikationen, Bildung oder Einkommensstatus verbessern. Die Auswirkungen einer etwas angehobenen Beschäftigungsstruktur auf die Sozialstruktur sind von der Fähigkeit der Institutionen abhängig, die Nachfrage nach Arbeitskräften in die Erwerbsbevölkerung zu inkorporieren und die Arbeitenden entsprechend ihrer Qualifikation zu honorieren. Die Analyse der unterschiedlichen Entwicklung der G 7-Länder zeigt im Übrigen deutlich ein gewisses Maß an Variation in der Beschäftigungs- und Berufsstruktur. Auf die Gefahr einer übermäßigen Vereinfachung hin können wir die Hypothese von zwei unterschiedlichen informationellen Modellen aufstellen:

1. Das *Modell der Dienstleistungsökonomie*, das von den Vereinigten Staaten, dem Vereinigten Königreich und Kanada verkörpert wird: Es ist durch den Rückgang des Anteils der industriellen Beschäftigung an der Gesamtbeschäftigung nach 1970 charakterisiert, als sich das Tempo des Übergangs zum Informationalismus steigerte. Nachdem die landwirtschaftliche Beschäftigung bereits nahezu vollständig eliminiert war, legt dieses Modell den Schwerpunkt auf eine völlig neue Beschäftigungsstruktur, in der die Differenzierung zwischen verschiedenen Dienstleistungstätigkeiten zum Schlüsselelement für die Analyse der Sozialstruktur wird. In diesem Modell liegt das Hauptgewicht stärker auf den Dienstleistungen im Bereich des Kapital-Management gegenüber produktionsbezogenen Dienstleistungen. Der Sektor der sozialen Dienstleistungen wächst beständig durch eine drastische Zunahme der Arbeitsplätze in der Gesundheitsversorgung und in geringerem Maß im Erziehungsbereich. Für das Modell ist auch eine Ausweitung der Manager-Kategorie, vor allem im mittleren Management charakteristisch.

2. Das *Modell der industriellen Produktion,* deutlich vertreten durch Japan und in hohem Maß auch durch Deutschland. Hier wird zwar ebenfalls der Anteil der industriellen Beschäftigung reduziert, bleibt aber auf relativ hohem Niveau, bei etwa einem Viertel der Erwerbsbevölkerung. Die sehr viel langsamere Veränderung ermöglicht die Neustrukturierung industrieller Tätigkeiten in ein neues sozio-technisches Paradigma. In diesem Modell sinkt die Zahl der industriellen Arbeitsplätze, und zugleich verstärkt sich die industrielle Aktivität. Teilweise als Folge dieser Orientierung sind produktionsbezogene Dienstleistungen hier viel wichtiger als Finanzdienstleistungen, und sie sind offenbar direkter an die Industrieunternehmen gebunden. Das soll nicht heißen, dass finanzielle Aktivitäten in Japan und Deutschland nicht

wichtig wären: Schließlich sind acht der zehn größten Banken der Welt japanisch. Obwohl jedoch die Finanzdienstleistungen wirklich wichtig sind und ihren Anteil in beiden Ländern ausgeweitet haben, findet die Zunahme im Dienstleistungsbereich überwiegend bei Dienstleistungen für Unternehmen und im Sozialbereich statt. Japan zeigt aber auch darin eine Besonderheit, dass es einen signifikant geringeren Anteil der Beschäftigung in den sozialen Dienstleistungen aufweist als die anderen informationellen Gesellschaften. Das hängt vermutlich mit der Struktur der japanischen Familie und der Internalisierung einiger sozialer Dienstleistungen in die Unternehmensstruktur zusammen: Eine kulturelle und institutionelle Analyse der Unterschiedlichkeiten in der Beschäftigungsstruktur scheint notwendig zu sein, will man die Verschiedenheit der informationellen Gesellschaften erklären.

In der Mitte zwischen diesen beiden Modellen scheint Frankreich dem Modell der Dienstleistungsökonomie zuzuneigen, wobei es aber eine relativ starke Industriebasis beibehält und Gewicht sowohl auf die produktionsbezogenen als auch auf die sozialen Dienstleistungen legt. Die enge Verflechtung zwischen der französischen und der deutschen Volkswirtschaft in der Europäischen Union schafft wahrscheinlich eine Arbeitsteilung zwischen Management- und Fertigungsaktivitäten, die letztlich der deutschen Komponente der entstehenden europäischen Volkswirtschaft zugute kommen könnte. Italien zeichnet sich dadurch aus, dass hier noch immer fast ein Viertel der Erwerbstätigen den Status von Selbstständigen besitzt, und führt vielleicht ein drittes Modell ein, in dessen Mittelpunkt ein anderes organisatorisches Arrangement stehen würde, das auf Netzwerken kleiner und mittlerer Unternehmen beruht, die sich den wechselnden Bedingungen der globalen Wirtschaft angepasst haben und so die Grundlagen für einen interessanten Übergang vom Proto-Industrialismus zum Proto-Informationalismus schaffen.

Die unterschiedlichen Ausformungen dieser Modelle in jedem einzelnen der G 7-Länder sind abhängig von deren Stellung in der globalen Wirtschaft. Mit anderen Worten: Die Konzentration eines Landes auf das Modell der Dienstleistungsökonomie bedeutet, dass andere Länder ihre Rolle als industriell produzierende Volkswirtschaften ausüben. Die implizite Annahme der post-industriellen Theorie, dass die fortgeschrittenen Länder zu Dienstleistungsökonomien würden, während die weniger fortgeschrittenen sich auf Landwirtschaft und Industrie spezialisieren, ist durch die historische Erfahrung widerlegt. Auf der ganzen Welt sind viele Volkswirtschaften Quasi-Subsistenzwirtschaften, während landwirtschaftliche und industrielle Aktivitäten, die außerhalb des informationellen Kerns aufblühen, dies aufgrund ihrer engen Verbindung mit der von den G 7-Ländern beherrschten globalen Wirtschaft tun. Demnach sind die Beschäftigungsstrukturen der USA und Japans Ausdruck der unterschiedlichen Formen der Einpassung dieser Länder in die globale Wirtschaft und nicht einfach des Ausmaßes, in dem sie auf der informationellen Fortschrittsskala vorangekommen sind. Die Tatsache, dass es in den USA einen geringeren Anteil an industriellen Arbeitsplätzen und einen höheren Anteil an Managern gibt, ist teilweise darauf zurückzuführen, dass US-Firmen industrielle Arbeitsplätze auslagern und sich in den Vereinigten Staaten auf die Tätigkeit in Management und Informationsverarbeitung konzentrieren. Dies geschieht auf Kosten der produktiven Tätigkeiten, die dann in anderen Ländern durch den Konsum der Produkte dieser Länder in den USA hervorgerufen werden.

Außerdem sind die unterschiedlichen Formen der Einpassung in die globale Wirtschaft nicht nur auf die unterschiedlichen institutionellen Umwelten und wirtschaftlichen Entwicklungsbahnen zurückzuführen, sondern auch auf Regierungspolitik und Firmenstrategien. So können die beobachteten Tendenzen auch umgekehrt werden. Wenn Politik und Strategie die Mischung zwischen Dienstleistung und Industrie innerhalb einer gegebenen Volkswirtschaft verändern können, so bedeutet dies, dass Variationen des informationellen Paradigmas ebenso wichtig sind wie seine Grundstruktur. Es ist ein gesellschaftlich offenes, politisch gelenktes Paradigma, dessen wesentliches gemeinsames Merkmal technologisch ist.

In dem Maße, wie die Volkswirtschaften sich schnell auf ihre Integration und gegenseitige Durchdringung hin entwickeln, wird die sich daraus ergebende Beschäftigungsstruktur weitgehend Ausdruck der Position eines jeden Landes und jeder Region in der interdependenten, globalen Struktur von Produktion, Distribution und Management sein. Die künstliche Trennung der Sozialstrukturen durch die institutionellen Grenzen der verschiedenen Nationen – Vereinigte Staaten, Japan, Deutschland usw. – führt dazu, dass die Analyse der Berufsstruktur der informationellen Gesellschaft in einem bestimmten Land, isoliert von dem, was in einem anderen Land geschieht, dessen Wirtschaft in so enger gegenseitiger Beziehung mit dem analysierten verbunden ist, nur von begrenztem Interesse ist. Wenn japanische Hersteller viele der Autos produzieren, die auf dem amerikanischen Markt verkauft, und viele der Chips, die in Europa eingesetzt werden, dann sind wir nicht einfach Zeugen des Endes der amerikanischen oder der britischen Industrie, sondern der Auswirkungen der Arbeitsteilung zwischen unterschiedlichen Typen informationeller Gesellschaften auf die Beschäftigungsstruktur eines jeden Landes.

Die Implikationen dieser Beobachtung für die Theorie des *Informationalismus* sind weitreichend: Wir müssen eine andere Analyseeinheit wählen, um die neue Gesellschaft zu verstehen. Die Theorie muss ihren Schwerpunkt auf ein komparatives Paradigma verlagern, das in der Lage ist, gleichzeitig die Gemeinsamkeit der Technologie, die wechselseitige Abhängigkeit der Ökonomie und die geschichtlichen Variationen bei der Bestimmung einer Beschäftigungsstruktur zu erklären, die über nationale Grenzen hinwegreicht.

Gibt es eine globale Erwerbsbevölkerung?

Wenn es eine globale Wirtschaft gibt, sollte es auch einen globalen Arbeitsmarkt und eine globale Erwerbsbevölkerung geben.[18] Wie es jedoch mit vielen solcher unmittelbar einsichtigen Aussagen geht, ist auch diese empirisch falsch und analytisch irreführend. Während das Kapital in den elektronischen Kreisläufen der globalen Finanznetzwerke ungehindert fließt, wird die Arbeitskraft noch immer durch Institutionen, Kultur, Grenzen, Polizei und Fremdenfeindlichkeit eingeschränkt und wird es wohl in absehbarer Zukunft auch bleiben. Internationale Migrationsbewegungen nehmen freilich in einer langfristigen Tendenz zu, die dazu beiträgt, die Erwerbsbevölkerung zu verändern, wenn auch auf komplexere Weise als dies durch die Vorstellungen von einem globalen Arbeitsmarkt nahegelegt wird.

Untersuchen wir die empirischen Trends. Eine Schätzung der ILO von 1993 bezifferte den Anteil der Personen, die außerhalb ihres Heimatlandes arbeiteten, auf 1,5% der globalen Erwerbsbevölkerung, d.h. 80 Mio. eingewanderte Arbeitskräfte. Die Hälfte davon konzentrierte sich auf das subsaharanische Afrika und den Nahen Osten.[19] Damit wird das Ausmaß der globalen Migration wohl zu niedrig angesetzt, wenn man die Beschleunigung der Migration in den 1990er Jahren berücksichtigt. In einer umfassenden Studie über die globale Migrationsdynamik haben der führende Fachmann auf diesem Gebiet, Douglas Massey und seine Koautoren nachgewiesen,[20] dass sich die Mobilität der Arbeitskraft in allen Regionen der Welt und in den meisten Ländern intensiviert. Die Tendenzen variieren jedoch in Zeit und Raum. In der Europäischen Union stieg der Anteil der ausländischen Bevölkerung von 3,1% 1982 auf 4,5% 1990 an (s. Tab. 4.22 in Anhang A). Während aber dieser Anstieg in Deutschland, Österreich und Italien signifikant war, war der Anteil der im Ausland geborenen Einwohner im Vereinigten Königreich und in Frankreich sogar rückläufig. Betrachtet man die Mobilität innerhalb der Europäischen Union, so arbeiteten ungeachtet der Niederlassungsfreiheit für Bürger der Mitgliedsländer 1993 nur 2% von ihnen in einem anderen Land der Europäischen Union, und dieser Anteil war seit zehn Jahren unverändert.[21] Der Anteil der ausländischen Arbeitskräfte an der gesamten britischen Erwerbsbevölkerung betrug 1975 6,5% und 1985-1987 4,5%; in Frankreich fiel er von 8,5% auf 6,9%; in Schweden von 6 auf 4,9%; und in der Schweiz von 24 auf 18,2%.[22] Anfang der 1990er Jahre ließ das politische Asyl wegen der sozialen Erschütterungen in Osteuropa, vor allem in Jugoslawien, das Ausmaß der Zuwanderung besonders in Deutschland ansteigen. Insgesamt wurde geschätzt, dass in der Europäischen Union Anfang der

---

18 Johnston (1991).
19 Campbell (1994).
20 Massey u.a. (1999).
21 *Newsweek* (1993).
22 Die Quellen wurden von Soysal (1994: 23) gesammelt und ausgewertet; s. auch Stalker (1994).

1990er Jahre die gesamte ausländische Bevölkerung an nicht-europäischen Staatsbürgern etwa 13 Mio. betrug, davon etwa ein Viertel ohne gültige Papiere.[23] Der Anteil der Ausländerinnen und Ausländer überstieg in den fünf größten Ländern der Europäischen Union 1994 nur in Deutschland 5%; er lag in Frankreich sogar unter dem Stand von 1986; und im Vereinigten Königreich nur leicht über dem Niveau von 1986.[24] Die Lage änderte sich in den späten 1990er Jahren, als sich die osteuropäische Einwanderung nach Deutschland, Österreich, in die Schweiz und nach Italien intensivierte und sich afrikanische Migranten nach Südeuropa durchschlugen. Eine relativ neue Erscheinung war die massive illegale Einwanderung vor allem aus Osteuropa, die oft von kriminellen Schlepper-Ringen organisiert wurde und auch Tausende von versklavten Frauen für das profitable Geschäft mit der Prostitution in den zivilisierten westeuropäischen Ländern betraf. 1999 wurde die Zahl der illegalen Immigranten in der Europäischen Union auf jährlich etwa 500.000 geschätzt, wobei die Hauptziele Deutschland, Österreich, die Schweiz und Italien waren (s. Bd. III, Kap. 3). Wegen seiner restriktiven Einbürgerungsgesetzgebung erreichte Deutschland das Niveau von 10% Ausländern in seiner Bevölkerung, wozu noch diejenigen hinzugerechnet werden müssen, die sich ohne Dokumente im Land befinden. In den Vereinigten Staaten kam es in den 1980er und 1990er Jahren zu einer bedeutenden Einwanderungswelle (während der 1990er Jahre etwa 1 Mio. neue Immigranten pro Jahr). Die USA waren immer eine Einwanderungsgesellschaft, und die gegenwärtigen Tendenzen stehen in einer langfristigen historischen Kontinuität (s. Abb. 4.1).[25] Was sich in beiden Fällen verändert hat, ist die ethnische und soziale Zusammensetzung der Migranten. Ein immer geringerer Teil der Immigration nach Amerika ist europäischen Ursprungs, und in den europäischen Ländern gibt es einen höheren Anteil von afrikanischen, asiatischen und muslimischen Migrantinnen und Migranten. Wegen der unterschiedlichen Geburtenquoten der einheimischen Bevölkerung und der Einwanderer werden ferner die wohlhabenden Gesellschaften ethnisch vielfältiger (Abb. 4.2). Die Sichtbarkeit der immigrierten Arbeitnehmer und ihrer Nachkommen hat zugenommen, weil sie in den größten Ballungsgebieten und in wenigen Regionen konzentriert sind.[26] Die Folge beider Entwicklungen war, dass in den 1990er Jahren Ethnizität und kulturelle Unterschiedlichkeit in Europa zu einem wesentlichen gesellschaftlichen Problem wurden; in Japan wurden sie zu einer neuen Frage, und sie hielten sich an der Spitze der amerikanischen Tagesordnung, wo sie sich schon immer befunden hatten. Massey und seine Arbeitsgruppe haben auch die zunehmende Rolle der Migration in Asien, Afrika, im Nahen Osten und Lateinamerika nachgewiesen. Insgesamt schätzte der *Human Development Report*

---

23 Soysal (1994: 22).
24 *The Economist.*
25 Borjas u.a. (1991); Bouvier und Grant (1994); Stalker (1994).
26 Machimura (1994); Stalker (1994).

Abbildung 4.1 Prozentsatz der im Ausland geborenen Bevölkerung der Vereinigten Staaten, 1900-1994

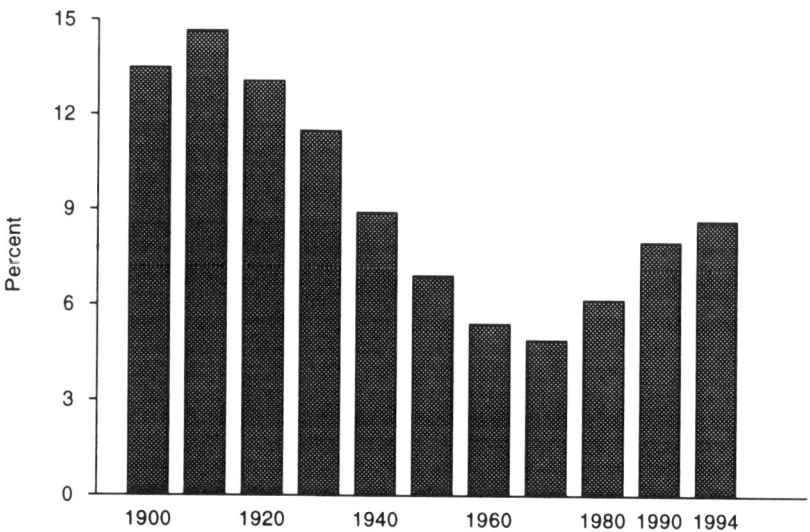

Quelle: US Bureau of the Census

des UNDP 1999, dass es weltweit zwischen 130 und 145 Mio. legale immigrierte Arbeitnehmer gibt, gegenüber 84 Mio. 1975; dem müssen zusätzliche Millionen nicht-dokumentierter Arbeitskräfte hinzugerechnet werden.[27] Das ist jedoch noch immer nur ein winziger Bruchteil der globalen Erwerbsbevölkerung. Immigrierte Arbeitskräfte spielen zwar auf den Arbeitsmärkten vieler Länder, besonders in den Vereinigten Staaten, Kanada, Australien, der Schweiz und Deutschland eine immer größere Rolle, aber das bedeutet nicht, dass die Erwerbsbevölkerung global geworden wäre. Es gibt tatsächlich einen globalen Markt, aber nur für einen winzigen Bruchteil der Erwerbsbevölkerung. Das sind die höchstqualifizierten Fachkräfte in F&E, in Hightech, in Finanzmanagement, in der Unternehmensberatung und im Entertainment, die zwischen den Knoten der globalen Netzwerke, die den Planeten kontrollieren, hin und her pendeln.[28] Diese Integration der besten Talente in die globalen Netzwerke ist zwar entscheidend für die Kommandohöhen der informationellen Wirtschaft, die große Mehrheit der Arbeitskräfte in den entwickelten ebenso wie in den sich entwickelnden Ländern bleibt jedoch weitgehend an ihre jeweilige Nation gebunden. Und schließlich bedeutet für zwei Drittel der Arbeitenden auf der Welt Beschäftigung noch immer landwirtschaftliche Beschäftigung, die verwurzelt ist in den Äckern,

---

27 UNDP (1999).
28 Johnston (1991).

Abbildung 4.2 Gesamtfertilitätsquoten für Staatsangehörige und Ausländerinnen in ausgewählten OECD-Ländern

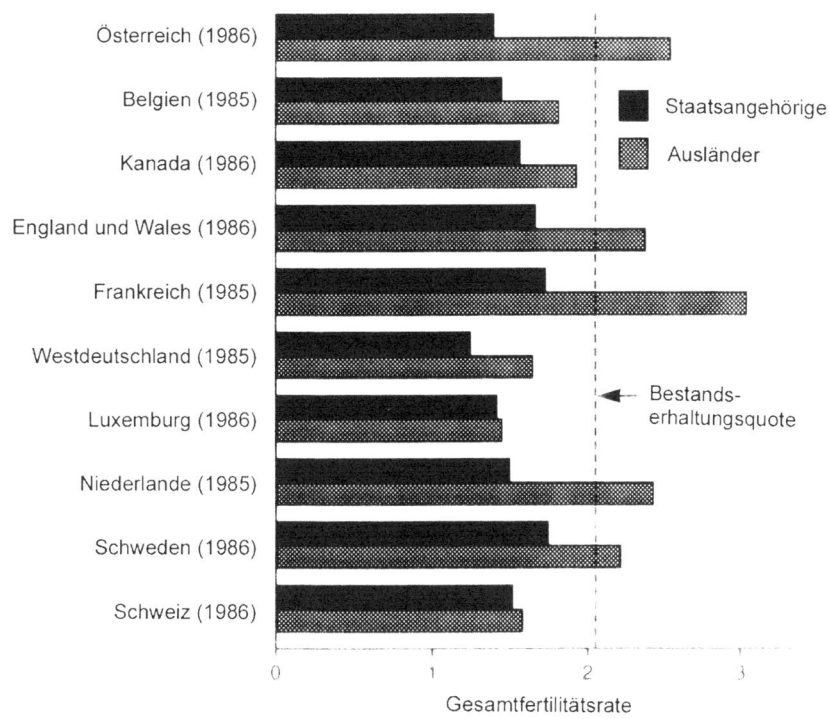

Quelle: SOPEMI/OECD, bearbeitet von Stalker (1994)

in der Regel in ihrer Heimatregion.[29] Demnach gibt es im strengsten Sinn mit Ausnahme der Positionen auf der höchsten Ebene von Wissensproduktion und Symbolmanipulation – die ich unten als *Vernetzer, Kommandeure* und *Innovatoren* bezeichnen werde – keinen einheitlichen globalen Arbeitsmarkt, und es wird ihn auch in absehbarer Zukunft nicht geben, trotz der Migrationsströme in die OECD-Länder, auf die arabische Halbinsel und in die metropolitanen Zentren der asiatischen Pazifikregion. Für die Bewegung von Menschen sind die massiven Entwurzelungen von Bevölkerungsteilen durch Krieg und Hunger wichtiger.

Dennoch gibt es eine historische Tendenz, die durch drei Mechanismen auf eine zunehmende globale Interdependenz der Erwerbsbevölkerung hinwirkt: globale Beschäftigung in den multinationalen Konzernen und den mit ihnen verbundenen grenzüberschreitenden Netzwerken; Auswirkungen des internationalen Handels auf Beschäftigung und Arbeitsbedingungen im Norden wie im Süden; Folgen des globalen Wettbewerbs und der neuen Form des flexiblen Ma-

---

29 ILO (1994).

nagements für die Erwerbsbevölkerung eines jeden Landes. Für alle drei ist die Informationstechnologie das unverzichtbare Medium für die Verbindungen zwischen unterschiedlichen Segmenten der Erwerbsbevölkerung über nationale Grenzen hinweg.

Wie in Kapitel 2 gezeigt, sind die Auslandsdirektinvestitionen zur treibenden Kraft der Globalisierung geworden. Als Transmissionsmedium der grenzüberschreitenden gegenseitigen Abhängigkeit sind sie wichtiger als der Handel.[30] Die wichtigsten Akteure in dem neuen Muster der Auslandsdirektinvestitionen sind multinationale Konzerne und die mit ihnen verbundenen Netzwerke. Die Anzahl der multinationalen Unternehmen ist von 7.000 1970 auf 37.000 1993 mit 150.000 Tochterfirmen auf der ganzen Welt gestiegen und 1998 noch einmal auf 53.000 mit 415.000 Tochterfirmen. Obwohl sie 1993 direkt „nur" 70 Mio. Arbeitskräfte beschäftigten, erzeugten diese weltweit ein Drittel der gesamten privaten Produktion. Ihr Umsatz betrug 1992 5.500 Mrd. US$, 25% mehr als der Wert des gesamten Welthandels. Die Erwerbstätigen in den einzelnen Ländern hängen von der Arbeitsteilung zwischen den unterschiedlichen Funktionen und Strategien dieser multinationalen Netzwerke ab. Die meisten Beschäftigten zirkulieren daher nicht innerhalb des Netzwerkes, sondern geraten in Abhängigkeit von Funktionstüchtigkeit, Entwicklung und Verhalten der anderen Segmente im Netzwerk. Dies führt zu einem Prozess der hierarchisierten, segmentierten Interdependenz der Beschäftigten, die angetrieben wird von den unablässigen Bewegungen der Unternehmen innerhalb der Kreisläufe ihres globalen Netzwerkes.

Der zweite wichtige Mechanismus globaler gegenseitiger Abhängigkeit der Arbeitenden betrifft die Auswirkungen des Handels auf die Beschäftigung im Norden und im Süden.[31] Einerseits hat die Kombination von Export in den Norden, von Auslandsdirektinvestitionen und Wachstum der heimischen Märkte in einigen Entwicklungsländern eine gigantische Industrialisierungswelle ausgelöst.[32] Wood[33] schätzt, dass nur durch die direkten Auswirkungen des Handels zwischen 1960 und 1990 im Süden 20 Mio. industrielle Arbeitsplätze geschaffen wurden. Allein im Perlflussdelta in der Provinz Guangdong wurden von Mitte der 1980er bis Mitte der 1990er Jahre zwischen 5 und 6 Mio. Arbeitskräfte in Fabriken in halbländlichen Gebieten eingestellt.[34] Während aber die Bedeutung des neuen Industrialisierungsprozesses in Asien und Lateinamerika, ausgelöst durch die neue nach außen gerichtete Orientierung der Entwicklungs-Volkswirtschaften, unbestritten ist, gibt es eine intensive Debatte über die tatsächlichen Auswirkungen des Handels auf Beschäftigung und Arbeitsverhältnisse in den OECD-Ländern. Der Bericht der Europäischen Gemeinschaften

---

30 Tyson u.a. (1988); Bailey u.a. (1993); UNCTAD (1993, 1994).
31 Mishel und Bernstein (1993); Rothstein (1993).
32 Patel (1992); ILO (1993, 1994); Singh (1994).
33 Wood (1994).
34 Kwok und So (1995).

(1994) betrachtete die globale Konkurrenz als einen wesentlichen Faktor für das Ansteigen der Arbeitslosigkeit in Europa. Dagegen bestreitet die Beschäftigungsstudie der OECD von 1994 diesen Zusammenhang und verweist darauf, dass Importe aus sich industrialisierenden Ländern nur 1,5% der gesamten Nachfrage im OECD-Gebiet ausmachen. Bekannte Wirtschaftswissenschaftler wie Paul Krugman und Robert Lawrence[35] haben empirische Analysen vorgelegt, denen zufolge die Auswirkungen des Handels auf Beschäftigung und Löhne in den Vereinigten Staaten sehr geringfügig sind. Ihre Analyse ist jedoch u.a. von Cohen, Sachs und Shatz sowie Mishel und Bernstein sowohl methodisch wie inhaltlich heftig kritisiert worden.[36] Nun lässt sich die Komplexität der neuen globalen Wirtschaft nicht so einfach durch die traditionellen Handels- und Beschäftigungsstatistiken erfassen. UNCTAD und ILO schätzen, dass der unternehmensinterne Handel etwa 32% des Welthandels entspricht. Diese Austauschprozesse laufen nicht über den Markt, vielmehr sind sie (durch Eigentumsverhältnisse) internalisiert oder (durch Netzwerke) quasi-internalisiert.[37] Es ist diese Art von Handel, die sich für die Erwerbstätigen in den OECD-Ländern am unmittelbarsten auswirkt. Die Ausgabe von Dienstleistungen an Subunternehmen durch die Unternehmen auf dem ganzen Globus und die Nutzung der Telekommunikation integrieren die Erwerbsbevölkerung noch weiter, ohne dass sie entwurzelt oder mit ihren Produkten Handel getrieben würde. Aber selbst anhand der üblichen Handelsstatistiken scheint es, als seien die Auswirkungen des Handels auf die Erwerbstätigen in manchen ökonomischen Analysen unterschätzt worden. Eine ausgewogene Sichtweise in dieser Frage bietet vielleicht die Studie von Adrian Wood über die Auswirkungen des Handels auf Beschäftigung und Ungleichheit zwischen 1960 und 1990.[38] Nach seinen Berechnungen – die aufgrund solider methodischer Kritik die üblichen Schätzungen revidieren – haben die qualifizierten Beschäftigten im Norden aus zwei Gründen erheblich vom globalen Handel profitiert: Erstens kam ihnen das höhere Wirtschaftswachstum zugute, das durch den verstärkten Handel bewirkt wurde; zweitens verschaffte die neue internationale Arbeitsteilung ihren Unternehmen und ihnen selbst einen Wettbewerbsvorteil bei höherwertigen Produkten und Prozessen. Andererseits haben unqualifizierte Arbeitskräfte im Norden wegen der Konkurrenz mit Produzenten aus Niedriglohn-Regionen erhebliche Verluste erlitten. Wood schätzt, dass die Gesamtnachfrage nach ungelernter Arbeitskraft um 20% zurückgegangen ist. Wo Regierungen und Unternehmen, wie etwa in der Europäischen Union, Tarifverträge nicht einfach verändern konnten, wurde unqualifizierte Arbeitskraft zu kostspielig im Vergleich zu den Waren, die aus den neu sich industrialisierenden Ländern eingeführt wurden. Die Folge war

---

35 Krugman (1994a); Krugman und Lawrence (1994).
36 S. z.B. Cohen (1994); Mishel und Bernstein (1994).
37 Bailey u.a. (1993); UNCTAD (1993); Campbell (1994).
38 Wood (1994).

Arbeitslosigkeit für unqualifizierte Arbeitskräfte, die für ihre geringen Fertigkeiten zu teuer waren. Weil qualifizierte Arbeitskräfte aber noch immer nachgefragt wurden, sind die Lohnunterschiede im OECD-Gebiet gestiegen.

Die Theorie der neuen internationalen Arbeitsteilung, die den Analysen der unterschiedlichen Auswirkungen von Handel und Globalisierung für die Erwerbsbevölkerung zugrunde liegt, beruht jedoch auf einer Annahme, die von der empirischen Beobachtung von Produktionsprozessen in den sich neu industrialisierenden Gebieten in Frage gestellt worden ist. Dabei geht es um die Fortdauer einer Produktivitätslücke zwischen den Arbeitskräften und den Fabriken im Süden und im Norden. Die Pionierforschung von Harley Shaiken über amerikanische Auto- und Computerfabriken und über japanische Konsumelektronik-Fabriken in Nordmexiko zeigt, dass die Produktivität der mexikanischen Arbeitskräfte und Fabriken mit derjenigen der amerikanischen Werke vergleichbar ist.[39] Die mexikanischen Produktionslinien befinden sich auf keinem niedrigeren Niveau als diejenigen in den Vereinigten Staaten. Das gilt sowohl für die Prozesse – CAM-Produktion – als auch für die Produkte – Maschinen, Computer. Aber sie arbeiten zu einem Bruchteil der Kosten, die nördlich des Rio Grande – also in den USA – anfallen. Ein anderes typisches Beispiel für die neue Interdependenz der Arbeitskraft ist die Entwicklung von Bombay und Bangalore zu wichtigen Subunternehmen im Softwarebereich für Unternehmen auf dem ganzen Globus. Dabei werden Tausende von hochqualifizierten indischen Ingenieuren und Computerwissenschaftlern eingesetzt, die ungefähr 20% der Gehälter erhalten, die für vergleichbare Anstellungen in den Vereinigten Staaten gezahlt werden.[40] Ähnliche Tendenzen gibt es bei finanz- und unternehmensbezogenen Dienstleistungen in Singapur, Hongkong und Taipei.[41] Je mehr sich insgesamt der Prozess der wirtschaftlichen Globalisierung vertieft, desto intensiver weitet sich die gegenseitige Durchdringung der Produktions- und Management-Netzwerke über die Grenzen hinweg aus, und desto enger werden die Zusammenhänge zwischen der Lage der Erwerbsbevölkerung in unterschiedlichen Ländern, die sich auf verschiedenen Lohn- und sozialen Sicherungsniveaus befinden, sich aber an Können und Technologie immer weniger voneinander unterscheiden.

Damit eröffnet sich für die Unternehmen in den fortgeschrittenen kapitalistischen Ländern ein weites Feld strategischer Möglichkeiten im Verhalten gegenüber ihren qualifizierten ebenso wie gegenüber ihren unqualifizierten Arbeitskräften. Sie können:

---

39 Shaiken (1990).
40 Balaji (1994).
41 Tan und Kapur (1986); Fouqiun u.a. (1992); Kwok und So (1995).

- die Firmenbelegschaft verkleinern (*downsizing*) und die verzichtbaren hochqualifizierten Arbeitskräfte im Norden behalten, während Rohstoffe und Zwischenprodukte aus Niedriglohn-Gebieten importiert werden; oder
- Teilaufträge an ihre transnationalen Niederlassungen und an ihre Unterstützer-Netzwerke vergeben, deren Produktion in das System des eigenen Netzwerk-Unternehmens internalisiert werden kann; oder
- Zeitarbeitskräfte, Teilzeitarbeitskräfte oder informelle Firmen als Zulieferer im Heimatland einsetzen; oder
- Aufgaben und Funktionen, deren Standardpreise am Arbeitsmarkt im Vergleich zu alternativen Lösungen als zu hoch erachtet werden, automatisieren oder an einen anderen Standort verlagern; oder
- von ihrer Belegschaft einschließlich der Kernbelegschaft die Zustimmung zu schlechteren Arbeits- und Entlohnungsbedingungen erzwingen als Voraussetzung für den Erhalt der Arbeitsplätze und so die Ergebnisse der Gesellschaftsverträge zurücknehmen, die unter für die Beschäftigten günstigeren Bedingungen erreicht worden waren.

In Wirklichkeit übersetzt sich diese Auswahl an Optionen in den Einsatz all dieser Möglichkeiten je nach Unternehmen, Land und Zeitpunkt. Wenn also die globale Konkurrenz die Mehrheit der Erwerbsbevölkerung in den OECD-Ländern möglicherweise nicht unmittelbar betrifft, so verändern ihre indirekten Folgen dennoch überall die Arbeitsbedingungen und die damit zusammenhängenden Institutionen vollständig.[42] Außerdem ist die Angleichung der Arbeitsverhältnisse in den verschiedenen Ländern nicht nur eine Folge der Konkurrenz mit Niedriglohn-Gebieten: Sie zwingt auch Europa, Amerika und Japan zur Konvergenz. Die Zwänge zu größerer Flexibilität auf dem Arbeitsmarkt und zum Abbau des Wohlfahrtsstaates in Westeuropa ergeben sich weniger aus dem Druck, der von Ostasien ausgeht, als aus dem Vergleich mit den Vereinigten Staaten.[43] Es wird für die japanischen Unternehmen immer schwieriger, ihre Praxis der lebenslangen Beschäftigung für die privilegierten 30% ihrer Belegschaft beizubehalten, wenn sie in einer offenen Wirtschaft mit amerikanischen Unternehmen konkurrieren müssen, die flexible Anstellungsmodelle praktizieren (s. Kap. 3).[44] Schlanke Produktion, *downsizing*, Neustrukturierung, Konsolidierung und flexible Managementmethoden werden durch die miteinander verschränkten Einwirkungen der wirtschaftlichen Globalisierung und der Verbreitung der Informationstechnologien hervorgerufen und möglich gemacht. Die indirekten Konsequenzen dieser Tendenzen für die Arbeitsbedingungen in allen Ländern sind weit wichtiger als die messbaren Auswirkungen des internationalen Handels oder der direkten grenzüberschreitenden Beschäftigung.

---

42 Rothstein (1994); Sengenberger und Campbell (1994).
43 Navarro (1994b).
44 NIKKEIREN (1993); Joussaud (1994).

Es gibt demnach keinen vereinheitlichten globalen Arbeitsmarkt und deshalb auch keine globale Erwerbsbevölkerung. Aber es herrscht in der informationellen Ökonomie durchaus eine globale Interdependenz der Erwerbsbevölkerung. Diese Interdependenz ist gekennzeichnet durch die hierarchische Segmentation der Arbeit, nicht zwischen Ländern, aber sehr wohl in grenzüberschreitender Form.

Das neue globale Produktions- und Managementmodell läuft gleichzeitig auf die Integration des Arbeitsprozesses und die Desintegration der Belegschaften hinaus. Dieses Modell ist nicht die unausweichliche Konsequenz des informationellen Paradigmas, sondern Resultat einer wirtschaftlichen und politischen Entscheidung, die von Regierungen und Unternehmungen getroffen worden ist. Sie haben für den Übergangsprozess in die neue informationelle Ökonomie den „unteren Weg" gewählt, auf dem Produktivitätsgewinne im Wesentlichen für kurzfristigen Profit eingesetzt werden. Diese Politik steht in deutlichem Gegensatz zu den Möglichkeiten der Verbesserung der Arbeitsinhalte und -bedingungen und einer nachhaltig hohen Rentabilität, die durch die Transformation des Arbeitsprozesses unter dem informationellen Paradigma eröffnet werden.

Der Arbeitsprozess im informationellen Paradigma

Die Reifung der informationstechnologischen Revolution hat in den 1990er Jahren den Arbeitsprozess transformiert und zu neuen Formen der sozialen und technischen Arbeitsteilung geführt. Es dauerte die ganzen 1980er Jahre, bis die auf Mikroelektronik beruhenden Maschinen die Industrie völlig durchdrungen hatte, und erst in den 1990er Jahren verbreiteten sich vernetzte Computer auf breiter Basis über sämtliche informationsverarbeitenden Tätigkeiten im Kern des so genannten Dienstleistungssektors. Mitte der 1990er Jahre war das neue, mit der Entstehung des Netzwerk-Unternehmens verbundene informationelle Paradigma fest etabliert und konnte sich nun entfalten.[45]

Es gibt eine alte und respektable Tradition soziologischer und organisationswissenschaftlicher Forschung über die Beziehungen zwischen Technologie und Arbeit.[46] Von daher wissen wir, dass die Technologie als solche nicht die Ursache der Arbeitsarrangements ist, die sich am Arbeitsplatz vorfinden. Managemententscheidungen, Systeme der industriellen Beziehungen, kulturelle und traditionelle Umgebungen und die Regierungspolitik sind so grundlegende Quellen der Gestaltung der Arbeitsverhältnisse und der Produktionsorganisation, dass die Auswirkungen der Technologie nur in dem komplexen Zusammen-

---

45 Einen dokumentierten Überblick über Entwicklungen bei der Verbreitung von Informationstechnologien am Arbeitsplatz bis 1995 enthält *Business Week* (1994a, 1995a).
46 Einen Überblick über die relevante Literatur gibt Child (1986); s. auch Burawoy (1979); Noble (1984); Buitelaar (1988); Appelbaum und Schettkat (1990).

Der Arbeitsprozess im informationellen Paradigma

hang eines sozialen Systems verstanden werden können, das sich aus all diesen Elementen zusammensetzt. Außerdem hat der Prozess der kapitalistischen Neustrukturierung die Formen und Ergebnisse der Einführung der Informationstechnologien in den Arbeitsprozess entscheidend geprägt.[47] Die Mittel und Wege dieser Neustrukturierung unterschieden sich gleichfalls, je nach der technologischen Leistungsfähigkeit der Länder, ihrer politischen Kultur und ihren Traditionen im Bereich der Arbeitsbeziehungen. Deshalb ist das neue informationelle Paradigma von Arbeit und Arbeitsbeziehungen kein sauberes Modell, sondern ein unordentliches Patchwork, das im Verlauf der historischen Interaktion zwischen technologischem Wandel, Politik der industriellen Beziehungen und sozialem Konflikthandeln entstanden ist. Um hinter dieser verwirrenden Kulisse Muster und Regelhaftigkeiten aufzufinden, müssen wir geduldig sukzessive Schichten sozialer Verursachung abheben, um das entstehende Muster von Arbeit, Arbeitenden und Arbeitsorganisation, das die neue informationelle Gesellschaft charakterisiert, zuerst zu dekonstruieren und dann zu rekonstruieren.

Fangen wir mit der Informationstechnologie an. Zuerst die Mechanisierung und dann die Automatisierung haben jahrzehntelang die menschliche Arbeit transformiert und ständige Debatten über die Freisetzung der Beschäftigten, Entqualifizierung oder Qualifizierungsgewinn, Produktivität oder Entfremdung, Managementkontrolle oder Arbeiterautonomie ausgelöst.[48] Um einer französischen *filière* der Analyse über das vergangene halbe Jahrhundert hinweg zu folgen: Georges Friedmann hat *le travail en miettes* (zerstückelte Arbeit) kritisiert; Pierre Naville hat die Entfremdung der Arbeiter unter der Mechanisierung angeprangert; Alain Touraine hat auf der Grundlage seiner soziologischen Pionierstudie aus den späten 1940er Jahren über die technologische Transformation in den Renault-Fabriken seine Typologie der Arbeitsprozesse als A/B/C (Handwerk, Fließband und Innovationsarbeit) vorgeschlagen; Serge Mallet verkündete die Geburt „einer neuen Arbeiterklasse", vor allem wegen ihrer Fähigkeit zur Kontrolle und Handhabung fortgeschrittener Technologie; und Benjamin Coriat hat das Entstehen eines post-fordistischen Modells im Arbeitsprozess auf der Grundlage der Verknüpfung von Flexibilität und Integration in einem neuen Modell von Beziehungen zwischen Produktion und Konsumtion analysiert. Am Ende dieser aus vielen Gründen eindrucksvollen intellektuellen Passage drängt sich eine grundlegende Idee auf: Die Automatisierung, die ihre volle Bedeutung erst durch die Anwendung der Informationstechnologie erhielt, steigert die Bedeutung des Beitrages des menschlichen Gehirns im Arbeitsprozess dramatisch.[49] Zwar sind die automatisierten Maschinen und später auch der Computer durchaus dazu benutzt worden, Arbeiter in zweitrangige Roboter zu verwan-

---

47 Shaiken (1985); Castano (1994a).
48 Hirschhorn (1984).
49 Touraine (1955); Friedmann (1956); Friedmann und Naville (1961); Mallet (1963); Pfeffer (1998); Coriat (1990).

deln, wie Braverman[50] behauptet, doch ist das ein Begleitumstand nicht der Technologie, sondern einer sozialen Organisation von Arbeit, die die vollständige Nutzung der produktiven Möglichkeiten, die durch die neuen Technologien entstehen, abgeblockt hat – und dies noch immer tut. Wie Harley Shaiken, Maryellen Kelley, Larry Hirschhorn, Shoshana Zuboff, Paul Osterman und andere in ihren empirischen Arbeiten gezeigt haben, wird der Bedarf an autonomen, gut ausgebildeten Arbeitskräften, die bereit und willens sind, ganze Arbeitssequenzen zu programmieren und darüber zu entscheiden, um so größer, je weiter und tiefer die fortgeschrittene Informationstechnologie in Fabriken und Büros vordringt.[51] Ungeachtet der formidablen Widerstände von autoritärem Management und ausbeuterischem Kapitalismus erfordern die Informationstechnologien größere Freiheit für besser informierte Arbeitskräfte, wenn sie die Verheißungen ihres Produktivitätspotenzials vollständig einlösen sollen. Die Vernetzer sind die unentbehrlichen Akteure für das Netzwerk-Unternehmen, das durch die neuen Informationstechnologien möglich geworden ist.

Während der 1990er Jahre beschleunigten mehrere Faktoren die Transformation des Arbeitsprozesses: Computertechnologie, Netzwerktechnologien, das Internet und seine Anwendungen stürmten in Quantensprüngen vorwärts, wurden immer besser und billiger und damit im großen Maßstab zugänglich und handhabbar; die globale Konkurrenz löste einen globalen Wettlauf der Unternehmen in Technologie und Management aus; Organisationen entwickelten sich und nahmen neue Formen an, die allgemein auf Flexibilität und Vernetzung beruhten; Manager und ihre Berater erfassten schließlich die Möglichkeiten der neuen Technologien und die Art und Weise, sie zu nutzen, wenn sie dieses Potenzial auch in den meisten Fällen in die Grenzen der alten Organisationsziele zwängten, wie etwa kurzfristige, auf Quartalsbasis berechnete Profitsteigerungen.

Die massenhafte Verbreitung der Informationstechnologien in Fabriken, Büros und Dienstleistungsorganisationen hat überall ziemlich ähnliche Auswirkungen gehabt.[52] Sie bestanden nicht, wie prognostiziert, in dem Wechsel zu indirekter auf Kosten von direkter Arbeit, die automatisiert werden würde. Im Gegenteil ist die Bedeutung der direkten Arbeit gestiegen, weil die Informationstechnologie den unmittelbaren Arbeitskräften auf Werkstattebene mehr Macht verliehen hat (sei es beim Prozess des Testens von Chips oder beim Abschluss von Versicherungsverträgen). Was durch die integrale Automatisierung der *Tendenz nach* verschwindet, sind die repetitiven Routineaufgaben, die codiert und für deren Ausführung Maschinen programmiert werden können. Es ist das tayloristische Fließband, das zum historischen Relikt wird – wenn es auch für Mil-

---

50 Braverman (1973).
51 Hirschhorn (1984); Japan Institute of Labour (1985); Shaiken (1985, 1993); Kelley (1986, 1990); Zuboff (1988); Osterman (1999); zur Auseinandersetzung mit der Literatur s. Adler (1992); einen komparativen Ansatz bieten Ozaki u.a. (1992).
52 Quinn (1988); Bushnell (1994).

lionen von Erwerbstätigen in der sich industrialisierenden Welt noch immer harte Wirklichkeit ist. Es sollte eigentlich keine Überraschung sein, dass die Informationstechnologien genau das tun: Sie ersetzen Arbeit, die in eine programmierbare Sequenz eincodiert werden kann, und sie weiten Arbeit aus, die Analyse, Entscheidung und Fähigkeiten zur Neuprogrammierung in Echtzeit auf einem Niveau erfordert, das nur das menschliche Gehirn erreichen kann. Angesichts der Fortschrittsrate in der Informationstechnologie und des ständigen Sinkens des Preises pro Informationseinheit ist jede andere Tätigkeit potenziell Gegenstand der Automatisierung, und damit sind auch die dort eingesetzten Arbeitskräfte verzichtbar (wenn dies auch für Arbeitende selbst je nach ihrer gesellschaftlichen Organisation und politischen Fähigkeit nicht gilt).

Der informationelle Arbeitsprozess ist durch die Eigenschaften des informationellen Produktionsprozesses determiniert. Unter Berücksichtigung der Analysen aus den vorangegangenen Kapiteln über die informationelle globale Ökonomie und das Netzwerk-Unternehmen als ihrer organisatorischen Form kann dieser Prozess wie folgt zusammengefasst werden:

1. Mehrwert wird vor allem durch Innovation von Prozessen sowie von Produkten geschaffen. Neue Chip-Designs, das Schreiben neuer Software bestimmen weitgehend das Schicksal der Elektronik-Industrie. Die Erfindung neuer Finanzprodukte (z.B. die Schaffung des „Marktes für Derivate" an den Börsen in den späten 1980er Jahren) liegt dem Boom der Finanzdienstleistungen zugrunde (wie riskant er auch sein mag) und auch der Prosperität (oder dem Zusammenbruch) von Finanzfirmen und ihren Kunden.
2. Innovation ist ihrerseits abhängig von zwei Bedingungen: Forschungspotenzial und Fähigkeit zur Spezifikation. Das bedeutet, dass neues Wissen entdeckt und dann in einem bestimmten organisatorisch-institutionellen Kontext für spezifische Ziele angewandt werden muss. Maßgeschneidertes Design hatte für die Mikroelektronik-Industrie der 1990er Jahre entscheidende Bedeutung; sofortige Reaktion auf makro-ökonomische Veränderungen ist grundlegend für die Handhabung der wechselanfälligen Finanzprodukte, die auf dem globalen Markt geschaffen wurden.
3. Die Erfüllung von Aufgaben ist effektiver, wenn dabei von der höheren Weisungsebene ausgehende Vorgaben auf spezifische Anwendungen angepasst und Rückkoppelungseffekte an das System zurückgegeben werden können. Eine optimale Kombination von Arbeitskraft und Maschine bei der Erfüllung von Aufgaben besteht in der Automatisierung aller Standardvorgänge und der Reservierung der menschlichen Fähigkeiten für Anpassung und Rückkoppelungseffekte.
4. Die Produktionstätigkeit findet überwiegend in Organisationen statt. Weil die beiden wichtigsten Merkmale der vorherrschenden Organisationsform – des Netzwerk-Unternehmens – Anpassungsfähigkeit nach innen und Flexi-

bilität nach außen sind, werden die Fähigkeit zur flexiblen strategischen Entscheidung und die Kapazität zur organisatorischen Integration aller Elemente des Produktionsprozesses zu Schlüsselmerkmalen des Arbeitsprozesses.
5. Die Informationstechnologie wird zum entscheidenden Bestandteil des beschriebenen Arbeitsprozesses, weil sie:
   – weitgehend die Innovationsfähigkeit determiniert;
   – die Korrektur von Irrtümern und die Erzeugung von Rückkoppelungseffekten auf der Durchführungsebene ermöglicht;
   – die Infrastruktur für Flexibilität und Anpassungsfähigkeit bei der Lenkung des gesamten Produktionsprozesses bereitstellt.

Dieser spezifische Produktionsprozess führt zu einer *neuen Arbeitsteilung*, die kennzeichnend für das entstehende informationelle Paradigma ist. Die neue Arbeitsteilung kann anhand der folgenden dreidimensionalen Typologie besser verständlich gemacht werden: *Die erste Dimension bezieht sich auf die tatsächlichen Arbeitshandlungen während eines konkreten Arbeitsprozesses. Die zweite Dimension betrifft das Verhältnis zwischen einer bestimmten Organisation und ihrer Umwelt, einschließlich anderer Organisationen. Bei der dritten Dimension geht es um die Beziehung zwischen Managern und Beschäftigten in einer bestimmten Organisation oder einem Netzwerk. Ich nenne die erste Dimension Wertschöpfung, die zweite Verknüpfung und die dritte Entscheidungsfindung.*

Im Hinblick auf die *Wertschöpfung* lassen sich in einem Produktionsprozess, der um die Informationstechnologie herum organisiert ist – gleichgültig, ob in der Güterproduktion oder in Dienstleistungen – die folgenden grundlegenden Aufgaben und die ihnen entsprechenden Arbeitskräfte unterscheiden:

– strategische Entscheidungsfindung und Planung durch *Kommandeure*;
– Innovation von Produkten und Prozessen durch *Forscher*;
– Anpassung, Zusammenfassung und Zielbestimmung der Innovationen durch *Gestalter*;
– Koordination der Beziehungen zwischen Entscheidung, Innovation, Entwurf und Ausführung unter Berücksichtigung der für die Organisation verfügbaren Mittel zum Erreichen der festgelegten Ziele durch *Integratoren*;
– Ausführung der Aufgaben aufgrund eigener Initiative und eigenen Verständnisses durch das *Bedienungspersonal*;
– Ausführung von Hilfsfunktionen und vorprogrammierten Arbeitshandlungen, die noch nicht automatisiert worden sind oder nicht automatisiert werden können, durch diejenigen, die ich wage, die „*Gesteuerten*" (oder menschliche Roboter) zu nennen.

Diese Typologie muss mit einer weiteren kombiniert werden, die sich auf das Bedürfnis und die Fähigkeit einer jeden Aufgabe (und der sie Ausführenden) bezieht, mit anderen Arbeitenden in Echtzeit in Verbindung zu treten, ob dies

nun innerhalb derselben Organisation geschieht oder im Gesamtsystem des Netzwerk-Unternehmens. Nach dieser relationalen oder Verknüpfungskompetenz können wir drei grundlegende Positionen unterscheiden:
- die *Vernetzer*, die auf eigene Initiative hin Verbindungen schaffen – etwa gemeinsame Konstruktion mit anderen Unternehmensabteilungen – und auf den Routen des Netzwerk-Unternehmens navigieren;
- die *Vernetzten*, Beschäftigte, die online sind, ohne aber zu entscheiden, wann, wie, warum und mit wem;
- die *abgeschalteten* Beschäftigten, die an ihre spezifischen, durch nicht-interaktive Einbahn-Befehle definierten Aufgaben gebunden sind.

Schließlich können wir hinsichtlich der Fähigkeit zu Eingaben in den *Entscheidungsfindungsprozess* unterscheiden zwischen:
- den *Entscheidern*, die in letzter Instanz die Entscheidungen fällen;
- den *Partizipierenden*, die in die Entscheidungsfindung eingebunden sind;
- den *Ausführenden*, die Entscheidungen lediglich umsetzen.

Die drei Typologien fallen nicht miteinander zusammen. Die Unterschiede in der relationalen Dimension oder im Entscheidungsprozess können auf allen Ebenen der Wertschöpfungsstruktur auftreten, wie dies in der Praxis auch geschieht.

Diese Konstruktion ist weder der Idealtypus einer Organisation noch ein futuristisches Szenario. Es handelt sich um eine synthetisierende Darstellung dessen, was sich nach empirischen Studien über die Transformation von Arbeit und Organisationen unter dem Einfluss der Informationstechnologien an wesentlichen Positionen der Aufgabenerfüllung im informationellen Arbeitsprozess abzeichnet.[53] Aber damit will ich sicher nicht sagen, dass sich alle oder die meisten Arbeitsprozesse und Beschäftigten in unserer Gesellschaft auf diese Typologien reduzieren lassen. Archaische Formen der sozio-technischen Organisation überleben durchaus und werden in vielen Ländern für lange, lange Zeit bestehen bleiben, genauso wie vorindustrielle, handwerkliche Formen der Produktion über eine ausgedehnte historische Periode hinweg mit der Mechanisierung der industriellen Produktion kombiniert wurden. Es ist aber wesentlich, dass wir die komplexen und unterschiedlichen Arten von Arbeit und Beschäftigten, die wir beobachten, klar von den sich abzeichnenden Mustern von Produktion und Management abgrenzen, weil sie einem dynamischen sozio-technischen System entspringen und mit der Zeit durch die Dynamik von Wettbewerb und Demonstrationseffekten zur Vorherrschaft gelangen werden. Es ist meine Hypothese, dass die Arbeitsorganisation, die ich in diesem analytischen Schema skizziert

---

53 S. u.a. Hartmann (1987); Wall u.a. (1987); Buitelaar (1988); Hyman und Streeck (1988); ILO (1988); Carnoy (1989); Mowery und Henderson (1989); Wood (1989); Dean u.a. (1992); Rees (1992); Tuomi (1999).

habe, das entstehende informationelle Paradigma der Arbeit darstellt. Ich möchte dieses entstehende Paradigma illustrieren, indem ich kurz auf einige Fallstudien eingehe, die die Auswirkungen der computergestützten Fertigung und der Büroautomatisierung auf die Arbeit untersucht haben, und so die von mir vorgeschlagene analytische Konstruktion etwas konkretisieren.

So untersuchte Harley Shaiken 1994 die Methode der so genannten Hochleistungs-Arbeitsorganisation (*high performance work organization*) in zwei supermodernen amerikanischen Autofabriken: dem Komplex von GM-Saturn am Rand von Nashville, Tennessee, und der Chrysler Jefferson North Plant im Osten von Detroit.[54] Beides sind erfolgreiche, hochproduktive Organisationen. Sie haben die fortgeschrittensten computergestützten Maschinen in ihre Funktionsabläufe integriert und zugleich die Organisation von Arbeit und Management transformiert. Shaiken nimmt zwar die Unterschiede zwischen beiden Fabriken zur Kenntnis, verweist aber auf die entscheidenden Faktoren, die in beiden auf der Grundlage neuer technologischer Instrumente für die hohe Leistungsfähigkeit verantwortlich sind. Der erste dieser Faktoren ist das hohe Qualifikationsniveau einer erfahrenen Industriebelegschaft, deren Kenntnis über Produktion und Produkte entscheidend war, um einen komplexen Arbeitsprozess zu ändern, als dies nötig war. Um diese Qualifikation weiter zu entwickeln, bildet das Herzstück des neuen Arbeitssystems eine regelmäßige Arbeitsschulung, sowohl durch Spezialkurse außerhalb der Fabrik als auch während der Arbeit. Die Beschäftigten bei Saturn verbringen 5% ihrer Jahresarbeitszeit in Schulungseinheiten, zumeist im Zentrum für Arbeitsentwicklung, einer Einrichtung in unmittelbarer Nachbarschaft der Fabrik.

Der zweite Faktor, der eine hohe Leistungsfähigkeit begünstigt, ist die erhöhte Autonomie der Belegschaft im Vergleich zu anderen Fabriken. Sie ermöglicht Kooperation auf Werkstattebene, Qualitätszirkel und Rückmeldungen von Arbeitenden direkt während des Produktionsprozesses. Beide Fabriken organisieren die Produktion in Arbeitsgruppen mit einem flachen beruflichen Bewertungssystem. Saturn hatte die Position des obersten Aufsehers eliminiert, und Chrysler bewegte sich in dieselbe Richtung. Die Belegschaft kann mit beträchtlicher Freiheit arbeiten und ist zu intensiviertem Informationsaustausch über den Arbeitsprozess ermuntert.

Die Einbeziehung der Belegschaft in den aufgewerteten Prozess ist von zwei Bedingungen abhängig, die in beiden Fabriken erfüllt wurden: Arbeitsplatzsicherheit und Beteiligung der Gewerkschaften an der Aushandlung und Durchführung der Neuorganisierung der Arbeit. Dem Bau der neuen Chrysler-Fabrik in Detroit ging ein „modernes Betriebsabkommen" (*modern operating agreement*) voraus, dessen Schwerpunkte die Flexibilität des Managements und der Beitrag der Belegschaft bildeten. Shaiken beobachtete, dass es Spannungen und potenzielle Quellen von Arbeitskonflikten zwischen Belegschaft und Manage-

---

54 Shaiken (persönliche Mitteilung, 1994, 1995); s. auch Shaiken (1995).

ment gab, und ebenso zwischen der lokalen Gewerkschaft, die im Fall von Saturn zunehmend als Unternehmensgewerkschaft agierte, und der Führung der Automobilarbeitergewerkschaft (*United Auto Workers*). Aber die Natur des informationellen Arbeitsprozesses erfordert Kooperation, Teamwork, Autonomie und Verantwortlichkeit der Arbeitenden, ohne die das Potenzial der neuen Technologien nicht voll ausgeschöpft werden kann. Der vernetzte Charakter der informationellen Produktion durchdringt das gesamte Unternehmen und erfordert beständige Interaktion und Informationsverarbeitung zwischen Arbeitenden, zwischen Belegschaft und Management und zwischen Menschen und Maschinen.

Die Automatisierung des Büros hat drei unterschiedliche Phasen durchlaufen, die weitgehend durch die verfügbare Technologie bestimmt waren.[55] In der ersten Phase, die für die 1960er und 1970er Jahre charakteristisch war, wurden Großcomputer für die chargenweise Datenverarbeitung genutzt; zentralisierte Computerarbeit von Spezialisten in Rechenzentren bildete die Grundlage eines Systems, das durch rigide Informationsflüsse und deren hierarchische Kontrolle charakterisiert war; die Dateneingabe war sehr aufwändig, weil das Systemziel in der Anhäufung großer Informationsbestände in einem Zentralspeicher bestand; die Arbeit war für die Mehrheit der Arbeitskräfte in untergeordneten Verwaltungsfunktionen standardisiert, routinisiert und dequalifiziert; dies entsprach dem Prozess, den Braverman in seiner klassischen Studie[56] analysiert und angeprangert hat. Die folgenden Stufen der Automatisierung sahen jedoch ganz anders aus. Die zweite Phase während der frühen 1980er Jahre war schwerpunktmäßig durch den Einsatz von Mikrocomputern charakterisiert, mit denen Beschäftigte den tatsächlichen Arbeitsprozess kontrollierten; obwohl sie von den zentralisierten Datenbanken unterstützt wurden, interagierten sie im Prozess der Informationsbeschaffung unmittelbar miteinander, auch wenn sie häufig die Hilfe von Computerexperten benötigten. Ab Mitte der 1980er Jahre wurden durch die Kombination von Fortschritten in der Telekommunikation und der Weiterentwicklung der Mikrocomputer zu Netzwerken von *Workstations* geschaffen. Das hat die Büroarbeit buchstäblich revolutioniert, obwohl die organisatorischen Veränderungen, die für die vollständige Nutzung der neuen Technologie erforderlich waren, die weite Verbreitung des neuen Automatisierungsmodells bis in die 1990er Jahre hinein verzögerten. In dieser dritten Phase der Automatisierung wurden die Bürosysteme integriert und vernetzt, wobei zahlreiche Mikrocomputer untereinander und mit Großrechnern interagierten und so ein interaktives Gewebe bildeten, das in der Lage ist, Information zu verarbeiten, zu kommunizieren und Entscheidungen in Echtzeit zu fällen.[57] Interaktive Informationssysteme und nicht einfach nur Computer sind die Grundla-

---

55 Zuboff (1988); Dy (1990).
56 Braverman (1973).
57 Strassman (1985).

ge des automatisierten Büros und der so genannten alternativen Büroarbeit (*alternative officing*) oder der „virtuellen Büros", die Aufgaben miteinander vernetzen, die an weit voneinander entfernten Standorten durchgeführt werden. Es kann sein, dass sich zur Jahrhundertwende in den technologischen Zauberkesseln eine vierte Phase der Automatisierung des Büros zusammenbraut: das mobile Büro, das von individuellen Arbeitskräften bedient wird, die mit tragbaren, leistungsstarken Geräten zur Informationsverarbeitung und -übermittlung ausgestattet sind.[58] Wenn es dazu kommt, was wahrscheinlich ist, so wird es die organisatorische Logik verstärken, die ich unter dem Titel des Netzwerk-Unternehmens beschrieben habe, und es wird den Transformationsprozess von Arbeit und Beschäftigten in der Richtung vertiefen, die ich in diesem Kapitel entwickele.

Die Folgen dieser technologischen Veränderungen für die Büroarbeit sind noch nicht ganz klar, weil empirische Studien und ihre Interpretation dem schnellen Prozess des technologischen Wandels hinterherhinken. Aber während der 1980er Jahre konnten eine Reihe von Doktoranden in Berkeley, deren Arbeit ich verfolgt und betreut habe, detaillierte Monografien erarbeiten, die Veränderungstendenzen belegen, die durch die Entwicklungen in den 1990er Jahren offenbar bestätigt werden.[59] Besonders aufschlussreich war die Dissertation von Barbara Baran über die Auswirkungen der Büro-Automatisierung auf den Arbeitsprozess in einigen großen Versicherungsgesellschaften in den Vereinigten Staaten.[60] Ihre Arbeit zeigte ebenso wie andere Quellen die Tendenz auf, nach der die Unternehmen die Verwaltungsvorgänge am unteren Ende der Beschäftigungsskala automatisierten, also die Routineaufgaben, die leicht programmiert werden können, weil sie sich auf eine Reihe standardisierter Schritte reduzieren lassen. Außerdem wurde die Datenerfassung dezentralisiert, so dass die Information so nah wie möglich an der Quelle gesammelt und in das System eingegeben wurde. So ist beispielsweise die Verkaufsbuchhaltung jetzt mit dem Scanner und der Datenspeicherung an der Ladenkasse verbunden. Die Geldautomaten aktualisieren ständig die Bankkonten. Bei Versicherungsansprüchen werden alle Elemente, die keine geschäftliche Beurteilung erfordern, automatisch abgespeichert, usw. Per saldo ergibt sich die Möglichkeit, die meisten mechanischen, routinemäßigen Verwaltungsarbeiten zu eliminieren. Andererseits werden die anspruchsvolleren Vorgänge in den Händen qualifizierter Verwaltungskräfte und Experten konzentriert, die Entscheidungen auf der Grundlage der abgespeicherten Informationen fällen. Während es also im unteren Bereich des Prozesses zu verstärkter Routinisierung – und damit Automatisierung – kommt, werden auf der mittleren Ebene verschiedene Arbeitshandlungen in einen Vorgang in-

---

58 Thach und Woodman (1994).
59 Ich habe mich vor allem auf Forschungen gestützt, die für ihre Dissertationen in Berkeley von Lionel Nicol (1985), Carol Parsons (1987), Barbara Baran (1989), Penny Gurstein (1990) und Lisa Bornstein (1993) durchgeführt wurden.
60 Baran (1989).

formierter Entscheidungsfindung reintegriert, wobei Verarbeitung, Bewertung und Durchführung in der Regel von einem Team aus Verwaltungskräften übernommen werden, das in seinen Entscheidungen zunehmend autonom ist. In einem weiter fortgeschrittenen Stadium dieses Prozesses der Reintegration von Arbeitshandlungen verschwindet auch die Aufsicht durch das mittlere Management, und die Kontrollen und Sicherheitsvorkehrungen werden jetzt im Computer standardisiert. Entscheidend ist dann der Zusammenhang zwischen den Experten, die Entscheidungen zu wichtigen Angelegenheiten evaluieren und fällen, und den informierten Verwaltungskräften, die auf der Grundlage von Computerdateien und ihrer Vernetzungskompetenz zu Entscheidungen über die alltäglichen Vorgänge kommen. Die dritte Phase der Automatisierung des Büros rationalisiert so nicht einfach die einzelne Arbeitshandlung wie im Fall der Automatisierung durch chargenweise Verarbeitung von Daten. Sie rationalisiert vielmehr den Prozess: Die Technologie erlaubt die Integration von Informationen aus vielen unterschiedlichen Quellen und ihre neuerliche Verteilung an unterschiedliche, dezentralisierte ausführende Einheiten, wenn die Informationen einmal verarbeitet sind. Anstatt also abgetrennte Arbeitshandlungen wie Maschineschreiben oder Buchhaltung zu automatisieren, integriert das neue System ein ganzes Verfahren, etwa Neuabschlüsse von Versicherungen, Schadensbearbeitung, Risikoübernahme. Und dann integriert es verschiedene Verfahren nach Produktlinien oder Marktsegmenten. Die Arbeitskräfte werden dann funktional reintegriert und nicht mehr nach einem Organisationsschema verteilt.

Eine ähnliche Tendenz haben Hirschhorn bei seiner Analyse amerikanischer und Caetano bei ihrer Untersuchung spanischer Banken beobachtet.[61] Während Routinevorgänge zunehmend automatisiert wurden (Geldautomaten, Telefoninformationsdienste, elektronische Bankgeschäfte), arbeiten die verbliebenen Bankangestellten zunehmend als Verkaufspersonal, das Finanzdienstleistungen an die Kundschaft verkauft, und Rückzahlung des Geldes, das sie verkauft haben, überwacht. In den Vereinigten Staaten plante die Bundesregierung bis zum Jahrhundertende die Automatisierung von Steuerzahlung und Sozialversicherungsabgaben. Damit würde eine ähnliche Veränderung des Arbeitsprozesses auf den öffentlichen Sektor ausgedehnt.

Aber mit dem Auftreten des informationellen Paradigmas im Arbeitsprozess ist nicht alles gesagt über Arbeit und Beschäftigte in unserer Gesellschaft. Der gesellschaftliche Kontext und besonders die von spezifischen Entscheidungen des Firmenmanagements abhängigen Beziehungen zwischen Kapital und Arbeit wirken sich in drastischer Weise auf die tatsächliche Gestalt des Arbeitsprozesses und die Konsequenzen seines Wandels für die Erwerbstätigen aus. Das gilt besonders für die 1980er Jahre, als, wie oben dargelegt, die Beschleunigung der

---

61 Hirschhorn (1985); Caetano (1991).

technologischen Veränderung Hand in Hand mit dem Prozess der kapitalistischen Neustrukturierung ging. So hat die klassische Studie von Watanabe[62] über die Folgen der Einführung von Robotern in der Automobilindustrie in Japan, den Vereinigten Staaten, Frankreich und Italien sehr unterschiedliche Folgen einer ähnlichen Technologie in derselben Branche nachgewiesen: In den Vereinigten Staaten und Italien wurden Arbeitskräfte entlassen, weil das Hauptziel der Einführung der neuen Technologie in der Reduzierung der Arbeitskosten bestanden hatte; in Frankreich waren die Arbeitsplatzverluste geringer als in den anderen beiden Ländern, weil die Regierung politische Maßnahmen zur Abfederung der sozialen Folgen der Modernisierung ergriff; und in Japan, wo sich die Firmen auf lebenslange Beschäftigung festgelegt hatten, nahm die Beschäftigung sogar zu, und die Produktivität schoss als Folge von Umschulung und größerer Leistung im Team in die Höhe. So wurde die Konkurrenzfähigkeit der Firmen erhöht, und den amerikanischen Gegenspielern wurden Marktanteile genommen.

Untersuchungen über die Beziehungen zwischen technologischem Wandel und kapitalistischer Neustrukturierung in den 1980er Jahren haben ebenfalls gezeigt, dass Technologien in den allermeisten Fällen in erster Linie mit dem Ziel eingeführt wurden, Arbeitskräfte einzusparen, die Gewerkschaften zu disziplinieren und Kosten zu senken. Es ging nicht um Qualitätsverbesserung oder um eine Produktivitätssteigerung mit anderen Mitteln als Personalabbau. So untersuchte eine weitere meiner Doktorandinnen, Carol Parsons, in ihrer in Berkeley geschriebenen Dissertation die sozio-technologische Neustrukturierung der metallverarbeitenden und der Bekleidungsindustrie in den Vereinigten Staaten.[63] Im metallverarbeitenden Bereich bestand bei den von Parsons untersuchten Unternehmen die am häufigsten genannte Zielsetzung bei der Einführung von Technologie in der Reduzierung des unmittelbaren Arbeitsaufwandes. Außerdem schlossen die Unternehmen, anstatt ihre Fabriken neu auszurüsten, häufig gewerkschaftlich organisierte Betriebe und eröffneten neue, die im Allgemeinen nicht gewerkschaftlich organisiert waren. Das geschah selbst in Fällen, in denen die Unternehmen die Region für ihren neuen Standort nicht wechselten. Die Folge des Neustrukturierungsprozesses war ein erheblicher Beschäftigungsrückgang in allen metallverarbeitenden Branchen mit Ausnahme der Büroausrüstungen. Zudem wurde der Anteil der Arbeitskräfte in der Produktion zugunsten von Managern und Experten zurückgefahren. Unter den Arbeitskräften in der Produktion kam es zur Polarisierung zwischen handwerklich Ausgebildeten und Unqualifizierten, wobei die an den Fließbändern Arbeitenden durch die Automatisierung stark unter Druck gerieten. In der Bekleidungsindustrie hat Parsons bei der Einführung der auf Mikroelektronik beruhenden Technologie eine ähnliche Entwicklung beobachtet. Die Belegschaft, soweit sie un-

---

62 Watanabe (1986).
63 Parsons (1987).

mittelbar in der Produktion beschäftigt war, wurde schnell abgebaut, und die Branche wurde zu einem Versandhaus, das den amerikanischen Markt mit Herstellern in der ganzen Welt verband. Das Nettoergebnis war eine bipolare Belegschaft, die aus hochqualifizierten Kräften im Design und telekommunizierenden Verkaufsmanagern einerseits und aus gering qualifizierten, schlecht bezahlten Arbeitskräften in der Fertigung andererseits bestand. Die Fertigung war entweder *off-shore* ausgelagert oder befand sich in amerikanischen, häufig illegalen, privat organisierten *sweatshops*. Das Modell ähnelt erstaunlich dem von mir in Kapitel 3 beschriebenen von Benneton, des weltweiten Netzwerk-Unternehmens im Strickwarenbereich, das als der Inbegriff der flexiblen Produktion gilt.

Eileen Appelbaum[64] stellte ähnliche Tendenzen im Versicherungsgewerbe fest, dessen drastische Veränderung ich oben auf der Grundlage der Arbeit von Barbara Baran beschrieben habe. Allerdings muss die Geschichte von der technologischen Innovation, dem organisatorischen Wandel und der Reintegration der Arbeitsaufgaben in der Versicherungsbranche durch die Beobachtung von Massenentlassungen und der Unterbezahlung qualifizierter Arbeit in derselben Branche ergänzt werden. Appelbaum bringt den Prozess schnellen technologischen Wandels in der Versicherungsbranche in Zusammenhang mit den Auswirkungen der Deregulierung und des globalen Wettbewerbs auf den Finanzmärkten. Dadurch wurde es entscheidend, die Mobilität des Kapitals und die vielseitige Einsetzbarkeit der Arbeitskraft sicherzustellen. Die Arbeitskräfte wurden sowohl reduziert als auch umgeschult. Die unqualifizierten Jobs bei der Dateneingabe, die überwiegend von Frauen aus ethnischen Minderheiten erledigt wurden, sollten bis zum Jahrhundertende alle durch Automatisierung eliminiert werden. Andererseits erhielten die verbleibenden Angestelltenpositionen höhere Qualifikationsprofile, indem Aufgaben zu multifunktionalen, mehrere Qualifikationen erfordernden Arbeitsplätzen integriert wurden, die sich besser auf die Anforderungen erhöhter Flexibilität und auf die wechselnden Bedürfnisse einer immer stärker diversifizierten Branche würden einstellen können. Auch die Arbeitsplätze von Experten waren polarisiert zwischen weniger anspruchsvollen Aufgaben, die von weiterqualifizierten Verwaltungskräften übernommen wurden und hochspezialisierten Aufgaben, die im Allgemeinen eine College-Ausbildung erforderten. Diese Veränderungen im beruflichen Zuschnitt waren nach Geschlecht, Klasse und Rasse spezifiziert: Während die Maschinen hauptsächlich weniger gut ausgebildete Frauen aus ethnischen Minderheiten am unteren Ende der Beschäftigungsskala ersetzten, begannen gut ausgebildete, meist weiße Frauen weiße Männer in den unteren Expertenpositionen zu ersetzen, wurden aber schlechter bezahlt und hatten geringere Aufstiegschancen als sie die Männer zuvor hatten. Die Arbeitsplätze, die mehrere Qualifikationen erforder-

---

64 Appelbaum (1984).

ten und die Individualisierung der Verantwortung wurden häufig von ideologisch geschneiderten neuen Titeln begleitet wie „Managementassistentin" statt „Sekretärin". Damit sollten sich Verwaltungskräfte stärker engagieren können, ohne dass ihre beruflichen Gratifikationen entsprechend zunehmen würden.

Die neue Informationstechnologie definiert also Arbeitsprozesse, Arbeitskräfte und daher auch Beschäftigungs- und Berufsstruktur neu. Während eine beträchtliche Anzahl von Arbeitsplätzen in ihren Qualifikationsanforderungen aufgewertet und in den dynamischsten Sektoren manchmal auch Gehälter und Arbeitsbedingungen verbessert werden, geht durch die Automatisierung eine große Anzahl von Arbeitsplätzen in Fertigung und Dienstleistungen verloren. Das sind im Allgemeinen solche, die nicht qualifiziert genug sind, um der Automatisierung zu entgehen, aber kostspielig genug, damit sich die Investition in die Technologie lohnt, die sie ersetzt. Das Ansteigen der allgemeinen oder spezialisierten Bildungsqualifikationen, die für die neu aufgewerteten Positionen erforderlich sind, segregiert die Belegschaften weiter auf der Grundlage ihrer Ausbildung, die ihrerseits selbst ein hochgradig segregiertes System ist, weil sie im großen Ganzen der segregierten Siedlungsstruktur entspricht. Die abgewerteten Arbeitskräfte, zumal in den Eingangspositionen einer neuen Generation von Arbeitenden sind Frauen, ethnische Minderheiten, Einwanderer und junge Leute, die sich in den niedrig qualifizierten, schlecht bezahlten Tätigkeiten sowie in Zeitarbeit und/oder diversen Dienstleistungen konzentrieren. Die entstehende Bifurkation der Arbeitsmuster und die Polarisierung der Arbeitskraft sind nicht das notwendige Resultat des technologischen Fortschritts oder unausweichlicher evolutionärer Tendenzen wie etwa der Entstehung der „post-industriellen Gesellschaft" oder der „Dienstleistungsökonomie". Diese Prozesse sind gesellschaftlich determiniert und auf Managementebene im Prozess der kapitalistischen Neustrukturierung geplant. Sie findet auf der Ebene der Werkstatt im Bezugsrahmen und mit Hilfe des Prozesses technologischen Wandels statt, in dem das informationelle Paradigma verwurzelt ist. Unter diesen Bedingungen werden Arbeit, Beschäftigung und Berufe transformiert, und selbst die Vorstellung davon, was Arbeit und Arbeitszeit sind, könnte für immer verändert werden.

Die Folgen der Informationstechnologie für die Beschäftigung: Auf dem Weg zur Gesellschaft ohne Arbeit?

Die Ausbreitung der Informationstechnologie in Fabriken, Büros und Dienstleistungen hat einer jahrhundertealten Befürchtung der Beschäftigten neue Nahrung gegeben – von Maschinen verdrängt zu werden und damit für die produktivistische Logik, die noch immer unsere gesellschaftliche Organisationsform beherrscht, irrelevant zu werden. Zwar ist die auf das Informationszeitalter zugeschnittene Version der Ludditen-Bewegung, die 1811 die englischen Industriellen terrorisierte, noch nicht aufgetaucht, aber die zunehmende Arbeitslosigkeit in Westeuropa während der 1980er und 1990er Jahre hat Fragen nach der möglichen Zerrüttung der Arbeitsmärkte und damit der gesamten Sozialstruktur durch die einschneidenden Auswirkungen der arbeitssparenden Technologien aufgeworfen.

Die Debatte über diese Frage hat das letzte Jahrzehnt hindurch getobt und ist weit von einer klaren Antwort entfernt.[65] Einerseits wird gesagt, die historische Erfahrung belege den säkularen Übergang von einer Art von Tätigkeit zu einer anderen, wenn im Verlauf des technologischen Fortschritts Arbeit durch effizientere Produktionswerkzeuge ersetzt werde.[66] So wurde in Großbritannien die landwirtschaftliche Beschäftigung zwischen 1780 und 1988 in absoluten Zahlen um die Hälfte reduziert und fiel von 50 auf 2,2% der gesamten Erwerbsbevölkerung; aber die pro-Kopf-Produktivität stieg um einen Faktor von 68, und die Produktivitätssteigerung erlaubte die Investition von Kapital und Arbeit in die Industrie, dann in die Dienstleistungen, um so die anwachsende Bevölkerung zu beschäftigen. Die außerordentliche Geschwindigkeit des technologischen Wandels in der amerikanischen Wirtschaft während des 20. Jahrhunderts hat ebenfalls massiv Arbeit aus der Landwirtschaft verdrängt, aber die Zahl aller von der amerikanischen Wirtschaft geschaffenen Arbeitsplätze kletterte von etwa 27 Mio. 1900 auf 133 Mio. 1999. Aus dieser Sicht wird es den meisten Arbeitsplätzen in der Industrie genau so ergehen wie den landwirtschaftlichen Arbeitsplätzen, aber neue Arbeitsplätze werden auch weiter geschaffen, diesmal in den industriellen Hochtechnologie-Branchen (s. Tab. 4.23 Anhang A) und wichtiger noch, im „Dienstleistungssektor".[67] Will man die Kontinuität dieses technischen Trends belegen, so kann man einfach auf die Erfahrung der technologisch am weitesten fortgeschrittenen industriellen Volkswirtschaften verweisen, Japan und die Vereinigten Staaten: Genau sie sind es, die während der 1980er und 1990er Jahre die meisten Arbeitsplätze geschaffen haben.[68] Nach dem Bericht der Europäischen Kommission von 1994 über „Wachstum, Wettbewerbsfähigkeit und Beschäftigung" wuchs die US-Wirtschaft zwischen 1970 und 1992 real um 72% bei einem Beschäftigungsanstieg von 49%. Die japanische Wirtschaft wuchs um 173% bei einem Beschäftigungsanstieg von 25%, während die Wirtschaft der Europäischen Gemeinschaft um 81% wuchs, aber bei einem Beschäftigungszuwachs von nur 9%.[69] Und was

---

65 S. Freeman und Soete (1994) für eine ausgewogene und gründliche Analyse der Tendenzen bei der Arbeitslosigkeit in den 1980er und 1990er Jahren.
66 Jones (1982); Lawrence (1984); Cyert und Mowery (1987); Hinrichs u.a. (1991); Bosch u.a. (1994); Commission of the European Communities (1994); OECD (1994b).
67 OECD (1994b).
68 OECD *Employment Outlook* (versch. Jahrgänge).
69 Commission of the European Communities (1994: 141).

Abbildung 4.3 Index der Beschäftigungszunahme nach Regionen 1973-1999

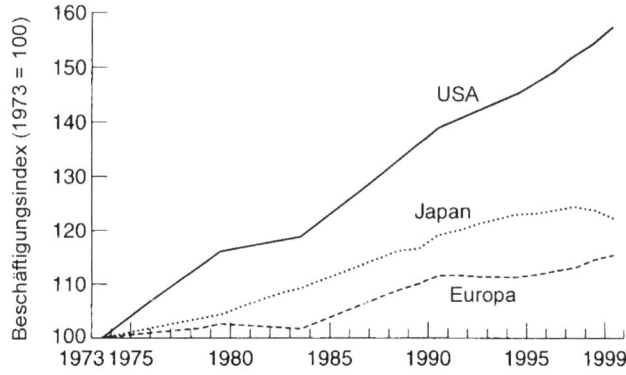

Quelle: Daten der OECD, zusammengestellt und bearbeitet von Carnoy (2000)

die Kommission nicht sagt, ist, dass diese neue Beschäftigung fast vollständig vom öffentlichen Sektor kam. Die private Schaffung von Arbeitsplätzen in der Europäischen Gemeinschaft stagnierte während der 1980er Jahre. Während der 1990er Jahre ist die Kluft zwischen Europa einerseits und den USA und Japan andererseits bei der Schaffung von Arbeitsplätzen noch größer geworden (s. Abb. 4.3). So entstanden in den Vereinigten Staaten zwischen 1975 und 1999 ungefähr 48 Mio. neue Arbeitsplätze und in Japan 10 Mio. Dagegen schuf die Europäische Union in diesen 24 Jahren nur 11 Mio. neue Arbeitsplätze, und bis in die späten 1990er Jahre hinein befanden sich die meisten davon im öffentlichen Sektor. Ferner entstanden zwischen dem 1. Januar 1993 und dem 1. Januar 2000 in den USA mehr als 20 Mio. neue Arbeitsplätze, während die absolute Anzahl von Arbeitsplätzen in der Europäischen Union zwischen 1990 und 1996 zurückging. Weiter begann in Europa die Beschäftigung 1997-1999 ab dem Zeitpunkt zuzunehmen, als die europäischen Länder die Verbreitung der Informationstechnologien in ihren Unternehmen forcierten und zugleich Reformen jener institutionellen Aspekte des Arbeitsmarktes in Gang setzten, die der Schaffung von Arbeitsplätzen im Wege standen. Im Oktober 1999 fiel erstmals in diesem Jahrzehnt die Arbeitslosenquote in der Europäischen Union insgesamt unter die 10%-Marke. Der Beschäftigungszuwachs verlief aber in den einzelnen europäischen Ländern sehr unterschiedlich: So gab es 1999 nur in Spanien, Italien, Frankreich, Deutschland, Finnland und Belgien zweistellige Arbeitslosenquoten, während die anderen europäischen Länder Arbeitslosenquoten von unter 8% hatten, und einige von ihnen – die Niederlande, die Schweiz und Norwegen – hatten Arbeitslosenquoten, die unter denen der Vereinigten Staaten lagen. Das Qualifikationsprofil der neu geschaffenen Arbeitsplätze lag im Durchschnitt über der Durchschnittsqualifikation der Gesamtheit der Beschäftigten. So zeigt die von Martin Carnoy erarbeitete Tabelle 4.24 (Anhang A) für die Vereinigten Staaten, dass der Anteil der hochqualifizierten Arbeitsplätze von

24,6% 1960 auf 33% 1998 anstieg, was viel mehr ist als der öffentlich so viel diskutierte Zuwachs von Arbeitsplätzen am unteren Ende der Beschäftigungsskala, die von 31,6 auf 32,4% zunahmen. Dies bestätigt den Rückgang der mittleren Qualifikationsstufen, wovon aber hauptsächlich die Spitze der Berufsskala profitierte. Eine 1999 vom US Labor Department durchgeführte Studie zum Profil der in den 1990er Jahren neu geschaffenen Arbeitsplätze ergab, dass deren große Mehrzahl sich in Berufen befand, in denen mehr als der nationale Mittelwert von 13 US$ die Stunde verdient wurde.[70] Nach einer OECD-Studie betrug die prozentuale Netto-Veränderung bei der Schaffung von Arbeitsplätzen 1980-1990 in den OECD-Ländern für die Hochtechnologie-Sektoren 3,3%, für die Sektoren mit mittlerer Technologie -8,2% und -10,9% für diejenigen mit niedriger Technologie.[71] Für die Zukunft hat der von der Finanzkommission des französischen Senats in Auftrag gegebene Tregouet-Bericht 1997 festgestellt, dass „in dem Maße, wie die Informationsgesellschaft an Kraft gewinnt, die Hälfte der Berufe, die in 20 Jahren benötigt werden, noch nicht vorhanden sind; bei ihnen wird es im Wesentlichen darum gehen, dem Produkt Wissen und Information zuzufügen."[72]

Ein grundlegendes Merkmal des neuen Arbeitsmarktes der letzten beiden Jahrzehnte ist die massenhafte Einbeziehung von Frauen in die bezahlte Arbeit: Die Quote der Beteiligung von Frauen im Alter von 15 bis 64 Jahren an der Erwerbstätigkeit stieg in den Vereinigten Staaten von 51,1% 1973 auf 70,7% 1998; im Vereinigten Königreich von 53,2 auf 67,8%; in Frankreich von 50,1 auf 60,8%; in Japan von 54 auf 59,8%; in Deutschland von 50,3 auf 60,9%; in Spanien von 33,4 auf 48,7%; in Italien von 33,7 auf 43,9%; in Finnland von 63,6 auf 69,7%; und in Schweden, dem Land mit der höchsten weiblichen Erwerbsquote der Welt, von 62,6 auf 75,5%.[73] Aber der Druck dieses substanziellen Zuwachses im Angebot an Arbeitskräften führte in den USA und in Japan nicht zu der hohen Arbeitslosigkeit wie *in einigen* westeuropäischen Ländern. Die USA registrierten im November 1999 mitten in einer Phase dramatischer technologischer Umrüstung mit 4,1% die niedrigste Arbeitslosenquote in 30 Jahren. Japan hielt ungeachtet einer langen Rezession seine Arbeitslosenquote noch immer unter 5%, während es seine traditionelle Form der Arbeitsbeziehungen veränderte, worauf ich weiter unten eingehe. Und die Niederlande, eine technologisch fortgeschrittene Volkswirtschaft, senkten ihre Arbeitslosenquote nach einer Veränderung ihrer Arbeitsverfassung bis Ende 1999 auf etwa 3%.

Alles deutet demnach darauf hin, dass hohe Arbeitslosigkeit in den entwickelten Ländern vor allem das Problem einiger – aber nicht aller – europäischer Länder während der frühen Stadien des Übergangs zur neuen Wirtschaftsform

---

70 *The New York Times* (4. Dezember 1999: B14).
71 OECD (1997: 34).
72 Zit. nach Saussois (1998: 4).
73 OECD *Employment Outlook* (versch. Jahrgänge).

war. Dieses Problem war in erster Linie nicht durch die Einführung neuer Technologien, sondern durch eine verfehlte makro-ökonomische Politik und eine institutionelle Umwelt verursacht, die von der Schaffung neuer Arbeitsplätze im Privatsektor abschreckte, während die technologische Innovation und ihre Verbreitung insgesamt keine unmittelbare Auswirkung auf die Schaffung oder die Vernichtung von Arbeitsplätzen hatten. So hat Martin Carnoy auf der Grundlage von OECD-Daten die Tabellen 4.25 und 4.26 (s. Anhang A) ausgearbeitet, die für 21 Länder verschiedene Indikatoren für die Intensität der Informationstechnologie mit Beschäftigungszuwachs und Arbeitslosigkeit Mitte der 1990er Jahre in Beziehung setzen. Nach seinen Berechnungen gibt es keine statistisch signifikante Beziehung zwischen der Ausbreitung der Technologie und der Entwicklung der Beschäftigung in der Zeit von 1987-1994. Die einzig erkennbare, aber statistisch nicht signifikante Beziehung besteht zwischen dem Niveau der IT-Aufwendungen pro Arbeitskraft 1994 und der Arbeitslosenquote. Aber die Beziehung ist negativ, was auf die Möglichkeit eines positiven Effekts der Technologie auf die Schaffung von Arbeitsplätzen hindeuten würde.[74]

Wie diese und andere Analysen zeigen,[75] scheinen institutionelle Unterschiede die Niveaus der Arbeitslosigkeit zu erklären, während die Folgen unterschiedlicher technologischer Niveaus keinem einheitlichen Muster entsprechen. Wenn sich aus den internationalen Daten irgendein Muster ergäbe, so würde es in die den maschinenstürmerischen Vorhersagen entgegengesetzte Richtung weisen: Ein höheres technologisches Niveau verbindet sich allgemein mit einer niedrigeren Arbeitslosenquote. Kritische Einwände wie der Verweis auf frustrierte Arbeitskräfte, die nicht mehr registriert sind und daher in der Arbeitslosenstatistik nicht mehr mitgezählt werden, halten der empirischen Überprüfung einfach nicht stand. Eine OECD-Studie von 1993 über frustrierte Arbeitskräfte zwischen 1983 und 1991 schätzte diese Arbeitskräfte auf etwa 1% der Erwerbstätigen von 1991. Wenn man sie zu den Arbeitslosen hinzuzählte, würde die Arbeitslosenquote in den meisten OECD-Ländern auf etwa 8% steigen. Aber nach den neuen Berechnungen wäre 1997 auch die korrigierte Quote in den USA, dem Vereinigten Königreich, Japan, den Niederlanden, Australien und Kanada gesunken – also in den Ländern, die Arbeitsplätze unter neuen technologischen und organisatorischen Bedingungen schaffen.[76] Der definitive Nachweis besteht aber in der Berechnung des Verhältnisses zwischen der Beschäftigung und der Gesamtbevölkerung zwischen 14 und 64 Jahren, dem wirtschaftlich aktiven Alter (s. Tab. 4.27). Hier werden alle gezählt, ob frustriert oder nicht, ob im Gefängnis oder nicht. Wenn wir so vorgehen, so war zwischen 1973 und 1988 in den Vereinigten Staaten der Anteil der beschäftigten Männer an der gesamten männlichen Bevölkerung leicht von 82,8 auf 80,5% gesunken.

---

74 Carnoy (2000: 2, 26).
75 Freeman und Soete (1994); OECD (1994c).
76 Carnoy (2000: 2, 26).

Aber der entsprechende Anteil für Frauen schoss in die Höhe und kletterte von 48 auf 67,4%. Andererseits ging er für Männer in allen europäischen Ländern, in Kanada und Australien signifikant zurück, während er für Frauen in allen Ländern anstieg, in einigen signifikant (Kanada) in anderen raketenartig (Niederlande, von 28,6 auf 59,4%). Japan hält sich mit einem deutlichen Rückgang bei den Männern und einer mäßigen Zunahme bei den Frauen in der Mitte. Damit besteht einerseits der Verlauf in den USA die Prüfung, was Beschäftigungsquote und Bevölkerungsentwicklung angeht. Andererseits zeigt das, was tatsächlich passiert, eine bemerkenswerte Tendenz: das Einrücken von Frauen für Männer in große Teile des Arbeitsmarktes und zwar unter Bedingungen und Umständen, die in Band II, Kapitel 4 genauer analysiert werden.

Doch die Propheten der Massenarbeitslosigkeit, angeführt vom ehrenwerten Club of Rome, wenden ein, dass diese Berechnungen auf einer anderen historischen Erfahrung beruhten und daher die radikal neuen Auswirkungen der Technologien unterschätzten, deren Folgen universal und durchgängig seien, weil sie mit der Informationsverarbeitung zusammenhängen. Daher – so der Gang der Argumentation – werde es, wenn die industriellen Arbeitsplätze denselben Weg wie die Bauern gegangen sind, nicht genug Dienstleistungsjobs geben, um sie zu ersetzen, weil die Dienstleistungsjobs schnell automatisiert und abgebaut werden. Sie sagten voraus, es werde wegen der Beschleunigung dieser Tendenz in den 1990er Jahren zur Massenarbeitslosigkeit kommen.[77] Die offenkundige Konsequenz dieser Analyse wäre, dass unsere Gesellschaften zu wählen hätten zwischen Massenarbeitslosigkeit mit dem Begleitumstand einer scharfen Teilung der Gesellschaft in Beschäftigte einerseits und in Arbeitslose bzw. Gelegenheitsarbeiter andererseits, oder aber einer Neubestimmung von Arbeit und Beschäftigung, was den Weg eröffnen würde zu einer vollständigen Neustrukturierung der gesellschaftlichen Organisation und der kulturellen Wertvorstellungen.

Angesichts der Bedeutung dieser Frage haben internationale Institutionen, Regierungen und die Forschung außerordentliche Anstrengungen unternommen, die Folgen der neuen Technologien abzuschätzen. Dutzende von technisch ausgefeilten Studien wurden in den letzten 20 Jahren und vor allem wäh-

---

77 King (1991); Aznar (1993); Aronowitz und Di Fazio (1994); Rifkin (1995). Das herausragendste Charakteristikum dieser Schriften, die die Gesellschaft ohne Arbeit ankündigen, besteht darin, dass sie für ihre Behauptungen keinerlei konsistente, strenge Belege liefern, sondern sich auf isolierte Zeitungsausschnitte, beliebige Beispiele von Unternehmen in irgendeinem Land und Sektor sowie „Alltags"-Argumente über die „offensichtlichen" Folgen von Computern für Arbeitsplätze stützen. Es wird keine ernsthafte Analyse vorgenommen, um etwa die hohe Rate der Schaffung von Arbeitsplätzen in den Vereinigten Staaten und Japan im Vergleich zu Westeuropa zu erklären. Und die Explosion im Beschäftigungswachstum vor allem in der Industrie in Ost- und Südostasien wird kaum erwähnt. Weil die meisten dieser Autoren der „politischen Linken" nahe stehen, muss ihre Glaubwürdigkeit angezweifelt werden, bevor ihre unbegründeten Thesen die Arbeiterbewegung und die politische Linke in der besten Tradition ideologischer Selbstzerstörung in eine neue Sackgasse führen.

rend der 1980er Jahre durchgeführt, als noch immer Hoffnung bestand, dass die Daten die Antwort liefern könnten. Die Lektüre dieser Studien macht die Schwierigkeiten der Suche deutlich. Es ist klar, dass der Einsatz von Robotern an einem Fließband die menschliche Arbeitszeit für eine bestimmte Produktmenge vermindert. Aber daraus folgt nicht, dass dies die Beschäftigung in dem betreffenden Unternehmen oder gar in der gesamten Branche vermindert. Wenn die überlegene Qualität und Produktivität, die durch die Einführung des elektronischen Maschinenparks erzielt wurden, die Konkurrenzfähigkeit erhöht haben, so werden sowohl das Unternehmen als auch die Branche mehr Leute beschäftigen müssen, um die größere Nachfrage zu befriedigen, die sich aus dem größeren Marktanteil ergibt. Damit stellt sich die Frage auf nationaler Ebene: Die neue Wachstumsstrategie würde erhöhte Wettbewerbsfähigkeit auf Kosten reduzierter Beschäftigung in einigen Sektoren bedeuten, wobei der so entstandene Überschuss eingesetzt würde, um in anderen Sektoren wie unternehmensorientierte Dienstleistungen oder Umwelttechnologie zu investieren und Arbeitsplätze zu schaffen. In letzter Instanz werden die Nettoergebnisse für die Beschäftigung von der Konkurrenz zwischen den Nationen abhängen. Die Handelstheoretiker würden dann argumentieren, dass es kein Nullsummenspiel gibt, weil die Ausweitung des globalen Handels insgesamt die Nachfrage erhöht und so den meisten Partnern zugute kommt. Nach diesen Überlegungen käme es zu einer potenziellen Reduzierung der Beschäftigung als Folge der Verbreitung der neuen Informationstechnologien nur, wenn:

- die Ausweitung der Nachfrage nicht die Steigerung der Arbeitsproduktivität ausgleicht *und*
- es keine institutionelle Antwort auf eine solche Fehlanpassung gibt, indem die Arbeitszeit reduziert wird, nicht aber die Arbeitsplätze.

Die zweite Bedingung ist besonders wichtig. Schließlich zeigt die Geschichte der Industrialisierung einen langfristigen Anstieg von Beschäftigung, Produktion, Produktivität, Reallöhnen, Profiten und Nachfrage, während die Arbeitszeit auf der Grundlage des Fortschritts in Technologie und Management deutlich gesenkt wurde.[78] Warum sollte das im gegenwärtigen Stadium techno-ökonomischer Transformation nicht auch so sein? Warum sollten die Informationstechnologien destruktiver auf die Gesamtbeschäftigung wirken als die Mechanisierung oder die Automatisierung während der früheren Jahrzehnte des 20. Jahrhunderts? Überprüfen wir die empirischen Belege.

In den 1980er Jahren gab das Internationale Arbeitsamt angesichts einer Flut von Studien über unterschiedliche Länder und Branchen eine Reihe von Literaturstudien in Auftrag, die den Wissensstand über die Beziehung zwischen Mikroelektronik und Beschäftigung in verschiedenen Bereichen untersuchen sollten. Unter diesen Überblicken ragen zwei durch ihre gute Dokumentation

---

78 OECD (1994b).

und Analyse hervor: der von Raphael Kaplinsky[79] und der von John Bessant.[80] Kaplinsky hob die Notwendigkeit hervor, die Ergebnisse auf acht verschiedenen Ebenen zu unterscheiden: Prozessebene, Betriebsebene, Firmenebene, Branchenebene, regionale Ebene, sektorale Ebene, nationale Ebene und Meta-Ebene, womit die Diskussion über die unterschiedlichen Folgen im Vergleich zu alternativen sozio-technischen Paradigmen gemeint ist. Nachdem er das Material für jede einzelne dieser Ebenen überprüft hatte, schloss er:

> Soweit die Einzelstudien überhaupt klare Aussagen dazu machen, scheint es, dass die quantitativen Makro- und Mikro-Studien auf völlig unterschiedliche Schlussfolgerungen hinauslaufen. Untersuchungen auf der Ebene von Prozessen und Fabriken belegen offenbar allgemein ein hohes Maß an Verdrängung von Arbeit. Andererseits kommen Simulationen auf nationaler Ebene häufiger zu dem Schluss, dass es kein ernsthaftes Beschäftigungsproblem gibt.[81]

Bessant weist das, was er die „wiederholte Panikmache über Automatisierung und Beschäftigung" seit den 1950er Jahren nennt, als übertrieben zurück. Dann schreibt er nach einer genaueren Überprüfung der Ergebnisse seiner Studie, dass „es zusehends klar wurde, dass die Muster der Auswirkungen der Mikroelektronik auf die Beschäftigung stark variieren." Nach dem von Bessant untersuchten Material vernichtet die Mikroelektronik einerseits einige Arbeitsplätze in einigen Branchen. Aber andererseits trägt sie zur Schaffung neuer Arbeitsplätze bei und verändert außerdem den Charakter dieser Arbeitsplätze. Die Gesamtbilanz muss verschiedene Elemente gleichzeitig berücksichtigen:

> neue Beschäftigung in neuen, auf der Mikroelektronik basierenden Produktionszweigen; neue Beschäftigung in fortgeschrittenen Technologien, die in zuvor schon bestehenden Branchen entsteht; Arbeitsplätze, die durch Prozessänderungen in bestehenden Branchen vernichtet werden; Arbeitsplätze, die in Branchen vernichtet werden, deren Produkte durch solche ersetzt werden, die auf Mikroelektronik beruhen, etwa Telekommunikationsausrüstungen; Arbeitsplätze, die durch mangelnde allgemeine Wettbewerbsfähigkeit verloren gehen, weil die Mikroelektronik nicht eingeführt wird. Alles zusammengenommen stellt sich die Lage über das gesamte Spektrum hinweg als Mischung aus Verlusten und Gewinnen mit einer insgesamt nur geringfügigen Veränderung im Bereich der Beschäftigung dar.[82]

Wenn man sich Studien über bestimmte Länder während der 1980er Jahre ansieht, so sind die Ergebnisse etwas widersprüchlich, obwohl sich insgesamt dasselbe unbestimmte Muster abzuzeichnen scheint. In Japan kam 1985 eine Studie des Japan Institute of Labour über die Auswirkungen der neuen elektronischen Technologien auf Beschäftigung und Arbeit in so unterschiedlichen Branchen wie Automobil, Zeitungen, Elektromaschinen und Software zu dem Schluss, dass „das Ziel der Einführung der neuen Technologien in keinem der

---

79 Kaplinsky (1986).
80 Bessant (1989).
81 Kaplinsky (1986: 153).
82 Bessant (1989: 27, 28, 30).

Fälle in der Reduzierung der Belegschaftsgrößen bestand und auch später nicht dazu geführt hat".[83]

In Deutschland wurde in den 1980er Jahren vom Bundesministerium für Forschung und Technologie ein größeres Forschungsprojekt, die so genannte Meta-Studie, in Auftrag gegeben, um die Folgen des technologischen Wandels für die Beschäftigung sowohl ökonometrisch als auch an Fallstudien zu untersuchen. Obwohl die Unterschiedlichkeit der Studien in diesem Programm keine definitive Schlussfolgerung zulässt, haben die Autoren doch zusammenfassend festgestellt, dass es „der Kontext" ist, auf den die Variation der beobachteten Auswirkungen zurückgeht. Jedenfalls verstand man technologische Innovation als Beschleunigungsfaktor und nicht als Ursache für bestehende Trends auf dem Arbeitsmarkt. Die Studie prognostizierte kurzfristig einen Verlust von unqualifizierten Arbeitsplätzen, obwohl die verbesserte Produktivität wahrscheinlich längerfristig zur Schaffung zusätzlicher Arbeitsplätze führen würde.[84]

In den Vereinigten Staaten analysierte Flynn 200 Fallstudien über die Auswirkungen von Prozessinnovationen auf die Beschäftigung zwischen 1940 und 1982.[85] Er kam zu dem Schluss, dass Prozessinnovationen in der Industrie zwar hochqualifizierte Arbeitsplätze vernichteten und zur Schaffung gering qualifizierter Jobs beitrugen, dass aber auf die Informationsverarbeitung in Büros das Gegenteil zutraf, wo die technologische Innovation gering qualifizierte Arbeitsplätze verdrängt und hochqualifizierte neu geschaffen hat. Nach Flynn waren die Auswirkungen der Prozessinnovation variabel, in Abhängigkeit von der spezifischen Situation der Branchen und Unternehmen. Auf Branchenebene wies gleichfalls für die USA die Analyse von Levy und Mitarbeitern unterschiedliche Auswirkungen technologischer Innovation in fünf Branchen nach: Im Eisenerzbergbau, im Kohlebergbau und bei Aluminium erhöhte der technologische Wandel die Produktion und führte zu höheren Beschäftigungsniveaus; bei Stahl und Autos entsprach andererseits der Anstieg der Nachfrage nicht der Reduzierung der Arbeit pro Produktionseinheit, und damit kam es zu Arbeitsplatzverlusten.[86] Ebenfalls in den USA ergab Millers Analyse des in den 1980er Jahren verfügbaren Materials über die Auswirkungen der industriellen Robotertechnik, dass die meisten der freigesetzten Arbeitskräfte wieder in Beschäftigungsverhältnisse absorbiert wurden.[87]

Im Vereinigten Königreich führte die Studie von Daniel über die Auswirkungen der Technologie auf die Beschäftigung in Fabriken und Büros zu dem Ergebnis, dass die Folgen vernachlässigenswert seien. Eine weitere Studie, die vom Londoner Policy Studies Institute an einem Sample von 1.200 Unternehmen in Frankreich, Deutschland und dem Vereinigten Königreich durchgeführt

---

83 Japan Institute of Labour (1985: 27).
84 Schettkat und Wagner (1989).
85 Flynn (1985).
86 Levy u.a. (1984).
87 Office of Technology Assessment (1984, 1986); Miller (1989: 80).

wurde, kam zu der Einschätzung, dass sich die Auswirkungen der Mikroelektronik in den drei untersuchten Ländern durchschnittlich auf einen Arbeitsplatzverlust beliefen, der einem jährlichen Beschäftigungsrückgang in der Industrie von 0,5, 0,6 bzw. 0,8% entsprach.[88]

In der Zusammenfassung der von Watanabe geleiteten Studien über die Folgen der Roboterisierung in der Autoindustrie in Japan, den Vereinigten Staaten, Frankreich und Italien wurde der gesamte Verlust an Arbeitsplätzen auf zwischen 2 und 3,5% geschätzt. Es muss jedoch zusätzlich die Einschränkung gemacht werden, dass wie oben erwähnt die Folgen unterschiedlich sein können, wie der Anstieg der Beschäftigung in japanischen Fabriken zeigt, wo der Einsatz der Mikroelektronik zur Umschulung der Arbeitskräfte und zur Steigerung der Wettbewerbsfähigkeit genutzt wurde.[89] Im Falle Brasiliens konstatierte Silva keine Auswirkungen der Technologie auf die Beschäftigung in der Autoindustrie, obwohl die Beschäftigung je nach Produktionsniveau erheblich schwankte.[90]

In der von mir geleiteten Studie über die Auswirkungen der neuen Technologien auf die spanische Volkswirtschaft Anfang der 1980er Jahre stellten wir keine statistische Beziehung zwischen Schwankungen der Beschäftigung und dem technologischen Niveau in der Industrie und im Dienstleistungssektor fest. Weiter stellte eine im Rahmen desselben Forschungsprogramms von Cecilia Castano geleitete Studie über die Autoindustrie und den Bankensektor in Spanien einen Trend zu einem positiven Zusammenhang zwischen der Einführung der Informationstechnologie und der Beschäftigungsentwicklung fest. Eine ökonometrische Studie von Saez über die sektorale Beschäftigungsentwicklung in Spanien während der 1980er Jahre konstatierte ebenfalls eine positive Beziehung zwischen technologischer Modernisierung und Beschäftigungszuwachs aufgrund erhöhter Produktivität und Konkurrenzfähigkeit.[91]

Studien im Auftrag des Internationalen Arbeitsamtes über das Vereinigte Königreich, über die OECD insgesamt und über Südkorea scheinen ebenfalls auf das Fehlen systematischer Zusammenhänge zwischen Informationstechnologie und Beschäftigung hinzudeuten.[92] Die anderen Variablen der Gleichung – wie der industrielle *mix* des jeweiligen Landes, institutionelle Zusammenhänge, der Platz in der internationalen Arbeitsteilung, Konkurrenzfähigkeit, Managementpolitik usw. – überwiegen insgesamt bei weitem die spezifischen Auswirkungen der Technologie.

Es wurde jedoch häufig argumentiert, die während der 1980er Jahre beobachteten Trends hätten den Beschäftigungseffekt der Informationstechnologien nicht vollständig zum Ausdruck gebracht, weil ihre Ausbreitung auf die gesamte

---

88 Northcott (1986); Daniel (1987).
89 Watanabe (1987).
90 Zit. in Watanabe (1987).
91 Castells u.a. (1986); Saez (1991); Castano (1994b).
92 Pyo (1986); Swann (1986); Ebel und Ulrich (1987).

Wirtschaft und Gesellschaft noch ausstand.[93] Dies zwingt uns, uns auf den schwankenden Boden von Voraussagen zu wagen, die mit zwei unsicheren Variablen operieren – mit den neuen Informationstechnologien und der Beschäftigung – sowie mit dem noch unsicheren Verhältnis zwischen beiden. Dennoch sind eine Reihe ziemlich ausgefeilter Simulationsmodelle erarbeitet worden, die etwas Licht in die uns hier interessierenden Fragen bringen. Eines davon ist das von Blazejczak, Eber und Horn entwickelte Modell zur Bewertung der Auswirkungen von Investitionen in F&E in der westdeutschen Volkswirtschaft zwischen 1987 und 2000. Sie konzipierten drei Szenarios. Nur unter den günstigsten Bedingungen steigert der technologische Wandel die Beschäftigung durch Stärkung der Wettbewerbsfähigkeit. Tatsächlich konstatieren sie, das Beschäftigungsverluste drohen, wenn es nicht zu kompensatorischen Nachfrageeffekten kommt, und diese Nachfrage kann nur durch ein besseres Ergebnis im internationalen Handel hervorgerufen werden. Aber den Vorausschätzungen des Modells zufolge „kompensieren insgesamt die Nachfrageeffekte durchaus einen relevanten Teil des vorhergesagten Beschäftigungsrückgangs".[94] Es ist daher wahrscheinlich, dass die technologische Innovation negative Auswirkungen auf die Beschäftigung in Deutschland haben wird, jedoch auf ziemlich moderatem Niveau. Auch hier scheinen andere Elemente wie makro-ökonomische Politik, Konkurrenzfähigkeit und industrielle Beziehungen viel wichtigere Faktoren für die Beschäftigungsentwicklung zu sein.

Die in den Vereinigten Staaten meistzitierte Simulationsstudie wurde 1984 von Leontieff und Duchin zur Bewertung der Auswirkungen von Computern auf die Beschäftigung für die Periode von 1963-2000 unter Verwendung einer dynamischen *input-output*-Matrix der US-Wirtschaft durchgeführt.[95] Die Autoren konzentrierten sich auf ihr mittleres Szenario und stellten fest, dass zur Produktion der gleichen Menge 20 Mio. weniger Arbeitskräfte benötigt würden, als bei konstantem technologischem Niveau erforderlich gewesen wären. Diese

---

93 S. beispielsweise die apokalyptischen Prophezeiungen von Adam Schaff (1992). Es ist zumindest überraschend, welche Bedeutung die Medien Büchern wie Rifkin (1995) einräumen, worin „das Ende der Arbeit" verkündet wird und das in einem Land wie den Vereinigten Staaten erschienen ist, wo zwischen 1993 und 1996 8 Mio. neue Arbeitsplätze geschaffen wurden. Es ist eine andere Frage, welcher Art diese Jobs sind und wie sie bezahlt werden, obwohl ihr Qualifikationsprofil über dem der allgemeinen Beschäftigungsstruktur lag. Arbeit und Beschäftigung werden, wie dieses Buch zu zeigen versucht, tatsächlich transformiert. Aber ungeachtet der westeuropäischen Malaise steht die Anzahl der bezahlten Arbeitsplätze auf der Welt auf ihrem geschichtlichen Höhepunkt und nimmt noch zu. Und die Quoten der Beteiligung von Erwachsenen an der Erwerbsbevölkerung steigen wegen der nie dagewesenen Einbeziehung von Frauen in den Arbeitsmarkt überall an. Diese elementaren Daten zu ignorieren, bedeutet, unsere Gesellschaft zu ignorieren.

94 Eine der systematischsten Anstrengungen zur Vorhersage der Auswirkungen der neuen Technologien auf Wirtschaft und Beschäftigung war die Ende der 1980er Jahre in Deutschland durchgeführte „Meta-Studie". Die hauptsächlichen Ergebnisse sind in Matzner und Wagner (1990) dargestellt. Zit. n. Blazejczak u.a. (1990: 231)

95 Leontieff und Duchin (1985).

Zahl bedeutete nach ihren Berechnungen ein Absinken des Arbeitskräftebedarfs um 11,7%. Die Auswirkungen waren jedoch nach Branchen und Berufsgruppen sehr unterschiedlich. Dienstleistungen und besonders Bürotätigkeiten sollten wegen der Ausbreitung der Büroautomatisierung schwerere Arbeitsplatzverluste erleiden als die Industrie. Die Beschäftigungschancen von Verwaltungskräften und Managern würden sich stark verschlechtern, während sie für Experten beträchtlich steigen und handwerkliche und Maschinenarbeiter ihren relativen Anteil an den Beschäftigten halten sollten. Die Methodologie der Leontieff-Duchin-Studie hat aber scharfe Kritik auf sich gezogen, weil sie sich auf eine Anzahl von Annahmen stützt, die auf der Grundlage begrenzter Fallstudien die möglichen Auswirkungen der Computer-Automatisierung maximieren und zugleich die technologischen Veränderungen auf Computer begrenzen. Vom Standpunkt des Jahres 2000 aus können wir heute denn auch den Fehlschlag der Prognosen von Leontieff und Duchin konstatieren. Aber das ist nicht nur eine empirische Beobachtung. Das Scheitern war dem analytischen Modell bereits eingeschrieben. Wie Lawrence gezeigt hat, besteht der grundlegende Mangel dieses wie anderer Modelle darin, dass sie ein festes Niveau der Endnachfrage und der Produktion unterstellt hatten.[96] Das ist genau das, was die bisherige Erfahrung mit technologischer Innovation als die unwahrscheinlichste Hypothese auszuschließen scheint.[97] Wenn die Wirtschaft nicht wächst, ist es offenkundig, dass arbeitssparende Technologien die erforderliche Arbeitszeit vermindern. Aber in der Vergangenheit war schneller technologischer Wandel allgemein mit einer expansiven Tendenz verbunden, die durch die Steigerung von Nachfrage und Produktion zu der Notwendigkeit geführt hat, dass absolut gesehen mehr Arbeitsstunden erbracht werden mussten, selbst wenn dies weniger Arbeitszeit pro Produkteinheit bedeutete. Der springende Punkt in der neuen historischen Periode liegt jedoch darin, dass in einem international integrierten Wirtschaftssystem die Ausweitung von Nachfrage und Ausstoß abhängig ist von der Wettbewerbsfähigkeit einer jeden Wirtschaftseinheit und von ihrem Standort in einer bestimmten institutionellen Umgebung (die auch als Nation bezeichnet wird). Weil nun Qualität und Produktionskosten, die Determinanten der Wettbewerbsfähigkeit, weitgehend von Produkt- und Prozessinnovation abhängig sind, ist es wahrscheinlich, dass ein schnellerer technologischer Wandel für ein bestimmtes Unternehmen, für eine Branche oder Volkswirtschaft zu einem höheren und nicht zu einem niedrigeren Beschäftigungsniveau führen wird. Das entspricht den Ergebnissen der Studie von Young und Lawson über die Auswirkungen der Technologie auf Beschäftigung und Ausstoß in den USA zwischen 1972 und 1984.[98] In 44 der 79 von ihnen untersuchten Branchen wurden die arbeitssparenden Effekte der neuen Technologie durch die höhere

---

96 Lawrence (1984); Cyert und Mowery (1987).
97 Lawrence (1984); Landau und Rosenberg (1986); OECD (1994b).
98 Young und Lawson (1984).

Endnachfrage mehr als kompensiert, so dass sich die Beschäftigung insgesamt ausgeweitet hat. Auf der Ebene von Volkswirtschaften haben auch Studien über die neu industrialisierten Länder der asiatischen Pazifikregion einen drastischen Anstieg der Beschäftigung vor allem in der Industrie nachgewiesen, nachdem die Branchen ihre Technologie verbessert und so ihre internationale Wettbewerbsfähigkeit erhöht hatten.[99]

Auf stärker analytische Weise hat Robert Boyer, der intellektuelle Führer der „Regulationsschule", unter Bezug auf die empirischen Befunde in verschiedenen europäischen Ländern seine Argumentation in mehreren Kernsätzen zusammengefasst:[100]

1. Wenn alle anderen Variablen konstant gehalten werden, verbessert der technologische Wandel – gemessen an der Dichte von F&E – die Produktivität und vermindert offenkundig das Beschäftigungsniveau für jede vorgegebene Nachfrage.
2. Produktivitätsgewinne können jedoch genutzt werden, um die relativen Preise zu senken und so die Nachfrage für ein bestimmtes Produkt zu stimulieren. Wenn die Preiselastizität größer als eins ist, wird ein Sinken des Preises parallel zum Ansteigen der Produktion die Beschäftigung fördern.
3. Wenn die Preise konstant sind, könnten Produktivitätssteigerungen in Steigerungen der Reallöhne oder der Profite umgesetzt werden. Der Konsum und/oder die Investitionen werden dann bei beschleunigtem technologischem Wandel ansteigen. Wenn die Preiselastizität hoch ist, werden die Beschäftigungsverluste durch zusätzliche Nachfrage aus alten ebenso wie aus neuen Sektoren kompensiert.
4. Der neuralgische Punkt liegt aber in der richtigen Mischung zwischen Prozessinnovation und Produktinnovation. Wenn die Prozessinnovation schneller vorangeht, wird es bei sonst gleichen Bedingungen zu einem Beschäftigungsrückgang kommen. Wenn dagegen das Tempo der Produktinnovation höher ist, wird die neu stimulierte Nachfrage zu höherer Beschäftigung führen.

Das Problem mit solchen eleganten ökonomischen Analysen liegt immer in den Vorannahmen: Die sonstigen Bedingungen bleiben niemals gleich. Boyer gesteht dies selbst zu und untersucht dann, inwieweit sein Modell auf die Empirie passt. Dabei beobachtet er einmal mehr eine große Variationsbreite zwischen verschiedenen Branchen und Ländern. Während Boyer und Mistral für die OECD insgesamt und für die Periode von 1980-1986 eine negative Beziehung zwischen Produktivität und Beschäftigung feststellten, hat die komparative Analyse von Boyer über die OECD-Länder drei unterschiedliche Beschäftigungsmuster in Gebieten mit ähnlicher Dichte von F&E identifiziert.[101]

---

99 Rodgers (1994).
100 Boyer (1990).
101 Boyer (1988b); Boyer und Mistral (1988).

1. In Japan konnte ein effizientes Modell von Massenproduktion und -konsum das Wachstum von Produktivität und Beschäftigung auf der Grundlage verbesserter Konkurrenzfähigkeit aufrechterhalten.
2. In den Vereinigten Staaten wurden Arbeitsplätze mit einer eindrucksvollen Quote geschaffen, allerdings durch die Konzentration auf niedrig entlohnte Arbeitsplätze mit niedriger Produktivität in traditionellen Dienstleistungstätigkeiten.
3. In Westeuropa gerieten die meisten Volkswirtschaften in einen Teufelskreis: Um mit der verschärften internationalen Konkurrenz fertig zu werden, führten die Unternehmen arbeitssparende Technologien ein und erhöhten so ihre Produktion; zugleich aber schnitten sie die Fähigkeit zur Schaffung neuer Arbeitsplätze vor allem in der Industrie ab. Die technologische Innovation steigert *nicht* die Beschäftigung. Die europäischen Merkmale dessen, was Boyer die „Regulationsweise" nennt, einmal gegeben – etwa staatliche Wirtschaftspolitik und Unternehmensstrategien in den Bereichen Arbeit und Technologie – wird die Innovation im europäischen Kontext wahrscheinlich Arbeitsplätze vernichten. Innovation wird jedoch für den Wettbewerb immer notwendiger.

Nun sind die Erfahrungen aus den USA in den 1980er Jahren, wie ich oben bereits erwähnt habe, nicht repräsentativ für das, was in den 1990er Jahren geschehen ist. Und auch nicht die japanischen Erfahrungen. Die notwendige Korrektur an der überholten Studie von Boyer und Mistral besteht deshalb darin, dass zwar die größten europäischen Volkswirtschaften in den 1990er Jahren bei der Schaffung von Arbeitsplätzen bis 1997 weiter hinterherhinkten, Japan aber ein gemäßigtes Beschäftigungswachstum aufrechterhielt und die USA sich auf einem noch höheren Niveau bewegten – sie erhöhten die Anzahl der Arbeitsplätze erheblich und verbesserten zugleich deren Qualität, freilich auf Kosten einer Stagnation der durchschnittlichen Reallöhne bis 1996. Ende der 1990er Jahre waren die meisten europäischen Länder nach einer Reform ihrer Arbeitsverfassungen ebenfalls dabei, ihre Arbeitslosigkeit spürbar zu reduzieren. Selbst Spanien, das bei der Schaffung von Arbeitsplätzen am schlechtesten abschnitt, reduzierte seine Arbeitslosenquote von 22% 1996 auf 15,3% Ende 1999, auf Kosten einer Beschneidung der Beschäftigungssicherheit in den meisten Arbeitsverhältnissen.

Die Beschäftigungsstudie des OECD-Sekretariats von 1994 kam nach einer Prüfung der historischen und aktuellen Belege über die Beziehung zwischen Technologie und Beschäftigung zu folgendem Schluss:

> Detaillierte Informationen vor allem aus dem industriellen Sektor belegen, dass Technologie Arbeitsplätze schafft. Seit 1970 hat die Beschäftigung in der hochtechnologischen Industrie in deutlichem Gegensatz zur Stagnation der Sektoren mit mittlerer und niedriger Technologie und Arbeitsplatzverlusten in niedrigqualifizierten industriellen Tätigkeiten um jährlich etwa 1% zugenommen. Länder, die sich den neuen Technologien am besten angepasst haben und Produktion und Exporte auf die schnell wachsenden Hightech-Märkte verlagert

haben, haben in der Regel auch mehr Arbeitsplätze geschaffen ... Japan realisierte in den 1970er und 1980er Jahren einen Anstieg in der industriellen Beschäftigung um 4%, verglichen mit einer Steigerung von 1,5% in den USA. Während derselben Periode hat die Europäische Gemeinschaft, wo die Exporte sich zunehmend in Branchen mit niedrigen Löhnen und niedriger Technologie konzentrierten, einen Absturz der industriellen Beschäftigung um 20% erlebt.[102]

Insgesamt scheint es die allgemeine Tendenz zu sein, dass es keine systematische Strukturbeziehung zwischen der Verbreitung der Informationstechnologien und der Entwicklung des Beschäftigungsniveaus in der Gesamtwirtschaft gibt. Arbeitsplätze werden eliminiert, und neue Arbeitsplätze entstehen, aber das quantitative Verhältnis zwischen Verlusten und Gewinnen variiert zwischen Unternehmen, Branchen, Sektoren, Regionen und Ländern. Es ist abhängig von der Wettbewerbsfähigkeit, von Unternehmensstrategien, staatlicher Politik, institutionellen Umfeldern und der relativen Position in der globalen Wirtschaft. Das spezifische Ergebnis der Interaktion zwischen Informationstechnologie und Beschäftigung ist weitgehend abhängig von makroökonomischen Faktoren, wirtschaftlichen Strategien und soziopolitischen Kontexten.[103]

Die Entwicklung des Beschäftigungsniveaus ist nichts Gegebenes, das etwa aus der Kombination von stabilen demografischen Daten und einer vorausgesagten Diffusionsrate der Informationstechnologie resultierte. Sie wird weitgehend abhängig sein von gesellschaftlich bestimmten Anwendungen der Technologie, von der Einwanderungspolitik, von der Entwicklung der Familie, von der institutionellen Verteilung der Arbeitszeit im Lebenszyklus und vom System der industriellen Beziehungen.

Demnach verursacht die Informationstechnologie als solche keine Arbeitslosigkeit, obwohl sie offenkundig die Arbeitszeit pro Produkteinheit reduziert. Aber unter dem informationellen Paradigma verändert sich die Art der Arbeitsplätze nach Quantität und Qualität, nach dem Charakter der geleisteten Arbeit und dem Geschlecht derer, die an bestimmten Orten und auf bestimmte Weisen arbeiten. So erfordert das neue Produktionssystem eine neue Erwerbsbevölkerung; diejenigen Individuen und Gruppen, die nicht in der Lage sind, informationelle Fertigkeiten zu erwerben, könnten von der Arbeit ausgeschlossen oder als Arbeitskräfte abgewertet werden. Weil ferner die informationelle Ökonomie eine globale Ökonomie ist, könnte verbreitete Arbeitslosigkeit, die sich in bestimmten Bevölkerungssegmenten (etwa der französischen Jugend) oder in bestimmten Regionen (etwa Asturien) konzentriert, im OECD-Gebiet tatsächlich zu einer Bedrohung werden, wenn die globale Konkurrenz nicht eingedämmt und die „Regulationsweise" der Beziehungen zwischen Kapital und Arbeit nicht transformiert wird.

---

102 OECD (1994b: 32).
103 Carnoy (2000).

Die Verhärtung der kapitalistischen Logik seit den 1980er Jahren hat trotz der Anhebung des beruflichen Niveaus die soziale Polarisierung begünstigt. Diese Tendenz ist nicht unumkehrbar: Sie lässt sich durch bewusste Politik korrigieren, die sich eine neue Balance der Sozialstruktur zum Ziel setzt. Wenn die Kräfte einer hemmungslosen Konkurrenz im informationellen Paradigma aber sich selbst überlassen werden, dann werden sie Druck in Richtung auf eine Dualisierung der Beschäftigungs- und Sozialstruktur ausüben. Schließlich wirkt sich die vom Netzwerk-Unternehmen ausgehende und durch die Informationstechnologien ermöglichte Flexibilität der Arbeitsprozesse und der Arbeitsmärkte tiefgreifend auf die gesellschaftlichen Produktionsverhältnisse aus, die ein Erbe des Industrialismus sind. Sie führen ein Modell flexibler Arbeit und einen neuen Typus von Arbeitskraft ein: die Zeitflexiblen.

Arbeit und die informationelle Wegscheide: flexible Arbeit

Lindas neues Arbeitsleben hat durchaus seine Nachteile. An erster Stelle steht das beständige Gefühl der Anspannung, ob sie den nächsten Job findet. In mancher Hinsicht fühlt sich Linda isoliert und verletzlich. Aus Angst vor dem Stigma, arbeitslos zu sein, möchte sie beispielsweise nicht, dass ihr Nachname in diesem Artikel genannt wird.
Aber die Freiheit, ihr eigener Boss zu sein, gleicht die Unsicherheit aus. Linda kann ihren Zeitplan dem ihres Sohnes anpassen. Sie kann ihre Aufträge selbst auswählen. Und sie kann zur Pionierin der neuen Erwerbstätigen werden.
(Newsweek, 4. Juni 1993: 17)

Ich fand langsam, dass wenn ich älter würde und jemand mich fragte, was ich mit meinem Leben angefangen hätte, ich den Leuten dann nur über Arbeit erzählen könnte. Ich beschloss einfach, dass dies eine riesige Verschwendung gewesen wäre, und also machte ich mich frei.
(Yoshiko Kitani, 30-jährige Betriebswirtin, nachdem sie 1998 einen sicheren Job bei einem japanischen Verlag in Yokohama aufgegeben hatte und sich durch Zeitagenturen vermitteln ließ).

In einem solchen [temporären] Job braucht es eine gewisse Zeit, bis man die Programme kennt und das Gefühl bekommt, zu wissen, was man tut. Wenn man meint, zu wissen, was man tut, weil die Regeln nun einmal so sind wie sie sind, ist die Zeit schon vorbei.
(Yoshiko Kitani, zehn Monate später)[104]

Ein neues Gespenst geht um in Europa (nicht in Amerika, und nicht so sehr in Japan): die Entstehung einer Gesellschaft ohne Arbeit als Folge der Einwirkung der Informationstechnologien auf Fabriken, Büros und Dienstleistungen. Wie es jedoch im elektronischen Zeitalter mit Gespenstern gewöhnlich so ist, scheint es bei näherer Betrachtung eher eine Angelegenheit von Spezialeffekten zu sein als furchterregende Wirklichkeit. Die Lehren der Geschichte, die Voraussagen

---

104 Bericht von French (1999).

über Beschäftigung in den OECD-Ländern und die Wirtschaftstheorie stützen diese Befürchtungen langfristig nicht, ungeachtet schmerzhafter Anpassungen im Übergangsprozess zum informationellen Paradigma. Institutionen und soziale Organisationen der Arbeit scheinen bei der Schaffung oder Vernichtung von Arbeitsplätzen eine größere Rolle zu spielen als die Technologie. Wenn jedoch die Technologie als solche Beschäftigung weder schafft noch vernichtet, so verändert sie doch tiefgreifend den Charakter der Arbeit und die Organisation der Produktion. Durch die Informationstechnologie ist die Neustrukturierung von Unternehmen und Organisationen möglich geworden, die durch den globalen Wettbewerb angeregt wird. Das führt zu einer grundlegenden Transformation der Arbeit: *zur Individualisierung der Arbeit im Arbeitsprozess.* Wir werden Zeugen der Umkehr der historischen Tendenz der Verwandlung von Arbeit in Lohnarbeit und der Sozialisierung der Produktion, die das herrschende Merkmal der industriellen Ära gewesen ist. Die neue soziale und wirtschaftliche Organisation auf der Grundlage der Informationstechnologien zielt auf die Dezentralisierung des Managements, auf die Individualisierung der Arbeit und auf die spezifische Anpassung von Märkten. Dabei wird die Arbeit segmentiert, und Gesellschaften werden fragmentiert. Die neuen Informationstechnologien erlauben es, gleichzeitig die Arbeitsaufgaben zu dezentralisieren und sie in einem interaktiven Kommunikationsnetzwerk in Echtzeit zu koordinieren – ob zwischen Kontinenten oder zwischen den Stockwerken desselben Gebäudes. Das Auftreten von Methoden der schlanken Produktion (*lean production*) geht Hand in Hand mit den verbreiteten Geschäftspraktiken des Subunternehmens, des *outsourcing*, der Auslagerung, des Consulting, des *downsizing* und der Anpassung an spezifische Erfordernisse (*customizing*).

Der augenblicklichen Transformation in den Arbeits-Arrangements liegen Trends zur Flexibilisierung zugrunde, die durch die Konkurrenz ausgelöst und durch die Technologie angetrieben werden. In seiner gründlichen Untersuchung über das Auftreten flexibler Arbeitsformen unterscheidet Martin Carnoy innerhalb dieser Transformation vier Elemente:

1. *Arbeitszeit:* Flexible Arbeit bedeutet, dass die Arbeit nicht durch das traditionelle Muster der 35-40-Stundenwoche für einen vollen Arbeitsplatz eingegrenzt ist.
2. *Jobstabilität:* Flexible Arbeit ist aufgabenorientiert und enthält kein Versprechen für eine spätere Anstellung.
3. *Standort:* Während die Mehrheit der Arbeitskräfte regelmäßig am Standort ihrer Firma arbeitet, arbeitet ein steigender Anteil der Beschäftigten für einen Teil des Arbeitstages oder während der gesamten Arbeitszeit außerhalb des Firmenstandortes, entweder zu Hause oder unterwegs oder am Standort einer anderen Firma, die Subunternehmer ihrer Firma ist.
4. *Sozialkontrakt zwischen Arbeitgeber und Arbeitnehmer:* Der traditionelle Vertrag beruht(e) auf einer Verpflichtung des Arbeitgebers auf die wohldefi-

nierten Rechte der Beschäftigten, ein standardisiertes Niveau der Vergütung, Optionen auf Weiterbildung, Sozialleistungen und ein vorhersagbares Laufbahnmuster, das in manchen Ländern auf Seniorität beruhte. Dagegen wurde/wird von den Arbeitnehmern und Arbeitnehmerinnen Loyalität gegenüber der Firma, Ausdauer bei der Arbeit und wo nötig eine positive Einstellung zu Überstunden erwartet – Letzteres auf Managementebene ohne extra Bezahlung, aber mit Zusatzvergütung im Fall von Beschäftigten in der Produktion.[105]

Dieses Beschäftigungsmuster, das ich mit Carnoy als den *Standard* bezeichne, ist auf der ganzen Welt im Niedergang begriffen zugunsten von flexibler Arbeit, die sich gleichzeitig in den vier erwähnten Dimensionen entwickelt. Betrachten wir zuerst die Tendenzen in den OECD-Ländern für die 1980er und 1990er Jahre anhand der von Carnoy bearbeiteten OECD-Daten, die in Abb. 4.4-4.7 dargestellt sind. Zwischen 1983 und 1998 nahm die Zahl der Teilzeitarbeitskräfte – von denen die Mehrzahl Frauen waren – absolut und relativ in allen analysierten Ländern außer in den USA und in Dänemark signifikant zu. Sie stellten im Vereinigten Königreich, in Australien und Japan über 20% der Erwerbsbevölkerung und erreichten in den Niederlanden über 30%. Der Anteil der Zeitarbeitskräfte stieg in allen analysierten Ländern mit Ausnahme der Niederlande. In den Vereinigten Staaten nahm die Zeitarbeit zu, aber sie verharrte 1994 auf einem sehr niedrigen Niveau, eine Beobachtung, auf die ich ausführlicher eingehen werde. In Spanien gab es während der 1990er Jahre einen beträchtlichen Anstieg der Zeitarbeit, die 1994 einen Umfang von einem Drittel der Erwerbsbevölkerung erreichte.

Wenn wir uns der Selbstständigkeit zuwenden, so zeigen die Daten zwischen 1983 und 1993 für die meisten Länder einen Anstieg des Anteils der Erwerbstätigen, die den Status entlohnter Arbeit verlassen haben. Unterschiedliche Datenquellen scheinen darauf hinzuweisen, dass sich diese Tendenz Ende der 1990er Jahre verstärkt hat.[106] Sie war in Italien besonders intensiv, wo sie nahezu ein Viertel der Erwerbstätigen erfasste, ebenso im Vereinigten Königreich. Dagegen war sie in den Vereinigten Staaten auf niedrigem Niveau stabil – eine kontra-intuitive Feststellung, wenn man das Image des amerikanischen Kleinunternehmertums berücksichtigt.

Es scheint, als erprobten die Volkswirtschaften verschiedener Länder je nach Arbeitsgesetzgebung, Sozialversicherungs- und Steuersystem unterschiedliche Formen der Flexibilität in ihren Arbeitsarrangements. Daher ist das analytische Vorgehen von Martin Carnoy sinnvoll, der unterschiedliche Formen der vom Standard abweichenden Beschäftigung in eine Maßeinheit zusammengefasst hat, wobei er einräumt, dass sich die Kategorien zum Teil überlappen, was den

---

105 Carnoy (2000).
106 Carnoy (2000); Gallie und Paugham (2000).

Abbildung 4.4 Anteil der Teilzeitarbeitskräfte an den aktiv Erwerbstätigen in OECD-Ländern, 1983-1998

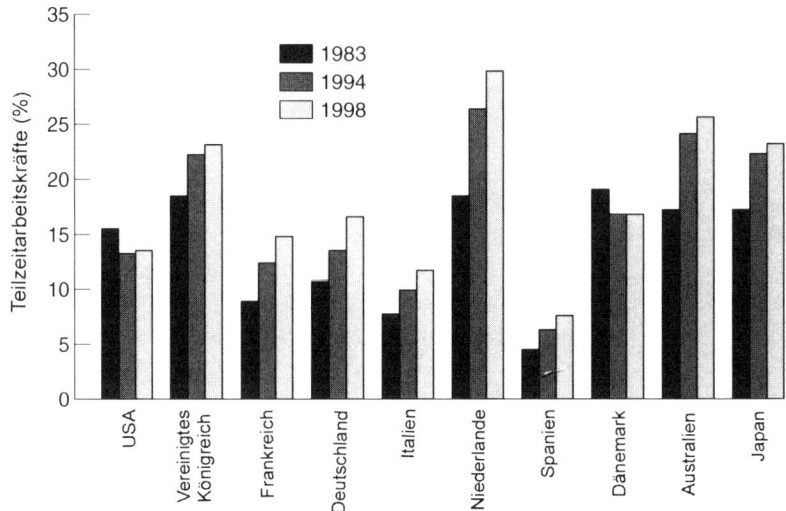

Quelle: Daten der OECD, zusammengestellt und bearbeitet von Carnoy (2000)

Abbildung 4.5 Anteil der Selbstständigen an den aktiv Erwerbstätigen in OECD-Ländern, 1983-1993

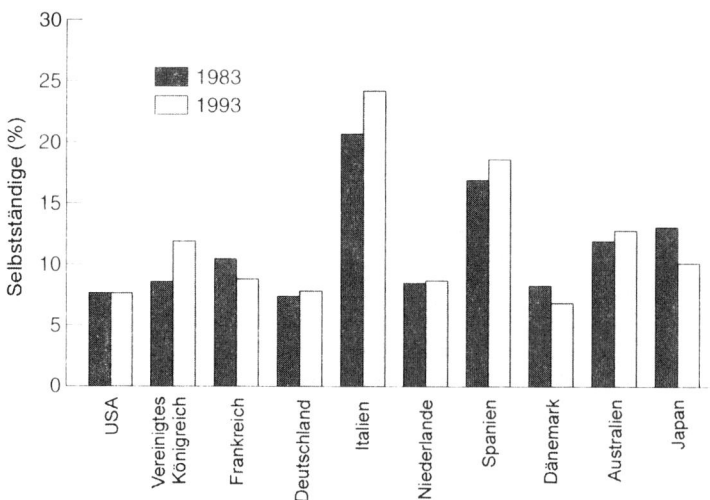

Quelle: Daten der OECD, zusammengestellt und bearbeitet von Carnoy (2000)

Vergleich zwischen den Ländern jedenfalls nicht entwertet. Die in Abb. 4.7 dargestellten Ergebnisse zeigen mit Ausnahme der Vereinigten Staaten und Dänemarks einen signifikanten Anstieg der vom Standard abweichenden Beschäftigungsformen. Während Spanien als das nach Beschäftigungsmustern am wenigsten standardisierte Land in der OECD hervorsticht, sind in allen Ländern

Abbildung 4.6 Anteil der zeitweilig Beschäftigten an den aktiv Erwerbstätigen in OECD-Ländern, 1983-1997

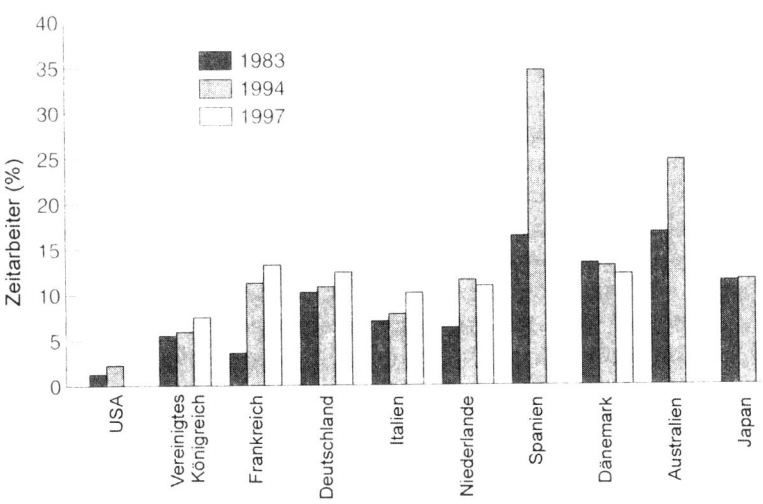

Quelle: Daten der OECD, zusammengestellt und bearbeitet von Carnoy (2000)

Abbildung 4.7 Anteil der nichtstandardisierten Beschäftigungsformen an den aktiv Erwerbstätigen in OECD-Ländern 1983-1994

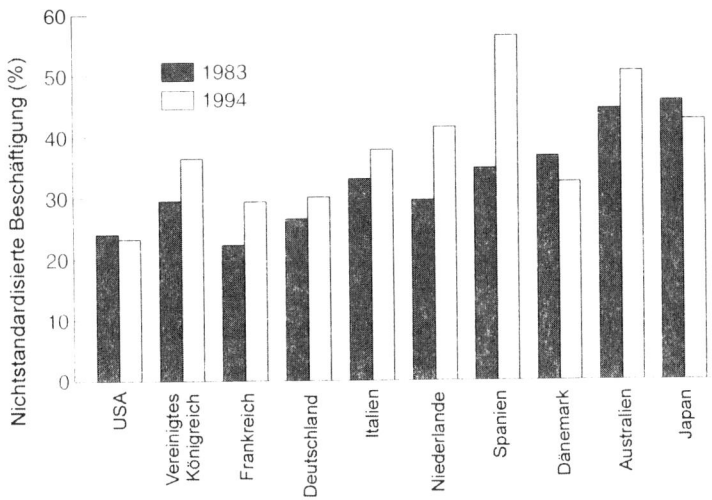

Quelle: Daten der OECD, zusammengestellt und bearbeitet von Carnoy (2000)

mit Ausnahme der Vereinigten Staaten mehr als 30% der Erwerbsbevölkerung in flexiblen Arbeitsarrangements beschäftigt.

Die Ausnahmestellung der USA scheint darauf hinzuweisen, dass, wenn die Institutionen eines Landes Flexibilität der Arbeit erlauben, es keinen Bedarf an vom Standard abweichenden Formen der Beschäftigung gibt. Das würde in einer kürzeren durchschnittlichen Verweildauer in einem Job in den USA gegenüber anderen Ländern zum Ausdruck kommen. Und das beobachten wir auch im großen Ganzen: 1995 betrug die durchschnittliche Anzahl der an einem Arbeitsplatz verbrachten Jahre in den Vereinigten Staaten 7,4 gegenüber 8,3 im Vereinigten Königreich, 10,4 in Frankreich, 10,8 in Deutschland, 11,6 in Italien, 11,3 in Japan, 9,6 in den Niederlanden und 9,1 in Spanien (aber noch immer mehr als in Kanada mit 7,9 und Australien mit 6,4).[107] Außerdem sind trotz der institutionell verankerten Arbeitsflexibilität vom Standard abweichende Formen der Beschäftigung in den Vereinigten Staaten durchaus signifikant. 1990 machten die Selbstständigen 10,8% der Erwerbstätigen aus, Teilzeit 16,9% und Kontrakt- oder Zeitarbeit etwa 2%. Das macht zusammen 29,7% der Erwerbstätigen, obwohl sich auch hier die Kategorien bis zu einem gewissen Grad überlappen. Nach einer anderen Schätzung machten die ungesicherten Arbeitskräfte ohne Sozialleistungen, ohne Arbeitsplatzsicherheit und ohne Karriereperspektive 1992 in den USA etwa 25% der Erwerbstätigen aus, gegenüber 20% 1982. Bis zum Jahr 2000 wurde erwartet, dass der Anteil dieser Art von Arbeitsverhältnissen auf 35% der US-Erwerbsbevölkerung steigen werde.[108] Mishel und seine Mitarbeiter haben auf der Grundlage von Daten des US Bureau of Labor Statistics gezeigt, dass die Zahl der als zeitweilige Aushilfen Beschäftigten in den USA von 417.000 Arbeitskräften 1982 auf 2.646.000 1997 angestiegen ist (s. Abb. 4.8).[109] Außerdem schätzte das Bureau of Labor Statistics, dass zwischen 1996 und 2006 die Zeitarbeit in den Vereinigten Staaten um 50% ansteigen werde. Das *outsourcing*, das durch Online-Geschäfte erleichtert wird, betrifft nicht allein die Industrie, sondern zunehmend auch die Dienstleistungen. Eine Studie über die 392 am schnellsten wachsenden Unternehmen Amerikas zeigte 1994, dass 68% von ihnen die Lohnbuchhaltung durch Subunternehmen erledigen ließen, 48% ihre Steuerangelegenheiten, 46% die Patentrechtsverwaltung usw.[110]

Während der Umfang der US-Wirtschaft es erschwert, Muster von Veränderungen zu erkennen, bevor sie eine kritische Masse erreicht haben, erhalten wir ein ganz anderes Bild, wenn wir Kalifornien betrachten, das ökonomische und technologische Energiezentrum Amerikas. 1999 führte das Institute of Health Policy Studies der University of California at San Francisco zusammen mit dem Field Institute eine Studie über Arbeitsarrangements und Lebensbedingungen an einer repräsentativen Stichprobe von Erwerbstätigen in Kalifornien durch; es war die zweite Stufe einer auf drei Jahre konzipierten Langzeitstudie.[111] In der Studie wurden „traditionelle Arbeitsplätze" so definiert,

---

107 OECD, *Employment Outlook* (versch. Jahrgänge), zusammengestellt von Carnoy (2000).
108 Jost (1993).
109 Mishel u.a. (1999).
110 Marshall (1994).
111 UCSF/Field Institute (1999).

Abbildung 4.8 Beschäftigung in der Zeitarbeitsbranche in den Vereinigten Staaten, 1982-1997

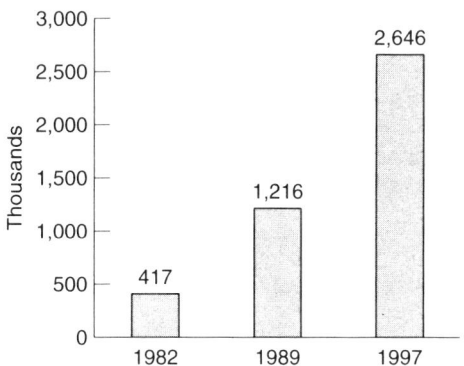

Quelle: Daten des US Bureau of Labor Statistics, bearbeitet von Mishel u.a. (1999)

dass jemand einen einzigen, ganzjährigen Vollzeitarbeitsplatz mit Tagesschicht und dauerhafter Anstellung hatte, von der Firma bezahlt wurde, für die auch die Arbeit geleistet wurde und nicht zu Hause oder als unabhängige(r) Auftragnehmer(in) arbeitete – was sehr nahe an Carnoys und meine eigene Definition herankommt. Nach dieser Definition hatten 67% der Erwerbstätigen in Kalifornien *keinen* traditionellen Arbeitsplatz. Wenn man zusätzlich die Dauer des Arbeitsverhältnisses berücksichtigt und die Anzahl der Erwerbstätigen berechnet, die über drei oder mehr Jahre hinweg einen traditionellen Arbeitsplatz hatten, so schrumpft der Anteil von Erwerbstätigen auf diesen Standard-Arbeitsplätzen auf 22% (s. Abb. 4.9 und 4.10). Es ist übrigens ein Maßstab für das Verschwinden des traditionellen, vom männlichen Arbeiter dominierten Haushaltes, dass dieser Anteil auf 8% sinkt, wenn wir noch das Kriterium nur einer entlohnten Person pro Haushalt berücksichtigen (7% mit männlichem, 1% mit weiblichem Haushaltsvorstand). Ich muss jedoch eine Korrektur anbringen. Weil in meiner Definition von nicht-traditioneller Arbeit das Kriterium der Tagesschicht nicht enthalten ist, besorgte ich mir von der Forschungsgruppe eine Neuberechnung dieser Daten unter Abzug der Arbeitenden mit Nachtschicht. Die neuen Berechnungen nach meiner einschränkenden Definition ergeben einen Anteil von Erwerbstätigen in vom Standard abweichenden Beschäftigungsformen von 57 anstelle von 67%. Aus derselben Studie erfahren wir, dass nur 49% der Erwerbstätigen die traditionellen 35-40 Wochenstunden arbeiteten, während etwa ein Drittel über 45 Stunden arbeitete und 18% weniger als 35 Stunden. Der Mittelwert ihrer Beschäftigungsdauer beim augenblicklichen Arbeitgeber betrug vier Jahre, wobei 40% der Erwerbstätigen weniger als zwei Jahre an ihrer gegenwärtigen Arbeitsstelle gewesen waren; 25% der Erwerbstätigen arbeiteten nicht das ganze Jahr hin-

Abbildung 4.9 Prozentsatz von Kaliforniern im arbeitsfähigen Alter, die 1999 „traditionell" beschäftigt waren („traditionell" ist definiert als Innehaben eines einzigen Vollzeit-Arbeitsplatzes mit Tagschicht über das ganze Jahr hinweg als dauerhaft Beschäftigte(r), bezahlt von der Firma, für die die Arbeit verrichtet wurde und nicht in Heimarbeit oder als unabhängige(r) Auftragnehmer(in)).

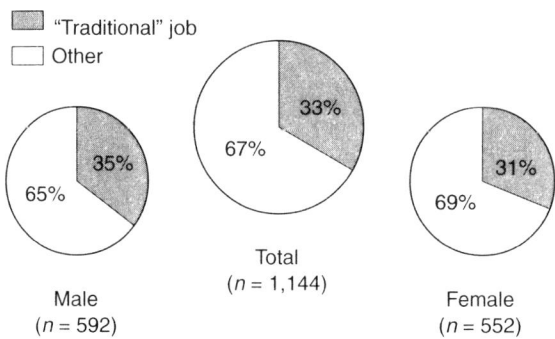

Quelle: University of California, San Francisco und The Field Institute, 1999

Abbildung 4.10 Verteilung von Kaliforniern im arbeitsfähigen Alter nach „traditionellem" Arbeitsplatzstatus und der Dauer der Arbeit in der gegenwärtigen Anstellung, 1999 („traditioneller" Arbeitsplatz ist definiert wie in Abb. 4.9)

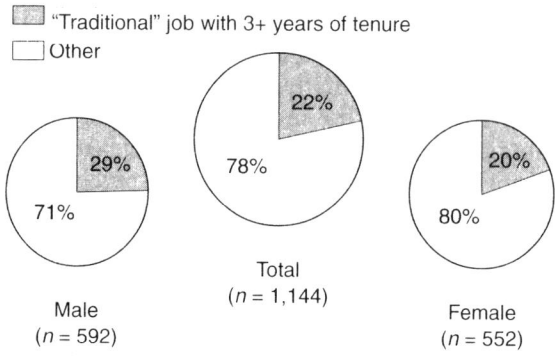

Quelle: University of California, San Francisco und The Field Institute, 1999

durch, während diejenigen, die sowohl während des ganzen Jahres und in einem regelmäßigen Wochenrhythmus von 35-40 Stunden arbeiteten, nur 35% ausmachten. Je höher das Berufsniveau, desto länger die Arbeitszeit: Während 29% aller Erwerbstätigen mehr als 40 Stunden pro Woche arbeiteten, kletterte dieser Anteil an der Spitze der Gehaltsskala (über 60.000 US$) auf 58%. Im Großen und Ganzen ist das kein unzufriedener Haufen: 59% der Erwerbstätigen berichteten von steigendem Verdienst, und 39% waren entweder befördert worden oder in eine bessere Stelle gewechselt.

Das kalifornische Modell der flexiblen Beschäftigung tritt in Silicon Valley, dem Zentrum der neuen Wirtschaftsform, noch deutlicher hervor. Chris Brenner hat das Auftreten einer Vielzahl neuer Formen flexibler Beschäftigung während der 1990er Jahre nachgewiesen.[112] Nach seinen Schätzungen stiegen zwischen 1984 und 1997 die Beschäftigung von Zeitarbeitskräften in Santa Clara County – dem Herzen des so genannten Silicon Valley – um 159%, die von Teilzeitarbeitenden um 21%, die von unternehmensorientierten Dienstleistungen (entspricht den Kontraktdienstleistungen) um 152%, und die Selbstständigkeit um 53%. Demnach schätzt er, dass während dieser Periode 80% des Nettozuwachses an neuen Arbeitsplätzen im ganzen Land durch Beschäftigungsformen aufgebracht wurden, die vom Standard abweichen. Er schätzt auch den Anteil derer, die er als „ungesicherte Erwerbstätige" bezeichnet, in Silicon Valley 1997 auf zwischen 34% und 51% aller Erwerbstätigen (abhängig vom Ausmaß der Doppelzählungen wegen der Überlappung der Kategorien). Benner entdeckte die entscheidende Rolle von Vermittlern auf dem Arbeitsmarkt, die die flexiblen Erwerbstätigen für Silicon Valley bereitstellen. Es sind nicht nur die traditionellen Agenturen, sondern alle möglichen Organisationen und Institutionen, etwa Arbeitergilden oder die Gewerkschaften selbst (in der alten Tradition der Heuerhallen der Hafenarbeiter-Gewerkschaften, die in die Informationswirtschaft übersetzt wurde).[113]

Die boomende *New Economy* sah sich zur Jahrhundertwende in den Vereinigten Staaten tatsächlich einem Arbeitskräftemangel gegenüber. Um damit zurechtzukommen, griffen vor allem Unternehmen im Hochtechnologie- und Informationssektor auf nicht-traditionelle Anreize zurück, um so Arbeitskräfte zu binden. Dazu gehörte die Verteilung von Aktienoptionen an angestellte Experten, was besonders in neuen Internet-Firmen eine beliebte Form der Entlohnung war. Unternehmen in allen Branchen setzten auch in hohem Maß immigrierte Arbeitskräfte ein, und zwar sowohl in hochqualifizierten Berufen wie in unqualifizierten Jobs. Und temporäre, durch Agenturen vermittelte Arbeitsverhältnisse erlebten in den gesamten Vereinigten Staaten einen steilen Anstieg. Arbeitskraft *just-in-time* scheint die Lieferungen *just-in-time* als Schlüsselressource der informationellen Ökonomie abzulösen.[114]

Im europäischen Kontext bietet das so genannte Niederländische Modell eine interessante Nahaufnahme, um die entstehenden neuen Formen der Arbeit aufzuspüren. Dieses Modell hat während der 1990er Jahre für märchenhafte Erfolge im Bereich der Schaffung von Arbeitsplätzen und des Wirtschaftswachstums gesorgt, ohne dass es zu Verlusten bei der sozialen Sicherung gekommen

---

112 Brenner (2000).
113 Brenner u.a. (1999).
114 *Business Week* (1999c).

wäre. Unter dem Eindruck einer grassierenden Arbeitslosigkeit während der 1980er Jahre schlossen die niederländische Regierung, die Wirtschaft und die Gewerkschaften eine Reihe von Abkommen zur Neustrukturierung des Arbeitsmarktes. Nach diesen Abkommen stimmten die Gewerkschaften gegen den Erhalt der Kernarbeitsplätze in der Industrie mäßigen Lohnabschlüssen zu. Aber zusätzlich zu diesen – bei Verhandlungen zwischen Gewerkschaften und Wirtschaft in allen Ländern verbreiteten – Vereinbarungen gestanden die niederländischen Gewerkschaften auch zu, dass sich an der Peripherie der Erwerbsbevölkerung neue, flexible Formen der Beschäftigung ausbreiten konnten, vor allem Teilzeitarbeit und zeitlich befristete Verträge. Die Regierung legte auch Programme auf, die die Gründung kleiner Unternehmen fördern sollten. Das Schlüsselelement in diesem Modell besteht aber anders als in den Vereinigten Staaten darin, dass die in Teilzeit und Zeitarbeit Beschäftigten noch immer vollständig durch die nationalen Sicherungssysteme für Gesundheit, Behinderung, Arbeitslosigkeit und Alter abgedeckt werden. Und Frauen, die hauptsächlich in die neuen Teilzeitbeschäftigungen einrücken, können auf eine subventionierte Kinderbetreuung rechnen. Als Ergebnis dieser Strategie ging die Arbeitslosenquote in den Niederlanden in einer Zeit intensiver technologischer Innovation von durchschnittlich 9% in den 1980er Jahren auf 3% Ende 1999 zurück. Makroökonomisch erfreuten sich die Niederlande in den 1990er Jahren verstärkter Privatinvestitionen, wirtschaftlichen Wachstums, einer Zunahme der Beschäftigung und eines gemäßigten, aber positiven Lohnanstiegs. Dieses Modell einer ausgehandelten Flexibilisierung von Arbeitsmärkten und Arbeitsbedingungen zusammen mit der Festlegung institutioneller und fiskalischer Verantwortlichkeit in den sozialen Sicherungssystemen scheint auch der positiven Erfahrung eines ausgewogenen Wirtschaftswachstums mit niedriger Arbeitslosigkeit in Schweden und Norwegen zugrunde zu liegen.[115]

Die Arbeitsmobilität betrifft sowohl unqualifizierte wie qualifizierte Arbeitskräfte. Während die Beschäftigung einer Kernbelegschaft in den meisten Unternehmen noch immer die Norm ist, sind Subunternehmertum und Consulting-Verträge eine schnell um sich greifende Form, Expertenleistung zu beschaffen. Flexibilität kommt nicht nur dem Unternehmen zugute. Viele Experten ergänzen ihre Vollzeit- oder Teilzeit-Anstellung mit Consulting-Terminen, die sowohl ihr Einkommen als auch ihre Verhandlungsposition verbessern. Die Logik dieses hochgradig dynamischen Arbeitssystems hängt mit der Arbeitsverfassung des jeweiligen Landes zusammen: Je stärker die Einschränkungen der Flexibilität und je größer die Verhandlungsmacht der Gewerkschaften, desto weniger flexibel werden Löhne und Sozialleistungen sein und desto größer die Schwierigkeit für Neuhinzukommende, in die Kernbelegschaften vorzudringen, was die Schaffung neuer Arbeitsplätze einschränkt.

---

115 Carnoy (2000).

Zwar können die sozialen Kosten der Flexibilität hoch sein, aber immer mehr Untersuchungen betonen, wie wertvoll die neuen Arbeitsarrangements für die Veränderung des sozialen Lebens und vor allem für verbesserte familiäre Beziehungen und eine größere Gleichheit zwischen den Geschlechtern sind.[116] Die britische Forscherin P. Hewitt,[117] berichtet über die zunehmende Vielfalt von Arbeitsformen und Zeitplänen sowie über die Möglichkeiten, die sich durch die Teilung von Arbeit zwischen den gegenwärtig Vollzeitbeschäftigten und den kaum Beschäftigten *innerhalb desselben Haushaltes* auftun. Insgesamt *wird die traditionelle Form der Arbeit auf der Grundlage von Vollzeitbeschäftigung, klaren beruflichen Aufgabenstellungen und eines für den gesamten Lebenszyklus gültigen Karrieremusters langsam aber sicher untergraben und aufgelöst.*

Japan ist anders, freilich nicht so sehr, wie man normalerweise denkt. Jeglicher analytische Bezugsrahmen, der die neuen historischen Tendenzen in der Arbeitsorganisation und ihre Auswirkungen auf die Beschäftigungsstruktur erklären soll, muss in der Lage sein, den „japanischen Exzeptionalismus" einzuordnen: Es handelt sich um eine zu wichtige Ausnahme, als dass man sie als Kuriosität beiseite lassen und für die komparative Theorie reservieren könnte. Wir wollen dieser Frage daher in einigem Detail nachgehen. Ende 1999 erreichte die japanische Arbeitslosenquote nach einer langen Rezession, die das japanische Wirtschaftswachstum für den größten Teil der 1990er Jahre zum Stillstand gebracht hatte, zwar im Vergleich zu den vorangegangenen beiden Jahrzehnten ein Rekordniveau, lag aber immer noch unter 5%. Die Hauptsorge der japanischen Planungsinstanzen ist denn auch in Anbetracht der alternden demografischen Struktur und des japanischen Widerwillens gegen Einwanderung die mögliche künftige Knappheit an japanischen Arbeitskräften.[118] Außerdem war das *chuki koyo*-System, das den Kernbelegschaften der Großkonzerne langfristige Beschäftigung garantiert, noch immer intakt, wenn es auch zunehmend unter Druck geriet. Es könnte daher scheinen, als widerspreche der japanische Exzeptionalismus dem allgemeinen Trend zur Flexibilisierung des Arbeitsmarktes und zur Individualisierung der Arbeit, der die anderen informationellen kapitalistischen Gesellschaften kennzeichnet.[119] Ich würde dem entgegenhalten, dass Japan zwar wirklich ein höchst originelles System der industriellen Beziehungen und Beschäftigungsformen geschaffen hat, dass aber Flexibilität bereits während der letzten beiden Jahrzehnte eine Strukturtendenz dieses Systems gewesen ist und dass sie mit der Transformation der technologischen Basis und der Berufsstruktur zunimmt.[120]

---

116 Bielenski (1994); zu sozialen Problemen im Zusammenhang mit Teilzeitarbeit s. Warme u.a. (1992); Carnoy (2000).
117 Hewitt (1993). Diese interessante Studie wird pointiert von Freeman und Soete (1994) zitiert.
118 NIKKEIREN (1993).
119 Kumazawa und Yamada (1989).
120 Kawahara (1989).

Die japanische Beschäftigungsstruktur zeichnet sich durch eine außerordentliche Vielfalt sowie durch ein komplexes Muster flüssiger Situationen aus, die sich der Generalisierung und Standardisierung widersetzen. Die Definition des *chuki koyo*-Systems selbst bedarf der Präzisierung.[121] Für die meisten Beschäftigten, die unter dieses System fallen, bedeutet es einfach, dass sie unter normalen Umständen bis zu ihrem Ruhestand in derselben Firma arbeiten können, und zwar auf der Grundlage von Gewohnheitsrechten, nicht aufgrund von Ansprüchen. Diese Beschäftigungspraxis ist nun aber auf Großunternehmen mit über 1.000 Beschäftigten beschränkt und betrifft in den meisten Fällen nur die männliche Kernbelegschaft. Zusätzlich zu ihrer regulären Belegschaft beschäftigen die Unternehmen noch mindestens drei andere Arten von Arbeitskräften: Teilzeitarbeitskräfte, Zeitarbeitskräfte und Arbeitskräfte, die dem Unternehmen von einer anderen Firma oder durch eine Rekrutierungsagentur geschickt werden, „abgeordnete Arbeitskräfte". Keine dieser Kategorien hat Arbeitsplatzsicherheit, Ruhegeld oder Anrecht auf die jährlichen Gratifikationen, mit denen Produktivität und Engagement für das Unternehmen belohnt werden. Außerdem werden sehr oft Arbeitskräfte, vor allem ältere Männer für andere Arbeitsplätze in anderen Unternehmen eingeteilt, gewöhnlich innerhalb derselben Konzerngruppe (*shukko*). Das bringt auch die Trennung verheirateter Männer von ihren Familien mit sich (*tanshin-funin*), weil die Wohnungssuche schwierig ist und vor allem, weil die Familie die Kinder nur ungern mitten im Ausbildungsprozess die Schule wechseln lässt. Von *tanshin-funin* sollen ungefähr 30% der Managementangestellten betroffen sein.[122] Nomura schätzt, dass die langfristige Arbeitsplatzsicherheit innerhalb desselben Unternehmens nur für etwa ein Drittel der japanischen Beschäftigten einschließlich des öffentlichen Sektors gilt.[123] Joussaud kommt zu einer ähnlichen Schätzung.[124] Zudem variiert die Länge der Zeit an einem Arbeitsplatz selbst für Männer erheblich nach Alter, Qualifikationsniveau und Unternehmensgröße. Tabelle 4.28 (Anhang A) gibt eine Illustration des Profils von *chuki koyo* für 1991-1992.

Bei dieser Arbeitsmarktstruktur ist die Definition von Teilzeitarbeit das Entscheidende. Nach den regierungsamtlichen Definitionen zum Beschäftigtenstatus sind „Teilzeit"-Arbeitskräfte diejenigen, die von der Firma als solche betrachtet werden.[125] In Wirklichkeit arbeiten sie nahezu Vollzeit, 6 Stunden am Tag im Vergleich zu 7,5 Stunden für reguläre Arbeiter. Freilich ist die Anzahl der Arbeitstage pro Monat etwas geringer als bei den regulären Arbeitern. Aber sie bekommen durchschnittlich etwa 60% des Lohnes der regulären Arbeiter und etwa 15% der Jahresgratifikation. Vor allem aber haben sie keine Arbeitsplatzsicherheit, können also geheuert und gefeuert werden, wie es der Firma passt. Teilzeit- und

---

121 Inoki und Higuchi (1995).
122 Autorenkollektiv (1994).
123 Nomura (1994).
124 Joussaud (1994).
125 Autorenkollektiv (1994); Shinotsuka (1994).

Zeitarbeitskräfte sorgen für die notwendige Flexibilität. Ihre Rolle hat seit den 1970er Jahren erheblich zugenommen, als der Ölpreisschock in Japan zu einer umfangreichen ökonomischen Neustrukturierung geführt hat. In der Periode von 1975-1990 stieg die Anzahl der Teilzeitarbeitskräfte um 42,6% bei Männern und um 253% bei Frauen an. Frauen stellen auch zwei Drittel der Teilzeitkräfte. Sie sind die qualifizierten, anpassungsfähigen Arbeitskräfte, die die Flexibilität für die japanischen Personalmanagementpraktiken liefern. Das ist in der japanischen Industrialisierung eigentlich eine alte Praxis. 1872 rekrutierte die Meiji-Regierung Frauen für die Arbeit in der entstehenden Textilindustrie. Eine Pionierin war Wada Ei, die Tochter eines Samurai aus Matsuhiro, die zur Arbeit in die Tomioka-Seidenhaspelei ging, die Technologie erlernte und half, Frauen für andere Betriebe auszubilden. 1899 stellten Frauen 70% der Arbeitskräfte in den Spinnereien und übertrafen zahlenmäßig die männlichen Arbeitskräfte in den Eisenhütten. Aber in Krisenzeiten wurden die Frauen gefeuert, während die Männer so lange wie möglich in der Fabrik behalten wurden, was ihre Rolle als die letztinstanzliche Brotverdiener der Familie unterstrich. Während der letzten drei Jahrzehnte hat sich dieses historische Muster einer auf Geschlechterunterscheidung begründeten Arbeitsteilung kaum geändert, obwohl 1986 ein Gesetz über Chancengleichheit einige der schreiendsten rechtlichen Diskriminierungen korrigiert hat. Die Beteiligung von Frauen an der Erwerbstätigkeit lag 1990 bei einer Quote von 61,8%, verglichen mit 90,2% für die Männer. Das war weniger als in den USA, aber ähnlich hoch wie in Westeuropa. Jedoch ihr Beschäftigungsstatus variiert erheblich nach Alter und Familienstand. So sind 70% der Frauen, die zu Bedingungen angestellt werden, die grob denen für Männer vergleichbar sind (*sogoshuku*), unter 29 Jahre alt, während Teilzeitarbeiterinnen zu 85% verheiratet sind. Frauen nehmen mit Anfang zwanzig massenhaft eine Erwerbstätigkeit auf, hören nach der Heirat zu arbeiten auf, um ihre Kinder aufzuziehen, und kehren später als Teilzeitarbeiterinnen ins Erwerbsleben zurück. Diese Struktur des beruflichen Lebenszyklus wird durch das japanische Steuerrecht verstärkt, das es für Frauen vorteilhafter macht, in relativ geringem Umfang zum Familieneinkommen beizutragen, als ein zweites Gehalt einzubringen. Die Stabilität der japanischen patriarchalischen Familie mit einer niedrigen Scheidungs- und Trennungsrate und starker Solidarität zwischen den Generationen[126] hält Männer und Frauen im selben Haushalt zusammen. Damit wird eine Polarisierung der Sozialstruktur als offenkundiges Resultat dieses Dualismus auf dem Arbeitsmarkt vermieden. Unausgebildete Jugendliche und ältere Arbeiter in kleinen und mittleren Unternehmen sind die anderen Gruppen, die zu diesem Segment der instabil Beschäftigten gehören, dessen Grenzen wegen der Veränderbarkeit des Beschäftigungsstatus im Netzwerk der japanischen Unternehmen schwer festzulegen sind.[127] Abb. 4.11 versucht, die Komplexität der japanischen Arbeitsmarktstruktur schematisch darzustellen.

---

126 Gelb und Lief Palley (1994).
127 Takenori und Higuchi (1995).

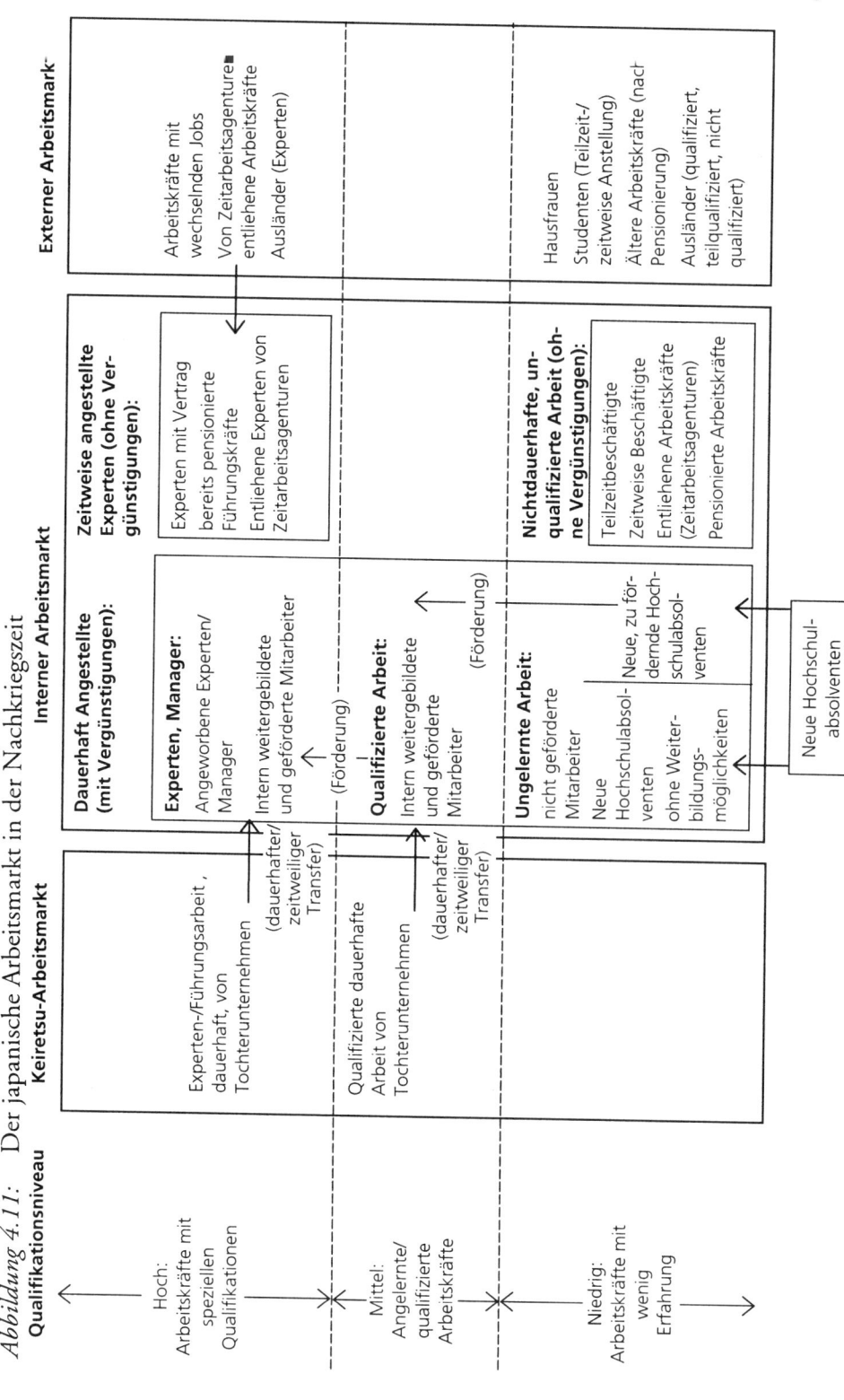

Abbildung 4.11: Der japanische Arbeitsmarkt in der Nachkriegszeit

Quelle: Erarbeitet von Yuko Aoyama, aufgrund von Informationen der japanischen Wirtschaftsplanungsagentur Gaikokujin rodosha to shakai no shinro, 1989, S. 99, Abb. 4.1

Zur Jahrhundertwende gab es Anzeichen für eine strukturelle Transformation des japanischen Arbeitsmarktmodells. Die japanischen Unternehmen waren durch die Rezession erschüttert, mit der erneuerten globalen Konkurrenz im Ausland wie zu Hause konfrontiert und versuchten, ihren technologischen Rückstand bei den Netzwerktechnologien aufzuholen. Sie schienen daher bereit, ihre Belegschaften auszudünnen und auszusieben. Junge Arbeitskräfte, vor allem Frauen, schienen gleichfalls bereit, sich auf eine neue Einstellung gegenüber Unternehmen einzulassen, deren Loyalität nicht mehr als zuverlässig erschien. Die Unternehmen entließen Arbeitskräfte und ersetzten Dauerarbeitsplätze durch Zeitjobs: Millionen von Arbeitskräften arbeiteten temporär oder in Teilzeit. Das *chuki koyo*-System wurde schnell zum Status lediglich eines Bruchteils der japanischen Beschäftigten. Dem Arbeitsministerium zufolge fanden 1997 789.000 Japaner ihren Arbeitsplatz über eine Agentur. Das betraf Experten ebenso wie Handarbeiter. Japans führende Arbeitsvermittlungsagentur, Pasona, berichtete, dass seit Anfang der 1990er Jahre die Anzahl der Unternehmensanfragen an Agenturen zur Vermittlung von Zeitarbeitskräften von 100.000 auf 1 Mio. jährlich gestiegen sei. Die Unternehmen übten Druck auf die Regierung aus, die Bestimmungen zu lockern, die die Mobilität der Kernarbeitskräfte begrenzten. Aus Furcht vor Gefahren für die soziale Stabilität zögerte die Regierung, diesem Druck nachzugeben. So wurde es den Agenturen verboten, jemandem während des ersten Jahres nach Verlassen des Bildungssystems einen Arbeitsplatz zu vermitteln, und die Wiedereinstellung auf denselben Arbeitsplatz war verboten. Andererseits konnte 1998 nur ein Drittel der College-Absolventen während dieses ersten Jahres auf dem Arbeitsmarkt einen Vollzeit-Arbeitsplatz finden. Die staatlichen strategischen Planungsinstitutionen waren sich zunehmend im Klaren über die Notwendigkeit, von der Fiktion einer stabilen, abgesicherten Beschäftigung abzurücken, die allmählich eher die Ausnahme als die Regel war. So veröffentlichte das MITI 1999 einen Bericht, der es den Unternehmen erstmals nahe legte, für die meisten ihrer Beschäftigten nicht-garantierte Beschäftigungsformen vorzusehen.[128]

So praktiziert Japan offenbar seit einiger Zeit die duale Arbeitsmarktlogik, die sich in den westlichen Volkswirtschaften ausbreitet. Damit hat es die Vorteile des Engagements einer Kernbelegschaft mit der Flexibilität eines peripheren Arbeitsmarktes kombiniert. Das erste war äußerst wichtig, weil so der soziale Friede durch Kooperation zwischen Management und Firmengewerkschaften garantiert und weil die Produktivität durch die Akkumulation von Wissen innerhalb des Unternehmens und durch die schnelle Aneignung neuer Technologien erhöht wurde. Letzteres hat eine schnelle Reaktion auf Schwankungen in der Nachfrage nach Arbeitskräften und auf Konkurrenz von ausgelagerten Industrien während der 1980er Jahre erlaubt. In den 1990er Jahren begann die Zahl

---

128 French (1999).

ausländischer Immigranten sowie der Arbeitsverhältnisse im Tagelohn anzusteigen, was für zusätzliche Wahlmöglichkeiten und Flexibilität in den unteren Segmenten der Erwerbstätigen sorgte. Insgesamt scheinen die japanischen Unternehmen in der Lage zu sein, mit dem Wettbewerbsdruck fertig zu werden, indem sie ihre Kernbelegschaften umschulen und neue Technologie einführten, während sie ihre flexiblen Belegschaften sowohl in Japan wie in ihren globalisierten Produktionsnetzwerken vervielfachten. Diese Form des Personalmanagements ist jedoch in erster Linie von der beruflichen Bescheidenheit gut ausgebildeter japanischer Frauen abhängig. Das wird nicht immer so weitergehen. Ich stelle deshalb die Hypothese auf, dass es nur eine Frage der Zeit ist, bis sich die verdeckte Flexibilität des japanischen Arbeitsmarktes auf die Kernbelegschaften ausbreitet und damit das stabilste und produktivste System der Arbeitsbeziehungen während der späten industriellen Ära in Frage stellt.[129]

Insgesamt geht in unseren Gesellschaften also durchaus eine fundamentale Transformation der Arbeit, der Arbeitskräfte und der Arbeitsorganisationen vonstatten, aber diese Transformation lässt sich nicht mit den traditionellen Kategorien obsoleter Debatten über das „Ende der Arbeit" oder die „Entqualifizierung der Arbeit" erfassen.[130] Das vorherrschende Modell der Arbeit in der neuen informationsbasierten Wirtschaft ist das einer *Kernbelegschaft*, die aus informationsbasierten Managern und denen besteht, die Reich als „Symbolanalytiker" bezeichnet, sowie einer *disponiblen Belegschaft*, die je nach Marktnachfrage und Arbeitskosten automatisiert und/oder geheuert/gefeuert/ausgelagert werden kann. Außerdem erlaubt die netzwerkförmige Unternehmensorganisation das *outsourcing* und Subunternehmertum als Formen der Externalisierung von Arbeit in flexibler Anpassung an die Marktbedingungen. Analytiker haben mit Recht verschiedene Formen der Flexibilität unter anderem nach Lohn, geografischer Mobilität, beruflichem Status, Vertragssicherheit und Aufgabenerfüllung unterschieden.[131] Häufig werden alle diese Formen im Rahmen einer eigennützigen Strategie zusammengeworfen, um etwas als unausweichlich darzustellen, was in Wirklichkeit eine geschäftliche oder politische Entscheidung ist. Es ist jedoch wahr, dass die gegenwärtigen Tendenzen in der Technologieentwicklung alle Formen der Flexibilität fördern, so dass das System, solange es keine spezifischen Abkommen über die Stabilisierung einer oder mehrerer Dimensionen der Arbeit gibt, auf eine verallgemeinerte Flexibilität mit zahlreichen Facetten zulaufen wird, die Arbeitskräfte und Arbeitsbedingungen, hochqualifizierte ebenso wie unqualifizierte Arbeitskräfte umfasst. Diese Transformation hat unsere Institutionen erschüttert und zu einer Krise der Beziehung zwischen Arbeit und Gesellschaft geführt.

---

129 Kuwahara (1989); Whitaker (1990).
130 Rifkin (1995).
131 Reich (1991); Freeman und Soete (1994).

Informationstechnologie und Neustrukturierung der Beziehungen zwischen Kapital und Arbeit: Sozialer Dualismus oder fragmentierte Gesellschaften?

Die Ausbreitung der Informationstechnologie in der Wirtschaft ruft nicht unmittelbar Arbeitslosigkeit hervor. Vielmehr scheint sie unter den richtigen institutionellen und organisatorischen Voraussetzungen langfristig mehr Arbeitsplätze zu schaffen. Die Transformation von Management und Arbeit verbessert die Berufsstruktur eher, als dass sie die Anzahl der niedrig qualifizierten Jobs erhöht. Die Zunahme von globalem Handel und globalen Investitionen scheint nicht schon an sich der Eliminierung von Arbeitsplätzen und der Verschlechterung der Arbeitsbedingungen im Norden zugrundezuliegen, während sie zur Schaffung von Millionen von Arbeitsplätzen in den neu sich industrialisierenden Ländern beiträgt. Und doch ist der Prozess des historischen Übergangs zu einer informationellen Gesellschaft und einer globalen Wirtschaft durch die Verschlechterung der Lebens- und Arbeitsbedingungen für einen bedeutenden Teil der Erwerbstätigen bestimmt.[132] Diese Verschlechterung nimmt in verschiedenen Kontexten unterschiedliche Formen an: Zunahme der Arbeitslosigkeit in Europa; Reallohnverfall (mindestens bis 1996), zunehmende Ungleichheit und Arbeitsplatzunsicherheit in den Vereinigten Staaten; Unterbeschäftigung und verschärfte Segmentierung der Belegschaften in Japan; Informalisierung und Abwertung neu einbezogener städtischer Arbeitskräfte in den sich industrialisierenden Ländern; und zunehmende Marginalisierung der landwirtschaftlich Beschäftigten in den stagnierenden unterentwickelten Volkswirtschaften. Wie ich oben dargelegt habe, ergeben sich diese Tendenzen nicht aus der Strukturlogik des informationellen Paradigmas, sondern sind Resultat der Neustrukturierung der Beziehungen zwischen Arbeit und Kapital. Diese wird unterstützt durch die machtvollen Werkzeuge, die die neuen Informationstechnologien bereitstellen, und erleichtert durch eine neue Organisationsform, das Netzwerk-Unternehmen. Außerdem sind technologische Entwicklungsbahnen, obwohl das Potenzial der Informationstechnologien gleichzeitig für höhere Produktivität, höheren Lebensstandard und höhere Beschäftigung sorgen könnte, dennoch „festgelegt" (*locked in*),[133] wenn bestimmte technologische Wahlentscheidungen erst einmal vollzogen sind. Deshalb könnte die informationelle Gesellschaft gleichzeitig und ohne dass dem eine technologische Notwendigkeit zugrunde läge, zu einer dualen Gesellschaft werden.

Aus anderer Perspektive, die etwa in der OECD, beim IWF und in Regierungskreisen großer westlicher Länder, heißt es, dass die beobachteten Tendenzen von steigender Arbeitslosigkeit, Unterbeschäftigung, Einkommensungleichheit, Armut und sozialer Polarisierung mehr oder weniger das Resultat mangel-

---

132 Harrison (1994); ILO (1994).
133 Arthur (1989).

haft angepasster Qualifikationen seien, deren Auswirkungen noch durch einen Mangel an Flexibilität auf den Arbeitsmärkten verschärft würden.[134] Demzufolge wird zwar die Berufs- und Beschäftigungsstruktur im Hinblick auf den Bildungsgehalt der Qualifikationen verbessert, die für die informationellen Arbeitsplätze erforderlich sind, aber die Erwerbstätigen können den neuen Anforderungen nicht gerecht werden, entweder wegen der niedrigen Qualität des Bildungssystems oder wegen der Unfähigkeit dieses Systems, die neuen Fertigkeiten bereitzustellen, die für die entstehende Berufsstruktur gebraucht werden.[135]

In ihrem Bericht an das Forschungsinstitut der ILO haben Carnoy und Fluitman diese weithin anerkannte Sichtweise einer vernichtenden Kritik unterzogen. Nach einer eingehenden Auseinandersetzung mit der Literatur und dem Material über die Beziehung zwischen Qualifikationen, Beschäftigung und Löhnen in den OECD-Ländern kommen sie zu folgender Schlussfolgerung:

> Ungeachtet der Tatsache, dass anscheinend Übereinstimmung über die angebotsseitige These von den fehlangepassten Qualifikationen herrscht, sind die Belege, die diese These stützen, extrem dürftig. Das gilt vor allem für die Annahme, bessere Bildung und mehr und bessere Schulung würden entweder das Problem offener Arbeitslosigkeit (Europa) oder das Problem der Lohnverteilung (USA) lösen. Wir halten die Annahme für weit überzeugender, dass bessere Bildung und mehr Schulung auf längere Sicht zu höherer Produktivität und höheren Wachstumsraten beitragen.[136]

Im gleichen Sinne hat David Howell für die USA gezeigt, dass es zwar eine zunehmende Nachfrage nach höheren Qualifikationen gegeben hat, dass dies aber nicht der Grund für den erheblichen Reallohnverfall ist, den die amerikanischen Arbeiter zwischen 1973 und 1990 erlitten haben – ein Rückgang des Wochenlohnes von 327 US$ auf 265 US$ auf der Basis von 1982. Und auch die Zusammensetzung der Qualifikationen ist nicht der Grund für die Ungleichheit der Einkommen. In seiner gemeinsam mit Wolff durchgeführten Studie zeigt Howell, dass in den USA quer durch die Branchen hindurch der Anteil der gering qualifizierten Arbeitskräfte zurückgegangen ist, während der Anteil der niedrig entlohnten Arbeitskräfte in denselben Branchen angestiegen ist. Verschiedene Studien belegen ebenfalls, dass Nachfrage nach, aber kein Mangel an höheren Qualifikationen besteht, dass bessere Qualifikationen sich aber nicht unbedingt in höheren Löhnen ausdrücken.[137] So war in den USA zwar der Reallohnverfall für die am schlechtesten Ausgebildeten deutlicher ausgeprägt, aber

---

134 Das ist die Ansicht, die gewöhnlich von Alan Greenspan vertreten wird, dem Vorsitzenden des US Federal Reserve Board, sowie auch vom Internationalen Währungsfonds und anderen internationalen Expertengremien. Für eine wirtschaftswissenschaftliche Explikation dieser These s. Krugman (1994a); Krugman und Lawrence (1994).
135 Cappelli und Rogovsky (1994).
136 Carnoy und Fluitman (1994).
137 Howell und Wolff (1991); Mishel und Teixeira (1991); Howell (1994).

die Gehälter für College-Absolventen stagnierten zwischen 1987 und 1993 ebenfalls.[138]

Als direkte Konsequenz der wirtschaftlichen Neustrukturierung in den Vereinigten Staaten sind während der 1980er und der ersten Hälfte der 1990er Jahre die Familieneinkommen gefallen. Die Löhne und Lebensbedingungen haben sich bis 1996 trotz der 1993 eingetretenen deutlichen Erholung der Wirtschaft weiter verschlechtert.[139] Außerdem hat ein halbes Jahrhundert, nachdem Gunnar Myrdal auf das „amerikanische Dilemma" hingewiesen hat, Martin Carnoy in einem eindrucksvollen Buch nachgewiesen, dass Rassendiskriminierung noch immer soziale Ungleichheit verschärft und so zur Marginalisierung großer Teile der ethnischen Minderheiten Amerikas beiträgt.[140] 1996-2000 hat jedoch der von der Informationstechnologie eingeleitete anhaltende Boom den Trend verändert und zu einer Erhöhung der Durchschnittslöhne um etwa 1,2% im Jahr geführt. Und die Anhebung des Mindestlohns 1996 hat den Niedergang der Einkommen der untersten 20% Amerikaner gestoppt. Die Bevölkerung unterhalb der Armutsgrenze ist leicht zurückgegangen, wenn auch über 20% der amerikanischen Kinder am Ende des Jahrhunderts noch immer in Armut lebten. Die Einkommens- und Vermögensungleichheit befand sich auf einem noch nie dagewesenen Höhepunkt. 1995 verdiente das oberste 1% der amerikanischen Haushalte 14,5% des gesamten Einkommens, während der Einkommensanteil der untersten 90% 60,8% betrug. Die Eigentumsverteilung war noch ungleicher: Das oberste eine Prozent der Haushalte verfügte über 38,5% des Nettowertes allen Eigentums, während den untersten 90% 28,2% blieben. Und volle 18,5% der Haushalte hatten kein oder ein negatives Netto-Eigentum. Es ist viel über die *Shareholder*-Demokratie in den neuen Formen des Kapitalismus geredet worden, aber Tabelle 4.29 (Anhang A) zeigt die extremen Konzentrationen, die das Aktieneigentum 1995 aufwies, selbst wenn wir hier Aktiensparpläne, Versicherungsfonds, individuelle Ruhestandskonten und andere Instrumente des Volkskapitalismus einbeziehen.

Obwohl Amerika unter den Industrienationen ein extremer Fall der Einkommensungleichheit und des Reallohnverfalls ist, so ist seine Entwicklung doch wesentlich, weil es zugleich ein flexibles Arbeitsmarktmodell repräsentiert, das die Zielvorstellung der meisten europäischen Nationen und sicherlich der europäischen Unternehmen bildet.[141] Und die sozialen Konsequenzen dieses Trends sind in Europa ähnlich. So sank das reale disponible Haushaltseinkommen im untersten Dezil der Einkommensverteilung in Groß-London zwischen 1979 und 1991 um 14%, und die Quote des Realeinkommens des reichsten

---

138 Center for Budget and Policy Priorities, Washington DC, zit. in *The New York Times* (7. Oktober 1994: 9); s. auch Murphy und Welch (1993); Bernstein und Adler (1994).
139 Mishel und Bernstein (1994).
140 Carnoy (1994); zur andauernden Rassenungleichheit in der Expertenklasse bei den Firmen der neuen Wirtschaftsform s. Harper-Anderson (i.E.).
141 Sayer und Walker (1992).

Dezils gegenüber dem Ärmsten verdoppelte sich während dieses Jahrzehnts von 5,6% auf 10,2%.[142] Die Armut im Vereinigten Königreich ist während der 1980er und frühen 1990er Jahren erheblich angestiegen.[143] Und wenn wir die Häufigkeit der Kinderarmut als Indikator für die Armutsentwicklung nehmen, dann sehen wir, dass nach den von Esping-Andersen gesammelten Daten für andere europäische Länder die Kinderarmut zwischen 1980 und Mitte der 1990er Jahre in den USA um 30%, im Vereinigten Königreich um 145%, in Frankreich um 31% und in Deutschland um 120% angestiegen ist.[144] Ungleichheit und Armut haben während der 1990er Jahre in den USA und im größten Teil Europas zugenommen.[145] Ich nehme mir die Freiheit, den Leser und die Leserin für eine zusammenfassende Darstellung der Daten und Quellen über Ungleichheit und Armut sowohl für die Vereinigten Staaten wie für die Welt insgesamt auf Band III, Kapitel 2 zu verweisen.

Die neue Verwundbarkeit der Arbeitenden unter den Bedingungen ungehemmter Flexibilität betrifft nicht nur die unqualifizierten Erwerbstätigen. Die Kernbelegschaften werden zwar besser bezahlt und sind stabiler, aber sie werden ebenfalls der Mobilität unterworfen, weil die Periode des Arbeitslebens verkürzt wird, in der Experten in den Kern des Unternehmens rekrutiert werden. Martin Carnoy fasst diese Tendenz zusammen:

> In den Vereinigten Staaten und auf den anderen flexibleren Arbeitsmärkten der OECD wird *downsizing* zu einem regulären Bestandteil des Arbeitslebens. Ältere Arbeitskräfte sind besonders verwundbar, wenn die Unternehmen ihre Belegschaften „rationalisieren". *Downsizing* ist weitgehend ein Euphemismus dafür, dass die Anzahl der „obsoleten", höher bezahlten Beschäftigten, die gewöhnlich Mitte 40 oder Anfang 50 sind, reduziert wird, um sie durch jüngere, vor kürzerer Zeit ausgebildete und niedriger bezahlte Arbeitskräfte zu ersetzen. Anders als die jüngeren erleiden die älteren Arbeitskräfte lange Perioden der Arbeitslosigkeit und müssen, wenn sie wieder eingestellt werden, deutliche Lohneinbußen hinnehmen. ... Nicht nur gehen die Löhne der jüngeren Alterskohorten zurück, sondern die Periode der „besten" Phase im Arbeitsleben des durchschnittlichen männlichen Arbeiters, die durch eine Aufwärtsmobilität seines Lohnes definiert ist, wird kürzer. Das gilt anscheinend für College- ebenso wie für *high school*-Absolventen, was bedeutet, dass jetzt selbst die gut ausgebildeten (hoch qualifizierten) Arbeitskräfte dieser weiteren Bedeutung von Arbeitsplatzunsicherheit ausgeliefert sind: Die Arbeitskräfte sehen sich nicht nur kürzeren Verweilzeiten in einzelnen Jobs gegenüber, sondern auch einem Abflachen oder sogar einem Rückgang ihrer Einkommensentwicklung, wenn sie das mittlere Lebensalter erreichen.[146]

Die Logik dieses höchst dynamischen Arbeitsmarktmodells interagiert mit den Besonderheiten der Arbeitsverfassung in jedem einzelnen Land. So zeigt eine Studie über deutsche industrielle Beziehungen, dass die Reduzierung der Beschäftigung als Folge der Einführung computerisierter Maschinen in den 1980er

---

142 Lee und Townsend (1993: 18ff.).
143 Hutton (1993).
144 Esping-Andersen (1999).
145 Mishel u.a. (1999); Bison und Esping-Andersen (2000).
146 Carnoy (2000: 48).

Jahren in umgekehrter Beziehung zu dem Grad des Schutzes stand, den die Gewerkschaften den Erwerbstätigen in der jeweiligen Branche boten. Andererseits waren die Unternehmen mit dem höchsten Grad an Absicherung auch diejenigen mit den größten Veränderungen durch Innovation. Diese Studie zeigt, dass es nicht zwangsläufig zu einem Konflikt zwischen der Verbesserung der technologischen Basis des Unternehmens und der Beibehaltung des größten Teils der Beschäftigten kommen muss, die im Allgemeinen umgeschult werden. Diese Unternehmen waren auch diejenigen mit dem höchsten gewerkschaftlichen Organisationsgrad.[147] Die Studie von Harley Shaiken über japanische Autofirmen in den Vereinigten Staaten und über die Saturn-Autofabrik in Tennessee kommt zu ähnlichen Schlussfolgerungen und zeigt die Effektivität des Beitrags der Beschäftigten und der Partizipation der Gewerkschaften bei der erfolgreichen Einführung technologischer Innovationen und der gleichzeitigen Begrenzung von Beschäftigungsverlusten.[148]

Diese Varianten der Arbeitsordnung erklären auch den Unterschied, den wir zwischen den Vereinigten Staaten und der Europäischen Union aufgezeigt haben. Die gesellschaftliche Neustrukturierung nimmt in den USA die Form des Drucks auf Löhne und Arbeitsbedingungen an. In der Europäischen Union, wo die Arbeitsinstitutionen ihre historisch errungenen Positionen mit größerem Erfolg verteidigen, ist das Netto-Ergebnis steigende Arbeitslosigkeit, weil junge Arbeitskräfte nur begrenzt rekrutiert werden und die ältesten oder diejenigen, die in nicht konkurrenzfähigen Sektoren und Unternehmen gefangen sind, früher ausscheiden.[149] Die sich industrialisierenden Länder wiederum sind seit mindestens drei Jahrzehnten durch ein Modell der Verknüpfung zwischen dem formellen und dem informellen städtischen Arbeitsmarkt gekennzeichnet, das auf dieselben flexiblen Formen hinausläuft, die in den reifen Volkswirtschaften durch das neue technologisch-organisatorische Paradigma verbreitet worden sind.[150]

Warum und wie ist es zu dieser Neustrukturierung der Beziehungen zwischen Kapital und Arbeit während des Anbruchs des Informationszeitalters gekommen? Sie war die Folge historischer Umstände, technologischer Möglichkeiten und Chancen sowie ökonomischer Imperative. Um der Profitklemme zu entgehen ohne die Inflation anzuheizen, sind Volkswirtschaften ebenso wie Privatunternehmen seit Anfang der 1980er Jahre im Bereich der Arbeitskosten aktiv geworden. Sie haben entweder wie die wichtigsten europäischen Volkswirtschaften die Produktivität gesteigert, ohne Beschäftigung zu schaffen, oder sie haben wie in den USA die Kosten für eine Vielzahl von Arbeitsplätzen gesenkt (s. Abb. 4.12). Die Gewerkschaften als das Haupthindernis für die einseitige

---

147 Warnken und Ronning (1990).
148 Shaiken (1993, 1995).
149 Bosch (1995).
150 Portes u.a. (1989); Gereffi (1993).

Abbildung 4.12 Jährliches Wachstum von Produktivität, Beschäftigungswachstum und Einkommen in OECD-Ländern, 1984-1998

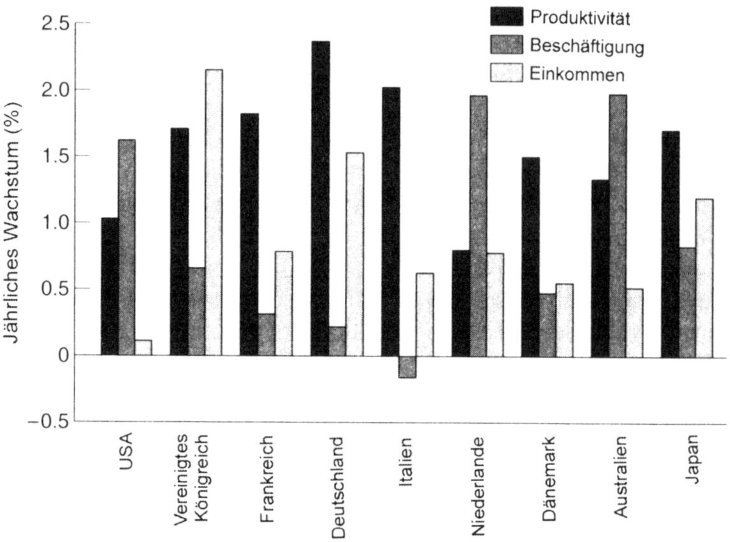

Quelle: Daten der OECD, zusammengestellt und bearbeitet von Carnoy (2000)

Strategie der Neustrukturierung waren durch ihre Unfähigkeit geschwächt, sich an die Vertretung neuer Kategorien von Erwerbstätigen (Frauen, Jugendliche, Einwanderer) anzupassen, an neuen Arbeitsplätzen (Büros im Privatsektor, Hochtechnologiebranchen) zu agieren und innerhalb von neuen Organisationsformen (Netzwerk-Unternehmen auf globaler Ebene) zu operieren.[151] Wo nötig, unterstützen politisch inszenierte offensive Strategien die historisch-strukturellen Tendenzen, die gegen die Gewerkschaften arbeiteten. Beispiele sind Reagan und die Fluglotsen oder Thatcher und die Kohlebergleute. Aber sogar die sozialistischen Regierungen in Frankreich und Spanien fuhren fort, die Bedingungen auf dem Arbeitsmarkt zu verändern und so die Gewerkschaften zu schwächen, als der Konkurrenzdruck ein deutliches Abweichen von den neuen Management-Regeln der globalen Ökonomie erschwerte.

Was diese historische Neudefinition der Beziehung zwischen Kapital und Arbeit ermöglicht hat, war der Einsatz von leistungsfähigen Informationstechnologien und von Organisationsformen, die durch das neue technologische Medium begünstigt wurden. Die Fähigkeit, Arbeitskraft für spezifische Projekte und Aufgaben an einem beliebigen Ort zu einer beliebigen Zeit zusammenzuziehen oder zu verstreuen, schuf die Möglichkeit der Entstehung des virtuellen Unternehmens als einer funktionalen Einheit. Von diesem Punkt an ging es um

---

151 Zu Analysen des Niedergangs der traditionellen Gewerkschaften unter den neuen ökonomisch-technologischen Bedingungen s. Carnoy u.a. (1993a); s. auch Gourevitch (1984); Adler und Suarez (1993).

die Überwindung institutioneller Widerstände gegen die Entwicklung einer solchen Logik und/oder darum, Zugeständnisse von den Gewerkschaften und den Erwerbstätigen selbst vor dem Hintergrund der potenziellen Bedrohung durch die Virtualisierung zu erreichen. Die außerordentliche Steigerung der Flexibilität und Anpassungsfähigkeit, welche die neuen Technologien ermöglichten, stellte die Starrheit der Arbeiterorganisationen der Mobilität des Kapitals gegenüber. Es folgte ein unablässiger Druck, den Beitrag der Arbeit so flexibel als möglich zu machen. Produktivität und Rentabilität wurden gestärkt, aber die Seite der Arbeit verlor an institutionellem Schutz und wurde immer stärker abhängig von individuellen Aushandlungsbedingungen auf einem sich beständig verändernden Arbeitsmarkt.

Die Gesellschaft teilte sich wie im Verlauf des größten Teils der menschlichen Geschichte in Gewinner und Verlierer, in dem endlosen Prozess ungleicher individueller Aushandlung. Aber diesmal gab es wenig Regeln darüber, wie man gewinnt und verliert. Fertigkeiten waren nicht ausreichend, weil sich der Prozess des technologischen Wandels beschleunigte und die Definition der notwendigen Qualifikationen beständig obsolet machte. Die Mitgliedschaft in korporativen Organisationen oder sogar Ländern brachte keine Privilegien mehr mit sich, weil die verstärkte globale Konkurrenz die variable Geometrie der Arbeit und der Märkte unablässig veränderte. Nie war die Arbeit für den Prozess der Wertschöpfung von zentralerer Bedeutung. Aber niemals waren auch die Arbeitskräfte – ohne Anschen ihrer Qualifikation – gegenüber der Organisation so verwundbar, weil sie bloße Individuen geworden waren, die innerhalb eines flexiblen Netzwerkes vermietet wurden, dessen Ort dem Netzwerk selbst unbekannt war.

An der Oberfläche waren/sind die Gesellschaften daher dualisiert, oder sind dabei, es zu werden, wobei ihnen an beiden Enden der Berufsskala eine umfängliche Spitze und ein beträchtlicher Sockel wachsen. Damit schrumpft die Mitte mit einer Geschwindigkeit und in einem Ausmaß, die von der Position eines jeden Landes in der internationalen Arbeitsteilung und von seinem politischen Klima abhängen. Aber tief unten in der entstehenden Gesellschaftsstruktur ist durch die informationelle Arbeit ein fundamentalerer Prozess ausgelöst worden: die Desaggregation der Arbeit, die das Tor öffnet für die Netzwerkgesellschaft.

Anhang A Tabellen und Statistiken zu Kapitel 4

Tabelle 4.1 Vereinigte Staaten: Prozentuale Verteilung der Beschäftigung nach Wirtschaftssektoren und Branchengruppen, 1920-1991

		(a) 1920-70						(b) 1970-91				
		1920	1930	1940	1950	1960	1970	1970	1980	1985	1990	1991
I	Extraktiv	28,9	25,4	21,3	14,4	8,1	4,5	4,6	4,5	4,0	3,5	3,5
	Landwirtschaft	26,3	22,9	19,2	12,7	7,0	3,7	3,7	3,6	3,1	2,8	2,9
	Bergbau	2,6	2,5	2,1	1,7	1,1	0,8	0,8	1,0	0,9	0,6	0,6
II	Transformativ	32,9	31,6	29,8	33,9	35,9	33,1	33,0	29,6	27,2	25,6	24,7
	Bau	<	6,5	4,7	6,2	6,2	5,8	6,0	6,2	6,5	6,5	6,1
	Öffentliche Versorgung	<	0,6	1,2	1,4	1,4	1,4	1,1	1,2	1,2	1,1	1,1
	Fertigung	<	24,5	23,9	26,2	28,3	25,9	25,9	22,2	19,5	18,0	17,5
	Nahrungsmittel	<	2,3	2,7	2,7	3,1	2,0	1,9	1,9	1,7	1,6	1,5
	Textilien	<	4,2	2,0	2,2	3,3	3,0	1,3	0,8	0,7	0,6	0,6
	Metall	<	7,7	2,9	3,6	3,9	3,3	3,1	2,7	2,0	1,8	1,7
	Maschinen	<	<	2,4	3,7	7,5	8,3	5,1	5,2	4,5	3,8	3,7
	Chemie	<	1,3	1,5	1,7	1,8	1,6	1,5	1,6	1,3	1,3	1,3
	Diverse Fertigung	<	9,0	11,8	12,3	8,7	7,7	12,9	10,0	9,4	8,9	3,6
III	Distributive Dienstleistungen	18,7	19,6	20,4	22,4	21,9	22,3	22,4	21,0	20,9	20,6	20,6
	Transport	7,6	6,0	4,9	5,3	4,4	3,9	3,9	3,7	3,5	3,5	3,6
	Kommunikation	<	1,0	0,9	1,2	1,3	1,5	1,5	1,5	1,5	1,3	1,4
	Großhandel	11,1	12,6	2,7	3,5	3,6	4,1	4,0	3,9	4,1	3,9	4,0
	Einzelhandel	<	<	11,8	12,3	12,5	12,8	12,9	11,9	11,9	11,8	11,7
IV	Produzentendienstleistungen	2,8	3,2	4,6	4,8	6,6	8,5	8,2	10,5	12,7	14,0	14,0
	Banken	<	1,3	1,1	1,1	1,6	2,6	2,2	2,6	2,9	2,9	2,8
	Versicherungen	<	1,1	1,2	1,4	1,7	1,8	1,8	1,9	1,9	2,1	2,1
	Immobilien	<	0,6	1,1	1,0	1,0	1,0	1,0	1,6	1,7	1,8	,8
	Konstruktion	<	–	1,3	0,2	0,3	0,4	0,4	0,6	0,7	0,7	,7
	Buchhaltung	<	–	<	0,2	0,3	0,4	0,4	0,5	0,5	0,5	,6
	Div. unternehmensbez. Dienstl.	<	0,1	<	0,6	1,2	1,8	1,8	2,6	4,0	4,9	5,0
	Juristische Dienstleistungen	<	–	<	0,4	0,5	0,5	0,5	0,8	0,9	1,0	1,1
V	Soziale Dienstleistungen	8,7	9,2	10,0	12,4	16,3	21,9	22,0	23,7	23,6	24,9	25,5
	Medizinische, Gesundheitsdienstl.	<	–	2,3	1,1	1,4	2,2	2,4	2,3	3,6	4,3	4,5

Anhang A Tabellen und Statistiken zu Kapitel 4   323

Krankenhäuser	<	–	–	<	1,8	2,7	3,7	3,7	5,3	4,0	4,0	4,1
Erziehung und Bildung	–	–	3,5	3,8	5,4	8,6	8,5	8,3	7,8	7,9	8,0	
Wohlfahrt, religiöse Dienste	–	–	0,9	0,7	1,0	1,2	1,2	1,6	2,2	2,6	2,7	
Gemeinnützige Org.	–	–	<	0,3	0,4	0,4	0,4	0,5	0,4	0,4	0,4	
Postdienst	<	0,6	0,7	0,8	0,9	1,0	1,0	0,7	0,7	0,7	0,7	
Staatl. Verwaltung	<	2,2	2,6	3,7	4,3	4,6	4,5	4,7	4,7	4,8	4,8	
Diverse soziale Dienstleistungen	<	6,3	–	0,1	0,2	0,3	0,3	0,4	0,2	0,2	0,2	
VI Personenbezogene Dienstl.	8,2	11,2	14,0	12,1	11,3	10,0	10,0	10,5	11,7	11,5	11,7	
Hausangestellte	<	6,5	5,3	3,2	3,1	1,7	1,7	1,3	1,2	0,9	0,9	
Hotels	<	2,9	1,3	1,0	1,0	1,0	1,0	1,1	1,4	1,5	1,6	
Restaurants, Bars	<	<	2,5	3,0	2,9	3,3	3,2	4,4	4,9	4,8	4,9	
Reparaturdienste	<	–	1,5	1,7	1,4	1,3	1,4	1,3	1,5	1,4	1,4	
Wäscherei	<	–	1,0	1,2	1,0	0,8	0,8	0,4	0,4	0,5	0,4	
Friseure, Schönheitssalons	<	0,9	–	–	0,8	0,9	0,9	0,7	0,8	0,7	0,7	
Unterhaltung	<	0,9	0,9	1,0	0,8	0,8	0,8	1,0	1,2	1,3	1,3	
Diverse personenbez. Dienstl.	<	–	1,6	1,2	0,4	0,3	0,3	0,3	0,4	0,4	0,4	

< Bedeutet, dass die Zahl in der darüber stehenden Kategorie enthalten ist.

Die Zahlen addieren sich aufgrund von Rundungen nicht immer auf.

Quellen: (a) Singelmann (1978); (b) 1970: Population Census; 1980–91: *Current Population Survey*, Bureau of Labor Statistics; Labor statistics: *Employment and Earnings* (versch. Ausg.)

Tabelle 4.2 Japan: Prozentuale Verteilung der Beschäftigung nach Wirtschaftssektoren und Branchengruppen, 1920-1990

	Branche	1920	1930	(a) 1920-70 1940	1950	1960	1970	1970	1980	(b) 1970-90 1985	1990
I	Extraktiv	56,4	50,9	46,3	50,3	34,1	19,6	19,8	11,2	9,5	7,2
	Landwirtschaft	54,9	49,9	44,0	48,6	32,9	19,4	19,4	11,0	9,3	7,1
	Bergbau	1,5	1,0	2,2	1,7	1,2	0,3	0,4	0,2	0,2	0,1
II	Transformativ	19,6	19,8	24,9	21,0	28,5	34,2	34,1	33,7	33,4	33,7
	Bau	2,7	3,3	3,0	4,3	6,2	7,6	7,6	9,7	9,1	9,6
	Öffentliche Versorgung	0,3	0,4	0,4	0,6	0,6	0,6	0,6	0,6	0,6	0,6
	Fertigung	16,6	16,1	21,6	16,1	21,7	26,0	26,0	23,4	23,7	23,6
	Nahrungsmittel	2,0	1,8	1,4	2,2	2,1	2,1	2,1	2,1	2,2	2,3
	Textilien	5,0	4,8	3,9	3,1	3,2	2,7	2,7	1,7	1,5	1,2
	Metall	1,0	0,8	1,4	1,6	2,9	1,5	4,0	3,6	3,2	3,2
	Maschinen	0,4	0,7	2,9	1,6	3,1	4,9	5,0	4,6	5,9	5,9
	Chemie	0,4	0,6	1,1	1,2	1,2	1,3	1,3	1,1	1,0	1,1
	Diverse Fertigung	7,8	7,4	10,9	6,4	9,2	13,5	10,9	10,3	10,0	10,0
III	Distributive Dienstleistungen	12,4	15,6	15,2	14,6	18,6	22,5	22,4	25,1	24,8	24,3
	Transport	3,5	3,2	3,4	3,5	4,0	5,1	5,1	5,1	5,0	5,0
	Kommunikation	0,4	0,7	0,9	1,0	1,1	1,2	1,1	1,2	1,1	1,0
	Großhandel	8,5	11,6	10,9	2,3	4,7	6,1	6,1	6,9	7,2	7,1
	Einzelhandel	<	<	<	7,8	8,9	10,2	10,2	11,9	11,5	11,2
IV	Produzentendienstleistungen	0,8	0,9	1,2	1,5	2,9	5,1	4,8	7,5	8,6	9,6
	Banken	0,4	0,5	0,6	0,7	1,2	1,4	1,4	2,8	3,0	1,9
	Versicherungen	0,1	0,2	0,3	0,2	0,5	0,7	0,7	<	<	1,3
	Immobilien	–	–	0,1	0,0	0,2	0,5	0,5	0,8	0,8	1,1
	Konstruktion	0,0	–	0,3	0,3	1,0	0,5	0,5	–	–	0,8
	Buchhaltung	–	–	<	<	<	0,2	0,2	–	–	0,3
	Div. unternehmensbez. Dienstl.	0,2	0,2	<	<	<	1,7	1,4	3,9	4,8	4,0
	Juristische Dienstleistungen	0,1	0,0	0,0	0,2	0,1	0,1	0,1	–	–	0,1
V	Soziale Dienstleistungen	4,9	5,5	6,0	7,2	8,3	10,1	10,3	12,9	13,5	14,3
	Medizinische, Gesundheitsd.	0,4	0,3	0,4	1,1	0,3	0,2	0,4	2,9	3,4	1,5
	Krankenhäuser	0,3	0,5	0,7	<	1,3	1,8	1,8	<	<	2,2

Anhang A Tabellen und Statistiken zu Kapitel 4

Erziehung und Bildung	0,9	1,3	1,5	2,2	2,4	2,7	2,9	3,6	3,7	4,5
Wohlfahrt, religiöse Dienste	0,6	0,6	0,6	0,3	0,6	0,7	0,7	1,3	1,3	1,4
Gemeinnützige Org.	0,1	–	0,7	0,2	0,2	0,5	1,0	1,1	1,1	1,1
Postdienst	2,2	2,5	1,9	3,3	3,1	3,3	–	–	–	–
Staatl. Verwaltung	<	<	<	<	<	<	3,4	3,6	3,6	3,4
Diverse soziale Dienstleistungen	0,3	0,3	0,3	0,1	0,6	0,9	0,0	0,5	0,4	0,4
VI Personenbezogene Dienstl.	5,7	7,3	6,3	5,3	7,6	8,5	8,5	9,6	10,1	10,2
Hausangestellte	2,5	2,7	2,2	0,8	0,7	0,3	0,3	0,1	0,1	0,1
Hotels	0,5	0,5	0,5	0,5	0,8	0,9	0,9	1,0	1,1	1,1
Restaurants, Bars	1,4	2,4	1,8	1,1	2,2	3,1	3,0	4,1	4,3	4,1
Reparaturdienste	0,0	0,1	–	0,9	0,7	0,9	0,9	1,1	0,9	1,0
Wäscherei	0,1	0,2	0,2	0,2	0,4	0,5	0,5	1,6	1,7	0,6
Friseure, Schönheitssalons	0,5	0,7	0,6	0,6	1,1	1,1	1,1	<	<	1,1
Unterhaltung	0,4	0,3	0,8	0,5	0,7	0,7	0,8	0,9	1,0	1,3
Diverse personenbez. Dienstl.	0,2	0,3	0,3	0,7	1,0	1,0	1,0	0,9	0,9	0,9
Nicht klassifizierbar	–	–	–	–	–	–	–	–	–	0,6

< Bedeutet, dass die Zahl in der darüber stehenden Kategorie enthalten ist.

Die Zahlen addieren sich aufgrund von Rundungen nicht immer auf.

Quelle: (a) Singelmann (1978); (b) Population Census, Bureau of Statistics

Tabelle 4.3 Deutschland: Prozentuale Verteilung der Beschäftigung nach Wirtschaftssektoren und Branchengruppen, 1925-1987

	Branchen	1925	1933	(a) 1925-70 1950	1961	1970	(b) 1970-87 1970	1987
I	Extraktiv	33,5	31,5	16,1	9,0	5,1	8,7	4,1
	Landwirtschaft	30,9	29,1	12,9	6,8	3,8	7,5	3,2
	Bergbau	2,6	2,4	3,2	2,2	1,3	1,2	0,9
II	Transformativ	38,9	36,3	47,3	51,3	49,0	47,1	40,3
	Bau	5,3	6,1	9,3	8,5	8,0	7,7	7,1
	Öffentliche Versorgung	0,6	0,6	0,8	1,2	0,8	0,8	1,0
	Fertigung	33,0	31,6	37,1	41,6	40,2	38,6	32,2
	Nahrungsmittel	4,3	5,1	4,6	3,1	3,8	3,6	2,9
	Textilien	3,7	3,5	3,5	5,1	2,2	2,4	1,1
	Metall	3,7	4,5	2,3	3,7	3,7	4,7	4,3
	Maschinen	2,9	3,4	3,0	5,0	4,8	9,5	4,9
	Chemie	1,1	1,1	1,7	2,4	2,7	2,4	2,7
	Diverse Fertigung	17,3	14,0	22,0	22,3	23,0	16,0	16,2
III	Distributive Dienstleistungen	11,9	12,8	15,7	16,4	16,4	17,9	17,7
	Transport	4,0	4,2	5,1	4,5	3,9	5,4	5,9
	Kommunikation	–	–	–	0,5	–	<	<
	Großhandel	7,9	8,6	10,6	3,9	4,4	4,2	3,2
	Einzelhandel	<	<	<	7,5	8,6	8,2	8,6
IV	Produzentendienstleistungen	2,1	2,7	2,5	4,2	5,1	4,5	7,3
	Banken	0,7	0,6	0,7	1,2	1,7	1,7	2,4
	Versicherungen	0,4	0,6	0,8	0,7	1,0	0,9	1,0
	Immobilien	0,0	0,6	0,1	0,3	0,4	0,3	0,4
	Konstruktion	0,1	0,1	0,2	0,4	0,6	0,6	0,7
	Buchhaltung	0,5	0,3	0,3	1,0	0,7	–	–
	Div. unternehmensbez. Dienstl.	<	<	<	<	<	0,9	2,8
	Juristische Dienstleistungen	0,3	0,6	0,5	0,6	0,8	–	–

Anhang A Tabellen und Statistiken zu Kapitel 4

V	Soziale Dienstleistungen	6,0	6,8	11,1	12,5	17,4	15,7	24,3
	Medizinische, Gesundheitsd.	0,4	1,3	2,4	2,5	3,2	3,1	5,4
	Krankenhäuser	0,6	<	<	<	<	–	–
	Erziehung und Bildung	1,1	1,2	1,5	2,1	3,0	3,0	4,9
	Wohlfahrt, religiöse Dienste	0,5	0,8	1,0	0,9	0,4	0,9	1,5
	Gemeinnützige Org.	–	–	–	–	0,4	0,4	0,2
	Postdienst	1,1	1,1	1,5	1,7	1,8	–	–
	Staatl. Verwaltung	2,1	2,2	4,1	5,3	8,6	7,7	9,5
	Diverse soziale Dienstleistungen	0,1	0,2	0,6	–	–	0,5	2,8
VI	Personenbezogene Dienstl.	7,7	7,8	6,9	6,4	7,4	6,1	6,3
	Hausangestellte	4,4	4,0	3,2	1,5	0,5	0,4	0,2
	Hotels	2,1	2,4	2,2	2,6	2,9	2,8	2,7
	Restaurants, Bars	<	<	<	<	<	<	<
	Reparaturdienste	–	–	–	–	1,1	1,0	1,1
	Wäscherei	0,2	–	–	0,6	0,5	0,5	0,2
	Friseure, Schönheitssalons	0,4	0,7	0,8	0,9	0,9	0,9	1,0
	Unterhaltung	0,4	0,5	0,1	–	0,4	0,4	0,9
	Diverse personenbez. Dienstl.	0,1	0,2	0,6	0,8	0,4	0,1	0,1

< Bedeutet, dass die Zahl in der darüber stehenden Kategorie enthalten ist.

Die Zahlen addieren sich aufgrund von Rundungen nicht immer auf.

Quellen: (a) Singelmann (1978); (b) *Statistiches Bundesamt, Volkszählung*

Tabelle 4.4 Frankreich: Prozentuale Verteilung der Beschäftigung nach Wirtschaftssektoren und Branchengruppen, 1921-1989

	Branche	1921	1931	(a) 1921-68 1946	1954	1962	1968	1968	1970	(b) 1968-89 1975	1980	1985	1989
I	Extraktiv	43,6	38,3	40,2	30,9	23,0	17,0	15,6	13,5	10,3	8,7	7,6	6,4
	Landwirtschaft	42,4	36,6	38,8	28,6	20,6	15,9	14,8	12,9	9,9	8,4	7,4	6,3
	Bergbau	1,2	1,7	1,4	2,3	2,4	1,1	0,2	0,6	0,4	0,3	0,2	0,1
II	Transformativ	29,7	32,8	29,6	35,2	37,7	39,3	39,4	38,0	37,3	34,8	30,9	29,5
	Bau	3,0	4,2	5,1	7,4	8,7	10,3	9,5	9,5	8,9	8,5	7,1	7,2
	Öffentliche Versorgung	0,2	0,0	0,6	0,7	0,8	0,8	0,8	0,8	0,8	0,9	1,0	1,0
	Fertigung	26,4	28,5	23,8	27,2	28,0	26,0	27,0	27,7	27,6	25,5	22,9	21,3
	Nahrungsmittel	2,3	2,6	2,2	3,2	3,1	3,0	3,0	3,0	2,9	2,9	2,9	2,8
	Textilien	9,4	4,4	2,5	6,0	4,9	2,3	3,8	3,6	3,1	2,5	2,1	1,7
	Metall	0,6	2,1	7,3	0,9	1,1	1,5	5,0	5,1	5,0	4,3	3,6	3,5
	Maschinen	–	–	<	<	1,2	1,3	4,9	5,3	5,6	5,2	4,8	4,5
	Chemie	0,9	1,1	1,1	1,3	1,4	1,5	1,8	1,9	1,9	1,8	1,7	1,6
	Diverse Fertigung	13,2	18,3	10,7	14,9	16,3	18,5	8,4	8,8	9,1	8,7	7,7	7,3
III	Distributive Dienstleistungen	14,4	13,6	15,1	14,2	16,4	15,5	18,8	18,7	19,2	19,9	20,2	20,5
	Transport	5,6	5,1	6,1	4,2	4,3	4,3	4,2	4,1	4,1	4,1	4,2	4,3
	Kommunikation	0,7	<	<	1,3	1,7	0,1	1,8	1,8	2,0	2,1	2,3	2,2
	Großhandel	8,1	8,5	9,1	2,3	3,2	3,6	3,7	3,8	4,0	4,4	4,4	4,5
	Einzelhandel	<	<	<	6,5	7,3	7,5	9,1	9,0	9,2	9,3	9,3	9,5
IV	Produzentendienstleistungen	1,6	2,1	1,9	2,6	3,2	5,5	5,0	5,5	6,5	7,8	8,5	10,0
	Banken	0,6	0,9	1,2	0,8	1,1	2,0	1,3	1,4	1,8	2,0	2,8	2,0
	Versicherungen	0,2	0,3	0,4	0,5	0,7	0,8	0,5	0,5	0,6	0,7	0,7	0,8
	Immobilien	0,0	0,0	0,0	0,4	0,2	0,4	0,1	0,2	0,3	0,3	0,3	0,3
	Konstruktion	0,5	0,7	–	0,9	1,1	0,3	–	–	–	–	–	–
	Buchhaltung	<	<	–	<	<	1,6	–	–	–	–	–	–
	Div. unternehmensbez. Dienstl.	<	<	–	<	<	<	3,1	3,4	3,8	4,9	5,3	6,9
	Juristische Dienstleistungen	0,3	0,3	0,3	–	–	0,4	–	–	–	–	–	–

Anhang A Tabellen und Statistiken zu Kapitel 4

V Soziale Dienstleistungen	5,3	6,1	6,8	9,4	12,3	14,5	15,1	15,6	16,4	17,1	19,8	19,5
Medizinische, Gesundheitsd.	0,9	1,1	1,2	2,2	2,9	1,0	–	–	–	–	–	–
Krankenhäuser	<	<	<	<	<	2,2	–	–	–	–	–	–
Erziehung und Bildung	1,3	1,4	1,5	2,4	3,5	4,4	–	–	–	–	–	–
Wohlfahrt, religiöse Dienste	0,5	0,5	0,7	0,6	1,1	1,1	–	–	–	–	–	–
Gemeinnützige Org.	–	–	–	–	1,0	0,7	–	–	–	–	–	–
Postdienst	2,3	2,8	3,2	4,0	3,4	1,8	–	–	–	–	–	–
Staatl. Verwaltung	<	<	<	<	<	3,3	–	–	–	–	–	–
Diverse soziale Dienstl.	0,2	0,2	0,1	0,2	0,4	0,0	–	–	–	–	–	–
VI Personenbezogene Dienstl.	5,6	7,2	6,4	7,4	7,4	7,9	8,2	8,7	10,2	11,6	13,1	14,1
Hausangestellte	3,7	3,8	1,3	3,1	3,0	2,7	–	–	–	–	–	–
Hotels	1,5	2,8	1,4	1,5	1,6	0,9	2,7	2,7	2,7	2,8	3,1	3,5
Restaurants, Bars	<	<	<	<	1,2	1,8	<	<	<	<	<	<
Reparaturdienste	–	–	–	–	0,3	1,1	–	–	–	–	–	–
Wäscherei	–	–	0,2	1,0	1,2	0,5	–	–	–	–	–	–
Friseure, Schönheitssalons	0,3	–	–	<	<	0,7	–	–	–	–	–	–
Unterhaltung	0,1	0,2	0,3	0,4	0,2	0,2	–	–	–	–	–	–
Diverse personenbez. Dienstl.	0,0	0,5	0,5	–	0,0	0,0	5,6	6,0	7,4	8,8	10,0	10,6

< Bedeutet, dass die Zahl in der darüber stehenden Kategorie enthalten ist.

Die Zahlen addieren sich aufgrund von Rundungen nicht immer auf.
Die Zahlen für 1989 sind vorläufig. Kommunikation enthält den Postdienst.
Diverse Dienstleistungen enthält alle gemeinnützigen Dienstleistungen für 1968–89.

Quellen: (a) Singelmann (1978); (b) INSEE, *Annuaire statistique de la France*

Tabelle 4.5 Italien: Prozentuale Verteilung der Beschäftigung nach Wirtschaftssektoren und Branchengruppen, 1921-1990

	Branche	1921	(a) 1921-61 1931	1951	1961	1961	(b) 1961-90 1971	1981	1990
I	Extraktiv	57,1	48,1	42,9	29,8	29,8	17,2	11,7	9,5
	Landwirtschaft	56,7	47,7	42,5	29,1	29,1	17,2	11,4	9,5
	Bergbau	0,4	0,4	0,4	0,7	0,7	–	0,3	–
II	Transformativ	24,3	29,0	31,8	40,0	39,9	44,3	40,5	29,7
	Bau	4,1	6,0	7,6	12,0	12,0	10,8	9,4	7,0
	Öffentliche Versorgung	0,3	0,6	0,5	0,6	0,6	0,9	0,9	0,8
	Fertigung	19,9	22,4	23,7	27,4	27,3	32,7	30,2	21,8
	Nahrungsmittel	1,2	1,5	2,4	2,4	–	–	1,8	1,6
	Textilien	3,2	4,2	3,7	3,4	–	–	6,3	5,0
	Metall	1,8	4,4	1,2	1,5	–	–	7,0	4,7
	Maschinen	1,5	<	1,4	1,8	–	–	4,8	3,3
	Chemie	0,4	1,0	1,1	1,4	–	–	1,4	1,3
	Diverse Fertigung	11,8	11,3	13,9	16,9	–	–	8,8	5,9
III	Distributive Dienstleistungen	8,6	10,1	10,6	13,0	15,3	18,7	16,2	25,8
	Transport	3,9	4,2	3,4	4,1	4,9	5,3	4,9	5,2
	Kommunikation	0,4	0,5	0,6	0,8	<	<	1,5	1,3
	Großhandel	4,3	5,4	1,2	1,4	10,3	13,4	3,6	17,3
	Einzelhandel	<	<	5,4	6,7	<	<	6,1	<
IV	Produzentendienstleistungen	1,2	1,8	1,9	2,0	–	–	4,6	–
	Banken	0,2	0,5	0,8	0,9	1,1	1,5	1,7	1,8
	Versicherungen	<	0,1	0,1	0,2	<	<	0,5	<
	Immobilien	<	<	<	0,0	–	–	0,0	–
	Konstruktion	0,8	<	<	0,3	–	–	1,4	–
	Buchhaltung	<	1,0	0,7	<	–	–	0,4	–
	Div. unternehmensbez. Dienstl	<	<	<	0,2	–	–	0,1	–
	Juristische Dienstleistungen	0,2	0,2	0,3	0,4	–	–	0,4	–

Anhang A Tabellen und Statistiken zu Kapitel 4

V	Soziale Dienstleistungen	4,1	5,1	7,9	9,3	–	19,1	–
	Medizinische, Gesundheitsd.	0,6	0,8	1,1	0,7	–	1,7	–
	Krankenhäuser	<	<	<	0,9	–	2,6	–
	Erziehung und Bildung	1,0	1,1	2,0	2,7	–	7,4	–
	Wohlfahrt, religiöse Dienste	0,6	0,7	1,2	0,2	–	0,2	–
	Gemeinnützige Org.	–	0,1	0,1	–	–	0,3	–
	Postdienst	1,3	2,1	3,4	4,8	–	–	–
	Staatl. Verwaltung	<	<	<	<	6,9	6,5	6,5	15,5
	Diverse soziale Dienstl.	0,6	0,3	0,1	–	–	0,4	–
VI	Personenbezogene Dienstl.	4,6	5,6	4,7	5,9	–	7,9	–
	Hausangestellte	2,4	3,2	2,2	2,2	–	1,2	–
	Hotels	0,2	0,6	1,4	0,7	–	0,9	4,1
	Restaurants, Bars	0,8	0,7	<	1,4	–	2,0	<
	Reparaturdienste	–	–	–	–	–	2,0	–
	Wäscherei	0,3	0,2	0,1	0,2	–	0,3	–
	Friseure, Schönheitssalons	0,4	0,7	0,6	0,9	–	1,0	–
	Unterhaltung	0,0	0,1	0,3	0,3	–	0,5	–
	Diverse personenbez. Dienstl.	0,5	0,1	0,1	0,2	–	0,1	–
	Alle anderen Dienstleistungen					7,0	11,8	15,6

< Bedeutet, dass die Zahl in der darüber stehenden Kategorie enthalten ist.

^ Die Zahlen addieren sich aufgrund von Rundungen nicht immer auf.
Die Zahlen für 1990 sind wegen der Unterschiedlichkeit der Quellen mit den Zahlen der vorangegangenen Jahre nicht vergleichbar.

Quellen: (a) Singelmann (1978); (b) 1961-81: Istituto Centrale di statistica, *Censimento generale della popolazione;* 1990: Istituto nazionale di statistica, *Annuario Statistico Italiano,* 1991

Tabelle 4.6 Vereinigtes Königreich: Prozentuale Verteilung der Beschäftigung nach Wirtschaftssektoren und Branchengruppen, 1921-1992

	Branchen	(a) England und Wales 1921-71						(b) Verein. Kgr. (Angestellte) 1970-90					(c) Großbritannien (Angestellte) 1970-92						(d) Großbritannien (Erwerbstätige) 1971-81	
		1921	1931	1951	1961	1971	1970	1975	1980	1985	1990	1970	1971	1980	1981	1990	1992	1971	1981
I	Extraktiv	14,2	11,8	8,9	6,6	4,3	3,6	3,3	4,7	4,4	3,3	3,6	3,4	4,3	4,9	3,2	1,8	4,3	3,9
	Landwirtschaft	7,1	6,1	5,0	3,5	2,6	1,7	1,8	1,6	1,6	1,3	1,7	1,6	1,6	1,6	1,2	1,2	2,7	2,3
	Bergbau	7,1	5,7	3,9	3,1	1,7	1,9	1,6	3,2	2,8	2,0	1,9	1,9	3,2	3,3	2,0	0,5	1,6	1,6
II	Transformativ	42,2	39,3	45,4	46,0	43,8	46,7	40,3	35,7	29,8	27,3	46,6	45,9	35,7	33,7	27,3	26,3	42,8	35,6
	Bau	4,4	5,2	6,5	6,9	7,1	6,3	5,8	5,5	4,8	4,8	6,2	6,0	5,4	5,2	4,8	4,0	7,0	7,0
	Öffentliche Versorgung	1,0	1,3	1,7	1,7	1,6	1,7	1,6	–	–	–	1,7	1,7	–	–	–	1,2	1,5	1,5
	Fertigung	36,8	32,9	37,2	37,4	34,9	38,7	33,0	30,2	25,0	22,5	38,8	38,2	30,3	28,5	22,5	21,1	34,2	27,1
	Nahrungsmittel	3,3	3,4	3,0	3,0	3,0	3,9	3,2	3,2	2,8	2,4	3,8	3,8	3,1	3,1	2,9	2,9	3,1	3,0
	Textilien	5,9	5,9	4,5	3,4	2,4	3,1	2,1	1,5	1,1	0,9	3,0	2,8	1,5	1,5	0,9	0,8	2,5	1,3
	Metall	2,8	2,1	2,7	2,7	2,3	5,4	4,6	6,8	3,6	3,1	5,5	5,3	6,9	6,2	3,2	2,7	4,8	4,1
	Maschinen	1,6	1,4	3,0	3,2	4,8	9,2	7,7	7,9	6,8	6,1	9,3	9,1	8,0	7,6	6,2	5,8	8,3	7,1
	Chemie	1,1	1,1	2,1	2,3	2,0	2,3	2,1	–	1,6	1,4	2,4	2,4	–	–	1,5	1,4	2,2	1,7
	Diverse Fertigung	22,1	19,0	21,9	22,8	20,4	14,8	13,1	10,8	9,2	8,6	14,8	14,8	10,8	10,2	8,5	8,0	13,4	10,0
III	Distributive Dienstl.	19,3	21,6	19,2	19,7	17,9	18,7	18,9	19,9	20,4	20,6	18,8	18,7	20,2	20,4	20,4	20,7	19,3	20,3
	Transport	7,3	7,0	6,4	5,7	4,8	4,9	4,7	6,5	4,2	4,1	4,9	5,0	6,5	6,6	4,2	4,3	4,8	4,6
	Kommunikation	–	–	–	–	–	2,0	2,0	<	2,0	1,9	2,0	2,1	<	<	1,9	1,9	1,8	1,9
	Großhandel	12,0	14,6	12,8	14,0	3,4	2,3	3,7	4,0	4,5	4,5	2,3	2,4	4,1	4,2	4,3	4,5	2,1	3,9
	Einzelhandel	<	<	<	<	9,6	9,5	8,4	9,5	9,7	10,1	9,5	9,3	9,5	9,6	10,1	10,0	10,7	9,8
IV	Produzentendienstl.	2,6	3,1	3,2	4,5	5,6	5,0	5,7	7,5	9,7	12,0	5,1	5,2	7,5	8,0	12,1	12,3	5,6	7,9
	Banken	0,8	0,8	0,9	1,2	1,6	1,6	1,9	2,0	2,4	2,8	1,6	1,7	2,0	2,2	2,8	2,8	1,6	2,1
	Versicherungen	0,7	0,9	0,9	1,1	1,2	1,3	1,2	0,9	1,1	1,2	1,3	1,3	1,0	1,0	1,2	1,2	1,2	1,1
	Immobilien	–	0,3	0,3	0,3	0,4	0,3	0,4	–	0,6	0,6	0,3	0,3	–	–	0,6	0,7	0,4	0,4
	Konstruktion	0,2	0,2	0,2	–	0,4	–	–	–	–	–	–	–	–	–	–	–	0,5	–
	Buchhaltung	0,0	0,3	0,3	0,4	0,4	0,4	0,4	–	–	–	0,4	0,4	–	–	–	0,8	0,4	–

Anhang A Tabellen und Statistiken zu Kapitel 4

	Div. untern.bez. Dienstl.	0,4	0,2	0,1	1,1	1,0	1,0	1,4	4,5	5,6	7,4	1,1	1,1	4,5	4,8	7,5	5,9	1,1	4,3
	Juristische Dienstleistungen	0,4	0,4	0,4	0,4	0,5	0,5	0,5	–	–	–	0,5	0,5	–	–	–	1,0	0,5	22,8
V	Soziale Dienstleistungen	8,9	9,7	12,1	14,1	19,4	17,7	22,1	24,2	26,8	27,2	17,7	18,3	23,9	24,9	27,2	28,9	18,9	22,8
	Medizin., Gesundheitsd.	1,0	1,1	2,9	3,4	0,8	4,5	5,5	6,8	7,8	8,1	4,4	4,6	6,8	7,1	8,1	8,7	1,0	6,3
	Krankenhäuser	<	<	<	<	3,1	–	–	<	<	<	<	<	<	<	<	<	3,2	–
	Erziehung und Bildung	2,1	2,2	2,4	3,9	5,8	6,4	8,5	7,6	8,1	8,3	6,4	6,7	7,5	7,8	8,2	8,7	6,2	6,7
	Wohlfahrt, rel. Dienste	0,6	0,6	0,6	0,7	1,0	0,1	0,1	2,5	3,5	3,9	0,1	0,1	2,4	2,6	3,2	3,4	1,1	–
	Gemeinnützige Org.	0,1	0,1	–	–	0,2	–	–	–	–	–	–	–	–	–	–	–	0,1	–
	Postdienst	1,1	1,2	1,6	1,6	1,8	–	–	–	–	–	–	–	–	–	–	–	–	–
	Staatl. Verwaltung	3,8	4,3	4,2	4,0	6,0	6,2	7,3	7,3	7,4	6,8	6,2	6,4	7,2	7,4	7,0	7,4	6,8	7,2
	Diverse soziale Dienstl.	0,2	0,2	0,4	0,6	0,6	0,6	0,6	–	–	–	0,6	0,5	–	–	0,6	0,7	0,4	2,6
VI	Personenbez. Dienstl.	12,9	14,5	11,3	9,0	9,0	8,1	9,7	8,1	9,0	9,7	8,1	8,1	7,9	8,1	9,8	9,7	8,4	8,9
	Hausangestellte	7,5	8,2	2,4	1,6	1,0	0,4	–	–	–	–	0,4	0,4	–	–	–	–	1,0	0,4
	Hotels	2,4	2,2	4,2	2,7	1,6	1,2	1,1	4,3	4,9	5,6	1,2	1,2	4,3	4,4	1,2	1,3	1,0	4,1
	Restaurants, Bars	0,8	1,3	<	<	1,0	1,3	2,5	<	<	<	1,3	1,3	<	<	4,4	4,0	1,9	<
	Reparaturdienste	–	–	1,4	1,8	2,1	1,8	1,9	0,9	1,0	1,0	1,8	1,9	0,9	0,9	1,0	1,1	2,1	1,5
	Wäscherei	0,8	0,9	0,8	0,7	0,4	0,5	0,4	–	–	–	0,5	0,5	–	–	–	–	0,4	–
	Friseure, Schönheitssalons	0,3	0,5	0,4	0,7	1,1	0,4	0,4	–	–	–	0,4	0,4	–	–	–	–	0,6	–
	Unterhaltung	0,7	0,9	1,1	1,0	1,1	1,1	1,3	1,9	2,3	2,3	1,1	1,1	1,9	2,0	2,3	2,3	1,1	1,9
	Div. personenbez. Dienstl.	0,5	0,3	1,0	0,5	0,8	1,3	2,1	1,0	0,9	0,9	1,3	1,4	0,8	0,8	0,9	0,9	0,2	1,1
	Nicht klassifizierbar	–	–	–	–	0,2	0,2	0,0	0,0	–	–	0,2	0,3	–	–	0,0	0,3	0,7	0,6

< Bedeutet, dass die Zahl in der darüber stehenden Kategorie enthalten ist.

^ Die Zahlen addieren sich aufgrund von Rundungen nicht immer auf.

Die Daten für Großbritannien beziehen sich auf die Erwerbstätigen (employed), während die Daten für das Vereinigte Königreich die tatsächlich abhängig Beschäftigten betreffen.

Der Postdienst ist in Kommunikation enthalten.

Ab den Zahlen für das Vereinigte Königreich 1980 sind öffentliche Einrichtungen beim Bergbau enthalten, Chemie ist 1980 bei Metall enthalten.

Quellen: (a) Singelmann (1978); (b)–(d) 1970–92: *Annual Abstract of Statistics*, and *Employment Gazette*; 1971–81: Office of Population Censuses and Surveys, *Census Reports*

Tabelle 4.7 Kanada: Prozentuale Verteilung der Beschäftigung nach Wirtschaftssektoren und Branchengruppen, 1921-1992

	Branchen	1921	1931	(a) 1921–71 1941	1951	1961	1971	1971	(b) 1971-92 1981	1992
I	Extraktiv	36,9	34,4	31,7	21,6	14,7	9,1	8,3	7,1	5,7
	Landwirtschaft	35,2	32,5	29,5	19,7	12,8	7,4	6,6	5,3	4,4
	Bergbau	1,6	1,9	2,2	1,9	1,9	1,7	1,6	1,8	1,3
II	Transformativ	26,1	24,7	28,2	33,7	31,1	30,0	27,1	26,8	22,3
	Bau	9,0	6,8	5,3	6,9	7,0	6,9	6,3	6,5	6,3
	Öffentliche Versorgung	–	1,5	0,6	1,2	1,1	1,1	1,0	1,1	1,2
	Fertigung	17,0	16,4	22,3	25,6	23,0	22,0	19,7	19,2	14,9
	Nahrungsmittel	1,2	2,2	3,4	3,1	3,7	3,2	2,9	2,7	–
	Textilien	2,7	2,6	3,7	1,6	1,3	0,9	1,0	0,7	–
	Metall	2,9	1,9	2,3	3,9	3,2	1,5	3,0	3,4	–
	Maschinen	<	0,7	0,9	<	0,8	1,0	2,3	2,2	–
	Chemie	0,2	0,4	0,8	1,3	1,4	1,0	1,2	1,1	–
III	Distributive Dienstleistungen	19,2	18,4	17,7	21,8	23,9	23,0	20,8	22,9	24,0
	Transport	8,5	7,2	5,8	6,8	6,6	5,4	5,0	4,8	4,1
	Kommunikation	–	0,9	0,7	1,1	2,1	2,1	1,9	2,1	2,1
	Großhandel	10,7	1,6	2,4	3,8	4,7	4,5	4,1	4,8	4,5
	Einzelhandel	<	8,7	8,8	10,1	10,5	11,0	9,8	11,1	13,2
IV	Produzentendienstleistungen	3,7	3,3	2,7	3,9	5,3	7,3	6,6	9,7	11,3
	Banken	1,2	1,2	0,9	1,3	1,8	2,4	2,2	2,7	3,7
	Versicherungen	<	1,0	0,9	1,1	1,9	2,2	2,0	0,9	<
	Immobilien	<	0,2	0,3	0,4	<	<	<	1,7	2,2
	Konstruktion	2,3	–	–	0,2	0,4	0,7	0,6	0,9	–
	Buchhaltung	<	0,1	0,1	0,2	0,3	0,4	0,4	0,5	–
	Div. unternehmensbez. Dienstl.	<	0,4	0,2	0,4	0,5	1,1	1,0	2,3	5,4
	Juristische Dienstleistungen	0,2	0,4	0,3	0,3	0,4	0,5	0,4	0,6	–
V	Soziale Dienstleistungen	7,5	8,9	9,4	11,3	15,4	21,1	22,0	24,0	22,6
	Medizinische, Gesundheitsd.	1,1	1,8	2,2	3,1	0,9	1,0	1,8	2,0	9,1
	Krankenhäuser	<	<	<	<	3,7	4,7	4,1	4,0	<
	Erziehung und Bildung	2,0	2,7	2,7	2,9	4,4	7,3	6,0	6,6	7,0

Anhang A Tabellen und Statistiken zu Kapitel 4   335

Wohlfahrt, religiöse Dienste	0,9	1,0	0,7	1,1	1,3	1,4	1,3	1,9	–
Gemeinnützige Org.	–	–	–	–	–	0,2	0,2	0,2	–
Postdienst	3,0	0,5	0,5	0,6	5,1	5,4	–	–	–
Staatl. Verwaltung	<	2,6	2,8	3,4	<	<	7,4	7,6	6,5
Diverse soziale Dienstleistungen	0,5	0,3	0,5	0,2	–	–	1,1	1,6	–
VI Personenbezogene Dienstl.	6,7	10,2	10,2	7,8	9,5	9,6	7,5	9,5	13,5
Hausangestellte	–	4,2	4,5	1,6	1,6	0,7	0,6	0,4	–
Hotels	–	2,8	1,6	1,5	3,9	1,7	1,5	5,7	6,5
Restaurants, Bars	–	<	1,3	1,6	<	2,6	2,2	–	<
Reparaturdienste	–	0,5	1,1	1,1	1,1	0,9	1,0	1,1	–
Wäscherei	–	0,5	0,5	0,7	0,6	0,5	0,5	0,3	–
Friseure, Schönheitssalons	–	0,6	0,6	0,5	0,7	0,7	0,6	0,5	–
Unterhaltung	–	0,4	0,4	0,5	0,6	1,0	0,9	1,2	–
Diverse personenbez. Dienstl.	–	1,2	0,2	0,3	1,0	1,5	0,3	0,3	7,0
Nicht klassifizierbar	–	–	–	–	–	–	7,3	–	0,7

< Bedeutet, dass die Zahl in der darüber stehenden Kategorie enthalten ist.

Die Zahlen addieren sich aufgrund von Rundungen nicht immer auf.
Die Zahlen für 1992 sind wegen der Unterschiedlichkeit der Quellen möglicherweise mit den früheren Jahren nicht vergleichbar.

Quellens: (a) Singelmann (1978); (b) 1971–81: Population Census; 1992: *Statistics Canada, The Labour Force,* May

Tabelle 4.8 Vereinigte Staaten: Beschäftigungsstatistik nach Branchen, 1920-1991

	(a) 1920–70							(b) 1970–91			
	1920	1930	1940	1950	1960	1970	1970	1980	1985	1990	1991
Industrie (%)	48,0	43,3	37,9	39,2	38,2	33,6	34,0	30,5	27,7	25,8	24,9
Dienstleistungen (%)	52,0	56,7	62,1	60,8	61,8	66,4	66,0	69,5	72,3	74,2	75,1
Güterbereich (%)	73,3	69,0	67,4	69,3	65,8	61,1	61,2	57,3	54,7	52,6	51,7
Informationsbereich (%)	26,7	31,0	32,5	30,6	34,0	38,9	39,0	42,7	45,3	47,4	48,3
Dienstleistungen : Industrie	1,1	1,3	1,6	1,6	1,6	2,0	1,9	2,3	2,6	2,9	3,0
Information : Güter	0,4	0,5	0,5	0,4	0,5	0,6	0,6	0,7	0,8	0,9	0,9

Industrie = Bergbau, Bau, Fertigung.
Dienstleistungen = übrige Kategorien.
Güterbereich = Bergbau, Bau, Fertigung, Transport, Groß- und Einzelhandel.
Informationsbereich = Kommunikation; Finanzen, Versicherung, und Immobilien (FIRE); Dienstleistungen, Verwaltung.
Dienstleistungen : Industrie = Verhältnis zwischen der Beschäftigung in Dienstleistungen und Industrie.
Information : Güter = Verhältnis zwischen Beschäftigung in der Handhabung von Information und der Handhabung von Gütern.

Quelle: s. Tabelle 4.1

Tabelle 4.9 Japan: Beschäftigungsstatistik nach Branchen, 1920-1990

	1920	1930	(a) 1920-70 1940	1950	1960	1970	1970	(b) 1970-90 1980	1985	1990
Industrie (%)	46,3	40,7	47,8	43,1	43,4	42,1	42,1	37,4	36,3	35,8
Dienstleistungen (%)	53,7	59,3	52,2	56,9	56,6	57,9	57,9	62,6	63,7	64,2
Güterbereich (%)	76,8	75,8	77,3	72,9	73,8	73,2	73,0	69,6	67,9	65,9
Informationsbereich (%)	23,2	24,0	22,5	27,1	26,4	27,0	26,9	30,4	31,9	33,4
Dienstleistungen : Industrie	1,2	1,5	1,1	1,3	1,3	1,4	1,4	1,7	1,8	1,8
Information : Güter	0,3	0,3	0,3	0,4	0,4	0,4	0,4	0,4	0,5	0,5

Industrie = Bergbau, Bau, Fertigung.
Dienstleistungen = übrige Kategorien.
Güterbereich = Bergbau, Bau, Fertigung, Transport, Groß- und Einzelhandel.
Informationsbereich = Kommunikation; Finanzen, Versicherung, und Immobilien (FIRE); Dienstleistungen, Verwaltung.
Dienstleistungen : Industrie = Verhältnis zwischen der Beschäftigung in Dienstleistungen und Industrie.
Information : Güter = Verhältnis zwischen Beschäftigung in der Handhabung von Information und der Handhabung von Gütern.

Quelle: s. Tabelle 4.2

Tabelle 4.10 Deutschland: Beschäftigungsstatistik nach Branchen, 1925-1987

	(a) 1925-70					(b) 1970-87	
	1925	1933	1950	1961	1970	1970	1987
Industrie (%)	59,1	56,6	57,3	56,2	51,2	51,4	41,5
Deutschland (%)	40,9	43,4	42,7	43,8	48,8	48,6	53,5
Güterbereich (%)	78,8	77,1	78,1	76,5	71,4	71,6	60,8
Informationsbereich (%)	21,2	22,9	21,9	23,5	29,1	28,4	39,2
Dienstleistungen : Industrie	0,7	0,8	0,7	0,8	1,0	0,9	1,4
Information : Güter	0,3	0,3	0,3	0,3	0,4	0,4	0,6

Industrie = Bergbau, Bau, Fertigung.
Dienstleistungen = übrige Kategorien.
Güterbereich = Bergbau, Bau, Fertigung, Transport, Groß- und Einzelhandel.
Informationsbereich = Kommunikation; Finanzen, Versicherung, und Immobilien (FIRE); Dienstleistungen, Verwaltung.
Dienstleistungen : Industrie = Verhältnis zwischen der Beschäftigung in Dienstleistungen und Industrie.
Information : Güter = Verhältnis zwischen Beschäftigung in der Handhabung von Information und der Handhabung von Gütern.

Quelle: s. Tabelle 4.3

Tabelle 4.11 Frankreich Beschäftigungsstatistik nach Branchen, 1921-1989

	(a) 1921-68								(b) 1968-89				
	1921	1931	1946	1954	1962	1968	1968	1970	1975	1980	1985	1989
Industrie (%)	53,1	54,3	49,7	51,8	49,5	47,3	43,8	43,4	41,0	37,4	32,5	30,6
Dienstleistungen (%)	46,9	45,7	50,3	48,2	50,5	52,7	56,2	56,6	59,0	62,6	67,5	69,4
Güterbereich (%)	79,8	80,2	77,8	73,1	71,2	67,7	67,8	66,8	64,1	60,8	56,3	54,9
Informationsbereich (%)	20,2	19,8	22,4	27,0	29,0	32,3	32,2	33,2	35,9	39,2	43,7	45,1
Dienstleistungen : Industrie	0,9	0,8	1,0	0,9	1,0	1,1	1,3	1,3	1,4	1,7	2,1	2,3
Information : Güter	0,3	0,2	0,3	0,4	0,4	0,5	0,5	0,5	0,6	0,6	0,8	0,8

Industrie = Bergbau, Bau, Fertigung.
Dienstleistungen = übrige Kategorien.
Güterbereich = Bergbau, Bau, Fertigung, Transport, Groß- und Einzelhandel.
Informationsbereich = Kommunikation; Finanzen, Versicherung, und Immobilien (FIRE); Dienstleistungen, Verwaltung.
Dienstleistungen : Industrie = Verhältnis zwischen der Beschäftigung in Dienstleistungen und Industrie.
Information : Güter = Verhältnis zwischen Beschäftigung in der Handhabung von Information und der Handhabung von Gütern.

Quelle: s. Tabelle 4.4

Tabelle 4.12 Italien Beschäftigungsstatistik nach Branchen, 1921-1990

	1921	(a) 1921-61 1931	1951	1961	1961	(b) 1961-90 1971	1981	1990
Industrie (%)	56,5	55,4	55,3	56,6	56,4	52,5	45,0	41,9
Dienstleistungen (%)	43,5	44,6	44,7	43,4	43,6	47,5	55,0	58,1
Güterbereich (%)	76,6	76,2	76,1	75,6	78,8	76,1	63,6	62,2
Informationsbereich (%)	23,4	23,8	23,9	24,4	21,2	23,9	36,4	37,8
Dienstleistungen : Industrie	0,8	0,8	0,8	0,8	0,8	0,9	1,2	2,1
Information : Güter	0,3	0,3	0,3	0,3	0,3	0,3	0,6	0,6

Industrie = Bergbau, Bau, Fertigung.
Dienstleistungen = übrige Kategorien.
Güterbereich = Bergbau, Bau, Fertigung, Transport, Groß- und Einzelhandel.
Informationsbereich = Kommunikation; Finanzen, Versicherung, und Immobilien (FIRE); Dienstleistungen, Verwaltung.
Dienstleistungen : Industrie = Verhältnis zwischen der Beschäftigung in Dienstleistungen und Industrie.
Information : Güter = Verhältnis zwischen Beschäftigung in der Handhabung von Information und der Handhabung von Gütern.
Die Zahlen für 1990 sind wegen der Unterschiedlichkeit der Quellen möglicherweise nicht mit den Zahlen für frühere Jahre vergleichbar.
Quelle: s. Tabelle 4.5

Table 4.13 Vereinigtes Königreich: Beschäftigungsstatistik nach Branchen, 1921-1990

	(a) England und Wales, 1921-71						(b) Vereinigtes Königreich, 1970-90			
	1921	1931	1951	1961	1971	1970	1975	1980	1985	1990
Industrie (%)	53,0	47,9	51,8	50,9	46,7	49,4	42,6	39,4	33,1	29,6
Dienstleistungen (%)	47,0	52,1	48,2	49,1	53,3	50,6	57,4	60,6	66,9	70,4
Güterbereich (%)	76,3	73,3	76,4	74,2	66,6	67,6	61,0	64,0	56,7	54,2
Informationsbereich (%)	23,7	26,7	23,6	25,8	33,3	32,2	39,0	36,0	43,3	45,8
Dienstleistungen : Industrie	0,9	1,1	0,9	1,0	1,1	1,0	1,3	1,5	2,0	2,4
Information : Güter	0,3	0,4	0,3	0,3	0,5	0,5	0,6	0,6	0,8	0,8

Industrie = Bergbau, Bau, Fertigung.
Dienstleistungen = übrige Kategorien.
Güterbereich = Bergbau, Bau, Fertigung, Transport, Groß- und Einzelhandel.
Informationsbereich = Kommunikation; Finanzen, Versicherung, und Immobilien (FIRE); Dienstleistungen, Verwaltung.
Dienstleistungen : Industrie = Verhältnis zwischen der Beschäftigung in Dienstleistungen und Industrie.
Information : Güter = Verhältnis zwischen Beschäftigung in der Handhabung von Information und der Handhabung von Gütern.

Quelle: s. Tabelle 4.6

Tabelle 4.14 Kanada: Beschäftigungsstatistik nach Branchen, 1921-1992

	(a) 1921-71						(b) 1971-92		
	1921	1931	1941	1951	1961	1971	1971	1981	1992
Industrie (%)	42,7	37,2	42,3	42,8	36,6	33,0	29,8	29,0	25,5
Dienstleistungen (%)	57,3	62,8	57,7	57,2	63,4	67,0	70,2	71,0	76,5
Güterbereich (%)	72,3	69,6	69,6	71,9	67,4	58,6	52,8	58,1	54,3
Informationsbereich (%)	27,6	30,4	30,4	28,1	32,6	41,4	47,2	41,9	45,7
Dienstleistungen : Industrie	1,3	1,7	1,4	1,3	1,7	2,0	2,4	2,4	3,3
Information : Güter	0,4	0,4	0,4	0,4	0,5	0,7	0,9	0,7	0,8

Industrie = Bergbau, Bau, Fertigung.
Dienstleistungen = übrige Kategorien.
Güterbereich = Bergbau, Bau, Fertigung, Transport, Groß- und Einzelhandel.
Informationsbereich = Kommunikation; Finanzen, Versicherung, und Immobilien (FIRE); Dienstleistungen, Verwaltung.
Dienstleistungen : Industrie = Verhältnis zwischen der Beschäftigung in Dienstleistungen und Industrie.
Information : Güter = Verhältnis zwischen Beschäftigung in der Handhabung von Information und der Handhabung von Gütern.
Die Zahlen für 1992 sind wegen der Unterschiedlichkeit der Quellen möglicherweise nicht mit den Zahlen aus den früheren Jahren vergleichbar.

Quelle: s. Tabelle 4.7

Tabellle 4.15 Berufsstruktur ausgewählter Länder (%)

Kategorien	USA 1991	Kanada 1992	Vereinigtes Kgr. 1990	Frankreich 1989	Deutschland 1987	Japan 1990
Manager	12,8	13,0	11,0	7,5	4,1	3,8
Professionals/Experten	13,7	17,6	21,8	6,0	13,9	11,1
Techniker	3,2	^	^	12,4	8,7	^
Zwischensumme	29,7	30,6	32,8	25,9	26,7	14,9
Verkauf	11,9	9,9	6,6	3,8	7,8	15,1
Untergeordnete Verwaltungsfunktionen	15,7	16,0	17,3	24,2	13,7	18,6
Zwischensumme	27,6	25,9	23,9	28,0	21,5	33,7
Handwerk und Maschinenarbeit	21,8	21,1	22,4	28,1	27,9	31,8
Angelernte Dienstleistungsarbeit	13,7	13,7	12,8	7,2	12,3	8,6
Angelernte Transportarbeit	4,2	3,5	5,6	4,2	5,5	3,7
Zwischensumme	17,9	17,2	18,4	11,4	17,3	12,3
Landwirtschaft	3,0	5,1	1,6	6,6	3,1	7,2
Nicht klassifiziert	–	–	1,0	–	3,0	–

^ Bedeutet, dass die Zahl in der darüber stehenden Kategorie enthalten ist.
Die Zahlen addieren sich aufgrund von Rundungen nicht immer auf.
Quelle: Ausarbeitung des Autors; s. Anhang B.

Tabelle 4.16 Vereinigte Staaten: Prozentuale Verteilung der Beschäftigung nach Berufsgruppen, 1960-1991 (%)

Berufskategorie	1960	1970	1980	1985	1990	1991
Manager	11,1	10,5	11,2	11,4	12,6	12,1
Professionals/Experten	11,8	14,2	16,1	12,7	13,4	13,–
Techniker	^	^	^	3,0	3,3	3,–
Verkauf	7,3	6,2	6,3	11,8	12,0	11,–
Untergeordnete Verwaltungsfunktionen	14,8	17,4	18,6	16,2	15,8	15,–
Handwerk und Maschinenarbeit	30,2	32,2	28,1	23,9	22,5	21,8
Angelernte Dienstleistungsarbeit	13,0	12,4	13,3	13,5	13,4	13,–
Angelernte Transportarbeit	4,9	3,2	3,6	4,2	4,1	4,–
Landwirtschaft	7,0	4,0	2,8	3,2	2,9	3,0

^ Bedeutet, dass die Zahl in der darüber stehenden Kategorie enthalten ist.

Die Zahlen addieren sich aufgrund von Rundungen nicht immer auf.

Quelle: Labor Statistics: Employment and Earnings (versch. Ausg.).

Tabelle 4.17 Japan: Prozentuale Verteilung der Beschäftigung nach Berufsgruppen, 1955-1990

Berufskategorie	1955	1960	1965	1970	1975	1980	1985	1990
Manager	2,2	2,1	2,8	2,6	4,0	4,0	3,6	3,8
Professionals/Experten	4,6	5,0	5,0	5,8	7,0	7,9	9,3	11,1
Techniker	^	^	^	^	^	^	^	^
Verkauf	13,3	13,4	13,0	13,0	14,2	14,4	14,9	15,1
Untergeordnete Verwaltungsfunktionen	9,0	11,2	13,4	14,8	15,7	16,7	17,7	18,6
Handwerk und Maschinenarbeit	27,0	29,5	31,4	34,2	33,3	33,1	33,2	31,8
Angelernte Dienstleistungsarbeit	5,4	6,7	7,5	7,6	8,8	9,1	8,7	8,6
Angelernte Transportarbeit	1,7	2,3	3,7	4,6	4,5	4,5	3,9	3,7
Landwirtschaft	36,7	29,8	23,1	17,3	12,5	10,3	8,7	7,2

^   Bedeutet, dass die Zahl in der darüber stehenden Kategorie enthalten ist.

Straßenkehrer und Müllwerker sind zwischen 1970 und 1980 in der Kategorie der angelernten Dienstleistungsarbeit enthalten. Ab 1985 sind sie in der Kategorie Handwerk und Maschinenarbeit enthalten.

Quelle: Statistical Yearbook of Japan, 1991

Tabelle 4.18 Deutschland: Prozentuale Verteilung der Beschäftigung nach Berufsgruppen 1976-1989 (%)

Berufsgruppe	1976	1980	1985	1989
Manager	3,8	3,2	3,9	4,1
Professionals/Experten	11,0	11,1	12,6	13,9
Techniker	7,0	7,2	7,8	8,7
Verkauf	7,6	7,6	7,5	7,8
Untergeordnete Verwaltungsfunktionen	13,1	14,2	12,5	13,7
Handwerk und Maschinenarbeit	31,8	32,0	28,3	27,9
Angelernte Dienstleistungsarbeit	12,5	12,5	15,8	12,3
Angelernte Transportarbeit	6,3	6,1	5,5	5,5
Landwirtschaft	5,8	4,8	3,9	3,1
Nicht klassifizierbar	1,1	1,2	2,1	3,0

^ Bedeutet, dass die Zahl in der darüber stehenden Kategorie enthalten ist.
Quelle: 1976-89: *Statistisches Bundesamt, Statistisches Jahrbuch* (versch. Ausg.)

Tabelle 4.19 Frankreich: Prozentuale Verteilung der Beschäftigung nach Berufsgruppen, 1982-1989 (%)

Berufsgruppe	1982	1989
Manager	7,1	7,5
Professional s/Experten	4,8	6,0
Techniker	12,3	12,4
Verkauf	3,3	3,8
Untergeordnete Verwaltungsfunktionen	22,8	24,2
Handwerk und Maschinenarbeit	30,9	28,1
Angelernte Dienstleistungsarbeit	6,2	7,2
Angelernte Transportarbeit	4,6	4,2
Landwirtschaft	8,0	6,6
Nicht klassifizierbar		

^ Bedeutet, dass die Zahl in der darüber stehenden Kategorie enthalten ist.
Quelle: 1982: *Enquête sur l'emploi de mars 1982*; 1989 *Enquête sur l'emploi de mars 1989*

Tabelle 4.20 Großbritannien: Prozentuale Verteilung der Beschäftigung nach Berufsgruppen, 1961-1990 (%)

Berufsgruppe	1961	1971	1981	1990
Manager	2,7	3,7	5,3	11,0
Professionals/Experten	8,7	8,6	11,8	21,8
Techniker	^	2,4	2,0	^
Verkauf	9,7	8,9	8,8	6,6
Untergeordnete Verwaltungsfunktionen	13,3	14,1	14,8	17,3
Handwerk und Maschinenarbeit	43,1	34,2	27,9	22,4
Angelernte Dienstleistungsarbeit	11,9	12,7	14,0	12,8
Angelernte Transportarbeit	6,5	10,0	9,1	5,6
Landwirtschaft	4,0	2,9	2,4	1,6
Nicht klassifizierbar		2,6	3,8	1,0

^   Bedeutet, dass die Zahl in der darüber stehenden Kategorie enthalten ist.

Quelle: Census, 1961, 1971, 1981; 1990: (Spring) *Labour Force Survey 1991*

Tabelle 4.21 Kanada: Prozentuale Verteilung der Beschäftigung nach Berufsgruppen, 1950-1992 (%)

Berufsgruppe	1950	1970	1980	1985	1992
Manager	8,4	10,0	7,7	11,4	13,0
Professionals/Experten	7,0	13,6	15,6	17,1	17,6
Techniker	1,5	^	^	^	^
Verkauf	6,9	7,1	10,8	9,6	9,9
Untergeordnete Verwaltungsfunktionen	10,6	14,8	17,5	17,3	16,0
Handwerk und Maschinenarbeit	28,2	29,6	26,0	22,3	21,1
Angelernte Dienstleistungsarbeit	8,8	12,3	13,1	13,7	13,7
Angelernte Transportarbeit	6,9	5,3	4,1	3,8	3,5
Landwirtschaft	21,7	7,4	5,3	4,7	5,1

^   Bedeutet, dass die Zahl in der darüber stehenden Kategorie enthalten ist. Die Zahlen für 1950 wurden am 4. März 1950 erhoben; die Zahlen für 1980 und 1985 beziehen sich auf den Januar. Die Zahlen für 1992 sind vom Juli.

Quelle: Statistics Canada, *The Labour Force* (div. Ausgaben)

Tabellle 4.22 Ausländische Wohnbevölkerung in Westeuropa, 1950-1990 (in Tausend und als % der Gesamtbevölkerung)

Land	1950 No.	1950 %	1970 No.	1970 %	1982[a] No.	1982[a] %	1990 No.	1990 %
Belgien	368	4,3	696	7,2	886	9,0	905	9,1
Dänemark	–	–	–	–	102	2,0	161	3,1
Deutschland, Bundesrepublik	568	1,1	2977	4,9	4667	7,6	5242	8,2
Finnland	11	0,3	6	0,1	12	0,3	35	0,9
Frankreich	1765	4,1	2621	5,3	3680	6,8	3608	6,4
Griechenland	31	0,4	93	1,1	60	0,7	70	0,9
Irland	–	–	–	–	69	2,0	90	2,5
Italien	47	0,1	–	–	312	0,5	781	1,4
Liechtenstein	3	19,6	7	36,0	9	36,1	–	–
Luxemburg	29	9,9	63	18,4	96	26,4	109	28,0
Niederlande	104	1,1	255	2,0	547	3,9	692	4,6
Norwegen	16	0,5	–	–	91	2,2	143	3,4
Österreich	323	4,7	212	2,8	303	4,0	512	6,6
Portugal	21	0,3	–	–	64	0,6	108	1,0
Schweden	124	1,8	411	1,8	406	4,9	484	5,6
Schweiz	285	6,1	1080	17,2	926	14,7	1100	16,3
Spanien	93	0,3	291	0,9	418	1,1	415	1,1
Vereinigtes Königreich	–	–	–	–	2137	3,9	1875	3,3
Gesamt[b]	5100	1,3	10200	2,2	15000	3,1	16600	4,5

a 1982 ist anstelle von 1980 Bezugsjahr, weil die Daten für 1982 weit besser sind.
b Enthält interpolierte Zahlen für die fehlenden (–) Daten.

Quelle: Fassman und Münz (1992)

Anhang A Tabellen und Statistiken zu Kapitel 4

Tabelle 4.23 Beschäftigung in der Fertigung in wichtigen Ländern und Regionen, 1970-1997 (Tausend)

Jahr	Vereinigte Staaten	Europäische Union[a]	Japan	Brasilien	Mexiko	China	Indien[b]	Republik Korea
1970	19.367	38.400	–	2.499	–	–	4.594	887
1975	18.323	36.600	13.400	3.953	–	42.840	5.087	2.678
1980	20.285	35.200	13.670	7.425	2.581	67.140	5.872	2.955
1985	19.245	30.700	14.530	7.907	–	83.490	6.183	3.504
1990	19.076	30.200	15.050	9.410	4.493	96.970	6.118	4.911
1993	18.075	30.344[c]	15.300	8.539	4.960	92.950	n.a.	4.652
1995	18.468	28.000	14.560	8.548	4.932	98.000	6.767	4.773
1997	18.657	29.919	14.420	8.407[c]	6.125	96.100	n.a.	4.474

a Zur Europäischen Union gehören die „Europe 15" (Schweden ist nicht enthalten).
b Öffentliche und private Beschäftigte in Betrieben mit mehr als zehn Beschäftigten.
c 1991 wurde die deutsche Statistik geändert, um die Arbeitskräfte aus der ehemaligen Deutschen Demokratischen Republik einzubeziehen. Dadurch stieg die Zahl der Arbeitskräfte in der Fertigung 1991 um 2.8 Mio. Daraus folgt eine „reale" Zahl von Arbeitskräften in der Fertigung innerhalb der EU (ohne DDR) von ungefähr 28.8 Mio. 1993 und etwa 28 Mio. bis 1997, (c.1996).

Quellen: International Labour Office, *Statistical Yearbook*, 1986, 1988, 1994, 1995, 1996, 1997; OECD, *Labour Force Statistics, 1977-1997* (Paris: OECD, 1998); OECD, *Main Economic Indicators: Historical Statistics, 1962-1991* (Paris: OECD, 1993), zusammengestellt und bearbeitet von Carnoy (2000).

Tabelle 4.24 Beschäftigungsanteile nach Branche/Beruf und ethnischer/Geschlechtszugehörigkeit von allen Beschäftigten in den Vereinigten Staaten, 1960-1998 (Prozent)

	1960	1970	1980	1988	1990	1998
Gesamtbeschäftigte						
I (Hohes Gehalt)	24,6	25,5	28,2	32,4	32,9	33,0
II (Mittleres Gehalt)	44,7	43,8	34,4	38,1	38,2	34,6
III (Niedriges Gehalt)	31,6	30,8	37,4	29,5	28,8	32,4
Weiße Männer						
I	28,4	29,4	32,3	37,2	39,5	37,7
II	48,0	45,8	43,6	39,7	37,2	36,2
III	23,6	24,9	24,2	23,1	23,2	26,0
Schwarze Männer						
I	7,9	9,1	13,8	16,3	18,0	20,6
II	36,2	45,2	47,9	42,8	40,9	40,5
III	56,0	45,8	38,2	40,9	41,0	38,5
Latino-Männer						
I	10,5	13,9	16,2	16,9	15,6	16,7
II	42,2	45,8	44,2	43,1	38,2	37,9
III	47,2	40,2	39,6	42,0	46,2	45,0
Weiße Frauen						
I	19,2	20,2	24,6	30,5	32,1	35,5
II	47,5	46,0	43,7	39,4	38,8	31,9
III	33,2	33,8	31,7	30,4	29,1	32,3
Schwarze Frauen						
I	9,1	13,5	17,8	18,8	20,4	24,0
II	19,0	33,3	42,2	41,1	40,7	33,9
III	71,8	53,1	40,0	40,2	38,9	40,5
Latino-Frauen						
I	5,2	11,5	13,6	17,3	18,2	19,8
II	50,0	52,3	46,1	42,5	43,0	34,1
III	44.9	36.2	40.3	40.3	38.9	45.6

Quelle: US Department of Commerce, Bureau of the Census, *1 Percent Sample, US Population Census, 1960, 1970*, zusammengestellt von Carnoy (2000)

Anhang A Tabellen und Statistiken zu Kapitel 4

Tabelle 4.25 Ausgaben für Informationstechnologie pro Arbeitskraft (1987-1994), Beschäftigungswachstum (1987-1994) und Arbeitslosenquote (1995) nach Ländern

Land	Ausgaben für Informationstechnologie pro Arbeitskraft (US$) 1987	1994	Beschäftigungszuwachs 1987-94 (%/p.a.)	Arbeitslosenquote 1995 (%)
Australien	647,9	949,4	1,9	8,5
Belgien	469,6	945,9	0,5	13
Dänemark	395,2	717,1	0,2	10
Deutschland	519,2	722,2	0,7	9,4
Finnland	414,9	650,0	-1,6	17,2
Frankreich	540,5	871,6	0,1	11,6
Griechenland	54,9	79,2	0,5	10,0
Irland	272,7	341,9	0,4	12,9
Italien	428,6	606,1	0,0	12,0
Japan	350,0	604,6	1,2	3,1
Kanada	525,0	772,7	1,6	9,5
Neuseeland	431,6	833,3	0,3	6,3
Niederlande	578,9	873,0	1,8	7,1
Norwegen	410,2	750,0	0,3	4,9
Österreich	303,0	540,5	0,8	5,9
Portugal	186,0	204,5	0,3	7,2
Schweden	559,4	891,3	-0,6	7,7
Schweiz	497,1	981,4	1,5	4,2
Spanien	294,1	440,7	0,6	22,9
Vereinigtes Kgr.	595,2	873,0	0,6	8,2
Vereinigte Staaten	973,0	1487,8	1,8	5,6

Quellen: OECD, *Information Technology Outlook, 1995* (Paris: OECD, 1996, Abb. 2.1); OECD, *Labour Force Statistics, 1974-1994* (für die Beschäftigungszunahme); OECD, *Employment Outlook* (Juli 1996) (für die Arbeitslosenquoten), zusammengestellt und bearbeitet von Carnoy (2000).

Tabelle 4.26 Telefon-Amtsleitungen pro Beschäftigtem (1986 and 1993) und Internet-Hosts pro 1.000 der Bevölkerung (Januar 1996) nach Ländern

Land	Telefon-Amtsleitungen pro Beschäftigtem		Internet-Hosts pro 1.000 der Bevölkerung
	1986	1993	(Jan. 1996)
Australien	71,3	118,3	17,5
Belgien	120,7	169,8	3,1
Dänemark	137,0	182,8	10,0
Deutschland	122,2	159,7	5,6
Finnland	106,9	182,2	41,2
Frankreich	144,7	200,0	2,4
Griechenland	111,2	180,0	0,8
Irland	49,1	89,5	4,2
Italien	165,6	210,2	1,3
Japan	151,9	235,7	2,2
Kanada	123,2	188,0	13,0
Neuseeland	55,0	159,4	15,4
Niederlande	203,2	238,6	11,4
Norwegen	105,2	166,7	20,5
Österreich	154,1	198,6	6,6
Portugal	65,0	154,7	0,9
Schweden	123,9	226,1	17,2
Schweiz	180,5	222,4	12,4
Spanien	155,2	191,7	1,4
Vereinigtes Königreich	99,2	170,8	7,8
Vereinigte Staaten	147,3	223,4	23,5

Quellen: ITU Statistical Yearbook, 1995, S. 270-275; Sam Paltridge, „How competition helps the Internet", *OECD Observer*, Nr. 201 (August-September), 1996, S. 201; OECD, *Information Technology Outlook*, 1995, Abb. 3.5, zusammengestellt und bearbeitet von Carnoy (2000).

Tabelle 4.27 Beschäftigungsquoten für Männer und Frauen zwischen 15 und 64 Jahren, Prozent der Bevölkerung, 1973-1998

Land	Männer			Frauen		
	1973	1983	1998	1973	1983	1998
Australien	89,9	77,5	75,2	46,4	47,0	59,2
Belgien	81,6	69,2	67,0	39,9	39,8	47,5
Dänemark	89,0	78,3	80,2	61,2	65,0	70,2
Deutschland	88,8	76,6	72,5	49,7	47,8	55,6
Finnland	78,1	77,4	68,2	62,3	69,0	61,2
Frankreich	83,8	73,4	66,5	47,9	48,3	52,3
Griechenland	81,8	75,3	71,0	31,2	35,6	39,6
Irland	86,5	73,8	71,4	32,8	33,6	48,2
Italien	81,6	75,7	65,1	29,9	34,2	36,7
Japan[a]	88,8	86,7	81,7	53,4	55,7	57,2
Kanada	81,9	77,8	74,7	44,1	55,0	63,3
Luxemburg	93,1	84,0	74,6	35,9	40,9	45,6
Neuseeland	89,1	80,3	77,1	39,1	42,8	62,1
Niederlande	83,5	69,1	79,9	28,6	34,7	59,4
Norwegen	85,6	84,4	82,7	49,3	63,0	73,5
Österreich	82,4	79,4	75,9	47,7	47,1	59,0
Portugal	99,2	82,8	75,8	30,5	49,8	58,1
Schweden	86,2	83,0	73,5	60,8	73,9	69,4
Schweiz	100,0	92,7	87,2	54,1	54,7	71,0
Spanien	90,5	67,9	67,0	32,5	26,5	35,7
Vereinigtes Kgr.	90,3	75,9	78,1	52,7	52,6	64,2
Vereinigte Staaten	82,8	76,5	80,5	48,0	56,2	67,4

a Die japanische Datenreihe wechselt zwischen dem *Employment Outlook* von 1996 und dem von 1998.

Quelle: OECD, *Employment Outlook* (July, 1996, Tab. A); OECD, *Employment Outlook* (June, 1999, Tab. B), zusammengestellt und bearbeitet von Carnoy (2000)

Tabelle 4.28 Prozentsatz der Standard-Arbeitskräfte im *chuki koyo*-System japanischer Unternehmen

(A) Größe des Unternehmens, Ausbildung der Arbeitskäfte und *chuki koyo*-Mitgliedschaft (% berechnet für die Gesamtzahl der Arbeitskräfte in jeder Zelle)

	Anzahl der Beschäftigten		
	>1.000	100-999	10-99
Grundschule/*new junior high*	8,4	4,9	3,9
Old junior high/new senior high	24,3	11,7	4,8
Fachoberschule/2-jähriges College	14,1	7,2	2,8
Universität	53,2	35,0	15,7

(B) Prozentsatz von Arbeitskräften in Firmen mit über 1.000 Beschäftigten, die in das *chuki koyo*-System einbezogen sind, nach Alter und Ausbildung

Ausbildung	Lebensalter (Jahre)							
	20-24	25-29	30-34	35-39	40-44	45-49	50-54	55-59
Grundschule/*new junior high*	13,1	13,1	27,9	32,5	25,6	17,1	8,4	6,2
Old junior high/new senior high	53,4	50,3	42,9	52,6	41,4	39,1	24,3	14,3
Fachoberschule/2-jähriges College	50,8	34,1	31,3	37,2	30,9	15,8	14,1	8,6
Universität	88,9	59,5	57,1	49,9	58,9	53,4	53,2	31,7

Quelle: Nomura (1994)

Tabelle 4.29 Konzentration des Aktieneigentums nach Einkommensniveau in den Vereinigten Staaten, 1995 (Prozent)

Einkommensniveau (in Tausend)[a]	Anteil der Haushalte	% mit Aktien-eigentum	% des Aktieneigentums Anteile	kumulativ
Öffentlich gehandelte Aktien				
über 250	1,0	56,6	41,9	41,9
100-250	5,4	41,4	23,2	65,1
75-100	5,8	33,9	9,1	74,2
50-75	13,7	24,4	11,2	85,4
25-50	31,1	14,0	8,7	94,1
15-25	19,1	10,4	3,7	97,8
unter 15	23,9	3,4	2,3	100,0
Gesamt	100,0	15,2	100,0	
Aktien in privaten Rentenversicherungen (*Pensions plans*)[b]				
über 250	1,0	65,0	17,5	17,5
100-250	5,4	61,7	31,3	48,8
75-100	5,8	58,9	14,8	63,6
50-75	13,7	50,8	18,1	81,7
25-50	31,1	35,1	14,3	96,0
15-25	19,1	16,8	3,1	99,1
unter 15	23,9	3,2	0,9	100,0
Gesamt	100,0	29,2	100,0	
Alle Aktien[c]				
über 250	1,0	84,6	28,0	28,0
100-250	5,4	80,7	26,2	54,2
75-100	5,8	75,6	11,9	66,1
50-75	13,7	63,7	14,6	80,7
25-50	31,1	47,7	13,0	93,7
15-25	19,1	28,1	4,6	98,3
unter 15	23,9	7,9	1,7	100,0
Gesamt	100,0	40,4	100,0	

a   Konstant in Dollar von 1995.
b   Alle definierten Einzahlungsfonds auf Aktienbasis einschließlich der *401(k) plans*.
c   Alle Aktien, die direkt oder indirekt von Fonds auf Gegenseitigkeit, *IRAs*, oder *Keogh plans* und definierten Einzahlungsfonds gehalten werden.

Quelle: Unveröffentlichte Analyse der SCF-Daten von Wolff, zusammengestellt und bearbeitet von Mishel u.a. (1999)

Anhang B:
Methodologische Notiz und statistische Materialien zur Analyse der Beschäftigungs- und Berufsstruktur der G 7-Länder 1920-2005

Es wurden drei statistische Serien zusammengestellt, um die Entwicklung des Dienstleistungs- und des Informationssektors zu illustrieren. Für sieben Länder (Deutschland, Frankreich, Italien, Japan, Kanada, das Vereinigte Königreich und die Vereinigten Staaten) wurden ab den 1920er Jahren bis zum jüngsten verfügbaren Zeitpunkt Daten gesammelt. Nachfolgend wird jede statistische Serie beschrieben, die für diesen Zweck erarbeitet worden ist.

Prozentuale Verteilung der Beschäftigung nach Wirtschaftssektoren und Branchengruppen

Die Beschäftigungsstatistiken nach Branchen wurden für sieben Länder zusammengestellt. Die Branchen wurden in sechs Wirtschaftssektoren mit 37 intermediären Branchengruppen eingeteilt. Dies entspricht der Klassifikation, die von Singelmann (1978) entwickelt und verwendet worden ist. Die sechs Wirtschaftssektoren sind:

I   Extraktiv
II Transformativ
III Distributive Dienstleistungen
IV Produzentendienstleistungen
V   Soziale Dienstleistungen
VI Personaldienstleistungen

Innerhalb eines jeden Sektors gibt es zwei bis acht intermediäre Branchengruppen, die in Tabelle A 4.1 aufgeführt sind. Die Beschäftigungsstatistiken mit detaillierter Aufschlüsselung nach Branchen wurden aggregiert und in diese Kategorien neu klassifiziert.

Anstatt die Datenbank ab den 1920er Jahren neu aufzubauen, haben wir uns dafür entschieden, auf der Arbeit von Singelmann aufzubauen und diese Datenbank über die 1970er Jahre hinaus zu verlängern. Wir haben unser Bestes getan, um unsere Klassifikation von Branchen identisch mit der von Singelmann benutzten zu gestalten, um die Datenbank in der Zeitreihe vergleichbar zu machen.

Zur Verdeutlichung zeigt Tabelle A 4.2 die Aufschlüsselung nach Branchen, die wir bei der Aktualisierung der branchenspezifischen Beschäftigungsverteilung benutzt haben. Die Tabelle führt detailliert alle Branchenkategorien auf, die für die sieben Länder in die intermediären Branchengruppen zusammengefasst wurden. Jede wesentliche Abweichung bei der Klassifizierung gegenüber

Tabelle A 4.1 Klassifizierung der Wirtschaftssektoren und Branchengruppen

I Extraktiv
    Landwirtschaft
    Bergbau

II Transformativ
    Bau
    Öffentliche Einrichtungen
    Fertigung
        Nahrungsmittel
        Textilien
        Metall
        Maschinen
        Chemie
        Diverse Fertigung

III Distributive Dienstleistungen
    Transport
    Kommunikation
    Großhandel
    Einzelhandel

IV Produzentendienstleistungen
    Banken
    Versicherungen
    Immobilien
    Konstruktion
    Buchhaltung
    Diverse unternehmensbezogene Dienstleistungen
    Juristische Dienstleistungen

V Soziale Dienstleistungen
    Medizinische, Gesundheitsdienste
    Krankenhäuser
    Erziehung und Bildung
    Wohlfahrt, religiöse Dienste
    Gemeinnützige Organisationen
    Postdienst
    Staatliche Verwaltung
    Diverse soziale Dienstleistungen

VI Personenbezogene Dienstleistungen
    Hausangestellte
    Hotels
    Restaurants, Bars
    Reparaturdienste
    Wäscherei
    Friseure, Schönheitssalons
    Unterhaltung
    Diverse personenbezogene Dienstleistungen

Quelle: Singelmann (1978)

anderen Ländern ist in jeder der erarbeiteten statistischen Tabellen ausgewiesen. Für alle Länder wurden für diese Analyse Zahlen benutzt, die Jahresdurchschnitte der beschäftigten Personen (einschließlich der selbstständigen, nichtentlohnten Erwerbstätigen) nach Branchen darstellen.

Es ist zu beachten, dass die sektoralen Kategorien (Kategorien I bis VI) keine Einzelbranchen berücksichtigen, die in einen anderen Sektor aufgenommen wurden. Wenn etwa die Statistik eines Landes Restaurants und Bars beim Einzelhandel aufführt, dies wegen unzureichender Aufschlüsselung aber nicht aufgelöst werden kann, führt das zu einer zu hohen Prozentzahl bei den distributiven Dienstleistungen (III) und einer zu niedrigen bei den Personaldienstleistungen (VI). Das bedeutet, dass die Proportionen bestimmter Wirtschaftssektoren zu groß oder zu klein sein können.

Tabelle A 4.2 Klassifizierung der Branchen in den verschiedenen Ländern

	Deutschland	Frankreich	Kanada	Italien	Japan	Vereinigtes Königreich	Vereinigte Staaten
Landwirtschaft	Landwirtschaft, Forsten, Fischerei, Gartenbau	Landwirtschaft, Forsten, Fischerei	Landwirtschaft, Forsten, Fischerei, Tierfang	Landwirtschaft, Forsten, Fischerei	Landwirtschaft, Forsten, Fischerei	Landwirtschaft, Forsten, Fischerei	Landwirtschaft, Forsten, Fischerei
Bergbau	Kohle- und Erzbergbau, Erdöl- und Erdgasgewinnung	Gewinnung fester Mineralien/Verkokung	Bergbau, Steinbrüche, Ölquellen	Gewinnung verbrennbarer fester und flüssiger Stoffe	Bergbau	Kohlegewinnung, feste Brennstoffe, Elektrizität/Gas	Metall-, Kohlenbergbau, Rohöl- und Erdgasgewinnung
Bauwesen	Bauwesen	Hoch- und Tiefbau/*agricole*	Bau	Bau	Bau	Bauwesen	Bauwesen
Nahrungsmittel	Nahrungsmittel, Getränke, Tabak	Nahrungsmittel, Fleisch/Milch	Nahrung/Getränke, Tabak	Nahrungsmittel, Getränke, Tabak	Nahrungsmittel, Getränke, Tabak, Tierfutter	Nahrungsmittel, Getränke, Tabak	Nahrungsmittel/verwandte Produkte, Tabakmanufaktur
Textilien	Textilien	Textil, Bekleidung	Textilien, Wirkwaren	Textilien	Textilien	Textilien	Textilindustrieprodukte
Metall	Gießereien, Metall, Stahl	Eisenhaltige Metalle, Stahl, Baumaterialien, Gießereien	Primäre Metallindustrie, Metallverarbeitung	Nichteisenmetalle, Metallherstellung, Gießereien	Nichteisenmetalle, Metallherstellung, Eisen/Stahl	Metalle, nichtmetallische Mineralprodukte	Primärmetall, verarbeitetes Metall
Maschinen	Maschinen, Elektro, Büroausrüstungen	Maschinen, elektrische/elektronische Produkte, Haushaltsgeräte	Maschinenbau, elektrische Produkte	Maschinen, elektrische/elektronische Maschinen	Maschinen, elektrische/elektronische Produkte	Maschinenbau, Ausrüstungen zur Datenverarbeitung, Elektro-/Elektronikindustrie	Maschinen, elektrische Maschinen

Anhang B

	Chemie/Fasern	Grundchemikalien/ Kunstfaser, Pharmazeutik	Chemie, Erdöl- und Kohleprodukte	Chemie	Grundchemikalien, Erdöl-/Kohleprodukte	Chemische/ künstlich erzeugte Fasern	Chemische/ ähnliche Produkte, Erdöl/Kohle-produkte
Chemie							
Diverse Fertigung	Stein/Ton, Gummi, Transportausrüstungen, Flugzeug- und Schiffbau, Holz, Plastik, Glas, Papier, Druck/ Verlage, Leder, Musikinstrumente, Bekleidung	Automobile, Schiffe/Luftfahrt/ Militärausrüstungen, Schiffsausrüstungen, diverse Fertigung, Holz, Plastik, Glas, Papier/Druck/ Verlag, Schuhe/ Lederprodukte	Gummi/Plastik, Leder, Bekleidung, Holz, Möbel/Innenausbau, Papier, Druck/Verlag, Transportausrüstungen, nichtmetallische Mineralprodukte, diverse Fertigung	Leder, Transportausrüstungen, Bekleidung/ Fußbekleidung, Papier/Druck/ Verlag, Gummi/ Plastik, diverse Fertigung.	Ausrüstungen/ andere verarbeitete Produkte, Transportausrüstungen, Präzisionsinstrumente, diverse Fertigung, Langholz/Möbel, Gummi, Holzfaser/ Papier, Druck/ Verlag, Leder/ Pelze, Keramik/ Stein/ Ton-Produkte	Motorfahrzeuge/ Ersatzteile, andere Transportausrüstungen, Instrumentenbau/ Fußbekleidung, Bekleidung, Langholz/Holzmöbel/Papier/Druck/ Verlag, Gummi/ Plastik, andere Fertigung	Transportausrüstungen, Zubehör, prof. Fotoausrüstungen/ Uhren, Spielzeug/ Sportgeräte, Langholz/Holz, Möbel/ Innenausbau, Stein/Ton/Glas, Papier, Verlag/ Druck, Gummi/ Plastik, Leder, diverse Fertigung
Öffentliche Versorgung	Elektrizitäts-, Gas, Wasserversorgung	Elektrizitätsproduktion/versorgung, Gas/ Wasserversorgung	Elektrische Energie-, Gas-, Wasserversorgung	Elektrizität, Gas, Wasser	Elektrizitätsversorgung, Wasser/Gas/Heizungsversorgung	Gas/Elektrizität/ Wasser	Versorgung/ Sanitärdienste
Transport	Eisenbahnen, Schiffsverkehr	Transport	Transport, Lagerung	Eisenbahnen, Lufttransport	Eisenbahnen, Straßenpassagiere/frachten, Wasser-/Lufttransport, andere verwandte Dienstleistungen, Auto, Parken	Eisenbahnen, andere Inlandstransportmittel, See- und Lufttransport, unterstützende Dienstleistungen	Eisenbahnen, Bus/städtischer Verkehr, Taxis, Lastverkehr, Wasser-/Lufttransport, Lagerhäuser

Forts. Tab. A 4.2

	Deutschland	Frankreich	Kanada	Italien	Japan	Vereinigtes Königreich	Vereinigte Staaten
Kommunikation	Kommunikation, Postdienste	Telekommunikation/Postdienste	Kommunikation	Kommunikation	Kommunikation	Kommunikation/Postdienste	Kommunikation, Funk und Fernsehen
Großhandel	Großhandel	Nahrungsmittelgroßhandel, Non-Food-Großhandel	Großhandel	Großhandel	Großhandel, Lagerhäuser	Großhandel	Großhandel
Einzelhandel	Einzelhandel	Nahrungsmitteleinzelhandel, Non-Food-Einzelhandel, Autoreparatur/-verkauf	Einzelhandel	Einzelhandel	Einzelhandel	Einzelhandel	Einzelhandel
Banken	Finanzinstitutionen	Finanzorganisationen	Banken, Kreditagenturen, Aktienmakler und -händler	Finanzinstitutionen, Sicherheiten	Finanzen/Versicherungen	Banken/Finanzen	Banken, Finanzen, Kreditagenturen, Aktienhandel
Versicherungen	Versicherungen	Versicherungen	Versicherungsträger/-agenturen/Immobilien	Versicherungen	Versicherungen	Versicherungen außer Sozialversicherung	Versicherungen
Immobilien	Immobilien, Vermietungen	Immobilienvermietung/-finanzierung	k.A	Immobilien	Immobilien	Immobilieneigentum und -handel	Immobilien, Immobilienversicherungsbüros
Konstruktion	Technische Beratung	k.A.	Konstruktion/naturwissenschaftliche Dienstleistungen	Technische Dienstleistungen	Tiefbau, Architektur	k.A.	Statik/Achitektur/Vermessung

Anhang B

Buchhaltung	k.A.	k.A.	Buchhaltung	Buchhaltung	Buchhaltung	Buchhaltung	Buchhaltung/Wirtschaftsprüfung
Diverse unternehmensbezogene Dienstleistungen	Juristische/Buchhaltungs-, andere unternehmensbezogene Dienstleistungen	Dienstleistungen für Unternehmen	Dienstleistungen für das Wirtschaftsmanagement	Andere unternehmensbezogene Dienstleistungen, Vermietungen	Gütervermietung/leasing, Informationsdienste/Forschung/Werbung/professionelle Dienstleistungen	Unternehmensbezogene Dienstleistungen, Vermietung beweglicher Gegenstände	Werbung, kommerzielles F&E, Personalbeschaffungsdienste, Unternehmensberatung, Computerdienstleistungen, Detekteien, Wirtschaftsdienstleistungen
Juristische Dienstleistungen	k.A.	k.A.	Büros von Anwälten und Notaren	Recht	Juristische Dienstleistungen	Recht	Juristische Dienstleistungen
Medizinische, Gesundheitsdienste	Gesundheit/Veterinärwesen	k.A.	Arztpraxen, paramedizinische Dienste, Zahnärzte usw.	Gesundheitsdienste, Veterinärwesen	Medizinische/Gesundheitsdienstleistungen, öffentliche Gesundheitsdienste	Medizinische/andere Gesundheitsdienste, Sanitärdienste	Gesundheitsdienste außer Krankenhäusern
Krankenhäuser	k.A.	k.A.	Krankenhäuser	Krankenhäuser	Krankenhäuser	k.A.	Krankenhäuser
Wohlfahrts-, religiöse Dienste	Sozialversicherung, Arbeitsämter	k.A.	Wohlfahrts- und religiöse Organisationen	Religiöse Organisationen	Wohlfahrt/Sozialversicherung, Religion	Andere Dienstleistungen, einschl. soziale Wohlfahrt	Religiöse Organisationen
Gemeinnützige Organisationen	Gemeinnützige Organisationen	k.A.	Arbeiterorganisationen, Handelsorganisationen	Wirtschaftsorganisationen, Berufsverbände	Kooperativen, pol./wirtsch./kult. Organisationen	k.A.	Mitgliederorganisationen
Postdienst	k.A.	k.A.	k.A.	Postdienste	k.A.	k.A.	Postdienste

Forts. Tab. A 4.2

	Deutschland	Frankreich	Kanada	Italien	Japan	Vereinigtes Königreich	Vereinigte Staaten
Staatliche Verwaltung	k.A.	k.A.	Öffentliche Verwaltung, Verteidigung	Öffentliche Verwaltung, Streitkräfte internationale Organisationen	Nationale Regierungsdienste, lokale Verwaltungsdienste, ausländische Regierungen/internat. Org.	Öffentliche Verwaltung und Verteidigung	Öffentliche Verwaltung, Verteidigung Justiz, öffentliche Ordnung
Diverse soziale Dienstleistungen	Müllabfuhr, kommunale Einrichtungen	k.A.	Diverse Dienstleistungen	Andere soziale Dienstleistungen	Abfallbearbeitung, andere Dienstleistungen	Andere professionelle/wissenschaftliche Dienstleistungen	Diverse. prof. und verwandte Dienstl.
Hausangestellte	Privathaushalte	k.A.	Privathaushalte	Hausangestellte	Hausangestellte	k.A.	Privathaushalte
Hotels	Hotels/Restaurants	Hotels/Cafés/Restaurants	Hotels/Motels Gästehäuser/ Wohnclubs, Campingplätze	Hotels (mit oder ohne Restaurants)	Hotels/Unterkünfte	Hotels/fertige Nahrungsmittel (Restaurants, Cafés, Clubs/Kantinen)	Hotels/Motel, Unterkünfte
Gaststätten	k.A.	k.A.	Restaurants/ fertige Nahrungsmittel/Gaststätten	Restaurants, Campingplätze	Restaurants, Bars	Restaurants/Cafés/Snackbars	Restaurants, Bars
Reparaturdienste	Auto/Fahrradreparatur	k.A.	Reparatur von Schuhen, Autos, Schmuck, Elektrogeräten	Reparaturen	Reparaturdienste	Reparatur von Konsumartikeln/Fahrzeugen	Auto-, Elektro-, diverse Reparaturen

Anhang B

Wäscherei	Wäschereien/ Reinigungen	k.A.	Wäschereien/ Reinigungen/ Mangeln, Waschsalons	Wäschereien	Wäschereien	Wäschereien/ Trockenreinigung	Wäschereien, Reinigungen
Friseure, Schönheitssalons	Friseur- und Körperpflegebetriebe	k.A.	Friseure, Schönheitssalons	Friseur/ Schönheitssalons	Friseur/ Schönheitssalons	Haarpflege/ Maniküre	Schönheitssalons, Friseurläden
Unterhaltung	Kultur/Sport/ Unterhaltung	k.A.	Vergnügung/ Erholungsdienstleistungen	Unterhaltung, Kino, Rundfunk und Fernsehen, Sport	Filme, Erholung, Rundfunk und Fernsehen, Vergnügung	Erholung/ kulturelle Dienstleistungen	Unterhaltung, Theater/Filme, Bowling-Bahnen/ Billard/Pool-Lokale
Diverse personenbezogene Dienstleistungen	Andere personenbezogene Dienstleistungen	Alle profitorientierten Dienstleistungen	Bestattungsdienste, diverse personenbezogene Dienstleistungen	Friedhofsverwaltung	Diverse personenbezogene Dienstleistungen	Personenbezogene Dienstleistungen	Bestattungsdienste/ Krematorien

k.A. (keine Angaben)

Ferner wurde durch unsere Klassifikation der Vergleichbarkeit zwischen den Ländern Vorrang vor einer rigideren Aufschlüsselung nach Einzelbranchen eingeräumt, um zu vermeiden, dass Branchen in jedem Land einer anderen Kategorie zugeordnet werden. Das hätte die Vergleichbarkeit der Anteile an der Beschäftigung in den Großkategorien (I bis VI) beeinträchtigt. Das ist so, weil die Daten aus manchen Ländern verschiedene Sektoren zusammenfassen und wir nicht in der Lage sind, sie aufzulösen. So betrachten viele Länder Papier, Druck und Verlage als einen Sektor, und wir haben ihn „diversen Fertigungsbranchen" zugeordnet, obwohl es theoretisch sinnvoll ist, das Verlagswesen als unternehmensorientierte Dienstleistung zu betrachten. Deshalb haben wir selbst dort, wo die Länder desaggregierte Daten für das Verlagswesen liefern, dann die Statistiken über das Verlagswesen aus allen Ländern den diversen Fertigungsbranchen zugeordnet, um so die Vergleichbarkeit zwischen den Ländern zu gewährleisten.

Aus denselben Gründen wurden die folgenden Branchen den folgenden Einzelkategorien zugeteilt:

- Produkte, die aus Textilien oder Geweben hergestellt werden, einschließlich Accessoires, Schuhe und Bekleidung werden unter „diverse Fertigungsbranchen" klassifiziert;
- Transportausrüstungen (einschließlich Autos, Schiffbau und Produkte der Luft- und Raumfahrtindustrie) werden unter „diverse Fertigungsbranchen" klassifiziert;
- naturwissenschaftliche Ausrüstungen, einschließlich Optik, Fotografie und Präzisionsinstrumente werden unter „diverse Fertigungsbranchen" eingeordnet;
- Druck und Verlag werden unter „diverse Fertigungsbranchen" klassifiziert;
- abhängig von der für jedes Land verfügbaren Aufschlüsselung werden Funk und Fernsehen entweder unter „Kommunikation" oder unter „Unterhaltung" eingeordnet;
- verschiedene professionelle und verwandte Dienstleistungen können je nach Land unter „diversen Dienstleistungen" klassifiziert sein. Nach einer sorgfältigen Analyse der Daten und nach der Auffindung zusätzlicher desaggregierter Daten wurde „andere professionelle Dienstleistungen" für Japan als „unternehmensorientierte Dienstleistungen" klassifiziert. Für die Vereinigten Staaten wurde dies als „diverse soziale Dienstleistungen" klassifiziert.

Außerdem sollten die folgenden Einzelheiten für die untersuchten Länder beachtet werden.

Anhang B

Deutschland

In dieser Analyse haben wir die frühere Bundesrepublik Deutschland vor der Vereinigung als Analyseeinheit benutzt. Die Zahlen beruhen auf den Zensusdaten für die Beschäftigten von 1970 und 1987. Zwischen diesen beiden Jahren wurde in Deutschland keine Volkszählung durchgeführt.

Frankreich

Die Zahlen beruhen auf Daten zur erwerbstätigen Bevölkerung am 31. Dezember des jeweiligen Jahres, die im jährlichen statistischen Bulletin veröffentlicht werden. Die Zahlen für 1989 sind vorläufig. Probleme entstanden wegen des allgemeinen Mangels an detaillierter Aufschlüsselung der Statistiken über die Beschäftigung im Dienstleistungssektor. Immer dann, wenn keine detaillierte Aufschlüsselung der Dienstleistungsbranchen zur Verfügung steht, wird die Kategorie „Dienstleistungen ohne Gewinnabsicht" als „diverse soziale Dienstleistungen" klassifiziert, und „Dienstleistungen mit Gewinnabsicht" werden als „diverse personenbezogene Dienstleistungen" klassifiziert. Es wurden jedoch die Daten des jährlichen statistischen Bulletins statt der Zensusdaten benutzt, weil die letzten verfügbaren Zensusergebnisse die von 1982 sind.

Italien

Die Zahlen beruhen auf den Zensusdaten über die Erwerbstätigen 1971 und 1981; die Zahlen für 1990 sind wohl nicht direkt mit den Daten der früheren Jahre vergleichbar, weil es sich um unterschiedliche Quellen handelt. Weil die Zahlen der Volkszählung von 1991 zum Zeitpunkt der Analyse nicht zugänglich waren, wurden die Zahlen von 1990 als grober Indikator für neuere Tendenzen benutzt.

Japan

Die Daten beruhen auf den Zensusdaten von Oktober 1970, 1980 und 1990 über Beschäftigte von 15 Jahren und älter. Die Zahlen von 1970 und 1980 stammen aus der Tabellierung einer Stichprobe von 20% und die von 1990 aus der Tabellierung einer Stichprobe von 1%.

Kanada

Die Zahlen für 1971 beruhen auf den Zensusdaten für Personen von 15 Jahren und älter, die 1970 gearbeitet haben. Die Zahlen für 1981 beruhen auf den Daten einer Stichprobe von 20% aus dem Zensus der Erwerbstätigen von 15 Jahren und älter von 1981. Weil eine Aufschlüsselung der Erwerbstätigen nach Einzelbranchen aus den Ergebnissen des Zensus von 1991 nicht verfügbar war, haben wir die jüngsten verfügbaren Statistiken (Mai 1992) von Statistics Canada benutzt, die im Monatsbericht *The Labour Force* veröffentlicht werden. Die Zahlen sind aus einer Stichprobe von ungefähr 62.000 repräsentativen Haushalten aus dem ganzen Land (außer dem Yukon und dem Nordwest-Territorium) ermittelt. Die Untersuchung war so angelegt, dass sie alle Personen in der Bevölkerung von 15 Jahren und darüber berücksichtigte, die in den Provinzen Kanadas lebten, außer: Personen, die in Indianerreservaten lebten; Vollzeit-Mitglieder der Streitkräfte; und Menschen, die in Institutionen lebten (d.h. Insassen von Strafinstitutionen und Patienten in Krankenhäusern oder Pflegeheimen, die sich dort seit über sechs Monaten aufhielten). Die Zahlen für 1992 beziehen sich auf die Erwerbstätigen im Mai 1992 und wurden seit 1984 auf der Grundlage der Standard Industrial Classification von 1980 erhoben (Statistics Canada 1992).

Vereinigtes Königreich

Für die Jahre zwischen 1921 und 1971 werden Zahlen für England und Wales benutzt. Ab 1971 werden Zahlen für Beschäftigte benutzt, die im gesamten Vereinigten Königreich im Juni eines jeden Jahres abhängig beschäftigt waren. Diesen Zahlen wurde der Vorzug vor den Zensusdaten über Beschäftigte gegeben, weil die Ergebnisse der Volkszählung von 1991 zur Zeit unserer Analyse nicht verfügbar waren, und die uns zugänglichen Zahlen für 1971 und 1981 nicht das gesamte Vereinigte Königreich umfassen. Ferner haben sorgfältige Vergleiche der Zensusdaten über die Beschäftigten mit den Daten des Department of Employment über die Erwerbstätigen, die in Großbritannien abhängig beschäftigt waren, gezeigt, dass die Unterschiede im Hinblick auf die Beschäftigungsverteilung geringfügig sind.[152] Wir haben also entschieden, dass die Zahlen für die beschäftigten Erwerbstätigen als grobe Schätzung für die Tendenzen im Vereinigten Königreich zwischen 1970 und 1990 dienen können. Die Zahlen enthalten keine Hausangestellten und eine kleine Anzahl von Beschäftigten von Zulieferern in der Landmaschinenindustrie, berücksichtigen aber Saison- und Zeitarbeit. Mitarbeitende Familienmitglieder sind in den Zahlen für Großbritannien enthalten, nicht aber in denen für Nordirland. Die Zahlen stammen aus Erhebungen über beschäftigte Erwerbstätige, die in Großbritannien vom Department of Employment durchgeführt werden und enthalten für das Vereinigte Königreich Informationen, die aus einer ähnlichen Erhebung stammen, die das Department of Manpower Services in Nordirland durchführt.

---

152 Es gibt allerdings eine Tendenz, den Anteil der landwirtschaftlichen Beschäftigung niedriger als den der gesamten beschäftigten Bevölkerung anzusetzen, wie aus Tabelle 4.16 hervorgeht.

Anhang B

Vereinigte Staaten

Die genaue Aufschlüsselung der Beschäftigung aus der laufenden Bevölkerungsschätzung von 1970 sind in den Ausgaben von *Employment and Earnings* nicht enthalten. Wir haben daher die Daten für 1970 durch diejenigen des Zensus ersetzt, weil die zwischen den Volkszählungen erhobenen Daten der laufenden Bevölkerungsschätzung im Allgemeinen mit den Zehnjahres-Statistiken vergleichbar sind (s.S. VII des Zensus von 1970, Bd. 2: 7B, Subject Reports: Industrial Characteristics). Die US-Zahlen beruhen auf Daten zu allen Zivilpersonen, die während der Woche der Schätzung irgend eine Arbeit als bezahlte Beschäftigte oder in ihrem eigenen Geschäft, ihrer Praxis oder auf ihrer Farm verrichtet haben oder die 15 Stunden oder mehr als unbezahlte Arbeitskräfte in einem Unternehmen gearbeitet haben, das von einem Familienmitglied betrieben wurde; und ferner alle diejenigen, die zu diesem Zeitpunkt gerade nicht arbeiteten, aber Jobs oder Unternehmen hatten, von denen sie zeitweilig abwesend waren und zwar aufgrund von Krankheit, schlechtem Wetter, Urlaub, Arbeitskonflikten oder aus persönlichen Gründen, gleichgültig, ob sie für die Zeit der Unterbrechung bezahlt wurden oder in anderen Jobs arbeiteten. In den Vereinigten Staaten stationierte Mitglieder der Streitkräfte sind ebenfalls in der Gesamtzahl der Beschäftigten berücksichtigt. Jede beschäftigte Person wird nur einmal gezählt. Diejenigen mit mehr als einem Job werden in dem Job gezählt, in dem sie während der Woche der Erhebung die meisten Stunden gearbeitet haben. In die Gesamtzahl sind die Bürger ausländischer Staaten einbezogen, die vorübergehend in den Vereinigten Staaten sind, aber nicht auf dem Gelände einer Botschaft wohnen. Ausgenommen sind Personen, deren einzige Tätigkeit in Arbeit im Haus (Anstreichen, Reparaturen oder die eigene Hausarbeit) oder in freiwilliger Arbeit für religiöse, mildtätige und ähnliche Organisationen bestand (Department of Labour Statistics 1992). Wegen der Neuklassifizierung der SIC-Codes für die Volkszählung von 1980 sind die Zahlen vor und nach diesem Datum möglicherweise nicht exakt vergleichbar.

Beschäftigungsstatistiken nach Branchen

Hall nennt zwei Methoden zur Einteilung von Beschäftigungssektoren: Industrie gegenüber Dienstleistungen und Handhabung von Gütern gegenüber Handhabung von Information (Hall 1988). Zu „Industrie" gehören alle Bergbau-, Bau- und Fertigungssektoren, und zu den „Dienstleistungen" alle übrigen Sektoren. Der Sektor „Handhabung von Gütern" enthält Bergbau, Bau, Fertigung, Transport, Groß- und Einzelhandel; der Sektor „Handhabung von Information" enthält Kommunikation, Finanzen, Versicherung und Immobilien (FIRE), alle übrigen Dienstleistungen sowie Regierung und Verwaltung.

In unserer Analyse wurden Beschäftigungsstatistiken mit der Klassifikation von Singelmann zusammengefasst und reorganisiert, so dass sie zu der Klassifikation von Hall passten.[153] Ferner wurden das Verhältnis zwischen der Beschäftigung in Dienstleistungen und in der Industrie sowie das Verhältnis zwischen der Beschäftigung in der Handhabung von Information und in der Handhabung von Gütern aus den Daten abgeleitet, die in den Tabellen 4.8 bis 4.14 benutzt werden.

Beschäftigung nach Berufen

Die Standardberufsklassifikation vermengt in den meisten Ländern routinemäßig sektorale Tätigkeiten mit Qualifikationsniveaus und ist daher für unsere Zwecke wenig geeignet. Nach sorgfältiger Überlegung auf der Grundlage der aus den Ländern verfügbaren Daten wurde jedoch klar, dass die Neukonfiguration der Berufsklassifikationen für sich allein schon ein größeres Projekt wäre. Da unser Hauptanliegen in diesem Anhang eine solche Analyse ausschließt, entschieden wir uns dafür, die bestehende Klassifikation als groben Indikator für die Aufschlüsselung der Berufsstruktur in diesen Ländern zu benutzen. Deshalb wurde die folgende grobe Aufschlüsselung der Berufe festgelegt:

- Manager
- Experten/Professionals
- Techniker
- Verkauf
- untergeordnete Verwaltungsfunktionen
- Handwerk und Maschinenarbeit
- angelernte Dienstleistungsarbeit
- angelernte Transportarbeit
- Landwirtschaft

Für die meisten Länder war eine Trennung zwischen den Kategorien der Experten und Techniker nicht möglich. In manchen Ländern sind auch die Arbeitenden im Handwerk und in der Maschinenarbeit vermischt, und daher haben wir diese Kategorien zu einer zusammengefasst, um irreführende Schlüsse aus den Daten zu vermeiden. Dasselbe trifft auf die Zusammenfassung der landwirtschaftlichen Arbeit und des Managements in einer Kategorie „Landwirtschaft" zu. „Handwerk und Maschinenarbeit" umfasst auch Hilfskräfte, Lagerarbeit und Bergleute. Diejenigen, die als Beschäftigte im Dienstleistungsbereich kategorisiert wurden, sind bei der angelernten Dienstleistungsarbeit eingeordnet worden.

Die Einzelheiten für jedes Land sind wie folgt zu beschreiben:

---

153 Um der Standardklassifikation von Dienstleistungen zu entsprechen, wurden Restaurants und Bars dem Einzelhandel zugeschlagen.

Anhang B

Deutschland

Die Zahlen beruhen auf der Berufsklassifikation der beschäftigten Personen nach dem statistischen Jahrbuch. Zur Kategorie Management gehören Buchhaltung, Beamte und Unternehmer. Die Kategorie Experten umfasst Ingenieure, Wissenschaftler, Künstler und Beschäftigte in den Gesundheitsdiensten. Handwerk und Maschinenarbeit umfasst die meisten Beschäftigten in der Industrie. Landwirtschaft schließt Beschäftigte in der Forstwirtschaft und Fischerei mit ein.

Frankreich

Die Zahlen beruhen auf der Berufsklassifikation der Bevölkerung von 15 Jahren und älter, außer Arbeitslosen, Rentnern, Studierenden und anderen, die nach den Beschäftigungsschätzungen, deren Ergebnisse im statistischen Bulletin enthalten sind, nie erwerbstätig waren. Die Kategorie der Manager umfasst auch hohe Staatsbeamte und hohes Verwaltungs- und kaufmännisches Personal in Unternehmen. Die Kategorie der Experten umfasst Professoren und wissenschaftliche Berufe, Information und Kunst sowie Ingenieure und technische Fachkräfte. Zu den Technikern gehören intermediäre Berufe, Arbeitende auf der mittleren Ebene im religiösen Bereich und im sozialen und Gesundheitsbereich. Die Kategorie der Verwaltung umfasst Beamte und Arbeitende in der Verwaltung. Zur Kategorie Handwerk und Maschinenarbeit gehören gelernte und ungelernte Arbeitende in der Industrie.

Japan

Die Zahlen beruhen auf der Berufsklassifikation der beschäftigten Personen nach der Erwerbstätigen-Schätzung, deren Ergebnisse im statistischen Bulletin enthalten sind. Landwirtschaft umfasst auch Forstwirtschaft und Fischerei. Die Kategorie der angelernten Dienstleistungsarbeit enthält auch Arbeitende in Schutzdiensten. Die angelernte Transportarbeit enthält Kommunikationsberufe.

Kanada

Die Daten beruhen auf der Berufsklassifikation der Beschäftigten. Die Kategorien Experten und Techniker enthalten auch diejenige in naturwissenschaftlichen und Lehrberufen im medizinischen und Gesundheitsbereich und im Bereich Künste und Erholung. Die Kategorie Handwerk und Maschinenarbeit umfasst auch Bergbau und Steinbrüche, maschinelle Arbeit, Verarbeitung, Bauhandwerke, Handhabung von Materialien und andere Tätigkeiten im Handwerk und im Ausrüstungsbereich. Zur Landwirtschaft gehören auch Fischerei/Jagd/Fallenstellerei sowie Forst- und Holzwirtschaft.

Vereinigtes Königreich

Die Zahlen beruhen auf der Stichprobe von 10% für Großbritannien, die von den Volkszählungen abgeleitet ist. Die Kategorie der Experten umfasst Richter, Wirtschaftsfachleute, Umweltbeamte usw. Zu den Technikern gehören amtliche Sachverständige, Beschäftigte im Sozialen Dienst, Medizintechniker, Vorarbeiter, Technische Zeichner, Leitungskräfte von Technischen Zeichnern und Ingenieure. Handwerk und Maschinenarbeit umfasst die meisten Arbeitenden in der Industrie. Angelernte Transportarbeit umfasst Lagerarbeiter/Ladeninhaber/Packer/Flaschenabfüller. Angelernte Dienstleistungen umfassen Arbeitende im Sport/Erholungsbereich und in Schutzdiensten. Die Zahlen für 1990 beruhen auf dem Labour Force Survey (1990 und 1991), der vom Office of Censuses and Surveys durchgeführt wurde. Die Zahlen für 1990 sind nicht direkt mit denen für die vorhergehenden Jahre vergleichbar, weil eine andere Schätzungsmethode und andere Kategorien verwendet wurden. Da aber zum Zeitpunkt der Analyse die Zensusdaten für 1991 nicht verfügbar waren, geben die Zahlen für 1990 eine grobe Schätzung der Beschäftigungsstruktur Großbritanniens wieder.

Vereinigte Staaten

Die Zahlen beruhen auf den Jahresdurchschnitten beschäftigter Personen nach der Haushaltsschätzung, die als Teil des Current Population Survey vom Bureau of the Census für das Department of Labor durchgeführt wird. Die Kategorie Manager umfasst Vorstands- und Verwaltungstätigkeiten. Die Kategorie untergeordnete Verwaltungsfunktionen umfasst sachbearbeitende Verwaltungstätigkeiten. Die Kategorie angelernte Dienstleistungsarbeit umfasst Arbeit in Privathaushalten und Schutzdienste. Die Kategorie Handwerk und Maschinenarbeit umfasst Präzisionsfertigung, Reparatur, Maschinenbedienung/Fließband/Inspektoren, Sachbearbeitung, Säuberung von Ausrüstungen, Hilfskräfte und ungelernte Arbeit. Angelernte Transportarbeit enthält Berufe im Bereich der Materialbewegung. Landwirtschaft schließt Forsten und Fischerei mit ein.

Verteilung des Beschäftigungsstatus

Der Status erwerbstätiger Personen wird insgesamt in abhängig Beschäftigte, Selbstständige und mithelfende Familienangehörige unterteilt. Wo Zahlen für mithelfende Familienangehörige nicht vorhanden sind, können sie den Selbstständigen hinzugezählt worden sein. Die Selbstständigen umfassen im Allgemeinen, wenn nicht anders angegeben, die Arbeitgeber.

Das Folgende listet die Besonderheiten für jedes Land auf.

Anhang B

Deutschland

Die Zahlen beruhen auf dem statistischen Jahrbuch.

Frankreich

Die Zahlen beruhen auf ziviler Beschäftigung nach Angaben der Erwerbstätigenstatistik der OECD.

Italien

Die Zahlen beruhen auf der zivilen Beschäftigung nach Angaben der Erwerbstätigenstatistik der OECD.

Japan

Die Zahlen beruhen auf der Erwerbstätigenschätzung im jährlichen statistischen Bulletin.

Kanada

Diejenigen Arbeitgeber, die bezahlte Arbeiter (und nicht selbstständig) sind, werden in der Kategorie der abhängig Beschäftigten aufgeführt.

Vereinigtes Königreich

Die Zahlen beruhen auf der zivilen Beschäftigung nach Angaben der Erwerbstätigenstatistik der OECD.

Vereinigte Staaten

Die Zahlen beruhen auf den Jahresdurchschnitten beschäftigter Zivilpersonen in der Landwirtschaft und den nicht-landwirtschaftlichen Branchen.

Statistische Quellen

Deutschland

Statistisches Bundesamt. *Statistisches Jahrbuch 1977 für die Bundesrepublik Deutschland*, Stuttgart, 1977, Metzler-Poeschel Verlag.
- *Statistisches Jahrbuch 1991 für die Bundesrepublik Deutschland*, Stuttgart, 1991, Metzler-Poeschel Verlag.
- *Bevölkerung und Kultur: Volkszählung vom 27. Mai 1970*, Heft 17, Erwerbstätige in wirtschaftlicher Gliederung nach Wochenarbeitszeit und weiterer Tätigkeit, Fachserie A, Stuttgart und Mainz: Verlag W. Kohlhammer.
- *Volkszählung vom 25. Mai 1987*, Bevölkerung und Erwerbstätigkeit, Stuttgart 1989, Metzler-Poeschel Verlag,.

Frankreich

Institut national de la statistique et des Études Économiques (INSEE). *Annuaire statistique de la France 1979: résultats de 1978*, Ministère de l'économie, des finances et du budget, Paris: INSEE, 1979.
- *Recensement général de la population de 1982: résultats définitifs*, par Pierre-Alain Audirac, no. 483 des Collections de l'INSEE, série D, no. 103, Ministère de l'économie, des finances et du budget, Paris: INSEE, 1985.
- *Enquètes sur l'emploi de 1982 et 1983*: résultats redressés, no. 120, Februar 1985.
- *Enquètes sur l'emploi de mars 1989*: résultats détaillés, no. 28-29, October 1989.
- *Annuaire statistique de la France 1990: résultats de 1989*, vol. 95, nouvelle série no. 37, Ministère de l'économie, des finances et du budget, Paris: INSEE, 1990.

Italien

Istituto Centrale di Statistica. *10° Censimento Generale della Popolazione*, 15 Ottobre 1961, Vol. IX: Dati Generali Riassuntivi, Rom, 1969.
- *11° Censimento Generale della Popolazione*, 24 Ottobre,1971, vol. VI: Professioni e Attività Economiche, Tomo 1: Attività Economiche, Rom, 1975.
- *12° Censimento Generale della Popolazione*, 25 Ottobre, 1981, vol. II: Dati sulle caratteristiche strutturali della popolazione e delle abitazioni, Tomo 3: Italia, Rom, 1985.

Istituto Nazionale di Statistica (ISTAT). *Annuario Statistico Italiano*, edizione 1991.

Japan

Statistics Bureau, Management and Coordination Agency (1977) *Japan Statistical Yearbook*, Tokyo.
- (1983) *Japan Statistical Yearbook*, Tokyo.
- (1991) *Japan Statistical Yearbook*, Tokyo.

Bureau of Statistics, Office of the Prime Minister. *Summary of the Results of 1970 Population Census of Japan*, Tokyo: Bureau of Statistics, 1975.
- *1980 Population Census of Japan*, Tokyo: Bureau of Statistics, 1980.
- *1990 Population Census of Japan*, Prompt report (results of 1 percent sample tabulation), Tokyo: Bureau of Statistics, 1990.

Kanada

Statistics Canada. *1971 Census of Canada*, vol. 3: Economic Characteristics, 1973.
- *1981 Census of Canada*: Population, Labor Force – Industry by demographic and educational characteristics, Canada, provinces, urban, rural, nonfarm and rural farm, Januar 1984.
- *The Labour Force*, versch. Ausg.
- *Labour Force*: Annual Averages, 1975-1983, Januar 1984.

Vereinigtes Königreich

Office of Population Censuses and Surveys, General Registrar Office. *Census 1971: Great Britain, Economic Activity*, Part IV (10 percent Sample), London: HMSO, 1974.
- *Census 1981: Economic Activity, Great Britain*, London: HMSO, 1984.
- *Labour Force Survey 1990 and 1991*: A Survey Conducted by OPCS and the Department of Economic Development in Northern Ireland on behalf of the Employment Department and the European Community, Series LFS no. 9, London: HMSO, 1992.

Central Statistical Office. *Annual Abstract of Statistics: 1977*, London: HMSO, 1977.
- *Annual Abstract of Statistics: 1985*, London: HMSO, 1985.
- *Annual Abstract of Statistics: 1992*, no. 128, London: HMSO, 1992.

Department of Employment. *Employment Gazette* vol. 100, no. 8 (August 1992).

Vereinigte Staaten

United States Department of Labor. *Handbook of Labor Statistics*, Bulletin 2175, Bureau of Labor Statistics, Dezember.
- *Labor Force Statistics*: Derived from the Current Population Survey, 1948-87, Bureau of Labor Statistics, August 1988.
- *Handbook of Labor Statistics*, Bulletin 2340, Bureau of Labor Statistics, März 1990.
- *Employment and Earnings*, versch. Ausg.

Andere

Eurostat. *Labour Force Sample Survey*, Luxembourg: Eurostat, versch. Ausg.
- *Labour Force Survey*, Theme 3, Series C, Population and Social Statistics, Accounts, Surveys and Statistics, Luxemburg: Eurostat, versch. Ausg.

Hall, Peter (1988) „Regions in the transition to the information economy", in: G. Sternlieb and J.W. Hughes (Hg.), *America's New Market Geography: Nation, Region and Metropolis*, Rutgers, NJ: State University of New Jersey, Center for Urban Policy Research, New Brunswick, S. 137-59.

Mori, K. (1989) *Hai-teku shakai to rōdō: naniga okite iruka*, Iwanami Shinsho no. 70, Tokyo: Iwanami Shoten.

Organization for Economic Cooperation and Development (OECD) (1991) *OECD Labour Force Statistics: 1969-1989*, Paris: OECD.
- (1992a) *OECD Economic Outlook*: Historical Statistics: 1960-90, Paris: OECD.
- (1992b) *OECD Economic Outlook*, no. 51, Juni.

5 Die Kultur der realen Virtualität

Die Integration der elektronischen Kommunikation, das Ende des Massenpublikums und die Entstehung der interaktiven Netzwerke

Um 700 v. Chr. wurde in Griechenland eine große Erfindung gemacht: das Alphabet. Nach Ansicht führender Altertumswissenschaftler wie Havelock, war diese konzeptionelle Technologie die Grundlage für die westliche Entwicklung der Philosophie und Wissenschaft, wie wir sie heute kennen. Sie baute eine Brücke zwischen mündlicher Rede und Sprache. Damit trennte sie das Gesprochene vom Sprecher und ermöglichte einen mit Begriffen arbeitenden Diskurs. Dieser historische Wendepunkt wurde durch eine etwa 3.000 Jahre dauernde Entwicklung oraler Tradition und nicht-alphabetischer Kommunikation vorbereitet, bis die griechische Gesellschaft das erreichte, was Havelock als einen neuen Bewusstseinszustand bezeichnet: den „alphabetischen Verstand", der die qualitative Transformation der menschlichen Kommunikation auslöste.[1] Zu verbreiteter Alphabetisierung kam es erst nach der Erfindung und Verbreitung der Druckerpresse und der Papierherstellung viele Jahrhunderte später. Aber es war das Alphabet, das im Westen die geistige Infrastruktur für kumulative, wissensbasierte Kommunikation schuf.

Die neue alphabetische Ordnung ermöglichte nun zwar den rationalen Diskurs, sie trennte jedoch die schriftliche Kommunikation vom audiovisuellen System der Symbole und Wahrnehmungen, das so entscheidend wichtig ist für einen voll entwickelten Ausdruck des menschlichen Verstandes. Die implizite und explizite Festlegung einer sozialen Hierarchie zwischen schriftlicher Schriftkultur und audiovisueller Kultur, die Gründung der menschlichen Praxis auf den schriftlichen Diskurs, hatte ihren Preis. Es war die Verdrängung der Welt der Töne und Bilder in die Hintertreppenexistenz der Künste, die sich mit dem privaten Bereich der Gefühle und mit der öffentlichen Welt der Liturgie befassten. Natürlich hat die audiovisuelle Kultur im 20. Jahrhundert historisch Rache genommen, indem sie zuerst mit Film und Radio und dann mit dem Fernsehen den Einfluss der schriftlichen Kommunikation auf die Herzen und Seelen der meisten Menschen verschüttete. Und diese Spannung zwischen der edlen alpha-

---

1 Havelock (1982: bes. 6f.).

betischen Kommunikation und der sinnlichen, nicht reflektierenden Kommunikation ist ja auch der Grund für die Frustration vieler Intellektueller über den Einfluss des Fernsehens, und sie beherrscht noch immer die gesellschaftliche Kritik an den Massenmedien.[2]

Eine technologische Transformation ähnlichen historischen Ausmaßes findet 2.700 Jahre später statt, nämlich die Integration verschiedener Kommunikationsweisen in ein interaktives Netzwerk. Mit anderen Worten: die Herausbildung eines Hypertextes und einer Meta-Sprache, die erstmals in der Geschichte die schriftlichen, oralen und audiovisuellen Spielarten der menschlichen Kommunikation in dasselbe System integrieren. Der menschliche Verstand vereinigt seine Dimensionen in einer neuen Interaktion zwischen den beiden Gehirnhälften, Maschinen und sozialen Kontexten. Trotz aller Science Fiction-Ideologie und kommerzieller *hypes* um die Entstehung der „Superdatenautobahn" fällt es doch schwer, ihre Bedeutung zu überschätzen.[3] Die potenzielle Integration von Text, Bild und Ton, die in ein und demselben System an vielerlei Punkten zu beliebiger Zeit innerhalb eines globalen Netzwerks unter Bedingungen offenen und erschwinglichen Zugangs (in Echtzeit oder mit Verzögerung) miteinander interagieren, verändert nun den Charakter der Kommunikation fundamental. Und Kommunikation prägt die Kultur entscheidend. Postman formuliert das folgendermaßen: „Wir sehen die ... Wirklichkeit ... nicht so wie sie ‚ist', sondern so, wie unsere Sprachen sie uns sehen lassen. Unsere Sprachen sind unsere Medien. Unsere Medien sind unsere Metaphern. Unsere Metaphern schaffen den Inhalt unserer Kultur."[4] Weil Kultur durch Kommunikation vermittelt und in Kraft gesetzt wird, werden die Kulturen selbst – d.h. unsere historisch hervorgebrachten Systeme von Glaubensvorstellungen und Codes – durch das neue technologische System grundlegend verändert, und zwar im Lauf der Zeit immer mehr. Zum Zeitpunkt der Niederschrift ist dieses neue System noch nicht vollständig etabliert, und seine Entwicklung wird in den kommenden Jahren mit ungleichmäßigem Tempo und an unterschiedlichen Orten weitergehen. Mit Sicherheit jedoch wird es sich entwickeln, und es wird zumindest die herrschenden Tätigkeiten und Kernsegmente der Bevölkerung des gesamten Planeten umfassen. Außerdem ist es in Bruchstücken bereits vorhanden, im neuen

---

2 S. für eine kritische Darstellung dieser Ideen Postman (1985a, b).
3 Eine empirisch unterfütterte Darstellung der technologischen Entwicklungen in den fortgeschrittenen Kommunikationssystemen findet sich bei Sullivan-Trainor (1994); Conseil d'État (1998); Dutton (1999); Owen (1999). Einen politisch-ökonomischen Überblick über die in diesem Kapitel angesprochenen Fragen gibt Schiller (1999). Eine wissenschaftliche Synthese der wichtigsten Ergebnisse der Medienforschung geben Croteau und Hayton (2000). Für eine weltweite Sicht auf die Entwicklung der Kommunikation mit besonderer Berücksichtigung der neuen Kommunikationstechnologien s. UNESCO (1999). Eine aufschlussreiche theoretische Ausarbeitung liefert De Kerckhove (1997).
4 Postman (1985b: 25); [der von Castells zitierte Originaltext (Postman 1985a: 15) weicht von der deutschen Fassung ab, die statt „Wirklichkeit" „Natur ..., Intelligenz ..., menschliche Motivation oder ... Ideologie" aufzählt; d.Ü.]

Medien-System, in den sich schnell verändernden Telekommunikationssystemen, in den Interaktions-Netzwerken, die sich bereits um das Internet herum gebildet haben, in der Vorstellungswelt der Menschen, in der Politik von Regierungen und auf den Reißbrettern der Konzernzentralen. Die Entstehung eines neuen elektronischen Kommunikationssystems, das durch seine globale Reichweite charakterisiert ist, durch seine Integration aller Kommunikationsmedien und durch seine potenzielle Interaktivität, wird unsere Kultur für immer verändern. Aber das Problem stellt sich aufgrund der tatsächlichen Bedingungen, Charakteristika und Folgen dieses Wandels. Wie können wir auf der Grundlage eines noch immer embryonalen Stadiums eines ansonsten klar identifizierbaren Trends seine möglichen Folgen abschätzen, ohne in die Übertreibungen der Futurologie zu verfallen, von denen sich dieses Buch scharf abzugrenzen versucht? Andererseits wäre die gesamte Analyse der Informationsgesellschaft prinzipiell verfehlt, wenn nicht die Transformation von Kulturen unter dem neuen elektronischen Kommunikationssystem berücksichtigt würde. Zum Glück gibt es trotz der technologischen Diskontinuität in der Geschichte eine Menge gesellschaftlicher Kontinuität, die uns eine Analyse von Tendenzen erlaubt, und zwar auf der Grundlage der Beobachtung von Trends, welche die Herausbildung des neuen Systems während der letzten beiden Jahrzehnte vorbereitet haben. Eine der wichtigsten Komponenten des neuen Kommunikationssystems, die vom Fernsehen bestimmten Massenkommunikationsmedien, sind sogar bis ins kleinste Detail erforscht worden.[5] Ihre Entwicklung hin zu Globalisierung und Dezentralisierung wurde Anfang der 1960er Jahre von McLuhan vorausgesehen, dem großen Visionär, der trotz seiner hemmungslosen Übertreibungen das Denken über Kommunikation revolutioniert hat.[6] In diesem Kapitel zeichne ich zunächst die Herausbildung der Massenmedien und ihr Zusammenspiel mit Kultur und sozialem Verhalten nach. Dann bewerte ich ihre Transformation während der 1980er Jahre mit dem Auftreten der dezentralisierten und diversifizierten „neuen Medien", welche die Herausbildung des Multimedia-Systems in den 1990er Jahren vorbereiteten. Später wende ich meine Aufmerksamkeit einem anderen Kommunikationssystem zu, dessen wesentliche Bedingung die Vernetzung von Computern ist. Dabei geht es um die Entstehung des Internet und die überraschende, spontane Entwicklung neuer Arten virtueller Gemeinschaften. Dies ist zwar eine relativ neue Erscheinung, doch haben wir genügend empirische Beobachtungen sowohl aus den Vereinigten Staaten als auch aus Frankreich, um auf einer vernünftigen Grundlage einige Hypothesen zu formulieren. Schließlich versuche ich, das, was wir über die beiden Systeme wissen, zusammenzufassen, um über die gesellschaftliche Dimension ihrer anstehenden Vereinigung zu spekulieren, sowie über die Auswirkungen einer solchen Zu-

---

5   S. die Zusammenfassung der Entwicklung der Medienforschung bei Williams u.a. (1988).
6   Eine Retrospektive auf die Theorien McLuhans bietet sein postumes Buch: McLuhan und Powers (1989).

sammenführung auf Prozesse der Kommunikation und des kulturellen Ausdrucks. Ich behaupte, dass durch den machtvollen Einfluss des neuen Kommunikationssystems und vermittelt durch gesellschaftliche Interessen, Regierungspolitik und Geschäftsstrategien eine neue Kultur im Entstehen begriffen ist: die *Kultur der realen Virtualität*, deren Inhalte, Dynamik und Bedeutung auf den folgenden Seiten dargestellt und analysiert werden sollen.

Von der Gutenberg-Galaxis zur McLuhan-Galaxis: der Aufstieg der Kultur der Massenmedien

Die Verbreitung des Fernsehens während der drei Jahrzehnte nach dem Zweiten Weltkrieg – je nach Land zu verschiedenen Zeiten und mit wechselnder Intensität – schuf eine neue Galaxis der Kommunikation, wenn ich mich hier der McLuhanschen Terminologie bedienen darf.[7] Nicht, dass die anderen Medien verschwunden wären, aber sie wurden umstrukturiert und neu organisiert in ein System, dessen Herz aus Elektronikröhren bestand und dessen anziehendes Gesicht ein Fernsehbildschirm war.[8] Das Radio verlor seine zentrale Bedeutung, gewann aber an Allgegenwärtigkeit und Flexibilität. Es passte seine Sendeformate und Themen den Rhythmen des alltäglichen Lebens der Menschen an. Die Filme änderten sich und wurden auf ein Fernsehpublikum zugeschnitten, mit Ausnahme der staatlich geförderten Kunst und der Spezialeffekt-Shows auf großen Leinwänden. Zeitungen und Zeitschriften spezialisierten sich, indem sie ihre Inhalte vertieften oder sich stärker an ihrem Publikum orientierten und zugleich darauf achteten, strategische Information für das beherrschende Medium TV zu liefern.[9] Bücher blieben Bücher, obwohl hinter vielen Büchern der unbewusste Wunsch stand, zum TV-Drehbuch zu werden; und die Bestsellerlisten füllten sich bald mit Titeln, die sich auf TV-Figuren oder durch das Fernsehen populär gemachte Themen bezogen.

Warum das Fernsehen zu einer so beherrschenden Form der Kommunikation wurde, ist noch immer Gegenstand heißer Debatten in Wissenschaft und Medienkritik.[10] Die Hypothese von W. Russell Neuman, die ich so umformulieren würde, dass es Folge des Grundinstinkts eines faulen Publikums ist, scheint eine angesichts des vorhandenen Materials plausible Erklärung zu sein. Im Originalton: „Die entscheidende Feststellung aus dem Reich der Forschung über die Bildungs- und Werbungseffekte, die offen ausgesprochen werden muss, wenn wir den Charakter des untergründigen Lernens im Hinblick auf Politik und Kultur verstehen wollen, ist einfach, dass die Leute vom Weg des geringsten

---

7   McLuhan (1964).
8   Ball-Rokeach und Cantor (1986).
9   Postman (1985a, b).
10 Withey und Abeles (1980); Ferguson (1986).

Widerstandes angezogen werden."[11] Er begründet seine Interpretation mit den weiterreichenden psychologischen Theorein von Herbert Simon und Anthony Downs, die die psychologischen Kosten der Beschaffung und Verarbeitung von Information hervorheben. Ich tendiere dahin, die Wurzeln einer solchen Neigung nicht in der menschlichen Natur zu suchen, sondern in der Situation zu Hause nach langen, harten Arbeitstagen bei einem Mangel von Alternativen für persönliche/kulturelle Betätigung.[12] Auf der Grundlage der sozialen Gegebenheiten unserer Gesellschaften könnte das mit der TV-vermittelten Kommunikation verbundene Syndrom des Minimalaufwandes schon eine Erklärung für die Geschwindigkeit und Allgegenwärtigkeit der Dominanz des Fernsehens als Kommunikationsmedium abgeben; eine Dominanz, die es mit seinem ersten Auftritt auf der historischen Bühne besaß.[13] Medienstudien zufolge[14] wählt nur ein kleiner Teil der Zuschauer im Voraus die Sendung aus, die sie anschauen wollen. Im Allgemeinen ist die erste Entscheidung die, fernzusehen, und dann werden die Programme durchgezappt, bis das Attraktivste ausgewählt ist, oder häufiger, das am wenigsten Langweilige.

Das TV-beherrschte System konnte man zweifellos als Massenmedium charakterisieren.[15] Eine ähnliche Botschaft wurde von ein paar Sendern gleichzeitig für ein Publikum von Millionen Empfängern ausgestrahlt. Deshalb wurden Inhalt und Format der Botschaften auf den kleinsten gemeinsamen Nenner zugeschnitten. Im Fall des Privatfernsehens, das im Ursprungsland des TV, den USA, vorherrschend war, war der kleinste gemeinsame Nenner der Zuschauer ein von Marketing-Experten geschätzter Wert. Im größten Teil der Welt, der mindestens bis in die 1980er Jahre von staatlichem Fernsehen beherrscht wurde, war der Standard der kleinste gemeinsame Nenner in den Köpfen der Bürokraten, die den Rundfunk kontrollierten, wenn auch Einschaltquoten zunehmend eine Rolle spielten. In beiden Fällen wurde das Publikum als weitgehend homogen betrachtet oder als anfällig dafür, homogen gemacht zu werden.[16] Die Vorstellung einer auf der Grundlage der Massengesellschaft entstehenden Massenkultur war unmittelbarer Ausdruck des Mediensystems, das aus der Kontrolle der neuen elektronischen Kommunikationstechnologie durch Regierungen und Konzernoligopole resultierte.[17]

Was war grundlegend neu am Fernsehen? Das Neuartige bestand weniger in seiner zentralisierenden Macht und seinem Potenzial als Propagandainstrument. Schließlich hatte Hitler gezeigt, wie das Radio ein furchterregendes Resonanzinstrument für Einbahn-Botschaften mit einem einzigen Zweck sein konnte.

---

11   Neuman (1991: 103).
12   Mattelart und Stourdze (1982); Trejo Delarbre (1992).
13   Owen (1999).
14   Neuman (1991).
15   Blumler und Katz (1974).
16   Botein und Rice (1980).
17   Neuman (1991).

Was das TV vor allem anderen darstellte, war das Ende der Gutenberg-Galaxis – d.h. eines Kommunikationssystems, das im Wesentlichen vom typografischen Verstand und der Ordnung des phonetischen Alphabets beherrscht war.[18] Ungeachtet all seiner Kritiker – die gewöhnlich durch seine unzugängliche, mosaische Sprache abgeschreckt wurden – hat Marshall McLuhan einen universellen Akkord angeschlagen, als er in aller Schlichtheit erklärte, dass das „Medium die Botschaft" sei:

> Die Aussageweise des Fernsehbildes hat mit dem Film oder Foto nichts gemeinsam, es sei denn, daß es wie diese eine nicht-verbale *Gestalt* oder Konfiguration der Formen zeigt. Beim Fernsehen ist der Zuschauer der Bildschirm. Er wird mit Lichtimpulsen beschossen, die James Joyce die „Attacke der leichten (Light = leicht und Licht) Kavallerie" nannte ... Das Fernsehbild ist keine Einzelaufnahme. Es ist nicht Fotografie in irgendeinem Sinne, sondern es tastet pausenlos Konturen von Dingen mit einem Abtastsystem ab. Das so entstandene plastische Profil erscheint bei *Durchlicht*, nicht bei *Auflicht*, und ein solches Bild hat viel eher die Eigenschaften der Plastik oder des Bildsymbols als die der Abbildung. Das Fernsehbild bietet dem Zuschauer etwa 3.000.000 Punkte pro Sekunde. Davon nimmt er nur ein paar Dutzend jeden Augenblick auf, um sich daraus ein Bild zu machen.[19]

Wegen der geringen Definitionsleistung des TV, so argumentierte McLuhan, müssen die Zuschauer die Lücken im Bild selbst auffüllen und werden so emotional stärker in den Sehprozess verwickelt (was er paradoxerweise als ein „kühles Medium" charakterisiert hat). Dieses Engagement widerspricht nicht der Hypothese von der geringsten Anstrengung, weil sich das TV an das assoziativ/lyrische Verständnis wendet und damit die psychologische Anstrengung des Wiederauffindens und Analysierens von Information ausspart, auf die sich die Theorie von Herbert Simon bezieht. Das ist der Grund, warum der führende Medienwissenschaftler Neil Postman meint, das Fernsehen bedeute einen historischen Bruch mit dem Leseverstand. Während der Buchdruck die systematische Erörterung begünstigt, eignet sich das TV am besten für die informelle Unterhaltung. Um die Unterscheidung in seinen eigenen Worten klar zu machen: Der „Buchdruck ... (weist) die stärkste Tendenz zu einer erörternden Darstellungsweise auf ...: die hochentwickelte Fähigkeit zu begrifflichem, deduktivem, folgerichtigem Denken; die Wertschätzung von Vernunft und Ordnung; der Abscheu vor inneren Widersprüchen; die Fähigkeit zur Distanz und Objektivität; die Fähigkeit, auf endgültige Antworten zu warten".[20] Beim Fernsehen dagegen ist „das Entertainment die Superideologie des gesamten Fernsehdiskurses. Gleichgültig, was gezeigt wird und aus welchem Blickwinkel – die Grundannahme ist stets, daß es zu unserer Unterhaltung und unserem Vergnügen gezeigt wird".[21] Die gesellschaftlichen und politischen Implikationen dieser Analyse werden unterschiedlich gesehen, von McLuhans Glauben an das universelle

---

18 McLuhan (1962).
19 McLuhan (1992 : 357).
20 Postman (1985b: 82).
21 Postman (1985b: 110).

kommunitäre Potenzial des Fernsehens, bis zur luddistischen Position von Jerry Mander[22] und einigen der Kritiker der Massenkultur;[23] jenseits dieser Diskrepanzen konvergieren die Diagnosen in zwei grundlegenden Punkten: Ein paar Jahre nach seiner Entwicklung war das Fernsehen zum kulturellen Epizentrum unserer Gesellschaften geworden;[24] und die Kommunikationsmodalität des Fernsehens ist ein völlig neues Medium. Es ist durch seinen verführerischen Reiz charakterisiert, seine sensorische Simulation der Wirklichkeit und die leichte Kommunizierbarkeit entlang der durch die geringste psychologische Anstrengung vorgegebenen Linien.

Angeführt vom Fernsehen hat es in den letzten drei Jahrzehnten auf der ganzen Welt eine Kommunikationsexplosion gegeben.[25] Im am stärksten TV-orientierten Land, den Vereinigten Staaten, präsentierte das TV in den späten 1980er Jahren 3.600 Bilder pro Minute pro Kanal. Nach dem Nielsen-Bericht hatte der amerikanische Durchschnittshaushalt das TV-Gerät für etwa sieben Stunden am Tag eingeschaltet, und das tatsächliche Zuschauen wurde auf 4,5 Stunden täglich pro Erwachsenen geschätzt. Hinzuzurechnen war das Radio, das 100 Wörter pro Minute sendete und dem man durchschnittlich zwei Stunden täglich hauptsächlich im Auto zuhörte. Eine durchschnittliche Tageszeitung enthielt 150.000 Wörter, und man benötigte dafür schätzungsweise zwischen 18 und 49 Minuten Lesezeit, während in Zeitschriften etwa 6-30 Minuten geblättert wurde und das Lesen von Büchern einschließlich der Schulbücher etwa 18 Minuten am Tag beanspruchte.[26] Die Folgen der Aussetzung gegenüber den Medien sind kumulativ. Nach manchen Studien sehen US-Haushalte mit Kabel-TV mehr TV von Netzwerkanstalten als solche ohne Kabel. Insgesamt verwenden amerikanische Durchschnittserwachsene 6,43 Stunden am Tag für die Beschäftigung mit Medien.[27] Diese Zahl kann mit anderen Daten kontrastiert werden – auch wenn sie im strengen Sinn nicht miteinander vergleichbar sind –, die angeben, dass 14 Minuten pro Tag und Person für die interpersonelle Interaktion im Haushalt veranschlagt werden.[28] In Japan wurde 1992 im Wochendurchschnitt 8 Stunden und 17 Minuten pro Tag fern gesehen, was 25 Minuten mehr waren als 1980.[29] Andere Länder scheinen weniger ausgiebige Medienkonsumenten zu sein: So sahen etwa Ende der 1980er Jahre französische Erwachsene nur ungefähr drei Stunden am Tag fern.[30] Dennoch scheint das vorherrschende Verhaltensmuster auf der ganzen Welt zu sein, dass in städtischen

---

22 Mander (1978).
23 Mankiewicz und Swerdlow (1979).
24 S. Williams (1974); Martin und Chaudhary (1983).
25 Williams (1982).
26 Daten aus verschiedenen Quellen, zusammengestellt bei Neuman (1991).
27 Daten nach Sabbah (1985); Neuman (1991).
28 Sabbah (1985).
29 Dentsu Institute for Human Studies/DataFlow International (1994: 67).
30 Neuman (1991); zu Japan s. Sato u.a. (1995).

Gesellschaften der Medienkonsum die zweitgrößte Tätigkeitskategorie nach der Arbeit ist und sicher die vorherrschende Beschäftigung zu Hause.[31] Um die Rolle der Medien in unserer Kultur wirklich zu verstehen, muss diese Beobachtung aber präzisiert werden: Das Sehen/Hören von Medien ist keineswegs eine exklusive Tätigkeit. Es ist allgemein vermischt mit der Erledigung häuslicher Aufgaben, mit gemeinsamem Essen, mit sozialer Interaktion. Es ist die fast beständige Hintergrundpräsenz, das Geflecht unseres Lebens. Wir leben mit den Medien und durch die Medien. McLuhan benutzte den Ausdruck der technologischen Medien als Rohstoffe oder Naturressourcen.[32] Vielmehr sind die Medien, vor allem Radio und Fernsehen, zur audiovisuellen Umwelt geworden, mit der wir endlos und automatisch interagieren. Sehr oft bedeutet vor allem das Fernsehen auch eine Präsenz im Heim. Ein kostbares Gut in einer Gesellschaft, in der immer mehr Menschen alleine leben: In den 1990er Jahren bestanden 25% der amerikanischen Haushalte aus Einzelpersonen. Wenn die Situation in anderen Gesellschaften auch nicht ganz so extrem ist, so ist die Tendenz zu einer Abnahme der Haushaltsgröße in Europa doch ähnlich.

Man könnte annehmen, dass die weitverbreitete, machtvolle Präsenz solch unterschwellig provozierender Botschaften aus Ton und Bild dramatische Folgen für das Sozialverhalten hat. Der größte Teil der verfügbaren Forschung weist aber in die entgegengesetzte Richtung. Nach einem Überblick über die Literatur schließt W. Russell Neuman, dass „die akkumulierten Ergebnisse von fünf Jahrzehnten systematischer sozialwissenschaftlicher Forschung zeigen, dass das Publikum der Massenmedien, ob jung oder nicht, nicht hilflos ist, und dass die Massenmedien nicht allmächtig sind. Es entwickelt sich eine Theorie bescheidener und bedingter Folgen der Medien, die dazu beiträgt, dem historischen Zyklus moralischer Panik über die neuen Medien die richtigen Proportionen zu geben."[33] Außerdem scheint der Dauerbeschuss mit Werbebotschaften durch die Medien nur begrenzte Auswirkungen zu haben. Nach Draper[34] ist zwar die Durchschnittsperson in den USA täglich 1.600 Werbebotschaften ausgesetzt, aber die Menschen reagieren – nicht unbedingt positiv – auf nur etwa zwölf davon. Und tatsächlich kam McGuire[35] auf der Grundlage des kumulativen Materials über die Auswirkungen der Medienwerbung zu dem Schluss, dass es keine ernsthaften Belege für spezifische Auswirkungen der Medienwerbung auf das reale Verhalten gebe – eine ironische Schlussfolgerung über einen Wirtschaftszweig, der damals US$ 50 Mrd. im Jahr ausgab. Warum also sind die Unternehmen weiter darauf aus, Werbung zu machen? Zunächst einmal wälzen die Unternehmen die Kosten für die Werbung auf die Konsumenten ab: Nach

---

31 Sorlin (1994).
32 McLuhan (1964: 21).
33 Neuman (1991: 87).
34 Roger Draper, „The Faithless Shepard", *New York Review of Books*, 26. Juni, nach Neuman (1991).
35 McGuire (1986).

The Economist kostete 1993 „free TV" in den USA jeden amerikanischen Haushalt 30 US$ pro Monat. Eine ernsthafte Antwort auf eine so wichtige Frage erfordert es jedoch, dass wir zuerst die Mechanismen analysieren, durch die Fernsehen und andere Medien das Verhalten beeinflussen.

Das Schlüsselproblem besteht darin, dass die Massenmedien zwar ein Einbahn-Kommunikationssystem sind, dass aber der tatsächliche Kommunikationsprozess dies nicht ist. Er ist bei der Interpretation der Botschaft vielmehr abhängig von der Interaktion zwischen Sender und Empfänger. Die Forschung hat Belege für die Bedeutung dessen gefunden, was Wissenschaftler als „aktives Publikum" bezeichnen. Croteau und Haynes zufolge „gibt es drei Grundformen, in denen das Medienpublikum als aktiv gesehen worden ist: durch individuelle Interpretation der Medienprodukte, durch kollektive Interpretation der Medien und durch kollektives politisches Handeln."[36] Sie legen eine Fülle von Daten und Illustrationen vor, um ihre Behauptung von der relativen Autonomie des Publikums gegenüber den über die Medien empfangenen Botschaften zu stützen. Das ist nun eine fest etablierte Tradition in der Medienwissenschaft. So lieferte Umberto Eco in seinem richtungsweisenden Aufsatz von 1977 mit dem Titel „Schadet das Publikum dem Fernsehen?" eine aufschlussreiche Perspektive zur Interpretation der Effekte von Medien. Er schrieb:

> „Es gibt ... je nach den unterschiedlichen soziokulturellen Situationen eine Anzahl verschiedener Codes oder eher verschiedener Regeln der Kompetenz und der Interpretation. Und die Botschaft hat eine bedeutungsvolle Form, die mit unterschiedlichen Sinninhalten gefüllt werden kann. ... So kam der Verdacht auf, der Sender habe die Fernsehbotschaft auf der Grundlage eines eigenen Codes organisiert, der mit dem der herrschenden Kultur zusammenfiel, während die Empfänger ihn mit „abweichenden" Sinninhalten entsprechend ihrer spezifischen kulturellen Codes füllten."[37]

Die Konsequenz dieser Analyse ist, dass „das einzige, was wir wissen, ist, daß es keine Massenkultur in dem Sinne gibt, wie sie die apokalyptischen Soziologen der Massenmedien sich vorgestellt haben, weil das Massenmedienmodell sich mit anderen Modellen überschneidet (etwa mit antiken Spuren, Klassenkultur, Aspekten der Hochkultur, die über die Schule verbreitet wurden usw.)".[38] Während diese Aussage aus der Sicht der Geschichtswissenschaft und der empirischen Medienwissenschaft eine Alltagsweisheit ist, unterminiert dies doch, wenn es wie von mir ernstgenommen wird, einen grundlegenden Aspekt der kritischen Sozialtheorie von Marcuse bis Habermas. Es ist eine der Ironien der Ideengeschichte, dass gerade jene Denker, die für soziale Veränderung eintreten, die Menschen oft lediglich als passive Aufnahmebehälter für ideologische Manipulation betrachten, was eigentlich die Vorstellung von sozialen Bewegungen und sozialer Veränderung ausschließt, es sei denn unter den Bedingungen au-

---

36 Croteau und Haynes (2000: 263).
37 Eco (1977: 266).
38 Eco (1977: 277).

ßergewöhnlicher, einmaliger Ereignisse, deren Ursprünge außerhalb des sozialen Systems liegen. Wenn die Menschen ein gewisses Maß an Autonomie haben, um ihr Verhalten zu organisieren und darüber bestimmen zu können, dann ist anzunehmen, dass die über die Medien geschickten Botschaften mit ihren Empfängern interagieren. Deshalb bezieht sich der Begriff der Massenmedien auf ein technologisches System und nicht auf eine Form der Kultur, die Massenkultur. Und in der Tat haben psychologische Experimente ergeben, dass selbst wenn das TV 3.600 Bilder pro Minute pro Kanal liefert, das Gehirn bewusst nur auf einen einzigen sensorischen Reiz unter jeweils einer Million gesendeter Reize reagiert.[39]

Die Betonung der Autonomie des menschlichen Verstandes und der einzelnen kulturellen Systeme beim Eintragen des eigentlichen Sinnes der empfangenen Botschaften soll jedoch nicht bedeuten, die Medien seien neutrale Institutionen, oder ihr Einfluss sei unerheblich. Die empirischen Studien zeigen, dass die Medien bei der Beeinflussung des Verhaltens keine unabhängigen Variablen sind. Ihre expliziten oder unterschwelligen Botschaften werden von Individuen in spezifischen sozialen Zusammenhängen ausgestaltet und weiterverarbeitet. Dadurch wird das, was der beabsichtigte Effekt der Botschaft war, modifiziert. Aber die Medien und besonders die audiovisuellen Medien in unserer Kultur, sind in der Tat die Grundsubstanz von Kommunikationsprozessen. Wir leben inmitten einer Medienwelt, und die meisten unserer symbolischen Stimuli kommen aus den Medien. Außerdem hat die Verbreitung des Fernsehens, wie Cecilia Tichi in ihrem wunderbaren Buch *The Electronic Hearth*[40] gezeigt hat, in einer Fernsehwelt stattgefunden; das heißt in einer kulturellen Umwelt, in der sich Gegenstände und Symbole auf das Fernsehen beziehen, vom Stil der Wohnmöbel bis zur Verhaltensweise und den Themen der Konversation. Die wahre Macht des Fernsehens besteht, wie Eco und Postman gleichermaßen betont haben, darin, dass es die Bühne für alle Prozesse schafft, die der Gesellschaft allgemein vermittelt werden sollen, von der Politik über die Wirtschaft bis zu Sport und Kunst. Das Fernsehen gestaltet die Sprache der gesellschaftlichen Kommunikation. Wenn weiter Milliarden für Werbung ausgegeben werden, obwohl die direkte Wirkung der Werbung für den Absatz recht fraglich ist, so mag der Grund darin liegen, dass wer im Fernsehen fehlt, die Steigerung des Erkennungswerts eines Markennamens auf dem Massenmarkt der werbenden Konkurrenz überlässt. Während die Folgen des Fernsehens für politische Wahlentscheidungen sehr unterschiedlich sind, haben politische Inhalte und Personen, die nicht im Fernsehen sind, in den fortgeschrittenen Gesellschaften einfach keine Chance, von den Menschen unterstützt zu werden. Das Denken der Menschen ist nämlich in grundlegender Weise von den Medien geprägt,

---

39 Neuman (1991: 91).
40 Tichi (1991).

und das Fernsehen ist das Wichtigste von allen.[41] Die gesellschaftliche Wirkung des Fernsehens funktioniert nach dem binären Code „Sein oder Nichtsein". Wenn eine Botschaft einmal im Fernsehen ist, so kann sie verändert, transformiert oder sogar subversiv gewendet werden. Aber in einer Gesellschaft, in der die Massenmedien die zentrale Rolle spielen, bleibt die Existenz von Botschaften, die sich außerhalb der Medien befinden, auf interpersonelle Netzwerke beschränkt. Sie verschwinden so aus dem kollektiven Bewusstsein. Der Preis, der gezahlt werden muss, damit eine Botschaft ins Fernsehen kommt, besteht jedoch nicht nur in Geld oder Macht. Er besteht darin, zu akzeptieren, dass man in einen multisemantischen Text eingemengt wird, dessen Syntax äußerst nachlässig ist. So verwischen sich in der Sprache des Fernsehens sämtliche Grenzen: von Information und Unterhaltung, Bildung und Propaganda oder Entspannung und Hypnose. Weil der Kontext des Zuschauens für die Zuschauer kontrollierbar und vertraut ist, werden alle Botschaften in den beruhigenden Modus des Heims oder des Quasi-Heims (beispielsweise Sportbars als einer der wenigen wahren noch vorhandenen erweiterten Familienzusammenhänge ...) absorbiert.

Diese Normalisierung von Botschaften, wobei Bilder von wirklichen Kriegsgräueln nahezu als Teil von *action movies* absorbiert werden können, hat durchaus eine fundamentale Wirkung: die Einebnung jeglichen Inhalts in den Bezugsrahmen der Bilder eines jeden Betrachters. Weil sie das symbolische Gewebe unseres Lebens sind, wirken die Medien auf Bewusstsein und Verhalten so ein, wie reale Erfahrung auf Träume einwirkt. Sie liefern das Rohmaterial, mit dem unser Gehirn arbeitet. Es ist, als gäbe die Welt der visuellen Träume (die vom Fernsehen gelieferte Information/Unterhaltung) unserem Bewustsein die Macht zurück, die Bilder und Töne auszuwählen, neu zusammenzusetzen und zu interpretieren, die wir durch unsere kollektive Praxis oder unsere individuellen Vorlieben hervorgebracht haben. Es ist ein Prozess von Rückkopplungen zwischen Zerrspiegeln. Die Medien sind ein Ausdruck unserer Kultur, und unsere Kultur funktioniert in erster Linie durch die von den Medien zur Verfügung gestellten Materialien. In diesem grundlegenden Sinn hat das System der Massenmedien die meisten der Perspektiven eingelöst, die McLuhan Anfang der 1960er Jahre skizziert hat: Es war die McLuhan-Galaxis.[42] Aber die Tatsache, dass das Publikum kein passives Objekt, sondern ein interaktives Subjekt ist, eröffnete den Weg zu seiner Differenzierung und zur nachfolgenden Transformation der Medien von der Massenkommunikation zur Segmentierung, situationsbedingten Anpassung und Individualisierung von dem Moment an, als Technologie, Konzerne und Institutionen so etwas erlaubten.

---

41 Lichtenberg (1990).
42 Ich bezeichne das massenmediale elektronische Kommunikationssystem zu Ehren des revolutionären Denkers, der die Existenz einer spezifischen kognitiven Ausdrucksweise erkannt hat, als McLuhan-Galaxis. Es muss aber betont werden, dass wir dabei sind, zu einem neuen Kommunikationssystem überzugehen, das sich, wie dieses Kapitel zeigen soll, klar von dem von McLuhan skizzierten unterscheidet.

Die neuen Medien und die Differenzierung des Massenpublikums

Während der 1980er Jahre transformierten die neuen Technologien die Welt der Medien.[43] Zeitungen wurden geschrieben, redigiert und an entfernten Orten gedruckt. Das machte Simultanausgaben derselben Zeitung möglich, die auf unterschiedliche größere Regionen zugeschnitten waren (z.B. *Le Figaro* in mehreren französischen Städten; *The New York Times* in parallelen Ostküsten-/Westküsten-Ausgaben; *International Herald Tribune*, täglich an verschiedenen Orten auf drei Kontinenten gedruckt usw.). Der Walkman machte persönlich ausgewählte Musik zu einer tragbaren Hör-Umgebung und ermöglichte es Leuten, vor allem Teenagern, Geräuschbarrikaden gegen die Außenwelt aufzurichten. Das Radio spezialisierte sich immer mehr mit thematischen und subthematischen Sendern (wie 24 Stunden Unterhaltungsmusik oder exklusive Festlegung auf eine Sängerin oder Popgruppe für mehrere Monate bis zum Start des nächsten Hits). Die Talkrunden im Radio füllten die Zeit von Pendlern und flexiblen Arbeitskräften aus. Videorecorder breiteten sich schlagartig über die ganze Welt aus und wurden in vielen Entwicklungsländern zu einer wichtigen Alternative zu den langweiligen offiziellen Fernsehsendungen.[44] Obwohl die vielfältigen Anwendungsmöglichkeiten der Videorecorder – wegen mangelnder technischer Kenntnisse der Konsumenten und wegen der schnellen Kommerzialisierung ihrer Nutzung durch Videoshops – noch nicht vollständig ausgeschöpft waren, brachte ihre Verbreitung bei der Nutzung der visuellen Medien ein hohes Maß an Flexibilität. Filme überlebten als Videokassetten. Musikvideos, die 25% der gesamten Videoproduktion ausmachten, wurden zu einer neuen Kulturform, welche die Vorstellungswelt einer ganzen Generation von Jugendlichen prägte und durchaus auch die Musikindustrie veränderte. Die Möglichkeit, TV-Programme aufzunehmen und sie zu einer selbst gewählten Zeit zu sehen, veränderte teilweise die Angewohnheiten des TV-Publikums und förderte selektives Fernsehen. Damit wurde dem Muster des geringsten Widerstands, das ich oben angesprochen habe, entgegengewirkt. Mittels der Videorecorder wurde jede künftige Diversifizierung im TV-Angebot in ihren Effekten verstärkt. Denn der zweite Schritt der Wahlentscheidung durch das Videorecorder-Publikum führte zu seiner weiteren Segmentierung.

Die Leute fingen an, wichtige Ereignisse selbst aufzuzeichnen, angefangen vom Urlaub bis hin zu Familienfeiern und stellten so über das Fotoalbum hin-

---

43 Dieser Abschnitt beruht teilweise auf Informationen und Überlegungen zu neuen Entwicklungen in den Medien auf der ganzen Welt, die Manuel Campo Vidal zur Verfügung gestellt hat, ein führender Fernsehjournalist in Spanien und Lateinamerika, Vizepräsident von Antenna-3 Television; s. Campo Vidal (1996). Für Vorhersagen zu diesen Trends, die in den 1980er Jahren erarbeitet wurden, s. auch Rogers (1986). Als visionäre Analyse der Diversifizierung der Medien in historischer Perspektive erinnere ich an Sola Pool (1983).

44 Alvarado (1989).

aus ihre eigenen Bilder her. Trotz aller Grenzen dieser selbstproduzierten Bilder wurde so doch der Einbahnstraßencharakter des Bilderstroms modifiziert und die Lebenserfahrung mit dem Bildschirm neu integriert. In vielen Ländern von Andalusien bis Südindien ermöglichte die Technologie eines lokalen Gemeindevideos das Aufblühen eines rudimentären lokalen Senders, wobei die Verbreitung von Videofilmen mit Lokalereignissen und öffentlichen Bekanntmachungen vermischt wurden, was sich oft am Rand der Bestimmungen über öffentliche Kommunikation bewegte.

Aber das entscheidende Ereignis, was zu verstärkter Diversifizierung führte, war die Vervielfachung von Fernsehkanälen.[45] Die Entwicklung der Technologie des Kabelfernsehens, die in den 1990er Jahren durch Lichtleitertechnik und Digitalisierung vorangebracht wurde, und der direkte Satellitenfunk erweiterten das Übertragungsspektrum drastisch. Dadurch wurden die Behörden unter Druck gesetzt, das Kommunikationssystem im Allgemeinen und das Fernsehen im Besonderen zu deregulieren. Es folgte eine Explosion von Kabelfernsehprogrammen in den Vereinigten Staaten und des Satellitenfernsehens in Europa, Asien und Lateinamerika. Bald bildeten sich neue Netzwerke, die den Alten ihre Position streitig machten, und in Europa verloren die Regierungen die Kontrolle über einen großen Teil des Fernsehens. In den USA stieg während der 1980er Jahre die Anzahl der unabhängigen Fernsehsender von 62 auf 330. Die Kabelsysteme in den großen Metropolen und ihrem Umland bieten bis zu 60 Kanäle an. Dabei handelt es sich um eine Kombination von Netzwerk-TV, unabhängigen Sendern und Kabelnetzwerken, die meist spezialisiert sind, und Pay-TV. In den Ländern der Europäischen Union stieg die Zahl der Fernsehnetzwerke von 40 im Jahr 1980 auf 150 Mitte der 1990er Jahre, von denen ein Drittel über Satelliten sendete. In Japan hat das öffentliche NHK-Netzwerk zwei terrestrische Netzwerke und zwei spezialisierte Satellitendienste; außerdem gibt es fünf kommerzielle Netzwerke. Von 1980 bis Mitte der 1990er Jahre stieg die Anzahl der Satellitenfernsehsender von 0 auf 300.

Nach Angaben der UNESCO gab es 1992 mehr als eine Milliarde TV-Geräte auf der Welt (35% in Europa, 32% in Asien, 20% in Nordamerika, 8% in Lateinamerika, 4% im Nahen Osten und 1% in Afrika). Es wurde erwartet, dass der Besitz von TV-Geräten bis zum Jahr 2000 um 5% im Jahr wachsen werde, wobei Asien die führende Rolle spielen sollte. Die Auswirkungen einer derart rapiden Ausweitung des Fernsehangebots auf das Publikum waren in jeder Hinsicht tiefgreifend. In den USA, wo die drei großen Netzwerke 1980 90% des Prime-Time-Publikums kontrollierten, ging ihr Anteil 1990 auf 65% zurück, und der Trend hat sich seither beschleunigt: 1995 waren es noch etwa 60% und 1999 noch ungefähr 55%. CNN etablierte sich als der wichtigste globale Nachrichtenproduzent weltweit. Das geht so weit, dass Politiker und Journalisten weltweit in Krisensituationen CNN rund um die Uhr eingeschaltet las-

---

45 Doyle (1992); Dentsu Institute for Human Studies/DataFlow International (1994).

sen. Das direkte Satellitenfernsehen dringt im großen Stil auf den asiatischen Markt vor und sendet von Hongkong aus für die gesamte asiatische Pazifikregion. Die indischen Medien werden zunehmend globalisiert.[46] Hubbard Communications und die Hughes Corporation starteten 1994 zwei konkurrierende Systeme für direkten Satellitenfunk, die „à la carte" fast jedes Programm von irgendwoher nach irgendwohin in den USA, der asiatischen Pazifikregion und Lateinamerika verkaufen. Chinesen in den USA können die täglichen Nachrichten aus Hongkong empfangen, während sich Chinesen in China amerikanische Seifenopern ansehen können (*Falcon Crest* kam in China auf 450 Mio. Zuschauer). Wie also Françoise Sabbah 1985 in einer der besten und frühesten Einschätzungen der neuen Trends in den Medien schrieb:

> Insgesamt determinieren die neuen Medien ein segmentiertes, differenziertes Publikum, das, obwohl zahlenmäßig eine Masse, dennoch kein Massenpublikum mehr ist bezüglich der Gleichzeitigkeit und Uniformität der Botschaft, die es erhält. Die neuen Medien sind keine Massenmedien mehr im traditionellen Sinn des Sendens einer begrenzten Anzahl von Botschaften an ein homogenes Massenpublikum. Wegen der Vielzahl der Botschaften und ihrer Quellen wird das Publikum selbst stärker selektiv. Das spezifisch angesprochene Publikum tendiert dazu, seine Botschaften auszusuchen; es vertieft damit seine Segmentierung und verstärkt die individuelle Beziehung zwischen Sender und Empfänger.[47]

Youichi Ito hat bei der Analyse der Entwicklung der Mediennutzung in Japan ebenfalls die Schlussfolgerung gezogen, dass es eine Entwicklung von der Massengesellschaft zu einer „segmentierten Gesellschaft" (*bunshu shakai*) gibt. Sie ist eine Folge der neuen Kommunikationstechnologien, die sich auf diversifizierte, spezialisierte Informationen konzentrieren, so dass das Publikum immer stärker durch Ideologien, Wertvorstellungen, Geschmacksrichtungen und Lebensstile segmentiert wird.[48]

Aufgrund der Vielfalt der Medien und der Möglichkeit, das Publikum gezielt anzusprechen, können wir deshalb sagen, dass in dem neuen Mediensystem die Botschaft das Medium ist. Das heißt: Die Eigenschaften der Botschaft formen die Eigenschaften des Mediums. Wenn z.B. die Botschaft darin besteht, für die musikalische Umgebung von Teenagern zu sorgen – eine sehr explizite Botschaft – so wird MTV auf die Riten und die Sprache dieses Publikums zugeschnitten, und zwar nicht nur bezüglich der Inhalte, sondern in der gesamten Organisation des Senders sowie in der Technologie und dem Design der Bild-Produktion/Verbreitung. Dagegen erfordert die Produktion eines rund um die Uhr laufenden weltweiten Nachrichtendienstes eine ganz andere Inszenierung, Programmierung und Verbreitungsweise, etwa Wetterberichte globaler und kontinentaler Reichweite. Dies ist tatsächlich die Gegenwart und die Zukunft des Fernsehens: Dezentralisierung, Diversifizierung und Anpassung an Konsumentenbedürfnisse. Innerhalb der erweiterten Parameter der Sprache McLuhans

---

46 Chatterjee (i.E.).
47 Sabbah (1985: 219).
48 Ito (1991b).

formt die Botschaft des Mediums – das immer noch als solches funktioniert – unterschiedliche Medien für unterschiedliche Botschaften.

Die Diversifizierung von Botschaften und Medien bedeutet für Großkonzerne und Regierungen aber nicht den Verlust der Kontrolle über das Fernsehen. Vielmehr war während des letzten Jahrzehnts das Gegenteil zu beobachten.[49] Mit der Bildung von Mega-Gruppen und strategischen Allianzen zur Sicherung von Marktanteilen in einem Markt, der sich grundlegend veränderte, kam es zu einem kräftigen Zustrom von Investitionen in den Kommunikationsbereich. In der Zeit von 1980-1995 wechselten die Eigentümer der drei großen TV-Netzwerke in den USA, bei zweien von ihnen zweimal: Die Fusion von Disney und ABC 1995 war ein Wendepunkt bei der Integration des TV in das entstehende Multimedia-Business. Der führende französische Kanal TF1 wurde privatisiert, Berlusconi übernahm die Kontrolle aller privaten TV-Sender in Italien und fasste sie zu drei privaten Netzwerken zusammen. Das Privatfernsehen nahm in Spanien mit dem Ausbau von drei Privatnetzwerken einen Aufschwung und machte im Vereinigten Königreich und in Deutschland erhebliche Fortschritte – immer unter der Kontrolle mächtiger nationaler wie internationaler Finanzgruppen. Das russische Fernsehen wurde diversifiziert, einschließlich privater „unabhängiger" Fernsehkanäle, die von rivalisierenden Oligarchen kontrolliert werden. Das lateinamerikanische Fernsehen erlebte einen Konzentrationsprozess mit wenigen Großanbietern. Die asiatische Pazifikregion wurde zum heißesten Kampfschauplatz sowohl für neue Fernseh-Außenseiter wie Murdochs Star Channel wie auch für „alte Hasen" wie die neue, globale BBC, die sich einen Konkurrenzkampf mit CNN liefert. In Japan machte sich neben der staatlichen NHK die Konkurrenz privater Netzwerke breit: Fuji TV, NTV, TBS, TV Asahi und TV Tokyo, und außerdem Anbieter, die per Kabel oder Satellitendirektübertragung senden. 1993-1995 wurden weltweit etwa US$ 80 Mrd. für Fernsehprogramme ausgegeben, und diese Ausgaben stiegen um 10% jährlich. Ende der 1990er Jahre war die Medienbranche weiterhin durch Fusionen und strategische Allianzen gekennzeichnet, weil die Unternehmen versuchten, sich *economies of scale* zunutze zu machen, um Synergieeffekte zwischen unterschiedlichen Segmenten des Kommunikationsmarktes aufzuspüren.[50] Abb. 5.1 zeigt den Grad der Wirtschaftskonzentration für die zehn größten Multimedia-Gruppen der Welt, und Abb. 5.2 zeigt das komplexe Muster der wechselseitigen Verbindungen zwischen verschiedenen Mediengruppen auf dem europäischen Markt 1998.[51] Zweifellos wird sich das Profil der Branche in den kommenden Jahren verändern, aber die Logik der Vernetzung und der Verbindung von Konkurrenz und Partnerschaften wird die Multimedia-Welt vermutlich noch auf lange Zeit bestimmen. Das Geflecht der Bündnisse und Wett-

---

49 S. z.B. die in *The Economist* (1994a) angeführten Daten; auch Trejo Delarbre (1988); Doyle (1992); Campo Vidal (1996).
50 Schiller (1999).
51 Die Zahlen finden sich in *The Economist* (1992c: 62).

bewerbsstrategien wird sogar noch komplexer werden, sobald es nämlich zwischen Medienunternehmen sowie Telekommunikationsdienstleistern, Kabel- und Satellitenbetreibern oder Internet Service Providern zu Kooperations- und Konfliktbeziehungen kommt.

Abbildung. 5.1 Medienverkäufe 1998 für wichtige Mediengruppen (in Mrd. US$)
(*Anmerkung des Autors*: Im Januar 2000 schloss sich Time Warner mit dem Internet-Provider America On-Line zusammen und bildete so die größte Multimedia-Gruppe auf der Welt)

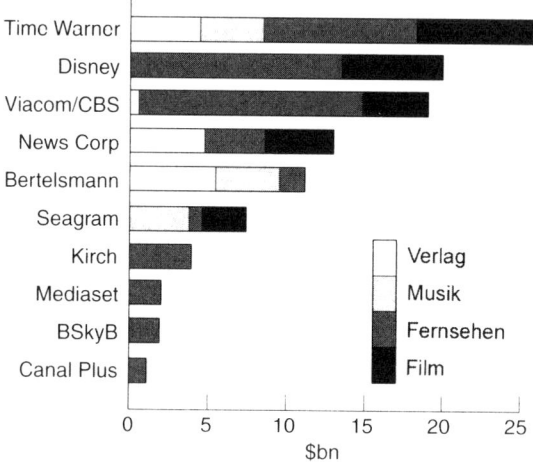

Quellen: Unternehmensberichte; Veronis, Suhler and Associates; Zenith Media; Warburg Dillon Read, bearbeitet von The Economist (1999c: 62)

Das Netto-Ergebnis dieser wirtschaftlichen Konkurrenz und Konzentration besteht darin, dass das Publikum zwar segmentiert und diversifiziert worden ist, das Fernsehen aber stärker kommerzialisiert ist als je zuvor und auf globaler Ebene zunehmend oligopolistisch. Der tatsächliche Inhalt der meisten Programme unterscheidet sich nicht wesentlich von einem Netzwerk zum andern, wenn wir die grundlegenden semantischen Formeln der populärsten Sendungen insgesamt betrachten. Aber die Tatsache, dass nicht alle das Gleiche zur selben Zeit anschauen und dass jede kulturelle und soziale Gruppe eine spezifische Beziehung zum Mediensystem unterhält, bedeutet schon einen fundamentalen Unterschied gegenüber dem alten System der standardisierten Massenmedien. Zudem erlaubt die verbreitete Angewohnheit des „Surfens" (gleichzeitig mehrere Sendungen sehen) es dem Zuschauer, seine eigenen visuellen Mosaiken herzustellen. Während die Medien heute tatsächlich global miteinander verknüpft sind und während Sendungen und Botschaften durch das globale Netzwerk zirkulieren, *leben wir nicht in einem globalen Dorf, sondern in individuell zugeschnittenen Hütten, die global produziert und lokal verteilt werden.*

Abbildung 5.2 Strategische Allianzen zwischen Mediengruppen in Europa, 1999

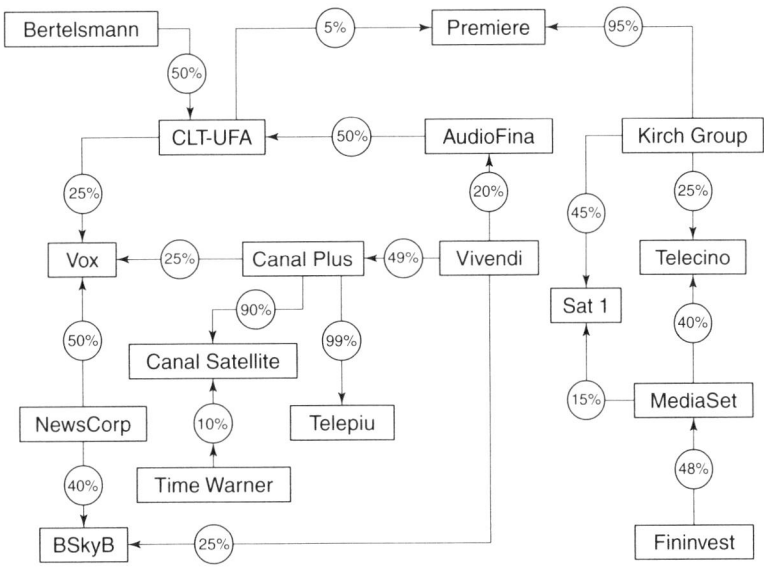

Quelle: Warburg Dillon Read, bearbeitet von *The Economist* (1999c: 62)

Wegen der Bedingungen der über sie durch Konzerne und Institutionen ausgeübten Kontrolle hat die Diversifikation der Medien jedoch die Einbahnstraßenlogik ihrer Botschaft nicht transformiert, noch erlaubt sie ihrem Publikum wirklich eine Rückkoppelung, außer in der primitivsten Form der Marktreaktion. Während das Publikum mehr und unterschiedlicheres Rohmaterial für die Konstruktion des jedem eigenen Bildes vom Universum erhielt, war die McLuhan-Galaxis eine Welt der Einbahn-Kommunikation, nicht der Interaktion. Sie war und ist die Ausweitung der Logik der industriellen Massenproduktion auf das Reich der Zeichen. Ungeachtet des Genies von McLuhan war diese Galaxis daher unzureichend, um die Kultur des Informationszeitalters zum Ausdruck zu bringen. Denn Informationsverarbeitung ist sehr viel mehr als Einbahn-Kommunikation. Das Fernsehen brauchte den Computer, um sich vom Bildschirm zu befreien. Ihre Vereinigung hat für die gesamte Gesellschaft potenziell weitreichende Konsequenzen. Doch sie kam erst, nachdem die Computer einen langen Umweg genommen hatten, um mit dem Fernsehen sprechen zu können, was ihnen nämlich erst möglich war, als sie gelernt hatten, miteinander zu reden. Erst danach konnte das Publikum seine Stimme erheben.

Computervermittelte Kommunikation, institutionelle Kontrolle, soziale Netzwerke und virtuelle Gemeinschaften

Die Geschichtsschreibung wird festhalten, dass die beiden ersten Experimente großen Stils im Bereich dessen, was Ithiel de Sola Pool als „Freiheitstechnologien" bezeichnet hat, vom Staat ausgingen: der französische Minitel als Gerät, um Frankreich in die Informationsgesellschaft zu lenken; und das amerikanische ARPANET, der Vorläufer des Internet, als militärische Strategie, um es Kommunikationsnetzwerken zu ermöglichen, einen nuklearen Schlag gegen die Kommando- und Kontrollzentren zu überstehen. Diese Experimente waren sehr unterschiedlich, und beide waren tief in der Kultur und den Institutionen ihrer jeweiligen Gesellschaften verwurzelt. Leo Scheer hat ihre kontrastierende Logik in einer synthetischen Sicht auf die Merkmale jedes der beiden Systeme beleuchtet:

> Beide sind auf ihre Weise Vorboten der Datenautobahnen, doch ihre Unterschiede sind äußerst aufschlussreich. Zunächst einmal verbindet das Internet Computer, während der Minitel via Transpac Server-Zentren miteinander verbindet, die über Terminals mit geringen Speicherkapazitäten befragt werden können. Internet ist eine amerikanische Initiative mit weltweiter Reichweite ... sie wurde ursprünglich als militärisches Projekt von Informatikkonzernen ins Leben gerufen, von der amerikanischen Regierung finanziert und zielt darauf hin, einen weltweiten Club von Computer- und Datenbankbenutzern zu gründen. Der Minitel ist ein französisches System, dem es bislang [1994] nicht gelungen ist, über die Landesgrenzen hinaus zu gelangen, da [ausländische] Schutzbestimmungen dies verhindern. Es geht auf eine verwegene Initiative hoher staatlicher Technokraten zurück und sollte die Schwäche der französischen Informatik- und Elektronikindustrie beheben. Auf Seiten des Internet: die aleatorische Topographie der lokalen Netze von Computerfanatikern. Auf Seiten des Minitel: die ordentliche Zusammenstellung des Telefonverzeichnisses. Auf der einen Seite haben wir eine anarchische Tarifgestaltung unkontrollierbarer Serviceleistungen, auf der anderen ein Kiosk-System, das eine homogene Tarifgestaltung und eine durchsichtige Aufteilung der Einkünfte gestattet. Einerseits die Entwurzelung und der Traum von der allgemeinen Vernetzung über alle Grenzen und Kulturen hinweg, andererseits die elektronische Version der gemeinschaftlichen Wurzeln.[52]

Die vergleichende Analyse der Entwicklung dieser beiden Systeme unter Berücksichtigung ihrer gesellschaftlichen und institutionellen Umwelt kann uns helfen, Licht auf die Charakteristika des entstehenden interaktiven Kommunikationssystems zu werfen.[53]

Die Minitel-Story: l'état et l'amour

Teletel, das Netzwerk, das die Minitel-Anschlüsse versorgt, ist ein Videotext-System, das 1978 von der französischen Telefongesellschaft entworfen und 1984

---

52 Scheer (1997: 79). [Verglichen mit Castells' eigener Übersetzung von Scheer (1994: 97f); d.Ü.]
53 Case (1994).

nach Jahren lokal begrenzter Versuche in den Markt eingeführt wurde. Es ist trotz seiner primitiven, 15 Jahre lang fast unveränderten Technologie das älteste und größte derartige System auf der Welt. Es hat große Zustimmung in den französischen Haushalten gefunden und ist zu phänomenaler Größe angewachsen. Mitte der 1990er Jahre bot es 23.000 Dienstleistungen an und stellte 6,5 Mio. Minitel-Anschlüssen FF 7 Mrd. in Rechnung. Es wurde von einem von vier französischen Haushalten und einem Drittel der erwachsenen Bevölkerung genutzt.[54]

Dieser Erfolg ist besonders erstaunlich, wenn man ihm den allgemeinen Misserfolg von Videotextsystemen wie Prestel in Großbritannien und Deutschland oder des japanischen Captain entgegenhält, oder auch die begrenzte Aufnahmebereitschaft gegenüber Minitel und anderen Videotextnetzwerken in den Vereinigten Staaten.[55] Dieser Erfolg stellte sich trotz einer sehr begrenzten Video- und Übertragungstechnologie ein: So übertrug Minitel bis Anfang der 1990er Jahre mit einer Geschwindigkeit von 1.200 Baud, im Vergleich zu 9.600 Baud, mit denen typische Computer-Informationsdienste zur selben Zeit in den USA arbeiteten.[56] Dem Erfolg von Minitel liegen zwei wesentliche Faktoren zugrunde: Der erste war das Engagement der französischen Regierung, die das Experiment als Teil der Antwort auf die Herausforderung sah, die der Nora-Minc-Bericht über die „Informatisierung der Gesellschaft" formuliert hatte. Dieser Bericht war 1978 im Auftrag des Premierministers erarbeitet worden.[57] Der zweite Grund bestand in der einfachen Anwendung und in der Unkompliziertheit des Bezahlens am Kiosk, die das System für die Durchschnittsbürger zugänglich und vertrauenswürdig machten.[58] Dennoch brauchten die Leute einen besonderen Anreiz, um es zu nutzen; und das ist der aufschlussreichste Teil der Minitel-Story.[59]

Das durch France Telecom vermittelte staatliche Engagement wurde beim Start des Programms spektakulär in Szene gesetzt: Jeder Haushalt erhielt die Option auf die Lieferung eines kostenlosen Minitel-Gerätes anstelle des üblichen Telefonbuchs. Außerdem subventionierte die Telefongesellschaft das System, bis es 1995 erstmals die Rentabilitätsschwelle erreichte. Es war eine Methode, die Nutzung der Telekommunikation zu stimulieren, wodurch für die gebeutelte französische Elektronikindustrie ein exklusiver Markt entstand und sich zugleich vor allem Unternehmen und Familien an das neue Medium gewöhnten.[60] Die klügste Strategie von France Telecom aber bestand darin, das System für private

---

54 Myers (1981); Lehman (1994); Thery (1994).
55 McGowan und Compaine (1989).
56 Rosenbaum (1992); Preston (1994); Thery (1994).
57 Nora und Minc (1978).
58 McGowan (1988).
59 Mehta (1993).
60 Eine umfassende Analyse der Politik, die zur Entwicklung von Minitel geführt hat, liefern Cats-Baril und Jelassi (1994).

Anbieter von Dienstleistungen weit zu öffnen und vor allem für die französischen Zeitungen, die Minitel alsbald befürworteten und populär machten.[61]

Es gab jedoch noch einen zweiten wichtigen Grund für die verbreitete Nutzung von Minitel: Die Aneignung des Mediums durch das französische Volk für seine persönlichen Ausdrucksformen. Die ersten Dienstleistungen, die Minitel zur Verfügung stellte, waren dieselben, die auch über die traditionelle Kommunikation mit dem Telefon zu haben waren: Telefonauskunft, Wetterbericht, Reiseauskunft und Reservierungen, Kartenvorverkauf für Unterhaltungs- und Kulturereignisse usw. Als das System und die Leute anspruchsvoller wurden und Tausende von Dienstleistern sich beteiligten, wurden über Minitel Werbung, Tele-Shopping, Tele-Banking und verschiedene unternehmensorientierte Dienstleistungen angeboten. Dennoch waren in den frühen Entwicklungsstadien die sozialen Auswirkungen von Minitel begrenzt.[62] Bezüglich der Größenordnung gingen 40% aller Anrufe auf das Telefonverzeichnis zurück; im Hinblick auf den Wert kamen 1988 36% der Einnahmen von Minitel von 2% seiner Nutzer; das waren Unternehmen.[63] Zu florieren begann das System mit der Einführung von *chat*-Verbindungen oder *messageries*, von denen sich die meisten schnell auf Sex-Angebote oder sexbezogene Unterhaltung spezialisierten (*les messageries roses*), die 1990 die Hälfte der Anrufe ausmachten.[64] Einige dieser Dienste waren kommerzielle porno-elektronische Unterhaltungen, entsprechend dem in anderen Gesellschaften so verbreiteten Telefonsex. Der Hauptunterschied bestand in der Zugänglichkeit dieser Dienstleistungen über das Videotext-Netzwerk und in der massiven Werbung in der Öffentlichkeit. Aber die meisten erotischen Nutzungen des Minitel wurden von den Leuten selbst über die allgemeinen *chat*-Verbindungen initiiert. Es gab aber keinen generalisierten Sex-Bazar, sondern demokratisierte sexuelle Phantasien. In den meisten Fällen (Quelle: teilnehmende Beobachtung des Autors) beruhte der Online-Austausch auf der Personifizierung von Alter und Geschlechtergruppen sowie körperlichen Charakteristika, so dass Minitel eher zum Vehikel sexueller und persönlicher Träume wurde als zum Ersatz für Abschlepplokale. Diese Betörung durch die intime Nutzung von Minitel war wesentlich, um seine schnelle Verbreitung beim französischen Volk zu sichern – trotz feierlicher Proteste prüder Puritaner. Anfang der 1990er Jahre ging die erotische Nutzung von Minitel zurück, weil die Mode abklang und weil der rudimentäre Charakter der Technologie ihren Sexappeal begrenzte; *chat*-Verbindungen machten nur noch weniger als 10% der Gesamtnutzung aus.[65] Als das System einmal voll etabliert war, wurden während der 1990er Jahre die am schnellsten wachsenden Dienste von Unternehmen für ihre interne Nutzung entwickelt. Dabei lag das größte Wachstum bei Dienstleistungen mit hohem

---

61 Preston (1994).
62 Mehta (1993).
63 Honigsbaum (1988).
64 Maital (1991); Rheingold (1993).
65 Wilson (1991).

Mehrwert wie Rechtsberatung, die mehr als 30% des Verkehrs ausmachen.[66] Aber das Einsteigen eines großen Teils des französischen Volkes in das System erforderte den Umweg über sein persönliches Seelenleben und wenigstens eine Zeit lang die Erfüllung seiner Kommunikationsbedürfnisse.

Als Minitel in den 1990er Jahren seine Rolle als Dienstleistungsanbieter betonte, wurden auch seine eingebauten Beschränkungen als Kommunikationsmittel deutlich.[67] Technologisch beruhte es auf einer uralten Video- und Übertragungstechnologie, deren Aktualisierung das Ende seiner Attraktion als kostenloses elektronisches Gerät bedeuten würde. Außerdem beruhte es nicht auf Personalcomputern, sondern im Großen und Ganzen auf unintelligenten Endgeräten, was die autonome Fähigkeit zur Informationsverarbeitung empfindlich einschränkte. Als dann neue Kommunikationsbereiche jenseits von Minitel verfügbar wurden, war seine Architektur, die institutionell um eine Hierarchie von Server-Netzwerken herum organisiert war und wenig Möglichkeiten zur horizontalen Kommunikation bot, für eine anspruchsvolle Gesellschaft wie die Frankreichs zu unflexibel. Die naheliegende Lösung, die das französische System auch aufgriff, bestand in der Option, zu einem entsprechenden Preis an das weltweite Internet angeschlossen zu werden. Das bedeutete aber die Aufspaltung von Minitel in einen bürokratischen Informationsdienst, ein vernetztes System von unternehmensorientierten Dienstleistungen und eine Zuleitung zum riesigen Kommunikationssystem der Internet-Konstellation.

Die Internet-Konstellation

Das Internet (dessen Entstehungsprozess ich in Kap. 1 analysiert habe) ist das Rückgrat der globalen computervermittelten Kommunikation (*computer-mediated communication, CMC*): Es ist das Netzwerk, das die meisten Computer-Netzwerke miteinander verknüpft. Nach Quellen, die Vinton Cerf gesammelt und bearbeitet hat, verband das Internet im Juni 1999 etwa 63 Mio. Computer-*hosts* (oder Hauptcomputer), 950 Mio. Telefonanschlüsse, fünf Mio. *level 2 domains*, 3,6 Mio. *web sites* und wurde von 179 Mio. Menschen in mehr als 200 Ländern benutzt. Die Vereinigten Staaten und Kanada brachten es auf 102 Mio. User, Europa auf über 40 Mio., Asien und die asiatische Pazifikregion auf fast 27 Mio., Lateinamerika auf 22,3 Mio., Afrika auf 1,14 Mio. und der Nahe Osten auf 0,88 Mio. Mitte 1999 erwartete man einen Zuwachs der angeschlossenen *hosts* auf nahezu 123 Mio. bis 2001 und auf 878 Mio. bis 2007 (s. Abb. 5.3), und die Zahl der User sollte bis Dezember 2000 zwischen 300 Mio. und einer Milliarde liegen.[68] Manche Analytiker glauben, dass Cerf wegen seiner gewohnheitsmäßigen Vorsicht die Verbreitung des Internet 1999/2000 un-

---

66 Wilson (1991).
67 Dalloz und Portnoff (1994).
68 Cerf (1999).

Abbildung 5.3 Internet-Hosts, 1989-2006 (in Tausend)

Die Zahlen (in Tausend) für jedes Jahr waren: 1989: 157; 1990: 376; 1991: 727; 1992: 1.313; 1993: 2.217; 1994: 5.846; 1995: 14.352; 1996: 21.819; 1997: 29.670; 1998: 43.230; 1999: 62.987; 2000: 91.774; 2001: 122.717; 2002: 194.830; 2003: 283.872; 2004: 413.610; 2005: 602.641; 2006: 878.065

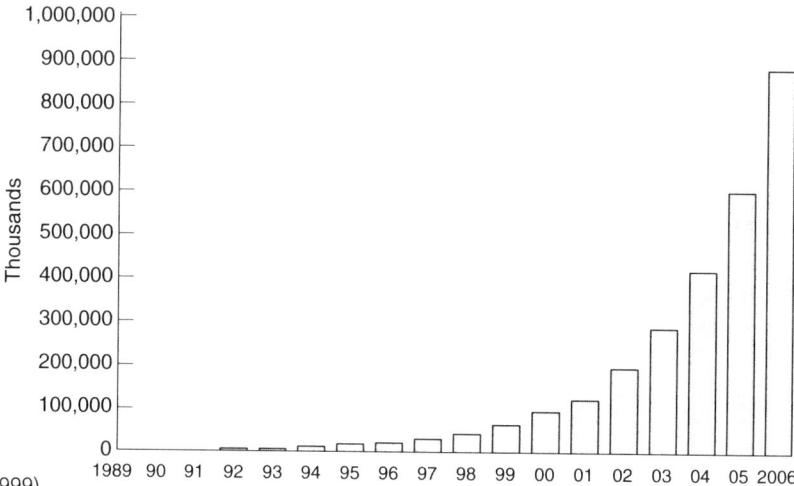

Quelle: Cerf (1999)

tertreibt.[69] Meine eigene Schätzung besagt, dass die Zahl der User bis Mitte 2001 ungefähr 700 Mio. betragen wird. Das muss man mit dem Umfang des Internet in seinen früheren Entwicklungsstadien vergleichen: 1973 gab es 25 Computer im Netzwerk; während der 1970er Jahre konnte es nur 256 Computer unterstützen; Anfang der 1980er Jahre war es nach einschneidenden Verbesserungen noch immer auf etwa 25 Netzwerke mit nur ein paar hundert Primärcomputern und ein paar tausend Nutzern beschränkt.[70] Die Zahl der User wird in zwei Studien von August und November 1995 in den Vereinigten Staaten auf 9,5 Mio. und 24 Mio. geschätzt.[71] Das bedeutet, dass die Zahl der User in gerade vier Jahren um den Faktor 10,7 oder 4,25 gestiegen ist. Weil die Netzwerkverbindungen dazu tendieren, ihre Zuwachsrate mit dem Anwachsen des Netzwerkes zu erhöhen (s. Kap. 1), erscheint die Annahme von 1 Mrd. über das Internet miteinander verbundener Computer-*hosts* und von mehr als 2 Mrd. Internet-Nutzern vor 2010 nicht zu weit hergeholt. Und wirklich scheinen der

---

69 Zook (2000c).
70 Hafner und Markoff (1991); *Business Week* (1994a); Sullivan-Trainor (1994); *El País/World Media* (1995); McLeod (1996).
71 Materialreiche, intelligente Analysen über Ursprünge, Entwicklung und Charakteristika des Internet und anderer CMC-Netzwerke liefern Hart u.a. (1992); Rheingold (1993). Eine empirische Studie zum Wachstum des Internet ist Batty und Barr (1994). Zu den Aussichten des Internet s. eine Studie der Rand Corporation, die zum Zeitpunkt der Niederschrift nur online verfügbar war: Rand Corporation (1995).

computervermittelten Kommunikation keine Grenzen gesetzt zu sein: 1999 beriet Vinton Cerf, einer der Väter des ARPANET und dann des Internet, die NASA über die Planung eines interplanetaren Internet-*backbone*, was die Möglichkeit einer bemannten Marsstation bis 2030 einschloss sowie den ultimativen Wunsch der Himmelsstürmer: ein stabiles interplanetares Internet-*backbone* bis 2040.[72] Drunten auf der Erde ist das Internet in seinen unterschiedlichen Verkörperungen und sich entfaltenden Manifestation bereits das universelle, interaktive Computer-Kommunikationsmedium des Informationszeitalters.[73]

Es gibt jedoch entscheidende Ungleichheiten im Internet. Daten aus verschiedenen Quellen zufolge stellten um 1998-2000 die industrialisierten Länder (mit etwa 15% der Weltbevölkerung) 88% der Internet-Nutzer. Es bestand eine erhebliche regionale Ungleichheit in der Verbreitung des Internet. Während nur 2,4% der Weltbevölkerung Zugang zum Internet hatten, betrug dieser Prozentsatz in Finnland (zur Jahrhundertwende die am stärksten auf das Internet ausgerichteten Gesellschaft der Welt) 28%, in den USA 26,3% und in den OECD-Ländern ohne die USA 6,9%. Innerhalb der Länder war die Ungleichheit im Zugang zum Internet nach sozialer Gruppe, Rasse, Geschlecht, Altersgruppe und Wohnort erheblich. Weltweit hatten 30% der Internet-Nutzer einen Universitätsabschluss, und dieser Anteil stieg für Russland auf 55%, für Mexiko auf 67% und für China auf 90%. In Lateinamerika entstammten 90% der Internet-Nutzer den oberen Einkommensgruppen. In China waren nur 7% derer, die das Internet nutzten, Frauen. In Russland waren nur 15% der Nutzer des Internet älter als 45. In den Vereinigten Staaten war bei Haushalten mit einem Einkommen von mehr als US$ 75.000 die Wahrscheinlichkeit, dass sie Zugang zum Internet hatten, 20 Mal so hoch wie bei denen mit dem niedrigsten Einkommensniveau. Die Bevölkerungsgruppe mit einer vierjährigen abgeschlossenen College-Ausbildung hatte eine Benutzungsquote von 61,6%, während diese Quote für diejenigen mit Elementarbildung nur 6,6% betrug. Männer gingen um drei Prozentpunkte häufiger ins Netz als Frauen. Afro-Amerikaner sowie *Hispanics* hatten mit einem Drittel der Wahrscheinlichkeit Zugang zum Internet, mit der ihn Asiaten hatten und mit zwei Fünfteln der Wahrscheinlichkeit von Weißen. Die Abstände beim Internet-Zugang zwischen den Haushalten von Weißen und *Hispanics* sowie von Weißen und Afro-Amerikanern waren im Dezember 1998 um sechs Prozentpunkte größer als im Dezember 1994. Jedoch bei den amerikanischen Haushalten mit Einkommen von über US$ 75.000 war der Abstand zwischen den Rassen beim Internetzugang 1998 aber erheblich geringer. Das verweist eher auf Einkommen und Bildung als Gründe der Ungleichheit und weniger auf Rassenzugehörigkeit an sich. Die räumliche Ungleichheit bei der Verfügbarkeit von Internetzugängen ist eine der erstaunlichsten Paradoxien des Informationszeitalters, bedenkt man, dass Ortslosigkeit vor-

---

72 Cerf (1999).
73 Kahn (1999).

geblich ein wesentliches Kennzeichen dieser Technologie ist. Aber die Pionierarbeiten von Matthew Zook liefern Belege für die hohe Konzentration von kommerziellen Internet-*domains* in einigen metropolitanen Zentren (s. Abb. 5.4-5.7).[74] In den USA war die Wahrscheinlichkeit, dass bei statistisch konstant gehaltenem Einkommen Stadtbewohner Zugang zum Internet hatten, zweimal so groß wie für Landbewohner – ein weiterer kontraintuitiver Beleg gegen das populäre Bild vom Landleben im Cyberspace. 1998 lebten in Russland 50% der Internet-Nutzer in Moskau, und über 75% waren in den drei größten Städten konzentriert (Moskau, St. Petersburg und Ekaterinburg) – trotz der Kommunikationsbedürfnisse einer über ein riesiges Territorium zerstreuten Bevölkerung.[75]

Andererseits war angesichts der hohen Verbreitungsrate des Internet 1999 klar, dass in den fortgeschrittenen Ländern während der Anfangsjahre des 21. Jahrhunderts der weit verbreitete Zugang zur Norm werden würde. So ist etwa in den USA 1997-1998 bei der Verteilung der Internet-Zugänge die Kluft zwischen den Rassen zwar größer geworden, aber die Internet-Zugänge nahmen innerhalb eines Jahres in *Hispanics*-Haushalten um 48% und in afro-amerikanischen Haushalten um 52% zu, im Vergleich zu 52,8% in weißen Haushalten. Unter Studierenden an den Colleges war der Rassen- und Geschlechterunterschied bezüglich der Internetnutzung am Ende des Jahrhunderts ebenfalls dabei zu verschwinden. Und 2000 hatten 95% der öffentlichen Schulen in den USA Zugang zum Internet, obwohl nur ein Drittel von ihnen über technisch kompetente Kräfte verfügte, um Lehrende und Lernende in der Nutzung des Internet zu schulen. Das Internet hat die schnellste Durchsetzungsrate aller Kommunikationsmedien in der Geschichte zu verzeichnen: In den Vereinigten Staaten brauchte das Radio 30 Jahre, um 60 Mio. Menschen zu erreichen; das TV erreichte dieses Verbreitungsniveau innerhalb von 15 Jahren; das Internet schaffte es in gerade drei Jahren nach der Entwicklung des *world wide web*. Der Rest der Welt hinkt Nordamerika und den entwickelten Ländern hinterher, aber Internetzugang und Internetnutzung holten in allen bedeutenden metropolitanen Zentren auf allen Kontinenten mächtig auf.[76] Es ist jedoch nicht unwichtig, wer früher Zugang hatte, und zu was. Denn anders als beim Fernsehen sind die Konsumenten des Internet auch seine Produzenten, die Inhalte liefern und dem Netz Form verleihen. Deshalb wird die immens uneinheitliche Ankunftszeit der Gesellschaften in der Internet-Konstellation dauerhafte Konsequenzen für das künftige Muster der Kommunikation und Kultur auf der Welt haben.[77]

---

74 Zook (2000c).
75 UNDP (1999); UNESCO (1999); US Department of Commerce (1999b); Castells und Kiselyova (2000); Zook (2000a).
76 S. z.B. Commission de nuevas technologias (1999).
77 Dutton (1999); UNESCO (1999).

Abbildung 5.4 Namen von CONE- und Ländercode-*domains* im Internet weltweit nach Städten, Juli 1999 (entspricht 8.766.072 Namen von *domains* im Internet)

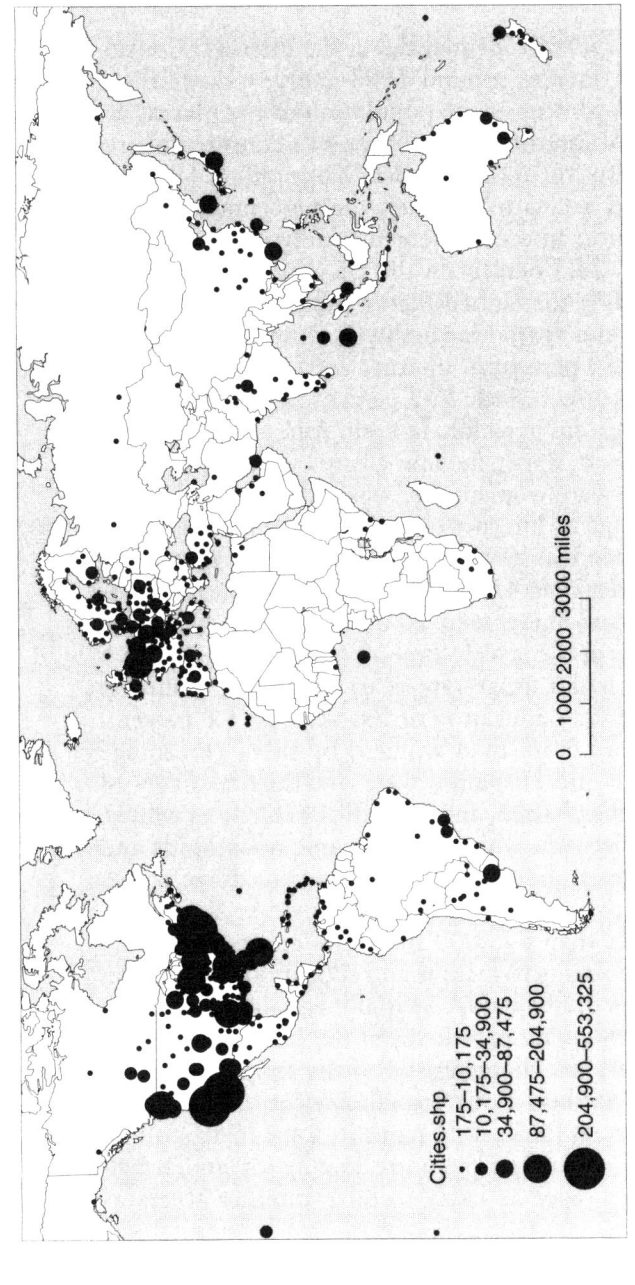

Anmerkung: Die Karten in den Abbildungen 5.4-5.7 zeigen den Registrierungsort für Namen von *domains* wie nytimes.com oder nokia.com, eingetragen auf der Ebene der Stadt. Die Methodologie zur Beschaffung und geografischen Zuordnung der Namen von *domains* wird bei Zook (2000a, b) umrissen. Diese Karten enthalten zwei Typen von *domain*-Namen: (a) *top level domains* (TLD) vom CONE-Typus (.com, .org, .net und .edu), die ursprünglich gedacht waren, um von Unternehmen, gemeinnützigen Organisationen, Computer-Netzwerken und Bildungsinstitutionen genutzt zu werden; und (b) TLD auf der Grundlage von Ländercodes (*country code*, CC) wie „.de" für Deutschland und „.jp" für Japan, die für den Gebrauch im Internet in den entsprechenden Ländern gedacht waren. Wegen der enormen Anzahl an *domains* vom CONE-Typus beruhen die Daten vom Juli 1999 auf einer Zufallsauswahl von 4% der *domain*-Namen vom CONE-Typus.

Quelle: Zook (2000c)

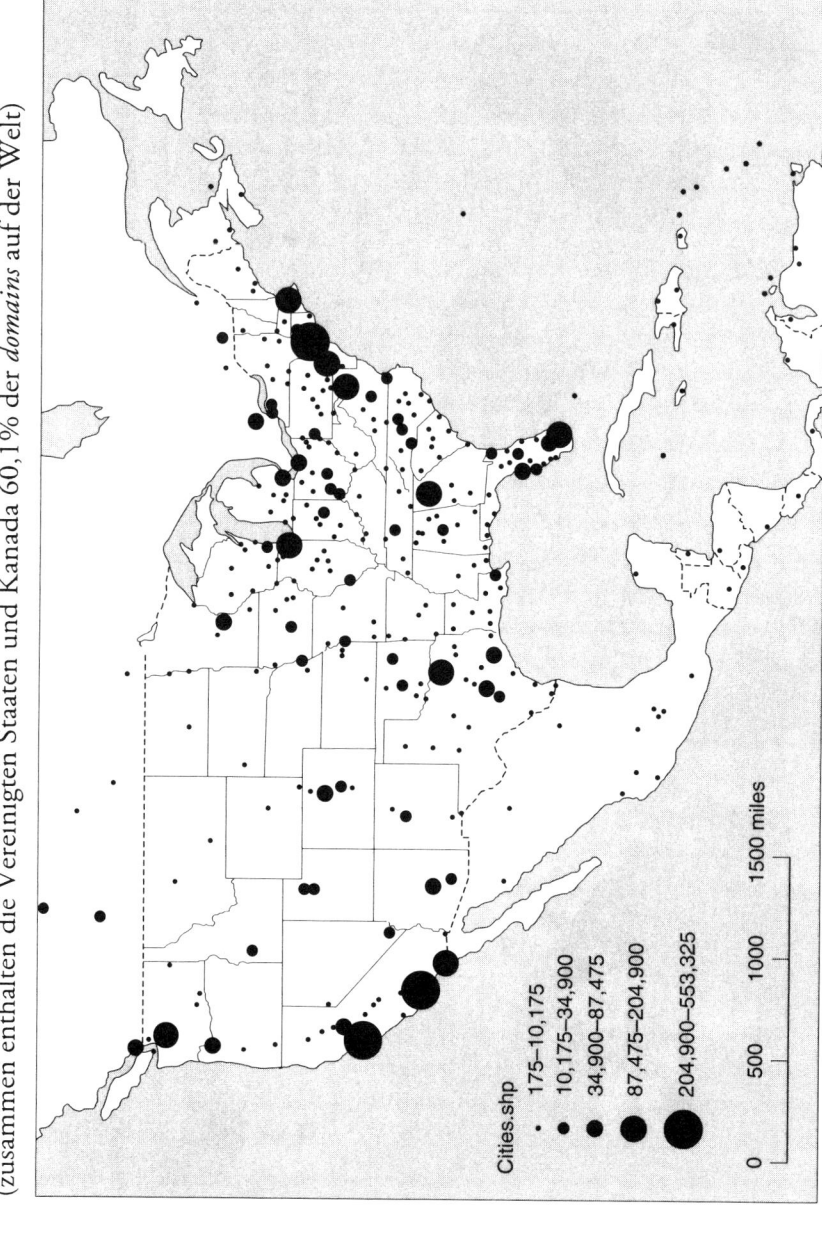

Abbildung 5.5 Namen von CONE- und Ländercode-*domains* im Internet nach Städten in Nordamerika, Juli 1999 (zusammen enthalten die Vereinigten Staaten und Kanada 60,1% der *domains* auf der Welt)

(s. Abbildung 5.4 zu weiteren Erläuterungen zu dieser Karte)
Quelle: Zook (2000c)

Computervermittelte Kommunikation 401

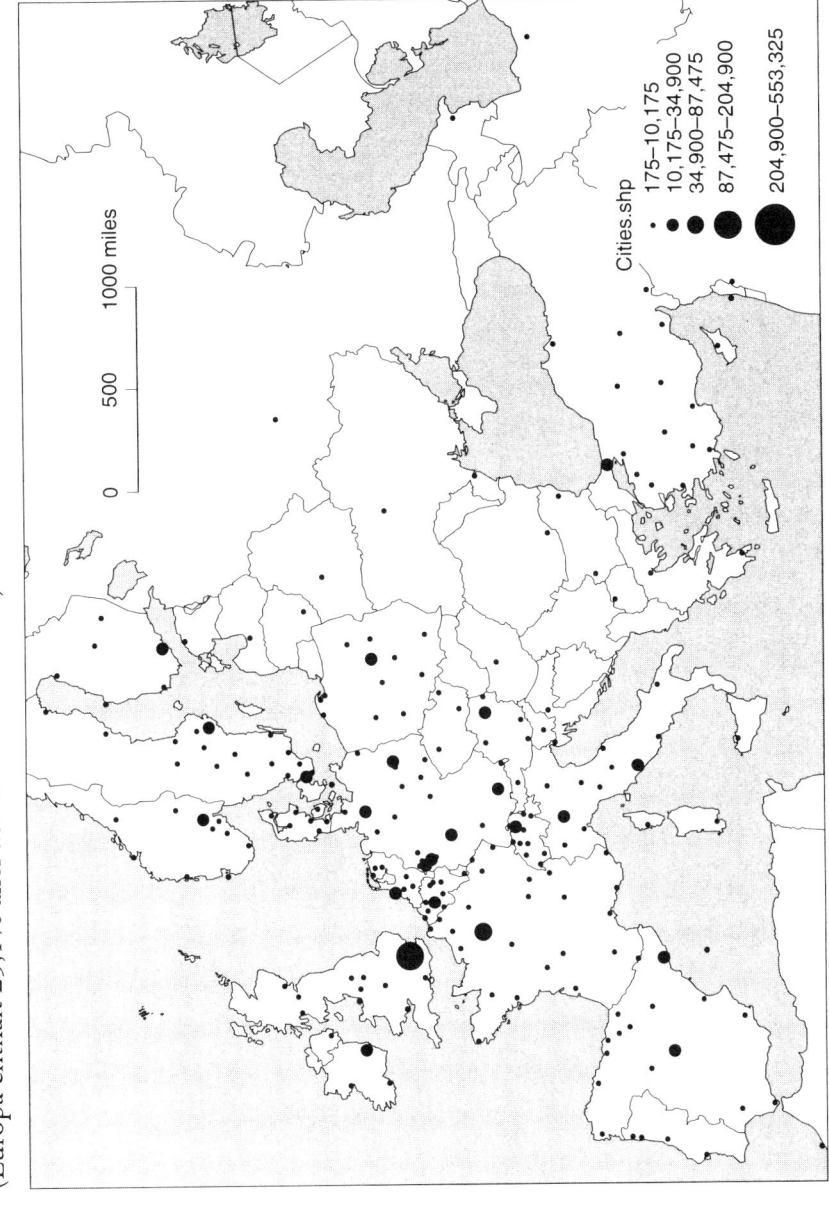

Abbildung 5.6 Namen von CONE- und Ländercode-*domains* im Internet nach Städten in Europa, Juli 1999 (Europa enthält 25,1% aller *domains* auf der Welt)

(s. Abbildung 5.4 zu weiteren Erläuterungen zu dieser Karte)
Quelle: Zook (2000c)

Abbildung 5.7 Namen von CONE- und Ländercode-*domains* im Internet nach Städten in Asien, Juli 1999

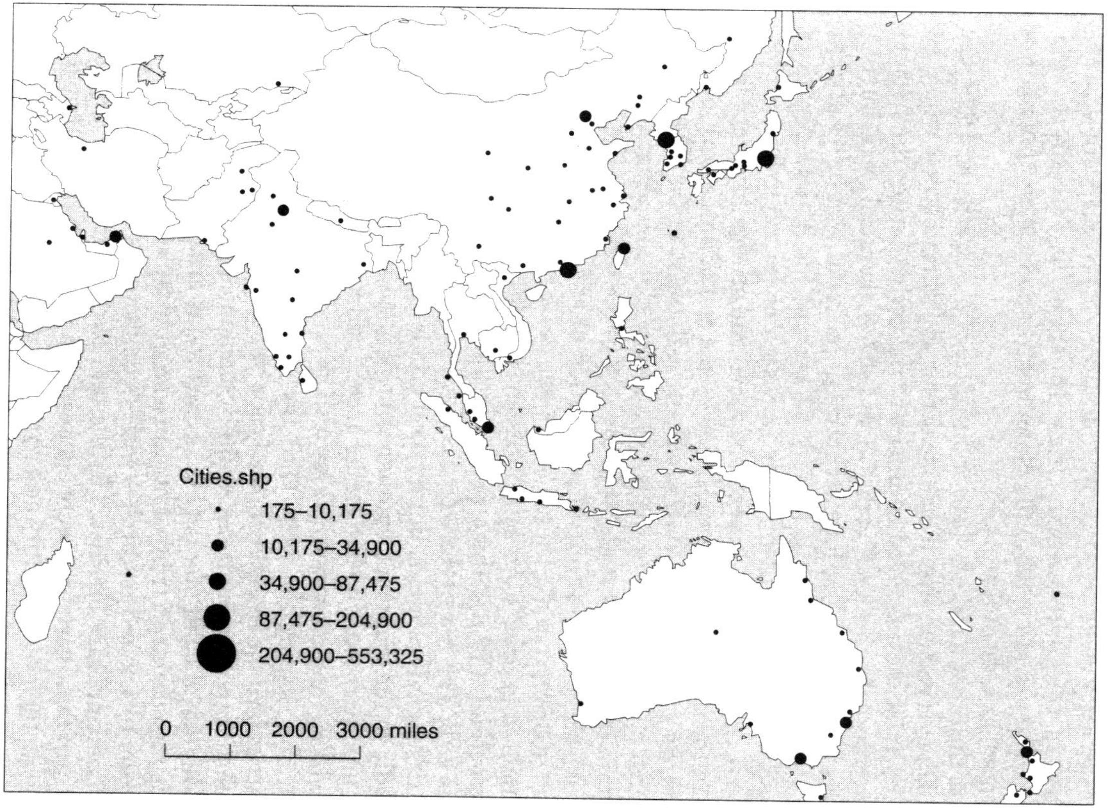

(s. Abbildung 5.4 zu weiteren Erläuterungen zu dieser Karte)
Quelle: Zook (2000c)

Heute gibt es auf der ganzen Welt Millionen von Computer-Netzwerken, die das gesamte Spektrum menschlicher Kommunikation abdecken, von Politik und Religion bis zu Sex und Forschung – mit E-Commerce als Herzstück des heutigen Internet.[78] Am Ende des Jahrhunderts war die große Mehrzahl dieser Netzwerke mit dem Internet verbunden, aber sie behielten ihre eigene Identität und setzten ihre eigenen Verhaltensregeln durch. Und wie ich in Kapitel 2 gezeigt habe, war ein wachsender Teil des Internet dabei, zu einem riesigen Marktplatz zu werden.

Aber die Kapazität des Netzwerks der Netzwerke (des Netzes) ist so groß, dass ein erheblicher Teil der Kommunikation, die im Internet stattfindet, noch immer spontan, unorganisiert und vielfältig je nach Zweck und Mitgliedschaft ist. In der Tat fallen kommerzielle und staatliche Interessen zusammen, um eine immer weiter ausgreifende Nutzung des Netzwerkes zu begünstigen: je größer die Vielfalt der Botschaften und Teilnehmenden, desto umfangreicher die kritische Masse im Netzwerk und desto höher der Wert. Die friedliche Koexistenz diverser Interessen und Kulturen im Netz hat die Form des *world wide web (www)* angenommen, eines flexiblen Netzwerkes von Netzwerken innerhalb des Internet, wo Institutionen, Unternehmen, Vereinigungen und Einzelpersonen ihre eigenen *sites* einrichten, auf deren Grundlage jeder mit Zugang eine eigene Homepage herstellen kann, die aus einer variablen Collage von Texten und Bildern besteht (s. Kap. 1).

Das *www* erlaubte die Gruppierung von Interessen und Projekten innerhalb des Netzes und überwand so das zeitaufwändige und chaotische Blättern im Internet. Auf der Grundlage dieser Gruppierungen waren Einzelpersonen und Organisationen in der Lage, sinnvoll miteinander in einem Rahmen zu kommunizieren, der buchstäblich ein weltweites Gewebe individualisierter, interaktiver Kommunikation geworden ist.[79] Der Preis, der für solche diversifizierte, weit ausgedehnte Beteiligung zu zahlen ist, besteht darin, zugleich das Aufblühen spontaner, informeller Kommunikation zuzulassen. Die Kommerzialisierung des Cyberspace wird der historischen Erfahrung der Geschäftsstraßen, die sich in einer pulsierenden Stadtkultur entwickelt haben, näher sein als den Einkaufszentren, die sich in der Öde anonymer Vorstädte ausbreiten.

Die beiden Quellen des Netzes, das militärisch/wissenschaftliche Establishment und die Gegenkultur der Personalcomputer, hatten eine Gemeinsamkeit: die Beziehung zur Welt der Universität. Wie ich in Kapitel 1 berichtet habe, wurde der erste ARPANET-Knoten 1969 an der University of California in Los Angeles eingerichtet, und dem wurden 1970/71 sechs weitere Knoten an der University of California in Santa Barbara, dem SRI, der University of Utah, bei BBN, am MIT und in Harvard hinzugefügt. Von da breiteten sie sich – mit Ausnahme der internen Netzwerke der großen Elektronikkonzerne – vor allem

---

78 Zook (2000b).
79 Markoff (1995).

über die akademische Welt aus. Dieser Ursprung des Netzes an der Universität war und ist entscheidend für die Entwicklung und Ausbreitung der elektronischen Kommunikation über die ganze Welt. Zur Initiation großen Stils in die computervermittelte Kommunikation kam es für die graduierten Studierenden und die Lehrenden der Universitäten in den Vereinigten Staaten in den frühen 1990er Jahren. Und ein ähnlicher Prozess fand nur wenige Jahre später in der übrigen Welt statt. In Spanien kam Mitte der 1990er Jahre das größte Kontingent der frühen „Internet-Freaks" von den Computer-Netzwerken, die um verschiedene Universitäten in Madrid und Barcelona herum aufgebaut worden waren. In Russland trat computervermittelte Kommunikation (*computer-mediated communication; CMC*) in den späten 1980er Jahren als halblegale Basisbewegung von Forschern an Instituten der Akademie der Wissenschaften und an Universitäten auf. Die Geschichte scheint auf der ganzen Welt dieselbe zu sein. Dieser von der Universität ausgehende Diffusionsprozess ist deshalb bedeutsam, weil er das höchste Potenzial zur Verbreitung der Gewohnheiten und des Know how der CMC besitzt. Denn entgegen der Annahmen von der sozialen Isolation, wie sie das Bild vom Elfenbeinturm nahe legt, sind Universitäten wichtige Instanzen der Verbreitung sozialer Innovation: Generation auf Generation junger Leute durchläuft sie, und dabei wird sie sich neuer Arten des Denkens, der Lebensführung, des Handelns und Kommunizierens bewusst und macht sie sich zu eigen. In dem Maße, wie CMC das Universitätssystem auf internationaler Ebene durchdringt, wird die Botschaft des neuen Mediums durch die Absolventen, die im frühen 21. Jahrhundert die Unternehmen und Institutionen übernehmen werden, in den *mainstream* der Gesellschaft einfließen.

Der Prozess der Schaffung und Verbreitung des Internet und verwandter CMC-Netzwerke im letzten Viertel des Jahrhunderts hat die Struktur des neuen Mediums für immer geprägt: in der Architektur des Netzwerkes, in der Kultur der Vernetzer und in den tatsächlichen Mustern, in denen kommuniziert wird.[80] Die Architektur des Netzwerkes ist und bleibt technologisch. Das ermöglicht weit verbreiteten Zugang und beschneidet staatliche und kommerzielle Beschränkungen dieses Zugangs erheblich, obwohl sich soziale Ungleichheit im elektronischen Bereich tiefgreifend auswirken wird. Diese Offenheit ist einerseits die Folge des ursprünglichen Entwurfs, der zum Teil aus den oben dargestellten militärstrategischen Gründen entwickelt wurde. Zum Teil aber auch, weil die Wissenschaftler, welche die militärischen Forschungsprogramme durchführten, ein solches neues System schaffen wollten, erstens um ihre technologische Kompetenz zu beweisen und zweitens als utopisches Unterfangen. Andererseits resultiert die Offenheit des Systems auch aus dem ständigen Prozess der Innovation und freien Zugänglichkeit, wie sie von den Computer-Hackern und den Hobby-Vernetzern, die das Netz noch immer zu Hunderten und Tausenden bevölkern, realisiert wurden. Zum Beispiel wurde in den späten 1990er Jah-

---

80 De Kerckhove (1997).

ren Linux-Software, die von Linus Torvalds, einem jungen, brillanten Computerwissenschaftler an der Universität Helsinki, entworfen worden war und auf Unix-Internet-Anwendungen läuft, frei über das Netz verbreitet. Das bedeutete eine ernste Herausforderung für die Vorherrschaft der Software von Microsoft. Aber der signifikante Faktor beim Erfolg von Linux war seine unablässige Verbesserung als Ergebnis der Beiträge von Tausenden von Nutzern, die neue Anwendungen fanden und die Software perfektionierten und dann ihre Verbesserungen kostenlos ins Netz stellten, womit sie das technische Geschenk erwiderten, das sie zuvor bekommen hatten. Dieses anhaltende Bemühen von allen Seiten, die Kommunikationsfähigkeit im Netzwerk zu verbessern, ist ein bemerkenswertes Beispiel dafür, wie die technologische Produktivität der durch das Netz ermöglichten Kooperation am Ende das Netz selbst verbessert hat.[81]

Die Kultur der ersten Generation User mit ihren utopischen, gemeinschaftlichen und libertären Unterströmungen hat das Netz in zweierlei Hinsicht in gegensätzlicher Richtung geprägt. Einerseits hat sie den Zugang auf eine Minderheit von Computer-Freaks begrenzt, auf die einzigen Leute, die willens und in der Lage waren, Zeit und Energie darauf zu verwenden, im Cyberspace zu leben. Aus dieser Ära ist ein Pioniergeist geblieben, der die Kommerzialisierung des Netzwerkes mit Misstrauen beobachtet und mit Sorge zusieht, wie die Verwirklichung des Traumes von verallgemeinerter Kommunikation auf die Beschränkungen und das Elend der Menschheit stößt, wie sie nun einmal ist. Während jedoch der Heroismus der ersten Computer-Stämme vor dem unablässigen Zustrom der Neulinge auf dem Rückzug ist, bleibt doch etwas von den gegenkulturellen Ursprüngen des Netzwerkes: die Informalität und Selbstbestimmtheit der Kommunikation, die Vorstellung, dass viele für viele etwas beitragen, dass aber jeder Einzelne eine eigene Stimme hat und eine individuelle Antwort erwartet.[82] Die Multipersonalisierung der CMC bringt in gewissem Maße dieselbe Spannung zum Ausdruck, die in den 1960er Jahren zwischen der „Ich-Kultur" und den Gemeinschaftsträumen jedes Individuums entstand.[83] In Wirklichkeit gibt es zwischen den gegenkulturellen Ursprüngen der CMC und den *Internetters* des heutigen *mainstream* mehr Brücken, als die Kommunikationsexperten gewöhnlich zugeben. Das zeigt sich an der positiven Haltung der Geschäftswelt gegenüber der Zeitschrift *Wired*, die anfangs als gegenkulturelles Projekt konzipiert war, aber dann Mitte der 1990er Jahre zum heißesten Ausdruck von Internet-Kultur und -Beratung wurde.

Trotz aller Anstrengungen, das Internet und seine zuleitenden Systeme zu regulieren, zu privatisieren und zu kommerzialisieren sind das Internet und die CMC-Netzwerke innerhalb und außerhalb des Internet durch ihre Allgegenwart, ihre vielgestaltige Dezentralisation und ihre Flexibilität charakterisiert. Sie

---

81 Harmon (1999); Linus Torvalds (persönliche Kommunikation, 1999).
82 Himannen (2001).
83 Girlin (1987); Rand Corporation (1995).

breiten sich aus wie Kolonien von Mikroorganismen.⁸⁴ Sie werden in zunehmendem Maße Ausdruck kommerzieller Interessen sein und ebenso die Logik des Controlling der großen öffentlichen und privaten Organisationen auf den gesamten Bereich der Kommunikation ausdehnen. Aber im Unterschied zu den Massenmedien der McLuhan-Galaxis besitzen sie technologisch und kulturell eingebettete Eigenschaften von Interaktivität und Individualisierung. Aber übersetzen sich diese Möglichkeiten in neue Formen der Kommunikation? Was sind die kulturellen Attribute, die sich aus dem Prozess der elektronischen Interaktion ergeben? Wenden wir uns der Untersuchung des dürftigen empirischen Materials zu diesen Fragen zu.

Die interaktive Gesellschaft

Die durch das Internet vermittelte Kommunikation ist ein allzu neues gesellschaftliches Phänomen, als dass die wissenschaftliche Forschung schon zu festen Schlussfolgerungen über ihre gesellschaftliche Bedeutung hätte kommen können. Außerdem ist das karge empirische Material noch immer durch die Art von Fragen geprägt, die sich in der Ära vor dem *www*, also vor 1995, ergaben, als die computervermittelte Kommunikation eine unbedeutende Angelegenheit von ein paar hunderttausend hingebungsvollen Nutzern war. Das gilt besonders für die Frage, welche die Debatte über die gesellschaftlichen Dimensionen des Internet während der 1990er Jahre beherrscht hat: Begünstigt das Internet die Entwicklung neuer Gemeinschaften, virtueller Gemeinschaften, oder führt es stattdessen zu persönlicher Isolation und zertrennt die Bindungen der Menschen an die Gesellschaft und am Ende auch an ihre „wirkliche" Welt? Howard Rheingold hat in seinem wegweisenden Buch *Virtual Communities* den Ton der Debatte vorgegeben und entschieden für die Geburt einer neuen Form von Gemeinschaft argumentiert, die Menschen online um gemeinsame Werte und Interessen zusammenführt.⁸⁵ Außerdem vertrat er auf der Grundlage seiner eigenen Erfahrung mit WELL, einem kooperativen Computer-Netzwerk in der Region der San Francisco Bay, die Meinung, dass die online aufgebauten Gemeinschaften sich (wie in seinem eigenen Fall) zu physischen Treffen, freundschaftlichen Partys und materieller Unterstützung der Mitglieder der virtuellen Gemeinschaft entwickeln könnten. Eine virtuelle Gemeinschaft im Sinne der Argumentation von Rheingold ist nach allgemeinem Verständnis ein selbstdefiniertes elektronisches Netzwerk interaktiver Kommunikation, in dessen Mittelpunkt ein gemeinsames Interesse oder ein gemeinsamer Zweck steht, obwohl manchmal auch die Kommunikation selbst zum Ziel wird. Solche Gemeinschaften können relativ formalisiert sein, wie im Falle moderierter Konferenzen oder der

---

84 Um Rheingolds (1993) biologische Metapher zu benutzen.
85 Rheingold (1993).

bulletin board-Systeme (BBS), oder sie können spontan von sozialen Netzwerken gebildet werden, die sich immer wieder ins Netzwerk einloggen, um Botschaften nach einem gewählten Zeitraster (versetzt oder in Echtzeit) zu senden und zu empfangen. Auf der ganzen Welt wurden während der 1990er Jahre Zehntausende solcher „Gemeinschaften" gebildet, von denen die meisten in den USA zu Hause waren, die sich aber zunehmend global ausdehnten. Es ist jedoch trotz einer wachsenden Anzahl von Forschungen noch immer unklar, wie viel Soziabilität in solchen elektronischen Netzwerken stattfindet und was die kulturellen Folgen einer solchen neuen Form von Soziabilität sind.[86]

Der legendäre John Perry Barlow, Rocksänger, Mitbegründer der libertären Electronic Frontier Foundation, Internet-Prophet und Verfechter humanitärer Ziele, hoffte, dass „wir jetzt einen Raum schaffen, in dem die Menschen des Planeten [eine neue] Art von kommunikativer Beziehung haben können: Ich möchte in der Lage sein, vollständig mit dem Bewusstsein zu kommunizieren, das versucht, mit mir zu kommunizieren."[87] Auf eher wissenschaftliche Weise hat William Mitchell überzeugend dargelegt, dass online neue Formen der Soziabilität und neue, an unsere technologische Umwelt angepasste Formen des städtischen Lebens entstehen.[88] Und in einer der ersten psychoanalytischen Studien über Internet-Nutzer (Mitglieder einer Multi Users Dungeons [MUD]-Gruppe) hat Sherry Turkle gezeigt, dass die User wirklich Rollen spielen und sich tatsächlich Online-Identitäten aufbauen. Aber dies schuf eben ein, wenn auch vorübergehendes, Gemeinschaftsgefühl und gab wahrscheinlich Menschen, denen danach zumute war, etwas Trost und die Möglichkeit, sich selbst mitzuteilen. Sie kommt jedoch zu dem Schluss, dass „der Begriff der Wirklichkeit zurückschlägt. Die Menschen, die auf dem Bildschirm ein Parallelleben führen, sind dennoch durch die Wünsche, den Schmerz und die Sterblichkeit ihres physischen Ich gebunden. Die virtuellen Gemeinschaften stellen einen einschneidend neuen Kontext dar, in dem man über die menschliche Identität im Internet-Zeitalter nachdenken kann."[89]

Auf der anderen Seite haben Sozialkritiker wie Mark Slouka die Enthumanisierung der sozialen Beziehungen gegeißelt, die durch die Computer bewirkt wird, da das Leben online als einfacher Fluchtweg aus dem wirklichen Leben erscheint.[90] Und in Frankreich hat die angesehene Soziologin Dominique Wolton die Intellektuellen aufgerufen, der herrschenden technokratischen Ideologie, wie sie das Internet verkörpert, Widerstand zu leisten.[91] Außerdem scheint auch die streng wissenschaftliche Forschung darauf hinzuweisen, dass die Internetnutzung unter bestimmten Bedingungen die Möglichkeit erhöht, sich einsam und

---

86 Rheingold (1993); Turkle (1995); Jones (1995, 1997, 1998); Kiesler (1997).
87 Barlow (1995: 40).
88 Mitchell (1995, 1999).
89 Turkle (1995: 227).
90 Slouka (1995).
91 Wolton (1998).

entfremdet zu fühlen oder sogar in Depressionen zu fallen. In einer weithin bekannten Studie hat ein psychologisches Forschungsteam an der Carnegie Mellon University die sozialen und psychologischen Auswirkungen des Internet auf die gesellschaftliche Teilhabe und das psychologische Wohlbefinden untersucht, indem sie Verhalten und Einstellungen von Internetnutzern während der ersten ein oder zwei Jahre online 1995 und 1996 gemessen haben. In dieser Stichprobe war die Internetnutzung verbunden mit einem Rückgang der Kommunikation der Beteiligten mit Familienmitgliedern im Haushalt, einem kleiner werdenden Bekanntenkreis und einer Zunahme von Depressionen und Einsamkeitsgefühlen.[92]

In einem Versuch, die verwirrende Unterschiedlichkeit des Materials zu ordnen, haben Barry Wellman, der führende empirische Sozialforscher auf dem Gebiet der Soziologie des Internet, und seine Mitarbeiter und Mitarbeiterinnen in einer Artikelserie 1996-1999 die wesentlichen Ergebnisse zur Entstehung virtueller Gemeinschaften im Internet anhand einer großen Vielfalt von Quellen analysiert.[93] Wellman will uns mit seinem zentralen Argument daran erinnern, dass „virtuelle Gemeinschaften" „physischen Gemeinschaften" nicht notwendig entgegengesetzt sind: Sie sind unterschiedliche Formen von Gemeinschaft mit spezifischen Regeln und Dynamiken, die mit anderen Gemeinschaftsformen interagieren. Zudem bezieht sich die Sozialkritik allzu oft implizit auf eine idyllische Vorstellung von Gemeinschaft als eng begrenzte, räumlich definierte Kultur von Unterstützung und Zugehörigkeit, die vermutlich in der ländlichen Gesellschaft nie existiert hat und in den fortgeschrittenen industrialisierten Ländern sicherlich verschwunden ist.[94] Stattdessen hat Wellman mit einer ganzen Flut übereinstimmender Befunde über Jahre hinweg gezeigt, dass das, was in den fortgeschrittenen Gesellschaften entstanden ist, „personelle Gemeinschaften" sind, wie er es nennt: „Das soziale Netzwerk eines Individuums, das aus informellen interpersonellen Verbindungen (*ties*) besteht, die von einem halben Dutzend intimer Bezugspersonen bis zu Hunderten von schwächeren Verbindungen reicht. ... Sowohl Gruppen-Gemeinschaften wie auch personelle Gemeinschaften funktionieren online wie offline."[95] In dieser Perspektive ersetzen soziale Netzwerke die Gemeinschaften. Dabei sind lokal basierte Gemeinschaften eine von vielen Möglichkeiten zur Schaffung und Aufrechterhaltung von sozialen Netzwerken, und das Internet bietet auch eine solche Möglichkeit. Was wissen wir nun vor diesem Hintergrund davon, was im Internet passiert?

Wellman und Gulia zeigen, dass ebenso wie in physischen, personellen Netzwerken die meisten Verbindungen in virtuellen Gemeinschaften spezialisiert und diversifiziert sind, weil die Leute ihre eigenen „persönlichen Ordner"

---

92 Kraut u.a. (1992).
93 Wellman u.a. (1996); Wellman (1997); Wellman und Gulia (1999).
94 Castells (1972); Wellman (1979); Fischer (1982).
95 Wellman und Gulia (1999: 355).

aufbauen. Internetnutzer schließen sich Netzwerken und Online-Gruppen auf der Grundlage gemeinsamer Interessen und Werte an, und weil sie vieldimensionale Interessen haben, sind auch ihre Online-Mitgliedschaften vielfältig. Mit der Zeit leisten dann jedoch viele Netzwerke, die instrumentell und spezialisiert angefangen haben, auch persönliche, materielle und affektive Unterstützung. Das geschah beispielsweise im Fall von „Senior Net" für alte Menschen oder bei „Systers", einem Netzwerk von Frauen in den Computerwissenschaften. Damit scheint die Interaktion im Internet letztlich sowohl spezialisiert/funktional als auch umfassend/unterstützend zu sein, weil die Interaktion im Netzwerk das Feld der Kommunikation mit der Zeit erweitert.

Eine zentrale Unterscheidung in der Analyse von Soziabilität ist die zwischen schwachen und starken Verbindungen. Das Netz eignet sich besonders gut zur Entwicklung einer Vielzahl schwacher Verbindungen. Schwache Verbindungen sind nützlich, um zu niedrigen Kosten Informationen bereitzustellen und Chancen zu eröffnen. Der Vorzug des Netzes besteht darin, dass es die Herstellung schwacher Verbindungen zu Fremden im Rahmen eines egalitären Interaktionsmusters erlaubt, in dem soziale Charakteristika weniger Einfluss haben, wenn es darum geht, den Rahmen der Kommunikation abzustecken oder sie gar zu blockieren. Tatsächlich fördern schwache Verbindungen offline wie online Kontakte zwischen Menschen mit unterschiedlichen sozialen Eigenschaften und erweitern so die Reichweite der Soziabilität bis jenseits der gesellschaftlich definierten Grenzen von Ich-Identifikation. In diesem Sinne kann das Internet durchaus dazu beitragen, soziale Bindungen in einer Gesellschaft auszuweiten, die sich in einem schnellen Prozess der Individualisierung und des Rückgangs öffentlichen Engagements zu befinden scheint.[96] Die virtuellen Gemeinschaften scheinen stärker zu sein, als ihnen das von Beobachtern gewöhnlich zugetraut wird. Es gibt fundierte Belege für gegenseitige Unterstützung im Netz, sogar zwischen Nutzern, die nur schwache Verbindungen haben. Online-Kommunikation fördert schließlich die ungehemmte Diskussion und ermöglicht daher Ehrlichkeit im Kommunikationsprozess. Die Kosten bestehen jedoch in der hohen Sterblichkeitsrate von Online-Freundschaften, weil eine unglückliche Formulierung mit einem Klick bestraft werden kann, der die Verbindung kappt – für immer.

Was die Auswirkungen der Kommunikation über das Internet für die physische Intimität und Soziabilität angeht, so meinen Wellman und seine Arbeitsgruppe, die Befürchtungen über eine Verarmung des sozialen Lebens seien fehl am Platze. Sie verweisen auf die Tatsache, dass es kein Nullsummenspiel gibt und dass in Wirklichkeit in einigen der von ihnen untersuchten Netzwerke mehr Internet zu mehr Verbindungen, einschließlich physischer Verbindungen, führt. Hier scheinen die Gurus wiederum der Soziabilität im Internet eine mythische Vorstellung entgegenzusetzen, nämlich die von einer eng geknüpften,

---

96 Putnam (1995).

auf Gemeinschaft beruhenden Gesellschaft. Jedoch „belegt die gegenwärtige Forschung, dass Nordamerikaner gewöhnlich mehr als tausend zwischenmenschliche Verbindungen haben. Nur ein halbes Dutzend davon sind intim, und nicht mehr als fünfzig sind wirklich stark. Aber zusammengenommen sind die übrigen rund 950 Verbindungen einer Person wichtige Quellen der Information, der Unterstützung, der Geselligkeit und des Gefühls der Zugehörigkeit".[97] Das Internet begünstigt die Ausweitung und Intensität dieser Hunderte von schwachen Verbindungen, die eine grundlegende Schicht sozialer Interaktion für Menschen schaffen, die in einer technologisch entwickelten Welt leben.

Sind also am Ende virtuelle Gemeinschaften wirkliche Gemeinschaften? Ja und nein. Sie sind Gemeinschaften, aber keine physischen, und sie folgen nicht denselben Mustern von Kommunikation und Interaktion wie physische Gemeinschaften. Aber sie sind nicht „unwirklich", sie funktionieren vielmehr auf einer anderen Wirklichkeitsebene. Sie sind interpersonelle Sozialnetzwerke, die zumeist auf schwachen Verbindungen beruhen, hochgradig diversifiziert und spezialisiert sind, es aber immer noch schaffen, durch die Dynamik anhaltender Interaktion Gegenseitigkeit und Unterstützung hervorzubringen. In der Formulierung von Wellman sind sie nicht Imitate anderer Lebensformen, sondern haben ihre eigene Dynamik: Das Netz ist das Netz. Sie überwinden Entfernungen zu niedrigen Kosten, sie sind gewöhnlich asynchroner Natur, sie kombinieren die schnellen Verbreitungsmöglichkeiten der Massenmedien mit der durchgängigen Präsenz persönlicher Kommunikation und sie ermöglichen Mitgliedschaft in vielen Teilgemeinschaften. Übrigens existieren sie nicht in Isolation von anderen Formen der Soziabilität. Sie verstärken die Tendenz zur „Privatisierung der Soziabilität" – also zum Umbau der Sozialnetzwerke um die Einzelperson herum, zur Entwicklung personeller Gemeinschaften in physischer Form ebenso wie online. Cyberlinks geben Menschen die Gelegenheit zu persönlichen Kontakten, die sonst ein begrenzteres gesellschaftliches Leben hätten, weil ihre Familien- und Freundschaftsbindungen zunehmend räumlich verstreut sind.

Außerdem scheint es, dass das Medium innerhalb des Segmentes der ständigen Nutzer der CMC ungehemmte Kommunikation fördert und in unternehmensbasierten Netzwerken die Beteiligung von Beschäftigten mit niedrigem Status stimuliert.[98] Es entspricht derselben Überlegung, wenn es Frauen und anderen unterdrückten gesellschaftlichen Gruppen unter dem Schutz des elektronischen Mediums anscheinend leichter fällt, sich offen zu äußern. Trotzdem müssen wir im Auge behalten, dass Frauen bis 1999 insgesamt eine Minderheit unter den Usern waren.[99] Es scheint, als habe der Symbolismus der Macht, der in die unmittelbare Kommunikation eingebettet ist, in der neuen CMC noch nicht seine eigene Sprache gefunden. Wegen der historischen Neuheit des Me-

---

97 Wellman und Gulia (1999: 350).
98 Sproull und Kiesler (1991); Rand Corporation (1995).
99 Hiltz und Turoff (1993); Sato u.a. (1995); US Department of Commerce (1999).

diums und wegen der relativen Verbesserung der Verhältnisse im Machtstatus könnte die CMC traditionell untergeordneten Gruppen wie Frauen eine Chance bieten, die traditionellen Machtspiele im Kommunikationsprozess umzukehren.

Wenn wir in unserer Analyse von den Nutzern zu den Nutzungen übergehen, so muss betont werden, dass der bei weitem größte Teil der CMC-Tätigkeit bei der Arbeit oder in mit der Arbeit zusammenhängenden Situationen stattfindet. Ich habe in den Kapiteln 3 und 4 die entscheidende Bedeutung des Computer-Mediums für die neue Form der vernetzten Organisation und für die spezifischen Arbeitsbedingungen der Vernetzer behandelt. Im Kontext der gegenwärtigen Analyse der kulturellen Auswirkungen sollte vor allem die symbolische Isomorphie zwischen den Prozessen innerhalb der neuen Kommunikationsstruktur am Arbeitsplatz, zu Hause, bei Dienstleistungen und bei der Unterhaltung bedacht werden. Ist die Beziehung zum Computer spezifisch genug, um Arbeit, Heim und Unterhaltung in ein und demselben System der Symbolverarbeitung zu verknüpfen? Oder bestimmt nicht im Gegenteil der Kontext die Wahrnehmung und die Benutzungsformen des Mediums? Wir verfügen derzeit noch nicht über genügend verlässliche Forschungsergebnisse zu dieser Frage, aber einige vorläufige Beobachtungen von Penny Gurstein[100] scheinen darauf hinzudeuten, dass Leute zwar, wenn sie ihre Computer zu Hause benutzen, die Unabhängigkeit bei der Handhabung von Zeit und Raum genießen, dass sie aber die mangelnde Trennung zwischen Arbeit und Freizeit, Familie und Geschäft, Persönlichkeit und Funktion als störend empfinden. Alesia Montgomery stellte bei ihrer Studie (1998) über die Nutzungen des Internet in Arbeitssituationen fest, dass für die von ihr Befragten „ihr Online-Zugang, ihre Fertigkeiten und Kontakte in gewissem Grad durch ihren Arbeitsbereich bestimmt sind, und dass ihre Online-Interaktionen in erster Linie Leute betreffen, die sie auch unmittelbar zu Gesicht bekommen: Familienmitglieder, Freundinnen und Freunde, Kolleginnen und Kollegen".[101] Nancy Baym analysiert in ihrer Studie über die Entstehung einer Online-Gemeinschaft auf der Grundlage ihrer ethnografischen Untersuchung von r.a.t.s. (eine newsgroup, die sich über Seifenopern unterhält) die Beziehung zwischen sozialen Kontexten der Online-Interaktion und den Bedeutungen und Inhalten der online ausgetauschten Botschaften. Sie meint, dass in „Wirklichkeit anscheinend viele, wahrscheinlich die meisten sozialen Nutzer der CMC ihr Online-Ich so aufbauen, dass es mit ihrer Offline-Identität übereinstimmt".[102] Sagen wir hypothetisch, dass die Konvergenz der Erfahrungen im selben Medium die institutionelle Trennung der Tätigkeitsbereiche in gewissem Maße verwischt und die Verhaltenskodizes durcheinander bringt.

---

100 Gurstein (1990).
101 Montgomery (1999: 15).
102 Baym (1998: 55).

Über die Erledigung beruflicher Aufgaben hinaus erreichen die Nutzungen der CMC bereits den gesamten Bereich gesellschaftlicher Tätigkeit.[103] Das Tele Banking wird der Kundschaft von den Banken sowohl mit Anreizen als auch mit Strafgebühren aufgedrängt. Das Online-Shopping expandiert explosionsartig, nicht in Konkurrenz zu den Einkaufszentren, sondern in Verbindung mit ihnen. Manche traditionellen Läden (etwa Buchhandlungen, Schallplattenläden, vielleicht auch Autohändler) werden allerdings durch die Online-Konkurrenz entweder verdrängt oder umgekrempelt werden. Die Universitäten treten langsam aber sicher in eine Ära der Verkoppelung zwischen dem persönlichen *interface* und der virtuellen Lehre ein.[104] Die persönliche Kommunikation über E-Mail, die am meisten übliche CMC-Tätigkeit außerhalb des Arbeitsbereiches, nimmt exponenziell zu.[105] In Wahrheit ersetzt ihre weit verbreitete Nutzung nicht die interpersonelle Kommunikation, sondern die Telefon-Kommunikation, weil Anrufbeantworter und *voice-phone*-Systeme eine Kommunikationsbarriere errichtet haben, welche die E-Mail zur besten Alternative für direkte Kommunikation zu jeder beliebigen Zeit macht. Computer-Sex ist eine weitere wichtige Nutzungsart der CMC und expandiert schnell. Es gibt einen schnell wachsenden kommerziellen Markt für computerisierte sexuelle Stimulation, die in steigendem Maße mit der Technologie der virtuellen Realität zusammenhängt.[106] Der größte Teil des Computer-Sex findet aber in *chat*-Gruppen statt, entweder auf spezialisierten *bulletin board systems* (BBS) oder als spontanes Ergebnis persönlicher Interaktion. Die interaktive Kraft neuer Netzwerke hat dieser Aktivität im Kalifornien der 1990er Jahre noch mehr Dynamik verliehen als in den 1980er Jahren dem französischen Minitel.[107] Bei zunehmender Furcht vor Infektionskrankheiten und persönlicher Aggression suchen die Menschen nach anderen Möglichkeiten, um ihre Sexualität auszudrücken, und in unserer Kultur der symbolischen Überstimulation bietet CMC der sexuellen Phantasie gewiss Möglichkeiten, vor allem, solange die Interaktion nicht visuell ist und die Identitäten im Verborgenen bleiben.

Die Politik ist ebenfalls ein Gebiet, auf dem CMC zunehmend genutzt wird.[108] Zum einen wird die E-Mail zur massenhaften Verbreitung gezielter politischer Propaganda mit der Möglichkeit der Interaktion genutzt. Wahlkämpfer in allen Ländern beginnen ihre Arbeit damit, ihre *web sites* aufzubauen. Politiker präsentieren ihre Versprechen auf ihrer Homepage im Internet. Christlichfundamentalistische Gruppen, die amerikanische Miliz in den USA und die Zapatisten in Mexiko waren Pioniere bei dieser politischen Technologie.[109] Ande-

---

103 Dyson (1998).
104 US Library of Congress (1999).
105 Lanham (1993); Rand Corporation (1995).
106 Specter (1994).
107 Armstrong (1994).
108 Abramson u.a. (1988); Epstein (1995).
109 Castells u.a. (1996).

rerseits wird durch Experimente mit elektronischer Bürgerbeteiligung die lokale Demokratie gestärkt; wie beispielsweise durch das PEN-Programm, das von der Stadtverwaltung von Santa Monica, Kalifornien organisiert wird.[110] Hier debattieren Bürgerinnen und Bürger öffentliche Probleme und artikulieren ihre Meinung gegenüber der Stadtverwaltung: Eine wütende Debatte über Obdachlosigkeit – unter elektronischer Beteiligung der Obdachlosen selbst! – war Anfang der 1990er Jahre eines der weithin publizierten Ergebnisse dieses Experiments. Amsterdams digitale Stadt, die in den 1990er Jahren durch eine gemeinsame Initiative zwischen ehemaligen Führungspersonen der Hausbesetzerbewegung und der Stadtverwaltung zustande kam, bewies das außerordentliche Potenzial computergestützter Kommunikationsnetzwerke als Instrumente von Selbstorganisation an der Basis sowie öffentlicher Debatte auf lokaler Ebene.[111] In den 1990er Jahren bauten lokale Aktionsgruppen in Seattle und anderen Städten der Vereinigten Staaten lokal verankerte Online-Netzwerke mit dem Ziel auf, Informationen zu verbreiten, Debatten unter den Bürgerinnen und Bürgern anzuregen und den Anspruch auf demokratische Kontrolle in Umweltfragen und in der Lokalpolitik geltend zu machen.[112] In der internationalen Arena machen neue grenzüberschreitende soziale Bewegungen zur Verteidigung von Frauenanliegen, Menschenrechten, Umweltschutz und politischer Demokratie das Internet zu einem unverzichtbaren Werkzeug für die Verbreitung von Information, für Organisation und Mobilisierung.[113]

Wie spezifisch ist die Sprache der CMC als eines neuen Mediums? Für manche Analytiker bedeutet CMC und besonders E-Mail die Rache des schriftlichen Mediums, die Rückkehr des Leseverstands und die Wiederherstellung des durchkonstruierten, rationalen Diskurses. Aus der Sicht anderer stimuliert die Informalität, Spontaneität und Anonymität des Mediums das, was sie als neue Form der „Oralität" bezeichnen, die jetzt in einem elektronischen Text zum Ausdruck kommt.[114] Wenn wir ein solches Verhalten als informelles, unkonstruiertes Schreiben im Rahmen von Echtzeit-Interaktion in der Art eines synchronisierten *chat* – eines Schreibtelefons – betrachten können, dann können wir vielleicht die Entstehung eines neuen Mediums vorhersehen, das Kommunikationsformen miteinander vermischt, die vorher in verschiedenen Bereichen des menschlichen Gehirns verteilt waren. Wie De Kerckhove schreibt: „Die Botschaft des Mediums des Cyberspace ist Berührung, Körper, Identität. Das sind genau die drei Bereiche unserer Existenz, von denen pessimistische Kritiker

---

110 Ganley (1991); Varley (1991).
111 Patrice Riemens (persönliche Kommunikation – *face to face*, handschriftlicher Brief, elektronischer Brief – 1997/99).
112 Schuler (1996).
113 Keck und Sikkink (1998).
114 December (1993), zit. und zusammengefasst von Benson (1994).

sagen, wir würden sie an die Technologie verlieren. Aber ist es nicht auch klar, dass sie zu riskieren zugleich bedeutet, sie offen zu legen?"[115]

Insgesamt müssen wir bei der Beurteilung der sozialen und kulturellen Auswirkungen der CMC die akkumulierte soziologische Forschung über die gesellschaftliche Anwendung von Technologie im Auge behalten.[116] Die meisterliche Arbeit von Claude Fischer über die Sozialgeschichte des Telefons in Amerika bis 1940 zeigt präziser die hohe soziale Elastizität einer jeden einzelnen Technologie.[117] So führten die von ihm untersuchten nordkalifornischen Kommunen[118] das Telefon ein, um ihre bestehenden sozialen Kommunikationsnetzwerke zu verbessern und ihre tiefverwurzelten sozialen Gewohnheiten zu stärken. Das Telefon wurde angepasst, nicht einfach übernommen. Die Menschen formen die Technologie, so dass sie ihren eigenen Bedürfnissen entspricht, wie ich oben in Bezug auf die persönliche und kontextuelle Rezeption von Fernsehbotschaften durch das Publikum dargetan habe und wie sich deutlich bei der Übernahme von Minitel als Mittel zur Erfüllung ihres Bedürfnisses nach sexueller Phantasie durch die Franzosen zeigte. Der von CMC repräsentierte Kommunikationsmodus, der von Vielen an Viele gerichtet ist, ist auf verschiedene Weisen und zu verschiedenen Zwecken eingesetzt worden – zu so vielen, wie sie in der sozialen und kontextuellen Variationsbreite ihrer Nutzer liegen. Die wenigen vorhandenen Untersuchungen auf diesem Gebiet stimmen darin überein, dass CMC andere Kommunikationsmittel nicht ersetzt: Sie verstärkt zuvor bestehende soziale Muster. Sie ergänzt die Kommunikation durch Telefon und Transport, sie erweitert die Reichweite der sozialen Netzwerke und ermöglicht es ihnen, aktiver und in selbstgewählten Zeitrastern miteinander zu interagieren. Weil der Zugang zu CMC kulturell, bildungsbedingt und ökonomisch beschränkt ist und es für lange Zeit bleiben wird, könnte die wichtigste Wirkung der CMC potenziell in der Stärkung der kulturell dominanten Sozialnetzwerke sowie in der Steigerung ihrer kosmopolitischen Orientierung und ihrer Globalisierung bestehen. Das liegt nicht daran, dass CMC an sich schon kosmopolitisch wäre: Wie Fischer gezeigt hat, begünstigten die frühen Telefonnetzwerke die lokale Kommunikation gegenüber der Kommunikation über weite Entfernungen. In einigen der virtuellen Gemeinschaften, etwa im SFNET in der Region der San Francisco Bay, sind die Mehrheit der „Regelmäßigen" ortsansässig, und einige von ihnen veranstalten periodisch *face-to-face*-Parties, um ihre elek-

---

115 De Kerckhove (1997: 51).
116 Dutton (1999).
117 Fischer (1992).
118 [Der von Castells benutzte Ausdruck „commune" wird im gesamten Werk mit „Kommune" wiedergegeben, dementsprechend bezieht sich auch „kommunal" in Übereinstimmung mit dem Sprachgebrauch in weiten Teilen der deutschsprachigen sozialwissenschaftlichen Diskussion nicht auf Gebietskörperschaften, sondern auf die von Castells mit „Kommune" bezeichneten Zusammenhänge; d.Ü.]

tronische Intimität zu pflegen.[119] Ungeachtet ihres potenziellen Nutzens für soziale Bewegungen könnte der Einfluss der elektronischen Netzwerke auf den kulturellen Bereich insgesamt jedoch sehr wohl in der Verstärkung des Kosmopolitismus liegen. Das gilt vor allem für die neuen Experten- und Managerklassen, die, anders als der größte Teil der Bevölkerung irgendeines Landes, symbolisch in einem globalen Bezugsrahmen leben. Auf diese Weise könnte CMC zu einem mächtigen Medium werden, das den sozialen Zusammenhalt der kosmopolitischen Elite stärkt, indem es der Bedeutung einer globalen Kultur eine materielle Grundlage bietet, vom Chic einer E-Mail-Adresse bis hin zur schnellen Verbreitung modischer Botschaften.[120] Im Gegensatz dazu werden für die Mehrheit der Bevölkerung aller Länder die Erfahrungen mit und die Nutzung der CMC jenseits des Arbeitsplatzes und neben Online-Shopping zunehmend mit der neuen Kommunikationswelt verflochten sein, die mit dem Auftreten von Multimedia verbunden ist.

Die große Fusion: Multimedia als symbolische Umwelt

In der zweiten Hälfte der 1990er Jahre begann die Herausbildung eines neuen Kommunikationssystems aus der Fusion der globalisierten, maßgeschneiderten Massenmedien und der computervermittelten Kommunikation. Wie ich oben erwähnt habe, ist das neue System durch die Integration unterschiedlicher Medien und durch sein interaktives Potenzial gekennzeichnet. Multimedia, wie das neue System hastig etikettiert wurde, erweiterte das Gebiet der elektronischen Kommunikation auf den gesamten Bereich des Lebens, vom Heim bis zum Arbeitsplatz, von den Schulen bis zu den Krankenhäusern, von der Unterhaltung bis zum Reisen. Mitte der 1990er Jahre befanden sich Regierungen und Unternehmen auf der ganzen Welt in einem verzweifelten Wettlauf, um sich bei der Gestaltung des neuen Systems zu positionieren, das als Instrument der Macht, als potenzielle Quelle riesiger Profite und als Symbol der Hypermodernität galt. In den USA startete Vizepräsident Albert Gore das Programm National Information Infrastructure, um Amerikas Vormachtstellung im 21. Jahrhundert zu erneuern.[121] In Japan schlug der Telekommunikationsrat die notwendigen „Reformen für eine intellektuell kreative Gesellschaft im 21. Jahrhundert" vor, und das Ministerium für Post und Telekommunikation war mit einer Strategie zur Schaffung eines Multimedia-Systems in Japan zur Stelle, um den Rückstand der Nation gegenüber den Vereinigten Staaten aufzuholen.[122] Der französische Pre-

---

119 Rheingold (1993).
120 Castells und Kiselyova (2000).
121 Sullivan-Trainor (1994).
122 Telecommunications Council (1994).

mierminister gab 1994 einen Bericht über *autoroutes de l'information* in Auftrag, dessen Schlussfolgerung besagte, es werde Frankreich in diesem Bereich potenziell zum Vorteil gereichen, wenn es auf der gesellschaftlichen Erfahrung mit Minitel und auf der fortgeschrittenen französischen Technologie aufbaue und die nächste Stufe von Multimedia fördere, wobei der Schwerpunkt darauf liegen solle, für einen Medieninhalt zu sorgen, der weniger abhängig sei von Hollywood.[123] Europäische Technologieprogramme, besonders Esprit und Eureka, verstärkten ihre Anstrengungen, einen europäischen Standard für hochauflösendes Fernsehen sowie Kommunikationsprotokolle zu entwickeln, die in der Lage sein sollten, grenzüberschreitend unterschiedliche Kommunikationssysteme zu integrieren.[124] Im Februar 1995 fand ein Sondertreffen der G 7 in Brüssel statt, um sich gemeinsam mit Fragen des Übergangs zur „Informationsgesellschaft" auseinander zusetzen. Anfang 1995 beschloss der neue Präsident Brasiliens, der angesehene Soziologe Fernando Henrique Cardoso, als eine der Schlüsselmaßnahmen seiner neuen Regierung, das Kommunikationssystem Brasiliens zu erneuern, um es an die entstehende globale Superautobahn anzuschließen. Und im ersten Halbjahr 2000 setzte die Europäische Union unter portugiesischer Präsidentschaft den Aufbau einer Europäischen Informationsgesellschaft an die Spitze ihrer strategischen Tagesordnung.

Es war jedoch die Wirtschaft und nicht die Regierungen, die das neue Multimedia-System gestaltete.[125] Tatsächlich hielt das Ausmaß der Infrastrukturinvestitionen jede Regierung davon ab, auf eigene Faust zu handeln: Allein für die Vereinigten Staaten beliefen sich die Schätzungen für die Startphase der so genannten Informations-Superautobahn auf US$ 400 Mrd. Unternehmen aus der ganzen Welt versuchten, sich in Position zu bringen, um auf einen Markt vorzudringen, der zu Anfang des 21. Jahrhunderts die gleiche Bedeutung haben würde wie der Industriekomplex Auto-Erdöl-Gummi-Straße in der ersten Hälfte des 20. Jahrhunderts. Außerdem würde, weil die tatsächliche technologische Gestalt des Systems noch immer ungewiss ist, wer immer seine Anfangsphase kontrolliert, seine künftige Entwicklung entscheidend beeinflussen und so einen strukturellen Wettbewerbsvorteil erlangen. Wegen der technologischen Konvergenz zwischen Computern, Telekommunikation und Massenmedien in all ihren Abwandlungen wurden globale und regionale Konsortien gigantischen Ausmaßes gebildet und wieder aufgelöst.[126] Telefongesellschaften, Betreiber von Kabel-TV, Sender von Satelliten-TV, Filmstudios, Schallplattenfirmen, Verlage, Zeitungen, Computerfirmen und Internet Service Provider waren dabei, sowohl zu konkurrieren, als auch miteinander zu fusionieren, um die Risiken des neuen

---

123 Thery (1994).
124 Banegas (1993).
125 S. unter der Myriade von Wirtschaftsquellen hierzu Bird (1994); Bunker (1994); Dalloz und Portnoff (1994); Herther (1994).
126 *The Economist* (1994a).

Marktes einzugrenzen.¹²⁷ Computer-Unternehmen beeilten sich, um die „Box" bereitzustellen, das magische Gerät, das die Möglichkeit verkörpern würde, das elektronische Heim an eine neue Kommunikations-Galaxis anzuschließen und die Leute zugleich auf „benutzerfreundliche" Weise mit einer Kapazität zur Navigation und Selbstprogrammierung auszustatten – die Hoffnung war, dass man einfach nur mit „ihm" zu reden haben werde.¹²⁸ Software-Unternehmen von Microsoft bis zu japanischen Videospiele-Herstellern wie Nintendo und Saga arbeiteten an dem neuen interaktiven Know-how, das einmal die Phantasie des Eintauchens in die virtuelle Realität der elektronischen Umwelt entfesseln sollte.¹²⁹ Fernsehnetzwerke, Musikfirmen und Filmstudios kurbelten ihre Produktion an, um eine ganze Welt zu füttern, die angeblich nach Infotainment und audiovisuellen Produktlinien lechzte.¹³⁰ Und die Internet Service Provider versuchten, sich mit der Medienwelt zu verbinden, indem sie eine Vielzahl von Technologien und unterschiedliche Inhalte lieferten, die das Fernsehen und die gespeicherten Videos ergänzen, wenn nicht ersetzen könnten. Ende der 1990er Jahre erschien die Sendung von regulären TV-Signalen über das Internet zwar technologisch möglich, aber wegen der riesigen Übertragungskapazität, die erforderlich wäre, um eine Standard-Videoqualität zu garantieren, nur als langfristige Möglichkeit. So entstanden andere Formen der technologischen Integration:¹³¹ Web-TV, wobei ein Fernseher sowohl an einen Computer als auch an eine Telefonleitung angeschlossen wird, was auf demselben Bildschirm den Empfang sowohl von TV-Signalen als auch von Internetdiensten erlaubt – das ist tatsächlich eine nutzerfreundliche Integration von zwei separaten Technologien, die weiterhin unabhängig voneinander funktionieren könnten; Web-Seiten, die über die Telefonleitung übermittelt werden mit einem Inhalt, der eine Videosendung ergänzt und entweder auf dem TV-Bildschirm oder dem Computermonitor dargestellt wird; Übertragung von Internet-Inhalten über ein Funkmedium direkt in Haushalte, die ein Kabelmodem benutzen; über das Internet übertragene Video-Information, die als Fenster in Web-Seiten eingefügt ist; ergänzende Information zu TV-Sendungen, die von Servern über das Internet zur Verfügung gestellt werden, die von lokalen TV-Sendern betrieben werden (das „City Web"-Konzept). TV-Kanäle können, wenn sie nicht auf Sendung sind, zur Übertragung von Video oder Information an Speichergeräte benutzt werden, von denen sie dann durch Computer abgerufen werden können. Diese Entwicklung könnte mit dem digitalen Stereo-Video hoher Qualität (DVD) verknüpft werden, das mit dem Computer betrieben und auf einem hochauflösenden Bildschirm dargestellt wird. Damit würde das Potenzial des ge-

---

127 Schiller (1999).
128 *Business Week* (1994b).
129 Elmer-Dewwit (1993); Poirier (1993); *Business Week* (1994d).
130 *New Media Markets* (1993).
131 Owen (1999: Kap. 17).

speicherten Videos als zusätzlicher Komponente des Multimedia-Systems erhöht.

Der Prozess der Ausbildung des neuen Systems wird jedoch wahrscheinlich langsamer und widerspruchsvoller sein als vorhergesehen. 1994 gab es in etlichen Gegenden Experimente mit interaktiven Multimedia-Systemen: in Kansai Science City in Japan; ein koordiniertes Programm in acht europäischen Telekommunikationsnetzwerken, um den *asymmetrical digital subscriber loop* (ASDL) zu testen;[132] und in mehreren Regionen in den Vereinigten Staaten, von Orlando bis Vermont, von Brooklyn bis Denver.[133] Die Ergebnisse entsprachen nicht den Erwartungen. Am Ende des Jahrhunderts waren wesentliche technologische Probleme noch immer ungelöst. Das große Versprechen von multimedialem Video in Standardqualität „on demand" über ein interaktives Verfahren mittels der magischen *set-top box* mit der entsprechenden Software würde eine bedeutende Steigerung der Übertragungskapazität erfordern. Owen zufolge würde ein solches Angebot an Millionen von gewöhnlichen Zuschauern zum Zusammenbruch der Distributionssysteme führen und sie auf den Stand von 1998 zurückversetzen. Er betont, dass „die interaktive, integrierte Video-Zukunft viel mehr Kapazität erfordert, als derzeit zur Verfügung steht. Das betrifft nicht nur die *backbones* der verschiedenen Länder, sondern auch die lokalen Verteilersysteme, welche die Verbindung mit den einzelnen Haushalten herstellen".[134] Während die „Video-on-demand"-Unternehmen mit unbegrenzten Möglichkeiten werben, reichen die technologischen Mittel zur Befriedigung der Nachfrage nicht weit über die bereits vorhandene Auswahl hinaus, welche die Kabel- und Satellitensysteme oder die Online-Server bereitstellen. Wenn man jedoch auf schnellen technologischen Wandel vor allem bei der Datenkompression setzt, könnte die Bandbreite drastisch erweitert werden, die nötigen, erheblichen Investitionen vorausgesetzt – und auszahlen würden sie sich nur bei entsprechender Nachfrage. Die Möglichkeit für die Entstehung eines integrierten Multimedia-Systems im frühen 21. Jahrhundert ist also vorhanden. Aber seine Entwicklung bis zur vollen Funktionsfähigkeit erfordert nicht nur eine riesige Investition in Infrastruktur und Programminhalte, sondern auch die Klärung von Regulierungsverfahren, klare Verhältnisse in der regelnden Umgebung, die bisher in Streitigkeiten zwischen zäh verteidigten kommerziellen Interessen, politischen Gruppierungen und staatlichen Regulierungsbehörden festgefahren ist. Unter solchen Bedingungen werden nur sehr mächtige Gruppen, die sich aus Allianzen von Medienunternehmen, Kommunikationsvermittlern, Internet Service Providern und Computerfirmen ergeben müssten, in der Lage sein, die notwendigen wirtschaftlichen und politischen Ressourcen aufzubringen, die für

---

132 Ministry of Posts and Telecommunications (1994); *New Media Markets* (1994).
133 Kaplan (1992); Sellers (1993); Booker (1994); *Business Week* (1994e); Lizzio (1994); Wexler (1994).
134 Owen (1999: 313).

die Verbreitung von Multimedia notwendig sind. Es wird also ein Multimedia-System geben, das aber aller Wahrscheinlichkeit nach entscheidend durch die kommerziellen Interessen von ein paar großen, über die Welt verteilten Konglomeraten geprägt sein wird. Es fragt sich dann, ob diese Konglomerate in der Lage sein werden, genau festzustellen, was die Leute vom Mediensystem wirklich wollen. Denn anders als beim Standard-Fernsehen, wofür die Leute oft nichts zahlen mussten außer der Zeit, während der sie gezwungen waren, Werbung anzuschauen, werden die meisten Multimedia-Sendungen die Form von *pay-per-view* annehmen, um die gewaltigen Investitionskosten wieder einzuspielen, die zu ihrer Verbreitung notwendig waren. Demnach wird die Verbindung (oder das Fehlen der Verbindung) zwischen den Interessen des Medien-Business und dem Geschmack und den Ressourcen der Menschen die Zukunft der Kommunikation prägen. Die Frage ist nicht, ob sich ein Multimedia-System entwickeln wird (das wird es), sondern wann und wie und unter welchen Bedingungen in den verschiedenen Ländern. Die kulturelle Bedeutung des Systems wird nämlich durch Zeitplan und Form der technologischen Entwicklungsbahn grundlegend modifiziert werden.

Die Kontrolle der Wirtschaft über die ersten Entwicklungsstadien des Multimedia-Systems wird dauerhafte Konsequenzen für die Charakteristika der neuen elektronischen Kultur haben. Bei aller Ideologie bezüglich der Möglichkeiten der neuen Kommunikationstechnologien in der Bildung, im Gesundheitswesen und bei der Förderung der Kultur zielt die vorherrschende Strategie doch darauf ab, ein gigantisches Unterhaltungssystem zu entwickeln, das aus wirtschaftlicher Perspektive als die sicherste Investition gilt. Tatsächlich war im Land des Wegbereiters der Entwicklung, den Vereinigten Staaten, Mitte der 1990er Jahre Unterhaltung in all ihren Formen der am schnellsten wachsende Wirtschaftszweig mit über US$ 350 Mrd. Konsumentenausgaben pro Jahr und etwa 5 Mio. Arbeitskräften, wobei die Beschäftigung um 12% jährlich anstieg.[135] In Japan ergab 1992 eine nationale Marktstudie über die Verteilung von Multimedia-Software nach Produktkategorien, dass Unterhaltung wertmäßig 85,7% ausmachte, während Bildung nur auf 0,8% kam.[136] Während also die Regierungen und Futurologen davon sprechen, die Klassenzimmer zu verkabeln, aus der Ferne Operationen durchzuführen und über das Netz auf die *Encyclopedia Britannica* zuzugreifen, konzentriert sich die meiste Aufbauarbeit an dem System in Wirklichkeit auf „Video-on-demand", Tele-Glücksspiele und Themenparks in virtueller Realität. Entsprechend der analytischen Absicht dieses Buches konfrontiere ich nicht die edlen Ziele der neuen Technologien mit ihrer mittelmäßigen Materialisierung. Ich weise lediglich darauf hin, dass ihre tatsächliche Anwendung in den frühen Stadien des neuen Systems in beträchtlichem Aus-

---

135 *Business Week* (1994f).
136 Dentsu Institute for Human Studies (1994: 117).

maß die Nutzungen, die Wahrnehmungen und schließlich auch die sozialen Konsequenzen von Multimedia bestimmen wird.

Außerdem scheinen die Erwartungen auf eine unbegrenzte Nachfrage nach Unterhaltung übertrieben und stark von der Ideologie der „Freizeitgesellschaft" beeinflusst zu sein. Zwar scheinen die Ausgaben für Unterhaltung rezessionsresistent zu sein, aber für das gesamte Spektrum an Möglichkeiten, das online angeboten werden soll, zu bezahlen, übersteigt doch klar die in der nahen Zukunft erwartete Entwicklung der Haushaltseinkommen. Auch Zeit ist eine knappe Ressource. Es gibt Hinweise, dass die Freizeit in den Vereinigten Staaten zwischen 1973 und 1994 um 37% zurückgegangen ist. Zudem verringerte sich in der zweiten Hälfte der 1980er Jahre die Zeit, in der Medien angeschaut wurden: Zwischen 1985 und 1990 ging die Gesamtzeit, die mit Lesen und Fernsehen verbracht wurde, um 45 Stunden pro Jahr zurück; die Zahl der beim Fernsehen verbrachten Stunden reduzierte sich um 4%, und die Stunden, die vor dem Netzwerk-TV zugebracht wurden, sanken um 20%.[137] Nach einer anderen Schätzung hatte der Konsum von Funk- und Kabelfernsehen durch die Durchschnittsperson in den USA seinen Höhepunkt 1984 mit 20,4 Stunden pro Woche und ging von da an bis mindestens 1998 leicht zurück.[138] Obwohl der Rückgang des Medienkonsums anscheinend mehr mit einer überarbeiteten Gesellschaft zu tun hat (Familien mit zwei Jobs) als mit Mangel an Interesse, setzt das Multimedia-Business auf eine andere Interpretation: Mangel an genügend anziehenden Inhalten. Tatsächlich meinen die meisten Experten der Medienindustrie, dass der eigentliche Engpass bei der Expansion von Multimedia darin besteht, dass der Inhalt nicht der technologischen Transformation des Systems folgt: Die Botschaft hinkt dem Medium hinterher.[139] Eine drastische Ausweitung der Sendekapazitäten zusammen mit interaktiven Wahlmöglichkeiten wird ihr Potenzial nicht ausschöpfen können, wenn es keine wirklichen Wahlmöglichkeiten beim Inhalt gibt: Wenn 500 unterschiedliche, aber gleich gestrickte Sex-/Gewaltfilme online verfügbar sind, so rechtfertigt dies nicht die drastische Ausweitung der Sendekapazitäten. Das ist der Grund, warum der Erwerb von Hollywood-Studios, Filmgesellschaften und TV-Dokumentationsarchiven ein Muss für jedes globale Multimedia-Konsortium ist. Schöpferische Unternehmer wie Steven Spielberg scheinen verstanden zu haben, dass *in dem neuen System wegen der potenziellen Vielfalt der Inhalte die Botschaft die Botschaft ist*: Es ist die Fähigkeit, ein Produkt zu differenzieren, woraus sich das größte Wettbewerbspotenzial ergibt. Daher könnte jedes beliebige Konglomerat mit genügend Finanzmitteln Zugang zur Multimedia-Technologie und in einem zunehmend deregulierten Kontext auch Zugang zu nahezu jedem Markt bekommen. Aber wer immer Bogarts Filme oder die Kapazität kontrolliert, die nächste Marilyn oder

---

137 Martin (1994).
138 Owen (1999: 4).
139 Bunker (1994); *Business Week* (1994f); Cuneo (1994); *The Economist* (1994a).

die nächste Folge von *Jurassic Park* herauszubringen, wird sich in der Position befinden, die so dringend benötigte Ware an jeden beliebigen Kommunikationsbetreiber zu liefern.

Es ist jedoch nicht sicher, ob das, was die Leute wollen, selbst wenn sie genügend Zeit und Ressourcen haben, mehr Unterhaltung in einem immer raffinierten Format ist, von sadistischen Videospielen bis hin zu endlosen Sportereignissen. Obwohl die Belege hierfür dünn sind, gibt es Hinweise auf eine komplexere Nachfragestruktur. Eine der vollständigsten Untersuchungen über Multimedia-Nachfrage, die von Charles Piller an einer national repräsentativen Stichprobe von 600 Erwachsenen 1994 in den Vereinigten Staaten durchgeführt wurde,[140] brachte ein viel tieferes Interesse daran zum Vorschein, Multimedia als Informationszugang für lokale Angelegenheiten, politisches Engagement und Bildung zu nutzen, als an einer zusätzlichen Auswahl an Fernsehen und Spielfilmen. Nur 28% der Konsumenten hielten Video-on-demand für äußerst wünschenswert, und unter den Internet-Nutzern war das mangelnde Interesse an Unterhaltung gleichermaßen stark. Andererseits wurden politische Nutzungen hoch bewertet: 57% würden gerne an elektronischen Gemeindeversammlungen teilnehmen; 46% wollten die E-Mail nutzen, um Botschaften an ihre Volksvertreter zu schicken, und 50% war die Möglichkeit wichtig, elektronisch zu wählen. Weitere stark nachgefragte Dienste waren: Bildungs- und Schulungskurse; interaktive Berichte über örtliche Schulen; Zugriff auf Nachschlagewerke; Zugang zu Informationen über staatliche Dienstleistungen. Die Befragten waren willens, ihre Meinungen in barer Münze zu bekräftigen: 34% waren bereit, zusätzlich US$ 10 für Fernunterricht zu bezahlen, während nur 19% diesen Betrag für zusätzliche Auswahl bei der Unterhaltung bezahlen wollten. Auch Experimente, die von Multimedia-Unternehmen durchgeführt wurden, um die Nachfrage nach Video-on-demand auf lokalen Märkten zu testen, haben gezeigt, dass die Leute auf eine wesentliche Steigerung ihrer Unterhaltungsdosis nicht vorbereitet sind. So zeigte das 18 Monate dauernde Experiment, das US West/ATT Video 1993/94 in Littleton, Colorado, durchführte, dass die Haushalte tatsächlich vom Anschauen von Standardvideos zu ihren Wünschen angepassten Videoangeboten übergewechselt waren; sie hatten aber nicht die Anzahl der Spielfilme gesteigert, die sie sich angesehen hatten: Es blieb bei 2,5 Filmen im Monat zum Preis von US$ 3 pro Film.[141]

Berücksichtigt man den großen Erfolg der Internet Service Provider beim Angebot von Diensten und Informationen anstelle von Unterhaltung und die schnelle Ausbreitung der persönlichen Kommunikation im Internet, so scheint die Beobachtung die Schlussfolgerung nahe zu legen, dass massenproduzierte, diversifizierte Unterhaltung „on demand" nicht die eindeutige Entscheidung der Multimedianutzer ist. Klar ist vielmehr, dass dies die strategische Entscheidung

---

140 Piller (1994).
141 Tobenkin (1993); Martin (1994).

der Wirtschaftsunternehmen ist, die diesen Bereich bestimmen. Das könnte zu einer zunehmenden Spannung führen zwischen Infotainment-Produkten, die von der Ideologie darüber geleitet werden, was die Leute sind (nach den Vorstellungen in den Denkfabriken des Marketing), und dem Bedürfnis nach persönlicher Kommunikation und besserer Information, das mit großer Entschiedenheit in den CMC-Netzwerken zum Ausdruck kommt und sehr wohl auf eine neue Form des Fernsehens übergreifen könnte.[142] Es kann ebenfalls gut sein, dass diese Spannung durch die Stratifikation unterschiedlicher Ausdrucksformen von Multimedia verwässert wird, ein entscheidendes Thema, auf das ich zurückkommen werde.

Wegen der Neuheit von Multimedia ist es schwierig, seine Auswirkungen für die Kultur der Gesellschaft abzuschätzen, abgesehen von der Einsicht, dass wirklich fundamentale Veränderungen vorgehen. Verstreute empirische Belege und informierte Kommentare über unterschiedliche Komponenten der neuen Kommunikationssysteme sind dennoch eine Basis, um ein paar Hypothesen über die sich abzeichnenden gesellschaftlichen und kulturellen Trends zu begründen. So betont ein „Überblicksbericht" der European Foundation for the Improvement of Living and Working Conditions über die Entwicklung des „elektronischen Heims" zwei wesentliche Merkmale des neuen Lebensstils: seine „Heimzentriertheit" und seinen Individualismus.[143] Einerseits hat die Zunahme von elektronischen Geräten in den europäischen Haushalten deren Komfort erhöht und deren Selbstständigkeit gesteigert und es ihnen ermöglicht, von der Sicherheit des Heims aus mit der ganzen Welt in Verbindung zu treten. Wegen der gleichzeitigen Steigerung des Umfangs der Wohneinheiten und des Abnehmens der Personenzahl je Haushalt steht mehr Raum pro Person zur Verfügung, was das Heim zu einem behaglicheren Ort macht. Und wirklich ist die Zeit, die zu Hause verbracht wurde, in den frühen 1990er Jahren gestiegen. Andererseits steigern das neue elektronische Heim und die tragbaren Kommunikationsgeräte die Möglichkeiten der einzelnen Familienmitglieder, ihre Zeit und ihren Raum für sich selbst zu organisieren. So haben etwa Mikrowellenherde, die den individuellen Verzehr vorbereiteter Mahlzeiten ermöglichen, die Zahl der gemeinsamen Familienmahlzeiten sinken lassen. Individuelle Fertiggerichtpackungen haben einen wachsenden Markt. Videogeräte und Walkmen zusammen mit dem Sinken der Preise für Fernseher, Radios und CD-Player ermöglichen es einem großen Teil der Bevölkerung, individuell an die von ihnen gewählte audiovisuelle Welt angeschlossen zu sein. Auch die Fürsorge für die Familie wird durch die Elektronik unterstützt/transformiert: Kinder werden aus der Ferne über Überwachungsgeräte beaufsichtigt; Untersuchungen zeigen die zunehmende Benutzung des TV als Babysitter, während die Eltern Hausarbeit machen; ältere, allein lebende Personen erhalten Alarmsysteme für Notfälle. Einige soziale

---

142 Van der Haak (1999).
143 Moran (1993).

Charakteristika scheinen sich aber jenseits der technologischen Revolution durchzuhalten: Die Teilung der häuslichen Aufgaben zwischen den Geschlechtern (oder vielmehr ihr Fehlen) ist von den elektronischen Hilfsmitteln nicht betroffen; die Nutzung von Videorecordern und die Handhabung von Überwachungssystemen bringen die Autoritätsstruktur der Familie zum Ausdruck; und der Einsatz elektronischer Geräte ist entlang von Unterschieden nach Geschlecht und Alter differenziert – Männer beschäftigen sich häufiger mit Computern, während Frauen elektrische Haushaltsgeräte und Telematikdienste benutzen und Kinder von Videospielen besessen sind.

Die neuen elektronischen Medien lassen die traditionellen Kulturen nicht hinter sich – sie absorbieren sie. Ein deutliches Beispiel ist die japanische Erfindung *karaoke*, die sich in den 1990er Jahren schnell über ganz Asien ausbreitete und sehr wahrscheinlich in der nahen Zukunft den Rest der Welt erfassen wird. 1991 erreichte die Verbreitung von *karaoke* in Japan 100% der Erholungshotels und Gaststätten und 90% der Bars und Klubs, dazu kommt noch eine explosionsartige Ausbreitung spezialisierter *karaoke*-Lokale, deren Zahl von weniger als 2.000 1989 auf über 107.000 1992 angestiegen ist. 1992 beteiligten sich 52% der Japaner an *karaoke*, darunter 79% aller Frauen im Teenager-Alter.[144] Auf den ersten Blick setzt *karaoke* die traditionelle Sitte des gemeinsamen Singens in Gaststätten fort und erweitert sie. Das war (und ist) in Japan ebenso beliebt wie in Spanien oder dem Vereinigten Königreich, wobei man ja der Welt der elektronischen Kommunikation entrinnt. Was bei *karaoke* jedoch tatsächlich geschieht, ist die Integration dieser Sitte in eine vorprogrammierte Maschine, deren musikalische Rhythmen und Repertoire die Sänger zu folgen haben, wobei sie die Wörter vortragen, die auf dem Bildschirm erscheinen. Und der Wettbewerb unter Freunden um die höchste Punktzahl hängt auch tatsächlich von der Belohnung der Maschine für denjenigen ab, der ihrem Tempo am besten zu folgen vermag. Die *karaoke*-Maschine ist kein Musikinstrument: Die Sänger werden von der Maschine verschluckt als Ergänzung zu Tönen und Bildern. Während wir uns im *karaoke*-Lokal aufhalten, werden wir zu Teilen eines musikalischen Hypertextes. Wir treten physisch in das Multimedia-System ein und wir trennen unseren Gesang von dem unserer Freundinnen und Freunde, die darauf warten, dass sie an der Reihe sind, eine lineare Abfolge von Darbietungen an Stelle des unordentlichen Chors eines traditionellen Kneipengesangs zu setzen.

Insgesamt scheint Multimedia in Europa wie in Amerika und Asien in seinem frühen Stadium ein soziales/kulturelles Raster zu stützen, das durch die folgenden Merkmale gekennzeichnet ist. Erstens *weitverbreitete soziale und kulturelle Differenzierung*, was zur Segmentierung der Nutzer/Betrachter/Leser/Hörer führt. Die Botschaften sind nicht nur entsprechend den Senderstrategien nach Märkten segmentiert, sondern sie werden auch in steigendem Maße von den

---

144 Dentsu Institute for Human Studies (1994: 140-143).

Nutzern der Medien, unter Ausschöpfung der interaktiven Möglichkeiten gemäß ihren Interessen diversifiziert. Wie einige Experten es formulieren, gilt in dem neuen System „*prime time is my time*".¹⁴⁵ Die Herausbildung virtueller Gemeinschaften ist nur eine der Ausdrucksformen dieser Differenzierung.

Zweitens *zunehmende Stratifikation zwischen den Nutzern*. Nicht nur wird die Wahl von Multimedia auf diejenigen beschränkt sein, die Zeit und Geld für den Zugang haben, sowie auf Länder und Regionen mit ausreichendem Marktpotenzial, sondern auch die Unterschiede nach Kultur/Bildung werden entscheidend dafür sein, wie jeder Nutzer das Medium zu seinem Vorteil einsetzen kann. Die Information darüber, wonach man suchen kann und soll, sowie die Kenntnis über die Verwendungsmöglichkeiten der Botschaft werden entscheidende Voraussetzungen dafür sein, ein System, das sich vom Standard individuell angepasster Massenmedien unterscheidet, wirklich erleben zu können. *Daher wird die Welt von Multimedia von zwei grundlegend unterschiedlichen Bevölkerungen bewohnt werden: den Interagierenden und den Interagierten,* also denjenigen, die in der Lage sind, für sich unter den in viele Richtungen weisenden Kommunikationskreisläufen aktiv auszuwählen, und denjenigen, die sich mit einem eingeschränkten Anteil vorgefertigter Auswahlmöglichkeiten versorgen lassen. Und wer wo dazu gehört, wird weitgehend bestimmt durch Klasse, Rasse, Geschlecht und Land. Die vereinigende kulturelle Macht des Massenfernsehens (der in der Vergangenheit nur eine winzige Elite entronnen ist) wird nun durch eine sozial stratifizierte Differenzierung ersetzt, die zur Koexistenz zwischen einer individuell angepassten Kultur der Massenmedien und einem interaktiven elektronischen Kommunikationsnetzwerk von Kommunen führt, die durch die eigene Entscheidung ihrer Mitglieder zustande gekommen sind.

Drittens führt die Kommunikation von Botschaften aller Art innerhalb desselben Systems selbst dann, wenn das System interaktiv und selektiv ist – sogar eben aus diesem Grund – zur *Integration aller Botschaften in ein gemeinsames kognitives Raster*. Der Zugriff auf audiovisuelle Nachrichten, Bildung und Unterhaltung über dasselbe Medium, wenn auch aus unterschiedlichen Quellen, treibt das Verschwimmen der Inhalte, zu dem es bereits im Massenfernsehen gekommen ist, noch einen Schritt weiter. Aus der Perspektive des Mediums tendieren unterschiedliche Kommunikationsweisen dazu, Codes voneinander auszuborgen: Interaktive Bildungsprogramme sehen aus wie Videospiele; Nachrichtensendungen sind aufgebaut wie audiovisuelle Shows; Übertragungen von Gerichtsverhandlungen werden wie Seifenopern gesendet; Popmusik wird für MTV komponiert; Sportereignisse werden choreografisch für die dem Spielort fernen Zuschauer gestaltet, so dass ihre Botschaften sich immer weniger von

---

145 Negroponte (1995); [kaum übersetzbares Wortspiel mit der Bezeichnung für die beste und teuerste Sendezeit (*prime time*), die nach dieser Vorstellung durch die neuen Auswahlmöglichkeiten gegenüber den Programmvorgaben der Fernsehnetzwerke persönlich angeeignet werden kann; d.Ü.]

actionreichen Spielfilmen unterscheiden lassen; und Ähnliches mehr. Aus der Nutzerperspektive (in einem interaktiven System sowohl als Sender wie als Empfänger) reduziert die Auswahl zwischen verschiedenen Botschaften in derselben Kommunikationsweise mit leichtem Hinundherwechseln von einer zur anderen die mentale Distanz zwischen verschiedenen Quellen kognitiver und sensorischer Beteiligung. Hier geht es nicht darum, dass das Medium die Botschaft wäre: Die Botschaften sind die Botschaften. Und weil sie ihre Unterschiedlichkeit als Botschaften beibehalten, aber in ihrem symbolischen Kommunikationsprozess miteinander vermengt sind, verwischen sie dabei ihre Codes und schaffen so einen semantischen Kontext, der mit seinen vielfältigen Facetten aus einer zufälligen Mischung verschiedener Bedeutungen besteht.

Schließlich ist es vielleicht der wichtigste Charakterzug von Multimedia, dass sie in ihrem Bereich die meisten kulturellen Ausdrucksformen in all ihrer Verschiedenheit einfangen. Ihr Auftreten ist gleichbedeutend mit dem Ende der Trennung oder selbst der Unterscheidung zwischen audiovisuellen und gedruckten Medien, populärer und gelehrter Kultur, Unterhaltung und Information, Bildung und Überredung. Jede kulturelle Ausdrucksform, von der Schlechtesten bis zur Besten, von der Allerelitärsten bis zur Populärsten kommt in diesem digitalen Universum zusammen, das vergangene, gegenwärtige und zukünftige Manifestationen des kommunikativen Verstandes zu einem gigantischen, nicht-historischen Hypertext verbindet. Auf diese Weise bauen sie eine neue symbolische Umwelt auf. Sie machen die Virtualität zu unserer Wirklichkeit.

Die Kultur der realen Virtualität

Kulturen bestehen aus Kommunikationsprozessen. Und wie uns Roland Barthes und Jean Baudrillard vor vielen Jahren gelehrt haben, beruhen alle Formen der Kommunikation auf der Produktion und Konsumtion von Zeichen.[146] Es gibt daher keine Trennung zwischen der „Wirklichkeit" und ihrer symbolischen Repräsentation. In allen Gesellschaften hat die Menschheit in einer symbolischen Umwelt existiert und durch sie gehandelt. Das historisch Spezifische an dem neuen Kommunikationssystem, das um die elektronische Integration aller Kommunikationsweisen von der typografischen bis zur multisensorischen herum organisiert ist, ist daher nicht die Einführung einer virtuellen Realität, sondern die Konstruktion realer Virtualität. Ich will das mit Hilfe des Wörterbuches erklären, demzufolge bedeutet „*virtuell:* etwas ist so in der Praxis, jedoch nicht in striktem Sinne oder dem Namen nach", und „*real:* tatsächlich existie-

---

146 Baudrillard (1972); Barthes (1978).

rend".¹⁴⁷ Deshalb war die erfahrene Wirklichkeit immer virtuell, weil sie immer durch Symbole wahrgenommen wurde, die der Praxis einen Sinn vorgeben, welcher sich einer strikten semantischen Definition entzieht. Es ist genau diese Fähigkeit aller Formen der Sprache, Zweideutigkeit in ihrem Code auszudrükken und verschiedene Interpretationen zu ermöglichen, die kulturelle Ausdrucksformen vom formalen/logischen/mathematischen Schließen unterscheidet. Gerade durch den polysemen Charakter unserer Diskurse manifestieren sich die Komplexität und selbst die Widersprüchlichkeit der Botschaften des menschlichen Verstandes. Diese Bandbreite kultureller Variation der Bedeutung von Botschaften ermöglicht es uns, miteinander in einer Vielzahl von expliziten und impliziten Dimensionen zu interagieren. Wenn also Kritiker der elektronischen Medien argumentieren, die neue symbolische Umwelt repräsentiere keine „Realität", so beziehen sie sich implizit auf eine in absurder Weise primitive Vorstellung von einer „uncodierten" realen Erfahrung, die es nie gegeben hat. Alle Wirklichkeiten werden durch Symbole kommuniziert. Und in der menschlichen, interaktiven Kommunikation sind unabhängig vom Medium alle Symbole im Hinblick auf den ihnen zugeschriebenen semantischen Sinn etwas verschoben. In gewisser Weise wird jede Realität virtuell wahrgenommen.

Was ist das nun für ein Kommunikationssystem, das im Unterschied zu früherer historischer Erfahrung reale Virtualität hervorbringt? Es ist ein System, in dem die Wirklichkeit selbst (d.h. die materielle/symbolische Existenz der Menschen) vollständig eingefangen ist, völlig eingetaucht in eine Umgebung virtueller Bilder, in der Welt des Glaubenmachens, in der die Erscheinungen nicht nur bloß auf dem Bildschirm sind, durch den die Erfahrung kommuniziert wird, sondern in der sie die Erfahrung werden. Alle Botschaften aller Art werden in das Medium eingeschlossen, weil das Medium so umfassend, so diversifiziert, so formbar geworden ist, dass es die ganze menschliche Erfahrung in denselben Multimedia-Text absorbiert, Vergangenheit, Gegenwart und Zukunft wie in jenen einzigen Punkt des Universums, den Jorge Borges „Aleph" genannt hat. Ich will dafür ein Beispiel geben, das lediglich veranschaulichen soll, wie Vorstellungen kommuniziert werden.

Im amerikanischen Präsidentschaftswahlkampf 1992 wollte sich der damalige Vizepräsident Dan Quayle auf dem Feld der traditionellen Familienwerte profilieren. Bewaffnet mit seinen moralischen Überzeugungen begann er eine ungewöhnliche Auseinandersetzung mit Murphy Brown. Murphy Brown wird von einer hervorragenden Schauspielerin, Candice Bergen, gespielt und ist die Protagonistin einer populären Fernseh-Seifenoper, welche die Werte und Probleme eines neuen Frauentyps (re)präsentierte: die unverheiratete, beruflich engagierte Frau mit ihren eigenen Vorstellungen vom Leben. Um die Zeit des Prä-

---

147 *Oxford Dictionary of Current English* (1992); [vgl. die Definition im *Deutschen Wörterbuch* (= *Meyers Enzyklopädisches Lexikon*, Bd. 32, 1981): „*virtuell*: entsprechend seiner Anlage als Möglichkeit enthalten, die Möglichkeit zu etwas in sich begreifend"; d.Ü.]

sidentschaftswahlkampfes beschloss Murphy Brown (nicht Candice Bergen), ein uneheliches Kind zu bekommen. Vizepräsident Quayle verurteilte ihr Verhalten sofort als ungehörig und erregte dadurch nationale Empörung vor allem seitens arbeitender Frauen. Murphy Brown (nicht einfach Candice Bergen) schlug zurück: In der nächsten Folge trat sie auf, wie sie das Fernsehinterview anschaute, in dem Vizepräsident Quayle sie kritisierte, und sie sagte ihre Meinung. Sie kritisierte in scharfer Form die Einmischung von Politikern in das Leben von Frauen und verteidigte ihr Recht auf eine neue Moral. Am Ende steigerte *Murphy Brown* ihre Quote und Dan Quayles abgestandener Konservatismus trug zur Wahlniederlage von Präsident George Bush bei. Beide Entscheidungen waren real und in gewissem Maß gesellschaftlich bedeutsam. 1999, als er sich wieder an den Vorwahlen beteiligen wollte, um republikanischer Präsidentschaftskandidat zu werden, eröffnete Dan Quayle seine Kampagne mit der trotzigen Bemerkung, er sei immer noch da, während Murphy Brown inzwischen vom Bildschirm verschwunden sei. Es half ihm nichts: Bei der ersten Stimmauszählung des Vorwahlkampfes schnitt er so schlecht ab, dass er seine Kandidatur zurückziehen musste. So hatte sich im Verlauf des Dialogs ein neuer Text aus Realem und Imaginärem zusammengefügt. Die unerbetene Präsenz der imaginären Welt der Murphy Brown in dem im realen Leben ablaufenden Präsidentschaftswahlkampf führte dazu, dass Quayle (oder besser sein „wirkliches" Bild im Fernsehen) in eine Figur im imaginären Leben von Murphy Brown transformiert wurde: Es war ein Supertext entstanden, der leidenschaftlich vorgetragene Botschaften aus beiden Erfahrungsebenen in ein und demselben Diskurs ineinander schob. In diesem Fall war die Virtualität (also Murphy Brown, die in der Praxis das war, was viele Frauen waren, ohne es im Namen irgendeiner konkreten Frau zu sein) in dem Sinne real geworden, dass sie tatsächlich – und mit erheblicher Wirkung – mit dem Wahlvorgang für das mächtigste Amt der Welt interagiert hatte. Das Beispiel ist vielleicht krass und ungewöhnlich, aber ich glaube, dass es meine Analyse veranschaulicht und dazu beiträgt, den Nebel ihrer Abstraktion etwas zu lichten. In der Hoffnung, dass dies der Fall ist, möchte ich nun präziser werden.

Was das neue, auf der digitalisierten, vernetzten Integration multipler Kommunikationsweisen beruhende Kommunikationssystem charakterisiert, ist seine umfassende Einbeziehung jeglicher kultureller Ausdrucksform. Wegen seiner Existenz funktionieren alle Arten von Botschaften in dem neuen Gesellschaftstyp nach einem binären Code: Präsenz/Absenz im Multimedia-Kommunikationssystem. Nur die Präsenz in diesem integrierten System erlaubt die Kommunizierbarkeit und die Sozialisierung der Botschaft. Alle anderen Botschaften werden auf die individuelle Vorstellung oder auf zunehmend marginalisierte, auf persönlichen Kontakten beruhende Subkulturen reduziert. Aus der Perspektive der Gesellschaft *ist die Kommunikation auf elektronischer Grundlage (typografisch, audiovisuell oder computervermittelt)* gleichbedeutend mit *Kommunikation*. Daraus folgt jedoch nicht, dass es zu einer Homogenisierung der kulturellen

Ausdrucksformen und zu einer vollständigen Herrschaft einiger weniger zentraler Sender über die Codes kommt. Das neue Kommunikationssystem ist ja gerade wegen seiner Diversifizierung, seiner Multimodalität und seiner Vielseitigkeit in der Lage, alle Formen des Ausdrucks ebenso zu umfassen und zu integrieren, wie die Vielfalt von Interessen, Werten und Vorstellungen, einschließlich des Ausdrucks sozialer Konflikte. Aber der Preis, den es kostet, in das System einbezogen zu werden, besteht in der Anpassung an seine Logik, an seine Sprache, an seine Eingangspunkte, an seine Kodierung und Dekodierung. Deshalb ist es im Hinblick auf soziale Folgen unterschiedlicher Art so wichtig, dass es zur Entwicklung eines horizontalen Kommunikationsnetzwerkes mit vielen Knoten vom Typus des Internet kommt und nicht zu einem zentral gesendeten Multimedia-System wie in der Konfiguration des Video-on-demand. Das Installieren von Eingangsbarrieren zu diesem Kommunikationssystem und das Einrichten von Passwörtern für die Zirkulation und Verbreitung von Nachrichten innerhalb des gesamten Systems sind für die neue Gesellschaft kulturelle Entscheidungsschlachten. Deren Ergebnis ist vorentscheidend für das Schicksal der symbolisch vermittelten Konflikte, die in Zukunft in dieser neuen historischen Umwelt ausgetragen werden. Die Entscheidung darüber, wer in der von mir oben erläuterten Terminologie die *Interagierenden* und wer die *Interagierten* in diesem neuen System sind, wird weitgehend den Rahmen für das Herrschaftssystem und für die Prozesse der Befreiung in der informationellen Gesellschaft bestimmen.

Die Einbeziehung der meisten kulturellen Ausdrucksformen in das integrierte Kommunikationssystem, das auf digitalisierter elektronischer Produktion, Distribution und Austausch von Signalen beruht, hat einschneidende Folgen für die gesellschaftlichen Formen und Prozesse. Auf der einen Seite schwächt dies beträchtlich die symbolische Macht traditioneller Sender, die außerhalb des Systems stehen und sich auf dem Weg über historisch codierte gesellschaftliche Gewohnheiten einschalten: Religion, Moral, Autorität, traditionelle Werte, politische Ideologie. Nicht dass sie ganz verschwänden, aber sie werden geschwächt, es sei denn, sie codieren sich neu innerhalb des neuen Systems, wo ihre Durchschlagskraft sich durch die elektronische Materialisierung spirituell übertragener Angewohnheiten vervielfacht: Elektronische Prediger und interaktive fundamentalistische Netzwerke sind in unseren Gesellschaften eine effizientere und durchdringendere Form der Indoktrination, als die von Person zu Person verlaufende Vermittlung einer fernen, charismatischen Autorität. Aber weil sie die Koexistenz der transzendentalen Botschaften mit Pornografie on-demand, Seifenopern und *chat-lines* innerhalb desselben Systems zulassen müssen, erobern überlegene spirituelle Mächte zwar immer noch Seelen, aber sie verlieren ihren übermenschlichen Status. Der letzte Schritt der Säkularisierung der Gesellschaft folgt, auch wenn er manchmal die paradoxe Form des demonstrativen Konsums von Religion unter allen möglichen Gattungs- und Markennamen annimmt. Die Gesellschaften sind endgültig und wahrhaft entzaubert, weil alle Wunder online zu haben sind und zu selbst-konstruierten Vorstellungswelten kombiniert werden können.

Andererseits transformiert das neue Kommunikationssystem Raum und Zeit, die fundamentalen Dimensionen des menschlichen Lebens radikal. Örtlichkeiten werden entkörperlicht und verlieren ihre kulturelle, historische und geografische Bedeutung. Sie werden in funktionale Netzwerke integriert, oder auch in Collagen von Bildern. Dadurch entsteht ein Raum der Ströme anstelle eines Raums der Orte. Die Zeit wird in dem neuen Kommunikationssystem ausradiert, wenn Vergangenheit, Gegenwart und Zukunft programmiert werden können, um miteinander in ein und derselben Botschaft zu interagieren. Der *Raum der Ströme* und die *zeitlose Zeit* sind die materiellen Grundlagen einer neuen Kultur, welche die Verschiedenheit der historisch überkommenen Systeme der Repräsentation überschreitet und in sich einschließt: die Kultur der realen Virtualität, wo Glaubenmachen Glauben an das Machen ist.

6 Der Raum der Ströme

Raum und Zeit sind die fundamentalen, materiellen Größen des menschlichen Lebens. Die Physik hat die Komplexität enthüllt, die hinter der trügerischen, intuitiven Einfachheit derartiger Begriffe steckt. Schon Schulkinder wissen, dass Raum und Zeit etwas miteinander zu tun haben. Und die Superstring-Theorie, die neueste Mode in der Physik, stellt die Hypothese eines *hyperspace* auf, der zehn Dimensionen miteinander verknüpft, einschließlich der Zeit.[1] In meiner Analyse ist natürlich kein Platz, dies zu behandeln, denn sie befasst sich allein mit der *sozialen Bedeutung von Raum und Zeit*. Aber mein Verweis auf diese Komplexität geht über rhetorische Pedanterie hinaus. Diese Konzepte laden dazu ein, über gesellschaftliche Formen von Zeit und Raum nachzudenken, die sich nicht auf das beschränken lassen, was unsere Wahrnehmung bisher ausgemacht hat, denn sie beruhte auf sozio-technischen Strukturen, die durch die gegenwärtige historische Erfahrung überholt worden sind.

Weil Raum und Zeit sowohl in der Natur wie auch in der Gesellschaft miteinander verwoben sind, müssen sie es auch in meiner Analyse sein, obwohl ich mich der Klarheit zuliebe zuerst in diesem Kapitel auf den Raum und dann im nächsten auf die Zeit konzentrieren werde. Die Anordnung dieser Abfolge ist nicht willkürlich: Anders als die meisten klassischen Gesellschaftstheorien, die annehmen, der Raum werde von der Zeit dominiert, stelle ich die These auf, dass in der Netzwerkgesellschaft der Raum die Zeit organisiert. Diese Behauptung wird, so hoffe ich, am Ende der intellektuellen Reise, zu der ich die Leserinnen und Lesern in diesen beiden Kapiteln einladen, überzeugender klingen.

Raum und Zeit werden beide unter den gemeinsamen Einwirkungen des informationstechnologischen Paradigmas und der sozialen Formen und Prozesse transformiert, die vom gegenwärtigen historischen Wandlungsprozess ausgehen, wie in diesem Buch dargestellt. Das tatsächliche Profil dieser Transformation weicht jedoch entschieden von den Extrapolationen des Alltagsverstandes ab, der von technologischem Determinismus geleitet ist. So erscheint es beispiels-

---

1 Kaku (1994).

weise völlig plausibel, dass die fortgeschrittene Telekommunikation die Standorte von Büros überallhin verteilen werde und dass daher die Hauptquartiere der Konzerne die teuren, verstopften und unangenehmen zentralen Geschäftsviertel verlassen könnten, um sich an maßgeschneiderten Standorten und an schönen Plätzchen auf der ganzen Welt niederzulassen. Die empirische Analyse von Mitchell Moss über die Auswirkungen der Telekommunikation auf die Wirtschaft von Manhattan in den 1980er Jahren ergab jedoch, dass gerade diese neuen, fortgeschrittenen Telekommunikationseinrichtungen neben anderen Faktoren dafür verantwortlich waren, dass sich der Umzug von Konzernen aus New York verlangsamte. Die Gründe dafür lege ich unten dar. Hier ein anderes Beispiel aus einem anderen sozialen Bereich: Man hat angenommen, die von zu Hause aus mögliche elektronische Kommunikation werde zum Niedergang dichter urbaner Formen führen und räumlich lokalisierte soziale Interaktion vermindern. Das erste massenhaft verbreitete System computer-vermittelter Kommunikation, der in Kapitel 5 beschriebene französische Minitel, entstand jedoch in einem dichten urbanen Umfeld, dessen Vitalität und unmittelbare Interaktion schwerlich durch das neue Medium untergraben wurden. Vielmehr benutzten französische Studierende Minitel, um erfolgreich *Straßen*demonstrationen gegen die französische Regierungen zu organisieren. Anfang der 1990er Jahre wurde die *Telearbeit* – also das Arbeiten online zu Hause – nur von einem kleinen Bruchteil der Erwerbstätigen praktiziert. In den Vereinigten Staaten zwischen ein und zwei Prozent am Tag, und in Europa und Japan war es nicht viel anders. Dabei nehmen wir die alte, übliche Praxis von Freiberuflern und Experten aus, zu Hause weiterzuarbeiten oder ihre Tätigkeit in Zeit und Raum flexibel zu gestalten, wenn sie den Spielraum dafür haben.[2] Wenn es sich als die Form der Expertentätigkeit der Zukunft abzuzeichnen scheint, teilweise zu Hause zu arbeiten, so ist dies eine Entwicklung, die sich aus der Entstehung des Netzwerk-Unternehmens und des flexiblen Arbeitsprozesses ergibt, die in den vorangegangenen Kapiteln analysiert wurde; dies ist aber keine direkte Folge verfügbarer Technologien. Die theoretischen und praktischen Konsequenzen derartiger Präzisierungen sind von entscheidender Bedeutung. Es ist diese Komplexität der Interaktion von Technologie, Gesellschaft und Raum, der ich mich auf den folgenden Seiten zuwenden werde.

Dazu untersuche ich das empirische Material darüber, wie sich die Verortungsraster von wirtschaftlichen Kerntätigkeiten unter dem neuen technologischen System für hochmoderne Dienstleistungen und für die Industrie transformieren. Danach versuche ich, das spärliche Material über die Entstehung des elektronischen Heims und die Entwicklung der Stadt einzuschätzen, und ich

---

2 Einen ausgezeichneten Überblick über die Interaktion zwischen Telekommunikation und räumlichen Prozessen geben Graham und Marvin (1996). Empirische Daten zu den Auswirkungen der Telekommunikation auf Geschäftsviertel s. Moss (1987, 1991, 1992: 147-158). Eine Zusammenfassung des Materials über Tele-Arbeit in fortgeschrittenen Gesellschaften findet sich bei Korte u.a. (1988) und Qvortup (1992).

beleuchte die neuere Entwicklung urbaner Formen in verschiedenen Zusammenhängen. Dann fasse ich die beobachteten Tendenzen unter dem Begriff einer neuen räumlichen Logik zusammen, die ich als *Raum der Ströme* bezeichne. Dieser Logik setze ich die historisch verwurzelte räumliche Organisation unserer allgemeinen Erfahrung entgegen: *den Raum der Orte*. Und ich verweise auf die Widerspiegelung dieses dialektischen Gegensatzes zwischen dem Raum der Ströme und dem Raum der Orte in den Debatten, die gegenwärtig in Architektur und Stadtplanung geführt werden. Das Ziel dieser intellektuellen Reise besteht darin, das Profil dieses neuen räumlichen Prozesses zu zeichnen, des Raumes der Ströme, der dabei ist, in unseren Gesellschaften zur herrschenden räumlichen Manifestation von Macht und Funktion zu werden. Trotz all meiner Anstrengungen, die neue räumliche Logik im empirischen Material zu verankern, ist es leider unvermeidbar, den Leser und die Leserin gegen Ende des Kapitels mit einigen elementaren Aspekten der Sozialtheorie des Raumes zu behelligen, um so der gegenwärtigen Transformation näher zu kommen, der die materiellen Basis unserer Erfahrung gegenwärtig unterliegt. Meine Fähigkeit, ein ziemlich abstraktes Theoriekonzept über neue räumliche Formen und Prozesse zu vermitteln, wird jedoch hoffentlich durch einen kurzen Überblick über das verfügbare Material zur neueren räumlichen Strukturierung der dominanten ökonomischen Funktionen und sozialen Praxisformen verbessert werden.[3]

Hochmoderne Dienstleistungen, Informationsströme und die *Global City*

Die informationelle, globale Wirtschaft ist durch Kommando- und Kontrollzentralen organisiert, die in der Lage sind, die miteinander verzahnten Tätigkeiten von Firmennetzwerken zu koordinieren, zu erneuern und zu managen.[4] Hochmoderne Dienstleistungen wie Finanzen, Versicherungen, Immobilien, Consulting, juristische Dienstleistungen, Werbung, Design, Public Relations,

---

3   Zu einem großen Teil stützt sich dieses Kapitel auf empirisches Material und analytische Grundlagen aus der Forschungsarbeit, die ich in den 1980er Jahren durchgeführt und in meinem Buch *The Information City: Information Technology, Economic Restructuring, and the Urban-Regional Process* (Castells 1989b) zusammengefasst und ausgeführt habe. Obwohl dieses Kapitel zusätzlich aktualisierte Informationen über verschiedene Länder enthält, verweise ich für eine detailliertere Analyse und für die empirische Absicherung der hier vorgelegten Analyse auf das zitierte Buch. Demnach *werde ich hier nicht die empirischen Quellen erneut anführen, die in dem erwähnten Buch benutzt und zitiert werden*. Diese Anmerkung soll als allgemeiner Nachweis für die Quellen und das Material gelten, die in *The Informational City* enthalten sind. Eine aktuelle Darstellung dieser Thematik bieten auch Graham und Marvin (1996; 2000). Einen historischen, analytischen und kulturellen Überblick über Stadtentwicklung enthält das Meisterwerk von Sir Peter Hall (1998). Zur Urbanisierung in internationaler Perspektive s. Borja und Castells (1997).

4   Einen ausgezeichneten Überblick über die gegenwärtige Transformation räumlicher Formen und Prozesse auf globaler Ebene gibt Hall (1995: 3-32).

Sicherheit, Informationsbeschaffung und die Verwaltung von Informationssystemen, aber auch F&E sowie wissenschaftliche Innovation machen den Kern aller wirtschaftlichen Prozesse aus, ob sie sich nun in der Industrie oder in der Landwirtschaft, im Energiesektor oder in Dienstleistungen unterschiedlicher Art abspielen.⁵ Sie alle lassen sich auf die Herstellung von Wissen und auf Informationsströme zurückführen.⁶ Deshalb könnten moderne Telekommunikationssysteme es möglich machen, diese Prozesse auf verstreute Standorte rund um den Globus zu verteilen. Forschungen, die seit über einem Jahrzehnt auf diesem Gebiet durchgeführt worden sind, haben jedoch ein anderes Muster ergeben. Es ist charakterisiert durch die gleichzeitige Verteilung und Konzentration der hochmodernen Dienstleistungen.⁷ Einerseits ist der Anteil der hochmodernen Dienstleistungen an Beschäftigung und BIP in den meisten Ländern beträchtlich gestiegen und weisen in den führenden Ballungszentren der Welt den höchsten Beschäftigungszuwachs und die höchsten Investitionsraten auf.⁸ Sie sind allgegenwärtig und haben ihre Standorte über die ganze Erde verteilt, abgesehen von den „schwarzen Löchern" der Marginalität. Andererseits ist es zu einer räumlichen Konzentration der obersten Ebene dieser Tätigkeiten in einigen wenigen Knotenzentren weniger Länder gekommen.⁹ Diese Konzentration entspricht einer Hierarchie zwischen unterschiedlichen Ebenen, auf denen sich städtische Zentren befinden. Dabei sind die Funktionen der höheren Ebenen im Hinblick auf Macht und Kompetenzen in einigen großen städtischen Ballungsräumen konzentriert.¹⁰ Die klassische Studie von Saskia Sassen über die *Global City* hat die gemeinsame Vorherrschaft von New York, Tokyo und London im internationalen Finanzsystem und bei den meisten beratenden und unternehmensbezogenen Dienstleistungen mit internationaler Reichweite aufgezeigt.¹¹ Diese drei Zentren decken für die Zwecke des Finanzhandels gemeinsam das Spektrum der Zeitzonen ab und funktionieren weitgehend als Einheit in ein und demselben System endloser Transaktionen. Aber auch andere Zentren sind wichtig und für manche spezifischen Segmente des Handels sogar noch bedeutender, etwa Chicago und Singapur für *futures* (in Chicago erstmals 1972 gehandelt). Hongkong, Osaka, Frankfurt, Zürich, Paris, Los Angeles, San Francisco, Amsterdam und Mailand sind sowohl im Finanzbereich als auch für internationale unternehmensbezogene Dienstleistungen gleichfalls wichtige Zentren.¹² Und eine Anzahl von „regionalen Zentren" ist dabei, sich im Verlauf der Entwicklung „neuer Märkte" auf der ganzen Welt mit großer Geschwindigkeit

---

5 Daniels (1993).
6 Norman (1993).
7 Graham (1994).
8 Enderwick (1989).
9 Daniels (1993).
10 Thrift (1986); Thrift und Leyshon (1992).
11 Sassen (1991).
12 Daniels (1993).

dem Netzwerk anzuschließen: unter anderem Madrid, São Paulo, Buenos Aires, Mexiko Stadt, Taipei, Moskau, Budapest.

Die globale Wirtschaft organisiert in dem Maße, wie sie expandiert und sich neue Märkte eingliedert, auch die Produktion von hochmodernen Dienstleistungen, die benötigt werden, um die neuen Einheiten, die sich dem System anschließen ebenso zu handhaben, wie die Bedingungen ihrer sich beständig ändernden Verknüpfungen.[13] Ein gutes Beispiel, das diesen Prozess veranschaulichen kann, ist Madrid, das bis 1986 eher ein Hinterhof der globalen Wirtschaft gewesen ist. In diesem Jahr trat Spanien der Europäischen Gemeinschaft bei und öffnete sich vollständig der Investition ausländischen Kapitals an den Börsen, in Bankgeschäften und beim Erwerb von Unternehmensanteilen sowie von Immobilien. Wie wir in unserer Studie[14] gezeigt haben, speisten in der Periode von 1986-1990 ausländische Direktinvestitionen in Madrid und an der Madrider Börse eine Periode schnellen regionalen Wirtschaftswachstums sowie einen Immobilienboom und eine schnelle Ausweitung der Beschäftigung in unternehmensbezogenen Dienstleistungen. Der Erwerb von Aktien durch ausländische Investoren in Madrid stieg zwischen 1982 und 1988 schlagartig von 4.494 Mio. Pts. auf 623.445 Mio. Pts. Die ausländischen Direktinvestitionen in Madrid stiegen von 8.000 Mio. Pts. 1985 auf nahezu 400.000 Mio. Pts. 1988. Dementsprechend erlebte der Bau von Büroflächen im Zentrum von Madrid und von anspruchsvollem Wohnraum Ende der 1980er Jahre ein ähnliches Spekulationsfieber, wie zuvor schon New York und London. Die Stadt wurde durch die vollständige Ausnutzung von wertvollem Raum im Zentrum und auch durch die massive Suburbanisierung, die es in Madrid bis dahin in nur recht begrenztem Umfang gegeben hatte, tiefgreifend transformiert.

In eine ähnliche Richtung geht die Studie von Cappelin über die Vernetzung von Dienstleistungen in europäischen Städten. Cappelin zeigte die zunehmende gegenseitige Abhängigkeit und die wechselseitige Ergänzung zwischen mittelgroßen städtischen Zentren in der Europäischen Union auf. Er schloss, dass „die relative Bedeutung der Beziehungen zwischen Stadt und Region abzunehmen scheint im Vergleich zur Bedeutung der Beziehungen, die verschiedene Städte in unterschiedlichen Regionen und Ländern miteinander verknüpfen ... Neue Tätigkeiten konzentrieren sich an bestimmten Polen, und das bedeutet eine Zunahme der Ungleichheit zwischen den städtischen Polen und ihrem jeweiligen Hinterland".[15] Demnach lässt sich das Phänomen der *Global Cities* nicht auf ein paar urbane Zentren an der Spitze der Hierarchie reduzieren. Es ist ein Prozess, der fortgeschrittene Gesellschaften, Produktionszentren und Märkte in einem globalen Netzwerk mit unterschiedlicher Intensität und auf unterschiedlicher Stufenleiter in Abhängigkeit von der relativen Bedeutung der

---

13 Borja u.a. (1991).
14 Eine Zusammenfassung des Forschungsberichtes ist in Castells (1991) enthalten.
15 Cappelin (1991: 237).

Abbildung 6.1 Größte absolute Zunahme von Informationsströmen, 1982 und 1990

Quelle: Daten von Federal Express, bearbeitet von Michelson and Wheeler (1994)

in dem jeweiligen Gebiet vorhandenen Tätigkeiten gegenüber dem globalen Netzwerkes miteinander verbindet. Innerhalb eines jeden Landes reproduziert sich die Netzwerk-Architektur wieder in der Form von regionalen und lokalen Zentren, so dass das gesamte System auf der globalen Ebene miteinander verknüpft wird. Die Territorien in der Umgebung dieser Knoten spielen eine zunehmend untergeordnete Rolle und werden manchmal irrelevant oder dysfunktional; etwa die *colonias populares* von Mexiko Stadt (ursprünglich informelle Siedlungen), in denen etwa zwei Drittel der Bevölkerung der Megalopolis leben, ohne dass sie irgendeine erkennbare Rolle dabei spielten, wie Mexiko Stadt als internationales Wirtschaftszentrum funktioniert.[16] Außerdem stimuliert Globalisierung Regionalisierung. In seinen Studien über europäische Regionen in den 1990er Jahren hat Philip Cooke auf der Grundlage des vorhandenen Materials gezeigt, dass die zunehmende Internationalisierung der wirtschaftlichen Tätigkeiten in ganz Europa die Abhängigkeit der Regionen von diesen Aktivitäten gesteigert hat. Dementsprechend haben sich die Regionen auf Anregung ihrer Re-

---

16 Davis (1994).

Hochmoderne Dienstleistungen, Informationsströme und die Global City 437

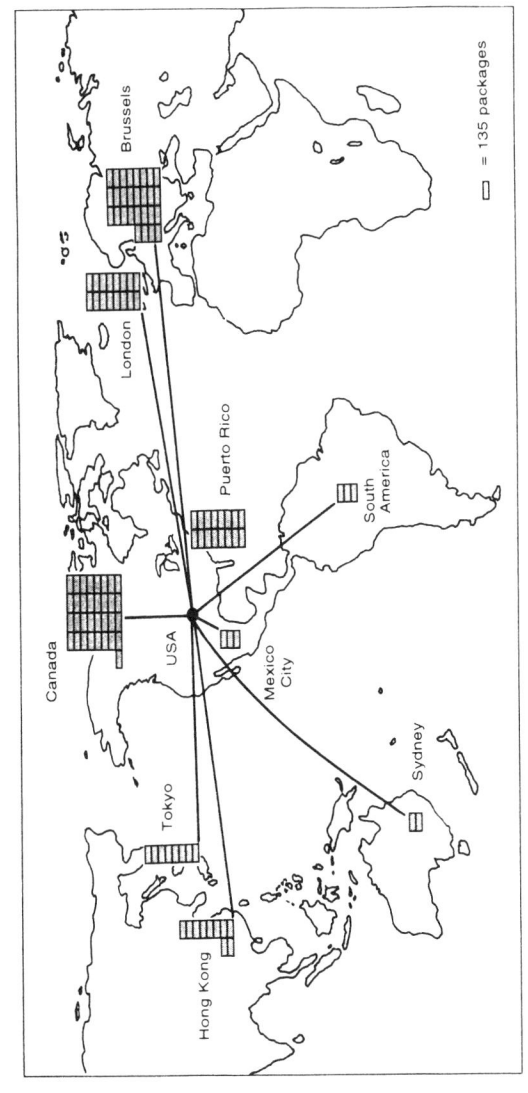

Abbildung 6.2 Exporte von Information aus den Vereinigten Staaten in wichtige Weltregionen und -zentren

Quelle: Daten von Federal Express, bearbeitet von Michelson and Wheeler (1994)

gierungen und Wirtschaftseliten neu strukturiert, um innerhalb der globalen Wirtschaft konkurrenzfähig zu sein, und sie haben Kooperationsnetzwerke zwischen regionalen Institutionen und Unternehmen aufgebaut, die in der Region verankert sind. Demnach verschwinden Regionen und Örtlichkeiten nicht etwa, sondern sie werden in internationale Netzwerke integriert, die ihre dynamischsten Sektoren miteinander verknüpfen.[17]

Eine annähernde Vorstellung von der entstehenden Architektur der Informationsströme in der globalen Wirtschaft wurde von Michelson und Wheeler auf der Grundlage von Betriebsdaten der Federal Express Corporation erarbeitet, eines der führenden Transportunternehmen für Geschäftskunden.[18] Sie untersuchten die Transportwege von übernacht zuzustellenden Briefen, Paketen und größeren Sendungen während der 1990er Jahre zwischen den Ballungsgebieten in den USA ebenso wie zwischen den wichtigsten Versandzentralen in den USA und internationalen Zielorten. Die Ergebnisse ihrer Analyse werden in Abb. 6.1 und 6.2 illustriert; sie zeigen zwei grundlegende Trends: (a) die Dominanz einiger Knoten, besonders von New York, gefolgt von Los Angeles, nimmt mit der Zeit zu; (b) ausgewählte nationale und internationale Verbindungskreisläufe. Entsprechend folgern sie:

> Alle Indikatoren weisen auf eine Stärkung der hierarchischen Struktur der Kommando- und Kontrollfunktionen und des daraus resultierenden Informationsaustausches hin ... Die lokale Konzentration von Information ergibt sich aus dem großen Maß an Ungewissheit, das wiederum durch den technologischen Wandel, das Ende der Massenmärkte, die Deregulierung und die Globalisierung bewirkt wird. ... Während sich die gegenwärtige Epoche [jedoch] entfaltet, werden die Bedeutung der Flexibilität als grundlegendem Mechanismus zur Problembewältigung und die Bedeutung der wirtschaftlichen Vorzüge städtischer Agglomerationen als Standortvorteil bestehen bleiben. Die Bedeutung der Stadt als Gravitationszentrum für wirtschaftliche Transaktionen wird nicht verschwinden. Aber mit der bevorstehenden Regulierung der internationalen Märkte ... wird sich bei geringerer Ungewissheit über die wirtschaftlichen Spielregeln und die beteiligten Spieler die Konzentration innerhalb der Informationsbranche verlangsamen, und einige Aspekte von Produktion und Distribution werden auch in die unteren Ebenen einer internationalisierten Hierarchie von Städten durchsickern.[19]

Nun ist die Hierarchie innerhalb des Netzwerkes keineswegs garantiert und stabil: Sie unterliegt einer scharfen Konkurrenz zwischen den Städten, aber auch dem Risiko höchst gewagter Investitionen sowohl im Finanz- als auch im Immobilienbereich. So erklärt F.W. Daniels in einer der umfassendsten Studien zu dieser Thematik den partiellen Fehlschlag des großen städtischen Restrukturierungsprojektes, Canary Wharf in den Londoner Docklands, aus einer allzu ambitionierten Strategie des Hauptunternehmers, der berühmt berüchtigten kanadischen Firma Olympia & York, die nicht in der Lage war, das Überangebot an Büroflächen während der frühen 1990er Jahre zu verkraften, zu dem es im Zuge

---

17 Cooke und Morgan (1993); Cooke (1994).
18 Michelson und Wheeler (1994).
19 Michelson und Wheeler (1994: 102f.).

von Entlassungen im Finanzdienstleistungsbereich sowohl in London als auch in New York gekommen war. Er schlussfolgert:

> Die Expansion der Dienstleistungen auf den internationalen Markt hat daher zu einem höheren Maß an Flexibilität und letztendlich zu mehr Konkurrenz im globalen urbanen System geführt als je zuvor. Wie die Erfahrung mit Canary Wharf gezeigt hat, hat sie auch die Ergebnisse großangelegter Planungen und Restrukturierungsprojekte in den Städten zu Geiseln externer internationaler Faktoren gemacht, die die Städte nur beschränkt kontrollieren können.[20]

Während Städte wie Bangkok, Taipei, Shanghai, Mexiko Stadt oder Bogota Anfang der 1990er Jahre durch den Geschäftszuwachs ein explosionsartiges urbanes Wachstum erlebten, traten dagegen Madrid sowie New York, London und Paris in eine Baisse ein, die einen starken Abwärtstrend in den Immobilienpreisen und den Stillstand der Bautätigkeit bedeutete. Dann wurden Ende der 1990er Jahre die Immobilien in London und New York wieder deutlich höher bewertet, während die Kernbereiche großer asiatischer Städte hart von einer Finanzkrise getroffen wurden, teils weil die Spekulationsblase ihrer aufgeblähten Immobilienmärkte platzte (s. Band III). Die Achterbahnfahrt der Städte zu unterschiedlichen Zeiten und quer durch die Weltregionen illustriert die Abhängigkeit und Verwundbarkeit eines jeden Standorts, auch der wichtigen Großstädte, gegenüber den wechselnden globalen Strömungen.

Aber warum sind diese hochmodernen Dienstleistungen immer noch davon abhängig, sich an ein paar metropolitanen Knotenpunkten zusammenzuballen? Auch hier bietet Saskia Sassen als Ergebnis jahrelanger, von ihr selbst und anderen durchgeführter Feldforschungen überzeugende Antworten. Sie meint:

> Das Zusammentreffen räumlicher Verteilung und globaler Integration hat für die wichtigen Großstädte eine neue strategische Rolle geschaffen. Über ihre Geschichte als Zentren des internationalen Handels und der Banken hinaus haben diese Städte jetzt vier neue Funktionen übernommen: erstens als hochgradig konzentrierte Kommandozentralen zur Organisation der Weltwirtschaft; zweitens als Schlüsselstandorte für Finanzen und spezialisierte Dienstleistungsfirmen …; drittens als Produktionsstandorte, auch für die Produktion von Innovation in diesen führenden Wirtschaftsbranchen; und viertens als Märkte für eben diese Produkte und Innovationen.[21]

Diese Städte oder genauer, ihre Geschäftsviertel, sind informationsbasierte Komplexe der Wertproduktion, wo Konzernzentralen und Firmen der Spitzenfinanz sowohl die Zulieferer als auch die hochqualifizierten und -spezialisierten Arbeitskräfte finden, die sie brauchen. Sie bilden regelrechte Produktions- und Management-Netzwerke, deren Flexibilität es *nicht* nötig hat, Arbeitskräfte und Zulieferer zu internalisieren, sondern die vielmehr in der Lage sein müssen, Zugriff auf sie zu haben wenn nötig, und zwar zu dem Zeitpunkt und in der Menge, die in jedem einzelnen Fall erforderlich sind. Flexibilität und Anpassungsfä-

---

20 Daniels (1993: 166).
21 Sassen (1991: 3f.)

higkeit werden eben eher durch diese Kombination von einer Zusammenballung von Kernnetzwerken und der globalen Vernetzung dieser Kerne und ihrer weit verstreuten Hilfsnetzwerke durch Telekommunikation und Lufttransport erreicht. Es gibt noch weitere Faktoren, die anscheinend dazu beitragen, Tätigkeiten auf hoher Ebene an ein paar Knotenstellen zu konzentrieren: Wenn sie einmal hergestellt sind, erklären die hohen Investitionen der Konzerne in wertvolle Immobilien ihre geringe Neigung umzuziehen, denn damit wären ihre festen Anlagen entwertet; außerdem sind im Zeitalter weitverbreiteten Lauschens für wichtige Entscheidungen nach wie vor unmittelbare persönliche Kontakte notwendig. Denn, wie Saskia Sassen berichtet, gestand ihr ein Manager während eines Interviews, dass sich Geschäftsabsprachen manchmal notgedrungen am Rande der Legalität bewegen.[22] Und schließlich bieten die großen weltstädtischen Zentren den so sehr begehrten hochqualifizierten Experten noch immer die besten Möglichkeiten für persönliches Fortkommen, sozialen Status und individuellen Genuss, von guten Schulen für die Kinder bis hin zu den symbolischen Mitgliedschaft in den Sphären des demonstrativen Konsums, wozu auch Kunst und Unterhaltung gehören.[23]

Dennoch verstreuen sich tatsächlich Anbieter hochmoderner Dienstleistungen und erst recht allgemeiner Dienstleistungen an den Rändern der großen Ballungsräume dezentral, in kleineren Ballungsräumen, in weniger entwickelten Regionen und in manchen weniger entwickelten Ländern.[24] Neue regionale Dienstleistungszentren sind in den Vereinigten Staaten (etwa Atlanta, Georgia oder Omaha, Nebraska), in Europa (etwa Barcelona, Nizza, Stuttgart, Bristol) oder in Asien (etwa Bombay, Bangkok, Shanghai) entstanden. Die Peripherien der großen Ballungszentren bersten vor Aktivität beim Bau neuer Bürohäuser, sei es Walnut Creek in San Francisco oder Reading in der Nähe von London. Und in einigen Fällen sind die großen Dienstleistungszentren am Rand der historischen Stadt emporgewachsen, wofür La Défense in Paris das bekannteste und erfolgreichste Beispiel ist. Aber in fast allen Fällen betrifft die Dezentralisierung von Büroarbeit die „Hinterzimmer"; also die massenhafte Weiterbearbeitung von Vorgängen, um die strategischen Entscheidungen und Konzepte der Konzernzentralen von Hochfinanz und hochmodernen Dienstleistern durchzuführen.[25] Das sind genau die Tätigkeitsbereiche, in denen die große Masse der geringqualifizierten Arbeitskräfte beschäftigt ist, von denen die meisten Frauen aus den Vorstädten sind, viele ersetzbar oder wieder zu verwenden, wenn sich

---

22 Persönliche Notizen, mitgeteilt von Saskia Sassen bei einem Glas argentinischen Weins, Harvard Inn, 22. April 1994.
23 Eine Annäherung an die Differenzierung der sozialen Welten in den globalen Städten am Beispiel von New York vermitteln die verschiedenen Aufsätze in Mollenkopf (1989); und Mollenkopf und Castells (1991); s. auch Zukin (1992).
24 Für Belege zur räumlichen Dezentralisierung von Dienstleistungen s. Marshall u.a. (1988); Castells (1989b: Kap. 3); Daniels (1993: Kap. 3).
25 S. Castells (1989b: Kap. 3); Dunford und Kafkalas (1992).

die Technologie weiter entwickelt und die wirtschaftliche Achterbahn weiterrollt.

Wesentlich an diesem räumlichen System hochmoderner Dienstleistungsaktivitäten ist weder ihre Konzentration noch ihre Dezentralisierung, weil beide Prozesse tatsächlich gleichzeitig in allen Ländern und Kontinenten stattfinden. Und das gilt auch für die Hierarchie ihrer Geografie, weil diese in Wirklichkeit zu der variablen Geometrie von Geld- und Informationsströmen beiträgt. Wer konnte schließlich Anfang der 1980er Jahre vorhersagen, dass Taipei, Madrid oder Buenos Aires zu wichtigen internationalen Finanz- und Wirtschaftszentren werden würden? Ich glaube, dass die Megalopolis Hongkong-Shenzhen-Guangzhou-Zhuhei-Macau im frühen 21. Jahrhundert eines der großen Finanz- und Wirtschaftszentren sein und so eine umfangreiche Neuordnung in der globalen Geografie der fortgeschrittenen Dienstleistungen auslösen wird.[26] Aber für die Zwecke der räumlichen Analyse, um die es hier geht, ist es sekundär, ob ich mit meiner Prognose falsch liege. Denn der tatsächliche Standort hochrangiger Zentren ist zwar in jeder Periode von entscheidender Bedeutung für die Verteilung von Reichtum und Macht auf der Welt, aber aus der Perspektive der räumlichen Logik des neuen Systems liegt das Entscheidende in der Vielseitigkeit des Netzwerkes. Die globale Stadt ist kein Ort, sondern ein Prozess. Sie ist ein Prozess, durch den Zentren von Produktion und Konsumtion hochmoderner Dienstleistungen und die ihnen zuarbeitenden lokalen Gesellschaften zu einem globalen Netzwerk verbunden werden, wobei auf der Grundlage von Informationsströmen zugleich die Bedeutung der Verknüpfungen mit ihrem Hinterland zurücktritt.

Der neue industrielle Raum

Das Aufkommen der hochtechnologischen industriellen Fertigung, also computergestützte Fertigung auf mikroelektronischer Grundlage, hat für die Industrie eine neue Logik der Standortwahl mit sich gebracht. Elektronikfirmen, die Produzenten der neuen informationstechnologischen Geräte, waren auch die Ersten, die die Standortstrategie praktizierten, die der informationsgestützte Produktionsprozess sowohl möglich als auch nötig macht. Während der 1980er Jahre ergab eine Reihe empirischer Studien, die von Lehrenden und Graduierten am Institut für Stadt- und Regionalplanung der University of California in Berkeley durchgeführt wurden, eine festgefügte Vorstellung und ein klares Profil des „neuen industriellen Raumes".[27] Er ist durch die technologische und organisatorische Fähigkeit gekennzeichnet, den Produktionsprozess auf verschiedene

---

26 S. Henderson (1991); Kwok und So (1992, 1995).
27 Eine analytische Zusammenfassung des in diesen Studien über neue Muster von Industriestandorten gesammelten Materials s. Castells (1988a). S. auch Scott (1988); Henderson (1989).

Standorte aufzuteilen, wobei seine Einheit durch telekommunikative Verknüpfungen sowie auf Mikroelektronik beruhende Präzision und Flexibilität bei der Fertigung der Komponenten reintegriert wird. Außerdem ist die geografische Aufteilung der einzelnen Produktionsphasen ratsam, zum einen wegen der Einzigartigkeit der für jedes Stadium erforderlichen Arbeitskräfte und zum anderen wegen der unterschiedlichen sozialen und Umweltmerkmale in den Lebensbedingungen der deutlich voneinander abgegrenzten Segmente dieser Belegschaften. Denn die hochtechnologische Industrie weist eine Berufsstruktur auf, die sich von der traditionellen Industrie deutlich unterscheidet: Sie weist eine bipolare Struktur von zwei Hauptgruppen ungefähr gleicher Größe auf: einerseits eine hochqualifizierte, wissenschaftlich-technologische Teilbelegschaft und andererseits eine Masse unqualifizierter Arbeitskräfte, die mit Routinearbeiten bei der Montage und mit Hilfsarbeiten beschäftigt sind. Die Automatisierung hat es den Unternehmen zwar in zunehmendem Maße erlaubt, die untere Ebene der Arbeitskräfte zu eliminieren, aber die schwindelerregende Zunahme des Produktionsvolumens bringt es mit sich, dass immer noch eine erhebliche Anzahl nicht- und wenig qualifizierter Arbeitskräfte beschäftigt werden muss, und das wird auch noch für einige Zeit so bleiben. Es ist unter den vorherrschenden gesellschaftlichen Bedingungen weder ökonomisch sinnvoll noch sozial angemessen, wenn sie in derselben Gegend angesiedelt sind wie die Wissenschaftler und Ingenieure. Dazwischen stellen die Facharbeiter nochmal eine eigene Gruppe dar, die von den oberen Ebenen der hochtechnologischen Produktion getrennt werden kann. Wegen des geringen Gewichtes des Endproduktes und der von den Unternehmen weltweit entwickelten problemlosen Kommunikationsverbindungen haben vor allem die amerikanischen Elektronikfirmen von den Anfängen der Branche an – bereits mit dem Fabrikstandort von Fairchild in Hongkong 1962 – ein Standortraster entwickelt, das durch internationale räumliche Arbeitsteilung gekennzeichnet ist.[28] Grob gesprochen wurden sowohl im Mikroelektronik- wie im Computerbereich vier unterschiedliche Typen von Standorten für jede der vier unterschiedlichen Abschnitte des Produktionsprozesses gesucht:

1. F&E, Innovation und die Herstellung von Prototypen wurden in hochgradig innovativen industriellen Zentren in den Kernregionen konzentriert, die im Allgemeinen eine gute Lebensqualität boten, bevor ihr Entwicklungsprozess sich negativ auf die Umwelt auswirkte.
2. Qualifizierte Fertigung in Tochterfabriken, im Allgemeinen in sich neu industrialisierenden Regionen des Heimatlandes, was im Fall der USA im Allgemeinen mittelgroße Städte in den westlichen Staaten waren.
3. Umfangreiche angelernte Montage- und Prüfarbeit, die von Anfang an häufig ausgelagert war, vor allem nach Südostasien, wo Singapur und Malaysia als Pioniere Fabriken amerikanischer Elektronikkonzerne anlocken.

---

28 Cooper (1994).

4. Die Anpassung der Geräte an Kundenwünsche sowie Reparaturen und technischen Support als Kundendienst, die auf der ganzen Welt in regionalen Zentren organisiert sind, zumeist in der Umgebung großer Märkte für Elektronik; dies geschah ursprünglich in Amerika und Westeuropa, doch haben die asiatischen Märkte während der 1990er Jahre den gleichen Stand erreicht.

Die europäischen Unternehmen waren an die gemütlichen Standorte ihrer geschützten Heimatreviere gewöhnt und wurden nun mit der Öffnung der Märkte, mit der Konkurrenz der von Asien aus operierenden Unternehmen und der überlegenen amerikanischen und japanischen Konkurrenz im Nacken dazu gedrängt, ihre Produktionssysteme zu einer ähnlichen globalen Kette zu dezentralisieren.[29] Die japanischen Unternehmen sträubten sich lange Zeit dagegen, die „Festung Japan" zu verlassen, sowohl aus Nationalismus (auf Bitten ihrer Regierung) wie auch wegen ihrer starken Abhängigkeit von den auf *just in time* eingestellten Zuliefererwerken. Aber die unerträgliche Enge und die in die Höhe schießenden Betriebskosten in der Region Tokyo-Yokohama erzwangen zuerst die regionale Dezentralisierung (unterstützt durch das Technopolis-Programm des MITI) in weniger entwickelte Gebiete Japans, vor allem nach Kyushu;[30] und dann begannen die japanischen Unternehmen seit Ende der 1980er Jahre, dem Standortraster zu folgen, das ihre amerikanischen Konkurrenten zwei Jahrzehnte zuvor eingeführt hatten: ausgelagerte Produktionseinrichtungen in Südostasien auf der Suche nach niedrigeren Arbeitskosten und weniger strikten Umweltauflagen, und die Verteilung von Fabriken auf alle wichtigen Märkte in Amerika, Europa und Asien, um künftigem Protektionismus vorzubeugen.[31] Damit bestätigte das Ende der japanischen Sonderstellung die Genauigkeit des Standortmodells, das wir zusammen mit einer Reihe von Kollegen vorgeschlagen haben, um zu einem Verständnis der neuen räumlichen Logik der Hightech-Industrie zu gelangen. Abb. 6.3 zeigt schematisch die räumliche Logik dieses Modells, das auf der Grundlage von empirischem Material erarbeitet wurde, das eine Reihe von Forscherinnen und Forschern in unterschiedlichen Kontexten erhoben haben.[32]

---

29 Chesnais (1994).
30 Castells und Hall (1994).
31 Aoyama (1995).
32 Castells (1989b: Kap. 2).

Abbildung 6.3 System der Beziehungen zwischen den Charakteristika der Fertigung von Informationstechnologie und dem Raummuster der Branche

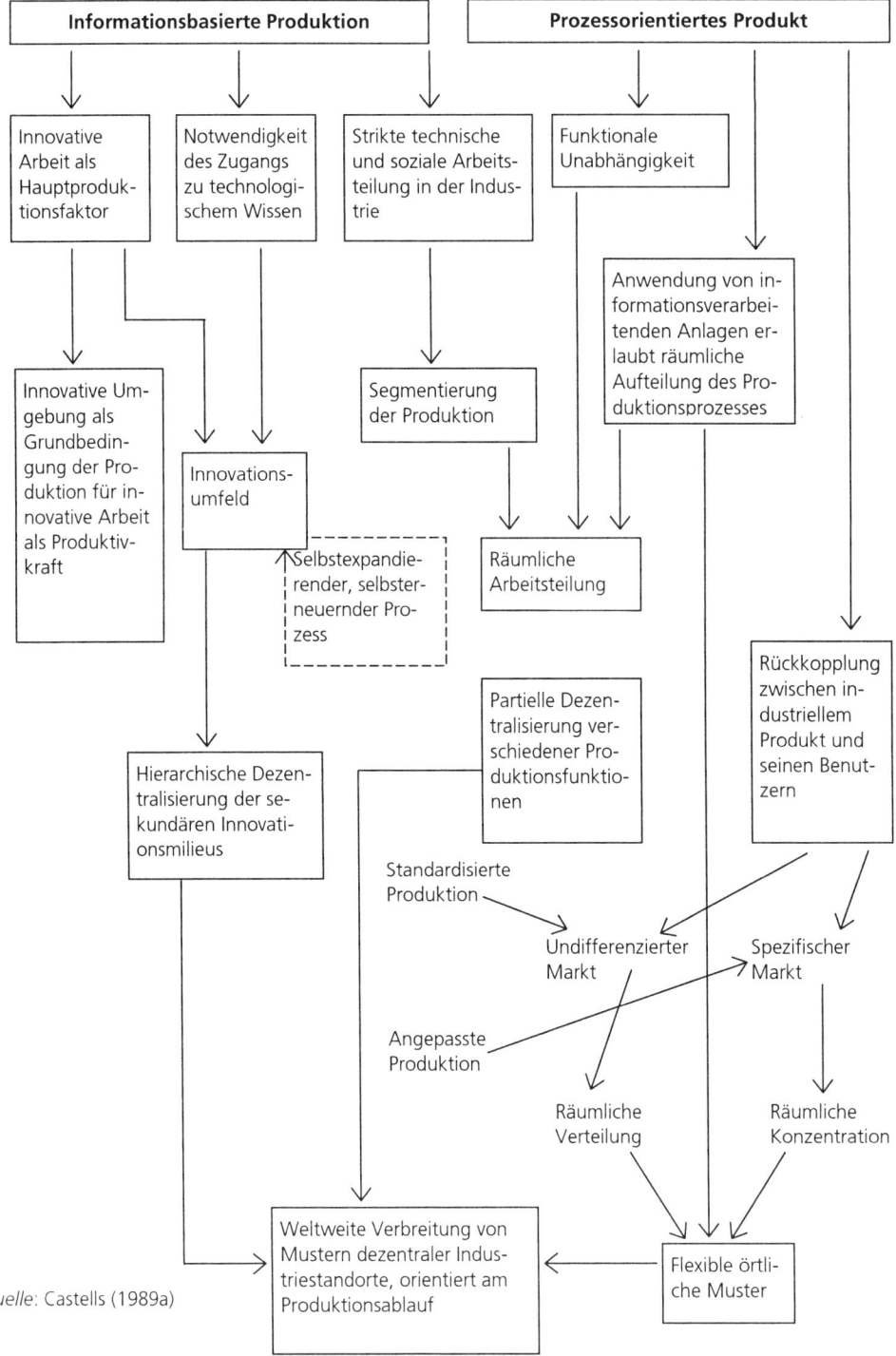

Quelle: Castells (1989a)

Ein Schlüsselelement in diesem Standortraster ist die entscheidende Rolle, die Komplexe zur Produktion von technologischer Innovation für das gesamte System spielen. Das war es, was Peter Hall und ich sowie der Pionier auf diesem Forschungsgebiet, Philippe Aydalot, „Innovationsmilieus" genannt haben.[33] Unter Innovationsmilieu verstehe ich eine spezifische Reihe von Beziehungen in Produktion und Management, die auf einer sozialen Organisation beruhen, die insgesamt eine gemeinsame Arbeitskultur und instrumentelle Zielsetzungen teilt, die auf die Schaffung neuen Wissens, neuer Prozesse und neuer Produkte ausgerichtet sind. Obwohl der Begriff des Milieus nicht unbedingt eine räumliche Dimension enthält, meine ich, dass im Fall der Branchen der Informationstechnologie wenigstens in diesem Jahrhundert aufgrund der Natur der Interaktion im Innovationsprozess räumliche Nähe eine notwendige materielle Voraussetzung für das Bestehen solcher Milieus darstellt. Die Besonderheit eines Innovationsmilieus besteht in seiner Fähigkeit zur Schaffung von Synergie; das ist der zusätzliche Wert, der sich nicht aus dem kumulativen Ergebnis der in dem Milieu vorhandenen Elemente herleitet, sondern aus ihrer Interaktion. Innovationsmilieus sind im Informationszeitalter fundamental wichtige Quellen von Innovation und Wertschöpfung. Peter Hall und ich haben mehrere Jahre lang die Entstehung, Struktur und Dynamik der wichtigsten technologischen Innovationsmilieus weltweit untersucht, der tatsächlichen sowie der von uns angenommenen. Die Ergebnisse unserer Forschung hat das Verständnis des Standortrasters der informationstechnologischen Branchen um einige Elemente erweitert.[34]

Die von der Hochtechnologie geprägten industriellen Innovationsmilieus, die wir „Technopole" nennen, existieren in unterschiedlichen urbanen Formen. Am Auffälligsten ist, dass die führenden Technopole sich in Wirklichkeit in den meisten Ländern mit den wichtigen Ausnahmen der Vereinigten Staaten und in gewissem Maße auch Deutschlands ganz offensichtlich in den führenden metropolitanen Ballungsräumen befinden: Tokyo, Paris-Sud, London-M 4 Korridor, Mailand, Seoul-Inchon, Moskau-Zelenograd und mit beträchtlichem Abstand Nizza-Sophia Antipolis, Taipei-Xinzhu, Singapur, Shanghai, São Paulo, Barcelona usw. Die partielle Ausnahme Deutschland – schließlich ist München eine wichtige metropolitane Region – geht direkt auf die politische Geschichte zurück: die Zerstörung Berlins, des bei weitem führenden europäischen Zen-

---

33 Der Begriff des Innovationsmilieus in Bezug auf technologisch-industrielle Entwicklung entstand in den frühen 1980er Jahren im Verlauf einer Reihe von Diskussionen zwischen Peter Hall, dem inzwischen verstorbenen Philippe Aydalot und mir in Berkeley. Wir wurden auch von einigen ökonomischen Arbeiten zu diesem Thema beeinflusst, die zur selben Zeit vor allem von B. Arthur und A.E. Anderson vorgelegt wurden. Peter Hall und ich haben 1984 und in den folgenden Jahren in getrennten Artikeln versucht, das Konzept zu formulieren; und in Europa hat das ursprünglich von Philippe Aydalot organisierte Forschungsnetzwerk Groupe de Recherche sur les Milieux Innovateurs (GREMI) systematische Untersuchungen durchgeführt, die 1986 und in den Folgejahren veröffentlicht wurden. Unter den GREMI-Forschern hat meiner persönlichen Meinung nach Roberto Camagni die präziseste Analyse dieser Thematik vorgelegt.
34 Castells und Hall (1994).

trums für wissenschaftsbasierte Industrie; die Verlagerung von Siemens von Berlin nach München während der letzten Monate des Dritten Reiches unter den antizipierten Schutz der amerikanischen Besatzungsmacht und der späteren Unterstützung durch die bayerische CSU. Im Gegensatz zu dem übertriebenen Bild völlig neuer Technopole gibt es also vielmehr Kontinuität in der räumlichen Industrie- und Technikgeschichte im Informationszeitalter: Große metropolitane Ballungsräume sammeln weiterhin weltweit Innovation begünstigende und Synergien schaffende Faktoren, die für Industrie und hochmoderne Dienstleistungen gleichermaßen wichtig sind.

Einige der wichtigsten Innovationszentren für die informationstechnologische Industrie sind jedoch wirklich neu, vor allem im technologisch führenden Land der Welt, den Vereinigten Staaten. Silicon Valley, Route 128 in Boston – die Verjüngungskur einer alten, traditionellen Industriestruktur –, das südkalifornische Technopol, das Forschungsdreieck von North Carolina, Seattle und Austin sind neben anderen im Großen und Ganzen während der letzten informationstechnologischen Industrialisierungswelle entstanden. Wir haben gezeigt, dass sich ihre Besonderheit aus dem Zusammenkommen spezifischer Spielarten der üblichen Produktionsfaktoren ergab: Kapital, Arbeit und Rohstoffe, die von einem institutionellen Unternehmer zusammengebracht und durch eine bestimmte Form der sozialen Organisation konstituiert werden. Ihr Rohstoff bestand aus neuem Wissen, das sich auf strategisch wichtige Anwendungsgebiete bezog und von den großen Innovationszentren wie den Forschungsgruppen an den ingenieurwissenschaftlichen Instituten der Stanford University, von Cal-Tech oder MIT sowie den darum herum entstandenen Netzwerken produziert wurde. Ihre Arbeit, die vom Wissensfaktor zu unterscheiden ist, erforderte die Konzentration einer großen Anzahl hochqualifizierter Naturwissenschaftler und Ingenieure aus einer Reihe lokaler Bildungsstätten, zu denen die eben erwähnten gehören, aber etwa im Fall des Silicon Valley auch Berkeley, San Jose State oder Santa Clara. Auch ihr Kapital war ein spezifisches Kapital, das gewillt war, die hohen Risiken einzugehen, die mit Investitionen in Hightech-Pionierprojekte verbunden sind: entweder wegen des militärischen Imperativs der Leistungserfüllung (verteidigungsbezogene Staatsausgaben), oder aber wegen des hohen Einsatzes von Risikokapital, das auf die besonderen Belohnungen für gewagte Investitionen setzte. Die Zusammenführung dieser Produktionsfaktoren fiel am Beginn des Prozesses im Allgemeinen einem institutionellen Akteur wie der Stanford University zu, die den Stanford Industrial Park begründete, der dann zur Entwicklung von Silicon Valley führte; oder den Air Force-Befehlshabern, die sich den aufstrebenden Geist von Los Angeles zunutze machten und Südkalifornien die Rüstungsaufträge sicherten, welche die neue westliche Metropole zum weltweit größten hochtechnologischen Komplex der Rüstungsindustrie machen sollten. Schließlich leisteten soziale Netzwerke unterschiedlicher Art einen gewaltigen Beitrag zur Konsolidierung des Innovationsmilieus und zu seiner Dynamik; sie garantierten die Kommunikation von Ideen, die Zirkulation von Arbeitskräften und die gegenseitige Befruchtung technologischer Innovation und wirtschaftlichen Unternehmertums.

Unsere Forschung über die neuen Innovationsmilieus in den USA und anderswo zeigt, dass es zwar wirklich räumliche Kontinuität bei der Vorherrschaft von Metropolen gibt, dass dieser Verlauf aber unter den richtigen Bedingungen auch umgekehrt werden kann. Und dass es bei den richtigen Bedingungen um die Fähigkeit geht, die richtigen Zutaten für die Erzeugung von Synergie räumlich zu konzentrieren. Wenn dies, wie unser Material zu belegen scheint, der Fall ist, dann haben wir tatsächlich einen neuen industriellen Raum, der von grundlegender Diskontinuität gekennzeichnet ist: Alte wie neue Innovationsmilieus konstituieren sich auf der Grundlage ihrer inneren Struktur und Dynamik, um später Firmen, Kapital und Arbeitskräfte in dieses Treibhaus der Innovation zu ziehen, das sie selbst geschaffen haben. Wenn sie einmal bestehen, dann konkurrieren und kooperieren die Innovationsmilieus in unterschiedlichen Regionen miteinander und schaffen ein Interaktionsnetzwerk, das sie in einer gemeinsamen industriellen Struktur jenseits ihrer geografischen Diskontinuität zusammenführt. Forschungen von Camagni und den Forschungsteams aus dem GREMI-Netzwerk[35] haben die zunehmende gegenseitige Abhängigkeit dieser Innovationsmilieus auf der ganzen Welt gezeigt und zugleich unterstrichen, wie entscheidend für das Schicksal eines jeden Netzwerkes seine Fähigkeit ist, Synergie zu steigern. Schließlich verfügen die Innovationsmilieus über globale Produktions- und Vertriebsnetzwerke mit globaler Reichweite. Das ist der Grund, warum manche Forscher wie Amin und Robins meinen, das neue industrielle System sei weder global noch lokal, sondern „eine neue Verbindung globaler und lokaler Dynamiken".[36]

Um jedoch eine klare Vorstellung von dem neuen industriellen Raum des Informationszeitalters zu bekommen, bedarf es einiger Präzisierungen. Denn allzu oft hat man den Schwerpunkt der Analyse auf die hierarchische räumliche Arbeitsteilung zwischen unterschiedlichen Funktionen in unterschiedlichen Territorien gelegt. Das ist zwar wichtig, aber nach der neuen räumlichen Logik nicht entscheidend. Während der Expansion der Branche über die ganze Welt können territoriale Hierarchien sich verwischen und sogar umgekehrt werden, wenn die Konkurrenz ganze Agglomerationen einschließlich der Innovationsmilieus selbst stärkt oder in die Krise stürzt. Es entstehen auch sekundäre Innovationsmilieus, manchmal als dezentralisierte Systeme oder als Ableger von primären Zentren, sie finden aber auch häufig ihre Nischen in Konkurrenz zu ihrem ursprünglichen Milieu. Dafür sind gute Beispiele Seattle gegenüber Silicon Valley und Boston im Software-Bereich oder Austin, Texas, gegenüber New York oder Minneapolis in der Computerbranche. Außerdem hat, wie die Analysen von Cohen und Borrus sowie von Dieter Ernst zeigen, während der 1990er

---

35 Camagni (1991).
36 Amin und Robins (1991).

Jahre die Entwicklung der Elektronikindustrie in Asien, die weitgehend von der amerikanisch-japanischen Konkurrenz angetrieben wurde, die Geografie der Branche in ihrem Reifestadium außerordentlich kompliziert.[37] Einerseits wurde das technologische Potenzial der Tochterfirmen amerikanischer Multis vor allem in Singapur, Malaysia und Taiwan erheblich verbessert, und diese Verbesserung ist an ihre lokalen Tochterunternehmen weitergegeben worden. Andererseits haben die japanischen Elektronikfirmen wie erwähnt ihre Produktion massiv nach Asien dezentralisiert, sowohl für den weltweiten Export wie für die Belieferung der Mutterfabriken in der Heimat. In beiden Fällen wurde in Asien eine wichtige Versorgungsbasis aufgebaut, wodurch die alte räumliche Arbeitsteilung abgelöst wurde, in der die Tochterfirmen in Ost- und Südostasien das untere Ende der Hierarchie einnahmen.

Außerdem zeigt Robert Gordon auf der Grundlage des bis 1994 vorhandenen Materials einschließlich seiner eigenen Unternehmensstudien überzeugend, dass eine neue räumliche Arbeitsteilung entsteht. Sie ist durch eine variable Geometrie sowie Vorwärts- und Rückwärtsverbindungen zwischen Firmen charakterisiert, die in unterschiedlichen territorialen Komplexen angesiedelt sind, wozu auch führende Innovationsmilieus gehören. Seine detaillierte Analyse der Entwicklungen im Silicon Valley der 1990er Jahre zeigt die Bedeutung, die Beziehungen außerhalb der Region für die technologisch am weitesten entwickelten und geschäftlich intensivsten Interaktionen der regionalen Hightech-Unternehmen haben. So argumentiert er, dass

> in diesem neuen globalen Zusammenhang die lokalisierte Agglomeration weit entfernt davon ist, eine Alternative zur räumlichen Streuung darzustellen. Sie wird vielmehr zur wichtigsten Grundlage für die Beteiligung an einem globalen Netzwerk regionaler Wirtschaftszusammenhänge ... Regionen und Netzwerke bilden in Wirklichkeit voneinander abhängige Pole innerhalb des neuen räumlichen Mosaiks globaler Innovation. Globalisierung bedeutet in diesem Zusammenhang nicht die Einwirkung universeller Prozesse als Treibmittel für die Entwicklung, sondern im Gegenteil die kalkulierte Synthese kultureller Unterschiedlichkeit in Form differenzierter regionaler Innovationslogiken und -fähigkeiten.[38]

Der neue industrielle Raum bedeutet nicht das Ende der alten, etablierten Ballungsräume und den Sonnenaufgang der neuen Hightech-Regionen. Noch lässt er sich durch den vereinfachenden Gegensatz zwischen Automatisierung im Zentrum und billiger Fertigung an der Peripherie begreifen. Der Raum ist vielmehr in einer Hierarchie von Innovation und Fertigung organisiert, die in globalen Netzwerken zusammengeschlossen sind. Aber Richtung und Architektur dieser Netzwerke unterliegen den endlos variierenden Bewegungen von Kooperation und Konkurrenz zwischen Unternehmer und Standorten, die sich manchmal historisch kumulieren und manchmal das etablierte Raster durch bewusste institutionelle Unternehmerentscheidungen umkehren. Was als cha-

---

37 Ernst (1994c); Cohen und Borrus (1995a).
38 Gordon (1994: 46).

rakteristische Logik des neuen industriellen Standortes bleibt, ist seine geografische Diskontinuität, die paradoxerweise aus territorialen Produktionskomplexen besteht. Der neue industrielle Raum wird von Informationsströmen organisiert, die ihre territorialen Komponenten gleichzeitig zusammenführen und trennen – je nach Wirtschaftszyklen oder Unternehmen. So wie die Logik der informationstechnologischen Fertigung von den Herstellern informationstechnologischer Geräte zu deren Nutzern im gesamten Fertigungsprozess hinuntersickert, weitet sich auch die neue Logik des Raumes aus; sie schafft so eine Vielzahl globaler industrieller Netzwerke, deren Schnittstellen und Exklusionen noch selbst die Vorstellung vom industriellen Standort transformieren: vom Fabrikgelände hin zum Fertigungsfluss.

Alltag in der elektronischen Hütte: das Ende der Städte?

Die Entwicklung der elektronischen Kommunikations- und Informationssysteme ermöglicht eine zunehmende Abkoppelung räumlicher Nähe von der Durchführung alltäglicher Lebensfunktionen: Arbeit, Einkaufen, Unterhaltung, Gesundheitsversorgung, Bildung, öffentliche Dienstleistungen, Verwaltung und Ähnliches. Dementsprechend sagt die Futurologie das Verschwinden der Stadt voraus, oder doch von Städten, wie wir sie bisher kennen, wenn diese erst einmal ihrer funktionalen Notwendigkeit entleert sind. Wie die Geschichte zeigt, sind Prozesse der räumlichen Transformation natürlich weitaus komplizierter. Es ist deshalb lohnend, sich mit dem dürftigen empirischen Material zu dieser Frage zu beschäftigen.[39]

Die am weitesten verbreitete Annahme über die Auswirkungen der Informationstechnologie auf Städte betrifft die Erwartung eines drastischen Anstiegs der Telearbeit, zugleich die letzte Hoffnung für diejenigen, die großstädtische Transportsysteme planen, bevor sie vor der Unausweichlichkeit des Mega-Verkehrsinfarktes kapitulieren. 1988 konnte ein führender europäischer Forscher über Telearbeit ohne die geringste Ironie schreiben: „Es gibt mehr Leute, die über Telearbeit forschen, als Leute, die sie tatsächlich ausüben."[40] Und wie Qvortup bemerkt, leidet die ganze Debatte unter einer Verzerrung, weil Telearbeit nur unpräzise definiert ist. Das führt zu erheblicher Unsicherheit bei der Messung des Phänomens.[41] Nach einem Überblick über das vorhandene Material unterscheidet er drei einleuchtende Kategorien: (a) „Ersatzleute, die durch die Arbeit zu Hause Arbeit ersetzen, die in der traditionellen Arbeitsumgebung verrichtet wurde" (dies sind die Telearbeiter im engeren Sinn); (b) Selbstständige,

---

39 Zu Quellen über Themen, die in diesem Abschnitt behandelt werden, s. Graham und Marvin (1996); Wheeler und Aoyama (2000).
40 Steinle (1988: 8).
41 Qvortup (1992: 8).

die zu Hause online arbeiten; (c) Nacharbeitende, die „zusätzliche Arbeit aus ihrem konventionellen Büro nach Hause bringen". Diese „Zusatzarbeit" nimmt manchmal den größten Teil der Arbeitszeit ein; nach Kraut[42] gilt dies beispielsweise für Universitätsprofessoren. Nach den verlässlichsten Darstellungen ist die erste Kategorie, die Telearbeiter im engeren Sinne, die regulär angestellt sind, um online zu Hause zu arbeiten, insgesamt sehr klein, und es ist nicht zu erwarten, dass die Zahl in absehbarer Zukunft ernstlich zunehmen wird.[43] In den Vereinigten Staaten kamen die großzügigsten Schätzungen 1991 auf etwa 5,5 Mio. zu Hause arbeitender Telearbeiter, wobei von ihnen nur 16% 35 Stunden oder mehr pro Woche online zu Hause arbeiteten, 25% weniger als einen Tag in der Woche. Demnach liegt die Prozentzahl derer, die an einem bestimmten Tag Telearbeit zu Hause verrichten, je nach Schätzung zwischen 1 und 2% aller Erwerbstätigen, wobei die großen Ballungsräume in Kalifornien die höchsten Prozentsätze aufweisen.[44] Was sich andererseits herauszubilden scheint, ist die Telearbeit von Tele-Zentren aus; das sind vernetzte Computereinrichtungen, die über die Vorstädte der Ballungsräume verstreut sind und von wo aus Arbeitende online in ihrer Firma arbeiten können.[45] Sollten diese Tendenzen bestätigt werden, dann würde nicht das Heim zum Arbeitsplatz werden, sondern die Arbeitstätigkeit könnte sich in einem Ballungsraum beträchtlich verteilen, was die städtische Dezentralisierung verstärken würde. Eine Zunahme der Arbeit zu Hause kann auch das Ergebnis einer Form der elektronischen Heimarbeit von Zeitarbeitenden sein, die im Rahmen eines individualisierten Subkontraktes im Akkord Information verarbeiten.[46] Es ist auch von Bedeutung, dass – wie eine nationale Untersuchung 1991 in den Vereinigten Staaten zeigte – weniger als die Hälfte der zu Hause arbeitenden Telearbeiter einen Computer benutzten: Der Rest arbeitete mit Telefon, Papier und Stift.[47] Beispiele dafür sind Sozialarbeiter sowie Fahndungsangestellte in Los Angeles County, die Betrügereien mit Sozialleistungen aufdecken sollen.[48] Was sicherlich bedeutsam ist und zunimmt, ist die Entwicklung der Selbstständigkeit und auch der vollzeit- oder teilzeitbeschäftigten „Nacharbeitenden". Sie sind Teil eines umfassenderen Trends zur räumlichen Entzerrung von Arbeit und zur Herausbildung virtueller Wirtschaftsnetzwerke, wie oben bereits angesprochen. Das bedeutet nicht das Ende des Büros, sehr wohl aber für einen großen Teil der Bevölkerung die Diversifizierung der Schauplätze ihrer Arbeit, was vor allem für das dynamischste Segment, die Experten und die Freiberufler gilt. Mobile Telecomputer werden die-

---

42 Kraut (1989).
43 Nilles (1988); Rijn und Williams (1988); Huws u.a. (1990).
44 Mokhtarian (1991a, b); Handy und Mokhtarian (1995).
45 Mokhtarian (1991b).
46 S. Lozano (1989); Gurstein (1990).
47 „Telecommuting data form link resources corporation", zit. nach Mokhtarian (1991b).
48 Mokhtarian (1992: 12).

sen Trend zum „Büro auf der Flucht" im wahrsten Sinne des Wortes verstärken.[49]

Wie wirken sich diese Tendenzen auf die Städte aus? Verstreute Daten scheinen darauf hinzudeuten, dass die Transportprobleme sich verschärfen und nicht abnehmen werden, weil erhöhte Aktivität und Zeitverdichtung, die durch die neue Vernetzungsorganisation ermöglicht werden, sich in einer stärkeren Konzentration der Märkte in bestimmten Gebieten niederschlagen und zu größerer physischer Mobilität der erwerbstätigen Bevölkerung führen werden, die zuvor während der Arbeitszeit an ihren Arbeitsplatz gebunden war.[50] Die Zeit, die für den Weg zur Arbeit benötigt wird, ist in den US-amerikanischen Ballungszentren unverändert geblieben. Das liegt nicht etwa an einer verbesserten Technologie, sondern daran, dass sich das Verteilungsmuster von Jobs und Wohnorten stärker dezentralisiert hat und so einen leichteren Verkehrsfluss von Vorstadt zu Vorstadt ermöglicht. In denjenigen Städten, vor allem in Europa, wo der tägliche Pendelverkehr noch immer sternförmig ins Zentrum verläuft – wie in Paris, Madrid oder Mailand – ist der Zeitaufwand für das Pendeln vor allem für hartnäckig Autosüchtige deutlich gestiegen.[51] Das Auftauchen der neuen, wachsenden Metropolen in Asien im Informationszeitalter verläuft von Bangkok bis Shanghai parallel mit dem Bewusstwerden der furchtbarsten Verkehrsstaus ihrer Geschichte.[52]

Das Teleshopping hat lange Zeit die Erwartungen nicht erfüllt und wurde schließlich durch die Konkurrenz des Internet verdrängt. Es hat die Geschäftsviertel eher ergänzt als verdrängt.[53] Jedoch ist der e-Commerce mit Milliarden von Dollars an Online-Verkäufen in den USA im Weihnachtsgeschäft 1999 eine wesentliche neue Entwicklung (s. Kap. 2). Dennoch bedeutet das zunehmende Gewicht von Online-Transaktionen nicht das Verschwinden von Einkaufszentren und Einzelhandelsgeschäften. Im Gegenteil: Immer mehr Einkaufszentren breiten sich in den Städten und Vorstädten aus, wobei die Ausstellungsräume die Kundschaft zu Terminals für Online-Bestellungen leiten und die Einkäufe häufig nach Hause geliefert werden.[54] Eine ähnliche Geschichte lässt sich über die meisten Online-Konsumentendienstleistungen erzählen. So breitet sich etwa das Telebanking[55] schnell aus, vor allem auf Druck der Banken, die daran interessiert sind, Filialen zu schließen und sie durch Online-Kundenberatung und Geldautomaten zu ersetzen. Aber die Bankfilialen, die dann zusammengelegt werden, bleiben als Zentren für Kundenservice weiter erhalten, um die Finanzprodukte auf einer personengebundenen Basis zu verkaufen.

---

49 „The new face of Business" in *Business Week* (1994a: 99ff.).
50 Ich habe mich auf eine ausgewogene Bewertung der Folgen durch Vessali (1995) gestützt.
51 Cervero (1989, 1991); Bendixon (1991).
52 Lo und Yeung (1996).
53 Miles (1988); Schoonmaker (1993); Menotti (1995).
54 *Business Week* (1999d).
55 Castano (1991); Silverstone (1991).

Selbst online können kulturelle Charakteristika von Örtlichkeiten als Standortfaktoren für informationsorientierte Transaktionen wichtig sein. So hat sich First Direct, die Abteilung für Telefon-Banking der Midland Bank in Großbritannien, in Leeds angesiedelt, weil ihre Forschung „gezeigt hat, dass der schlichte Akzent von West Yorkshire mit seinen flachen Vokalen, aber klarer Aussprache und scheinbarer Klassenlosigkeit der in Großbritannien am leichtesten verständliche und akzeptabelste ist – ein entscheidendes Element eines auf dem Telefon aufbauenden Geschäftes".[56] Demnach ist es das System der Verkäufer in den Filialen, der Geldautomaten, des Kundendienstes übers Telefon und der Online-Geschäfte, das die neue Bankenbranche ausmacht.

Die Gesundheitsversorgung bietet ein noch interessanteres Fallbeispiel für die sich abzeichnende Dialektik zwischen Konzentration und Zentralisation der personenbezogenen Dienstleistungen. Einerseits ermöglichen Expertensysteme, Online-Kommunikation und hochauflösende Videoübertragungen Fernverbindungen für die medizinische Versorgung. So überwachen etwa 1995 in einem Verfahren, das üblich, wenn auch noch nicht Routine geworden ist, hochqualifizierte Chirurgen per Videokonferenz Operationen, die am anderen Ende des Landes oder der Welt durchgeführt werden, und führen buchstäblich die Hand des weniger erfahrenen Operateurs im menschlichen Körper. Regelmäßige Gesundheitskontrollen werden auf der Grundlage der auf Computer gespeicherten und aktualisierten Patientendaten ebenfalls über Computer und Telefon durchgeführt. Lokale Gesundheitszentren werden durch Informationssysteme unterstützt, um Qualität und Effizienz der Primärversorgung zu verbessern. Andererseits jedoch entstehen in den meisten Ländern große medizinische Zentren an bestimmten Orten, meist in großen Ballungsräumen. Sie entstehen in der Regel bei einem großen Krankenhaus und sind häufig mit Ausbildungsstätten für Medizin und Krankenpflege verbunden. Zu ihnen gehören in physischer Nähe private Praxen, die von den prominentesten Krankenhausärzten geführt werden, Röntgenzentren, Testlabors, spezialisierte Apotheken und nicht selten Geschenkläden und Leichenhallen, damit alle Möglichkeiten abgedeckt sind. Diese medizinischen Zentren sind an ihren jeweiligen Standorten durchaus eine wichtige wirtschaftliche und kulturelle Kraft und tendieren dazu, sich mit der Zeit in ihre Umgebung hinein auszudehnen. Wenn ein Umzug notwendig wird, geht der gesamte Komplex.[57]

Schulen und Universitäten sind paradoxerweise die Institutionen, die von der virtuellen Logik, die in die Informationstechnologie eingebettet ist, am wenigsten betroffen sind, trotz des absehbaren, nahezu allgemeinen Einsatzes von Computern in den Hörsälen und Klassenzimmern der fortgeschrittenen Länder. Aber sie werden kaum in den virtuellen Raum verschwinden. Im Fall der Grund- und Sekundarschulen liegt das daran, dass sie nicht nur Orte des Ler-

---

56 Fazy (1995).
57 Moran (1990); Lincoln u.a. (1993); Miller und Swensson (1995).

nens sind, sondern ebensosehr der Betreuung und Versorgung der Kinder dienen. Im Fall der Universitäten ist der Grund, dass Bildung noch immer und auf lange Sicht mit der Intensität der persönlichen Interaktion zusammenhängt. So scheinen die Erfahrungen mit den großen „Fernuniversitäten" unabhängig von ihrer Qualität – in Spanien schlecht, in Großbritannien gut – doch zu zeigen, dass dies Bildungsformen zweiter Wahl sind. Sie könnten in einem künftigen, verbesserten System der Erwachsenenbildung eine wichtige Rolle spielen, aber kaum die gegenwärtigen Institutionen der höheren Bildung ersetzen. Was sich jedoch an guten Universitäten abzeichnet, ist die Kombination des *distant learning* online mit Bildung an Ort und Stelle. Das bedeutet, dass sich das künftige höhere Bildungssystem nicht online abspielen wird, sondern vielmehr in Netzwerken zwischen Informationsknoten, Hörsälen und Seminarräumen und den individuellen Wohnungen der Studierenden. Die computer-vermittelte Kommunikation verbreitet sich über die ganze Welt, wenn auch geografisch extrem ungleich, wie in Kapitel 5 gezeigt. Daher interagieren einige Segmente der Gesellschaften, die vorerst in den oberen Berufsgruppen konzentriert sind, weltweit miteinander und verstärken so die soziale Dimension des Raumes der Ströme.[58]

Es besteht keine Notwendigkeit für eine erschöpfende Liste empirischer Illustrationen zu den tatsächlichen Auswirkungen der Informationstechnologie auf die räumliche Dimension des Alltagslebens. Was sich aus den unterschiedlichen Beobachtungen ergibt, ist ein jeweils ähnliches Bild gleichzeitiger räumlicher Verteilung und Konzentration, die durch die Informationstechnologien bewirkt werden. Wie die Untersuchung der European Foundation for the Improvement of Living and Working Conditions von 1993 zeigt, arbeiten die Menschen zunehmend zu Hause und wickeln von dort aus auch Dienstleistungen ab.[59] Die „Zentrierung ums Heim" ist daher ein wichtiger Trend innerhalb der neuen Gesellschaft. Aber das bedeutet nicht das Ende der Stadt. Denn Arbeitsplätze, Schulen, medizinische Komplexe, Kundenservice-Center, Erholungsgebiete, Geschäftsstraßen, Einkaufszentren, Sportstadien und Parks gibt es immer noch und wird es weiter geben, und die Menschen bewegen sich zwischen all diesen Orten mit zunehmender Mobilität hin und her. Sie können das genau wegen der neu erworbenen Lockerheit der Arbeitsarrangements und der sozialen Vernetzung. Mit der steigenden Flexibilität der Zeit werden die Orte einmaliger, und die Leute bewegen sich zwischen ihnen mit immer größerer Mobilität.

Die Interaktion zwischen der neuen Informationstechnologie und den gegenwärtigen Prozessen sozialen Wandels hat jedoch durchaus Auswirkungen auf die Städte und den Raum. Zum einen wird die Form der Stadt – oder die „urbane Form" – in ihrer Auslegung in hohem Maße verändert. Aber diese Transformation folgt nicht einem einzigen, universellen Muster: Sie weist abhängig von den Charakteristika der historischen, territorialen und institutionellen Zu-

---

58 Batty und Barr (1994); Graham und Marvin (1996); Wellman (1999).
59 Moran (1993).

sammenhänge eine erhebliche Variationsbreite auf. Anderseits bricht die Betonung der Interaktivität zwischen den Orten die räumlichen Verhaltensmuster zugunsten eines unbeständigen Netzwerkes von Austauschprozessen auf, das der Entstehung einer neuen Art von Raum zugrunde liegt, des Raumes der Ströme. In beiderlei Hinsicht muss ich die Analyse nun strenger fassen und auf eine mehr theoretische Ebene heben.

Die Transformation der urbanen Form: die informationelle Stadt

Das Informationszeitalter bringt eine neue urbane Form mit sich: die informationelle Stadt. So wie die industrielle Stadt keine weltweite Kopie von Manchester darstellte, so ist auch die aufkommende informationelle Stadt kein Abbild von Silicon Valley oder gar von Los Angeles. Anderseits gibt es wie in der Industrieära trotz der gar großen Vielfalt kultureller und transkultureller Entwicklung der informationellen Stadt einige gemeinsame Merkmale. Ich möchte zeigen, dass die informationelle Stadt wegen der Natur der neuen Gesellschaft, die auf Wissen beruht, in Netzwerken organisiert ist und teilweise aus Strömen besteht, nicht eine Form ist, sondern ein Prozess – und zwar ein Prozess, der durch die strukturelle Dominanz des Raumes der Ströme charakterisiert ist. Bevor ich diese Überlegung entwickele, halte ich es für notwendig, einen Blick auf die Vielfalt der entstehenden urbanen Formen in dieser neuen historischen Periode zu werfen und so einer primitiven technologischen Sichtweise entgegenzutreten, welche die Welt durch die vereinfachende Brille endloser Autobahnen und Glasfasernetzwerke betrachtet.

Amerikas letzte Pioniergrenze in den Vorstädten

Das Bild einer homogenen, endlosen Ausbreitung von Vorstädten und ehemaligen Vorstädten als Zukunft der Stadt wird selbst von seinem unfreiwilligen Modell Lügen gestraft, von Los Angeles. Los Angeles' widersprüchliche Komplexität geht aus dem wunderbaren Buch von Mike Davis, *The City of Quartz*, hervor.[60] Dieses Bild beschwört jedoch eine mächtige Linie inmitten der unablässigen Wellen der Entwicklung von Vorstädten in den amerikanischen Metropolen des Westens und Südens wie des Nordens und Ostens gegen Ende des Jahrtausends. Joel Garreau hat die Ähnlichkeiten, die dieses räumliche Modell in ganz Amerika aufweist, in seiner journalistischen Darstellung der Entstehung von *Edge City* als den Kern des neuen Urbanisierungsprozesses eingefangen. Er definiert *Edge City* empirisch durch die Kombination von fünf Kriterien:

---

60 Davis (1990).

Die Transformation der urbanen Form

> Edge City ist jeder Ort, der (a) 1,6 Mio. oder mehr Quadratmeter Bürofläche zu vermieten hat – den Arbeitsplatz des Informationszeitalters ... (b) 200.000 Quadratmeter oder mehr Einzelhandelsfläche zu vermieten hat ... (c) mehr Jobs als Schlafzimmer hat (d) von der Bevölkerung als ein einziger Ort wahrgenommen wird ... (e) vor weniger als dreißig Jahren in keiner Weise eine „Großstadt" war.[61]

Garreau berichtet von dem Emporschießen solcher Orte um Boston, New Jersey, Detroit, Atlanta, Phoenix, in Texas, Südkalifornien, in der Bucht von San Francisco und Washington, D.C. Es sind sowohl Gewerbegebiete wie Dienstleistungszentren, um die herum Kilometer auf Kilometer immer dichter stehender Einfamilienhäuser das Privatleben mit dem „Heim als Zentrum" organisieren. Garreau bemerkt, dass diese ehemals städtischen Konstellationen

> nicht durch Lokomotiven oder U-Bahnen miteinander verbunden (sind), sondern durch Autobahnen, Flugrouten und Satellitenschüsseln von zehn Metern Durchmesser. Ihr Markenzeichen ist nicht der Held zu Pferde, sondern es sind die Innenhöfe, die sich der Sonne öffnen und die schützenden, immergrünen Bäume im Herzen von Konzernzentralen, Fitnessstudios und Einkaufszentren. Diese neuen urbanen Gebiete sind nicht durch die Penthouses der alten städtischen Reichen gekennzeichnet oder durch die Behausungen der alten städtischen Armen. Vielmehr ist ihr herausragendes Merkmal das berühmte allein stehende Einfamilienhaus, das von Rasen umgebene Vorstadt-Heim, das Amerika zur am besten mit Häusern ausgestatteten Zivilisation gemacht hat, die die Welt je gekannt hat.[62]

Wo Garreau den unermüdlichen Pioniergeist der durch die Grenze geprägten amerikanischen Kultur sieht, der immerfort neue Formen des Lebens und des Raumes schafft, sieht natürlich James Howard Kunstler die bedauerliche Herrschaft der „Geografie des Nirgendwo",[63] womit die jahrzehntelange Debatte zwischen denen neu entfacht wird, die Amerikas entschiedene Abkehr von der ererbten europäischen Raumstruktur befürworten, und denen, die sie verurteilen. Für den Zweck meiner Analyse möchte ich jedoch nur zwei wesentliche Themen dieser Debatte festhalten.

Erstens unterstreicht die Entwicklung dieser locker miteinander verknüpften ex-urbanen Konstellationen die gegenseitige funktionale Abhängigkeit der unterschiedlichen Einheiten und Prozesse innerhalb eines bestimmten urbanen Systems, die über sehr weite Entfernungen hinweg wirksam ist und so die Rolle der territorialen Nähe minimiert und die der Kommunikationsnetzwerke in all ihren Dimensionen maximiert. Die Ströme des Austauschs gehören zum Kern der amerikanischen *Edge City*.[64]

Zweitens ist diese räumliche Form spezifischer Teil des amerikanischen Lebens. Wie nämlich auch Garreau bemerkt, ist sie in ein klassisches Muster der amerikanischen Geschichte eingebettet, die immer weiter vorstößt, in endloser Suche nach dem gelobten Land für die neuen Siedlungen. Zwar hat die außeror-

---

61 Garreau (1991: 6f.).
62 Garreau (1991: 4).
63 Kunstler (1993).
64 S. die Aufsatzsammlung in Caves (1994).

dentliche Dynamik, die darin zum Ausdruck kommt, eine der vitalsten Nationen der Geschichte hervorgebracht, aber um den Preis atemberaubender Probleme für Gesellschaft und Umwelt. Jede Welle des sozialen und physischen Eskapismus – etwa die Aufgabe der Innenstädte, in deren Ruinen sich die unteren sozialen Klassen und ethnischen Minderheiten in der Falle sahen – vertiefte die Krise der amerikanischen Stadt[65] und machte die Organisation einer überlasteten Infrastruktur und einer zum Zerreißen gespannten Gesellschaft noch schwieriger. Wenn man die Entstehung privater „Miet-Gefängnisse" im Westen von Texas nicht als willkommenen Prozess der Ergänzung gesellschaftlicher und materieller Desinvestition in die amerikanischen Innenstädte betrachten will, so scheint die „Flucht nach vorn" der amerikanischen Kultur und des amerikanischen Raumes die Grenzen des Möglichen erreicht zu haben, sich der unangenehmen Realität zu entziehen. Deshalb ist das Profil der informationellen Stadt in Amerika mit dem Phänomen *Edge City* nicht vollständig wiedergegeben; sie besteht vielmehr aus der Beziehung zwischen der schnellen ex-urbanen Entwicklung, dem Verfall der Innenstädte und der Überalterung der baulichen Umwelt der Vorstädte.[66]

Die europäischen Städte sind auf einer anderen Linie räumlicher Neustrukturierung in das Informationszeitalter eingetreten, die mit ihrem historischen Erbe verbunden ist. Auch sie sehen sich neuen Problemen gegenüber, die denen in Amerika nicht immer unähnlich sind.

Der schwindende Zauber der europäischen Städte

Eine Reihe von Trends bilden zusammengenommen die neue urbane Dynamik der großen metropolitanen Ballungsräume Europas in den 1990er Jahren.[67] Das Wirtschaftszentrum ist wie in Amerika der ökonomische Motor der Stadt und mit der globalen Wirtschaft vernetzt. Das Wirtschaftszentrum besteht aus einer Infrastruktur von Kommunikation und Telekommunikation, hochmodernen Dienstleistungen und Büroflächen, die auf Zentren der Technologieentwicklung und auf Bildungseinrichtungen aufbauen. Seine Lebensgrundlage sind Datenverarbeitung und Kontrollfunktionen. In der Regel gibt es auch Einrichtungen für Reisen und Touristik. Es ist ein Knoten im inter-metropolitanen Netzwerk.[68] Das Wirtschaftszentrum existiert demnach nicht aus sich selbst heraus, sondern aufgrund seiner Verbindung mit anderen gleichwertigen Standorten, die zu einem Netzwerk organisiert sind, das die eigentliche Einheit für Management, Innovation und Arbeit bildet.[69]

---

65 Goldsmith und Blakely (1992).
66 Gottdiener (1985); Fainstein u.a. (1992).
67 Zu den Entwicklungen europäischer Städte s. Borja u.a. (1991); Deben u.a. (1993); Martinotti (1993); Siino (1994); Hall (1995); Borja und Castells (1997).
68 Dunford und Kafkalas (1992); Robson (1992).
69 Tarr und Dupny (1988).

Die Transformation der urbanen Form

Die neue technokratisch-politische Führungselite schafft sich ihre exklusiven Räume, die genauso abgetrennt und entfernt von der übrigen Stadt sind wie die bürgerlichen Wohnviertel der Industriegesellschaft. Sie sind jedoch viel ausgedehnter, da diese Elite zahlreicher ist. In den meisten europäischen Großstädten (Paris, Rom, Madrid, Amsterdam) tendieren die wirklich exklusiven Wohngebiete anders als in Amerika – wenn wir New York, die unamerikanischste aller US-Städte, ausnehmen – dazu, sich die städtische Kultur und Geschichte einzuverleiben, indem sie die renovierten oder gut erhaltenen zentralen Gebiete der Innenstadt beziehen. So wird unterstrichen, dass, wenn Herrschaft erst einmal fest etabliert und durchgesetzt ist (anders als im neureichen Amerika), die Elite nicht ins Vorstadt-Exil flüchten muss, um dem Pöbel zu entkommen. Dies gilt für das Vereinigte Königreich jedoch nur begrenzt, wo die Nostalgie für das Leben des Landadels dazu führt, dass in manchen Vorstädten im Einzugsgebiet der Ballungsräume gehobene Wohnviertel entstehen – die manches Mal zur Verstädterung malerischer historischer Dörfchen in Großstadtnähe führen.

Die Vorstadt-Welt der europäischen Städte ist ein gesellschaftlich uneinheitlicher Raum; d.h., sie ist in unterschiedliche Peripherien um die Innenstadt herum segmentiert. Es gibt die traditionellen Vorstädte der Arbeiterklasse, die häufig um öffentlichen Wohnungsbau entstanden sind, die in letzter Zeit in Eigentumswohnungen verwandelt werden. Es gibt die französischen, britischen oder schwedischen Trabantenstädte, die von jüngeren Bevölkerungsgruppen aus der Mittelklasse bewohnt werden, deren Lebensalter es ihnen erschwert, sich den Wohnungsmarkt der Innenstadt zu erschließen. Und es gibt auch die peripheren Ghettos älterer Komplexe des öffentlichen Wohnungsbaus, für die La Courneuve in Paris steht, wo die kürzlich Eingewanderten und die armen Arbeiterfamilien den Ausschluss von ihrem „Stadtbürgerrecht" erfahren. Die Vorstädte der europäischen Städte sind auch Standorte der industriellen Produktion. Das gilt sowohl für die traditionelle Fertigung als auch für die neuen Hightech-Branchen, die sich in den neuesten und unter Umweltgesichtspunkten attraktivsten Außenbezirken der Ballungsgebiete ansiedeln – nah genug an den Kommunikationszentren aber abseits der alten Industriegebiete.

Die Innenstädte sind noch immer durch ihre Geschichte geprägt. Die traditionellen Arbeiterviertel werden zunehmend von Beschäftigten im Dienstleistungsbereich bezogen; sie sind klar abgrenzbare Viertel – Viertel, die aufgrund ihrer Anfälligkeit zwischen den Restaurierungsplänen von Wirtschaft und Mittelklasse einerseits und den Einbruchsversuchen von Gegenkulturen – wie in Amsterdam, Kopenhagen, Berlin –, die den Gebrauchswert der Innenstadt neu verteilen möchte, andererseits stehen. So werden diese Viertel oft von den Arbeitern verteidigt, die nur um ihr Heim kämpfen, und sie sind zugleich Orte der Identifikation für die Unterklassen und häufig Hochburgen von Fremdenfeindlichkeit und Lokalpatriotismus.

Die neue Mittelklasse in Europa ist hin und her gerissen zwischen der Anziehungskraft der friedlichen Behaglichkeit langweiliger Vorstädte und den Anregungen eines hektischen und häufig allzu kostspieligen städtischen Lebens. Die Abwägung zwischen den unterschiedlichen räumlichen Arbeitsplatzanforderungen entscheidet in Familien mit zwei Einkommen oft über den Standort des Haushaltes.

Die Innenstadt ist auch in Europa der Schwerpunkt der Einwandererghettos. Anders als die amerikanischen Ghettos sind diese Gebiete aber wirtschaftlich nicht so verarmt, denn die Migranten sind zumeist Arbeiter mit starker Familienbindung. Das macht die europäischen Ghettos zu familienorientierten Gemeinschaften, von denen kaum zu erwarten ist, dass sie von Straßenkriminalität beherrscht werden. Auch hier scheint England eine Ausnahme zu bilden, wo die Viertel einiger ethnischer Minderheiten in London – etwa die Tower Hamlets oder Hackney – amerikanischen Verhältnissen näher stehen als La Goutte d'Or in Paris. Paradoxerweise sind gerade in den Kerngebieten von Verwaltung und Unterhaltung in europäischen Städten wie Frankfurt am Main oder Barcelona die urbanen Randgruppen spürbar. Ihre Allgegenwart auf den lebhaftesten Straßen und an den Knotenpunkten des öffentlichen Verkehrssystems ist eine Überlebensstrategie mit dem Ziel, gesehen zu werden und öffentliche Aufmerksamkeit zu bekommen oder auch die Möglichkeit Geschäfte abzuwickeln – egal ob es um Sozialhilfe, Drogenhandel, Prostitution oder die übliche Aufmerksamkeit von Seiten der Polizei geht.

Die großen metropolitanen Zentren Europas variieren von der hier umrissenen städtischen Struktur entsprechend ihren unterschiedlichen Rollen im europäischen Städtenetzwerk. Je niedriger ihre Position im neuen informationellen Netzwerk, desto größer ihre Schwierigkeiten beim Übergang vom industriellen Stadium. Umso traditioneller wird auch ihre urbane Struktur sein, wobei seit langem bestehende Viertel und Geschäftsbezirke die Dynamik der Stadt bestimmen. Je höher andererseits ihre Position innerhalb der Wettbewerbsstruktur der neuen europäischen Wirtschaft, desto größer ist auch die Rolle der hochmodernen Dienstleistungen in ihrem Wirtschaftszentrum und desto intensiver wird die Neustrukturierung des urbanen Raumes ausfallen.

Der entscheidende Faktor bei den neuen urbanen Prozessen in Europa ebenso wie anderswo besteht also darin, dass der urbane Raum zunehmend sozial differenziert wird und zugleich funktional jenseits aller physischen Nähe verflochten ist. Daraus folgt die Trennung zwischen der symbolischen Bedeutung, dem Standort der funktionalen Einrichtungen und der gesellschaftlichen Aneignung von Raum in den Metropolen. Dies ist die Tendenz, die der weltweit wichtigsten Transformation urbaner Formen zugrunde liegt, und die sich besonders in den Regionen, die sich gerade industrialisieren, bemerkbar macht: die Entstehung von Mega-Städten.

Urbanisierung im dritten Jahrtausend: Mega-Städte

Die neue globale Wirtschaft und die entstehende informationelle Gesellschaft besitzen tatsächlich eine neue räumliche Form, die sich in einer Reihe unterschiedlicher sozialer und geografischer Zusammenhänge entwickelt: Mega-Städte.[70] Mega-Städte sind zunächst einmal sehr große Ansammlungen von Menschen. Es handelt sich nach der Klassifikation der Vereinten Nationen um 13 Städte, in denen allein 1992 über 10 Mio. Menschen lebten (s. Abb. 6.4), und vier sollten bis 2010 gut über 20 Mio. liegen. Aber Größe ist nicht ihre entscheidende Eigenschaft. Sie sind Knoten der globalen Wirtschaft und konzentrieren in sich die höchsten direktiven, produktiven und Führungsfunktionen der ganzen Welt: die Kontrolle der Medien; die reale Machtpolitik; und die symbolische Fähigkeit, Botschaften herzustellen und zu verbreiten. Sie haben Namen, von denen die meisten der noch immer dominierenden europäisch-amerikanischen Vorstellungswelt fremd sind: Tokio, São Paulo, New York, Shanghai, Bombay, Los Angeles, Buenos Aires, Seoul, Beijing, Rio de Janeiro, Kalkutta, Osaka. Außerdem gehören noch Moskau, Djakarta, Kairo, New Delhi, London, Paris, Lagos, Dakka, Karachi, Tianjin und möglicherweise andere Mitglieder zu diesem Klub.[71] Nicht alle – man denke etwa an Dakka oder Lagos – sind dominante Zentren der globalen Wirtschaft, aber sie schließen sehr wohl gigantische Segmente der menschlichen Bevölkerung an dieses globale System an. Sie fungieren auch als Magneten für ihr Hinterland, also das ganze Land oder die größere Region, in der sie liegen. Man darf die Mega-Städte nicht nur ihrer Größe nach betrachten, sondern muss sie vielmehr als Funktion ihrer Gravitationskraft für große Weltregionen sehen. So besteht Hongkong nicht bloß aus seinen sechs Millionen und Guangzhou (Kanton) nicht nur aus seinen sechseinhalb Millionen Menschen: Was entsteht, ist eine Mega-Stadt von 40-50 Mio. Menschen, die, wie ich weiter unten darlege, Hongkong, Shenzhen, Guangzhou, Zhuhai, Macau und kleinere Städte im Perlfluss-Delta miteinander verknüpft. Mega-Städte binden die globale Wirtschaft zusammen, sorgen für die Verknüpfungen zwischen informationellen Netzwerken und konzentrieren die Macht auf der Welt. Aber sie sind auch die Lager für all die Bevölkerungsteile, die ums Überleben kämpfen und ebenso für diejenigen Gruppen, die ihre Verlassenheit sichtbar machen wollen, um nicht gänzlich ignoriert in Gegenden zu sterben, die von den Kommunikationsnetzwerken ausgespart werden. In den Mega-Städten konzentriert sich das Beste und das Schlimmste, von den Innovatoren und den etablierten Mächten bis hin zu den strukturell überflüssigen Menschen, die bereit sind, ihre Irrelevanz zu verkaufen oder „die Anderen" dafür zahlen zu lassen. Aber das Wichtigste an den Mega-

---

70 Der Begriff der Mega-Städte ist von verschiedenen Städte-Experten im internationalen Feld popularisiert worden, am deutlichsten von Janice Perlman, der Gründerin und Direktorin des in New York beheimateten „Mega-cities Project". Eine journalistische Darstellung ihrer Zukunftsperspektive enthält neben grundlegenden Daten zu diesem Thema *Time* (1993).
71 S. Borja und Castells (1997).

Städten ist, dass sie extern an globale Netzwerke und an Segmente in ihren eigenen Ländern angeschlossen sind, während sie intern Menschen vor Ort abkoppeln, die entweder funktional unnötig sind oder sozialen Sprengstoff darstellen. Ich behaupte, dass dies für New York ebenso zutrifft wie für Mexiko oder Djakarta. *Es ist das Charakteristische, global angeschlossen und lokal physisch und gesellschaftlich zu sein, das Mega-Städte zu einer neuen urbanen Form werden lässt.* Es ist eine Form, die charakterisiert ist durch funktionale Verknüpfungen über riesige geografische Entfernungen hinweg, jedoch mit erheblicher Diskontinuität in den Formen der Landnutzung. Die funktionalen und sozialen Hierarchien von Mega-Städten sind räumlich verschwommen und durchmischt, in abgelegenen Lagern organisiert und unterbrochen von plötzlichen Nischen, unerwünschter Nutzung. Mega-Städte sind diskontinuierliche Konstellationen räumlicher Fragmente, funktionaler Teilstücke und sozialer Segmente.[72]

Um meine Analyse zu illustrieren, will ich mich einer Mega-Stadt im Entstehen zuwenden, die auf der Landkarte so noch nicht verzeichnet ist, aber meiner Meinung nach und ohne in Futurologie zu schwelgen eines der wichtigsten Industrie-, Wirtschafts- und Kulturzentren des 21. Jahrhunderts wird: die metropolitane Region Hongkong-Shenzhen-Guangzhou-Perlfluss-Delta-Macau-Zhuhai.[73] Schauen wir uns die mega-urbane Zukunft unter diesem Gesichtspunkt an (s. Abb. 6.5). 1995 erstreckte sich dieses – noch unbenannte – räumliche System über mehr als 50.000 km^2, mit einer Gesamtbevölkerung von 40 bis 50 Millionen, je nachdem, wo man die Grenzen zieht. Ihre einzelnen Einheiten waren in einer vorwiegend ländlichen Gegend verstreut und funktional tagtäglich miteinander verbunden. Sie kommunizierten über ein multimodales Transportsystem, zu dem Eisenbahnen, Autobahnen, Landstraßen, Hovercrafts, Schiffe und Flugzeuge gehörten. Neue Superhighways waren im Bau, und die Eisenbahn wurde vollständig elektrifiziert und zweispurig ausgebaut. Ein Telekommunikationssystem auf Glasfaserbasis wurde gerade errichtet, um die gesamte Region intern und mit der Welt zu verbinden; es arbeitet vor allem über Bodenstationen und Zellulartelefondienste. In Hongkong, Macau, Shenzhen, Zhuhai und Guangzhou waren fünf neue Flughäfen mit einer geplanten Kapazität von jährlich 150 Millionen Passagieren im Bau. Neue Container-Häfen wurden in Nord-Lantau (Hongkong), Yiantian (Shenzhen), Gaolan (Zhuhai), Huangpo (Guangzhou) und Macau gebaut. Das macht zusammen die größte Hafenkapazität der Welt an einem einzelnen Standort aus. Das Herzstück dieser schwindelerregenden metropolitanen Entwicklung bilden drei miteinander verbundene Phänomene:

---

72 Mollenkopf und Castells (1991); Lo und Yeung (1996).
73 Meine Analyse der entstehenden südchinesischen Metropole beruht einerseits auf meiner persönlichen Kenntnis der Region, besonders von Hongkong und Shenzhen, wo ich in den 1980er Jahren geforscht habe; andererseits stütze ich mich vor allem für die Entwicklungen in den 1990er Jahren auf eine Reihe von Quellen, von denen die wichtigsten folgende sind: Sit (1991); Leung (1993); Lo (1994); Hsing (1995); Kwok und So (1995); Ling (1995).

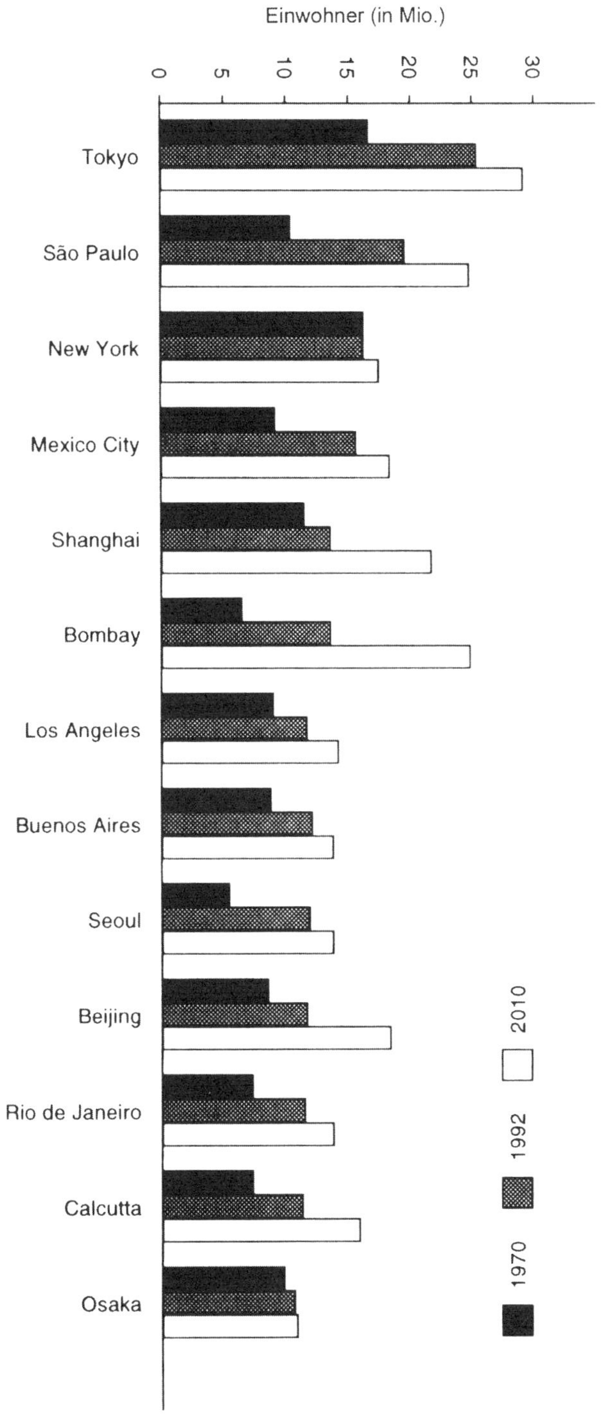

Die Transformation der urbanen Form 461

Abbildung 6.4 Die größten städtischen Ballungsräume der Welt (> 10 Mio. Einw. 1992)

Quelle: United Nations (1992)

Abbildung 6.5 Schematische Darstellung der wichtigsten Knoten und Verbindungen in der Stadtregion des Perlflussdeltas

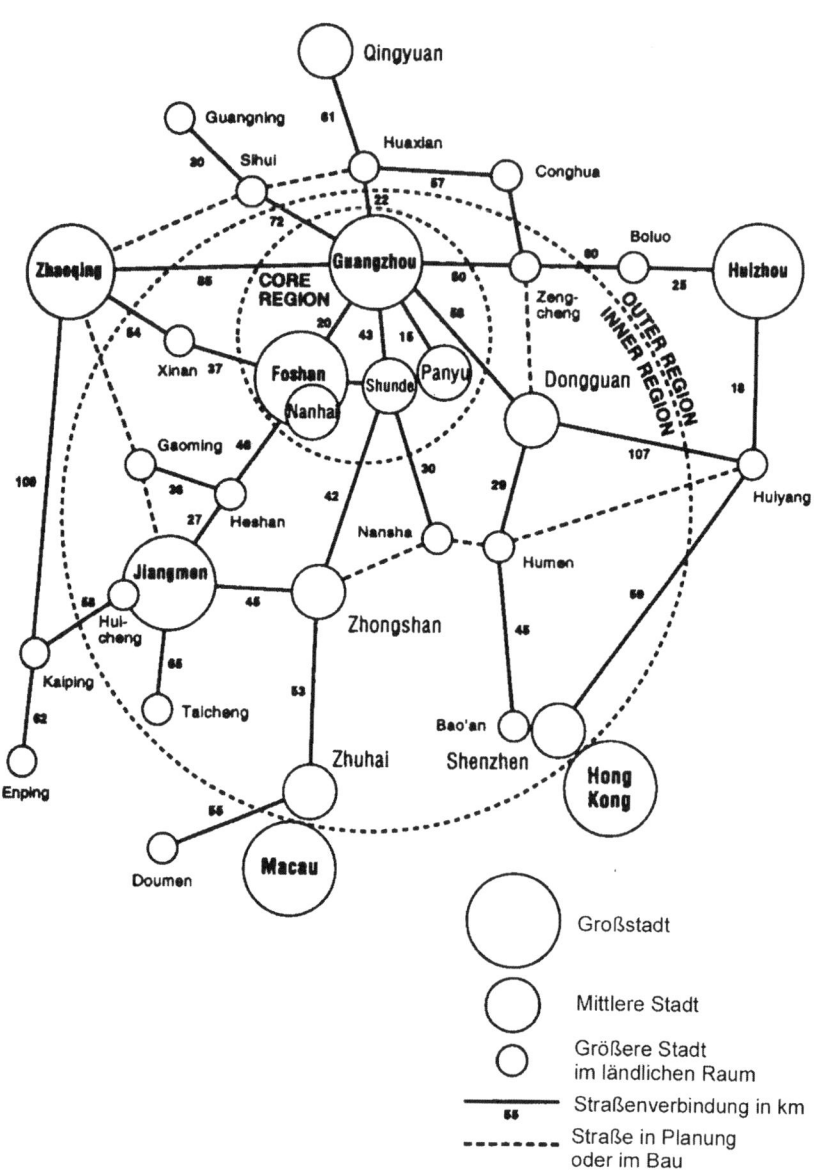

Quelle: Woo (1994)

Die Transformation der urbanen Form

1. Die wirtschaftliche Transformation Chinas und sein Anschluss an die globale Wirtschaft, wobei Hongkong einen der Knotenpunkte dieser Verbindung bildet. So wuchs 1981-1991 das BIP der Provinz Guangdong real um jährlich 12,8%. Von Hongkong aus waren Ende 1993 40 Mrd. US$ in China investiert worden, was zwei Drittel der gesamten Auslandsdirektinvestitionen ausmachte. Zugleich war China auch mit etwa 25 Mrd. US$ im Jahr – verglichen mit Japans 12,7 Mrd. US$ – der größte ausländische Investor in Hongkong. Das Management dieser Kapitalströme war abhängig von Wirtschaftstransaktionen, die innerhalb und zwischen den verschiedenen Einheiten dieses metropolitanen Systems erfolgten. So war Guangzhou der eigentliche Verbindungspunkt zwischen der Hongkonger Wirtschaft einerseits und den Regierungsstellen und Unternehmen nicht nur von Guangdong, sondern des gesamten kontinentalen China andererseits.

2. Die Neustrukturierung der Wirtschaftsbasis von Hongkong führte in den 1990er Jahren zu einer drastischen Schrumpfung der traditionellen industriellen Basis der Stadt, die durch Beschäftigung im hochmodernen Dienstleistungsbereich ersetzt wurde. So ging die Zahl der industriell Beschäftigten in Hongkong von 837.000 1988 auf 484.000 1993 zurück, während die Zahl der Angestellten in Handel und Gewerbe in der gleichen Periode von 947.000 auf 1,3 Mio. anstieg. Hongkong entwickelte seine Funktionen als globales Wirtschaftszentrum.

3. Die industrielle Exportkapazität Hongkongs ist jedoch nicht verschwunden: Sie hat einfach seine industrielle Organisation und räumliche Standortverteilung modifiziert. Im Lauf von etwa zehn Jahren, von Mitte der 1980er bis Mitte der 1990er Jahre, haben die Hongkonger Industriellen in den kleinen Städten des Perlfluss-Deltas einen der umfangreichsten Industrialisierungsprozesse der menschlichen Geschichte in Gang gesetzt. Bis Ende 1994 hatten Hongkonger Investoren, häufig unter Nutzung von familiären oder dörflichen Verbindungen, im Perlfluss-Delta 10.000 *joint ventures* und 20.000 verarbeitende Betriebe aufgebaut, in denen etwa 6 Mio. Menschen arbeiteten, wobei die Zahlen der verschiedenen Schätzungen schwanken. Ein großer Teil dieser Bevölkerung, die in unternehmenseigenen Heimen in halbländlichen Siedlungen untergebracht ist, kam aus den umliegenden Provinzen außerhalb der Grenzen von Guangdong. Dieses gigantische Industriesystem wurde alltäglich von einer vielschichtigen Managementstruktur geleitet, die sich in Hongkong befand und regelmäßig nach Guangzhou reiste, wobei die eigentlichen Produktionsabläufe von lokalen Managern im ganzen ländlichen Gebiet überwacht wurden. Material, Technologie und Manager wurden aus Hongkong und Shenzhen geschickt, und die Industrieprodukte wurden im Allgemeinen von Hongkong aus exportiert, wobei sie den Wert der in Hongkong hergestellten Exportwaren übertrafen. Allerdings zielte der Bau der neuen Container-Häfen in Yiantian und Gaolan darauf, die Exporthäfen zu diversifizieren.

Dieser beschleunigte Prozess exportorientierter Industrialisierung und die Geschäftsverbindungen zwischen China und der globalen Wirtschaft führten zu einer beispiellosen urbanen Explosion. Die Sonderwirtschaftszone Shenzhen, an der Grenze zu Hongkong gelegen, wuchs von 1982 bis 1995 von null auf 1,5 Mio. Einwohner. Die Lokalverwaltungen in der gesamten Region, die die Taschen voller Geld von chinesischen Investoren aus Übersee hatten, begannen mit dem Bau großer Infrastrukturprojekte, unter denen das Erstaunlichste, das sich zum Zeitpunkt der Niederschrift noch im Planungsstadium befand, die Entscheidung der Lokalverwaltung von Zhuhai ist, eine 60 km lange Brücke über das südchinesische Meer zu bauen, als Straßenverbindung zwischen Zhuhai und Hongkong.

Die südchinesische Metropole, die noch im Entstehen, aber sicherlich eine Realität ist, ist eine neue räumliche Form. Sie ist nicht mit der traditionellen Megalopolis identisch, die Gottmann in den 1960er Jahren an der Nordost-Küste der USA ausmachte. Anders als bei diesem klassischen Fall besteht die metropolitane Region Hongkong-Guangdong nicht aus dem physischen Ineinanderwachsen aufeinanderfolgender städtischer und vorstädtischer Einheiten mit jeweils relativer funktionaler Autonomie. Die neue metropolitane Region wächst in rasendem Tempo ökonomisch, funktional und gesellschaftlich zu einer interdependenten Einheit heran – vor allem seit Hongkong und Macau wieder zu China gehören. Es gibt jedoch auch eine ausgeprägte räumliche Diskontinuität in dieser Region. Ländliche Siedlungen, Ackerland und unentwickeltes Gebiet trennen die urbanen Zentren voneinander, Fabriken sind über die gesamte Region verstreut. Die intra-regionalen Verbindungen und der unverzichtbare Anschluss des Gesamtsystems an die globale Wirtschaft über eine Vielzahl von Kommunikationskanälen sind das eigentliche Rückgrat dieser neuen räumlichen Einheit. Es sind Ströme, die die räumliche Form und die räumlichen Prozesse definieren. Innerhalb jeder Stadt und innerhalb jedes Einzelgebietes kommt es in einem Muster schier endloser Variation zu Segregations- und Segmentationsprozessen. Eine solch kleinteilige Vielfalt ist aber auf eine funktionale Einheit angewiesen, die durch eine gigantische, technologieintensive Infrastruktur gekennzeichnet ist, deren einzige Begrenzung die Frischwasserzufuhr aus dem Stromgebiet des Ostflusses zu sein scheint. Die südchinesische Metropole, die zur Zeit in den meisten Teilen der Welt nur undeutlich wahrgenommen wird, wird wohl die typische Stadt des 21. Jahrhunderts.

Wenn die gegenwärtigen Trends nicht trügen, so entwickelt sich zu Beginn des 21. Jahrhunderts eine weitere, noch größere asiatische Mega-Stadt, dann nämlich, wenn sich der Korridor Tokio-Yokohama-Nagoya – bereits eine funktionale Einheit – mit Osaka-Kobe-Kyoto verbindet und so das größte metropolitane Ballungsgebiet der Geschichte bildet, nicht allein nach der Bevölkerung sondern auch nach ökonomischer und technologischer Macht. Die Mega-Städte werden also, allen sozialen, urbanen und Umweltproblemen zum Trotz, weiter wachsen und gedeihen: sowohl an Größe zunehmen wie an Standortattraktivität für Management und Wohnen. Der ökologische Traum von kleinen, quasiländlichen Kommunen wird von der historischen Welle der Entwicklung der Mega-Städte in die gegenkulturelle Bedeutungslosigkeit abgeschoben. Denn Mega-Städte sind:

- Zentren der wirtschaftlichen, technologischen und sozialen Dynamik sowohl in ihren Ländern wie auf globaler Ebene; sie sind die eigentlichen Entwicklungsmotoren; das wirtschaftliche Schicksal ihrer Länder, seien es die Vereinigten Staaten oder China, ist abhängig von der Entwicklung und Leistung der Mega-Städte, trotz der in beiden Ländern noch immer allgegenwärtigen Kleinstadt-Ideologie;
- Zentren kultureller und politischer Innovation;
- Anschlusspunkte an die globalen Netzwerke aller Art; das Internet kann an den Mega-Städten nicht vorbei: Es ist abhängig von der Telekommunikation und von den „Telekommunikatoren", die sich in diesen Zentren befinden.

Sicherlich werden manche Faktoren ihr Wachstum verlangsamen – je nach der Genauigkeit und Effektivität der Politik, die das Wachstum der Mega-Städte einschränken soll. Familienplanung funktioniert dem Vatikan zum Trotz, und daher können wir erwarten, dass sich der bereits vorhandene Rückgang der Geburtenrate weiter fortsetzt. Regionalentwicklungspolitik kann die Konzentration von Jobs und Bevölkerung in andere Gebiete lenken. Und ich sehe große Epidemien und die Auflösung sozialer Kontrolle voraus, die die Mega-Städte weniger attraktiv machen. Insgesamt aber werden die Mega-Städte an Größe und Dominanz gewinnen, weil sie sich nach wie vor auf die Bevölkerung, den Reichtum, die Macht und Innovatoren ihres weitläufigen Hinterlandes stützen. Und sie sind die Knotenpunkte für den Anschluss an die globalen Netzwerke. So hängen die Zukunft der Menschheit und die Zukunft der Länder, in denen die Mega-Städte liegen, grundlegend von der Entwicklung und dem Management dieser Gebiete ab. Die Mega-Städte sind die Knotenpunkte und die Machtzentren der neuen räumlichen Form oder auch des neuen räumlichen Prozesses des Informationszeitalters: des Raumes der Ströme.

Nachdem wir die empirische Landschaft der neuen territorialen Phänomene entworfen haben, müssen wir uns jetzt an das Verständnis dieser neuen räumlichen Realität machen. Das erfordert einen unvermeidlichen Exkurs über die unsicheren Pfade der Theorie des Raumes.

Die Sozialtheorie des Raumes und die Theorie des Raumes der Ströme

Raum ist der Ausdruck der Gesellschaft. Da unsere Gesellschaften einer Strukturtransformation unterliegen, ist es eine vernünftige Annahme, dass gegenwärtig neue räumliche Formen und Prozesse auftreten. Das Ziel der Analyse, die ich hier entwickle, besteht darin, die neue Logik herauszuarbeiten, die diesen Formen und Prozessen zugrunde liegt.

Das ist keine leichte Aufgabe, denn die scheinbar so simple Feststellung einer bedeutsamen Beziehung zwischen Gesellschaft und Raum verbirgt eine grundlegende Komplexität. Das liegt daran, dass Raum nicht einfach eine Widerspiegelung der Gesellschaft ist, sondern ihr Ausdruck. Mit anderen Worten: Der Raum ist keine Fotokopie der Gesellschaft, er ist Gesellschaft. Räumliche Formen und Prozesse werden durch die Dynamik der gesamten gesellschaftlichen Struktur geformt. Dazu gehören auch widersprüchliche Tendenzen, die sich aus Strategien und Konflikten zwischen sozialen Akteuren ergeben, die ihre entgegengesetzten Interessen und Werte verfolgen. Außerdem beeinflussen soziale Prozesse den Raum, indem sie auf die gebaute Umwelt einwirken, die von früheren sozialräumlichen Strukturen ererbt worden ist. *Raum ist kristallisierte Zeit*. Um uns dieser Komplexität auf möglichst einfache Weise anzunähern, wollen wir Schritt für Schritt vorgehen.

Was ist Raum? In der Physik lässt er sich nicht außerhalb der Dynamik der Materie definieren. In der Sozialtheorie lässt er sich nicht ohne Bezug auf gesellschaftliche Praxis definieren. Da dieses Theoriefeld zu meinen angestammten Arbeitsfeldern gehört, behandle ich die Frage noch immer von der Grundannahme aus, dass „Raum ein materielles Produkt ist und in Beziehung steht zu anderen materiellen Produkten – einschließlich Menschen – die in [historisch] bestimmten sozialen Beziehungen stehen und so den Raum mit einer Form, einer Funktion und sozialem Sinn ausstatten".[74] In eine ähnliche Richtung zielt David Harvey in seinem Buch *The Condition of Postmodernity*, wenn er klarer formuliert, dass „wir aus Sicht einer materialistischen Perspektive behaupten können, dass objektive Begriffe von Zeit und Raum zwangsläufig durch materielle Praxis und Prozesse geschaffen werden, die der Reproduktion des Lebens dienen ... Es ist ein Grundaxiom meiner Forschung, dass Zeit und Raum nicht unabhängig von sozialem Handeln verstanden werden können."[75] Wir müssen also auf allgemeiner Ebene definieren, was Raum unter dem Gesichtspunkt gesellschaftlicher Praxis bedeutet; dann müssen wir die historische Besonderheit der Praxisformen auffinden, etwa diejenigen der informationellen Gesellschaft, die dem Auftreten und der Konsolidierung neuer räumlicher Formen und Prozesse zugrunde liegen.

---

74 Castells (1972: 152) [nach Castells' eigener Übersetzung; d.Ü.].
75 Harvey (1990: 204).

Vom Standpunkt der Sozialtheorie ist *Raum die materielle Grundlage gleichzeitiger sozialer Praxisformen, die eine gemeinsame Zeit haben.* Ich füge sogleich hinzu, dass jegliche materielle Grundlage immer symbolische Bedeutung hat. Mit der zeitlichen Gemeinsamkeit der Praxisformen beziehe ich mich auf die Tatsache, dass der Raum diejenigen Praxen zusammenbringt, die zeitlich simultan sind. Es ist die materielle Verbindung dieser Gleichzeitigkeit, die dem Raum gegenüber der Gesellschaft Sinn verleiht. Traditionell wurde diese Vorstellung mit Nähe in Verbindung gebracht. Es ist jedoch wesentlich, dass wir dieses Basiskonzept der materiellen Grundlage simultaner Praxisformen von der Vorstellung der Nähe lösen, um die mögliche Existenz materieller Grundlagen der Gleichzeitigkeit zu berücksichtigen, die nicht auf physischer Nähe beruhen; denn genau dies trifft auf die herrschenden Praxisformen des Informationszeitalters zu.

Ich habe in den vorangegangenen Kapiteln gezeigt, dass für die Konstruktion unserer Gesellschaft Ströme von zentraler Bedeutung sind: Ströme von Kapital, Ströme von Information, Ströme von Technologie, Ströme von organisatorischer Interaktion, Ströme von Bildern, Tönen und Symbolen. Ströme sind nicht einfach ein Element der sozialen Organisation: Sie sind der Ausdruck von Prozessen, die unser wirtschaftliches, politisches und symbolisches Leben *beherrschen*. Wenn dies so ist, dann muss die materielle Grundlage der herrschenden Prozesse in unseren Gesellschaften das Ensemble der Elemente sein, die diesen Strömen zugrunde liegen und ihre Verbindung in simultaner Zeit materiell möglich machen. Ich vertrete daher die Auffassung, dass es eine neue räumliche Form gibt, die für die Formen gesellschaftlicher Praxis charakteristisch ist, welche die Netzwerkgesellschaft beherrschen und formen: den Raum der Ströme. *Der Raum der Ströme ist die materielle Organisation von Formen gesellschaftlicher Praxis, die eine gemeinsame Zeit haben, soweit sie durch Ströme funktionieren.* Unter Strömen verstehe ich zweckgerichtete, repetitive, programmierbare Sequenzen des Austauschs und der Interaktion zwischen physisch unverbundenen Positionen, die soziale Akteure innerhalb der wirtschaftlichen, politischen und symbolischen Strukturen der Gesellschaft einnehmen. Herrschende Formen gesellschaftlicher Praxis sind diejenigen, die in die herrschenden gesellschaftlichen Strukturen eingebettet sind. Unter herrschenden Strukturen verstehe ich diejenigen organisatorischen und institutionellen Arrangements, deren innere Logik eine strategische Rolle bei der Gestaltung der Formen gesellschaftlicher Praxis und des sozialen Bewusstseins für die gesamte Gesellschaft spielt.

Die begriffliche Abstraktion des Raumes der Ströme lässt sich besser verstehen, wenn wir ihren Inhalt spezifizieren. Der Raum der Ströme als die materielle Grundlage für die dominanten Prozesse und Funktionen der informationellen Gesellschaft lässt sich eher beschreiben denn definieren als die Kombination von mindestens drei Ebenen materieller Grundlagen, die zusammen den Raum der Ströme konstituieren. *Die erste Ebene, die erste materielle Grundlage des Raumes der Ströme besteht eigentlich aus einem Kreislauf elektronischer Ver-*

mittlungen – mikroelektronische Geräte, Telekommunikation, computergestützte Verarbeitung, Funksysteme und Hochgeschwindigkeitstransport, der ebenfalls auf der Mikroelektronik beruht. Sie bilden zusammengenommen die materielle Basis für die Prozesse, die wir als die strategisch entscheidenden in der Netzwerkgesellschaft erkannt haben. Dabei handelt es sich wirklich um eine materielle Grundlage simultaner Praxisformen. Deshalb ist dies eine räumliche Form, genau so, wie es „die Stadt" oder „die Region" in der Organisation der Kaufmannsgesellschaft oder der industriellen Gesellschaft sein konnten. Die räumliche Verbindung zwischen den herrschenden Funktionen findet in unseren Gesellschaften in dem Netzwerk von Interaktionen statt, das durch die informationstechnologischen Gerätschaften möglich geworden ist. In diesem Netzwerk existiert kein Ort aus sich heraus, weil die Positionen durch die Austauschprozesse der Ströme im Netzwerk definiert sind. Deshalb ist das Kommunikationsnetzwerk die grundlegende räumliche Konfiguration: Orte verschwinden nicht, aber ihre Logik und ihre Bedeutung werden im Netzwerk absorbiert. Die technologische Infrastruktur, die das Netzwerk errichtet, definiert den neuen Raum in ziemlich ähnlicher Weise, wie in der industriellen Wirtschaft die Eisenbahnen „Wirtschaftsregionen" und „nationale Märkte" definiert haben; oder wie die jeweils innerhalb ihrer Grenzen gültigen institutionellen Regeln der Bürgerschaften (und ihre technologisch fortgeschrittenen Armeen) in den kaufmännischen Anfangsstadien von Kapitalismus und Demokratie „Städte" definiert haben. Diese technologische Infrastruktur ist selbst der Ausdruck des Netzwerkes von Strömen, dessen Architektur und Inhalt durch die etablierten Mächte in unserer Welt bestimmt werden.

Die zweite Ebene des Raumes der Ströme ist durch dessen Knoten und Zentren bestimmt. Der Raum der Ströme ist nicht ortslos, obwohl dies auf seine strukturelle Logik zutrifft. Er beruht auf einem elektronischen Netzwerk, aber dieses Netzwerk verbindet spezifische Orte miteinander, die wohldefinierte soziale, kulturelle, physische und funktionale Charakteristika haben. Manche Orte sind Austauscher, wobei Kommunikationszentren die Rolle von Koordinatoren spielen, die für die reibungslose Interaktion aller in das Netzwerk integrierten Elemente sorgen. Andere Orte sind die Knoten des Netzwerkes; d.h., der Ort der strategisch wichtigen Funktionen, die um eine Schlüsselfunktion im Netzwerk herum eine Reihe lokalisierter Tätigkeiten und Organisationen aufbauen. Dadurch, dass er sich im Knoten befindet, ist der Ort mit dem gesamten Netzwerk verbunden. Sowohl Knoten wie Zentren sind hierarchisch nach ihrem relativen Gewicht innerhalb des Netzwerkes organisiert. Diese Hierarchie kann sich aber je nach der Entwicklung der Tätigkeiten verändern, die vom Netzwerk verarbeitet werden. In manchen Fällen werden manche Orte vom Netzwerk abgekoppelt, und diese Abkoppelung führt zum sofortigen Niedergang und damit zum wirtschaftlichen, sozialen und physischen Verfall. Die Charakteristika der Knoten sind abhängig vom Typus der Funktionen, die ein bestimmtes Netzwerk ausführt.

Ein paar Beispiele für Netzwerke und die entsprechenden Knoten sollen helfen, den Begriff verständlich zu machen. Der Typus von Netzwerk, den man sich als Sinnbild des Raumes der Ströme am einfachsten vor Augen führen kann, ist das Netzwerk, das durch die Entscheidungsfindungssysteme der globalen Wirtschaft konstituiert wird, vor allem durch diejenigen, die mit dem Finanzsystem zu tun haben. Dabei geht es um die Analyse der *Global City* als Prozess und nicht als Ort, so wie sie in diesem Kapitel dargestellt wurde. Die Analyse der *Global City* als der Produktionsstätte der informationellen globalen Wirtschaft hat die entscheidende Rolle dieser *Global Cities* in unseren Gesellschaften aufgezeigt und ebenso die Abhängigkeit der lokalen Gesellschaften und Wirtschaftszusammenhänge von den leitenden Funktionen, die sich in den großen Städten befinden. Aber über die wichtigsten *Global Cities* hinaus haben andere kontinentale, nationale und regionale Wirtschaftszusammenhänge ebenfalls ihre Knoten, die den Anschluss an das globale Netzwerk herstellen. Jeder einzelne dieser Knoten erfordert eine ausreichende technologische Infrastruktur, ein System von ergänzenden Unternehmen, die unterstützende Dienstleistungen liefern, einen spezialisierten Arbeitsmarkt und das System von Dienstleistungen, das die hochqualifizierten Arbeitskräfte benötigen.

Wie ich oben gezeigt habe, trifft das, was für die obersten Managementfunktionen und Finanzmärkte gilt, auch auf die Hightech-Fertigung zu (sowohl auf Branchen, die Hochtechnologie produzieren, wie auf solche, die sie einsetzen, mithin auf die gesamte fortgeschrittene Fertigung). Die räumliche Arbeitsteilung, die für die Hightech-Industrie charakteristisch ist, überträgt sich in den weltweiten Zusammenhang zwischen Innovationsmilieus, qualifizierten Fertigungsstätten, Fließbändern und marktorientierten Fabriken, wobei es innerhalb der Unternehmen eine Reihe von Verbindungen zwischen den unterschiedlichen Vorgängen und den verschiedenen Standorten entlang der Produktionslinien gibt; und eine weitere Reihe von Verbindungen zwischen Unternehmen, die ähnliche Produktionsfunktionen miteinander verknüpfen, die sich an spezifischen Standorten befinden, welche zu Produktionskomplexen werden. Direktive Knoten, Produktionsstätten und Kommunikationszentren sind durch Kommunikationstechnologien und programmierbare, auf Mikroelektronik gestützte, flexibel integrierte Fertigung im Netzwerk definiert und durch eine gemeinsame Logik miteinander verbunden.

Die Funktionen, die jedes Netzwerk zu erfüllen hat, definieren die Charakteristika der Orte, die zu ihren bevorzugten Knoten werden. In manchen Fällen werden die unwahrscheinlichsten Orte aufgrund einer historischen Besonderheit zu Zentralknoten, was schließlich dazu führt, dass ein bestimmter Standort zum Zentrum eines bestimmten Netzwerkes wird. So war es beispielsweise unwahrscheinlich, dass Rochester, Minnesota, oder die Pariser Vorstadt Villejuif in enger Interaktion miteinander zu Zentralknoten eines weltweiten Netzwerkes für fortgeschrittene medizinische Behandlungsmethoden und Gesundheitsforschung werden würden. Aber der Standort der Mayo-Klinik in Rochester und eines der wichtigsten Zentren für Krebstherapie der französischen Gesundheitsverwaltung in Villejuif, beides aus zufälligen, historischen Gründen – haben einen Komplex zur Wissensgenerierung und für fortgeschrittene medizinische Therapie mit diesen beiden eigentümlichen Orten im Zentrum entstehen lassen. Als sie einmal etabliert waren, haben sie Forschende, Ärzte und Patienten aus der ganzen Welt angezogen: Sie wurden zu einem Knoten im medizinischen Netzwerk der Welt.

Jedes Netzwerk definiert seine Standorte nach Funktionen und Hierarchie des jeweiligen Standortes und nach den Charakteristika des Produktes oder der Dienstleistung, die für das Netzwerk verarbeitet werden sollen. So hat eines der mächtigsten Netzwerke in unserer Gesellschaft, das Netzwerk zur Produktion und Verteilung von Rauschgift einschließlich seiner Geldwäsche-Abteilung eine eigene Landkarte entworfen, die Bedeutung, Struktur und Kultur der Gesellschaften, Regionen und Städte verändert hat, die durch dieses Netzwerk miteinander verbunden sind.[76] Dementsprechend sind in Kokainproduktion und -handel die Koka-Produktionsstätten in Chapare, Alto Beni in Bolivien oder Alto Huallanga in Peru mit den Raffinerien und Management-Zentren in Kolumbien verbunden, die bis 1995 den Hauptquartieren in Medellin oder Cali unterstanden, die wiederum mit Finanzzentren in Miami, Panama, den Cayman-Inseln oder Luxemburg verbunden waren, und mit Transportzentren wie den Drogenschmuggelnetzwerken Tamauilipas oder Tijuana in Mexiko und schließlich mit den Vertriebsstellen in den wichtigen Ballungszentren Amerikas und Westeuropas. In einem solchen Netzwerk kann keiner der Standorte für sich allein existieren. Die Kartelle von Medellin und Cali wären gemeinsam mit ihren amerikanischen und italienischen Verbündeten längst aus dem Geschäft gewesen, noch bevor sie durch die Repression zerstört wurden, wenn es nicht die Rohstoffe aus Bolivien und Peru gegeben hätte sowie die Chemikalien (Vorprodukte) aus Schweizer und deutschen Labors und die halblegalen Finanznetzwerke in den freien Bankparadiesen und schließlich die Verteilungsnetzwerke, die von Miami, Los Angeles, New York, Amsterdam oder La Coruña ausgingen.

Während also die Analyse der *Global Cities* die unmittelbarste Illustration für die auf Orte gegründete Ausrichtung des Raumes der Ströme an Knoten und Zentren bietet, ist diese Logik in keiner Weise auf Kapitalströme beschränkt. Die zentralen, herrschenden Prozesse in unserer Gesellschaft sind in Netzwerken aneinandergeschlossen, die unterschiedliche Orte miteinander verbinden und jedem Einzelnen von ihnen eine Rolle in der Hierarchie der Schaffung von Reichtum, Informationsverarbeitung und dem Aufbau von Macht zuweisen, die letztendlich das Schicksal eines jeden einzelnen Ortes bestimmt.

Die dritte wichtige Ebene des Raumes der Ströme betrifft die räumliche Organisation der herrschenden Führungseliten (nicht: Klassen), die die direktiven Funktionen ausüben, um die herum dieser Raum aufgebaut ist. Die Theorie des

---

76 Arrieta u.a. (1991); Laserna (1995).

Raumes der Ströme geht von der impliziten Annahme aus, dass Gesellschaften durch die je nach Sozialstruktur unterschiedlichen herrschenden Interessen asymmetrisch aufgebaut sind. Der Raum der Ströme ist nicht die einzige räumliche Logik unserer Gesellschaften. Er ist jedoch die herrschende räumliche Logik, weil er die räumliche Logik der herrschenden Interessen und Funktionen in unserer Gesellschaft ist. Aber diese Herrschaft ist nicht ausschließlich strukturbedingt.

Sie wird von sozialen Akteuren in Kraft gesetzt, sogar entworfen, beschlossen und durchgeführt. Daher wird die technokratisch-finanzielle Elite, die die zentralen Positionen in unseren Gesellschaften einnimmt, auch spezifische räumliche Anforderungen stellen, damit die materiellen und räumlichen Grundlagen für ihre Interessen und Praxisformen gesichert sind. Die räumliche Manifestation der informationellen Elite bildet eine weitere grundlegende Dimension des Raumes der Ströme. Was ist diese räumliche Manifestation?

Die grundlegende Form der Herrschaft in unserer Gesellschaft beruht auf der Organisationskapazität der herrschenden Elite, die Hand in Hand geht mit ihrer Fähigkeit, diejenigen Gruppen in der Gesellschaft zu desorganisieren, die zahlenmäßig zwar die Mehrheit ausmachen, deren Interessen aber partiell (wenn überhaupt) nur in dem Rahmen berücksichtigt werden, der mit der Wahrung der herrschenden Interessen bezeichnet ist. Die Verbindung der Eliten untereinander und die Segmentation und Desorganisation der Massen, dies scheint der Doppelmechanismus sozialer Herrschaft in unseren Gesellschaften zu sein.[77] Der Raum spielt in diesem Mechanismus eine grundlegende Rolle. Kurz: Eliten sind kosmopolitisch, einfache Leute sind lokal. Der Raum von Macht und Reichtum wird über die ganze Welt hinweg projiziert, während Leben und Erfahrungen der einfachen Leute an Orten, in ihrer Kultur und in ihrer Geschichte verwurzelt bleiben. Je mehr also eine soziale Organisation auf a-historischen Strömen beruht, die die Logik eines jeden spezifischen Ortes überlagern, desto mehr entgleitet die Logik globaler Macht der soziopolitischen Kontrolle historisch spezifischer lokaler/nationaler Gesellschaften.

Andererseits wollen und können die Eliten nicht selber zu Strömen werden, wenn sie ihre soziale Kohäsion bewahren sowie die Spielregeln und die kulturellen Codes entwickeln wollen, mittels derer sie sich und andere beherrschen können, indem sie so die Grenzen des „Innen" und „Außen" ihrer kulturellen und politischen Gemeinschaft festlegen. Je demokratischer eine Gesellschaft ihrem institutionellen Rahmen nach ist, desto mehr müssen sich die Eliten klar von den gewöhnlichen Leuten absetzen, damit es nicht zu einem übermäßigen Vordringen politischer Vertreter in die innere Welt strategischer Entscheidungsfindung kommt. Meine Analyse teilt jedoch nicht die Hypothese über die kaum vorstellbare Existenz einer „Machtelite" im Sinne von C. Wright Mills. Vielmehr leitet sich im Gegenteil die wirkliche gesellschaftliche Herrschaft aus

---

77 S. Zukin (1992).

der Tatsache her, dass die kulturellen Codes in einer Weise in die Sozialstruktur eingebettet sind, dass der Besitz dieser Codes den Zugang zur Machstruktur eröffnet, ohne dass die Elite sich erst dazu verschwören müsste, den Zugang zu ihren Netzwerken zu versperren.

Die räumliche Manifestation dieser Herrschaftslogik nimmt im Raum der Ströme hauptsächlich zwei Formen an. Einerseits bilden die Eliten ihre eigene Gesellschaft und konstituieren symbolisch abgeschlossene Gemeinschaften, die sich hinter der sehr realen Barriere der Grundstückspreise verschanzen. Sie definieren ihre Gemeinschaft als räumlich umgrenzte, interpersonell vernetzte Subkultur. Ich gehe von der Annahme aus, dass der Raum der Ströme aus personellen Mikro-Netzwerken besteht, die ihre Interessen durch das verschiedenartige, globale Interaktionsgeschehen im Raum der Ströme in funktionale Makro-Netzwerke projizieren. Dieses Phänomen ist von den Finanznetzwerken her wohlbekannt: Wichtige strategische Entscheidungen werden bei Geschäftsessen in exklusiven Restaurants oder während eines Wochenendes auf dem Lande beim Golfspielen getroffen – wie in der guten alten Zeit. Aber diese Entscheidungen werden in unmittelbaren Entscheidungsfindungsprozessen über televernetzte Computer ausgeführt, die ihre eigenen Entscheidungen treffen, um auf Markttendenzen zu reagieren. Zu den Knoten des Raumes der Ströme gehören also auch Wohn- und Freizeiträume, die zusammen mit dem Standort des Hauptquartiers und der Hilfsdienstleistungen dazu beitragen, die herrschenden Funktionen in sorgfältig abgesonderten Räumen zu bündeln, die leichten Zugang zu den kosmopolitischen Komplexen der Künste, der Kultur und der Unterhaltung bieten. Die Segregation erfolgt sowohl durch die Ansiedlung an unterschiedlichen Orten wie in Form der Sicherheitskontrolle über bestimmte Räume, die nur der Elite offen stehen. Von den Spitzen der Macht und ihren kulturellen Zentren aus wird eine Serie symbolischer sozialräumlicher Hierarchien organisiert. Daher können die unteren Managementebenen die Symbole der Macht spiegeln und sich diese Symbole dadurch selbst aneignen, dass sie räumliche Gemeinschaften zweiter Ordnung aufbauen, die ebenfalls dazu tendieren, sich vom Rest der Gesellschaft zu isolieren. Es kommt zu einer Abfolge von hierarchisch strukturierten Segregationsprozessen, die zusammen auf sozialräumliche Fragmentierung hinauslaufen. Im Grenzbereich, wenn die sozialen Spannungen zunehmen und die Städte verfallen, nehmen die Eliten Zuflucht hinter den Mauern der *gated communities* [„umzäunter Gemeinschaften"] Ende der 1990er Jahre auf der ganzen Welt ein weitverbreitetes Phänomen, von Südkalifornien bis Kairo und von São Paulo bis Bogotá.[78]

Eine zweite wichtige Tendenz zur kulturellen Abgrenzung der Eliten in der informationellen Gesellschaft besteht in der Schaffung eines Lebensstils und im Entwurf von räumlichen Formen, die darauf abzielen, die symbolische Umwelt der Elite auf der ganzen Welt zu vereinheitlichen und so die historische Beson-

---

78 Blakely und Snyder (1997).

derheit jedes einzelnen Ortes zu verdrängen. Demnach kommt es zur Konstruktion eines (relativ) abgeschlossenen Raumes in der ganzen Welt, entlang der Verbindungslinien des Raumes der Ströme: internationale Hotels, deren Ausstattung von der Gestaltung der Zimmer bis zur Farbe der Handtücher auf der ganzen Welt ähnlich ist, um ein Gefühl der Vertrautheit mit dieser inneren Welt zu schaffen und zugleich die Abstraktion von der sie umgebenden Welt zu bewirken; die VIP-Lounges der Flughäfen, die so eingerichtet sind, dass sie auf den Autobahnen des Raumes der Ströme die Distanz gegenüber der Gesellschaft wahren; mobiler, persönlicher Online-Zugang zu den Telekommunikationsnetzwerken, so dass Reisende sich niemals verirren; und ein System von Reisearrangements, Sekretariatsdiensten und gegenseitiger Gastfreundschaft, das den engen Zirkel der Wirtschaftselite in der Achtung vor ähnlichen Ritualen in allen Ländern zusammenhält. Außerdem gibt es in Kreisen der Informationselite einen zunehmend homogenen Lebensstil, der die Grenzen aller Gesellschaften überschreitet: die regelmäßige Benutzung von Wellness- und Fitness-Einrichtungen (selbst auf Reisen) und die Angewohnheit des Joggens; die vorschriftsmäßige Kost von gegrilltem Lachs und grünem Salat, wobei *udon* und *sashimi* ein funktionales japanisches Äquivalent darstellen; die Wandfarbe „blass chamois", die dem Innenraum eine gemütliche Atmosphäre verleihen soll; der allgegenwärtige Laptop und Internet-Zugang; die Kombination von Straßenanzug und Sportsachen; der Unisex-Kleiderstil usw. All das sind Symbole einer internationalen Kultur, deren Identität nicht an irgendeine spezifische Gesellschaft gebunden ist, sondern an die Mitgliedschaft in den Managerkreisen der informationellen Wirtschaft über ein globales kulturelles Spektrum hinweg.

Die Forderung nach starken kulturellen Verbindungen zwischen den Knoten des Raumes der Ströme kommt auch in der Tendenz zur kulturellen Uniformität der neuen Leitungszentren in verschiedenen Gesellschaften zum Ausdruck. Paradoxerweise hat der Versuch der postmodernen Architektur, die festen Formen und Raster architektonischer Disziplin aufzubrechen, zu einer aufgesetzten postmodernen Monumentalität geführt, die in den 1980er Jahren zum allgemeinen Standard für die neuen Konzernhauptquartiere von New York bis Gaoxiong geworden ist. Damit gehört zum Raum der Ströme auch die symbolische Verbindung durch eine homogene Architektur an den Orten, die für jedes einzelne Netzwerk überall in der Welt die Knoten darstellen. So entweicht die Architektur der Geschichte und Kultur einer jeden Gesellschaft und wird eingefangen in die neue, imaginäre Wunderland-Welt der unbegrenzten Möglichkeiten, die der von Multimedia übertragenen Logik zugrunde liegt: in die Kultur des elektronischen Surfens, als ob wir alle Formen an jedem beliebigen Ort wiedererfinden könnten, unter der einzigen Bedingung, dass wir in die kulturelle Undefiniertheit der Ströme der Macht hineinspringen. Die Einhegung der Architektur in eine historische Abstraktion ist die formale Pioniergrenze des Raumes der Ströme.

Die Architektur des Endes der Geschichte

> Nomada, sigo siendo un nomada.
> *Ricardo Bofill*[79]

Wenn der Raum der Ströme wirklich die herrschende räumliche Form der Netzwerkgesellschaft ist, dann ist anzunehmen, dass in den nächsten Jahren Architektur und Design nach Form, Funktion, Prozess und Wert umdefiniert werden. Ich möchte nun behaupten, dass die Architektur in der gesamten Geschichte der „missglückte Akt" der Gesellschaft gewesen ist, die vermittelte Ausdrucksform der tieferen Tendenzen der Gesellschaft, derjenigen, die nicht offen ausgesprochen werden konnten, die aber dennoch stark genug waren, in Stein gemeißelt, in Beton, in Stahl oder in Glas gegossen und visuell von menschlichen Wesen aufgenommen zu werden, die in solchen Formen wohnen, Geschäfte machen oder Gottesdienst halten sollten.

Panofsky über gotische Kathedralen, Tafuri über amerikanische Wolkenkratzer, Venturi zu der überraschend kitschigen amerikanischen Stadt, Lynch über Bilder von Städten, Harvey über Postmodernismus als Ausdruck der Verdichtung von Zeit und Raum durch den Kapitalismus – dies sind einige der besten Beispiele einer intellektuellen Tradition, die Formen der gebauten Umwelt als einen der signifikantesten Codes genutzt hat, um die Grundstrukturen der herrschenden Werte einer Gesellschaft zu entziffern.[80] Sicherlich, es gibt keine einfache, unmittelbare Interpretation des formalen Ausdrucks gesellschaftlicher Werte. Aber wie die Forschung von Gelehrten und Analytikern gezeigt hat und wie Arbeiten von Architekten bewiesen haben, hat es immer eine starke, halbbewusste Verbindung zwischen dem gegeben, was die Gesellschaft – in ihrer Vielfalt – gesagt hat und was die Architekten sagen wollten.[81]

Jetzt nicht mehr. Meine Hypothese besagt, dass das Aufkommen des Raumes der Ströme die sinnhafte Beziehung zwischen Architektur und Gesellschaft verwischt. Weil die räumliche Manifestation der herrschenden Interessen weltweit und quer durch alle Kulturen stattfindet, führt die Entwurzelung von Erfahrung, Geschichte und spezifischer Kultur als Bedeutungshintergrund zur allgemeinen Verbreitung einer a-historischen, a-kulturellen Architektur.

Einige Tendenzen der „postmodernen Architektur", für die beispielsweise die Arbeiten von Philip Johnson oder Charles Moore stehen können, versuchen unter dem Vorwand, die Tyrannei von Codes wie etwa Modernismus zu zerschlagen, alle Bindungen an spezifische gesellschaftliche Umwelten zu kappen. Das tat seinerzeit auch der Modernismus, jedoch als Ausdruck einer historisch verwurzelten Kultur, die ihren Glauben an Fortschritt, Technologie und Rationalität betonte.

---

79 Eröffnungspassage der architektonischen Autobiografie von Ricardo Bofill, *Espacio y Vida* (Bofill 1990).
80 Panofsky (1957); Lynch (1960); Tafuri (1971); Venturi u.a. (1977); Harvey (1990).
81 S. Burlen (1972).

Im Gegensatz dazu erklärt die postmoderne Architektur das Ende aller Bedeutungssysteme. Sie schafft ein Gemisch von Elementen, die aus einer transhistorischen stilistischen Provokation formale Harmonie zu gewinnen sucht. Ironie wird zur bevorzugten Ausdrucksform. Der größte Teil des Postmodernismus tut jedoch in Wirklichkeit etwas anderes: Er bringt in nahezu direkter Weise die neue herrschende Ideologie zum Ausdruck – das Ende der Geschichte und die Auflösung der Orte im Raum der Ströme.[82] Denn nur unter der Bedingung, dass wir uns am Ende der Geschichte befinden, können wir jetzt alles, was wir zuvor gekannt haben, zusammen mischen (s. Abb. 6.6). Weil wir keinem Ort, keiner Kultur mehr zugehörig sind, setzt die extreme Version des Postmodernismus ihre chiffrierte, codebrechende Logik an jedwedem Ort durch, wo etwas gebaut wird. Die Befreiung von kulturellen Codes verbirgt in Wirklichkeit den Auszug aus den historisch verwurzelten Gesellschaften. In diesem Sinne könnte der Postmodernismus als die Architektur des Raumes der Ströme verstanden werden.[83]

Abbildung 6.6 Stadtzentrum von Kaoshiung
(Foto: Professor Hsia Chu-joe)

Je mehr die Gesellschaften versuchen, ihre eigene Identität jenseits der globalen Logik der unkontrollierten Machtströme zurückzugewinnen, desto mehr be-

---

82 Mein eigenes Verständnis von Postmodernismus und postmoderner Architektur kommt der Analyse von David Harvey sehr nahe. Ich kann es jedoch nicht verantworten, seine Arbeiten zur Stützung meiner Position zu benutzen.
83 Eine ausgewogene und intelligente Auseinandersetzung mit der gesellschaftlichen Bedeutung der postmodernen Architektur bietet Kolb (1990); zu einer breiteren Behandlung der Interaktion zwischen Prozessen der Globalisierung/Informationalisierung und der Architektur s. Saunders (1996).

dürfen sie einer Architektur, die ihre eigene Wirklichkeit offen legt, ohne Schönheit aus einem transhistorischen räumlichen Repertoire zu imitieren. Doch zu gleicher Zeit ist eine übersignifikante Architektur, die versucht, eine sehr bestimmte Botschaft zu verkünden oder die Codes einer bestimmten Kultur direkt zum Ausdruck zu bringen, eine zu primitive Form, die nicht in der Lage wäre, unsere saturierte visuelle Vorstellungswelt zu durchdringen. Der Sinn ihrer Botschaften würde in der Kultur des Surfens verloren gehen, die unser symbolisches Verhalten charakterisiert. Aus diesem Grund ist die Architektur, die in den durch die Logik des Raumes der Ströme geprägten Gesellschaften am meisten mit Bedeutung aufgeladen zu sein scheint, paradoxerweise das, was ich die „Architektur der Nacktheit" nenne. Es ist die Architektur, deren Formen so neutral, so sauber, so transparent sind, dass sie überhaupt nicht vorgeben, irgendetwas zu sagen. Und indem sie nichts sagen, konfrontieren sie die Erfahrung mit der Einsamkeit des Raumes der Ströme. Seine Botschaft ist Schweigen.

Abbildung 6.7 Die Eingangshalle des Flughafens von Barcelona

Quelle: Zeichnung von Ricardo Bofill; abgebildet mit freundlicher Genehmigung von R. Bofill

Um mich verständlicher zu machen, nehme ich zwei Beispiele aus der spanischen Architektur; einem architektonischen Milieu, dem gegenwärtig weithin eine Spitzenposition im Design zugesprochen wird. Bei beiden geht es nicht zufällig um die Gestaltung wichtiger Kommunikationsknoten, wo der Raum der Ströme sich vorübergehend materialisiert. Die spanischen Feiern zum 500-jährigen Jubiläum der Überfahrt von Kolumbus 1992 gaben Anlass zum Bau großer Funktionsgebäude, die von einigen der besten Architekten entworfen wurden. So kombiniert der neue, von Bofill entworfene Flughafen von Barcelona einfach einen schönen Marmorboden, eine dunkle Glasfassade und transparente, gläserne Trennwände in einem immensen, offenen Raum (s. Abb. 6.7). Kein Zudecken von Furcht und

Sorgen der Menschen am Flughafen. Keine Teppiche, keine gemütlichen Räume, keine indirekte Beleuchtung. Inmitten der kalten Schönheit dieses Flughafens müssen sich die Passagiere mit der schrecklichen Wahrheit auseinandersetzen: Sie sind allein, mitten im Raum der Ströme, sie können ihren Anschluss verpassen, sie hängen in der Leere des Übergangs. Sie befinden sich buchstäblich in den Händen der Fluggesellschaft Iberia. Und es gibt keinen Ausweg.

Nehmen wir ein anderes Beispiel: den neuen Madrider Bahnhof für den Hochgeschwindigkeitszug AVE, den Rafael Moneo entworfen hat. Das ist einfach ein wunderbarer alter, exquisit renovierter Bahnhof, der in einen überdachten Palmengarten verwandelt worden ist, voller Vögel, die in dem abgeschlossenen Raum des Bahnhofs singen und herumfliegen. In einem in der Nähe gelegenen Gebäude, das an diesen schönen, monumentalen Raum anschließt, ist der eigentliche Bahnhof mit dem Hochgeschwindigkeitszug. Die Leute besuchen also den Pseudo-Bahnhof, schauen ihn an und gehen wie in einem Park oder einem Museum über die unterschiedlichen Ebenen und Wege. Die allzu offenkundige Botschaft lautet, dass wir in einem Park sind, nicht in einem Bahnhof; dass in dem alten Bahnhof Bäume gewachsen sind und Vögel genistet und so eine Metamorphose bewirkt haben. Der Hochgeschwindigkeitszug wird also innerhalb dieses Raumes zur Absonderlichkeit. Und das ist nun wirklich die Frage, die sich alle Welt stellt: Was soll ein 4 Mrd. US$ teurer Hochgeschwindigkeitszug, der lediglich von Madrid nach Sevilla fährt und keinerlei Anschluss an das europäische Hochgeschwindigkeitsnetz hat? Der zerbrochene Spiegel eines Segmentes des Raumes der Ströme wird vorgezeigt, und der Gebrauchswert des Bahnhofs wird durch einen einfachen, eleganten Entwurf zurückgeholt, der nicht viel sagt, aber alles klar macht.

Prominente Architekten wie Rem Koolhas, der das Kongresszentrum Grand Palais in Lille entworfen hat, theoretisieren über die Notwendigkeit, die Architektur dem Prozess der Entlokalisierung und der Bedeutung anzupassen, die Kommunikationsknoten für die Erfahrungen der Menschen haben: Koolhas sieht sein Projekt tatsächlich als Ausdruck des „Raumes der Ströme". Oder ein anderes Beispiel für das zunehmende Bewusstsein von Architekten über die strukturelle Transformation des Raumes: Der vom American Institute of Architects ausgezeichnete Entwurf von Steven Holl für das Büro von D.E. Shaw and Company an der West 45th Street in New York (Abb. 6.8)

> bietet [in den Worten von Herbert Muschamp] eine poetische Interpretation ... des Raumes der Ströme. ... Holls Entwurf bringt das Büro Shaw an einen Ort, der so neuartig ist wie die Informationstechnologie, die für den Bau gezahlt hat. Wenn wir durch die Tür von D.E. Shaw gehen, dann wissen wir, dass wir nicht im Manhattan der 1960er Jahre oder im kolonialen Neuengland sind. Und im Übrigen haben wir auch eine Menge vom heutigen New York weit unten auf dem Erdboden gelassen. Wenn wir in Holls Atrium stehen, haben wir den Kopf in den Wolken, und die Füße stehen fest auf solider Luft.[84]

---

84 Muschamp (1992).

Abbildung 6.8 Der Warteraum bei D.E. Shaw and Company: keine Ficus-Bäume, keine abgeteilten Sofas, keine „corporate art" an den Wänden

Quelle: Muschamp (1992)

Es mag sein, dass wir Bofill, Moneo und selbst Holl in Diskurse hineinzwingen, die nicht die ihren sind.[85] Aber die einfache Tatsache, dass ihre Architektur es mir oder Herbert Muschamp erlaubt, Formen auf Symbole, auf Funktionen und auf soziale Situationen zu beziehen, bedeutet, dass ihre strikte, zurückhaltende Architektur – in formal sehr unterschiedlichen Stilrichtungen – in Wirklichkeit voller Bedeutung steckt. Und wirklich könnten Architektur und Design, deren Formen der abstrakten Materialität des herrschenden Raumes der Ströme ja entweder widerstehen oder sie interpretieren, hauptsächlich auf zwei Wegen zu unverzichtbaren Mitteln der kulturellen Innovation und der intellektuellen Autonomie in der informationellen Gesellschaft werden. Entweder

---

85 Zu Bofills eigener Interpretation des Flughafens Barcelona – dessen formaler Vorgänger, wie ich glaube, sein Entwurf für den Marché St Honoré in Paris ist – s. sein Buch: Bofill (1990). Er hat jedoch in einem langen persönlichen Gespräch nach der Lektüre der Rohfassung meiner Analyse meiner Interpretation des Projektes einer „Architektur der Nacktheit" nicht widersprochen, obwohl er es eher als innovativen Versuch sieht, Hochtechnologie und klassisches Design zusammenzuführen. Wir waren uns beide einig, dass die neuen architektonischen Monumente unserer Epoche wahrscheinlich als „Kommunikationsvermittlungen" gebaut werden (Flughäfen, Bahnhöfe, Transferzonen, Telekommunikations-Infrastruktur, Häfen und computerisierte Handelszentren).

baut die neue Architektur die Paläste der neuen Herren und enthüllt so ihre Ungeschlachtheit, die sonst hinter der Abstraktion des Raumes der Ströme verborgen ist; oder sie schlägt Wurzeln an Orten und damit in Kultur und in Menschen.[86] In beiden Fällen, aber in unterschiedlichen Formen könnten so Architektur und Design die Gräben für den Widerstand graben zur Wahrung des Sinns im Anhäufen von Wissen. Oder – was dasselbe ist – für die Versöhnung von Kultur und Technologie.

Raum der Ströme und Raum der Orte

Der Raum der Ströme durchdringt nicht den ganzen Bereich menschlicher Erfahrung in der Netzwerkgesellschaft. Vielmehr lebt die überwältigende Mehrheit der Menschen in fortgeschrittenen wie in traditionellen Gesellschaften an Orten, weshalb sie ihren Raum auch als ortsgebunden wahrnehmen. *Ein Ort zeichnet sich dadurch aus, dass seine Form, seine Funktion und seine Bedeutung innerhalb der Grenzen eines physischen Zusammenhangs eigenständig sind.* Ein Ort, der meine Argumentation illustrieren kann, ist das Pariser *quartier* Belleville.

Belleville war wie für so viele Einwanderer während seiner gesamten Geschichte 1962 auch für mich das Eingangstor nach Paris. Als 20-jähriger politischer Exilant hatte ich außer meinen revolutionären Idealen nicht viel zu verlieren. Ich wohnte bei einem spanischen Bauarbeiter, einem anarchistischen Gewerkschaftsführer, der mich in die Tradition des Ortes einführte. Neun Jahre später lief ich immer noch durch Belleville, jetzt allerdings als Soziologe, arbeitete mit Komitees eingewanderter Arbeiter zusammen und erforschte die sozialen Bewegungen gegen die Stadterneuerung: die Kämpfe, die ich als *La Cité du Peuple* bezeichnete und über die ich in meinem ersten Buch berichtete.[87] Über dreißig Jahre nach unserer ersten Begegnung haben sowohl Belleville als auch ich uns verändert. Aber Belleville ist nach wie vor ein Ort, während ich leider mehr wie eine Strömung aussehe. Die neu eingewanderten Gruppen – aus Asien, Jugoslawien – sind zu dem seit langem bestehenden Zustrom von tunesischen Juden, maghrebinischen Moslems und Südeuropäern hinzugekommen, die ihrerseits auf die innerstädtischen Exilierten gefolgt waren, die im 19. Jahrhundert durch den Hausmannschen Plan zum Bau eines großbürgerlichen Paris nach Belleville abgedrängt worden waren. Belleville selbst wurde von mehreren Wellen der Stadterneuerung betroffen, die sich in den 1970er Jahren intensivierten.[88] Die traditionelle Landschaft eines armen, aber harmonischen histori-

---

86 Lillyman u.a. (1994) setzen sich fruchtbar mit diesem Gegenstand auseinander.
87 Castells (1972: 496ff.).
88 Eine neuere illustrierte Sozial- und Raumgeschichte von Belleville enthält das entzückende Buch von Morier (1994); zur Stadterneuerung in Paris während der 1970er Jahre s. Godard u.a. (1973).

Abbildung 6.9 Belleville, 1999: ein multikultureller, urbaner Ort
(Foto: Irene Castells und Jose Bailo)

schen *faubourg* ist verdorben worden durch Plastik-Postmodernismus, billigen Modernismus und aseptische Gärten, die dem immer noch etwas heruntergekommenen Häuserbestand aufgeklatscht worden sind. Und doch ist Belleville 1999 ein klar identifizierbarer Ort (s. Abb. 6.9). Ethnische Gemeinschaften, deren Beziehungen sich oft bis zur offenen Feindschaft verschlechtern, leben in Belleville in friedlicher Koexistenz, wenn sie auch auf die Abgrenzung ihrer Reviere achten, und sicherlich nicht ohne Spannungen. Neue, meist junge Haushalte der Mittelklasse sind wegen der urbanen Vitalität in das Viertel gezogen und tragen kräftig zu seinem Überleben bei, wobei sie selbst die Auswirkungen der *Gentrification* kontrollieren. Kulturen und unterschiedliche Arten von Geschichte interagieren in diesem Raum in wahrhaft pluraler Urbanität, verleihen ihm Sinn und verbinden sich mit der „Stadt des kollektiven Gedächtnisses" im Sinne von Christine Boyer.[89] Das landschaftliche Raster kann erhebliche physische Veränderungen schlucken und verdauen, indem es sie in die vermischten Nutzungen und das aktive Straßenleben integriert. Belleville ist jedoch in keiner Weise die idealisierte Version der verlorenen Gemeinschaft, die, wie Oscar Lewis bei seiner neuerlichen Untersuchung in Tepoztlan deutlich machte, vermutlich nie existiert hat. Orte sind nicht notwendigerweise Gemeinschaften,

---

89 Boyer (1994).

Abbildung 6.10 Las Ramblas, Barcelona, 1999: städtisches Leben an einem lebenswerten Ort (Foto: Jordi Borja und Zaída Muxi)

wenn sie auch zum Aufbau von Gemeinschaften beitragen können. Aber das Leben der Bewohner ist durch die Charakteristika der Orte gekennzeichnet, weshalb es wirklich gute und schlechte Orte gibt, je nach dem Werturteil darüber, was gutes Leben sei (s. Abb. 6.10). In Belleville haben die Bewohnerinnen und Bewohner, ohne dass sie sich nun gegenseitig lieben und sicherlich ungeliebt von der Polizei, in der Geschichte von Belleville einen bedeutungsvollen, interagierenden Raum mit einer Vielfalt an Nutzungen und einem breiten Spektrum an Funktionen und Ausdrucksformen geschaffen. Sie interagieren aktiv mit ihrer alltäglichen physischen Umwelt. Mittendrin zwischen zu Hause und der Welt gibt es einen Ort namens Belleville.

Nicht alle Orte sind sozial interaktiv und in räumlicher Hinsicht reich. Gerade die Tatsache, dass ihre physischen und symbolischen Eigenschaften sie unterschiedlich machen, ist der Grund, dass sie Orte sind. So untersucht Allan Jacobs in seinem großartigen Buch über *große Straßen*[90] den Unterschied an urbaner Qualität zwischen Barcelona und Irvine, dem Inbegriff der Vorstadt in Südkalifornien, anhand der Anzahl und Dichte der Straßenkreuzungen auf dem Stadtplan: Seine Ergebnisse übersteigen selbst die Vorstellungskraft von eingeweihten Stadtforschern (s. Abb. 6.11 und 6.12). Irvine ist demnach durchaus ein Ort, allerdings ein Ort besonderer Art, an dem der Erfahrungsraum nach innen auf das Haus zu einschrumpft, während die Ströme einen zunehmenden Teil der Zeit und des Raumes mit Beschlag belegen.

---

90 Jacobs (1993).

Abbildung 6.11 Barcelona: Paseo de Gracia

Quelle: Jacobs (1993)

Die Beziehungen zwischen dem Raum der Ströme und dem Raum der Orte, zwischen simultaner Globalisierung und Lokalisierung, sind ihrem Ergebnis nach nicht festgelegt. So hat etwa Tokio während der 1980er Jahre einen Prozess erheblicher städtischer Neustrukturierung erlebt, um seiner Rolle als *Global City* gerecht zu werden. Dieser Prozess ist von Machimura vollständig dokumentiert worden. Die Stadtregierung war für die tiefverwurzelte japanische Furcht vor Identitätsverlust sensibel und verfolgte neben ihrer wirtschaftsorientierten Neustrukturierungspolitik eine Strategie zur Imagepflege, die die Vorzüge des alten Edo preist, des Tokio vor der Meiji-Zeit. 1993 wurde ein historisches Museum (*Edo-Tokyo Hakubutsakan*) eröffnet, es wurde eine *Public Relations*-Zeitschrift

Raum der Ströme und Raum der Orte

Abbildung 6.12 Irvine, California: Geschäftskomplex

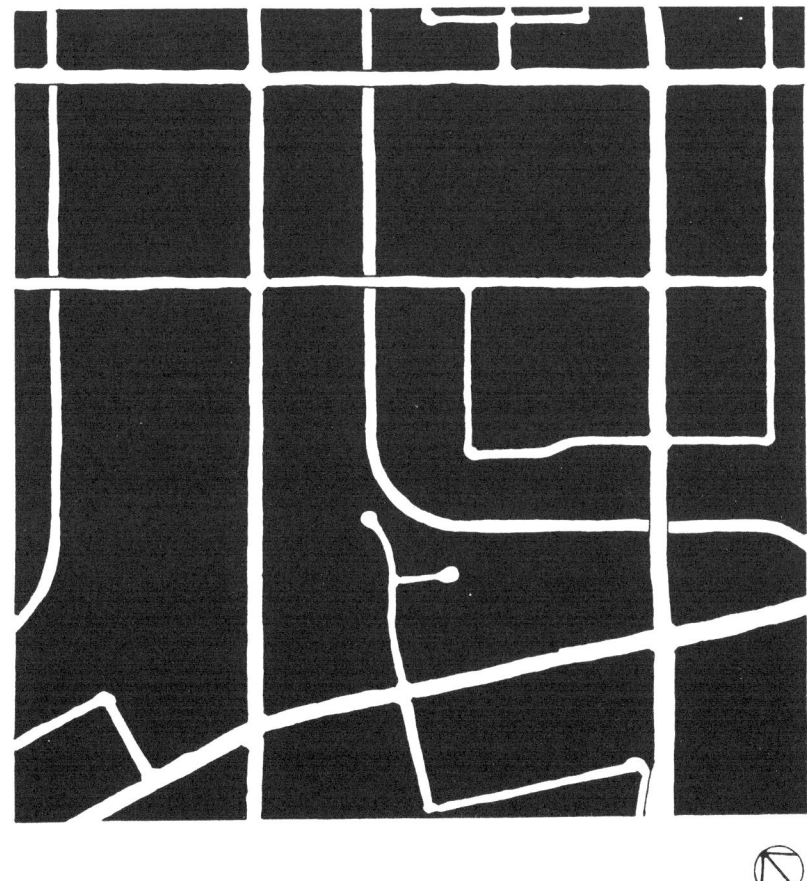

Quelle: Jacobs (1993)

veröffentlicht, und es wurden regelmäßig Ausstellungen organisiert. Wie Machimura schreibt: „Obwohl diese Sichtweisen in völlig entgegengesetzte Richtungen zu gehen scheinen, streben sie doch beide danach, das verwestlichte Bild der Stadt in bodenständigeren Formen neu zu bestimmen. Jetzt bietet die ‚Japanisierung' der verwestlichten Stadt einen wichtigen Kontext für den Diskurs über Tokio als *Global City* nach dem Modernismus."[91] Die Einwohner Tokios klagten aber nicht nur über den Verlust einer historischen Wesenheit, sondern über die Beschrän-

---

91 Machimura (1995: 16); s. sein Buch über die sozialen und politischen Kräfte, die hinter der Neustrukturierung Tokyos stehen: Machimura (1994).

kung ihres täglichen Lebensraumes auf die instrumentelle Logik der *Global City*. Diese Logik wurde durch ein Projekt symbolisiert: die Feier der *World City Fair* 1997, eine gute Gelegenheit, um einen weiteren großen Komplex von Geschäftsgebäuden auf neugewonnenem Land im Tokioter Hafen zu bauen. Die großen Bauunternehmen beteiligten sich nur allzu gerne, und der Bau war 1995 in vollem Gange. Plötzlich trat 1995 bei den Kommunalwahlen ein unabhängiger Kandidat auf: Aoshima, ein Fernsehkomiker, der ohne Unterstützung durch politische Parteien und Finanzkreise einen Ein-Punkt-Wahlkampf bestritt: Absage der *World City Fair*. Er gewann die Wahl mit großem Vorsprung und wurde Bürgermeister von Tokio. Ein paar Wochen später löste er sein Wahlversprechen ein und sagte die *World City Fair* ab – die Wirtschaftselite reagierte mit Unglauben. Die lokale Logik der zivilen Gesellschaft hatte die globale Logik der internationalen Geschäftswelt eingeholt und war ihr entgegengetreten.

Die Menschen leben also noch immer an Orten. Weil aber Funktionen und Macht in unseren Gesellschaften im Raum der Ströme organisiert sind, verändert die strukturelle Herrschaft seiner Logik die Bedeutung und die Dynamik von Orten entscheidend. Erfahrung, die sich nun einmal auf Orte bezieht, wird von der Macht abgezogen, und Sinn wird zunehmend von Wissen abgetrennt. Daraus folgt eine strukturelle Schizophrenie zwischen zwei räumlichen Logiken, die droht, die Kommunikationskanäle innerhalb der Gesellschaft zum Zusammenbruch zu bringen. Die herrschende Tendenz verweist auf den Horizont eines vernetzten, a-historischen Raumes der Ströme, der darauf abzielt, seine Logik den verstreuten, segmentierten Orten aufzuzwingen, die immer weniger Bezug zueinander haben und daher auch immer weniger in der Lage sind, kulturelle Codes miteinander zu teilen. Wenn nicht bewusst und planvoll kulturelle, politische *und physische* Brücken zwischen diesen beiden Formen des Raumes gebaut werden, könnten wir uns auf dem Weg zu einem Leben in parallelen Universen befinden, deren Zeiten sich nicht treffen können, weil sie in unterschiedliche Dimensionen eines sozialen *hyperspace* verstrickt sind.

7 Zeitlose Zeit

Wir sind verkörperte Zeit, wie auch unsere Gesellschaften Produkt der Geschichte sind. Aber die Einfachheit dieser Aussage verdeckt die Komplexität des Konzepts Zeit, einer der kontroversesten Kategorien in den Natur- ebenso wie in den Sozialwissenschaften, deren zentrale Bedeutung gegenwärtig durch Debatten in der Sozialtheorie unterstrichen wird.[1] Die Transformation der Zeit unter dem informationstechnologischen Paradigma, wie es durch soziale Praxisformen geprägt wird, ist denn auch eines der Fundamente der neuen Gesellschaft, in die wir eingetreten sind, und sie ist unauflöslich mit dem Auftreten des Raumes der Ströme verbunden. Außerdem scheint nach der aufschlussreichen Darstellung von Barbara Adam über Zeit und Sozialtheorie die Forschung in Physik und Biologie mit den Sozialwissenschaften darin übereinzustimmen, dass sie eine kontextuelle Vorstellung der menschlichen Zeit übernehmen.[2] In Natur wie Gesellschaft scheint jegliche Zeit spezifisch für einen gegebenen Kontext zu sein: Zeit ist lokal. Mit Bezug auf die entstehende Sozialstruktur vertrete ich in der Tradition von Harold Innis die Position, dass „der modische Verstand der zeit-verleugnende Verstand ist"[3] und dass dieses neue „Zeitregime" mit der Entwicklung der Kommunikationstechnologien zusammenhängt. Um also die Transformation der menschlichen Zeit innerhalb des neuen gesell-

---

1 Die Analyse der Zeit spielt eine zentrale Rolle im Denken von Anthony Giddens, einem der führenden soziologischen Theoretiker unserer intellektuellen Generation. S. bes. Giddens (1981, 1984): Eine äußerst anregende theoretische Ausarbeitung der Beziehung zwischen Zeit, Raum und Gesellschaft ist die Arbeit von Lash und Urry (1994); s. auch Young (1988). Adam (2000) bietet eine innovative Analyse von Zeitrahmen in Bezug auf gesellschaftliche Debatten, wie sie zugespitzt in den Konflikten über genmanipulierte Nahrungsmittel auftreten. Zu einem eher traditionellen empirischen Ansatz der sozialen Analyse der Zeit s. Kirsch u.a. (1988). Zu Debatten über verschiedene Aspekte s. Friedland und Boden (1994). Natürlich sind die klassischen Bezugstexte für die Soziologie weiterhin Durkheim (1981) und Sorokin und Merton (1937). S. auch die Pionierarbeiten von Innis (1950, 1951, 1952) über Zeit- und Raumregime als Definitionsmerkmale historischer Epochen.
2 Adam (1990: 81, 87-90).
3 Innis (1951: 89ff.); s. auch Innis (1950).

schaftlichen, soziotechnischen Zusammenhangs erfassen zu können, ist es hilfreich, auf die sich wandelnde Beziehung zwischen Zeit und Gesellschaft kurz aus historischer Perspektive einzugehen.

Zeit, Geschichte und Gesellschaft

Whitrow hat in seinem klassischen Buch gezeigt, dass die Vorstellungen von Zeit im Lauf der Geschichte sehr stark variierten, von der Determination des menschlichen Schicksals nach den babylonischen Horoskopen bis zur Newtonschen Revolution der absoluten Zeit als des Organisationsprinzips der Natur.[4] Und Nigel Thrift hat uns daran erinnert, dass Zeit in mittelalterlichen Gesellschaften eher eine lose Vorstellung war, wobei ein paar herausragende Ereignisse – religiöse Feste, Jahrmärkte, Wechsel der Jahreszeiten – zu Markierungen der Zeit wurden, um die herum der größte Teil des Alltagslebens ohne genaue Zeitmessung seinen Lauf nahm.[5] Um die große, vom jeweiligen Kontext bestimmte Variationsbreite einer scheinbar so einfachen Tatsache des Lebens zu illustrieren, wollen wir in aller Kürze die Transformation der Zeitvorstellung in der russischen Kultur während zweier entscheidender historischer Perioden betrachten: während der Reformen Peters des Großen und im Verlauf des Aufstiegs und Falls der Sowjetunion.[6]

Die traditionelle russische Volkskultur betrachtete Zeit als ewig, ohne Anfang und Ende. Andrej Platonov hat in seinen Schriften aus den späten 1920er Jahren diese tiefverwurzelte Vorstellung von Russland als einer zeitlosen Gesellschaft hervorgehoben. Russland wurde jedoch periodisch von etatistischen Modernisierungsanstrengungen erschüttert, die darauf abzielten, Leben durch Zeit zu organisieren. Der erste zielstrebige Versuch, das Leben einem zeitlichen Maß zu unterwerfen, ging von Peter dem Großen aus. Nach seiner Rückkehr von ei-

---

4 Whitrow (1988). Ein gutes Beispiel der kulturell-historischen Variation von Zeit und Zeitmaßen bietet das faszinierende Buch von Zerubavel (1985).
5 Thrift (1990).
6 Die vielfältige Grundlage für diese Analyse der Entwicklung der Zeit in der russischen Kultur ist die Sammlung unveröffentlichter Vorträge und Diskussionen auf der Konferenz über Zeit und Geld in der russischen Kultur, die vom Center for Slavic and Eastern European Studies der University of California at Berkeley und dem Center for Russian and East European Studies der Stanford University am 17. März 1995 in Berkeley abgehalten wurde (persönliche Notizen und Zusammenfassung der Konferenz von Emma G. Kiselyova). Von mehreren wichtigen Beiträgen zu dieser Konferenz habe ich Zhivov (1995) benutzt. Zudem s. zu den Konsequenzen der Reformen Peters des Großen im Hinblick auf die Zeit Waliszewski (1990); Anisimov (1993); Kara-Murza und Polyakov (1994). [Russische Namen und Begriffe werden hier und im Folgenden nach der im deutschen wissenschaftlichen Gebrauch üblichen Umschrift wiedergegeben. Lediglich die Namen bekannter Personen des Zeitgeschehens und allgemein geläufige Ortsnamen werden – außer bei Autorenangaben – in der vertrauten nichtwissenschaftlichen Fassung benutzt; d.Ü.]

ner langen Auslandsreise, die er unternommen hatte, um sich über Sitten, Gebräuche und Möglichkeiten der weiter fortgeschrittenen Länder zu informieren, beschloss er, Russland buchstäblich neu anfangen zu lassen. Er wechselte zum westeuropäischen (julianischen) Kalender, wodurch das Jahr im Januar begann statt wie bisher im September. Am 19. und 20. Dezember 1699 gab er zwei Dekrete heraus, die einige Tage später in Russland das 18. Jahrhundert beginnen lassen sollten. Er schrieb genau vor, wie das neue Jahr gefeiert werden sollte mitsamt der Übernahme des Weihnachtsbaumes und, um die Traditionalisten auf seine Seite zu ziehen, verfügte er einen neuen Feiertag. Manche Leute bewunderten die Macht des Zaren, der den Lauf der Sonne zu ändern vermochte, aber viele fürchteten, Gottes Zorn zu erregen: War nicht der 1. September der Tag der Schöpfung im Jahre 5508 v. Chr.? Und musste es nicht so sein, weil der wagemutige Akt der Schöpfung bei warmem Wetter stattzufinden hatte, was im russischen Januar ein extrem unwahrscheinliches Vorkommnis ist? Peter der Große diskutierte mit seinen Kritikern persönlich in seiner gewohnten pädagogischen Art und genoss es, sie über die globale Zeitgeografie zu belehren. Seine Hartnäckigkeit wurzelte in seinem reformerischen Eifer, Russland an Europa anzugleichen und den zeitlich abgemessenen Pflichten der Menschen gegenüber dem Staat Nachdruck zu verleihen. Zwar bezogen sich diese Dekrete im strengen Sinn allein auf den Kalenderwechsel, doch die Reformen Peters des Großen führten doch die viel weiterreichende Unterscheidung zwischen der Zeit der religiösen Pflichten und der weltlichen Zeit ein, die dem Staat zustand. Indem er die Zeit der Menschen maß und beanspruchte und selbst das persönliche Beispiel eines intensiven, zeitlich durchorganisierten Arbeitsplanes gab, begründete Peter der Große eine jahrhundertelange Tradition, nach der der Dienst für das Land mit der Unterwerfung unter den Staat und der zeitlichen Abmessung des Lebens zusammen gesehen wurde.

In den Anfangsstadien der Sowjetunion teilte Lenin die Bewunderung Henry Fords für den Taylorismus und die „wissenschaftliche Arbeitsorganisation", die auf der Messung der Arbeitszeit am Fließband bis hinunter zur kleinsten Bewegung beruht. Aber die Zeitverdichtung unter dem Kommunismus erhielt eine entscheidende ideologische Wendung.[7] Während die Beschleunigung der Arbeit unter dem Fordismus mit Geld, mit höherer Bezahlung zusammen hing, galt das Geld unter dem Stalinismus nicht nur entsprechend der russischen Tradition als böse, vielmehr sollte auch die Zeit durch ideologische Motivation beschleunigt werden. So enthielt der Stachanowismus die Forderung, mehr Arbeit pro Zeiteinheit zu leisten, um dem Land zu dienen, und Fünfjahrpläne wurden in vier Jahren erfüllt, um die Fähigkeit der neuen Gesellschaft unter Beweis zu stellen, sogar die Zeit zu revolutionieren. Im Mai 1929 wurde auf dem Fünften

---

7   Zur Analyse der Rolle der Zeit in der Sowjetunion s. Hanson (1991); Castillo (1994); zu den Entwicklungen im Zusammenhang mit der „ununterbrochenen Arbeitswoche" unter Stalin s. Zerubavel (1985: 35-43).

Allunions-Sowjetkongress, der den Triumph Stalins demonstrierte, sogar der Versuch zu einer noch extremeren Beschleunigung der Zeit gemacht: die ununterbrochene Arbeitswoche (*nepreryvka*). Obwohl das ausdrückliche Ziel der Reform in der Steigerung der Produktion bestand, lag eine noch stärkere Motivation in der Zerstörung des wöchentlichen Rhythmus religiöser Pflichten in der Tradition der Französischen Revolution. So wurde im November 1931 jeder sechste Tag zum Ruhetag erklärt und der traditionelle Sieben-Tagezyklus verworfen. Proteste von Familien, die durch die unterschiedlichen Zeitpläne ihrer Mitglieder auseinandergerissen wurden, führten 1940 zur Wiedereinführung der Siebentagewoche, vor allem als man einsah, dass sich die Städte nach dem Sechs-Tage-Muster richteten, während auf dem platten Land zumeist nach wie vor die traditionelle Woche eingehalten wurde, wodurch eine gefährliche kulturelle Kluft zwischen Bauern und Industriearbeitern aufbrach. Während Zwangskollektivierung in der Landwirtschaft auf die Eliminierung gemeinschaftlicher Vorstellungen vom langsamen Fortgang der Zeit zielte, die in Natur, Familie und Geschichte verwurzelt waren, war doch der gesellschaftliche und kulturelle Widerstand gegen eine so brutal aufgezwungene Änderung verbreitet und zeigte, wie tief das gesellschaftliche Leben in die Zeit gegründet ist. Während also die Zeit am Arbeitsplatz komprimiert wurde, war demgegenüber der Zeithorizont des Kommunismus immer sehr langfristig, in gewissem Maße ewig, was in Lenins verkörperter Unsterblichkeit und in Stalins Versuch zum Ausdruck kam, sich selbst noch zu Lebzeiten zum Abgott zu machen. Dementsprechend versetzte in den 1990er Jahren der Zusammenbruch des Kommunismus die Russen und vor allem die neue Mittelklasse aus dem Langzeithorizont der historischen Zeit in die kurzfristige, monetarisierte Zeit, die für den Kapitalismus charakteristisch ist, und beendete so die jahrhundertelange etatistische Trennung zwischen Zeit und Geld. Damit schloss sich Russland dem Westen genau zu dem Zeitpunkt an, als der fortgeschrittene Kapitalismus selbst gerade dabei war, seinen eigenen zeitlichen Bezugsrahmen zu revolutionieren.

In den heutigen Gesellschaften herrscht im Großen und Ganzen noch immer das Konzept der Uhrenzeit, eine mechanisch-kategoriale Entdeckung, von der unter anderen E.P. Thompson meinte, sie sei entscheidend für die Konstituierung des modernen Kapitalismus.[8] Die Moderne kann in materieller Hinsicht als Herrschaft der Uhrenzeit über Raum und Gesellschaft betrachtet werden – ein Thema, das von Giddens, Lash, Urry und auch von Harvey entwickelt worden ist. Die Zeit, als die Wiederholung der alltäglichen Routine nach Giddens[9] oder in den Worten von Lash und Urry als „die Bemeisterung der Natur, wenn alle möglichen Phänomene, Praxisformen und Orte dem entbettenden, zentralisierenden und universalisierenden Marsch der Zeit unterworfen

---

8 Thompson (1967).
9 Giddens (1984).

werden",[10] ist zentraler Kern sowohl des industriellen Kapitalismus wie des industriellen Etatismus. Der industrielle Maschinismus brachte das Chronometer nahezu zum selben Zeitpunkt an die Fließbänder der fordistischen ebenso wie der leninistischen Fabriken.[11] Fernreisen wurden im Westen ab dem 19. Jahrhundert mit der Greenwich Mean Time organisiert, als materialisierter Hegemonie des britischen Weltreichs. Und ein halbes Jahrhundert später war die Konstituierung der Sowjetunion durch die Organisierung eines unermesslichen Territoriums um die Moskauer Zeit gekennzeichnet, wobei über die Zeitzonen willkürlich nach Gutdünken der Bürokraten entschieden wurde, ohne Berücksichtigung relativer geografischer Entfernungen. Es ist bezeichnend, dass der erste offene Widerstandsakt der Baltischen Republiken während Gorbatschows *perestrojka* darin bestand, für die offizielle Übernahme der Zonenzeit Finnlands in ihren Territorien zu stimmen.

Diese lineare, irreversible, messbare, vorhersagbare Zeit wird in der Netzwerkgesellschaft in einem Vorgang von außerordentlicher historischer Bedeutung zerschlagen. Wir erleben jedoch nicht nur die Relativierung der Zeit den sozialen Zusammenhängen entsprechend oder als Alternative eine Rückkehr zur Reversibilität der Zeit, als ließe die Wirklichkeit sich vollständig in zyklische Mythen einfangen. Die Transformation geht tiefer: Es ist die Vermischung der Zeitebenen, in der ein Universum des Für Immer geschaffen wird, das sich nicht selbst ausdehnt, sondern sich selbst erhält, das nicht zyklisch ist, sondern willkürlich, nicht rekursiv, sondern inkursiv: zeitlose Zeit, die Technologie einsetzt, um den Kontexten ihrer Existenz zu entfliehen und um sich selektiv jeglichen Wert anzueignen, den der einzelne Kontext dem ständig Gegenwärtigen zu bieten hat. James Gleick hat die Beschleunigung von „so ziemlich allem und jedem" in unseren Gesellschaften belegt, die in einer unablässigen Anstrengung erfolgt, Zeit in allen Bereichen menschlichen Lebens zu komprimieren.[12] Die Komprimierung der Zeit bis zum Äußersten ist gleichbedeutend damit, Zeitabfolge und damit Zeit verschwinden zu machen. Ich behaupte, dass dies gegenwärtig nicht nur aus dem Grund geschieht, dass der Kapitalismus danach strebt, sich von allen Beschränkungen zu befreien, denn dies ist schon immer die Tendenz des kapitalistischen Systems gewesen, wenn es auch nicht in der Lage war, dieses Ziel vollständig zu erreichen.[13] Es ist auch nicht hinreichend, auf die kulturellen und sozialen Revolten gegen die Uhrenzeit zu verweisen, weil sie die Geschichte des vergangenen Jahrhunderts gekennzeichnet haben, ohne dass sie die Vorherrschaft dieses Zeitregimes tatsächlich hätten beseitigen können. Vielmehr haben sie seine Logik noch verstärkt, indem die Aufteilung des Lebens nach der Uhrenzeit in den Gesellschaftsvertrag eingeschrieben wurde.[14]

---

10 Lash und Urry (1994: 229).
11 Castillo (1994).
12 Gleick (1999).
13 Wie Harvey (1990) zeigt.
14 Hinrichs u.a. (1991); s. auch Rifkin (1987).

Die Freiheit des Kapitalismus von der Zeit und das Entrinnen der Kultur aus der Kontrolle der Uhr werden durch die neuen Informationstechnologien entschieden erleichtert und in die Strukturen der Netzwerkgesellschaft eingebettet.

Nachdem dies gesagt ist, spezifiziere ich nun die Bedeutung dieser Thesen, so dass die soziologische Analyse am Ende des Kapitels eine Chance hat, die metaphorischen Aussagen zu ersetzen. Um dies ohne allzu lästige Wiederholungen zu tun, beziehe ich mich auf die empirischen Beobachtungen zur Transformation verschiedener Bereiche der Gesellschaftsstruktur, die ich in anderen Kapiteln dieses Buches dargestellt habe, und wo dies zur Vervollständigung unseres Verständnisses nötig ist, Illustrationen oder Analysen hinzufügen. Ich erkunde also nacheinander, welche Folgen die Transformationen für die Zeit haben, die sich in der ökonomischen, politischen, kulturellen und gesellschaftlichen Sphäre abspielen, und versuche schließlich, Zeit und Raum in ihrer neuen, widerspruchsvollen Beziehung zu reintegrieren. Bei dieser Erkundung der noch unabgeschlossenen Transformation der Zeit in sehr unterschiedlichen sozialen Sphären werden meine Aussagen etwas schematisch sein, denn es ist materiell unmöglich, auf ein paar Seiten eine vollständige Analyse von Bereichen zu entwickeln, die so komplex und unterschiedlich sind wie das globale Finanzsystem, Arbeitszeit, der Lebenszyklus, Tod, Kriegsführung und die Medien. In der Auseinandersetzung mit so vielen und unterschiedlichen Gegenständen versuche ich jedoch, jenseits ihrer Unterschiedlichkeit die gemeinsame Logik einer neuen Zeitlichkeit herauszudestillieren, die sich im gesamten Spektrum menschlicher Erfahrung manifestiert. Das Ziel dieses Kapitels besteht deshalb nicht darin, die Transformation des sozialen Lebens in allen seinen Dimensionen zusammenzufassen, sondern es geht vielmehr darum, die Konsistenz verschiedener Raster aufzuzeigen, die bei der Entstehung einer neuen Vorstellung von Zeitlichkeit wesentlich sind, die ich *zeitlose Zeit* nenne.

Es ist noch eine weitere Mahnung zur Vorsicht notwendig. Die Transformation der Zeit, wie sie in diesem Kapitel untersucht wird, betrifft nicht alle Prozesse, sozialen Gruppierungen oder Territorien unserer Gesellschaften, obwohl sie den gesamten Planeten erfasst. Was ich *zeitlose Zeit* nenne, ist nur die sich abzeichnende *herrschende* Form der sozialen Zeit in der Netzwerkgesellschaft, so wie der Raum der Ströme auch nicht die Existenz von Orten ausschließt. Meine These besagt gerade, dass gesellschaftliche Herrschaft durch selektive Inklusion und Exklusion von Funktionen und Menschen in unterschiedlichen zeitlichen und räumlichen Bezugssystemen ausgeübt wird. Ich komme auf dieses Thema am Ende des Kapitels zurück, wenn ich das Profil der Zeit in ihrer neuen, herrschenden Form ausgeleuchtet habe.

Zeit als Quelle von Wert: das globale Spielkasino

David Harvey fasst die gegenwärtigen Transformationen im Kapitalismus zutreffend in der Formel „Komprimierung von Zeit und Raum" zusammen.[15] Nirgendwo liegt diese Logik klarer zu Tage als bei der Zirkulation des Kapitals auf globaler Ebene. Wie wir in Kapitel 2 analysiert haben, transformierte in den 1990er Jahren das Zusammentreffen der globalen Deregulierung des Finanzsystems mit der Verfügbarkeit neuer Informationstechnologien und Managementtechniken die Natur der Kapitalmärkte. Zum ersten Mal in der Geschichte ist ein vereinheitlichter globaler Kapitalmarkt entstanden, *der als Einheit in Echtzeit funktioniert.*[16] Die Erklärung und mithin das eigentliche Problem des phänomenalen Umfangs der grenzüberschreitenden Finanzströme liegt, wie in Kapitel 2 gezeigt wurde, in der *Geschwindigkeit* der Transaktionen.[17] Dasselbe Kapital wird zwischen den Volkswirtschaften innerhalb von Stunden, Minuten und manchmal Sekunden hin- und hergeschoben.[18] Begünstigt durch Deregulierung, das Entfallen von Vermittlungsinstanzen und die Öffnung der Finanzbinnenmärkte spielen leistungsfähige Computerprogramme und geschickte Finanzanalysten/Computer-Hexer, die an den globalen Knoten eines selektiven Telekommunikationsnetzwerkes sitzen, buchstäblich mit Milliarden von Dollars.[19] Der zentrale Kartentisch dieses elektronischen Kasinos ist der Währungsmarkt, der im vergangenen Jahrzehnt unter Ausnutzung der flottierenden Wechselkurse explodiert ist. 1998 wurden auf dem Währungsmarkt täglich US$ 1,3 Billionen umgesetzt.[20] Diese globalen Glücksspieler sind keine obskuren Spekulanten, sondern große Investitionsbanken, Rentenfonds, multinationale Konzerne (natürlich auch Industriekonzerne) und Publikumsfonds, die just zum Zweck von Finanzmanipulationen gegründet worden sind.[21] François Chesnais hat ungefähr 50 wichtige Mitspieler auf den globalen Finanzmärkten identifiziert.[22] Wie oben gezeigt wurde, gewinnen jedoch die Ströme die Oberhand, sobald auf dem Markt Ungleichgewichte entstehen, das haben die Zentralbanken wiederholt und zu einem hohen Preis feststellen müssen. Zeit ist der Faktor, der über die Rentabilität des gesamten Systems entscheidet. Es ist die Geschwindigkeit der Transaktion, die manchmal im Computer automatisch vorprogrammiert ist, um quasi-augenblickliche Entscheidungen zu fällen, die den Gewinn hervorbringen – oder den Verlust. Aber zugleich ist auch die zeitliche Kreisförmigkeit des Pro-

---

15 S. Harvey (1990: 284f.).
16 O'Brien (1992); Chesnais (1994); Held u.a. (1999).
17 Reynolds (1992); Javetski und Glasgall (1994); Castells in Hutton und Giddens (2000).
18 Breeden (1993); Shirref (1994).
19 Jones (1993); *Time* (1994). Eine erhellende und spannende „Finance Fiction"-Geschichte enthält Kimsey (1994).
20 *The Economist* (1995b).
21 Heavey (1994); Hutton und Giddens (2000).
22 Chesnais (1994).

zesses, das unablässige Kaufen und Verkaufen, charakteristisch für das System. Die Architektur des globalen Finanzsystems ist durch Zeitzonen strukturiert, wobei London, New York und Tokyo die Anker der drei Tages-Schichten des Kapitals sind, und eine Reihe von Außenseiter-Finanzzentren, die mit den geringen Abweichungen zwischen den Marktwerten bei Eröffnung und Schließung der Börsenplätze arbeiten.[23] Außerdem beruht eine bedeutende und zunehmende Anzahl von Finanztransaktionen darauf, die Zukunft in gegenwärtigen Transaktionen einzufangen und daraus Wert zu machen, wie bei den *futures*, Optionen und anderen derivativen Finanzmärkten.[24] Zusammengenommen erhöhen diese neuen Finanzprodukte die Masse des nominalen Kapitals gegenüber den Bankeinlagen und Eigentumstiteln drastisch, so dass man sagen kann, dass Zeit Geld schafft, weil alle Welt auf und mit zukünftigem Geld wettet, das in Computer-Projektionen antizipiert wird.[25] Der Prozess, zukünftige Entwicklungen zu vermarkten, beeinflusst selbst eben jene Entwicklungen, so dass der Zeitrahmen des Kapitals beständig in seine aktuelle Manipulation aufgelöst wird, – nachdem man dem Zeitablauf zuvor einen fiktiven Wert gegeben hatte, um ihn zu Geld zu machen. So komprimiert das Kapital nicht nur die Zeit: Es absorbiert sie und lebt (d.h. schafft Rente) von ihren Sekunden und Jahren, die es verdaut.

Die materiellen Konsequenzen dieser scheinbar abstrakten Abschweifung über Zeit und Kapital machen sich auf der ganzen Welt in Wirtschaft und Alltagsleben immer stärker bemerkbar: sich wiederholende Währungskrisen, die eine Ära struktureller wirtschaftlicher Instabilität einleiten und sogar die europäische Integration gefährden; die Unfähigkeit der Kapitalinvestitionen, die Zukunft zu antizipieren, wodurch Anreize zu produktiven Investitionen untergraben werden; der Ruin von Unternehmen und die Vernichtung der zugehörigen Arbeitsplätze unabhängig von ihrer Wirtschaftsleistung aufgrund plötzlicher, unvorhergesehener Veränderungen in der finanziellen Umwelt, in der sie operieren; die zunehmende Kluft zwischen den Profiten, die bei der Produktion von Gütern und Dienstleistungen erzielt werden, und den Renten, die in der Zirkulationssphäre entstehen, womit ein steigender Anteil des weltweiten Sparaufkommens auf das Finanz-Glücksspiel verlagert wird; die zunehmenden Risiken für Rentenfonds und private Versicherungsobligationen, womit für Erwerbstätige auf der ganzen Welt ein Fragezeichen hinter ihrer hart erarbeiteten sozialen Sicherheit auftaucht; die Abhängigkeit ganzer Volkswirtschaften und vor allem derjenigen der Entwicklungsländer von Kapitalbewegungen, die weitgehend von subjektiven Wahrnehmungen und spekulativen Turbulenzen bestimmt sind; die Zerstörung des Verhaltensmusters der aufgeschobenen Belohnung in der gesellschaftlichen Erfahrung zugunsten der verbreiteten Ideologie der „schnellen

---

23 Lee und Schmidt-Marwede (1993).
24 *Asian Money Supplement* (1993-1994); Fager (1994); Lee u.a. (1994).
25 Chesnais (1994).

Mark", die dem individuellen Glücksspiel mit dem Leben und der Wirtschaft Vorschub leistet; und die fundamentale Schädigung der gesellschaftlichen Wahrnehmung der Zusammenhänge zwischen Produktion und Gegenleistung, Arbeit und Sinn, Ethik und Reichtum. Der Puritanismus scheint 1995 zusammen mit der ehrwürdigen Barings Bank in Singapur zu Grabe getragen worden zu sein.[26] Und der Konfuzianismus wird sich in der neuen Wirtschaftsform auch nur so lange halten, wie „Blut dicker ist als Wasser",[27] d.h., solange Familienverbindungen für soziale Kohäsion jenseits der puren Spekulation in der schönen neuen Welt der Glücksspielfinanz sorgen. Die Vernichtung und Manipulation von Zeit durch elektronisch gesteuerte globale Märkte sind die Quellen neuer Formen verheerender Wirtschaftskrisen, die im beginnenden 21. Jahrhundert drohen.

Flexible Zeit und das Netzwerk-Unternehmen

Überlagerung und Verdrängung der Zeit sind auch Kern der neuen organisatorischen Formen wirtschaftlicher Aktivität, die ich als *Netzwerk-Unternehmen* bezeichnet habe. Flexible Managementformen, die unausgesetzte Nutzung des fixen Kapitals, Intensivierung der Arbeit, strategische Allianzen und Verbindungen zwischen Organisationen laufen alle darauf hinaus, die für die Einzeloperation benötigte Zeit zu verkürzen und den Umschlag der Ressourcen zu beschleunigen. Die am Konzept des *just in time* ausgerichtete Lagerhaltung war durchaus auch Symbol der schlanken Produktion, wenngleich dies wie oben gezeigt in ein vorelektronisches Zeitalter der industriellen Technologie gehört. In der informationellen Ökonomie stützt sich diese Verdichtung der Zeit jedoch nicht in erster Linie darauf, unter dem Diktat der Uhr, mehr Zeit aus den Arbeitskräften oder mehr Arbeit aus der Zeit herauszuholen. Weil das Potenzial der Arbeit und der Organisation zur Wertschaffung hochgradig von der Autonomie informierter Arbeitskräfte abhängig ist, die eigene Entscheidungen in Echtzeit treffen, passt das traditionelle, disziplinierende Arbeitsregime nicht auf das neue Produktionssystem.[28] Vielmehr wird von den qualifizierten Arbeitskräften erwartet, dass sie ihre Zeit flexibel selbst verwalten und manchmal die Arbeitszeit verlängern, sich dann wieder an flexible Zeitpläne anpassen und in manchen Fällen ihre Arbeitsstunden und damit ihren Verdienst auch vermindern. Dieses neue zeitorientierte Arbeitsmanagement könnte man mit John Urry „*just in time*-Arbeit" nennen.[29]

---

26 *The Economist* (1995a).
27 Hsing (1994).
28 S. die Behandlung dieses Gegenstandes bei Freeman (1994).
29 Lash und Urry (1994).

Für die vernetzte Firma ist der Zeitrahmen ihrer Anpassungsfähigkeit an die Nachfrage am Markt und technologische Veränderungen auch für ihre Wettbewerbsfähigkeit von grundlegender Bedeutung. So wurde das Paradebeispiel der vernetzten Produktion, der italienische Strickwaren-Multi Benetton, 1995 hauptsächlich deswegen von seinem amerikanischen Konkurrenten Gap überholt, weil Benetton nicht in der Lage war, der Geschwindigkeit zu folgen, mit der Gap entsprechend den Veränderungen des Kundengeschmacks neue Modelle einführte: alle zwei Monate gegenüber zweimal im Jahr bei Benetton.[30] Ein weiteres Beispiel: In der Software-Industrie begannen Unternehmen Mitte der 1990er Jahre damit, ihre Produkte umsonst online abzugeben, um das Kundeninteresse in schnellerem Tempo auf sich zu ziehen.[31] Dieser finalen Entmaterialisierung der Software-Produkte liegt die Überlegung zugrunde, dass Profite langfristig hauptsächlich durch individualisierte Bindungen zu den Anwendern gemacht werden können, die über die Entwicklung und Verbesserung eines bestimmten Programms entstanden sind. Die anfängliche Entscheidung zur Anwendung dieses Programms beruht aber auf den Vorteilen, die die von diesem Produkt angebotenen Lösungen gegenüber anderen Produkten auf dem Markt bieten. Damit wird die schnelle Verfügbarkeit neuer Durchbrüche prämiert, sobald sie von einer Firma oder einem Individuum zustande gebracht worden sind. Das flexible Management-System der vernetzten Produktion beruht auf einer flexiblen Zeitlichkeit, auf der Fähigkeit, Produkt- und Profitzyklen zu beschleunigen oder zu verlangsamen, auf der gemeinsamen Zeit von Ausrüstungen und Personal und auf der Wachsamkeit gegenüber zeitlichen Rückständen der vorhandenen Technologie im Vergleich zur Konkurrenz. Zeit wird als Ressource behandelt, und zwar nicht nach der linearen, chronologischen Methode der Massenproduktion, sondern als Unterscheidungsfaktor im Verhältnis zur Zeitlichkeit anderer Unternehmen, Netzwerke, Prozesse oder Produkte. Nur die vernetzte Organisationsform und die immer leistungsstärkeren und mobileren Maschinen zur Informationsverarbeitung sind in der Lage, das flexible Zeitmanagement zu garantieren, das den neuen Grenzbereich der Hochleistungsfirmen darstellt.[32] Unter solchen Bedingungen wird die Zeit nicht nur verdichtet: Sie wird verarbeitet.

Verkürzung und Deregulierung der Lebensarbeitszeit

Die Arbeit ist der Kern des menschlichen Lebens und bleibt es auf absehbare Zeit. Genauer, in modernen Gesellschaften strukturiert die *bezahlte Arbeitszeit*

---

30 *Business Week* (1995d).
31 *Business Week* (1995c).
32 Benveniste (1994).

die soziale Zeit. Wie die Studie von Maddison[33] zeigt, hat die Arbeitszeit in den industrialisierten Ländern während der letzten 100 Jahre gemessen in Jahresarbeitsstunden *pro Person* einen säkularen Rückgang erlebt (s. Tab. 7.1). Ich muss die Leserinnen und Leser daran erinnern, dass sich hinter dieser Verminderung der Arbeitszeit in Wirklichkeit eine erhebliche Steigerung der Gesamtarbeit verbirgt, weil die Zahl der Arbeitsplätze so stark zugenommen hat. Denn, wie ich in Kapitel 4 gezeigt habe, ist die Gesamtbeschäftigung weniger eine Funktion der Technologie als vielmehr der Ausweitung von Investition und Nachfrage in Abhängigkeit von der sozialen und institutionellen Organisation. Berechnungen der potenziellen Lebensarbeitszeit pro Person zeigen während der letzten vier Jahrzehnte gleichfalls einen bedeutenden Rückgang, obwohl die Stundenzahl zwischen unterschiedlichen Ländern erheblich schwankt (s. Tab. 7.2).[34]

Tabelle 7.1 Jahresarbeitsstunden pro Person, 1870-1979

	1870	1880	1890	1900	1913	1929	1938	1950	1960	1970	1979
Deutschland	2.941	2.848	2.765	2.684	2.584	2.284	2.316	2.316	2.083	1.907	1.719
Frankreich	2.945	2.852	2.770	2.688	2.588	2.297	1.848	1.989	1.983	1.888	1.727
Italien[1]	2.886	2.795	2.714	2.634	2.536	2.228	1.927	1.997	2.059	1.768	1.556
Japan	2.945	2.852	2.770	2.688	2.588	2.364	2.391	2.272	2.432	2.252	2.129
Kanada	2.964	2.871	2.789	2.707	2.605	2.399	2.240	1.967	1.877	1.805	1.730
Vereinigtes Kgr.	2.984	2.890	2.807	2.725	2.624	2.286	2.267	1.958	1.913	1.735	1.617
Vereinigte Staaten	2.964	2.871	2.789	2.707	2.605	2.342	2.062	1.867	1.794	1.707	1.607

1 Für Italien wurde für 1979 die Zahl aus 1978 eingesetzt.
Quelle: Maddison (1982); Bosch u.a. (1994: 8, Tabelle 1)

Tabelle 7.2 Potenzielle Lebensarbeitszeit in Stunden, 1950-1985

	1950	1960	1979	1980	1985
Frankreich	113.729	107.849	101.871	92.708	77.748
Italien	n.a.	n.a.	n.a.	n.a.	82.584
Japan	109.694	109.647	100.068	95.418	93.976
Ostdeutschland	108.252	n.a.	97.046	93.698	93.372
UdSSR	n.a.	n.a.	n.a.	n.a.	77.148
USA	n.a.	n.a.	n.a.	n.a.	93.688
Ungarn	97.940	96.695	92.918	85.946	78.642
Vereinigtes Königreich	n.a.	n.a.	n.a.	n.a.	82.677
Westdeutschland	114.170	104.076	93.051	87.367	85.015

n.a. = not available/keine Angaben
Quelle: Schuldt (1990: 43), zit. in Bosch u.a. (1994: 15)

---

33 Maddison (1982).
34 Schuldt (1990), zit. in Bosch u.a. (1994: 15).

Tabelle 7.3 Dauer und Verminderung der Arbeitszeit, 1970-1987

	Vereinbarte Arbeitsstunden	Verminderung der Arbeitsstunden		Tatsächliche Arbeitsstunden pro Beschäftigtem		Veränderung (%)	Arbeitsstunden pro Person im arbeitsfähigen Alter 55-64 Jahre		Veränderung (%)	Arbeitsstunden pro Person
		1970-80	1980-7	1980	1987	1980-7	1980	1987	1980-7	
Belgien	1.759 (6)	-9,2 (1)	-5,0 (5)	1.590 (3)	1.550 (3)	-3,0 (5)	925 (2)	875 (2)	-5,4 (3)	601 (1)
Dänemark	1.733 (4)	-2,6 (6)	-6,0 (4)	1.720 (4)	1.596 (4)	-7,2 (2)	1.246 (8)	1.211 (8)	-2,8 (4)	812 (8)
Deutschland	1.712 (1)	-5,9 (5)	-4,7 (6)	1.736 (7)	1.672 (6)	-3,7 (4)	1.090 (3)	1.020 (4)	-6,4 (2)	712 (4)
Finnland	1.720 (3)	0 (8)	-7,5 (1)	1.818 (8)	1.782 (10)	-2,0 (6)	1.299 (9)	1.305 (10)	+0,5 (6)	850 (10)
Frankreich	1.767 (7)	0 (8)	-4,6 (7)	1.850 (9)	1.696 (7)	-3,3 (1)	1.122 (5)	1.001 (3)	-10,8 (1)	672 (5)
Japan	2.121 (11)	-5,9 (5)	0 (8)	2.113 (10)	2.085 (11)	-1,3 (8)	1.446 (10)	1.469 (11)	+1,6 (7)	1.020 (11)
Niederlande	1.744 (5)	-9,1 (2)	-7,0 (2)	1.720 (4)	1.645 (5)	-4,5 (3)	881 (1)	864 (1)	-1,9 (5)	603 (2)
Norwegen	1.714 (2)	-6,2 (4)	-6,6 (3)	1.563 (2)	1.537 (2)	-1,7 (7)	1.131 (6)	1.210 (7)	+7,0 (9)	788 (7)
Schweden	1.796 (9)	-8,2 (3)	0 (8)	1.438 (1)	1.482 (1)	+3,1 (10)	1.133 (7)	1.188 (6)	+4,9 (8)	720 (6)
USA	1.916 (10)	0 (8)	0 (8)	1.735 (6)	1.770 (9)	+2,0 (9)	1.106 (4)	1.231 (9)	+11,3 (10)	852 (9)
Vereinigtes Königreich	1.782 (8)	-2,1 (7)	-4,6 (7)	–	1.730 (8)	–	–	1.183 (5)	–	745 (5)

Die Tabelle beruht auf Zahlen von Eurostat. Es wird angenommen, dass die Stunden von Teilzeitkräften um 25% unter denen von Vollzeitbeschäftigten liegen und dass die Arbeitszeit außerhalb der Industrie 2,5% länger ist als innerhalb der Industrie.

Zahlen in Klammern sind Rangplätze.

Quelle: Pettersson (1989)

Verkürzung und Deregulierung der Lebensarbeitszeit

Die Anzahl der Arbeitsstunden und ihre Verteilung auf den Lebenszyklus sowie im Jahres-, Monats- und Wochenzyklus des Lebens der Menschen sind ein zentraler Faktor dafür, wie sie sich fühlen, sich freuen und leiden. Die unterschiedliche Entwicklung der Arbeitszeit in verschiedenen Ländern und historischen Zeitspannen spiegelt die wirtschaftliche Organisation, den Stand der Technologie, die Intensität der sozialen Kämpfe und die Ergebnisse von Gesellschaftsverträgen und institutioneller Reformen wider.[35] Die französischen Arbeiter waren die Ersten in Europa, die nach harten Kämpfen und der Wahl der Volksfrontregierung 1936 die 40-Stunden-Woche und das Recht auf bezahlten Urlaub erobert hatten. Das Vereinigte Königreich, die USA und Japan sind die Bastionen des von der Wirtschaft aufgezwungenen Stachanowismus gewesen, wo die Arbeitenden um die Hälfte oder ein Drittel weniger Urlaubszeit haben als in Deutschland, Frankreich oder Spanien, ohne dass dies erkennbare Auswirkungen auf die Produktivität gehabt hätte (nach dem Produktivitätswachstum der letzten 30 Jahre scheint es eher, als würde mit Ausnahme Japans die Länge der Urlaubszeit positiv mit dem Wachstum der Arbeitsproduktivität korrelieren). Insgesamt konnten wir jedoch in den industrialisierten Volkswirtschaften mehr als ein Jahrhundert lang, von 1870 bis 1980, zwei aufeinander bezogene Trends beobachten. Reduzierung der Arbeitszeit pro Person und pro Arbeitskraft sowie zunehmende Homogenisierung und Regulierung der Arbeitszeit als Teil des Gesellschaftsvertrages, der dem Wohlfahrtsstaat zugrunde lag. Neuerdings sind diese Trends jedoch in Richtung auf ein zunehmend komplexes und variables Muster hin modifiziert worden (s. Tab. 7.3).[36] Das Schlüsselphänomen scheint in der zunehmenden Diversifizierung der Arbeitszeit und der Arbeitszeitpläne zu bestehen, was Ausdruck der Tendenz zur Desaggregation der Arbeit im Arbeitsprozess ist, die in Kapitel 4 analysiert wurde. So bringt die ILO-Studie von 1994 über die Entwicklung der Arbeitszeit in 14 industrialisierten Ländern ihre Beobachtungen folgendermaßen auf den Punkt:

> Die Reduzierung der Arbeitszeit ist langfristig offenkundig die vorherrschende Tendenz. Während der letzten 20 Jahre wurde die Arbeitszeit denn auch in den meisten Ländern reduziert, aber in sehr unterschiedlichen Kombinationen zwischen steigender Teilzeitarbeit, Reduzierung der vereinbarten effektiven Wochen- oder Jahresarbeitszeit und der Lebensarbeitszeit. Bei der Analyse dieses Haupttrends übersieht man jedoch leicht die manifesten Tendenzen zur Ausdehnung der Arbeitszeit, wenigstens in einigen Ländern und für einige Gruppen von Arbeitenden in den einzelnen Ländern. *Diese Tendenzen könnten darauf hinweisen, dass nach einer langen Periode der Standardisierung und Harmonisierung der Arbeitszeit eine zunehmende Differenzierung der Länge der Arbeitszeit in den Ländern und zwischen ihnen eingesetzt hat.*[37]

Was sind die Gründe für diese Unterschiedlichkeit? Einerseits gibt es bei der Regulierung des Arbeitsmarktes institutionelle Unterschiede wobei die USA, Ja-

---

35 Hinrichs u.a. (1991).
36 Bosch u.a. (1994).
37 Bosch u.a. (1994: 19). Hervorhebung M.C.

pan und die Europäische Union klar kontrastierende Logiken aufweisen. Andererseits konzentrieren sich längere Arbeitszeiten innerhalb der Länder bei zwei Gruppen: den Hochqualifizierten und den Unqualifizierten, die im Dienstleistungsbereich arbeiten. Die Ersteren wegen ihres Beitrages zur Wertschöpfung, die Letzteren wegen ihrer schwachen Verhandlungsposition, die oft mit Immigrantenstatus und informellen Arbeitsverhältnissen zusammenhängt. Was die kürzeren Arbeitszeiten und die atypischen Zeitpläne angeht, so hängen sie mit Teilzeit- und Zeitarbeit zusammen und betreffen vor allem Frauen sowie schlecht ausgebildete Jugendliche. Der massenhafte Eintritt der Frauen ins Erwerbsleben steht in gewissem Maße mit der Diversifizierung im Beschäftigungsstatus und in den Zeitrastern in Zusammenhang. Im Ergebnis entspricht, wie in Kapitel 4 gezeigt wurde, zwischen einem Viertel und der Hälfte der Erwerbsbevölkerung einschließlich der Selbstständigen in den großen Industrieländern nicht dem klassischen Muster des Vollzeit-Jobs mit regelmäßigen Arbeitszeiten. Die Anzahl der Arbeitenden mit wechselnden Job-Zuweisungen ist überall im raschen Anstieg begriffen. Zudem besteht für einen beträchtlichen Teil der Vollzeit-Beschäftigten – wahrscheinlich für eine Mehrheit der hochqualifizierten Arbeitskräfte – eine Tendenz zur Flexibilisierung ihrer Zeitpläne, was im Allgemeinen eine Steigerung der Arbeitsbelastung bedeutet. Die technologische Fähigkeit, die zu verschiedenen Zeitpunkten geleisteten Beiträge verschiedener Arbeitskräfte in ein Netzwerk gespeicherter Information zu reintegrieren, führt dazu, dass die Zeit, zu der die Arbeitsleistung tatsächlich erbracht wird, ständig schwankt. Dies untergräbt die Fähigkeit der Arbeitszeit, das Alltagsleben zu strukturieren. So rückt Frederic De Conninck in seiner aufschlussreichen Studie über die Transformation von Arbeit und Unternehmen in Frankreich die Tatsache in den Mittelpunkt, dass „das Unternehmen von pluralen und auseinanderstrebenden Zeitlichkeiten betroffen ist", „die Wirtschaft mehr und mehr durch das Streben nach Flexibilität beherrscht wird oder durch kurzfristige Zeitvorgaben organisiert wird". Das hat zur Folge, dass „das Individuum heute durch die verschiedenen Zeitlichkeiten, denen es sich gezwungenermaßen gegenübersieht, überwältigt ist"; während daher die Arbeit weiterhin integriert ist, tendiert die Gesellschaft wegen der nicht mehr handhabbaren Entwicklung widersprüchlicher Zeitlichkeiten innerhalb derselben Struktur zum *éclatement*, zum Aufbrechen.[38]

In unseren Gesellschaften lautet daher die eigentliche Frage nicht so sehr, ob die Technologie es uns ermöglicht, für die gleiche Produkteinheit weniger zu arbeiten: Das tut sie, aber die Auswirkungen dieser technologischen Tatsache auf die effektive Arbeitszeit und die individuellen Zeitpläne sind unbestimmt. Worum es geht, und was in den avanciertesten Sektoren der am weitesten fortgeschrittenen Gesellschaften die vorherrschende Tendenz zu sein scheint, ist die generelle Diversifizierung der Arbeitszeit, je nach Unternehmen, Netzwerken,

---

38 De Conninck (1995); die Zitate stammen in dieser Reihenfolge von S. 200, 193 und noch einmal 193 (nach der Übersetzung: von M.C.).

Abbildung 7.1 Erwerbsquote (%) für Männer im Alter von 55-64 Jahren in acht Ländern, 1970-1998

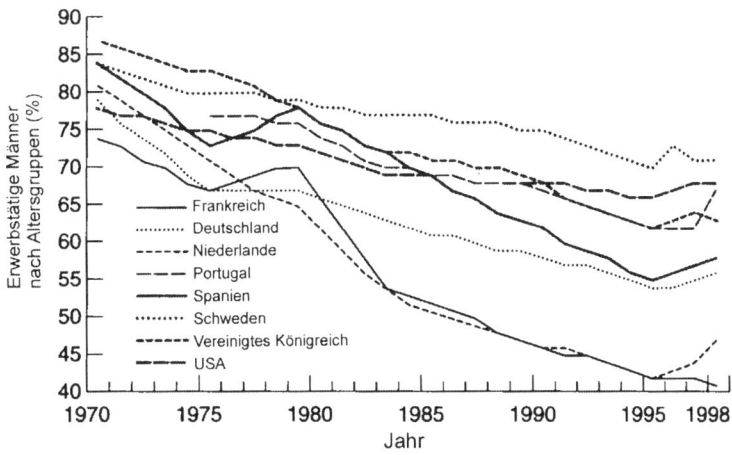

Quellen: Guillemard (1993); Carnoy (2000), neu bearbeitet von Carnoy

Jobs, Berufen und Charakteristika der Arbeitenden. Diese Unterschiedlichkeit kann schließlich nur noch nach der Fähigkeit der einzelnen Arbeitenden sowie jedes einzelnen Jobs gemessen werden, mit der Zeit zurechtzukommen. Ohne meiner Analyse der Entwicklung der Familie (in Band II) vorzugreifen, scheint es doch, als erzwinge die Heterogenität der Arbeitszeiten in einer Gesellschaft mit einer vergleichbar intensiven Beteiligung beider Geschlechter am Erwerbsleben eine drastische Neuanpassung der Haushaltsarrangements. Das muss nicht zwangsläufig das Schlimmste bedeuten, denn die zusätzliche Flexibilität bei der Arbeitszeit könnte ja durchaus die Grundlage dafür schaffen, dass der Zeitaufwand im Haushalt geteilt wird. Die neuen Haushaltspartnerschaften müssten jedoch auf den Ruinen der Regeln der patriarchalischen Familie aufgebaut werden.[39] Nun sind flexible Arbeitszeit und Teilzeit auf der Grundlage der Frauenarbeit in die vertraglichen Strukturen der Arbeitszeit vorgedrungen, großenteils um das Bedürfnis der Frauen zu berücksichtigen, ihre Anstrengungen zur Versorgung der Kinder mit ihrem Arbeitsleben zu vereinbaren. Die Ausdehnung dieser Logik auf Männer und auf andere Bereiche des gesellschaftlichen Lebens als die Kinderversorgung könnte nun tatsächlich zu einer neuen Verbindung zwischen Lebenszeit und Arbeitszeit in unterschiedlichen Lebensaltern und unter unterschiedlichen Bedingungen für Männer wie für Frauen führen – und das geschieht auch bereits in vielen Fällen.[40] Deshalb könnte die Arbeitszeit unter

---

39 Martin Carnoy und ich haben diese Thematik gemeinsam ausführlicher in Carnoy und Castells (1996) behandelt.
40 Hewitt (1993).

dem neuen Arrangement ihre traditionell zentrale, den gesamten Lebenszyklus prägende Rolle verlieren.

Ein damit konvergierender, in dieselbe Richtung weisender Trend ergibt sich aus der drastischen Verringerung der Arbeits*jahre*, die in den großen industrialisierten Ländern gerade zu dem Zeitpunkt eingetreten ist, wo die Lebenserwartung beträchtlich gestiegen ist. Der Grund liegt einerseits darin, dass für Männer wie für Frauen das Eintrittsalter in das Erwerbsleben immer weiter ansteigt, weil ein höherer Bevölkerungsanteil die Universität besucht: eine Tendenz, die auf kulturelle Erwartungen, die Verengung der Arbeitsmärkte und die immer höheren Ansprüche der Arbeitgeber an das Ausbildungsniveau ihrer Beschäftigten zurückgeht.[41] Andererseits hat Anne Marie Guillemard vergleichende Studien durchgeführt, die den drastischen Rückgang der effektiven Beschäftigung von Erwerbstätigen über 50 Jahren und vor allem über 55 Jahren zeigen.[42] Wie Abbildung 7.1 zeigt, ist die Beschäftigungsquote von Männern zwischen 55 und 64 Jahren in großen industrialisierten Volkswirtschaften von 1970 bis 1998 drastisch zurückgegangen. 1998 betrug sie in den USA nur noch 68%, in Großbritannien 64%, in Deutschland 56%, in den Niederlanden 48% und in Frankreich 41%. In diesen Ländern verlässt – ob wegen Frühverrentung, Behinderung, Dauerarbeitslosigkeit, Abnutzung oder Entmutigung – zwischen einem Drittel und der Hälfte der männlichen Erwerbstätigen mit Anfang 50 *auf Dauer* den Arbeitsmarkt. Guillemard argumentiert überzeugend, dass dies keine vorübergehende Tendenz ist; sie ist vielmehr in kurzsichtigen Strategien von Staat und Wirtschaft und in der Annahme verankert, ältere Arbeitskräfte seien unfähig, sich der gegenwärtigen Geschwindigkeit technologischer und organisatorischer Innovation anzupassen.[43] Unter diesen Umständen könnte sich die tatsächliche Lebensarbeitszeit auf etwa 30 Jahre – von 24 bis 54 – innerhalb einer realen Lebenszeitspanne von etwa 75-80 Jahren verkürzen. Damit verliert nicht nur die Arbeitszeit ihre zentrale Stellung gegenüber dem Leben im Allgemeinen, sondern das Berechnungssystem für Renten und Gesundheitsversorgung bricht in absehbarer Zeit zusammen, nicht weil es zu viele alte Menschen gibt, sondern weil das Verhältnis zwischen Beiträge zahlenden Arbeitenden und nichtzahlenden Empfängern unerträglich wird, wenn es nicht zu drastischen Produktivitätsgewinnen kommt und die Gesellschaft eine massive Umverteilung zwischen den Generationen akzeptiert.[44]

Die wirkliche Herausforderung, die mit der neuen Beziehung zwischen Arbeit und Technologie verbunden ist, betrifft also, wie ich in Kapitel 4 zu zeigen versucht habe, nicht die Massenarbeitslosigkeit, sondern die allgemeine Verkürzung der Lebensarbeitszeit für einen bedeutenden Teil der Bevölkerung. Wenn

---

41 Carnoy und Levin (1985).
42 Guillemard (1993).
43 Guillemard und Rein (1993).
44 Lenoir (1994).

die Berechnungsgrundlage für die Sozialleistungen nicht durch einen neuen Gesellschaftsvertrag verändert wird, werden das Schrumpfen der wertvollen Arbeitszeit und die beschleunigte Veraltung der Arbeitskraft und ihrer Qualifikation das Ende der Institutionen der gesellschaftlichen Solidarität mit sich bringen und damit die Kriege zwischen den Lebensaltern einleiten.

Das Verschwimmen des Lebenszyklus: Auf dem Weg zur sozialen Arrhythmie?

Es scheint, dass lebendige Wesen, wir eingeschlossen, biologische Uhren sind.[45] Biologische Rhythmen sind für das menschliche Leben wesentlich, ob sie nun individuell sind oder sich auf die Gattung oder selbst den Kosmos beziehen. Einzelpersonen und Gesellschaften ignorieren sie nur zu ihrem eigenen Schaden.[46] Jahrtausendelang war der Rhythmus des menschlichen Lebens in enger Beziehung zu den Rhythmen der Natur aufgebaut, meist mit geringen Verhandlungsmöglichkeiten gegenüber feindlichen Naturkräften, so dass es vernünftig erschien, mit dem Strom zu schwimmen und den Lebenszyklus in Übereinstimmung mit einer Gesellschaft zu gestalten, in der die meisten Neugeborenen als Kleinkinder sterben, in denen die reproduktive Kraft der Frauen frühzeitig genutzt werden musste, in der Jugend nur ein Augenblick war (Ronsard), in der alt zu werden ein solches Privileg darstellte, dass es den Respekt mit sich brachte, der einer einzigartigen Quelle von Erfahrung und Weisheit gebührte, und in der Epidemien periodisch große Teile der Bevölkerung vernichteten.[47] In der entwickelten Welt haben die industrielle Revolution, die Entstehung der naturwissenschaftlichen Medizin, der Triumph der Vernunft und die Garantie sozialer Rechte dieses Muster im Lauf der letzten beiden Jahrhunderte verändert: Das Leben wurde verlängert, Krankheiten wurden besiegt, Geburten wurden kontrolliert, der Tod wurde erleichtert, die biologische Determination der Rollen in der Gesellschaft wurde in Frage gestellt und der Lebenszyklus wurde durch soziale Kategorien strukturiert, unter denen Ausbildung, Arbeitszeit, Karrieremuster und das Recht auf Ruhestand überragende Bedeutung erhielten. Obwohl das Prinzip der Abfolge von Lebensaltern so von einer bio-sozialen zu einer soziobiologischen Bestimmung verlagert wurde, gab es dennoch (und gibt es auch noch immer) ein Muster des Lebenszyklus, dem die fortgeschrittenen Gesellschaften weitgehend entsprechen und auf das sich die Entwicklungsländer hinzuentwickeln suchen. Jetzt sind die organisatorischen, technologischen und kulturellen Entwicklungen der neuen, entstehenden Gesellschaft dabei, diesen geordneten Lebenszyklus entscheidend zu untergraben, ohne ihn durch eine an-

---

45 Berger (1984); zit. nach Adam (1990).
46 Schor (1991).
47 McNeill (1977).

dere Abfolge zu ersetzen. *Ich behaupte, dass die Netzwerkgesellschaft durch den Zusammenbruch der biologischen ebenso wie der gesellschaftlichen Rhythmen gekennzeichnet ist, die mit der Vorstellung von einem Lebenszyklus verbunden sind.*

Ich habe bereits einen der Gründe für diese Tendenz untersucht, nämlich die variable Chronologie von Arbeitszeit. Aber noch wichtiger ist die zunehmende Fähigkeit, innerhalb offenkundiger Grenzen die Reproduktion unserer eigenen Gattung und die durchschnittliche Lebensdauer der Individuen zu kontrollieren (s. Kap. 1). Obwohl die oberste Grenze der Langlebigkeit einer biologischen Schranke unterliegt, haben die Verlängerung des Lebens in die späten siebziger Jahre – frühe Achtziger für Frauen – und der zunehmende Bevölkerungsanteil, der deutlich über diesen Durchschnitt hinaus in die Altersgruppe der über Achtzigjährigen reicht, erhebliche Konsequenzen für unsere Gesellschaften und für die Vorstellungen, die wir uns von uns selbst machen. Das hohe Alter galt einmal als ein homogenes letztes Lebensstadium, das sogar durch den „sozialen Tod" beherrscht war, wie eine französische Studie gezeigt hat, die Anne Marie Guillemard vor vielen Jahren unter meiner Mitarbeit durchgeführt hat.[48] Dagegen ist das Alter heute ein höchst vielgestaltiges Universum, das aus Frühruheständlern besteht, durchschnittlichen Ruheständlern, rüstigen Alten und Alten, die unterschiedlich stark und auf verschiedene Weise behindert sind. Damit wird das „dritte Lebensalter" plötzlich auf jüngere und ältere Gruppen ausgedehnt und definiert den Lebenszyklus auf dreierlei Weise substanziell neu: Der Austritt aus dem Arbeitsmarkt entfällt als Definitionskriterium, denn für einen sehr großen Teil der Bevölkerung kann ein Drittel ihres Lebens nach diesem Ereignis liegen; die Alten werden in fundamentaler Weise nach dem Niveau ihrer Behinderung differenziert, was nicht immer mit dem Lebensalter korrespondiert und so ihren behinderten Zustand in gewissem Maße an andere, jüngere Behindertengruppen angleicht, womit eine neue soziale Kategorie entsteht; und wir sehen uns zur Unterscheidung mehrerer Altersgruppen gezwungen, deren tatsächliche Differenzierung stark von dem sozialen, kulturellen und Beziehungskapital abhängig ist, das sie im Lauf ihres Lebens akkumuliert haben.[49] In Abhängigkeit von jeder dieser Variablen unterscheiden sich die sozialen Attribute dieser unterschiedlichen Kategorien von Alten erheblich, und damit wird die Beziehung zwischen sozialer Lage und biologischem Stadium aufgebrochen, die eine Grundlage des Lebenszyklus bildet.

Gleichzeitig wird diese Beziehung von ihrem anderen Ende her in Frage gestellt: Die Reproduktion wird auf der ganzen Welt zunehmender Kontrolle unterworfen. In den fortgeschrittenen Gesellschaften ist Geburtenkontrolle die Regel, obwohl soziale Marginalität oder religiöse Glaubenssätze Bereiche des Widerstandes gegen geplante Mutterschaft bilden. In enger Beziehung mit der kulturellen und beruflichen Emanzipation der Frau hat die Entwicklung reproduk-

---

48 Castells und Guillemard (1971); Guillemard (1972).
49 Guillemard (1988).

tiver Rechte innerhalb von lediglich zwei Jahrzehnten sowohl die demografische Struktur als auch die biologischen Rhythmen unserer Gesellschaften verändert (s. Tab. 7.4 und 7.5). Insgesamt sind die am meisten industrialisierten Gesellschaften in eine Ära niedriger Geburtenraten eingetreten, die unterhalb der Reproduktionsquote der einheimischen Bevölkerung liegen. Dies ist begleitet von später Heirat und Reproduktion sowie der großen Variation in den Stadien des Lebenszyklus, wann Frauen Kinder bekommen, weil sie sich bemühen, Ausbildung, Arbeit, eigenes Leben und Kinder in einem immer stärker individualisierten Raster von Entscheidungsfindungen miteinander zu vereinbaren (s. Tab. 7.6). Zusammen mit der Transformation der Familie und der immer stärkeren Diversifikation der Lebensstile (s. Band II) beobachten wir eine starke Modifikation der Zeit und der Formen von Mutterschaft und Vaterschaft im Lebenszyklus. Hier besteht die neue Regel zunehmend darin, dass es wenig Regeln gibt. Außerdem machen es die neuen Reproduktionstechnologien und die neuen kulturellen Modelle möglich, Lebensalter und biologischen Zustand von Reproduktion und Elternschaft abzukoppeln. Strikt technisch kann man heute die legalen Eltern eines Kindes differenzieren; von wem das Sperma ist, von wem die Eizelle ist, wo und wie die Befruchtung durchgeführt wurde, in Echtzeit oder verzögert, oder sogar nach dem Tod des Vaters; und wem die Gebärmutter gehört, die das Kind zur Welt bringt. *Alle Kombinationen sind möglich und Gegenstand gesellschaftlicher Entscheidung.* Unsere Gesellschaft hat bereits die Fähigkeit erreicht, die soziale Reproduktion von der biologischen Reproduktion der Gattung zu trennen. Ich beziehe mich offenkundig auf Ausnahmen von der Regel, aber auf Zehntausende von Ausnahmen auf der ganzen Welt. Einige davon sind Paradebeispiele für die Möglichkeiten älterer Frauen, im Alter von Ende 50 oder Anfang 60 tatsächlich ein Kind zu gebären. Andere sind Seifenopern-Ereignisse über einen toten Liebhaber, über dessen gefrorenes Sperma die erzürnten Erben heftige Kämpfe ausfechten. Die meisten sind abgeschirmte Ereignisse, über die man im hochtechnologischen Kalifornien oder im schwatzhaften Madrid oft beim Essen flüstert. Weil all das auf sehr einfachen Reproduktionstechnologien beruht, bei denen Gentechnik keine Rolle spielt, ist die Annahme naheliegend, dass es ein viel größeres Spektrum an möglicher Manipulation der reproduktiven Lebensalter und der reproduktiven Zustände geben wird, wenn die Gentechnik am Menschen erst einmal legal und ethisch in der Gesellschaft akzeptiert sein wird, wie dies auf lange Sicht mit allen Technologien geschieht.

Tabelle 7.4 Demografische Hauptcharakteristika nach Großregionen der Welt, 1970-1995[a]

	Gesamte Fertilitätsquote			Lebenserwartung bei der Geburt			Kindersterblichkeitsquote		
	1970-5	1980-5	1990-5	1970-5	1980-5	1990-5	1970-5	1980-5	1990-5
Welt	4,4	3,5	3,3	57	60	65	93	78	62
Stärker entwickelte Regionen	2,2	2,0	1,9	71	73	75	22	16	12
Weniger entwickelte Regionen	5,4	4,1	3,6	54	57	62	04	88	69
Afrika	6,5	6,3	6,0	46	49	53	142	112	95
Amerika	3,6	3,1	–	64	67	68	64	49	–
Lateinamerika	–	–	3,1	–	–	–	–	–	47
Nordamerika	–	–	2,0	–	–	–	–	–	8
Asien	5,1	3,5	3,2	56	59	65	97	83	62
Europa	2,2	1,9	1,7	71	73	75	24	15	10
Ozeanien	3,2	2,7	2,5	66	68	73	39	31	22
UdSSR	2,4	2,4	2,3	70	71	70	26	25	21

a Die Daten für 1990-95 sind durchweg Projektionen.

Quellen: United Nations, World Population Prospects. Estimates and Projections as Assessed in 1984; United Nations, World Population at the Turn of the Century, 1989, S. 9, Tabelle 3; United Nations Population Fund, The State of World Population: Choices and Responsibilities, 1994

Tabelle 7.5 Gesamtfertilitätsquoten einiger Industrieländer, 1901-1985

	Dänemark	Finnland	Frankreich	Deutschland[a]	Italien	Niederlande	Portugal	Schweden	Schweiz	Vereinigtes Königreich	Vereinigte Staaten
1901-05	4,04	4,22	2,78	4,74	–	4,48	–	3,91	3,82	3,40	–
1906-10	3,83	4,15	2,59	4,25	–	4,15	–	3,76	3,56	3,14	–
1911-15	3,44	3,68	2,26	3,19	–	3,79	–	3,31	3,02	2,84	–
1916-20	3,15	3,49	1,66	2,13	–	3,58	–	2,94	2,46	2,40	3,22
1921-25	2,85	3,33	2,43	2,49	–	3,47	–	2,58	2,43	2,39	3,08
1926-30	2,41	2,88	2,29	2,05	–	3,08	–	2,08	2,10	2,01	2,65
1931-35	2,15	2,41	2,18	1,86	3,06	2,73	3,88	1,77	1,91	1,79	2,21
1936-40	2,17	2,38	2,07	2,43	3,00	2,58	3,45	1,82	1,80	1,80	2,14
1941-45	2,64	2,60	2,11	2,05	2,56	2,85	3,43	2,35	2,38	2,00	2,45
1946-50	2,75	2,86	2,99	2,05	2,78	3,48	3,29	2,45	2,52	2,38	2,97
1951-55	2,55	2,99	2,73	2,09	2,30	3,05	3,05	2,23	2,30	2,19	3,27
1956-60	2,54	2,78	2,70	2,34	2,32	3,11	3,02	2,24	2,40	2,52	3,53
1961-65	2,59	2,58	2,83	2,50	2,56	3,15	3,10	2,33	2,61	2,83	3,16
1966-70	2,20	2,06	2,60	2,33	2,50	2,74	2,91	2,12	2,29	2,56	2,41
1971-75	1,96	1,62	2,26	1,62	2,31	1,99	2,64	1,89	1,82	2,06	1,84
1976-80	1,65	1,67	1,88	1,41	1,88	1,59	2,32	1,66	1,51	1,76	1,69
1981-85	1,38	1,74	1,82	1,32	1,53	1,47	1,97	1,61	1,50	1,75	1,66

a Die Zahlen für Deutschland berücksichtigen die BRD und die DDR.

Quellen: J. Bourgeois-Pichat, „Comparative fertility trends in Europe", in *Causes and Consequences of Non-Replacement Fertility* (Hoover Institution, 1985); United Nations, *World Population at the Turn of the Century*, 1989, S. 90, Tabelle 21

Tabelle 7.6 Erste Lebendgeburt pro 1.000 Frauen nach Altersgruppe der Mutter (30-49 Jahre) und nach ethnischer Zugehörigkeit in den Vereinigten Staaten, 1960 und 1990

	Alter (Jahre)			
	30-34	35-39	40-44	45-49
Gesamt				
1960	8.6	3.2	0.8	0.0
1990	21.2	6.7	1.0	0.0
Weiß				
1960	8.9	3.3	0.8	0.0
1990	21.6	6.8	1.0	0.0
Schwarz				
1964	5.4	2.2	0.6	0.0
1990	12.9	4.0	0.7	0.0
Alle anderen				
1960	6.9	2.9	0.7	0.1
1990	19.1	6.3	1.1	0.1

Zu beachten ist der drastische Anstieg der ersten Lebendgeburten zwischen 1960 und 1990: Eine Zunahme um 146,5% für die Altersgruppe von 30-34 Jahren und von 109% für die Altersgruppe von 35-39 Jahren.

Quellen: US Bureau of the Census, *Historical Statistics of the United States: Colonial Times to 1970*, vol. 1, S. 50, Series B 11-19, 1975; US Dept of Health and Human Services. *Vital Statistics of the United States: 1990*, vol. 1, section 1, Tabelle 1.9, 1994

Weil ich hier nicht über Zukunftsprojektionen spekuliere, sondern auf Grundlage bekannter Tatsachen unseres Alltagslebens argumentiere, halte ich es für gerechtfertigt, über die Konsequenzen dieser Entwicklungen für das menschliche Leben und vor allem für den Lebensrhythmus nachzudenken. Es ist sehr einfach: Sie führen endgültig zum Verschwimmen des biologischen Fundamentes der Vorstellung vom Lebenszyklus. 60-jährige Eltern mit Kleinkindern; Kinder aus unterschiedlichen Ehen, die das Vergnügen haben, 30 Jahre ältere Brüder und Schwestern ohne mittlere Altersgruppen zu haben; Männer und Frauen, die mit oder ohne Sexualkontakt in einem beliebigen Lebensalter zu zeugen beschließen; Großmütter, die ein Kind gebären, das aus einer Eizelle der Tochter stammt – ebenfalls Fälle aus dem wahren Leben; postume Kinder; und eine zunehmende Lücke zwischen gesellschaftlichen Institutionen und reproduktiver Praxis – unehelich geborene Kinder machen etwa 50% aller Geburten in Schweden und etwa 40% in Frankreich aus. Es ist entscheidend, dass wir mit dieser Beobachtung kein Werturteil verbinden. Was aus traditionalistischer Sicht der Herausforderung des Zornes Gottes gleichkommt, bedeutet aus kulturrevolutionärer Perspektive den Triumph individueller Wünsche und vor allem die endgültige Bestätigung des Rechtes von Frauen auf ihren Körper, auf ihr Leben. Worauf es aber ankommt: Wir bewegen uns hier nicht an den Rändern der Gesellschaft, selbst wenn dies noch Embryonen einer nach wie vor neuen Beziehung zwischen sozialen und biologischen Zuständen sind. Diese gesellschaftlichen Tendenzen nehmen zu, und ihre technologische und kulturelle Ausbreitung scheint unaufhaltsam zu sein, außer vielleicht in einer neuen Theokratie. Ihre unmittelbare Implikation ist eine andere Form der Vernichtung der Zeit, der menschlichen biologischen Zeit, der Zeit des Rhythmus, durch den unsere Gattung seit ihren Anfängen reguliert worden ist. Ganz unabhängig von unserer Meinung könnte es sein, dass wir ohne jene Uhr werden leben müssen, die unseren Eltern gesagt hat, wann sie uns zeugen sollten, und die uns gesagt hat, wann, wie und ob wir unser Leben unseren Kindern weitergeben sollten. Ein säkulärer biologischer Rhythmus ist durch einen Augenblick existenzieller Entscheidung ersetzt worden.

Der verleugnete Tod

> *Wir und die ganze Gesellschaft glauben an die Möglichkeit eines würdigen Todes, weil für uns dadurch eine Wirklichkeit erträglich wird, die nur allzu oft aus einer Reihe zerstörerischer Ereignisse besteht, in deren Verlauf sich durch die Natur des Prozesses selbst die Menschlichkeit des Sterbenden Schritt für Schritt auflöst. Ich habe nur selten wahre Würde beim Sterben erlebt. Das Bemühen um Würde scheitert, wenn der Körper uns im Stich läßt. ... Ein Sterben in Würde ist am ehesten dann möglich, wenn ihm ein würdevolles Leben vorangegangen ist.*
> Sherwin B. Nuland[50]

Zeit in der Gesellschaft und im Leben ist durch den Tod bemessen. Tod war und ist das zentrale Thema der Kulturen während der gesamten Geschichte – ob man ihn nun mit heiliger Scheu als göttlichen Willen betrachtete oder ihm als letzte Herausforderung an die Menschen entgegenzutreten suchte.[51] Er wurde zur Beruhigung der Lebenden beschworen und gebannt, mit der Resignation der Gelassenen und Weisen angenommen, im Karneval der schlichten Gemüter gezähmt, mit der Verzweiflung der Romantik bekämpft, aber niemals geleugnet.[52] Das ist ein besonderer Zug unserer neuen Kultur – der Versuch, den Tod aus unserem Leben zu verbannen. Wenn das Grundmuster dieses Versuches auch in dem rationalistischen Glauben an den allmächtigen Fortschritt zu suchen ist, so sind es doch die außerordentlichen Durchbrüche der Medizintechnologie und der biologischen Forschung während der letzten beiden Jahrzehnte, die eine materielle Grundlage für das älteste Bestreben der Menschheit bieten: zu leben, als gäbe es keinen Tod, obwohl er doch unsere einzige Gewissheit ist. Damit ist die letzte Umwälzung des Lebenszyklus vollbracht, und das Leben wird zu dieser flachen Landschaft, unterbrochen von Augenblicken hochreißender oder niederdrückender Erfahrung, die man in der endlosen Boutique maßgeschneiderter Gefühle auswählt. Wenn der Tod dann wirklich geschieht, so ist er einfach ein zusätzliches

---

50 Nuland (1994b: 18, 357); vgl. Nuland (1994a: xvii, 242).
51 Morin (1970).
52 Thomas (1970, 1988).

Aufleuchten auf dem Bildschirm vor unkonzentrierten Zuschauern. Wenn es stimmt, dass, wie Ionesco gesagt hat, „jeder unter uns der erste ist, der stirbt",[53] so sorgen die gesellschaftlichen Mechanismen auch dafür, dass wir auch die Letzten sind, dass die Toten nämlich wahrhaft alleine sind und den Lebenden nicht die Lebensenergie rauben. Doch dieses alte, gesunde Streben nach Überleben, das Philippe Ariès für die westliche Kultur seit dem Mittelalter nachgewiesen hat,[54] nimmt unter den Bedingungen der biologischen Revolution eine neue Wendung. Weil wir so kurz vor der Enthüllung der Geheimnisse des Lebens stehen, sind von den medizinischen Wissenschaften aus zwei wesentliche Tendenzen in den Rest der Gesellschaft ausgestrahlt: besessene Vorbeugung und Kampf bis zum Letzten.

Die erste Tendenz bringt es mit sich, dass jede biologische Studie, jede medizinische Forschung, die die menschliche Gesundheit in Beziehung zu ihrer Umwelt setzt, schnell in hygienische Ratschläge oder obligatorische Verschreibung übersetzt wird – beispielsweise der Kreuzzug gegen das Rauchen in den USA, demselben Land, wo man Maschinenpistolen per Post bestellen kann. Dies verwandelt die Gesellschaft unter vollständiger Mitarbeit der Medien zunehmend in eine symbolisch keimfreie Umwelt. Die Nachrichtenleute haben in der Gesundheitskampagne eine wahrhaft unerschöpfliche Quelle der öffentlichen Aufmerksamkeit gefunden, und das erst recht, weil die Forschungsergebnisse periodisch widerlegt und durch neue, spezifische Anweisungen ersetzt werden. Eine ganze auf das Prinzip „gesund leben" ausgerichtete Wirtschaftsbranche steht mit dieser Kampagne in einem unmittelbaren Zusammenhang, angefangen mit hygienischen Nahrungsmitteln bis hin zu modischer Sportbekleidung und weitgehend sinnlosen Vitamintabletten. Dieser pervertierte Gebrauch der medizinischen Forschung ist besonders beklagenswert, wenn man ihn dem Desinteresse der Krankenversicherungsgesellschaften und der herrschenden Wirtschaftsgruppen gegenüber der Primärversorgung und der Sicherheit am Arbeitsplatz gegenüberstellt.[55] So wenden immer mehr Menschen in den fortgeschrittenen Gesellschaften und aus den oberen Berufsgruppen auf der ganzen Welt ihr ganzes Leben hindurch sehr viel Zeit, Geld und psychologische Energie dafür auf, Gesundheitsmoden in Formen und mit Methoden zu folgen, die sich nur wenig von traditionellen schamanistischen Ritualen unterscheiden. Zum Beispiel haben neuere Studien nachgewiesen, dass das Körpergewicht weitgehend mit dem genetisch programmierten Stoffwechsel zusammenhängt und dass das Gewicht der Menschen unabhängig von ihren Bemühungen um 10-15% um ihren Alters- und Größendurchschnitt schwankt;[56] aber dennoch ist die Schlankheitsdiät eine echte oder manipulierte gesellschaftliche Manie. Es stimmt zwar, dass die persönliche Ästhetik und die Beziehung zum eigenen

---

53 Zit. bei Thomas (1988: 17).
54 Ariès (1984, 1996).
55 Navarro (1994a).
56 Kolata (1995).

Abbildung 7.2 Verhältnis von Todesfällen im Krankenhaus zu allen Todesfällen (%), nach Jahr, 1947-1987, Japan

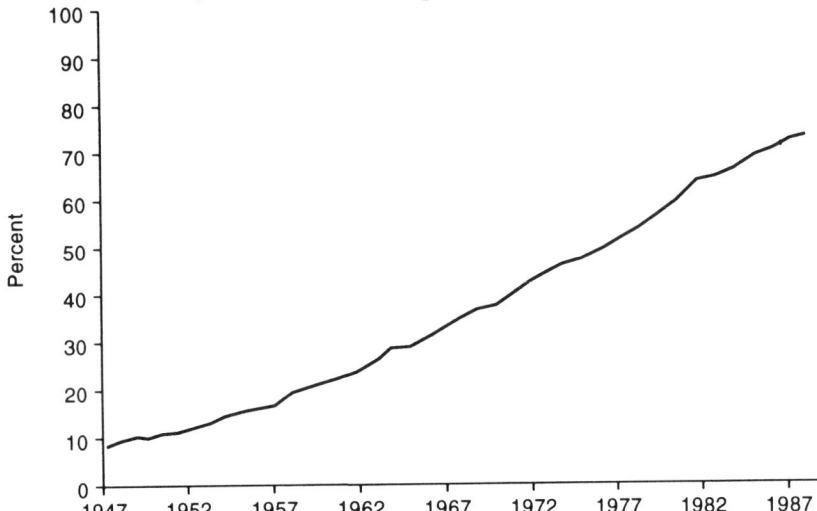

Quelle: Koichiri Kuroda, "Medicalization of death: changes in site of death in Japan after World War Two," Hyogo: Kobe College, Department of Intercultural Studies, 1990, unveröff. Forschungspapier

Körper auch mit der Kultur des Individualismus und Narzissmus zu tun haben, aber die hygienistische Sicht unserer Gesellschaften verleiht dem Ganzen eine entschieden instrumentelle Wendung (so ist diese Sicht häufig damit verbunden, dass die Verobjektivierung des Frauenkörpers abgelehnt wird). Es geht darum, Tod und Altern in jeder Minute des Lebens und mit der Unterstützung von medizinischer Wissenschaft, Gesundheitsindustrie und Medieninformation zu bekämpfen und hinauszuzögern.

Die wirkliche Offensive gegen den Tod besteht jedoch in dem im guten Glauben unternommenen rückhaltlosen Kampf, das Unausweichliche so weit wie irgend möglich nach hinten zu schieben. Der Chirurg und Medizinhistoriker Sherwin B. Nuland schreibt in seinem aufwühlenden Buch *Wie wir sterben*:

> Jeder Facharzt wird zugeben, dass er Patienten schon zu diagnostischen oder therapeutischen Maßnahmen geraten hat, die angesichts des Stadiums der Krankheit nicht gerechtfertigt waren. Doch in einer solchen Situation bleibt das medizinische Problem besser ungelöst. Wenn der Arzt, der einen Todkranken behandelt, sich selbst prüft, wird er oft feststellen, dass seine Entscheidungen von der eigenen Unfähigkeit diktiert sind, ein medizinisches Problem auf sich beruhen zu lassen, solange noch vage Aussichten auf eine Lösung bestehen. Obwohl er gütig und gegenüber seinem Patienten rücksichtsvoll sein wird, gesteht er sich zu, die Güte beiseite zu lassen, denn zu verlockend ist der Erfolg, zu schmerzlich die Niederlage, die ihn so schwach macht.[57]

---

57 Nuland (1994b: 367); vgl. Nuland (1994a: 249).

Dieser medizinische Reflex, den Tod abzuwehren, hat nichts mit dem Kapitalismus zu tun. Manche Krankenversicherungen würden sogar die Euthanasie begrüßen und würden ihre Patienten gerne so früh wie möglich nach Hause schikken. Gegen diese zynische Sichtweise haben Ärzte jeden Tag anzukämpfen. Ohne diesen unermüdlichen Willen, das Unausweichliche abzuwehren, gingen wertvolle Erkenntnisse verloren, und unsere kollektive Fähigkeit, Leiden zu überleben und zu überwinden, würde gemindert. Die gesellschaftlichen Auswirkungen dieser Bemühungen laufen jedoch neben weniger edelmütigen Unternehmungen wie dem Einsatz von Sterbenden als Versuchskaninchen eben auf die Verleugnung des Todes bis zu seinem allerletzten Schritt hinaus. Die zeitliche und räumliche Abschottung des Todes ist so stark, dass die überwältigende Mehrzahl der Todesfälle (80% in den USA und ein steigender Prozentsatz in allen Ländern; s. Abb. 7.2 für Japan als Gesellschaft mit einer starken Familienkultur) im Krankenhaus stattfindet, sehr oft in besonderen Intensivstationen, wo die Körper bereits aus ihrer sozialen und emotionalen Umwelt herausgenommen sind. Trotz einiger begrenzter Anstrengungen zur Verteidigung humaner Sterbe-Hospize für Todkranke und noch stärker eingeschränkter Tendenzen, Sterbende wieder nach Hause zu bringen, wird unsere letzte Episode immer stärker keimfrei gehalten, und unsere Lieben haben nicht den Mut, dem zu widersprechen: Es ist zu unordentlich, zu schmutzig, zu schmerzhaft, zu unmenschlich und letztlich zu erniedrigend. Das Leben wird an der Schwelle zum letzten möglichen Lächeln unterbrochen, und der Tod wird nur für einen kurzen, zeremoniellen Augenblick sichtbar, nachdem spezialisierte Maskenbildner ihre besänftigende Inszenierung erledigt haben. Danach wird das Trauern in unseren Gesellschaften unmodern, sowohl in Reaktion auf die traditionelle soziale Heuchelei, wie auch als bodenständige Einstellung zum Überleben. Psychoanalyse und Anthropologie haben jedoch die sozialen Funktionen und den individuellen Nutzen des Trauerns aufgezeigt – sowohl in der Form des Rituals als auch als Gefühl.[58] Aber das Verwirken der Trauer ist der Preis für den Zugang zur Ewigkeit während der Zeit unseres Lebens durch die Ableugnung des Todes.

Die herrschende Tendenz in unseren Gesellschaften ist es, als Ausdruck unseres technologischen Ehrgeizes und entsprechend unserer Feier des Augenblicks den Tod aus dem Leben auszulöschen oder ihn durch seine wiederholte Darstellung in den Medien bedeutungslos zu machen, wobei er dort immer der Tod der anderen ist, so dass unser eigener uns mit der Überraschung des Unerwarteten trifft. Durch die Abtrennung des Todes vom Leben und durch die Schaffung des technologischen Systems, das diesen Glauben lange genug bestehen lässt, konstruieren wir Ewigkeit für die Dauer unseres Lebens. Ewig werden wir also, außer für den kurzen Augenblick, in dem uns das Licht umfängt.

---

58 Thomas (1975).

Instant-Kriege

Tod, Krieg und Zeit sind säkulare historische Gesellen. Es ist eines der auffälligsten Charakteristika des entstehenden technologischen Paradigmas, dass die herrschenden Mächte dabei sind, diesen Zusammenhang wenigstens für die entscheidende Form der Kriegführung wesentlich abzuändern. So hatten ja das Aufkommen der Nukleartechnologie und die Möglichkeit des planetaren Holocaust die paradoxe Folge, dass Kriegführung im großen, globalen Maßstab zwischen den Großmächten ausgeschlossen wurde und so eine Situation beendet wurde, welche die erste Hälfte des 20. Jahrhunderts zur destruktivsten und tödlichsten Periode der Geschichte gemacht hatte.[59] Geopolitische Interessen und gesellschaftliche Konfrontationen liefern aber weiterhin Zündstoff für internationale, inter-ethnische und ideologische Feindschaft bis zu dem Punkt, wo die physische Vernichtung gegnerischer Gruppen zum Ziel wird:[60] Die Wurzeln des Krieges, so müssen wir uns eingestehen, liegen in der menschlichen Natur, zumindest in der Form, wie sie historisch erfahrbar geworden ist.[61] Während der letzten beiden Jahrzehnte hat sich in den demokratischen, technologisch fortgeschrittenen Gesellschaften in Nordamerika, Westeuropa, Japan und Ozeanien

---

59 Van Creveld (1989); Tilly (1995).
60 Einige nützliche Informationen bei fragwürdiger Begrifflichkeit enthält US House of Representatives, Committee on Armed Services, Readiness Subcommittee (1990). S. auch Harff (1986); Gurr (1993).
61 Ich muss gestehen, dass mein Verständnis des Krieges und des sozialen Zusammenhanges der Kriegführung von der vermutlich ältesten Abhandlung über Strategie beeinflusst ist, *Von der Kriegskunst* von Sun Tze (ca. 505-496 v. Chr.). Leserinnen und Leser, die argwöhnen, ich ergehe mich hier in Exotizismus, möchte ich einladen, dieses Buch zu lesen, vorausgesetzt, sie haben die Geduld, sich die Logik zu erschließen, die in den historischen Zusammenhang der Analyse eingebettet ist. Hier eine Kostprobe: „Der Soldat [die Kriegskunst] ist für den Staat von größter Bedeutung. Er entscheidet über Leben und Tod, er zeigt den Weg entweder zum Überleben oder in den Untergang. Deshalb sollten alle militärischen Überlegungen sorgfältig untersucht werden [und dürfen auf keinen Fall vernachlässigt werden]. ... Zu dieser Untersuchung wird die Kriegskunst in fünf Hauptelemente eingeteilt. ... Nur so kann man die Grundlagen richtig beurteilen [wenn man versucht, die im Feld herrschenden Bedingungen zu bestimmen]. Die fünf Hauptelemente sind: der Weg (Tao)[das moralische Gesetz]; der Himmel; die Erde; der Feldherr; das Gesetz [Methode und Disziplin]. *Der Weg*: Er bedeutet eine bestimmte innere Haltung. Die Bevölkerung muß im Einklang und in Harmonie mit ihren Führern [Herrscher] sein, damit sie diesen ohne Angst um das eigene Leben auch auf Leben oder Tod folgt. ... *Der Himmel*: Damit meine ich das Zusammentreffen der natürlichen Kräfte: Den Einfluß [von Tag und Nacht,] der Winterkälte und der Sommerhitze ... *Die Erde*: Dies bedeutet exakte Ermittlung von Entfernungen, [Gefahr und Sicherheit, offenes Land oder enge Pässe, die Wechselfälle von Tod und Leben]; *Der Feldherr*: Damit meine ich menschliche Qualitäten wie Weisheit, Ehrlichkeit, Toleranz, Mut und Disziplin ...; *Das Gesetz [Methode und Disziplin]*: Es erfordert klare Entscheidungen und bezieht sich auf Ausbildung und Disziplin, das richtige Einsetzen der Unterführer, das Anlegen von Versorgungswegen und ausreichende Verpflegung für die Truppe." [zit. nach der deutschen Übersetzung: Sun Tsu, *Über die Kriegs-Kunst*, übersetzt und kommentiert von Klaus Leibnitz. Karlsruhe: Info Verlagsgesellschaft 1989, S. 11f.; in eckigen Klammern sind krasse Abweichungen der von Castells zitierten englischen Übersetzung berücksichtigt; d.Ü.]

jedoch eine Ablehnung des Krieges herausgebildet, und der Ruf der Regierungen an ihre Bürger nach dem höchsten Opfer ist hier auf außergewöhnlichen Widerstand gestoßen. Der Algerienkrieg in Frankreich, der Vietnamkrieg in den Vereinigten Staaten und der Afghanistan-Krieg in Russland[62] waren Wendepunkte für die Fähigkeit der Staaten, ihre Gesellschaften aus wenig überzeugenden Gründen in zerstörerische Unternehmungen hinein zu ziehen. Weil Kriegführung und die glaubwürdige Drohung, darauf zurückzugreifen noch immer zum Kernbereich der staatlichen Macht gehören, waren die Strategen seit dem Ende des Vietnamkrieges eifrig auf der Suche nach Möglichkeiten, Krieg zu führen. Nur unter dieser Bedingung kann wirtschaftliche, technologische und demografische Macht in die Vorherrschaft über andere Staaten umgemünzt werden – das älteste Spiel der Menschheit. In fortgeschrittenen, demokratischen Ländern kam man schnell zu drei Schlussfolgerungen über die Bedingungen, die erfüllt sein müssen, damit der Krieg für die Gesellschaft akzeptabler wird:[63]

1. Er sollte keine normalen Bürger betreffen, d.h. von einer Berufsarmee durchgeführt werden, womit der obligatorische Kriegsdienst wahrhaft außergewöhnlichen, als unwahrscheinlich betrachteten Umständen vorbehalten bleiben sollte.
2. Er sollte kurz, ja selbst augenblickshaft sein, so dass die Konsequenzen sich nicht lange hinziehen, menschliche und wirtschaftliche Ressourcen in Anspruch nehmen sowie Fragen nach der Rechtfertigung des militärischen Handelns aufwerfen.

---

[62] Die öffentliche Meinung in Russland ist neben der in Japan und Deutschland wahrscheinlich weltweit am pazifistischsten, weil das russische Volk im 20. Jahrhundert mehr unter Krieg zu leiden hatte, als irgend ein anderes Volk der Welt. Aus naheliegenden Gründen konnte dieser Pazifismus bis in die 1980er Jahre nicht offen zum Ausdruck kommen, aber die weit verbreitete Unruhe wegen des Krieges in Afghanistan war ein wichtiger Faktor bei der Einleitung von Gorbatschows *perestrojka*. Außerdem schien 1994 der Krieg in Tschetschenien diese Aussage zwar Lügen zu strafen, aber er führte in Wirklichkeit zur Unzufriedenheit großer Teile der Bevölkerung mit der Politik Jelzins und zum offenen Konflikt zwischen dem russischen Präsidenten und vielen Demokraten, die ihn zuvor unterstützt hatten. Aufgrund meiner persönlichen Kenntnis Russlands und einiger Untersuchungsdaten möchte ich die zugegebenermaßen optimistische Hypothese aufstellen, dass die russische Militärlobby sich künftig einer ebenso ernsten, im Volk verankerten Opposition gegen Kriegführung gegenübersehen wird, wie dies in westlichen Ländern der Fall ist, was dann eine Verlagerung auf die Betonung technologischer Kriegführung zur Folge hätte. (*Notiz des Autors, Dezember 1999:* Ich habe diese Fußnote in der Form, wie sie Anfang 1996 geschrieben wurde, nicht verändert, um zu zeigen, wie riskant spezifische Voraussagen in politischen Angelegenheiten sind. Ende 1999 unterstützte die russische Öffentlichkeit nach einer Serie von mysteriösen, mörderischen Bombenanschlägen in vollem Umfang den ungehemmten Angriff der Bundestruppen auf die russische Republik Tschetschenien. Dennoch möchte ich meine Aussage nicht zugunsten einer neuen Voraussage ändern, weil sich dies auch ändern kann, wenn die Kosten an Menschenleben, die dieser Krieg fordert, zu steigen beginnen.)

[63] S. die Bewertung der amerikanischen Militärstrategie, die übrigens in den späten 1970er Jahren mit einem wichtigen Bericht einer *blue ribbon*-Kommission des US-Verteidigungsministeriums begonnen wurde: Ikle und Wohlstetter (1988). S. meine ausführliche Auseinandersetzung mit den Folgen der Technologie auf die Militärstrategie in Castells und Skinner (1988).

3. Er sollte sauber, chirurgisch sein, wobei die Zerstörung sogar beim Feind auf ein vernünftiges Maß begrenzt sein sollte, und er sollte so weit wie möglich aus dem öffentlichen Gesichtsfeld herausgehalten werden mit der Konsequenz, dass Informationsarbeit, Image-Pflege und Kriegführung eng miteinander verbunden wurden.

Dramatische Durchbrüche in der Militärtechnologie haben in den letzten beiden Jahrzehnten die Werkzeuge geschaffen, diese sozio-militärische Strategie in die Tat umzusetzen. Gut ausgebildete, gut ausgerüstete, professionelle Vollzeit-Streitkräfte benötigen keine Beteiligung der Gesamtbevölkerung der Unternehmung Krieg, abgesehen davon, dass die Leute in ihrem Wohnzimmer eine besonders aufregende Schau, durchsetzt mit tief patriotischem Gefühl ansehen und applaudieren.[64] Ein professionelles, intelligentes Nachrichtenmanagement, das den Bedürfnissen der Medien Verständnis entgegenbringt und sie zugleich beaufsichtigt, kann den Krieg den Leuten live ins Haus bringen, mit einer begrenzten, hygienisch reinen Wahrnehmung des Tötens und des Leidens – ein Thema, über das Baudrillard gründlich gearbeitet hat.[65] Am wichtigsten aber ist, dass Kommunikationsmittel und elektronische Militärtechnologie, es ermöglichen, verheerende Schläge gegen den Feind in extrem kurzer Zeit durchzuführen. Der Golfkrieg war natürlich die Generalprobe für diesen neuen Typus des Krieges, und die hier in 100 Stunden herbeigeführte Entscheidung gegen die große und gut ausgerüstete irakische Armee demonstrierte die entscheidende Bedeutung der neuen militärischen Machtmittel, wenn es um wichtige Fragen geht – in diesem Fall um die Erdölversorgung des Westens.[66] Natürlich würde diese Analyse ebenso wie der Golfkrieg selbst eine Reihe langatmiger Präzisierungen erfordern. Die USA und ihre Verbündeten entsandten ja für mehrere Monate eine halbe Million Soldaten, um einen Bodenangriff zu starten, obwohl viele Experten vermuten, dass dies in Wirklichkeit auf die internen Auseinandersetzungen im Verteidigungsministerium zurückging, wo man noch nicht bereit war, der Luftwaffe zuzugestehen, dass Kriege aus der Luft und von der See aus gewonnen werden können. Das traf auch wirklich zu, weil die Bodenstreitkräfte in der Realität auf wenig Widerstand stießen, nachdem die Iraker einmal aus der Distanz schwer getroffen worden waren. Es stimmt, dass die Alliierten

---

64 Die meisten westeuropäischen Länder besaßen Mitte der 1990er Jahre noch keine Berufsarmee im engeren Sinn. Aber obwohl noch immer ein zeitlich begrenzter Wehrdienst von in der Regel weniger als einem Jahr üblich war, lagen die eigentlichen Militäroperationen in den Händen eines Kerns professioneller Soldaten mit entsprechender technologischer Ausbildung und Kampfbereitschaft. Angesichts des weit verbreiteten Widerstrebens, sein Leben für das Land einzusetzen, ist überhaupt anzunehmen, dass eine Armee mit desto geringerer Wahrscheinlichkeit tatsächlich im Kampf eingesetzt wird, je stärker sie sich auf die Wehrpflicht verlässt. Der allgemeine Trend weist für die große Mehrheit der Bevölkerung der fortgeschrittenen demokratischen Gesellschaften klar in die Richtung eines rein symbolischen Militärdienstes.

65 Baudrillard (1991).

66 S. beispielsweise Morrocco (1991).

Abbildung 7.3 Kriegstote im Verhältnis zur Weltbevölkerung nach Jahrzehnten, 1720-2000

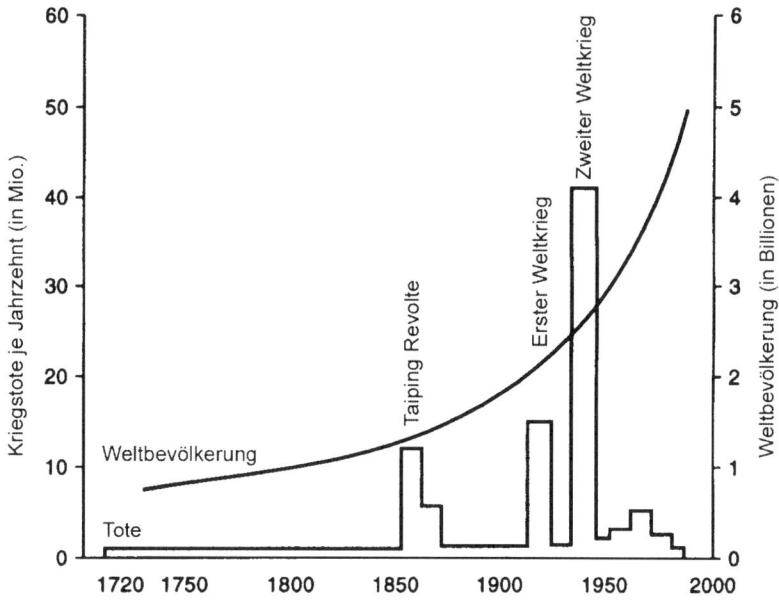

Quelle: Kaye u.a.. (1985)

nicht bis nach Bagdad vorstießen, doch beruhte diese Entscheidung nicht auf ernstlichen militärischen Hindernissen, sondern auf der politischen Berechnung, Irak als Militärmacht zu erhalten und damit ein regionales Gegengewicht gegen Iran und Syrien zu behalten. Die fehlende Unterstützung durch einen wichtigen Staat – Russland oder China – machte die Iraker besonders verwundbar. Es können jedoch durchaus auch andere "Quasi-Instant-Kriege" gegen mächtigere Länder mit stärkerer politischer Unterstützung geführt werden. So konnte 1999 der Krieg gegen Jugoslawien – der ursprünglich zwei Tage dauern sollte – trotz der Einwände Russlands und Chinas mit fast drei Monate andauernden täglichen Bombardements eines industrialisierten Landes weitergeführt werden. Der Grund war, dass die NATO-Streitkräfte keine Gefallenen hatten, die Westmächte die Medienschlacht in ihren Ländern gewannen und die technologische Macht der USA jede ernsthafte Herausforderung gegen die Luftangriffe in Schach hielt. Der Schlüssel zum militärischen Erfolg der NATO war ihre Fähigkeit, Jugoslawien ernsthaften Schaden zuzufügen, ohne ihre Bodentruppen an dem Konflikt zu beteiligen.

Technologisch gleichwertige Mächte hätten es schwerer, wenn sie es auf einander abgesehen haben. Die gegenseitige Annullierung der Nuklearkapazität der Großmächte aber vorausgesetzt, ist anzunehmen, dass ihre potenziellen Kriege oder Stellvertreterkriege von schnellen Zusammenstößen abhängen, die den wahren Grad des technologischen Ungleichgewichtes zwischen den kriegführenden Kräften anzeigen. Massive Zerstörung oder die schnelle Demonstration ihrer Möglichkeit in minimaler Zeit – das scheint die geltende Strategie zu sein, um fortgeschrittene Kriege im Informationszeitalter zu führen.

Diese Militärstrategie kann jedoch nur von den technologisch dominierenden Mächten verfolgt werden, und sie unterscheidet sich krass von den zahlreichen, endlosen inneren und internationalen, gewaltsamen Konflikten, unter denen die Welt seit 1945 gelitten hat.[67] Dieser zeitliche Unterschied in der Führung von Kriegen ist eine der schlagendsten Ausdrucksformen des Unterschiedes in der Zeitlichkeit, der unser segmentiertes globales System auszeichnet. Darauf werde ich unten ausführlicher zurückkommen.

In den herrschenden Gesellschaften hat dieses neue Zeitalter der Kriegsführung erhebliche Auswirkungen auf Zeit und auf Zeitvorstellungen, wie sie in der Geschichte erlebt wurden. Außerordentlich intensive Momente der militärischen Entscheidungsfindung werden sich als prägende Augenblicke für lange Perioden des Friedens oder der eingedämmten Spannung erweisen. So hatte sich nach einer quantitativen historischen Studie des kanadischen Verteidigungsministeriums über bewaffnete Konflikte beispielsweise die Dauer der Konflikte in der ersten Hälfte der 1980er Jahre im Vergleich zu den 1970er Jahren durchschnittlich um mehr als die Hälfte und verglichen mit den 1960er Jahren um mehr als zwei Drittel verkürzt.[68] Unter Rückgriff auf dieselbe Quelle zeigt Abb. 7.3 die Abnahme der Zahl der Kriegstoten *in den letzten Jahren*, vor allem bezogen auf die Größe der Weltbevölkerung. Diese Abbildung zeigt jedoch auch, wie sehr Krieg im Laufe der Geschichte eine Lebensform darstellte – dies gilt mit besonderer Intensität für die erste Hälfte des 20. Jahrhunderts. Andere Quellen zeigen, dass die kriegsbedingten Todesfälle pro Kopf in Westeuropa, Nordamerika, Japan und Lateinamerika 1945-1989 viel niedriger waren als 1815-1913.[69] Unter den Bedingungen der neuen Zeitlichkeit der Kriegführung, die durch die Konvergenz der Technologie und den Druck der Zivilgesellschaften in den hochmodernen Ländern entstanden ist, erscheint es wahrscheinlich, dass Krieg für diese dominierenden Gesellschaften in den Hintergrund tritt, um nur von Zeit zu Zeit als plötzliche Erinnerung an die menschliche Natur aufzuflammen.

In mehreren Gesellschaften hat dieses Verschwinden des Krieges aus dem Lebenszyklus der meisten Menschen bereits entscheidende Auswirkungen auf Kultur und Verhalten gezeitigt. In den industrialisierten, demokratischen Ländern sind – wenn wir eine Minderheit der Bevölkerung in Frankreich, Portugal und den Vereinigten Staaten für kurze Zeit ausnehmen und abgesehen von den glücklichen Schweden und Schweizern – die nach dem Zweiten Weltkrieg ge-

---

67 Carver (1980); Holsti (1991); Tilly (1995).
68 Kaye u.a. (1985).
69 Tilly (1995), zit. Derriennic (1990).

borenen Generationen die ersten in der Geschichte, die Zeit ihres Lebens keinen Krieg erlebt haben. Das bedeutet eine grundlegende Diskontinuität in der menschlichen Erfahrung. Vor allem betrifft dies wesentlich Männlichkeit und die Kultur des Mannseins. Bis zu diesen Generationen wurde für das Leben aller Männer angenommen, dass irgendwann etwas Schreckliches eintreten könne: Sie würden losgeschickt werden, um getötet zu werden und zu töten, mit dem Tod und der Zerstörung ihrer Körper zu leben, Entmenschlichung großen Ausmaßes zu erleben und dann noch stolz darauf zu sein – oder aber von der Wertschätzung der Gesellschaft und oft auch ihrer Familien ausgeschlossen zu werden. Es ist unmöglich, die außerordentliche Geduld der Frauen in der traditionellen patriarchalischen Familie zu verstehen, ohne diesen Augenblick der Wahrheit zu bedenken, das furchtbare Schicksal der Männer, dem Mütter, Ehefrauen und Töchter die Ehre erwiesen – ein immer wieder aufgegriffenes Thema in den Literaturen aller Länder.[70] Alle, die wie ich in der ersten Generation aufgewachsen sind, in deren Leben es keinen Krieg gab, wissen, wie einschneidend die Erfahrung des Krieges für unsere Väter gewesen ist, wie sehr Kindheit und Familienleben angefüllt waren mit den Wunden und den rekonstruierten Erinnerungen an diese Jahre, manchmal nur Monate, die doch die Persönlichkeit der Männer für immer geformt hatten, und damit auch die Persönlichkeit ihrer Familien während ihres gesamten Lebenszyklus. Diese Beschleunigung der Zeit durch das Zusammenleben mit dem Tod, das über den größten Teil der menschlichen Geschichte hinweg regelmäßig von Generation für Generation erfahren wurde, ist in einigen Gesellschaften jetzt vorbei.[71] Und das führt wahrhaftig ein neues Erfahrungszeitalter herauf.

Wir müssen uns jedoch deutlich daran erinnern, dass augenblicksartige, chirurgische, abgeschottete, technologie-dominierte Kriege das Privileg der technologisch herrschenden Nationen sind. Auf der ganzen Welt ziehen sich halb ignorierte, grausame Kriege Jahr um Jahr hin, oft ausgefochten mit primitiven Mitteln, wenn auch die globale Ausbreitung hochtechnologischer Waffen auf diesem Markt im Aufholen begriffen ist. Allein in der Periode 1989-1992 zählten die Vereinten Nationen 82 bewaffnete Konflikte auf der Welt, von denen 79 innerhalb eines Nationalstaates ausgetragen wurden.[72] Die indianische Guerilla in Guatemala, die endlosen revolutionären Kämpfe in Kolumbien und Peru, die christliche Rebellion im Südsudan, die Befreiungskämpfe des kurdi-

---

70 Dieses Thema hat die französische feministische Schriftstellerin Annie Leclerc ausführlich behandelt. Obwohl ich auf diese Überlegung durch persönliche Unterhaltungen gestoßen bin, ist es auch in einigen ihrer Essays präsent; s. bes. Leclerc (1975).

71 In seiner Studie über die Kultur der japanischen Jugend nach dem Zweiten Weltkrieg stellte Inoue Syun fest, dass die "Nicht-Kriegs"-Generation sich darin scharf von ihren Vätern unterschied, das Leben vom Tod getrennt zu denken. Er schreibt: „Wir können ganz allgemein die Kriegsgeneration als diejenigen bezeichnen, die den Tod akzeptiert haben und die Nicht-Kriegs-Generation als diejenigen bezeichnen, die ihn ablehnen" (Syun 1975). Eine breitere Perspektive zu dieser Frage bietet Freud (1974).

72 *The Economist* (1993).

schen Volkes, die muslimische Rebellion auf Mindanao, die Vermengung von
Drogenschmuggel und nationalen Kämpfen in Myanmar und Thailand, die
kombinierten ideologischen und Stammeskriege in Angola und im Kongo, die
Konfrontationen der Kriegsherren in Somalia oder Liberia, die ethnischen Bürgerkriege in Ruanda und Burundi, der saharauische Widerstand gegen Marokko, der Bürgerkrieg in Algerien, der Bürgerkrieg in Afghanistan, der Bürgerkrieg
in Sri Lanka, die Bürgerkriege in Bosnien und im Kosovo, die jahrzehntealten
Kriege und Auseinandersetzungen zwischen Arabern und Israelis, die Kriege im
Kaukasus und so viele andere bewaffnete Konflikte und Kriege, die Jahre und
Jahrzehnte andauern, zeigen klar, dass im Zeitlupentempo verlaufende, entkräftende Kriege noch immer das widerliche Abzeichen unserer zerstörerischen
Fähigkeiten sind und auf absehbare Zeit bleiben.[73] Es ist genau die Asymmetrie
zwischen verschiedenen Ländern in ihrer Beziehung zu Macht, Reichtum und
Technologie, die unterschiedliche Zeitlichkeiten festlegt, und insbesondere die
Zeiten ihrer Kriegführung. Außerdem kann dasselbe Land vom Krieg im Zeitlupentempo zum augenblickshaften Krieg wechseln, abhängig von der Beziehung zum globalen System und zu den Interessen der herrschenden Mächte. So
führten Iran und Irak sieben Jahre lang einen grauenhaften Krieg, der von westlichen Ländern, die beide Seiten des Gemetzels unterstützten, sorgfältig in Gang
gehalten wurde, so dass die wechselseitigen Zerstörungen beide außerstande
setzten, die Erdölversorgung zu gefährden. (Dabei halfen die USA und Frankreich dem Irak, Israel dem Iran, und Spanien verkaufte an beide chemische
Waffen.) Als der Irak mit seiner gut ausgerüsteten, kampferprobten Armee nun
dazu überging, eine regionale Führungsposition zu beanspruchen – und dabei
wohl auf die stillschweigende Duldung der Westmächte zählte –, sah er sich der
Technologie des Instant-Krieges gegenüber, deren Machtdemonstration als
Warnung gegen künftigen Aufruhr gegen die Weltordnung dienen sollte. Oder
es wurde an einem anderen Ort der sich hinschleppende Krieg in Bosnien, die
Schande der Europäischen Union, innerhalb weniger Tage transformiert und im
August 1995 ein Friedensprozess in Dayton, Ohio, erzwungen, sobald die
NATO-Länder ihre Differenzen beigelegt und den technologischen Modus für
ein paar Tage selektiver, verheerender Schläge verändert hatten, die die Kampffähigkeit der bosnischen Serben lähmten. Sobald und falls ein Konflikt oben auf
der Prioritätenliste der Weltmächte landet, geht er in ein anderes Tempo über.

Sicherlich bedeutet auch für die herrschenden Gesellschaften das Ende des
Krieges nicht das Ende von Gewalt oder gewaltsamer Konfrontation mit politischen Apparaten unterschiedlicher Art. Die Transformation des Krieges öffnet
die Tür für neue Formen von gewaltsamen Konflikten, unter denen vor allem
der Terrorismus zu nennen ist. Potenzieller nuklearer, chemischer und bakteriologischer Terrorismus, ferner wahllose Massaker und Geiselnahmen mit den
Medien als wichtigstem Bezugspunkt für die Aktionen werden wahrscheinlich

---

73 Tillema (1991).

zu den Ausdrucksformen der Kriegführung in den fortgeschrittenen Gesellschaften werden. Selbst diese Gewalthandlungen jedoch, die geeignet sind, die Psyche eines jeden Menschen anzugreifen, werden als diskontinuierliche Augenblicke im Verlauf einer friedlichen Normalität erfahren. Dies steht im krassen Gegensatz zum durchdringenden Charakter staatlich verursachter Gewalt in großen Teilen unserer Erde.[74]

Instant-Kriege und ihre technologisch bedingte Zeitlichkeit sind eine Eigenschaft der informationellen Gesellschaften, aber – wie andere Dimensionen der neuen Zeitlichkeit – kennzeichnen auch sie die Formen der Herrschaft in dem neuen System, und schließen damit die Länder und Ereignisse aus, denen in der aufkommenden herrschenden Logik kein zentraler Stellenwert zukommt.

Virtuelle Zeit

> *Ich schrieb in jenem Dezember in mein Notizbuch: „mehr und mehr stelle ich fest, dass ich in einem Großen Hier und einem Langen Jetzt leben möchte". Ich denke, ein Grund dafür, dass ich diese Idee anziehend fand, bestand darin, dass sie mir eine Rechtfertigung für die Art von Musik gab, die ich damals zu machen anfing – eine Musik, die irgendwie in einer ewigen Gegenwart aufgehängt war.*
> Brian Eno, zit. nach Brand[75]

Die Kultur der realen Virtualität, die, wie in Kapitel 5 gezeigt wurde, mit dem elektronisch integrierten Multimedia-System verbunden ist, trägt in unserer Gesellschaft in zwei unterschiedliche Formen zur Transformation der Zeit bei: durch Gleichzeitigkeit und durch Zeitlosigkeit. Einerseits verleiht die augenblickliche Übertragung rund um die Erde, vermischt mit Live-Berichterstattung aus der unmittelbaren Nachbarschaft, gesellschaftlichen Ereignissen und kulturellen Ausdrucksformen eine nie dagewesene zeitliche Unmittelbarkeit.[76] Die Erfahrung, im August 1991 Minute um Minute in Echtzeit und mit Simultanübersetzung der russischen Debatten den Zusammenbruch des Sowjetstaates zu verfolgen, leitete eine neue Ära der Kommunikation ein, in der das Machen von Geschichte direkt beobachtet werden kann – vorausgesetzt, es wird von denen, die die Information kontrollieren, für interessant genug erachtet. Die computer-vermittelte Kommunikation ermöglicht auch den Dialog in Echtzeit, wenn sie Leute aufgrund ihrer Interessen zum Chatten in einem interaktiven multilateralen Kontext zusammenbringt. Probleme mit zeitversetzten Antworten lassen sich leicht überwinden, weil die neuen Kommunikationstechnologien eine Unmittelbarkeit vermitteln, die Zeitbarrieren genauso besiegt wie einst das Telefon, aber mit größerer Flexibilität, so dass die Kommunikation von den

---

74 Tilly (1995).
75 Brand (1999: 28).
76 Wark (1994); Campo Vidal (1996).

Beteiligten für ein paar Sekunden oder Minuten unterbrochen werden kann, um weitere Information einzuholen oder den Kommunikationsbereich zu erweitern, ohne unter dem Druck des Telefons zu stehen, das auf langes Schweigen schlecht eingerichtet ist.

Andererseits schafft die Vermischung der Zeiten in den Medien innerhalb desselben Kommunikationskanals und nach Gutdünken der Zuschauer bzw. Interagierenden eine Zeit-Collage, in der nicht nur die Genres zusammengemixt werden, sondern wo auch die Zeitform zu einem flachen Horizont synchron wird, ohne Anfang, ohne Ende, ohne Sequenz. Die Zeitlosigkeit des Multimedia-Hypertextes ist ein entscheidendes Merkmal unserer Kultur, das das Denken und das Gedächtnis der Kinder formt, die in diesem neuen kulturellen Kontext aufwachsen. Die Geschichte wird zuerst nach der Verfügbarkeit von Bildmaterial organisiert und dann der computerisierten Möglichkeit unterworfen, aus Aufzeichnungen sekundenlange Bruchteile auszuwählen, die nach spezifischen Diskursen aneinandergestückelt oder voneinander abgetrennt werden. Schulbildung, Medienunterhaltung, Sonderberichterstattung und Werbung organisieren die Zeitlichkeit, wie es gerade passt, so dass als Gesamtergebnis eine nicht-sequenzielle Zeit kultureller Produkte herauskommt, die aus dem kompletten menschlichen Erfahrungsschatz ausgewählt werden. Während Enzyklopädien menschliches Wissen nach dem Alphabet geordnet haben, bieten die elektronischen Medien Zugang zu Information, Ausdruck und Wahrnehmung entsprechend den Impulsen der Konsumierenden oder nach den Entscheidungen der Produzierenden. Auf diese Weise verliert die gesamte Ordnung sinnhafter Ereignisse ihren internen chronologischen Rhythmus und wird abhängig vom sozialen Kontext ihrer Nutzung in Zeitsequenzen organisiert. Damit ist dies *zu ein und derselben Zeit eine Kultur des Ewigen und des Ephemeren.* Sie ist ewig, weil sie die komplette Sequenz kultureller Ausdrucksformen vorwärts und rückwärts umfasst. Sie ist ephemer, weil jedes Arrangement, jede spezifische Abfolge vom Kontext und der Zielsetzung abhängig ist, nach der irgendein bestimmtes kulturelles Konstrukt angesteuert wird. Wir befinden uns nicht in einer Kultur der Zirkelhaftigkeit, sondern in einem Universum undifferenzierter Zeitlichkeit kultureller Ausdrucksformen.

Ich habe die Beziehung zwischen der Ideologie des Endes der Geschichte, den materiellen Bedingungen, die unter der Logik des Raumes der Ströme geschaffen worden sind, und der Entstehung der postmodernen Architektur besprochen, in der alle kulturellen Codes ohne Abfolge und Ordnung zusammengemischt werden können, weil wir uns in einer Welt endlicher kultureller Ausdrucksformen befinden. Die ewig/ephemere Zeit fügt sich gleichfalls in diesen spezifischen kulturellen Modus ein, weil sie jegliche spezifische Abfolge hinter sich lässt. David Harvey hat im Rahmen ähnlicher Überlegungen brillant die Interaktion zwischen postmoderner Kultur in Architektur, Kino, Bildender Kunst oder Philosophie einerseits und andererseits dem aufgezeigt, was er den „postmodernen Zustand" nennt, der durch die Verdichtung von Raum und Zeit bewirkt wird. Obwohl ich glaube, dass er der kapitalistischen Logik mehr Verantwortung für die gegenwärtigen kulturellen Transformationsprozesse zuspricht, als ihr gebührt, so entschleiert seine Analyse doch die sozialen Quellen der plötzlichen Konvergenz zwischen kulturellen Ausdrucksformen, die zur Negation von Sinn und zur Erklärung der Ironie zum höchsten Wert hin strebten.[77] Die Zeit wird im Bereich der Kultur zusammengedrückt und schließlich geleugnet – als primitive Replik des schnellen Umsatzes in Konsumtion, Produktion, Ideologie und Politik, auf dem unsere Gesellschaft begründet ist. Eine Geschwindigkeit, die nur durch die neuen Informationstechnologien möglich geworden ist.

Die Kultur reproduziert jedoch nicht in allen ihren Manifestationen einfach die Logik des Wirtschaftssystems. Die historische Entsprechung zwischen der politischen Ökonomie der Zeichen und den Zeichen der politischen Ökonomie ist kein hinreichendes Argument, um das Auftreten der zeitlosen Zeit im Postmodernismus zu charakterisieren. Ich glaube, dass wir dem noch etwas Weiteres hinzufügen müssen: die Besonderheit der neuen kulturellen Ausdrucksformen, ihre ideologische und technologische Freiheit, die Erde und die gesamte Menschheitsgeschichte abzusuchen und im Supertext einfach jedes Zeichen von überall her zu integrieren und zu mischen, vom Rap der amerikanischen Ghetto-Kultur, der ein paar Monate später von Popgruppen in Taipei oder Tokyo nachgemacht wird, bis zum buddhistischen Spiritualismus, der in elektronische Musik transformiert wird. Die ewig/ephemere Zeit der neuen Kultur fügt sich durchaus in die Logik des flexiblen Kapitalismus und in die Dynamik der Netzwerkgesellschaft ein, sie trägt dazu aber ihre eigene, kraftvolle Ebene bei, indem sie individuelle Träume und kollektive Vorstellungen in der inneren Landschaft ohne Zeit installiert.

Vielleicht ist die New Age-Musik, die für den heutigen Geschmack gehobener Kreise auf der ganzen Welt so charakteristisch ist, repräsentativ für die zeitlose Dimension der entstehenden Kultur, weil sie umgebaute buddhistische Meditation, elektronische Geräuscherzeugung und raffinierte kalifornische Kompositionsweise zusammenführt. Die elektrische Harfe von Hillary Staggs, die eine Reihe von Grundtönen in der endlosen Variation einer einfachen Melodie moduliert, oder der Wechsel zwischen langen Pausen und plötzlicher Lautstärke in Ray Lynchs schmerzhafter Heiterkeit kombinieren innerhalb desselben musikalischen Textes ein Gefühl von Distanz und Wiederholung mit dem plötzlichen Aufwallen zurückgehaltenen Gefühls, wie kurzes Aufblitzen von Leben im Ozean der Ewigkeit – ein Gefühl, das in vielen New Age-Kompositionen oft noch durch Hintergrundgeräusche von Meereswellen oder Wüstenwind unterstrichen wird. Wenn man wie ich annimmt, dass New Age die klassische Musik unserer Epoche ist und ihren Einfluss in so vielen unterschiedlichen Kontexten, aber immer unter denselben gesellschaftlichen Gruppen beobachtet, so lässt sich sagen, dass die Manipulation der Zeit das wiederkehrende Thema der neuen kulturellen Ausdrucksfor-

---

77 Harvey (1990: 284ff.).

men ist. Eine Manipulation, die von dem binären Bezug auf Augenblick und Ewigkeit besessen ist: ich und das Universum, das Selbst und das Netz. Diese Versöhnung, die das biologische Individuum tatsächlich in das kosmologische Ganze einschmilzt, lässt sich nur unter der Bedingung erreichen, dass alle Zeiten ineinander zerfließen, von Schöpfung unser selbst bis hin zum Ende des Universums. Zeitlosigkeit ist das wiederkehrende Thema der kulturellen Ausdrucksformen unseres Zeitalters, sei es im plötzlichen Aufleuchten in Videoclips oder im ewigen Widerhallen des elektronischen Spiritualismus.

Zeit, Raum und Gesellschaft: der Rand des Für Immer

Was ist nach alledem also Zeit, diese schwer fassbare Vorstellung, die den heiligen Augustinus verwunderte, Newton in die Irre führte, Einstein inspirierte und von der Heidegger besessen war? Und wie wird sie in unserer Gesellschaft transformiert?

Zum Zweck meiner Untersuchung finde ich es nützlich, mich auf Leibniz zu berufen, für den Zeit die Ordnung der Aufeinanderfolge von „Dingen" ist, so dass es ohne „Dinge" keine Zeit gäbe.[78] Dem gegenwärtigen Wissen über den Zeitbegriff in Physik, Biologie, Geschichte und Soziologie scheint eine solche klare, synthetische Bestimmung nicht zu widersprechen. Außerdem können wir unter Rückgriff auf Leibniz' Zeitvorstellung die Transformation der Zeitlichkeit besser verstehen, die sich vor unseren Augen ereignet. Ich stelle die Idee zur Diskussion, dass *zeitlose Zeit*, wie ich die herrschende Zeitlichkeit unserer Gesellschaft bezeichne, *entsteht, wenn die Charakteristika eines gegebenen Kontextes, nämlich des informationellen Paradigmas und der Netzwerkgesellschaft, zu einer systemischen Irritation in der sequenziellen Ordnung der Phänomene führt, die in diesem Kontext auftreten*. Diese Irritation kann die Form der Verdichtung des Vorkommens von Phänomenen annehmen, was auf Augenblicklichkeit hin zielt, oder auch die Einführung einer zufallsabhängigen Diskontinuität in die bestehende Sequenz. Die Eliminierung der Abfolge schafft undifferenzierte Zeit, was dasselbe bedeutet wie Ewigkeit.

---

78 Obwohl die Analyse von Raum und Zeit in die gesamte philosophische Konzeption von Leibniz eingebettet ist, ist eine der klarsten Formulierungen seines Denkens in dem folgenden Absatz enthalten, der aus dem Briefwechsel mit Clark (1715-1716) stammt: „Ich habe mehr als einmal gesagt, dass ich *Raum* für etwas rein relatives halte, wie *Zeit; wobei der Raum ebenso eine Ordnung der Koexistenz von Dingen ist, wie die Zeit eine Ordnung der Abfolgen*. Denn Raum bezeichnet im Hinblick auf die Möglichkeit eine Ordnung der Dinge, die zur selben Zeit existieren, soweit sie zusammen existieren und es geht dabei nicht um ihre besondere Art der Existenz: Und wenn wir verschiedene Dinge zusammen sehen, so nehmen wir diese Ordnung wahr, die die Dinge untereinander haben ... Dasselbe trifft für die Zeit zu ... *Augenblicke sind getrennt von Dingen nichts, und sie bestehen nur in der sukzessiven Ordnung der Dinge*" (zit. nach Parkinson 1973: 211f.; Hv.: M.C.).

Die spezifischen Analysen, die ich in diesem Kapitel entwickelt habe, geben Illustrationen für die entscheidenden, durch diese abstrakte Kennzeichnung angesprochenen Fragen. Kapitaltransaktionen in Sekundenbruchteilen, Unternehmen mit flexiblem Zeitregime, variable Lebensarbeitszeit, die Verwischung des Lebenszyklus, die Suche nach Ewigkeit durch die Verleugnung des Todes, Instant-Kriege und die Kultur der virtuellen Zeit – dies alles sind grundlegende Phänomene, die für die Netzwerkgesellschaft charakteristisch sind und durch ihr Vorkommen die Zeitformen systematisch miteinander vermischen.

Diese Charakteristik gilt jedoch nicht für jegliche Zeit, die von Menschen erfahren wird. Vielmehr leben in unserer Welt die meisten Menschen wie die meisten Räume in einer anderen Zeitlichkeit. Ich habe den drastischen Gegensatz zwischen den Instant-Kriegen und der Eliminierung des Krieges aus dem Lebenshorizont der meisten Menschen in den herrschenden Ländern einerseits und der endlosen, alltäglichen Kriegführung an über die Erde verstreuten Orten andererseits erwähnt. Ähnliche Überlegungen lassen sich für jedes Fallbeispiel anstellen, das mit der neuen Zeitlichkeit zu tun hat. Die Kindersterblichkeit ist in Uruguay und der früheren UdSSR mehr als doppelt so hoch wie der US-Durchschnitt, aber dasselbe gilt für Washington, D.C. (s. Tab. 7.7). Tod und Krankheit werden auf der ganzen Welt zurückgedrängt, doch 1990 hatten Menschen aus den am wenigsten entwickelten Ländern eine um 25 Jahre kürzere Lebenserwartung als Menschen in den am weitesten fortgeschrittenen Ländern. Flexible Arbeitszeit, vernetzte Produktion und das Selbst-Management von Zeit in Norditalien oder Silicon Valley haben für die Millionen von Arbeitenden, die in die nach der Uhrenzeit betriebenen Fließbandfabriken Chinas und Südostasiens gebracht werden, sehr geringe Bedeutung. Flexible Zeitpläne bedeuten für die riesige Mehrheit der städtischen Bevölkerung der Welt noch immer ein Überleben in den unvorhersagbaren Arbeitsrastern der informellen Wirtschaft, wo die Vorstellung der Arbeitslosigkeit einem System fremd ist, in dem man entweder arbeitet oder stirbt. So vergrößert etwa das mobile Telefonieren die Zeit/Raum-Flexibilität bei persönlichen und beruflichen Verbindungen. Aber in den Straßen von Lima beflügelte sie 1995 eine neue Form informeller Geschäfte mit dem Spitznamen *cholular*[79]. Dabei streiften Verkäufer für Straßenkommunikation mit Zellular-Telefonen umher und boten Passanten bezahlte Anrufe an: maximale Flexibilität bei endlosen Arbeitstagen mit einer unvorhersagbaren Zukunft. Aber auch die virtuelle Kultur wird ja für ein großes Segment der Menschen noch immer mit dem passiven Fernsehen am Ende eines erschöpfenden Arbeitstages assoziiert, wenn der Verstand von den Bildern der Seifenopern okkupiert wird, in denen texanische Millionäre auftreten, die eigentümlicherweise Jugendlichen in Marrakesch ebenso vertraut sind wie Hausfrauen in Barcelona, wo sie dies natürlich voller Stolz auf ihre Identität auf Katalanisch sehen.

---

[79] „Cholo" ist in Peru die umgangssprachliche Bezeichnung für Leute von der Küste. „Cholular" ist ein Sprachspiel, das die Zellular-Telefonie mit der Identität Limas vermengt.

Tabelle 7.7 Vergleich der Kindersterblichkeitsquote, ausgewählte Länder, 1990-1995 (Schätzungen)

	Todesfälle pro 1.000 Lebendgeburten
Vereinigte Staaten	9
Schwarze	18
Weiße	8
Andere	16
Counties und Städte	
Norfolk City, VA	20
Portsmouth City, VA	19
Suffolk City, VA	25
New York City, NY	12
Bronx	13
Orleans, LA	17
Los Angeles Co., CA	8
Wayne Co. (Detroit), MI	16
Washington, DC	21
Afrika	95
Algerien	61
Ägypten	57
Kenia	66
Marokko	68
Nigeria	96
Südafrika	53
Tanzania	102
Zaire (ehemal.)	93
Asien	62
Europa	10
Lateinamerika	47
Nordamerika	8
Ozeanien	22
UdSSR (ehemal.)	21
Andere Länder	
Bulgarien	14
Chile	17
China	27
Costa Rica	14
Deutschland	7
Frankreich	7
Hong Kong	6
Jamaika	14
Japan	5
Kanada	7
Korea	21
Malaysia	14
Polen	15
Singapur	8
Thailand	26
Ukraine	14
Uruguay	20
Vereinigtes Königreich	7

Quellen: United Nations Population Fund, *The State of World Population*, 1994; US Dept of Health and Human Services, *Vital Statistics of the United States: 1990*, vol. II section 2, table 2-1, 1994

Die zeitlose Zeit gehört zum Raum der Ströme, während Zeitdisziplin, biologische Zeit und gesellschaftlich determinierte Abfolge auf der ganzen Welt Orte charakterisieren, die unsere segmentierten Gesellschaften materiell strukturieren und destrukturieren. Der Raum formt in unserer Gesellschaft die Zeit. Das ist die Umkehr einer historischen Tendenz: Ströme bewirken zeitlose Zeit, Orte sind zeitlich umgrenzt.[80] Die Idee des Fortschritts, in der unsere Kultur und Gesellschaft die letzten zwei Jahrhunderte lang verwurzelt gewesen ist, war gegründet auf der Bewegung der Geschichte und sogar auf der vorherbestimmten Abfolge der Geschichte, die der Führung der Vernunft und dem Impuls der Produktivkräfte folgte, in der Lage, den Beschränkungen räumlich umgrenzter Gesellschaften und Kulturen zu entrinnen. Die Meisterung der Zeit, die Kontrolle der Rhythmizität hat die Territorien kolonisiert und den Raum im Zuge der gewaltigen Bewegung von Industrialisierung und Urbanisierung transformiert, die durch die historischen Zwillingsprozesse der Herausbildung des Kapitalismus und des Etatismus erreicht wurde. Das Werden strukturierte das Sein, die Zeit machte sich den Raum konform.

Der herrschende Trend in unserer Gesellschaft ist Ausweis der historischen Rache des Raumes, weil er Zeitlichkeit nach unterschiedlichen und selbst einander widersprechenden Logiken in Übereinstimmung mit räumlichen Dynamiken strukturiert. Der Raum der Ströme löst, wie im vorangegangenen Kapitel gezeigt, die Zeit dadurch auf, dass er die Abfolge der Ereignisse desorganisiert, sie simultan macht und so die Gesellschaft in der ewigen Augenblicklichkeit installiert. Der vielfache Raum der Orte, die verstreut, fragmentiert und untereinander unverbunden sind, weist unterschiedliche Zeitlichkeiten auf, angefangen von der primitivsten Herrschaft von Naturrhythmen bis hin zur strengsten Tyrannei der Uhrenzeit. Ausgewählte Funktionen und Individuen überschreiten die Zeit,[81] dagegen ertragen die entwerteten Tätigkeiten und die untergeordneten Menschen das Leben, während die Zeit dahingeht. Während die sich abzeichnende Logik der neuen Gesellschaftsstruktur auf die unablässige Überwindung der Zeit als geordneter Abfolge von Ereignissen ausgeht, bleibt der größte Teil der Gesellschaft innerhalb eines global durch wechselseitige Abhängigkeiten bestimmten Systems am Rand des neuen Universums. Die Zeitlosigkeit segelt in

---

80 Diese Konzeptionalisierung hat Ähnlichkeit mit der Konstruktion von Raum-Zeit-Regimen, die Innis (1950, 1951) vorgeschlagen hat. Ich beanspruche aber keine intellektuelle Abstammung von seiner Theorie, weil ich glaube, dass er vermutlich mit meiner Gesamtanalyse der Zeit nicht einverstanden wäre.

81 Es scheint dem Augenschein zu widersprechen, wenn man sagt, die Berufselite in unseren Gesellschaften überschreite die Zeit, sei zeit-transzendent. Sind sie (wir) nicht ständig dabei, gegen die Uhr anzurennen? Ich behaupte gerade, dass dieses Verhaltensmuster genau die Konsequenz davon ist, dass man unablässig die Zeit und die Rhythmizität des Lebenszyklus (Alter, Fortkommen in der Karriere) verdrängen will, wie dies unsere Kultur und Organisation nahelegen und durch neue technologische Mittel erleichtert wird. Was kann mehr Zeitstress bedeuten als der alltägliche Kampf gegen die Zeit?

einem Ozean, der umgeben ist von zeitlich begrenzten Ufern, von denen noch immer die Klagen der in der Zeit angeketteten Kreaturen zu hören sind.

Außerdem wird die Logik der Zeitlosigkeit innerhalb der Gesellschaft nicht ohne Widerstand zur Geltung gebracht. In dem Maße, wie Orte und Lokalitäten versuchen, die Kontrolle über die sozialen Interessen zurückzugewinnen, die in den Raum der Ströme eingebettet sind, versuchen auch zeit-bewusste soziale Akteure, die a-historische Herrschaft der Zeitlosigkeit unter Kontrolle zu bringen. Gerade weil unsere Gesellschaft das Verständnis der materiellen Interaktionen im Hinblick auf die gesamte Umwelt erreicht, stellen uns Wissenschaft und Technik das Potenzial bereit, eine neue Art von Zeitlichkeit vorherzusehen. Sie befindet sich ebenfalls im Bezugsrahmen der Ewigkeit, berücksichtigt aber historische Abfolgen. Das ist es, was Lash und Urry „glaziale Zeit" nennen; nach dieser Vorstellung „ist die Beziehung zwischen Menschen und Natur sehr langfristig und evolutionär. Sie bewegt sich aus der unmittelbaren Geschichte zurück und hinaus in eine gänzlich unspezifizierbare Zukunft"[82]. In der Tat ist, wie ich in Band II zeige, der Gegensatz zwischen der Handhabung der glazialen Zeit und dem Streben nach Zeitlosigkeit in den sozialstrukturell entgegengesetzten Positionen verankert, die die Umweltbewegung und die etablierten Mächte in unserer Gesellschaft einnehmen.

Aus Sorge über das Verschwinden einer langfristigen Sicht auf die Zeit in unserer Kultur haben 1998 einige Leute aus Wissenschaft, Kunst und Wirtschaftsleben in der Region der Bucht von San Francisco eine Organisation mit dem Namen The Long Now Foundation – etwa: Stiftung für das lange Jetzt – gegründet, um eine andere Vorstellung von Zeit zu propagieren, die auf zwei Hauptfragen beruht: „Wie können wir langfristiges Denken automatisch und allgemein machen, statt schwierig und selten? Wie können wir dafür sorgen, dass die Übernahme langfristiger Verantwortung unausweichlich wird?"[83] Außer der Herstellung einer *web site*, dem Bau einer *Long Now*-Bibliothek und der Durchführung von Seminaren und Konferenzen, auf denen über Zeit und das Schaffen der Zukunft diskutiert wurde, konzentrierte die Stiftung ihre Anstrengungen darauf, auf der Grundlage einer Idee des Computer-Designers Daniel Hillis eine neue Uhr zu entwerfen und herzustellen. Es sollte eine gigantische, mechanische Uhr des Langen Jetzt (*Clock of the Long Now*) werden, die programmiert sein sollte, um 10.000 Jahre lang die Zeit aufzuzeichnen und einmal im Jahr, einmal im Jahrhundert und einmal im Jahrtausend ihre Lautsignale zu geben. Sie wird vielleicht so groß werden wie Stonehenge und könnte in der westlichen Wüste in Amerika angesiedelt werden. Ende 1999 wurde gerade ein ziemlich großer Prototyp fertiggestellt, der 2000 im Presidio International Center in San Francisco ausgestellt werden sollte. Diese Uhr war ausdrücklich als kulturelles Artefakt konzipiert, um der Vorstellung von der Instant-Zeit ent-

---

82   Lash und Urry (1994: 243).
83   Brand (1999: 2).

gegenzuwirken und unsere Zeiterfahrung auf das Schritttempo des kosmologischen Seins und des historischen Werdens zu verlangsamen. Letztlich soll das Projekt unsere zeitliche Verantwortung gegenüber den künftigen Generationen materialisieren.

Was es an dieser Stelle festzuhalten gilt, ist die konfliktreiche Differenzierung der Zeit, die als Auswirkung gegensätzlicher sozialer Interessen an der Abfolge von Phänomenen zu verstehen ist. Bei dieser Differenzierung geht es einerseits um die kontrastierende Logik zwischen der durch den Raum der Ströme strukturierten Zeitlosigkeit und den vielfältigen, untergeordneten Zeitlichkeiten, die mit dem Raum der Orte verbunden sind. Andererseits stellt die widersprüchliche Dynamik der Gesellschaft das Streben nach menschlicher Ewigkeit durch die Vernichtung der Zeit im Leben der Einsicht in die kosmologische Ewigkeit durch Respekt vor der glazialen Zeit. Zwischen unterworfenen Zeitlichkeiten und der evolutionären Natur entsteht die Netzwerkgesellschaft am Rande des Für Immer.

Schluss: Die Netzwerkgesellschaft

Unsere Erkundung entstehender sozialer Strukturen in den verschiedenen Bereichen menschlicher Tätigkeiten und Erfahrung führt zu einer übergreifenden Schlussfolgerung: Es lässt sich als historische Tendenz festhalten, dass die herrschenden Funktionen und Prozesse im Informationszeitalter zunehmend in Netzwerken organisiert sind. Netzwerke bilden die neue soziale Morphologie unserer Gesellschaften, und die Verbreitung der Vernetzungslogik verändert die Funktionsweise und die Ergebnisse von Prozessen der Produktion, Erfahrung, Macht und Kultur wesentlich. Zwar hat es Netzwerke als Form sozialer Organisation auch zu anderen Zeiten und in anderen Räumen gegeben, aber das neue informationstechnologische Paradigma schafft die materielle Basis dafür, dass diese Form auf die gesamte gesellschaftliche Struktur ausgreift und sie durchdringt. Außerdem möchte ich behaupten, dass diese Vernetzungslogik zu einer sozialen Determination auf höherer Ebene führt, als jener der spezifischen gesellschaftlichen Interessen, die in den Netzwerken zum Ausdruck kommen: die Macht der Ströme gewinnt Vorrang gegenüber den Strömen der Macht. Anwesenheit oder Abwesenheit im Netzwerk und die Dynamik eines jeden Netzwerkes gegenüber anderen sind entscheidende Quellen von Herrschaft und Wandel in unserer Gesellschaft: einer Gesellschaft, die wir daher zutreffend Netzwerkgesellschaft nennen können, und die geprägt ist durch die Dominanz der Bedeutung der sozialen Morphologie gegenüber dem sozialen Handeln.

Um zu klären, was das heißt, werde ich versuchen, die Hauptlinien der in diesem Band vorgelegten Analyse mit der weiteren, im Prolog umrissenen theoretischen Perspektive zusammenzuführen. Man sollte aber im Auge behalten, dass ich nicht auf das gesamte Spektrum der zu Anfang dieser Untersuchung eingeführten theoretischen Fragen eingehen kann, bevor ich nicht in den Bänden II und III so grundlegende Probleme wie die Geschlechterbeziehungen, die Konstruktion von Identität, soziale Bewegungen, die Transformation des politischen Prozesses und die Krise des Staates im Informationszeitalter untersucht habe. Erst nach der Behandlung dieser Gegenstände und der Beobachtung ihrer tatsächlichen Ausdrucksformen in den Makro-Prozessen, die zur Jahrtausendwende dabei sind, unsere Gesellschaften umzuformen, werde ich versuchen, einige Forschungshypothesen aufzustellen, um die neue, im Entstehen begriffene Gesellschaft zu verstehen. Dennoch haben die Leserinnen und Leser in diesem Band genügend Informationen und Überlegungen bekommen, um zu einigen vorläufigen Schlussfolgerungen über die neue Struktur der herrschenden Funktionen und Prozesse zu gelangen. Dies ist der notwendige Ausgangspunkt für ein Verständnis der gesellschaftlichen Gesamtdynamik.

Ich definiere zunächst den Begriff des Netzwerkes, weil dies eine so zentrale Rolle bei der Charakterisierung der Gesellschaft des Informationszeitalters spielt.[1] Ein Netzwerk besteht aus mehreren untereinander verbundenen Knoten. Ein Knoten ist ein Punkt, an dem eine Kurve sich mit sich selbst schneidet. Was ein Knoten konkret ist, hängt von der Art von konkreten Netzwerken ab, von denen wir sprechen. Es sind Aktienmärkte und die sie unterstützenden fortgeschrittenen Dienstleistungszentren im Netzwerk der globalen Finanzströme. Es sind nationale Ministerräte und Europäische Kommissare in dem politischen Netzwerk, das die Europäische Union regiert. Es sind Koka- und Mohnfelder, Geheimlabors, geheime Landebahnen, Straßenbanden und Finanzinstitutionen zur Geldwäsche im Netzwerk des Drogenhandels, das sich durch die Volkswirtschaften, Gesellschaften und Staaten der ganzen Welt zieht. Es sind Fernsehsysteme, Unterhaltungsstudios, Computergrafik-Milieus, Nachrichtenteams und mobile Geräte, mit denen innerhalb des globalen Netzwerkes der Nachrichtenmedien Signale erzeugt, übertragen und empfangen werden, an der Wurzel der kulturellen Ausdrucksformen und der öffentlichen Meinung im Informationszeitalter. Die von Netzwerken definierte Topologie bringt es mit sich, dass die Distanz (oder die Intensität und Häufigkeit der Interaktion) zwischen zwei Punkten (oder sozialen Positionen) geringer (oder häufiger oder intensiver) ist, wenn beide Punkte Knoten in einem Netzwerk sind, als wenn sie nicht zum selben Netzwerk gehören. Andererseits haben Ströme innerhalb eines gegebenen Netzwerkes keine Distanz – oder dieselbe Distanz – zwischen den Knoten. So variiert die (physische, soziale, wirtschaftliche, politische, kulturelle) Distanz für einen gegebenen Punkt oder eine gegebene Position zwischen Null – für jeden Knoten in demselben Netzwerk – und unendlich – für jeden Punkt außerhalb des Netzwerkes. Die Inklusion in und Exklusion aus Netzwerken und die Architektur der Beziehungen zwischen Netzwerken, die durch Informationstechnologien in Lichtgeschwindigkeit in Gang gesetzt werden, konfigurieren die herrschenden Prozesse und Funktionen in unseren Gesellschaften.

Netzwerke sind offene Strukturen und in der Lage, grenzenlos zu expandieren und dabei neue Knoten zu integrieren, solange diese innerhalb des Netzwer-

---

1 Für meine begriffliche Bestimmung von Netzwerken bin ich dem andauernden intellektuellen Dialog mit François Bar verpflichtet. Weitergehende theoretische Überlegungen zu Netzwerken und der Netzwerkgesellschaft sind in Castells (2000) enthalten.

Schluss: Die Netzwerkgesellschaft

kes zu kommunizieren vermögen, also solange sie dieselben Kommunikationscodes besitzen – etwa Werte oder Leistungsziele. Eine auf Netzwerken aufbauende Gesellschaftsstruktur ist ein hochgradig dynamisches, offenes System, das erneuert werden kann, ohne dass das Gleichgewicht in Gefahr geriete. Netzwerke sind angemessene Instrumente für eine kapitalistische Wirtschaft, die auf Innovation, Globalisierung und dezentralisierter Konzentration beruht; für Arbeit, Arbeitskräfte und Unternehmen, deren Grundlage Flexibilität und Anpassungsfähigkeit sind; für eine Kultur der endlosen Zerstörung und des nie endenden Neuaufbaus; für ein politisches System, das auf die augenblickliche Verarbeitung neuer Werte und öffentlicher Stimmungen eingestellt ist; und für eine gesellschaftliche Organisation, die auf die Verdrängung des Raumes und die Vernichtung der Zeit aus ist. Die Morphologie des Netzwerkes ist aber auch eine Quelle der drastischen Neuorganisation von Machtbeziehungen. Schalter, die die Netzwerke untereinander verbinden – etwa Finanzströme, die die Kontrolle über Medien-Imperien übernehmen, die wiederum politische Prozesse beeinflussen – sind die bevorzugten Instrumente der Macht. Damit sind diejenigen, die die Schalter betätigen, auch diejenigen, die die Macht innehaben. Weil es eine Vielzahl von Netzwerken gibt, werden die Codes und Schalter, die zwischen den Netzwerken vermitteln, zu den grundlegenden Quellen, durch die Gesellschaften geformt, geleitet und fehlgeleitet werden. Die Konvergenz zwischen sozialer Evolution und Informationstechnologien hat in der gesamten Gesellschaftsstruktur eine neue materielle Basis für das Ausführen von Tätigkeiten geschaffen. Diese aus Netzwerken gebaute materielle Basis bezeichnet die herrschenden sozialen Prozesse und formt damit die Sozialstruktur selbst.

Daher scheinen die in diesem Band vorgelegten Beobachtungen und Analysen darauf hinzudeuten, dass die neue Wirtschaftsform in globalen Netzwerken von Kapital, Management und Information organisiert ist, deren Zugang zu technologischem *Know-how* im Grunde über Produktivität und Konkurrenzfähigkeit entscheidet. Wirtschaftsunternehmen und zunehmend auch Organisationen und Institutionen sind in Netzwerken mit variabler Geometrie organisiert, deren Verflechtung die traditionelle Unterscheidung zwischen Konzernen und Kleinunternehmen ersetzt, sich quer durch alle Sektoren erstreckt und sich entlang unterschiedlicher geografischer Konzentrationen ökonomischer Einheiten ausbreitet. Der Arbeitsprozess wird entsprechend zunehmend individualisiert, die Arbeit wird in ihrer Ausführung in ihre Bestandteile zerlegt und am Ende durch eine Vielzahl zusammenhängender Aufgaben an verschiedenen Standorten neu integriert. Damit wird der Boden für eine neue Arbeitsteilung bereitet, die auf den Eigenschaften und Fähigkeiten jeder einzelnen Arbeitskraft beruht und nicht mehr auf der Organisation der Arbeitsschritte.

Diese Entwicklung hin zu vernetzten Formen von Management und Produktion bedeutet jedoch nicht das Ende des Kapitalismus. Die Netzwerkgesellschaft ist in ihren verschiedenen institutionellen Ausdrucksformen zumindest vorderhand eine kapitalistische Gesellschaft. Außerdem formt erstmals in der

Geschichte die kapitalistische Produktionsweise die sozialen Beziehungen auf dem gesamten Planeten. Aber diese Sorte Kapitalismus unterscheidet sich zutiefst von ihren Vorgängerinnen. Sie hat ihnen gegenüber zwei grundlegende Unterscheidungsmerkmale: Sie ist global, und sie ist weitgehend um ein Netzwerk globaler Finanzströme strukturiert. Das Kapital funktioniert global als Einheit in Echtzeit; und es wird primär in der Sphäre der Zirkulation realisiert, investiert und akkumuliert, d.h. als Finanzkapital. Zwar gehörte das Finanzkapital schon früher in der Regel zu den herrschenden Kapitalfraktionen, aber wir beobachten jetzt die Entstehung von etwas Anderem: Die Kapitalakkumulation erfolgt zunehmend auf den globalen Finanzmärkten und wird von Netzwerken im zeitlosen Raum der Finanzströme ins Werk gesetzt, und genauso wird auch ihre Wertschöpfung angetrieben. Von diesen Netzwerken aus wird Kapital global in die unterschiedlichsten Sektoren investiert: Informationsindustrie, Mediengeschäft, fortgeschrittene Dienstleistungen, landwirtschaftliche Produktion, Gesundheit, Bildung, Technologie, alte und neue Industriebranchen, Transport, Handel, Tourismus, Kultur, Umweltmanagement, Immobilien, Kriegführung und Friedensvermarktung, Religion, Unterhaltung und Sport. Manche Tätigkeiten sind profitabler als andere und unterliegen Zyklen, Marktaufschwüngen und -Depressionen sowie segmentierter globaler Konkurrenz. Was immer jedoch als Profit herausgezogen wird – aus Produzenten, Konsumenten, Technologie, Natur und Institutionen – wird in das Meta-Netzwerk der Finanzströme zurückgeleitet, wo alles Kapital gleich wird in der Waren-Demokratie des Profitmachens. In diesem elektronisch betriebenen globalen Spielkasino können einzelne Kapitale boomen oder zusammenbrechen, was über das Schicksal von Konzernen, privaten Ersparnissen, nationalen Währungen und regionalen Wirtschaftszusammenhängen entscheidet. Das Endergebnis ist gleich null: Die Verlierer zahlen für die Gewinner. Aber wer Gewinner und Verlierer sind, wechselt jährlich, monatlich, täglich, sekündlich und dringt hinunter in die Welt der Unternehmen, Arbeitsplätze, Gehälter, Steuern und öffentlichen Dienstleistungen – in die Welt dessen, was manchmal als „reale Wirtschaft" bezeichnet wird und was ich versucht bin, „unwirkliche Wirtschaft" zu nennen, weil im Zeitalter des vernetzten Kapitalismus die grundlegende Wirklichkeit, wo Geld gewonnen und verloren, investiert oder gespart wird, die Finanzsphäre ist. Alle anderen Tätigkeiten – außer denen des verschwindenden öffentlichen Sektors – sind in erster Linie die Basis, um die notwendigen Überschüsse zu erzeugen, die in die globalen Ströme investiert werden, oder aber sie sind das Resultat von Investitionen, die ihren Ursprung in den Finanznetzwerken haben.

Um funktionieren und konkurrieren zu können, muss sich das Finanzkapital jedoch auf Wissen und Information stützen, die durch die Informationstechnologie erzeugt und verbessert werden. Das ist die konkrete Bedeutung der Verbindung zwischen der kapitalistischen Produktionsweise und der informationellen Entwicklungsweise. Denn Kapital, das rein spekulativ bliebe, wäre allzu großen Risiken ausgesetzt und würde am Ende durch die schlichte statistische Wahrscheinlichkeit bei den zufälligen Bewegungen der Finanzmärkte hinweggespült werden. Der Prozess der Akkumulation liegt vielmehr in dem Zusammenspiel zwischen Investitionen in profitable Firmen und der Nutzung der akkumulierten Profite, um sie in den globalen Finanznetzwerken Früchte tragen zu lassen. Akkumulation ist daher abhängig von Produktivität, von Wettbewerbsfähigkeit und von ausreichenden Informationen über Investitionen und langfristige Planungen in jedem Sektor. Die Hightech-Unternehmen sind von finanziellen Ressourcen abhängig, um ihr endloses Streben nach Innovation, Produktivität und Konkurrenzfähigkeit fortzusetzen. Das Finanzkapital bestimmt unmittelbar durch die Finanzinstitutionen oder indirekt durch die Dynamik des Aktienmarktes das Schicksal der Hightech-Branchen. Andererseits sind Technologie und Information entscheidende Werkzeuge, um Profit zu machen und Marktanteile zu sichern. Deshalb stehen Finanzkapital und industrielles Kapital im Hightech-Bereich in zunehmender gegenseitiger Abhängigkeit, selbst wenn ihre Arbeitsweisen spezifisch für jede Branche sind. Hilferding und Schumpeter hatten beide recht, aber ihre historische Vereinigung musste warten, bis sie in Palo Alto erträumt und auf der Ginza vollzogen wurde.

Das Kapital ist also entweder global oder wird global, um in den Akkumulationsprozess in einer Beziehung der elektronisch vernetzten Ökonomie einzutreten. Wie ich in Kapitel 3 versucht habe zu zeigen, sind die Unternehmen intern wie in ihren Außenbeziehungen zunehmend in Netzwerken organisiert. So breiten sich Kapitalströme und die durch sie hervorgerufenen Aktivitäten in Produktion, Management und Vertrieb in miteinander verknüpften Netzwerken mit variabler Geometrie aus. Wer sind nun unter diesen neuen technologischen, organisatorischen und ökonomischen Bedingungen die Kapitalisten? Das sind sicherlich nicht die juristischen Eigentümer der Produktionsmittel, zu denen Ihr oder mein Pensionsfonds genauso gehört wie ein Passant an einem Bankautomaten in Singapur, der plötzlich beschließt, Aktien auf dem *emergent market* in Buenos Aires zu kaufen. Aber das war in gewissem Maße schon seit den 1930er Jahren so, wie die klassische Studie von Berle und Means über Kontrolle und Eigentum in US-Konzernen zeigt. Es sind jedoch auch nicht die Konzernmanager, wie ihre Studie ebenso wie andere Analysen später behaupteten. Denn Manager kontrollieren spezifische Konzerne und spezifische Segmente der globalen Wirtschaft, aber sie kontrollieren nicht die tatsächlichen, systemischen Bewegungen des Kapitals in den Netzwerken der Finanzströme, von Wissen in den Informationsnetzwerken, von Strategien in der facettenreichen Reihe der Netzwerk-Unternehmen, und sie wissen sogar nicht einmal davon. Manche Akteure an der Spitze dieses globalen kapitalistischen Systems sind in der Tat Manager, wie im Fall der japanischen Konzerne. Andere könnte man noch immer mit der traditionellen Kategorie der Bourgeoisie identifizieren, wie in den übersee-chinesischen Wirtschaftsnetzwerken, die kulturell abgegrenzt sind und oft auf familiären oder persönlichen Beziehungen beruhen sowie gemeinsame Werte und manchmal auch politische Verbindungen haben. In den

Vereinigten Staaten schafft ein Gemisch historischer Schichten eine bunte Palette kapitalistischer Charaktere, zu denen traditionelle Bankier, neuliche Spekulanten, *self-made*-Genies, die Unternehmer geworden sind, globale Industriemagnaten und multinationale Manager gehören. In anderen Fällen sind öffentliche Konzerne – wie in Frankreich Banken und Elektronikunternehmen – die kapitalistischen Akteure. In Russland konkurrieren Überlebende aus der kommunistischen *nomenklatura* mit den jungen wilden Kapitalisten, um das Staatseigentum bei der Konstituierung der jüngsten kapitalistischen Provinz zu recyceln. Und auf der ganzen Welt fließt die Geldwäsche aus einer bunten Mischung krimineller Geschäfte dieser Mutter aller Akkumulation zu, die das globale Finanznetzwerk darstellt.

Also sind das alles Kapitalisten, die über alle möglichen Formen der Wirtschaft und über das Leben der Menschen bestimmen. Aber eine kapitalistische Klasse? Soziologisch oder ökonomisch gesprochen gibt es so etwas wie eine globale kapitalistische Klasse nicht. Sondern es gibt ein integriertes globales kapitalistisches Netzwerk, dessen Bewegungen und variable Logik in letzter Instanz die Wirtschaft bestimmen und Gesellschaften beeinflussen. Oberhalb einer Vielfalt von Kapitalisten aus Fleisch und Blut und auch kapitalistischen Gruppierungen gibt es also einen gesichtslosen kollektiven Kapitalisten, der aus Finanzströmen besteht, die durch elektronische Netzwerke in Gang gehalten werden. Das ist nicht einfach der Ausdruck der abstrakten Logik des Marktes, weil es nicht wirklich dem Gesetz von Angebot und Nachfrage folgt: Es reagiert auf Turbulenzen und unvorhersagbare Bewegungen nicht-kalkulierbarer Antizipationen, die durch Psychologie und Gesellschaft ebenso hervorgerufen werden wie durch ökonomische Prozesse. Dieses Netzwerk von Netzwerken des Kapitals vereinigt und kommandiert zugleich spezifische Zentren kapitalistischer Akkumulation und strukturiert dabei das Verhalten, in dessen Mittelpunkt die Unterwerfung der Kapitalisten unter das globale Netzwerk steht. Sie verfolgen ihre konkurrierenden oder konvergierenden Strategien mit den und durch die Kreisläufe dieses globalen Netzwerkes und sind so letztlich abhängig von der nicht-menschlichen kapitalistischen Logik einer elektronisch betriebenen, zufallsbestimmten Informationsverarbeitung. Es ist wirklich Kapitalismus in seiner reinen Ausdrucksform als endloses Streben nach Geld mittels Geld durch die Produktion von Waren mittels Waren. Doch das Geld ist nahezu gänzlich unabhängig von Produktion einschließlich der Produktion von Dienstleistungen geworden, weil es in die Netzwerke elektronischer Interaktionen höherer Ordnung entschlüpft ist, die selbst von ihren eigenen Managern nur schwerlich verstanden werden. Während der Kapitalismus noch immer herrscht, werden die Kapitalisten willkürlich verkörpert, und die kapitalistischen Klassen sind auf spezifische Regionen der Welt beschränkt, wo sie als Anhängsel des mächtigen Wirbelwindes gedeihen, der seinen Willen in Form von *spread points* und *futures options ratings* im globalen Flackern der Computer-Bildschirme manifest werden lässt.

Schluss: Die Netzwerkgesellschaft

Was passiert in dieser schönen neuen Welt des informationellen Kapitalismus mit der Arbeit und mit den gesellschaftlichen Produktionsbeziehungen? Die Arbeitenden verschwinden nicht im Raum der Ströme, und unten auf platter Erde gibt es reichlich Arbeit. Entgegen den apokalyptischen Prophezeiungen vereinfachender Analysen gibt es sogar mehr Arbeitsplätze und ein höherer Anteil der Menschen im arbeitsfähigen Alter ist erwerbstätig als je zuvor in der Geschichte. Das liegt hauptsächlich an der massenhaften Einbeziehung von Frauen in die bezahlte Arbeit in allen industrialisierten Gesellschaften. Dieser Zustrom wurde im Allgemeinen ohne größere Verwerfungen vom Arbeitsmarkt absorbiert und weitgehend sogar von ihm ausgelöst. Demnach hat die Ausbreitung der Informationstechnologien zwar sicherlich Erwerbstätige verdrängt und einige Arbeitsplätze gekostet, aber sie hat nicht zu Massenarbeitslosigkeit geführt, und dies scheint auch in absehbarer Zukunft nicht zu geschehen. Das gilt trotz des Anstiegs der Arbeitslosigkeit in den europäischen Volkswirtschaften, denn diese Tendenz hängt eher mit den gesellschaftlichen Institutionen zusammen als mit dem neuen Produktionssystem. Aber wenn nun Arbeit, Arbeitende und arbeitende Klassen auf der ganzen Welt zwar existieren und sogar zahlenmäßig zunehmen, so werden doch die gesellschaftlichen Beziehungen zwischen Kapital und Arbeit tiefgreifend transformiert. Kapital ist im Kern global. Arbeit ist in der Regel lokal. Der Informationalismus führt in seiner geschichtlichen Wirklichkeit gerade unter Einsatz der dezentralisierenden Macht der Netzwerke zur Konzentration und Globalisierung des Kapitals. Die Arbeit wird in ihrer Ausführung weiter in ihre Bestandteile zerlegt, in ihrer Organisation fragmentiert, in ihrer Existenz diversifiziert, in ihrer kollektiven Aktion gespalten. Die Netzwerke konvergieren in ein Meta-Netzwerk des Kapitals, das die kapitalistischen Interessen auf globaler Ebene und quer durch Sektoren und Tätigkeitsbereiche integriert: nicht konfliktfrei, aber unter derselben übergreifenden Logik. Die Arbeit verliert ihre kollektive Identität und wird im Hinblick auf Fähigkeiten, Arbeitsbedingungen sowie Interessen und Projekte immer stärker individualisiert. Wer die Eigentümer, wer die Produzenten, wer die Manager und wer die Diener sind, verschwimmt in einem Produktionssystem variabler Geometrie von Teamarbeit, Vernetzung, Auslagerung und Subunternehmern immer mehr. Können wir sagen, dass diejenigen, die Wert produzieren, die Computer-Freaks sind, die neue Finanzinstrumente erfinden und deren Arbeitsergebnisse von Konzernmaklern enteignet werden? Wer trägt in der Elektronikindustrie zur Wertschöpfung bei: diejenigen, die in Silicon Valley Chips konstruieren oder die junge Frau am Fließband in einer südostasiatischen Fabrik? Sicherlich beide, wenn auch in wesentlich unterschiedlichem Ausmaß. Sind sie also gemeinsam die neue Arbeiterklasse? Warum nicht auch die Computer-Consultant in Bombay einbeziehen, die als Subunternehmerin diesen spezifischen Entwurf programmiert hat? Oder den fliegenden Manager, der zwischen Kalifornien und Singapur physisch oder per Telekommunikation hin und her pendelt, um die Chip-Produktion und die Konsumtion von elektronischer Ausrüstung maßgenau anzupassen? Es gibt in der Gesamtheit dieser komplexen, globalen Interaktionsnetzwerken durchaus die Einheit der Arbeitsprozesses. Aber es gibt zugleich die Differenzierung der Arbeit, die Segmentierung der Arbeitenden und die Desaggregation der Arbeit auf globaler Stufenleiter. Während also kapitalistische Produktionsverhältnisse weiter bestehen, und in vielen Volkswirtschaften die herrschende Logik sogar strikter kapitalistisch ist als je zuvor, tendieren Kapital und Arbeit doch zunehmend dazu, in unterschiedlichen Räumen und Zeiten zu existieren: im Raum der Ströme und im Raum der Orte, Instant-Zeit der Computernetzwerke gegenüber der Uhrenzeit des Alltagslebens. Sie leben also voneinander, aber sie beziehen sich nicht aufeinander, weil das Leben des globalen Kapitals immer weniger von spezifischer Arbeit abhängig ist und immer mehr von akkumulierter, allgemeiner Arbeit, die von einem kleinen Braintrust am Laufen gehalten wird, der die virtuellen Schlösser der globalen Netzwerke bevölkert. Jenseits dieser grundlegenden Dichotomie besteht weiterhin ein hohes Maß gesellschaftlicher Vielfalt, sie besteht aus Investitionsentscheidungen, Arbeitsanstrengung, menschlichem Einfallsreichtum, menschlichem Leiden, Einstellungen und Entlassungen, Beförderungen und Herabstufungen, Konflikten und Verhandlungen, Konkurrenz und Bündnissen: Das Arbeitsleben geht weiter. Auf einer tieferen Ebene der neuen gesellschaftlichen Wirklichkeit sind jedoch die gesellschaftlichen Produktionsverhältnisse in ihrer tatsächlichen Existenz voneinander abgekoppelt worden. Das Kapital tendiert dazu, in seinen *hyperspace* der reinen Zirkulation zu entweichen, während sich die kollektive Einheit der Arbeit in eine unendliche Variation individueller Existenzen auflöst. Unter den Bedingungen der Netzwerkgesellschaft ist das Kapital global koordiniert, die Arbeit ist individualisiert. Der Kampf zwischen unterschiedlichen Kapitalisten und diversen Arbeiterklassen ist unter den fundamentalen Gegensatz zwischen der nackten Logik der Kapitalströme und den kulturellen Werten der menschlichen Erfahrung subsumiert worden.

Die sozialen Transformationsprozesse, die mit dem Idealtypus der Netzwerkgesellschaft zusammengefasst werden, reichen über die Sphäre der sozialen und technischen Produktionsverhältnisse hinaus: Sie haben tiefgreifende Auswirkungen auch auf Kultur und Macht. Die kulturellen Ausdrucksformen werden von Geschichte und Geografie abgezogen und überwiegend durch elektronische Kommunikationsnetzwerke vermittelt, die mit dem und durch das Publikum in einer Vielfalt von Codes und Werten interagieren und endlich einem digitalisierten audiovisuellen Hypertext subsumiert werden. Weil Information und Kommunikation in erster Linie durch das diversifizierte, aber umfassende Mediensystem zirkulieren, wird Politik zunehmend im Raum der Medien ausgetragen. Führerschaft wird personalisiert, und das Herstellen von Image wird zur Herstellung von Macht. Nicht, dass sich jegliche Politik auf Medieneffekte reduzieren ließe oder dass Werte und Interessen nicht von politischen Ergebnissen berührt würden. Wer auch immer die politisch Handelnden und was auch immer ihre Orientierungen sind, sie existieren im Machtspiel in und durch die

Schluss: Die Netzwerkgesellschaft

Medien in der ganzen Vielfalt eines immer stärker ausdifferenzierten Mediensystems, was die computer-vermittelten Kommunikationsnetzwerke einschließt. Die Tatsache, dass die Politik in die Sprache der elektronisch gestützten Medien gegossen werden muss, hat tiefgreifende Konsequenzen für Charakteristika, Organisation und Zielsetzungen politischer Prozesse, politisch Handelnder und politischer Institutionen. Letztendlich werden die Kräfte, die in den Mediennetzwerken stecken, von der Macht der Ströme, die in Struktur und Sprache dieser Netzwerke enthalten ist, auf den zweiten Platz verwiesen.

Auf einer tieferen Ebene werden die materiellen Grundlagen von Gesellschaft, Raum und Zeit transformiert und organisieren sich nun um den Raum der Ströme und die zeitlose Zeit. Jenseits des metaphorischen Wertes dieser Ausdrücke, der in den vorangegangenen Kapiteln durch eine Reihe von Analysen und Illustrationen belegt wurde, stelle ich eine weitreichende Hypothese auf: Die herrschenden Funktionen werden in Netzwerken organisiert, die dem Raum der Ströme angehören, der sie über die ganze Welt hinweg miteinander verknüpft und zugleich die untergeordneten Funktionen und Menschen in vielfältige Räume von Orten fragmentiert, die aus immer stärker segregierten und abgekoppelten Örtlichkeiten bestehen. Die zeitlose Zeit scheint das Ergebnis der Negation von Zeit, Vergangenheit und Zukunft in den Netzwerken des Raums der Ströme zu sein. Inzwischen prägt die Uhrenzeit, die für jeden Prozess eigens nach seiner Position im Netzwerk gemessen wird, noch immer die untergeordneten Funktionen und Örtlichkeiten. Das Ende der Geschichte, das durch die Kreisförmigkeit computerisierter Finanzströme oder in der Augenblicklichkeit chirurgisch inszenierter Kriege vollzogen wird, übermächtigt die biologische Zeit der Armut oder die mechanische Zeit der industriellen Arbeit. Die gesellschaftliche Konstruktion der neuen herrschenden Formen von Raum und Zeit entwickelt ein Meta-Netzwerk, das nicht-wesentliche Funktionen, untergeordnete gesellschaftliche Gruppen und entwertete Territorien abschaltet. Damit entsteht eine unendliche soziale Distanz zwischen diesem Meta-Netzwerk und den meisten Individuen, Tätigkeiten und Orten auf der ganzen Welt. Nicht, dass die Menschen, Orte oder Tätigkeiten etwa verschwänden. Aber ihre strukturelle Bedeutung verschwindet, weil sie unter die unsichtbare Logik des Meta-Netzwerkes subsumiert wird, wo der Wert produziert wird, kulturelle Codes geschaffen werden und über Macht entschieden wird. Die neue soziale Ordnung, die Netzwerkgesellschaft erscheint den meisten Menschen zunehmend als eine meta-soziale Unordnung. Nämlich als eine automatisierte, zufällige Abfolge von Ereignissen, die sich aus der unkontrollierbaren Logik von Märkten, Technologie, geopolitischer Ordnung oder biologischer Determination ergeben.

Nehmen wir eine weitere historische Perspektive ein, so verweist die Netzwerkgesellschaft auf eine qualitative Veränderung der menschlichen Erfahrung. Wenn wir uns auf eine alte soziologische Tradition beziehen, derzufolge soziales Handeln ganz grundlegend als das veränderliche Muster der Beziehungen zwischen Natur und Kultur verstanden werden kann, dann befinden wir uns wirklich in einer neuen Ära. Das erste Modell der Beziehung zwischen diesen beiden grundlegenden Polen der menschlichen Existenz war Jahrtausende lang durch die Vorherrschaft der Natur über die Gesellschaft bestimmt. Die Codes der gesellschaftlichen Organisation brachten nahezu unmittelbar den Überlebenskampf unter der unkontrollierten, feindlichen Härte der Natur zum Ausdruck, wie uns die Anthropologie lehrt, die die Codes des sozialen Lebens bis zu den Wurzeln unseres biologischen Wesens zurückverfolgt. Das zweite Muster dieser Beziehung wurde zu Beginn des modernen Zeitalters geschaffen und steht mit der industriellen Revolution und dem Triumph der Vernunft in Zusammenhang. Es sah die Beherrschung der Natur durch die Kultur, die die Gesellschaft aus dem Arbeitsprozess herstellte, durch den die Menschheit sowohl ihre Befreiung von den Naturgewalten wie ihre Unterwerfung unter ihre eigenen Abgründe von Unterdrückung und Ausbeutung gefunden hat.

Wir sind gerade eben im Begriff, in ein neues Stadium einzutreten, in dem die Kultur sich auf Kultur bezieht, nachdem die Natur bis zu einem Punkt verdrängt worden ist, dass Natur künstlich als kulturelle Form wiederbelebt („bewahrt") wird: Dies ist die eigentliche Bedeutung der Umweltbewegung: die Natur als eine ideale kulturelle Form zu rekonstruieren. Wegen der Konvergenz zwischen historischer Evolution und technologischem Wandel sind wir in ein rein kulturelles Muster sozialer Interaktion und gesellschaftlicher Organisation eingetreten. Dies ist der Grund, warum Information das Schlüsselelement unserer gesellschaftlichen Organisation ist und warum Ströme von Botschaften und Bildern zwischen Netzwerken den roten Faden unserer Gesellschaftsstruktur bilden. Das soll nicht heißen, die Geschichte sei in der glücklichen Versöhnung der Menschheit mit sich selbst an ihr Ende gelangt. Das Gegenteil ist vielmehr der Fall: Die Geschichte beginnt gerade erst, wenn wir Geschichte als den Augenblick verstehen, zu dem nach Jahrtausenden einer vorgeschichtlichen Schlacht mit der Natur – erst ums Überleben, dann um ihre Unterwerfung – unsere Gattung das Niveau an Wissen und sozialer Organisation erreicht hat, das es uns erlauben wird, in einer vorwiegend gesellschaftlichen Welt zu leben. Es ist der Anfang einer neuen Existenz und wahrhaftig der Anfang eines neuen Zeitalters, des Informationszeitalters. Es ist gekennzeichnet durch die Autonomie der Kultur gegenüber den materiellen Grundlagen unserer Existenz. Aber das ist nicht zwangsläufig ein vergnüglicher Augenblick. Denn endlich allein in unserer menschlichen Welt, werden wir uns selbst im Spiegel der historischen Wirklichkeit betrachten müssen. Und es könnte sein, dass uns dieser Anblick nicht gefällt.

Literaturverzeichnis

Abbate, Janet (1999) *Inventing the Internet*, Cambridge, MA: MIT Press.
Abegglen, J.C. und Stalk, G. (1985) *Kaisha: the Japanese Corporation*, New York: Basic Books.
Abolaffia, Michael Y. und Biggart, Nicole W. (1991) „Competition and markets: an institutional perspective", in Amitai Etzioni und Paul R. Lawrence (Hg.), *Socio-economics: Towards a New Synthesis*, Armonk, NY: M.E. Sharpe, S. 211-231.
Abramson, Jeffrey B., Artertone, F. Christopher und Orren, Cary, R. (1988) *The Electronic Commonwealth: the Impact of New Media Technologies in Democratic Politics*, New York: Basic Books.
Adam, Barbara (1990) *Time and Social Theory*, Cambridge: Polity Press.
– (2000) „The temporal gaze: the challenge for social theory in the context of GM food", *British Journal of Sociology*, 51(1): 125-142.
Adler, Gerald (1999) „Relationships between Israel and Silicon Valley in the software industry", unveröff. MA-Arbeit, Berkeley, CA: University of California.
Adler, Glenn und Suarez, Doris (1993) *Union Voices: Labor's Responses to Crisis*, Albany, NY: State University of New York Press.
Adler, Paul S. (1992) *Technology and the Future of Work*, New York: Oxford University Press.
Agence de l'Informatique (1986) *L'État d'informatisation de la France*, Paris: Economica.
Aglietta, Michel (1976) *Régulation et crise du capitalisme: l'expérience des États-Unis*, Paris: Calmann-Levy.
Alarcon, Rafael (1998) „Mexican engineers in Silicon Valley", unveröff. PhD Diss., Berkeley, CA: University of California.
Allen, G.C. (1981a) *The Japanese Economy*, New York: St Martin's Press.
– (1981b) *A Short Economic History of Modern Japan*, London: Macmillan.
Allen, Jane E. (1995) „New computers may use DNA instead of chips", *San Francisco Chronicle*, 13. Mai: B2.
Alvarado, Manuel (Hg.) (1988) *Video World-wide*, London und Paris: John Libbey.
Amin, Ash und Robins, Kevin (1991) „These are not Marshallian times", in Roberto Camagni (Hg.), *Innovation Networks: Spatial Perspectives*, London: Belhaven Press, S. 105-120.
Amsdem, Alice (1979) „Taiwan's economic history: a case of étatisme and a challenge to dependency theory", *Modern China*, 5(3): 341-380.
– (1985) „The state and Taiwan's economic development", in Peter B. Evans, Dietrich Rueschemeyer und Theda Skocpol (Hg.), *Bringing the State Back In*, Cambridge: Cambridge University Press.
– (1989) *Asia's Next Giant: South Korea and Late Industrialization*, New York: Oxford University Press.

- (1992) „A theory of government intervention in late industrialization", in Louis Putterman und Dietrich Rueschemeyer (Hg.), *State and Market in Development: Synergy or Rivalry?* Boulder, CO: Lynne Rienner.
Anderson, A.E. (1985) *Creativity and Regional Development*, Laxenburg: International Institute for Applied Systems Analysis, working paper 85/14.
Anderson, K. und Norheim, H. (1993) „Is world trade becoming more regionalized?", *Review of International Economics*, 1.
Anisimov, Evgenii (1993) *The Reforms of Peter the Great: Progress through Coercion in Russia*, Armonk, NY: M.E. Sharpe.
Aoki, Masahiko (1988) *Information, Incentives, and Bargaining in the Japanese Economy*, Cambridge: Cambridge University Press.
Aoyama, Yuko (1995) „Locational strategies of Japanese multinational corporations in electronics", unveröff. PhD Diss., Berkeley, CA: University of California.
Appelbaum, Eileen (1984) *Technology and the Redesign of Work in the Insurance Industry*, research report, Stanford, CA: Stanford University Institute of Research on Educational Finance and Governance.
- und Schettkat, Ronald (Hg.) (1990) *Labor Markets, Adjustments to Structural Change and Technological Progress*, New York: Praeger.
Appelbaum, Richard P. und Henderson, Jeffrey (Hg.) (1992) *States and Development in the Asian Pacific Rim*, London: Sage.
Archibugi, D. und Michie, J. (Hg.) (1997) *Technology, Globalization, and Economic Performance*, Cambridge: Cambridge University Press.
Ariès, Philippe (1984) *Bilder zur Geschichte des Todes*, München/Wien: Hanser.
- (1996) *Geschichte des Todes*, Darmstadt: Wiss. Buchgesellschaft.
Armstrong, David (1994) „Computer sex: log on; talk dirty; get off", *San Francisco Examiner*, 10. April.
Aron, Raymond (1963) *Dix-huit leçons sur la société industrielle*, Paris: Idées-Gallimard.
Aronowitz, Stanley und Di Fazio, Williams (1994) *The Jobless Future*, Minneapolis: University of Minnesota.
Arrieta, Carlos G. u.a. (1991) *Narcotrafico en Colombia: dimensiones politicas, economicas, juridicas e internacionales*, Bogota: Tercer Mundo Editores.
Arthur, Brian (1985) *Industry Location and the Economics of Agglomeration: Why a Silicon Valley?*, Stanford, CA: Stanford University Center for Economic Policy Research, working paper.
- (1986) *Industry Location Patterns and the Importance of History*, Stanford, CA: Stanford University Food Research Institute, research paper.
- (1989) „Competing technologies, increasing returns, and lock-in by historical events", *Economic Journal*, 99: 116-31.
- (1998) *Increasing Returns and Path Dependence in the Economy*, Ann Arbor: University of Michigan Press.
Ashton, Thomas S. (1948) *The Industrial Revolution, 1760-1830*, Oxford: Oxford University Press.
Asian Money, Asian Issuers and Capital Markets Supplement (1993/1994) „Derivatives: making more room to manoeuvre", Dezember-Januar: 30-32.
Autorenkollektiv (1994) *The State of Working Women: 1994 Edition*, Tokyo: 21 Seiki Zoidan (japanisch).
Aydalot, Philippe (1985) „L'aptitude des milieux locaux a promouvoir innovation technologique" communication au symposium *Nouvelles technologies et regions en crise*, Association de Science Régionale de Langue Française, Brüssel, April : 22-23.
Aznar, Guy (1993) *Travailler moins pour travailler tous*, Paris: Syros.
Bailey, Paul, Parisotto, Aurelio und Renshaw, Geoffrey (Hg.) (1993) *Multi-nationals and Employment: the Global Economy of the 1990s*, Genf: International Labour Organization.

Baker, Hugh (1979) *Chinese Family and Kinship*, New York: Columbia University Press.
Balaji, R. (1994) „The formation and structure of the high technology industrial complex in Bangalore, India", unveröff. PhD Diss., Berkeley, CA: University of California.
Ball-Rokeach, Sandra J. und Cantor, Muriel (Hg.) (1986) *Media, Audience and Social Structure*, Beverly Hills, CA: Sage.
Banegas, Jesus (Hg.) (1993) *La industria de la información: situación actual y perspectivas*, Madrid: Fundesco.
Bar, François (1990) „Configuring the telecommunications infrastructure for the computer age: the economics of network control, unveröff. PhD Diss., Berkeley, CA: University of California.
– (1992) „Network flexibility: a new challenge for telecom policy", *Communications and Strategies*, special issue, Juni: 111-22.
– und Borrus, M. (1993) *The Future of Networking*, Berkeley, CA: University of California, BRIE working paper.
– und – mit Coriat, Benjamin (1991) *Information Networks and Competitive Advantage: Issues for Government Policy and Corporate Strategy Development*, Brüssel: Kommission der Europäischen Gemeinschaften, DGIII-BRIE-OECD Forschungsprogramm.
Baran, Barbara (1985) „Office automation and women's work: the technological transformation of the insurance industry", in Manuel Castells (Hg.), *High Technology, Space, and Society*, Beverly Hills, CA: Sage, S. 143-171.
– (1989) „Technological innovation and deregulation: the transformation of the labor process in the insurance industry", unveröff. PhD Diss., Berkeley, CA: University of California.
Baranano, Ana M. (1994) „La empresa española en los programas europeos de cooperación tecnológica", unveröff. Diss., Madrid: Universidad Autonoma de Madrid.
Barboza, David (1999a) „Measuring floorspace and cyberspace", *The New York Times*: 10. Januar (weekend review): 4.
– (1999b) „Chicago faces the future, reluctantly: Board of Trade battles new electronic rivals", *The New York Times*, 23. November: C1-C14.
Barglow, Raymond (1994) *The Crisis of the Self in the Age of Information: Computers, Dolphins, and Dreams*, London: Routledge.
Barlow, John Perry u.a. (1995) „What are we doing on line?" *Harper's*, August: 40.
Barthes, Roland (1978) *Leçon inaugurale de la chaire de sémiologie littéraire du Collège de France, prononcée le 7 Janvier 1977*, Paris: Seuil.
Basalla, George (1988) *The Evolution of Technology*, Cambridge: Cambridge University Press.
Batty, Michael und Barr, Bob (1994) „The electronic frontier: exploring and mapping cyberspace", *Futures*, 26(7): 699-712.
Baudrillard, Jean (1972) *Pour une critique de l'économie politique du signe*, Paris: Gallimard.
– (1991) *La Guerre du Golfe n'a pas eu lieu*, Paris: Fayard.
Baumgartner, Peter und Payr, Sabine (Hg.) (1995) *Speaking Minds: Interviews with Twenty Eminent Cognitive Scientists*, Princeton, NJ: Princeton University Press.
Baumol, W.J., Blackman, S.A.B. und Wolf, E.N. (1989) *Productivity and American Leadership: the Long View*, Cambridge, MA: MIT Press.
Baym, Nancy (1998) „The emergence of on-line community", in Steven G. Jones (Hg.), *Cybersociety 2.0: Revisiting Computer-mediated Communication and Community*, Thousand Oaks, CA: Sage, S. 35-68.
Beasley, W.G. (1990) *The Rise of Modern Japan*, London: Weidenfeld and Nicolson.
Bedi, Hari (1991) *Understanding the Asian Manager*, Sydney: Allen and Unwin.
Bell, Daniel (1976) *The Coming of Post-industrial Society: a Venture in Social Forecasting*, New York: Basic Books, 2. Ausg.
– (1975) *Die nachindustrielle Gesellschaft,* Frankfurt am Main/New York: Campus.
Belussi, Fiorenza (1992) „La flessibilita si fa gerarchia: la Benetton", in F. Belussi (Hg.), *Nuovi modelli d'impresa, gerarchie organizzative e imprese rete*, Mailand: Franco Angeli.

Bendixon, Terence (1991) „El transporte urbano", in Jordi Borja u.a. (Hg.), *Las grandes ciudades en la decada de los noventa*, Madrid: Editorial Sistema, S. 427-453.

Beniger, James R. (1986) *The Control Revolution: Technological and Economic Origins of the Information Society*, Cambridge, MA: Harvard University Press.

Benner, Chris (2000) „Labor market intermediaries and flexible employment in Silicon Valley", unveröff. PhD Diss., Berkeley, CA: University of California.

–, Brownstein, Bob und Dean, Amy B. (1999) *Negotiating Work in the New Economy*, San Jose, CA: Working Partnerships USA and Economic Policy Institute.

Bennett, A. (1990) *The Death of Organization Man*, New York: William Morrow.

Benson, Rod (1994) „Telecommunications and society: a review on the research literature on computer-mediated communication", Berkeley, CA: University of California, Berkeley Roundtable on the International Economy, Compuscript.

Benveniste, Guy (1994) *Twenty-first Century Organization: Analyzing Current Trends, Imagining the Future*, San Francisco, CA: Jossey Bass.

Berger, J. (1984) *And our Faces, my Heart, Brief as Photos*, London: Writers and Readers.

Berger, Peter (1987) *The Capitalist Revolution*, London: Wildwood.

– und Hsiao, M. (Hg.) (1988) *In Search of an East Asian Development Model*, New Brunswick, NJ: Transaction Books.

Bernstein, Michael A. und Adler, David E. (1994) *Understanding American Economic Decline*, New York: Cambridge University Press.

Bertazzoni, F. u.a. (1984) *Odissea Informatica. Alle soglie della nuova era: intinerario nelle societa informatiche*, Mailand: Istituto A. Gemelli per I Problemi della Comunicazione, Gruppo Editoriale Jackson.

Bessant, John (1989) *Microelectronics and Change at Work*, Genf: International Labour Organization.

Bettinger, Cass (1991) *High Performance in the 1990s: Leading the Strategic and Cultural Revolution in Banking*, Homewood, IL: Business One Irwin.

Bianchi, Patrizio, Carnoy, Martin und Castells, Manuel (1988) *Economic Modernization and Technology Policy in the People's Republic of China*, Stanford, CA: Stanford University Center for Education Research, research monograph.

Bielenski, Harald (Hg.) (1994) *New Forms of Work and Activity: Survey of Experience at Establishment Level in Eight European Countries*, Dublin: European Foundation for the Improvement of Living and Working Con-ditions.

Biggart, Nicole Woolsey (1990a) *Charismatic Capitalism*, Chicago, IL: University of Chicago Press.

– (1990b) „Institutionalized patrimonialism in Korean business", *Comparative Social Research*, 12: 113-133.

– (1991) „Explaining Asian economic organization: toward a Weberian institutional perspective", *Theory and Society*, 20: 199-232.

– (1992) „Institutional logic and economic explanation", in Jane Marceau (Hg.), *Reworking the World: Organizations, Technologies, and Cultures in Comparative Perspective*, Berlin: Walter de Gruyter, S. 29-54.

– und Hamilton, G.G. (1992) „On the limits of a firm-based theory to explain business networks: the western bias of neoclassical economics", in Nitin Nohria und Robert G. Ecckles (Hg.), *Networks and Organizations: Structure, Form, and Action*, Boston, MA: Harvard Business School Press.

Bijker, Wiebe E., Hughes, Thomas P. und Pinch, Trevor (Hg.) (1987) *The Social Construction of Technological Systems: New Directions in the Sociology and History of Technology*, Cambridge, MA: MIT Press.

Birch, David L. (1987) *Job Generation in America*, New York: Free Press.

Bird, Jane (1994) „Dial M for multimedia", *Management Today*, Juli: 50-53.

Bishop, Jerry E. und Waldholz, Michael (1990) *Genome*, New York: Simon and Schuster.

Bison, I. und Esping-Andersen, G. (2000) „Income packaging, poverty and unemployment in Europe", in D. Gallie und S. Paugham (Hg.), *The Experience of Unemployment in Oxford*, Oxford: Oxford University Press.

Blakely, Edward J. und Snyder, Mary Gail (1997) *Fortress America: Gated Communities in the United States*, Washington, DC: Brookings Institution Press.

–, Scotchmer, S. und Levine, J. (1988) *The Locational and Economic Patterns of California's Biotech Industry*, Berkeley, CA: University of California Institute of Urban and Regional Development, Biotech Industry Research Group Report.

Blazejczak, Jürgen, Eber, Georg und Horn, Gustav A. (1990) „Sectoral and macroeconomic impacts of research and development on employment", in Egon Matzner and Michael Wagner (Hg.), *The Employment Impact of New Technology: the Case of West Germany*, Aldershot, Hants: Avebury, S. 221-233.

Bluestone, Barry und Harrison, Bennett (1988) *The Great American Job Machine: the Proliferation of Low-wage Employment in the US Economy*, New York: Basic Books.

Blumler, Jay G. und Katz, Elihu (Hg.) (1974) *The Uses of Mass Communications*, Newport Beach, CA: Sage.

Bofill, Ricardo (1990) *Espacio y Vida*, Barcelona: Tusquets Editores.

Booker, Ellis (1994) „Interactive TV comes to public broadcasting", *Computerworld*, 28(3): 59.

Borja, Jordi und Castells, Manuel (1996) *The Local and the Global: Cities in the Information Age*, report commissioned by the United Nations Habitat Center for Habitat II – United Nations Conference *The City Summit*, Istanbul, 1996.

– und – (1997) *Local and Global: Management of Cities in the Information Age*, London: Earthscan.

– u.a. (Hg.) (1991) *Las grandes ciudades en la decada de los noventa*, Madrid: Editorial Sistema.

Borjas, George F., Freeman, Richard B. und Katz, Lawrence F. (1991) *On the Labour Market Effects of Immigration and Trade*, Cambridge, MA: National Bureau of Economic Research.

Bornstein, Lisa (1993) „Flexible production in the unstable state: the Brazilian information technology industry", unveröff. PhD Diss., Berkeley, CA: University of California.

Borrus, Michael G. (1988) *Competing for Control: America's Stake in Microelectronics*, Cambridge, MA: Ballinger.

– und Zysman, John (1997) „Wintelism and the changing terms of global competition: prototype of the future", Berkeley, CA: University of California, BRIE working paper.

Bosch, Gerhard (1995) *Flexibility and Work Organization: Report of Expert Working Group*, Brüssel: European Commission, Directorate General for Employment, Industrial Relations, and Social Affairs.

–, Dawkins, Peter und Michon, François (Hg.) (1994) *Times are Changing: Working Time in 14 Industrialised Countries*, Genf: International Labour Organization.

Botein, Michael und Rice, David M. (Hg.) (1980) *Network Television and the Public Interest*, Lexington, MA: Lexington Books.

Boureau, Allain u.a. (1989) *The Culture of Print: Power and the Uses of Print in Early Modern Europe*, Roder Chartier, (Hg.) Princeton, NJ: Princeton University Press.

Bouvier, Leon F. und Grant, Lindsay (1994) *How Many Americans? Population, Immigration, and the Environment*, San Francisco, CA: Sierra Club Books.

Bower, J.L. (1987) *When Markets Quake*, Boston, MA: Harvard Business School Press.

Boyer, Christine (1994) *The City of Collective Memory*, Cambridge, MA: MIT Press.

Boyer, Robert (Hg.) (1986) *Capitalismes fin de siècle*, Paris: Presses Universitaires de France.

– (1988a) „Is a new socio-technical system emerging?", Papier, Conference on Structural Change and Labour Market Policy, Var, Gard, 6.-9. Juni.

– (1988b) „Technical change and the theory of regulation", in G. Dosi u.a. (Hg.), *Technical Change and Economic Theory*, London: Pinter, S. 67-94.

- (1990) „Assessing the impact of R&D on employment: puzzle or consensus?", in E. Matzner und M. Wagner (Hg.), *The Employment Impact of New Technology: the Case of West Germany*, Aldershot, Hants: Avebury, S. 234-254.
- und Mistral, J. (1988) „Le bout du tunnel? Stratégies conservatrices et nouveau régime d'accumulation", Papier, International Conference on the Theory of Regulation, Barcelona, 16.-18. Juni.
- und Ralle, P. (1986a) „Croissances nationales et contrainte extérieure avant et après 1973", *Economie et société*, P29.
- und – (1986b) „L'Insertion internationale conditionne-t-elle les formes nationales d'emploi? Convergences ou différentiations des pays européens", *Economie et société*, P29.

Boyett, Joseph H. und Conn, Henry P. (1991) *Workplace 2000: the Revolution Reshaping American Business*, New York: Dutton.

Braddock, D.J. (1992) „Scientific and technical employment, 1900-2005", *Monthly Labor Review*, Februar: 28-41.

Brand, Stewart (1999) *The Clock of the Long Now: Time and Responsibility*, New York: Basic Books.

Braudel, Fernand (1967) *Civilisation matérielle et capitalisme. XVe-XVIIe siècle*, Paris: Armand Colin.

Braun, Ernest und Macdonald, Stuart (1982) *Revolution in Miniature: the History and Impact of Semiconductor Electronics Re-explored*, 2. Ausg., Cambridge: Cambridge University Press.

Braverman, Harry (1973) *Labor and Monopoly Capital*, New York: Monthly Review Press.

Breeden, Richard C. (1993) „The globalization of law and business in the 1990s", *Wake Forest Law Review*, 28(3): 509-517.

BRIE (1992) *Globalization and Production*, Berkeley, CA: University of California, BRIE working paper 45.

Broad, William J. (1985) *Star Warriors*, New York: Simon and Schuster.

Bronson, P. (1999) *Nudist on the Late Shift and Other True Tales of Silicon Valley*, New York: Random House.

Brooks, Harvey (1971) „Technology and the ecological crisis", Vorlesung in Amherst, 9. Mai.

Brusco, S. (1982) „The Emilian model: productive decentralization and social integration", *Cambridge Journal of Economics* 6(2): 167-184.

Brynjolfsson, Erik (1997) „Information technology and the reorganization of work", Papier, Konferenz zu „Vernetzung als Wettbewerbsfaktor", Johann Wolfgang Goethe Universität Frankfurt am Main, 4. September.

Buitelaar, Wout (Hg.) (1988) *Technology and Work: Labour Studies in England, Germany and the Netherlands*, Aldershot, Hants: Avebury.

Bunker, Ted (1994) „The multimedia infotainment I-way: telephone, cable, and media companies are pursuing video-on-demand, interactive education, multimedia politicking, and more", *LAN Magazine*, 9(10): S24.

Burawoy, Michael (1979) *Manufacturing Consent*, Chicago: University of Chicago Press.

Bureau of Labor Statistics (1994) *Occupational Projections and Training Data*, Statistical and Research Supplement to the 1994-5 *Occupational Outlook Handbook*, Bulletin 2451, Mai.

Burlen, Katherine (1972) „La réalisation spatiale du désir et l'image spatialisée du besoin", *Espaces et sociétés*, 5: 145-159.

Bushnell, P. Timothy (1994) *The Transformation of the American Manufacturing Paradigm*, New York: Garland.

Business Week (1993a) „The horizontal corporation", 28. Oktober.
- (1993b) „Asia's wealth: special report", 29. November.
- (1994a) „The information technology revolution: how digital technology is changing the way we work and live", special issue.
- (1994b) „The new face of business", in Sonderheft „The Information Revolution", S. 99ff.

- (1994c) „China: birth of a new economy", 31. Januar: 42-48.
- (1994d) „Sega: it's blasting beyond games and racing to build a high-tech entertainment empire", 21. Februar: Titelgeschichte.
- (1994e) „Interactive TV: not ready for prime time", 14. März: 30.
- (1994f) „The entertainment economy", 14. März: 58-73.
- (1994g) „How the Internet will change the way you do business", 14. November.
- (1994h) „Home computers: sales explode as new uses turn PCs into all-purpose information appliances", 28. November: 89ff.
- (1995a) „The networked corporation", Sonderheft.
- (1995b) „Mexico: can it cope?", 16. Januar.
- (1995c) „Software industry", 27. Februar: 78-86.
- (1995d) „Benetton's new age", 14. April.
- (1995e) „The gene kings", 8. Mai: 72ff.
- (1996) „Sun's rise", 22. Januar.
- (1998) „Log on, link up, save big", 22. Juni: 132-138.
- (1999a) „Gene therapy", 12. Juli: 94-104.
- (1999b) „The great DNA chip derby", 25. Oktober: 90-92.
- (1999c) „The wild new workforce", 6. Dezember: 39-44.
- (1999d) The Internet age", 4. Oktober.
- (1999e) „Cisco: John Chambers' new plan to rule the Internet", Sonderbericht: 129-154.

Calderon, Fernando und Laserna, Roberto (1994) *Paradojas de la modernidad: sociedad y cambios en Bolivia*, La Paz: Fundacion Milenio.

Calhoun, Craig (Hg.) (1994) *Social Theory and the Politics of Identity*, Oxford: Blackwell.

Camagni, Roberto (1991) „Local milieu, uncertainty and innovation networks: towards a new dynamic theory of economic space", in Roberto Camagni (Hg.), *Innovation Networks: Spatial Perspectives*, London: Belhaven Press, S. 121-144.

Campbell, Duncan (1994) „Foreign investment, labor immobility and the quality of employment", *International Labour Review*, 2: 185-203.

Campo Vidal, Manuel (1996) „La transición audiovisual", Madrid: Antena-3 TV (unveröff.).

Campos Alvarez, Tostado (1993) *El Fondo Monetario y la dueda externa mexicana*, Mexico: Plaza y Valdes Editores.

Canals, Jordi (1997) *Universal Banking: International Comparisons and Theoretical Perspectives*, Oxford: Oxford University Press.

Canby, E.T. (1962) *A History of Electricity*, Englewood Cliffs, NJ: Prentice-Hall.

Cappelin, Riccardo (1991) „International networks of cities", in Roberto Camagni (Hg.), *Innovation Networks: Spatial Perspectives*, London: Belhaven Press.

Cappelli, Peter (1997) *Change at Work*, New York: Oxford University Press.

- und Rogovsky, Nicolai (1994) „New work systems and skill requirements", *International Labour Review*, 133(2): 205-220.

Capra, Fritjof (1996a) *The Web of Life*, New York: Random House.

- (1996b) *Lebensnetz. Ein neues Verständnis der lebendigen Welt*, Darmstadt: Wissenschaftliche Buchgesellschaft.
- (1999a) Persönliche Mitteilung, Berkeley, Oktober.
- (1999b) „Complexity theory", unveröff. Präsentation an der University of California, Berkeley, November.

Carey, M. und Franklin, J.C. (1991) „Outlook: 1990-2005 industry output and job growth continues slow into next century", *Monthly Labor Review*, November: 45-60.

Carnoy, Martin (1989) *The New Information Technology: International Diffusion and its Impact on Employment and Skills. A Review of the Literature*, Washington, DC: World Bank, PHREE.

- (1993) „Multinational corporations in the global economy", in Carnoy u.a. (1993b).

- (1994) *Faded Dreams: The Politics and Economics of Race in America*, New York: Cambridge University Press.
- (2000) *Sustaining Flexibility. Work, Family and Community in the Information Age*, Cambridge, MA: Harvard University Press.
- und Castells, Manuel (1996) „Sustainable flexibility: work, family, and society in the information age", Berkeley: University of California, Center for Western European Studies.
- und Fluitman, Fred (1994) „Training and the reduction of unemployment in industrialized countries", Genf: International Labour Organization, unveröff. Bericht
- und Levin, Henry (1985) *Schooling and Work in the Democratic State*, Stanford, CA: Stanford University Press.
- -, Pollack, Seth und Wong, Pia L. (1993a) *Labor Institutions and Technological Change: a Framework for Analysis and Review of the Literature*, Stanford, CA: Stanford University International Development Education Center, Bericht für die International Labour Organization, Genf.
- u.a. (Hg.) (1993b) *The New Global Economy in the Information Age*, University Park, PA: Penn State University Press.

Carre, Jean-Jacques, Dubois, Paul und Malinvaud, Edmond (1984) *Abrégé de la croissance française: un essai d'analyse économique causale de l'après guerre*, Paris: Editions du Seuil.

Carver, M. (1980) *War since 1945*, London: Weidenfeld and Nicolson.

Case, Donald O. (1994) „The social shaping of videotex: how information services for the public have evolved", *Journal of the American Society for Information Science*, 45(7): 483-489.

Castano, Cecilia (1991) *La Informatizacion de la banca en Espana*, Madrid: Ministerio de Economia/Universidad Autónoma de Madrid.
- (1994a) *Nuevas Tecnologias, Trabajo y Empleo en Espana*, Madrid: Alianza Editorial.
- (1994b) *Tecnologia, empleo y trabajo en Espana*, Madrid: Alianza Editorial.

Castells, Manuel (1972) *La Question urbaine*, Paris: François Maspero.
- (1976a) „The service economy and the postindustrial society: a sociological critique", *International Journal of Health Services*, 6(4): 595-607.
- (1976b) *La crise economique et la société americaine*, Paris: Presses Universitaires de France.
- (1980) *The Economic Crisis and American Society*, Princeton, NJ: Princeton University Press/ Oxford: Blackwell.
- (1985) *High Technology, Space and Society*, Beverley Hills, CA: Sage.
- (1988a) „The new industrial space: information technology manufacturing and spatial structure in the United States", in G. Sternlieb und J. Hughes (Hg.), *America's New Market Geography: Nation, Region and Metropolis*, New Brunswick, NJ: Rutgers University.
- (Direktor) (1988b) *The State and Technology Policy: a Comparative Analysis of US Strategic Defense Initiative, Informatics Policy in Brazil, and Electronics Policy in China*, Berkeley, CA: University of California, Berkeley Roundtable on the International Economy (BRIE), Forschungsmonografie.
- (1989a) „High technology and the new international division of labor", *Labour Studies*, Oktober.
- (1989b) *The Informational City: Information Technology, Economic Restructuring, and the Urban-Regional Process*, Oxford: Blackwell.
- (1989c) „Notes of field work in the industrial areas of Taiwan", unveröff.
- (1991) „Estrategias de desarrollo metropolitano en las grandes ciudades españolas: la articulación entre crecimiento economico y calidad de vida", in Jordi Borja u.a. (Hg.), *Las grandes ciudades en la decada de los noventa*, Madrid: Editorial Sistema, S. 17-64.
- (1992) „Four Asian tigers with a dragon head: a comparative analysis of the state, economy, and society in the Asian Pacific Rim", in Richard Appelbaum und Jeffrey Henderson (Hg.), *States and Development in the Asian Pacific Rim*, Newbury Park, CA: Sage, S. 33-70.
- (1993) „The informational economy and the new international division of labor", in Carnoy u.a. (1993b): 15-45.

- (1994) „Paths towards the informational society: employment structure in G-7 countries, 1920-1990", *International Labour Review*, 133(1): 5-33 (mit Yuko Aoyama).
- (1996) „The net and the self: working notes for a critical theory of informational society", *Critique of Anthropology*, 16(1): 9-38.
- (2000) „Materials for an exploratory theory of the network society", *British Journal of Sociology*, special millennium issue, 1.
- und Guillemard, Anne Marie (1971) „Analyse sociologique des pratiques sociales en situation de retraite", *Sociologie du travail*, 3: 282-307.
- und Hall, Peter (1994) *Technopoles of the World: the Making of 21st Century Industrial Complexes*, London: Routledge.
- und Kiselyova, Emma (1998) „Russia as a network society", Papier, Stanford University's Symposium on Russia at the End of the Twentieth Century, Stanford, 1.-3. November.
- und – (2000) „Russia in the information age", in Victoria Bonnell und George Breslauer (Hg.), *Russia at the End of the 20th Century*, Boulder, CO: Westview Press.
- und Skinner, Rebecca (1988) „State and technological policy in the US: the SDI program", in Manuel Castells (Direktor), *The State and Technological Policy: a Comparative Analysis*, Berkeley, CA: University of California, BRIE Forschungsmonographie.
- und Tyson, Laura d'Andrea (1988) „High technology choices ahead: restructuring interdependence", in John W. Sewell and Stuart Tucker (Hg.), *Growth, Exports, and Jobs in a Changing World Economy*, New Brunswick, NJ: Transaction Books.
- und – (1989) „High technology and the changing international division of production: implications for the US economy", in Randall B. Purcell (Hg.), *The Newly Industrializing Countries in the World Economy: Challenges for US Policy*, Boulder, CO: Lynne Rienner, S. 13-50.
- u.a. (1986) *Nuevas tecnologias: economia y sociedad en España*, 2 Bde., Madrid: Alianza Editorial.
- Gamella, Manuel, De la Puerta, Enrique, Ayala, Luis und Matias, Carmen (1991) *La industria de las tecnologias de informacion (1985-90). España en el contexto mundial*, Madrid: Fundesco.
-, Goh, Lee und Kwok, R.W.Y. (1990) *The Shek Kip Mei Syndrome: Economic Development and Public Housing in Hong Kong and Singapore*, London: Pion.
-, Yazawa, Shujiro und Kiselyova, Emma (1996) „Insurgents against the global order: a comparative analysis of Chiapas Zapatistas, American militia movement, and Aum Shinrikyo", *Berkeley Journal of Sociology*.

Castillo, Gregory (1994) „Henry Ford, Lenin, and the scientific organization of work in capitalist and soviet industrialization", Berkeley, CA: University of California, Department of City and Regional Planning, Seminarpapier für CP 275, unveröff.

Cats-Baril, William L. und Jelassi, Tawfik (1994) „The French videotex system Minitel: a successful implementation of a national information technology infrastructure", *MIS Quarterly*, 18(1): 1-20.

Caves, Roger W. (1994) *Exploring Urban America*, Thousand Oaks, CA: Sage.

Centre d'Études Prospectives et d'Informations Internationales (CEPII) (1992) *L'Économie mondiale 1990-2000: l'impératif de la croissance*, Paris: Economica.
- und OFCE (1990) Mimosa: une modelisation de l'économie mondiale, *Observations et diagnostics économiques*, 30. Januar.

Cerf, Vinton (1999) „History and future of the Internet", Presentation auf der Konferenz der University of Washington Conference über Internet und Globale Politische Ökonomie, Seattle, 19.-20. September.

Ceruzzi, Paul (1998) *A History of Modern Computing, 1945-1995*, Cambridge, MA: MIT Press.

Cervero, Robert (1989) *America's Suburban Centers: the Land Use-Transportation Link*, Boston, MA: Unwin Hyman.
- (1991) „Changing live-work spatial relationships: implications for metropolitan structure and mobility", in John Brotchie u.a. (Hg.), *Cities in the 21st Century: New Technologies and Spatial Systems*, Melbourne: Longman and Cheshire, S. 330-347.

Chandler, Alfred D. (1977) *The Visible Hand: the Managerial Revolution in American Business*, Cambridge, MA: Harvard University Press.
- (1986) „The evolution of modern global competition", in M.E. Porter (Hg.), *Competition in Global Industries*, Boston, MA: Harvard Business School Press, S. 405-448.
Chatterjee, Anshu (i.E.) „Globalization of media and cultural identity in India", unveröff. PhD Diss., Berkeley, CA: University of California.
Chen, Edward K.Y. (1979) *Hypergrowth in Asian Economies: a Comparative Analysis of Hong Kong, Japan, Korea, Singapore and Taiwan*, London: Macmillan.
Chesnais, François (1994) *La Mondialisation du capital*, Paris: Syros.
Chida, Tomohei und Davies, Peter N. (1990) *The Japanese Shipping and Shipbuilding Industries: a History of their Modern Growth*, London: Athlone Press.
Child, John (1986) „Technology and work: an outline of theory and research in the western social sciences", in Peter Grootings (Hg.), *Technology and Work: East-West Comparison*, London: Croom Helm, S. 7-66.
Chin, Pei-Hsiung (1988) *Housing Policy and Economic Development in Taiwan*, Berkeley, CA: University of California, IURD.
Chizuko, Ueno (1987) „The position of Japanese women reconsidered." *Current Anthropology*, 28(4): 75-84.
- (1988) „The Japanese women's movement: the counter-values to industrialism", in Gavan McCormack und Yoshio Sugimoto (Hg.), *Modernization and Beyond: the Japanese Trajectory*, Cambridge: Cambridge University Press, S. 167-185.
Chung, K.H., Lee H.C. und Okumura, A. (1988) „The managerial practices of Korean, American, and Japanese firms", *Journal of East and West Studies*, 17: 45-74.
Cisco Systems (1999) „The global networked business: a model for success", on-line report, posted on Cisco Systems' Web Site, 20. Juli.
Clark, R. (1979) *The Japanese Company*, New Haven, CT: Yale University Press.
Clegg, Stewart (1990) *Modern Organizations: Organization Studies in the Postmodern World*, London: Sage.
- (1992) „French bread, Italian fashions, and Asian enterprises: modern passions and postmodern prognoses", in Jane Marceau (Hg.), *Reworking the World*, Berlin: Walter de Gruyter, S. 55-94.
- und Redding, S. Gordon (Hg.) (1990) *Capitalism in Contrasting Cultures*, Berlin: Walter de Gruyter.
Clow Archibald und Clow, Nan L. (1952) *The Chemical Revolution*, London: Batchworth Press.
Coclough, Christopher und Manor, James (Hg.) (1991) *States or Markets? Neo-liberalism and the Development Policy Debate*, Oxford: Clarendon Press.
Cohen Stephen (1990) „Corporate nationality can matter a lot", Aussage vor dem US Congress Joint Economic Committee, September.
- (1993) „Geo-economics: lessons from America's mistakes", in Martin Carnoy u.a. (Hg.), *The New Global Economy in the Information Age*, University Park, PA: Penn State University Press, S. 97-147.
- (1994) „Competitiveness: a reply to Krugman", *Foreign Affairs*, 73: 3.
- und Borrus, Michael (1995a) *Networks of American and Japanese Electronics Companies in Asia*, Berkeley, CA: University of California, BRIE research paper.
- und - (1995b) *Networks of Companies in Asia*, Berkeley, CA: University of California, BRIE research paper.
- und Guerrieri, Paolo (1995) „The variable geometry of Asian trade", in Eileen M. Doherty (Hg.), *Japanese Investment in Asia*, Berkeley, CA: University of California, BRIE-Asia Foundation, S. 189-208.
- und Zysman, John (1987) *Manufacturing Matters: the Myth of Postindustrial Economy*, New York: Basic Books.

– u.a. (1985) *Global Competition: the New Reality*, Bd. III von John Young (Vorsitz), *Competitiveness: the Report of the President's Commission on Industrial Competitiveness*, Washington, DC: Government Printing Office, S. 1.

Cohendet, P. und Llerena, P. (1989) *Flexibilité, information et décision*, Paris: Economica.

Colas, Dominique (1992) *La Glaive et le fléau: genéalogie du fanatisme et de la société civile*. Paris: Grasset.

Comision de nuevas tecnologias de informacion y comunicacion de la presidencia de la Republica de Chile (1999) *Chile: hacia la sociedad de la informacion*, Informe al Presidente de la Republica, Santiago de Chile.

Commission of the European Communities (1994) *Growth, Competitiveness, Employment: the Challenges and Ways Forward into the 21st Century, White Paper*, Luxemburg: Office of the European Communities.

Conference on Time and Money in the Russian Culture (1995), organisiert vom Center for Slavic and Eastern European Studies, and the Stanford University's Center for Russian and Eastern European Studies, gehalten in Berkeley am 17. März in der University of California at Berkeley 1995, unveröff. Präsentationen and Diskussionen (persönliche Notizen und Zusammenfassung des Verlaufs von Emma G. Kiselyova).

Conseil d'Etat (1998) *The Internet and Digital Networks*, Paris: La Documentation Française.

Cooke, Philip (1994) „The cooperative advantage of regions", Papier für die Harold Innis Centenary Celebration Conference *Regions, Institutions and Technology*, University of Toronto, 23.-25. September.

– und Morgan, K. (1993) „The network paradigm: new departures in corporate and regional development", *Society and Space*, 11: 543-564.

Cooper, Charles (Hg.) (1994) *Technology and Innovation in the International Economy*, Aldershot, Hants.: Edward Elgar and United Nations University Press.

Cooper, James C. (1995) „The new golden age of productivity", *Business Week*, 26. September: 62.

Coriat, Benjamin (1990) *L'Atelier et le robot*, Paris: Christian Bourgois Editeur.

– (1994) „Neither pre- nor post-fordism: an original and new way of managing the labour process", in K. Tetsuro und R. Steven (Hg.), *Is Japanese Management Post-Fordism?*, Tokyo: Madosha, S. 182.

Council of Economic Advisers (1995) *Economic Report to the President of the United States. Transmitted to the Congress, February 1995*, Washington, DC: Government Printing Office, S. 95-127.

Crick, Francis (1994) *The Astonishing Hypothesis: the Scientific Search for the Soul*, New York: Charles Scribner.

CREC (Center for Research in Electronic Commerce) (1999a) „The Internet economy indicators – October 1999 report", Austin: University of Texas, Graduate School of Business (Online-Bericht).

– (1999b) „The Internet economy indicators: key findings. November 17 report", Austin: University of Texas, Graduate School of Business (Online-Bericht).

Croteau, David und Haynes, William (2000) *Media/Society: Industries, Images, and Audiences*, 2. Ausg, Thousand Oaks, CA: Pine Forge Press.

Cuneo, Alice (1994) „Getting wired in the Gulch: creative and coding merge in San Francisco's multimedia community", *Advertising Age*, 65(50).

Cusumano, M. (1985) *The Japanese Automobile Industry: Technology and Management at Nissan and Toyota*, Cambridge, MA: Harvard University Press.

Cyert, Richard M. und Mowery, David C. (Hg.) (1987) *Technology and Employment: Innovation and Growth in the US Economy*, Washington, DC: National Academy Press.

Dalloz, Xavier und Portnoff, Andre-Yves (1994) „Les promesses de l'unimedia" , *Futuribles*, 191: 11-36.

Daniel, W. (1987) *Workplace Survey of Industrial Relations*, London: Policy Studies Institute.

Daniels, P.W. (1993) *Service Industries in the World Economy*, Oxford: Blackwell.

Danton de Rouffignac, Peter (1991) *Europe's New Business Culture*, London: Pitman.

Darbon, Pierre und Robin, Jacques (Hg.) (1987) *Le Jaillissement des biotechnologies*, Paris: Fayard-Fondation Diderot.

David, P.A. (1975) *Technical Choice Innovation and Economic Growth: Essays on American and British Experience in the Nineteenth Century*, London: Cambridge University Press.

– und Bunn, J.A. (1988) „The economics of gateways' technologies and network evolution: lessons from the electricity supply industry", *Information Economics and Policy*, 3 (April): 165-202.

David, Paul (1989) *Computer and Dynamo: the Modern Productivity Paradox in Historical Perspective*, Stanford, CA: Stanford University Center for Economic Policy Research, working paper No. 172.

Davis, Diane (1994) *Urban Leviathan: Mexico in the 20th Century*, Philadelphia, PA: Temple University Press.

Davis, Mike (1990) *City of Quartz*, London: Verso.

Dean, James W., Yoon, Se Joon und Susman, Gerald I. (1992) „Advanced manufacturing technology and organization structure: empowerment or subordination?", *Organization Science*, 3(2): 203-229.

De Anne, Julius (1990) *Global Companies and Public Policy: the Growing Challenge of Foreign Direct Investment*, New York: Council of Foreign Relations Press.

De Bandt, J. (Hg.) (1985) *Les Services dans les sociétés industrielles avancées*, Paris: Economica.

Deben, Leon u.a. (Hg.) (1993) *Understanding Amsterdam: Essays on Economic Vitality, City Life, and Urban Form*, Amsterdam: Het Spinhuis.

December, John (1993) „Characteristics of oral culture in discourse on the Net", unveröff. Papier.

De Conninck, Frederic (1995) *Société éclatée: travail intégré*, Paris: Presses Universitaires de France.

De Kerckhove, Derrick (1997) *Connected Intelligence: The Arrival of the Web Society*, Toronto: Somerville.

Denison, Edward F. (1967) *Why Growth Rates Differ: Postwar Experience in Nine Western Countries*, Washington, DC: Brookings Institution.

– (1974) *Accounting for United States Economic Growth, 1929-69*, Washington, DC: Brookings Institution.

– (1979) *Accounting for Slower Economic Growth: the United States in the 1970s*, Washington, DC: Brookings Institution.

Dentsu Institute for Human Studies/DataFlow International (1994) *Media in Japan*, Tokyo: DataFlow International.

Derriennic, J.P. (1990) „Tentative de polémologie nécrométrique", Quebec: Université Laval, unveröff. Papier.

Deyo, Frederick (Hg.) (1987) *The Political Economy of New Asian Industrialism*, Ithaca, NY: Cornell University Press.

Dicken, Peter (1998) *Global Shift*, London: Chapman.

Dickens, William T., Tyson, Laura D'Andrea und Zysman, John, (Hg.) (1988) *The Dynamics of Trade and Employment*, Cambridge, MA: Ballinger Press.

Dickinson, H.W. (1958) „The steam engine to 1830", in C. Singer (Hg.), *A History of Technology*, Bd. 4: *The Industrial Revolution, 1750-1850*, Oxford: Oxford University Press, S. 168-197.

Dizard, Wilson P. (1982) *The Coming Information Age*, New York: Longman.

Dodgson, M. (Hg.) (1989) *Technology Strategy and the Firm: Management and Public Policy*, Harlow, Essex: Longman.

Dohse, K., Jurgens, V. und Malsch, T. (1985) „From Fordism to Toyotism? The social organization of the labour process in the Japanese automobile industry", *Politics and Society*, 14(2): 115-146.

Dondero, George (1995) „Information, communication, and vehicle technology", Berkeley, CA: University of California Department of City and Regional Planning, Frühjahr, unveröff. Seminarpapier für CP-298I.

Dordick, Herbert S. und Wang, Georgette (1993) *The Information Society: a Retrospective View*, Newbury Park, CA: Sage.

Dosi, Giovanni (1988) „The nature of the innovative process", in G. Dosi u.a. (Hg.), *Technical Change and Economic Theory*, London: Pinter, S. 221-239.

–, Freeman, Christopher, Nelson, Richard, Silverberg, Gerald und Soete Luc (Hg.) (1988a) *Technical Change and Economic Theory*, London: Pinter.

– Pavitt, K und Soete, L. (1988b) *The Economics of Technical Change and International Trade*, Brighton, Sussex: Wheatsheaf.

Dower, John W. (Hg.) (1975) *Origins of the Modern Japanese State: Selected Writings of E. H. Norman*, New York: Pantheon Books.

Doyle, Marc (1992) *The Future of Television: a Global Overview of Programming, Advertising, Technology and Growth*, Lincolnwood, IL: NTC Business Books.

Drexler, K. Eric und Peterson, Chris (1991) *Unbounding the Future: the Nanotechnology Revolution*, New York: Quill/William Morrow.

Drucker, Peter F. (1988) „The coming of the new organization", *Harvard Business Review*, 88: 45-53.

Duarte, Fabio (1998) *Global e local no mundo contemporaneo*, Sao Paulo: Editora Moderna.

Dubois, Pierre (1985) „Rupture de croissance et progrès technique", *Economie et statistique*, 181.

Dunford, M. und Kafkalas, G. (Hg.) (1992) *Cities and Regions in the New Europe: the Global-Local Interplay and Spatial Development Strategies*, London: Belhaven Press.

Dunning, John (1993) *Multinational Enterprises and the Global Economy*, Reading, MA: Addison-Wesley.

– (1997) *Alliance Capitalism and Global Business*, London: Routledge.

Dupas, Gilberto (1999) *Economia global e exclusao social*, Sao Paulo: Paz e Terra.

Durlabhji, Subhash und Marks, Norton (Hg.) (1993) *Japanese Business: Cultural Perspectives*, Albany, NY: State University of New York Press.

Durkheim, Émile (1981) *Die elementaren Formen des religiösen Lebens*, Frankfurt am Main: Suhrkamp (Les formes élémentaires de la vie religieuse, 1912).

Dutton, William (1999) *Society on the Line: Information Politics and the Digital Age*, Oxford: Oxford University Press.

Dy, Josefina (Hg.) (1990) *Advanced Technology in Commerce, Offices, and Health Service*, Aldershot, Hants: Avebury.

Dyson, Esther (1998) *Release 2.1: A Design for Living in the Digital Age*, London: Penguin.

Ebel, K. und Ulrich, E. (1987) *Social and Labour Effects of CAD/CAM*, Genf: International Labour Organization.

Eco, Umberto (1977) *Dalla periferia dell'impero*. Mailand: Bompiani.

Edquist, Charles und Jacobsson, Stefan (1989) *Flexible Automation: the Global Diffusion of New Technologies in the Engineering Industry*, Oxford: Blackwell.

Egan, Ted (1995) „The development and location patterns of software industry in the USÓ, unveröff. PhD Diss., Berkeley, CA: University of California.

Eichengreen, Barry (1996) *Globalizing Capital: A History of the International Monetary System*, Princeton, NJ: Princeton University Press.

Elkington, John (1985) *The Gene Factory: Inside the Business and Science of Biotechnology*, New York: Carroll and Graf.

Elmer-Dewitt, Philip (1993) „The amazing video game boom", *Time*, 27. September: 67-72.

El Pais/World Media (1995) „Habla el futuro", 9. März: Beiheft.

Enderwick, Peter (Hg.) (1989) *Multinational Service Firms*, London: Routledge.
Epstein, Edward (1995) „Presidential contender's campaign online", *San Francisco Chronicle*, 27. November.
Ernst, Dieter (1994a) *Carriers of Regionalization? The East Asian Production Networks of Japanese Electronics Firms*, Berkeley, CA: University of California, BRIE working paper 73.
– (1994b) *Inter-firms Networks and Market Structure: Driving Forces, Barriers and Patterns of Control*, Berkeley, CA: University of California, BRIE research paper.
– (1994c) *Networks in Electronics*, Berkeley, CA: University of California, BRIE Forschungsmonografie.
– (1995) „International production networks in Asian electronics: how do they differ and what are their impacts?", unveröff. Papier, BRIE-Asia Foundation Conference on Competing Production Networks in Asia, San Francisco, 27-28.April.
– (1997) „From partial to systemic globalization: international production networks in the electronic industry", Berkeley: University of California, BRIE working paper.
– und O'Connor, David (1992) *Competing in the Electronics Industry: the Experience of Newly Industrializing Economies*, Paris: OECD.
Esping-Andersen, G. (Hg.) (1993) *Changing Classes*, London: Sage.
– (1999) *Social Foundations of Postindustrial Economies*, Oxford: Oxford University Press.
Estefania, Joaquin (1996) *La nueva economia: La globalizacion*, Madrid: Editorial Debate.
Evans, Peter (1995) *Embedded Autonomy: States and Industrial Transformation*, Princeton, NJ: Princeton University Press.
Fager, Gregory (1994) „Financial flows to the major emerging markets in Asia", *Business Economics*, 29(2): 21-27.
Fainstein, Susan S., Gordon, Ian und Harloe, Michael (Hg.) (1992) *Divided Cities*, Oxford: Blackwell.
Fajnzylber, Fernando (1990) *Unavoidable Industrial Restructuring in Latin America*, Durham, NC: Duke University Press.
Fassmann H. und Münz, R. (1992) „Patterns and trends of international migration in Western Europe", *Population and Development Review*, 18(3).
Fazy, Ian Hamilton (1995) „The superhighway pioneers", *The Financial Times*, 20. Juni.
Ferguson, Marjorie (Hg.) (1986) *New Communications Technologies and the Public Interest: Comparative Perspectives on Policies and Research*, Newbury Park, CA: Sage.
Feuerwerker, Albert (1984) „The state and economy in late imperial China", *Theory and Society*, 13: 297-326.
Fischer, Claude (1982) *To Dwell Among Friends*, Berkeley, CA: University of California Press.
– (1985) „Studying technology and social life", in Manuel Castells (Hg.), *High Technology, Space, and Society*, Beverly Hills, CA: Sage (*Urban Affairs Annual Reviews*, 28: 284-301).
– (1992) *America Calling: a Social History of the Telephone to 1940*, Berkeley, CA: University of California Press.
Flynn, P.M. (1985) *The Impact of Technological Change on Jobs and Workers*, paper prepared for the US Department of Labor, Employment Training Administration.
Fontana, Josep (1988) *La fin de l'Antic Regim i l'industrialitzacio, 1787-1868*, Bd. V von Pierre Vilar (Direktor), *Historia de Catalunya*, Barcelona: Edicions 62.
Foray, Dominique (1999) „Science, technology and the market", in *World Social Science Report 1999*, Paris: Unesco, S. 246-256.
– und Freeman, Christopher (Hg.) (1992) *Technologie et richesse des nations*, Paris: Economica.
Forbes, R.J. (1958) „Power to 1850", in C. Singer (Hg.), *A History of Technology*, Bd. 4: *The Industrial Revolution, 1750-1850*, Oxford: Oxford University Press.
Forester, Tom (Hg.) (1980) *The Microelectronics Revolution*, Oxford: Blackwell.
– (Hg.) (1985) *The Information Technology Revolution*, Oxford: Blackwell.
– (Hg.) (1987) *High-tech Society*, Oxford: Blackwell.

– (Hg.) (1988) *The Materials Revolution*, Oxford: Blackwell Business.
– (Hg.) (1989) *Computers in the Human Context*, Oxford: Blackwell.
– (1993) *Silicon Samurai: How Japan Conquered the World Information Technology Industry*, Oxford: Blackwell.
Fouquin, Michel, Dourille-Feer, Evelyne und Oliveira-Martins, Joaquim, (1992) *Pacifique: le recentrage asiatique*, Paris: Economica.
Frankel, J.A. (1991) „Is a yen bloc forming in Pacific Asia?", in R. O'Brien (Hg.), *Finance and the International Economy*, 5, New York: Oxford University Press.
– (Hg.) (1994) *The Internationalization of Equity Markets*, Chicago: University of Chicago Press.
Freeman, Christopher (1982) *The Economics of Industrial Innovation*, London: Pinter.
– (Hg.) (1986) *Design, Innovation, and Long Cycles in Economic Development*, London: Pinter.
– und Soete, Luc (1994) *Work for All or Mass Unemployment?* London: Pinter.
–, Sharp, Margaret und Walker, William (Hg.) (1991) *Technology and the Future of Europe*, London: Pinter.
Freeman, Richard (Hg.) (1994) *Working under Different Rules*, Cambridge, MA: Harvard University Press.
French, W. Howard (1999) „Economy's ebb in Japan spurs temporary jobs", *The New York Times*, 12. August: A1-A4.
Freud, Sigmund 1974: *Zeitgemäßes über Krieg und Tod* (1915). In: Sigmund Freud, *Studienausgabe*, Bd. IX, Frankfurt am Main: S. Fischer, S. 33-60.
Friedland, Roger und Boden, Deirdre (Hg.) (1994) *Nowhere: Space, Time, and Modernity*, Berkeley, CA: University of California Press.
Friedman, D. (1988) *The Misunderstood Miracle*, Ithaca, NY: Cornell University Press.
Friedman, Milton (1968) *Dollars and Deficits: Living with America's Economic Problems*, Englewood Cliffs, NJ: Prentice-Hall.
Friedmann, Georges (1956) *Le Travail en miettes*, Paris: Gallimard.
– (1957) *Countries in the World Economy: Challenges for US Policy*, Boulder, CO: Lynne Reinner, S. 159-186.
– und Naville, Pierre (Hg.) (1961) *Traité de sociologie du travail*, Paris: Armand Colin.
Friedmann, Thomas L. (1999) *The Lexus and the Olive Tree*, New York: Times Books.
Fulk, J. und Steinfield, C. (Hg.) (1990) *Organizations and Communication Technology*, Newbury, CA: Sage.
Gallie, D. und Paugham, S. (Hg.) (2000) *The Experience of Unemployment in Oxford*, Oxford: Oxford University Press.
Ganley, Gladys D. (1991) „Power to the people via electronic media", *Washington Quarterly*, Frühjahr: 5-22.
Garratt, G.R.M. (1958) „Telegraphy", in C. Singer (Hg.), *A History of Technology*, Bd. 4: *The Industrial Revolution, 1750-1850*, Oxford: Oxford University Press, S. 644-662.
Garreau, Joel (1991) *Edge City: Life on the New Frontier*, New York: Doubleday.
Garton, Laura and Wellman, Barry (1995) „Social impacts of electronic mail in organizations: a review of the research literature", in Brant E. Burleson (Hg.), *Communications Yearbook*, 18, Thousand Oaks, CA: Sage, S. 434-453.
GATT (General Agreement on Tariffs and Trade) (1994) *International Trade*, Genf: GATT, Trends and Statistics.
Gelb, Joyce und Lief Palley, Marian (Hg.) (1994) *Women of Japan and Korea: Continuity and Change*, Philadelphia, PA: Temple University Press.
Gelernter, David (1991) *Mirror Worlds*, New York: Oxford University Press.
Gereffi, Gary (1993) *Global Production Systems and Third World Development*, Madison: University of Wisconsin Global Studies Research Program, working paper series, August.
– (1999) „International trade and industrial upgrading in the apparel commodity chain", *Journal of International Economics*, 48: 37-70.

– und Wyman, Donald (Hg.) (1990) *Manufacturing Miracles: Paths of Industrialization in Latin America and East Asia*, Princeton, NJ: Princeton University Press.

Gerlach, Michael L. (1992) *Alliance Capitalism: the Social Organization of Japanese Business*, Berkeley, CA: University of California Press.

Geroski, P. (1995) „Markets for technology: knowledge, innovation and appropriability", in P. Stoneman (Hg.), *Handbook of the Economics of Innovation and Technological Change*, Oxford: Blackwell, S. 91-131.

Gershuny, J.I. und Miles, I.D. (1983) *The New Service Economy: the Transformation of Employment in Industrial Societies*, London: Pinter.

Ghoshal, Sumantra und Bartlett, Christopher (1993) „The multinational corporation as an interorganizational network", in Sumantra Ghoshal und D. Eleanor Westney (Hg.), *Organization Theory and Multinational Corporations*, New York: St Martin's Press, S. 77-104.

– und Westney, E. Eleanor (Hg.) (1993) *Organization Theory and Multinational Corporations*, New York: St Martin's Press.

Gibson, David G. und Rogers, Everett (1994) *R&D: Collaboration on Trial. The Microelectronics Computer Technology Corporation*, Boston, MA: Harvard Business School Press.

Giddens, A. (1981) *A Contemporary Critique of Historical Materialism*, Berkeley, CA: University of California Press.

– (1984) *The Constitution of Society: Outline of a Theory of Structuration*, Cambridge: Polity Press.

– (1998) *The Third Way: the Renewal of Social Democracy*, Oxford: Blackwell.

Gille, Bertrand (1978) *Histoire des techniques: technique et civilisations, technique et sciences*, Paris: Gallimard.

Gitlin, Todd (1987) *The Sixties: Years of Hope, Days of Rage*, Toronto/New York: Bantam Books.

Gleick, James (1987) *Chaos*, New York: Viking Penguin.

– (1999) *Faster: The Acceleration of Just About Everything*, New York: Pantheon.

Godard, Francis u.a. (1973) *La Renovation urbaine à Paris*, Paris: Mouton.

Gold, Thomas (1986) *State and Society in the Taiwan Miracle*, Armonk, NY: M.E. Sharpe.

Goldsmith, William W. und Blakely, Edward J. (1992) *Separate Societies: Poverty and Inequality in US Cities*, Philadelphia, PA: Temple University Press.

Goodman, P.S., Sproull, L.S. u.a. (1990) *Technology and Organization*, San Francisco, CA: Jossey-Bass.

Gordon, Richard (1994) *Internationalization, Multinationalization, Globalization: Contradictory World Economies and New Spatial Divisions of Labor*, Santa Cruz, CA: University of California Center for the Study of Global Transformations, working paper 94.

Gordon, Robert (1999) „Has the 'new economy' rendered the productivity slow-down obsolete?", Northwestern University, Department of Economics, Online-Bericht.

Gorgen, Armelle und Mathieu, Rene (1992) „Developing partnerships: new organizational practices in manufacturer-supplier relationships in the French automobile and aerospace industry", in Jane Marceau (Hg.), *Reworking the World: Organizations, Technologies, and Cultures in Comparative Perspective*, Berlin: Walter de Gruyter, S. 171-180.

Gottdiener, Marc (1985) *The Social Production of Urban Space*, Austin, TX: University of Texas Press.

Gould, Stephen J. (1980) *The Panda's Thumb: More Reflections on Natural History*, New York: W.W. Norton.

Gourevitch, Peter A. (Hg.) (1984) *Unions and Economic Crisis: Britain, West Germany and Sweden*, Boston, MA: Allen and Unwin.

Graham, E. (1996) *Global Corporations and National Governments*, Washington, DC: Institute for International Economics.

Graham, Stephen (1994) „Networking cities: telematics in urban policy – a critical review", *International Journal of Urban and Regional Research*, 18(3): 416-431.

- und Marvin, Simon (1996) *Telecommunications and the City: Electronic Spaces, Urban Places*, London: Routledge.
- und - (2000) *Splintering Networks, Fragmenting Cities: Urban Infrastructure in a Global-Local Age*, London: Routledge.

Granovetter, M. (1985) „Economic action and social structure: the problem of embeddedness", *American Journal of Sociology*, 49: 323-334.

Greenhalgh, S. (1988) „Families and networks in Taiwan's economic development", in E.A. Winckler und S. Greenhalgh (Hg.), *Contending Approaches to the Political Economy of Taiwan*, Armonk, NY: M.E. Sharpe.

Greenspan, Alan (1998) „The semi-annual monetary policy report before the Committee on Banking and Financial Services of the US House of Representatives", 24. Februar.

Guerrieri, Paolo (1993) „Patterns of technological capability and international trade performance: an empirical analysis", in M. Kreinin (Hg.), *The Political Economy of International Commercial Policy: Issues for the 1990s*, London: Taylor & Francis.

Guile, Bruce R. (Hg.) (1985) *Information Technologies and Social Transformation*, Washington, DC: National Academy of Engineering, National Academy Press.
- und Brooks, Harvey (Hg.) (1987) *Technology and Global Industry: Companies and Nations in the World Economy*, Washington, DC: National Academy of Engineering.

Guillemard, Anne Marie (1972) *La Retraite: une mort sociale*, Paris: Mouton.
- (1988) *Le Déclin du social*, Paris: Presses Universitaires de France.
- (1993) „Travailleurs vieillissants et marché du travail en Europe", *Travail et emploi*, Sept.: 60-79.
- und Rein, Martin (1993) „Comparative patterns of retirement: recent trends in developed societies", *Annual Review of Sociology*, 19: 469-503.

Gurr, T.R. (1993) *Minorities at Risk: a Global View of Ethnopolitical Conflicts*, Washington, DC: US Institute of Peace Press.

Gurstein, Penny (1990) „Working at home in the live-in office: computers, space, and the social life of household", unveröff. PhD Diss., Berkeley, CA: University of California.

Gutner, Todi (1999) „Special report: the e-bond revolution", *Business Week*, 15. November: 270-280.

Hafner, Katie und Markoff, John (1991) *Cyberpunk: Outlaws and Hackers in the Computer Frontier*, New York: Touchstone.

Hall, Carl (1999a) „Tiny switch could shrink computers: microscopic machines with the power of a billion PCs", *San Francisco Chronicle*, 16. Juli: 1-8.
- (1999b) „Brave new nano-world lies ahead", *San Francisco Chronicle*, 19. Juli: 1-8.

Hall, Nina (Hg.) (1991) *Exploring Chaos: a Guide to the New Science of Disorder*, New York: W.W. Norton.

Hall, Peter (1995) „Towards a general urban theory", in John Brotchie u.a. (Hg.), *Cities in Competition: Productive and Sustainable Cities for the 21st Century*, Sydney: Longman Australia, S. 3-32.
- (1998) *Cities in Civilization*, New York: Pantheon Books.
- und Preston, Pascal (1988) *The Carrier Wave: New Information Technology and the Geography of Innovation, 1846-2003*, London: Unwin Hyman.
- u.a. (1987) *Western Sunrise: the Genesis and Growth of Britain's Major High Technology Corridor*, London: Allen and Unwin.
-, Bornstein, Lisa, Grier, Reed und Webber, Melvin (1988) *Biotechnology: the Next Industrial Frontier*, Berkeley, CA: University of California Institute of Urban and Regional Development, Biotech Industry Research Group Report.

Hall, Stephen S. (1987) *Invisible Frontiers: the Race to Synthesize a Human Gene*, New York: Atlantic Monthly Press.

Hamelink, Cees (1990) „Information imbalance: core and periphery", in C. Downing u.a., *Questioning the Media*, Newbury Park: Sage, S. 217-228.

Hamilton, Gary G. (1984) „Patriarchalism in Imperial China and Western Europe", *Theory and Society*, 13: 293-426.
- (1985) „Why no capitalism in China? Negative questions in historical comparative research", *Journal of Asian Perspectives*, 2: 2.
- (1991) *Business Networks and Economic Development in East and Southeast Asia*, Hong Kong: University of Hong Kong, Centre of Asian Studies.
- und Biggart, N.W. (1988) „Market, culture, and authority: a comparative analysis of management and organization in the Far East", in C. Winship und S. Rosen (Hg.), *Organization and Institutions: Sociological Approaches to the Analysis of Social Structure*, Chicago, IL: University of Chicago Press, American Journal of Sociology Supplement, S. S52-S95.
- und Kao, C.S. (1990) „The institutional foundation of Chinese business: the family firm in Taiwan", *Comparative Social Research*, 12: 95-112.
-, Zeile, W. und Kim, W.J. (1990) „The networks structures of East Asian economies", in Stewart R. Clegg und S. Gordon Redding (Hg.), *Capitalism in Contrasting Cultures*, Berlin: Walter de Gruyter.
Hammer, M. und Camphy, J. (1993) *Re-engineering the Corporation*, New York: The Free Press.
Handelman, Stephen (1995) *Comrade Criminal: Russia's New Mafiya*, New Haven, CT: Yale University Press.
Handinghaus, Nicolas H. (1989) „Droga y crecimiento economico: el narcotrafico en las cuentas nacionales", *Nueva Sociedad* (Bogota), no. 102.
Handy, Susan und Mokhtarian, Patricia L. (1995) „Planning for telecom-muting", *Journal of the American Planning Association*, 61(1): 99-111.
Hanks, Roma S. und Sussman, Marvin B. (Hg.) (1990) *Corporations, Businesses and Families*, New York: Haworth Press.
Hanson, Stephen E. (1991) „Time and Soviet industrialization", unveröff. PhD Diss., Berkeley, CA: University of California.
Harff, B. (1986) „Genocide as state terrorism", in Michael Stohl und George A. Lopez (Hg.) *Government Violence and Repression*, Westport, CT: Greenwood Press.
Harmon, Amy (1999) „The rebel code", *The New York Times Magazine*, 21. Februar: 34-37.
Harper-Anderson, Elsie (i.E.) „Differential career patterns of the professional labor force in the new economy: the case of the San Francisco Bay Area", unveröff. PhD Diss., Berkeley, CA: University of California.
Harrington, Jon (1991) *Organizational Structure and Information Technology*, New York: Prentice-Hall.
Harris, Nigel (1987) *The End of the Third World*, Harmondsworth, Middx.: Penguin.
Harrison, Bennett (1994) *Lean and Mean: the Changing Landscape of Corporate Power in the Age of Flexibility*, New York: Basic Books.
Hart, Jeffrey A., Reed, Robert R. und Bar, François (1992) *The Building of Internet*, Berkeley, CA: University of California, BRIE working paper.
Hartman, Amir und Sifonis, John, with Kador, John (2000) *Net Ready*, New York: McGraw-Hill.
Hartmann, Heidi (Hg.) (1987) *Computer Chips and Paper Clips: Technology and Women's Employment*, Washington, DC: National Academy Press.
Harvey, David (1990) *The Condition of Postmodernity*, Oxford: Blackwell.
Havelock, Eric A. (1982) *The Literate Revolution in Greece and its Cultural Consequences*, Princeton, NJ: Princeton University Press.
Heavey, Laurie (1994) „Global integration", *Pension World*, 30(7): 24-27.
Held, David, McGrew, Anthony, Goldblatt, David und Perraton, Jonathan (1999) *Global Transformations: Politics, Economics and Culture*, Stanford, CA: Stanford University Press.
Henderson, Jeffrey (1989) *The Globalisation of High Technology Production: Society, Space and Semiconductors in the Restructuring of the Modern World*, London: Routledge.

- (1990) *The American Semiconductors Industry and the New International Division of Labor*, London: Routledge.
- (1991) „Urbanization in the Hong Kong-South China region: an introduction to dynamics and dilemmas", *International Journal of Urban and Regional Research*, 15(2): 169-179.

Herman, Robin (1990) *Fusion: the Search for Endless Energy*, Cambridge: Cambridge University Press.

Herther, Nancy K. (1994) „Multimedia and the 'information superhighway'", *Online*, 18(5): 24.

Hewitt, P. (1993) *About Time: the Revolution in Work and Family Life*, London: IPPR/Rivers Oram Press.

Hill, Christopher (Hg.) (1996) *The Actors in Europe's Foreign Policy*, London: Routledge.

Hiltz, Starr Roxanne und Turoff, Murray (1993) *The Network Nation: Human Communication via Computer*, Cambridge, MA: MIT Press.

Hiltzik, Michael (1999) *Dealers of Lightning: Xerox Parc and the Dawn of the Computer Age*, New York: Harper.

Himannen, Pekka (2001) *The Hackers' Ethic and the Spirit of Informationalism*, New Haven: Yale University Press, i.E.

Hinrichs, Karl, Roche, William und Sirianni, Carmen (Hg.) (1991) *The Political Economy of Working Hours in Industrial Nations*, Philadelphia, PA: Temple University Press.

Hirschhorn, Larry (1984) *Beyond Mechanization: Work and Technology in a Postindustrial Age*, Cambridge, MA: MIT Press.

- (1985) „Information technology and the new services game", in Manuel Castells (Hg.), *High Technology, Space and Society*, Beverly Hills, CA: Sage, S. 172-190.

Ho, H.C.Y. (1979) *The Fiscal System of Hong Kong*, London: Croom Helm.

Hockman, E. und Kostecki, G. (1995) *The Political Economy of the World Trading System: From GATT to WTO*, Oxford: Oxford University Press.

Hoffman, Abbie (1999) „Globalization and networking: the Cisco Systems' strategy", Berkeley, CA: California, Department of City and Regional Planning, research paper for CP 229.

Hohenberg, Paul (1967) *Chemicals in Western Europe, 1850-1914*, Chicago, IL: Rand-McNally.

Holsti, K.J. (1991) *Peace and War: Armed Conflicts and International Order, 1648-1989*, Cambridge: Cambridge University Press.

Honigsbaum, Mark (1988) „Minitel loses fads image, moves toward money", *MIS Week*, 9(36): 22.

Hoogvelt, Ankie (1997) *Globalisation and the Postcolonial World: The New Political Economy of Development*, London: Macmillan.

Howell, David (1994) „The skills myth", *American Prospect*, 18 (Summer): 81-90.

- und Wolff, Edward (1991) „Trends in the growth and distribution of skills in the US workplace, 1960-85", *Industrial and Labor Relations Review*, 44(3): 486-502.

Howell, J. und Woods, M. (1993) *The Globalization of Production and Technology*, London: Belhaven Press.

Hsing, You-tien (1994) „Blood thicker than water: networks of local Chinese officials and Taiwanese investors in Southern China", Papier, Conference sponsored by the University of California Institute on Global Conflict and Cooperation, The Economies of the China Circle, Hong Kong, 1.-3. September.

- (1995) *Migrant Workers, Foreign Capital, and Diversification of Labor Markets in Southern China*, Vancouver: University of British Columbia, Asian Urban Research Networks, working paper series.
- (1996) *Making Capitalism in China: the Taiwan Connection*, New York: Oxford University Press.

Hutton, Will (1995) *The State We Are In*, London: Jonathan Cape.

- und Giddens, A. (Hg.) (2000) *On the Edge*, London: Jonathan Cape.

Huws, U., Korte, W.B. und Robinson, S. (1990) *Telework: Towards the Elusive Office*, Chichester, Sussex: John Wiley.

Hyman, Richard und Streeck, Wolfgang (Hg.) (1988) *New Technology and Industrial Relations*, Oxford: Blackwell.
Ikle, Fred C. und Wohlstetter, Albert (co-chairmen) (1988) *Discriminate Deterrence: Report of the Commission on Integrated Long-term Strategy to the Secretary of Defense*, Washington, DC: US Government Printing Office.
Imai, Ken'ichi (1980) *Japan's Industrial Organization and its Vertical Structure*, Kunitachi: Hitotsubashi University, Institute of Business Research, discussion paper no. 101.
– (1990a) *Joho netto waku shakai no tenbo* [Die Informationsnetzwerkgesellschaft], Tokyo: Chikuma Shobo.
– (1990b) *Jouhon Network Shakai no Tenkai* [Die Entwicklung der Informationsnetzwerkgesellschaft], Tokyo: Tikuma Shobou.
– und Yonekura, Seiichiro (1991) „Network and network-in strategy", Papier, International Conference between Bocconi University and Hitotsubashi University, Mailand, 20. September.
Innis, Harold A. (1950) *Empire and Communications*, Oxford: Oxford University Press.
– (1951) *The Bias of Communication*, Toronto: University of Toronto Press.
– (1952) *Changing Concepts of Time*, Toronto: University of Toronto Press.
Inoki, Takenori und Higuchi, Yoshio (Hg.) (1995) *Nihon no Koyou system to lodo shijo* [Das japanische Beschäftigungssystem und der Arbeitsmarkt], Tokyo: Nihon Keizai Shinbunsha.
International Labor Organization (ILO) (1988) *Technological Change, Work Organization and Pay: Lessons from Asia*, Genf: ILO Labor-Management Relations Series, no. 68.
– (1993 und 1994) *World Labor Report*, Genf: International Labor Organization.
Ito, Youichi (1991a) „Birth of *joho shakai* and *johoka* concepts in Japan and their diffusion outside Japan", *Keio Communication Review*, 13: 3-12.
–(1991b) „*Johoka* as a driving force of social change", *Keio Communication Review*, 12: 33-58.
– (1993) „How Japan modernised earlier and faster than other non-western countries: an information sociology approach", *Journal of Development Communication*, 4 (2).
– (1994) „Japan", in Georgette Wang (Hg.), *Treading Different Paths: Informatization in Asian Nations*, Norwood, NJ: Ablex, S. 68-97.
Jackson, John H. (1989) *The World Trading System*, Cambridge, MA: MIT Press.
Jacobs, Allan (1993) *Great Streets*, Cambridge, MA: MIT Press.
Jacobs, N. (1985) *The Korean Road to Modernization and Development*, Urbana, IL: University of Illinois Press.
Jacoby, S. (1979) „The origins of internal labor markets in Japan", *Industrial Relations*, 18: 184-196.
James, William E., Naya, Seiji und Meier, Gerald M. (1989) *Asian Development: Economic Success and Policy Lessons*, Madison, WIS: University of Wisconsin Press.
Janelli, Roger (with Yim, Downhee) (1993) *Making Capitalism: the Social and Cultural Construction of a South Korean Conglomerate*, Stanford, CA: Stanford University Press.
Japan Informatization Processing Center (1994) *Informatization White Paper*, Tokyo: JIPDEC.
Japan Institute of Labour (1985) *Technological Innovation and Industrial Relations*, Tokyo: JIL.
Jarvis, C.M. (1958) „The distribution and utilization of electricity", in Charles Singer u.a., *A History of Technology*, Bd. 5: *The Late Nineteenth Century*, Oxford: Clarendon Press, S. 177-207.
Javetski, Bill und Glasgall, William (1994) „Borderless finance: fuel for growth", *Business Week*, 18. November: 40-50.
Jewkes, J., Sawers, D. und Stillerman, R. (1969) *The Sources of Invention*, New York: W.W. Norton.
Johnson, Chalmers (1982) *MITI and the Japanese Miracle*, Stanford, CA: Stanford University Press.
– (1985) „The institutional foundations of Japanese industrial policy", *California Management Review*, 27(4).

– (1987) „Political institutions and economic performance: the government-business relationship in Japan, South Korea, and Taiwan", in Frederick Deyo (Hg.), *The Political Economy of New Asian Industrialism*, Ithaca, NY: Cornell University Press, S. 136-164.
– (1995) *Japan: Who Governs? The Rise of the Developmental State*, New York: W.W. Norton.
–, Tyson, L. und Zysman, J. (Hg.) (1989) *Politics and Productivity: How Japan's Development Strategy Works*, New York: Harper Business.
Johnston, William B. (1991) „Global labor force 2000: the new world labor market", *Harvard Business Review*, März-April.
Jones, Barry (1982) *Sleepers, Wake! Technology and the Future of Work*, Melbourne: Oxford University Press (Verweise beziehen sich auf die revidierte Ausgabe von 1990).
Jones, David (1993) „Banks move to cut currency dealing costs", *Financial Technology International Bulletin*, 10(6): 1-3.
Jones, Eric L. (1981) *The European Miracle*, Cambridge: Cambridge University Press.
– (1988) *Growth Recurring: Economic Change in World History*, Oxford: Clarendon Press.
Jones, L.P. und Sakong, I. (1980) *Government Business and Entrepreneurship in Economic Development: the Korean Case*, Cambridge, MA: Council on East Asian Studies.
Jones, Steven G. (Hg.) (1995) *Cybersociety: Computer Mediated Communication and Community*, Thousand Oaks, CA: Sage.
– (Hg.) (1997) *Virtual culture*, London: Sage.
– (Hg.) (1998) *Cybersociety 2.0: Revisiting Computer-mediated Communication and Community*, Thousand Oaks, CA: Sage.
Jorgerson, Dale W. und Griliches, Z. (1967) „The explanation of productivity growth", *Review of Economic Studies*, 34 (Juli): 249-283.
Jost, Kennet (1993) „Downward mobility", *CQ Researcher*, 3(27): 627-647.
Joussaud, Jacques (1994) „Diversité des statuts des travailleurs et flexibilité des entreprises au Japon", *Japan in Extenso*, 31: 49-53.
Kahn, Robert E. (1999) „Evolution of Internet", in UNESCO (1999): 157-164.
Kaku, Michio (1994) *Hyperspace: a Scientific Odyssey through Parallel Universes, Time Warps, and the 10th Dimension*, New York: Oxford University Press.
Kamatani, Chikatoshi (1988) *Gijutsu Taikoku Hyakunen no Kei: Nippon no Kindaika to Kokuritsu Kenkyu Kikan* [Der Weg zum Techno-Nationalismus: Die japanische Modernisierung und die nationalen Forschungsinstitute seit der Meiji-Zeit], Tokyo: Heibonsha.
Kaplan, David (1999) *The Silicon Boys and their Valley of Dreams*, San Francisco: McGraw-Hill.
Kaplan, Rachel (1992) „Video on demand", *American Demographics*, 14(6): 38-43.
Kaplinsky, Raphael (1986) *Microelectronics and Work Revisited: a Review*, report prepared for the International Labor Organization, Brighton: University of Sussex Institute of Development Studies.
Kara-Murza, A.A. und Poljakov, L.V. (1994) *Reformator. Opyt analiticheskoj antologii*, Moscow: Institut Filosofii Rossijskoj Akademii Nauk, Flora.
Katz, Jorge (Hg.) (1987) *Technology Generation in Latin American Manufacturing Industries*, London: Macmillan.
Katz, Raul L. (1988) *The Information Society: an International Perspective*, New York: Praeger.
Kay, Ron (1990) *Managing Creativity in Science and High-tech*, Berlin: Springer Verlag.
Kaye, G.D., Grant, D.A. und Emond, E.J. (1985) *Major Armed Conflicts: a Compendium of Interstate and Intrastate Conflict, 1720 to 1985*, Ottawa: Operational Research and Analysis Establishment, Report to National Defense, Canada.
Keck, Margaret E. und Sikkink, Kathryn (1998) *Activists beyond Borders*, Ithaca/London: Cornell University Press.
Kelley, Maryellen (1986) „Programmable automation and the skill question: a re-interpretation of the cross-national evidence", *Human Systems Management*, 6.
– (1990) „New process technology, job design and work organization: a contingency model", *American Sociological Review*, 55 (April): 191-208.

Kelly, Kevin (1995) *Out of Control: the Rise of Neo-biological Civilization*, Menlo Park, CA: Addison-Wesley.
Kelly, Kevin (1999) *Der zweite Akt der Schöpfung. Natur und Technik im neuen Jahrtausend*. Frankfurt am Main: Fischer-Taschenbuch-Verlag.
Kendrick, John W. (1961) *Productivity Trends in the United States*, National Bureau of Economic Research, Princeton, NJ: Princeton University Press.
– (1973) *Postwar Productivity Trends in the United States, 1948-69*, National Bureau of Economic Research New York: Columbia University Press.
– (1984) *International Comparisons of Productivity and Causes of the Slowdown*, Cambridge, MA: Ballinger.
– und Grossman, E. (1980) *Productivity in the United States: Trends and Cycles*, Baltimore, MD: Johns Hopkins University Press.
Kenney, Martin (1986) *Biotechnology: The University-Industrial Complex*, New Haven, CT: Yale University Press.
Kepel, G. (Hg.) (1993) *Les Politiques de Dieu*, Paris: Seuil.
Khoury, Sarkis und Ghosh, Alo (1987) *Recent Developments in International Banking and Finance*, Lexington, MA: D.C. Heath.
Kiesler, Sara (Hg.) (1997) *The Culture of the Internet*, Hillsdale, NJ: Erlbaum.
Kim, E.M. (1989) „From domination to symbiosis: state and chaebol in Korea", *Pacific Focus*, 2: 105-121.
Kim, Jong-Cheol (1998) „Asian financial crisis and the state", unveröff. MA-Arbeit, Berkeley, CA: University of California, Department of Sociology.
Kim, Kyong-Dong (Hg.) (1987) *Dependency Issues in Korean Development*, Seoul: Seoul National University Press.
Kimsey, Stephen (1994) „The virtual flight of the cyber-trader", *Euromoney*, Juni: 45-46.
Kincaid, A. Douglas und Portes, Alejandro (Hg.) (1994) *Comparative National Development: Society and Economy in the New Global Order*, Chapel Hill, NC: University of North Carolina Press.
Kindleberger, Charles (1964) *Economic Growth in France and Britain, 1851-1950*, Cambridge, MA: Harvard University Press.
King, Alexander (1991) *The First Global Revolution: a Report by the Council of the Club of Rome*, New York: Pantheon Books.
Kirsch, Guy, Nijkamp, Peter und Zimmermann, Klaus (Hg.) (1988) *The Formulation of Time Preferences in a Multidisciplinary Perspective*, Aldershot, Hants: Gower.
Klam, Matthew (1999) „The solitary obsessions of a day trader", *New York Times Sunday Magazine*, 21. November: 72-92.
Koike, Kazuo (1988) *Understanding Industrial Relations in Modern Japan*, London: Macmillan.
Kolata, Gina (1995) „Metabolism found to adjust for a body's natural weight", *The New York Times*, 9. März: A1-A11.
Kolb, David (1990) *Postmodern Sophistications: Philosophy, Architecture and Tradition*, Chicago, IL: University of Chicago Press.
Koo, H. und Kim, E.M. (1992) „The developmental state and capital accumulation in South Korea", in Richard P. Appelbaum und Jeffrey Henderson (Hg.), *States and Development in the Asian Pacific Rim*, London: Sage, S. 121-149.
Korte, W.B., Robinson, S. und Steinle, W.K. (Hg.) (1988) *Telework: Present Situation and Future Development of a New Form of Work Organization*, Amsterdam: North-Holland.
Kotter, John P. und Heskett, James L. (1992) *Corporate Culture and Performance*, New York: Free Press.
Kranzberg, M. (1985) „The information age: evolution or revolution?", in Bruce R. Guile (Hg.), *Information Technologies and Social Transformation*, Washington, DC: National Academy of Engineering.

– (1992) „The scientific and technological age", *Bulletin of Science and Technology Society*, 12: 63-65.
– und Pursell, Carroll W. Jr (Hg.) (1967) *Technology in Western Civilization*, 2 Bde., New York: Oxford University Press.
Kraut, R.E. (1989) „Tele-commuting: the trade-offs of home-work", *Journal of Communications*, 39: 19-47.
Kraut, Robert, Patterson, Michael, Lundmark, Vicki, Kiesler, Sara, Mukopadhyay, Tridas, und Scherlis, William (1998) „Internet paradox: a social technology that reduces social involvement and psychological well-being?", *American Psychologist*, September: 1017-1031.
Kristoff, Nicholas (1999) „World ills are obvious, the cures much less so", *The New York Times*, 18. Februar: 1 und 14-15.
– und Sanger, David E. (1999) „How US wooed Asia to let cash flow in", *The New York Times*, 16. Februar: 1 und 10-11.
– und WuDunn, Sheryl (1999) „Of world markets, none an island", *The New York Times*, 17. Februar: 1 und 8-9.
– und Wyatt, Edward (1999) „Who went under in the world's sea of cash", *The New York Times*, 15. Februar: 1 und 10-11.
Krugman, Paul (1990) *The Age of Diminished Expectations*, Cambridge, MA: MIT Press.
– (1994a) *Peddling Prosperity: Economic Sense and Nonsense in the Age of Diminished Expectations*, New York: W.W. Norton.
– (1994b) „Competitiveness: a dangerous obsession", *Foreign Affairs*, 73(2): 28-44.
– (1995) „Growing world trade: causes and consequences", *Brookings Papers on Economic Activity*: 327-362.
– und Lawrence, Robert Z. (1994) „Trade, jobs and wages", *Scientific American*, April: 44-49.
Kuhn, Thomas (1962) *The Structure of Scientific Revolutions*, Chicago, IL: University of Chicago Press.
Kumazawa, M. und Yamada, J. (1989) „Jobs and skills under the lifelong Nenko employment practice", in Stephen Wood (Hg.), *The Transformation of Work?: Skill, Flexibility and the Labour Process*, London: Unwin Hyman.
Kunstler, James Howard (1993) *The Geography of Nowhere: the Rise and Decline of America's Man Made Landscape*, New York: Simon and Schuster.
Kuo, Shirley W.Y. (1983) *The Taiwan Economy in Transition*, Boulder, CO: Westview Press.
Kutscher, R.E. (1991) „Outlook 1990-2005: new BLS projections: findings and implications", *Monthly Labor Review*, November: 3-12.
Kuttner, Robert (1983) „The declining middle", *Atlantic Monthly*, Juli: 60-72.
Kuwahara, Yasuo (1989) *Japanese Industrial Relations System: a New Interpretation*, Tokyo: Japan Institute of Labour.
Kwok, R. und So, Alvin (Hg.) (1995) *The Hong Kong-Guandong Link: Partnership in Flux*, Armonk, NY: M.E. Sharpe.
–, Yin-Wang und So, Alvin (1992) *Hong Kong-Guandong Interaction: Joint Enterprise of Market Capitalism and State Socialism*, Manoa: University of Hawaii, research paper.
Landau, Ralph und Rosenberg, Nathan (Hg.) (1986) *The Positive Sum Strategy: Harnessing Technology for Economic Growth*, Washington, DC: National Academy Press.
Landes, David (1969) *The Unbound Prometheus: Technical Change and Industrial Development in Western Europe from 1750 to the Present*, London: Cambridge University Press.
Lanham, Richard A. (1993) *The Electronic Ward*, Chicago, IL: University of Chicago Press.
Laserna, Roberto (1995) „Regional development and coca production in Cochabamba, Bolivia", unveröff. PhD Diss., Berkeley, CA: University of California.
– (1996) *El circuito coca-cocaine y sus implicaciones*, La Paz: ILDIS.
Lash, Scott (1990) *Sociology of Postmodernism*, London: Routledge.
– und Urry, John (1994) *Economies of Signs and Space*, London: Sage.

Lawrence, Robert Z. (1984) „The employment effects of information technologies: an optimistic view", Papier, OECD Conference on the Social Challenge of Information Technologies, Berlin, 28.-30. November:.

Leal, Jesus (1993) *La desigualdad social en España*, 10 Bde., Madrid: Universidad Autonóma de Madrid, Instituto de Sociologia de Nuevas Tecnologias, Forschungsmonografie.

Leclerc, Annie (1975) *Parole de femme*, Paris: Grasset.

Lee, Peter und Townsend, Peter (1993) *Trends in Deprivation in the London Labour Market: a Study of Low Incomes and Unemployment in London between 1985 and 1992*, Genf: International Institute of Labour Studies, discussion paper 59/1993.

–, King, Paul, Shirref, David und Dyer, Geof (1994) „All change", *Euromoney*, Juni: 89-101.

Lee, Roger und Schmidt-Marwede, Ulrich (1993) „Interurban competition? Financial centres and the geography of financial production", *International Journal of Urban and Regional Research*, 17(4): 492-515.

Lehman, Yves (1994) „Videotex: a Japanese lesson", *Telecommunications*, 28(7): 53-54.

Lenoir, Daniel (1994) *L'Europe sociale*, Paris: La Découverte.

Leo, P.Y. und Philippe, J. (1989) „Réseaux et services aux entreprises: marchés locaux et développement global ", Seminarpapiere 32, 1989-II, CEP, S. 79-103.

Leontieff, Wassily und Duchin, Faye (1985) *The Future Impact of Automation on Workers*, New York: Oxford University Press.

Lethbridge, Henry J. (1978) *Hong Kong: Stability and Change*, Hong Kong: Oxford University Press.

Leung, Chi Kin (1993) „Personal contacts, subcontracting linkages, and development in the Hong Kong-Zhujiang Delta Region", *Annals of the Association of American Geographers*, 83(2): 272-302.

Levy, Pierre (1994) *L'Intelligence collective: pour une anthropologie du cyberspace*, Paris: La Découverte.

Levy, R.A., Bowes, M. und Jondrow, J.M. (1984) „Technical advance and other sources of employment change in basic industry", in E.L. Collins und L.D. Tanner (Hg.), *American Jobs and the Changing Industrial Base*, Cambridge, MA: Ballinger, S. 77-95.

Levy, Stephen (1984) *Hackers: Heroes of the Computer Revolution*, Garden City, NY: Doubleday.

Lewis, Michael (2000) *The New New Thing: a Silicon Valley Story*, New York: W. W. Norton.

Lichtenberg, Judith (Hg.) (1990) *Democracy and Mass Media*, New York: Cambridge University Press.

Lillyman, William, Moriarty, Marilyn F. und Neuman, David J. (Hg.) (1994) *Critical Architecture and Contemporary Culture*, New York: Oxford University Press.

Lim, Hyun-Chin (1982) *Dependent Development in Korea (1963-79)*, Seoul: Seoul National University Press.

Lin, T.B., Mok, V. und Ho, Y.P. (1980) *Manufactured Exports and Employment in Hong Kong*, Hong Kong: Chinese University Press.

Lincoln, Edward J. (1990) *Japan's Unequal Trade*, Washington, DC: Brookings Institution.

Lincoln, Thomas L. und Essin, Daniel J. (1993) „The electronic medical record: a challenge for computer science to develop clinically and socially relevant computer systems to coordinate information for patient care and analysis", *Information Society*, 9: 157-188.

–, – und Ware, Willis H. (1993) „The electronic medical record", *Information Society*, 9(2): 157-188.

Ling, K.K. (1995) „A case for regional planning: the Greater Pearl River Delta: a Hong Kong perspective", unveröff. Forschungsseminarpapier, CP 229, Berkeley, CA: University of California, Department of City and Regional Planning.

Lizzio, James R. (1994) „Real-time RAID storage: the enabling technology for video on demand", *Telephony*, 226(21): 24-32.

Lo, C.P. (1994) „Economic reforms and socialist city structure: a case study of Guangzhou, China", *Urban Geography*, 15(2) 128-149.

Lo, Fu-chen und Yeung, Yue-man (Hg.) (1996) *Emerging World Cities in the Pacific Asia*, Tokyo: United Nations University Press.
Lorenz, E. (1988) „Neither friends nor strangers: informal networks of subcontracting in French industry", in D. Gambetta, (Hg.), *Trust: Making and Breaking Cooperative Relations*, Oxford: Blackwell, S. 194-210.
Lovins, Amory B. und Lovins, L. Hunter (1995) „Reinventing the wheels", *Atlantic Monthly*, Januar: 75-86.
Lozano, Beverly (1989) *The Invisible Work Force: Transforming American Business with Outside and Home-based Workers*, New York: Free Press.
Lynch, Kevin (1960) *The Image of the City*, Cambridge, MA: MIT Press.
Lyon, David (1988) *The Information Society: Issues and Illusions*, Cambridge: Polity Press.
– (1994) *Postmodernity*, Oxford: Blackwell.
Lyon, Jeff und Gorner, Peter (1995) *Altered Fates: Gene Therapy and the Retooling of Human Life*, New York: W.W. Norton.
Machimura, T. (1994) *Sekai Toshi Tokyo no Kozo* [Die strukturelle Transformation einer *global city*, Tokyo], Tokyo: Tokyo University Press.
– (1995) *Symbolic Use of Globalization in Urban Politics in Tokyo*, Kunitachi: Hitotsubashi University Faculty of Social Sciences, Research Paper.
McGowan, James (1988) „Lessons learned from the Minitel phenomenon", *Network World*, 5(49): 27.
– und Compaine, Benjamin (1989) „Is Minitel a good model for the North American market?", *Network World*, 6(36).
McGuire, William J. (1986) „The myth of massive media impact: savagings and salvagings", in George Comstock (Hg.), *Public Communication and Behavior*, Orlando, FLA: Academic Press, S. 173-257.
Machlup, Fritz (1962) *The Production and Distribution of Knowledge in the United States*, Princeton, NJ: Princeton University Press.
– (1980) *Knowledge: its Creation, Distribution, and Economic Significance*, Bd. I: *Knowledge and Knowledge Production*, Princeton, NJ: Princeton University Press.
– (1982) *Knowledge: its Creation, Distribution and Economic Significance*, Bd. II: *The Branches of Learning*, Princeton, NJ: Princeton University Press.
– (1984) *Knowledge: its Creation, Distribution and Economic Significance*, Bd. III, *The Economics of Information and Human Capital*, Princeton, NJ: Princeton University Press.
Mackie, J.A.C. (1992a) „Changing patterns of Chinese big business in Southeast Asia", in Ruth McVey (Hg.), *Southeast Asian Capitalists*, Ithaca, NY: Cornell University, Southeast Asian Program.
– (1992b) „Overseas Chinese entrepreneurship", *Asian Pacific Economic Literature*, 6(1): 41-64.
McKinsey Global Institute (1992) *Service Sector Productivity*, Washington, DC: McKinsey Global Institute.
– (1993) *Manufacturing Productivity*, Washington, DC: McKinsey Global Institute.
McLeod, Roger (1996) „Internet users abandoning TV, survey finds", *San Francisco Chronicle*, 12. Januar: 1, 17.
McLuhan, Marshall (1962) *The Gutenberg Galaxy: the Making of Typographic Man*, Toronto: University of Toronto Press.
– (1964) *Understanding Media: the Extensions of Man*, New York: Macmillan.
– (1992) *Die magischen Kanäle. „Understanding Media"*. Düsseldorf/Wien/New York/Moskau: ECON.
– und Powers, Bruce R. (1989) *The Global Village: Transformations in World Life and Media in the 21st Century*, New York: Oxford University Press.
McMillan, C. (1984) *The Japanese Industrial System*, Berlin: De Gruyter.
McNeill, William H. (1977) *Plagues and People*, New York: Doubleday.

Maddison, A. (1982) *Phases of Capitalised Development*, New York: Oxford University Press.
- (1984) „Comparative analysis of the productivity situation in the advanced capitalist countries", in John W. Kendrick (Hg.), *International Comparisons of Productivity and Causes of the Slowdown*, Cambridge, MA: Ballinger.
Maital, Shlomo (1991) „Why the French do it better", *Across the Board*, 28(11): 7-10.
Malinvaud, Edmond u.a. (1974) *Fresque historique du système productif français*, Paris: Collections de l'INSEE, Séries E, 27 (Oktober).
Mallet, Serge (1963) *La Nouvelle classe ouvrière*, Paris: Seuil.
Malone, M.S. (1985) *The Big Score: the Billion-dollar Story of Silicon Valley*, Garden City, NY: Doubleday.
Mandel, Michael J. (1999a) „Handling the hot-rod economy", *Business Week*, 12. Juli: 30-32.
- (1999b) „Meeting the challenge of the new economy", in *Blueprint: Ideas for a New Century*, Winter-Ausgabe (on line-Ausgabe): 1-14.
Mander, Jerry (1978) *Four Arguments for the Elimination of Television*, New York: William Morrow.
Mankiewicz, Frank und Swerdlow, Joel (Hg.) (1979) *Remote Control: Television and the Manipulation of American Life*, New York: Ballantine.
Mansfield, Edwin (1982) *Technology Transfer, Productivity, and Economic Policy*, Englewood Cliffs, NJ: Prentice-Hall.
Marceau, Jane (Hg.) (1992) *Reworking the World: Organisations, Technologies, and Cultures in Comparative Perspective*, Berlin: Walter De Gruyter.
Markoff, John (1995) „If the medium is the message, the message is the Web", *The New York Times*, 20. November: A1, C5.
- (1999a) „Tiniest circuits hold prospects of explosive computer speeds", *The New York Times*, 16. Juli: A1-C17.
- (1999b) „A renaissance in computer science: chip designers search for life after silicon", *The New York Times*, 19. Juli: C1-C8.
Marshall, Alfred (1919) *Industry and Trade*, London: Macmillan.
Marshall, J.N. u.a. (1988) *Services and Uneven Development*, Oxford: Oxford University Press.
Marshall, Jonathan (1994) „Contracting out catching on: firms find it's more efficient to farm out jobs", *San Francisco Chronicle*, 22. August: D2-D3.
Martin, L. John und Chaudhary, Anja Grover (Hg.) (1983) *Comparative Mass Media Systems*, New York: Longman.
Martin, Patricia (1994) „The consumer market for interactive services: observing past trends and current demographics", *Telephony*, 226(18): 126-130.
Martinotti, Guido (1993) *Metropoli. La Nuova morfologia sociale della citta*, Bologna: Il Mulino.
Marx, Jean L. (Hg.) (1989) *A Revolution in Biotechnology*, Cambridge: Cambridge University Press for the International Council of Scientific Unions.
Massey, Douglas R. u.a. (1999) *Worlds in Motion: Understanding International Migration at the End of the Millennium*, Oxford: Clarendon Press.
Matsumoto, Miwao und Sinclair, Bruce (1994) „How did Japan adapt itself to scientific and technological revolution at the turn of the 20th Century?", *Japan Journal for Science, Technology, and Society*, 3: 133-155.
Mattelart, Armand und Stourdze, Yves (1982) *Technologie, culture et communication*, Paris: La Documentation française.
Matzner, Egon und Wagner, Michael (Hg.) (1990) *The Employment Impact of New Technology: the Case of West Germany*, Aldershot, Hants.: Avebury.
Mazlish, Bruce (1993) *The Fourth Discontinuity: the Co-evolution of Humans and Machines*, New Haven, CT: Yale University Press.
Mehta, Suketu (1993) „The French connection", *LAN Magazine*, 8(5).

Menotti, Val (1995) „The transformation of retail social space: an analysis of virtual shopping's impact on retail centers", unveröff. Forschungspapier für Seminar CP298I, University of California, Berkeley, Department of City and Regional Planning.

Michelson, Ronald L. und Wheeler, James O. (1994) „The flow of information in a global economy: the role of the American urban system in 1990", *Annals of the Association of American Geographers*, 84 (1): 87-107.

Miles, Ian (1988) *Home Informatics: Information Technology and the Transformation of Everyday Life*, London: Pinter.

Millan, Jose del Rocio u.a. (2000) „Robust EEG-based recognition of mental tasks", *Clinical Neuropsychology* (i.E.).

Miller, Richard L. und Swensson, Earl S. (1995) *New Directions in Hospital and Health Care Facility Design*, New York: McGraw-Hill.

Miller, Steven, M. (1989) *Impacts of Industrial Robotics: Potential Effects of Labor and Costs within the Metalworking Industries*, Madison, WIS: University of Wisconsin Press.

Miners, N. (1986) *The Government and Politics of Hong Kong*, Hong Kong: Oxford University Press.

Mingione, Enzo (1991) *Fragmented Societies*, Oxford, Blackwell.

Ministry of Labor [Japan] (1991) *Statistical Yearbook*, Tokyo: Government of Japan.

Ministry of Posts and Telecommunications (Japan) (1994) *Communications in Japan 1994*, Teil 3: *Multimedia: Opening up a New World of Info-communication*, Tokyo: Ministry of Posts and Telecommunications.

– (1995) *Tsushin Hakusho Heisei 7 nenban* [Weißpapier über Kommunikation in Japan], Tokyo: Yusei shou.

Mishel, Lawrence und Bernstein, Jared (1993) *The State of Working America*, Armonk NY: M.E. Sharpe.

– und – (1994) *The State of Working America 1994-95*, Washington, DC: Economic Policy Institute.

– und Teixeira, Ruy A. (1991) *The Myth of the Coming Labor Shortage: Jobs, Skills, and Incomes of America's Workforce 2000*, Washington, DC: Economic Policy Institute Report.

–, Bernstein, Jared und Schmitt, John (1999) *The State of Working America, 1998-1999*, Ithaca, NY: Cornell University Press.

Mitchell, William J. (1995) *City of Bits: Space, Place and the Infobahn*, Cambridge, MA: MIT Press.

– (1999) *E-topia: Urban Life, Jim – But Not as We Know It*, Cambridge, MA: MIT Press.

Mokhtarian, Patricia L. (1991a) „Defining telecommuting", *Transportation Research Record*, 1305: 273-281.

– (1991b) „Telecommuting and travel: state of the practice, state of the art", *Transportation*, 18: 319-342.

– (1992) „Telecommuting in the United States: letting our fingers do the commuting", *Telecommuting Review: the Gordon Report*, 9(5): 12.

Mokyr, Joel (1990) *The Lever of Riches: Technological Creativity and Economic Progress*, New York: Oxford University Press.

– (Hg.) (1985) *The Economics of the Industrial Revolution*, Totowa, NJ: Rowman and Allanheld.

Mollenkopf, John (Hg.) (1989) *Power, Culture, and Place: Essays on New York City*, New York: Russell Sage Foundation.

– und Castells, Manuel (Hg.) (1991) *Dual City: Restructuring New York*, New York: Russell Sage Foundation.

Monk, Peter (1989) *Technological Change in the Information Economy*, London: Pinter.

Montgomery, Alesia F. (1999) „New metropolis? online use, work, space and social ties", unveröff. MA-Arbeit, Berkeley, CA: University of California.

Moran, R. (1990) „Health environment and healthy environment", in R. Moran, R. Anderson und P. Paoli (Hg.), *Building for People in Hospitals, Workers, and Consumers*, Dublin: European Foundation for the Improvement of Living and Working Conditions.

– (1993) *The Electronic Home: Social and Spatial Aspects. A Scoping Report*, Dublin: European Foundation for the Improvement of Living and Working Conditions.
Morier, Françoise (Hg.) (1994) *Belleville, Belleville: visages d'un planète*, Paris: Editions Creaphis.
Morin, Edgar (1970) *L'homme et la mort*, Paris: Seuil.
Morrocco, John D. (1991) „Gulf War boosts prospects for high-technology weapons", *Aviation Week and Space Technology*, 134(11): 45-47.
Moss, Mitchell (1987) „Telecommunications, world cities, and urban policy", *Urban Studies*, 24: 534-546.
– (1991) „The new fibers of economic development", *Portfolio*, 4: 11-18.
– (1992) „Telecommunications and urban economic development", in OECD, *Cities and New Technologies*, Paris: OECD, S. 147-158.
Mowery, David (Hg.) (1988) *International Collaborative Ventures in US Manufacturing*, Cambridge, MA: Ballinger.
– und Henderson, Bruce E. (Hg.) (1989) *The Challenge of New Technology to Labor-Management Relations*, Washington, DC: Dept of Labor, Bureau of Labor Management Relations.
– und Rosenberg, Nathan (1998) *Paths of Innovation: Technological Change in 20th Century America*, Cambridge: Cambridge University Press.
Mowshowitz, Abbe (1986) „Social dimensions of office automation", in *Advances in Computers*, Bd. 25, New York: Academic Press.
Mulgan, G.J. (1991) *Communication and Control: Networks and the New Economies of Communication*, New York: Guilford Press.
Murphy, Kevin M. und Welch, Finis (1993) „Inequality and relative wages", *American Economic Review*, Mai.
Muschamp, Herbert (1992) „A design that taps into the 'Informational City'", *Sunday New York Times*, 9. August, Architecture View Section: 32.
Mushkat, Miron (1982) *The Making of the Hong Kong Administrative Class*, Hong Kong: University of Hong Kong Centre of Asian Studies.
Myers, Edith (1981) „In France it's Teletel", *Datamation*, 27(10): 78-88.
Nadal, Jordi und Carreras, Albert (Hg.) (1990) *Pautas regionales de la industrializacion española. Siglos XIX y XX*, Barcelona: Ariel.
National Science Board (1991) *Science and Engineering Indicators, 1991*, 10. Ausg. (NSB 91-1), Washington, DC: US Government Printing Office.
Naughton, John (1999) *A Brief History of the Future: The Origins of the Internet*, London: Weidenfeld and Nicolson.
Navarro, Vicente (1994a) *The Politics of Health Policy*, Oxford: Blackwell.
– (1994b) „La economia y el Estado de bienestar", unveröff. Papier, 10. Treffen zur Zukunft des Wohlfahrtsstaates, Madrid.
Needham, Joseph (1954-88) *Science and Civilization in China*, Cambridge: Cambridge University Press.
– (1969) *The Grand Titration*, Toronto: Toronto University Press.
– (1981) *Science in Traditional China*, Cambridge, MA: Harvard University Press.
Negroponte, Nicholas (1995) *Being Digital*, New York: Alfred A. Knopf.
Nelson, Richard (1980) „Production sets, technological knowledge, and R&D: fragile and overworked constructs for analysis of productivity growth?", *American Economic Review*, 70(2): 62-67.
– (1981) „Research on productivity growth and productivity differences: dead ends and new departures", *Journal of Economic Literature*, 19(3): 1029-1064.
– (1984) *High Technology Policies: A Five Nations Comparison*, Washington, DC: American Enterprise Institute.
– (1988) „Institutions supporting technical change in the United States", in G. Dosi u.a. (Hg.), *Technical Change and Economic Theory*, London: Pinter, S. 312-329.

- (1994) „An agenda for formal growth theory", New York: Columbia University Department of Economics, unveröff. Papier (Mitteilung des Autors).
- und Winter, S.G. (1982) *An Evolutionary Theory of Economic Change*, Cambridge, MA: Harvard University Press.

Neuman, W. Russell (1991) *The Future of Mass Audience*, New York: Cambridge University Press.

New Media Markets (1993) „Video on demand will provide Hollywood studios with much-needed boost", 11(10): 13-15.
- (1994) „Video-on-demand trials planned across Europe", 12(1): 8.

Newsweek (1993) „Jobs", Sonderheft, 14. Juni.

Nicol, Lionel (1985) „Communications technology: economic and social impacts", in Manuel Castells (Hg.), *High Technology, Space and Society*, Beverly Hills, CA: Sage.

NIKKEIREN [Japanischer Bund der Arbeitgeberverbände] (1993) *The Current Labor Economy in Japan*, Tokyo: NIKKEIREN, Information Report.

Nilles, J.M. (1988) „Traffic reduction by telecommuting: a status review and selected bibliography", *Transportation Research A*, 22A(4): 301-317.

Noble, David F. (1984) *Forces of Production: a Social History of Industrial Automation*, New York: Alfred A. Knopf.

Nolan, Peter und Furen, Dong (Hg.) (1990) *The Chinese Economy and its Future: Achievements and Problems of Post-Mao Reform*, Cambridge: Polity Press.

Nomura, Masami (1994) *Syushin Koyo*, Tokyo: Iwanami Shoten.

Nonaka, Ikujiro (1990) *Chisiki souzou no keiei* [Die Schaffung von Wissen: Epistemologie japanischer Firmen], Tokyo: Nikkei shinbunsha.
- (1991) „The knowledge-creating company", *Harvard Business Review*, November-Dezember: 96-104.
- (1994) „A dynamic theory of organizational knowledge creation", *Organization Science*, 5(1): 14-37.
- und Takeuchi, Hirotaka (1994) *The Knowledge-creating Company: How Japanese Companies Created the Dynamics of Innovation*, New York: Oxford University Press.

Nora, Simon und Minc, Alain (1978) *L'Informatisation de la société*. Paris: La Documentation française.

Norman, Alfred Lorn (1993) *Informational Society: an Economic Theory of Discovery, Invention and Innovation*, Boston/Dordrecht/London: Kluwer Academic Publishers.

Norman, E. Herbert (1940) *Japan's Emergence as a Modern State: Political and Economic Problems of the Meiji Period*, New York: Institute of Pacific Relations.

North, Douglas (1981) *Structure and Change in Economic History*, New York: W.W. Norton.

Northcott, J. (1986) *Microelectronics in Industry*, London: Policy Studies Institute.

Nuland, Sherwin B. (1994a) *How We Die: Reflections on Life's Final Chapter*, New York: Alfred A. Knopf.

Nuland, Sherwin B. (1994b) *Wie wir sterben: ein Ende in Würde?*, München: Kindler

O'Brien, Richard (1992) *Global Financial Integration: the End of Geography*, London: Pinter.

OECD (1994a) *Employment Outlook*, Juli, Paris: OECD.
- (1994b) *Employment/Unemployment Study: Policy Report*, Paris: OECD.
- (1994c) *The OECD Jobs Study*, Paris: OECD.
- (1994d) *The Performance of Foreign Affiliates in OECD Countries*, Paris: OECD.
- (1995) *Economic Outlook*, Juni, Paris: OECD.
- (1997) *Second European Report on Scientific and Technological Indicators*, Paris: OECD.

Office of Technology Assessment (OTA) (US Congress) (1984) *Computerized Manufacturing Automation: Employment, Education, and the Workplace*, Washington, DC: US Government Printing Office.
- (1986) *Technology and Structural Unemployment*, Washington, DC: US Government Printing Office.

Ohmae, Kenichi (1990) *The Borderless World: Power and Strategy in the Interlinked Economy*, New York: Harper.
Osterman, Paul (1999) *Securing Prosperity. The American Labor Market: How it has Changed and What to do About it*, Princeton, NJ: Princeton University Press.
Owen, Bruce M. (1999) *The Internet Challenge to Television*, Cambridge, MA: Harvard University Press.
Ozaki, Muneto u.a. (1992) *Technological Change and Labour Relations*, Genf: International Labour Organization.
Pahl, Ray (Hg.) (1988) *On Work: Historical, Comparative, and Theoretical Approaches*, Oxford: Blackwell.
Panofsky, Erwin (1957) *Gothic Architecture and Scholasticism*, New York: Meridian Books.
Park, Young-bum (1992) *Wage-fixing Institutions in the Republic of Korea*, Genf: International Institute of Labour Studies, discussion paper 51/1992.
Parkinson, G.H.R. (Hg.) (1973) *Leibniz: Philosophical Writings*, London: J.M. Dent.
Parsons, Carol A. (1987) „Flexible production technology and industrial restructuring: case studies of the metalworking, semiconductor, and apparel industries, unveröff. PhD Diss., Berkeley, CA: University of California.
Patel, S.J. (1992) „In tribute to the Golden Age of the South's development", *World Development*, 20(5): 767-777.
Perez, Carlotta (1983) „Structural change and the assimilation of new technologies in the economic and social systems", *Futures*, 15: 357-375.
Petrella, Ricardo (1993) *Un techno-monde en construction: synthèse des résultats et des recommendations FAST 1989-1992/93*, Brüssel: Europäische Kommission: FAST-Programm.
Pettersson, L.O. (1989) „Arbetstider i tolv Lander", *Statens offentliga utredningar*, 53, zit. in Bosch u.a. (Hg.) (1994).
Pfeffer, Jeffrey (1998) *The Human Equation: Building Profits by Putting People First*, Cambridge, MA: Harvard Business School Press.
Picciotto, Sol und Mayne, Ruth (Hg.) (1999) *Regulating International Business: Beyond the MAI*, Oxford: Oxfam.
Piller, Charles (1994) „Dreamnet", *Macworld*, 11(10): 96-99.
Piore, Michael J. und Sabel, Charles F. (1984) *The Second Industrial Divide: Possibilities for Prosperity*, New York: Basic Books.
– und – (1985) *Das Ende der Massenproduktion. Studie über die Requalifizierung der Arbeit und die Rückkehr der Ökonomie in die Gesellschaft*. Berlin (W): Wagenbach [dt. Ausg. Von 1984].
PNUD (Programa de Naciones Unidas para el Desarrollo) (1998a) *Desarrollo humano en Chile*, Santiago de Chile: Naciones Unidas.
– (1998b) *Desarrollo humano en Bolivia*, La Paz: Naciones Unidas.
Poirier, Mark (1993) „The multimedia trail blazers", *Catalog Age*, 10(7): 49.
Pool, Ithiel de Sola (1983) *Technologies of Freedom: on Free Speech in the Electronic Age*, Cambridge, MA: Belknap Press of Harvard University Press.
– (1990) *Technologies Without Boundaries*, Hg. Eli M. Noam, Cambridge, MA: Harvard University Press.
Porat, Marc (1977) *The Information Economy: Definition and Measurement*, Washington, DC: US Department of Commerce, Office of Telecommunications, publication 77-12 (1).
Porter, Michael (1990) *The Competitive Advantage of Nations*, New York: Free Press.
Portes, Alejandro, Castells, Manuel und Benton, Lauren (Hg.) (1989) *The Informal Economy: Studies on Advanced and Less Developed Countries*, Baltimore, MD: Johns Hopkins University Press.
Postman, Neil (1985) *Amusing Ourselves to Death: Public Discourse in the Age of Show Business*, New York: Penguin Books.
Postman, Neil (1985) *Wir amüsieren uns zu Tode: Urteilsbildung im Zeitalter der Unterhaltungsindustrie*, Frankfurt am Main: Fischer-Taschenbuch-Verlag.

– (1992) *Technopoly*, New York: Pantheon.
Poulantzas, Nicos (1978) *Staatstheorie. Politischer Überbau, Ideologie, Sozialistische Demokratie*, Hamburg: VSA.
Powell, Walter W. (1990) „Neither market nor hierarchy: network forms of organization", in Barry M. Straw und Larry L. Cummings (Hg.), *Research in Organizational Behavior*, Greenwich, CT: JAI Press, S. 295-336.
Preston, Holly H. (1994) „Minitel reigns in Paris with key French connection", *Computer Reseller News*, 594: 49-50.
Putnam, Robert (1995) „Bowling alone: America's declining social capital", *Journal of Democracy*, 6: 65-78.
Pyo, H. (1986) *The Impact of Microelectronics and Indigenous Technological Capacity in the Republic of Korea*, Genf: International Labour Organization.
Qian, Wen-yuan (1985) *The Great Inertia: Scientific Stagnation in Traditional China*, London: Croom Helm.
Qingguo Jia (1994) „Threat or opportunity? Implications of the growth of the China Circle for the distribution of economic and political power in the Asia Pacific Region", Papier, Conference sponsored by the University of California Institute on Global Conflict and Cooperation, The Economics of the China Circle, Hong Kong, September 1-3.
Quinn, James Brian (1987) „The impacts of technology in the services sector", in Bruce R. Guile und Harvey Brooks (Hg.), *Technology and Global Industry: Companies and Nations in the World Economy*, Washington, DC: National Academy Press, S. 119-159.
– (1988) „Technology in services: past myths and future challenges", in Bruce R. Guile und James B. Quinn (Hg.), *Technology in Services*, Washington, DC: National Academy Press, S. 16-46.
Qvortup, Lars (1992) „Telework: visions, definitions, realities, barriers", in OECD, *Cities and New Technologies*, Paris: OECD, S. 77-108.
Ramamurthy, K. (1994) „Moderating influences of organizational attitude and compatibility on implementation success from computer-integrated manufacturing technology", *International Journal of Production Research*, 32(10): 2251-2273.
Rand Corporation (1995) *Universal Access to E-Mail: Feasibility and Social Implications*, world wide web, (ttp://www.rand.org/publications/MR/MR650/).
Randlesome, Collin, Brierly, William, Bruton, Kevin, Gordon, Colin und King, Peter (1990) *Business Cultures in Europe*, Oxford: Heinemann.
Redding, S. Gordon (1990) *The Spirit of Chinese Capitalism*, Berlin: Walter de Gruyter.
Rees, Teresa (1992) *Skill Shortages, Women, and the New Information Technologies*, Report of the Task Force of Human Resources, Education, Training, and Youth, Brüssel: Kommission der Europäischen Gemeinschaften, Januar.
Reich, Robert (1991) *The Work of Nations*, New York: Random House.
Reid, Robert H. (1997) *Architects of the Web*, New York: John Wiley.
Reynolds, Larry (1992) „Fast money: global markets change the investment game", *Management Review*, 81(2): 60-61.
Rheingold, Howard (1993) *The Virtual Community*, Reading, MA: Addison-Wesley.
Rice, Ronald E. „Issues and concepts on research on computer-mediated communication systemsÓ, *Communication Yearbook*, 12: 436-476.
Rifkin, Jeremy (1987) *Time Wars: The Primary Conflict in Human History*, New York: Henry Holt.
– (1995a) *The End of Work*, New York: Putnam.
– (1995b) *Das Ende der Arbeit und ihre Zukunft*, Frankfurt am Main/New York: Campus.
Rijn, F.V. und Williams, R. (Hg.) (1988) *Concerning Home Telematics*, Amsterdam: North-Holland.
Roberts, Edward B. (1991) *Entrepreneurs in High Technology: MIT and Beyond*, New York: Oxford University Press.

Robinson, Olive (1993) „Employment in services: perspectives on part-time employment growth in North America", *Service Industries Journal,* 13(3): 1-18.

Robson, B. (1992) „Competing and collaborating through urban networks", *Town and Country Planning*, September: 236-238.

Rodgers, Gerry (Hg.) (1994) *Workers, Institutions, and Economic Growth in Asia*, Genf: International Institute of Labour Studies.

Rogers, Everett M. (1986) *Communication Technology: the New Media in Society*, New York: Free Press.

– und Larsen, Judith K. (1984) *Silicon Valley Fever: Growth of High Technology Culture*, New York: Basic Books.

Rohozinski, Rafal (1998) „Mapping Russian cyberspace: a perspective on democracy and the Net", Papier, United Nations Research Institute on Social Development Conference on Globalization and Inequality, Genf, 22. Juni.

Rosen, Ken u.a. (1999) „The multimedia industry in San Francisco's South of Market area", Berkeley, University of California, Haas School of Business, Centre for Real Estate Economics, Forschungsbericht.

Rosenbaum, Andrew (1992) „France's Minitel has finally grown up", *Electronics*, 65(6).

Rosenberg, Nathan (1976) *Perspectives on Technology*, Cambridge: Cambridge University Press.

– (1982) *Inside the Black Box: Technology and Economics*, Cambridge: Cambridge University Press.

– und Birdzell, L.E. (1986) *How the West Grew Rich: the Economic Transformation of the Industrial World*, New York: Basic Books.

Rostow, W.W. (1975) *How It All Began*, New York: McGraw Hill.

Roszak, Theodore (1986) *The Cult of Information*, New York: Pantheon.

Rothstein, Richard (1993) *Workforce Globalization: a Policy Response*, Washington, DC: Economic Policy Institute, Report prepared for the Women's Bureau of the US Department of Labor.

– (1994) „The global hiring hall: why we need worldwide labor standards", *American Prospect*, 17: 54-61.

Rumberger, R.W. und Levin, H.M. (1984) *Forecasting the Impact of New Technologies on the Future Job Market*, Stanford, CA: Stanford University School of Education, Research Report.

Russell, Alan M. (1988) *The Biotechnology Revolution: an International Perspective*, Brighton, Sussex: Wheatsheaf Books.

Sabbah, Françoise (1985) „The new media", In Manuel Castells (Hg.), *High Technology, Space, and Society*, Beverly Hills, CA: Sage.

Sabel, C. und Zeitlin, J. (1985) „Historical alternatives to mass production: politics, markets, and technology in 19th century industrialization", *Past and Present*, 108 (August): 133-176.

Sachs, Jeffrey (1998a) „International economics: unlocking the mysteries of globalization", *Foreign Policy*, Frühjahr: 97-111.

– (1998b) „Proposals for reform of the global financial architecture", Papier, United Nations Development Programme, Tagung zur Reform der globalen Finanzarchitektur, New York, 8. Dezember.

– (1998c) „The IMF and the Asian flu", *The American Prospect*, März-April: 16-21.

– (1999) „Helping the world's poorest", *The Economist*, 14. August: 17-20.

Saez, Felipe u.a. (1991) *Tecnología y empleo en España: situación y perspectivas*, Madrid: Universidad Autónoma de Madrid-Instituto de Sociología de Nuevas Tecnologías y Ministerio de Economía-Instituto de Estudios de Prospectiva.

Salomon, Jean-Jacques (1992) *Le Destin technologique*, Paris: Editions Balland.

Salvaggio, Jerry L. (Hg.) (1989) *The Information Society: Economic, Social, and Structural Issues*, Hillsdale, NJ: Lawrence Erlbaum.

Sandholtz, Wayne u.a. (1992) *The Highest Stakes: the Economic Foundations of the Next Security System*, New York: Oxford University Press (ein BRIE-Projekt).
Sandkull, Bengdt (1992) „Reorganizing labour: the Volvo experience", in Jane Marceau (Hg.), *Reworking the World: Organisations, Technologies, and Cultures in Comparative Perspective*, Berlin: Walter de Gruyter, S. 399-409.
Sapolsky, Robert (2000) „It's not 'all in the genes'", *Newsweek*, 10. April: 68.
Sassen, Saskia (1991) *The Global City: New York, London, Tokyo*, Princeton, NJ: Princeton University Press.
Sato, Takeshi u.a. (1995) *Johoza to taisyu bunka* [Informationalisierung und Massenkultur], Kunitachi: Hitotsubashi University Department of Social Psychology, Research Report.
Saunders, William (Hg.) (1996) *Architectural Practices in the 1990s*, Princeton, NJ: Princeton University Press.
Saussois, Jean-Michel (1998) „Knowledge production, mediation and use in learning economies and societies", Bericht an Tagung von OECD-CERI, Centre for Educational Research and Innovation, Stanford University, 10.-11. September.
Sautter, Christian (1978) „L'efficacité et la rentabilité de l'économie française de 1954 à 1976", *Economie et statistique*, 68.
Saxby, Stephen (1990) *The Age of Information*, London: Macmillan.
Saxenian, Anna L. (1994) *Regional Advantage: Culture and Competition in Silicon Valley and Route 128*, Cambridge, MA: Harvard University Press.
– (1999) *Silicon Valley's New Immigrant Entrepreneurs*, San Francisco: Public Policy Institute of California.
Sayer, Andrew und Walker, Richard (1992) *The New Social Economy: Reworking the Division of Labor*, Oxford: Blackwell.
Schaff, Adam (1992) *El Socialismo del Futuro*, no. 4: Sonderheft über die Zukunft der Arbeit.
Scheer, Leo (1994) *La Démocratie virtuelle*, Paris: Flammarion.
Scheer, Léo (1997): *Die virtuelle Demokratie,* Hamburg: Rotbuch.
Schettkat, R. und Wagner, M. (Hg.) (1989): Technologischer Wandel und Beschäftigung. Fakten, Analysen, Trends. Berlin: Walter de Gruyter
– und – (1990) *Technological Change and Employment Innovation in the German Economy*, Berlin: Walter De Gruyter.
Schiatarella, R. (1984) *Mercato di Lavoro e struttura produttiva*, Mailand: Franco Angeli.
Schiffer, Jonathan (1983) *Anatomy of a Laissez-faire Government: the Hong Kong Growth Model Reconsidered*, Hong Kong: University of Hong Kong Centre for Asian Studies.
Schiller, Dan (1999) *Digital Capitalism: Networking in the Global Market System*, Cambridge, MA: MIT Press.
Schoettle, Enid C.B. und Grant, Kate (1998) *Globalisation: A Discussion Paper*, New York: The Rockefeller Foundation.
Schofield Clark, Nancy (1998) „Dating on the net: teens and the rise of „pure relationships", in Jones (1998): 159-183.
Schon, Don, Sanyal, Bishmal, und Mitchell, William J. (Hg.) (1998) *High Technology and Low Income Communities*, Cambridge, MA: MIT Press.
Schoonmaker, Sara (1993) „Trading on-line: information flows in advanced capitalism", *Information Society*, 9(1): 39-49.
Schor, Juliet (1991) *The Overworked American*, New York: Basic Books.
Schuldt, K. (1990) „Soziale und ökonomische Gestaltung der Elemente der Lebensarbeitzeit der Werktätigen", unveröff. Diss., Berlin; zit. in Bosch u.a. (1994).
Schuler, Douglas (1996) *New Community Networks: Wired for Change*, New York: ACM Press.
Schumpeter, J.A. (1939) *Business Cycles: a Theoretical, Historical, and Statistical Analysis of the Capitalist Process*, New York: McGraw-Hill.

Schweitzer, John C. (1995) „Personal computers and media use", *Journalism Quarterly*, 68(4): 689-697.

Schwitzer, Glenn E. (1995) „Can research and development recover in Russia?", *Business World of Russia Weekly*, 15.-20. Mai: 10-12; Nachdruck aus *Journal of Technology and Society*, 17(2).

Scott, Allen (1988) *New Industrial Spaces*, London: Pion.

– (1998) *Regions in the World Economy*, Oxford: Oxford University Press.

Seidman, Steven und Wagner, David G. (Hg.) (1992) *Postmodernism and Social Theory*, Oxford: Blackwell.

Seki, Kiyohide (1988) *Summary of the National Opinion Survey of Family in Japan*, Tokyo: Nihon University Research Center, Research Paper.

Sellers, Patricia (1993) „The best way to reach buyers", *Fortune*, 128(13): 14-17.

Sengenberger, Werner und Campbell, Duncan (Hg.) (1992) *Is the Single Firm Vanishing? Interenterprise Networks, Labour, and Labour Institutions*, Genf: International Institute of Labour Studies.

– und – (Hg.) (1994) *International Labour Standards and Economic Interdependence*, Genf: International Institute of Labour Studies.

–, Loveman, Gary und Piore, Michael (Hg.) (1990) *The Re-emergence of Small Enterprises: Industrial Restructuring in Industrialized Countries*, Genf: International Institute for Labour Studies.

Servon, Lisa und Horrigan, John B. (1998) „Urban poverty and access to information technology: a role for local government", *Journal of Urban Technology*, 4(3): 61-81.

Shaiken, Harley (1985) *Work Transformed: Automation and Labor in the Computer Age*, New York: Holt, Rinehart and Winston.

– (1990) *Mexico in the Global Economy: High Technology and Work Organization in Export Industries*, La Jolla, CA: University of California at San Diego, Center for US-Mexican Studies.

– (1993) „Beyond lean production", *Stanford Law and Policy Review*, 5(1): 41-52.

– (1995) „Experienced workers and high performance work organization: a case study of two automobile assembly plants", unveröff. Papier, Industrial Relations Research Association Annual Meeting, Washington, DC, 6. Januar.

Shapira, Phillip (1990) *Modernizing Manufacturing*, Washington, DC: Economic Policy Institute.

Shapiro, Carl und Varian, Hal (1999) *Information Rules: A Strategic Guide to the Network Economy*, Cambridge, MA: Harvard Business School Press.

Sharlin, Harold I. (1967) „Electrical generation and transmission", in Melvin Kranzberg und Carroll W. Pursell Jr (Hg.), *Technology in Western Civilization*, 2 Bde., New York: Oxford University Press, Bd. 2, S. 578-591.

Shin, E.H. und Chin S.W. (1989) „Social affinity among top managerial executives of large corporations in Korea", *Sociological Forum*, 4: 3-26.

Shinotsuka, Eiko (1994) „Women workers in Japan: past, present, and future", in Joyce Gelb und Marian Lief Palley (Hg.), *Women of Japan and Korea: Continuity and Change*, Philadelphia, PA: Temple University Press, S. 95-119.

Shirref, David (1994) „The metamorphosis of finance", *Euromoney*, Juni: 36-42.

Shoji, Kokichi (1990) *Le Nipponisme comme méthode sociologique. Originalité, particularité, universalité*, Tokyo: Tokyo University Department of Sociology, discussion paper.

Shujiro Urata (1993) „Changing patterns of direct investment and its implications for trade and development", in C. Fred Bergsten und Marcus Noland (Hg.), *Pacific Dynamism and the International Economic System*, Washington, DC: Institute for International Economics, S. 273-299.

Siddell, Scott (1987) *The IMF and Third World Political Instability*, London: Macmillan.

Siino, Corinne (1994) „La ville et le chomage", *Revue d'économie régionale et urbaine*, 3: 324-352.
Silverstone, R. (1991) *Beneath the Bottom Line: Households and Information and Communication Technologies in the Age of the Consumer*, London: Brunel University Center for Research on Innovation, Culture, and Technology.
Silvestri, George T. (1993) „The American work force, 1992-2005: occupational employment, wide variations in growth", *Monthly Labor Review*, November: 58-86.
– und Lukasiewicz, J. (1991) „Outlook 1990-2005: occupational employment projections", *Monthly Labor Review*, November.
Singelmann, Joachim (1978) *The Transformation of Industry: from Agriculture to Service Employment*, Beverly Hills, CA: Sage.
Singer, Charles u.a. (1957) *A History of Technology*, Bd. 3: *From the Renaissance to the Industrial Revolution*, Oxford: Clarendon Press.
–, Holmyard, E.J., Hall, A.R. und Williams, Trevor I. (Hg.) (1958) *A History of Technology*, Bd. 4: *The Industrial Revolution, c.1750 to c.1850*, Oxford: Clarendon Press.
Singh, Ajit (1994) „Global economic changes, skills, and international competitiveness", *International Labour Review*, 133(2): 107-183.
Sit, Victor Fueng-Shuen (1991) „Transnational capital flows and urbanization in the Pearl River Delta, China", *Southeast Asian Journal of Social Science*, 19(1-2): 154-179.
– und Wong, S.L. (1988) *Changes in the Industrial Structure and the Role of Small and Medium Industries in Asian Countries: the Case of Hong Kong*, Hong Kong: University of Hong Kong Centre of Asian Studies.
–, Wong, Sin Lun und Kiang, Tsiu-Sing (1979) *Small-scale Industry in a Laissez-faire Economy: a Hong Kong Case Study*, Hong Kong: University of Hong Kong, Centre of Asian Studies.
Slouka, Mark (1995) *War of the Worlds: Cyberspace and the High-tech Assault on Reality*, New York: Basic Books.
Smith, Merrit Roe und Marx, Leo (Hg.) (1994) *Does Technology Drive History? The Dilemma of Technological Determinism*, Cambridge, MA: MIT Press.
Smith, Michael P. und Guarnizo, Luis E. (Hg.) (1998) *Transnationalism from Below*, New Brunswick, NJ: Transaction Books.
Solow, Robert M. (1956) „A contribution to the theory of economic growth", *Quarterly Journal of Economics*, 70: 65-94.
– (1957) „Technical change and the aggregate production function", *Revue of Economics and Statistics*, 39: 214-31.
Sorlin, Pierre (1994) *Mass Media*, London: Routledge.
Sorokin, P.A. und Merton, R.K. (1937) „Social time: a methodological and functional analysis", *American Journal of Sociology*, 42: 615-629.
Soros, George (1998) *The Crisis of Global Capitalism: Open Society Endangered*, New York: Perseus.
Southern, R.W. (1995) *Scholastic Humanism and the Unification of Europe*, vol. 1: *Foundations*, Oxford: Blackwell.
Soysal, Yasemin Nuhoglu (1994) *Limits of citizenship: Migrants and Postnational Membership in Europe*, Chicago, IL: University of Chicago Press.
Specter, Michael (1994) „Russians' newest space adventure: cyberspace", *The New York Times*, 9.März: C1ÐC2.
Sproull, Lee und Kiesler, Sara (1991) *Connections: New Ways of Working in the Networked Organization*, Cambridge, MA: MIT Press.
Stalker, Peter (1994) *The Work of Strangers: a Survey of International Labour Migration*, Geneva: International Labour Organization.
– (1997) *Global Nations: The Impact of Globalization on International Migration*, Geneva: International Labour Office, Employment and Training Department.
Stanback, T.M. (1979) *Understanding the Service Economy: Employment, Productivity, Location*, Baltimore, MD: Johns Hopkins University Press.

Steers, R.M., Shin, Y.K. und Ungson, G.R. (1989) *The Chaebol*, New York: Harper and Row.
Steinle, W.J. (1988) „Telework: opening remarks and opening debate", in W.B. Korte, S. Robinson und W.K. Steinle (Hg.), *Telework: Present Situation and Future Development of a New Form of Work Organization*, Amsterdam: North-Holland.
Stevens, Barrie und Michalski, Wolfgang (1994) *Long-term Prospects for Work and Social Cohesion in OECD Countries: an Overview of the Issues*, Paris: Report to the OECD Forum for the Future.
Stevenson, Richard W. (1999) „Greenspan calls recent rate of US growth unsustainable", *The New York Times*, 29. Oktober: C6.
Stonier, Tom (1983) *The Wealth of Information*, London: Methuen.
Stourdze, Yves (1987) *Pour une poignée d'électrons*, Paris: Fayard.
Stowsky, Jay (1992) „From spin-off to spin-on: redefining the military's role in American technology development", in Wayne Sandholtz, Michael Borrus und John Zysman u.a., *The Highest Stakes: The Economic Foundations of the Next Security System*, New York: Oxford University Press.
Strange, S. (1996) *The Retreat of the State: The Diffusion of Power in the World Economy*, Cambridge: Cambridge University Press.
Strassman, Paul A. (1985) *Information Payoff: The Transformation of Work in the Electronic Age*, New York: Free Press.
Sullivan-Trainor, Michael (1994) *Detour: The Truth about the Information SuperHighway*, San Mateo, CA: IDG Books.
Sun Tzu (*c.* 505-496 v. Chr.) *On the Art of War*, transl. from Chinese with critical notes by Lionel Giles, Singapore: Graham Brash, 1988 (erste englische Ausg. 1910).
Swann, J. (1986) *The Employment Effects of Microelectronics in the UK Service Sector*, Genf: International Labour Organization.
Syun, Inoue (1975) The loss of meaning in death. *Japan Interpreter*, 9(3): 336.
Tafuri, Manfredo (1971) *L'urbanistica del riformismo*, Mailand: Franco Angeli.
Takenori, Inoki und Higuchi, Yoshio (Hg.) (1995) *Nihon no Koyou system to lodo shijo* [Das japanische Beschäftigungssystem und der Arbeitsmarkt], Tokyo: Nihon Keizai Shinbunsha.
Tan, Augustine H.H. und Kapur, Basant (Hg.) (1986) *Pacific Growth and Financial Interdependence*, Sydney: Allen & Unwin.
Tapscott, Don (Hg.) (1998) *Blueprint to the Digital Economy: Wealth Creation in the Era of E-business*, New York: McGraw-Hill.
Tardanico, Richard und Rosenberg, Mark B. (Hg.) (2000) *Poverty of Development: Global Restructuring and Regional Transformations in the US South and the Mexican South*, New York: Routledge.
Tarr, J. und Dupuy, G. (Hg.) (1988) *Technology and the Rise of the Networked City in Europe and North America*, Philadelphia, PA: Temple University Press.
Teitelman, Robert (1989) *Gene Dreams: Wall Street, Academia, and the Rise of Biotechnology*, New York: Basic Books.
Teitz, Michael B., Glasmeier, Amy und Shapira, Philip (1981) *Small Business and Employment Growth in California*, Berkeley, CA: Institute of Urban and Regional Development, working paper no. 348.
Telecommunications Council (Japan) (1994) *Reforms Toward the Intellectually Creative Society of the 21st Century: Program for the Establishment of High-performance Info-communications Infrastructure*, report-response to inquiry no. 5, 1993, Tokyo: 31. Mai (innoffizielle Übersetzung, Juli 1994).
Tetsuro, Kato und Steven, Rob (Hg.) (1994) *Is Japanese Management Post-Fordism?*, Tokyo: Mado-sha.
Thach, Liz und Woodman, Richard W. (1994) „Organizational change and information technology: managing on the edge of cyberspace", *Organizational Dynamics*, 1: 30-46.

The Economist, (1993) 7. Juli 27.
- (1994a) „Feeling for the future: survey of television", 12. Februar: Sonderbericht.
- (1994b) „Sale of the century", 14. Mai: 67-69.
- (1995a) „The bank that disappeared", 27. Februar.
- (1995b) „Currencies in a spin", 11. März: 69-70.
- (1997) „A connected world: survey of telecommunications", 13. September: 1-14.
- (1999a) „The new economy: work in progress", 24. Juli: 21-24.
- (1999b) „Share without the other bit: in corporate America paying dividends has gone out of fashion", 20. November: 93.
- (1999c) „European media: flirtation and frustration", 11. Dezember: 61-63.
Thery, Gérard (1994) *Les autoroutes de l'information. Rapport au Premier Ministre*, Paris: La Documentation française.
Thomas, Hugh (1993) *The Conquest of Mexico*, London: Hutchinson.
Thomas, Louis-Vincent (1975) *Anthropologie de la mort*, Paris: Payot.
- (1985) *Rites de mort pour la paix des vivants*, Paris: Fayard.
- (1988) *La Mort*, Paris: Presses Universitaires de France.
Thompson, E.P. (1967) „Time, work-discipline, and industrial capitalism", *Past and Present*, 36: 57-97.
Thrift, Nigel J. (1986) *The „Fixers": the Urban Geography of International Financial Capital*, Lampeter: University of Wales Department of Geography.
- (1990) „The making of capitalism in time consciousness", in J. Hassard (Hg.), *The Sociology of Time*, London: Macmillan, S. 105-129.
- und Leyshon, A. (1992) „In the wake of money: the City of London and the accumulation of value", in L. Budd und S. Whimster (Hg.), *Global Finance and Urban Living: A Study of Metropolitan Change*, London: Routledge, S. 282-311.
Thurow, Lester (1992) *Head to Head: the Coming Economic Battle among Japan, Europe, and America*, New York: William Morrow.
- (1995) „How much inequality can a democracy take?", *New York Times Magazine*, special issue: *The Rich*, 19. November: 78.
Tichi, Cecilia (1991) *Electronic Hearth: Creating an American Television Culture*, New York: Oxford University Press.
Tillema, H.K. (1991) *International Armed Conflict Since 1945: a Bibliographic Handbook of Wars and Military Intervention*, Boulder, CO: Westview Press.
Tilly, Charles (1995) „State-incited violence, 1900-1999", *Political Power and Social Theory*, 9: 161-179.
Time (1993) Sonderausgabe über Mega-Cities, 11. Januar.
- (1994) „Risky business in Wall Street: high-tech supernerds are playing dangerous games with money", Sonderbericht, 11. April: 24-35.
Tirman, John (Hg.) (1984) *The Militarization of High Technology*, Cambridge, MA: Ballinger.
Tobenkin, David (1993) „Customers respond to video on demand", *Broadcasting and Cable*, 123(48): 16.
Touraine, Alain (1955) *L'Evolution du travail ouvrier aux usines Renault*, Paris: Centre National de la Recherche Scientifique.
- (1959) „Entreprise et bureaucratie", *Sociologie du travail*, 1: 58-71.
- (1969) *La Société post-industrielle*, Paris: Denoel.
- (1987) *La Parole et le sang. Politique et société en Amerique Latine*, Paris: Odile Jacob.
- (1991) „Existe-t-il encore une socété française?", *Contemporary French Civilization*, 15: 329-352.
- (1992) *Critique de la modernité*, Paris: Fayard.
- (1994) *Qu'est-ce que la démocratie?*, Paris: Fayard.
Trejo Delarbre, Raul (1992) *La Sociedad Ausente: comunicacion, democracia y modernidad*, Mexico: Cal y Arena.

– (Hg.) (1988) *Las Redes de Televisa*, Mexico: Como/Rotativo.
Tuomi, Ilkka (1999) *Corporate Knowledge: Theory and Practice of Intelligent Organizations*, Helsinki: Metaxis.
Turkle, Sherry (1995) *Life on the Screen: Identity in the Age of the Internet*, New York: Simon and Schuster.
Tyson, Laura d'Andrea (1992) *Who's Bashing Whom? Trade Conflict in High-technology Industries*, Washington, DC: Institute of International Economics.
– und Zysman, John (1983) *American Industry in International Competition*, Ithaca, NY: Cornell University Press.
–, Dickens, William T. und Zysman, John (Hg.) (1988) *The Dynamics of Trade and Employment*, Cambridge, MA: Ballinger.
Ubbelhode, A.R.J.P. (1958) „The beginnings of the change from craft mystery to science as a basis for technology", in C. Singer u.a., *A History of Technology*, Bd. 4: *The Industrial Revolution, 1750-1850*, Oxford: Clarendon Press.
Uchida, Hoshimi (1991) „The transfer of electrical technologies from the US and Europe to Japan, 1869-1914", in David J. Jeremy (Hg.), *International Technology Transfer: Europe, Japan, and the USA, 1700-1914*, Aldershot, Hants: Edward Elgar, S. 219-241.
Uchitelle, Louis (1999) „Big increases in productivity by workers", *The New York Times*, 13. November: B1-B14.
UCSF/Field Institute (1999) *The 1999 California Work and Health Survey*, San Francisco, CA: Institute for Health Policy Studies, University of California at San Francisco, and The Field Institute.
UNESCO (1999) *World Communication and Information Report, 1999-2000*, Paris: UNESCO.
United Nations Center on Transnational Corporations (1991) *Transnational Banks and the External Indebtedness of Developing Countries*, New York: United Nations, UNCTC Current Studies, Series A, No. 22.
United Nations Conference on Trade and Development (UNCTAD) (1993) *World Investment Report 1993: Transnational Corporations and Integrated International Production*, New York: United Nations.
– (1994) *World Investment Report 1994: Transnational Corporations, Employment and the Workplace*, Bericht, UNCTAD Secretariat to the Commission on Transnational Corporations, 2-11. Mai.
– (1995) *World Investment Report 1995: Transnational Corporations and Competitiveness*, New York: United Nations.
– (1996) *World Investment Report 1996: Investment, Trade, and International Policy Arrangements*, New York: United Nations.
– (1997) *World Investment Report 1997: Transnational Corporations, Market Structure and Competition Policy*, New York: United Nations.
United Nations Development Program (UNDP) (1999) *Human Development Report 1999: Globalization with a Human Face*, New York: United Nations.
UNISDR (United Nations Institute for Social Development Research) (1998) „Proceedings of the International Conference on Globalization and Inequality", Genf, Juni (online veröffentlicht).
US Congress, Office of Technology Assessment (1991) *Biotechnology in a Global Economy*, Washington, DC: US Government Printing Office.
US Department of Commerce (1999a) „The emerging digital economy", Washington, DC: National Technical Information Service (Online-Bericht).
– (1999b) „The emerging digital economy II", Washington, DC: National Technical Information Service (Online-Bericht).
US House of Representatives, Committee on Armed Services, Readiness Subcommittee (1990) *US Low-intensity Conflicts, 1899-1990*, a study by the Congressional Research Service, Library of Congress, Washington, DC: US Government Printing Office.

US Library of Congress (1999) „Proceedings of the Conference on Frontiers of the Mind in the 21st Century", auf der *web site* der Bibliothek.
US National Science Board (1991) *Science and Engineering Indicators: 1991*, 10. Ausg., Washington, DC: US Government Printing Office.
Vaill, P.B. (1990) *Managing as a Performing Art: New Ideas for a World of Chaotic Change*, San Francisco, CA: Jossey-Bass.
Van Creveld, Martin (1989) *Technology and War from 2000 BC to the Present*, New York: Free Press.
Van der Haak, Bregtje (1999) „Television and the digital revolution", *Archis*, 6: 12-18.
Van Tulder, Rob und Junne, Gerd (1988) *European Multinationals in Core Technologies*, New York: John Wiley.
Varley, Pamela (1991) „Electronic democracy", *Technology Review*, Nov/Dez: 43-51.
Velloso, Joao Paulo dos Reis (1994) „Innovation and society: the modern bases for development with equity", in Colin I. Bradford (Hg.), *The New Paradigm of Systemic Competitiveness: Toward More Integrated Policies in Latin America*, Paris: OECD, S. 97-118.
Venturi, Robert u.a. (1977) *Learning from Las Vegas: the Forgotten Symbolism of Architectural Form*, Cambridge, MA: MIT Press.
Vessali, Kaveh V. (1995) „Transportation, urban form, and information technology", Berkeley, CA: University of California, unveröff. Seminarpapier für CP 298 I.
Wade, Richard (1990) *Governing the Market: Economic Theory and the Role of Government in East Asian Industrialization*, Princeton, NJ: Princeton University Press.
Waldrop, M. Mitchell (1992) *Complexity: the Emerging Science at the Edge of Order and Chaos*, New York: Simon and Schuster.
Waliszewski, Kasimierz (1900) *Peter the Great*, New York: D. Appleton and Co.
Wall, Toby D. u.a. (Hg.) (1987) *The Human Side of Advanced Manufacturing Technology*, Chichester, Sussex: John Wiley.
Wallerstein, Immanuel (1974) *The Modern World System*, New York: Academic Press.
Wang, Georgette (Hg.) (1994) *Treading Different Paths: Informatization in Asian Nations*, Norwood, NJ: Ablex.
Wang, Yeu-fain (1993) *China's Science and Technology Policy, 1949-1989*, Brookfield, VT: Avebury.
Wark, McKenzie (1994) *Virtual Geography: Living with Global Media Events*, Bloomington, IN: Indiana University Press.
Warme, Barbara u.a. (Hg.) (1992) *Working Part-time: Risks and Opportunities*, New York: Praeger.
Warnken, Jurgen und Ronning, Gerd (1990), „Technological change and employment structures", in R. Schettkat und M. Wagner (Hg.), *Technological Change and Employment Innovation in the German Economy*, Berlin: Walter De Gruyter, S. 214-253.
Watanabe, Susumu (1986) „Labour-saving versus work-amplifying effects of microelectronics", *International Labour Review*, 125(3): 243-259.
– (Hg.) (1987) *Microelectronics, Automation, and Employment in the Automobile Industry*, Chichester, Sussex: John Wiley.
Watanuki, Joji (1990) *The Development of Information Technology and its Impact on Japanese Society*, Tokyo: Sophia University Institute of International Relations, Research Paper.
Watts, Duncan J. (1999) *Small Worlds: The Dynamics of Networks between Order and Randomness*, Princeton, NJ: Princeton University Press.
Weber, Marx (1958) *The Protestant Ethic and the Spirit of Capitalism*, übers. Talcott Parsons, New York: Charles Scribner
Weber, Max (1963) „Die protestantische Ethik und der Geist des Kapitalismus" in ders., *Gesammelte Aufsätze zur Religionssoziologie* Bd. I, S. 17-206 (zuerst 1904/05).
Webster, Andrew (1991) *Science, Technology, and Society: New Directions*, London: Macmillan.

Weiss, Linda (1988) *Creating Capitalism: the State and Small Business since 1945*, Oxford: Blackwell.
- (1992) „The politics of industrial organization: a comparative view", in Jane Marceau (Hg.), *Reworking the World: Organizations, Technologies, and Cultures in Comparative Perspective*, Berlin: Walter De Gruyter, S. 95-124.
Wellman, Barry (1979) „The community question", *American Journal of Sociology*, 84: 1201-1231.
- (1997) „An electronic group is virtually a social network", in Kiesler (Hg.) (1997): 179-205.
- (Hg.) (1999) *Networks in the Global Village*, Boulder, CO: Westview Press.
- und Gulia, Milena (1999) „Netsurfers don't ride alone: virtual communities as communities", in Barry Wellman (Hg.), *Networks in the Global Village*, Boulder, CO: Westview Press, S. 331-366.
- u.a. (1996) „Computer networks as social networks: collaborative work, telework and virtual community", *Annual Reviews of Sociology*, 22: 213-238.
Wexler, Joanie (1994) „ATT preps service for video on demand", *Network World*, 11(25): 6.
Wheeler, James O. und Aoyama, Yuko (Hg.) (2000) *Cities in the Telecommunications Age*, London: Routledge.
Whightman, D.W. (1987) „Competitive advantage through information technology", *Journal of General Management*, 12(4).
Whitaker, D.H. (1990) „The end of Japanese-style employment", *Work, Employment and Society*, 4(3): 321-347.
Whitley, Richard (1993) *Business Systems in East Asia: Firms, Markets, and Societies*, London: Sage.
Whitrow, G.J. (1988) *Time in History: the Evolution of our General Awareness of Time and Temporal Perspective*, Oxford: Oxford University Press.
Wieczorek, Jaroslaw (1995) *Sectoral Trends in World Employment*, Working Paper 82, Geneva: International Labour Organization, Industrial Activities Branch.
Wieviorka, Michel (1993) *La Démocratie à l'épreuve: nationalisme, populisme, ethnicité*, Paris: La Découverte.
Wilkinson, B. (1988) „A comparative analysis", in *Technological Change, Work, Organization and Pay: Lessons from Asia*, Geneva: International Labour Organization.
Wilkinson, Barry, Morris, Jonathan und Nich, Oliver (1992) „Japanizing the world: the case of Toyota", in Jane Marceau (Hg.), *Reworking the World: Organizations, Technologies, and Cultures in Comparative Perspective*, Berlin: Walter de Gruyter, S. 133-150.
Williams, Frederick (1982) *The Communications Revolution*, Beverly Hills, CA: Sage.
- (Hg.) (1988) *Measuring the Information Society*, Beverly Hills, CA: Sage.
- (1991) *The New Telecommunications: Infrastructure for the Information Age*, New York: Free Press.
-, Rice, Ronald E. und Rogers, Everett M. (1988) *Research Methods and the New Media*, New York: Free Press.
Williams, Raymond (1974) *Television: Technology and Cultural Form*, New York: Schocken Books.
Williamson, Oliver E. (1975) *Markets and Hierarchies: Analysis and Anti-trust Implications*, New York: Free Press.
- (1985) *The Economic Institutions of Capitalism*, New York: Free Press.
Willmott, W.E. (Hg.) (1972) *Economic Organization in Chinese Society*, Stanford, CA: Stanford University Press.
Wilson, Carol (1991) „The myths and magic of Minitel", *Telephony*, 221(23): 52.
Withey, Stephen B. und Abeles, Ronald P. (Hg.) (1980) *Television and Social Behavior*, Hillsdale, NJ: Lawrence Erlbaum.
Wolton, Dominique (1998) *Au dela de l'Internet*, Paris: La Découverte.

Wong, Siulun (1988) *Emigrant Entrepreneurs: Shanghai Industrialists in Hong Kong*, Hong Kong: Oxford University Press.
Wong, S.L. (1985) „The Chinese family firm: a model", *British Journal of Sociology*, 36: 58-72.
Woo, Edward S.W. (1994) „Urban development", in Y.M. Yeung und David K.Y. Chu (Hg.), *Guandong: Survey of a Province Undergoing Rapid Change*, Hong Kong: Chinese University Press.
Wood, Adrian (1994) *North-South Trade, Employment and Inequality*, Oxford: Clarendon Press.
Wood, Stephen (Hg.) (1989) *The Transformation of Work*, London: Unwin Hyman.
Woodward, Kathleen (Hg.) (1980) *The Myths of Information: Technology and Postindustrial Culture*, London: Routledge and Kegan Paul.
World Bank (1995) *World Development Report, 1995*, Washington, DC: World Bank.
– (1998) *World Development Report, 1998/99: Knowledge and Development*, Washington, DC: The World Bank.
World Trade Organization (WTO) (1997) *Annual Report*, Genf: WTO.
– (1998) *Annual Report*, Genf: WTO.
Ybarra, Josep-Antoni (1989) „Informationalization in the Valencian economy: a model for underdevelopment", in A. Portes, M. Castells und L. Benton (Hg.), *The Informal Economy*, Baltimore, MD: Johns Hopkins University Press.
Yergin, Daniel und Stanislaw, Joseph (1998) *The Commanding Heights: The Battle between Goverment and the Marketplace that is Remaking the Modern World*, New York: Simon and Schuster.
Yoo, S. und Lee, S.M. (1987) „Management style and practice in Korean chaebols", *California Management Review*, 29: 95-110.
Yoshihara, K. (1988) *The Rise of Ersatz Capitalism in South East Asia*, Oxford: Oxford University Press.
Yoshino, Kosaku (1992) *Cultural Nationalism in Contemporary Japan*, London: Routledge.
Yoshino, M.Y. und Lifson, T.B. (1986) *The Invisible Link: Japan's Sogo Shosha and the Organization of Trade*, Cambridge, MA: MIT Press.
Young, K. und Lawson, C. (1984) „What fuels US job growth? Changes in technology and demand on employment growth", Papier, Panel on Technology and Employment of the National Academy of Sciences, Washington, DC.
Young, Michael (1988) *The Metronomic Society*, Cambridge, MA: Harvard University Press.
Youngson, A.J. (1982) *Hong Kong: Economic Growth and Policy*, Hong Kong: Oxford University Press.
Zaldivar, Carlos Alonso (1996) *Variaciones sobre un mundo en cambio*, Madrid: Alianza Editorial.
– und Castells, Manuel (1992) *España, fin de siglo*, Madrid: Alianza Editorial.
Zaloom, Caitlin (i.E.) „Risk, rationality and technology: prediction and calculative rationality in global financial markets", unveröff. PhD Diss., Berkeley, CA: University of California.
Zerubavel, Eviatar (1985) *The Seven Day Circle: the History and Meaning of the Week*, New York: Free Press.
Zhivov, Victor M. (1995) „Time and money in Imperial Russia", unveröff. Papier, Conference on Time and Money in the Russian Culture, University of California at Berkeley, Center for Slavic and Eastern European Studies, 17. März.
Zook, Matthew (1998) „The web of consumption: the spatial organization of the Internet industry in the United States", Papier, Association of Collegiate Schools of Planning Conference, Pasadena, California, 5.-8. November (zum Herunterladen: http://www.socrates.berkeley.edu/-zook/pubs/acsp1998.html).
– (2000a) „The web of production: the economic geography of commercial Internet content production in the United States", *Environment and Planning A*, 32.
– (2000b) „Old hierarchies or new networks of centrality: the global geography of the Internet content market", eingereicht für eine Sondernummer des *American Behavioral Scientist*.

– (2000c) „The role of regional venture capital in the development of the Internet commerce industry: the San Francisco Bay region and the New York Metropolitan area", unveröff. PhD Diss., Berkeley, CA. University of California.
Zuboff, Shoshana (1988) *In the Age of the Smart Machine*, New York: Basic Books.
Zukin, Sharon (1992) *Landscapes of Power*, Berkeley, CA: University of California Press.

Register

A
Abbate, Janet 43, 49
Abegglen, J.C. 203
Abeles, Ronald P. 378
Abelson, Harold 78
Abolaffia, Michael Y. 200
Abramson, Jeffrey 412
Acorda 61
Adam, Barbara 485, 501
ADI s. Auslandsdirektinvestitionen
Adleman, Leonard 78
Adler, David E. 315
Adler, Gerald 130, 137
Adler, Glenn 318
Adler, Paul S. 272
Adobe 160
Afghanistan 511, 516
Agence de l'Informatique 6
Aglietta, Michel 101
Aktien 110, 112
Aktienmarkt 161, 164
Alarcon, Rafael 137
Algerienkrieg 511
Allen, G.C. 13
Allen, Jane E. 78
Allen, Paul 47
Alphabet 375
Altair 47
Alvarado, Manuel 386
Amazon 161, 168f.
America On-Line 162, 396
Amin, Ash 447
Amsdem, Alice 205, 208, 211, 213f.
Anderson, A.E. 47
Anderson, K. 118

Andreessen, Marc 55f.
Anisimov, Evgenii 486
Aoki, Masahiko 179, 181
Aoyama, Yuko 231, 443, 449
APEC 118, 119
Appelbaum, Eileen 270, 281
Appelbaum, Richard P. 211
Apple Computers 6, 47, 58, 69,
Arbeit: Arbeitsprozess 270ff., 298; Flexibilität 298; s. auch Beschäftigung
Arbeiterklasse 271
Arbeitsbedingungen 306, 312f.
Arbeitskosten 312; Produktivität 312
Arbeitskraft 196; Kapitalismus 529; Kosten/Produktivität 312; Entwertung 272ff.; Flexibilität 290, 297, 305f., 469; Globalisierung 132ff., 256ff.; Individualisierung 298; Institutionen 262, 305; Produktion 15f.; spezialisierte 135; fortgeschrittene Volkswirtschaften 277; Zeit 498; s. auch industrielle Beziehungen; Beschäftigung; Qualifikationsniveaus; Arbeitsprozess
Arbeitsleben 297, 316, 499, 534
Arbeitslosigkeit 20, 99, 143, 154, 171, 267, 283, 285f., 295f., 305, 313f., 316f., 521, 533
Arbeitsplatz 123, 161, 233, 240, 242f., 246, 252ff., 256, 259, 261, 266, 269, 281, 283, 286ff., 292, 295f., 302, 306, 308, 313f., 453, 492, 495, 530, 533; Arbeitsplatzunsicherheit 313, 316; Arbeitsplatzverluste 254, 280, 293; Schaffung von Arbeitsplätzen 283, 286ff.
Arbeitsprozess 298

Arbeitsteilung: Beschäftigungsstruktur 260ff.
Arbeitszeit 282, 288, 293, 487, 490, 493ff.
Archibugi, D. 134
Architektur 448; Büro-Architektur, Shaw D.E. & Co. 477; Postmodernismus 468, 473ff.
Argentinien 72, 120, 122, 154
Ariès, Philippe 507
Arkwright, Sir Richard 38
Armstrong, David 412
Armut 143, 313ff., 535
Aron, Raymond 21
Aronowitz, Stanley 287
ARPA 49, 51, 58
ARPANET 7, 50ff., 392, 397,
Arrieta, Carlos G. 470
Arthur, Brian 37, 39, 80f., 313, 445
ASDL-Technologie 418
Ashton, Thomas S. 34
Asian Money Supplement 492
Asiatische Pazifikregion 214, 219; Entwicklungsstaat 207ff.; industrielle Fertigung 2, 291f.; Finanzmärkte 143; Handel 121ff., 125; Politik 152ff.
ATM (asynchronous transmission mode) 49
ATT 48, 158,
Aum *Shinrikyo* 24
Auslandsdirektinvestitionen 102, 109, 124, 126, 141; Globalisierung 111, 266; multinationale Konzerne 124, 187; OECD-Länder 129; 141; fortgeschrittene Volkswirtschaften 124
Autoindustrie 195, 219, 291
Automatisierung 34, 175, 187, 225, 240, 242, 254, 271ff., 277f., 280ff., 288f., 442, 448; Autoindustrie 289, 291; Büroarbeit 277f.; Fließband 273, 288
Aydalot, Philippe 39, 445
Ayrton, William 11
Aznar, Guy 287

B
Bailey, Paul 266f.
Baker, Hugh 208
Balaji, R. 268
Ball-Rokeach, Sandra J. 378
Banegas, Jesus 74, 416
Bangemann, Martin 156
Banken 109f., 112, 145, 161, 163, 203, 212ff., 226, 260, 279, 412, 439, 451, 532; Automatisierung 279; Filialen 451; Internationalisierung 110
Bar, François 34, 73, 148, 197, 225f., 528
Baran, Barbara 278
Baran, Paul 49, 52, 177
Baranano, Ana M. 186
Barboza, David 162, 165
Barcelona 404, 440, 445, 458, 476, 478, 481, 521; Flughafen 476
Bardeen, John 44
Barglow, Raymond 24
Barlow, John Perry 407
Barr, Bob 396, 453
Barthes, Roland 425
Bartlett, Christopher 221
Basalla, George 86
Baskenland 40
Batty, Michael 396, 453
Baudrillard, Jean 425, 512
Baumgartner, Peter 82
Baumol, W.J. 85
Baym, Nancy 411
Beasley, W.G. 11, 208
Bell Laboratories 44, 48, 52, 73
Bell, Alexander Graham 43
Bell, Daniel 14, 17, 27, 31f., 86f., 231, 244
Belussi, Fiorenza 178, 184
Bendixon, Terence 451
Benetton 184, 494
Beniger, James R. 26
Benner, Chris 305
Bennett, A. 183ff.
Benson, Rod 413
Benveniste, Guy 189, 494
Berg, Paul 59
Berger, J. 501
Berger, Peter 173
Berners-Lee, Tim 55
Bernstein, Jared 249, 266f., 315
Bernstein, Michael A. 315
Bertazzoni, F. 6
Berufskategorien 246ff.
Berufsstruktur 230ff., 245ff., 356, 368, 442; Beschäftigung 356ff.; Bildung 247ff.; Klassenverhältnisse 245ff., 442; Post-Industrialismus 230ff.
Beschäftigung 235ff., 255ff., 298ff.; Altersfaktoren 306ff., 504ff.; Automatisierung 271, 280ff., 442; Dienstleistungen 230ff.; Geschlecht 2, 281, 296, 397, 515, 533; informationelle Gesellschaft

229, 231, 234, 243, 245, 251, 253; Gesellschaftsverträge 269; Handel 266ff.; Industrialisierung 288; Informationstechnologien 255ff., 298ff.; Innovation 290ff., 306; Internet 161; Klassenverhältnisse 250ff.; multinationale Konzerne 266; Landwirtschaft 230, 246ff., 283; Mikroelektronik 288ff.; globale Ökonomie 273; OECD 251; Produktivität 290; Standort 293; Status 370; Teilzeit 302, 306, 308, 311, 497ff.; *s. auch* Selbstständigkeit

Beschäftigung in einzelnen Ländern: Deutschland 237ff., 241ff., 316, 346, 356; Frankreich 231, 237f., 246ff., 318, 346, 356, 371; Italien 237ff., 245ff., 351ff.; Japan 237ff., 245ff., 351ff.; Kanada 237, 246f., 347, 356, 365; Spanien 295, 299f.; USA 233, 238, 246, 248, 250, 257, 284ff., 295, 316, 379, 382; Vereinigtes Königreich 237ff., 245ff., 351ff.

Beschäftigung nach Beruf 252ff., 368ff.
Beschäftigung nach Branchen 356, 364, 367
Beschäftigungsmuster 229f., 295, 299
Beschäftigungsstruktur 229ff., 235ff., 243f., 246, 248, 253, 255ff., 259ff., 292, 307, 314, 370; Arbeitsteilung 260; globale Ökonomie 261; Post-Industrialismus 241, 243, 245f.; *s. auch* Arbeit; Arbeitsprozess
Bessant, John 289
Bettinger, Cass 177
Bianchi, Patrizio 6, 178
Bielenski, Harald 307
Biggart, Nicole Woolsey 173f., 185, 200f., 203, 206ff., 219
Bijker, Wiebe E. 5
Bina, Eric 56
Binnenmärkte 123, 188
Biogen 59
BioHybrid Technologies 61
Biologie und Computer 78
Biotechnologie 59ff., 157f., *s. auch* Gentechnologie
BIP 95ff., 102ff., 109ff.; Export 114; Informationstechnologie 157f.; Investitionen 111f.
Birch, David L. 177
Bird, Jane 416
Birdzell, L.E. 38, 84, 99

Bishop, Jenny E. 31, 61, 78
Bison, I. 316
Black, Joseph 37
Blair, Tony 154
Blakely, Edward J. 456, 472
Blazejczak, Jürgen 292
Bluestone, Barry 235
Blumler, Jay G. 379
Boden, Deirdre 485
Bofill, Ricardo 474, 476, 478
Bolivien 120, 470
Booker, Ellis 418
Borges, Jorge Luis 426
Borja, Jordi 433, 435, 456, 459
Borjas, George F. 263
Bornstein, Lisa 278
Borrus, Michael 73f., 130, 185, 197, 225f., 447f.
Bosch, Gerhard 283, 317, 495, 497
Bosnien 516
Botein, Michael 379
Boureau, Allain 33
Bourgeois-Pichet, J. 504
Bouvier, Leon F. 263
Bower, J.L. 222
Boyer, Christine 480
Boyer, Herbert 59
Boyer, Robert 85, 101, 294f.
Boyett, Joseph H. 196
Braddock, D.J. 251
Branchenklassifikation 351ff.
Brand, Stewart 517, 524
Brasilien 72, 120, 122, 150ff., 416
Brattain, Walter H. 44
Braudel, Fernand 5, 108
Braun, Ernest 42, 44
Braverman, Harry 272, 277
Breeden, Richard C. 491
Breitbandübertragung 197
BRIE 123
Broad, William J. 74
Bronson, P. 71
Brooks, Harvey 31f.
Brown, Murphy 426
Browser 56
Brynjolfsson, Erik 97
Bücher 378
Buddhismus 207
Buitelaar, Wout 270, 275
bulletin board systems (BBS) 54, 407, 412
Bunker, Ted 416, 420

Bunn, J.A. 37
Burawoy, Michael 270
Burlen, Katherine 174
Büroarbeit 277f.
Bushnell, P. Timothy 272
Business Week 43, 62, 78, 95, 187, 191, 195, 270, 305, 396, 451, 494

C
Cailliau, Robert 55
Calderon, Fernando 24
Calhoun, Craig 23
Cali-Kartell 470
Camagni Roberto 39, 445, 447
Campbell, Duncan 130, 139, 141, 174, 262, 267, 269
Camphy, J. 99
Campo Vidal, Manuel 386, 389, 517
Canals, Jordi 109, 163
Canary Wharf 438f.
Canby, E.T. 42
Cantor, Muriel 378
Cappelin, Ricardo 435
Cappelli, Peter 314
Capra, Fritjof 63, 81
Cardoso, Fernando Henrique 153f., 416
Carey, M. 251
Carnoy, Martin 105, 229, 275, 284, 286, 296, 298f., 302, 306f., 314ff., 318, 349ff., 499f.
Carre, Jean-Jacques 85
Carreras, Albert 40
Carver, M. 514
Case, Donald O. 392
Castano 271, 291, 451
Castells, Manuel 6f., 19, 21, 24ff., 69, 71, 73f., 83, 102, 105, 108, 118, 147, 149, 183, 210f., 215f., 234, 291, 392, 398, 408, 413ff., 433, 435, 440f., 443, 445, 456, 459f., 466, 479, 491, 499, 502, 528
Castillo, Gregory 487, 489
Cats-Baril, William L. 393
Caves, Roger W. 455
Celera Genomics 62
CEPII 90, 95f., 103f., 142
Cerent 192
Cerf, Vinton 51, 53, 57, 59, 395, 397
CERN 55
Ceruzzi, Paul 43
Cervero, Robert 451

Cetus 59
chaebol 203ff., 214
Chandler, Alfred D. 219, 222
chat-lines 413
Chatterjee, Anshu 388
Chaudhary, Anja Grover 381
Chen, Edward K.Y. 214f.
Chesnais, François 102f., 108f., 113, 443, 491f.
Chida, Tomohei 11
Child, John 270
Chile 120, 136, 154
Chin, Pei-Hsiung 216
Chin, S. W. 205
China 8f., 14; Falun Gong 7; Familie 205ff., 515; globale Ökonomie 151f., 205, 463 s. *auch* Hong Kong; Taiwan
Chinesische Unternehmen: Familie 205ff., 515
Chips 45, 47,
Chizuko, Ueno 203
cholular 521
Christensen, Ward 53
Chrysler Jefferson North Plant 276
chuki koyo 307f., 311, 354
Cisco Systems 70, 191ff.,
Clark, Colin 234
Clark, Jim 56
Clark, R. 203, 520
Clegg, Stewart 173, 177, 200
Clinton-Administration 149, 152f., 162
Clow, Archibald 34
Clow, Nan L. 34
CMC 405, 411ff.
CNN 387, 389
Cohen, Stanley 59
Cohen, Stephen 105, 118f., 123, 129, 177, 181, 185, 233f., 267, 447f.
Cohendet, P. 196
Colas, Dominique 25
Compaine, Benjamin 393
Compaq 160
Computer 43ff., 53ff.; Computer-Industrie 100, 131, 194; s. *auch* Informationstechnologien
Computer-Maus 52
Computer-Sex 403, 420
computervermittelte Kommunikation (CMC) 22f., 395, 404f., 410ff.
Conn, Henry P. 196
Conseil d'État 51, 376

Cooke, Philip 436, 438
Cooke, William 42
Cooper, Charles 442
Coriat, Benjamin 106, 130, 174, 176f., 179, 181, 271
Corning 160
Council of Economic Advisers 90, 94, 95, 104
Cray, Seymour 46
CREC, Texas University 160f.
Crick, Francis 59, 82
Crocker, Stephen 53
Crompton, Samuel 38
Croteau, David 376, 383
Cuneo, Alice 420
Cusumano, M. 179, 190, 195
Cyclades-Programm 51
Cyert, Richard M. 283, 293

D
Daikichi, Tanaka 12
Dalloz, Xavier 395, 416
Dampfmaschine 40ff.
Daniel, W. 291
Daniels, P.W. 123, 177, 234, 434, 438ff.
Danton de Rouffignac, Peter 222
Darbon, Pierre 31
DARPA 6, 74
David, P.A. 86
David, Paul 37, 91f.
Davies, Peter N. 11
Davis, Diane 454
Davis, Mike 436
De Anne, Julius 219
De Bandt, J. 234
De Conninck, Frederic 498
De Forest, Lee 43
De Kerckhove, Derrick 376, 404, 413f.
Dean, James W. 275
Deben, Leon 456
December, John 413
Dell Computers 194f.
Dell Direct World 168
Denison, Edward F. 85
Dentsu Institute 419, 423
Dentsu Institute/DataFlow International 381, 387
Deregulierung 111, 146ff., 162, 169
Derivate 112, 147, 164, 273
Derriennic, J.P. 514

Deutschland: Berufsstruktur 245, 356; Beschäftigung 237ff., 241ff., 316, 346, 356; industrielle Beziehungen 316; BIP/Export 114; Branchenklassifikation 351ff., 356; Eurex 164; F&E 132, 292; Produktivität 104ff.; Qualifikationsniveaus 276; Selbstständigkeit 250
Deyo, Frederick 211
Di Fazio, Williams 287
Dicken, Peter 128f.
Dickinson, H.W. 37
Dienstleistungen 230ff.; Arbeitsplatzverluste 293; Beschäftigung 230ff.; G7-Länder 230ff.; internationaler Handel 114f., 121ff.; hochmoderne 421, 432ff, 440ff.; personenbezogene 230ff., 240ff.; Produktivität 94ff.; unternehmensbezogene 236, 252, 434
Dienstleistungszentren 440, 455,
Dizard, Wilson P. 31, 34
DNA 59f., 78f.
Dodgson, M. 196
Dohse, K. 179
Dordick, Herbert S. 231
Dosi, Giovanni 31, 40, 75, 84ff., 91, 132, 175
Dower, John W. 11, 13
Downs, Anthony 379
downsizing 269, 298, 316
Doyle, Marc 387, 389
Draper, Roger 382
Drexler, K. Eric 32
Dritte Welt 145
Drogenhandel 458
Drucken, China 8
Drucker, Peter F. 186
Duarte, Fabio 141
Dubois, Pierre 85
Duchin, Faye 292
Dunford, M. 440, 456
Dunning, John 128ff., 185, 219
Dupas, Gilberto 141
Durkheim, Émile 485
Durlabhji, Subhash 179, 203
Dutton, William 376, 398, 414
DVD-Technologie 417
Dy, Josefina 277
Dyer, Henry 11
Dyson, Esther 412

E
E-Trade 161
E-Bay 161
Ebel, K. 291
Eber, Georg 292
Eckert, J. 46
Eco, Umberto 383f.
e-Commerce 161
Economist, The 43, 57, 109, 158, 167, 263, 383, 389, 416, 420, 491, 493, 515
Edelman, Gerald 81
Edge City 454ff.
EDI *(electronic data interchange)* 198
Edquist, Charles 32
Egan, Ted 47, 69
Ei, Wada 309
Eichengreen, Barry 108
Eigentumsrechte 200, 208
Einkommensverteilung 315
Einwanderung 139; ethnische Vielfalt 263; illegale 263
Einzelhandel 253,
Elektrizität 33, 37f., 41
Elektronik 10, 32, 43, 45f., 57, 66f., 78, 104, 198, 219, 422, 443; Heimarbeit 450; Innovation 44; molekulare 57; Produktivität 104; Silicon Valley 67ff.; Standortstrategie 441; *s. auch* Mikroelektronik
Elektronische Kommunikationsnetzwerke 163
Elend 2, 143, 405; *s. auch* Armut
Elite 457, 471f.
Elitenkultur 457
Elkington, John 42
Elmer-Dewwitt, Philip 417
Elternschaft 503
E-Mail 412f., 421
emergent markets 110, 531
Emilia-Romagna, Italien 178
Employment Outlook 283, 285, 302, 351ff.
Enderwick, Peter 219, 434
Energie 16f., 41f., 48
Engelbart, Douglas 52
ENIAC 46
Eno, Brian 517
Entscheidungsfindung 274f., 279
Entwicklungsländer 110, 114, 116, 125, 128, 134f., 141, 145, 150, 152, 233, 492, 501; Auslandsdirektinvestitionen 134, 141; Handel 125; IWF/Weltbank 154; globale Ökonomie 143ff.; *s. auch* Dritte Welt
Entwicklungsstaat 13, 150, 152, 207, 210, 213, 225
Epstein, Edward 412
Erfahrung 15f.
Ericsson 56
Ernst, Dieter 130, 185, 198, 219ff., 447f.
Erwerbsbevölkerung 140, 229, 245, 247ff., 254, 259, 262, 265, 267ff., 283, 292, 296, 299, 301, 306, 498; *s. auch* Beschäftigung
Erwerbstätige 140, 305, 366, 372, 492; Alter 306ff.; Automatisierung 271ff.; flexible 290ff.; Management 195; *s. auch* Qualifikationsniveaus
Erziehung und Bildung: Berufe 246ff.; Multimedia 419ff.; online 406ff., 450ff.; Schulen 440; Universitäten 148, 404, 412, 452
Esping-Andersen, G. 249, 316
Esprit 416
Essin, Daniel J. 32
Estefania, Joaquin 108, 146, 162
Etatismus 1, 10, 13f., 16, 152, 156
Ethik 61ff., 224
Ethnizität 263; Marginalisierung 313; Unternehmer 136f.; *s. auch* Rasse
E-toys 161
Europäische Informationsgesellschaft 416
Europäische Kommission 156
Europäische Union 2, 118, 120f., 435; Schaffung von Arbeitsplätzen 286ff.; Bosnien 516; Einwanderung 263; Informationstechnologie 72; Innovation 73, 284; Rassismus/Xenophobie 25; Standortstrategien 441; ausländische Unternehmen 129
Europäische Zentralbank 118
European Foundation for the Improvement of Living and Working Conditions 422, 453
Evans, Peter 173, 205, 211, 213
ewig/ephemer 518
Exklusion 134f.
Experten 245ff., 305f., 311, 450, 512; Mittelklasse 457, 480, 488
Export 114, 216, 448

F

F&E 95, 132, 134, 142, 168, 185, 192, 292, 294f.
Fager, Gregory 492
Fainstein, Susan S. 456
Fairchild Semiconductors 44, 68
Fajnzylber, Fernand 108
Falun Gong 7
Fama, Eugene 167
Familie 2, 15, 24, 28, 70, 183, 203, 205ff., 209, 242, 260, 296, 308f., 411, 422, 488, 499, 503, 515; Chinesische Unternehmen 205ff., 515
Familieneinkommen 309, 315
Familienunternehmen 216
Fassman, H. 348
Fazy, Ian Hamilton 452
Federal Express Corporation 438
Ferguson, Marjorie 378
Fernsehen 364, 375, 377; Funktionen 378ff.; und Internet 416f.; Kanäle 380ff.; Verbreitung 378ff., 389ff.; Videorecorder 386; Zusammenschlüsse 378
Fernsehkonsum: Ländervergleiche 378ff., 416; virtuelle Kultur 521
Fertigung/Dienstleistungen 244
Fertigung: asiatische Pazifikregion 2, 281; Beschäftigung 230, 244, 349; internationaler Handel 100, 128; USA 96, 244
Fertilität s. Geburtenraten
Feuerwerker, Albert 208
Fidonet 54
Finanzmärkte 2, 531; asiatische Pazifikregion 143; Deregulierung 111, 169; Globalisierung 20, 111, 144ff., 171f., 436, 529, 533; Glücksspiel 493; Kapitalströme 110; globale Ökonomie 111ff., 163ff.; neue Produkte 111ff.; Unbeständigkeit 165
FIRE-Dienstleistungen 252, 367
Firmen s. Unternehmen
First Direct 452
Fischer, Claude 6, 31, 408, 414
Flexibilität: Arbeit 290, 297, 305f., 469; Gesellschaft 312; Management 124; Organisation 272ff.; Produktion 175ff., 190f.
Flexible Arbeitskräfte 290ff.; 498
Fließband 271, 273, 288,
Flüchtlinge 140

Fluitman, Fred 314
Flynn, P.M. 290
Fontana, Josep 40
Foray, Dominique 132, 134
Forbes, R.J. 41f.
Fordismus 191
Forester, Tom 12, 31ff., 42, 46, 66
Forrester Research 159
Foucault, Michel 15
Fouquin, Michel 268
Fragmentierung 3
Frankel, J.A. 118f.
Franklin, J.C. 251
Frankreich 316, 318, 346, 351ff.; Berufsstruktur 356; Beschäftigung 231, 237f., 246ff., 318, 346, 371; BIP/Export 114; Branchenklassifikation 351ff., 356; Cyclades-Programm 51; F&E 132; Fernsehkonsum 378ff.; Futures-Börse 147; Globalisierung 152ff.; Internet 392ff.; Multimedia 415; Paris 434, 439f., 451, 457ff., 478f.; Produktivität 104ff.; Qualifikationsniveau 276; Selbstständigkeit 250
Französische Telecom 393
Frauen: Alter bei Geburt des ersten Kindes 498ff.; bezahlte Arbeit 2, 281f., 311f., 350, 498ff., 533; japanische 203f.; südkoreanische 204
Freeman, Christopher 6, 73, 75, 84, 86, 91, 132, 283, 286, 307, 312
Freeman, Richard 493
Freie Märkte 153
French, Kenneth 167
French, W. Howard 297, 311
Freud, Sigmund 24, 515
Friedland, Roger 485
Friedman, D. 178, 180
Friedman, Milton 102
Friedmann, Georges 271
Friedmann, Thomas L. 108, 162
Fulk, J. 197
Fundamentalismus 3f., 23, 25
Furen, Dong 14
Futures-Märkte 147, 434

G

G7-Länder 87, 230f., 235, 237, 239ff., 245, 258ff., 356; globale Ökonomie 261; Produktivität 90ff.

Gallie, D. 299
Ganley, Gladys D. 413
Ganzheitlichkeit 8f.
Gap 494
Garcia, Alan 150
Garratt, G.R.M. 42
Garreau, Joel 454f.
Gates, Bill 47, 69
GATT 103, 121
Geburtenrate 139, 465, 503
Geist des Informationalismus 226ff.
Gelb, Joyce 204, 309
Geldautomaten 278f.
Geldwäsche 528, 532
Gelernter, David 79
Gemeinschaft 406, 408, 410, 471f.
Genentech 59, 61
Genom, menschliches 61
Gentechnologie 42, 61ff., 70, 74; Ethik 61ff.; Gentherapie 60ff.; Klonen 59; Reproduktion 502
Gereffi, Gary 130f., 179, 184, 317
Gerlach, Michael L. 185, 202, 211
Geroski, P. 135
Gershuny, J.I. 234
Geschichte 41ff., 471, 533ff.
Geschlecht 2, 281, 296, 397, 515, 533
Gesellschaft: Flexibilität 312; *hyperspace* 484; Identität 473; Ströme 472ff.; Technologie 5ff., 13, 63ff., 470ff.;
Gesellschaftsvertrag 489, 501
Gesundheitsdienstleistungen 253, 256
Gewerkschaft 20, 277
Ghosh, Alo 109
Ghoshal, Sumantra 219, 221
Gibson, David G. 74
Giddens, Anthony 108f., 148, 485, 488, 491
Gille, Bertrand 39
Gitlin, Todd 405
Glasgall, William 491
Gleick, James 80, 489
Global City 433ff., 454ff., 483
globale Ökonomie *s.* Ökonomie, globale
globales Kapital 532f.
Globalisierung: Arbeit 132ff., 256ff.; Deregulierung 147; Elend 2, 143; Europäische Union 152; Finanzmärkte 20, 111ff., 143, 163ff., 469, 531; Informationstechnologie 170f.; Kapitalismus 149, 170f., 532f.; Liberalisierung 145ff.; Medien 376ff.; Politik 144ff.; Produktion

138; Produktivität 106; nationale Regierung 147ff.; Regionalisierung 436; Sozialismus 14; Staat 151; Unternehmen 121
Glücksspiel 493
GM-Saturn 276f.
Godard, Francis 479
Gold, Thomas 184, 204, 211, 214
Goldsmith, William W. 456
Gonzalez, Felipe 154
Goodman, P.S. 187
Gopinath, Padmanabha 229
Gorbatschow, Mikhail 19
Gordon, Richard 138, 448
Gordon, Robert 99
Gore, Albert 415
Gorner, Peter 63
Gottdiener, Marc 456
Gould, Stephen J. 31
Gourevitch, Peter A. 318
Graham, E. 128
Graham, Stephen 432ff., 449, 453
Granovetter, M. 173
Grant, Kate 108
Grant, Lindsay 263
Great Northern Telegraph Co. 12
Greenhalgh, S. 205
Greenspan, Alan 97f., 314
Greenwich Mean Time 489
GREMI 445
Grenzüberschreitende Geschäfte 110, 188
Grenzüberschreitende Produktion 110, 130,
Griliches, Z. 85
Großbritannien *s.* Vereinigtes Königreich
Guarnizo, Luis E. 140
Guerrieri, Paolo 119
Guile, Bruce R. 6
Guillemard, Anne Marie 500, 502
Gulia, Milena 408, 410
Gurr, T.R. 510
Gurstein, Penny 278, 411, 450
Güter und Dienstleistungen 230ff.
Gutner, Todi 164

H
Hacker-Kultur 49, 53
Hafner, Katie 49, 396
Halbleiter 44, 137
Hall, Carl 58, 78
Hall, Nina 80

Hall, Peter 34, 39, 42f., 46, 70f., 73, 99, 216, 367f., 433, 443, 445, 456
Hall, Stephen S. 32, 61
Hamilton, Gary G. 173, 200ff., 205ff., 209, 217, 219
Hammer, M. 99
Handel 292; asiatische Pazifikregion 144, 152, 172f.; Beschäftigung 266ff.; Dienstleistungen 114ff. 121ff.; Entwicklungsländer 125; internationaler 109, 111, 114ff., 151; Liberalisierung 121ff.; Löhne 267; online 163ff., 202f.; unternehmensintern 266ff.
Handy, Susan 450
Hanson, Stephen E. 487
Harff, B. 510
Harmon, Amy 405
Harper-Anderson, Elsie 315
Harrington, Jon 196
Harris, Nigel 107
Harrison, Bennett 174, 177f., 183f., 220, 222, 235, 313
Hart, Jeffrey A. 49, 396
Hartman, Amir 191
Hartmann, Heidi 275
Harvey, David 26f., 466, 474f., 488f., 491, 518f.
Haseltine, William 62
Havelock, Eric A. 375
Hawaii University 60
Haynes, William 383
Health, James 57
Heavey, Laurie 109, 491
hedge-funds 112, 154, 163
Heimarbeit 450
Held, David 108, 110f., 114, 116, 118, 128, 130, 135, 491
Henderson, Bruce E. 275
Henderson, Jeffrey 130, 211, 441
Herman, Robin 32
Herther, Nancy K. 416
Heskett, James L. 196
Hewitt, P. 307, 499
Hewlett Packard 67, 193f.
Hewlett, William 67
Higuchi, Yoshio 308f.
Hill, Christopher 146
Hillis, Daniel 524
Hiltz, Starr Roxanne 410
Hiltzik, Michael 69
Himannen, Pekka 49, 405

Hinrichs, Karl 283, 489, 497
Hirschhorn, Larry 177, 196, 271f., 279
Hockman, E. 114
Hoff, Ted 44
Hoffman, Abbie 191
Hohenberg, Paul 106
Holl, Steven 477f.
Holsti, K.J. 514
Home Brew Computer Club 69
Hongkong: Kadetten 216f.; öffentlicher Wohnungsbau 216f.; Neustrukturierung 463f.; kleine und mittlere Unternehmen 183f.
Honigsbaum, Mark 394
Hoogvelt, Ankie 108, 141, 146, 149
Horn, Gustav A. 292
hosts (Internet) 395
Howell, David 314
Howell, J. 129
Hsia, Chu-joe 475
Hsiao, M. 173
Hsing, You-tien 14, 184, 196, 205, 217, 460, 493
HTML 55
HTTP 55
Human Genome Project 62
Human Organ Sciences 61
Hutton, Will 108f., 146, 316, 491
Huws, U. 450
Hyman, Richard 275
hyperspace 431, 484, 534
hypertext 55

I
IBM 6, 46f., 50, 197, 223
Identität 3f., 23ff.; Gesellschaft 473; informationelle Gesellschaft 23ff.; kollektive 16; nationale 28; *s. auch* Gemeinschaft
Identitätspolitik 23ff.
Ikle, Fred C. 511
ILO 233, 262, 265ff., 275, 313f.
Imai, Ken'ichi 129, 185, 187, 202, 221
Imperialismus 120
Indien: Exporte 122; globale Ökonomie 150, 152, 154
Individualisierung 1, 4, 229f., 281, 298, 307, 385, 406, 409
Indonesien 143, 150
Industrialisierung 202, 208ff., 213ff., 288, 309, 464, 523

Industrialismus 13f., 18, 20, 87, 91; Produktivität 90ff.
Industrie 128f., 214f., 233f., 237f., 240f., 244f., 251f., 260f., 290ff., 367ff.; Beschäftigung 367ff.; Standorte 432ff.; Zentren 432
Inflation 19, 102, 153
Information 13, 16ff.; Multimedia 415; Rohstoffe 72; Ströme 424f., 433, 438
Informationalismus 26ff., 106, 224, 226ff., 253, 259, 261; Ethik 224; Kapitalismus 14, 18ff., 100; Kapitalströme 108; soziotechnisches Paradigma 18ff.
informationelle Gesellschaft 3f., 21f.; Beschäftigung 229, 231, 234, 243, 245, 251, 253; Identität 21f.; Kapitalismus 21f.; Selbstständigkeit 245; Sozialstruktur 231ff.
Informationsgesellschaft 21, 26, 239, 244, 285, 416
Informationsströme 433f., 438
Informationstechnologie 72ff., 157ff.; Aktienmarkt 161; Arbeitslosigkeit 296, 313; Schaffung von Arbeitsplätzen 313; Arbeitsprozess 270ff.; Berufskategorien 313f.; Beschäftigung 255ff., 298ff.; BIP Europa 69ff.; Finanzmärkte 109, 163ff.; Globalisierung 170f.; Japan 71ff., 136ff.; Kapitalismus 13, 149 ; Rentabilität 101f.; Revolution 1, 5f., 43, 270; Staatsintervention 73; Vernetzung 77, 140, 191, 533; organisatorischer Wandel 96, 195f.; Zeit 490ff.
Informationsverarbeitung 17f., 33f., 132, 175, 245
Innis, Harold 485, 523
Innovation, technologische: China 11, 18; Diffusion 99, 294ff.; Internet 161f.; Japan 11, 71f.; Mega-Städte 464f.; Mehrwert 273; Produktivität 95ff.; Staatsintervention 10; Vernetzung 80; organisatorischer Wandel 19
Innovationsmilieu 445
Inoki, Takenori 308
Instinet 164
Institutionen: Arbeit 270ff.; Schaffung/Vernichtung von Arbeitsplätzen 293; Informationalismus 106; globale Ökonomie 143, informationelle Ökonomie 173; Produktivität 91
Integra Life Sciences 61

Integrierte Schaltkreise 45
Intel 43, 45, 65, 68, 168, 193
Intellektuelle Eigentumsrechte 121
Intelligenz, Künstliche 79
Interaktivität: virtuelle Gemeinschaft 392, 406ff., 414; Internet/Soziabilität 392, 406ff.; Kommunikation 376ff.
International Institute of Labour Studies 229
Internationaler Handel 109, 111, 114ff., 151
Internationaler Währungsfonds s. IWF
Internationales Arbeitsamt s. ILO
Internationalisierung: Banken, 110; Kapital, 103
Internet Service Provider 416, 421
Internet Society 51
Internet: Arbeit 411ff.; Beschäftigung 161; Computer-Sex 403, 420; F&E 132; Geschlecht 397; Individualisierung 406; Infrastruktur 160; Innovation 161f.; Kooperation 405; und Minitel 392ff.; Soziabilität 392; TCP/IP 49, 52, 55, 58; Ungleichheit 397; Ursprünge 6f., 43, 48f. s. auch computervermittelte Kommunikation
Internet-*hosts* 395
Internet-Nutzung: Altersfaktoren 394f.
Internet-User 395, 405, 407
Intranet 193
Investition 102, 111f.; s. auch Auslandsdirektinvestitionen
Ionesco, Eugène 507
Irak 513, 516
Iran 513, 516
ISDN 48
Isolationismus 8, 10f., 148
Italien: Beschäftigung 237ff., 245ff., 351ff.; Branchenklassifikation 351ff., 356; Selbstständigkeit 250
Ito Youichi 11f. 26, 388
IWF 19f., 27, 108, 135, 145, 149ff., 154, 156, 313

J
Jacobs, Allan 481
Jacobs, N. 213
Jacobsson, Stefan 32
Jacoby, S. 203
Janelli, Roger 173, 214
Japan 10ff., 20ff.; Patriarchalismus 204
Japan Informatization Processing Center 12

Japan Institute of Labour 272, 289
Japanisches Arbeitsministerium 251, 255, 311
japanisches Post- und Telekommunikationsministerium (Ministry of Posts and Telecommunications) 415, 418
Jarvis, C.M. 42
Java 56
Javetski, Bill 491
Jelassi, Tawfik 393
Jelzin, Boris 154
Jennings, Tom 54
Jewkes, J. 38
Jini 56
Jobs, Steve 47, 69
Johnson, Chalmers 13, 208, 210f.
Johnson, Philip 474
Johnston, William B. 262, 264
joint ventures 186, 463
Jones, Barry 283
Jones, David 491
Jones, Eric L. 8
Jones, L.P. 213
Jones, Steven G. 407
Jorgerson, Dale W. 85
Jost, Kennet 302
Joussaud, Jacques 269, 308
Joy, Bill 56
Junne, Gerd 185
just in time-Systeme 179ff., 424, 443, 493

K

Kabelfernsehen 420
Kafkalas, G. 440, 456
Kahn, Robert 51f., 59, 397
Kaku, Michio 431
Kalifornien Beschäftigungsmuster 295, 299; Irvine 481; *s. auch* Silicon Valley
Kalter Krieg 1, 64
Kamatani, Chikatoshi 11
Kanada: Berufsstruktur 245, 356; Beschäftigung 237, 246f., 347, 356, 365; Branchenklassifikation 351ff., 356; NAFTA 118; Northern Telecom 48; Selbstständigkeit 250; Verteidigungsministerium 512
kan-ban 179, 190, 195
Kao, C.S. 205
Kapital 504; Industrielle Beziehungen 22, 31; Finanzmärkte 111; Informalisierung 108; Internationalisierung 103; globales Kapital 532f.; grenzüberschreitende Kontrollen 110, 188; multinationale Konzerne 143; Neustrukturierung 269; Zeit 491f.
Kapitalismus 224ff.; Deregulierung 111; Globalisierung 152ff., 171f., 529, 533; Industrialismus 13f.; informationeller 14, 21f., 105ff.; Neustrukturierung 1, 13, 174, 269ff.; globale Ökonomie 105f., 107, 173ff., 198, 531ff.; Organisation 175; Produktion 15f., 519, 527, 529, 531f.; Profitmaximierung 16; Russland 2, 149, 532; Zeit 491
Kaplan, David 71
Kaplan, Rachel 418
Kaplinsky, Raphael 289
Kapur, Basant 268
Kara-Murza, A.A. 486
karaoke 423
Katalonien 40
Katz, Elihu 379
Katz, Jorge 108
Katz, Raul L. 26
Kay, Alan 52
Kay, Ron 69
Kaye, G.D. 514
Keck, Margaret E. 413
keiretsu 180, 190, 202, 204, 225
Kelley, Maryellen 272
Kelly, Kevin 32, 76, 78
Kendrick, John W. 85
Kenney, Martin 74
Kepel, G. 25
Khoury, Sarkis 109
Kiesler, Sara 407, 410
Kilby, Jack 44
Kim, E.M. 204,
Kim, Jong-Cheol 113
Kim, Kyong-Dong 214
Kimsey, Stephen 491
Kincaid, A. Douglas 108
Kindleberger, Charles 91
King, Alexander 287
Kirsch, Guy 485
Kiselyova, Emma 149, 398, 415, 486
Kitani, Yoshiko 297
Klam, Matthew 164
Klassenverhältnisse 250ff.; Berufsstruktur 245ff., 442; Produktion 15f.
„kleine Welten" 80

kleine und mittlere Unternehmen 183; Hongkong 183; Italien 183, 186; Japan 183; Spanien 183; staatliche Unterstüzung 206; als Subunternehmer 130, 183; USA 183; Vernetzung 186, 192, 196
Kleinert, Gene 69
Kleinrock, Leonard 52
Klonen 59f.
Kohl, Helmut 148
Koike, Kazuo 203
Kolata, Gina 507
Kolb, David 475
Kollektivismus 14
Kommission der Europäischen Gemeinschaften 283
Kommunikation 16f., 242, 375ff.; elektronische 33f., 375ff.; interaktive 384; Netzwerke 77f.; schriftliche 375, 384; symbolische 16f.; Technologie 53ff., 133
Komplexitätsdenken 80
Konfuzianismus 1, 205, 207, 493
Konzerne s. Unternehmen
Konzerne, multinationale: ADI 124, 187; Beschäftigung 266; Entwicklungsländer 126; F&E 128; globale Ökonomie 219; Kapital 143; national/multinational 130ff., 218f.; OECD-Länder 130, 132; Vernetzung 130ff., 218f.
Koo, H. 204
Koolhas, Rem 477
Kooperation 194, 196, 198, 217, 405
Korruption 155
Korte, W.B. 432
Kostecki, G. 114
Kotter, John P. 196
Kranzberg, Melvin 5, 31, 33f., 82
Kraut, Robert 408, 450
Kriegführung 510ff.
Kristoff, Nicholas 108f., 112f., 149
Krugman, Paul 85, 90, 95, 99, 104f., 114, 267, 314
Kuekes, Phil 57
Kuhn, Thomas 75
Kultur: asiatische Pazifikregion 214, 219f.; materielle 31f.; und Vernetzung 224
Kumazawa, M. 307
Kunstler, James Howard 455
Kuo, Shirley W.Y. 214
Kuroda, Koichiri 508

Kutscher, R.E. 251
Kuttner, Robert 235
Kuwahara, Yasuo 203, 312
Kwok, R. 266, 268, 441, 460

L
LAN (local area networks) 51
Landau, Ralph 6, 293
Landes, David 34
Landwirtschaft 215f., 237f., 283
Lanham, Richard A. 412
Larsen, Judith K. 67
Laserna, Roberto 24, 470
Lash, Scott 27, 485, 488f., 493, 524
Lateinamerika 156; Handel 122; MERCOSUR 118, 120, 122; globale Ökonomie 156; Rezession 20; Verschuldung 142, 145; s. auch einzelne Länder
Lawrence, Robert Z. 267, 283, 293, 314
Lawson, C. 293
Leal, Jesus 235
lean production 175, 187, 298
Lebenserwartung 40, 500, 504
Lebensstandard 40, 313
Lebenszyklus 500ff.
Leclerc, Annie 515
Lee, Peter 113, 136, 316, 492
Lee, Roger 492
Lee, S.M. 204
Legitimitätsprinzip 210
Lehman, Yves 393
Leibniz, G.W. 520
Lelann, Gerard 51
Lenin, V.I. 487
Lenoir, Daniel 500
Leo, P.Y. 185
Leontieff, Wassily 292
Lethbridge, Henry J. 216
Leung, Chi Kin 460
Levin, H.M. 235
Levin, Henry 500
Levy, Pierre 78
Levy, R.A. 290
Levy, Stephen 69
Lewis, Michael 56, 71
Lewis, Oscar 481
Leyshon, A. 434
Liberalisierung 117, 145ff.
Lichtenberg, Judith 385
Lichtleitertechnik 387

Licklider, J.C.R. 52
Lief Palley, Marian 309
Lifson, T.B. 202
Lille, Grand Palais (Kongresszentrum) 477
Lillyman, William 479
Lim, Hyun-Chin 213
Lin, T.B. 215
Lincoln, Thomas L. 32, 452
Ling, K.K. 460
Linux 405
Lizzio, James R. 418
Llerena, P. 196
Lo, C.P. 460
Lo, Fu-chen 451, 460
Löhne 267, 306, 315ff.
London 165, 434f., 438ff.
Long Now Foundation 524
Lorenz, E. 177
Los Angeles 434ff.
Lovins, Amory B. 32
Lovins, L. Hunter 32
Lozano, Beverly 450
Lukasiewicz, J. 251, 254
Lynch, Kevin 474
Lynch, Ray 519
Lyon, David 26
Lyon, Jeff 32, 63

M
Macdonald, Stuart 42, 44
Machimura, T. 263, 483f.
Machlup, Fritz 17, 84
Macht 15
Mackie, J.A.C. 217
Maddison, A. 85, 90f., 495
Madrid 434f., 477
Maillat, Denis 39
Maital, Shlomo 394
Mallet, Serge 271
Malone, M.S. 67
Management 257ff.; Belegschaft 179ff.; Flexibilität 124; Japan 170; Vernetzung 529, 531
Mandel, Michael J. 158
Mander, Jerry 381
Mankiewicz, Frank 381
Mansfield, Edwin 85
Marconi, Guiglielmo 43
Marginalisierung 313, 315
Markkula, Mike 69

Markoff, John 49, 58, 78, 396, 403
Marks, Norton 179, 203
Märkte: Kapitalisierung 175f.; freie, 153; *futures* 147, 434; globale/Binnenmärkte, 101f., 122; *s. auch* Finanzmärkte
Marrakesch-Abkommen 114
Marshall, J.N. 440
Marshall, Jonathan 302
Martin, L. John 381
Martin, Patricia 420f.
Martinotti, Guido 456
Marvin, Simon 432f., 449, 453
Marx, Jean L. 32
Marx, Leo 5
Massenmedien 376ff., 382ff.,
Massey, Douglas R. 139, 262
Matsumoto, Miwao 11
Mattelart, Armand 379
Matzner, Egon 292
Mauchly, J. 46
Mayne, Ruth 109
Mazlish, Bruce 35, 43, 78f.
MCC 74
McGowan, James 393
McGuire, William J. 382
McKenzie, Alex 52
McKinsey Global Institute 94, 106
McLeod, Roger 396
McLuhan, Marshall 33, 377f., 380, 382, 385, 391
McMillan, C. 179, 190, 195
McNeill, William H. 501
Medellin-Kartell 470
Medien 376; strategische Allianzen 381ff.; Globalisierung 376, 378; Individuen 376; Interpretation 376; Politik 516ff.; Staat/Wirtschaft 381ff.; Technologie 376ff.; *s. auch* Massenmedien; Multimedia
Megalopolis Hongkong 436, 441, 464
Mega-Städte 459, 464f.; Hongkong 436, 441, 464; Innovationszentren 464; globale Ökonomie 464f.; Tokyo 492
Mehta, Suketu 393, 394
Menotti, Val 451
Mensch/Maschine 35
Merck 60, 62
MERCOSUR 118, 120, 122
Merton, R.K. 485
Metcalfe, Robert 51f., 76
Mexiko Stadt 434

Mexiko: NAFTA 118; globale Ökonomie 154; Politik 434
Michelson, Ronald L. 438
Michie, J. 134
Microsoft 47, 69, 160, 168, 193f.
Mikrocomputer 58, 67
Mikroelektronik 43ff.; Beschäftigung 288ff.; biologische Werkstofffe 74; Standortfaktoren 441
Mikroprozessor 44, 47, 58, 65, 67
Miles, I.D. 234
Miles, Ian 451
Millan, Jose del Rocio 79
Miller, Richard L. 452
Miller, Steven M. 290
Mills, C. Wright 471
MIMOSA-Modell 92f.
Minc Alain 22, 26, 31, 393
Mindspring 160
Miners, N. 216
Mingione, Enzo 230
Minitel 392ff., 412, 432
Mishel, Lawrence 249, 266f., 302, 314, 315f., 355
Mistral, J. 294f.
Mitchell, William 407
MITI 208, 210ff., 443
Mitterrand, François 148
Modem 53
Mokhtarian, Patricia L. 450
Mokyr, Joel 7ff., 18, 34ff., 39ff., 44, 84, 86
Molekularelektronik 57
Mollenkopf, John 440, 460
Moneo, Rafael 477f.
Monk, Peter 84
Montgomery, Alesia 411
Moody's 113
Moore, Charles 474
Moore, Gordon 43
Moran, R. 422, 452f.
Morgan, K. 438
Morier, Françoise 479
Morin, Edgar 506
Morrocco, John D. 512
Morse, Samuel 42
Mosaic (Browser) 55
Moss, Mitchell 432
Motorola 56
Mowery, David 136, 186, 275, 283, 293
MTV 388
MUD (Multi Users Dungeons) 407

Mulgan, G.J. 32, 36, 77
Multimedia 415, 419ff.; Bildung 419ff.; Experimente 415; Information 415ff.; Politik 415; Silicon Valley 71; Unternehmen 415, 419ff.;
Multimedia-Software 418
Multinationale Konzerne s. Konzerne, multinationale
Münz, Rainer 346
Murphy, Kevin M. 315, 426
Muschamp, Herbert 477f.
Mushkat, Miron 216
Myers, Edith 393
Myrdal, Gunnar 315

N
Nadal, Jordi 40
NAFTA 2, 118, 120f.
Nanotechnologie 78
Nasdaq 161, 163, 167
National Information Infrastructure 415
National Science Foundation (NSF) 50, 55
NATO 513
Nature 60
Naughton, John 43, 49
Navarro, Vicente 269, 507
Naville, Pierre 271
NCSA 55
NEC 12
Needham, Joseph 8f.
Negroponte, Nicholas 31f., 424
Nelson, Richard 85f., 101
Nelson, Ted 55
Neo-Liberalismus 154
Netscape 56, 160
Netzwerkgesellschaft 22, 66, 431, 519ff.
Neuman, W. Russell 378f., 381f., 384
New Age-Musik 519
New Media Markets 417f.
New York 149, 434ff.
New York Times, The 43, 108, 149, 285, 315,
Newcomen, Thomas 37f.
Newsweek 262, 297
Nicol, Lionel 278
Niederlande 284f., 287, 299, 306,
Nielsen Report 381
NIKKEIREN 269, 307
Nilles, J.M. 450
Noble, David F. 270

Nokia 56
Nolan, Peter 14
Nomura, Masami 308
Nonaka, Ikujiro 99, 179, 182
Nora, Simon 22, 26, 31, 393
Norheim, H. 118
Norman, Alfred Lorn 434
Norman, E. Herbert 11, 13, 208
North, Douglass 209
Northcott, J. 291
Northern Telecom 48
Noyce, Bob 44, 68
NSFNET 50f.
Nuland, Sherwin B. 506, 508

O
O'Brien, Richard 491
O'Connor, David 185
OECD-Länder 108, 135, 283, 285f., 288, 291; ADI 129; 141; Schaffung von Arbeitsplätzen 285ff.; Beschäftigung 251; Export 129; F&E 135; ILO-Forschung 316; multinationale Konzerne 108; Produktivität 90
Ohmae, Kenichi 219
Ökonomie, globale 107, 120, 122; Beschäftigungsstruktur 261; sich entwickelnde Länder 143; Entwicklungsländer 143ff.; Exklusion 143; Finanzmärkte 111ff., 163ff.; G7 Länder 261; Investionen 111f.; Kapitalismus 105f., 173ff., 531; multinationale Konzerne 219; Politik 156; Unbeständigkeit 112, 165, 172
Ökonomie, informationelle 84, 86, 173ff., 493
Ökonomie, „kulturelle" 173f.
Ölpreis 18f.
Ölpreisschock 102, 309
Opiumkrieg 8
Oracle 71, 160
Organisationtransformation: technologische Entwicklung 103; Informationstechnologien 103, 191; Kapitalismus 175; Produktion 130ff.; Unternehmen 187; Vernetzung 170
Osiris Therapeutics 61
Osterman, Paul 95, 272
Osteuropa 121, 149, 152
outsourcing 312
Owen, Bruce M. 376, 379, 417f., 420

Oxford Dictionary of Current English 426
Ozaki, Muneto 272

P
Packard, David 67
Pahl, Ray 230
País, El 43
País, El/World Media 396
Palo Alto Research Center 47, 57f.
Panofsky, Erwin 474
Paraguay 120
Paris: Belleville 479; Dienstleistungszentrum 434; Villejuif 469
Park, Young-bum 213
Parkinson, G.H.R. 520
Parsons, Carol 278, 280
Patel, S.J. 266
Patriarchalismus 2, 204
Paugham, S. 299
Payr, Sabine 82
perestrojka 13, 19
Perez, Carlotta 31, 75
Perlman, Janice 459
Personal Computer 47
Personalisierte Geräte 6
Peru 150, 154, 470
Peter der Große 486
Peterson, Chris 32
Petrella, Ricardo 31
Pettersson, L.O. 496
Pfeffer, Jeffrey 271
Philippe, J. 185
Picciotto, Sol 109
Piller, Charles 421
Piore, Michael J. 174, 176ff., 191
Platonov, Andrey 486
PNUD 141
Poirier, Mark 417
Polarisierung 254, 280, 297; *s. auch* Marginalisierung
Policy Studies Institute 290
Policy Studies Institute, Vereinigtes Königreich 290
Politik 4, asiatische Pazifikregion 152ff.; computervermittelte Kommunikation 412; Dritter Weg 147; Globalisierung 144ff.; Korruption 155; Medien 516ff.; Mexiko 412; Multimedia 415; globale Ökonomie 156;
Polyakov, L.V. 486

Pool, Ithiel de Sola 36, 386, 392
Popular Electronics 69
Porat, Marc 17, 87
Porter, Michael 129
Portes, Alejandro 108, 317
Portnoff, Andre-Yves 395, 416
Postel, Jon 52f.
Post-Fordismus 176, 179, 181
Post-Industrialismus 13f., 297
Postman, Neil 26, 376, 378, 380, 384
Postmodernismus 4, 25, 474f., 519
Poulantzas, Nicos 27
Powell, Walter W. 184
Powers, Bruce R. 377
Preston, Holly H. 393
Preston, Pascal 34, 39, 42f., 46, 99
Prigogine, Ilya 81
Privatisierung 146f.
Prodi, Romano 154
Produktion 15f.; Flexibilität 175ff., 190f.; Globalisierung 138; kapitalistische 15f., 519, 527, 529, 531f.; Vernetzung 531ff.; transformierte Organisation 130ff.; soziale Verhältnisse 15f., 519; Technologie 15f., 288ff.
Produktion, schlanke (lean production) 175, 187, 298
Produktivität 83ff., 90ff.; Arbeitskosten 312; Beschäftigung 290; Dienstleistungen 94ff.; Elektronik 104; G7-Länder 90ff.; Globalisierung 106; Industrialismus 90ff.; Innovation 95ff.; Rentabilität 104ff.; Technologie 17, 86, 288; Zeit 497
Profitmaximierung 16
Pursell, Carroll 33f.
Putnam, Robert 409
Pyo, H. 291

Q
Qian, Wen-yua 1, 7ff., 18
Qualifikation 92, 249, 259, 276, 319, 501; fehlangepasste 319
Qualifikationsniveau 276, 308; Beschäftigung 276
Qualitätskontrolle, totale 179, 185, 190
Quayle, Dan 426
Quinn, James Brian 94, 272
Qvortup, Lars 432, 449
Qwest 160

R
Radio 375, 378f., 381, 386, 398
Ralle, P. 101
Ramonet, Ignacio 153
Rand Corporation 387, 396, 405, 410, 412
Randlesome, Collin 223
Rasse: Internet-Nutzung, 397; *s. auch* Ethnizität
Rassismus/Xenophobie 25
Raum: Arbeitsteilung 447, 469f., 529f.; Eliten 471ff.; Informationstechnologien 447f., 452f.; Ortsgebundenheit 470ff.; Zeit 422, 535
Raum der Orte 429, 433, 452ff., 468ff., 523ff.
Raum der Ströme 429ff., 453ff.; Architektur 464ff.; Eliten 471ff.; Netzwerke 464ff.; informationelle Stadt 453ff.; Zeit 497; kultureller Zusammenhang 453ff.
Raum-Zeit-Verdichtung 474, 493, 518, 520
Reagan, Ronald 18f., 146, 149, 153, 318
reale Virtualität *s.* Virtualität, reale
Redding, S. Gordon 200
Rees, Teresa 275
ReGen Biologics 61
Regionalisierung 114, 117, 122f., 436
Reich, Robert 105, 128, 131, 312
Reid, Robert H. 55, 71
Rein, Martin 500
Rentabilität: Informationstechnologien 100f.; Krise 174; Produktivität 100ff.; USA 103ff.
Rentenfonds 109ff., 491f.
Reproduktion 502
Reprogenesis 61
Revolution, industrielle 40ff., 46, 48
Revolution, technologische 31ff., 81ff., 107
Reynolds, Larry 491
Rheingold, Howard 54, 394, 396, 406f., 415
Rice, David M. 379
Riemens, Patrice 413
Rifkin, Jeremy 287, 292, 312, 489
Rijn, F.V. 450
Risikokapital 60, 69, 162, 446
Roberts, Ed 46, 69
Roberts, Edward B. 74
Roberts, Lawrence 52
Robin, Jacques 31
Robins, Kevin 447
Roboter 271, 274
Robson, B. 456

Rochester, Minnesota 469
Rodgers, Gerry 229, 294
Rogers, Everett M. 67, 74, 386
Rogovsky, Nicolai 314
Rohozinski, Rafal 54
Ronning, Gerd 317
Rosen, Ken 71
Rosenbaum, Andrew 393
Rosenberg, Mark B. 120
Rosenberg, Nathan 6, 34, 38, 40, 84, 86, 99, 120, 136, 293
Roslin Institute, Schottland 60
Rostow, W.W. 38
Roszak, Theodore 26
Rothstein, Richard 266, 269
Rubin, Robert 149, 152
Rumberger, R.W. 235
Russell, Alan M. 42
Russland: Aktienmarkt 168; F&E 132; Identität 25; Internet-Nutzung 404; Kapitalismus 2, 149, 532; computer-vermittelte Kommunikation 404; Krieg 511; *nomenklatura* 532; Zeitvorstellungen 486ff.

S
Sabbah, Françoise 381, 388
Sabel, Charles F. 174, 176ff., 191
Sachs, Jeffrey 108f., 132, 134, 149, 267
Sacks, Oliver 81
Saez, Felipe 291
Saisuke, Tanaka 11
Sakong, I. 213
Säkularisierung 428
Salomon, Jean-Jacques 31
Salva, Francisco de 42
Salvaggio, Jerry L. 26
San Francisco Chronicle 43
San Francisco, Bucht von 67, 70, 72, 406, 41
Sandholtz, Wayne 123
Sandkull, Bengdt 179
Sanger, David E. 108, 149
Sapolsky, Robert 63
Sassen, Saskia 113, 434, 439, 440
Satellitenfernsehen 388
Sato, Takeshi 381, 410
Saunders, William 475
Saussois, Jean-Michel 99, 285
Sautter, Christian 85
Saxby, Stephen 32, 34

Saxenian, Anna 68ff., 130, 133, 136f.
Sayer, Andrew 235, 315
Schaf Dolly 60
Schaff, Adam 292
Schalter, digitale 48, 57f.
Scheer, Leo 392
Schettkat, Ronald 270, 290
Schiatarella, R. 178
Schiffer, Jonathan 217
Schiller, Dan 103, 108, 376, 389, 417
Schmidt-Marwede, Ulrich 492
Schoettle, Enid C.B. 108
Schoonmaker, Sara 451
Schor, Juliet 501
Schröder, Gerhard 154
Schuldt, K. 495
Schulen 398, 415, 421, 440, 452f.
Schuler, Douglas 413
Schumpeter, J.A. 86, 228, 531
Schwab, Charles & Co. 164, 168
Schweden 285
Science 57
Science and Policy Research Unit, Sussex University 86
Scientific American 43
Scott, Allen 142, 441
Securities Exchange Commission 164
Segmentierung, Soziale 313, 385, 534
Seidman, Steven 26
Seisuke, Tanaka 12
Seki, Kiyohide 203
Selbstständigkeit 250, 299, 305, 422, 450
Sellers, Patricia 418
SEMATECH 74
Sengenberger, Werner 130, 141, 174, 177, 269
SFNET 414
Shaiken, Harley 196, 229, 268, 271f., 276, 317
Shapira, Phillip 196
Shapiro, Carl 100
Sharlin, Harold I. 42
Shaw, D.E. & Co 477
Shibaura Works 12
Shin, E.H. 205
Shinotsuka, Eiko 203, 308
Shirref, David 109, 491
Shockley, William B. 44, 68
Shoji, Kokichi 21, 26
Sifonis, John 191
Siino, Corinne 456

Sikkink, Kathryn 413
Silicon Graphics 56
Silicon Valley 67ff.; Computertechnologie 5f.; ethnische Unternehmer 136ff.; Fairchild Semiconductors 44, 68; flexible Arbeitskraft 305; Hightech-Unternehmen 136ff.; Innovationsmilieu 446ff.; Mikroelektronik 43ff.; Risikokapital 68ff.
Silverstone, R. 451
Silvestri, George T. 251, 254f.
Simon, Herbert 379f.
Sinclair, Bruce 11
Singapur 216f.
Singelmann, Joachim 235ff., 356, 367
Singer, Charles 37f.
Singh, Ajit 266
Sit, Victor 183, 205, 460
Skinner, Rebecca 511
Slouka, Mark 407
Smith, Merrit Roe 5
Smith, Michael P. 140
Snyder, Mary Gail 472
So, Alvin 266, 268, 441, 460
Soete, Luc 283, 286, 307, 312
Software 79, 95, 97, 160, 273, 289
Software-Unternehmen 79, 418
Solow, Robert 85, 87, 99
Sony 58
Sorlin, Pierre 382
Sorokin, P.A. 485
Soros, George 108f., 112f., 154, 162
Southern, R.W. 22
Sowjetunion: Etatismus 1, 10, 13f., 16; Industrialismus-Informationalismus 107; Innovation 18; Zeit 486ff.
Soysal, Yasemin Nuhoglu 262f.
Soziale Bewegungen 3
Sozialer Wandel 2, 4, 7, 77
Sozialtheorie: Zeit 466f.
Spanien 21, 40; Autoindustrie 291, 295; Banken 284ff.; Internet-Nutzung 383;
Specter, Michael 412
Sperry, Rand 46
Spielberg, Steven 420
Sproull, Lee 410
Staat 151; Globalisierung 151; nationale Identität 28, 225; Industrialisierung 204; Wirtschaft 225
Staatsintervention 7, 211f.
Stachanowismus 487, 497

Stadt 449ff., 456ff.; Europäische Union 442ff., 449ff.; informationelle 442
Staggs, Hillary 519
Stalin, Joseph 487
Stalk, G. 203
Stalker, Peter 139, 262f.
Stanback, T.M. 234
Standard & Poor 500-Index 113, 168
Standort: Elektronik 441; Beschäftigung 293; Hochtechnologie 441ff.; Industrie 441ff.
Stanislaw, Joseph 146
Steers, R.M. 203
Steinfield, C. 197
Steinle, W.F. 449
Steven, Rob 181
Stevenson, Richard W. 98
Stimmübertragung 57
Stonier, Tom 86
Stourdze, Yves 31, 379
Stowsky, Jay 74
Strange, S. 129
Strassman, Paul A. 277
Streeck, Wolfgang 275
Streitkräfte 366f.
Strukturanpassungspolitik 151
Su Sung 7
Suarez, Doris 318
Subunternehmen: chinesische Familienunternehmen 204ff.; multinationale Konzerne 184, 186, 193; Software 267f.; kleine und mittlere Unternehmen 130, 183
Suburbanisierung 435
Südkorea: Beschäftigungspraktiken 215; Konzentrationen von Innovation 73; Patriarchalismus 215; Staatsintervention 73, 215, 291; Unternehmen 215; Vernetzung 215;
Suess, Randy 53
Sullivan-Trainor, Michael, 376, 396, 415
Sun Microsystems 56, 70, 168
Sutherland, Ivan 52
Swann, J. 291
Swensson, Earl S. 452
Swerdlow, Joel 381
Syrien 513
Syun, Inoue 515

T

Tafuri, Manfredo 474
Taiichi, Ono 190
Taiwan 71ff.; Computer-Industrie 129f.; ETRI 215; Export 205ff.; Landwirtschaft/Industrie 211, 214; Unternehmensnetzwerke 205ff.
Takenori, Inoki 309
Takeuchi, Hirotaka 182
Tan, Augustine H.H. 268
Tapscott, Don 159
Tardanico, Richard 120
Tarr, J. 456
Taylor, Robert 52
Taylorismus 176, 487
TCP/IP 49, 52, 55, 58
Teal, Gordon 44
Techniker 249
Technologie 4ff., 28, 31, 34ff., 100, 115, 145f., 279ff.; China 7ff.; Diffusion 34f. 95f., 138, 398; Gesellschaft 4ff., 11, 13, 16ff., 65ff.; Infrastruktur 225; Kommunikation 58, 106, 138; Krieg 64; kapitalistische Neustrukturierung 280; Produktivität 17, 86, 288; industrielle Revolution 40ff.; Staatsintervention 7, 211f.; Ungleichheit 35
Technologischer Wandel: Geschwindigkeit 45, 48, 393
Teilzeitarbeit 306ff., 497ff.
Teitelman, Robert 61
Teitz, Michael 178
Teixeira, Ruy A. 314
Telearbeit 432, 449
Telebanking 451
Telefon 53, 414, 450, 452, 517
Telegraf 41f.
Telekommunikation 31f., 44, 48, 77, 112, 415f.
Terman, Frederick 67
Terrorismus 516
Tetsuro, Kato 181
Texas Instruments 44
Thach, Liz 278
Thatcher, Margaret 147, 318
The Street.com 161
Thery, Gérard 393, 416
Thomas, Hugh 35
Thomas, Louis-Vincent 506ff.
Thomas, Robert 52
Thompson, E.P. 488
Thrift, Nigel J. 434, 486
Thurow, Lester 105
Tichi, Cecilia 384
Tillema, H.K. 516
Tilly, Charles 510, 514, 517
Time 443, 493
Time Warner 370
Tirman, John 74
Tobenkin, David 421
Tod 501ff., 515, 521
Tokyo 445, 492, 519; World City Fair 484
Tomlinson, Ray 53
Torvalds, Linus 405
Toshiba 12
Touraine, Alain 14, 23ff., 199, 244, 271
Townsend, Peter 316
Toyotismus 179ff., 190
Transgene 63
Transistor 43, 44
Transport 115, 137, 242
Trauer 509
Trejo Delarbre, Raul 379, 389
TRIPS-Abkommen 121
Tschetschenien 511
Tuomi, Ilkka 77, 99, 135, 175, 199, 275
Turkle, Sherry 407
Turoff, Murray 410
Tyson, Laura d'Andrea 102, 105, 108, 114, 123, 152, 266

U

Ubbelohde, A.R.J.P. 37
Uchida, Hoshimi 11
Uchitelle, Louis 97
UCSF/Field Institute 302
Ulrich, E. 291
Umschulung 280, 291
Umweltfragen 3, 413
UN Human Development Report 108, 140, 264
UNCTAD 123, 128, 266f.
UNDP 117, 126, 128, 132, 139, 140f., 146, 150f., 264, 398
UNESCO 142, 376, 387, 398
Ungleichheit: Gesellschaft 313ff.; informationelle Gesellschaft 267; Internet 397; Nord/Süd 267; Zugang zu Technologie 36
UNISDR 141
Universität 212, 403, 405, 500

UNIX 52
Unterkonsumtionstheorie 102
Unternehmen: Eigentum 531; chinesisches Familienunternehmen 216; Globalisierung 121; horizontales 186ff.; angelsächsisches Modell 218, 222; vertikales 222; s. auch Konzerne, multinationale
Unternehmenskultur 129
Unternehmensnetzwerke 200f., 214, 217f.
Urbanisierung 433, 459, 523; s. auch Städte, Suburbanisierung
URL 55
Urry, John 485, 488f., 493, 524
Uruguay 120
US Bureau of Labor Statistics 94, 96, 251, 254, 302,
US Center for Budget and Policy Priorities 315
US Congress, Office of Technology Assessment Assessment 61, 290
US Department of Commerce 158, 160, 398, 410
US Department of Labor 96, 100
US Federal Reserve Board 97, 314
US House of Representatives Representatives 510
US Institute of Health Policy Studies 302
US Library of Congress 412
US National Science Board 142
USA: Arbeitslosigkeit 285ff.; Armut 313ff.; ausländische Unternehmen 130, 316f.; Banken 109f., 279; Berufsstruktur 255ff., 356; Beschäftigung 235ff., 255ff., 298ff., 306ff., 316ff., 382; Branchenklassifikation 351ff.; Dienstleistungen 230ff.; Erwerbsbevölkerung 301f., 316f., 366; Export 114, 448; Fernsehkonsum 378ff.; Fertigung 96, 244; Informationstechnologien 72ff., 157ff.; Innovation 73f., 137, 293f.; Internet-Zugang 397, 406; kleine und mittlere Unternehmen 183; multinationale Konzerne 491; NAFTA 118; Produktivität 90ff., 106, 150, 317; Schaffung von Arbeitsplätzen 286ff.; Selbstständigkeit 250; Stadt 449ff., 456ff.; s. auch Kalifornien; New York; Silicon Valley
US-Aktieneigentum 315
Usenet 54
US-Verteidigungsministerium, Defense Department 6f., 74, 512

V
Vaill, P.B. 190
Valentis 63
Van Creveld, Martin 510
Van der Haak, Bregtje 422
Van Tulder, Rob 185
Varian, Hal 100
Varley, Pamela 413
Venter, J. Craig 62
Venturi, Robert 474
Verbrechen, globales/informationelles 2, 160
Verbrennungsmotor 37, 42
Vereinigtes Königreich: Armut 316; Beschäftigung 237ff., 245ff., 351ff.; BIP/Export 111; Berufsstruktur 245ff., Dienstleistungen 247ff.; personenbezogene Dienstleistungen 262; Produktivität 90, 95f.; Selbstständigkeit 250
Vernetzer 265, 272, 275
Vernetzung: Computer 43ff., 53ff., 194; Lieferanten 192, 220; outsourcing 312
Versicherungsbranche 281, 483
Vertrag von Maastricht 152, 154
Vessali, Kaveh V. 451
Videorecorder 386
Videotechnologie 386
Vietnamkrieg 511
Virtualität, reale 375, 378, 425ff., 517
Virtuelle Gemeinschaften 23, 54, 392, 406ff., 414
Virtuelle Kultur 517
Virtuelle Zeit 510ff.
Volkswirtschaften, fortgeschrittene 103ff., 109ff., 116ff., 154ff., 232f., 241ff., 260ff., 294ff., 491ff.; ADI 124; industrielle Beziehungen 266; Dienstleistungen 230ff.; Produktivität 91ff.
Vorstädte 450, 456f.

W
Wa (Harmonie) 209
Wade, Richard 208, 211
Wagner, David G. 26
Wagner, M. 290
Wagner, Michael 292
Waldholz, Michael 31, 61, 78
Waldrop, M. Mitchell 80
Waliszewski, Kasimierz 486
Walker, Richard 69, 235, 315
Wall Street Journal, The 191

Wall, Toby D. 149, 164, 191, 275
Wallerstein 108
Walnut Creek 61,
Wang, Georgette 6, 231
Wang, Yeu-fain 10
Warburg Dillon Read 390
Warenketten, produzenten/konsumentengetriebene 131
Wark, McKenzie 517
Warme, Barbara 307
Warnken, Jurgen 317
Wasserkraft 8
Watanabe, Susumu 280, 291
Watanuki, Joji 6
Watson, James 59
Watt, James 37f.
Watts, Duncan J. 80
Weber, Max 224, 226, 228
Webster, Andrew 7
Weiss, Linda 177f., 180
Welch, Finis 315
Wellman, Barry 408ff., 453
Weltbank 108, 135, 145f., 149ff.
Welthandel 102, 117, 120, 123f.
Welthandelsorganisation (WTO) 7, 121, 151
Werbung 382
Westney, D. Eleanor 219
Wettbewerbsfähigkeit 105f.; globale, 105f., 188, 239ff.
Wexler, Joanie 418
Wheeler, James O. 438, 449
Whightman, D.W. 197
Whitaker, D.H. 312
Whitley, Richard 173, 201f., 207f.
Whitrow, G.J. 486
Wieczorek, Jaroslaw 233
Wieviorka, Michel 25
Wilkinson, Barry 204
Williams, Frederick 26, 78
Williams, R. 450
Williams, Raymond 377, 381
Williamson, Oliver E. 174, 218, 222
Willmott, W.E. 208
Wilson, Carol 394f.
Winter, S.G. 85f.
Wired 43, 405
Wirtschaftskrise 19, 64, 147, 174; Asiatische Pazifikregion 14
Wirtschaftsorganisation 207, 213, 218, 222, 224, 227
Wirtschaftswachstum 86f., 91, 99, 267

Wissen 16ff., 181f.; Produktivität 92, 106f., 231f.
Wissens-Management 175
Wissensproduktion 182, 265
Withey, Stephen B. 378
Wittfogel, Karl A. 11
Wohlsletter, Albert 511
Wolff, Edward 314
Wolton, Dominique 407
Wong, S. 215
Wong, S.L. 183, 205f.
Woo, Edward S.W. 462
Wood, Adrian 266f.
Wood, Stephen 275
Woodman, Richard W. 278
Woods, M. 129
Woodward, Kathleen 26
World City Fair: Tokyo 484
World Development Report 140
World Health Organization (WHO) 133f.
Wozniak, Steve 6, 47, 69
WuDunn, Sheryl 108
www 55, 403, 406
Wyatt, Edward 108f., 112f.
Wyman, Donald 130

X

Xenophobie 25, 141
Xerox: Palo Alto Research Center 47, 57f.

Y

Yahoo! 71, 161f.
Yamada, J. 307
Ybarra, Josep-Antoni 184
Yergin, Daniel 146
Yeung, Yue-man 451, 460
Yonekura, Seiichiro 202
Yoo, S. 204
Yoshihara, K. 205
Yoshino, Kosaku 23
Yoshino, M.Y. 202
Young, K. 293
Young, Michael 485

Z

zaibatsu 202f.
Zaldivar, Carlos Alonso 21, 146
Zaloom, Caitlin 109, 113, 163

Zapatisten 7, 412f.
Zeit: 485ff., 506ff.; Arbeit 535; Geschichte 491, 535; informationelle Gesellschaft 491ff.; Kapital 491f.; Kapitalismus 491f.; Netzwerkgesellschaft 493; Produktivität 490ff.; Raum 431, 535; Raum der Ströme 535; Russland 491ff.; Sowjetunion, 489; Sozialtheorie 466f.; Transformation 490ff.; virtuelle 510ff.;
Zeitarbeit 282, 299, 302, 306

Zeitlosigkeit 517f., 520, 523ff.
Zeit-Raum-Verdichtung 474, 493, 518, 520
Zeitungen/Zeitschriften 378, 381
Zerubavel, Eviatar 486f.
Zhivov, Victor M. 486
Zook, Matthew 69, 71, 396, 398, 403
Zuboff, Shoshana 272, 277
Zukin, Sharon 440, 471
Zweiter Weltkrieg: Technologie 45
Zysman, John 105, 130, 177, 233f.